Betriebsverfassungsgesetz
Basiskommentar

D1671358

Thomas Klebe, Jürgen Ratayczak,
Micha Heilmann, Sibylle Spoo

Betriebsverfassungs-
gesetz

Basiskommentar mit Wahlordnung

18., überarbeitete
und aktualisierte Auflage

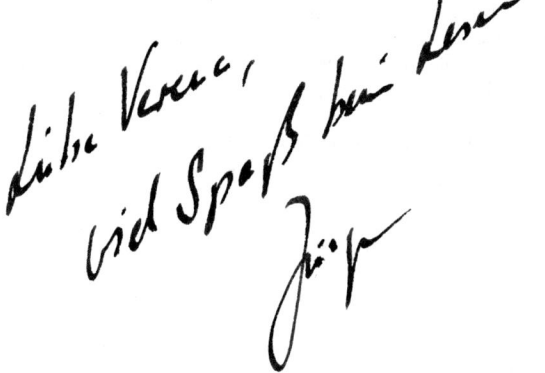

BUND
VERLAG

Bibliografische Information Der Deutschen Nationalbibliothek
Die Deutsche Nationalbibliothek verzeichnet diese Publikation in der
Deutschen Nationalbibliografie; detaillierte bibliografische Daten
sind im Internet über http://dnb.d-nb.de abrufbar.

18., überarbeitete und aktualisierte Auflage 2014
© 1979 by Bund-Verlag GmbH, Frankfurt am Main
Herstellung: Kerstin Wilke
Umschlag: Ute Weber, Geretsried
Satz: Satzbetrieb Schäper GmbH, Bonn
Druck: CPI books GmbH, Leck
Printed in Germany 2014
ISBN 978-3-7663-6325-1

www.bund-verlag.de

Vorwort

Zeitnah zur Konstituierung der Betriebsräte wird den neuen und den wiedergewählten Betriebsratsmitgliedern mit diesem Kommentar eine verlässliche und aktuelle Unterstützung für die neue Amtsperiode gegeben. Die Autoren hoffen, mit der Neuauflage auch in Zukunft bei der Bewältigung rechtlicher und praktischer Probleme eine umfassende und gründliche, aber auch zielorientierte Hilfestellung zu geben.

Unser Ziel ist es, den Basiskommentar so benutzerfreundlich wie möglich zu gestalten. Aus diesem Grunde sind in der neuen Auflage alle Verweise in Fußnoten statt wie bisher in Klammern aufgeführt, mit Ausnahme der Verweise, die den Basiskommentar selbst betreffen. Dadurch soll es den Benutzern erleichtert werden, schnell eine Lösung ihrer aktuellen betrieblichen Probleme zu finden.

Die in den letzten Jahren ergangene, sehr umfangreiche Rechtsprechung sowohl des Bundesarbeitsgerichtes als auch der Instanzgerichte ist bis März 2014 eingearbeitet. Hervorzuheben sind hier sowohl die Entscheidungen zur Berücksichtigung der Leiharbeitnehmer bei den Schwellenwerten des BetrVG als auch der Beschäftigten des öffentlichen Dienstes, die in Betrieben der Privatwirtschaft eingesetzt werden, sowie zur Betriebsratswahl und ihrer Anfechtung.

Aufgenommen ist ferner die wichtige Rechtsprechungsänderung zu den Anforderungen an eine Ergänzung der Tagesordnung der Betriebsratssitzung. Ebenso hat Eingang gefunden die Rechtsprechung zur Mitbestimmung des Betriebsrats bei Fremdfirmenarbeit wie Werkverträgen und Leiharbeit, bei der Arbeitszeit und der mobilen Arbeit sowie bei Crowdsourcing. Ein weiterer Schwerpunkt der Neuauflage liegt im Umgang mit Social Media und BYOD-Regelungen zur dienstlichen Nutzung privater Geräte der Beschäftigten.

Wie schon in den Vorauflagen wird auf die Kommentierung der Vorschriften zur Seeschifffahrt und zur Luftfahrt (§§ 114–117) verzichtet. Die §§ 122–124, 127–129 und 131–132, die praktisch bedeutungslos geworden sind, werden nicht abgedruckt.

Die Wahlordnung vom 11.12.2001 (BGBl. I Seite 3494) ist in den Anhang aufgenommen. Auf den Abdruck der Wahlordnung-Post haben wir wieder verzichtet.

Vorwort

Wie bereits in der Vergangenheit freuen sich die Autoren auf Anmerkungen und Hinweise aus der Praxis.

April 2014

Die Verfasser

Inhaltsverzeichnis

Inhaltsverzeichnis

Fünfter Abschnitt: Gesamtbetriebsrat

Sechster Abschnitt: Konzernbetriebsrat

Dritter Teil: Jugend- und Auszubildendenvertretung

**Erster Abschnitt: Betriebliche Jugend- und
Auszubildendenvertretung**

**Zweiter Abschnitt: Gesamt-Jugend- und
Auszubildendenvertretung**

Inhaltsverzeichnis

Fünfter Abschnitt: Personelle Angelegenheiten

Erster Unterabschnitt: Allgemeine personelle Angelegenheiten

Zweiter Unterabschnitt: Berufsbildung

Dritter Unterabschnitt: Personelle Einzelmaßnahmen

Sechster Abschnitt: Wirtschaftliche Angelegenheiten

Erster Unterabschnitt: Unterrichtung in wirtschaftlichen Angelegenheiten

Zweiter Unterabschnitt: Betriebsänderungen

Inhaltsverzeichnis

Abkürzungsverzeichnis

Zur Erleichterung der Arbeit mit dem Basiskommentar soll kurz erläutert werden, wie die Zitatstellen in dem Basiskommentar »zu lesen« sind:

Aus Platzgründen werden in den Zitatstellen in der Regel nur Abkürzungen gebraucht.

So bedeutet z. B. BAG a. a. O., dass diese BAG-Entscheidung an der in der zuletzt genannten BAG-Entscheidung angegebenen Stelle zu finden ist.

Das Zitat: a. A. BVerwG, PersR 93, 393, besagt, dass zu der zuvor genannten Meinung das Bundesverwaltungsgericht eine andere Auffassung vertritt. Die Entscheidung des Bundesverwaltungsgerichtes ist dabei in der Fachzeitschrift »Der Personalrat« des Jahrgangs 1993 auf der Seite 393 zu finden. Die Zahl hinter der Fachzeitschrift bedeutet jeweils das Jahr, die danach folgende Zahl die Seitenzahl. Dabei wird immer die erste Seite der Entscheidung genannt.

In der Regel sind die Fachzeitschriften eines Jahrganges durchgehend mit einer Seitenzahl versehen. Bei Einzelnen, wie z. B. beim EzA-SD, ist dieses nicht der Fall. Dann wird Bezug genommen auf das jeweilige Einzelheft des Jahrganges wie z. B. bei LAG Thüringen, EzA-SD 18/04, 12. Die Entscheidung des LAG Thüringen ist somit im Heft 18 des EzA-SD aus dem Jahre 2004 auf Seite 12 zu finden.

a. A.	anderer Auffassung
a. a. O.	am angeführten Ort
ABM	Arbeitsbeschaffungsmaßnahme
Abs.	Absatz
AFG	Arbeitsförderungsgesetz
AfP	»Archiv für Presserecht« (Fachzeitschrift)
AG	Arbeitgeber; Amtsgericht
AGB	Allgemeine Geschäftsbedingungen
AGB-DDR	Arbeitsgesetzbuch der (ehemaligen) DDR
AGG	Allgemeines Gleichbehandlungsgesetz
AiB	»Arbeitsrecht im Betrieb« (Fachzeitschrift)
AiB-Newsletter	Beilage zu AiB

Abkürzungsverzeichnis

AiR	»Arbeitsrecht in der Rechtsprechung« (Fachzeitschrift)
AktG	Aktiengesetz
AMBV	Arbeitsmittelbenutzungsverordnung
AmtsBlEG	Amtsblatt der Europäischen Gemeinschaften
AN	Arbeitnehmer
ÄndG	Änderungsgesetz
Ang.	Angestellter
Anm.	Anmerkung
AP	»Arbeitsrechtliche Praxis« (Nachschlagewerk des BAG)
AR	Aufsichtsrat
Arb.	Arbeiter
ArbBeschFG	Arbeitsrechtliches Beschäftigungsförderungsgesetz
ArbG	Arbeitsgericht
ArbGG	Arbeitsgerichtsgesetz
ArbMedVV	Verordnung zur Rechtsvereinfachung und Stärkung der arbeitsmedizinischen Vorsorge
ArbNErfG	Gesetz über Arbeitnehmererfindungen
ArbPlSchG	Arbeitsplatzschutzgesetz
ArbRB	»Arbeitsrechtsberater« (Fachzeitschrift)
ArbSchG	Arbeitsschutzgesetz
ArbStättV	Arbeitsstättenverordnung
ArbZG	Arbeitszeitgesetz
Art.	Artikel
ASiG	Gesetz über Betriebsärzte, Sicherheitsingenieure und andere Fachkräfte für Arbeitssicherheit
AT-Ang.	außertariflicher Angestellter
ATG	Altersteilzeitgesetz
AuA	»Arbeit und Arbeitsrecht« (Fachzeitschrift)
Aufl.	Auflage
AÜG	Arbeitnehmerüberlassungsgesetz
AuR	»Arbeit und Recht« (Fachzeitschrift)
AVG	Angestelltenversicherungsgesetz
AWbG	Arbeitnehmerweiterbildungsgesetz
Az.	Aktenzeichen
AZO	Arbeitszeitordnung
BA	Betriebsausschuss/Bundesagentur für Arbeit
BAG	Bundesarbeitsgericht
BAG GS	Bundesarbeitsgericht + Großer Senat
BAT	Bundes-Angestelltentarifvertrag
BaustellV	Baustellenverordnung
BaWü	Baden-Württemberg
BayrObLG	Bayerisches Oberstes Landesgericht

BayVGH	Bayerischer Verwaltungsgerichtshof
BB	»Betriebs-Berater« (Fachzeitschrift)
	Berlin-Brandenburg
BBiG	Berufsbildungsgesetz
BDSG	Bundesdatenschutzgesetz
Bea.	Beamte
BEEG	Bundeselterngeld- und Elternzeitgesetz
BeschFG	Beschäftigungsförderungsgesetz
BeschSchG	Beschäftigtenschutzgesetz[1]
BetrAVG	Gesetz zur Verbesserung der betrieblichen Altersversorgung
Betriebsversamml.	Betriebsversammlung
BetrR	Der Betriebsrat, Schriftenreihe für die Betriebsräte der IG Chemie-Papier-Keramik (jetzt: IG Bergbau, Chemie und Energie)
BetrSichV	Betriebssicherheitsverordnung
BetrVerf-ReformG	Gesetz zur Reform des Betriebsverfassungs-gesetzes
BetrVG	Betriebsverfassungsgesetz
BFDG	Bundesfreiwilligendienstgesetz
BGB	Bürgerliches Gesetzbuch
BGG	Gesetz zur Gleichstellung behinderter Menschen (Behindertengleichstellungs-gesetz)
BGV	Berufsgenossenschaftliche Vorschriften für Sicherheit und Gesundheit bei der Arbeit
BildscharbV	Bildschirmarbeitsverordnung
BioStoffV	Biostoffverordnung
BMA/BMAS	Bundesministerium für Arbeit und Soziales
BMI	Bundesministerium des Innern
BMPT	Bundesministerium für Post und Tele-kommunikation
BPersVG	Bundespersonalvertretungsgesetz
BPersVG-PK	Altvater/Baden/Berg/Kröll/Noll/Seulen, BPersVG, 8. Aufl. 2013
BR	Betriebsrat
BRAGO	Bundesrechtsanwaltsgebührenordnung
BRAO	Bundesrechtsanwaltsordnung
BR-Drucks.	Drucksache des Deutschen Bundesrates
BremLGG	Bremisches Landesgleichstellungsgesetz
BR-Info	Informationsdienst für Betriebsräte (Zeitschrift)
BR-Mitgl.	Betriebsratsmitglied

---

1 Aufgehoben durch Gesetz vom 14.8.06 – AGG – (BGBl. I S. 1897).

Abkürzungsverzeichnis

brwo	Betriebsratswissen digital – Software-informationssystem für Betriebsräte, Bund Verlag; siehe www.bunddigital.de
BSG	Bundessozialgericht
BSHG	Bundessozialhilfegesetz
BT-Drucks.	Drucksache des Deutschen Bundestages
BUrlG	Bundesurlaubsgesetz
BV	Betriebsvereinbarung
BVerfG	Bundesverfassungsgericht
BVerwG	Bundesverwaltungsgericht
BVerwGE	Entscheidungen des Bundesverwaltungsgerichts
BYOD	Bring your own device
bzw.	beziehungsweise
CA	Computer und Arbeit (Fachzeitschrift), bis Ende 2006 CF
CAD	Computer Aided Design (Computer gestützte Konstruktion)
CAM	Computer Aided Manufacturing (Computer gestützte Fertigung)
CF	»Computer Fachwissen«, bis 1998 »ComputerInformation« (Fachzeitschrift)
CNC	Computer Numerical Control (Numerische Steuerung durch Computer)
CR	»Computer und Recht« (Fachzeitschrift)
DB	»Der Betrieb« (Fachzeitschrift)
DB AG	Deutsche Bahn Aktiengesellschaft
DBGrG	Gesetz über die Gründung einer Deutschen Bahn Aktiengesellschaft
DBP	Deutsche Bundespost
dbr	»der betriebsrat« (Fachzeitschrift)
DDR	Deutsche Demokratische Republik
ders.	derselbe
dgl.	dergleichen
d. h.	das heißt
DIN	Deutsche Industrie-Norm(en)
DKKW	Däubler/Kittner/Klebe/Wedde (Hrsg.), BetrVG, 14. Aufl. 2014
DKKW-F	Däubler/Kittner/Klebe/Wedde (Hrsg.), BetrVG Arbeitshilfen für den Betriebsrat, Formularbuch, 2. Auflage 2010
DKWW	Däubler/Klebe/Wedde/Weichert, BDSG-Kompaktkommentar 4. Aufl., 2014
DLP	Data Loss Prevention
DM	Deutsche Mark

RA	Rechtsanwalt
RdA	»Recht der Arbeit« (Fachzeitschrift)
RDG	Rechtsdienstleistungsgesetz (Gesetz über außergerichtliche Rechtsdienstleistungen)
RDV	»Recht der Datenverarbeitung« (Fachzeitschrift)
RP	Rheinland-Pfalz
Rspr.	Rechtsprechung
RegE	Regierungsentwurf
RFID	Radio Frequency Identification
rk.	rechtskräftig
Rn.	Randnummer/Randnummern
RRG	Rentenreformgesetz
RVG	Rechtsanwaltsvergütungsgesetz
RVO	Reichsversicherungsordnung
S.	Seite
s.	siehe
SachBezVO	Sachbezugsverordnung 1995
SchwbG	Schwerbehindertengesetz
SchwbVertr.	Schwerbehindertenvertretung
SeemannsG	Seemannsgesetz
SGB	Sozialgesetzbuch
SH	Schleswig-Holstein
s. o.	siehe oben
sog.	so genannte
SpA	Sprecherausschuss
SprAuG	Sprecherausschussgesetz
SpTrUG	Gesetz über die Spaltung der von der Treuhandanstalt verwalteten Unternehmen
SR	Schneider/Ratayczak, § 80 BetrVG-Informieren und gestalten (2000)
Stellvertr.	Stellvertreter/Stellvertretung
StGB	Strafgesetzbuch
StPO	Strafprozessordnung
str.	Strittig
StralSchVO	Verordnung über den Schutz vor Schäden durch Strahlen radioaktiver Stoffe (Strahlenschutzverordnung)
TQM	Total Quality Management
TV	Tarifvertrag
TVG	Tarifvertragsgesetz
TvÖD	Tarifvertrag für den öffentlichen Dienst
TzBfG	Teilzeit- und Befristungsgesetz
u. a.	unter anderem

Abkürzungsverzeichnis

u. Ä.	und Ähnliches
UmwBerG	Gesetz zur Bereinigung des Umwandlungs- rechts
UmwG	Umwandlungsgesetz
UN	Unternehmen/Unternehmer
Urt.	Urteil
UVV	Unfallverhütungsvorschrift
v.	von/vom
VBG	Unfallverhütungsvorschriften »Allgemeine Vorschriften«
VDI	Verein Deutscher Ingenieure
VerglO	Vergleichsordnung
VermG	Gesetz zur Regelung offener Vermögensfragen
Versamml.	Versammlung
Vertr.	Vertreter, Vertretung
VG	Verwaltungsgericht
VGH	Verwaltungsgerichtshof
vgl.	vergleiche
v. H.	vom Hundert
VO	Verordnung
VoIP	Voice over Internet Protocol (telefonieren über das Internet)
Vors.	Vorsitzender
WA	Wirtschaftsausschuss
Waas	Betriebsrat und Arbeitszeit, HSI-Schriftenreihe 2012
WO	Wahlordnung
WOP	Verordnung zur Durchführung der Betriebs- ratswahlen bei den Postunternehmen
WPO	Gesetz über eine Berufsordnung der Wirt- schaftsprüfer – Wirtschaftsprüferordnung
WpÜP	Wertpapiererwerbs- und Übernahmegesetz
WSI-Mitt.	WSI-Mitteilungen (Zeitschrift des Wirtschafts- und Sozialwissenschaftlichen Instituts des DGB in der Hans-Böckler-Stiftung)
WV	Wahlvorstand
z. B.	zum Beispiel
ZBVR	Zeitschrift für Betriebsverfassungsrecht
ZDVG	Zivildienstvertrauensmann-Gesetz
ZIP	»Zeitschrift für Wirtschaftsrecht« (Fachzeit- schrift)
zit.	zitiert
ZPO	Zivilprozessordnung
ZTR	»Zeitschrift für Tarifrecht« (Fachzeitschrift)

Gesetzestext

Betriebsverfassungsgesetz

vom 15. Januar 1972 in der Fassung der Bekanntmachung vom
25. September 2001,[1] zuletzt geändert durch Artikel 3 des Gesetzes
vom 20. April 2013.[2]

Erster Teil:
Allgemeine Vorschriften

§ 1 Errichtung von Betriebsräten

(1) In Betrieben mit in der Regel mindestens fünf ständigen wahl-
berechtigten Arbeitnehmern, von denen drei wählbar sind, werden
Betriebsräte gewählt. Dies gilt auch für gemeinsame Betriebe mehrerer
Unternehmen.

(2) Ein gemeinsamer Betrieb mehrerer Unternehmen wird vermutet,
wenn

1. zur Verfolgung arbeitstechnischer Zwecke die Betriebsmittel sowie
   die Arbeitnehmer von den Unternehmen gemeinsam eingesetzt
   werden oder

2. die Spaltung eines Unternehmens zur Folge hat, dass von einem
   Betrieb ein oder mehrere Betriebsteile einem an der Spaltung
   beteiligten anderen Unternehmen zugeordnet werden, ohne dass
   sich dabei die Organisation des betroffenen Betriebs wesentlich
   ändert.

§ 2 Stellung der Gewerkschaften und Vereinigungen der Arbeitgeber

(1) Arbeitgeber und Betriebsrat arbeiten unter Beachtung der geltenden Tarifverträge vertrauensvoll und im Zusammenwirken mit den im
Betrieb vertretenen Gewerkschaften und Arbeitgebervereinigungen
zum Wohl der Arbeitnehmer und des Betriebs zusammen.

(2) Zur Wahrnehmung der in diesem Gesetz genannten Aufgaben und

---

1 BGBl. I S. 2518.
2 BGBl. I S. 868.

Befugnisse der im Betrieb vertretenen Gewerkschaften ist deren Beauftragten nach Unterrichtung des Arbeitgebers oder seines Vertreters Zugang zum Betrieb zu gewähren, soweit dem nicht unumgängliche Notwendigkeiten des Betriebsablaufs, zwingende Sicherheitsvorschriften oder der Schutz von Betriebsgeheimnissen entgegenstehen.

(3) Die Aufgaben der Gewerkschaften und der Vereinigungen der Arbeitgeber, insbesondere die Wahrnehmung der Interessen ihrer Mitglieder, werden durch dieses Gesetz nicht berührt.

§ 3 Abweichende Regelungen

(1) Durch Tarifvertrag können bestimmt werden:

1. für Unternehmen mit mehreren Betrieben

   a) die Bildung eines unternehmenseinheitlichen Betriebsrats oder

   b) die Zusammenfassung von Betrieben,

   wenn dies die Bildung von Betriebsräten erleichtert oder einer sachgerechten Wahrnehmung der Interessen der Arbeitnehmer dient;

2. für Unternehmen und Konzerne, soweit sie nach produkt- oder projektbezogenen Geschäftsbereichen (Sparten) organisiert sind und die Leitung der Sparte auch Entscheidungen in beteiligungspflichtigen Angelegenheiten trifft, die Bildung von Betriebsräten in den Sparten (Spartenbetriebsräte), wenn dies der sachgerechten Wahrnehmung der Aufgaben des Betriebsrats dient;

3. andere Arbeitnehmervertretungsstrukturen, soweit dies insbesondere aufgrund der Betriebs-, Unternehmens- oder Konzernorganisation oder aufgrund anderer Formen der Zusammenarbeit von Unternehmen einer wirksamen und zweckmäßigen Interessenvertretung der Arbeitnehmer dient;

4. zusätzliche betriebsverfassungsrechtliche Gremien (Arbeitsgemeinschaften), die der unternehmensübergreifenden Zusammenarbeit von Arbeitnehmervertretungen dienen;

5. zusätzliche betriebsverfassungsrechtliche Vertretungen der Arbeitnehmer, die die Zusammenarbeit zwischen Betriebsrat und Arbeitnehmern erleichtern.

(2) Besteht in den Fällen des Absatzes 1 Nr. 1, 2, 4 oder 5 keine tarifliche Regelung und gilt auch kein anderer Tarifvertrag, kann die Regelung durch Betriebsvereinbarung getroffen werden.

(3) Besteht im Falle des Absatzes 1 Nr. 1 Buchstabe a keine tarifliche Regelung und besteht in dem Unternehmen kein Betriebsrat, können die Arbeitnehmer mit Stimmenmehrheit die Wahl eines unternehmenseinheitlichen Betriebsrats beschließen. Die Abstimmung kann von mindestens drei wahlberechtigten Arbeitnehmern des Unterneh-

mens oder einer im Unternehmen vertretenen Gewerkschaft veranlasst werden.

(4) Sofern der Tarifvertrag oder die Betriebsvereinbarung nichts anderes bestimmt, sind Regelungen nach Absatz 1 Nr. 1 bis 3 erstmals bei der nächsten regelmäßigen Betriebsratswahl anzuwenden, es sei denn, es besteht kein Betriebsrat oder es ist aus anderen Gründen eine Neuwahl des Betriebsrats erforderlich. Sieht der Tarifvertrag oder die Betriebsvereinbarung einen anderen Wahlzeitpunkt vor, endet die Amtszeit bestehender Betriebsräte, die durch die Regelungen nach Absatz 1 Nr. 1 bis 3 entfallen, mit Bekanntgabe des Wahlergebnisses.

(5) Die aufgrund eines Tarifvertrages oder einer Betriebsvereinbarung nach Absatz 1 Nr. 1 bis 3 gebildeten betriebsverfassungsrechtlichen Organisationseinheiten gelten als Betriebe im Sinne dieses Gesetzes. Auf die in ihnen gebildeten Arbeitnehmervertretungen finden die Vorschriften über die Rechte und Pflichten des Betriebsrats und die Rechtsstellung seiner Mitglieder Anwendung.

§ 4 Betriebsteile, Kleinstbetriebe

(1) Betriebsteile gelten als selbstständige Betriebe, wenn sie die Voraussetzungen des § 1 Abs. 1 Satz 1 erfüllen und

1. räumlich weit vom Hauptbetrieb entfernt oder

2. durch Aufgabenbereich und Organisation eigenständig sind.

Die Arbeitnehmer eines Betriebsteils, in dem kein eigener Betriebsrat besteht, können mit Stimmenmehrheit formlos beschließen, an der Wahl des Betriebsrats im Hauptbetrieb teilzunehmen; § 3 Abs. 3 Satz 2 gilt entsprechend. Die Abstimmung kann auch vom Betriebsrat des Hauptbetriebs veranlasst werden. Der Beschluss ist dem Betriebsrat des Hauptbetriebs spätestens zehn Wochen vor Ablauf seiner Amtszeit mitzuteilen. Für den Widerruf des Beschlusses gelten die Sätze 2 bis 4 entsprechend.

(2) Betriebe, die die Voraussetzungen des § 1 Abs. 1 Satz 1 nicht erfüllen, sind dem Hauptbetrieb zuzuordnen.

§ 5 Arbeitnehmer

(1) Arbeitnehmer (Arbeitnehmerinnen und Arbeitnehmer) im Sinne dieses Gesetzes sind Arbeiter und Angestellte einschließlich der zu ihrer Berufsausbildung Beschäftigten, unabhängig davon, ob sie im Betrieb, im Außendienst oder mit Telearbeit beschäftigt werden. Als Arbeitnehmer gelten auch die in Heimarbeit Beschäftigten, die in der Hauptsache für den Betrieb arbeiten. Als Arbeitnehmer gelten ferner Beamte (Beamtinnen und Beamte), Soldaten (Soldatinnen und Soldaten) sowie Arbeitnehmer des öffentlichen Dienstes einschließlich der zu ihrer Berufsausbildung Beschäftigten, die in Betrieben privatrechtlich organisierter Unternehmen tätig sind.

Betriebsverfassungsgesetz

(2) Als Arbeitnehmer im Sinne dieses Gesetzes gelten nicht

1. in Betrieben einer juristischen Person die Mitglieder des Organs, das zur gesetzlichen Vertretung der juristischen Person berufen ist;

2. die Gesellschafter einer offenen Handelsgesellschaft oder die Mitglieder einer anderen Personengesamtheit, soweit sie durch Gesetz, Satzung oder Gesellschaftsvertrag zur Vertretung der Personengesamtheit oder zur Geschäftsführung berufen sind, in deren Betrieben;

3. Personen, deren Beschäftigung nicht in erster Linie ihrem Erwerb dient, sondern vorwiegend durch Beweggründe karitativer oder religiöser Art bestimmt ist;

4. Personen, deren Beschäftigung nicht in erster Linie ihrem Erwerb dient und die vorwiegend zu ihrer Heilung, Wiedereingewöhnung, sittlichen Besserung oder Erziehung beschäftigt werden;

5. der Ehegatte, der Lebenspartner, Verwandte und Verschwägerte ersten Grades, die in häuslicher Gemeinschaft mit dem Arbeitgeber leben.

(3) Dieses Gesetz findet, soweit in ihm nicht ausdrücklich etwas anderes bestimmt ist, keine Anwendung auf leitende Angestellte. Leitender Angestellter ist, wer nach Arbeitsvertrag und Stellung im Unternehmen oder im Betrieb

1. zur selbständigen Einstellung und Entlassung von im Betrieb oder in der Betriebsabteilung beschäftigten Arbeitnehmern berechtigt ist oder

2. Generalvollmacht oder Prokura hat und die Prokura auch im Verhältnis zum Arbeitgeber nicht unbedeutend ist oder

3. regelmäßig sonstige Aufgaben wahrnimmt, die für den Bestand und die Entwicklung des Unternehmens oder eines Betriebs von Bedeutung sind und deren Erfüllung besondere Erfahrungen und Kenntnisse voraussetzt, wenn er dabei entweder die Entscheidungen im Wesentlichen frei von Weisungen trifft oder sie maßgeblich beeinflusst; dies kann auch bei Vorgaben insbesondere aufgrund von Rechtsvorschriften, Plänen oder Richtlinien sowie bei Zusammenarbeit mit anderen leitenden Angestellten gegeben sein.

Für die in Absatz 1 Satz 3 genannten Beamten und Soldaten gelten die Sätze 1 und 2 entsprechend.

(4) Leitender Angestellter nach Absatz 3 Nr. 3 ist im Zweifel, wer

1. aus Anlass der letzten Wahl des Betriebsrats, des Sprecherausschusses oder von Aufsichtsratsmitgliedern der Arbeitnehmer oder durch rechtskräftige gerichtliche Entscheidung den leitenden Angestellten zugeordnet worden ist oder

2. einer Leitungsebene angehört, auf der in dem Unternehmen überwiegend leitende Angestellte vertreten sind, oder

3. ein regelmäßiges Jahresarbeitsentgelt erhält, das für leitende Angestellte in dem Unternehmen üblich ist, oder,

4. falls auch bei der Anwendung der Nummer 3 noch Zweifel bleiben, ein regelmäßiges Jahresarbeitsentgelt erhält, das das Dreifache der Bezugsgröße nach § 18 des Vierten Buches Sozialgesetzbuch überschreitet

§ 6 Arbeiter und Angestellte

(aufgehoben)

Zweiter Teil: Betriebsrat, Betriebsversammlung, Gesamt- und Konzernbetriebsrat

Erster Abschnitt:
Zusammensetzung und Wahl des Betriebsrats

§ 7 Wahlberechtigung

Wahlberechtigt sind alle Arbeitnehmer des Betriebs, die das 18. Lebensjahr vollendet haben. Werden Arbeitnehmer eines anderen Arbeitgebers zur Arbeitsleistung überlassen, so sind diese wahlberechtigt, wenn sie länger als drei Monate im Betrieb eingesetzt werden.

§ 8 Wählbarkeit

(1) Wählbar sind alle Wahlberechtigten, die sechs Monate dem Betrieb angehören oder als in Heimarbeit Beschäftigte in der Hauptsache für den Betrieb gearbeitet haben. Auf diese sechsmonatige Betriebszugehörigkeit werden Zeiten angerechnet, in denen der Arbeitnehmer unmittelbar vorher einem anderen Betrieb desselben Unternehmens oder Konzerns (§ 18 Abs. 1 des Aktiengesetzes) angehört hat. Nicht wählbar ist, wer infolge strafgerichtlicher Verurteilung die Fähigkeit, Rechte aus öffentlichen Wahlen zu erlangen, nicht besitzt.

(2) Besteht der Betrieb weniger als sechs Monate, so sind abweichend

von der Vorschrift in Absatz 1 über die sechsmonatige Betriebszugehörigkeit diejenigen Arbeitnehmer wählbar, die bei der Einleitung der
Betriebsratswahl im Betrieb beschäftigt sind und die übrigen Voraussetzungen für die Wählbarkeit erfüllen.

§ 9   Zahl der Betriebsratsmitglieder

Der Betriebsrat besteht in Betrieben mit in der Regel
      5 bis   20 wahlberechtigten Arbeitnehmern aus einer Person
    21 bis   50 wahlberechtigten Arbeitnehmern aus 3 Mitgliedern,
    51 wahlberechtigten Arbeitnehmern
        bis   100 Arbeitnehmern aus   5 Mitgliedern,
   101 bis   200 Arbeitnehmern aus   7 Mitgliedern,
   201 bis   400 Arbeitnehmern aus   9 Mitgliedern,
   401 bis   700 Arbeitnehmern aus 11 Mitgliedern,
   701 bis 1000 Arbeitnehmern aus 13 Mitgliedern,
 1001 bis 1500 Arbeitnehmern aus 15 Mitgliedern,
 1501 bis 2000 Arbeitnehmern aus 17 Mitgliedern,
 2001 bis 2500 Arbeitnehmern aus 19 Mitgliedern,
 2501 bis 3000 Arbeitnehmern aus 21 Mitgliedern,
 3001 bis 3500 Arbeitnehmern aus 23 Mitgliedern,
 3501 bis 4000 Arbeitnehmern aus 25 Mitgliedern,
 4001 bis 4500 Arbeitnehmern aus 27 Mitgliedern,
 4501 bis 5000 Arbeitnehmern aus 29 Mitgliedern,
 5001 bis 6000 Arbeitnehmern aus 31 Mitgliedern,
 6001 bis 7000 Arbeitnehmern aus 33 Mitgliedern,
 7001 bis 9000 Arbeitnehmern aus 35 Mitgliedern.

In Betrieben mit mehr als 9000 Arbeitnehmern erhöht sich die Zahl
der Mitglieder des Betriebsrats für je angefangene weitere 3000 Arbeitnehmer um 2 Mitglieder.

§ 10   Vertretung der Minderheitsgruppen

(aufgehoben)

§ 11   Ermäßigte Zahl der Betriebsratsmitglieder

Hat ein Betrieb nicht die ausreichende Zahl von wählbaren Arbeitnehmern, so ist die Zahl der Betriebsratsmitglieder der nächstniedrigeren Betriebsgröße zugrunde zu legen.

§ 12   Abweichende Verteilung der Betriebsratssitze

(aufgehoben)

§ 13   Zeitpunkt der Betriebsratswahlen

(1) Die regelmäßigen Betriebsratswahlen finden alle vier Jahre in der
Zeit vom 1. März bis 31. Mai statt. Sie sind zeitgleich mit den regel-

mäßigen Wahlen nach § 5 Abs. 1 des Sprecherausschussgesetzes einzuleiten.

(2) Außerhalb dieser Zeit ist der Betriebsrat zu wählen, wenn

1. mit Ablauf von 24 Monaten, vom Tage der Wahl an gerechnet, die Zahl der regelmäßig beschäftigten Arbeitnehmer um die Hälfte, mindestens aber um fünfzig, gestiegen oder gesunken ist,

2. die Gesamtzahl der Betriebsratsmitglieder nach Eintreten sämtlicher Ersatzmitglieder unter die vorgeschriebene Zahl der Betriebsratsmitglieder gesunken ist,

3. der Betriebsrat mit der Mehrheit seiner Mitglieder seinen Rücktritt beschlossen hat,

4. die Betriebsratswahl mit Erfolg angefochten worden ist,

5. der Betriebsrat durch eine gerichtliche Entscheidung aufgelöst ist oder

6. im Betrieb ein Betriebsrat nicht besteht.

(3) Hat außerhalb des für die regelmäßigen Betriebsratswahlen festgelegten Zeitraums eine Betriebsratswahl stattgefunden, so ist der Betriebsrat in dem auf die Wahl folgenden nächsten Zeitraum der regelmäßigen Betriebsratswahlen neu zu wählen. Hat die Amtszeit des Betriebsrats zu Beginn des für die regelmäßigen Betriebsratswahlen festgelegten Zeitraums noch nicht ein Jahr betragen, so ist der Betriebsrat in dem übernächsten Zeitraum der regelmäßigen Betriebsratswahlen neu zu wählen.

§ 14   Wahlvorschriften

(1) Der Betriebsrat wird in geheimer und unmittelbarer Wahl gewählt.

(2) Die Wahl erfolgt nach den Grundsätzen der Verhältniswahl. Sie erfolgt nach den Grundsätzen der Mehrheitswahl, wenn nur ein Wahlvorschlag eingereicht wird oder wenn der Betriebsrat im vereinfachten Wahlverfahren nach § 14a zu wählen ist.

(3) Zur Wahl des Betriebsrats können die wahlberechtigten Arbeitnehmer und die im Betrieb vertretenen Gewerkschaften Wahlvorschläge machen.

(4) Jeder Wahlvorschlag der Arbeitnehmer muss von mindestens einem Zwanzigstel der wahlberechtigten Arbeitnehmer, mindestens jedoch von drei Wahlberechtigten unterzeichnet sein; in Betrieben mit in der Regel bis zu zwanzig wahlberechtigten Arbeitnehmern genügt die Unterzeichnung durch zwei Wahlberechtigte. In jedem Fall genügt die Unterzeichnung durch fünfzig wahlberechtigte Arbeitnehmer.

(5) Jeder Wahlvorschlag einer Gewerkschaft muss von zwei Beauftragten unterzeichnet sein.

§ 14a Vereinfachtes Wahlverfahren für Kleinbetriebe

(1) In Betrieben mit in der Regel fünf bis fünfzig wahlberechtigten Arbeitnehmern wird der Betriebsrat in einem zweistufigen Verfahren gewählt. Auf einer ersten Wahlversammlung wird der Wahlvorstand nach § 17a Nr. 3 gewählt. Auf einer zweiten Wahlversammlung wird der Betriebsrat in geheimer und unmittelbarer Wahl gewählt. Diese Wahlversammlung findet eine Woche nach der Wahlversammlung zur Wahl des Wahlvorstands statt.

(2) Wahlvorschläge können bis zum Ende der Wahlversammlung zur Wahl des Wahlvorstands nach § 17a Nr. 3 gemacht werden; für Wahlvorschläge der Arbeitnehmer gilt § 14 Abs. 4 mit der Maßgabe, dass für Wahlvorschläge, die erst auf dieser Wahlversammlung gemacht werden, keine Schriftform erforderlich ist.

(3) Ist der Wahlvorstand in Betrieben mit in der Regel fünf bis fünfzig wahlberechtigten Arbeitnehmern nach § 17a Nr. 1 in Verbindung mit § 16 vom Betriebsrat, Gesamtbetriebsrat oder Konzernbetriebsrat oder nach § 17a Nr. 4 vom Arbeitsgericht bestellt, wird der Betriebsrat abweichend von Absatz 1 Sätze 1 und 2 auf nur einer Wahlversammlung in geheimer und unmittelbarer Wahl gewählt. Wahlvorschläge können bis eine Woche vor der Wahlversammlung zur Wahl des Betriebsrats gemacht werden; § 14 Abs. 4 gilt unverändert.

(4) Wahlberechtigten Arbeitnehmern, die an der Wahlversammlung zur Wahl des Betriebsrats nicht teilnehmen können, ist Gelegenheit zur schriftlichen Stimmabgabe zu geben.

(5) In Betrieben mit in der Regel 51 bis 100 wahlberechtigten Arbeitnehmern können der Wahlvorstand und der Arbeitgeber die Anwendung des vereinfachten Wahlverfahrens vereinbaren.

§ 15 Zusammensetzung nach Beschäftigungsarten und Geschlechtern

(1) Der Betriebsrat soll sich möglichst aus Arbeitnehmern der einzelnen Organisationsbereiche und der verschiedenen Beschäftigungsarten der im Betrieb tätigen Arbeitnehmer zusammensetzen.

(2) Das Geschlecht, das in der Belegschaft in der Minderheit ist, muss mindestens entsprechend seinem zahlenmäßigen Verhältnis im Betriebsrat vertreten sein, wenn dieser aus mindestens drei Mitgliedern besteht.

§ 16 Bestellung des Wahlvorstands

(1) Spätestens zehn Wochen vor Ablauf seiner Amtszeit bestellt der Betriebsrat einen aus drei Wahlberechtigten bestehenden Wahlvorstand und einen von ihnen als Vorsitzenden. Der Betriebsrat kann die Zahl der Wahlvorstandsmitglieder erhöhen, wenn dies zur ordnungsgemäßen Durchführung der Wahl erforderlich ist. Der Wahlvorstand

muss in jedem Fall aus einer ungeraden Zahl von Mitgliedern bestehen. Für jedes Mitglied des Wahlvorstands kann für den Fall seiner Verhinderung ein Ersatzmitglied bestellt werden. In Betrieben mit weiblichen und männlichen Arbeitnehmern sollen dem Wahlvorstand Frauen und Männer angehören. Jede im Betrieb vertretene Gewerkschaft kann zusätzlich einen dem Betrieb angehörenden Beauftragten als nicht stimmberechtigtes Mitglied in den Wahlvorstand entsenden, sofern ihr nicht ein stimmberechtigtes Wahlvorstandsmitglied angehört.

(2) Besteht acht Wochen vor Ablauf der Amtszeit des Betriebsrats kein Wahlvorstand, so bestellt ihn das Arbeitsgericht auf Antrag von mindestens drei Wahlberechtigten oder einer im Betrieb vertretenen Gewerkschaft; Absatz 1 gilt entsprechend. In dem Antrag können Vorschläge für die Zusammensetzung des Wahlvorstands gemacht werden. Das Arbeitsgericht kann für Betriebe mit in der Regel mehr als zwanzig wahlberechtigten Arbeitnehmern auch Mitglieder einer im Betrieb vertretenen Gewerkschaft, die nicht Arbeitnehmer des Betriebs sind, zu Mitgliedern des Wahlvorstands bestellen, wenn dies zur ordnungsgemäßen Durchführung der Wahl erforderlich ist.

(3) Besteht acht Wochen vor Ablauf der Amtszeit des Betriebsrats kein Wahlvorstand, kann auch der Gesamtbetriebsrat oder, falls ein solcher nicht besteht, der Konzernbetriebsrat den Wahlvorstand bestellen. Absatz 1 gilt entsprechend.

§ 17 Bestellung des Wahlvorstands in Betrieben ohne Betriebsrat

(1) Besteht in einem Betrieb, der die Voraussetzungen des § 1 Abs. 1 Satz 1 erfüllt, kein Betriebsrat, so bestellt der Gesamtbetriebsrat oder, falls ein solcher nicht besteht, der Konzernbetriebsrat einen Wahlvorstand. § 16 Abs. 1 gilt entsprechend.

(2) Besteht weder ein Gesamtbetriebsrat noch ein Konzernbetriebsrat, so wird in einer Betriebsversammlung von der Mehrheit der anwesenden Arbeitnehmer ein Wahlvorstand gewählt; § 16 Abs. 1 gilt entsprechend. Gleiches gilt, wenn der Gesamtbetriebsrat oder Konzernbetriebsrat die Bestellung des Wahlvorstands nach Absatz 1 unterlässt.

(3) Zu dieser Betriebsversammlung können drei wahlberechtigte Arbeitnehmer des Betriebs oder eine im Betrieb vertretene Gewerkschaft einladen und Vorschläge für die Zusammensetzung des Wahlvorstands machen.

(4) Findet trotz Einladung keine Betriebsversammlung statt oder wählt die Betriebsversammlung keinen Wahlvorstand, so bestellt ihn das Arbeitsgericht auf Antrag von mindestens drei wahlberechtigten Arbeitnehmern oder einer im Betrieb vertretenen Gewerkschaft. § 16 Abs. 2 gilt entsprechend.

§ 17a Bestellung des Wahlvorstands im vereinfachten Wahlverfahren

Im Fall des § 14a finden die §§ 16 und 17 mit folgender Maßgabe Anwendung:

1. Die Frist des § 16 Abs. 1 Satz 1 wird auf vier Wochen und die des § 16 Abs. 2 Satz 1, Abs. 3 Satz 1 auf drei Wochen verkürzt.

2. § 16 Abs. 1 Satz 2 und 3 findet keine Anwendung.

3. In den Fällen des § 17 Abs. 2 wird der Wahlvorstand in einer Wahlversammlung von der Mehrheit der anwesenden Arbeitnehmer gewählt. Für die Einladung zu der Wahlversammlung gilt § 17 Abs. 3 entsprechend.

4. § 17 Abs. 4 gilt entsprechend, wenn trotz Einladung keine Wahlversammlung stattfindet oder auf der Wahlversammlung kein Wahlvorstand gewählt wird.

§ 18 Vorbereitung und Durchführung der Wahl

(1) Der Wahlvorstand hat die Wahl unverzüglich einzuleiten, sie durchzuführen und das Wahlergebnis festzustellen. Kommt der Wahlvorstand dieser Verpflichtung nicht nach, so ersetzt ihn das Arbeitsgericht auf Antrag des Betriebsrats, von mindestens drei wahlberechtigten Arbeitnehmern oder einer im Betrieb vertretenen Gewerkschaft. § 16 Abs. 2 gilt entsprechend.

(2) Ist zweifelhaft, ob eine betriebsratsfähige Organisationseinheit vorliegt, so können der Arbeitgeber, jeder beteiligte Betriebsrat, jeder beteiligte Wahlvorstand oder eine im Betrieb vertretene Gewerkschaft eine Entscheidung des Arbeitsgerichts beantragen.

(3) Unverzüglich nach Abschluss der Wahl nimmt der Wahlvorstand öffentlich die Auszählung der Stimmen vor, stellt deren Ergebnis in einer Niederschrift fest und gibt es den Arbeitnehmern des Betriebs bekannt. Dem Arbeitgeber und den im Betrieb vertretenen Gewerkschaften ist eine Abschrift der Wahlniederschrift zu übersenden.

§ 18a Zuordnung der leitenden Angestellten bei Wahlen

(1) Sind die Wahlen nach § 13 Abs. 1 und nach § 5 Abs. 1 des Sprecherausschussgesetzes zeitgleich einzuleiten, so haben sich die Wahlvorstände unverzüglich nach Aufstellung der Wählerlisten, spätestens jedoch zwei Wochen vor Einleitung der Wahlen, gegenseitig darüber zu unterrichten, welche Angestellten sie den leitenden Angestellten zugeordnet haben; dies gilt auch, wenn die Wahlen ohne Bestehen einer gesetzlichen Verpflichtung zeitgleich eingeleitet werden. Soweit zwischen den Wahlvorständen kein Einvernehmen über die Zuordnung besteht, haben sie in gemeinsamer Sitzung eine Einigung zu versuchen. Soweit eine Einigung zustande kommt, sind die Angestell-

ten entsprechend ihrer Zuordnung in die jeweilige Wählerliste einzutragen.

(2) Soweit eine Einigung nicht zustande kommt, hat ein Vermittler spätestens eine Woche vor Einleitung der Wahlen erneut eine Verständigung der Wahlvorstände über die Zuordnung zu versuchen. Der Arbeitgeber hat den Vermittler auf dessen Verlangen zu unterstützen, insbesondere die erforderlichen Auskünfte zu erteilen und die erforderlichen Unterlagen zur Verfügung zu stellen. Bleibt der Verständigungsversuch erfolglos, so entscheidet der Vermittler nach Beratung mit dem Arbeitgeber. Absatz 1 Satz 3 gilt entsprechend.

(3) Auf die Person des Vermittlers müssen sich die Wahlvorstände einigen. Zum Vermittler kann nur ein Beschäftigter des Betriebs oder eines anderen Betriebs des Unternehmens oder Konzerns oder der Arbeitgeber bestellt werden. Kommt eine Einigung nicht zustande, so schlagen die Wahlvorstände je eine Person als Vermittler vor; durch Los wird entschieden, wer als Vermittler tätig wird.

(4) Wird mit der Wahl nach § 13 Abs. 1 oder 2 nicht zeitgleich eine Wahl nach dem Sprecherausschussgesetz eingeleitet, so hat der Wahlvorstand den Sprecherausschuss entsprechend Absatz 1 Satz 1 erster Halbsatz zu unterrichten. Soweit kein Einvernehmen über die Zuordnung besteht, hat der Sprecherausschuss Mitglieder zu benennen, die anstelle des Wahlvorstands an dem Zuordnungsverfahren teilnehmen. Wird mit der Wahl nach § 5 Abs. 1 oder 2 des Sprecherausschussgesetzes nicht zeitgleich eine Wahl nach diesem Gesetz eingeleitet, so gelten die Sätze 1 und 2 für den Betriebsrat entsprechend.

(5) Durch die Zuordnung wird der Rechtsweg nicht ausgeschlossen. Die Anfechtung der Betriebsratswahl oder der Wahl nach dem Sprecherausschussgesetz ist ausgeschlossen, soweit sie darauf gestützt wird, die Zuordnung sei fehlerhaft erfolgt. Satz 2 gilt nicht, soweit die Zuordnung offensichtlich fehlerhaft ist.

§ 19 Wahlanfechtung

(1) Die Wahl kann beim Arbeitsgericht angefochten werden, wenn gegen wesentliche Vorschriften über das Wahlrecht, die Wählbarkeit oder das Wahlverfahren verstoßen worden ist und eine Berichtigung nicht erfolgt ist, es sei denn, dass durch den Verstoß das Wahlergebnis nicht geändert oder beeinflusst werden konnte.

(2) Zur Anfechtung berechtigt sind mindestens drei Wahlberechtigte, eine im Betrieb vertretene Gewerkschaft oder der Arbeitgeber. Die Wahlanfechtung ist nur binnen einer Frist von zwei Wochen, vom Tage der Bekanntgabe des Wahlergebnisses an gerechnet, zulässig.

§ 20 Wahlschutz und Wahlkosten

(1) Niemand darf die Wahl des Betriebsrats behindern. Insbesondere

darf kein Arbeitnehmer in der Ausübung des aktiven und passiven Wahlrechts beschränkt werden.

(2) Niemand darf die Wahl des Betriebsrats durch Zufügung oder Androhung von Nachteilen oder durch Gewährung oder Versprechen von Vorteilen beeinflussen.

(3) Die Kosten der Wahl trägt der Arbeitgeber. Versäumnis von Arbeitszeit, die zur Ausübung des Wahlrechts, zur Betätigung im Wahlvorstand oder zur Tätigkeit als Vermittler (§ 18a) erforderlich ist, berechtigt den Arbeitgeber nicht zur Minderung des Arbeitsentgelts.

Zweiter Abschnitt:
Amtszeit des Betriebsrats

§ 21 Amtszeit

Die regelmäßige Amtszeit des Betriebsrats beträgt vier Jahre. Die Amtszeit beginnt mit der Bekanntgabe des Wahlergebnisses oder, wenn zu diesem Zeitpunkt noch ein Betriebsrat besteht, mit Ablauf von dessen Amtszeit. Die Amtszeit endet spätestens am 31. Mai des Jahres, in dem nach § 13 Abs. 1 die regelmäßigen Betriebsratswahlen stattfinden. In dem Fall des § 13 Abs. 3 Satz 2 endet die Amtszeit spätestens am 31. Mai des Jahres, in dem der Betriebsrat neu zu wählen ist. In den Fällen des § 13 Abs. 2 Nr. 1 und 2 endet die Amtszeit mit der Bekanntgabe des Wahlergebnisses des neu gewählten Betriebsrats.

§ 21a Übergangsmandat

(1) Wird ein Betrieb gespalten, so bleibt dessen Betriebsrat im Amt und führt die Geschäfte für die ihm bislang zugeordneten Betriebsteile weiter, soweit sie die Voraussetzungen des § 1 Abs. 1 Satz 1 erfüllen und nicht in einen Betrieb eingegliedert werden, in dem ein Betriebsrat besteht (Übergangsmandat). Der Betriebsrat hat insbesondere unverzüglich Wahlvorstände zu bestellen. Das Übergangsmandat endet, sobald in den Betriebsteilen ein neuer Betriebsrat gewählt und das Wahlergebnis bekannt gegeben ist, spätestens jedoch sechs Monate nach Wirksamwerden der Spaltung. Durch Tarifvertrag oder Betriebsvereinbarung kann das Übergangsmandat um weitere sechs Monate verlängert werden.

(2) Werden Betriebe oder Betriebsteile zu einem Betrieb zusammengefasst, so nimmt der Betriebsrat des nach der Zahl der wahlberechtigten Arbeitnehmer größten Betriebs oder Betriebsteils das Übergangsmandat wahr. Absatz 1 gilt entsprechend.

(3) Die Absätze 1 und 2 gelten auch, wenn die Spaltung oder Zusammenlegung von Betrieben und Betriebsteilen im Zusammenhang mit

einer Betriebsveräußerung oder einer Umwandlung nach dem Umwandlungsgesetz erfolgt.

§ 21 b   Restmandat

Geht ein Betrieb durch Stilllegung, Spaltung oder Zusammenlegung unter, so bleibt dessen Betriebsrat so lange im Amt, wie dies zur Wahrnehmung der damit im Zusammenhang stehenden Mitwirkungs- und Mitbestimmungsrechte erforderlich ist.

§ 22   Weiterführung der Geschäfte des Betriebsrats

In den Fällen des § 13 Abs. 2 Nr. 1 bis 3 führt der Betriebsrat die Geschäfte weiter, bis der neue Betriebsrat gewählt und das Wahlergebnis bekannt gegeben ist.

§ 23   Verletzung gesetzlicher Pflichten

(1) Mindestens ein Viertel der wahlberechtigten Arbeitnehmer, der Arbeitgeber oder eine im Betrieb vertretene Gewerkschaft können beim Arbeitsgericht den Ausschluss eines Mitglieds aus dem Betriebsrat oder die Auflösung des Betriebsrats wegen grober Verletzung seiner gesetzlichen Pflichten beantragen. Der Ausschluss eines Mitglieds kann auch vom Betriebsrat beantragt werden.

(2) Wird der Betriebsrat aufgelöst, so setzt das Arbeitsgericht unverzüglich einen Wahlvorstand für die Neuwahl ein. § 16 Abs. 2 gilt entsprechend.

(3) Der Betriebsrat oder eine im Betrieb vertretene Gewerkschaft können bei groben Verstößen des Arbeitgebers gegen seine Verpflichtungen aus diesem Gesetz beim Arbeitsgericht beantragen, dem Arbeitgeber aufzugeben, eine Handlung zu unterlassen, die Vornahme einer Handlung zu dulden oder eine Handlung vorzunehmen. Handelt der Arbeitgeber der ihm durch rechtskräftige gerichtliche Entscheidung auferlegten Verpflichtung zuwider, eine Handlung zu unterlassen oder die Vornahme einer Handlung zu dulden, so ist er auf Antrag vom Arbeitsgericht wegen einer jeden Zuwiderhandlung nach vorheriger Androhung zu einem Ordnungsgeld zu verurteilen. Führt der Arbeitgeber die ihm durch eine rechtskräftige gerichtliche Entscheidung auferlegte Handlung nicht durch, so ist auf Antrag vom Arbeitsgericht zu erkennen, dass er zur Vornahme der Handlung durch Zwangsgeld anzuhalten sei. Antragsberechtigt sind der Betriebsrat oder eine im Betrieb vertretene Gewerkschaft. Das Höchstmaß des Ordnungsgeldes und Zwangsgeldes beträgt 10 000 Euro.

§ 24   Erlöschen der Mitgliedschaft

Die Mitgliedschaft im Betriebsrat erlischt durch

1. Ablauf der Amtszeit,

2. Niederlegung des Betriebsratsamtes,
3. Beendigung des Arbeitsverhältnisses,
4. Verlust der Wählbarkeit,
5. Ausschluss aus dem Betriebsrat oder Auflösung des Betriebsrats aufgrund einer gerichtlichen Entscheidung,
6. gerichtliche Entscheidung über die Feststellung der Nichtwählbarkeit nach Ablauf der in § 19 Abs. 2 bezeichneten Frist, es sei denn, der Mangel liegt nicht mehr vor.

§ 25 Ersatzmitglieder

(1) Scheidet ein Mitglied des Betriebsrats aus, so rückt ein Ersatzmitglied nach. Dies gilt entsprechend für die Stellvertretung eines zeitweilig verhinderten Mitglieds des Betriebsrats.

(2) Die Ersatzmitglieder werden unter Berücksichtigung des § 15 Abs. 2 der Reihe nach aus den nicht gewählten Arbeitnehmern derjenigen Vorschlagslisten entnommen, denen die zu ersetzenden Mitglieder angehören. Ist eine Vorschlagsliste erschöpft, so ist das Ersatzmitglied derjenigen Vorschlagsliste zu entnehmen, auf die nach den Grundsätzen der Verhältniswahl der nächste Sitz entfallen würde. Ist das ausgeschiedene oder verhinderte Mitglied nach den Grundsätzen der Mehrheitswahl gewählt, so bestimmt sich die Reihenfolge der Ersatzmitglieder unter Berücksichtigung des § 15 Abs. 2 nach der Höhe der erreichten Stimmenzahlen.

Dritter Abschnitt:
Geschäftsführung des Betriebsrats

§ 26 Vorsitzender

(1) Der Betriebsrat wählt aus seiner Mitte den Vorsitzenden und dessen Stellvertreter.

(2) Der Vorsitzende des Betriebsrats oder im Fall seiner Verhinderung sein Stellvertreter vertritt den Betriebsrat im Rahmen der von ihm gefassten Beschlüsse. Zur Entgegennahme von Erklärungen, die dem Betriebsrat gegenüber abzugeben sind, ist der Vorsitzende des Betriebsrats oder im Fall seiner Verhinderung sein Stellvertreter berechtigt.

§ 27 Betriebsausschuss

(1) Hat ein Betriebsrat neun oder mehr Mitglieder, so bildet er einen Betriebsausschuss. Der Betriebsausschuss besteht aus dem Vorsitzenden des Betriebsrats, dessen Stellvertreter und bei Betriebsräten mit

9 bis 15 Mitgliedern aus 3 weiteren Ausschussmitgliedern,
17 bis 23 Mitgliedern aus 5 weiteren Ausschussmitgliedern,

25 bis 35 Mitgliedern aus 7 weiteren Ausschussmitgliedern,
37 oder mehr Mitgliedern aus 9 weiteren Ausschussmitgliedern.

Die weiteren Ausschussmitglieder werden vom Betriebsrat aus seiner
Mitte in geheimer Wahl und nach den Grundsätzen der Verhältniswahl
gewählt. Wird nur ein Wahlvorschlag gemacht, so erfolgt die Wahl
nach den Grundsätzen der Mehrheitswahl. Sind die weiteren Ausschussmitglieder nach den Grundsätzen der Verhältniswahl gewählt,
so erfolgt die Abberufung durch Beschluss des Betriebsrats, der in
geheimer Abstimmung gefasst wird und einer Mehrheit von drei
Vierteln der Stimmen der Mitglieder des Betriebsrats bedarf.

(2) Der Betriebsausschuss führt die laufenden Geschäfte des Betriebsrats. Der Betriebsrat kann dem Betriebsausschuss mit der Mehrheit der
Stimmen seiner Mitglieder Aufgaben zur selbständigen Erledigung
übertragen; dies gilt nicht für den Abschluss von Betriebsvereinbarungen. Die Übertragung bedarf der Schriftform. Die Sätze 2 und 3 gelten
entsprechend für den Widerruf der Übertragung von Aufgaben.

(3) Betriebsräte mit weniger als neun Mitgliedern können die laufenden Geschäfte auf den Vorsitzenden des Betriebsrats oder andere
Betriebsratsmitglieder übertragen.

§ 28 Übertragung von Aufgaben auf Ausschüsse

(1) Der Betriebsrat kann in Betrieben mit mehr als 100 Arbeitnehmern
Ausschüsse bilden und ihnen bestimmte Aufgaben übertragen. Für die
Wahl und Abberufung der Ausschussmitglieder gilt § 27 Abs. 1 Satz 3
bis 5 entsprechend. Ist ein Betriebsausschuss gebildet, kann der Betriebsrat den Ausschüssen Aufgaben zur selbstständigen Erledigung
übertragen; § 27 Abs. 2 Satz 2 bis 4 gilt entsprechend.

(2) Absatz 1 gilt entsprechend für die Übertragung von Aufgaben zur
selbstständigen Entscheidung auf Mitglieder des Betriebsrats in Ausschüssen, deren Mitglieder vom Betriebsrat und vom Arbeitgeber
benannt werden.

§ 28a Übertragung von Aufgaben auf Arbeitsgruppen

(1) In Betrieben mit mehr als 100 Arbeitnehmern kann der Betriebsrat
mit der Mehrheit der Stimmen seiner Mitglieder bestimmte Aufgaben
auf Arbeitsgruppen übertragen; dies erfolgt nach Maßgabe einer mit
dem Arbeitgeber abzuschließenden Rahmenvereinbarung. Die Aufgaben müssen im Zusammenhang mit den von der Arbeitsgruppe zu
erledigenden Tätigkeiten stehen. Die Übertragung bedarf der Schriftform. Für den Widerruf der Übertragung gelten Satz 1 erster Halbsatz
und Satz 3 entsprechend.

(2) Die Arbeitsgruppe kann im Rahmen der ihr übertragenen Aufgaben mit dem Arbeitgeber Vereinbarungen schließen; eine Vereinbarung bedarf der Mehrheit der Stimmen der Gruppenmitglieder. § 77

Betriebsverfassungsgesetz

gilt entsprechend. Können sich Arbeitgeber und Arbeitsgruppe in einer Angelegenheit nicht einigen, nimmt der Betriebsrat das Beteiligungsrecht wahr.

§ 29 Einberufung der Sitzungen

(1) Vor Ablauf einer Woche nach dem Wahltag hat der Wahlvorstand die Mitglieder des Betriebsrats zu der nach § 26 Abs. 1 vorgeschriebenen Wahl einzuberufen. Der Vorsitzende des Wahlvorstands leitet die Sitzung, bis der Betriebsrat aus seiner Mitte einen Wahlleiter bestellt hat.

(2) Die weiteren Sitzungen beruft der Vorsitzende des Betriebsrats ein. Er setzt die Tagesordnung fest und leitet die Verhandlung. Der Vorsitzende hat die Mitglieder des Betriebsrats zu den Sitzungen rechtzeitig unter Mitteilung der Tagesordnung zu laden. Dies gilt auch für die Schwerbehindertenvertretung sowie für die Jugend- und Auszubildendenvertreter, soweit sie ein Recht auf Teilnahme an der Betriebsratssitzung haben. Kann ein Mitglied des Betriebsrats oder der Jugend- und Auszubildendenvertretung an der Sitzung nicht teilnehmen, so soll es dies unter Angabe der Gründe unverzüglich dem Vorsitzenden mitteilen. Der Vorsitzende hat für ein verhindertes Betriebsratsmitglied oder für einen verhinderten Jugend- und Auszubildendenvertreter das Ersatzmitglied zu laden.

(3) Der Vorsitzende hat eine Sitzung einzuberufen und den Gegenstand, dessen Beratung beantragt ist, auf die Tagesordnung zu setzen, wenn dies ein Viertel der Mitglieder des Betriebsrats oder der Arbeitgeber beantragt.

(4) Der Arbeitgeber nimmt an den Sitzungen, die auf sein Verlangen anberaumt sind, und an den Sitzungen, zu denen er ausdrücklich eingeladen ist, teil. Er kann einen Vertreter der Vereinigung der Arbeitgeber, der er angehört, hinzuziehen.

§ 30 Betriebsratssitzungen

Die Sitzungen des Betriebsrats finden in der Regel während der Arbeitszeit statt. Der Betriebsrat hat bei der Ansetzung von Betriebsratssitzungen auf die betrieblichen Notwendigkeiten Rücksicht zu nehmen. Der Arbeitgeber ist vom Zeitpunkt der Sitzung vorher zu verständigen. Die Sitzungen des Betriebsrats sind nicht öffentlich.

§ 31 Teilnahme der Gewerkschaften

Auf Antrag von einem Viertel der Mitglieder des Betriebsrats kann ein Beauftragter einer im Betriebsrat vertretenen Gewerkschaft an den Sitzungen beratend teilnehmen; in diesem Fall sind der Zeitpunkt der Sitzung und die Tagesordnung der Gewerkschaft rechtzeitig mitzuteilen.

§ 32   Teilnahme der Schwerbehindertenvertretung

Die Schwerbehindertenvertretung (§ 94 des Neunten Buches Sozialgesetzbuch) kann an allen Sitzungen des Betriebsrats beratend teilnehmen.

§ 33   Beschlüsse des Betriebsrats

(1) Die Beschlüsse des Betriebsrats werden, soweit in diesem Gesetz nichts anderes bestimmt ist, mit der Mehrheit der Stimmen der anwesenden Mitglieder gefasst. Bei Stimmengleichheit ist ein Antrag abgelehnt.

(2) Der Betriebsrat ist nur beschlussfähig, wenn mindestens die Hälfte der Betriebsratsmitglieder an der Beschlussfassung teilnimmt; Stellvertretung durch Ersatzmitglieder ist zulässig.

(3) Nimmt die Jugend- und Auszubildendenvertretung an der Beschlussfassung teil, so werden die Stimmen der Jugend- und Auszubildendenvertreter bei der Feststellung der Stimmenmehrheit mitgezählt.

§ 34   Sitzungsniederschrift

(1) Über jede Verhandlung des Betriebsrats ist eine Niederschrift aufzunehmen, die mindestens den Wortlaut der Beschlüsse und die Stimmenmehrheit, mit der sie gefasst sind, enthält. Die Niederschrift ist von dem Vorsitzenden und einem weiteren Mitglied zu unterzeichnen. Der Niederschrift ist eine Anwesenheitsliste beizufügen, in die sich jeder Teilnehmer eigenhändig einzutragen hat.

(2) Hat der Arbeitgeber oder ein Beauftragter einer Gewerkschaft an der Sitzung teilgenommen, so ist ihm der entsprechende Teil der Niederschrift abschriftlich auszuhändigen. Einwendungen gegen die Niederschrift sind unverzüglich schriftlich zu erheben; sie sind der Niederschrift beizufügen.

(3) Die Mitglieder des Betriebsrats haben das Recht, die Unterlagen des Betriebsrats und seiner Ausschüsse jederzeit einzusehen.

§ 35   Aussetzung von Beschlüssen

(1) Erachtet die Mehrheit der Jugend- und Auszubildendenvertretung oder die Schwerbehindertenvertretung einen Beschluss des Betriebsrats als eine erhebliche Beeinträchtigung wichtiger Interessen der durch sie vertretenen Arbeitnehmer, so ist auf ihren Antrag der Beschluss auf die Dauer von einer Woche vom Zeitpunkt der Beschlussfassung an auszusetzen, damit in dieser Frist eine Verständigung, gegebenenfalls mit Hilfe der im Betrieb vertretenen Gewerkschaften, versucht werden kann.

(2) Nach Ablauf der Frist ist über die Angelegenheit neu zu beschließen. Wird der erste Beschluss bestätigt, so kann der Antrag auf Aus-

setzung nicht wiederholt werden; dies gilt auch, wenn der erste Beschluss nur unerheblich geändert wird.

§ 36 Geschäftsordnung

Sonstige Bestimmungen über die Geschäftsführung sollen in einer schriftlichen Geschäftsordnung getroffen werden, die der Betriebsrat mit der Mehrheit der Stimmen seiner Mitglieder beschließt.

§ 37 Ehrenamtliche Tätigkeit, Arbeitsversäumnis

(1) Die Mitglieder des Betriebsrats führen ihr Amt unentgeltlich als Ehrenamt.

(2) Mitglieder des Betriebsrats sind von ihrer beruflichen Tätigkeit ohne Minderung des Arbeitsentgelts zu befreien, wenn und soweit es nach Umfang und Art des Betriebs zur ordnungsgemäßen Durchführung ihrer Aufgaben erforderlich ist.

(3) Zum Ausgleich für Betriebsratstätigkeit, die aus betriebsbedingten Gründen außerhalb der Arbeitszeit durchzuführen ist, hat das Betriebsratsmitglied Anspruch auf entsprechende Arbeitsbefreiung unter Fortzahlung des Arbeitsentgelts. Betriebsbedingte Gründe liegen auch vor, wenn die Betriebsratstätigkeit wegen der unterschiedlichen Arbeitszeiten der Betriebsratsmitglieder nicht innerhalb der persönlichen Arbeitszeit erfolgen kann. Die Arbeitsbefreiung ist vor Ablauf eines Monats zu gewähren; ist dies aus betriebsbedingten Gründen nicht möglich, so ist die aufgewendete Zeit wie Mehrarbeit zu vergüten.

(4) Das Arbeitsentgelt von Mitgliedern des Betriebsrats darf einschließlich eines Zeitraums von einem Jahr nach Beendigung der Amtszeit nicht geringer bemessen werden als das Arbeitsentgelt vergleichbarer Arbeitnehmer mit betriebsüblicher beruflicher Entwicklung. Dies gilt auch für allgemeine Zuwendungen des Arbeitgebers.

(5) Soweit nicht zwingende betriebliche Notwendigkeiten entgegenstehen, dürfen Mitglieder des Betriebsrats einschließlich eines Zeitraums von einem Jahr nach Beendigung der Amtszeit nur mit Tätigkeiten beschäftigt werden, die den Tätigkeiten der in Absatz 4 genannten Arbeitnehmer gleichwertig sind.

(6) Die Absätze 2 und 3 gelten entsprechend für die Teilnahme an Schulungs- und Bildungsveranstaltungen, soweit diese Kenntnisse vermitteln, die für die Arbeit des Betriebsrats erforderlich sind. Betriebsbedingte Gründe im Sinne des Absatzes 3 liegen auch vor, wenn wegen Besonderheiten der betrieblichen Arbeitszeitgestaltung die Schulung des Betriebsratsmitglieds außerhalb seiner Arbeitszeit erfolgt; in diesem Fall ist der Umfang des Ausgleichsanspruchs unter Einbeziehung der Arbeitsbefreiung nach Absatz 2 pro Schulungstag begrenzt auf die Arbeitszeit eines vollzeitbeschäftigten Arbeitnehmers. Der Betriebsrat hat bei der Festlegung der zeitlichen Lage der Teilnahme an Schu-

lungs- und Bildungsveranstaltungen die betrieblichen Notwendigkeiten zu berücksichtigen. Er hat dem Arbeitgeber die Teilnahme und die zeitliche Lage der Schulungs- und Bildungsveranstaltungen rechtzeitig bekannt zu geben. Hält der Arbeitgeber die betrieblichen Notwendigkeiten für nicht ausreichend berücksichtigt, so kann er die Einigungsstelle anrufen. Der Spruch der Einigungsstelle ersetzt die Einigung zwischen Arbeitgeber und Betriebsrat.

(7) Unbeschadet der Vorschrift des Absatzes 6 hat jedes Mitglied des Betriebsrats während seiner regelmäßigen Amtszeit Anspruch auf bezahlte Freistellung für insgesamt drei Wochen zur Teilnahme an Schulungs- und Bildungsveranstaltungen, die von der zuständigen obersten Arbeitsbehörde des Landes nach Beratung mit den Spitzenorganisationen der Gewerkschaften und der Arbeitgeberverbände als geeignet anerkannt sind. Der Anspruch nach Satz 1 erhöht sich für Arbeitnehmer, die erstmals das Amt eines Betriebsratsmitglieds übernehmen und auch nicht zuvor Jugend- und Auszubildendenvertreter waren, auf vier Wochen. Absatz 6 Satz 2 bis 6 findet Anwendung.

§ 38 Freistellungen

(1) Von ihrer beruflichen Tätigkeit sind mindestens freizustellen in Betrieben mit in der Regel

200 bis 500	Arbeitnehmern	ein Betriebsratsmitglied,
501 bis 900	Arbeitnehmern	2 Betriebsratsmitglieder,
901 bis 1500	Arbeitnehmern	3 Betriebsratsmitglieder,
501 bis 2000	Arbeitnehmern	4 Betriebsratsmitglieder,
2001 bis 3000	Arbeitnehmern	5 Betriebsratsmitglieder,
3001 bis 4000	Arbeitnehmern	6 Betriebsratsmitglieder,
4001 bis 5000	Arbeitnehmern	7 Betriebsratsmitglieder,
5001 bis 6000	Arbeitnehmern	8 Betriebsratsmitglieder,
6001 bis 7000	Arbeitnehmern	9 Betriebsratsmitglieder,
7001 bis 8000	Arbeitnehmern	10 Betriebsratsmitglieder,
8001 bis 9000	Arbeitnehmern	11 Betriebsratsmitglieder,
9001 bis 10000	Arbeitnehmern	12 Betriebsratsmitglieder.

In Betrieben mit über 10 000 Arbeitnehmern ist für je angefangene weitere 2000 Arbeitnehmer ein weiteres Betriebsratsmitglied freizustellen. Freistellungen können auch in Form von Teilfreistellungen erfolgen. Diese dürfen zusammen genommen nicht den Umfang der Freistellungen nach den Sätzen 1 und 2 überschreiten. Durch Tarifvertrag oder Betriebsvereinbarung können anderweitige Regelungen über die Freistellung vereinbart werden.

(2) Die freizustellenden Betriebsratsmitglieder werden nach Beratung mit dem Arbeitgeber vom Betriebsrat aus seiner Mitte in geheimer Wahl und nach den Grundsätzen der Verhältniswahl gewählt. Wird nur ein Wahlvorschlag gemacht, so erfolgt die Wahl nach den Grundsätzen der Mehrheitswahl; ist nur ein Betriebsratsmitglied freizustellen,

so wird dieses mit einfacher Stimmenmehrheit gewählt. Der Betriebsrat hat die Namen der Freizustellenden dem Arbeitgeber bekannt zu geben. Hält der Arbeitgeber eine Freistellung für sachlich nicht vertretbar, so kann er innerhalb einer Frist von zwei Wochen nach der Bekanntgabe die Einigungsstelle anrufen. Der Spruch der Einigungsstelle ersetzt die Einigung zwischen Arbeitgeber und Betriebsrat. Bestätigt die Einigungsstelle die Bedenken des Arbeitgebers, so hat sie bei der Bestimmung eines anderen freizustellenden Betriebsratsmitglieds auch den Minderheitenschutz im Sinne des Satzes 1 zu beachten. Ruft der Arbeitgeber die Einigungsstelle nicht an, so gilt sein Einverständnis mit den Freistellungen nach Ablauf der zweiwöchigen Frist als erteilt. Für die Abberufung gilt § 27 Abs. 1 Satz 5 entsprechend.

(3) Der Zeitraum für die Weiterzahlung des nach § 37 Abs. 4 zu bemessenden Arbeitsentgelts und für die Beschäftigung nach § 37 Abs. 5 erhöht sich für Mitglieder des Betriebsrats, die drei volle aufeinander folgende Amtszeiten freigestellt waren, auf zwei Jahre nach Ablauf der Amtszeit.

(4) Freigestellte Betriebsratsmitglieder dürfen von inner- und außerbetrieblichen Maßnahmen der Berufsbildung nicht ausgeschlossen werden. Innerhalb eines Jahres nach Beendigung der Freistellung eines Betriebsratsmitglieds ist diesem im Rahmen der Möglichkeiten des Betriebs Gelegenheit zu geben, eine wegen der Freistellung unterbliebene betriebsübliche berufliche Entwicklung nachzuholen. Für Mitglieder des Betriebsrats, die drei volle aufeinander folgende Amtszeiten freigestellt waren, erhöht sich der Zeitraum nach Satz 2 auf zwei Jahre.

§ 39   Sprechstunden

(1) Der Betriebsrat kann während der Arbeitszeit Sprechstunden einrichten. Zeit und Ort sind mit dem Arbeitgeber zu vereinbaren. Kommt eine Einigung nicht zustande, so entscheidet die Einigungsstelle. Der Spruch der Einigungsstelle ersetzt die Einigung zwischen Arbeitgeber und Betriebsrat.

(2) Führt die Jugend- und Auszubildendenvertretung keine eigenen Sprechstunden durch, so kann an den Sprechstunden des Betriebsrats ein Mitglied der Jugend- und Auszubildendenvertretung zur Beratung der in § 60 Abs. 1 genannten Arbeitnehmer teilnehmen.

(3) Versäumnis von Arbeitszeit, die zum Besuch der Sprechstunden oder durch sonstige Inanspruchnahme des Betriebsrats erforderlich ist, berechtigt den Arbeitgeber nicht zur Minderung des Arbeitsentgelts des Arbeitnehmers.

§ 40 Kosten und Sachaufwand des Betriebsrats

(1) Die durch die Tätigkeit des Betriebsrats entstehenden Kosten trägt der Arbeitgeber.

(2) Für die Sitzungen, die Sprechstunden und die laufende Geschäftsführung hat der Arbeitgeber in erforderlichem Umfang Räume, sachliche Mittel, Informations- und Kommunikationstechnik sowie Büropersonal zur Verfügung zu stellen.

§ 41 Umlageverbot

Die Erhebung und Leistung von Beiträgen der Arbeitnehmer für Zwecke des Betriebsrats ist unzulässig.

Vierter Abschnitt:

Betriebsversammlung

§ 42 Zusammensetzung, Teilversammlung, Abteilungsversammlung

(1) Die Betriebsversammlung besteht aus den Arbeitnehmern des Betriebs; sie wird von dem Vorsitzenden des Betriebsrats geleitet. Sie ist nicht öffentlich. Kann wegen der Eigenart des Betriebs eine Versammlung aller Arbeitnehmer zum gleichen Zeitpunkt nicht stattfinden, so sind Teilversammlungen durchzuführen.

(2) Arbeitnehmer organisatorisch oder räumlich abgegrenzter Betriebsteile sind vom Betriebsrat zu Abteilungsversammlungen zusammenzufassen, wenn dies für die Erörterung der besonderen Belange der Arbeitnehmer erforderlich ist. Die Abteilungsversammlung wird von einem Mitglied des Betriebsrats geleitet, das möglichst einem beteiligten Betriebsteil als Arbeitnehmer angehört. Absatz 1 Satz 2 und 3 gilt entsprechend.

§ 43 Regelmäßige Betriebs- und Abteilungsversammlungen

(1) Der Betriebsrat hat einmal in jedem Kalendervierteljahr eine Betriebsversammlung einzuberufen und in ihr einen Tätigkeitsbericht zu erstatten. Liegen die Voraussetzungen des § 42 Abs. 2 Satz 1 vor, so hat der Betriebsrat in jedem Kalenderjahr zwei der in Satz 1 genannten Betriebsversammlungen als Abteilungsversammlungen durchzuführen. Die Abteilungsversammlungen sollen möglichst gleichzeitig stattfinden. Der Betriebsrat kann in jedem Kalenderhalbjahr eine weitere Betriebsversammlung oder, wenn die Voraussetzungen des § 42 Abs. 2 Satz 1 vorliegen, einmal weitere Abteilungsversammlungen durchführen, wenn dies aus besonderen Gründen zweckmäßig erscheint.

(2) Der Arbeitgeber ist zu den Betriebs- und Abteilungsversammlungen unter Mitteilung der Tagesordnung einzuladen. Er ist berechtigt,

in den Versammlungen zu sprechen. Der Arbeitgeber oder sein Vertreter hat mindestens einmal in jedem Kalenderjahr in einer Betriebsversammlung über das Personal- und Sozialwesen einschließlich des Stands der Gleichstellung von Frauen und Männern im Betrieb sowie der Integration der im Betrieb beschäftigten ausländischen Arbeitnehmer, über die wirtschaftliche Lage und Entwicklung des Betriebs sowie über den betrieblichen Umweltschutz zu berichten, soweit dadurch nicht Betriebs- oder Geschäftsgeheimnisse gefährdet werden.

(3) Der Betriebsrat ist berechtigt und auf Wunsch des Arbeitgebers oder von mindestens einem Viertel der wahlberechtigten Arbeitnehmer verpflichtet, eine Betriebsversammlung einzuberufen und den beantragten Beratungsgegenstand auf die Tagesordnung zu setzen. Vom Zeitpunkt der Versammlungen, die auf Wunsch des Arbeitgebers stattfinden, ist dieser rechtzeitig zu verständigen.

(4) Auf Antrag einer im Betrieb vertretenen Gewerkschaft muss der Betriebsrat vor Ablauf von zwei Wochen nach Eingang des Antrags eine Betriebsversammlung nach Absatz 1 Satz 1 einberufen, wenn im vorhergegangenen Kalenderhalbjahr keine Betriebsversammlung und keine Abteilungsversammlungen durchgeführt worden sind.

§ 44   Zeitpunkt und Verdienstausfall

(1) Die in den §§ 14 a, 17 und 43 Abs. 1 bezeichneten und die auf Wunsch des Arbeitgebers einberufenen Versammlungen finden während der Arbeitszeit statt, soweit nicht die Eigenart des Betriebs eine andere Regelung zwingend erfordert. Die Zeit der Teilnahme an diesen Versammlungen einschließlich der zusätzlichen Wegezeiten ist den Arbeitnehmern wie Arbeitszeit zu vergüten. Dies gilt auch dann, wenn die Versammlungen wegen der Eigenart des Betriebs außerhalb der Arbeitszeit stattfinden; Fahrkosten, die den Arbeitnehmern durch die Teilnahme an diesen Versammlungen entstehen, sind vom Arbeitgeber zu erstatten.

(2) Sonstige Betriebs- oder Abteilungsversammlungen finden außerhalb der Arbeitszeit statt. Hiervon kann im Einvernehmen mit dem Arbeitgeber abgewichen werden; im Einvernehmen mit dem Arbeitgeber während der Arbeitszeit durchgeführte Versammlungen berechtigen den Arbeitgeber nicht, das Arbeitsentgelt der Arbeitnehmer zu mindern.

§ 45   Themen der Betriebs- und Abteilungsversammlungen

Die Betriebs- und Abteilungsversammlungen können Angelegenheiten einschließlich solcher tarifpolitischer, sozialpolitischer, umweltpolitischer und wirtschaftlicher Art sowie Fragen der Förderung der Gleichstellung von Frauen und Männern und der Vereinbarkeit von Familie und Erwerbstätigkeit sowie der Integration der im Betrieb beschäftigten ausländischen Arbeitnehmer behandeln, die den Betrieb oder seine Arbeitnehmer unmittelbar betreffen; die Grundsätze des § 74 Abs. 2 finden Anwendung. Die Betriebs- und Abteilungsversammlungen können dem Betriebsrat Anträge unterbreiten und zu seinen Beschlüssen Stellung nehmen.

§ 46 Beauftragte der Verbände

(1) An den Betriebs- oder Abteilungsversammlungen können Beauftragte der im Betrieb vertretenen Gewerkschaften beratend teilnehmen. Nimmt der Arbeitgeber an Betriebs- oder Abteilungsversammlungen teil, so kann er einen Beauftragten der Vereinigung der Arbeitgeber, der er angehört, hinzuziehen.

(2) Der Zeitpunkt und die Tagesordnung der Betriebs- oder Abteilungsversammlungen sind den im Betriebsrat vertretenen Gewerkschaften rechtzeitig schriftlich mitzuteilen.

Fünfter Abschnitt:
Gesamtbetriebsrat

§ 47 Voraussetzungen der Errichtung, Mitgliederzahl, Stimmengewicht

(1) Bestehen in einem Unternehmen mehrere Betriebsräte, so ist ein Gesamtbetriebsrat zu errichten.

(2) In den Gesamtbetriebsrat entsendet jeder Betriebsrat mit bis zu drei Mitgliedern eines seiner Mitglieder; jeder Betriebsrat mit mehr als drei Mitgliedern entsendet zwei seiner Mitglieder. Die Geschlechter sollen angemessen berücksichtigt werden.

(3) Der Betriebsrat hat für jedes Mitglied des Gesamtbetriebsrats mindestens ein Ersatzmitglied zu bestellen und die Reihenfolge des Nachrückens festzulegen.

(4) Durch Tarifvertrag oder Betriebsvereinbarung kann die Mitgliederzahl des Gesamtbetriebsrats abweichend von Absatz 2 Satz 1 geregelt werden.

(5) Gehören nach Absatz 2 Satz 1 dem Gesamtbetriebsrat mehr als vierzig Mitglieder an und besteht keine tarifliche Regelung nach Absatz 4, so ist zwischen Gesamtbetriebsrat und Arbeitgeber eine Betriebsvereinbarung über die Mitgliederzahl des Gesamtbetriebsrats abzuschließen, in der bestimmt wird, dass Betriebsräte mehrerer Betriebe eines Unternehmens, die regional oder durch gleichartige Interessen miteinander verbunden sind, gemeinsam Mitglieder in den Gesamtbetriebsrat entsenden.

(6) Kommt im Fall des Absatzes 5 eine Einigung nicht zustande, so entscheidet eine für das Gesamtunternehmen zu bildende Einigungs-

stelle. Der Spruch der Einigungsstelle ersetzt die Einigung zwischen Arbeitgeber und Gesamtbetriebsrat.

(7) Jedes Mitglied des Gesamtbetriebsrats hat so viele Stimmen, wie in dem Betrieb, in dem es gewählt wurde, wahlberechtigte Arbeitnehmer in der Wählerliste eingetragen sind. Entsendet der Betriebsrat mehrere Mitglieder, so stehen ihnen die Stimmen nach Satz 1 anteilig zu.

(8) Ist ein Mitglied des Gesamtbetriebsrats für mehrere Betriebe entsandt worden, so hat es so viele Stimmen, wie in den Betrieben, für die es entsandt ist, wahlberechtigte Arbeitnehmer in den Wählerlisten eingetragen sind; sind mehrere Mitglieder entsandt worden, gilt Absatz 7 Satz 2 entsprechend.

(9) Für Mitglieder des Gesamtbetriebsrats, die aus einem gemeinsamen Betrieb mehrerer Unternehmen entsandt worden sind, können durch Tarifvertrag oder Betriebsvereinbarung von den Absätzen 7 und 8 abweichende Regelungen getroffen werden.

§ 48 Ausschluss von Gesamtbetriebsratsmitgliedern

Mindestens ein Viertel der wahlberechtigten Arbeitnehmer des Unternehmens, der Arbeitgeber, der Gesamtbetriebsrat oder eine im Unternehmen vertretene Gewerkschaft können beim Arbeitsgericht den Ausschluss eines Mitglieds aus dem Gesamtbetriebsrat wegen grober Verletzung seiner gesetzlichen Pflichten beantragen.

§ 49 Erlöschen der Mitgliedschaft

Die Mitgliedschaft im Gesamtbetriebsrat endet mit dem Erlöschen der Mitgliedschaft im Betriebsrat, durch Amtsniederlegung, durch Ausschluss aus dem Gesamtbetriebsrat aufgrund einer gerichtlichen Entscheidung oder Abberufung durch den Betriebsrat.

§ 50 Zuständigkeit

(1) Der Gesamtbetriebsrat ist zuständig für die Behandlung von Angelegenheiten, die das Gesamtunternehmen oder mehrere Betriebe betreffen und nicht durch die einzelnen Betriebsräte innerhalb ihrer Betriebe geregelt werden können; seine Zuständigkeit erstreckt sich insoweit auch auf Betriebe ohne Betriebsrat. Er ist den einzelnen Betriebsräten nicht übergeordnet.

(2) Der Betriebsrat kann mit der Mehrheit der Stimmen seiner Mitglieder den Gesamtbetriebsrat beauftragen, eine Angelegenheit für ihn zu behandeln. Der Betriebsrat kann sich dabei die Entscheidungsbefugnis vorbehalten. § 27 Abs. 2 Satz 3 und 4 gilt entsprechend.

§ 51 Geschäftsführung

(1) Für den Gesamtbetriebsrat gelten § 25 Abs. 1, die §§ 26, 27 Abs. 2

und 3, § 28 Abs. 1 Satz 1 und 3, Abs. 2, die §§ 30, 31, 34, 35, 36, 37 Abs. 1 bis 3 sowie die §§ 40 und 41 entsprechend. § 27 Abs. 1 gilt entsprechend mit der Maßgabe, dass der Gesamtbetriebsausschuss aus dem Vorsitzenden des Gesamtbetriebsrats, dessen Stellvertreter und bei Gesamtbetriebsräten mit

9 bis 16 Mitgliedern aus 3 weiteren Ausschussmitgliedern,
17 bis 24 Mitgliedern aus 5 weiteren Ausschussmitgliedern,
25 bis 36 Mitgliedern aus 7 weiteren Ausschussmitgliedern,
mehr als 36 Mitgliedern aus 9 weiteren Ausschussmitgliedern

(2) Ist ein Gesamtbetriebsrat zu errichten, so hat der Betriebsrat der Hauptverwaltung des Unternehmens oder, soweit ein solcher Betriebsrat nicht besteht, der Betriebsrat des nach der Zahl der wahlberechtigten Arbeitnehmer größten Betriebs zu der Wahl des Vorsitzenden und des stellvertretenden Vorsitzenden des Gesamtbetriebsrats einzuladen. Der Vorsitzende des einladenden Betriebsrats hat die Sitzung zu leiten, bis der Gesamtbetriebsrat aus seiner Mitte einen Wahlleiter bestellt hat. § 29 Abs. 2 bis 4 gilt entsprechend.

(3) Die Beschlüsse des Gesamtbetriebsrats werden, soweit nichts anderes bestimmt ist, mit Mehrheit der Stimmen der anwesenden Mitglieder gefasst. Bei Stimmengleichheit ist ein Antrag abgelehnt. Der Gesamtbetriebsrat ist nur beschlussfähig, wenn mindestens die Hälfte seiner Mitglieder an der Beschlussfassung teilnimmt und die Teilnehmenden mindestens die Hälfte aller Stimmen vertreten; Stellvertretung durch Ersatzmitglieder ist zulässig. § 33 Abs. 3 gilt entsprechend.

(4) Auf die Beschlussfassung des Gesamtbetriebsausschusses und weiterer Ausschüsse des Gesamtbetriebsrats ist § 33 Abs. 1 und 2 anzuwenden.

(5) Die Vorschriften über die Rechte und Pflichten des Betriebsrats gelten entsprechend für den Gesamtbetriebsrat, soweit dieses Gesetz keine besonderen Vorschriften enthält.

§ 52   Teilnahme der Gesamtschwerbehindertenvertretung

Die Gesamtschwerbehindertenvertretung (§ 97 Abs. 1 des Neunten Buches Sozialgesetzbuch) kann an allen Sitzungen des Gesamtbetriebsrats beratend teilnehmen.

§ 53   Betriebsräteversammlung

(1) Mindestens einmal in jedem Kalenderjahr hat der Gesamtbetriebsrat die Vorsitzenden und die stellvertretenden Vorsitzenden der Betriebsräte sowie die weiteren Mitglieder der Betriebsausschüsse zu einer Versammlung einzuberufen. Zu dieser Versammlung kann der Betriebsrat abweichend von Satz 1 aus seiner Mitte andere Mitglieder entsenden, soweit dadurch die Gesamtzahl der sich für ihn nach Satz 1 ergebenden Teilnehmer nicht überschritten wird.

(2) In der Betriebsräteversammlung hat

1. der Gesamtbetriebsrat einen Tätigkeitsbericht,

2. der Unternehmer einen Bericht über das Personal- und Sozialwesen einschließlich des Stands der Gleichstellung von Frauen und Männern im Unternehmen, der Integration der im Unternehmen beschäftigten ausländischen Arbeitnehmer, über die wirtschaftliche Lage und Entwicklung des Unternehmens sowie über Fragen des Umweltschutzes im Unternehmen, soweit dadurch nicht Betriebs- und Geschäftsgeheimnisse gefährdet werden,

zu erstatten.

(3) Der Gesamtbetriebsrat kann die Betriebsräteversammlung in Form von Teilversammlungen durchführen. Im Übrigen gelten § 42 Abs. 1 Satz 1 zweiter Halbsatz und Satz 2, § 43 Abs. 2 Satz 1 und 2 sowie die §§ 45 und 46 entsprechend.

Sechster Abschnitt:

Konzernbetriebsrat

§ 54 Errichtung des Konzernbetriebsrats

(1) Für einen Konzern (§ 18 Abs. 1 des Aktiengesetzes) kann durch Beschlüsse der einzelnen Gesamtbetriebsräte ein Konzernbetriebsrat errichtet werden. Die Errichtung erfordert die Zustimmung der Gesamtbetriebsräte der Konzernunternehmen, in denen insgesamt mehr als 50 vom Hundert der Arbeitnehmer der Konzernunternehmen beschäftigt sind.

(2) Besteht in einem Konzernunternehmen nur ein Betriebsrat, so nimmt dieser die Aufgaben eines Gesamtbetriebsrats nach den Vorschriften dieses Abschnitts wahr.

§ 55 Zusammensetzung des Konzernbetriebsrats, Stimmengewicht

(1) In den Konzernbetriebsrat entsendet jeder Gesamtbetriebsrat zwei seiner Mitglieder. Die Geschlechter sollen angemessen berücksichtigt werden.

(2) Der Gesamtbetriebsrat hat für jedes Mitglied des Konzernbetriebsrats mindestens ein Ersatzmitglied zu bestellen und die Reihenfolge des Nachrückens festzulegen.

(3) Jedem Mitglied des Konzernbetriebsrats stehen die Stimmen der Mitglieder des entsendenden Gesamtbetriebsrats je zur Hälfte zu.

(4) Durch Tarifvertrag oder Betriebsvereinbarung kann die Mitgliederzahl des Konzernbetriebsrats abweichend von Absatz 1 Satz 1 geregelt werden. § 47 Abs. 5 bis 9 gilt entsprechend.

§ 56 Ausschluss von Konzernbetriebsratsmitgliedern

Mindestens ein Viertel der wahlberechtigten Arbeitnehmer der Konzernunternehmen, der Arbeitgeber, der Konzernbetriebsrat oder eine im Konzern vertretene Gewerkschaft können beim Arbeitsgericht den Ausschluss eines Mitglieds aus dem Konzernbetriebsrat wegen grober Verletzung seiner gesetzlichen Pflichten beantragen.

§ 57 Erlöschen der Mitgliedschaft

Die Mitgliedschaft im Konzernbetriebsrat endet mit dem Erlöschen der Mitgliedschaft im Gesamtbetriebsrat, durch Amtsniederlegung, durch Ausschluss aus dem Konzernbetriebsrat aufgrund einer gerichtlichen Entscheidung oder Abberufung durch den Gesamtbetriebsrat.

§ 58 Zuständigkeit

(1) Der Konzernbetriebsrat ist zuständig für die Behandlung von Angelegenheiten, die den Konzern oder mehrere Konzernunternehmen betreffen und nicht durch die einzelnen Gesamtbetriebsräte innerhalb ihrer Unternehmen geregelt werden können; seine Zuständigkeit erstreckt sich insoweit auch auf Unternehmen, die einen Gesamtbetriebsrat nicht gebildet haben, sowie auf Betriebe der Konzernunternehmen ohne Betriebsrat. Er ist den einzelnen Gesamtbetriebsräten nicht übergeordnet.

(2) Der Gesamtbetriebsrat kann mit der Mehrheit der Stimmen seiner Mitglieder den Konzernbetriebsrat beauftragen, eine Angelegenheit für ihn zu behandeln. Der Gesamtbetriebsrat kann sich dabei die Entscheidungsbefugnis vorbehalten. § 27 Abs. 2 Satz 3 und 4 gilt entsprechend.

§ 59 Geschäftsführung

(1) Für den Konzernbetriebsrat gelten § 25 Abs. 1, die §§ 26, 27 Abs. 2 und 3, § 28 Abs. 1 Satz 1 und 3, Abs. 2, die §§ 30, 31, 34, 35, 36, 37 Abs. 1 bis 3 sowie die §§ 40, 41 und 51 Abs. 1 Satz 2 und Abs. 3 bis 5 entsprechend.

(2) Ist ein Konzernbetriebsrat zu errichten, so hat der Gesamtbetriebsrat des herrschenden Unternehmens oder, soweit ein solcher Gesamtbetriebsrat nicht besteht, der Gesamtbetriebsrat des nach der Zahl der wahlberechtigten Arbeitnehmer größten Konzernunternehmens zu der Wahl des Vorsitzenden und des stellvertretenden Vorsitzenden des Konzernbetriebsrats einzuladen. Der Vorsitzende des einladenden Gesamtbetriebsrats hat die Sitzung zu leiten, bis der Konzernbetriebsrat aus seiner Mitte einen Wahlleiter bestellt hat. § 29 Abs. 2 bis 4 gilt entsprechend.

§ 59a Teilnahme der Konzernschwerbehindertenvertretung

Die Konzernschwerbehindertenvertretung (§ 97 Abs. 2 des Neunten Buches Sozialgesetzbuch) kann an allen Sitzungen des Konzernbetriebsrats beratend teilnehmen.

Dritter Teil: Jugend- und Auszubildendenvertretung

Erster Abschnitt:
Betriebliche Jugend- und Auszubildendenvertretung

§ 60 Errichtung und Aufgabe

(1) In Betrieben mit in der Regel mindestens fünf Arbeitnehmern, die das 18. Lebensjahr noch nicht vollendet haben (jugendliche Arbeitnehmer) oder die zu ihrer Berufsausbildung beschäftigt sind und das 25. Lebensjahr noch nicht vollendet haben, werden Jugend- und Auszubildendenvertretungen gewählt.

(2) Die Jugend- und Auszubildendenvertretung nimmt nach Maßgabe der folgenden Vorschriften die besonderen Belange der in Absatz 1 genannten Arbeitnehmer wahr.

§ 61 Wahlberechtigung und Wählbarkeit

(1) Wahlberechtigt sind alle in § 60 Abs. 1 genannten Arbeitnehmer des Betriebs.

(2) Wählbar sind alle Arbeitnehmer des Betriebs, die das 25. Lebensjahr noch nicht vollendet haben; § 8 Abs. 1 Satz 3 findet Anwendung. Mitglieder des Betriebsrats können nicht zu Jugend- und Auszubildendenvertretern gewählt werden.

§ 62 Zahl der Jugend- und Auszubildendenvertreter, Zusammensetzung der Jugend- und Auszubildendenvertretung

(1) Die Jugend- und Auszubildendenvertretung besteht in Betrieben mit in der Regel

5 bis 20 der in § 60 Abs. 1 genannten Arbeitnehmer aus	einer Person,
21 bis 50 der in § 60 Abs. 1 genannten Arbeitnehmer aus	3 Mitgliedern,

51 bis   150 der in § 60 Abs. 1 genannten Arbeitnehmer aus
5 Mitgliedern,

151 bis   300 der in § 60 Abs. 1 genannten Arbeitnehmer aus
7 Mitgliedern,

301 bis   500 der in § 60 Abs. 1 genannten Arbeitnehmer aus
9 Mitgliedern,

501 bis   700 der in § 60 Abs. 1 genannten Arbeitnehmer aus
11 Mitgliedern,

701 bis 1000 der in § 60 Abs. 1 genannten Arbeitnehmer aus
13 Mitgliedern,

mehr als 1000 der in § 60 Abs. 1 genannten Arbeitnehmer aus
15 Mitgliedern.

(2) Die Jugend- und Auszubildendenvertretung soll sich möglichst aus Vertretern der verschiedenen Beschäftigungsarten und Ausbildungsberufe der im Betrieb tätigen in § 60 Abs. 1 genannten Arbeitnehmer zusammensetzen.

(3) Das Geschlecht, das unter den in § 60 Abs. 1 genannten Arbeitnehmern in der Minderheit ist, muss mindestens entsprechend seinem zahlenmäßigen Verhältnis in der Jugend- und Auszubildendenvertretung vertreten sein, wenn diese aus mindestens drei Mitgliedern besteht.

§ 63   Wahlvorschriften

(1) Die Jugend- und Auszubildendenvertretung wird in geheimer und unmittelbarer Wahl gewählt.

(2) Spätestens acht Wochen vor Ablauf der Amtszeit der Jugend- und Auszubildendenvertretung bestellt der Betriebsrat den Wahlvorstand und seinen Vorsitzenden. Für die Wahl der Jugend- und Auszubildendenvertreter gelten § 14 Abs. 2 bis 5, § 16 Abs. 1 Satz 4 bis 6, § 18 Abs. 1 Satz 1 und Abs. 3 sowie die §§ 19 und 20 entsprechend.

(3) Bestellt der Betriebsrat den Wahlvorstand nicht oder nicht spätestens sechs Wochen vor Ablauf der Amtszeit der Jugend- und Auszubildendenvertretung oder kommt der Wahlvorstand seiner Verpflichtung nach § 18 Abs. 1 Satz 1 nicht nach, so gelten § 16 Abs. 2 Satz 1 und 2, Abs. 3 Satz 1 und § 18 Abs. 1 Satz 2 entsprechend; der Antrag beim Arbeitsgericht kann auch von jugendlichen Arbeitnehmern gestellt werden.

(4) In Betrieben mit in der Regel fünf bis fünfzig der in § 60 Abs. 1 genannten Arbeitnehmer gilt auch § 14a entsprechend. Die Frist zur Bestellung des Wahlvorstands wird im Falle des Absatzes 2 Satz 1 auf vier Wochen und im Falle des Absatzes 3 Satz 1 auf drei Wochen verkürzt.

(5) In Betrieben mit in der Regel 51 bis 100 der in § 60 Abs. 1 genannten Arbeitnehmer gilt § 14a Abs. 5 entsprechend.

§ 64 Zeitpunkt der Wahlen und Amtszeit

(1) Die regelmäßigen Wahlen der Jugend- und Auszubildendenvertretung finden alle zwei Jahre in der Zeit vom 1. Oktober bis 30. November statt. Für die Wahl der Jugend- und Auszubildendenvertretung außerhalb dieser Zeit gilt § 13 Abs. 2 Nr. 2 bis 6 und Abs. 3 entsprechend.

(2) Die regelmäßige Amtszeit der Jugend- und Auszubildendenvertretung beträgt zwei Jahre. Die Amtszeit beginnt mit der Bekanntgabe des Wahlergebnisses oder, wenn zu diesem Zeitpunkt noch eine Jugend- und Auszubildendenvertretung besteht, mit Ablauf von deren Amtszeit. Die Amtszeit endet spätestens am 30. November des Jahres, in dem nach Absatz 1 Satz 1 die regelmäßigen Wahlen stattfinden. In dem Fall des § 13 Abs. 3 Satz 2 endet die Amtszeit spätestens am 30. November des Jahres, in dem die Jugend- und Auszubildendenvertretung neu zu wählen ist. In dem Fall des § 13 Abs. 2 Nr. 2 endet die Amtszeit mit der Bekanntgabe des Wahlergebnisses der neu gewählten Jugend- und Auszubildendenvertretung.

(3) Ein Mitglied der Jugend- und Auszubildendenvertretung, das im Laufe der Amtszeit das 25. Lebensjahr vollendet, bleibt bis zum Ende der Amtszeit Mitglied der Jugend- und Auszubildendenvertretung.

§ 65 Geschäftsführung

(1) Für die Jugend- und Auszubildendenvertretung gelten § 23 Abs. 1, die §§ 24, 25, 26, 28 Abs. 1 Satz 1 und 2, die §§ 30, 31, 33 Abs. 1 und 2 sowie die §§ 34, 36, 37, 40 und 41 entsprechend.

(2) Die Jugend- und Auszubildendenvertretung kann nach Verständigung des Betriebsrats Sitzungen abhalten; § 29 gilt entsprechend. An diesen Sitzungen kann der Betriebsratsvorsitzende oder ein beauftragtes Betriebsratsmitglied teilnehmen.

§ 66 Aussetzung von Beschlüssen des Betriebsrats

(1) Erachtet die Mehrheit der Jugend- und Auszubildendenvertreter einen Beschluss des Betriebsrats als eine erhebliche Beeinträchtigung wichtiger Interessen der in § 60 Abs. 1 genannten Arbeitnehmer, so ist auf ihren Antrag der Beschluss auf die Dauer von einer Woche auszusetzen, damit in dieser Frist eine Verständigung, gegebenenfalls mit Hilfe der im Betrieb vertretenen Gewerkschaften, versucht werden kann.

(2) Wird der erste Beschluss bestätigt, so kann der Antrag auf Aussetzung nicht wiederholt werden; dies gilt auch, wenn der erste Beschluss nur unerheblich geändert wird.

§ 67 Teilnahme an Betriebsratssitzungen

(1) Die Jugend- und Auszubildendenvertretung kann zu allen Betriebsratssitzungen einen Vertreter entsenden. Werden Angelegenheiten behandelt, die besonders die in § 60 Abs. 1 genannten Arbeitnehmer betreffen, so hat zu diesen Tagesordnungspunkten die gesamte Jugend- und Auszubildendenvertretung ein Teilnahmerecht.

(2) Die Jugend- und Auszubildendenvertreter haben Stimmrecht, soweit die zu fassenden Beschlüsse des Betriebsrats überwiegend die in § 60 Abs. 1 genannten Arbeitnehmer betreffen.

(3) Die Jugend- und Auszubildendenvertretung kann beim Betriebsrat beantragen, Angelegenheiten, die besonders die in § 60 Abs. 1 genannten Arbeitnehmer betreffen und über die sie beraten hat, auf die nächste Tagesordnung zu setzen. Der Betriebsrat soll Angelegenheiten, die besonders die in § 60 Abs. 1 genannten Arbeitnehmer betreffen, der Jugend- und Auszubildendenvertretung zur Beratung zuleiten.

§ 68 Teilnahme an gemeinsamen Besprechungen

Der Betriebsrat hat die Jugend- und Auszubildendenvertretung zu Besprechungen zwischen Arbeitgeber und Betriebsrat beizuziehen, wenn Angelegenheiten behandelt werden, die besonders die in § 60 Abs. 1 genannten Arbeitnehmer betreffen.

§ 69 Sprechstunden

In Betrieben, die in der Regel mehr als fünfzig der in § 60 Abs. 1 genannten Arbeitnehmer beschäftigen, kann die Jugend- und Auszubildendenvertretung Sprechstunden während der Arbeitszeit einrichten. Zeit und Ort sind durch Betriebsrat und Arbeitgeber zu vereinbaren. § 39 Abs. 1 Satz 3 und 4 und Abs. 3 gilt entsprechend. An den Sprechstunden der Jugend- und Auszubildendenvertretung kann der Betriebsratsvorsitzende oder ein beauftragtes Betriebsratsmitglied beratend teilnehmen.

§ 70 Allgemeine Aufgaben

(1) Die Jugend- und Auszubildendenvertretung hat folgende allgemeine Aufgaben:

1. Maßnahmen, die den in § 60 Abs. 1 genannten Arbeitnehmern dienen, insbesondere in Fragen der Berufsbildung und der Übernahme der zu ihrer Berufsausbildung Beschäftigten in ein Arbeitsverhältnis, beim Betriebsrat zu beantragen;

1 a. Maßnahmen zur Durchsetzung der tatsächlichen Gleichstellung der in § 60 Abs. 1 genannten Arbeitnehmer entsprechend § 80 Abs. 1 Nr. 2a und 2b beim Betriebsrat zu beantragen;

2. darüber zu wachen, dass die zugunsten der in § 60 Abs. 1 genann-

ten Arbeitnehmer geltenden Gesetze, Verordnungen, Unfallverhütungsvorschriften, Tarifverträge und Betriebsvereinbarungen
durchgeführt werden;

3. Anregungen von in § 60 Abs. 1 genannten Arbeitnehmern, insbesondere in Fragen der Berufsbildung, entgegenzunehmen und,
falls sie berechtigt erscheinen, beim Betriebsrat auf eine Erledigung
hinzuwirken. Die Jugend- und Auszubildendenvertretung hat die
betroffenen in § 60 Abs. 1 genannten Arbeitnehmer über den
Stand und das Ergebnis der Verhandlungen zu informieren;

4. die Integration ausländischer, in § 60 Abs. 1 genannter Arbeitnehmer im Betrieb zu fördern und entsprechende Maßnahmen beim
Betriebsrat zu beantragen.

(2) Zur Durchführung ihrer Aufgaben ist die Jugend- und Auszubildendenvertretung durch den Betriebsrat rechtzeitig und umfassend zu
unterrichten. Die Jugend- und Auszubildendenvertretung kann verlangen, dass ihr der Betriebsrat die zur Durchführung ihrer Aufgaben
erforderlichen Unterlagen zur Verfügung stellt.

§ 71   Jugend- und Auszubildendenversammlung

Die Jugend- und Auszubildendenvertretung kann vor oder nach jeder
Betriebsversammlung im Einvernehmen mit dem Betriebsrat eine
betriebliche Jugend- und Auszubildendenversammlung einberufen.
Im Einvernehmen mit Betriebsrat und Arbeitgeber kann die betriebliche Jugend- und Auszubildendenversammlung auch zu einem anderen Zeitpunkt einberufen werden. § 43 Abs. 2 Satz 1 und 2, die §§ 44
bis 46 und § 65 Abs. 2 Satz 2 gelten entsprechend.

Zweiter Abschnitt:
Gesamt-Jugend- und Auszubildenden-vertretung

§ 72   Voraussetzungen der Errichtung, Mitgliederzahl, Stimmen-gewicht

(1) Bestehen in einem Unternehmen mehrere Jugend- und Auszubildendenvertretungen, so ist eine Gesamt-Jugend- und Auszubildendenvertretung zu errichten.

(2) In die Gesamt-Jugend- und Auszubildendenvertretung entsendet
jede Jugend- und Auszubildendenvertretung ein Mitglied.

(3) Die Jugend- und Auszubildendenvertretung hat für das Mitglied
der Gesamt-Jugend- und Auszubildendenvertretung mindestens ein
Ersatzmitglied zu bestellen und die Reihenfolge des Nachrückens
festzulegen.

(4) Durch Tarifvertrag oder Betriebsvereinbarung kann die Mitgliederzahl der Gesamt-Jugend- und Auszubildendenvertretung abweichend von Absatz 2 geregelt werden.

(5) Gehören nach Absatz 2 der Gesamt-Jugend- und Auszubildendenvertretung mehr als zwanzig Mitglieder an und besteht keine tarifliche Regelung nach Absatz 4, so ist zwischen Gesamtbetriebsrat und Arbeitgeber eine Betriebsvereinbarung über die Mitgliederzahl der Gesamt-Jugend- und Auszubildendenvertretung abzuschließen, in der bestimmt wird, dass Jugend- und Auszubildendenvertretungen mehrerer Betriebe eines Unternehmens, die regional oder durch gleichartige Interessen miteinander verbunden sind, gemeinsam Mitglieder in die Gesamt-Jugend- und Auszubildendenvertretung entsenden.

(6) Kommt im Fall des Absatzes 5 eine Einigung nicht zustande, so entscheidet eine für das Gesamtunternehmen zu bildende Einigungsstelle. Der Spruch der Einigungsstelle ersetzt die Einigung zwischen Arbeitgeber und Gesamtbetriebsrat.

(7) Jedes Mitglied der Gesamt-Jugend- und Auszubildendenvertretung hat so viele Stimmen, wie in dem Betrieb, in dem es gewählt wurde, in § 60 Abs. 1 genannte Arbeitnehmer in der Wählerliste eingetragen sind. Ist ein Mitglied der Gesamt-Jugend- und Auszubildendenvertretung für mehrere Betriebe entsandt worden, so hat es so viele Stimmen, wie in den Betrieben, für die es entsandt ist, in § 60 Abs. 1 genannte Arbeitnehmer in den Wählerlisten eingetragen sind. Sind mehrere Mitglieder der Jugend- und Auszubildendenvertretung entsandt worden, so stehen diesen die Stimmen nach Satz 1 anteilig zu.

(8) Für Mitglieder der Gesamt-Jugend- und Auszubildendenvertretung, die aus einem gemeinsamen Betrieb mehrerer Unternehmen entsandt worden sind, können durch Tarifvertrag oder Betriebsvereinbarung von Absatz 7 abweichende Regelungen getroffen werden.

§ 73 Geschäftsführung und Geltung sonstiger Vorschriften

(1) Die Gesamt-Jugend- und Auszubildendenvertretung kann nach Verständigung des Gesamtbetriebsrats Sitzungen abhalten. An den Sitzungen kann der Vorsitzende des Gesamtbetriebsrats oder ein beauftragtes Mitglied des Gesamtbetriebsrats teilnehmen.

(2) Für die Gesamt-Jugend- und Auszubildendenvertretung gelten § 25 Abs. 1, die §§ 26, 28 Abs. 1 Satz 1, die §§ 30, 31, 34, 36, 37 Abs. 1 bis 3, die §§ 40, 41, 48, 49, 50, 51 Abs. 2 bis 5 sowie die §§ 66 bis 68 entsprechend.

Dritter Abschnitt:
Konzern-Jugend- und Auszubildendenvertretung

§ 73a Voraussetzung der Errichtung, Mitgliederzahl, Stimmengewicht

(1) Bestehen in einem Konzern (§ 18 Abs. 1 des Aktiengesetzes) mehrere Gesamt-Jugend- und Auszubildendenvertretungen, kann durch Beschlüsse der einzelnen Gesamt-Jugend- und Auszubildendenvertretungen eine Konzern-Jugend- und Auszubildendenvertretung errichtet werden. Die Errichtung erfordert die Zustimmung der Gesamt-Jugend- und Auszubildendenvertretungen der Konzernunternehmen, in denen insgesamt mindestens 75 vom Hundert der in § 60 Abs. 1 genannten Arbeitnehmer beschäftigt sind. Besteht in einem Konzernunternehmen nur eine Jugend- und Auszubildendenvertretung, so nimmt diese die Aufgaben einer Gesamt-Jugend- und Auszubildendenvertretung nach den Vorschriften dieses Abschnitts wahr.

(2) In die Konzern-Jugend- und Auszubildendenvertretung entsendet jede Gesamt-Jugend- und Auszubildendenvertretung eines ihrer Mitglieder. Sie hat für jedes Mitglied mindestens ein Ersatzmitglied zu bestellen und die Reihenfolge des Nachrückens festzulegen.

(3) Jedes Mitglied der Konzern-Jugend- und Auszubildendenvertretung hat so viele Stimmen, wie die Mitglieder der entsendenden Gesamt-Jugend- und Auszubildendenvertretung insgesamt Stimmen haben.

(4) § 72 Abs. 4 bis 8 gilt entsprechend.

§ 73b Geschäftsführung und Geltung sonstiger Vorschriften

(1) Die Konzern-Jugend- und Auszubildendenvertretung kann nach Verständigung des Konzernbetriebsrats Sitzungen abhalten. An den Sitzungen kann der Vorsitzende oder ein beauftragtes Mitglied des Konzernbetriebsrats teilnehmen.

(2) Für die Konzern-Jugend- und Auszubildendenvertretung gelten § 25 Abs. 1, die §§ 26, 28 Abs. 1 Satz 1, die §§ 30, 31, 34, 36, 37 Abs. 1 bis 3, die §§ 40, 41, 51 Abs. 3 bis 5, die §§ 56, 57, 58, 59 Abs. 2 und die §§ 66 bis 68 entsprechend.

Vierter Teil:
Mitwirkung und Mitbestimmung der Arbeitnehmer

Erster Abschnitt:
Allgemeines

§ 74 Grundsätze für die Zusammenarbeit

(1) Arbeitgeber und Betriebsrat sollen mindestens einmal im Monat zu einer Besprechung zusammentreten. Sie haben über strittige Fragen mit dem ernsten Willen zur Einigung zu verhandeln und Vorschläge für die Beilegung von Meinungsverschiedenheiten zu machen.

(2) Maßnahmen des Arbeitskampfes zwischen Arbeitgeber und Betriebsrat sind unzulässig; Arbeitskämpfe tariffähiger Parteien werden hierdurch nicht berührt. Arbeitgeber und Betriebsrat haben Betätigungen zu unterlassen, durch die der Arbeitsablauf oder der Frieden des Betriebs beeinträchtigt werden. Sie haben jede parteipolitische Betätigung im Betrieb zu unterlassen; die Behandlung von Angelegenheiten tarifpolitischer, sozialpolitischer, umweltpolitischer und wirtschaftlicher Art, die den Betrieb oder seine Arbeitnehmer unmittelbar betreffen, wird hierdurch nicht berührt.

(3) Arbeitnehmer, die im Rahmen dieses Gesetzes Aufgaben übernehmen, werden hierdurch in der Betätigung für ihre Gewerkschaft auch im Betrieb nicht beschränkt.

§ 75 Grundsätze für die Behandlung der Betriebsangehörigen

(1) Arbeitgeber und Betriebsrat haben darüber zu wachen, dass alle im Betrieb tätigen Personen nach den Grundsätzen von Recht und Billigkeit behandelt werden, insbesondere, dass jede Benachteiligung von Personen aus Gründen ihrer Rasse oder wegen ihrer ethnischen Herkunft, ihrer Abstammung oder sonstigen Herkunft, ihrer Nationalität, ihrer Religion oder Weltanschauung, ihrer Behinderung, ihres Alters, ihrer politischen oder gewerkschaftlichen Betätigung oder Einstellung oder wegen ihres Geschlechts oder ihrer sexuellen Identität unterbleibt.

(2) Arbeitgeber und Betriebsrat haben die freie Entfaltung der Persönlichkeit der im Betrieb beschäftigten Arbeitnehmer zu schützen und zu fördern. Sie haben die Selbständigkeit und Eigeninitiative der Arbeitnehmer und Arbeitsgruppen zu fördern.

§ 76   Einigungsstelle

(1) Zur Beilegung von Meinungsverschiedenheiten zwischen Arbeitgeber und Betriebsrat, Gesamtbetriebsrat oder Konzernbetriebsrat ist bei Bedarf eine Einigungsstelle zu bilden. Durch Betriebsvereinbarung kann eine ständige Einigungsstelle errichtet werden.

(2) Die Einigungsstelle besteht aus einer gleichen Anzahl von Beisitzern, die vom Arbeitgeber und Betriebsrat bestellt werden, und einem unparteiischen Vorsitzenden, auf dessen Person sich beide Seiten einigen müssen. Kommt eine Einigung über die Person des Vorsitzenden nicht zustande, so bestellt ihn das Arbeitsgericht. Dieses entscheidet auch, wenn kein Einverständnis über die Zahl der Beisitzer erzielt wird.

(3) Die Einigungsstelle hat unverzüglich tätig zu werden. Sie fasst ihre Beschlüsse nach mündlicher Beratung mit Stimmenmehrheit. Bei der Beschlussfassung hat sich der Vorsitzende zunächst der Stimme zu enthalten; kommt eine Stimmenmehrheit nicht zustande, so nimmt der Vorsitzende nach weiterer Beratung an der erneuten Beschlussfassung teil. Die Beschlüsse der Einigungsstelle sind schriftlich niederzulegen, vom Vorsitzenden zu unterschreiben und Arbeitgeber und Betriebsrat zuzuleiten.

(4) Durch Betriebsvereinbarung können weitere Einzelheiten des Verfahrens vor der Einigungsstelle geregelt werden.

(5) In den Fällen, in denen der Spruch der Einigungsstelle die Einigung zwischen Arbeitgeber und Betriebsrat ersetzt, wird die Einigungsstelle auf Antrag einer Seite tätig. Benennt eine Seite keine Mitglieder oder bleiben die von einer Seite genannten Mitglieder trotz rechtzeitiger Einladung der Sitzung fern, so entscheiden der Vorsitzende und die erschienenen Mitglieder nach Maßgabe des Absatzes 3 allein. Die Einigungsstelle fasst ihre Beschlüsse unter angemessener Berücksichtigung der Belange des Betriebs und der betroffenen Arbeitnehmer nach billigem Ermessen. Die Überschreitung der Grenzen des Ermessens kann durch den Arbeitgeber oder den Betriebsrat nur binnen einer Frist von zwei Wochen, vom Tage der Zuleitung des Beschlusses an gerechnet, beim Arbeitsgericht geltend gemacht werden.

(6) Im Übrigen wird die Einigungsstelle nur tätig, wenn beide Seiten es beantragen oder mit ihrem Tätigwerden einverstanden sind. In diesen Fällen ersetzt ihr Spruch die Einigung zwischen Arbeitgeber und Betriebsrat nur, wenn beide Seiten sich dem Spruch im Voraus unterworfen oder ihn nachträglich angenommen haben.

(7) Soweit nach anderen Vorschriften der Rechtsweg gegeben ist, wird er durch den Spruch der Einigungsstelle nicht ausgeschlossen.

(8) Durch Tarifvertrag kann bestimmt werden, dass an die Stelle der in Absatz 1 bezeichneten Einigungsstelle eine tarifliche Schlichtungsstelle tritt.

§ 76a   Kosten der Einigungsstelle

(1) Die Kosten der Einigungsstelle trägt der Arbeitgeber.

(2) Die Beisitzer der Einigungsstelle, die dem Betrieb angehören, erhalten für ihre Tätigkeit keine Vergütung; § 37 Abs. 2 und 3 gilt entsprechend. Ist die Einigungsstelle zur Beilegung von Meinungsverschiedenheiten zwischen Arbeitgeber und Gesamtbetriebsrat oder Konzernbetriebsrat zu bilden, so gilt Satz 1 für die einem Betrieb des Unternehmens oder eines Konzernunternehmens angehörenden Beisitzer entsprechend.

(3) Der Vorsitzende und die Beisitzer der Einigungsstelle, die nicht zu den in Absatz 2 genannten Personen zählen, haben gegenüber dem Arbeitgeber Anspruch auf Vergütung ihrer Tätigkeit. Die Höhe der Vergütung richtet sich nach den Grundsätzen des Absatzes 4 Satz 3 bis 5.

(4) Das Bundesministerium für Arbeit und Soziales kann durch Rechtsverordnung die Vergütung nach Absatz 3 regeln. In der Vergütungsordnung sind Höchstsätze festzusetzen. Dabei sind insbesondere der erforderliche Zeitaufwand, die Schwierigkeit der Streitigkeit sowie ein Verdienstausfall zu berücksichtigen. Die Vergütung der Beisitzer ist niedriger zu bemessen als die des Vorsitzenden. Bei der Festsetzung der Höchstsätze ist den berechtigten Interessen der Mitglieder der Einigungsstelle und des Arbeitgebers Rechnung zu tragen.

(5) Von Absatz 3 und einer Vergütungsordnung nach Absatz 4 kann durch Tarifvertrag oder in einer Betriebsvereinbarung, wenn ein Tarifvertrag dies zulässt oder eine tarifliche Regelung nicht besteht, abgewichen werden.

§ 77   Durchführung gemeinsamer Beschlüsse, Betriebs-   vereinbarungen

(1) Vereinbarungen zwischen Betriebsrat und Arbeitgeber, auch soweit sie auf einem Spruch der Einigungsstelle beruhen, führt der Arbeitgeber durch, es sei denn, dass im Einzelfall etwas anderes vereinbart ist. Der Betriebsrat darf nicht durch einseitige Handlungen in die Leitung des Betriebs eingreifen.

(2) Betriebsvereinbarungen sind von Betriebsrat und Arbeitgeber gemeinsam zu beschließen und schriftlich niederzulegen. Sie sind von beiden Seiten zu unterzeichnen; dies gilt nicht, soweit Betriebsvereinbarungen auf einem Spruch der Einigungsstelle beruhen. Der Arbeitgeber hat die Betriebsvereinbarungen an geeigneter Stelle im Betrieb auszulegen.

(3) Arbeitsentgelte und sonstige Arbeitsbedingungen, die durch Tarifvertrag geregelt sind oder üblicherweise geregelt werden, können nicht Gegenstand einer Betriebsvereinbarung sein. Dies gilt nicht, wenn ein

Tarifvertrag den Abschluss ergänzender Betriebsvereinbarungen ausdrücklich zulässt.

(4) Betriebsvereinbarungen gelten unmittelbar und zwingend. Werden Arbeitnehmern durch die Betriebsvereinbarung Rechte eingeräumt, so ist ein Verzicht auf sie nur mit Zustimmung des Betriebsrats zulässig. Die Verwirkung dieser Rechte ist ausgeschlossen. Ausschlussfristen für ihre Geltendmachung sind nur insoweit zulässig, als sie in einem Tarifvertrag oder einer Betriebsvereinbarung vereinbart werden; dasselbe gilt für die Abkürzung der Verjährungsfristen.

(5) Betriebsvereinbarungen können, soweit nichts anderes vereinbart ist, mit einer Frist von drei Monaten gekündigt werden.

(6) Nach Ablauf einer Betriebsvereinbarung gelten ihre Regelungen in Angelegenheiten, in denen ein Spruch der Einigungsstelle die Einigung zwischen Arbeitgeber und Betriebsrat ersetzen kann, weiter, bis sie durch eine andere Abmachung ersetzt werden.

§ 78   Schutzbestimmungen

Die Mitglieder des Betriebsrats, des Gesamtbetriebsrats, des Konzernbetriebsrats, der Jugend- und Auszubildendenvertretung, der Gesamt-Jugend- und Auszubildendenvertretung, der Konzern-Jugend- und Auszubildendenvertretung, des Wirtschaftsausschusses, der Bordvertretung, des Seebetriebsrats, der in § 3 Abs. 1 genannten Vertretungen der Arbeitnehmer, der Einigungsstelle, einer tariflichen Schlichtungsstelle (§ 76 Abs. 8) und einer betrieblichen Beschwerdestelle (§ 86) sowie Auskunftspersonen (§ 80 Abs. 2 Satz 3) dürfen in der Ausübung ihrer Tätigkeit nicht gestört oder behindert werden. Sie dürfen wegen ihrer Tätigkeit nicht benachteiligt oder begünstigt werden; dies gilt auch für ihre berufliche Entwicklung.

§ 78 a   Schutz Auszubildender in besonderen Fällen

(1) Beabsichtigt der Arbeitgeber, einen Auszubildenden, der Mitglied der Jugend- und Auszubildendenvertretung, des Betriebsrats, der Bordvertretung oder des Seebetriebsrats ist, nach Beendigung des Berufsausbildungsverhältnisses nicht in ein Arbeitsverhältnis auf unbestimmte Zeit zu übernehmen, so hat er dies drei Monate vor Beendigung des Berufsausbildungsverhältnisses dem Auszubildenden schriftlich mitzuteilen.

(2) Verlangt ein in Absatz 1 genannter Auszubildender innerhalb der letzten drei Monate vor Beendigung des Berufsausbildungsverhältnisses schriftlich vom Arbeitgeber die Weiterbeschäftigung, so gilt zwischen Auszubildendem und Arbeitgeber im Anschluss an das Berufsausbildungsverhältnis ein Arbeitsverhältnis auf unbestimmte Zeit als begründet. Auf dieses Arbeitsverhältnis ist insbesondere § 37 Abs. 4 und 5 entsprechend anzuwenden.

(3) Die Absätze 1 und 2 gelten auch, wenn das Berufsausbildungsverhältnis vor Ablauf eines Jahres nach Beendigung der Amtszeit der Jugend- und Auszubildendenvertretung, des Betriebsrats, der Bordvertretung oder des Seebetriebsrats endet.

(4) Der Arbeitgeber kann spätestens bis zum Ablauf von zwei Wochen nach Beendigung des Berufsausbildungsverhältnisses beim Arbeitsgericht beantragen,

1. festzustellen, dass ein Arbeitsverhältnis nach Absatz 2 oder 3 nicht begründet wird, oder

2. das bereits nach Absatz 2 oder 3 begründete Arbeitsverhältnis aufzulösen,

wenn Tatsachen vorliegen, aufgrund derer dem Arbeitgeber unter Berücksichtigung aller Umstände die Weiterbeschäftigung nicht zugemutet werden kann. In dem Verfahren vor dem Arbeitsgericht sind der Betriebsrat, die Bordvertretung, der Seebetriebsrat, bei Mitgliedern der Jugend- und Auszubildendenvertretung auch diese Beteiligte.

(5) Die Absätze 2 bis 4 finden unabhängig davon Anwendung, ob der Arbeitgeber seiner Mitteilungspflicht nach Absatz 1 nachgekommen ist.

§ 79 Geheimhaltungspflicht

(1) Die Mitglieder und Ersatzmitglieder des Betriebsrats sind verpflichtet, Betriebs- oder Geschäftsgeheimnisse, die ihnen wegen ihrer Zugehörigkeit zum Betriebsrat bekannt geworden und vom Arbeitgeber ausdrücklich als geheimhaltungsbedürftig bezeichnet worden sind, nicht zu offenbaren und nicht zu verwerten. Dies gilt auch nach dem Ausscheiden aus dem Betriebsrat. Die Verpflichtung gilt nicht gegenüber Mitgliedern des Betriebsrats. Sie gilt ferner nicht gegenüber dem Gesamtbetriebsrat, dem Konzernbetriebsrat, der Bordvertretung, dem Seebetriebsrat und den Arbeitnehmervertretern im Aufsichtsrat sowie im Verfahren vor der Einigungsstelle, der tariflichen Schlichtungsstelle (§ 76 Abs. 8) oder einer betrieblichen Beschwerdestelle (§ 86).

(2) Absatz 1 gilt sinngemäß für die Mitglieder und Ersatzmitglieder des Gesamtbetriebsrats, des Konzernbetriebsrats, der Jugend- und Auszubildendenvertretung, der Gesamt-Jugend- und Auszubildendenvertretung, der Konzern-Jugend- und Auszubildendenvertretung, des Wirtschaftsausschusses, der Bordvertretung, des Seebetriebsrats, der gemäß § 3 Abs. 1 gebildeten Vertretungen der Arbeitnehmer, der Einigungsstelle, der tariflichen Schlichtungsstelle (§ 76 Abs. 8) und einer betrieblichen Beschwerdestelle (§ 86) sowie für die Vertreter von Gewerkschaften oder von Arbeitgebervereinigungen.

§ 80 Allgemeine Aufgaben

(1) Der Betriebsrat hat folgende allgemeine Aufgaben:

1. darüber zu wachen, dass die zugunsten der Arbeitnehmer geltenden Gesetze, Verordnungen, Unfallverhütungsvorschriften, Tarifverträge und Betriebsvereinbarungen durchgeführt werden;

2. Maßnahmen, die dem Betrieb und der Belegschaft dienen, beim Arbeitgeber zu beantragen;

2 a. die Durchsetzung der tatsächlichen Gleichstellung von Frauen und Männern, insbesondere bei der Einstellung, Beschäftigung, Aus-, Fort- und Weiterbildung und dem beruflichen Aufstieg, zu fördern;

2 b. die Vereinbarkeit von Familie und Erwerbstätigkeit zu fördern;

3. Anregungen von Arbeitnehmern und der Jugend- und Auszubildendenvertretung entgegenzunehmen und, falls sie berechtigt erscheinen, durch Verhandlungen mit dem Arbeitgeber auf eine Erledigung hinzuwirken; er hat die betreffenden Arbeitnehmer über den Stand und das Ergebnis der Verhandlungen zu unterrichten;

4. die Eingliederung Schwerbehinderter und sonstiger besonders schutzbedürftiger Personen zu fördern;

5. die Wahl einer Jugend- und Auszubildendenvertretung vorzubereiten und durchzuführen und mit dieser zur Förderung der Belange der in § 60 Abs. 1 genannten Arbeitnehmer eng zusammenzuarbeiten; er kann von der Jugend- und Auszubildendenvertretung Vorschläge und Stellungnahmen anfordern;

6. die Beschäftigung älterer Arbeitnehmer im Betrieb zu fördern;

7. die Integration ausländischer Arbeitnehmer im Betrieb und das Verständnis zwischen ihnen und den deutschen Arbeitnehmern zu fördern sowie Maßnahmen zur Bekämpfung von Rassismus und Fremdenfeindlichkeit im Betrieb zu beantragen;

8. die Beschäftigung im Betrieb zu fördern und zu sichern;

9. Maßnahmen des Arbeitsschutzes und des betrieblichen Umweltschutzes zu fördern.

(2) Zur Durchführung seiner Aufgaben nach diesem Gesetz ist der Betriebsrat rechtzeitig und umfassend vom Arbeitgeber zu unterrichten; die Unterrichtung erstreckt sich auch auf die Beschäftigung von Personen, die nicht in einem Arbeitsverhältnis zum Arbeitgeber stehen. Dem Betriebsrat sind auf Verlangen jederzeit die zur Durchführung seiner Aufgaben erforderlichen Unterlagen zur Verfügung zu stellen; in diesem Rahmen ist der Betriebsausschuss oder ein nach § 28 gebildeter Ausschuss berechtigt, in die Listen über die Bruttolöhne und -gehälter Einblick zu nehmen. Soweit es zur ordnungsgemäßen Erfüllung der Aufgaben des Betriebsrats erforderlich ist, hat der Arbeitgeber ihm sachkundige Arbeitnehmer als Auskunftspersonen zur Verfügung zu stellen; er hat hierbei die Vorschläge des Betriebsrats zu

berücksichtigen, soweit betriebliche Notwendigkeiten nicht entgegenstehen.

(3) Der Betriebsrat kann bei der Durchführung seiner Aufgaben nach näherer Vereinbarung mit dem Arbeitgeber Sachverständige hinzuziehen, soweit dies zur ordnungsgemäßen Erfüllung seiner Aufgaben erforderlich ist.

(4) Für die Geheimhaltungspflicht der Auskunftspersonen und der Sachverständigen gilt § 79 entsprechend.

Zweiter Abschnitt:
Mitwirkungs- und Beschwerderecht des Arbeitnehmers

§ 81 Unterrichtungs- und Erörterungspflicht des Arbeitgebers

(1) Der Arbeitgeber hat den Arbeitnehmer über dessen Aufgabe und Verantwortung sowie über die Art seiner Tätigkeit und ihre Einordnung in den Arbeitsablauf des Betriebs zu unterrichten. Er hat den Arbeitnehmer vor Beginn der Beschäftigung über die Unfall- und Gesundheitsgefahren, denen dieser bei der Beschäftigung ausgesetzt ist, sowie über die Maßnahmen und Einrichtungen zur Abwendung dieser Gefahren und die nach § 10 Abs. 2 des Arbeitsschutzgesetzes getroffenen Maßnahmen zu belehren.

(2) Über Veränderungen in seinem Arbeitsbereich ist der Arbeitnehmer rechtzeitig zu unterrichten. Absatz 1 gilt entsprechend.

(3) In Betrieben, in denen kein Betriebsrat besteht, hat der Arbeitgeber die Arbeitnehmer zu allen Maßnahmen zu hören, die Auswirkungen auf Sicherheit und Gesundheit der Arbeitnehmer haben können.

(4) Der Arbeitgeber hat den Arbeitnehmer über die aufgrund einer Planung von technischen Anlagen, von Arbeitsverfahren und Arbeitsabläufen oder der Arbeitsplätze vorgesehenen Maßnahmen und ihre Auswirkungen auf seinen Arbeitsplatz, die Arbeitsumgebung sowie auf Inhalt und Art seiner Tätigkeit zu unterrichten. Sobald feststeht, dass sich die Tätigkeit des Arbeitnehmers ändern wird und seine beruflichen Kenntnisse und Fähigkeiten zur Erfüllung seiner Aufgaben nicht ausreichen, hat der Arbeitgeber mit dem Arbeitnehmer zu erörtern, wie dessen berufliche Kenntnisse und Fähigkeiten im Rahmen der betrieblichen Möglichkeiten den künftigen Anforderungen angepasst werden können. Der Arbeitnehmer kann bei der Erörterung ein Mitglied des Betriebsrats hinzuziehen.

§ 82 Anhörungs- und Erörterungsrecht des Arbeitnehmers

(1) Der Arbeitnehmer hat das Recht, in betrieblichen Angelegenhei-

ten, die seine Person betreffen, von den nach Maßgabe des organisatorischen Aufbaus des Betriebs hierfür zuständigen Personen gehört zu werden. Er ist berechtigt, zu Maßnahmen des Arbeitgebers, die ihn betreffen, Stellung zu nehmen sowie Vorschläge für die Gestaltung des Arbeitsplatzes und des Arbeitsablaufs zu machen.

(2) Der Arbeitnehmer kann verlangen, dass ihm die Berechnung und Zusammensetzung seines Arbeitsentgelts erläutert und dass mit ihm die Beurteilung seiner Leistungen sowie die Möglichkeiten seiner beruflichen Entwicklung im Betrieb erörtert werden. Er kann ein Mitglied des Betriebsrats hinzuziehen. Das Mitglied des Betriebsrats hat über den Inhalt dieser Verhandlungen Stillschweigen zu bewahren, soweit es vom Arbeitnehmer im Einzelfall nicht von dieser Verpflichtung entbunden wird.

§ 83   Einsicht in die Personalakten

(1) Der Arbeitnehmer hat das Recht, in die über ihn geführten Personalakten Einsicht zu nehmen. Er kann hierzu ein Mitglied des Betriebsrats hinzuziehen. Das Mitglied des Betriebsrats hat über den Inhalt der Personalakte Stillschweigen zu bewahren, soweit es vom Arbeitnehmer im Einzelfall nicht von dieser Verpflichtung entbunden wird.

(2) Erklärungen des Arbeitnehmers zum Inhalt der Personalakte sind dieser auf sein Verlangen beizufügen.

§ 84   Beschwerderecht

(1) Jeder Arbeitnehmer hat das Recht, sich bei den zuständigen Stellen des Betriebs zu beschweren, wenn er sich vom Arbeitgeber oder von Arbeitnehmern des Betriebs benachteiligt oder ungerecht behandelt oder in sonstiger Weise beeinträchtigt fühlt. Er kann ein Mitglied des Betriebsrats zur Unterstützung oder Vermittlung hinzuziehen.

(2) Der Arbeitgeber hat den Arbeitnehmer über die Behandlung der Beschwerde zu bescheiden und, soweit er die Beschwerde für berechtigt erachtet, ihr abzuhelfen.

(3) Wegen der Erhebung einer Beschwerde dürfen dem Arbeitnehmer keine Nachteile entstehen.

§ 85   Behandlung von Beschwerden durch den Betriebsrat

(1) Der Betriebsrat hat Beschwerden von Arbeitnehmern entgegenzunehmen und, falls er sie für berechtigt erachtet, beim Arbeitgeber auf Abhilfe hinzuwirken.

(2) Bestehen zwischen Betriebsrat und Arbeitgeber Meinungsverschiedenheiten über die Berechtigung der Beschwerde, so kann der Betriebsrat die Einigungsstelle anrufen. Der Spruch der Einigungsstelle

ersetzt die Einigung zwischen Arbeitgeber und Betriebsrat. Dies gilt nicht, soweit Gegenstand der Beschwerde ein Rechtsanspruch ist.

(3) Der Arbeitgeber hat den Betriebsrat über die Behandlung der Beschwerde zu unterrichten. § 84 Abs. 2 bleibt unberührt.

§ 86 Ergänzende Vereinbarungen

Durch Tarifvertrag oder Betriebsvereinbarung können die Einzelheiten des Beschwerdeverfahrens geregelt werden. Hierbei kann bestimmt werden, dass in den Fällen des § 85 Abs. 2 an die Stelle der Einigungsstelle eine betriebliche Beschwerdestelle tritt.

§ 86 a Vorschlagsrecht der Arbeitnehmer

Jeder Arbeitnehmer hat das Recht, dem Betriebsrat Themen zur Beratung vorzuschlagen. Wird ein Vorschlag von mindestens 5 vom Hundert der Arbeitnehmer des Betriebs unterstützt, hat der Betriebsrat diesen innerhalb von zwei Monaten auf die Tagesordnung einer Betriebsratssitzung zu setzen.

Dritter Abschnitt:
Soziale Angelegenheiten

§ 87 Mitbestimmungsrechte

(1) Der Betriebsrat hat, soweit eine gesetzliche oder tarifliche Regelung nicht besteht, in folgenden Angelegenheiten mitzubestimmen:

1. Fragen der Ordnung des Betriebs und des Verhaltens der Arbeitnehmer im Betrieb;

2. Beginn und Ende der täglichen Arbeitszeit einschließlich der Pausen sowie Verteilung der Arbeitszeit auf die einzelnen Wochentage;

3. vorübergehende Verkürzung oder Verlängerung der betriebsüblichen Arbeitszeit;

4. Zeit, Ort und Art der Auszahlung der Arbeitsentgelte;

5. Aufstellung allgemeiner Urlaubsgrundsätze und des Urlaubsplans sowie die Festsetzung der zeitlichen Lage des Urlaubs für einzelne Arbeitnehmer, wenn zwischen dem Arbeitgeber und den beteiligten Arbeitnehmern kein Einverständnis erzielt wird;

6. Einführung und Anwendung von technischen Einrichtungen, die dazu bestimmt sind, das Verhalten oder die Leistung der Arbeitnehmer zu überwachen;

7. Regelungen über die Verhütung von Arbeitsunfällen und Berufs-

krankheiten sowie über den Gesundheitsschutz im Rahmen der gesetzlichen Vorschriften oder der Unfallverhütungsvorschriften;

8. Form, Ausgestaltung und Verwaltung von Sozialeinrichtungen, deren Wirkungsbereich auf den Betrieb, das Unternehmen oder den Konzern beschränkt ist;

9. Zuweisung und Kündigung von Wohnräumen, die den Arbeitnehmern mit Rücksicht auf das Bestehen eines Arbeitsverhältnisses vermietet werden, sowie die allgemeine Festlegung der Nutzungsbedingungen;

10. Fragen der betrieblichen Lohngestaltung, insbesondere die Aufstellung von Entlohnungsgrundsätzen und die Einführung und Anwendung von neuen Entlohnungsmethoden sowie deren Änderung;

11. Festsetzung der Akkord- und Prämiensätze und vergleichbarer leistungsbezogener Entgelte, einschließlich der Geldfaktoren;

12. Grundsätze über das betriebliche Vorschlagswesen;

13. Grundsätze über die Durchführung von Gruppenarbeit; Gruppenarbeit im Sinne dieser Vorschrift liegt vor, wenn im Rahmen des betrieblichen Arbeitsablaufs eine Gruppe von Arbeitnehmern eine ihr übertragene Gesamtaufgabe im Wesentlichen eigenverantwortlich erledigt.

(2) Kommt eine Einigung über eine Angelegenheit nach Absatz 1 nicht zustande, so entscheidet die Einigungsstelle. Der Spruch der Einigungsstelle ersetzt die Einigung zwischen Arbeitgeber und Betriebsrat.

§ 88 Freiwillige Betriebsvereinbarungen

Durch Betriebsvereinbarung können insbesondere geregelt werden

1. zusätzliche Maßnahmen zur Verhütung von Arbeitsunfällen und Gesundheitsschädigungen;

1 a. Maßnahmen des betrieblichen Umweltschutzes;

2. die Errichtung von Sozialeinrichtungen, deren Wirkungsbereich auf den Betrieb, das Unternehmen oder den Konzern beschränkt ist;

3. Maßnahmen zur Förderung der Vermögensbildung;

4. Maßnahmen zur Integration ausländischer Arbeitnehmer sowie zur Bekämpfung von Rassismus und Fremdenfeindlichkeit im Betrieb.

§ 89 Arbeits- und betrieblicher Umweltschutz

(1) Der Betriebsrat hat sich dafür einzusetzen, dass die Vorschriften über den Arbeitsschutz und die Unfallverhütung im Betrieb sowie über den betrieblichen Umweltschutz durchgeführt werden. Er hat bei der

Bekämpfung von Unfall- und Gesundheitsgefahren die für den Arbeitsschutz zuständigen Behörden, die Träger der gesetzlichen Unfallversicherung und die sonstigen in Betracht kommenden Stellen durch Anregung, Beratung und Auskunft zu unterstützen.

(2) Der Arbeitgeber und die in Absatz 1 Satz 2 genannten Stellen sind verpflichtet, den Betriebsrat oder die von ihm bestimmten Mitglieder des Betriebsrats bei allen im Zusammenhang mit dem Arbeitsschutz oder der Unfallverhütung stehenden Besichtigungen und Fragen und bei Unfalluntersuchungen hinzuzuziehen. Der Arbeitgeber hat den Betriebsrat auch bei allen im Zusammenhang mit dem betrieblichen Umweltschutz stehenden Besichtigungen und Fragen hinzuzuziehen und ihm unverzüglich die den Arbeitsschutz, die Unfallverhütung und den betrieblichen Umweltschutz betreffenden Auflagen und Anordnungen der zuständigen Stellen mitzuteilen.

(3) Als betrieblicher Umweltschutz im Sinne dieses Gesetzes sind alle personellen und organisatorischen Maßnahmen sowie alle die betrieblichen Bauten, Räume, technische Anlagen, Arbeitsverfahren, Arbeitsabläufe und Arbeitsplätze betreffenden Maßnahmen zu verstehen, die dem Umweltschutz dienen.

(4) An den Besprechungen des Arbeitgebers mit den Sicherheitsbeauftragten im Rahmen des § 22 Abs. 2 des Siebten Buches Sozialgesetzbuch nehmen vom Betriebsrat beauftragte Betriebsratsmitglieder teil.

(5) Der Betriebsrat erhält vom Arbeitgeber die Niederschriften über Untersuchungen, Besichtigungen und Besprechungen, zu denen er nach den Absätzen 2 und 4 hinzuzuziehen ist.

(6) Der Arbeitgeber hat dem Betriebsrat eine Durchschrift der nach § 193 Abs. 5 des Siebten Buches Sozialgesetzbuch vom Betriebsrat zu unterschreibenden Unfallanzeige auszuhändigen.

Vierter Abschnitt:
Gestaltung von Arbeitsplatz, Arbeitsablauf und Arbeitsumgebung

§ 90 Unterrichtungs- und Beratungsrechte

(1) Der Arbeitgeber hat den Betriebsrat über die Planung

1. von Neu-, Um- und Erweiterungsbauten von Fabrikations-, Verwaltungs- und sonstigen betrieblichen Räumen,

2. von technischen Anlagen,

3. von Arbeitsverfahren und Arbeitsabläufen oder

4. der Arbeitsplätze

rechtzeitig unter Vorlage der erforderlichen Unterlagen zu unterrichten.

(2) Der Arbeitgeber hat mit dem Betriebsrat die vorgesehenen Maßnahmen und ihre Auswirkungen auf die Arbeitnehmer, insbesondere auf die Art ihrer Arbeit sowie die sich daraus ergebenden Anforderungen an die Arbeitnehmer so rechtzeitig zu beraten, dass Vorschläge und Bedenken des Betriebsrats bei der Planung berücksichtigt werden können. Arbeitgeber und Betriebsrat sollen dabei auch die gesicherten arbeitswissenschaftlichen Erkenntnisse über die menschengerechte Gestaltung der Arbeit berücksichtigen.

§ 91 Mitbestimmungsrecht

Werden die Arbeitnehmer durch Änderungen der Arbeitsplätze, des Arbeitsablaufs oder der Arbeitsumgebung, die den gesicherten arbeitswissenschaftlichen Erkenntnissen über die menschengerechte Gestaltung der Arbeit offensichtlich widersprechen, in besonderer Weise belastet, so kann der Betriebsrat angemessene Maßnahmen zur Abwendung, Milderung oder zum Ausgleich der Belastung verlangen. Kommt eine Einigung nicht zustande, so entscheidet die Einigungsstelle. Der Spruch der Einigungsstelle ersetzt die Einigung zwischen Arbeitgeber und Betriebsrat.

Fünfter Abschnitt:
Personelle Angelegenheiten

Erster Unterabschnitt:
Allgemeine personelle Angelegenheiten

§ 92 Personalplanung

(1) Der Arbeitgeber hat den Betriebsrat über die Personalplanung, insbesondere über den gegenwärtigen und künftigen Personalbedarf sowie über die sich daraus ergebenden personellen Maßnahmen und Maßnahmen der Berufsbildung an Hand von Unterlagen rechtzeitig und umfassend zu unterrichten. Er hat mit dem Betriebsrat über Art und Umfang der erforderlichen Maßnahmen und über die Vermeidung von Härten zu beraten.

(2) Der Betriebsrat kann dem Arbeitgeber Vorschläge für die Einführung einer Personalplanung und ihre Durchführung machen.

(3) Die Absätze 1 und 2 gelten entsprechend für Maßnahmen im Sinne des § 80 Abs. 1 Nr. 2a und 2b, insbesondere für die Aufstellung und Durchführung von Maßnahmen zur Förderung der Gleichstellung von Frauen und Männern.

§ 92 a   Beschäftigungssicherung

(1) Der Betriebsrat kann dem Arbeitgeber Vorschläge zur Sicherung und Förderung der Beschäftigung machen. Diese können insbesondere eine flexible Gestaltung der Arbeitszeit, die Förderung von Teilzeitarbeit und Altersteilzeit, neue Formen der Arbeitsorganisation, Änderungen der Arbeitsverfahren und Arbeitsabläufe, die Qualifizierung der Arbeitnehmer, Alternativen zur Ausgliederung von Arbeit oder ihrer Vergabe an andere Unternehmen sowie zum Produktions- und Investitionsprogramm zum Gegenstand haben.

(2) Der Arbeitgeber hat die Vorschläge mit dem Betriebsrat zu beraten. Hält der Arbeitgeber die Vorschläge des Betriebsrats für ungeeignet, hat er dies zu begründen; in Betrieben mit mehr als 100 Arbeitnehmern erfolgt die Begründung schriftlich. Zu den Beratungen kann der Arbeitgeber oder der Betriebsrat einen Vertreter der Bundesagentur für Arbeit hinzuziehen.

§ 93   Ausschreibung von Arbeitsplätzen

Der Betriebsrat kann verlangen, dass Arbeitsplätze, die besetzt werden sollen, allgemein oder für bestimmte Arten von Tätigkeiten vor ihrer Besetzung innerhalb des Betriebs ausgeschrieben werden.

§ 94   Personalfragebogen, Beurteilungsgrundsätze

(1) Personalfragebogen bedürfen der Zustimmung des Betriebsrats. Kommt eine Einigung über ihren Inhalt nicht zustande, so entscheidet die Einigungsstelle. Der Spruch der Einigungsstelle ersetzt die Einigung zwischen Arbeitgeber und Betriebsrat.

(2) Absatz 1 gilt entsprechend für persönliche Angaben in schriftlichen Arbeitsverträgen, die allgemein für den Betrieb verwendet werden sollen, sowie für die Aufstellung allgemeiner Beurteilungsgrundsätze.

§ 95   Auswahlrichtlinien

(1) Richtlinien über die personelle Auswahl bei Einstellungen, Versetzungen, Umgruppierungen und Kündigungen bedürfen der Zustimmung des Betriebsrats. Kommt eine Einigung über die Richtlinien oder ihren Inhalt nicht zustande, so entscheidet auf Antrag des Arbeitgebers die Einigungsstelle. Der Spruch der Einigungsstelle ersetzt die Einigung zwischen Arbeitgeber und Betriebsrat.

(2) In Betrieben mit mehr als 500 Arbeitnehmern kann der Betriebsrat die Aufstellung von Richtlinien über die bei Maßnahmen des Absatzes 1 Satz 1 zu beachtenden fachlichen und persönlichen Voraussetzungen und sozialen Gesichtspunkte verlangen. Kommt eine Einigung über die Richtlinien oder ihren Inhalt nicht zustande, so entscheidet die Einigungsstelle. Der Spruch der Einigungsstelle ersetzt die Einigung zwischen Arbeitgeber und Betriebsrat.

(3) Versetzung im Sinne dieses Gesetzes ist die Zuweisung eines anderen Arbeitsbereichs, die voraussichtlich die Dauer von einem Monat überschreitet, oder die mit einer erheblichen Änderung der Umstände verbunden ist, unter denen die Arbeit zu leisten ist. Werden Arbeitnehmer nach der Eigenart ihres Arbeitsverhältnisses üblicherweise nicht ständig an einem bestimmten Arbeitsplatz beschäftigt, so gilt die Bestimmung des jeweiligen Arbeitsplatzes nicht als Versetzung.

Zweiter Unterabschnitt
Berufsbildung

§ 96 Förderung der Berufsbildung

(1) Arbeitgeber und Betriebsrat haben im Rahmen der betrieblichen Personalplanung und in Zusammenarbeit mit den für die Berufsbildung und den für die Förderung der Berufsbildung zuständigen Stellen die Berufsbildung der Arbeitnehmer zu fördern. Der Arbeitgeber hat auf Verlangen des Betriebsrats den Berufsbildungsbedarf zu ermitteln und mit ihm Fragen der Berufsbildung der Arbeitnehmer des Betriebs zu beraten. Hierzu kann der Betriebsrat Vorschläge machen.

(2) Arbeitgeber und Betriebsrat haben darauf zu achten, dass unter Berücksichtigung der betrieblichen Notwendigkeiten den Arbeitnehmern die Teilnahme an betrieblichen oder außerbetrieblichen Maßnahmen der Berufsbildung ermöglicht wird. Sie haben dabei auch die Belange älterer Arbeitnehmer, Teilzeitbeschäftigter und von Arbeitnehmern mit Familienpflichten zu berücksichtigen.

§ 97 Einrichtungen und Maßnahmen der Berufsbildung

(1) Der Arbeitgeber hat mit dem Betriebsrat über die Errichtung und Ausstattung betrieblicher Einrichtungen zur Berufsbildung, die Einführung betrieblicher Berufsbildungsmaßnahmen und die Teilnahme an außerbetrieblichen Berufsbildungsmaßnahmen zu beraten.

(2) Hat der Arbeitgeber Maßnahmen geplant oder durchgeführt, die dazu führen, dass sich die Tätigkeit der betroffenen Arbeitnehmer ändert und ihre beruflichen Kenntnisse und Fähigkeiten zur Erfüllung ihrer Aufgaben nicht mehr ausreichen, so hat der Betriebsrat bei der Einführung von Maßnahmen der betrieblichen Berufsbildung mitzubestimmen. Kommt eine Einigung nicht zustande, so entscheidet die Einigungsstelle. Der Spruch der Einigungsstelle ersetzt die Einigung zwischen Arbeitgeber und Betriebsrat.

§ 98 Durchführung betrieblicher Bildungsmaßnahmen

(1) Der Betriebsrat hat bei der Durchführung von Maßnahmen der betrieblichen Berufsbildung mitzubestimmen.

(2) Der Betriebsrat kann der Bestellung einer mit der Durchführung

der betrieblichen Berufsbildung beauftragten Person widersprechen oder ihre Abberufung verlangen, wenn diese die persönliche oder fachliche, insbesondere die berufs- und arbeitspädagogische Eignung im Sinne des Berufsbildungsgesetzes nicht besitzt oder ihre Aufgaben vernachlässigt.

(3) Führt der Arbeitgeber betriebliche Maßnahmen der Berufsbildung durch oder stellt er für außerbetriebliche Maßnahmen der Berufsbildung Arbeitnehmer frei oder trägt er die durch die Teilnahme von Arbeitnehmern an solchen Maßnahmen entstehenden Kosten ganz oder teilweise, so kann der Betriebsrat Vorschläge für die Teilnahme von Arbeitnehmern oder Gruppen von Arbeitnehmern des Betriebs an diesen Maßnahmen der beruflichen Bildung machen.

(4) Kommt im Fall des Absatzes 1 oder über die nach Absatz 3 vom Betriebsrat vorgeschlagenen Teilnehmer eine Einigung nicht zustande, so entscheidet die Einigungsstelle. Der Spruch der Einigungsstelle ersetzt die Einigung zwischen Arbeitgeber und Betriebsrat.

(5) Kommt im Fall des Absatzes 2 eine Einigung nicht zustande, so kann der Betriebsrat beim Arbeitsgericht beantragen, dem Arbeitgeber aufzugeben, die Bestellung zu unterlassen oder die Abberufung durchzuführen. Führt der Arbeitgeber die Bestellung einer rechtskräftigen gerichtlichen Entscheidung zuwider durch, so ist er auf Antrag des Betriebsrats vom Arbeitsgericht wegen der Bestellung nach vorheriger Androhung zu einem Ordnungsgeld zu verurteilen; das Höchstmaß des Ordnungsgeldes beträgt 10 000 Euro. Führt der Arbeitgeber die Abberufung einer rechtskräftigen gerichtlichen Entscheidung zuwider nicht durch, so ist auf Antrag des Betriebsrats vom Arbeitsgericht zu erkennen, dass der Arbeitgeber zur Abberufung durch Zwangsgeld anzuhalten sei; das Höchstmaß des Zwangsgeldes beträgt für jeden Tag der Zuwiderhandlung 250 Euro. Die Vorschriften des Berufsbildungsgesetzes über die Ordnung der Berufsbildung bleiben unberührt.

(6) Die Absätze 1 bis 5 gelten entsprechend, wenn der Arbeitgeber sonstige Bildungsmaßnahmen im Betrieb durchführt.

**Dritter Unterabschnitt
Personelle Einzelmaßnahmen**

§ 99   Mitbestimmung bei personellen Einzelmaßnahmen

(1) In Unternehmen mit in der Regel mehr als zwanzig wahlberechtigten Arbeitnehmern hat der Arbeitgeber den Betriebsrat vor jeder Einstellung, Eingruppierung, Umgruppierung und Versetzung zu unterrichten, ihm die erforderlichen Bewerbungsunterlagen vorzulegen und Auskunft über die Person der Beteiligten zu geben; er hat dem Betriebsrat unter Vorlage der erforderlichen Unterlagen Auskunft über die Auswirkungen der geplanten Maßnahme zu geben und die Zu-

stimmung des Betriebsrats zu der geplanten Maßnahme einzuholen. Bei Einstellungen und Versetzungen hat der Arbeitgeber insbesondere den in Aussicht genommenen Arbeitsplatz und die vorgesehene Eingruppierung mitzuteilen. Die Mitglieder des Betriebsrats sind verpflichtet, über die ihnen im Rahmen der personellen Maßnahmen nach den Sätzen 1 und 2 bekannt gewordenen persönlichen Verhältnisse und Angelegenheiten der Arbeitnehmer, die ihrer Bedeutung oder ihrem Inhalt nach einer vertraulichen Behandlung bedürfen, Stillschweigen zu bewahren; § 79 Abs. 1 Satz 2 bis 4 gilt entsprechend.

(2) Der Betriebsrat kann die Zustimmung verweigern, wenn

1. die personelle Maßnahme gegen ein Gesetz, eine Verordnung, eine Unfallverhütungsvorschrift oder gegen eine Bestimmung in einem Tarifvertrag oder in einer Betriebsvereinbarung oder gegen eine gerichtliche Entscheidung oder eine behördliche Anordnung verstoßen würde,

2. die personelle Maßnahme gegen eine Richtlinie nach § 95 verstoßen würde,

3. die durch Tatsachen begründete Besorgnis besteht, dass infolge der personellen Maßnahme im Betrieb beschäftigte Arbeitnehmer gekündigt werden oder sonstige Nachteile erleiden, ohne dass dies aus betrieblichen oder persönlichen Gründen gerechtfertigt ist; als Nachteil gilt bei unbefristeter Einstellung auch die Nichtberücksichtigung einer gleich geeigneten befristet Beschäftigten,

4. der betroffene Arbeitnehmer durch die personelle Maßnahme benachteiligt wird, ohne dass dies aus betrieblichen oder in der Person des Arbeitnehmers liegenden Gründen gerechtfertigt ist,

5. eine nach § 93 erforderliche Ausschreibung im Betrieb unterblieben ist oder

6. die durch Tatsachen begründete Besorgnis besteht, dass der für die personelle Maßnahme in Aussicht genommene Bewerber oder Arbeitnehmer den Betriebsfrieden durch gesetzwidriges Verhalten oder durch grobe Verletzung der in § 75 Abs. 1 enthaltenen Grundsätze, insbesondere durch rassistische oder fremdenfeindliche Betätigung, stören werde.

(3) Verweigert der Betriebsrat seine Zustimmung, so hat er dies unter Angabe von Gründen innerhalb einer Woche nach Unterrichtung durch den Arbeitgeber diesem schriftlich mitzuteilen. Teilt der Betriebsrat dem Arbeitgeber die Verweigerung seiner Zustimmung nicht innerhalb der Frist schriftlich mit, so gilt die Zustimmung als erteilt.

(4) Verweigert der Betriebsrat seine Zustimmung, so kann der Arbeitgeber beim Arbeitsgericht beantragen, die Zustimmung zu ersetzen.

§ 100 Vorläufige personelle Maßnahmen

(1) Der Arbeitgeber kann, wenn dies aus sachlichen Gründen dringend erforderlich ist, die personelle Maßnahme im Sinne des § 99 Abs. 1 Satz 1 vorläufig durchführen, bevor der Betriebsrat sich geäußert oder wenn er die Zustimmung verweigert hat. Der Arbeitgeber hat den Arbeitnehmer über die Sach- und Rechtslage aufzuklären.

(2) Der Arbeitgeber hat den Betriebsrat unverzüglich von der vorläufigen personellen Maßnahme zu unterrichten. Bestreitet der Betriebsrat, dass die Maßnahme aus sachlichen Gründen dringend erforderlich ist, so hat er dies dem Arbeitgeber unverzüglich mitzuteilen. In diesem Fall darf der Arbeitgeber die vorläufige personelle Maßnahme nur aufrechterhalten, wenn er innerhalb von drei Tagen beim Arbeitsgericht die Ersetzung der Zustimmung des Betriebsrats und die Feststellung beantragt, dass die Maßnahme aus sachlichen Gründen dringend erforderlich war.

(3) Lehnt das Gericht durch rechtskräftige Entscheidung die Ersetzung der Zustimmung des Betriebsrats ab oder stellt es rechtskräftig fest, dass offensichtlich die Maßnahme aus sachlichen Gründen nicht dringend erforderlich war, so endet die vorläufige personelle Maßnahme mit Ablauf von zwei Wochen nach Rechtskraft der Entscheidung. Von diesem Zeitpunkt an darf die personelle Maßnahme nicht aufrechterhalten werden.

§ 101 Zwangsgeld

Führt der Arbeitgeber eine personelle Maßnahme im Sinne des § 99 Abs. 1 Satz 1 ohne Zustimmung des Betriebsrats durch oder hält er eine vorläufige personelle Maßnahme entgegen § 100 Abs. 2 Satz 3 oder Abs. 3 aufrecht, so kann der Betriebsrat beim Arbeitsgericht beantragen, dem Arbeitgeber aufzugeben, die personelle Maßnahme aufzuheben. Hebt der Arbeitgeber entgegen einer rechtskräftigen gerichtlichen Entscheidung die personelle Maßnahme nicht auf, so ist auf Antrag des Betriebsrats vom Arbeitsgericht zu erkennen, dass der Arbeitgeber zur Aufhebung der Maßnahme durch Zwangsgeld anzuhalten sei. Das Höchstmaß des Zwangsgeldes beträgt für jeden Tag der Zuwiderhandlung 250 Euro.

§ 102 Mitbestimmung bei Kündigungen

(1) Der Betriebsrat ist vor jeder Kündigung zu hören. Der Arbeitgeber hat ihm die Gründe für die Kündigung mitzuteilen. Eine ohne Anhörung des Betriebsrats ausgesprochene Kündigung ist unwirksam.

(2) Hat der Betriebsrat gegen eine ordentliche Kündigung Bedenken, so hat er diese unter Angabe der Gründe dem Arbeitgeber spätestens innerhalb einer Woche schriftlich mitzuteilen. Äußert er sich innerhalb dieser Frist nicht, gilt seine Zustimmung zur Kündigung als erteilt. Hat

der Betriebsrat gegen eine außerordentliche Kündigung Bedenken, so hat er diese unter Angabe der Gründe dem Arbeitgeber unverzüglich, spätestens jedoch innerhalb von drei Tagen, schriftlich mitzuteilen. Der Betriebsrat soll, soweit dies erforderlich erscheint, vor seiner Stellungnahme den betroffenen Arbeitnehmer hören. § 99 Abs. 1 Satz 3 gilt entsprechend.

(3) Der Betriebsrat kann innerhalb der Frist des Absatzes 2 Satz 1 der ordentlichen Kündigung widersprechen, wenn

1. der Arbeitgeber bei der Auswahl des zu kündigenden Arbeitnehmers soziale Gesichtspunkte nicht oder nicht ausreichend berücksichtigt hat,

2. die Kündigung gegen eine Richtlinie nach § 95 verstößt,

3. der zu kündigende Arbeitnehmer an einem anderen Arbeitsplatz im selben Betrieb oder in einem anderen Betrieb des Unternehmens weiterbeschäftigt werden kann,

4. die Weiterbeschäftigung des Arbeitnehmers nach zumutbaren Umschulungs- oder Fortbildungsmaßnahmen möglich ist oder

5. eine Weiterbeschäftigung des Arbeitnehmers unter geänderten Vertragsbedingungen möglich ist und der Arbeitnehmer sein Einverständnis hiermit erklärt hat.

(4) Kündigt der Arbeitgeber, obwohl der Betriebsrat nach Absatz 3 der Kündigung widersprochen hat, so hat er dem Arbeitnehmer mit der Kündigung eine Abschrift der Stellungnahme des Betriebsrats zuzuleiten.

(5) Hat der Betriebsrat einer ordentlichen Kündigung frist- und ordnungsgemäß widersprochen und hat der Arbeitnehmer nach dem Kündigungsschutzgesetz Klage auf Feststellung erhoben, dass das Arbeitsverhältnis durch die Kündigung nicht aufgelöst ist, so muss der Arbeitgeber auf Verlangen des Arbeitnehmers diesen nach Ablauf der Kündigungsfrist bis zum rechtskräftigen Abschluss des Rechtsstreits bei unveränderten Arbeitsbedingungen weiterbeschäftigen. Auf Antrag des Arbeitgebers kann das Gericht ihn durch einstweilige Verfügung von der Verpflichtung zur Weiterbeschäftigung nach Satz 1 entbinden, wenn

1. die Klage des Arbeitnehmers keine hinreichende Aussicht auf Erfolg bietet oder mutwillig erscheint oder

2. die Weiterbeschäftigung des Arbeitnehmers zu einer unzumutbaren wirtschaftlichen Belastung des Arbeitgebers führen würde oder

3. der Widerspruch des Betriebsrats offensichtlich unbegründet war.

(6) Arbeitgeber und Betriebsrat können vereinbaren, dass Kündigungen der Zustimmung des Betriebsrats bedürfen und dass bei Meinungsverschiedenheiten über die Berechtigung der Nichterteilung der Zustimmung die Einigungsstelle entscheidet.

(7) Die Vorschriften über die Beteiligung des Betriebsrats nach dem Kündigungsschutzgesetz bleiben unberührt.

§ 103   Außerordentliche Kündigung und Versetzung in besonderen Fällen

(1) Die außerordentliche Kündigung von Mitgliedern des Betriebsrats, der Jugend- und Auszubildendenvertretung, der Bordvertretung und des Seebetriebsrats, des Wahlvorstands sowie von Wahlbewerbern bedarf der Zustimmung des Betriebsrats.

(2) Verweigert der Betriebsrat seine Zustimmung, so kann das Arbeitsgericht sie auf Antrag des Arbeitgebers ersetzen, wenn die außerordentliche Kündigung unter Berücksichtigung aller Umstände gerechtfertigt ist. In dem Verfahren vor dem Arbeitsgericht ist der betroffene Arbeitnehmer Beteiligter.

(3) Die Versetzung der in Absatz 1 genannten Personen, die zu einem Verlust des Amtes oder der Wählbarkeit führen würde, bedarf der Zustimmung des Betriebsrats; dies gilt nicht, wenn der betroffene Arbeitnehmer mit der Versetzung einverstanden ist. Absatz 2 gilt entsprechend mit der Maßgabe, dass das Arbeitsgericht die Zustimmung zu der Versetzung ersetzen kann, wenn diese auch unter Berücksichtigung der betriebsverfassungsrechtlichen Stellung des betroffenen Arbeitnehmers aus dringenden betrieblichen Gründen notwendig ist.

§ 104   Entfernung betriebsstörender Arbeitnehmer

Hat ein Arbeitnehmer durch gesetzwidriges Verhalten oder durch grobe Verletzung der in § 75 Abs. 1 enthaltenen Grundsätze, insbesondere durch rassistische und fremdenfeindliche Betätigungen, den Betriebsfrieden wiederholt ernstlich gestört, so kann der Betriebsrat vom Arbeitgeber die Entlassung oder Versetzung verlangen. Gibt das Arbeitsgericht einem Antrag des Betriebsrats statt, dem Arbeitgeber aufzugeben, die Entlassung oder Versetzung durchzuführen, und führt der Arbeitgeber die Entlassung oder Versetzung einer rechtskräftigen gerichtlichen Entscheidung zuwider nicht durch, so ist auf Antrag des Betriebsrats vom Arbeitsgericht zu erkennen, dass er zur Vornahme der Entlassung oder Versetzung durch Zwangsgeld anzuhalten sei. Das Höchstmaß des Zwangsgeldes beträgt für jeden Tag der Zuwiderhandlung 250 Euro.

§ 105   Leitende Angestellte

Eine beabsichtigte Einstellung oder personelle Veränderung eines in § 5 Abs. 3 genannten leitenden Angestellten ist dem Betriebsrat rechtzeitig mitzuteilen.

Sechster Abschnitt:
Wirtschaftliche Angelegenheiten

Erster Unterabschnitt:
Unterrichtung in wirtschaftlichen Angelegenheiten

§ 106   Wirtschaftsausschuss

(1) In allen Unternehmen mit in der Regel mehr als einhundert ständig beschäftigten Arbeitnehmern ist ein Wirtschaftsausschuss zu bilden. Der Wirtschaftsausschuss hat die Aufgabe, wirtschaftliche Angelegenheiten mit dem Unternehmer zu beraten und den Betriebsrat zu unterrichten.

(2) Der Unternehmer hat den Wirtschaftsausschuss rechtzeitig und umfassend über die wirtschaftlichen Angelegenheiten des Unternehmens unter Vorlage der erforderlichen Unterlagen zu unterrichten, soweit dadurch nicht die Betriebs- und Geschäftsgeheimnisse des Unternehmens gefährdet werden, sowie die sich daraus ergebenden Auswirkungen auf die Personalplanung darzustellen.

(3) Zu den wirtschaftlichen Angelegenheiten im Sinne dieser Vorschrift gehören insbesondere

1.   die wirtschaftliche und finanzielle Lage des Unternehmens;

2.   die Produktions- und Absatzlage;

3.   das Produktions- und Investitionsprogramm;

4.   Rationalisierungsvorhaben;

5.   Fabrikations- und Arbeitsmethoden, insbesondere die Einführung neuer Arbeitsmethoden;

5 a. Fragen des betrieblichen Umweltschutzes;

6.   die Einschränkung oder Stilllegung von Betrieben oder von Betriebsteilen;

7.   die Verlegung von Betrieben oder Betriebsteilen;

8.   der Zusammenschluss oder die Spaltung von Unternehmen oder Betrieben;

9.   die Änderung der Betriebsorganisation oder des Betriebszwecks;

9 a. die Übernahme des Unternehmens, wenn hiermit der Erwerb der Kontrolle verbunden ist, sowie

10. sonstige Vorgänge und Vorhaben, welche die Interessen der Arbeitnehmer des Unternehmens wesentlich berühren können.

§ 107   Bestellung und Zusammensetzung des Wirtschaftsausschusses

(1) Der Wirtschaftsausschuss besteht aus mindestens drei und höchstens sieben Mitgliedern, die dem Unternehmen angehören müssen, darunter mindestens einem Betriebsratsmitglied. Zu Mitgliedern des Wirtschaftsausschusses können auch die in § 5 Abs. 3 genannten Angestellten bestimmt werden. Die Mitglieder sollen die zur Erfüllung ihrer Aufgaben erforderliche fachliche und persönliche Eignung besitzen.

(2) Die Mitglieder des Wirtschaftsausschusses werden vom Betriebsrat für die Dauer seiner Amtszeit bestimmt. Besteht ein Gesamtbetriebsrat, so bestimmt dieser die Mitglieder des Wirtschaftsausschusses; die Amtszeit der Mitglieder endet in diesem Fall in dem Zeitpunkt, in dem die Amtszeit der Mehrheit der Mitglieder des Gesamtbetriebsrats, die an der Bestimmung mitzuwirken berechtigt waren, abgelaufen ist. Die Mitglieder des Wirtschaftsausschusses können jederzeit abberufen werden; auf die Abberufung sind die Sätze 1 und 2 entsprechend anzuwenden.

(3) Der Betriebsrat kann mit der Mehrheit der Stimmen seiner Mitglieder beschließen, die Aufgaben des Wirtschaftsausschusses einem Ausschuss des Betriebsrats zu übertragen. Die Zahl der Mitglieder des Ausschusses darf die Zahl der Mitglieder des Betriebsausschusses nicht überschreiten. Der Betriebsrat kann jedoch weitere Arbeitnehmer einschließlich der in § 5 Abs. 3 genannten leitenden Angestellten bis zur selben Zahl, wie der Ausschuss Mitglieder hat, in den Ausschuss berufen; für die Beschlussfassung gilt Satz 1. Für die Verschwiegenheitspflicht der in Satz 3 bezeichneten weiteren Arbeitnehmer gilt § 79 entsprechend. Für die Abänderung und den Widerruf der Beschlüsse nach den Sätzen 1 bis 3 sind die gleichen Stimmenmehrheiten erforderlich wie für die Beschlüsse nach den Sätzen 1 bis 3. Ist in einem Unternehmen ein Gesamtbetriebsrat errichtet, so beschließt dieser über die anderweitige Wahrnehmung der Aufgaben des Wirtschaftsausschusses; die Sätze 1 bis 5 gelten entsprechend.

§ 108   Sitzungen

(1) Der Wirtschaftsausschuss soll monatlich einmal zusammentreten.

(2) An den Sitzungen des Wirtschaftsausschusses hat der Unternehmer oder sein Vertreter teilzunehmen. Er kann sachkundige Arbeitnehmer des Unternehmens einschließlich der in § 5 Abs. 3 genannten Angestellten hinzuziehen. Für die Hinzuziehung und die Verschwiegenheitspflicht von Sachverständigen gilt § 80 Abs. 3 und 4 entsprechend.

(3) Die Mitglieder des Wirtschaftsausschusses sind berechtigt, in die nach § 106 Abs. 2 vorzulegenden Unterlagen Einsicht zu nehmen.

(4) Der Wirtschaftsausschuss hat über jede Sitzung dem Betriebsrat unverzüglich und vollständig zu berichten.

(5) Der Jahresabschluss ist dem Wirtschaftsausschuss unter Beteiligung des Betriebsrats zu erläutern.

(6) Hat der Betriebsrat oder der Gesamtbetriebsrat eine anderweitige Wahrnehmung der Aufgaben des Wirtschaftsausschusses beschlossen, so gelten die Absätze 1 bis 5 entsprechend.

§ 109 Beilegung von Meinungsverschiedenheiten

Wird eine Auskunft über wirtschaftliche Angelegenheiten des Unternehmens im Sinne des § 106 entgegen dem Verlangen des Wirtschaftsausschusses nicht, nicht rechtzeitig oder nur ungenügend erteilt und kommt hierüber zwischen Unternehmer und Betriebsrat eine Einigung nicht zustande, so entscheidet die Einigungsstelle. Der Spruch der Einigungsstelle ersetzt die Einigung zwischen Arbeitgeber und Betriebsrat. Die Einigungsstelle kann, wenn dies für ihre Entscheidung erforderlich ist, Sachverständige anhören; § 80 Abs. 4 gilt entsprechend. Hat der Betriebsrat oder der Gesamtbetriebsrat eine anderweitige Wahrnehmung der Aufgaben des Wirtschaftsausschusses beschlossen, so gilt Satz 1 entsprechend.

§ 109 a Unternehmensübernahme

In Unternehmen, in denen kein Wirtschaftsausschuss besteht, ist im Fall des § 106 Abs. 3 Nr. 9 a der Betriebsrat entsprechend § 106 Abs. 1 und 2 zu beteiligen; § 109 gilt entsprechend.

§ 110 Unterrichtung der Arbeitnehmer

(1) In Unternehmen mit in der Regel mehr als 1000 ständig beschäftigten Arbeitnehmern hat der Unternehmer mindestens einmal in jedem Kalendervierteljahr nach vorheriger Abstimmung mit dem Wirtschaftsausschuss oder den in § 107 Abs. 3 genannten Stellen und dem Betriebsrat die Arbeitnehmer schriftlich über die wirtschaftliche Lage und Entwicklung des Unternehmens zu unterrichten.

(2) In Unternehmen, die die Voraussetzungen des Absatzes 1 nicht erfüllen, aber in der Regel mehr als zwanzig wahlberechtigte ständige Arbeitnehmer beschäftigen, gilt Absatz 1 mit der Maßgabe, dass die Unterrichtung der Arbeitnehmer mündlich erfolgen kann. Ist in diesen Unternehmen ein Wirtschaftsausschuss nicht zu errichten, so erfolgt die Unterrichtung nach vorheriger Abstimmung mit dem Betriebsrat.

Zweiter Unterabschnitt
Betriebsänderungen

§ 111 Betriebsänderungen

In Unternehmen mit in der Regel mehr als zwanzig wahlberechtigten Arbeitnehmern hat der Unternehmer den Betriebsrat über geplante

Betriebsänderungen, die wesentliche Nachteile für die Belegschaft oder erhebliche Teile der Belegschaft zur Folge haben können, rechtzeitig und umfassend zu unterrichten und die geplanten Betriebsänderungen mit dem Betriebsrat zu beraten. Der Betriebsrat kann in Unternehmen mit mehr als 300 Arbeitnehmern zu seiner Unterstützung einen Berater hinzuziehen; § 80 Abs. 4 gilt entsprechend; im Übrigen bleibt § 80 Abs. 3 unberührt. Als Betriebsänderungen im Sinne des Satzes 1 gelten

1. Einschränkung und Stilllegung des ganzen Betriebs oder von wesentlichen Betriebsteilen,

2. Verlegung des ganzen Betriebs oder von wesentlichen Betriebsteilen,

3. Zusammenschluss mit anderen Betrieben oder die Spaltung von Betrieben,

4. grundlegende Änderungen der Betriebsorganisation, des Betriebszwecks oder der Betriebsanlagen,

5. Einführung grundlegend neuer Arbeitsmethoden und Fertigungsverfahren.

§ 112   Interessenausgleich über die Betriebsänderung, Sozialplan

(1) Kommt zwischen Unternehmer und Betriebsrat ein Interessenausgleich über die geplante Betriebsänderung zustande, so ist dieser schriftlich niederzulegen und vom Unternehmer und Betriebsrat zu unterschreiben. Das Gleiche gilt für eine Einigung über den Ausgleich oder die Milderung der wirtschaftlichen Nachteile, die den Arbeitnehmern infolge der geplanten Betriebsänderung entstehen (Sozialplan). Der Sozialplan hat die Wirkung einer Betriebsvereinbarung. § 77 Abs. 3 ist auf den Sozialplan nicht anzuwenden.

(2) Kommt ein Interessenausgleich über die geplante Betriebsänderung oder eine Einigung über den Sozialplan nicht zustande, so können der Unternehmer oder der Betriebsrat den Vorstand der Bundesagentur für Arbeit um Vermittlung ersuchen, der Vorstand kann die Aufgabe auf andere Bedienstete der Bundesagentur für Arbeit übertragen. Erfolgt kein Vermittlungsersuchen oder bleibt der Vermittlungsversuch ergebnislos, so können der Unternehmer oder der Betriebsrat die Einigungsstelle anrufen. Auf Ersuchen des Vorsitzenden der Einigungsstelle nimmt ein Mitglied des Vorstands der Bundesagentur für Arbeit oder ein vom Vorstand der Bundesagentur für Arbeit benannter Bediensteter der Bundesagentur für Arbeit an der Verhandlung teil.

(3) Unternehmer und Betriebsrat sollen der Einigungsstelle Vorschläge zur Beilegung der Meinungsverschiedenheiten über den Interessenausgleich und den Sozialplan machen. Die Einigungsstelle hat eine Einigung der Parteien zu versuchen. Kommt eine Einigung zustande,

so ist sie schriftlich niederzulegen und von den Parteien und vom Vorsitzenden zu unterschreiben.

(4) Kommt eine Einigung über den Sozialplan nicht zustande, so entscheidet die Einigungsstelle über die Aufstellung eines Sozialplans. Der Spruch der Einigungsstelle ersetzt die Einigung zwischen Arbeitgeber und Betriebsrat.

(5) Die Einigungsstelle hat bei ihrer Entscheidung nach Absatz 4 sowohl die sozialen Belange der betroffenen Arbeitnehmer zu berücksichtigen als auch auf die wirtschaftliche Vertretbarkeit ihrer Entscheidung für das Unternehmen zu achten. Dabei hat die Einigungsstelle sich im Rahmen billigen Ermessens insbesondere von folgenden Grundsätzen leiten zu lassen:

1. Sie soll beim Ausgleich oder bei der Milderung wirtschaftlicher Nachteile, insbesondere durch Einkommensminderung, Wegfall von Sonderleistungen oder Verlust von Anwartschaften auf betriebliche Altersversorgung, Umzugskosten oder erhöhte Fahrtkosten, Leistungen vorsehen, die in der Regel den Gegebenheiten des Einzelfalles Rechnung tragen.

2. Sie hat die Aussichten der betroffenen Arbeitnehmer auf dem Arbeitsmarkt zu berücksichtigen. Sie soll Arbeitnehmer von Leistungen ausschließen, die in einem zumutbaren Arbeitsverhältnis im selben Betrieb oder in einem anderen Betrieb des Unternehmens oder eines zum Konzern gehörenden Unternehmens weiterbeschäftigt werden können und die Weiterbeschäftigung ablehnen; die mögliche Weiterbeschäftigung an einem anderen Ort begründet für sich allein nicht die Unzumutbarkeit.

2a. Sie soll insbesondere die im Dritten Buch des Sozialgesetzbuches vorgesehenen Förderungsmöglichkeiten zur Vermeidung von Arbeitslosigkeit berücksichtigen.

3. Sie hat bei der Bemessung des Gesamtbetrages der Sozialplanleistungen darauf zu achten, dass der Fortbestand des Unternehmens oder die nach Durchführung der Betriebsänderung verbleibenden Arbeitsplätze nicht gefährdet werden.

§ 112a Erzwingbarer Sozialplan bei Personalabbau, Neugründungen

(1) Besteht eine geplante Betriebsänderung im Sinne des § 111 Satz 3 Nr. 1 allein in der Entlassung von Arbeitnehmern, so findet § 112 Abs. 4 und 5 nur Anwendung, wenn

1. in Betrieben mit in der Regel weniger als 60 Arbeitnehmern 20 vom Hundert der regelmäßig beschäftigten Arbeitnehmer, aber mindestens 6 Arbeitnehmer,

2. in Betrieben mit in der Regel mindestens 60 und weniger als 250

Arbeitnehmern 20 vom Hundert der regelmäßig beschäftigten Arbeitnehmer oder mindestens 37 Arbeitnehmer,

3. in Betrieben mit in der Regel mindestens 250 und weniger als 500 Arbeitnehmern 15 vom Hundert der regelmäßig beschäftigten Arbeitnehmer oder mindestens 60 Arbeitnehmer,

4. in Betrieben mit in der Regel mindestens 500 Arbeitnehmern 10 vom Hundert der regelmäßig beschäftigten Arbeitnehmer, aber mindestens 60 Arbeitnehmer

aus betriebsbedingten Gründen entlassen werden sollen. Als Entlassung gilt auch das vom Arbeitgeber aus Gründen der Betriebsänderung veranlasste Ausscheiden von Arbeitnehmern aufgrund von Aufhebungsverträgen.

(2) § 112 Abs. 4 und 5 findet keine Anwendung auf Betriebe eines Unternehmens in den ersten vier Jahren nach seiner Gründung. Dies gilt nicht für Neugründungen im Zusammenhang mit der rechtlichen Umstrukturierung von Unternehmen und Konzernen. Maßgebend für den Zeitpunkt der Gründung ist die Aufnahme einer Erwerbstätigkeit, die nach § 138 der Abgabenordnung dem Finanzamt mitzuteilen ist.

§ 113   Nachteilsausgleich

(1) Weicht der Unternehmer von einem Interessenausgleich über die geplante Betriebsänderung ohne zwingenden Grund ab, so können Arbeitnehmer, die infolge dieser Abweichung entlassen werden, beim Arbeitsgericht Klage erheben mit dem Antrag, den Arbeitgeber zur Zahlung von Abfindungen zu verurteilen; § 10 des Kündigungsschutzgesetzes gilt entsprechend.

(2) Erleiden Arbeitnehmer infolge einer Abweichung nach Absatz 1 andere wirtschaftliche Nachteile, so hat der Unternehmer diese Nachteile bis zu einem Zeitraum von zwölf Monaten auszugleichen.

(3) Die Absätze 1 und 2 gelten entsprechend, wenn der Unternehmer eine geplante Betriebsänderung nach § 111 durchführt, ohne über sie einen Interessenausgleich mit dem Betriebsrat versucht zu haben, und infolge der Maßnahme Arbeitnehmer entlassen werden oder andere wirtschaftliche Nachteile erleiden.

Fünfter Teil:
Besondere Vorschriften
für einzelne Betriebsarten

Erster Abschnitt:
Seeschifffahrt

§ 114   Grundsätze

(1) Auf Seeschifffahrtsunternehmen und ihre Betriebe ist dieses Gesetz anzuwenden, soweit sich aus den Vorschriften dieses Abschnitts nichts anderes ergibt.

(2) Seeschifffahrtsunternehmen im Sinne dieses Gesetzes ist ein Unternehmen, das Handelsschifffahrt betreibt und seinen Sitz im Geltungsbereich dieses Gesetzes hat. Ein Seeschifffahrtsunternehmen im Sinne dieses Abschnitts betreibt auch, wer als Korrespondenzreeder, Vertragsreeder, Ausrüster oder aufgrund eines ähnlichen Rechtsverhältnisses Schiffe zum Erwerb durch die Seeschifffahrt verwendet, wenn er Arbeitgeber des Kapitäns und der Besatzungsmitglieder ist oder überwiegend die Befugnisse des Arbeitgebers ausübt.

(3) Als Seebetrieb im Sinne dieses Gesetzes gilt die Gesamtheit der Schiffe eines Seeschifffahrtsunternehmens einschließlich der in Absatz 2 Satz 2 genannten Schiffe.

(4) Schiffe im Sinne dieses Gesetzes sind Kauffahrteischiffe, die nach dem Flaggenrechtsgesetz die Bundesflagge führen. Schiffe, die in der Regel binnen 24 Stunden nach dem Auslaufen an den Sitz eines Landbetriebs zurückkehren, gelten als Teil dieses Landbetriebs des Seeschifffahrtsunternehmens.

(5) Jugend- und Auszubildendenvertretungen werden nur für die Landbetriebe von Seeschifffahrtsunternehmen gebildet.

(6) Besatzungsmitglieder im Sinne dieses Gesetzes sind die in einem Heuer- oder Berufsausbildungsverhältnis zu einem Seeschifffahrtsunternehmen stehenden im Seebetrieb beschäftigten Personen mit Ausnahme des Kapitäns. Leitende Angestellte im Sinne des § 5 Abs. 3 dieses Gesetzes sind nur die Kapitäne.

§ 115   Bordvertretung

(1) Auf Schiffen, die mit in der Regel mindestens fünf wahlberechtigten Besatzungsmitgliedern besetzt sind, von denen drei wählbar sind, wird eine Bordvertretung gewählt. Auf die Bordvertretung finden, soweit sich aus diesem Gesetz oder aus anderen gesetzlichen Vorschrif-

ten nicht etwas anderes ergibt, die Vorschriften über die Rechte und Pflichten des Betriebsrats und die Rechtsstellung seiner Mitglieder Anwendung.

(2) Die Vorschriften über die Wahl und Zusammensetzung des Betriebsrats finden mit folgender Maßgabe Anwendung:

1. Wahlberechtigt sind alle Besatzungsmitglieder des Schiffes.

2. Wählbar sind die Besatzungsmitglieder des Schiffes, die am Wahltag das 18. Lebensjahr vollendet haben und ein Jahr Besatzungsmitglied eines Schiffes waren, das nach dem Flaggenrechtsgesetz die Bundesflagge führt. § 8 Abs. 1 Satz 3 bleibt unberührt.

3. Die Bordvertretung besteht auf Schiffen mit in der Regel

   5 bis 20 wahlberechtigten Besatzungsmitgliedern aus einer Person,

   21 bis 75 wahlberechtigten Besatzungsmitgliedern aus drei Mitgliedern,

   über 75 wahlberechtigten Besatzungsmitgliedern aus fünf Mitgliedern.

4. (aufgehoben)

5. § 13 Abs. 1 und 3 findet keine Anwendung. Die Bordvertretung ist vor Ablauf ihrer Amtszeit unter den in § 13 Abs. 2 Nr. 2 bis 5 genannten Voraussetzungen neu zu wählen.

6. Die wahlberechtigten Besatzungsmitglieder können mit der Mehrheit aller Stimmen beschließen, die Wahl der Bordvertretung binnen 24 Stunden durchzuführen.

7. Die in § 16 Abs. 1 Satz 1 genannte Frist wird auf zwei Wochen, die in § 16 Abs. 2 Satz 1 genannte Frist wird auf eine Woche verkürzt.

8. Bestellt die im Amt befindliche Bordvertretung nicht rechtzeitig einen Wahlvorstand oder besteht keine Bordvertretung, wird der Wahlvorstand in einer Bordversammlung von der Mehrheit der anwesenden Besatzungsmitglieder gewählt; § 17 Abs. 3 gilt entsprechend. Kann aus Gründen der Aufrechterhaltung des ordnungsgemäßen Schiffsbetriebs eine Bordversammlung nicht stattfinden, so kann der Kapitän auf Antrag von drei Wahlberechtigten den Wahlvorstand bestellen. Bestellt der Kapitän den Wahlvorstand nicht, so ist der Seebetriebsrat berechtigt, den Wahlvorstand zu bestellen. Die Vorschriften über die Bestellung des Wahlvorstands durch das Arbeitsgericht bleiben unberührt.

9. Die Frist für die Wahlanfechtung beginnt für Besatzungsmitglieder an Bord, wenn das Schiff nach Bekanntgabe des Wahlergebnisses erstmalig einen Hafen im Geltungsbereich dieses Gesetzes oder einen Hafen, in dem ein Seemannsamt seinen Sitz hat, anläuft. Die Wahlanfechtung kann auch zu Protokoll des Seemannsamtes erklärt werden. Wird die Wahl zur Bordvertretung angefochten,

zieht das Seemannsamt die an Bord befindlichen Wahlunterlagen ein. Die Anfechtungserklärung und die eingezogenen Wahlunterlagen sind vom Seemannsamt unverzüglich an das für die Anfechtung zuständige Arbeitsgericht weiterzuleiten.

(3) Auf die Amtszeit der Bordvertretung finden die §§ 21, 22 bis 25 mit der Maßgabe Anwendung, dass

1. die Amtszeit ein Jahr beträgt,

2. die Mitgliedschaft in der Bordvertretung auch endet, wenn das Besatzungsmitglied den Dienst an Bord beendet, es sei denn, dass es den Dienst an Bord vor Ablauf der Amtszeit nach Nummer 1 wieder antritt.

(4) Für die Geschäftsführung der Bordvertretung gelten die §§ 26 bis 36, § 37 Abs. 1 bis 3 sowie die §§ 39 bis 41 entsprechend. § 40 Abs. 2 ist mit der Maßgabe anzuwenden, dass die Bordvertretung in dem für ihre Tätigkeit erforderlichen Umfang auch die für die Verbindung des Schiffes zur Reederei eingerichteten Mittel zur beschleunigten Übermittlung von Nachrichten in Anspruch nehmen kann.

(5) Die §§ 42 bis 46 über die Betriebsversammlung finden für die Versammlung der Besatzungsmitglieder eines Schiffes (Bordversammlung) entsprechende Anwendung. Auf Verlangen der Bordvertretung hat der Kapitän der Bordversammlung einen Bericht über die Schiffsreise und die damit zusammenhängenden Angelegenheiten zu erstatten. Er hat Fragen, die den Schiffsbetrieb, die Schiffsreise und die Schiffssicherheit betreffen, zu beantworten.

(6) Die §§ 47 bis 59 über den Gesamtbetriebsrat und den Konzernbetriebsrat finden für die Bordvertretung keine Anwendung.

(7) Die §§ 74 bis 105 über die Mitwirkung und Mitbestimmung der Arbeitnehmer finden auf die Bordvertretung mit folgender Maßgabe Anwendung:

1. Die Bordvertretung ist zuständig für die Behandlung derjenigen nach diesem Gesetz der Mitwirkung und Mitbestimmung des Betriebsrats unterliegenden Angelegenheiten, die den Bordbetrieb oder die Besatzungsmitglieder des Schiffes betreffen und deren Regelung dem Kapitän aufgrund gesetzlicher Vorschriften oder der ihm von der Reederei übertragenen Befugnisse obliegt.

2. Kommt es zwischen Kapitän und Bordvertretung in einer der Mitwirkung oder Mitbestimmung der Bordvertretung unterliegenden Angelegenheit nicht zu einer Einigung, so kann die Angelegenheit von der Bordvertretung an den Seebetriebsrat abgegeben werden. Der Seebetriebsrat hat die Bordvertretung über die weitere Behandlung der Angelegenheit zu unterrichten. Bordvertretung und Kapitän dürfen die Einigungsstelle oder das Arbeitsgericht nur anrufen, wenn ein Seebetriebsrat nicht gewählt ist.

3. Bordvertretung und Kapitän können im Rahmen ihrer Zuständigkeiten Bordvereinbarungen abschließen. Die Vorschriften über Betriebsvereinbarungen gelten für Bordvereinbarungen entsprechend. Bordvereinbarungen sind unzulässig, soweit eine Angelegenheit durch eine Betriebsvereinbarung zwischen Seebetriebsrat und Arbeitgeber geregelt ist.

4. In Angelegenheiten, die der Mitbestimmung der Bordvertretung unterliegen, kann der Kapitän, auch wenn eine Einigung mit der Bordvertretung noch nicht erzielt ist, vorläufige Regelungen treffen, wenn dies zur Aufrechterhaltung des ordnungsgemäßen Schiffsbetriebs dringend erforderlich ist. Den von der Anordnung betroffenen Besatzungsmitgliedern ist die Vorläufigkeit der Regelung bekannt zu geben. Soweit die vorläufige Regelung der endgültigen Regelung nicht entspricht, hat das Schifffahrtsunternehmen Nachteile auszugleichen, die den Besatzungsmitgliedern durch die vorläufige Regelung entstanden sind.

5. Die Bordvertretung hat das Recht auf regelmäßige und umfassende Unterrichtung über den Schiffsbetrieb. Die erforderlichen Unterlagen sind der Bordvertretung vorzulegen. Zum Schiffsbetrieb gehören insbesondere die Schiffssicherheit, die Reiserouten, die voraussichtlichen Ankunfts- und Abfahrtszeiten sowie die zu befördernde Ladung.

6. Auf Verlangen der Bordvertretung hat der Kapitän ihr Einsicht in die an Bord befindlichen Schiffstagebücher zu gewähren. In den Fällen, in denen der Kapitän eine Eintragung über Angelegenheiten macht, die der Mitwirkung oder Mitbestimmung der Bordvertretung unterliegen, kann diese eine Abschrift der Eintragung verlangen und Erklärungen zum Schiffstagebuch abgeben. In den Fällen, in denen über eine der Mitwirkung oder Mitbestimmung der Bordvertretung unterliegenden Angelegenheit eine Einigung zwischen Kapitän und Bordvertretung nicht erzielt wird, kann die Bordvertretung dies zum Schiffstagebuch erklären und eine Abschrift dieser Eintragung verlangen.

7. Die Zuständigkeit der Bordvertretung im Rahmen des Arbeitsschutzes bezieht sich auch auf die Schiffssicherheit und die Zusammenarbeit mit den insoweit zuständigen Behörden und sonstigen in Betracht kommenden Stellen.

§ 116 Seebetriebsrat

(1) In Seebetrieben werden Seebetriebsräte gewählt. Auf die Seebetriebsräte finden, soweit sich aus diesem Gesetz oder aus anderen gesetzlichen Vorschriften nicht etwas anderes ergibt, die Vorschriften über die Rechte und Pflichten des Betriebsrats und die Rechtsstellung seiner Mitglieder Anwendung.

(2) Die Vorschriften über die Wahl, Zusammensetzung und Amtszeit des Betriebsrats finden mit folgender Maßgabe Anwendung:

1. Wahlberechtigt zum Seebetriebsrat sind alle zum Seeschifffahrtsunternehmen gehörenden Besatzungsmitglieder.

2. Für die Wählbarkeit zum Seebetriebsrat gilt § 8 mit der Maßgabe, dass

   a) in Seeschifffahrtsunternehmen, zu denen mehr als acht Schiffe gehören oder in denen in der Regel mehr als 250 Besatzungsmitglieder beschäftigt sind, nur nach § 115 Abs. 2 Nr. 2 wählbare Besatzungsmitglieder wählbar sind;

   b) in den Fällen, in denen die Voraussetzungen des Buchstabens a nicht vorliegen, nur Arbeitnehmer wählbar sind, die nach § 8 die Wählbarkeit im Landbetrieb des Seeschifffahrtsunternehmens besitzen, es sei denn, dass der Arbeitgeber mit der Wahl von Besatzungsmitgliedern einverstanden ist.

3. Der Seebetriebsrat besteht in Seebetrieben mit in der Regel

   5 bis 400 wahlberechtigten Besatzungsmitgliedern aus einer Person,

   401 bis 800 wahlberechtigten Besatzungsmitgliedern aus drei Mitgliedern,

   über 800 wahlberechtigten Besatzungsmitgliedern aus fünf Mitgliedern.

4. Ein Wahlvorschlag ist gültig, wenn er im Falle des § 14 Abs. 4 Satz 1 erster Halbsatz und Satz 2 mindestens von drei wahlberechtigten Besatzungsmitgliedern unterschrieben ist.

5. § 14a findet keine Anwendung.

6. Die in § 16 Abs. 1 Satz 1 genannte Frist wird auf drei Monate, die in § 16 Abs. 2 Satz 1 genannte Frist auf zwei Monate verlängert.

7. Zu Mitgliedern des Wahlvorstands können auch im Landbetrieb des Seeschifffahrtsunternehmens beschäftigte Arbeitnehmer bestellt werden. § 17 Abs. 2 bis 4 findet keine Anwendung. Besteht kein Seebetriebsrat, so bestellt der Gesamtbetriebsrat oder, falls ein solcher nicht besteht, der Konzernbetriebsrat den Wahlvorstand. Besteht weder ein Gesamtbetriebsrat noch ein Konzernbetriebsrat, wird der Wahlvorstand gemeinsam vom Arbeitgeber und den im Seebetrieb vertretenen Gewerkschaften bestellt; Gleiches gilt, wenn der Gesamtbetriebsrat oder der Konzernbetriebsrat die Bestellung des Wahlvorstands nach Satz 3 unterlässt. Einigen sich Arbeitgeber und Gewerkschaften nicht, so bestellt ihn das Arbeitsgericht auf Antrag des Arbeitgebers, einer im Seebetrieb vertretenen Gewerkschaft oder von mindestens drei wahlberechtigten Besatzungsmitgliedern. § 16 Abs. 2 Satz 2 und 3 gilt entsprechend.

8. Die Frist für die Wahlanfechtung nach § 19 Abs. 2 beginnt für

Besatzungsmitglieder an Bord, wenn das Schiff nach Bekanntgabe des Wahlergebnisses erstmalig einen Hafen im Geltungsbereich dieses Gesetzes oder einen Hafen, in dem ein Seemannsamt seinen Sitz hat, anläuft. Nach Ablauf von drei Monaten seit Bekanntgabe des Wahlergebnisses ist eine Wahlanfechtung unzulässig. Die Wahlanfechtung kann auch zu Protokoll des Seemannsamtes erklärt werden. Die Anfechtungserklärung ist vom Seemannsamt unverzüglich an das für die Anfechtung zuständige Arbeitsgericht weiterzuleiten.

9. Die Mitgliedschaft im Seebetriebsrat endet, wenn der Seebetriebsrat aus Besatzungsmitgliedern besteht, auch, wenn das Mitglied des Seebetriebsrats nicht mehr Besatzungsmitglied ist. Die Eigenschaft als Besatzungsmitglied wird durch die Tätigkeit im Seebetriebsrat oder durch eine Beschäftigung gemäß Absatz 3 Nr. 2 nicht berührt.

(3) Die §§ 26 bis 41 über die Geschäftsführung des Betriebsrats finden auf den Seebetriebsrat mit folgender Maßgabe Anwendung:

1. In Angelegenheiten, in denen der Seebetriebsrat nach diesem Gesetz innerhalb einer bestimmten Frist Stellung zu nehmen hat, kann er, abweichend von § 33 Abs. 2, ohne Rücksicht auf die Zahl der zur Sitzung erschienenen Mitglieder einen Beschluss fassen, wenn die Mitglieder ordnungsgemäß geladen worden sind.

2. Soweit die Mitglieder des Seebetriebsrats nicht freizustellen sind, sind sie so zu beschäftigen, dass sie durch ihre Tätigkeit nicht gehindert sind, die Aufgaben des Seebetriebsrats wahrzunehmen. Der Arbeitsplatz soll den Fähigkeiten und Kenntnissen des Mitglieds des Seebetriebsrats und seiner bisherigen beruflichen Stellung entsprechen. Der Arbeitsplatz ist im Einvernehmen mit dem Seebetriebsrat zu bestimmen. Kommt eine Einigung über die Bestimmung des Arbeitsplatzes nicht zustande, so entscheidet die Einigungsstelle. Der Spruch der Einigungsstelle ersetzt die Einigung zwischen Arbeitgeber und Seebetriebsrat.

3. Den Mitgliedern des Seebetriebsrats, die Besatzungsmitglieder sind, ist die Heuer auch dann fortzuzahlen, wenn sie im Landbetrieb beschäftigt werden. Sachbezüge sind angemessen abzugelten. Ist der neue Arbeitsplatz höherwertig, so ist das diesem Arbeitsplatz entsprechende Arbeitsentgelt zu zahlen.

4. Unter Berücksichtigung der örtlichen Verhältnisse ist über die Unterkunft der in den Seebetriebsrat gewählten Besatzungsmitglieder eine Regelung zwischen dem Seebetriebsrat und dem Arbeitgeber zu treffen, wenn der Arbeitsplatz sich nicht am Wohnort befindet. Kommt eine Einigung nicht zustande, so entscheidet die Einigungsstelle. Der Spruch der Einigungsstelle ersetzt die Einigung zwischen Arbeitgeber und Seebetriebsrat.

5. Der Seebetriebsrat hat das Recht, jedes zum Seebetrieb gehörende

Schiff zu betreten, dort im Rahmen seiner Aufgaben tätig zu werden sowie an den Sitzungen der Bordvertretung teilzunehmen. § 115 Abs. 7 Nr. 5 Satz 1 gilt entsprechend.

6. Liegt ein Schiff in einem Hafen innerhalb des Geltungsbereichs dieses Gesetzes, so kann der Seebetriebsrat nach Unterrichtung des Kapitäns Sprechstunden an Bord abhalten und Bordversammlungen der Besatzungsmitglieder durchführen.

7. Läuft ein Schiff innerhalb eines Kalenderjahres keinen Hafen im Geltungsbereich dieses Gesetzes an, so gelten die Nummern 5 und 6 für europäische Häfen. Die Schleusen des Nordostseekanals gelten nicht als Häfen.

8. Im Einvernehmen mit dem Arbeitgeber können Sprechstunden und Bordversammlungen, abweichend von den Nummern 6 und 7, auch in anderen Liegehäfen des Schiffes durchgeführt werden, wenn ein dringendes Bedürfnis hierfür besteht. Kommt eine Einigung nicht zustande, so entscheidet die Einigungsstelle. Der Spruch der Einigungsstelle ersetzt die Einigung zwischen Arbeitgeber und Seebetriebsrat.

(4) Die §§ 42 bis 46 über die Betriebsversammlung finden auf den Seebetrieb keine Anwendung.

(5) Für den Seebetrieb nimmt der Seebetriebsrat die in den §§ 47 bis 59 dem Betriebsrat übertragenen Aufgaben, Befugnisse und Pflichten wahr.

(6) Die §§ 74 bis 113 über die Mitwirkung und Mitbestimmung der Arbeitnehmer finden auf den Seebetriebsrat mit folgender Maßgabe Anwendung:

1. Der Seebetriebsrat ist zuständig für die Behandlung derjenigen nach diesem Gesetz der Mitwirkung oder Mitbestimmung des Betriebsrats unterliegenden Angelegenheiten,

   a) die alle oder mehrere Schiffe des Seebetriebs oder die Besatzungsmitglieder aller oder mehrerer Schiffe des Seebetriebs betreffen,

   b) die nach § 115 Abs. 7 Nr. 2 von der Bordvertretung abgegeben worden sind oder

   c) für die nicht die Zuständigkeit der Bordvertretung nach § 115 Abs. 7 Nr. 1 gegeben ist.

2. Der Seebetriebsrat ist regelmäßig und umfassend über den Schiffsbetrieb des Seeschifffahrtsunternehmens zu unterrichten. Die erforderlichen Unterlagen sind ihm vorzulegen.

Zweiter Abschnitt:
Luftfahrt

§ 117   Geltung für die Luftfahrt

(1) Auf Landbetriebe von Luftfahrtunternehmen ist dieses Gesetz anzuwenden.

(2) Für im Flugbetrieb beschäftigte Arbeitnehmer von Luftfahrtunternehmen kann durch Tarifvertrag eine Vertretung errichtet werden. Über die Zusammenarbeit dieser Vertretung mit den nach diesem Gesetz zu errichtenden Vertretungen der Arbeitnehmer der Landbetriebe des Luftfahrtunternehmens kann der Tarifvertrag von diesem Gesetz abweichende Regelungen vorsehen.

Dritter Abschnitt:
Tendenzbetriebe und Religions- gemeinschaften

§ 118   Geltung für Tendenzbetriebe und Religionsgemeinschaften

(1) Auf Unternehmen und Betriebe, die unmittelbar und überwiegend

1. politischen, koalitionspolitischen, konfessionellen, karitativen, erzieherischen, wissenschaftlichen oder künstlerischen Bestimmungen oder

2. Zwecken der Berichterstattung oder Meinungsäußerung, auf die Artikel 5 Abs. 1 Satz 2 des Grundgesetzes Anwendung findet,

dienen, finden die Vorschriften dieses Gesetzes keine Anwendung, soweit die Eigenart des Unternehmens oder des Betriebs dem entgegensteht. Die §§ 106 bis 110 sind nicht, die §§ 111 bis 113 nur insoweit anzuwenden, als sie den Ausgleich oder die Milderung wirtschaftlicher Nachteile für die Arbeitnehmer infolge von Betriebsänderungen regeln.

(2) Dieses Gesetz findet keine Anwendung auf Religionsgemeinschaften und ihre karitativen und erzieherischen Einrichtungen unbeschadet deren Rechtsform.

Sechster Teil
Straf- und Bußgeldvorschriften

§ 119 Straftaten gegen Betriebsverfassungsorgane und ihre Mitglieder

(1) Mit Freiheitsstrafe bis zu einem Jahr oder mit Geldstrafe wird bestraft, wer

1. eine Wahl des Betriebsrats, der Jugend- und Auszubildendenvertretung, der Bordvertretung, des Seebetriebsrats oder der in § 3 Abs. 1 Nr. 1 bis 3 oder 5 bezeichneten Vertretungen der Arbeitnehmer behindert oder durch Zufügung oder Androhung von Nachteilen oder durch Gewährung oder Versprechen von Vorteilen beeinflusst,

2. die Tätigkeit des Betriebsrats, des Gesamtbetriebsrats, des Konzernbetriebsrats, der Jugend- und Auszubildendenvertretung, der Gesamt-Jugend- und Auszubildendenvertretung, der Konzern-Jugend- und Auszubildendenvertretung, der Bordvertretung, des Seebetriebsrats, der in § 3 Abs. 1 bezeichneten Vertretungen der Arbeitnehmer, der Einigungsstelle, der in § 76 Abs. 8 bezeichneten tariflichen Schlichtungsstelle, der in § 86 bezeichneten betrieblichen Beschwerdestelle oder des Wirtschaftsausschusses behindert oder stört oder

3. ein Mitglied oder ein Ersatzmitglied des Betriebsrats, des Gesamtbetriebsrats, des Konzernbetriebsrats, der Jugend- und Auszubildendenvertretung, der Gesamt-Jugend- und Auszubildendenvertretung, der Konzern-Jugend- und Auszubildendenvertretung, der Bordvertretung, des Seebetriebsrats, der in § 3 Abs. 1 bezeichneten Vertretungen der Arbeitnehmer, der Einigungsstelle, der in § 76 Abs. 8 bezeichneten Schlichtungsstelle, der in § 86 bezeichneten betrieblichen Beschwerdestelle oder des Wirtschaftsausschusses um seiner Tätigkeit willen oder eine Auskunftsperson nach § 80 Abs. 2 Satz 3 um ihrer Tätigkeit willen benachteiligt oder begünstigt.

(2) Die Tat wird nur auf Antrag des Betriebsrats, des Gesamtbetriebsrats, des Konzernbetriebsrats, der Bordvertretung, des Seebetriebsrats, einer der in § 3 Abs. 1 bezeichneten Vertretungen der Arbeitnehmer, des Wahlvorstands, des Unternehmers oder einer im Betrieb vertretenen Gewerkschaft verfolgt.

§ 120 Verletzung von Geheimnissen

(1) Wer unbefugt ein fremdes Betriebs- oder Geschäftsgeheimnis offenbart, das ihm in seiner Eigenschaft als

1. Mitglied oder Ersatzmitglied des Betriebsrats oder einer der in § 79 Abs. 2 bezeichneten Stellen,

2. Vertreter einer Gewerkschaft oder Arbeitgebervereinigung,

3. Sachverständiger, der vom Betriebsrat nach § 80 Abs. 3 hinzugezogen oder von der Einigungsstelle nach § 109 Satz 3 angehört worden ist,

3 a. Berater, der vom Betriebsrat nach § 111 Satz 2 hinzugezogen worden ist,

3 b. Auskunftsperson, die dem Betriebsrat nach § 80 Abs. 2 Satz 3 zur Verfügung gestellt worden ist, oder

4. Arbeitnehmer, der vom Betriebsrat nach § 107 Abs. 3 Satz 3 oder vom Wirtschaftsausschuss nach § 108 Abs. 2 Satz 2 hinzugezogen worden ist,

bekannt geworden und das vom Arbeitgeber ausdrücklich als geheimhaltungsbedürftig bezeichnet worden ist, wird mit Freiheitsstrafe bis zu einem Jahr oder mit Geldstrafe bestraft.

(2) Ebenso wird bestraft, wer unbefugt ein fremdes Geheimnis eines Arbeitnehmers, namentlich ein zu dessen persönlichen Lebensbereich gehörendes Geheimnis, offenbart, das ihm in seiner Eigenschaft als Mitglied oder Ersatzmitglied des Betriebsrats oder einer der in § 79 Abs. 2 bezeichneten Stellen bekannt geworden ist und über das nach den Vorschriften dieses Gesetzes Stillschweigen zu bewahren ist.

(3) Handelt der Täter gegen Entgelt oder in der Absicht, sich oder einen anderen zu bereichern oder einen anderen zu schädigen, so ist die Strafe Freiheitsstrafe bis zu zwei Jahren oder Geldstrafe. Ebenso wird bestraft, wer unbefugt ein fremdes Geheimnis, namentlich ein Betriebs- oder Geschäftsgeheimnis, zu dessen Geheimhaltung er nach den Absätzen 1 oder 2 verpflichtet ist, verwertet.

(4) Die Absätze 1 bis 3 sind auch anzuwenden, wenn der Täter das fremde Geheimnis nach dem Tode des Betroffenen unbefugt offenbart oder verwertet.

(5) Die Tat wird nur auf Antrag des Verletzten verfolgt. Stirbt der Verletzte, so geht das Antragsrecht nach § 77 Abs. 2 des Strafgesetzbuches auf die Angehörigen über, wenn das Geheimnis zum persönlichen Lebensbereich des Verletzten gehört; in anderen Fällen geht es auf die Erben über. Offenbart der Täter das Geheimnis nach dem Tode des Betroffenen, so gilt Satz 2 sinngemäß.

§ 121 Bußgeldvorschriften

(1) Ordnungswidrig handelt, wer eine der in § 90 Abs. 1, 2 Satz 1, § 92 Abs. 1 Satz 1 auch in Verbindung mit Abs. 3, § 99 Abs. 1, § 106 Abs. 2, § 108 Abs. 5, § 110 oder § 111 bezeichneten Aufklärungs- oder Aus-

kunftspflichten nicht, wahrheitswidrig, unvollständig oder verspätet erfüllt.

(2) Die Ordnungswidrigkeit kann mit einer Geldbuße bis zu 10 000 Euro geahndet werden.

Siebenter Teil
Änderung von Gesetzen

§§ 122 bis 124 (nicht abgedruckt)

Achter Teil
Übergangs- und Schluss-vorschriften

§ 125 Erstmalige Wahlen nach diesem Gesetz

(1) Die erstmaligen Betriebsratswahlen nach § 13 Abs. 1 finden im Jahre 1972 statt.

(2) Die erstmaligen Wahlen der Jugend- und Auszubildendenvertretung nach § 64 Abs. 1 Satz 1 finden im Jahre 1988 statt. Die Amtszeit der Jugendvertretung endet mit der Bekanntgabe des Wahlergebnisses der neu gewählten Jugend- und Auszubildendenvertretung, spätestens am 30. November 1988.

(3) Auf Wahlen des Betriebsrats, der Bordvertretung, des Seebetriebs-rats und der Jugend- und Auszubildendenvertretung, die nach dem 28. Juli 2001 eingeleitet werden, finden die Erste Verordnung zur Durchführung des Betriebsverfassungsgesetzes vom 16. Januar 1972 (BGBl. I S. 49), zuletzt geändert durch die Verordnung vom 16. Januar 1995 (BGBl. I S. 43), die Zweite Verordnung zur Durchführung des Betriebsverfassungsgesetzes vom 24. Oktober 1972 (BGBl. I S. 2029), zuletzt geändert durch die Verordnung vom 28. September 1989 (BGBl. I S. 1795) und die Verordnung zur Durchführung der Betriebs-ratswahlen bei den Postunternehmen vom 26. Juni 1995 (BGBl. I S. 871) bis zu deren Änderung entsprechende Anwendung.

(4) Ergänzend findet für das vereinfachte Wahlverfahren nach § 14 a die Erste Verordnung zur Durchführung des Betriebsverfassungsgesetzes bis zu deren Änderung mit folgenden Maßgaben entsprechende Anwendung:

1. Die Frist für die Einladung zur Wahlversammlung zur Wahl des Wahlvorstands nach § 14 a Abs. 1 des Gesetzes beträgt mindestens

sieben Tage. Die Einladung muss Ort, Tag und Zeit der Wahl-versammlung sowie den Hinweis enthalten, dass bis zum Ende dieser Wahlversammlung Wahlvorschläge zur Wahl des Betriebsrats gemacht werden können (§ 14a Abs. 2 des Gesetzes).

2. § 3 findet wie folgt Anwendung:

   a) Im Fall des § 14a Abs. 1 des Gesetzes erlässt der Wahlvorstand auf der Wahlversammlung das Wahlausschreiben. Die Einspruchs-frist nach § 3 Abs. 2 Nr. 3 verkürzt sich auf drei Tage. Die Angabe nach § 3 Abs. 2 Nr. 4 muss die Zahl der Mindestsitze des Geschlechts in der Minderheit (§ 15 Abs. 2 des Gesetzes) enthalten. Die Wahlvorschläge sind abweichend von § 3 Abs. 2 Nr. 7 bis zum Abschluss der Wahlversammlung zur Wahl des Wahlvorstands bei diesem einzureichen. Ergänzend zu § 3 Abs. 2 Nr. 10 gibt der Wahlvorstand den Ort, Tag und Zeit der nach-träglichen Stimmabgabe an (§ 14a Abs. 4 des Gesetzes).

   b) Im Fall des § 14a Abs. 3 des Gesetzes erlässt der Wahlvorstand unverzüglich das Wahlausschreiben mit den unter Buchstabe a genannten Maßgaben zu § 3 Abs. 2 Nr. 3, 4 und 10. Abweichend von § 3 Abs. 2 Nr. 7 sind die Wahlvorschläge spätestens eine Woche vor der Wahlversammlung zur Wahl des Betriebsrats (§ 14a Abs. 3 Satz 2 des Gesetzes) beim Wahlvorstand einzurei-chen.

3. Die Einspruchsfrist des § 4 Abs. 1 verkürzt sich auf drei Tage.

4. Die §§ 6 bis 8 und § 10 Abs. 2 finden entsprechende Anwendung mit der Maßgabe, dass die Wahl aufgrund von Wahlvorschlägen erfolgt. Im Fall des § 14a Abs. 1 des Gesetzes sind die Wahlvor-schläge bis zum Abschluss der Wahlversammlung zur Wahl des Wahlvorstands bei diesem einzureichen; im Fall des § 14a Abs. 3 des Gesetzes sind die Wahlvorschläge spätestens eine Woche vor der Wahlversammlung zur Wahl des Betriebsrats (§ 14a Abs. 3 Satz 2 des Gesetzes) beim Wahlvorstand einzureichen.

5. § 9 findet keine Anwendung.

6. Auf das Wahlverfahren finden die §§ 21ff. entsprechende Anwen-dung. Auf den Stimmzetteln sind die Bewerber in alphabetischer Reihenfolge unter Angabe von Familienname, Vorname und Art der Beschäftigung im Betrieb aufzuführen.

7. § 25 Abs. 5 bis 8 findet keine Anwendung.

8. § 26 Abs. 1 findet mit der Maßgabe Anwendung, dass der Wahl-berechtigte sein Verlangen auf schriftliche Stimmabgabe spätestens drei Tage vor dem Tag der Wahlversammlung zur Wahl des Be-triebsrats dem Wahlvorstand mitgeteilt haben muss.

9. § 31 findet entsprechende Anwendung mit der Maßgabe, dass die

Wahl der Jugend- und Auszubildendenvertretung aufgrund von Wahlvorschlägen erfolgt.

§ 126   Ermächtigung zum Erlass von Wahlordnungen

Das Bundesministerium für Arbeit und Soziales wird ermächtigt, mit Zustimmung des Bundesrates Rechtsverordnungen zu erlassen zur Regelung der in den §§ 7 bis 20, 60 bis 63, 115 und 116 bezeichneten Wahlen über

1. die Vorbereitung der Wahl, insbesondere die Aufstellung der Wählerlisten und die Errechnung der Vertreterzahl;

2. die Frist für die Einsichtnahme in die Wählerlisten und die Erhebung von Einsprüchen gegen sie;

3. die Vorschlagslisten und die Frist für ihre Einreichung;

4. das Wahlausschreiben und die Fristen für seine Bekanntmachung;

5. die Stimmabgabe;

5 a. die Verteilung der Sitze im Betriebsrat, in der Bordvertretung, im Seebetriebsrat sowie in der Jugend- und Auszubildendenvertretung auf die Geschlechter, auch soweit die Sitze nicht gemäß § 15 Abs. 2 und § 62 Abs. 3 besetzt werden können;

6. die Feststellung des Wahlergebnisses und die Fristen für seine Bekanntmachung;

7. die Aufbewahrung der Wahlakten.

§§ 127, 128 (nicht abgedruckt)

§ 129 Außerkrafttreten von Vorschriften (aufgehoben)

§ 130   Öffentlicher Dienst

Dieses Gesetz findet keine Anwendung auf Verwaltungen und Betriebe des Bundes, der Länder, der Gemeinden und sonstiger Körperschaften, Anstalten und Stiftungen des öffentlichen Rechts.

§§ 131 bis 132   (nicht abgedruckt)

Artikel 14 des Gesetzes zur Reform des Betriebsverfassungsgesetzes (BetrVerf-ReformG) hat folgenden Wortlaut:

Inkrafttreten

Dieses Gesetz tritt am Tage nach der Verkündung in Kraft. Für im Zeitpunkt des Inkrafttretens bestehende Betriebsräte gilt Artikel 1 Nr. 8, 13 und 35 Buchstabe a erst bei deren Neuwahl.

Erläuterungen

Erster Teil:
Allgemeine Vorschriften

§ 1 Errichtung von Betriebsräten

(1) In Betrieben mit in der Regel mindestens fünf ständigen wahlberechtigten Arbeitnehmern, von denen drei wählbar sind, werden Betriebsräte gewählt. Dies gilt auch für gemeinsame Betriebe mehrerer Unternehmen.

(2) Ein gemeinsamer Betrieb mehrerer Unternehmen wird vermutet, wenn

1. zur Verfolgung arbeitstechnischer Zwecke die Betriebsmittel sowie die Arbeitnehmer von den Unternehmen gemeinsam eingesetzt werden oder

2. die Spaltung eines Unternehmens zur Folge hat, dass von einem Betrieb ein oder mehrere Betriebsteile einem an der Spaltung beteiligten anderen Unternehmen zugeordnet werden, ohne dass sich dabei die Organisation des betroffenen Betriebs wesentlich ändert.

1. Der Betriebsbegriff

Die Frage, was ein Betrieb ist und wann ein Betrieb besteht, ist von **1** zentraler Bedeutung für das BetrVG, wie für andere Gesetze, z. B. das KSchG. Die Definition des Betriebes ist aber nicht für alle Bereiche des Arbeitsrechts dieselbe. Im Bereich des BetrVG wird unter Betrieb die organisatorische Einheit verstanden, innerhalb derer der UN allein oder mit seinen **AN** mithilfe von technischen und immateriellen

Mitteln bestimmte **arbeitstechnische Zwecke** fortgesetzt verfolgt.[1]
Ein Betrieb i. S. des Abs. 1 liegt daher vor, wenn die in der Betriebsstätte vorhandenen materiellen und immateriellen Betriebsmittel für
den oder die verfolgten arbeitstechnischen Zwecke zusammengefasst,
geordnet und gezielt eingesetzt werden und der Einsatz der menschlichen Arbeitskraft von einem einheitlichen Leitungsapparat gesteuert
wird.[2] Im Gegensatz zum Betrieb handelt es sich beim UN (z. B.
GmbH, AG, KG usw.) um den Rechtsträger des Betriebes. Zum
Begriff der »regelmäßig« beschäftigten AN vgl. § 9 Rn. 2 f. Zur Wahlberechtigung und Wählbarkeit der AN vgl. §§ 7, 8.

2. Gemeinschaftsbetrieb mehrerer Unternehmen

a) Allgemeines

2   In einem **gemeinsamen Betrieb mehrerer Unternehmen (Gemeinschaftsbetrieb)** ist ein BR zu wählen, wenn die Voraussetzungen des Satzes 1 vorliegen. Mehrere Unternehmen betreiben
einen gemeinsamen Betrieb, wenn »die in einer Betriebsstätte vorhandenen materiellen und immateriellen Mittel für einen einheitlichen
arbeitstechnischen Zweck zusammengefasst, geordnet und gezielt eingesetzt werden und der Einsatz der menschlichen Arbeitskraft von
einem einheitlichen Leitungsapparat gesteuert wird«.[3] Diese einheitliche Leitung muss die wesentlichen Befugnisse eines AG in personellen
und sozialen Angelegenheiten umfassen. Sie muss auf einer zumindest
stillschweigend geschlossenen Führungsvereinbarung beruhen.[4] Kern-
frage ist dabei, ob ein arbeitgeberübergreifender Personaleinsatz im
normalen Betriebsablauf praktiziert wird.[5] Haben die UN eine gemeinsame, personenidentische Personalabteilung, die die wesentlichen
Entscheidungen in personellen und sozialen Angelegenheiten trifft,
spricht dies für eine einheitliche Leitung.[6] Erfolgt die Steuerung des
Personaleinsatzes und die Nutzung der Betriebsmittel nur durch ein
Unternehmen, liegt eine einheitliche Leitung nicht vor.[7] Allein die
Tatsache, dass ein Unternehmen im Rahmen eines Konzernverhält-
nisses von einem anderen beherrscht wird, rechtfertigt nicht die
Annahme eines gemeinsamen Betriebes bzw. einer Führungsvereinbarung.[8] Auch wenn zwei oder mehr Betriebe auf eine sog. Personalservicegesellschaft zurückgreifen, die die Betriebsleitungen in Per-
sonalsachen berät und z. B. die Entgeltabrechnungen durchführt,

---

1   Vgl. etwa BAG 22. 6. 07 – 7 ABR 57/04, NZA 05, 1248 ff.
2   Vgl. etwa BAG, BB 91, 2373.
3   BAG, NZA 04, 618.
4   BAG a. a. O.
5   BAG 18. 1. 12 – 7 ABR 72/10, NZA-RR 2013, 133 ff.
6   BAG 13. 8. 08 – 7 ABR 21/07, brwo.
7   BAG, NZA 05, 1248 f.
8   BAG 11. 12. 07, NZA-RR 2008, 298.

aber keine Entscheidungen in mitbestimmungsrechtlich relevanten Bereichen trifft, soll aus der gemeinsamen Inanspruchnahme der Personalservicegesellschaft nicht auf eine gemeinsame Leitung geschlossen werden können.[9] Da eine solche meist nicht schriftlich vorliegt, wird aus der praktischen Durchführung der einheitlichen Leitung geschlossen, dass dieser eine **Führungsvereinbarung** zugrunde liegt. Liegen die – widerlegbaren – Voraussetzungen eines der beiden Vermutungstatbestände nach Abs. 2 vor, wird der gemeinsame Betrieb und damit auch die gemeinsame Leitung samt Führungsvereinbarung vermutet.[10] Die Vermutungsregeln des Abs. 2 sollen es der Praxis erleichtern festzustellen, wann ein gemeinsamer Betrieb gegeben ist. Ein gemeinsamer Betrieb zweier UN liegt aber nicht nur in den beiden Fällen der Vermutungen des Abs. 2 vor. Liegen die Voraussetzungen der Vermutungstatbestände nicht vor, ist nach o.g. Grundsätzen zu prüfen, ob mehrere UN einen Gemeinschaftsbetrieb betreiben.[11] Folgende tatsächliche Umstände werden u.a. von der Rspr. bei der Beantwortung der Frage, ob ein gemeinsamer Betrieb vorliegt, herangezogen:[12]

- gemeinsame Nutzung von Räumen;
- gemeinsame Einrichtungen für die Arbeitnehmer der Unternehmen, wie z.B. Betriebsrestaurant, Kindergarten, Personalabteilung, Lohnbuchhaltung, Druckerei;
- gemeinsame Durchführung von Ausbildung;
- Personenidentität der Geschäftsführung;
  - gem. Nutzung von Betriebsmitteln;
  - Arbeitnehmertausch;
  - einheitliche Dienst- bzw. Urlaubspläne.

Eine steuerliche Organschaft zweier Unternehmen (§ 2 Abs. 2 Nr. 2 UStG) kann ein Indiz für einen gemeinsamen Betrieb sein. Sie allein begründet ihn aber nicht.[13]

Auch dann, wenn die Vermutungstatbestände nicht gegeben sind, kann ein gemeinsamer Betrieb vorliegen, so z.B. wenn betriebsangehörige AN durch Leih-AN einer unternehmenseigenen Personalservicegesellschaft ersetzt werden, ohne dass die betriebliche Organisation sonst verändert wird.[14]

9 BAG 13.8.08 – 7 ABR 21/07, brwo.
10 Muster einer Führungsvereinbarung brwo-Trittin, § 1 Führungsvereinbarung zum gemeinsamen Betrieb.
11 BAG, NZA 04, 618; vgl. DKKW-Trümner, Rn. 92ff.; vgl. Fitting, Rn. 84ff.
12 DKKW-Trümner, Rn. 96.
13 BAG, DB 05, 1914.
14 LAG Niedersachsen 20.1.09 – 13 TaBV 3/08, brwo; a.A. LAG Düsseldorf 15.1.09 – 15 TaBV 379/08, brwo.

Steht fest, dass die organisatorischen Voraussetzungen für einen Gemeinschaftsbetrieb nicht vorliegen, kommt es auf die Vermutung eines einheitlichen Leitungsapparates (Abs. 2) nicht an.[15] Ein gemeinsamer Betrieb liegt dann nicht vor. Sofern mehrere UN mehrere gemeinsame Betriebe führen, hat dies nicht zur Folge, dass diese zu einem einzigen gemeinsamen Betrieb werden. Eine Zusammenfassung mehrerer gemeinsamer Betriebe kann nicht über § 1 Abs. 1 Satz 2, Abs. 2 erfolgen.[16]

b) Gemeinsame arbeitstechnische Zwecke

3   Nach **Abs. 2 Nr. 1** wird ein **Gemeinschaftsbetrieb** widerlegbar vermutet, wenn von den UN die in einer Betriebsstätte vorhandenen materiellen und immateriellen Betriebsmittel für den oder die arbeitstechnischen Zwecke genutzt und die AN von einer einheitlichen Leitung gemeinsam eingesetzt werden.[17] Dabei ist nicht entscheidend, zu welchem der UN (AG) die AN in einem Arbeitsverhältnis stehen. Ein typisches Beispiel für einen solchen Gemeinschaftsbetrieb ist ein von mehreren UN betriebenes **Rechenzentrum**. Liegen die Voraussetzungen der gemeinsamen Nutzung der Betriebsmittel bzw. des gemeinsamen Einsatzes der AN vor, was nicht nur in der gemeinsamen räumlichen Unterbringung, sondern auch in der personellen, technischen und organisatorischen Verknüpfung der Arbeitsabläufe sichtbar werden kann, wird gesetzlich eine **einheitliche Leitung vermutet**.[18] Dabei ist nicht erforderlich, dass die Leitungsfunktion auch wirtschaftliche Angelegenheiten umfasst. Es genügt, wenn sie sich auf **soziale und personelle Angelegenheiten** erstreckt.[19] Die vom Gesetz vermutete Leitungsfunktion kann von den beteiligten UN, wenn es darüber zu einem Rechtsstreit kommt, in dem dann zu führenden Beschlussverfahren **widerlegt** werden.

c) Folgen der Unternehmensspaltung

4   Die zweite Vermutungsregelung (**Abs. 2 Nr. 2**) betrifft den Fall, dass im Zuge der **Spaltung** eines UN von einem Betrieb dieses UN ein oder mehrere Betriebsteile einem anderen UN, das an der Spaltung beteiligt ist, zugeordnet werden. Der Begriff der Spaltung umfasst die Fälle der **Aufspaltung**, der **Abspaltung** und der **Ausgliederung**. Voraussetzung für die Anwendung der Vermutungsregelung des Abs. 2 Nr. 2 ist, dass sich die Organisation des gespaltenen Betriebs nicht wesentlich ändert. Die an der Spaltung beteiligten UN wollen den Betrieb als gemeinsamen Betrieb weiterführen, um auch zukünftig die

---

15   BAG 13.2.13 – 7 ABR 36/11, NZA-RR 2013, 521.
16   BAG 18.1.12 – 7 ABR 72/10, NZA-RR 2013, 133.
17   BAG 13.8.08 – 7 ABR 21/07, NZA 2009, 255.
18   Vgl. BAG 22.6.05, NZA 05, 1248 f.
19   Vgl. BAG, NZA 90, 977.

Vorteile eines eingespielten Betriebs und seiner Organisation nutzen zu können. Ein wesentliches Indiz dafür, dass sich die Organisation des betroffenen Betriebs nicht wesentlich ändert, besteht in der **gemeinsamen Benutzung** wesentlicher materieller und immaterieller Betriebsmittel; darüber hinaus auch darin, dass die personelle, technische und organisatorische Verknüpfung der Arbeitsabläufe im Wesentlichen gleich bleibt. Die gesetzliche Vermutung eines gemeinsamen Betriebs ist auch bei dieser Vermutungsregelung widerlegbar. Im Streitfall haben die ArbG im Wege des **Beschlussverfahrens** zu entscheiden.

§ 2 Stellung der Gewerkschaften und Vereinigungen der Arbeitgeber

(1) Arbeitgeber und Betriebsrat arbeiten unter Beachtung der geltenden Tarifverträge vertrauensvoll und im Zusammenwirken mit den im Betrieb vertretenen Gewerkschaften und Arbeitgebervereinigungen zum Wohl der Arbeitnehmer und des Betriebs zusammen.

(2) Zur Wahrnehmung der in diesem Gesetz genannten Aufgaben und Befugnisse der im Betrieb vertretenen Gewerkschaften ist deren Beauftragten nach Unterrichtung des Arbeitgebers oder seines Vertreters Zugang zum Betrieb zu gewähren, soweit dem nicht unumgängliche Notwendigkeiten des Betriebsablaufs, zwingende Sicherheitsvorschriften oder der Schutz von Betriebsgeheimnissen entgegenstehen.

(3) Die Aufgaben der Gewerkschaften und der Vereinigungen der Arbeitgeber, insbesondere die Wahrnehmung der Interessen ihrer Mitglieder, werden durch dieses Gesetz nicht berührt.

1. Grundsätze der Zusammenarbeit

Das Gebot der »vertrauensvollen Zusammenarbeit« in Verbindung mit **1**
dem Verbot von Arbeitskämpfen zwischen BR und AG (§ 74 Abs. 2; s. § 74 Rn. 2) liegt dem BetrVG als Grundkonzeption zugrunde. BR und AG haben sich am (nicht definierten) Wohl des Betriebes und dem Wohl der Arbeitnehmer zu orientieren. Der BR ist aber Interessenvertreter der ArbN.[1] Mit dem Gebot der vertrauensvollen Zusammenarbeit wird eine gesetzliche Forderung aufgestellt, keineswegs aber die betriebliche Wirklichkeit beschrieben. Der Grundsatz der vertrauens-

---

1   BAG 2.11.1955 – 1 ABR 30/54, AP Nr. 1 zu § 23 BetrVG.

vollen Zusammenarbeit **wird verletzt,** wenn der AG Urlaubsgrundsätze vor der kurz bevorstehenden Konstituierung des neu gewählten BR einführt.[2] Gleiches gilt, wenn einzelne BR-Mitgl. Werkszeitungen, die Betriebsinterna enthalten, auf ihrer Homepage im Internet veröffentlichen (vgl. § 74 Rn. 3).[3] Es widerspricht auch der vertrauensvollen Zusammenarbeit, wenn der AG bei von ihm gemachten Regelungsvorschlägen dem BR für den Fall der Ablehnung das rechtsmissbräuchliche Ausweichen auf mitbestimmungsfreie Regelungsspielräume androht.[4]

Der Grundsatz der vertrauensvollen Zusammenarbeit **wird nicht verletzt,** wenn der BR in einem innerbetrieblichen Aushang sachlich mitbestimmungswidriges Verhalten des Arbeitgebers darstellt und den Namen der Personalleiterin nennt.[5] Der BR darf das Logo des Unternehmens auf seinem Briefpapier verwenden. Dies gilt auch, wenn das Logo als Marke geschützt ist. Aus dem Grundsatz der vertrauensvollen Zusammenarbeit folgt, dass er grundsätzlich das gleiche Briefpapier verwenden darf wie der AG; es darf nicht durch Verwendung eines anderen Briefpapiers der Eindruck entstehen, der BR sei nicht Teil des Betriebes und aussenstehend.[6] Aus den Schreiben des BR muss nur klar hervorgehen, dass der BR Absender ist und nicht der AG. Es liegt ein Verstoß vor, wenn der alte BR und der AG kurz vor einer Neuwahl allein die Kündigungsmöglichkeit von BVen so verändern, dass der neu gewählte BR während seiner Amtszeit praktisch keine Möglichkeit hat, diese neu zu verhandeln.[7]

Der Grundsatz der vertrauensvollen Zusammenarbeit gebietet daher auch, dass der AG gegenüber dem BR keine vollendeten Tatsachen schafft. Der BR kann andernfalls die Unterlassung mitbestimmungswidriger Maßnahmen verlangen.[8] Im Übrigen erstreckt sich die geforderte Zusammenarbeit nicht nur auf das Verhältnis zwischen AG und BR. Der BR ist darüber hinaus verpflichtet, in allen Fragen mit der im Betrieb vertretenen Gew. zusammenzuarbeiten.

AG und BR haben die im Betrieb geltenden Tarifverträge, seien es Haus- oder Flächentarifverträge, zu beachten. Sie dürfen also durch ihre Zusammenarbeit die geltenden Tarifverträge nicht verletzen (zu den Einzelheiten des Verhältnisses zwischen TV und BV s. § 87 Rn. 6).[9]

---

2   LAG RP 19.2.09 – 11 TaBV 29/08, brwo.
3   LAG Hessen 15.7.04, 9 TaBV 190/03, juris.
4   Vgl. BAG, DB 98, 2119.
5   LAG SH 1.4.09 – 3 TaBVGa 2/09, brwo.
6   ArbG Oberhausen 15.12.10, juris.
7   LAG Hessen 3.3.11 – 9 TaBV 168/10, juris.
8   BAG, BB 94, 2273.
9   Vgl. DKKW-Berg, Rn. 71 f.

Der Grundsatz der vertrauensvollen Zusammenarbeit gilt nicht für das Verhältnis zwischen Gew. und AG.[10]

2. Die Gewerkschaftseigenschaft

Die Gew.-Eigenschaft kommt nicht jeder AN-Vereinigung zu. Der **2** Gew.-Begriff deckt sich nicht mit dem Koalitionsbegriff des Art. 9 Abs. 3 GG, sondern ist enger zu verstehen. Die Gew.-Eigenschaft kommt bei Anwendung des § 2 und bei den gewerkschaftlichen Unterstützungs- und Beratungsfunktionen im Rahmen dieses Gesetzes nur den AN-Vereinigungen (Koalitionen) zu, die auch tariffähig sind (h. M.).[11] Nach der Rspr. des BAG müssen Gew. folgende Voraussetzungen erfüllen: freiwilliger Zusammenschluss; demokratische Binnenstruktur; unabhängig in ihrem Bestand vom Wechsel der Mitgl.; Gegnerfreiheit (in der Willensbildung von den AG unabhängig; Arbeitgeber können nicht Mitglied sein); Unabhängigkeit von Staat, Kirchen und Parteien; Eintreten für eine Verbesserung der Arbeits- und Wirtschaftsbedingungen der Mitgl. auf kollektivvertraglicher Basis; überbetriebliche Organisation; Bereitschaft zum Arbeitskampf und dabei soziale Mächtigkeit, damit auf die AG-Seite wirkungsvoller Druck ausgeübt werden kann.[12]

Die Gew. muss sozial mächtig und von ihrem organisatorischen Aufbau her in der Lage sein, die ihr gestellten Aufgaben zu erfüllen.[13] Die Christliche Gewerkschaft Bergbau, Chemie und Energie (CGBCE),[14] die christliche Gewerkschaft Holz und Bau (CGHB),[15] die Christliche Gewerkschaft Deutschlands (CGD),[16] der Interessenverband »Bedienstete der Technischen Überwachung« (BTÜ),[17] die »Gewerkschaft der Neuen Brief- und Zustelldienste« (GNBZ),[18] die »Gewerkschaft Kunststoffgewerbe und Holzverarbeitung im Christlichen Gewerkschaftsbund« (GKH),[19] »Arbeitnehmerverband land- und ernährungswirtschaftlicher Berufe (ALEB) im CGB«,[20] »medsonet – Die Gesundheitsgewerkschaft e. V.«[21] sind keine tariffähigen Gew. Auch die »Freie

---

10 Sächsisches LAG 27. 3. 06 – 3 TABV 6/06, juris; a. A. BAG 14. 2. 67, BB 67, 584 für Arbeit von Gew. im Rahmen des BetrVG; vgl. DKKW-Berg Rn. 1 m. w. N.

11 Vgl. etwa DKKW-Berg, Rn. 11 ff., Fitting, Rn. 33.

12 Vgl. etwa BAG 28. 3. 06 – 1 ABR 58/04, NZA 06, 1112; BAG 6. 6. 00, NZA 01, 160; vgl. aber auch BVerfG, DB 82, 231 zum Sonderfall eines Hausgehilfinnenverbandes.

13 BAG 5. 10. 10 – 1 ABR 88/09, brwo; 15. 3. 77, AP Nr. 24 zu Art. 9 GG.

14 BAG 16. 1. 90 – 1 ABR 10/89, NZA 90, 623.

15 BAG 16. 01. 90 – 1 ABR 93/88, NZA 90, 626.

16 ArbG Gera, AuR 02, 478.

17 BAG, NZA 01, 160.

18 LAG Köln 20. 5. 09 – 9 TaBV 105/08, AuR 09, 316.

19 BAG 5. 10. 10 – 1 ABR 88/09, brwo.

20 ArbG Bonn 31. 10. 12 – 4 BV 90/12 – juris.

21 BAG 11. 6. 13 – 1 ABR 33/12, NZA-RR 641.

Arbeiter Union« (FAU)[22] ist keine tariffähige Gew. Die »Tarifgemein-schaft Christlicher Gewerkschaften für Zeitarbeit und Personalservice-agenturen« (CGZP), die Tarifverträge im Bereich der Leiharbeit geschlossen hat, ist nicht tariffähig.[23] »medsonet – Die Gesundheits-gewerkschaft« ist ebenfalls keine tariffähige Gew[24] Der »DHV – die Berufsgewerkschaft e. V.« war nur eingeschränkt tariffähig; er konnte bis zum 9.1.2013 keine rechtswirksamen TV für gewerbliche AN abschließen.[25] Zu weiteren Entscheidungen, in denen die Rspr. die Gew.-Eigenschaft verneint hat, vgl. DKKW-Berg, Rn. 23. Die Christliche Gewerkschaft Metall besitzt die Eigenschaften einer Gew. im Rechtssinn.[26]

Auch die unabhängige Flugbegleiterorganisation e. V. (UFO) ist als Gewerkschaft anerkannt.[27]

3. Zugangsrecht des Gewerkschaftsvertreters

3 Der Zugang zum Betrieb durch Gew.-Vertr. erstreckt sich auf alle Betriebsbereiche, die im Zusammenhang mit der Wahrnehmung der betriebsverfassungsrechtlichen Unterstützungsfunktion aufgesucht werden müssen.[28] Das Zugangsrecht zur Wahrnehmung von Aufgaben nach dem BetrVG ist unabhängig von den Rechten der Gewerkschaft als Koalition (zum Zugangsrecht zur Mitgliederwerbung s. Rn. 7). § 2 Abs. 2 umfasst auch das Recht, Zugang zum Betrieb zum Zwecke der Gewinnung von Wahlbewerbern sowie Kandidaten für den Wahlvor-stand zu erhalten. Dies kann auch im Wege der e. V. durchgesetzt werden.[29] Dabei sind die im Gesetz aufgeführten Aufgaben der Gew. nicht erschöpfend. Ein Zugangsrecht besteht auch dann, wenn die Gew. Aufgaben wahrzunehmen hat, die in einem inneren Zusammen-hang zum BetrVG stehen und an deren Lösung sie ein berechtigtes Interesse hat.[30] Die Gew. ist im Betrieb vertreten, wenn sie in ihm mindestens ein Mitgl. hat (h. M.). Die Gew. entscheidet allein über die Auswahl des Gew.-Beauftragten, durch den sie ihr Zugangsrecht

---

22   LAG Berlin-Brandenburg 16.2.10 19 SaGa 2480/09, juris.
23   BAG 14.12.10 – 1 ABR 19/10, brwo.
24   LAG Hamburg 21.3.12 – 3 TaBV 7/11 n. rk.
25   BAG 11.6.13 – 1 ABR 32/12, NZA 13, 1363; vgl. BAG 17.4.12 – 1 ABR 5/11, NZA 12, 1104; vor dem ArbG Hamburg ist ein weiteres Verfahren zur Frage der Tariffähigkeit des DHV. e. V. anhängig; ArbG Hamburg – 26 BV 34/13.
26   BAG, NZA 06, 1112, zur Kritik an dieser Entscheidung s. DKKW-Berg Rn. 13 a.
27   BAG, NZA 05, 697.
28   Zum Zutrittsrecht zu ausgelagerten Arbeitsplätzen vgl. BAG, DB 89, 2439; zum Zugangsrecht bei Sitzungen des Wahlvorstandes vgl. Sächs. LAG 27.3.06 – 3 TaBV 6/06, juris.
29   ArbG Verden 7.10.13 – 1 BVGa 1/13, NZA-RR 14, 19; LAG Köln 8.1.13 – 11 TaBVGa 9/12 – juris.
30   BAG 26.6.73, AP Nr. 2 zu § 2 BetrVG 1972; vgl. auch BAG, AuR 89, 259.

wahrnimmt.[31] Nur ausnahmsweise kann der Arbeitgeber einem bestimmten Beauftragten den Zugang verwehren, wenn z. B. der Gew.-Vertr. den AG grob beleidigt hat und eine Wiederholung zu befürchten ist oder der Gew.-Vertr. wiederholt und eindeutig seine gesetzlichen Aufgabenbefugnisse überschritten hat. Sachliche Auseinandersetzungen, wenn auch in scharfer Form, berechtigen den AG nicht zur Verweigerung des Zugangs.[32] Auch eine »Prangeraktion«, bei der der AG scharf kritisiert wird, rechtfertigt kein Zugangsverbot für einen Gew.-Beauftragten. Sachliche, aber in scharfer Form ausgetragene Meinungsverschiedenheiten sind im Rahmen der Ausübung des Grundrechts der Koalitionsfreiheit gedeckt.[33]

Es bedarf nur der Unterrichtung des AG über den Zugang, nicht seines **4** Einverständnisses.[34] Die Unterrichtung ist an keine besondere Form gebunden. Sie kann mündlich – d. h. auch telefonisch – oder schriftlich erfolgen. Die Gew. kann auch ein BR-Mitgl. bitten, in ihrem Auftrag die Unterrichtung vorzunehmen. Die Gew. hat selbst darüber zu befinden, wen sie als Beauftragten entsenden will. Das können somit auch AN eines anderen Betriebs als ehrenamtliche Funktionäre oder hauptberufliche Angestellte der Gew. sein.[35]

Die Gew. braucht nicht im Einzelnen den Besuchszweck anzugeben. **5** Sie muss aber deutlich machen, dass sie ihre Aufgaben nach dem BetrVG bzw. ihre Rechte als Koalition wahrnehmen will. Vielfach wird eine Unterrichtung unmittelbar vor Beginn des Zugangs ausreichen. Die ArbG verlangen in der Praxis allerdings z. T. längere Ankündigungsfristen.[36] Die formelle Unterrichtung des AG ist dann nicht erforderlich, wenn dieser ausdrücklich oder stillschweigend darauf verzichtet hat. Das kann sich auch aus einer entsprechenden Übung ergeben. Den im letzten Halbsatz genannten Einschränkungen des Zugangsrechts kommt keine wesentliche praktische Bedeutung zu. Auch vor einem Arbeitskampf bestehen keine Beschränkungen für das Zugangsrecht der Gew. zur Wahrnehmung der betriebsverfassungsrechtlichen Aufgaben.

Kommt es zum gerichtlichen Streitverfahren, kann der Nachweis, dass **6** die Gew. im Betrieb vertreten ist, auf jede dem Gericht geeignet erscheinende Weise erfolgen, wie etwa durch die Vernehmung eines Gew.-Sekretärs als Zeugen, wobei die Namensnennung der Gew.-Mitgl., die dem Betrieb angehören, nicht erforderlich ist,[37] oder durch

---

31 BAG 14. 2. 1978, AP GG Art. 9 GG Nr. 26; LAG Hamm 25. 1. 08 – 10 TaBV 75/07, brwo; LAG Hamm 12. 9. 08 – 10 TABV 25/08, brwo.
32 LAG Hamm a. a. O.
33 LAG Hessen 3. 2. 11 – 9 TABV 137/10, brwo.
34 Muster s. DKKF-Berg, Rn. 2.
35 BAG 14. 2. 78, AP Nr. 26 zu Art. 9 GG.
36 36 Stunden ArbG Verden a. a. O.; zwei Tage LAG Köln a. a. O.
37 BAG, DB 93, 95.

notarielle Erklärung.[38] Dabei reicht der Nachweis, dass ein AN Mitglied der Gewerkschaft ist, aus (zur Frage Vertretensein und Tarifzuständigkeit s. § 16 Rn. 6).[39] Die außergerichtlichen Kosten für ein arbeitsgerichtliches Beschlussverfahren zur Durchsetzung des Zugangsrechts nach § 2 Abs. 2 sind einer Gew. vom AG nicht zu erstatten.[40] Für Zugangsrechte im Zusammenhang mit Betriebsratswahlen allerdings gibt es einen Kostenerstattungsanspruch (s. § 20 Rn. 3).

4. Koalitionsaufgaben der Gewerkschaften und Arbeitgeberverbände

7 Rechte von Gewerkschaften, die sich aus Art. 9 Abs. 3 GG ergeben, werden vom BetrVG nicht berührt. Sie dürfen unabhängig von ihren Aufgaben nach dem BetrVG ihre Aufgaben als Koalition gem. Art. 9 Abs. 3 GG wahrnehmen. Hierzu zählt insbesondere die Werbung für ihre Ziele und die von Mitgliedern.[41] Auch die bei BR-Wahlen übliche Wahlwerbung der Gew. gehört zu ihren koalitionsrechtlichen Befugnissen.[42] Die im Betrieb vertretene Gew. darf als Koalition im betrieblichen Bereich durch betriebsfremde Gew.-Beauftragte beratend tätig werden; z.B. durch Anbringen von Informationen am »Schwarzen Brett«.[43] Gew. haben grundsätzlich ein Zutrittsrecht zu Betrieben, um dort auch durch betriebsfremde Beauftragte Mitgliederwerbung zu betreiben.[44] Erforderlich ist, so das BAG,[45] im Einzelfall eine Interessenabwägung. Dem Zugangsrecht können Belange des Arbeitgebers, wie das Interesse am störungsfreien Betriebsablauf, die Wahrung des Betriebsfriedens, Geheimhaltungs- oder Sicherheitsinteressen entgegenstehen. Will eine Gewerkschaft aber z.B. während der Kantinenöffnungszeiten vor der Kantine Mitgliederwerbung durch betriebsfremde Beauftragte betreiben, sind in der betrieblichen Praxis kaum Interessen des Arbeitgebers denkbar, die diesem Anspruch entgegenstehen. Das BAG geht davon aus, dass im Regelfall einmal pro Kalenderhalbjahr der Zugang zum Betrieb zum Zwecke der Mitgliederwerbung von der Gew. verlangt werden kann.[46] Verlangt die Gew. häufiger Zugang, muss sie die Notwendigkeit weiterer betrieblicher Werbemaßnahmen im Einzelnen darlegen.[47] Denkbar sind z.B. Ein-

---

38 BAG a.a.O.; BVerfG, AuR 94, 196.

39 BAG 10.11.04, NZA 05, 426.

40 BAG 2.10.07, NZA 2008, 372.

41 Vgl. DKKW-Berg Rn. 105 m.w.N.

42 Vgl. BVerfG, AuR 99, 406.

43 Zu der teilweise einschränkenden Rspr. des BAG vgl. DKKW-Berg, Rn. 120f.

44 BAG, NZA 06, 798.

45 A.a.O.

46 BAG 22.6.10 – 1 AZR 179/09, brwo; ihm folgend LAG Berlin-Brandenburg 3.8.11 – 4 Sa 839/11 juris; ausführlich zur Kritik der abzulehnenden Entscheidung DKKW-Berg Rn. 109ff.

47 BAG a.a.O.; Ratayczak, Anm. zu BAG a.a.O., AiB 2011, 137.

zelfall bezogene Werbemaßnahmen im Rahmen einer Tarifrunde, im Zusammenhang von Auseinandersetzungen über einen Tarifsozialplan. Die Gew. hat den Arbeitgeber vorher über den Zeitpunkt und die Anzahl der Beauftragten zu informieren.[48] Ihren Anspruch kann die Gewerkschaft auch im Wege einer einstweiligen Verfügung durchsetzen. Gewerkschaftsmitglieder dürfen, sofern keine nachhaltige Störung von Arbeitsprozessen oder des Betriebsfriedens entsteht, auch während ihrer Arbeitszeit für ihre Gewerkschaft werben.[49] Der Versand von E-Mails durch Gewerkschaftsmitglieder außerhalb ihrer Arbeitszeit von ihrem privaten E-Mail-Anschluss an andere Arbeitnehmer an deren betriebliche E-Mail-Adresse stellt keine Verletzung von arbeitsvertraglichen Pflichten dar.[50] Der BR ist berechtigt, Tarifinformationen einer Gew. ins Intranet, zu dem er Zugang hat, zu stellen (vgl. § 74 Rn. 3).[51]

Auch darf eine tarifzuständige Gew. E-Mails an die betrieblichen E-Mail-Adressen von AN senden. Dies gilt auch, wenn der AG die Privatnutzung von E-Mails untersagt hat. Es bedarf auch keiner gesonderten Aufforderung durch die AN zum Zusenden von Gewerkschaftswerbung per E-Mail. Das Recht einer Gew., AN auch per E-Mail mit Informationen und Werbung für die Gew. anzusprechen, folgt aus Art. 9 Abs. 3 GG. Grundrechte des AG haben zurückzustehen, solange der Versand der E-Mails nicht zu nennenswerten Störungen des Betriebsablaufs oder wirtschaftlichen Belastungen des AG führt.[52] Zur Nutzung von dienstlichen E-Mail-Accounts ohne Privatnutzung im Zusammenhang mit einem Arbeitskampf s. § 74 Rn. 2.

§ 3 Abweichende Regelungen

(1) Durch Tarifvertrag können bestimmt werden:

1. für Unternehmen mit mehreren Betrieben

    a) die Bildung eines unternehmenseinheitlichen Betriebsrats oder

    b) die Zusammenfassung von Betrieben,

wenn dies die Bildung von Betriebsräten erleichtert oder einer sachgerechten Wahrnehmung der Interessen der Arbeitnehmer dient;

2. für Unternehmen und Konzerne, soweit sie nach produkt- oder projektbezogenen Geschäftsbereichen (Sparten) orga-

---

48 BAG a. a. O.
49 Vgl. BVerfG, NZA 96, 381, vgl. BAG 28. 2. 06 – 1 AZR 460/04, NZA, 2006, 798 DKKW-Berg, Rn. 141.
50 LAG SH, AiB 01, 305 m. Anm. Klebe/Wedde.
51 LAG Hamm, RDV 04, 223.
52 BAG 20. 1. 09 – 1 AZR 515/08, brwo.

nisiert sind und die Leitung der Sparte auch Entscheidungen in beteiligungspflichtigen Angelegenheiten trifft, die Bildung von Betriebsräten in den Sparten (Spartenbetriebsräte), wenn dies der sachgerechten Wahrnehmung der Aufgaben des Betriebsrats dient;

3. andere Arbeitnehmervertretungsstrukturen, soweit dies insbesondere aufgrund der Betriebs-, Unternehmens- oder Konzernorganisation oder aufgrund anderer Formen der Zusammenarbeit von Unternehmen einer wirksamen und zweckmäßigen Interessenvertretung der Arbeitnehmer dient;

4. zusätzliche betriebsverfassungsrechtliche Gremien (Arbeitsgemeinschaften), die der unternehmensübergreifenden Zusammenarbeit von Arbeitnehmervertretungen dienen;

5. zusätzliche betriebsverfassungsrechtliche Vertretungen der Arbeitnehmer, die die Zusammenarbeit zwischen Betriebsrat und Arbeitnehmern erleichtern.

(2) Besteht in den Fällen des Absatzes 1 Nr. 1, 2, 4 oder 5 keine tarifliche Regelung und gilt auch kein anderer Tarifvertrag, kann die Regelung durch Betriebsvereinbarung getroffen werden.

(3) Besteht im Falle des Absatzes 1 Nr. 1 Buchstabe a keine tarifliche Regelung und besteht in dem Unternehmen kein Betriebsrat, können die Arbeitnehmer mit Stimmenmehrheit die Wahl eines unternehmenseinheitlichen Betriebsrats beschließen. Die Abstimmung kann von mindestens drei wahlberechtigten Arbeitnehmern des Unternehmens oder einer im Unternehmen vertretenen Gewerkschaft veranlasst werden.

(4) Sofern der Tarifvertrag oder die Betriebsvereinbarung nichts anderes bestimmt, sind Regelungen nach Absatz 1 Nr. 1 bis 3 erstmals bei der nächsten regelmäßigen Betriebsratswahl anzuwenden, es sei denn, es besteht kein Betriebsrat oder es ist aus anderen Gründen eine Neuwahl des Betriebsrats erforderlich. Sieht der Tarifvertrag oder die Betriebsvereinbarung einen anderen Wahlzeitpunkt vor, endet die Amtszeit bestehender Betriebsräte, die durch die Regelungen nach Absatz 1 Nr. 1 bis 3 entfallen, mit Bekanntgabe des Wahlergebnisses.

(5) Die aufgrund eines Tarifvertrages oder einer Betriebsvereinbarung nach Absatz 1 Nr. 1 bis 3 gebildeten betriebsverfassungsrechtlichen Organisationseinheiten gelten als Betriebe im Sinne dieses Gesetzes. Auf die in ihnen gebildeten Arbeitnehmervertretungen finden die Vorschriften über die Rechte und Pflichten des Betriebsrats und die Rechtsstellung seiner Mitglieder Anwendung.

1. Vorbemerkung

Mit den in § 3 eröffneten **Gestaltungsmöglichkeiten** durch TV (in **1** Ausnahmefällen auch durch BV) sollen die Tarifparteien auf den nachhaltigen **Strukturwandel** reagieren können, dem die UN seit Jahren unterworfen sind. Aufspaltung, Outsourcing und Verschmelzung sind dafür charakterisierende Stichworte.

Die umfassenden Gestaltungsmöglichkeiten dürfen jedoch nicht den **2** Blick dafür versperren, dass der **Betrieb die Basisstruktur** und der **zentrale Ansatzpunkt** für die betriebliche MB ist. Der Betrieb, auch wenn sich seine Formen teilweise erheblich gewandelt haben, ist und bleibt aus der Sicht des Betriebsverfassungsrechts und der mit diesem Recht verbundenen Schutzfunktion der zentrale Bereich für die betriebliche MB. Das Gesetz selbst trägt diesem Grundsatz Rechnung: Nach wie vor geht § 1 BetrVG von dem »Betrieb« als der **Grundeinheit** aus, in der bei Vorliegen bestimmter Voraussetzungen ein BR als betriebliche AN-Vertr. gewählt wird. § 3 hat lediglich das Ziel, die betriebliche AN-Vertr. bei sich wandelnden Betriebs- und UN-Strukturen diesen Strukturen anzupassen. Hier setzt zugleich die Verantwortung der Tarifparteien ein. Es geht um **sachgerechte Vertretungsstrukturen**, nicht aber um ein unfruchtbares Nebeneinander rivalisierender Betriebsvertretungen mit der Gefahr von Spaltungstendenzen.

§ 3 in seiner jetzigen Form ist durch die Reform des BetrVG 2001 in das Gesetz eingefügt worden. Tarifverträge, die nach der alten Fassung des BetrVG Betriebsteile bzw. Nebenbetriebe eines Unternehmens zu einem Betrieb zusammengefasst haben, sind auch nach der Neufassung des BetrVG wirksam.[1] Dies gilt auch, soweit sie Regelungen enthalten,

---

1 LAG MV 8. 10. 08 – 2 TaBV 6/08, juris; LAG Schleswig-Holstein 9. 7. 08, DB 09, 71; a. A. DKKW-Trümner, § 3 Rn. 241: Überprüfung der Wirksamkeit nach altem und neuen Recht.

nach denen bei späterer Eingliederung von Betrieben mit BR in den auf Basis des Tarifvertrages gebildeten Betrieb das Amt des eingegliederten Betriebsrats erlischt.[2] TVen nach § 3 können unwirksam sein, wenn der sachliche Geltungsbereich (z. B. für welche Konzern-UN er gelten soll) nicht hinreichend bestimmt ist.[3] TV-Parteien können AN-Vertretungsstrukturen nur im Rahmen des § 3 Abs. 1 abweichend vom BetrVG gestalten.[4]

2. Unternehmenseinheitlicher Betriebsrat (Abs. 1 Nr. 1 a)

3 **Die Regelung der Nr. 1 a)** ermöglicht die Bildung eines einheitlichen BR für das gesamte UN. Voraussetzung ist, dass das UN mehrere Betriebe hat.[5] Ausreichend ist, wenn neben einem Betrieb i. S. d. § 1 »nur« noch weitere selbstständige Betriebsteile gem. § 4 Abs. 1 im UN vorhanden sind. Eine tarifliche Regelung über die Bildung eines **unternehmenseinheitlichen BR** hat Vorrang vor dem Beschluss einer Belegschaft nach § 4 Abs. 1 Satz 2, an der BR-Wahl des Hauptbetriebes teilzunehmen.[6] Ist das UN in einen Konzern eingebunden, werden die Vertreter im KBR vom UN-einheitlichen BR entsandt. Ein GBR wird nicht gebildet.

3. Zusammenfassung von Betrieben (Abs. 1 Nr. 1 b)

Nach Nr. 1 b können mehrere Betriebe bzw. selbstständige Betriebsteile eines UN, z. B. zu Regional- oder Filialbetriebsräten, zusammengefasst werden.[7] Die Aufspaltung eines Betriebes, um einen Teil mit einem anderen zusammenzufassen, ist nach Abs. 1 Nr. 1 b zulässig.[8] Die Zusammenfassung von Betrieben nach Nr. 1 b führt allerdings nicht dazu, dass die zusammengefassten Einheiten ihre »betriebsverfassungsrechtliche Identität« verlieren. BVen, die in einem zusammengefassten Betrieb vor der Zusammenfassung galten, werden durch die Zusammenfassung nicht unwirksam. Sie gelten weiter.[9]

4. Gemeinsame Grundsätze für die Bildung bzw. Zusammenfassung/Dienlichkeit

Voraussetzung für die Bildung eines UN-einheitlichen BR bzw. die

---

2 LAG MV a. a. O.

3 HessLAG 7. 10. 10 – 9 TaBV 86/10, juris, n. rk. anhängig BAG – 4 ABR 57/11.

4 BAG 13. 3. 13 – 7 ABR 70/11, NZA 13, 738.

5 MusterTV s. brwo -Bachner, Tarifvertrag über die Betriebsratsstruktur § 3 Abs. 1 Nr. 1 a.

6 DKKW-Trümner, § 4 Rn. 111; Fitting, Rn. 26.

7 MusterTV s. brwo-Bachner, Tarifvertrag über die Betriebsratsstruktur § 3 Abs. 1 Nr. 1 b BetrVG.

8 DKKW-Trümner, § 3 Rn. 60 ff.; a. A. Fitting, § 3 Rn. 36.

9 BAG 7. 6. 11 – 1 ABR 110/09, brwo; 18. 3. 08 – 1 ABR 3/07, NZA 08, 1259.

Zusammenfassung von Betrieben ist, dass dies die Bildung von Betriebsräten erleichtert (z. B. durch Einbeziehung bisher betriebsratsloser Betriebe oder Betriebsteile) oder der sachgerechten Wahrnehmung der Interessen der AN dient.[10] Letzteres ist z. B. der Fall, wenn durch die Zusammenfassung bzw. den UN-einheitlichen BR die BR-Gremien dort gebildet werden, wo die MB-relevanten Entscheidungen fallen.[11] Daneben gehört zur sachgerechten Wahrnehmung der AN-Interessen aber auch der Gesichtspunkt der Ortsnähe des BR zu den ihn wählenden AN. Kann die Erleichterung der Bildung von BRen durch die Zusammenfassung von Betrieben erreicht werden, hat dies Vorrang vor der Bildung eines unternehmenseinheitlichen BR.[12] Nur die Gesichtspunkte »Erleichterung der Bildung von BR« oder »sachgerechte Interessenwahrnehmung« sind Voraussetzung für den Abschluss eines TV nach § 3 Abs. 1 Nr. 1 a, b. Kostenaspekte der BR-Organisation (z. B. weniger Schulungskosten durch weniger BR-Mitgl. usw.) dürfen keine Rolle spielen; ein darauf gestützter TV wäre unwirksam.[13] Den TV-Parteien steht hierbei ein Beurteilungsspielraum zu, der auch bei der Rechtskontrolle durch die Gerichte zu beachten ist. Die Zusammenfassung von Betrieben verschiedener UN ist nach Nr. 1 a) oder b) nicht möglich; dies ist aber im Rahmen anderer AN-Vertretungsstrukturen gem. Nr. 3 möglich (zur gesetzlichen Vermutung eines gemeinsamen Betriebes s. § 1 Rn. 2).[14] Zuständig für den Abschluss einer GBV nach § 3 Abs. 1 Nr. 1 a) oder 1 b) ist der GBR.[15]

5. Spartenbetriebsräte (Abs. 1 Nr. 2)

Spartenbetriebsräte können nach Nr. 2 in Konzernen und UN gebildet werden.[16] Voraussetzung ist die Organisation des UN bzw. Konzerns nach produkt- oder projektbezogenen Sparten.[17] Weiterhin muss die Leitung der Sparte Entscheidungen in MB-pflichtigen, zumindest aber beteiligungspflichtigen Angelegenheiten treffen. Nicht erforderlich ist, dass sie dies in allen MB-pflichtigen bzw. beteiligungspflichtigen Bereichen tut; ebenso wenig setzt die Bildung von Sparten-BR die Alleinentscheidung einer Spartenleitung in einem Konzern voraus.

4

10   Zu Einzelheiten s. Trümner/Sparchholz, AiB 09, 98.
11   Vgl. DKKW-Trümner, Rn. 55 m. w. N.
12   BAG 24. 4. 13 – 7 ABR 71/11, DB 13, 1913.
13   BAG 29. 7. 09 – 7 ABR 27/08, brwo; DKKW-Trümner, § 3 Rn. 56.
14   BAG 13. 3. 13 – 7 ABR 70/11, NZA 13, 738; Fitting, Rn. 27, 33; a. A. unter Hinweis darauf, dass der Wortlaut nicht die Möglichkeit ausschließt, Betriebe zusammenzufassen, von denen einer oder mehrere gem. B. mehrerer UN sind, DKKW-Trümner, Rn. 47.
15   BAG 24. 4. 13 – 7 ABR 71/11, DB 13, 1913.
16   MusterTV s. brwo-Bachner, Tarifvertrag über die Struktur der Betriebe und der Betriebsräte, § 3 Abs. 1 Nr. 2 BetrVG.
17   Vgl. zu Einzelheiten DKKW-Trümner, Rn. 63 ff.

Die Struktur der Sparten-BR hängt von der Ausgestaltung der Spartenorganisation ab. Denkbar sind z. B. mehrere BR pro Sparte, betriebsübergreifende Sparten-BR oder UN-übergreifende Sparten-BR. Die Bildung von **Sparten-GBR** ist nach Nr. 2 nicht möglich.[18] Das Gesetz regelt nur die Bildung von (auch UN-übergreifenden) Sparten-BR, nicht jedoch Sparten-GBR. Nach Ansicht des LAG Hessen ist die Bildung von Sparten-GBR auch im Rahmen von § 3 Abs. 1 Nr. 2 möglich. Voraussetzung sei aber, das auch Sparten-BR für Betriebe i. S. d. § 3 Abs. 5 gebildet worden seien.[19] Das ArbG Frankfurt[20] hält die Bildung von Sparten-GBR auf Konzernebene für zulässig. Ob nach Nr. 3 im Rahmen anderer AN-Vertretungsstrukturen auch Gremien möglich sind, die die Funktion von Sparten-GBR haben, ist umstritten.[21] Werden andere AN-Vertretungsstrukturen nach Nr. 3 gebildet, muss die Frage geklärt werden, ob es innerhalb eines UN noch einen gesetzlichen GBR nach § 47 gibt. Dies dürfte zu einem unfruchtbaren Nebeneinander und zu Schwierigkeiten bei der Klärung der Zuständigkeiten führen. Daher wäre bei einem solchen Nebeneinander die vom Gesetz geforderte Voraussetzung der wirksamen und zweckmäßigen Interessenvertretung der AN nicht gegeben und eine Bildung von Sparten-GBR nicht zulässig.

6. Andere Arbeitnehmervertretungsstrukturen (Abs. 1 Nr. 3)

5 Die Vorschrift der **Nr. 3** ermöglicht es, auf **neue Entwicklungen von UN-Strukturen** mit der Bildung entsprechender AN-Vertretungssysteme zu reagieren.[22] So sollen entlang von Produktionsketten (**just in time**) oder für andere moderne Erscheinungsformen von Produktion, Dienstleistung und Zusammenarbeit von UN entsprechende AN-Vertretungsstrukturen geschaffen werden können. Es ist nach Nr. 3 aber auch zulässig, etwa für einen mittelständischen Konzern mit wenigen kleinen Konzern-UN, statt der an sich vorzusehenden dreistufigen Interessenvertretung (BR, GBR und KBR) eine **zweistufige** oder gar nur eine **einstufige AN-Vertr.** zu errichten. Von praktischer Bedeutung ist ferner, dass in einem **Gleichordnungskonzern** ein Konzern-BR errichtet werden kann.[23] Auch ermöglicht Nr. 3 die Bildung von UN-übergreifenden anderen Arbeitnehmervertretungsstrukturen, bei denen die BR der Betriebe der einzelnen

---

18 DKKW-Trümner, Rn. 80; Fitting, Rn. 45.

19 LAG Hessen 21. 4. 05 – 9/5 TaBV 115/04.

20 24. 5. 06 – 14 BV 518/04, NZA-RR 07, 25.

21 Bejaht von DKKW-Trümner, Rn. 80; Fitting, Rn. 45; verneint von LAG Hessen a. a. O.

22 MusterTV s. brwo-Bachner, Tarifvertrag im Rahmen der Fortentwicklung der Organisationsstruktur des Unternehmensbereiches »Dienstleistungen«, § 3 Abs. 1 Nr. 3 BetrVG und Tarifvertrag über die Struktur der Betriebsräte und des Gesamtbetriebsrates, § 3 Abs. 1 Nr. 3 BetrVG.

23 DKKW-Trümner, Rn. 41.

Unternehmen Vertreter in ein gem. Gremium entsenden. Diesem Gremium können im Hinblick auf Bildung und Rechte und Pflichten die Befugnisse eines GBR im TV zugewiesen werden. Voraussetzung ist immer, dass die Bildung der anderen AN-Vertretungsstrukturen »einer wirksamen und zweckmäßigen Interessenvertretung« der AN dient. Andere AN-Vertretungsstrukturen können auf allen Ebenen (Betrieb, Unternehmen, Konzern) geschaffen werden.[24] Den Tarifvertragsparteien steht dabei im Hinblick, ob eine Regelung der wirksamen und zweckmäßigen Interessenvertretung dient, ein Beurteilungsspielraum zu.

7. Zusätzliche betriebsverfassungsrechtliche Gremien (Abs. 1 Nr. 4)

Anders als die in den Nr. 1 bis 3 enthaltenen Vertretungsorgane sind **6** die in **Nr. 4** angesprochenen zusätzlichen betriebsverfassungsrechtlichen Gremien (Arbeitsgemeinschaften) **keine MB-Organe**, sondern dienen der effektiveren Tätigkeit vorhandener AN-Vertr. mehrerer UN.[25] Das kann beispielsweise die Bildung von **Arbeitsgruppen** zwischen den BR verschiedener UN bedeuten, auch innerhalb eines Konzerns oder innerhalb von Regionen sowie bestimmter Produktions- oder Dienstleistungsbereiche, damit ein Erfahrungsaustausch der AN-Vertr. über gleich gelagerte oder ähnliche Probleme geführt und gemeinsame Lösungen beschlossen werden können. Die zusätzlichen Gremien kommen aber auch alternativ zu Regelungen nach Nr. 3 in Betracht, die der unternehmensübergreifenden Zusammenarbeit von AN-Vertr. dienen sollen.

8. Zusätzliche betriebsverfassungsrechtliche Vertretungen (Abs. 1 Nr. 5)

Die nach der Regelung der **Nr. 5** zulässigen **zusätzlichen betriebs-** **7** **verfassungsrechtlichen AN-Vertr.** kommen dort in Betracht, wo sie den erforderlichen Kontakt zwischen dem BR und den von ihm vertretenen AN herstellen bzw. intensivieren können.[26] Solche Vertretungen sind beispielsweise sinnvoll, wenn ein UN-einheitlicher BR eines bundesweit tätigen UN gebildet worden ist oder Regional-BR bestehen, in denen nicht alle Betriebe oder Betriebsteile durch ein BR-Mitgl. vertreten sind.

9. Regelungen durch Betriebsvereinbarung (Abs. 2)

Eine Regelung von AN-Vertretungsstrukturen durch BV ist nur mög- **8**

---

24 DKKW-Trümner, Rn. 103 f.; Fitting Rn. 50.

25 Muster s. brwo-Bachner, Tarifvertrag über den Aufbau der Betriebsräte, § 3 Abs. 1 Nr. 4 BetrVG.

26 Muster s. brwo-Bachner, Tarifvertrag zur Betriebsratsstruktur und zur Einrichtung von Zweigniederlassungssprechern, § 3 Abs. 1 Nr. 5 BetrVG.

lich, wenn kein entsprechender TV besteht. Sie ist auch ausgeschlossen, wenn im Betrieb ein anderer TV (z. B.: Lohn- und GehaltsTV, TV über vermögenswirksame Leistungen, TV über betriebliche Altersvorsorge) gilt. Die Regelungssperre für BV wird auch durch allgemeinverbindliche TVen[27] ausgelöst. Gleiches gilt für TVen, die nachwirken (§ 4 Abs. 5 TVG), oder nach § 77 Abs. 3 üblich sind.[28] Der Gesetzgeber hat bei der Schaffung von AN-Vertretungsstrukturen dem **TV den Vorrang** vor Lösungen, die durch die BV geschaffen werden, eingeräumt. Dies gilt auch für eine GBV. Andere AN-Vertretungsstrukturen nach Abs. 1 Nr. 1 können nur durch TV geschaffen werden. Für den Abschluss einer Vereinbarung über die Bildung eines UN-einheitlichen BR ist der GBR zuständig.[29] Einzelnen BRen steht kein Veto-Recht ggü. dem Abschluss einer GBV über die Bildung eines UN-einheitlichen BR zu.[30] Die Sperrwirkung wird nur durch normativ im UN geltende TVe ausgelöst und nicht, wenn im UN TVe nur im Wege der einzelvertraglichen Bezugnahme Anwendung finden.[31]

10. Unternehmenseinheitlicher Betriebsrat durch Beschluss der Arbeitnehmer (Abs. 3)

9 Besteht in einem UN mit mehreren Betrieben kein BR, kann ein **UN-einheitlicher BR** gebildet werden kann. Ein UN-übergreifender BR kann nach § 3 Abs. 3 nicht gebildet werden.[32] Voraussetzung ist, dass kein TV nach § 3 Abs. 1 Nr. 1 a) vorhanden ist. Auch darf in keinem Betrieb des UN ein BR bestehen. Ein BR besteht erst, wenn er gewählt ist. Ist in einem Betrieb des UN bereits ein WV eingesetzt, hindert dies nicht an einer Abstimmung über einen UN-einheitlichen BR.[33] Eine entsprechende Initiative kann durch die **wahlberechtigten AN** (zur Wahlberechtigung vgl. § 7) oder durch eine im **UN vertretene Gew.** ergriffen werden. Die Gew. muss nicht in allen Betrieben vertreten sein. Es reicht aus, dass ihr in einem der Betriebe des UN **ein einziges Mitgl.** angehört (vgl. § 2 Rn. 3, 6). Der Arbeitgeber ist verpflichtet, den Initiatoren der Abstimmung alle notwendigen Auskünfte (z. B. Anzahl der Arbeitnehmer und Betriebe) zu geben. Die Mehrheit der im UN beschäftigten AN muss der Errichtung eines BR zustimmen. Das Gesetz sieht **keine besonderen Formvorschriften** vor. Die Abstimmung muss nicht geheim sein. Das Ergebnis der Abstimmung muss allerdings

---

27 Fitting, Rn. 68.

28 DKKW-Trümner, Rn. 164, a. A. Fitting, Rn. 68.

29 BAG 24.4.13 – 7 ABR 71/11, DB 13, 1913.

30 BAG 24.4.13 – 7 ABR 71/11, DB 13, 1913.

31 BAG 24.4.13 – 7 ABR 71/11, DB 13, 1913; Fitting, § 3 Rn. 68; a. A. DKKW-Trümner, § 3 Rn. 165.

32 ArbG Hamburg 13.6.06, NZA-RR 06, 645.

33 LAG München 31.8.07 – 3 TaBV 84/07, brwo; a. A. DKKW-Trümner, Rn. 181.

dokumentiert werden (Zahl der Abstimmungsberechtigten, Wahlbetei-
ligung, Ergebnis). Die Abstimmung kann getrennt in den einzelnen
Betrieben durchgeführt werden, aber auch in einer Versamml. aller AN
des UN. Der **AG hat kein Teilnahmerecht** an der Versammlung.
Umstritten ist, welche Anforderungen an den Mehrheitsbeschluss zu
stellen sind.[34] Die AN können nicht nur die Bildung eines UN-einheitlichen BR beschließen, sondern zugleich in entsprechender Anwendung des § 17 Abs. 2 einen **WV bestellen**. Haben die AN die
Bildung eines UN-einheitlichen BR beschlossen, hat diese Entscheidung eine Dauerwirkung. Solange sich die Strukturen nicht verändern,
ist ein UN-einheitlicher BR zu wählen.[35]

11. Erstmalige Anwendung abweichender Regelungen (Abs. 4)

TV oder BV nach Abs. 1 Nr. 1 bis 3 können den Zeitpunkt festlegen,   **10**
ab dem die in diesen Bestimmungen enthaltenen Regelungen gelten
sollen. Liegt dieser Zeitpunkt **vor der nächsten regelmäßigen BR-
Wahl**, endet die Amtszeit des BR, die infolge der Regelungen nach
Abs. 1 Nr. 1 bis 3 entfallen, mit der Bekanntgabe des Wahlergebnisses
der in diesen Vorschriften vorgesehenen betriebsverfassungsrechtlichen Organisationseinheiten. Legt der TV bzw. die BV den Zeitpunkt der Geltung der Regelungen nach Abs. 1 Nr. 1 bis 3 nicht fest,
endet die Amtszeit der BR, die nach diesen Vorschriften entfallen, erst
mit **Ablauf der regelmäßigen Amtszeit**. Besteht im Betrieb **kein
BR** oder ist die Neuwahl eines BR aus den anderen, in § 13 Abs. 2
genannten Gründen (§ 13 Abs. 2 Nr. 1 bis 5) vor Ablauf der regelmäßigen Amtszeit erforderlich, findet Satz 1 Anwendung. Die Amtszeit der in den betriebsverfassungsrechtlichen Organisationseinheiten
durch TV bzw. BV gebildeten Vertr. beginnt mit der **Bekanntgabe des
Wahlergebnisses**. Die Wahlvorstände für die aufgrund eines TV nach
§ 3 Abs. 1 bis 3 zu wählenden BRe sind gem. § 21 a zu bilden.

12. Rechtliche Wirkungen von Vereinbarungen nach Abs. 1 Nr. 1 bis 3 (Abs. 5)

Die betriebsverfassungsrechtlichen Organisationseinheiten, die nach   **11**
Abs. 1 Nrn. 1 bis 3 gebildet worden sind, gelten als Betriebe i. S. d.
Gesetzes. Ihre AN-Zahl ist maßgeblich, z. B. für die Anzahl der BR-
Mitglieder, die Größe der Ausschüsse und die Zahl der Freistellungen.

Fraglich ist, ob durch Tarifverträge über »andere AN-Vertretungs-   **12**
strukturen« nach § 3 Abs. 1 Nr. 3 von den Bestimmungen des Gesetzes
über die Größe, die Zusammensetzung und die Wahl abgewichen

---

34 Nach zutreffender Ansicht für einfache Mehrheit: LAG Düsseldorf 16. 10. 08 –
    11 TaBV 105/08, brwo; ArbG Dresden 19. 6. 08 – 5 BV 25/08, juris; für absolute
    Mehrheit der Stimmen aller AN des UN: ArbG Darmstadt 6. 8. 08 – 1 BV 5/08,
    juris; DKKW-Trümner, § 3 Rn. 183.
35 DKKW-Trümner, Rn. 185.

§ 3 Abweichende Regelungen

werden kann. Z. T. wird es für zulässig gehalten, bei »anderen AN-Vertretungsstrukturen« die Größe des Gremiums abweichend von § 9 festzulegen.[36] Voraussetzung für Regelungen nach § 3 Abs. 1 Nr. 3 ist, dass sie einer wirksamen und zweckmäßigen Interessenvertretung dienen. Das Gesetz setzt in § 9 allerdings eine bestimmte Mindestanzahl von BR-Mitgliedern voraus, die erforderlich ist, um diese Ziele zu erreichen. Daher kann von der gesetzlichen Mitgliederzahl eines BR nur nach oben abgewichen werden.

13 Strittig ist auch, ob von Wahlvorschriften abgewichen werden kann, in dem z. B. für bestimmte Betriebsabteilungen oder bei einem UN-übergreifenden einheitlichen BR oder GBR den Abteilungen oder UN bestimmte Mindestsitze zugewiesen werden können. Das LAG Hamm hat dies als Wahlkreisbildung bezeichnet und im Rahmen von § 3 Abs. 1 Nr. 3 für zulässig gehalten.[37] Z. T. werden Wahlkreise in der Literatur aber auch als Abgrenzungseinheiten verstanden, für die dann ein BR zu wählen ist. Wahlkreise in diesem Sinne wären zulässig, da im Rahmen von § 3 Abs. 1 Nr. 3 andere Vertretungsstrukturen gebildet werden können.

14, 15 Die Wahlkreisbildung, d. h. die Reservierung von BR-Sitzen für bestimmte Abteilungen, ist im Rahmen der Betriebsverfassung nicht zulässig. Dies gilt auch für TVe im Rahmen von § 3 Abs. 1 Nr. 3. Die Bildung von Wahlkreisen wäre ein Verstoß gegen den Grundsatz der allgemeinen Wahl. Darüber hinaus könnte z. B. durch entsprechende Wahlkreisgestaltung die Minderheitengeschlechtsquote leer laufen, indem jeweils Wahlkreise gebildet werden, in denen ein BR-Mitgl. zu wählen ist.

16 Die Mitbestimmungsrechte der nach § 3 Abs. 1 Nrn. 1 bis 3 gebildeten BR bzw. anderen AN-Vertretungsstrukturen bestimmen sich nach dem Gesetz und können, sofern nicht an anderen Stellen des Gesetzes vorgesehen, durch einen TV nach § 3 nicht eingeschränkt werden. Dies ergibt sich aus § 3 Abs. 5 Satz 2, nach dem auf die »betriebsverfassungsrechtlichen Organisationseinheiten« die Vorschriften über die Rechte und Pflichten des Gesetzes Anwendung finden. Die betriebsverfassungsrechtlichen Organisationseinheiten haben dieselben Rechte und Pflichten wie Betriebsräte; ihre Mitgl. haben die Rechtsstellung eines BR-Mitgl. Für die nach Abs. 1 Nrn. 4 oder 5 gebildeten zusätzlichen Gremien und Vertretungen gilt dies nicht.[38] Deren Mitgl. haben z. B. nicht den Kündigungsschutz eines BR-Mitgl. nach § 15 KSchG. Dessen Anwendung kann allerdings im TV oder in der BV für die Mitgl. der zusätzlichen Gremien vereinbart werden.

---

36 Dafür: LAG Hamm 27.6.03 – 10 TaBV 22/03, n.v.; DKKW-Trümner, Rn. 113: nur nach oben; zweifelnd Fitting, Rn. 51.
37 27.6.03 – 10 TaBV 22/03, juris.
38 BAG 13.8.08 – 7 AZR 450/07, brwo.

Tarifverträge nach § 3 Abs. 1 Nr. 1 bis 3 haben betriebsverfassungsrechtliche Fragen (§ 3 Abs. 2 TVG) zum Gegenstand. Bei derartigen Regeln kann nur jeweils eine Norm gelten, d. h. es können nicht mehrere TVe von verschiedenen Gewerkschaften zur Anwendung kommen. Voraussetzung für den Abschluss von TVen nach § 3 Abs. 1 Nr. 1 bis 3 ist zunächst, dass die jeweiligen Gew. nach ihrer Satzung für die Betriebe bzw. UN tarifzuständig sind. Sie müssen für alle AN und Bereiche tarifzuständig sein, da TVe über betriebsverfassungsrechtliche Fragen nur einheitlich im Betrieb gelten können.[39] Beschränkt eine Gew. ihren Organisationsbereich der Satzung z. B. nur auf Ang., können keine TVe nach § 3 Abs. 1 Nr. 1 bis 3 wirksam abgeschlossen werden.[40] Sind zwei oder mehr Gew. tarifzuständig, ist fraglich, wie eine derartige Situation rechtlich zu lösen ist. Die im Betrieb vertretenen Gew. können nicht gezwungen werden, eine »Zwangstarifgemeinschaft« zu bilden.[41] Dies würde in ihre Koalitionsfreiheit nach Art. 9 Abs. 3 GG eingreifen, wenn sie zwangsweise Vertragspartner akzeptieren müssten. Daraus folgt, dass jede im Betrieb vertretene Gew. selbst TVe nach § 3 Abs. 1 Nr. 1 bis 3 abschließen kann. Kommt es zum Abschluss mehrerer TVe, muss ermittelt werden, welcher von ihnen zur Anwendung kommt. Dies hat nach den Grundsätzen der Tarifkonkurrenz zu geschehen.[42] Diese sind aber zu modifizieren, d. h. es kommt derjenige TV zur Anwendung, der von derjenigen Gew. geschlossen wurde, die die meisten Mitgl. in den betroffenen Betrieben bzw. UN hat. Dieser TV hat die größte mitgliedschaftliche Legitimation.[43]

TVe nach § 3 sind arbeitskampffähig.[44]

Die gesetzlichen Regelungen zur BR-Bildung (§§ 1, 4) sind zwingend. Abweichungen sind nur im Rahmen von § 3 zulässig.[45]

Allerdings können für Bereiche, in denen das BetrVG keine Anwendung findet (z. B. reine Ausbildungsbetriebe), Interessenvertretungsgremien durch TV geschaffen werden und diesen Rechte wie einem BR, GBR oder auch einer JAV oder GJAV gegeben werden.[46]

TVe nach § 3 Abs. 1 Nr. 1 bis 3 entfalten keine Nachwirkung gem. § 4 Abs. 5 TVG. Wenn die TVe enden, gilt wieder das BetrVG.[47]

---

39 BAG 29.7.09 – 7 ABR 27/08, brwo.

40 Zur Beschränkung der Tarifzuständigkeit des DHV auf Angestellte vgl. BAG 10.2.09 – 1 ABR 36/08.

41 BAG 29.7.09 – 7 ABR 27/08, brwo; LAG Hessen 9.8.07 – 9 TaBV 23/07, juris; DKKW-Trümner, Rn. 220 m. w. N.; a. A. Fitting, Rn. 16 f. m. w. N.

42 LAG Hessen a. a. O.

43 DKKW-Trümner, Rn. 220; offengelassen BAG 29.7.09 – 7 ABR 27/08, brwo; dagegen LAG Köln a. a. O.; LAG Hessen a. a. O.

44 BAG 29.7.09 – 7 ABR 27/08, brwo; DKKW-Trümner, Rn. 215; Däubler, AuR 01, 288; Plander, NZA 02, 488; a. A. Fitting, Rn. 20 jew. m. w. N.

45 BAG 10.11.04, AiB 05, 619 f.

46 BAG 24.8.04, NZA 05, 371.

47 DKKW-Trümner, Rn. 233; Fitting, Rn. 84.

§ 4 Betriebsteile, Kleinstbetriebe

(1) Betriebsteile gelten als selbstständige Betriebe, wenn sie die Voraussetzungen des § 1 Abs. 1 Satz 1 erfüllen und

1. räumlich weit vom Hauptbetrieb entfernt oder
2. durch Aufgabenbereich und Organisation eigenständig sind.

Die Arbeitnehmer eines Betriebsteils, in dem kein eigener Betriebsrat besteht, können mit Stimmenmehrheit formlos beschließen, an der Wahl des Betriebsrats im Hauptbetrieb teilzunehmen; § 3 Abs. 3 Satz 2 gilt entsprechend. Die Abstimmung kann auch vom Betriebsrat des Hauptbetriebs veranlasst werden. Der Beschluss ist dem Betriebsrat des Hauptbetriebs spätestens zehn Wochen vor Ablauf seiner Amtszeit mitzuteilen. Für den Widerruf des Beschlusses gelten die Sätze 2 bis 4 entsprechend.

(2) Betriebe, die die Voraussetzungen des § 1 Abs. 1 Satz 1 nicht erfüllen, sind dem Hauptbetrieb zuzuordnen.

1. Vorbemerkung

1 Betriebsteile sind auf den Zweck des Hauptbetriebs ausgerichtet und in dessen Organisation eingegliedert, ihm gegenüber aber organisatorisch abgrenzbar und relativ verselbständigt.[1] Maßgebend für die Abgrenzung zwischen Betrieb und Betriebsteil ist die Verselbständigung, die in der Leitungsmacht zum Ausdruck kommt. Für die Annahme eines Betriebsteils reicht es aus, wenn überhaupt eine Leitung vorhanden ist, die die Weisungsrechte des AG wahrnimmt.[2] Betriebsteile gelten als selbständige Betriebe, wenn sie neben einer Mindestzahl wahlberechtigter und wählbarer AN (vgl. §§ 7 u. 8) entweder räumlich weit vom Hauptbetrieb entfernt oder durch Aufgabenbereich und Organisation eigenständig sind.[3]

2. Räumlich weite Entfernung von Hauptbetrieb

Die Vorschrift stellt die wirksame Interessenvertretung der AN durch

---

1 BAG 7.5.08 – 7 ABR 15/07, NZA 09, 328.
2 BAG a.a.O.
3 Zum Begriff des Betriebsteils vgl. etwa BAG 19.2.02 – 1 ABR 26/01, NZA 02, 1300; vgl. umfassend DKKW-Trümner, Rn. 42 ff.

einen eigenen BR sicher, wenn durch die räumliche Entfernung von Hauptbetrieb und Betriebsteil diese nicht möglich ist. Dabei kommt es entscheidend auf die Möglichkeit der leichten persönlichen Kontaktaufnahme zwischen BR und AN und umgekehrt an.[4] Für die Beurteilung der Erreichbarkeit des BR kommt es nicht auf die Kommunikationsmöglichkeiten per Post, E-Mail oder Telefon an.[5] Ebenso wenig kommt es für die Frage der Erreichbarkeit auf die Möglichkeit der Kommunikation des BR und der AN auf Teilbetriebsversammlungen an.[6] Auch muss es für BR-Mitgl. aus dem Betriebsteil möglich sein, kurzfristig an BR-Sitzungen teilzunehmen.[7] Für die räumlich weite Entfernung sind die tatsächlichen Lebensverhältnisse entscheidend, insbesondere Verkehrsmöglichkeiten mit öffentlichen oder privaten Verkehrsmitteln. Allein auf PKW-Fahrzeiten darf nicht abgestellt werden.[8] Feste Kilometer- oder Zeitgrenzen gibt es dabei nicht. Es kommt auf die Verkehrsverhältnisse vor Ort an.

Als **räumlich weit entfernt** hat die Rspr. u. a. folgende Entfernungen bzw. Fahrzeiten angesehen:

- 28 Km, Fahrzeit PKW 30 Min. ÖPNV Hin- und Rückfahrt 143 Min.,[9]
- Fahrzeit Hin- und Rückweg mehr als zwei Stunden,[10]
- Entfernung von 450 Km.[11]

Als **nicht räumlich weit entfernt** wurden u. a. folgende Bedingungen angesehen:

- Fahrzeit mit PKW 15 bis 20 Min. bei 23,2 Km, Fahrzeit mit ÖPNV zwischen 71 und 84 Minuten;[12]
- 22 Km.[13]

Ist das Büro des BR nicht im Hauptbetrieb eingerichtet, ist für die Zuordnung allein die Entfernung zum Hauptbetrieb maßgebend, nicht die zum Büro des BR.[14]

3. Eigenständigkeit durch Aufgabenbereich und Organisation

Ein eigener Aufgabenbereich ist gegeben, wenn ein besonders aus-

---

4 BAG 7. 5. 08 – 7 ABR 15/07, NZA 09, 328; 14. 1. 04 – 7 ABR 26/03, NZA-RR 05, 671.
5 BAG 7. 5. 08 – 7 ABR 15/07, NZA 09, 328.
6 BAG a. a. O.
7 BAG a. a. O.
8 LAG SH 20. 1. 10 – 6 TABV 39/09, juris.
9 LAG SH 20. 1. 10 – 6 TABV 39/09, juris.
10 BAG 7. 5. 08 a. a. O.
11 LAG SH 19. 10. 00 – 5 TaBV 31/00, juris.
12 BAG 14. 1. 04 – 7 ABR 26/03, juris.
13 BAG 17. 2. 83 – 6 ABR 64/81, juris.
14 BAG 7. 5. 08 – 7 ABR 15/07, juris.

geprägter arbeitstechnischer Zweck vorliegt. Die **eigenständige Organisation** setzt regelmäßig eine eigene Leitung voraus, wobei jedoch eine relative Eigenständigkeit genügt, sofern der Leitung noch ein erheblicher eigener Entscheidungsspielraum in mitbestimmungspflichtigen Angelegenheiten verbleibt.[15] Es muss mindestens eine Person im selbstständigen Betriebsteil vorhanden sein, die die Leitungsmacht, d. h. die Weisungsrechte des AG ausübt.[16]

4. Sonderfälle

Vom Hauptbetrieb weit entfernte, voneinander abgegrenzte Betriebsteile, die jeweils die Voraussetzungen des § 1 BetrVG erfüllen, gelten nach § 4 BetrVG auch dann je für sich als selbstständige Betriebe und nicht als einheitlicher Betrieb, wenn sie – die Betriebsteile – nahe beieinander liegen.[17] Andererseits bilden organisatorisch abgegrenzte, vom Hauptbetrieb weit entfernte Betriebsteile bei räumlicher Nähe zueinander einen **einheitlichen Betriebsteil**, wenn der eine Betriebsteil dem anderen, räumlich nahe gelegenen Betriebsteil organisatorisch untergeordnet ist und von dessen Leitung gleichermaßen mitgeleitet wird.[18]

5. Zuordnung eines betriebsratslosen Betriebs an der Wahl im Hauptbetrieb durch Beschluss der Arbeitnehmer

2 Betriebsteile, die als **selbstständige Betriebe gelten**, weil sie eine der in Abs. 1 Satz 1 angeführten Voraussetzungen erfüllen, in denen aber noch kein BR besteht, können einen **eigenen BR** wählen und damit eine betriebliche Interessenvertretung »vor Ort« errichten. Den AN in solchen Betriebsteilen wird es jedoch freigestellt, ob sie einen eigenen BR wählen oder an der **Wahl des BR im Hauptbetrieb** teilnehmen wollen. Für die Teilnahme an der BR-Wahl des Hauptbetriebs bedarf es eines Beschlusses der **Mehrheit** der AN des Betriebsteils. An der Abstimmung können auch die nicht wahlberechtigten Beschäftigten teilnehmen, sofern es sich um AN i. S. des § 5 Abs. 1 handelt.[19] Die Abstimmung kann formlos erfolgen, z. B. durch Briefwahl.[20] Das Ergebnis muss dokumentiert werden. Die Initiative zur Abstimmung kann von **drei wahlberechtigten AN** (zur Wahlberechtigung vgl. § 7), von der im Betrieb vertretenen **Gew.** oder vom BR des Hauptbetriebs ergriffen werden. Die im Betrieb vertretene Gew. muss nicht zugleich in dem Betriebsteil, über den abgestimmt werden soll, ver-

---

15 LAG Rheinland-Pfalz 11.2.09 – 8 TaBV 27/08, juris; vgl. BAG 21.7.04 – 7 ABR 57/03, NZA-RR 05, 671.
16 LAG Berlin-Brandenburg 23.9.10 – 7 TaBV 2276/09, juris.
17 BAG 29.5.91 – 7 ABR 54/90, AiB 92, 230 m. Anm. Grimberg.
18 BAG a.a.O.
19 DKKW-Trümner, Rn. 118; Fitting, Rn. 30.
20 ArbG Nürnberg, AiB 02, 187 m. Anm. Manske.

treten sein. Der AG hat nicht das Recht, die Initiative zur Abstimmung zu ergreifen.

Ist ein Zuordnungsbeschluss nach Abs. 1 Satz 2 gefasst worden, ist der **3** Beschluss dem BR des Hauptbetriebs **spätestens 10 Wochen** vor Ablauf von dessen Amtszeit mitzuteilen. Das ist erforderlich, da dieser spätestens zu diesem Zeitpunkt den WV zur Einleitung der BR-Wahl im Hauptbetrieb zu bestellen hat (vgl. § 16). Auch wenn ein WV im Hauptbetrieb schon bestellt ist, kann ein Zuordnungsbeschluss noch erfolgen, solange das Ergebnis spätestens 10 Wochen vor Ablauf der Amtszeit dem BR mitgeteilt wird.[21] Der WV ist an den Zuordnungsbeschluss gebunden und hat die dadurch getroffene Zuordnung des Betriebsteils bei der Einleitung und Durchführung der Wahl des Hauptbetriebs zu berücksichtigen. Die Zuordnung zum Hauptbetrieb gilt so lange, bis sie durch eine **erneute Abstimmung** der AN des Betriebsteils mit Mehrheit widerrufen wird. Der **Widerruf** erlangt Bedeutung erst für die **nächste BR-Wahl**. Nach dem Beschluss bilden Hauptbetrieb und Betriebsteil einen Betrieb i. S. d. BetrVG. Daraus folgt, dass die AN-Zahlen von Hauptbetrieb und Betriebsteil zusammen maßgebend sind für alle Schwellenwerte im BetrVG (z. B. Größe des BR § 9, Freistellungen § 38, Interessenausgleich/Sozialplan §§ 111, 112, 112 a).[22]

Für den Fall, dass durch einen TV oder eine BV nach § 3 Abs. 1 oder 2 **4** eine **andere Zuordnung** des Betriebsteils festgelegt worden ist, geht die Regelung des TV bzw. der BV vor.

6. Zuordnung von Kleinstbetrieben zum Hauptbetrieb

Betriebe, in denen weniger als fünf AN beschäftigt sind, werden – **5** unabhängig von der räumlichen Entfernung – dem Hauptbetrieb zugeordnet. Das gilt auch, wenn zwar mehr als fünf AN beschäftigt sind, aber von diesen nicht mindestens drei die Wählbarkeit (vgl. § 8) besitzen. Durch die Zuordnungsregelung wird sichergestellt, dass auch die in Kleinstbetrieben tätigen AN von der Anwendung des Betriebsverfassungsrechts nicht ausgeschlossen sind, sondern vom **BR des Hauptbetriebs** mit vertreten werden. Hauptbetrieb i. S. v. Abs. 2 ist ein Betrieb, der für den zuzuordnenden Betrieb eine hervorgehobene Bedeutung hat. Diese ergibt sich aus der besonderen Funktion des Hauptbetriebes für das UN oder den zuzuordnenden Betrieb. Im Hauptbetrieb werden – wenn auch nur beratend – Arbeitgeberaufgaben auch für den zuzuordnenden Betrieb wahrgenommen.[23] Dies kann jeder betriebsratsfähige Betrieb oder selbständige Betriebsteil sein, der

---

21 ArbG Nürnberg, a. a. O.
22 BAG 17 9. 13 – 1 ABR 21/12, juris.
23 BAG 9. 12. 09 – 7 ABR 38/08, brwo; 17. 1. 07 – 7 ABR 63/05 NZA 2007, 703; zur Kritik an dieser Rspr. s. DKKW-Trümner, § 4 Rn. 41.

in der Nähe liegt.[24] Unterhält das UN neben dem Kleinstbetrieb mehrere Betriebe und wird die Leitung des Kleinstbetriebes von der Leitung eines anderen Betriebes in personellen und sozialen Dingen unterstützt, so ist der Kleinstbetrieb diesem Betrieb zuzuordnen.[25] Für den Fall, dass die Zuordnung nicht zweckmäßig erscheint, etwa wegen der großen Entfernung zwischen dem Hauptbetrieb und dem Kleinstbetrieb, kann eine **anderweitige Zuordnung** durch TV (vgl. § 3 Abs. 1 Nr. 1 b) oder durch BV (vgl. § 3 Abs. 2 i. V. m. § 3 Abs. 1 Nr. 1 b) erfolgen.

§ 5 Arbeitnehmer

(1) Arbeitnehmer (Arbeitnehmerinnen und Arbeitnehmer) im Sinne dieses Gesetzes sind Arbeiter und Angestellte einschließlich der zu ihrer Berufsausbildung Beschäftigten, unabhängig davon, ob sie im Betrieb, im Außendienst oder mit Telearbeit beschäftigt werden. Als Arbeitnehmer gelten auch die in Heimarbeit Beschäftigten, die in der Hauptsache für den Betrieb arbeiten. Als Arbeitnehmer gelten ferner Beamte (Beamtinnen und Beamte), Soldaten (Soldatinnen und Soldaten) sowie Arbeitnehmer des öffentlichen Dienstes einschließlich der zu ihrer Berufsausbildung Beschäftigten, die in Betrieben privatrechtlich organisierter Unternehmen tätig sind.

(2) Als Arbeitnehmer im Sinne dieses Gesetzes gelten nicht

1. in Betrieben einer juristischen Person die Mitglieder des Organs, das zur gesetzlichen Vertretung der juristischen Person berufen ist;

2. die Gesellschafter einer offenen Handelsgesellschaft oder die Mitglieder einer anderen Personengesamtheit, soweit sie durch Gesetz, Satzung oder Gesellschaftsvertrag zur Vertretung der Personengesamtheit oder zur Geschäftsführung berufen sind, in deren Betrieben;

3. Personen, deren Beschäftigung nicht in erster Linie ihrem Erwerb dient, sondern vorwiegend durch Beweggründe karitativer oder religiöser Art bestimmt ist;

4. Personen, deren Beschäftigung nicht in erster Linie ihrem Erwerb dient und die vorwiegend zu ihrer Heilung, Wiedereingewöhnung, sittlichen Besserung oder Erziehung beschäftigt werden;

5. der Ehegatte, der Lebenspartner, Verwandte und Verschwägerte ersten Grades, die in häuslicher Gemeinschaft mit dem Arbeitgeber leben.

---

24 DKKW-Trümmer, Rn. 27 m. w. N.
25 BAG 17. 1. 07 – 7 ABR 63/05, NZA 07, 703.

(3) Dieses Gesetz findet, soweit in ihm nicht ausdrücklich etwas anderes bestimmt ist, keine Anwendung auf leitende Angestellte. Leitender Angestellter ist, wer nach Arbeitsvertrag und Stellung im Unternehmen oder im Betrieb

1. zur selbstständigen Einstellung und Entlassung von im Betrieb oder in der Betriebsabteilung beschäftigten Arbeitnehmern berechtigt ist oder

2. Generalvollmacht oder Prokura hat und die Prokura auch im Verhältnis zum Arbeitgeber nicht unbedeutend ist oder

3. regelmäßig sonstige Aufgaben wahrnimmt, die für den Bestand und die Entwicklung des Unternehmens oder eines Betriebs von Bedeutung sind und deren Erfüllung besondere Erfahrungen und Kenntnisse voraussetzt, wenn er dabei entweder die Entscheidungen im Wesentlichen frei von Weisungen trifft oder sie maßgeblich beeinflusst; dies kann auch bei Vorgaben insbesondere aufgrund von Rechtsvorschriften, Plänen oder Richtlinien sowie bei Zusammenarbeit mit anderen leitenden Angestellten gegeben sein.

Für die in Abs. 1 Satz 3 genannten Beamten und Soldaten gelten die Sätze 1 und 2 entsprechend.

(4) Leitender Angestellter nach Absatz 3 Nr. 3 ist im Zweifel, wer

1. aus Anlass der letzten Wahl des Betriebsrats, des Sprecherausschusses oder von Aufsichtsratsmitgliedern der Arbeitnehmer oder durch rechtskräftige gerichtliche Entscheidung den leitenden Angestellten zugeordnet worden ist oder

2. einer Leitungsebene angehört, auf der in dem Unternehmen überwiegend leitende Angestellte vertreten sind, oder

3. ein regelmäßiges Jahresarbeitsentgelt erhält, das für leitende Angestellte in dem Unternehmen üblich ist, oder,

4. falls auch bei der Anwendung der Nummer 3 noch Zweifel bleiben, ein regelmäßiges Jahresarbeitsentgelt erhält, das das Dreifache der Bezugsgröße nach § 18 des Vierten Buches Sozialgesetzbuch überschreitet.

1. Grundsätze des Arbeitnehmerbegriffs

1 AN i. S. des BetrVG sind nach **ständiger Rspr. des BAG**[1] solche AN, die in einem **Arbeitsverhältnis zum Inhaber des Betriebs** stehen und innerhalb der Betriebsorganisation des AG **abhängige Arbeit** leisten. Erforderlich ist hierfür ein Arbeitsverhältnis, das durch **Arbeitsvertrag** oder **Gesetz** (z. B. § 10 Abs. 1 AÜG) zustande gekommen ist, und die tatsächliche **Eingliederung des AN in die Betriebsorganisation** des AG.[2] Diese Definition hat das BAG im Hinblick auf den drittbezogenen Personaleinsatz (z. B. Leih-AN und Bea., die privatrechtlichen UN zugewiesen worden sind) aufgegeben.[3] Das BAG will in diesen Fällen nunmehr je nach spezialgesetzlicher Regelung und Funktion des AN-Begriffs im betriebsverfassungsrechtlichen Zusammenhang ermitteln, ob Leih-AN mitzählen. Diese Änderung der Rspr. hat u. a. dazu geführt, dass Leih-AN nunmehr bei der Bestimmung der Größe des BR grundsätzlich berücksichtigt werden.[4] Die teilweise Aufgabe der »Zwei-Komponenten-Theorie« ist zu begrüßen. Nach richtiger Auffassung begründet daher allein die **Eingliederung in den Betrieb** sowie die Leistung **weisungsgebundener** Arbeit in persönlicher Abhängigkeit die AN-Eigenschaft i. S. § 5 Abs. 1.[5]

2. Unterschiedliche Beschäftigungsformen

2 Es gibt in der betrieblichen Praxis sehr **unterschiedliche Beschäftigungsformen**. Sie reichen von der Arbeitnehmerüberlassung über arbeitnehmerähnliche Personen (etwa bestimmte Beschäftigte in schriftstellerischen und journalistischen Berufen) und Beschäftigte in

---

1 BAG 20.04.05, NZA 05, 1006 m. w. N.
2 BAG a. a. O., »Kumulationstheorie«.
3 BAG 5.12.12 – 7 ABR 48/11, NZA 2013, 793.
4 BAG 13.3.13 – 7 ABR 69/11, NZA 13, 789.
5 Ausführlich zur Kritik an der alten Rspr. des BAG s. DKKW-Trümner, § 5 Rn. 13 ff. m. w. N.

Arbeitsbeschaffungs- und Strukturmaßnahmen nach dem SGB III (förderungsbedürftige Arbeitslose), bis hin zu Formen der Scheinselbstständigkeit (z. B. Franchise-Nehmer, Pharmaberater oder Kosmetikberaterinnen), wobei die Abgrenzung zwischen der AN-Eigenschaft und anderen Rechtsverhältnissen im Einzelfall schwierig sein kann.[6] In Zweifelsfällen wird der BR sein **Prüfungsrecht** in Anspruch nehmen.[7] Nach § 80 Abs. 2 Satz 1 hat er Anspruch auf Unterrichtung auch hinsichtlich der Beschäftigung solcher Personen, die nicht in einem Arbeitsverhältnis zum AG stehen (vgl. im Einzelnen § 80 Rn. 14).

a) Tatsächliche Durchführung des Beschäftigungsverhältnisses

Der BR hat in eigener Verantwortung zu prüfen, ob sich für ihn Aufgaben i. S. des BetrVG ergeben.[8] So kann es sein, dass MBR nach § 99 unter dem Gesichtspunkt der Einstellung eingegliederter »freier Mitarbeiter« bestehen.[9] Sog. freie Mitarbeiter sind AN i. S. des § 5 Abs. 1, wenn sie in einem sozialen und wirtschaftlichen Abhängigkeitsverhältnis zum Betrieb stehen. Das gilt unabhängig davon, dass die Vertragsparteien von einer **Selbständigkeit ausgehen** oder eine nicht einem Arbeitsvertrag entsprechende Geschäftsbezeichnung wählen.[10] Entscheidend ist, wegen der zwingenden Bestimmungen des Arbeitsrechts, der wahre Geschäftsinhalt.[11] Für die Ermittlung des Geschäftsinhaltes kommt es auf die **tatsächliche Durchführung** an.[12] Deshalb können – je nach Vertragsgestaltung – **Franchise-Verträge** (Vertragsverhältnis über den Vertrieb von Waren und/oder Dienstleistungen, wobei der Franchise-Nehmer im eigenen Namen und für eigene Rechnung sein Geschäft betreibt) zur AN-Eigenschaft führen, wenn die Gesamtbetrachtung aller Umstände des Einzelfalls ergibt, dass der Franchise-Nehmer im Wesentlichen seine Tätigkeit nicht frei gestalten und die Arbeitszeit bestimmen kann.[13] Aber selbst eine weitgehende Selbstbestimmung über die eigene Arbeitszeit hebt nicht für sich allein den AN-Status auf.[14] **Keine selbstständige Tätigkeit** liegt z. B. bei **Medienmitarbeitern** (Journalisten, Fotoreportern, Korresponden-

---

6 Vgl. dazu umfassend DKKW-Trümner, § 5 Rn. 63 ff.

7 Musterschreiben s. brwo-Schneider/Homburg, § 5 Arbeitnehmereigenschaft freier Mitarbeiter.

8 BAG, NZA 99, 722.

9 BAG a. a. O.

10 Zu dem für die Unterscheidung zwischen freier Mitarbeit und AN-Eigenschaft wesentlichen Grad der persönlichen Abhängigkeit vgl. BAG, NZA 96, 1145.

11 Vgl. BAG, NZA 93, 174; vgl. zur Abgrenzung von AN zur »**Scheinselbständigkeit**« LG München I, NZA 97, 943; vgl. ferner BAG, AiB 98, 294.

12 BAG, NZA 95, 161.

13 LAG Düsseldorf, DB 88, 293; vgl. auch BAG, BB 90, 1064; NZA 97, 1126; zu den vertraglichen Gestaltungsformen beim Franchising vgl. Buschmann, AiB 88, 51 ff.

14 Vgl. BAG, BB 97, 262.

ten, Rundfunksprechern), **Dozenten** oder sonstigen AN vor, wenn
sie in Dienst- oder Schichtplänen eingeteilt sind oder ständig in Dienstbereitschaft stehen müssen (vgl. auch Rn. 4 f.).[15]

b) Leiharbeitnehmer

Leih-AN i. S. des AÜG sind vertragsrechtlich Angehörige des Betriebs
des Verleihers und haben dort das **aktive und passive Wahlrecht**. Im
Betrieb des Entleihers sind sie jedoch tatsächlich eingegliedert. § 14
AÜG legt Einzelheiten der Berücksichtigung von LeihAN im Betrieb
des Verleihers im Hinblick auf das BetrVG fest. LeihAN unterliegen
grundsätzlich den **Beteiligungsrechten des BR**, und zwar auch bei
beteiligungspflichtigen Maßnahmen, die nicht ausdrücklich in § 14
AÜG angeführt sind.[16] Dies ist etwa bei den MBR in sozialen Angelegenheiten der Fall.[17] Auch in anderer Hinsicht werden nunmehr
die Leih-AN den AN nach § 5 Abs. 1 **gleichgestellt**. Das BetrVG gibt
ihnen unter bestimmten Voraussetzungen das **aktive Wahlrecht** zum
BR des Beschäftigungsbetriebs (vgl. § 7 Rn. 5 f.). Leih-AN, gleich ob
sie »im Rahmen der wirtschaftlichen Tätigkeit« (§ 1 AÜG) oder im
Wege der **Konzernleihe** (§ 1 Abs. 2 Nr. 3 AÜG)
ausgeliehen werden, sind keine AN des Entleiherbetriebes. Sie haben
gem. § 14 Abs. 2 AÜG nicht das passive Wahlrecht im Entleiherbetrieb. Sie sind nach der neuen Rspr. des BAG bei der Größe des
BR nach § 9 zu berücksichtigen.[18] Für die Berechnung der Schwellenwerte bei Betriebsänderungen gem. § 111 sind Leih-AN, die länger als
3 Monate im Betrieb (§ 7 Satz 2) eingesetzt sind, mitzuzählen.[19]

c) Außendienst- und Telearbeitnehmer; Auslandseinsatz

3 Ebenso sind Beschäftigte, die **außerhalb** des räumlichen Bereichs der
Betriebsstätte arbeiten, AN nach § 5 Abs. 1. Unbeschadet ihrer Außen-
tätigkeit sind sie weisungsgebunden und mit der Einbindung in die
betriebliche Arbeitsorganisation für den Betriebszweck tätig. Das Gesetz führt als Beispiele Beschäftigte an, die im **Außendienst** tätig sind
oder mit **Telearbeit** beschäftigt werden. Damit trägt das Gesetz auch
bei der AN-Eigenschaft i. S. des BetrVG dem funktional zu verstehen-
den Betriebsbegriff Rechnung: Die Einordnung in die betriebliche
Organisation ist, unabhängig von der räumlichen Zusammenfassung,
ein **entscheidendes Merkmal** auch für die betriebsverfassungsrechtliche AN-Eigenschaft. Dementsprechend gehört der **ausgelagerte**

---

15 BAG, NZA 98, 705; 98, 597; LAG Düsseldorf, BB 97, 2592; vgl. umfassend
DKKW-Trümner, Rn. 63 ff.
16 Vgl. BAG, NZA 93, 513.
17 Fitting, Rn. 240; BAG 19. 6. 01, AP Nr. 1 zu § 87 BetrVG 1972 Leiharbeitnehmer.
18 BAG 13. 3. 13 – 7 ABR 69/11, NZA 13, 789.
19 BAG 18. 10. 11 – 1 AZR 335/10, brwo.

Telearbeitsplatz zum Betrieb, und die **Tele-AN**, die eine Tätigkeit unter Verwendung der Informations- und Kommunikationstechnik am häuslichen Bildschirm ausüben, sind betriebsverfassungsrechtlich AN.[20] Bei der Zuordnung der Tele-AN werden im Einzelnen erfasst: Die **alternierende Telearbeit**, die teils im Betrieb, teils an einem anderen Ort geleistet wird; die mobile Telearbeit, die an verschiedenen Orten oder in Betrieben von Kunden oder Lieferanten erbracht wird und eine moderne Variante des herkömmlichen Außendienstes ist; die **häusliche Telearbeit**, die entweder zu Hause oder an einem anderen selbst gewählten Ort verrichtet wird. Ein weiteres Beispiel für die außerhalb des Betriebs erfolgende Tätigkeit, die gleichwohl zur AN-Eigenschaft i. S. des § 5 Abs. 1 führt, sind **Zeitungszusteller** jedenfalls dann, wenn sie ihre Tätigkeit weisungsgebunden wahrzunehmen haben und in einem festen zeitlichen Rahmen ihre Zustelltätigkeit verrichten.[21] Außendienstmitarbeiter gehören zu dem Betrieb, von dem die Entscheidungen über ihren Einsatz ausgehen und die Leitungsmacht des AG ausgeübt wird.[22] Auch AN, die vorübergehend im **Ausland** tätig sind, gehören zu den AN des Betriebs.[23] Dies ist dann der Fall, wenn es sich bei der Tätigkeit des AN um eine »Ausstrahlung« des inländischen Betriebs ins Ausland handelt.[24] Kriterien zur Beantwortung der Frage, ob ein ins Ausland entsandter AN zum Betrieb zählt, sind z. B. die Dauer der Auslandtätigkeit und die Ausübung des Direktionsrechts durch den deutschen Betrieb. Die dauerhafte Entsendung spricht i. d. R. gegen eine Eingliederung in den inländischen Betrieb und damit gegen die Zugehörigkeit zum Betrieb.[25]

d) Ruhendes Arbeitsverhältnis

Ein ruhendes Arbeitsverhältnis (z. B. Elternzeit, Wehr- bzw. Zivildienst) berührt die AN-Eigenschaft nach dem BetrVG nicht.[26] Auch langfristig erkrankte AN, denen eine befristete Erwerbsminderungsrente bewilligt wurde, sind AN des Betriebes.[27]

e) Beamte, Soldaten und AN des öffentlichen Dienstes als Arbeitnehmer

Beamte, die im Betrieb eines privatrechtlichen UN aufgrund eines **4** Arbeitsvertrages tätig werden, sind AN i. S. des § 5 Abs. 1. § 5 Abs. 1 ist mit Wirkung vom 4. 8. 2009 dahingehend ergänzt worden, dass auch

20 Wedde, Telearbeit [1994]; DKKW-Trümner, Rn. 41 ff.
21 Vgl. BAG, BB 92, 1486.
22 BAG 10. 3. 04, AiB 05, 761.
23 Vgl. etwa BAG, DB 86, 331.
24 BAG 20. 2. 01 – 1 ABR 30/00, AiB 02 375.
25 BAG a. a. O.
26 Vgl. LAG München, AuR 05, 118.
27 ArbG Göttingen 7. 3. 07 – 3 BV 14/06, juris.

im Betrieb tätige Bea., Soldaten und AN des öffentlichen Dienstes einschließlich der zu ihrer Berufsausbildung beschäftigten als AN i. S. d. BetrVG gelten, sofern sie aufgrund einer entsprechenden Zuweisung bzw. Gestellung oder Überlassung in Betrieben der Privatwirtschaft tätig sind. Diese AN i. S. d. BetrVG sind aktiv und passiv wahlberechtigt. Sie sind auch bei der Berechnung der Betriebsratsgröße nach § 9 BetrVG zu berücksichtigen.[28] Gleiches gilt für die Berechnung nach § 38.[29] Anders als bei Leih-AN (§ 7 S. 2), ist für das aktive Wahlrecht keine Mindesteinsatzdauer erforderlich. AN des öffentlichen Dienstes sind solche AN, deren AG eine juristische Person des öffentlichen Rechts ist.[30] Damit zählen AN, die in privatrechtlich organisierten UN, die im Eigentum der öffentlichen Hand stehen, beschäftigt sind, nicht zu den AN des öffentlichen Dienstes i. S. der Neuregelung, denn sie sind bereits AN i. S. des Gesetzes. Bedeutung hat die Ausweitung des AN-Begriffes vor allem in den privatisierten Betrieben der öffentl. Hand. Die spezialgesetzlichen Regelungen, die im Zuge der Privatisierungen der **Deutschen Bundesbahn** und der **Deutschen Bundespost** geschaffen worden sind, bleiben von der Neuregelung unberührt. Der Gesetzgeber hat die AN-Eigenschaft im betriebsverfassungsrechtlichen Sinne hinsichtlich der in den privatisierten UN (DB AG, Deutsche Post AG, Deutsche Postbank AG, Deutsche Telekom AG) tätigen Bea. klargestellt (§ 19 Abs. 1 DBGrG, § 24 Abs. 2 PostPersRG). Zur Frage, in welchem Betrieb die zugewiesenen Beamten das aktive und passive Wahlrecht ausüben, s. § 7 Rn. 7.

f) Werkverträge, Dienstverträge und Scheinwerkverträge

AN, die im Rahmen eines **Werk- oder Dienstvertrages** (§§ 631; 611 BGB) von anderen AG im Betrieb eingesetzt werden sind nicht AN i. S. v. § 5 im jeweiligen Einsatzbetrieb. Sie sind AN ihres »Stammbetriebes«, z. B. wenn sie Montage- oder Reparaturarbeiten im Einsatzbetrieb ausführen. Zu prüfen ist jedoch, ob es sich bei den dem Einsatz im Betrieb zugrunde liegenden Werk- oder Dienstverträgen um Scheinverträge handelt und nicht in Wirklichkeit eine Arbeitnehmerüberlassung nach dem AÜG vorliegt. Ist dies der Fall, hat der BR die Mitbestimmungsrechte, die ihm bei Leih-AN zustehen. Bei einem **Dienstvertrag** (§ 611 BGB) verpflichtet sich die Fremdfirma (= der Dienstnehmer) zur Leistung von im Vertrag festgesetzten Diensten. Ein Erfolg wird nicht geschuldet. Bei einem Werkvertrag (§ 631 BGB) verpflichtet sich der Werkvertragsunternehmen zum Herstellen eines Werkes. Er schuldet den Erfolg. Für einen **echten Werkvertrag** spricht u. a., dass sich der Werkvertragsunternehmer zur Herstellung eines konkreten Werkes verpflichtet hat und die Haftung bzw. Ge-

---

28   BAG 15. 12. 11 – 7 ABR 65/10; NZA 12, 519.
29   BAG a.a.O.
30   DKKW-Trümner, Rn. 108.

währleistung für das zu erstellende Werk trägt. Weiterhin muss der Werkvertragsunternehmer die Arbeitsabläufe, die zur Erstellung des Werkes notwendig sind organisieren und gegenüber seinen AN das Weisungsrecht ausüben.[31] Allerdings kann auch der Besteller des Werkes dem Werkvertragsunternehmer oder seinen AN Anweisungen erteilen (atypischer Werkvertrag; § 645 Abs. 1 BGB).[32] Zu prüfen ist jeweils der Vertrag zwischen Besteller und Werk-UN und dessen tatsächliche Durchführung. Weicht diese vom Vertrag ab, ist die Durchführung maßgebend für die Beurteilung, ob ein Scheinwerk – (oder Dienst-) vertrag vorliegt oder nicht. Der BR hat das Recht, Einsicht in die vom AG mit dem Werkvertragsunternehmer geschlossene Verträge zu nehmen. Er kann verlangen, dass ihm Listen, aus denen sich die Einsatztage und -zeiten der einzelnen AN der im Betrieb beschäftigten Fremdfirmen-AN ergeben,[33] überlassen werden. Bedient sich der Werkvertragsunternehmer Subunternehmern bezieht die Pflicht Einsatztage und -zeiten nachzuweisen auch auf die AN, die bei Subunternehmern beschäftigt sind. Liegt ein **Scheinwerk- oder Dienstvertrag**, aber in Wahrheit Arbeitnehmerüberlassung vor, hat der überlassene AN Anspruch auf die im Einsatzbetrieb geltenden Arbeitsbedingungen incl. Entgelt. Darüber hinaus kommt im Falle eines Scheinwerk- bzw. Dienstvertrages, der in Wahrheit Leiharbeit war, auch ein Arbeitsverhältnis zum Entleiherbetrieb zustande (§§ 10 Abs. 1, 1 Abs. 2 AÜG), sofern der Werkvertrags-UN nicht im Besitz einer Verleiherlaubnis war.[34]

g) Heimarbeiter und Hausgewerbetreibende

Heimarbeiter und **Hausgewerbetreibende** (s. § 2 Abs. 1 u. 2 HAG) gelten als AN i. S. des § 5 Abs. 1. Sie gelten betriebsverfassungsrechtlich aber nur als AN, wenn sie »in der Hauptsache« für den Betrieb arbeiten. Die Beschäftigung für den Betrieb muss gegenüber der Leistung von Heimarbeit für andere Auftraggeber überwiegen.[35] Der AG hat dann den Heimarbeitern gegenüber wirtschaftlich die gleiche Stellung wie den betrieblichen AN gegenüber. Die Heimarbeiter dürfen nicht mehr als zwei fremde Hilfskräfte haben.[36]

h) Teilzeit- und Mehrfachbeschäftigte, Befristete, Praktikanten

Für die AN-Eigenschaft kommt es grundsätzlich **nicht** auf die Länge   5

---

31 BAG 19. 3. 03 – 7 AZR 267/02 juris; vgl. hierzu ausführlich Hamann in Schüren, AÜG § 1 Rn. 113 ff; DKKW-Trümner, § 5 Rn. 104 jeweils m. w. N.

32 Vgl. BAG 10. 10. 07 – 7 AZR 487/06, juris.

33 BAG 31. 1. 89 – 1 ABR 72/87, NZA 89, 932.

34 LAG Baden-Württemberg 1. 8. 13 – 2 Sa 6/13, n. rk. BAG 9 AZR 748/13, NZA 13, 1017; vgl. Ulber, AiB 2012, 183.

35 Fitting, Rn. 304.

36 Vgl. DKKW-Trümner, § 5 Rn. 127.

der Arbeitszeit oder die entsprechende Verdiensthöhe an. Auch **Auszubildende, Anlernlinge, Praktikanten** und **Volontäre** sind ebenso wie **Teilzeitbeschäftigte**,[37] **Mehrfachbeschäftigte**[38] AN i. S. des Gesetzes, und zwar unabhängig von der Höhe des Einkommens und davon, ob wegen des geringen Entgelts Sozialversicherungspflicht besteht (z. B. AN mit sog. 400-Euro-Jobs). Gleiches gilt für befristet beschäftigte AN während der Befristung.

i) Auszubildende, überbetriebliche Ausbildungsstätten

Der Begriff »Berufsausbildung« i. S. des § 5 BetrVG deckt sich nicht mit dem BBiG, sondern ist **erheblich weiter gefasst**.[39] Erfasst werden alle Ausbildungsverhältnisse, die berufliche Kenntnisse, Fertigkeiten und Erfahrungen vermitteln sollen. Es kommt daher weder darauf an, ob auf das Ausbildungsverhältnis das BBiG anwendbar ist, noch auf die Dauer der Betriebszugehörigkeit.[40] Voraussetzung ist allerdings, dass die Ausbildung in einem Betrieb erfolgt,[41] weil dann der kollektivrechtliche Schutz des BetrVG gelten muss, um die mit der Ausbildung einhergehenden sozialen und personellen Abhängigkeiten vom AG durch die Rechte des BR zu sichern.[42] Zu ihrer Berufsausbildung Beschäftigte sind – so das BAG – nur dann AN i. S. d. § 5 Abs. 1, wenn sich die Berufsausbildung im Rahmen des **arbeitstechnischen Zwecks** eines Produktions- oder Dienstleistungsbetriebes vollzieht und sie deshalb in vergleichbarer Weise wie die sonstigen AN in den Betrieb eingegliedert sind.[43] Der Berufsausbildung muss ein privatrechtlicher Vertrag mit dem AG des Betriebes zugrunde liegen, der die Berufsausbildung zum Inhalt hat.[44] Die Ausbildung muss auf den Erwerb solcher beruflichen Kenntnisse und Fähigkeiten gerichtet sein, die ihrerseits den arbeitstechnischen Zweck des Betriebes fördern. Dies ist bei reinen Ausbildungsbetrieben (außerbetriebliche Berufsbildung i. S. v. § 2 Abs. 1 Nr. 3 BBiG), z. B. Berufsförderungswerken, Rehabilitationszentren, nicht der Fall.[45] Gleiches gilt, wenn in einem Konzern die Auszubildenden in einem reinen Ausbildungsunternehmen angestellt werden und die praktische Ausbildung in den einzelnen Konzernunternehmen stattfindet. Die Auszubildenden sind nur AN i. S. v. § 5 beim Ausbildungsunternehmen.[46] Betreibt ein Träger sowohl ein

---

37   BAG, NZA 92, 894.
38   Vgl. BAG 11. 4. 58, AP Nr. 1 zu § 6 BetrVG.
39   Vgl. etwa BAG 15. 3. 06 – 7 ABR 39/05, juris.
40   Vgl. BAG, DB 81, 1935.
41   BAG, DB 82, 606.
42   BAG 3. 10. 89, AP Nr. 73 zu § 99 BetrVG 1972.
43   BAG, NZA 97, 273, vgl. § 60 Rn. 4.
44   BAG 15. 3. 06 – 7 ABR 39/05, a. a. O.
45   BAG 13. 6. 07 – 7 ABR 44/06, NZA-RR 08, 19.
46   BAG 24. 8. 11 – 7 ABR 8/10 juris; sie dürfen an Betriebsversammlungen im Einsatzbetrieb teilnehmen.

Krankenhaus, als auch eine med. Schule, sind die Auszubildenden AN i. S. v. § 5, wenn sie einen Ausbildungsvertrag mit dem Träger des Krankenhauses geschlossen haben und in der med. Schule sowie im Krankenhaus ausgebildet werden.[47] Der Gesetzgeber hat durch Änderung des BBiG die Möglichkeit geschaffen, dass Auszubildende, deren praktische Berufsausbildung in einer sonstigen Berufsbildungs-einrichtung (§ 2 Abs. 1 Nr. 3 BBiG) stattfindet und die nicht wahlberechtigt zum BR oder zur JAV sind, eine **besondere Interes-senvertretung** wählen können (§ 51 BBiG, vgl. § 60 Rn. 3). **Über-betriebliche Ausbildungsstätten** (z. B. eine Lehrwerkstatt oder ein Ausbildungszentrum) sind keine sonstigen Berufsausbildungseinrich-tungen i. S. v. § 2 Abs. 1 Nr. 3 BBiG. Die dort zu ihrer Berufsaus-bildung Beschäftigen sind AN des Betriebes nach § 5 Abs. 1.[48] Auch ABM-Kräfte sind AN des Trägers der ABM.[49]

3. Ausnahmen von der Arbeitnehmereigenschaft

6 Unter Abs. 2 Nrn. 1 und 2 fallen die nach Gesetz, Satzung oder Gesellschaftsvertrag zur Vertretung berufenen Personen, z. B. **Vor-standsmitgl.** einer AG und **Geschäftsführer** einer GmbH. Die Nr. 3 bezieht sich auf **Mönche, Diakonissen und Ordensschwestern**. Dagegen sind **Krankenschwestern**, wie sie beim Caritas-Verband, der Inneren Mission oder beim Deutschen Roten Kreuz (DRK) tätig sind, grundsätzlich betriebsverfassungsrechtlich AN.[50] Für die Frage, ob bei Gestellungsverträgen dem Krankenhausträger AG-Positionen übertragen worden sind, kommt es wesentlich auf den Inhalt des Gestellungsvertrages und dessen tatsächliche Durchführung im Kran-kenhausbetrieb an.[51] Das BAG hat[52] bei Aufnahme eines Mitgliedes in die DRK-Schwesternschaft, das im Wege des Gestellungsvertrages in einem Krankenhaus beschäftigt wird, hat eine Einstellung nach § 99 bei der DRK-Schwesternschaft bejaht, die neben Mitgliedern auch AN beschäftigt.

Die Nr. 4 bezieht sich beispielsweise auf **Geisteskranke** und **Sucht-kranke**, soweit sie in Anstalten oder aus sonstigen arbeitstherapeuti-

---

47 LAG Berlin-Brandenburg 16. 8. 11 – 3 TaBV 326/11 juris.
48 BAG, NZA 95, 120; DKKW-Trümner, Rn. 134; Fitting, Rn. 290.
49 BAG 13. 10. 04, NZA 05, 480.
50 DKKW-Trümner, Rn. 180 ff.; a. A. BAG 20. 2. 86, AP Nr. 2 zu § 5 BetrVG 1972 Rotes Kreuz, das die AN-Eigenschaft von Rote-Kreuz-Schwestern ver-neint, gleichgültig, ob sie in einem Krankenhaus des DRK beschäftigt oder aufgrund eines Gestellungsvertrags im Krankenhaus eines Dritten tätig sind; bejahend allerdings BAG 14. 12. 94, AP Nr. 3 zu § 5 BetrVG 1972, wenn die das Personal stellende Schwesternschaft e. V. mit der Krankenhausbetreiberge-sellschaft einen Gemeinschaftsbetrieb führt.
51 So auch BAG 22. 4. 97, EzA § 99 BetrVG Einstellung Nr. 3: DKKW-Trümner, Rn. 153.
52 23. 6. 10 – 7 ABR 1/09, NZA 2010, 1302.

schen Gründen beschäftigt werden vgl. § 74 SGB V). Schwerbehinderte Menschen in einer **Behindertenwerkstatt** nach § 136 SGB IX sind dann keine AN i. S. des BetrVG, wenn die therapeutischen Gesichtspunkte bei der Beschäftigung im Vordergrund stehen und die Arbeit nur Mittel zum Zweck der Rehabilitation ist.[53] Eine die AN-Eigenschaft ausschließende Beschäftigung zur **Wiedereingewöhnung** liegt nur vor, wenn die Beschäftigung vorwiegend als Mittel zur Behebung eines gestörten Verhältnisses der beschäftigten Person zu einer geregelten Erwerbsarbeit eingesetzt wird, nicht aber, wenn die Beschäftigung vorwiegend der Vermittlung beruflicher Kenntnisse und Fertigkeiten dient.[54] Erwerbsfähige Hilfsbedürftige (§ 16 d SGB II), denen ein sog. Ein-Euro-Job zugewiesen wurde, sind keine AN.[55]

Voraussetzung für die Anwendung der Nr. 5 ist, dass die dort genannten Personen mit dem AG in **häuslicher Gemeinschaft** (Wohnen, Schlafen, Kochen) leben. Zu den Lebenspartnern zählen nur die eingetragenen Lebenspartnerschaften gem. § 1 LPartG. Fraglich ist, ob die Vorschrift auch für die genannten Personen gilt, wenn der AG eine juristische Person ist, da das Gesetz offensichtlich auf eine natürliche Person abstellt.[56] Das Gesetz will verhindern, dass enge persönliche Beziehungen zum AG, die einer Interessenvertretung gegenüber dem AG entgegenstehen, Einfluss auf die AN-Vertretung nach dem BetrVG haben. Daher ist auch der Ehegatte eines Geschäftsführers einer GmbH, der bei der GmbH angestellt ist, kein AN i. S. des BetrVG.

4. Leitende Angestellte im Sinne des Gesetzes

a) Grundsätze

7 Das historisch überlieferte Prinzip der betriebsverfassungsrechtlichen Begriffsabgrenzung des leit. Ang. geht davon aus, grundsätzlich solche Personen aus dem Geltungsbereich des Betriebsverfassungsrechts herauszunehmen, die als **Mitträger der unternehmerischen Funktion** zur UN-Leitung gehören und damit in einem nicht zu übersehenden funktionalen Gegensatz zu den übrigen AN stehen (vgl. etwa § 2 Betriebsrätegesetz 1920).[57] Die Definition des leit. Ang. gilt nicht nur für das BetrVG, sondern auch für das EBRG (§ 23 Abs 6), das MitbestG (§ 3 Abs. 3 Nr. 2), das DrittelbG (§ 3 Abs. 1), das SprAuG (§ 1 Abs. 1) und das ArbZG (§ 18 Abs. 1 Nr. 1). Nach § 45 S. 2 WPO

---

53 Vgl. aber Pünnel, AuR 87, 104 m. w. N.; vgl. auch DKKW-Trümner, Rn. 156 m. w. N.

54 BAG, AiB 90, 254.

55 BAG 20. 2. 08 – 5 AZR 290/07, NZA-RR 08, 401.

56 Dagegen LAG Niedersachsen 5. 3. 09 – 5 TaBVGa 19/09, juris; DKKW-Trümner, § 5 Rn. 202; für analoge Anwendung auf juristische Person Fitting, § 5 Rn. 337.

57 Zum neueren Betriebsverfassungsrecht vgl. etwa BAG 28. 4. 64, AP Nr. 4 zu § 4 BetrVG.

gelten angestellte Wirtschaftsprüfer als leit. Ang. Dies jedoch nur, wenn ihnen auch Prokura erteilt worden ist.[58]

An diesem funktionalen Begriff des leit. Ang. hält Abs. 3 Nr. 3 fest. Die **8** in ihm enthaltenen unbestimmten Rechtsbegriffe ermöglichen, ungeachtet der vorgenommenen Änderungen, den **notwendigen Entscheidungsspielraum** für den Rechtsanwender. Damit ist zugleich eine auf das konkrete UN abzustellende differenzierte und sachgerechte Entscheidung mit einer **größtmöglichen Einzelfallgerechtigkeit** gegeben. Darüber hinaus ist festzustellen, dass sich nur mit funktionalen Kriterien die unterschiedlichen Strukturen verschiedener Wirtschaftszweige und Wandlungen der UN-Struktur angemessen bewältigen lassen. Die Regelungen des **Abs. 4** sind demgegenüber grundsätzlich **nicht geeignet**, festzustellen, ob und inwieweit ein Ang. unter Berücksichtigung der jeweiligen UN-Organisation eine unternehmerische Funktion innehat, die ihn dem Personenkreis der leit. Ang. zuordnet. Dem Abs. 4 (zu den Einzelheiten vgl. Rn. 18 ff.) liegen **formale Abgrenzungskriterien** zugrunde, die eine differenzierte und sachgerechte Entscheidung darüber, ob jemand zum Personenkreis der leit. Ang. gehört, zumindest erschweren, wenn nicht gar unmöglich machen. Die Bestimmung wird überwiegend als missglückt,[59] teilweise als verfassungswidrig angesehen.[60]

Die Auslegung des **Abs. 3** sollte daher so gehandhabt werden, dass **9** prinzipiell **keine Zweifel** mehr verbleiben. Eine Heranziehung der Hilfskriterien des Abs. 4 bringt überdies die Gefahr einer **Ausweitung** des Personenkreises der leit. Ang. mit sich. Wird aber der Kreis der leit. Ang. weiter gezogen, als nach Anwendung der funktionalen Kriterien des Abs. 3 notwendig, können sich **erhebliche negative Konsequenzen** für die Bildung des BR und seine Tätigkeit ergeben, etwa im Hinblick auf die Größe des BR (§ 9), die Freistellungsmöglichkeiten von BR-Mitgl. (§ 38), das Initiativrecht bei Auswahlrichtlinien (§ 95 Abs. 2), das Mitwirkungsrecht bei personellen Einzelmaßnahmen (§ 99 Abs. 1), die Bildung des WA (§ 106 Abs. 1), die Beteiligungsrechte bei Betriebsänderungen (§ 111 Abs. 1) und die Erzwingbarkeit von Sozialplänen bei Massenentlassungen (§ 112 a).

Bea. und **Soldaten**, die im Betrieb tätig sind (vgl. Rn. 4) und die die Voraussetzungen von § 5 Abs. 3 S. 1 und 2 erfüllen, gelten als leit. Ang.[61]

---

58 BAG 29.6.11 – 7 ABR 15/10 juris.
59 Vgl. etwa Richardi, NZA-Beilage 1/90, S. 2 ff.
60 Vgl. DKKW-Trümner, Rn. 231 m. w. N.
61 Vgl. DKKW-Trümner, Rn. 221.

b) Selbständige Einstellungs- und Entlassungsbefugnis (Abs. 3 Nr. 1)

10 Unter die **Nr. 1** fallen nur solche leit. Ang., die **selbstständig** die **Auswahl der Einzustellenden** und der zu **Entlassenden** treffen können. Eine solche umfassende Einstellungs- **und** Entlassungsbefugnis kann sich zwar auf eine Betriebsabteilung beschränken. Sie muss jedoch einen erheblichen Teil der Arbeitnehmerschaft umfassen. Die Einstellungs- und Entlassungsbefugnis gegenüber nur vier AN in einem Betrieb mit 600 AN begründet nicht die Eigenschaft als leit. Ang.[62] und sowohl nach außen wirken (Vertretungsbefugnis) als auch im Innenverhältnis gegenüber dem AG. Interne Bindungen beseitigen die Selbständigkeit. Sind Einstellung und Entlassung von der Zustimmung anderer abhängig, liegt keine selbständige Entscheidung vor.[63] Eine bloß delegierte Entscheidungsbefugnis für einen eng begrenzten Personenkreis, z. B. Poliere auf Baustellen, genügt daher nicht. Hat ein AN die Befugnis zu Einstellungen und Entlassungen nur vertretungsweise bei Abwesenheit des Vorgesetzen, begründet dies nicht die Eigenschaft als leit. Ang.[64]

c) Generalvollmacht oder Prokura (Abs. 3 Nr. 2)

11 Die **Nr. 2** erstreckt sich auf leit. Ang., die **Generalvollmacht** oder **Prokura** (§ 49 HGB) haben. Generalvollmacht ist die Vollmacht zum gesamten Geschäftsbetrieb oder zumindest eine solche, die die Besorgung eines wesentlichen Teils der Geschäfte des Vollmachtgebers umfasst. Die Prokura ist eine gesetzlich festgelegte Vollmacht zur Vornahme aller Rechtsgeschäfte. Die **Prokura** reicht für sich **allein nicht aus**, um im betriebsverfassungsrechtlichen Sinne die Eigenschaft als leit. Ang. zu begründen. Ein Prokurist muss, um leit. Ang. zu sein, unternehmerische Führungsaufgaben wahrnehmen.[65] So darf die Prokura auch im Verhältnis zum AG **nicht unbedeutend sein**, wobei nicht die Prokura selbst gemeint ist, sondern die Aufgaben, die der AG einem Prokuristen überträgt.[66] Die sog. Titelprokura reicht daher ebensowenig aus[67] wie ein unbedeutender Aufgabenbereich. Somit muss – damit jemand zum Personenkreis der leit. Ang. im betriebsverfassungsrechtlichen Sinne gehört – die Prokura sowohl im **Außenverhältnis** als auch **nach innen umfassend** sein.[68] Allein aufgrund

---

62 BAG 10.10.07 – 1 ABR 61/06, juris.

63 BAG 25.3.09 – 7 ABR 2/08, brwo; BAG 16.4.02 – 1 ABR 23/01, AiB 03, 483 m. Anm. Schneider.

64 LAG RP 8.5.12 – 3 TaBV 43/11, juris.

65 BAG 29.6.11 – 7 ABR 5/10, brwo.

66 BAG 25.3.09 – 7 ABR 2/08, brwo.

67 BAG 11.1.95, EzA § 5 BetrVG 1972 Nr. 58.

68 I. S. einer solchen Abgrenzung BAG 27.4.88, AP Nr. 37 zu § 5 BetrVG 1972, wonach gesetzlich zulässige Beschränkungen der Prokura – z. B. in Form einer

der Prokura sind Ang. in Stabsstellen (z. B. Leiter einer Revisions-
abteilung) keine leit. Ang. gem. § 5 Abs. 3 S. 2 Nr. 2.[69] Wirtschaftsprüfer, denen Prokura erteilt worden ist, sind gem. § 41 Abs. 2 WPO
leit. Ang., unabhängig davon, ob sie die Voraussetzungen des Abs. 3
Nr. 2 erfüllen.[70]

d) Aufgaben für Bestand und Entwicklung des Unternehmens oder eines Betriebs (Abs. 3 Nr. 3)

Voraussetzung für die Anwendung des **Abs. 3 Nr. 3** ist, dass es sich bei **12**
einer **Gesamtbetrachtung** um einen leit. Ang. handelt, der **unternehmerische Entscheidungen** im Wesentlichen frei von Weisungen
trifft oder sie maßgeblich beeinflusst, auch wenn er bei seiner Tätigkeit
Rechtsvorschriften, Pläne oder Richtlinien beachten muss. Daher
handelt es sich **nicht** um einen leit. Ang., wenn sich seine Tätigkeit
schwergewichtig nur aufgrund von Rechtsvorschriften, Plänen oder
Richtlinien vollzieht, so dass davon auszugehen ist, dass kein eigener
erheblicher Entscheidungsspielraum besteht. Es ist somit auch auf den
Grad der Verbindlichkeit von Plänen oder Richtlinien zu achten, in
deren Rahmen der betreffende Ang. tätig wird. Besteht eine erhebliche
Bindungskraft von Plänen oder Richtlinien, beginnt der Bereich, in
dem von »wesentlich freier Entscheidung« und damit von einem leit.
Ang. nicht mehr gesprochen werden kann.[71] Ergibt die Gesamtbetrachtung, dass es sich um einen leit. Ang. handelt, ist es unschädlich,
wenn sich seine Tätigkeit in Zusammenarbeit mit anderen leit. Ang.
vollzieht.

Bei der Auslegung der Nr. 3 ist die Rspr. des BAG zu beachten, wie sie **13**
vor der Änderung der Begriffsabgrenzung des leit. Ang. im Jahre 1989
ergangen ist. Das ergibt sich bereits daraus, dass diese Änderungen zu
keiner anderen Abgrenzung des Personenkreises der leit. Ang. geführt
haben.[72] Nach dieser Rspr. gehört ein leit. Ang. erst dann zum Personenkreis des Abs. 3, wenn er – zumindest in Teilbereichen – **wesentlichen Anteil** an der UN-Führung hat, diese unternehmerischen
Aufgaben ihn in einen Interessengegensatz zu den AN und damit zum
BR bringen und diese Aufgaben seiner Gesamttätigkeit das Gepräge
geben. Solche unternehmerischen (Teil-)Aufgaben beziehen sich auf
die wirtschaftliche, technische, kaufmännische, organisatorische, per-

---

Gesamt- oder Niederlassungsprokura – nur dann die Voraussetzungen für die
Zugehörigkeit zum Personenkreis nach Abs. 3 Nr. 3 erfüllen, wenn der betreffende Ang. dazu befugt ist, die mit einer Gesamt- und/oder Niederlassungsprokura verbundene Vertretungsmacht im Innenverhältnis uneingeschränkt
wahrzunehmen; vgl. auch BAG, NZA 95, 747.
69 BAG 29. 6. 11 – 7 ABR 5/10, brwo; 25. 3. 09 – 7 ABR 2/08, brwo.
70 S. BAG 26. 6. 11 – 7 ABR 15/10, juris.
71 DKKW-Trümner, Rn. 278.
72 Vgl. dazu DKKW-Trümner, Rn. 179 ff.

sonelle oder wissenschaftliche UN-Führung. Es kommt somit auf die Funktion im UN an; denn der Betrieb verfolgt nur einen arbeitstechnischen Zweck zur Unterstützung und Ausfüllung der UN-Ziele. Auch eine besonders qualifizierte Arbeitsleistung reicht **nicht** aus, um jemanden in den Personenkreis des § 5 Abs. 3 einzubeziehen. Es genügt auch **nicht** eine akademische Vorbildung. Eine Stellung, die lediglich auf **einem besonderen persönlichen Vertrauen** des AG beruht, reicht ebenfalls nicht aus.[73] Die unternehmerischen (Teil-)Aufgaben müssen **regelmäßig** wahrgenommen werden; die Wahrnehmung der unternehmerischen Aufgaben muss die Tätigkeit prägen.[74] Je mehr Hierarchiestufen es oberhalb eines Ang. im Unternehmen gibt, je mehr spricht dafür, dass er keine Aufgaben wahrnimmt, die für Bestand und Entwicklung des Unternehmens oder Betriebes von Bedeutung sind.[75] Ob ein AN, der mehreren Betrieben desselben UN angehört, leit. Ang. i. S. des § 5 Abs. 3 ist, kann für alle Betriebe des UN nur einheitlich beantwortet werden.[76] Völlig unbeachtlich ist, ob sich ein Ang. im Wege der Selbsteinschätzung zu den leit. Ang. rechnet. Die Definition des § 5 Abs. 3 Satz 2 ist **zwingendes Recht.**[77] Dies gilt auch dann, wenn die Selbsteinschätzung des Ang. im Rahmen einer Zuordnung aufgrund von AR-Wahlen vorgenommen wurde.[78]

Aufgrund der bisherigen Rspr. des BAG lassen sich folgende Kriterien herausstellen, die erfüllt sein müssen, bevor von einem leit. Ang. gesprochen werden kann:[79]

- Der Ang. muss **spezifische unternehmerische Aufgaben** wahrnehmen, die im Hinblick auf die Gesamttätigkeit des Ang. und die Gesamtheit der UN-Aufgaben erheblich sind.

- Dem Ang. muss zur Bewältigung dieser unternehmerischen Aufgaben ein **eigener erheblicher Entscheidungsspielraum** zur Verfügung stehen, so dass er die **unternehmerischen Entscheidungen** im Wesentlichen frei von Weisungen trifft oder sie doch zumindest maßgeblich beeinflusst. Auch bei einer Zusammenarbeit in einem Team gleichberechtigter Mitarbeiter muss ein eigener, erheblicher Entscheidungsspielraum verbleiben.

- Die Aufgaben müssen dem Ang. aufgrund **besonderer Erfahrungen und Kenntnisse** übertragen worden sein. Ein akademisches

---

73 BAG 9.12.75, AP Nr. 11 zu § 5 BetrVG 1972.
74 BAG 29.6.11 – 7 ABR 5/10, brwo; vgl. DKKW-Trümner, Rn. 225 f. m. w. N.
75 BAG a.a.O.
76 BAG 25.10.89, AP Nr. 42 zu § 5 BetrVG 1972.
77 BAG 29.1.80, AP Nr. 22 zu § 5 BetrVG 1972.
78 DKKW-Trümner, Rn. 279.
79 Vgl. umfassend DKKW-Trümner, Rn. 262 ff.

Studium oder eine gleichwertige Ausbildung ist allein weder erforderlich noch genügend.

• Aus der Aufgabenstellung des Ang. wird sich ein **Interessengegensatz** zwischen ihm und der Arbeitnehmerschaft ergeben, der allerdings nur ein Indiz für den Status des leit. Ang. ist.

• Die unternehmerischen Aufgaben des Ang. müssen von ihm nach **Arbeitsvertrag** und **Stellung** im UN oder Betrieb wahrgenommen werden.

Das Zurücktreten einzelner dieser Abgrenzungskriterien im Rahmen   **14** einer Gesamtwürdigung der Tätigkeit des Ang. kann nach Meinung des BAG dadurch ausgeglichen werden, dass andere Kriterien besonders ausgeprägt sind. In bestimmten Fällen lässt das BAG eine »Schlüsselposition« genügen.[80] Dabei handelt es sich um Ang., die zwar nicht selbst UN-Entscheidungen treffen, aber durch eine über die gesamte Breite des UN-Führungsbereichs wirkende Tätigkeit die Grundlagen für solche Entscheidungen **eigenverantwortlich** erarbeiten. Somit muss auch bei einer derartigen »Schlüsselposition« festgestellt werden, ob sie tatsächlich zu einem maßgeblichen Einfluss auf die UN-Leitung führt. Der Einfluss kann auch darin liegen, das der Ang. kraft seiner Schlüsselposition Voraussetzungen schaffen kann, an denen eine UN-Leitung nicht vorbeigehen kann.[81]

e) Beispiele für leitende Angestellte aus der Rechtsprechung des BAG

Das BAG hat die Eigenschaft als leit. Ang. nach § 5 Abs. 3 bei einem   **15** **Leiter der Abteilung** »Unternehmensplanung« **bejaht.** Dabei wurde darauf abgehoben, dass dieser Ang. durch seine Tätigkeit entscheidende unternehmerische Daten setzt, die einen maßgeblichen und direkten Einfluss auf die UN-Leitung ausüben.[82] Bejaht hat es sie auch bei einem **Leiter der Abteilungen Absatzplanung, Vertrieb, Organisation und Personal**, der Gesamtprokura hatte, wegen des umfangreichen und wichtigen Tätigkeitsbereiches;[83] ferner bei einem **Hauptabteilungsleiter** Finanzen, der in einer bestimmten Größenordnung Entscheidungsbefugnis hat und mehr als 136 000 DM im Jahr erhält,[84] sowie einem **Verkaufsleiter**, der nach Kundenwünschen Industrieanlagen entwirft und Kosten ermittelt.[85] Die Zuordnung zum Personenkreis der leit. Ang. nach § 5 Abs. 3 hat das BAG auch bei dem **Chefpiloten** einer US-amerikanischen Fluggesellschaft

80 Vgl. etwa BAG 25.3.09 – 7 ABR 2/08, brwo.
81 BAG a.a.O.
82 BAG 17.12.74, AP Nr. 7 zu § 5 BetrVG 1972.
83 BAG 23.3.76, AP Nr. 14 zu § 5 BetrVG 1972.
84 BAG, NZA 95, 747.
85 BAG 1.6.76, AP Nr. 15 zu § 5 Abs. 3 BetrVG 1972.

vorgenommen und darauf abgestellt, dass die Fluggesellschaft weltweit fünf derartige Funktionen unterhält, wobei die Aufgabe in der Wahrung der Flugsicherheit besteht und zu diesem Zweck weitreichende Befugnisse – auch disziplinarischer Art – gegenüber den zugeordneten 255 Piloten, Kopiloten und Bordingenieuren gegeben sind.[86]

16 Die Rspr. hat die Eigenschaft als leit. Ang. nach § 5 Abs. 3 **verneint** bei: **Hauptabteilungsleitern**, die ihrerseits noch dem kaufmännischen Direktor des Hauptbüros unterstehen;[87] **Abteilungsleitern eines Maschinenbau-UN**, weil die unternehmerischen Teilaufgaben, die sie zu erfüllen haben, nur einen kleinen Ausschnitt in Bezug auf das Gesamt-UN ausmachen;[88] **Leiter der Abteilung »Mechanische Fertigung«**, weil die bloße Vorgesetztenstellung, die im Rahmen eines zugewiesenen Aufgaben- und Funktionsbereiches Weisungen ermöglicht, nicht für den notwendigen Gegnerbezug ausreicht;[89] **Leiter des Zentraleinkaufs** eines UN mit 475 AN ohne eigene erhebliche Entscheidungsbefugnis;[90] Betriebsleiter eines Verbrauchermarktes mit 45 AN ohne nennenswerten Entscheidungsspielraum in personellen und kaufmännischen Angelegenheiten;[91] **Zentraleinkäufer** eines Warenhauses für ein beschränktes Sortiment;[92] **Redakteure**;[93] **Fahrsteiger** in Bergwerksbetrieben;[94] **Restaurantleitern** in Fast-Food-Restaurants mit Team-Bonus und Kompetenz zur Einstellung und Entlassung von gewerblichen Mitarbeitern, die die »arbeitgeberseitig« begleitet wird;[95] **Chefärztin** einer Fachklinik innerhalb eines Krankenhauses mit 11 Mitarbeitern ohne Aufgaben auf der Führungsebene des Krankenhauses;[96] **Oberarzt** mit Vertretungsfunktion für Chefarzt;[97] **Angestellter RA und/oder Steuerberater** mit nur eigenverantwortlicher Mandats- und Prüfungstätigkeit ohne Ansiedlung auf der Führungs- und Leitungsebene der Gesellschaft.[98]

17 Der in Frage kommende Personenkreis ist somit im Verhältnis zur Gesamtbelegschaft sehr klein. Es ist auf das jeweilige UN und die

---

86 BAG 25.10.89, AP Nr. 42 zu § 5 BetrVG 1972; zu weiteren Beispielen vgl. DKKW-Trümner, Rn. 248 ff.
87 BAG 19.11.74, AP Nr. 2 zu § 5 BetrVG 1972.
88 BAG 17.12.74, AP Nr. 6 zu § 5 BetrVG 1972.
89 BAG 13.10.81, a.a.O.
90 BAG 9.12.75, AP Nr. 11 zu § 5 BetrVG 1972.
91 BAG 19.8.75, AP Nr. 5 zu § 102 BetrVG 1972.
92 BAG 25.10.01, NZA 02, 746.
93 BAG 7.11.75, AP Nr. 4 zu § 118 BetrVG 1972.
94 BAG 23.1.86, AP Nr. 30 zu § 5 BetrVG 1972; zu weiteren Beispielen vgl. DKKW-Trümner, Rn. 249 ff.
95 LAG Frankfurt, NZA-RR 01, 426.
96 LAG Hessen 31.7.08 – 9 TaBV 267/07, juris.
97 LAG Hamm 9.7.10 – 13 TaBV 4/10, brwo.
98 BAG 29.6.11 – 7 ABR 5/10, NZA-RR 2011, 647.

Stellung bzw. Funktion des betreffenden Ang. in diesem UN abzustellen. Wichtige Erkenntnishilfen sind dabei das Organisationsschema bzw. der Organisationsplan des betreffenden UN.

5. Die Hilfskriterien des Abs. 4

Der **Abs. 4** ist gegenüber Abs. 3 Nr. 3 nur nachrangig anzuwenden. Er **18** enthält keine eigenen Tatbestandsmerkmale, nach denen ein Ang. den leit. Ang. zugeordnet werden könnte.[99] Der Abs. 4 soll mit seinen Hilfskriterien die Auslegung des Abs. 3 Nr. 3 ausschließlich in Zweifelsfällen erleichtern. Die Regelungen des Abs. 4 sind dafür jedoch **ungeeignet**.[100] Die Zweifelsregelung bezieht sich nur auf Abs. 3 Nr. 3 und nicht auf die anderen Tatbestände des Abs. 3.

Die nicht funktionsbezogenen, sondern formalen Kriterien sind **nicht** **19** **systemgerecht** (vgl. Rn. 7). Bereits das **erste Hilfskriterium** mit seinem Abstellen auf die bisherige Einordnung ist problematisch. Der bei der letzten Wahl des BR, des SpA oder der bei einer gerichtlichen Entscheidung getroffenen Zuordnung kommt keine wirklich konstitutive Bedeutung zu. Abgesehen davon, dass sich die tatsächlichen Verhältnisse **zwischenzeitlich geändert** haben können, ist es denkbar, dass im Rahmen des neuen innerbetrieblichen Zuordnungsverfahrens nach § 18 a eine andere Zuordnung erfolgt oder aber auch außerhalb dieses Verfahrens (vgl. § 18 a Rn. 5) aufgrund eines entsprechenden Gerichtsverfahrens eine möglicherweise auch nur vorläufige (einstweilige Verfügung) **anders lautende Gerichtsentscheidung** ergeht. Sofern überhaupt auf dieses Auslegungskriterium zurückgegriffen werden kann, gilt es **auch umgekehrt**. Das bedeutet, dass Ang., die schon nach dem bisherigen Recht nicht zum Personenkreis der leit. Ang. gehört haben, **auch künftig nicht** dazu rechnen.

Das **zweite Hilfskriterium** ist noch systemwidriger, wenn durch die **20** Betrachtung der Leitungsebene, auf der der Ang. tätig ist, also durch ein formales Kriterium, Zweifel beseitigt werden sollen, die bei einem nach ausschließlich funktionalen Kriterien zu beurteilenden Stabsstellen-Leitenden i. S. des Abs. 3 Nr. 3 geblieben sind. Es ist nicht ersichtlich, wie eine zweifelhaft gebliebene Abgrenzung von leit. Ang. in **Stabsstellenfunktionen** durch hierarchische Merkmale für leit. Ang. in **Linienfunktionen präzisiert** werden könnte.[101] Soweit eine »überwiegende« Vertretung leit. Ang. auf der betreffenden Leitungsebene verlangt wird, müssen es mehr als 50 v. H. sein.[102]

Mit dem **dritten Hilfskriterium** wird auf das regelmäßige Jahres- **21** arbeitsentgelt abgestellt. Gemeint ist damit das Entgelt, das der Ang.

99   BAG 22. 2. 94 – 7 ABR 32/93, juris.
100 Vgl. DKKW-Trümner, Rn. 280 ff. m. w. N.
101 Clausen/Löhr/Schneider/Trümner, AuR 88, 293 ff.
102 Vgl. DKKW-Trümner, Rn. 292.

regelmäßig erhält und auf das ein Rechtsanspruch besteht. **Freiwillige Zulagen**, insbesondere wenn sie in einem **zeitlichen Zusammenhang** mit der Wahl des SpA gewährt werden, zählen nicht dazu. Das Abstellen auf die Gehaltshöhe als einem formalen Kriterium führt lediglich zu einer **Scheinobjektivität** und bringt den **deutlichsten Bruch** mit den **funktionalen Merkmalen des Abs. 3 Nr. 3**. Von den Möglichkeiten der Manipulation durch den AG einmal abgesehen, ist keine vernünftige Begründung dafür erkennbar, warum jemand schon deswegen zum Personenkreis nach Abs. 3 gehören soll, weil er ein Gehalt bekommt, das in seiner Höhe dem eines leit. Ang. entspricht. So kann beispielsweise ein **hochbezahlter Spezialist** ein Gehalt wie auch leit. Ang. erhalten, ohne deswegen zum Personenkreis nach Abs. 3 zu gehören.

22 Im Übrigen ergibt sich aus Nr. 3 die Verpflichtung für den AG, die für den Gehaltsvergleich erforderlichen Daten dem WV zur Verfügung zu stellen. Der AG darf sich dabei nicht auf Betriebs- oder Geschäftsgeheimnisse berufen.[103]

23 Wie sehr der Gesetzgeber selbst dem Hilfskriterium der Gehaltshöhe misstraut, zeigt sich am besten durch die Verweisung auf das **Hilfs-Hilfs-Kriterium der Nr. 4**. Mit dieser »Zweifel-im-Zweifel-Regelung«, die auf das Dreifache der Bezugsgröße nach § 18 SGB IV abstellt (201 beträgt das Dreifache dieser Bezugsgröße in den alten Bundesländern einschließlich Berlin-West 99 540 €, in den neuen Bundesländern einschließlich Berlin-Ost 84 420 €), wird sogar der Bezug zum konkreten UN verlassen.

24 Zu Abs. 4 ist insgesamt festzustellen, dass die Hilfskriterien zur Auslegung des Abs. 3 Nr. 3 offenkundig **nicht nur ungeeignet, sondern geradezu systemwidrig** sind. Sie ermöglichen es, einen Ang. als leit. Ang. zu charakterisieren, ohne dass dieser **überhaupt unternehmerähnliche Funktionen** im UN wahrnehmen muss. Damit aber wäre die Gefahr einer Ausweitung des Personenkreises nach Abs. 3 gegeben, mit allen damit verbundenen Problemen (vgl. Rn. 8).

§ 6 Arbeiter und Angestellte

(aufgehoben)

---

103 Vgl. Engels/Natter, BB-Beilage 8/89, S. 12; Fitting, Rn. 431.

Zweiter Teil: Betriebsrat, Betriebsversammlung, Gesamt- und Konzernbetriebsrat

Erster Abschnitt:
Zusammensetzung und Wahl des Betriebsrats

§ 7 Wahlberechtigung

Wahlberechtigt sind alle Arbeitnehmer des Betriebs, die das 18. Lebensjahr vollendet haben. Werden Arbeitnehmer eines anderen Arbeitgebers zur Arbeitsleistung überlassen, so sind diese wahlberechtigt, wenn sie länger als drei Monate im Betrieb eingesetzt werden.

1. Grundsätze

Wahlberechtigt sind alle AN des Betriebs, die am (letzten) Wahltag das **1** 18. Lebensjahr vollendet haben. Zur Ausübung des Wahlrechts ist es notwendig, dass der AN in die Wählerliste eingetragen ist. Zu den Wahlberechtigten gehören auch die zu ihrer Berufsausbildung Beschäftigten sowie **Anlernlinge, Umschüler, Volontäre, Praktikanten, Tele-AN** (vgl. § 5 Rn. 5) und **Werkstudenten.** Auszubildende, die ein AG mangels entsprechender Einrichtungen für die Ausbildungszeit in einem **anderen Betrieb** ausbilden lässt, sind dort wahlberechtigte AN.[1] Erfolgt die Ausbildung in einem reinen Ausbildungsbetrieb (außerbetriebliche Berufsbildung i.S. des § 2 Abs. 1 Nr. 3 BBiG),

---

[1] LAG Hamm, DB 88, 2058.

verneint das BAG[2] allerdings die AN-Eigenschaft der Auszubildenden (vgl. § 5 Rn. 5). Teilnehmer an ABM sind im Betrieb des Trägers der ABM wahlberechtigt.[3] **Teilzeitbeschäftigte** sind ebenso wahlberechtigt wie AN, die in Arbeitsverhältnissen zu **mehreren AG** stehen. Auch in Betrieben von privatrechtlich organisierten UN tätige Bea. sind betriebsverfassungsrechtlich AN und daher wahlberechtigt.

Erwerbsfähige Hilfsbedürftige mit sog. 1-€-Job sind nicht wahlberechtigt (s. § 5 Rn. 5).

2 Eine nur **kurzfristige Tätigkeit** spricht nicht gegen die AN-Eigenschaft von Aushilfskräften, wobei es für die Wahlberechtigung dieses Personenkreises darauf ankommt, ob sie am Tag der Stimmabgabe in einem Arbeitsverhältnis zum Betriebsinhaber stehen.[4] **Zeitungszusteller** sind in der Regel wahlberechtigt.[5] Dass die Botentätigkeit nur eine Nebentätigkeit darstellt, steht der Wahlberechtigung nicht entgegen. Bei **behinderten Menschen**, die in einer **Behindertenwerkstatt** tätig sind, ist zu prüfen, ob der Schwerpunkt ihrer Beschäftigung in der Rehabilitation liegt. Ist das der Fall, die Tätigkeit also nur Mittel zum Zweck der Rehabilitation, liegt eine die Wahlberechtigung voraussetzende AN-Eigenschaft nicht vor (vgl. § 5 Rn. 5). Beschäftigte, die aufgrund einer vom Sozialhilfeträger geschaffenen Arbeitsgelegenheit nach § 19 Abs. 1 BSGH bei einem Dritten in einem befristeten Arbeitsverhältnis beschäftigt werden, sind wahlberechtigt, wenn sie nach der konkreten Ausgestaltung ihrer Tätigkeit dem arbeitstechnischen Zweck des Betriebs dienen und nicht selbst Gegenstand des Betriebszwecks sind.[6] Erwerbsfähige Hilfsbedürftige nach § 16 Abs. 3 Satz SGB II sind nicht wahlberechtigt.[7]

3 Der Wahlberechtigung steht nicht entgegen, dass die Beschäftigung außerhalb des Betriebs erfolgt, wie das etwa bei **Montage-AN, Vertretern, Kraftfahrern** und **Kundendienstberatern** der Fall ist (vgl. § 5 Rn. 3). AN, die **vorübergehend in das Ausland** entsandt werden, verlieren auch dann nicht das aktive Wahlrecht im entsendenden Betrieb, wenn sie in eine im Ausland bestehende betriebliche Organisation eingegliedert werden.[8]

2. Wahlberechtigung ohne Arbeitsvertrag

4 Nach der Rspr. des BAG setzt die Wahlberechtigung – mit der Ausnahme der LeihAN – generell voraus, dass die AN in einem Arbeitsverhältnis zum Inhaber des Betriebes stehen und in diesen eingegliedert

2 13.6.07 – 7 ABR 44/06, brwo, NZA-RR 08, 19.
3 BAG 13.10.04, NZA 05, 480.
4 LAG Düsseldorf, DB 90, 238.
5 BAG, BB 92, 1486; LAG Düsseldorf, BB 96, 2692.
6 BAG, NZA 01, 225.
7 LAG Hessen 25.5.06 – 9 TaBVGa 81/06, brwo.
8 Vgl. BAG, AuR 81, 252; BAG, DB 90, 992.

sind.[9] AN, die aufgrund eines Werk- oder Dienstvertrages in einem Drittbetrieb tätig werden, sind nicht wahlberechtigt. Sie bleiben während ihres Einsatzes AN des Stammbetriebs. Etwas anderes kann gelten, wenn Scheindienst- bzw. Werkverträge vorliegen, mit denen das AÜG umgangen werden soll. In diesem Fall liegt dann in Wirklichkeit AN-Überlassung vor. Hat der Verleiher eine Erlaubnis, sind die AN wahlberechtigt. Hat er keine Erlaubnis, ist nach der Fiktion des § 10 Abs. 1 AÜG ein Arbeitsverhältnis zwischen Leih-AN und Entleiher zustande gekommen[10] und der AN somit wahlberechtigt.[11] Dagegen können MBR des BR auch bei Personen bestehen (z. B. nach § 99), die zwar in keinem Arbeitsverhältnis zum Arbeitgeber stehen, aber in den Betrieb eingegliedert sind.

3. Besondere Beschäftigungsverhältnisse und Wahlberechtigung

a) Leiharbeitnehmer

Das aktive Wahlrecht haben auch **AN eines anderen AG**, die zur   5
Arbeitsleistung überlassen worden sind. Die überlassenen AN haben das Wahlrecht, wenn ihre Beschäftigung für einen Zeitraum von mehr als drei Monaten **vorgesehen** ist. Es ist nicht erforderlich, dass dieser Zeitraum am Wahltag bereits verstrichen ist.[12] Daher hat z. B. auch ein **Leih-AN**, der am Wahltag erst eine Woche im Betrieb ist, dessen Einsatz aber für vier Monate vorgesehen ist, das aktive Wahlrecht.[13] Das Wahlrecht ist an den konkreten Leih-AN gebunden. Wird bei einem für vier Monate vorgesehen Einsatz des Leih-AN nach zwei Monaten ausgetauscht und findet die BR-Wahl im dritten Monat statt, haben weder der ursprüngliche, noch der ausgetauschte Leih-AN das Wahlrecht. Der neue Leih-AN hat nur eine vorgesehene Überlassungsdauer von zwei Monaten, der ausgetauschte Leih-AN eine reale von zwei Monaten. Eine Unterbrechung der Überlassung schließt das Wahlrecht nicht in jedem Fall aus. Sofern zwischen den unterbrochenen Einsätzen des Leih-AN ein enger Sachzusammenhang besteht, sind die Einsätze zusammenzurechnen. Ein solcher ist anzunehmen, wenn die Unterbrechung nicht langfristig war, die Unterbrechung nicht vom Leih-AN zu vertreten war und die Einsätze und die Tätigkeit des Leih-AN bei der erneuten Überlassung im selben Betrieb erfolgt.[14] Dem Wahlrecht von Leih-AN steht nicht entgegen, dass sie als Streikbrecher im Entleiherbetrieb eingesetzt sind.[15]

9 BAG 17.2.10 – 7 ABR 51/08, brwo; 20.4.05, NZA 05, 1006 m. w. N.
10 S. hierzu LAG BaWü 1.8.13 – 2 Sa 6/13, n. rk. BAG 9 AZR 748/13, NZA 13, 1017.
11 Vgl. DKKW-Trümner, § 5 Rn. 104 m. w. N.
12 Fitting, Rn. 60.
13 ArbG Düsseldorf 2.6.06 – 13 BV 55/06, juris.
14 Fitting, Rn. 65.
15 ArbG Düsseldorf, a. a. O.

6 Die Regelung betrifft insbesondere die **Leih-AN** nach dem AÜG, ist aber nicht darauf beschränkt.[16] Auch für die Konzernleihe (§ 1 Abs. 3 Nr. 2 AÜG) gilt die Vorschrift; wenn die Beschäftigung nicht im Betrieb des Vertrags-AG, sondern im Betrieb eines anderen AG, erfolgt, beispielsweise bei der sog. **Konzern-Leihe**, wenn also AN innerhalb eines Konzerns von einem UN an ein anderes Konzern-UN ausgeliehen werden.[17] Dies gilt auch für sog. **Personalführungsgesellschaften**, deren alleinige Aufgabe es ist, Personal an Unternehmen im Konzern zu verleihen, ohne dabei selbst Gewinn zu erzielen. In diesem Fall sind sie AN der Personalführungsgesellschaft, auch wenn sie nie bei dieser real tätig waren, – entsprechend § 14 Abs. 1 AÜG – AN der Personalführungsgesellschaft.[18] Sie sind damit bei der Personalführungsgesellschaft sowohl wahlberechtigt als auch wählbar (§ 8). AN, die in einem Konzern bei einer Personalführungsgesellschaft beschäftigt sind, bleiben entsprechend § 14 Abs. 1 AüG auch bei dieser wahlberechtigt und wählbar, auch wenn sie in verschiedenen Konzerngesellschaften eingesetzt werden.[19] Im Entleiher- bzw. Einsatzbetrieb haben sie das aktive Wahlrecht, wenn sie länger als drei Monate eingesetzt werden. Die Regelung lässt das Recht des WV unberührt, in anderen Fällen zu prüfen, ob die Wahlberechtigung aufgrund AN-Eigenschaft i. S. d. § 5 Abs. 1 besteht (vgl. § 80 Rn. 14).

b) Ruhendes Arbeitsverhältnis

7 Arbeitsbefreiung aufgrund des Mutterschaftsurlaubs, der Elternzeit oder des Erholungsurlaubs steht der Ausübung des aktiven Wahlrechts nicht entgegen. Es ist für das Wahlrecht unschädlich, wenn das Arbeitsverhältnis, wie der **Elternzeit**, längere Zeit ruht.[20] Die Wiederaufnahme der Tätigkeit ist beabsichtigt und erfolgt regelmäßig auch.

Langfristig erkrankte Arbeitnehmer, denen eine befristete Erwerbunfähigkeitsrente bewilligt wurde, haben das aktive und passive Wahlrecht, solange nicht endgültig feststeht, dass sie nicht in den Betrieb zurückkehren.[21]

c) Altersteilzeit

AN in der **Freistellungsphase bei Altersteilzeit** im Blockmodell sind nach der Rspr. des BAG **nicht wahlberechtigt**.[22] Die Auffassung

---

16 Fitting, Rn. 41 f.
17 Fitting, Rn. 43.
18 BAG 20.4.05, NZA 05, 1006 m. w. N.
19 BAG 20.4.05, NZA 05, 1006.
20 Vgl. LAG München, AuR 05, 118.
21 ArbG Göttingen 7.3.07 – 3 BV 14/06, juris.
22 BAG 16.11.05 – 7 ABR 9/05, brwo; BAG; NZA 03, 1345 ff.; Fitting, Rn. 32 vgl. BAG, NZA 01, 461: Wählbarkeit und Mitgliedschaft im Aufsichtsrat nach dem BetrVG 1952 endet bei Beginn der Freistellungsphase; BVerwG, PersR 02,

der Rspr. überzeugt nicht. Auch wenn der Arbeitnehmer während der Freistellungsphase keine Arbeitsleistung mehr erbringen muss und nicht mehr in den Betrieb eingegliedert ist, unterliegt er der Mitbestimmung des BR. Betriebsvereinbarungen, die dieser abschließt, betreffen auch den AN in der Freistellungsphase. Es ist undemokratisch, AN einerseits den Auswirkungen der Handlungen des BR zu unterwerfen, anderseits ihm aber – obwohl er sein Wahlrecht ausüben könnte – keine Einflussmöglichkeit auf die Zusammensetzung des BR zu geben.[23]

d) Gekündigte Arbeitnehmer

Ein AN, dessen Arbeitsverhältnis gekündigt wurde, hat nach Ablauf der Kündigungsfrist nicht das aktive Wahlrecht (vgl. § 8 Rn. 2).[24]

e) Beamte, Soldaten und AN des öffentlichen Dienstes

Bea., Soldaten und AN des öffentlichen Dienstes sind nach der Neuregelung des § 5 Abs. 1 S. 3 wahlberechtigt, wenn sie im Betrieb tätig sind.[25] Eine Mindestdauer ist nicht erforderlich (vgl. § 5 Rn. 4). Die spezialgesetzlichen Regelungen zum Wahlrecht von Beamten (z.B. § 26 PostPersG) finden weiterhin Anwendung. Sie sind in dem Betrieb wahlberechtigt, in dem sie zugewiesene Tätigkeiten tatsächlich ausüben; nicht in dem, dem sie lediglich dienstrechtlich zugewiesen sind.[26]

§ 8 Wählbarkeit

(1) Wählbar sind alle Wahlberechtigten, die sechs Monate dem Betrieb angehören oder als in Heimarbeit Beschäftigte in der Hauptsache für den Betrieb gearbeitet haben. Auf diese sechsmonatige Betriebszugehörigkeit werden Zeiten angerechnet, in denen der Arbeitnehmer unmittelbar vorher einem anderen Betrieb desselben Unternehmens oder Konzerns (§ 18 Abs. 1 des Aktiengesetzes) angehört hat. Nicht wählbar ist, wer infolge strafgerichtlicher Verurteilung die Fähigkeit, Rechte aus öffentlichen Wahlen zu erlangen, nicht besitzt.

(2) Besteht der Betrieb weniger als sechs Monate, so sind abweichend von der Vorschrift in Absatz 1 über die sechsmonatige Betriebszugehörigkeit diejenigen Arbeitnehmer wählbar, die bei der Einleitung der Betriebsratswahl im Betrieb beschäf-

---

438: kein Wahlrecht und keine Wählbarkeit für Arbeiter im öffentlichen Dienst in der Freistellungsphase beim Personalrat.
23 Vgl. DKKW-Homburg, Rn. 11; Däubler, AuR 04, 81 f.
24 BAG 10.11.04 7 ABR 12/04, NZA 05, 707.
25 BAG 15.8.12 – 7 ABR 24/11.
26 BAG 16.1.08 – 7 ABR 66/06, siehe brwo, NZA-RR 08, 634.

§ 8 Wählbarkeit

tigt sind und die übrigen Voraussetzungen für die Wählbarkeit erfüllen.

Inhaltsübersicht Rn.

1. Grundsätze

1 Wählbar sind alle Wahlberechtigten, die das **18. Lebensjahr** (mindestens am letzten Wahltag) vollendet haben und dem Betrieb sechs Monate angehören. Zeiten der Betriebszugehörigkeit in einem anderen Betrieb des UN oder einem Konzern gem. § 18 AktG werden auf die sechsmonatige Wartezeit angerechnet. Für die erforderliche Dauer der Betriebszugehörigkeit sind Unterbrechungen in der Tätigkeit (Krankheit, Urlaub) unerheblich. Etwas anderes gilt nur dann, wenn der betreffende AN zu **keinem Zeitpunkt** innerhalb der geforderten sechs Monate im Betrieb bzw. UN oder Konzern tätig war. Auf die Wartezeit ist die vorherige Tätigkeit als **Leih-AN** anzurechnen, wenn sich das Arbeitsverhältnis zum Entleiher unmittelbar daran anschließt.[1] Zeiten, die der AN im Betrieb bzw. im UN oder Konzern **vor Vollendung seines 18. Lebensjahres** verbracht hat, sind voll zu berücksichtigen, und zwar auch dann, wenn es sich um Zeiten der Ausbildung handelt. Wählbar sind auch Mitgl. des WV. Eine Unvereinbarkeit zwischen dem Amt als WV-Mitgl. und dem Amt als zukünftigem BR-Mitgl. besteht nicht.[2] **Ausländische AN** sind unter denselben Voraussetzungen wie deutsche AN wählbar.

2. Mehrfach- und Teilzeitbeschäftigte, Altersteilzeit

2 AN, die in einem **Arbeitsverhältnis zu zwei AG** stehen, können in beiden Betrieben in den BR gewählt werden.[3] **Teilzeitbeschäftigte** sind wählbar, selbst wenn sie nur eine geringfügige Arbeitszeit oder einen geringfügigen Verdienst (z. B. 400 €) haben. AN in **Altersteilzeit** sind wählbar. Ausgenommen sind AN in der **Freistellungsphase** des Blockmodells;[4] ebenso für Wahlen nach dem Mit-

---

1 BAG 10.10.12 – 7 ABR 53/11, NZA 13, 596.
2 BAG, DB 77, 356; vgl. für Wahlen nach dem DrittelbG LAG Hessen 5.8.10 – 9 TaBV 26/10, brwo.
3 BAG 11.4.58, AP Nr. 1 zu § 6 BetrVG.
4 BAG 16.11.05 – 7 ABR 9/05, brwo; vgl. BAG, NZA 03, 1345ff.; DKKW-Homburg, § 7 Rn. 11 a, § 8 Rn. 22; Fitting, § 7 Rn. 32, vgl. BAG, NZA 01, 461: Wählbarkeit und Mitgliedschaft im Aufsichtsrat nach dem BetrVG 1952 endet bei Beginn der Freistellungsphase.

bestG.[5] Praktische Voraussetzung für die Ausübung des BR-Mandates ist die Kenntnis der Vorgänge im Betrieb. Diese geht in der Freistellungsphase verloren. Zudem ist – anderes als bei Wehrpflichtigen und Zivildienstleistenden – die fehlende Eingliederung in den Betrieb nicht nur vorübergehend. Bei freien Mitarbeitern ist der Grad der persönlichen Abhängigkeit sowie die tatsächliche Ausgestaltung und Durchführung des Vertragsverhältnisses entscheidend (vgl. § 7 Rn. 4).

3. Nichtwählbarkeit bei Mitgliedschaft in JAV

Auszubildende sind, sofern sie das 18. Lebensjahr vollendet haben und die sonstigen Voraussetzungen des § 8 erfüllen (zur AN-Eigenschaft von Auszubildenden vgl. § 5 Rn. 5), wählbar. Die gleichzeitige Mitgliedschaft im BR und der JAV ist allerdings nicht zulässig (§ 61 Abs. 2 Satz 2).

4. Gekündigte Arbeitnehmer

Gekündigte AN sind wählbar, wenn sie Kündigungsschutzklage erhoben haben. Das gilt auch, wenn die BR-Wahl nach Ablauf der Kündigungsfrist stattfindet und der gekündigte AN nicht weiterbeschäftigt wird.[6]

5. Ruhendes Arbeitsverhältnis

Auch ein zum Wehrdienst oder zum **Zivildienst** einberufener AN verliert nicht während der Zeit seines Wehr- oder Zivildienstes die Wählbarkeit. Entsprechendes gilt für AN, die sich in **Elternzeit** befinden.[7] Langfristig erkrankte Arbeitnehmer, denen eine befristete Erwerbunfähigkeitsrente bewilligt wurde, haben das passive Wahlrecht, solange nicht endgültig feststeht, dass sie nicht in den Betrieb zurückkehren.[8]

6. Beamte, Soldaten und Arbeitnehmer des öffentlichen Dienstes

Nach der Neuregelung in § 5 Abs. 1 S. 3 sind auch Beamte, Soldaten und AN des öffentlichen Dienstes – einschließlich der zur ihrer Berufsausbildung Beschäftigten – wählbar, sofern sie im Betrieb tätig sind.[9] Das BAG hat seine entgegenstehende Rspr. aufgegeben.[10] Vorauset-

---

5   LAG Nürnberg 16.2.06 – 2 TaBV 9/06, NZA-RR 06, 358; BVerwG, PersR 02, 438: kein Wählbarkeit und keine Wählbarkeit für Arbeiter im öffentlichen Dienst in der Freistellungsphase beim Personalrat.

6   BAG 10.11.04 – 7 ABR 12/04, brwo.

7   BAG 25.5.05 – 7 ABR 45/04, brwo; AiB 06, 322 m. Anm. Rudolph.

8   ArbG Göttingen 7.3.07 3 BV 14/06 – juris.

9   BAG 12.9.12 – 7 ABR 37/11, NZA-RR 13, 197; BAG 15.8.12 – 7 ABR 34/11, juris.

10 BAG a.a.O.

zung ist eine entsprechende Zuweisung bzw. Gestellung oder Überlassung (s. § 5 Rn. 4). Voraussetzung für die Wählbarkeit ist wie bei
allen anderen AN eine sechsmonatige Betriebszugehörigkeit bzw. ein
Tätigsein im Betrieb.). Sie sind in dem Betrieb wählbar, in dem sie
zugewiesene Tätigkeiten tatsächlich ausüben; nicht in dem, dem sie
lediglich dienstrechtlich zugewiesen sind.[11]

7. Leiharbeitnehmer

LeihAN sind nach der Rspr. des BAG nicht wählbar (§ 14 Abs. 2
AÜG). Dies gilt für alle Formen der Arbeitnehmerüberlassung, unabhängig davon, ob sie einer Erlaubnis nach § 1 AÜG bedürfen oder
nicht.[12]

§ 9 Zahl der Betriebsratsmitglieder

Der Betriebsrat besteht in Betrieben mit in der Regel

5 bis   20 wahlberechtigten Arbeitnehmern aus einer Person,
21 bis 50 wahlberechtigten Arbeitnehmern aus 3 Mitgliedern,
51 wahlberechtigten Arbeitnehmern
bis 100 Arbeitnehmern aus   5 Mitglieder
 101 bis   200 Arbeitnehmern aus   7 Mitgliedern,
 201 bis   400 Arbeitnehmern aus   9 Mitgliedern,
 401 bis   700 Arbeitnehmern aus 11 Mitgliedern,
 701 bis 1000 Arbeitnehmern aus 13 Mitgliedern,
1001 bis 1500 Arbeitnehmern aus 15 Mitgliedern,
1501 bis 2000 Arbeitnehmern aus 17 Mitgliedern,
2001 bis 2500 Arbeitnehmern aus 19 Mitgliedern,
2501 bis 3000 Arbeitnehmern aus 21 Mitgliedern,
3001 bis 3500 Arbeitnehmern aus 23 Mitgliedern,
3501 bis 4000 Arbeitnehmern aus 25 Mitgliedern,
4001 bis 4500 Arbeitnehmern aus 27 Mitgliedern,
4501 bis 5000 Arbeitnehmern aus 29 Mitgliedern,
5001 bis 6000 Arbeitnehmern aus 31 Mitgliedern,
6001 bis 7000 Arbeitnehmern aus 33 Mitgliedern,
7001 bis 9000 Arbeitnehmern aus 35 Mitgliedern.

**In Betrieben mit mehr als 9000 Arbeitnehmern erhöht sich die
Zahl der Mitglieder des Betriebsrats für je angefangene weitere
3000 Arbeitnehmer um 2 Mitglieder.**

---

11 BAG 16.1.08 – 7 ABR 66/06, siehe brwo, NZA-RR 08, 634.
12 BAG 17.2.10 – 7 ABR 51/08, brwo; a. A. DKKW-Trümner § 5 Rn. 91, der den
    Ausschluss vom passiven Wahlrecht selbst für langjährige LeihAN für einen
    Verstoß gegen Art. 3 GG hält.

1. Grundsätze

Für die BR-Größe ist prinzipiell die Zahl der AN bei Erlass des **Wahlausschreibens**[1] maßgebend. Teilzeitbeschäftigte werden (anders als nach § 23 Abs. 1 KSchG) nicht nur anteilig, sondern voll mitgerechnet. Ein weiteres Ansteigen oder Sinken der Beschäftigtenzahl ist grundsätzlich ohne Bedeutung (vgl. aber § 13 Abs. 2 Nr. 1). Die Vorschrift stellt in den ersten beiden Stufen auf die Zahl der regelmäßig beschäftigten **wahlberechtigten** AN ab. Ist (in der dritten Stufe) ein fünfköpfiger BR zu wählen, müssen wenigstens 51 wahlberechtigte AN im Betrieb beschäftigt werden. (Beispiel: Sind im Betrieb 100 AN tätig, werden fünf BR-Mitgl. gewählt, wenn von den 100 AN wenigstens 51 wahlberechtigt sind). Ab der vierten Stufe (ab 101 AN) kommt es auf die Wahlberechtigung nicht mehr an. Leit. Ang. nach § 5 Abs. 3 werden bei der Bestimmung der Zahl der BR-Mitgl. **nicht** mitgezählt. Die Vorschrift des § 9 ist zwingend. Von ihr kann weder durch TV noch BV abgewichen werden.[2] Ausnahmen sind höchstens im Rahmen TVen oder BVen nach von § 3 zulässig.

1

2. Zeitpunkt der Feststellung der zahlenmäßigen Größe

Zur Ermittlung der Zahl der »regelmäßig« beschäftigten AN ist grundsätzlich auf den Zeitpunkt des Erlasses des Wahlausschreibens abzustellen.[3] Das ist allerdings keine absolute Größe. Entscheidend ist die Zahl der AN, die **üblicherweise** im Betrieb beschäftigt werden. Zur Feststellung der Zahl der regelmäßig beschäftigten AN bedarf es eines **Rückblicks und der Einschätzung der zukünftigen Entwicklung**. Entscheidend ist nicht die durchschnittliche Beschäftigtenanzahl innerhalb eines bestimmten Zeitraums, sondern die normale Personalstärke, die für den Betrieb typisch ist.[4] Ist der BR gewählt, ändert sich seine Größe während der Amtszeit nicht. Dies gilt auch, wenn die Zahl der wahlberechtigten AN während der Amtszeit unter 21 fällt.[5]

2

3. Mitzuzählende Beschäftigte

Heimarbeiter sowie im gekündigten Arbeitsverhältnis stehende AN

1 Muster s. DKKF-Berg/Heilmann/Schneider, § 20 Wahlausschreiben für die Wahl des Betriebsrats.
2 BAG 7.5.08 – 7 ABR 17/07, brwo; NZA-RR 08, 1142.
3 BAG 15.3.06 – 7 ABR 39/05, juris.
4 BAG 7.5.08 – 7 ABR 17/07, brwo; NZA-RR 08, 1142.
5 ArbG Kaiserslautern 18.2.08 – 2 BV 2/08, juris.

sind mitzuzählen, wenn sie Arbeitsplätze innehaben, die »in der Regel« betrieblich besetzt sind. Aushilfs-AN sind mitzuzählen, sofern sie regelmäßig für einen Zeitraum von mindestens sechs Monaten im Jahr beschäftigt werden und auch in Zukunft mit einer derartigen Beschäftigung gerechnet werden kann.[6] Es ist gleichgültig, ob es sich um dieselben oder um andere Personen handelt.[7] In Grenzfällen hat der WV bei der Feststellung der Zahl der AN einen gewissen Beurteilungsspielraum.[8]

Aushilfen, mit denen innerhalb eines Rahmenvertrages jeweils befristete Arbeitsverhältnisse für einen Tag abgeschlossen werden, können nicht per Vereinbarung zwischen Wahlvorstand und Arbeitgeber mit einer Durchschnittzahl berücksichtigt werden.[9] Hat z. B. ein AG mit 36 Aushilfen Rahmenverträge abgeschlossen, von denen aber jeweils nur durchschnittlich 12 im Betrieb eingesetzt werden, sind bei der Bestimmung der BR-Größe nur 12 dieser Aushilfen zu berücksichtigen.[10]

3   Hinsichtlich der Anzahl der BR-Mitgl. sind alle Beschäftigten zu berücksichtigen, die zu den **AN im betriebsverfassungsrechtlichen Sinne** zählen. Es werden somit alle Beschäftigten mitgezählt, die in den Betrieb eingegliedert sind, um zusammen mit den im Betrieb schon beschäftigten AN den **arbeitstechnischen Zweck des Betriebs durch weisungsgebundene Tätigkeit** zu verwirklichen.[11] Das ergibt sich bereits aus der Regelung des § 7 Satz 2, wonach AN, die von ihrem AG einem anderen AG (dem Beschäftigungs-AG) zur Arbeitsleistung überlassen worden sind, im Beschäftigungsbetrieb wahlberechtigt sind, sofern die Beschäftigung für länger als drei Monate vorgesehen ist (vgl. § 7 Rn. 5 f.). Es ist somit sachlich richtig, diese Beschäftigten bei der Anzahl der Sitze, die dem BR zustehen, mitzuzählen.[12] Daher sind AN, die im Wege der Konzernleihe dem Betrieb überlassen sind, zuzurechnen und bei der Ermittlung der BR-Größe zu berücksichtigen, wenn sie regelmäßig im Betrieb beschäftigt sind.[13] Dies gilt auch für Fremdfirmenbeschäftigte, wenn sie in den Betriebsablauf integriert sind und dem Weisungsrecht des Betriebes, in dem sie arbeiten, unterliegen.[14]

Leih-AN sind nach neuer **Rspr. des BAG** bei der Bestimmung der

---

6   BAG, a. a. O.
7   LAG Düsseldorf, DB 90, 238.
8   BAG, NZA 93, 955.
9   BAG 7. 5. 08 – 7 ABR 17/07, brwo; NZA-RR 08, 1142.
10   BAG 12. 11. 08 – 7 ABR 73/08, juris.
11   So zutreffend BAG, NZA 86, 688; BAG, NZA 90, 229.
12   DKKW-Homburg, Rn. 13; Däubler, AuR 04, 81; Fitting Rn. 26.
13   DKKW-Homburg, Rn. 17.
14   DKKW-Homburg, Rn. 17; a. A. Fitting Rn. 35.

Größe des BR grundsätzlich vom Wahlvorstand zu berücksichtigen.[15] Das BAG will die Frage, ob Leih-AN bei einem Schwellenwert des BetrVG mitzählen oder nicht, jetzt jeweils an Hand von Sinn und Zweck der einzelnen Vorschrift ermitteln. Für die Größe des BR gilt nach der neuen Rspr. des BAG folgendes: Die Leih-AN müssen zu den »in der Regel« Beschäftigten (s. Rn. 2) zählen, d. h. auf Dauerarbeitsplätzen tätig sein. Bei Betrieben mit bis zu einschließlich 51 AN kommt es zusätzlich auch auf die Wahlberechtigung der Leih-AN (s. § 7 Rn. 5) an, d. h. die Leih-AN müssen länger als drei Monate im Betrieb eingesetzt werden.[16] In Betrieben mit in der Regel mehr als 51 AN (s. Rn. 1) kommt es für die Berücksichtigung der Leih-AN auf deren Wahlberechtigung nicht mehr an.[17] AN in ATZ in der Freistellungsphase sind nicht zu berücksichtigen.[18] Auch im Betrieb regelmäßig beschäftigte selbstständige Frachtführer/Fahrer sind bei der Berechnung der BR-Größe nicht mitzuzählen.[19] Bei der befristeten Einstellung von Vertretungspersonal werden entweder nur die ausfallenden Stamm-AN oder die Vertreter berücksichtigt.[20] Nach § 21 Abs. 7 BEEG zählt jedoch das Stammpersonal nicht mit, solange ein Vertreter befristet eingestellt worden ist und dieser mitzählt. Werden allerdings für einen ausfallenden Stamm-AN nach § 21 Abs. 7 BEEG zwei Vertretungskräfte befristet eingestellt, so ist nur die ausfallende Stammkraft zu berücksichtigen.[21] Wird aber die Vertretung unbefristet eingestellt, zählt sie mit;[22] andernfalls sind die unbefristet eingestellten Vertretungskräfte mitzuzählen.

Bea., Soldaten und AN des öffentlichen Dienstes einschließlich der zu ihrer Berufsausbildung Beschäftigten, die in Betr. privatrechtlich organisierter UN tätig sind, sind nach der Neuregelung des § 5 Abs. 1 Satz 3 BetrVG bei der Berechnung der Größe des BR mitzuzählen (vgl. § 5 Rn. 4 m. w. N.).[23] Durch die Änderung des § 5 Abs. 1 Satz 3 (vgl. § 5 Rn. 4) ist dies ausdrücklich klar gestellt worden. Das gilt auch, wenn sie ohne das Bestehen eines Arbeitsverhältnisses faktisch in den Betrieb eingegliedert sind.[24] Für die in den privatisierten UN der Post

---

15   BAG 13. 3. 13 – 7 ABR 69/11, NZA 13, 789.
16   Weitergehend DKKW-Homburg, Rn 19, der nicht auf die individuelle Wahlberechtigung von Leih-AN abstellt, sondern nur auf die Frage, ob ein Dauerarbeitsplatz vorhanden ist.
17   BAG a. a. O.
18   BAG a. a. O.
19   BAG 21. 7. 04, NZA 05, 240.
20   BAG 15. 3. 06 – 7 ABR 39/05, juris.
21   BAG a. a. O.
22   Fitting, § 9 Rn. 18; ErfK-Müller-Glöge, § 21 BEEG Rn. 11; a. A. LAG Düsseldorf 26. 7. 00, NZA-RR 01, 308.
23   BAG 12. 9. 12 – 7 ABR 37/11, NZA-RR 13, 197; 15. 12. 11 – 7 ABR 65/10, NZA 12, 519.
24   Fitting, Rn. 28.

tätigen Bea. gilt dies unabhängig davon, ob die Bea. bei der BR-Wahl eine eigene Gruppe bilden oder darauf verzichten.[25]

4. Abweichung von der Staffel

4 Es kann eine **Abweichung** von der Staffel des § 9 in Betracht kommen. Sind im Betrieb nicht genügend wählbare AN vorhanden oder stellen sich trotz des Vorhandenseins genügend wählbarer AN Wahlbewerber diese nicht in einem ausreichenden Maße zur Verfügung, kann auf die Regelung des § 11 zurückgegriffen werden (vgl. die Erl. dort). Dabei ist diejenige Stufe für die Anzahl der BR-Mitgl. maßgebend, die noch mit wählbaren AN besetzt werden kann. Soweit die **zwingende Minderheitengeschlechtsquote** bei der Vergabe der nach § 9 zu ermittelnden BR-Mandate zu berücksichtigen ist (vgl. § 15 Abs. 2), sich aber nicht genügend Angehörige des Minderheitengeschlechts für eine Kandidatur zur Verfügung stellen, findet § 11 **keine Anwendung**. Die von diesem Geschlecht mangels ausreichender Kandidaturen nicht einzunehmenden Sitze gehen auf das andere Geschlecht über (vgl. § 11).

§ 10   Vertretung der Minderheitsgruppen

(aufgehoben)

§ 11   Ermäßigte Zahl der Betriebsratsmitglieder

Hat ein Betrieb nicht die ausreichende Zahl von wählbaren Arbeitnehmern, so ist die Zahl der Betriebsratsmitglieder der nächstniedrigeren Betriebsgröße zugrunde zu legen.

Von der nach § 9 vorgeschriebenen Zahl von BR-Mitgl. kann abgewichen werden, wenn **nicht genügend wählbare** AN für die Besetzung der BR-Sitze vorhanden sind. Es ist auch ein **mehrmaliges** Zurückgehen auf die jeweils nächstniedrigere BR-Größe so lange möglich, bis die geringere Zahl von BR-Sitzen voll besetzt werden kann. Es muss sich jedoch **immer** um eine entsprechende Zahl der Staffelung des § 9 handeln. Müsste z.B. ein BR aus sieben Mitgl. bestehen, sind aber nur sechs AN wählbar, so besteht der BR aus fünf Mitgl. Es müssen aber mindest. drei wählbare AN im Betrieb sein. Dies ist Voraussetzung, damit überhaupt ein BR gewählt werden kann (§ 1). Im Übrigen ist § 11 entsprechend anzuwenden, wenn im Betrieb genügend wählbare AN vorhanden sind, sich aber nicht eine ausreichende Zahl als Wahlbewerber zur Verfügung stellt.[1] Soweit sich für das in der Minderheit befindliche Geschlecht nach § 15 Abs. 2 eine Mindestanzahl von BR-Sitzen ergibt, sich aber nicht genügend An-

25   Fitting, Rn. 28.
1   BAG 7.5.08 7 ABR 17/07, brwo; 11.4.58, AP Nr. 1 zu § 6 WO; DKKW-Homburg, § 11 Rn. 4 m.w.N.; Fitting, § 11 Rn. 8.

gehörige dieses Geschlechts für eine Kandidatur zur Verfügung stellen, findet § 11 **keine Anwendung**. Die BR-Sitze, die von dem Minderheitengeschlecht aus diesem Grunde nicht besetzt werden können, gehen auf das andere Geschlecht über.

§ 12 Abweichende Verteilung der Betriebsratssitze

(aufgehoben)

§ 13 Zeitpunkt der Betriebsratswahlen

(1) Die regelmäßigen Betriebsratswahlen finden alle vier Jahre in der Zeit vom 1. März bis 31. Mai statt. Sie sind zeitgleich mit den regelmäßigen Wahlen nach § 5 Abs. 1 des Sprecherausschussgesetzes einzuleiten.

(2) Außerhalb dieser Zeit ist der Betriebsrat zu wählen, wenn

1. mit Ablauf von 24 Monaten, vom Tage der Wahl an gerechnet, die Zahl der regelmäßig beschäftigten Arbeitnehmer um die Hälfte, mindestens aber um fünfzig, gestiegen oder gesunken ist,

2. die Gesamtzahl der Betriebsratsmitglieder nach Eintreten sämtlicher Ersatzmitglieder unter die vorgeschriebene Zahl der Betriebsratsmitglieder gesunken ist,

3. der Betriebsrat mit der Mehrheit seiner Mitglieder seinen Rücktritt beschlossen hat,

4. die Betriebsratswahl mit Erfolg angefochten worden ist,

5. der Betriebsrat durch eine gerichtliche Entscheidung aufgelöst ist oder

6. im Betrieb ein Betriebsrat nicht besteht.

(3) Hat außerhalb des für die regelmäßigen Betriebsratswahlen festgelegten Zeitraums eine Betriebsratswahl stattgefunden, so ist der Betriebsrat in dem auf die Wahl folgenden nächsten Zeitraum der regelmäßigen Betriebsratswahlen neu zu wählen. Hat die Amtszeit des Betriebsrats zu Beginn des für die regelmäßigen Betriebsratswahlen festgelegten Zeitraums noch nicht ein Jahr betragen, so ist der Betriebsrat in dem übernächsten Zeitraum der regelmäßigen Betriebsratswahlen neu zu wählen.

1. Der regelmäßige Wahlzeitraum

Die Amtszeit eines BR beträgt regelmäßig vier Jahre. Die Neuwahl soll **1** grundsätzlich im Wahljahr in dem Zeitraum vom 1. März bis 31. Mai erfolgen. Die Einleitung der Wahl kann bereits vor dem 1. März liegen. Das wird mitunter sogar erforderlich sein, damit sich die Amtszeit des neugewählten BR an die des bisherigen anschließt und keine betriebsratslose Zeit entsteht. Die Wahl selbst muss allerdings in den Wahlzeitraum fallen, es sei denn, dass einer der in Abs. 2 genannten **Sonderfälle** vorliegt. Maßgebend ist dabei der Wahltag. Wird an mehreren Tagen gewählt, ist der letzte Tag der Stimmabgabe entscheidend. Eine Wahl außerhalb des regelmäßigen Wahlzeitraums ist, sofern nicht die Ausnahmen des Abs. 2 vorliegen, nichtig.[1]

Die Vorschrift ist zwingend und kann nicht durch TV oder BV geändert werden.[2] Werden nach § 3 Abs. 1 Nr. 1 bis 3 Betriebe zusammengefasst, unternehmenseinheitliche oder Spartenbetriebsräte gebildet bzw. anderer Arbeitnehmervertretungsstrukturen geschaffen, kann der Wahlzeitpunkt nach § 3 Abs. 4 im TV abweichend festgelegt werden.

Die zeitgleiche Einleitung der Wahlen zum Sprecherausschuss der leit. Ang. soll sicherstellen, dass die Zuordnung der AN gem. § 18a erfolgen kann.

2. Wahlen außerhalb des regelmäßigen Wahlzeitraumes

2   In den in Abs. Nr. 1 bis 6 festgelegten Fällen, die erschöpfend aufgezählt sind, kann die Wahl des BR auch außerhalb des gesetzlichen Wahlzeitraums stattfinden. Auch bei diesen Wahlen gelten die allgemeinen Wahlvorschriften.

Bei der Veränderung der Zahl der regelmäßig beschäftigten Arbeitnehmer ist maßgeblicher Stichtag der Ablauf von 24 Monaten seit der Wahl, d.h. dem Wahltag. Exakt 24 Monate nach der Wahl muss also die Zahl der regelmäßig beschäftigten Arbeitnehmer um die Hälfte, mindestens aber um 50 gesunken oder gestiegen sein. Veränderungen vor oder nach dem Stichtag sind unerheblich. Es müssen beide Voraussetzungen vorliegen. Beispiel: Ein Betrieb hatte 86 regelmäßig Beschäftigte. Die Zahl ist zum Stichtag auf 43 gesunken. Damit ist sie zwar um die Hälfte, nicht aber um 50 regelmäßig Beschäftigte gesunken. Die Voraussetzungen für eine Neuwahl sind nicht erfüllt.

Eine Neuwahl wegen des Absinkens der Anzahl der Betriebsratsmitglieder unter die nach § 9 erforderliche Anzahl ist erst dann notwendig, wenn alle Vorschlagslisten erschöpft sind. Eine Neuwahl findet nicht statt, wenn auf Grund des Nachrückens von Ersatzmitgliedern die Minderheitengeschlechtsquote nach § 15 Abs. 2 nicht mehr erfüllt ist. Die Sitze des Minderheitengeschlechts werden in diesem Fall von Angehörigen des Mehrheitsgeschlechts eingenommen.[3] Wenn alle

---

1   Fitting, Rn. 20; DKKW-Homburg, Rn. 6.
2   Fitting, Rn. 3.
3   Fitting, § 13 Rn. 7; DKKW-Homburg, § 13 Rn. 16.

BR-Mitgl. sowie alle Ersatzmitgl. das Arbeitsverhältnis kündigen, endet das Amt des BR zu dem Zeitpunkt, an dem das letzte BR-Mitgl. ausgeschieden ist. Dies gilt jedoch nicht, wenn ein BR-Mitgl. vor Ablauf der Kündigungsfrist die Fortsetzung des Arbeitsverhältnisses vereinbart.[4] In diesem Fall bleibt der BR im Amt, auch wenn er nur noch aus einer Person besteht.[5]

Bei einer erfolgreichen **Anfechtung** der BR-Wahl bzw. einer Auflösung des BR durch gerichtl. Entscheidung (Nrn. 4 und 5) ist nach Rechtskraft der Entscheidung eine Bestellung des WV durch den BR nicht möglich. Der BR besteht nicht mehr. Im Fall der Nr. 4 (Anfechtung) hat die Bestellung des WV nach § 17 (betriebsratsloser Betrieb) zu erfolgen, im Fall der Nr. 5 (Auflösung) durch das ArbG (§ 23 Abs. 2). Tritt der BR zurück (Nr. 3), hat der geschäftsführende BR (§ 22) den Wahlvorstand zu bestellen (§ 22). Die Regelungen gelten grundsätzlich auch für BR, die nach § 14a gebildet sind; mit Ausnahme der Nr. 1, es sei denn, die Bildung des BR erfolgte nach § 14a Abs. 5.

Will ein BR, dessen Wahl angefochten ist – bei drohender erfolgreicher Anfechtung der Wahl – eine betriebsratslose Zeit verhindern, muss er zurücktreten und gem. Nr. 3 einen WV bestellen.[6] Beschließt der BR mit Mehrheit seiner Mitglieder den Rücktritt, wirkt dies auch für die überstimmten Mitglieder des Betriebsrats.

3. Wiederanschluss an den regelmäßigen Wahlzeitraum

Die Bestimmung stellt sicher, dass in den Fällen des Abs. 2 die nächste, spätestens aber die übernächste Wahl wieder in den gesetzlich vorgeschriebenen Wahlzeitraum fällt. Dadurch können sich **Abweichungen** von der regelmäßigen vierjährigen Amtszeit ergeben. Ihre Dauer kann dann zwischen einem Jahr und fünf Jahren betragen.

3

§ 14   Wahlvorschriften

(1) Der Betriebsrat wird in geheimer und unmittelbarer Wahl gewählt.

(2) Die Wahl erfolgt nach den Grundsätzen der Verhältniswahl. Sie erfolgt nach den Grundsätzen der Mehrheitswahl, wenn nur ein Wahlvorschlag eingereicht wird oder wenn der Betriebsrat im vereinfachten Wahlverfahren nach § 14a zu wählen ist.

(3) Zur Wahl des Betriebsrats können die wahlberechtigten Arbeitnehmer und die im Betrieb vertretenen Gewerkschaften Wahlvorschläge machen.

(4) Jeder Wahlvorschlag der Arbeitnehmer muss von mindes-

---

4   LAG Düsseldorf 15.4.11 – 6 Sa 857/10, juris.
5   LAG Düsseldorf a.a.O.
6   Vgl. ArbG Wuppertal 19.11.03, AiB 04, 308 m. Anm. Malottke.

tens einem Zwanzigstel der wahlberechtigten Arbeitnehmer, mindestens jedoch von drei Wahlberechtigten unterzeichnet sein; in Betrieben mit in der Regel bis zu zwanzig wahlberechtigten Arbeitnehmern genügt die Unterzeichnung durch zwei Wahlberechtigte. In jedem Fall genügt die Unterzeichnung durch fünfzig wahlberechtigte Arbeitnehmer.

(5) Jeder Wahlvorschlag einer Gewerkschaft muss von zwei Beauftragten unterzeichnet sein.

Inhaltsübersicht

1. Grundsätze der geheimen und unmittelbaren Wahl

1 Unmittelbarkeit der Wahl bedeutet, dass die Wähler selbst die Entscheidung treffen und der BR nicht durch Wahlmänner- bzw. frauen gewählt wird. Die Wahl muss ferner geheim sein. Es müssen alle Vorkehrungen getroffen werden, damit der Wähler seine Stimme **unbeobachtet** abgeben kann. Dies erfordert die Aufstellung von Wahlkabinen, Trennwänden o. Ä.[1] Auch muss die Wahlurne bei Stimmabgabe an mehreren Tagen nach Abschluss eines Wahltages versiegelt werden.[2] Eine Wahl durch öffentliche Abstimmung, etwa in einer Betriebsversamml., ist daher **unzulässig**.[3] Der Wähler muss seine Stimme persönlich abgeben. In bestimmten Fällen ist die schriftliche Stimmabgabe zulässig (vgl. § 24 WO). Die generelle Anordnung der Briefwahl für alle AN – unabhängig davon, ob die Voraussetzungen des § 24 WO vorliegen oder nicht – ist nicht zulässig.[4] Im Falle der schriftlichen Stimmabgabe hat der Wähler eine Erklärung abzugeben, dass er den Stimmzettel persönlich gekennzeichnet hat (vgl. § 24 Abs. 1 Nr. 4 WO). Bei der Stimmabgabe – gleich ob persönlich oder per Briefwahl – sind zwingend Wahlumschläge (§ 11 Abs. 1 WO) zu benutzen.[5]

1 LAG Düsseldorf 3.8.07 – 9 TaBV 41/07, brwo.
2 LAG BaWü 1.8.07 – 12 TaBV 7/07, brwo.
3 BAG 12.10.1961 – 5 AZR 423/60, NJW 1962, 268; DKKW–Homburg, Rn. 7; a.A. LAG Hessen 27.9.12 – 16 Sa 1741/11 n.rk., anhängig BAG 1 AZR 964/12, das eine offene Abstimmung bei nur einem Wahlvorschlag in völliger Verkennung des Grundsatzes der geheimen Wahl für zulässig hält.
4 LAG Hamm 5.8.11 – 10 TaBV 13/11, brwo; LAG Schleswig-Holstein 18.3.09, NZA-RR 1999, 523.
5 LAG Berlin-Brandenburg 25.8.11 – 25 TaBV 529/11, brwo; LAG Nds. 1.3.04 – 16 TaBV 60/03, juris.

2. Das Verhältniswahlprinzip

Die BR-Wahl wird nach dem **Verhältniswahlprinzip** (Listenwahl) **2**
durchgeführt, wenn zwei oder mehr gültige Wahlvorschläge (Vorschlagslisten) eingereicht werden. Der Wähler kann sich nur für eine
der eingereichten Vorschlagslisten entscheiden. Der Wähler hat somit
nur **eine Stimme**. Je mehr Stimmen auf eine Vorschlagsliste entfallen,
desto mehr Wahlbewerber rücken von dieser Liste in den BR ein, und
zwar grundsätzlich in der Reihenfolge, in der sie aufgeführt sind. Die
Ermittlung erfolgt nach dem **d'Hondtschen (Höchstzahlen-)Sys-
tem**. Die den einzelnen Listen zugefallenen Stimmenzahlen werden in
einer Reihe nebeneinander gestellt und durch die Zahlen 1, 2, 3, 4
usw. geteilt.

Beispiel: In einem Betrieb mit 600 AN ist ein BR mit 11 Mitgl. zu **3**
wählen. Um die 11 BR-Mandate bewerben sich drei Listen. Sie
erhalten folgende Stimmenzahlen: Liste 1 = 350 Stimmen, Liste 2 =
160 Stimmen, Liste 3 = 90 Stimmen. Die Ermittlung der auf die Listen
(L) entfallenden BR-Sitze geschieht wie folgt:

L 1 = 350 St.		L 2 = 160 St.		L 3 = 90 St.
: 1 = 350	(1)	160	(3)	90 (5)
: 2 = 175	(2)	80	(7)	45
: 3 = 116,7	(4)	53,3	(10)	
: 4 = 87,5	(6)	40		
: 5 = 70	(8)			
: 6 = 58,3	(9)			
: 7 = 50	(11)			

Es entfallen auf die Liste 1 = 7 Sitze, die Liste 2 = 3 Sitze und die Liste 3
= 1 Sitz.

Die Reihenfolge, in der die einzelnen Wahlbewerber aus der jeweiligen Liste in den BR kommen, kann sich ändern, wenn nach dem
Wahlergebnis die **Mindestanzahl von BR-Sitzen**, die das **Minderheitengeschlecht** nach § 15 Abs. 2 zu erhalten hat, nicht erreicht
wird. Es ist dann erforderlich, festzustellen, in welchem Umfang das
Mehrheitsgeschlecht BR-Sitze an das Minderheitengeschlecht abzugeben hat (vgl. dazu § 15 Rn. 7 ff.).

3. Das Mehrheitswahlprinzip

Nach den Grundsätzen der **Mehrheitswahl** wird gewählt, wenn nur **4**
ein Wahlvorschlag (Vorschlagsliste) eingereicht wird; ebenso, wenn
das Wahlverfahren nach § 14a Anwendung findet. Bei der Mehrheitswahl hat jeder Wähler **so viele Stimmen**, als BR-Mitgl. zu wählen
sind. Wesentlich ist ferner, dass es **keine Rangfolge** der Kandidaten
durch die Platzierung auf dem Wahlvorschlag gibt. Die Reihenfolge,
in der die Wahlbewerber in den BR einrücken, wird vielmehr durch
den Wähler unmittelbar bestimmt. Gewählt sind diejenigen Bewerber,

die die **meisten Stimmen** erhalten haben. Die nicht gewählten Kandidaten sind Ersatzmitgl. Auch bei der Mehrheitswahl ist sicherzustellen, dass die dem Minderheitengeschlecht zustehende Mindestanzahl von BR-Sitzen (§ 15 Abs. 2) durch das Wahlergebnis erreicht wird (vgl. § 15 Rn. 9).

4. Wahlvorschläge der Arbeitnehmer

5 Die Wahlvorschläge (Vorschlagslisten) sind von den wahlberechtigten AN vor Ablauf von **zwei Wochen** seit Erlass des Wahlausschreibens beim WV einzureichen. Die einzelnen Bewerber sind in **erkennbarer Reihenfolge** unter fortlaufender Nummer und unter Angabe von Familienname, Vorname, Geburtsdatum und Art der Beschäftigung im Betrieb aufzuführen. Die schriftliche Zustimmung des Bewerbers zur Aufnahme in die Vorschlagsliste ist beizufügen. Ein Bewerber kann nur auf einer Vorschlagsliste vorgeschlagen werden. Ebenso zählt die Unterschrift eines Wahlberechtigten zur Unterstützung des Vorschlags nur auf einer Vorschlagsliste. Ein Wahlvorschlag soll **mindestens doppelt so viele** Bewerber aufweisen, wie in dem Wahlgang BR-Mitgl. zu wählen sind (§ 6 Abs. 2 WO). Dies ist jedoch **nicht zwingend**. Ein Wahlvorschlag ist auch dann gültig, wenn weniger Kandidaten auf ihm benannt sind, als BR-Mitgl. gewählt werden müssen. Auch **Wahlbewerber** können den Wahlvorschlag unterzeichnen, auf dem sie selbst als Kandidaten benannt sind.[6] Ebenso **kann** ein **WV-Mitgl.** einen Wahlvorschlag **unterzeichnen**.[7] Ein WV-Mitgl. kann auch zugleich **Wahlbewerber** sein.[8] Ein wirksamer Wahlvorschlag setzt voraus, dass sich die **erforderlichen Stützunterschriften** auf der Vorschlagsliste befinden. Deshalb müssen Vorschlags- und Unterschriftenteil gegen Trennung gesichert und zu einer **einheitlichen zusammenhängenden Urkunde** verbunden sein. Nach Ansicht des BAG[9] muss der Wahlvorschlag nicht zwingend geheftet werden; die einheitliche Urkunde kann sich auch aus sonstigen Merkmalen ergeben, z.B. der Wiedergabe eines Kennwortes auf jedem Blatt (z.B. Gewerkschaft X). Wird die für einen Wahlvorschlag maßgebende Unterschriftenliste in **mehreren Exemplaren** in Umlauf gebracht – etwa in einem großen Betrieb –, muss jeder dieser Unterschriftenlisten eine Vervielfältigung der Vorschlagsliste, also des **Bewerberteils**, vorgeheftet werden. Die Unterzeichner müssen wissen, für welche Kandidaten sie ihre Stützunterschrift abgeben. Das Erfordernis der genauen Übereinstimmung bezieht sich dabei nicht nur auf die Person(en), sondern auch auf die Reihenfolge der Bewerber, die ebenfalls gleich

6 BAG 12.2.60, AP Nr. 11 zu § 18 BetrVG, LAG Hamm 1.7.11 – 13 TaBV 26/11, brwo, n. rk.; BAG 7 ABR 65/11.
7 BAG, AuR 77, 376.
8 BAG, BB 77, 243.
9 25.5.05, AuR 05, 425.

sein muss.[10] Die Verbindung **unterschiedlicher** Wahlvorschläge, um eine einheitliche Wahlvorschlagsliste zu erreichen, ist unzulässig (vgl. § 6 Abs. 6 WO). Wahlvorschläge können nicht elektronisch eingereicht werden. Die Zustimmung zur Kandidatur und die Stützunterschriften müssen in Schriftform vorliegen.[11] Im Gegensatz zu Wahlbewerbern, die einen eingeschränkten Kündigungsschutz bis zur Bekanntgabe des Wahlergebnisses haben (§ 15 Abs. 3 KSchG), genießen AN, die nur den Wahlvorschlag unterzeichnen, keinen Kündigungsschutz. Daher schützt die Einreichung eines Wahlvorschlags durch eine im Betrieb vertretene Gewerkschaft AN, die Stützunterschriften leisten, vor möglichen Repressionen des AG.

5. Unverzügliche Prüfung der Wahlvorschläge

Der WV hat die eingereichten Wahlvorschläge unverzüglich zu prüfen, so dass es bei Ungültigkeit einer Vorschlagsliste dem Einreicher noch möglich ist, vor Ablauf der Einreichungsfrist einen neuen Wahlvorschlag einzureichen.[12] Verletzt er diese Pflicht, kann die laufende Wahl mit einer einstweiligen Verfügung angriffen werden.[13] Der WV hat die eingereichten Wahlvorschläge unverzüglich zu prüfen, so dass z. B. die Einreicher einer ungültigen Liste noch vor Ablauf der Einreichungsfrist einen neuen, gültigen Wahlvorschlag einreichen können.[14] Am letzten Tag der Frist eingereichte Wahlvorschläge müssen sofort geprüft werden.[15] Der WV ist verpflichtet, bei Zweifeln an der Gültigkeit des Wahlvorschlags, diese durch Rückfrage beim Listenvertreter aufzuklären und auf eine mögliche Unwirksamkeit der Liste – auch vor endgültiger Prüfung durch den WV – hinzuweisen.[16] So z. B., wenn Auffälligkeiten im Schriftbild Zweifel daran begründen, ob nach Leistung der ersten Stützunterschriften Kandidaten auf dem Wahlvorschlag eingetragen worden sind. Trägt ein Wahlvorschlag zu Unrecht ein Kennwort (z. B. das einer Gew. ohne deren Zustimmung), darf der WV den Wahlvorschlag nicht zurückweisen. Er darf nur das Kennwort streichen und durch Namen und Vornamen der beiden ersten Kandidaten auf dem WV ersetzen.[17]

---

10   LAG BaWü 8.11.76 – 1 a TaBV 6/76 – juris.
11   Vgl. LAG Düsseldorf 18.10.07, 11 – TaBV 68/07, brwo – für Aufsichtsratswahl nach dem DrittelbG.
12   BAG 21.1.09 – 7 ABR 65/07, juris.
13   LAG Berlin 7.2.06, NZA-RR 06, 509.
14   BAG 15.5.13 – 7 ABR 40/11, NZA 13, 1095; BAG 21.1.09 – ABR 65/07, NZA-RR 2009, 481.
15   BAG 25.5.05, NZA 06, 116.
16   BAG 21.1.09 – 7 ABR 65/07; NZA-RR 2009, 481.
17   BAG 15.5.13 – 7 ABR 40/11, a.a.O.

6. Wahlvorschläge im vereinfachten Wahlverfahren

6 Für **Kleinbetriebe**, in denen nach dem vereinfachten **Wahlverfahren** (§ 14 a) gewählt wird, gelten besondere Regelungen. Soweit das **zwei-stufige Wahlverfahren** Anwendung findet, ist für Wahlvorschläge nicht die Schriftform erforderlich (§ 14 a Abs. 2), wenn die Wahlvor-schläge in der ersten Wahlversammlung erfolgen. In Betrieben mit in der Regel bis zu zwanzig wahlberechtigten AN genügt außerdem die Unterstützung eines Wahlvorschlags durch zwei Wahlberechtigte (beim zweistufigen Wahlverfahren formlos; beim einstufigen Wahl-verfahren ist die Schriftform erforderlich). Zu den sonstigen Einzel-heiten des vereinfachten Wahlverfahrens vgl. die Erl. zu § 14 a.

7. Wahlvorschläge der im Betrieb vertretenen Gewerkschaften

7 Wahlvorschlage von Gew. müssen von zwei Beauftragten unterzeich-net sein.[18] Nur wenn dies der Fall ist, darf der Wahlvorschlag auch im Kennwort (s. § 7 Abs. 2 WO) den Namen oder das Namenskürzel der Gewerkschaft (z. B. IGM, IG BCE, ver. di, NGG usw.) verwenden.[19] Allerdings kann eine Gewerkschaft auch einem Wahlvorschlag von AN die Erlaubnis erteilen, ihren Namen oder das Namenskürzel zu benutzen. Die Erlaubnis ist dann mit bzw. auf dem Wahlvorschlag bei WV einzureichen. Soll ein Wahlvorschlag im Kennwort den Namen einer Gew. oder deren Kürzel aufweisen, empfiehlt es sich, den Wahl-vorschlag zunächst von zwei Gew.-Beauftragten unterzeichnen zu lassen und dann auf demselben Wahlvorschlag die notwendigen Stüt-zunterschriften zu sammeln.[20] Damit ist klar, dass die Gew. die Benut-zung ihres Namens bzw. des Kürzels gestattet. Die Sammlung von Stützunterschriften dokumentiert dann die pol. Unterstützung für den Vorschlag und sorgt zugleich für die notwendigen Stützunterschriften.

8 Der WV hat zu prüfen, ob es sich um eine Gewerkschaft i. S. des § 2 handelt (vgl. § 2 Rn. 2) und ob diese im **Betrieb vertreten** ist, also mindestens ein Mitgl. im Betrieb hat. Die Beauftragten der Gew. müssen **kraft Satzung** dazu befugt oder durch die satzungsmäßigen Organe entsprechend **bevollmächtigt** worden sein. Dies können bei den Gew. – je nach Satzung – unterschiedliche Organisationsebenen sein. Reichen zwei Gew. einen gemeinsamen Wahlvorschlag ein, reicht die Unterzeichnung durch je einen Bevollmächtigten.[21] Auch AN des Betriebs (»Ehrenamtliche«) können mit der Vertretung der Gew. beauftragt werden und dann den Wahlvorschlages nach Abs. 3 als Gew.-Beauftragte unterzeichnen. Auch in einem solchen Fall muss die Bevollmächtigung durch die satzungsmäßigen Organe der Gew. vor-liegen. Allerdings genießen die AN, die im Auftrag der Gew. den

18 Muster s. brwo-Berg/Heilmann, §§ 7–20.
19 BAG 15.5.13 – 7 ABR 40/11, a. a. O.
20 Muster s. brwo-Berg/Heilmann, §§ 7–20.
21 LAG MV 3.5.10 – 2 TaBVGa 2/10, brwo.

Wahlvorschlag unterzeichnen, keinen Kündigungsschutz nach § 15 KSchG.

8. Wahlvorschläge in den privatisierten Postunternehmen

Besonderheiten bestehen in den Betrieben der **privatisierten Post-** **9** **UN**. Mit der Aufgabe des Gruppenprinzips im BetrVG ist die **Zuordnung der Bea.** entsprechend ihrer jeweiligen Beschäftigung zu den Gruppen der Ang. und Arb. **gegenstandslos** geworden. Wegen der Besonderheiten im PostPersRG, das den Bea. in beamtenspezifischen Angelegenheiten grundsätzlich ein eigenes Beschlussfassungsrecht einräumt, bleiben die Bea. aber eine **eigenständige Gruppe**, was wiederum besondere Regelungen über die Wahl und die Zusammensetzung des BR sowie das Nachrücken von Ersatzmitgl. erforderlich macht. Dementsprechend legt § 26 PostPersRG n. F. im Wesentlichen fest:

- Die Bea. bilden bei der Wahl zum BR eine eigene Gruppe, es sei denn, sie verzichten mit Mehrheit vor der Wahl in geheimer Abstimmung auf die Bildung einer eigenen Gruppe.

- AN und Bea. müssen entsprechend ihrem zahlenmäßigen Verhältnis im BR vertreten sein, wenn dieser aus mindestens drei Mitgl. besteht.

- AN und Bea. wählen ihre Vertr. in den BR in getrennten Wahlgängen, es sei denn, dass die wahlberechtigten Angehörigen beider Gruppen vor der Wahl in getrennten und geheimen Abstimmungen die gemeinsame Wahl beschließen. Findet das vereinfachte Wahlverfahren nach § 14 a Anwendung, wird immer in gemeinsamer Wahl gewählt. Entsprechendes gilt, wenn einer Gruppe nur ein Vertr. im BR zusteht.

- Bei getrennten Wahlgängen (Gruppenwahl) sind zur Unterzeichnung von Wahlvorschlägen der Gruppen nur die wahlberechtigten Angehörigen der jeweiligen Gruppe berechtigt.

- In Betrieben mit Bea. muss dem WV ein Bea. angehören.

- Ist der BR in gemeinsamer Wahl gewählt, bestimmt sich das Nachrücken von Ersatzmitgl. unter Berücksichtigung des Grundsatzes, dass beide Gruppen entsprechend ihrem zahlenmäßigen Verhältnis im BR vertreten sein müssen.

Die näheren Einzelheiten zum Einbringen von Wahlvorschlägen[22] und **10** zur Durchführung der Wahl sowie der Feststellung des Wahlergebnisses legt die VO zur Durchführung der BR-Wahlen bei den Post-UN (**WOP**) fest. Auch auf die BR-Wahlen in den Betrieben der Post-UN findet § 15 Abs. 2 Anwendung. Es ist jedoch, sofern die Beamten eine eigene Gruppe bilden, nicht auf den zahlenmäßigen

---

22 Muster s. brwo-Berg/Heilmann, §§ 7–20.

Anteil des Minderheitengeschlechts an der Belegschaft abzustellen; vielmehr ist der zahlenmäßige Anteil des Minderheitengeschlechts innerhalb der jeweiligen **Gruppe** (AN und Bea.) maßgebend (§ 4 Abs. 1 WO-Post). Haben die Beamten entschieden keine Gruppe zu bilden (§ 26 Nr. 1 Post PersRG), werden Beamte und AN zur Ermittlung des Minderheitengeschlechts zusammengezählt (§ 4 Abs. 2 WO-Post).

§ 14 a   Vereinfachtes Wahlverfahren für Kleinbetriebe

(1) In Betrieben mit in der Regel fünf bis fünfzig wahlberechtigten Arbeitnehmern wird der Betriebsrat in einem zweistufigen Verfahren gewählt. Auf einer ersten Wahlversammlung wird der Wahlvorstand nach § 17 a Nr. 3 gewählt. Auf einer zweiten Wahlversammlung wird der Betriebsrat in geheimer und unmittelbarer Wahl gewählt. Diese Wahlversammlung findet eine Woche nach der Wahlversammlung zur Wahl des Wahlvorstands statt.

(2) Wahlvorschläge können bis zum Ende der Wahlversammlung zur Wahl des Wahlvorstands nach § 17 a Nr. 3 gemacht werden; für Wahlvorschläge der Arbeitnehmer gilt § 14 Abs. 4 mit der Maßgabe, dass für Wahlvorschläge, die erst auf dieser Wahlversammlung gemacht werden, keine Schriftform erforderlich ist.

(3) Ist der Wahlvorstand in Betrieben mit in der Regel fünf bis fünfzig wahlberechtigten Arbeitnehmern nach § 17 a Nr. 1 in Verbindung mit § 16 vom Betriebsrat, Gesamtbetriebsrat oder Konzernbetriebsrat oder nach § 17 a Nr. 4 vom Arbeitsgericht bestellt, wird der Betriebsrat abweichend von Absatz 1 Sätze 1 und 2 auf nur einer Wahlversammlung in geheimer und unmittelbarer Wahl gewählt. Wahlvorschläge können bis eine Woche vor der Wahlversammlung zur Wahl des Betriebsrats gemacht werden; § 14 Abs. 4 gilt unverändert.

(4) Wahlberechtigten Arbeitnehmern, die an der Wahlversammlung zur Wahl des Betriebsrats nicht teilnehmen können, ist Gelegenheit zur schriftlichen Stimmabgabe zu geben.

(5) In Betrieben mit in der Regel 51 bis 100 wahlberechtigten Arbeitnehmern können der Wahlvorstand und der Arbeitgeber die Anwendung des vereinfachten Wahlverfahrens vereinbaren.

1. Grundsätze

Das vereinfachte Wahlverfahren findet grundsätzlich in Betrieben statt, **1**
in denen regelmäßig fünf bis 50 wahlberechtigte AN tätig sind (zur
Wahlberechtigung vgl. § 7). Das vereinfachte Wahlverfahren erfolgt
entweder in einem **zweistufigen Verfahren** oder in einem **einstufigen Verfahren**. Das zweistufige Verfahren findet Anwendung,
wenn ein betriebsratsloser Betrieb besteht und in einer ersten Wahlversamml. vor der eigentlichen Wahl (zweite Wahlversamml.) zunächst ein WV zu wählen ist. Diesem Verfahren liegen die Regelungen
der Abs. 1 und 2 zugrunde (vgl. Rn. 2 ff.). Ist dagegen in einem
betriebsratslosen Betrieb ein WV vom GBR, KBR oder ArbG bestellt
worden, greift das in Abs. 3 geregelte einstufige Wahlverfahren Platz.
Auf einer Wahlversamml., ist der BR zu wählen.(vgl. Rn. 10 ff.). Das
einstufige Verfahren ist ferner in den Betrieben anzuwenden, in denen
bereits ein BR besteht und dessen Neuwahl erforderlich wird. Dann
bestellt dieser BR den WV.

Stellt der Wahlvorstand im zweistufigen vereinfachten Wahlverfahren
fest, dass mehr als 50 wahlberechtigte AN im Betrieb beschäftigt sind,
hat er den Übergang ins normale Wahlverfahren zu beschließen und
dies per Aushang bekannt zu machen. Sofern zwischen 51 und 100
wahlberechtigte AN im Betrieb beschäftigt sind, kann er mit dem AG
die Anwendung des vereinfachten WV vereinbaren (s. Rn. 14).

2. Das zweistufige Wahlverfahren

a) Einladung zur ersten Wahlversammlung

In dem **zweistufigen Wahlverfahren** kann von drei wahlberechtig-   **2**
ten AN oder der im Betrieb vertretenen Gew. (vgl. dazu § 2 Rn. 3, 6)
zur **ersten Wahlversamml.** zur Wahl eines WV eingeladen werden.
Zwischen der Bekanntgabe der Einladung und der ersten Wahlversamml. muss mindestens eine **Frist von sieben Tagen** liegen. Wird
die Einladung beispielsweise an einem Donnerstag im Betrieb bekannt
gemacht, darf die Versamml. zur Wahl des WV frühestens am Donnerstag der darauf folgenden Woche durchgeführt werden. Die Einladung hat **schriftlich** zu erfolgen. Sie sollte zweckmäßigerweise an
den betrieblichen Stellen zum Aushang kommen, bei denen sicher-

gestellt ist, dass die AN von dem Aushang Kenntnis erhalten. Der AG
hat den Aushang zu dulden; andernfalls liegt eine **Wahlbehinderung**
nach § 119 vor. Die Einladenden können die Einladung aber auch
unmittelbar an die AN des Betriebs verteilen. Es muss dann aber
sichergestellt werden, dass **alle AN** des Betriebs Kenntnis von der
Einladung erhalten oder den Umständen nach davon Kenntnis nehmen
können. Der Arbeitgeber ist verpflichtet, regelmäßig auswärts beschäftigten AN, z.B. Monteuren, LeihAN, die Einladung zur Wahlversammlung unverzüglich zukommen zu lassen.[1]

b) Einladung mittels der IuK-Technik

Es besteht außerdem die Möglichkeit, die Einladung mittels der im
Betrieb vorhandenen Informations- und Kommunikationstechnik, wie
etwa Intranet, bekanntzumachen (§ 28 Abs. 1 Satz 4 WO). Die elektronische Form der Bekanntmachung darf aber nur erfolgen, wenn
sichergestellt ist, dass ausnahmslos alle AN auf diesem Wege Kenntnis
erlangen (§ 28 Abs. 1 Satz 5 i.V.m. § 2 Abs. 4 WO).[2] Zudem muss der
WV sicherstellen, dass niemand ohne seine Mitwirkung (auch keine
Systemadministratoren) die in elektronischer Form bekanntgemachten
Wahlunterlagen, z.B. Wahlausschreiben, verändern kann.[3] Die Einladung hat **zwingend** neben der Angabe des Ortes, des Tages und der
Zeit der Wahlversamml. den Hinweis zu enthalten, dass ab der Bestellung des WV bis zum Ende der Wahlversamml. **Wahlvorschläge**
zur Wahl des BR gemacht werden können.

c) Eröffnung und Durchführung der ersten Wahlversammlung

3   Die Wahlversamml. zur Wahl des WV wird durch die Einladenden,
also entweder durch die drei wahlberechtigten AN oder die im Betrieb
vertretene Gew., eröffnet. Der AG hat **kein Teilnahmerecht**, ebenso
wenig leit. Ang. nach § 5 Abs. 3. Die Einladenden werden zunächst die
Wahl eines **Versammlungsleiters** veranlassen. Es kann sich dabei um
einen AN des Betriebs handeln. Allerdings sieht das Gesetz nicht die
Bestellung eines Versammlungsleiters zwingend vor. Die Einladenden
selbst können daher die Versamml. bis zur Wahl eines WV leiten.
Wahlvorschläge zur Wahl des WV können sowohl aus der **Mitte der
Versamml.** als auch von den **Einladenden** kommen. Als WV-Mitgl.
können nur wahlberechtigte AN des Betriebs vorgeschlagen werden.
Es kann durch Handaufheben abgestimmt werden. Für die Wirksamkeit des Abstimmungsergebnisses genügt die **Mehrheit der anwesenden AN**. Über die Vorgeschlagenen kann **insgesamt** darüber abgestimmt werden, ob sie den WV bilden sollen, wobei wiederum die
relative Mehrheit der Abstimmenden ausreicht. Eine Einzelabstim-

---

1   LAG RP 7.1.08 – 5 TaBV 56/07, brwo.
2   Vgl. BAG 19.11.03, NZA 04, 395.
3   BAG 21.1.09 – 7 ABR 65/07, brwo.

mung über die vorgeschlagenen Wahlvorstandsmitgl. ist nur erforderlich, wenn dies aus der Mitte der Versamml. verlangt wird, oder mehr als drei Wahlberechtigte kandidieren. Auch zur Entscheidung über diese Frage genügt die relative Mehrheit. Insgesamt können nur **drei Mitgl.** für den WV gewählt werden. Die Wahl von **Ersatzmitgl.** ist zulässig. Ist der WV gebildet, bestimmt die Versamml., wer den Vorsitz übernimmt. Wird der WV-Vors. in der Versamml. nicht bestellt, wird er aus der Mitte des WV gewählt.

d) Aufgaben des Wahlvorstands

Der WV hat als erstes die **Wählerliste** zu erstellen, und zwar noch in   **4** der Versamml. Die Wahlberechtigten sollen in dieser Liste mit Familienname, Vorname und Geburtsdatum aufgeführt werden. Der AG hat den WV zu **unterstützen** und ihm insbesondere die für die Aufstellung der Liste erforderlichen Auskünfte zu erteilen und die erforderlichen Unterlagen zur Verfügung zu stellen. Die Wählerliste ist zusammen mit dem Wahlausschreiben, das ebenfalls in der Versamml. zu erlassen ist, an geeigneter Stelle im Betrieb **auszulegen**. In der Ausfertigung, die im Betrieb ausgelegt wird, sollen die Geburtsdaten der Wahlberechtigten nicht enthalten sein (§ 2 Abs. 4 WO).

e) Inhalt des Wahlausschreibens

Das **Wahlausschreiben**[4] ist ebenfalls auf der Wahlversamml. zu erlas-   **5** sen, sobald der WV gewählt worden ist. Es kann ergänzend auch auf elektronischem Wege, z.B. durch Intranet, bekannt gemacht werden (§ 31 Abs. 2 Satz 2 WO). Es muss dabei sichergestellt sein, dass alle AN Kenntnis erlangen und Änderungen nur durch den WV erfolgen können (§ 31 Abs. 2 Satz 3 i. V. m. § 2 Abs. 4 Satz 4 WO). Das Wahlausschreiben hat bestimmte **Mindestangaben** zu enthalten:

- das Datum des Erlasses;

- die Bestimmung des Ortes, an dem die Wählerliste und die WO ausliegen;

- den Hinweis, dass nur AN wählen können oder gewählt werden können, die in die Wählerliste eingetragen sind und dass Einsprüche gegen die Wählerliste nur vor Ablauf von drei Tagen seit Erlass des Wahlausschreibens schriftlich beim WV eingelegt werden können; der letzte Tag der Frist ist anzugeben;

- den Anteil der Geschlechter und den Hinweis, dass das Geschlecht in der Minderheit im BR mindestens entsprechend seinem zahlenmäßigen Verhältnis vertreten sein muss, wenn der BR aus mindestens drei Mitgl. besteht (§ 31 Abs. 1 Nr. 4 WO);

- die Zahl der zu wählenden BR-Mitgl. und die Angabe, wie viele

---

4   Muster brwo-Berg/Heilmann, §§ 7–20.

BR-Sitze mindestens dem Minderheitengeschlecht aufgrund seines Anteils in der Belegschaft zustehen (§ 31 Abs. 1 Nr. 5 WO);

- die Mindestzahl von AN, von denen ein Wahlvorschlag unterstützt sein muss und den Hinweis, dass Wahlvorschläge, die erst auf der Wahlversamml. zur Wahl des WV gemacht werden, nicht der Schriftform bedürfen (§ 31 Abs. 1 Nr. 6 WO);

- dass der Wahlvorschlag einer im Betrieb vertretenen Gewerkschaft von zwei Beauftragten unterzeichnet sein muss;

- dass Wahlvorschläge bis zum Abschluss der Wahlvers. zur Wahl des WV bei diesem eingereicht sein müssen;

- den Hinweis, dass die Stimmabgabe an die Wahlvorschläge gebunden ist und nur solche Wahlvorschläge berücksichtigt werden, die fristgerecht eingereicht worden sind;

- die Bestimmung des Orts, an dem die Wahlvorschläge bis zum Abschluss der Stimmabgabe aushängen;

- Ort, Tag und Zeit der Stimmabgabe (zweite Wahlversamml.);

- den Hinweis, dass wahlberechtigte AN, die an der Wahlversamml. zur Wahl des BR nicht teilnehmen können, Gelegenheit zur nachträglichen schriftlichen Stimmabgabe gegeben wird und dass das Verlangen auf nachträgliche schriftliche Stimmabgabe spätestens drei Tage vor dem Tag der Wahlversamml. zur Wahl des BR dem WV mitgeteilt sein muss (§ 31 Abs. 1 Nr. 12 WO);

- Ort, Tag und Zeit der nachträglichen schriftlichen Stimmabgabe sowie Betriebsteile und Kleinstbetriebe, für die nachträgliche schriftliche Stimmabgabe beschlossen worden ist (§ 31 Abs. 1 Nr. 13 WO);

- den Ort, an dem Einsprüche, Wahlvorschläge und sonstige Erklärungen gegenüber dem WV abgegeben werden können (Betriebsadresse des WV);

- Ort, Tag und Zeit der öffentlichen Stimmauszählung (§ 31 Abs. 1 Nr. 15 WO).

f) Einreichung und Gestaltung der Wahlvorschläge

6 Die Wahlvorschläge sind bei dem WV in der Wahlversamml. bis zum **Schluss der Versamml.** einzureichen. Die Wahlvorschläge bedürfen, abweichend von § 14 Abs. 4, nicht der Schriftform. Die nach § 14 Abs. 4 erforderliche Unterstützung durch **mindestens drei Wahlberechtigte** bzw. in Betrieben mit bis zu zwanzig wahlberechtigten AN durch **mindestens zwei Wahlberechtigte** kann vielmehr durch **Handaufheben** erfolgen. Wenn verschiedene Wahlvorschläge erfolgen, ist jeweils die Unterstützung durch die entsprechende Anzahl von Wahlberechtigten erforderlich. Das bedeutet aber keineswegs, dass in jedem Fall jeder der Vorgeschlagenen dieser Anzahl von unterstützenden Wahlberechtigten bedarf. Wenn ein Wahlvorschlag erkennbar aus

mehreren Wahlbewerbern besteht, ist die Unterstützung auch nur durch drei bzw. zwei Wahlberechtigte für diesen Vorschlag erforderlich. Andererseits hat der WV darauf zu achten, dass **verschiedene Wahlvorschläge** nicht von denselben AN unterstützt werden. Das Ergebnis dieser Vorgänge ist zu Protokoll zu nehmen. Im Übrigen ist darauf hinzuweisen, dass auch mehrere Wahlvorschläge nicht zur Listenwahl führen. Die Wahl in dem vereinfachten Wahlverfahren erfolgt immer als **Mehrheitswahl**. Werden keine Wahlvorschläge eingereicht, ist die Wahl abzubrechen. Eine Nachfristsetzung zur Einreichung von Wahlvorschlägen – wie beim normalen Wahlverfahren – findet im vereinfachten Wahlverfahren nicht statt.[5]

g) Weitere Besonderheiten des vereinfachten Wahlverfahrens

Auf folgende **Besonderheiten** des vereinfachten Wahlverfahrens ist noch hinzuweisen: **7**

- Die **Einspruchsfrist** gegen die Wählerliste (vgl. § 4 WO) verkürzt sich auf drei Tage nach Erlass des Wahlausschreibens. Da dieses in der Wahlversamml. zur Wahl des WV zu erlassen ist und dieser Tag nicht mitzählt (§ 187 Abs. 1 BGB), endet die Einspruchsfrist am Donnerstag, wenn am Montag derselben Woche die Wahlversamml. erfolgte.

- Auf den Stimmzetteln, die der WV in der Zeit zwischen der Wahlversamml. und dem eigentlichen Wahlgang, der eine Woche später stattfindet, anzufertigen hat, sind die Bewerber in **alphabetischer Reihenfolge** unter Angabe von Familienname, Vorname und Art der Beschäftigung im Betrieb aufzuführen (vgl. § 34 Abs. 1 WO).

- Die Wahl erfolgt stets nach den Grundsätzen der **Mehrheitswahl** (§ 14 Abs. 2 Satz 2).

h) Zweite Wahlversammlung, Wahl des Betriebsrats

In einer **zweiten Wahlversamml.**, die eine Woche nach der Wahlversamml. zur Wahl des WV stattfindet, wird der BR in **geheimer und unmittelbarer Wahl** gewählt (§ 14 a Satz 3 und 4). Im Versammlungsraum muss für die Wähler Gelegenheit sein, die Stimme **unbeobachtet** abzugeben; etwa durch das Vorhandensein von Trennwänden. Ebenso muss eine **verschließbare Wahlurne** vorhanden sein. Der Wähler bekommt im Versammlungsraum einen **Stimmzettel** und einen **Wahlumschlag** ausgehändigt, in den der Stimmzettel nach erfolgter Wahl eingelegt wird (vgl. § 12 Abs. 3 WO). Vor dem Einwurf in die Wahlurne wird die Stimmabgabe in der **Wählerliste vermerkt** (vgl. § 12 Abs. 3 WO). Sollte die Frist zur nachträglichen Stimmabgabe (§ 35 WO) mit Beendigung der Wahlversamml. abgelaufen bzw. die schriftlich Abstimmenden die Briefwahl bereits **8**

---

5 LAG Hessen 22.8.13 – 9 TaBV 19/13, n. rk. BAG 7 ABN 94/13, juris; DKKW-Homburg, § 34 WO Rn. 8.

vollzogen haben, öffnet der WV die bis dahin vorliegenden Briefumschläge mit den **schriftlichen Stimmen** (zur schriftlichen Stimmabgabe vgl. die Erl. zu Abs. 4). Nach Feststellung der Gültigkeit und dem Vermerk der Stimmabgabe werden die schriftlich abgegebenen Stimmen (Wahlumschlag mit dem darin befindlichen Stimmzettel) in die Wahlurne geworfen und somit mit den im Versammlungsraum abgegebenen Stimmen **vermischt**. Dieses Verfahren darf **nicht angewandt werden**, wenn die Frist zur nachträglichen Stimmabgabe noch nicht abgelaufen ist (vgl. Rn. 9). In einem solchen Fall hat der WV die Wahlurne verschlossen bis zum Zeitpunkt der im Wahlausschreiben angegebenen öffentlichen Stimmauszählung aufzubewahren.

i) Feststellung des Wahlergebnisses

9 Nach **Beendigung** der Stimmabgabe öffnet der WV in **öffentlicher Sitzung** (Betriebsöffentlichkeit) die Wahlurne (vgl. aber Rn. 8) und stellt das **Wahlergebnis** fest (vgl. § 14 WO). Gewählt sind die Wahlbewerberinnen und Wahlbewerber mit den **höchsten Stimmenzahlen** unter Berücksichtigung der zu vergebenden BR-Mandate. Die nicht gewählten Wahlbewerberinnen und Wahlbewerber sind in der Reihenfolge der auf sie entfallenden Stimmenzahlen **Ersatzmitgl.** Bei der Feststellung des Wahlergebnisses ist § 15 Abs. 2 zu beachten. Das in der Minderheit befindliche Geschlecht hat entsprechend seinem zahlenmäßigen Anteil in der Belegschaft eine **Mindestanzahl** von BR-Sitzen zu erhalten (zu der Frage der Verteilung der Sitze unter Einbeziehung des § 15 Abs. 2 vgl. § 15 Rn. 8 ff.). Eine Auszählung der Stimmen und die Bekanntgabe des Wahlergebnisses kann jedoch noch **nicht erfolgen**, wenn die Frist zur nachträglichen Stimmabgabe durch die schriftlich Abstimmenden noch nicht abgelaufen ist (§ 34 Abs. 3 WO). Erst nach Ablauf dieser Frist kann die Feststellung des Wahlergebnisses vorgenommen werden. Die Gewählten sind unmittelbar nach Feststellung des Wahlergebnisses zu **benachrichtigen**. Wird die Übernahme des Amtes nicht ausdrücklich abgelehnt, gilt die Wahl als **angenommen** (vgl. § 17 Abs. 1 WO). Sobald die Zusammensetzung des gewählten BR feststeht, hat der WV das **endgültige Wahlergebnis** durch Aushang **bekannt zu machen** (vgl. § 18 WO).

3. Das einstufige Wahlverfahren

a) Voraussetzungen für die Anwendung

10 Nicht das zweistufige, sondern das **einstufige Verfahren** kommt zur Anwendung, wenn die Wahlversamml. zur Bildung eines WV nicht erforderlich ist. Das ist in folgenden Fällen gegeben:

- In einem Betrieb nach § 14a besteht bereits **ein BR**; dieser bestellt den WV, und zwar vier Wochen vor Ablauf der Amtszeit (§ 17a i. V. m. § 16 Abs. 1 Satz 1).

- Es besteht ein BR, dieser bleibt aber **untätig**. Die Bestellung des WV erfolgt durch das ArbG auf Antrag von mindestens drei Wahlberechtigten oder einer im Betrieb vertretenen Gew. (§ 17 a i. V. m. § 16 Abs. 2).

- Es besteht kein BR, der WV wird jedoch vom **GBR**, besteht ein solcher nicht, vom **KBR** bestellt (§ 17 a i. V. m. § 16 Abs. 3).

- Ein BR besteht nicht, die einberufene Wahlversamml. zur Wahl eines WV kommt **nicht zustande** oder sie kommt zwar zustande, **wählt** aber keinen WV. Die Bestellung des WV erfolgt durch das ArbG auf Antrag von mindestens drei Wahlberechtigten oder einer im Betrieb vertretenen Gew. (§ 17 a Nr. 4 i. V. m. § 17 Abs. 4).

b) Abweichungen zum zweistufigen Wahlverfahren

Ist ein WV auf einem dieser Wege zustande gekommen, schreibt **11** Abs. 3 das einstufige Wahlverfahren vor: Der BR wird in einer Wahlversamml., zu der der WV eingeladen hat, gewählt. Bei dem einstufigen Wahlverfahren gibt es folgende **Abweichungen** zu dem zweistufigen Wahlverfahren:

- Der bestellte WV erlässt unverzüglich das **Wahlausschreiben**[6] mit den Angaben, wie sie grundsätzlich auch bei dem zweistufigen Wahlverfahren zu machen sind (vgl. Rn. 5), allerdings mit Besonderheiten hinsichtlich der Form und Einreichung der Wahlvorschläge (vgl. 4. Aufzählungspunkt). Zur Möglichkeit, das Wahlausschreiben auf elektronischem Wege, z. B. durch Intranet, bekannt zu machen, vgl. § 36 Abs. 3 Nr. 2 WO; vgl. auch Rn. 5.

- Der WV erstellt unverzüglich die **Wählerliste** (Rn. 4) und weist im Wahlausschreiben darauf hin, an welcher Stelle sie im Betrieb zur Einsicht ausliegt.

- Die **Wahlvorschläge** müssen bis spätestens eine Woche vor der Durchführung der Wahlversamml. zur Wahl des BR (Abs. 3 Satz 2) beim WV eingereicht werden (§ 36 Abs. 5 WO).

- Die Wahlvorschläge müssen **schriftlich** beim WV eingereicht werden. Sie sind von der in § 14 Abs. 4 vorgesehenen Anzahl von AN zu **unterschreiben** (§ 36 Abs. 3 Nr. 1 WO). Auf die Schriftform und Notwendigkeit des Beibringens von Stützunterschriften ist im Wahlausschreiben hinzuweisen.

Die Wahlversamml. läuft im Übrigen grundsätzlich in der Weise ab, wie auch bei dem zweistufigen Wahlverfahren. Für die technischen Vorbereitungen zur Durchführung der Wahl hat der WV allerdings etwas mehr Zeit, da er nicht erst in einer Wahlversamml. gewählt werden muss und die Wahl selbst bereits eine Woche später stattfindet.

---

6   Muster s. brwo-Berg/Heilmann, §§ 7–20.

4. Schriftliche Stimmabgabe beim vereinfachten Wahlverfahren

12   Wahlberechtigten, die an der Wahlversamml. zur Wahl des BR nicht teilnehmen können, weil sie aus persönlichen oder dienstlichen Gründen verhindert sind, ist Gelegenheit zur **schriftlichen Stimmabgabe** (Briefwahl) zu geben. Die Regelung gilt sowohl für das einstufige als auch für das zweistufige Wahlverfahren. Diese Wahlberechtigten müssen das Verlangen auf schriftliche Stimmabgabe **spätestens drei Tage** vor dem Tag der Wahlversammlung zur Wahl des BR dem WV mitgeteilt haben. Findet beispielsweise die Wahlversamml. zur Wahl des BR an einem Freitag statt, so ist das Verlangen zur Übersendung der Unterlagen zur schriftlichen Stimmabgabe bis zum Ablauf des Montags dieser Woche (Arbeitsschluss) beim WV zu stellen; bei Stattfinden der Wahlversamml. am Montag bis Ablauf des Donnerstags (Arbeitsschluss) der Vorwoche.

13   Der WV hat den Wahlberechtigten, die **schriftlich** abstimmen, die erforderlichen **Unterlagen auf Verlangen** zu übersenden (vgl. § 35 Abs. 1 WO). Den AN, die in **Betriebsteilen** beschäftigt sind, für die der WV die schriftliche Stimmabgabe beschlossen hat, sind die Unterlagen zur schriftlichen Stimmabgabe unaufgefordert zuzuleiten. Schriftliche Stimmabgaben sind nur zu berücksichtigen, wenn sie **fristgemäß** beim WV eingegangen sind. Fristgemäß bedeutet, dass sie innerhalb der Frist zur nachträglichen Stimmabgabe für die schriftlich Abstimmenden (§ 125 Abs. 4 Nr. 2) eingegangen sein müssen.

5. Vereinbartes vereinfachtes Wahlverfahren

14   In Betrieben mit in der Regel (zum Begriff »in der Regel« vgl. § 9 Rn. 2 f.) 51 bis 100 wahlberechtigten AN kann das vereinfachte Wahlverfahren angewandt werden, wenn ein WV bereits vorhanden ist und dieser mit dem AG die Anwendung dieses Wahlverfahrens vereinbart. Auch im zweistufigen vereinfachten Wahlverfahren kann der Wahlvorstand, wenn er feststellt, das 51 bis 100 Wahlberechtigte beschäftigt sind, die Anwendung vereinbaren. Die Vereinbarung muss ausdrücklich oder konkludent erfolgen; das Schweigen des Arbeitgebers auf einen Vorschlag hin reicht nicht.[7]

§ 15   Zusammensetzung nach Beschäftigungsarten und Geschlechtern

(1) Der Betriebsrat soll sich möglichst aus Arbeitnehmern der einzelnen Organisationsbereiche und der verschiedenen Beschäftigungsarten der im Betrieb tätigen Arbeitnehmer zusammensetzen.

(2) Das Geschlecht, das in der Belegschaft in der Minderheit ist, muss mindestens entsprechend seinem zahlenmäßigen Verhält-

---

7   BAG 19.11.03, AiB 04, 432 m. Anm. Schneider.

nis im Betriebsrat vertreten sein, wenn dieser aus mindestens drei Mitgliedern besteht.

1. Grundsätze

Der BR ist die auf gesetzlicher Grundlage bestehende betriebliche **1** Interessenvertr. aller AN des Betriebs. Der BR soll dementsprechend ein Spiegelbild der Belegschaftsstruktur sein. Diesem Grundsatz will Abs. 1 Rechnung tragen. Der BR soll sich möglichst aus AN der einzelnen Organisationsbereiche und der verschiedenen Beschäftigungsarten der im Betrieb tätigen AN zusammensetzen.

2. Organisationsbereiche und Beschäftigungsarten

Organisationsbereiche sind die organisatorischen Untergliederungen **2** innerhalb eines Betriebs oder einer anderen in § 3 vorgesehenen betriebsverfassungsrechtlichen Organisationseinheit. Ein Organisationsbereich kann beispielsweise eine Betriebsabteilung sein. Mit **Beschäftigungsarten** sind die im Betrieb vorhandenen verschiedenen Berufsgruppen und Arbeitstätigkeiten gemeint. Die Regelung ist **nicht zwingend**. Sie soll in erster Linie bei der Aufstellung von Wahlvorschlägen beachtet werden, aber auch dem Wähler deutlich machen, dass sich der BR möglichst entsprechend der Organisation des Betriebs und der Struktur der AN-schaft zusammensetzen soll.

3. Vertretung des Geschlechts in der Minderheit

Das Gesetz schreibt vor, dass das Geschlecht, das im Betrieb in der **3** Minderheit ist, eine bestimmte Anzahl von Sitzen im BR erhält (Minderheitengeschlechterquote). Das Gesetz schließt eine »Überrepräsentanz« des Minderheitengeschlechts, also mehr Sitze als ihm nach der Quote zustehen, nicht aus.[1] Die Quote ist verfassungsgemäß.[2] Das LAG Köln[3] hielt diese Vorschrift für verfassungswidrig und hat einen

---

1 BAG 13.3.13 – 7 ABR 67/11, NZA-RR 13, 575.
2 BAG 16.3.05, NZA 05, 1252.
3 AuR 04, 111 f.; a. A. Brors, NZA 04, 472.

Vorlagebeschluss beim BVerfG eingereicht.[4] Dieser ist vom BVerfG mit Beschluss vom 11. 10. 2006 als unzulässig zurückgewiesen worden.

a) Anwendung bei Betriebsräten mit mindestens drei Mitgliedern

4 Nach der Bestimmung des Abs. 2 muss das Geschlecht, das in der Belegschaft in der Minderheit ist, dann mindestens entsprechend seinem zahlenmäßigen Verhältnis im BR vertreten sein, wenn dieser aus wenigstens drei Mitgl. besteht. Die Vorschrift gilt somit auch beim **vereinfachten Wahlverfahren** mit Ausnahme der Betriebe, in denen fünf bis zwanzig wahlberechtigte AN vorhanden sind und somit ein aus einer Person bestehender BR zu wählen ist.

b) Der Belegschaftsbegriff

5 Soweit das Gesetz von der **Belegschaft** spricht, ist grundsätzlich die Zahl der AN i. S. des § 5 Abs. 1 gemeint. Während § 9 nur auf (wahlberechtigte) AN abstellt, ist der Belegschaftsbegriff des § 15 umfassender. Daher kann die Anzahl der (wahlberechtigten) AN nach § 9 von der Zahl für die Belegschaft nach § 15, die für die Minderheitengeschlechtsquote maßgebend ist, abweichen. Mitzuzählen sind auch die AN, die in den Betrieb **eingegliedert** sind und damit dem Betriebszweck dienen, zum Betriebsinhaber (Beschäftigungs-AG) aber in keinen vertragsrechtlichen Beziehungen stehen, sondern diesem von einem anderen AG zur Arbeitsleistung überlassen worden sind (vgl. dazu § 7 Rn. 13; zu der Problematik des AN-Begriffs vgl. im Übrigen § 5 Rn. 1 f.).[5] Damit ist insbesondere die Gruppe der **Leih-AN** nach dem AÜG gemeint. Aber auch andere Beschäftigte kommen in Betracht, wie z. B. AN im Rahmen der Konzernleihe (vgl. § 7 Rn. 6). Der Gesetzgeber gibt diesen Beschäftigten, sofern sie **länger als drei Monate** im Betrieb eingesetzt werden, das aktive Wahlrecht zum BR (§ 7 Satz 2) und stellt sie damit auch insoweit den anderen AN gleich.

c) Vorgehen des Wahlvorstands bei der Ermittlung des Mindestanteils

6 Bei der Feststellung, wie viele BR-Sitze das Minderheitengeschlecht zwingend zu erhalten hat, ist § 9 im Hinblick auf die BR-Größe zu beachten. Bei einem einköpfigen BR kann es keinen Sitz für das Minderheitengeschlecht geben. Bei der **zweiten Stufe** des § 9 ist auf die Zahl der wahlberechtigten AN abzustellen. Bei Anwendung der **dritten Stufe** müssen mindestens 51 wahlberechtigte AN im Betrieb beschäftigt werden, damit der BR aus fünf Mitgl. besteht (vgl. das Beispiel bei § 9 Rn. 1) und bei der Zuweisung nach § 15 Abs. 2 somit auf fünf Mandate abzustellen ist. Bei der Anwendung der weiteren

---

4 1 BvL 9/03.
5 Fitting, Rn. 16, DKKW-Homburg, Rn. 11.

Stufen des § 9 kommt es für die dem Minderheitengeschlecht zuzuweisenden BR-Mandate nur noch auf die Zahl der AN an, ohne Rücksicht auf deren Wahlberechtigung.

Bei der Feststellung des zahlenmäßigen Anteils des Minderheitengeschlechts in der Belegschaft ist **nicht** – somit anders als bei § 9 – auf die Zahl der »**regelmäßig**« **beschäftigten AN** abzustellen. Für die Größe der Belegschaft und damit für die Feststellung der Anzahl der Mindestsitze für das Minderheitengeschlecht sind daher die entsprechenden AN-Zahlen bei der **Einleitung der Wahl** (Tag des Aushangs des Wahlausschreibens) maßgebend.[6]

Der WV hat, nachdem die zahlenmäßige Größe der Belegschaft feststeht, die Anzahl der Frauen und der Männer im Betrieb zu ermitteln. **7** Das zahlenmäßige Verhältnis ist nach dem d'Hondtschen Höchstzahlsystem zu ermitteln und nicht nach Prozent.[7] Auch das zahlenmäßige Verhältnis der Arbeiter und Angestellten nach dem BetrVG 1972 (§ 10) ist nur nach dem d'Hondtschen Höchstzahlsystem ermittelt worden. Weder der Wortlaut des Gesetzes, noch seine Entstehungsgeschichte ergeben Anhaltspunkte dafür, dass bei der Ermittlung des zahlenmäßigen Verhältnisses der Geschlechter in Prozent gerechnet werden darf. Diese Zahlen sind nebeneinander zu stellen und durch 1, 2, 3, 4 usw. zu teilen (Höchstteilzahlensystem). Nach diesem System wird ermittelt, wie viele BR-Sitze mindestens auf das Minderheitengeschlecht entfallen.

Beispiel: In einem Betrieb sind 120 AN tätig, davon 85 Männer und 35 Frauen. Es sind insgesamt sieben BR-Mandate zu vergeben (vgl. § 9). Eine Auszählung nach dem Höchstzahlensystem ergibt folgendes Ergebnis:

: 1 = **85**	**35**
: 2 = **42,5**	**17,5**
: 3 = **28,3**	11,7
: 4 = **21,3**	
: 5 = **17**	
: 6 = 14,2	

Die Frauen erhalten in diesem Beispiel nach § 15 Abs. 2 eine Mindestzahl von zwei BR-Sitzen.

Die dem Minderheitengeschlecht zustehende Mindestanzahl von Sitzen ist im **Wahlausschreiben** bekannt zu geben. Es hängt nunmehr **8** vom Wahlergebnis ab, ob die Mindestanzahl erfüllt wird. Ist das der Fall oder hat das Minderheitengeschlecht (in dem Beispiel die Frauen) eine über die Mindestanzahl hinausgehende Zahl von Sitzen erhalten, bleibt das eigentliche Wahlergebnis **unverändert**. Lediglich in den

---

6 DKKW-Homburg, Rn. 13.
7 DKKW-Homburg, Rn. 14; Fitting, 17 f.; Ratayczak, AiB 02, 10 f.; LAG Mainz, NZA-RR 03, 591 f.; a. A. Etzel, AuR 02, 62.

Fällen, in denen das Minderheitengeschlecht nicht die Mindestanzahl erreicht, erfolgt eine **Korrektur des eigentlichen Wahlergebnisses**.

d) Vergabe der Mindestsitze bei der Mehrheitswahl

Bei der Korrektur des Wahlergebnisses ist in wahltechnischer Hinsicht zwischen der **Mehrheitswahl** (Personenwahl) und der **Verhältniswahl** (Listenwahl) zu unterscheiden. Das soll anhand von Beispielen unter Zugrundelegung der obigen Beschäftigtenzahlen (Betrieb mit 120 AN, davon 85 Männer und 35 Frauen) näher erläutert werden.

Auszählungsbeispiel 1 (Mehrheitswahl)

In dem folgenden Beispiel ergeben sich höhere Stimmenzahlen, als AN (120) im Betrieb sind. Das ist darauf zurückzuführen, dass bei der Personenwahl (nur ein gültiger Wahlvorschlag steht zur Abstimmung) jeder Wähler mehrere Stimmen hat, höchstens allerdings nur so viele, wie BR-Mitgl. zu wählen sind, im Beispiel also maximal sieben Stimmen. Außerdem ist darauf hinzuweisen, dass in dem Beispiel nicht fiktive Namen angeführt werden, sondern im Interesse einer vereinfachten Darstellung das jeweilige Geschlecht mit F (Frau) bzw. M (Mann) bezeichnet wird. Es wird davon ausgegangen, dass sich sechs Männer und vier Frauen zur Wahl stellen. Die Stimmauszählung ergibt folgendes Ergebnis:

F1	85 Stimmen	(4. Mandat)
F2	63 Stimmen	
M1	103 Stimmen	(1. Mandat)
M2	72 Stimmen	(5. Mandat)
M3	62 Stimmen	
F3	101 Stimmen	(2. Mandat)
M4	64 Stimmen	(7. Mandat)
M5	67 Stimmen	(6. Mandat)
F4	55 Stimmen	
M6	88 Stimmen	(3. Mandat)

Das Wahlergebnis zeigt, dass folgende Wahlbewerber in folgender Reihenfolge BR-Sitze einnehmen M1, F3, M6, F1, M2, M5, M4. Darunter befinden sich zwei Frauen (F3, F1). Die von § 15 Abs. 2 verlangte Mindestanzahl von Sitzen für das Minderheitengeschlecht ist erfüllt.

9   Eine Korrektur des eigentlichen Wahlergebnisses wäre nicht erforderlich, wenn die Frauen mehr als zwei Sitze erhalten hätten. Hätte beispielsweise F2 anstelle von M4 64 Stimmen erhalten und dieser eine Stimme weniger, so würden der BR aus drei Frauen und vier Männern bestehen.

10   Die WO (§ 22) schreibt für die Ermittlung der gewählten BRM vor, dass zunächst die Mindestsitze für das Geschlecht in der Minderheit ermittelt werden. Erst danach werden die übrigen Gewählten ermittelt. Im *Auszählungsbeispiel 1* ergibt sich folgendes Verfahren:

1. Schritt (Vergabe der Mindestsitze)
F3 (103 Stimmen), F1 (85 Stimmen)

2. Schritt (Vergabe der weiteren Sitze)
M1 (103 Stimmen), M6 (88 Stimmen), M2 (72 Stimmen), M5 (67 Stimmen), M4 (64 Stimmen)

Würde sich beim zweiten Schritt unter den gewählten Bewerbern eine (weitere) Frau befinden, bekäme das Minderheitengeschlecht über § 15 Abs. 2 hinaus einen weiteren Sitz.

Die Wirkung der Minderheitengeschlechtsquote lässt sich an folgendem *Auszählungsbeispiel 1 a* erkennen. Unterstellt, die Stimmenauszählung hätte folgendes Ergebnis gebracht:

F1   35 Stimmen
F2   48 Stimmen 2. Mandat
M1 103 Stimmen 3. Mandat
M2   72 Stimmen 5. Mandat
M3   62 Stimmen
F3   54 Stimmen 1. Mandat
M4   64 Stimmen 7. Mandat
M5   67 Stimmen 6. Mandat
F4   39 Stimmen
M6   88 Stimmen 4. Mandat

Da zunächst die Sitze für das Minderheitengeschlecht ermittelt werden, erhalten F3 und F2 die ersten beiden Mandate, da sie die höchsten Stimmenzahlen aller Kandidatinnen des Minderheitengeschlechts erzielten. M3 erhält a. G. der Geschlechterquote kein Mandat.

e) Vergabe der Mindestsitze bei der Verhältniswahl

Auch bei der Verhältniswahl wird von der Belegschaftsgröße und der Zusammensetzung der Belegschaft nach Geschlechtern wie in dem Auszählungsbeispiel 1 ausgegangen. Das nachfolgende Beispiel geht von dieser Wahlart aus, weil am Wahlgang zwei Listen teilgenommen haben. **11**

Auszählungsbeispiel 2 (Verhältniswahl)

Die eine Liste hat 96 Stimmen, die andere 24 Stimmen erhalten.

Die wesentlich geringere Stimmenzahl gegenüber der Mehrheitswahl ergibt sich daraus, dass jeder Wähler nur eine Stimme hat, die er für eine der beiden Listen abgeben konnte. Auch dieses Beispiel wird vereinfacht dargestellt. In der Praxis wird zwar zunächst ermittelt, wie viele Sitze jeder Liste aufgrund des Stimmergebnisses zugefallen sind (s. § 15 Abs. 1 WO). Sodann ist festzustellen, welche Wahlbewerber in der Reihenfolge, in der sie auf der Liste angeführt sind, die der

Liste zustehenden Sitze einnehmen. In dem Beispiel wird jedoch aus Gründen der Vereinfachung zugleich aufgezeigt, in welcher Reihenfolge Angehörige des jeweiligen Geschlechts auf der Liste 1 bzw. der Liste 2 stehen. Dadurch wird ohne weiteres sofort erkennbar, wie viele Frauen und Männer nach dem Wahlergebnis in den BR kommen und ob eine Korrektur des Wahlergebnisses erforderlich ist.

Liste 1 = 96 Stimmen	Liste 2 = 24 Stimmen
: 1 = 96 (1) – M	= 24 (5) – F
: 2 = 48 (2) – M	= 12 – F
: 3 = 32 (3) – F	= 8 – M
: 4 = 24 (4) – M	
: 5 = 19,2 (6) – M	
: 6 = 16 (7) – M	
: 7 = 13,7 – F	

Die Liste 1 erhält durch die Höchstteilzahlen 96, 48, 32, 24, 19,2 und 16 sechs Sitze, die Liste 2 durch die Höchstteilzahl 24 einen Sitz. Von den sieben Sitzen nehmen listenübergreifend zwei Frauen einen BR-Sitz ein (von der Liste 1 mit der Höchstteilzahl 32, von der Liste 2 mit der Höchstteilzahl 24). Eine Korrektur des Wahlergebnisses erfolgt nicht, da die Mindestanzahl von Sitzen, die das Minderheitengeschlecht zu bekommen hat, erreicht ist. Der BR besteht aus fünf Männern und zwei Frauen. Das Ergebnis wäre dasselbe, wenn die Liste 1 aufgrund einer anderen Reihenfolge unter den Gewählten zwei Frauen hätte, bei der Liste 2 dagegen den ersten Platz ein Mann einnehmen würde. Die Mindestanzahl wäre dann allein von der Liste 1 erfüllt worden.

12 Eine Korrektur des Wahlergebnisses (s. § 15 Abs. 5 WO) wäre dagegen notwendig, wenn an der ersten Stelle der Liste 2 ein Mann stehen würde und sich unter den Gewählten der Liste 1 nur eine Frau befunden hätte. Die Mindestanzahl wäre nicht erfüllt.

Das Mehrheitsgeschlecht gibt **den** Sitz zugunsten des Minderheitengeschlechts ab, den es nach der zuletzt vergebenden Höchstteilzahl (letzter BR-Sitz) bekommen hat (§ 15 Abs. 5 WO). Auf das abgewandelte Beispiel bezogen, würde die Liste 1 **ohne** eine getrennte Auszählung nach den Geschlechtern die ersten sechs Sitze durch die Teilzahlen 96 bis 16 belegen. Die Höchstteilzahl 16 ist zugleich der letzte Sitz, der zu vergeben ist. Dieser Sitz, der von einem Mann eingenommen wird, muss zugunsten der Frau abgegeben werden, die in derselben Vorschlagsliste (in dem Beispiel also in der Liste 1) in der Reihenfolge nach ihm benannt worden ist. Das ist die an siebter Stelle der Liste 1 stehende Frau. Die Liste 1 hat somit nach wie vor sechs Sitze. Ein anderes Ergebnis würde sich zeigen, wenn auf der Liste 1 an siebter Stelle ein Mann wäre, die Liste 1 also insgesamt nur eine Frau als Wahlbewerber hätte. Der zweite Frauensitz würde dann auf die Liste mit der folgenden, noch nicht berücksichtigten Höchstzahl entfallen. Der noch fehlende Sitz für das Minderheitengeschlecht würde an die Liste 2 übergehen, und zwar an die an zweiter Stelle stehende Frau (vgl. dazu § 15 Abs. 5 Nr. 2 WO). Die Liste 2 würde somit statt des einen Sitzes zwei Sitze erhalten.

Zu den Einzelheiten dieses Vorgehens für den Fall, dass sich unter den **13** auf die Vorschlagslisten entfallenden Höchstzahlen nicht die erforderliche Mindestanzahl von Angehörigen des Geschlechts in der Minderheit befindet, vgl. § 15 Abs. 5 WO. Der dabei zustande kommende Listensprung, d. h. die vom Wahlergebnis abweichende Verteilung der Sitze auf die einzelnen Listen ist verfassungsgemäß.[8] Jedoch ist der Listensprung rückgängig zu machen, wenn sich durch die Nichtannahme der Wahl durch einen Bewerber herausstellt, dass es des Listensprungs nicht bedurft hätte.[9] Dies kann jedoch nur bis zum Abschluss der Wahl gelten und nicht für spätere Veränderungen der Zusammensetzung des Betriebsrats während der Amtszeit.

f) Mindestsitze und Nachrücken von Ersatzmitgliedern

Die Verteilung der BR-Sitze nach § 15 Abs. 2 anlässlich der BR-Wahl **14** gilt für die **gesamte Amtszeit**, soweit es die dem Minderheitengeschlecht zustehende **Mindestanzahl** von Sitzen betrifft. Das ist auch bei dem Nachrücken von **Ersatzmitgl.** zu beachten (vgl. § 25 Rn. 8). Das gilt selbst dann, wenn sich im Laufe der Amtszeit das zahlenmäßige Verhältnis der Geschlechter zueinander **ändert**. Etwas anderes gilt jedoch hinsichtlich der Sitze, die das Minderheitengeschlecht über die zwingend zustehenden BR-Sitze hinaus erhalten hat (Rn. 8). Insoweit besteht **kein Anspruch** auf Beibehaltung der Anzahl dieser Sitze. Das bedeutet, dass hinsichtlich dieser Sitze bei einem Ausscheiden eines dem Minderheitengeschlecht angehörenden BR-Mitgl. das Nachrücken sich allein nach den Grundsätzen des § 25 bestimmt, also ggf. ein Ersatzmitgl., das dem **Mehrheitsgeschlecht** angehört, nachrückt (vgl. § 25 Rn. 8 f.).

§ 16   Bestellung des Wahlvorstands

(1) Spätestens zehn Wochen vor Ablauf seiner Amtszeit bestellt der Betriebsrat einen aus drei Wahlberechtigten bestehenden Wahlvorstand und einen von ihnen als Vorsitzenden. Der Betriebsrat kann die Zahl der Wahlvorstandsmitglieder erhöhen, wenn dies zur ordnungsgemäßen Durchführung der Wahl erforderlich ist. Der Wahlvorstand muss in jedem Fall aus einer ungeraden Zahl von Mitgliedern bestehen. Für jedes Mitglied des Wahlvorstands kann für den Fall seiner Verhinderung ein Ersatzmitglied bestellt werden. In Betrieben mit weiblichen

---

8   BAG 16.3.05, NZA 05, 1252.
9   LAG Nds. 10.3.11, AiB 11, 547 ff.

und männlichen Arbeitnehmern sollen dem Wahlvorstand Frauen und Männer angehören. Jede im Betrieb vertretene Gewerkschaft kann zusätzlich einen dem Betrieb angehörenden Beauftragten als nicht stimmberechtigtes Mitglied in den Wahlvorstand entsenden, sofern ihr nicht ein stimmberechtigtes Wahlvorstandsmitglied angehört.

(2) Besteht acht Wochen vor Ablauf der Amtszeit des Betriebsrats kein Wahlvorstand, so bestellt ihn das Arbeitsgericht auf Antrag von mindestens drei Wahlberechtigten oder einer im Betrieb vertretenen Gewerkschaft; Absatz 1 gilt entsprechend. In dem Antrag können Vorschläge für die Zusammensetzung des Wahlvorstands gemacht werden. Das Arbeitsgericht kann für Betriebe mit in der Regel mehr als zwanzig wahlberechtigten Arbeitnehmern auch Mitglieder einer im Betrieb vertretenen Gewerkschaft, die nicht Arbeitnehmer des Betriebs sind, zu Mitgliedern des Wahlvorstands bestellen, wenn dies zur ordnungsgemäßen Durchführung der Wahl erforderlich ist.

(3) Besteht acht Wochen vor Ablauf der Amtszeit des Betriebsrats kein Wahlvorstand, kann auch der Gesamtbetriebsrat oder, falls ein solcher nicht besteht, der Konzernbetriebsrat den Wahlvorstand bestellen. Absatz 1 gilt entsprechend.

Inhaltsübersicht   Rn.

1. Bestellung des Wahlvorstands durch amtierenden Betriebsrat

1 Die Bestellung hat grundsätzlich durch den **BR** zu erfolgen. Auch ein BR, der nur noch geschäftsführend im Amt ist (§ 22 i. V. m. § 13 Abs. 2 Nr. 1 bis 3), hat die Pflicht unverzüglich einen WV zu bestellen.[1] Selbst wenn der BR der Pflicht zur Bestellung eines WV nicht nachkommt, kann der WV nicht auf einer Betriebsversamml. gewählt werden.[2] In diesem Fall ist er über das ArbG zu bestellen. Das Bestellungsverfahren gilt ebenfalls für die BR-Wahl in Kleinbetrieben, wenn auch mit abgekürzten Fristen (vgl. § 17 a Nr. 1). Bleibt der BR untätig, kann auf Antrag das ArbG den WV bestellen (vgl. Rn. 6; zur alternativen Bestellung des WV bei einem Untätigbleiben des BR durch den GBR bzw. KBR vgl. Rn. 7 f.). Die Bestellung des WV durch den BR kann

---

1 LAG SH 7. 4. 11 – 4 TaBVGa 1/11, brwo; DKKW-Buschmann, § 22 Rn. 10.
2 LAG Köln 2. 8. 11 – 12 TaBV 12/11, brwo, NZA-RR 2012, 23.

auch auf der Grundlage eines **Übergangsmandats** im Zusammenhang mit betrieblichen Organisationsveränderungen erfolgen (vgl. § 21 a Rn. 3).

Der noch amtierende BR hat den WV **spätestens zehn Wochen** vor Ablauf der Amtszeit zu bestellen. Dieser Zeitraum ist erforderlich, weil der WV nicht nur sechs Wochen vor der Wahl das Wahlausschreiben erlassen muss, sondern darüber hinaus bei zeitgleicher Durchführung der Wahl eines SpA nach dem SprAuG das **Zuordnungsverfahren** für leit. Ang. nach § 18 a (vgl. die Erl. dort) zu betreiben hat. Der Beschluss des BR zur Bestellung des WV hat in einer Sitzung nach § 33 Abs. 1 mit der Mehrheit der Stimmen der anwesenden Mitgl. zu erfolgen. Als WV-Mitgl. kann jeder wahlberechtigte AN bestellt werden. Vom **Zeitpunkt der Bestellung** an besitzen die Mitgl. des WV Kündigungsschutz nach § 103 dieses Gesetzes und nach § 15 Abs. 3 Satz 2 KSchG (vgl. § 103 Rn. 9). Hat der BR den WV bestellt, kann er ihn **nicht mehr abberufen**. Eine Ersetzung ist nur durch das ArbG nach § 18 Abs. 1 Satz 2 möglich.[3] Der WV kann nicht als Gremium aufgrund eines Mehrheitsbeschlusses **zurücktreten**.[4] Davon unberücksichtigt bleibt das Recht des einzelnen WV-Mitgl., sein Amt niederzulegen. Es rückt dann ein Ersatzmitgl. nach. Hat der WV nicht mehr mindest. drei Mitglieder, muss der BR unverzüglich eine Nachbestellung vornehmen. Tut er dies nicht, kann das ArbG auf Antrag entsprechend Abs. 2 die Bestellung vornehmen.[5]

2

2. Berücksichtigung der Geschlechter im Wahlvorstand

Sind in dem Betrieb weibliche und männliche AN beschäftigt, sollen dem WV Frauen und Männer angehören. Damit soll auch insoweit der **Gleichstellung** Rechnung getragen werden. Die Regelung ist allerdings als **Soll-Vorschrift** gestaltet. Die Berücksichtigung von Frauen und Männern im WV muss daher nicht zwingend dem zahlenmäßigen Anteil weiblicher und männlicher AN innerhalb der Belegschaft entsprechen. Werden in Betrieben der **privatisierten Post-UN** Bea. beschäftigt, so hat dem WV ein Bea. anzugehören. Das gilt auch dann, wenn die Gruppe der Bea. auf die Bildung einer eigenen Wählergruppe verzichtet hat (vgl. § 26 Nr. 3 PostPersRG).

3

3. Erhöhung der Zahl der Wahlvorstandsmitglieder

Die mögliche Erhöhung der Zahl der WV-Mitgl. wird vor allem in größeren Betrieben in Betracht kommen, in denen die Wahl in mehreren Wahlräumen durchgeführt werden muss.[6] Nicht erforderlich ist

4

---

3 ArbG Berlin, BB 74, 830.
4 LAG Düsseldorf, DB 75, 840.
5 Vgl. LAG Hamm 2.10.09 – 10 TaBV 27/09, brwo zur Ersatzbestellung durch das ArbG bei einem vom ArbG eingesetzten Wahlvorstand.
6 LAG Nürnberg 30.3.06, brwo.

ein neunköpfiger Wahlvorstand in einem Betrieb mit 250 AN ohne Außenstellen.[7] Das LAG Berlin-Brandenburg[8] hat die Einsetzung eines WV siebzehnköpfigen WV in einem Betrieb mit drei größeren Betriebsteilen und 55 Filialen für zulässig gehalten. Ziel war es, den Wählern die Wahl mit drei festen Wahllokalen und 11 mobilen Wahllokalen für die Filialen zu ermöglichen. Wird der WV vom BR bestellt, muss dieser auch einen Beschluss über die Erhöhung der Anzahl der Mitgl. fassen; wird der WV auf einer Betriebsversamml. gewählt, muss diese über die Erhöhung der Anzahl der WV-Mitglieder vor der Wahl abstimmen.[9] Eine Erhöhung der Zahl der WV-Mitgl. kann, wenn dies zweckmäßig ist, auch noch später vorgenommen werden, solange der BR im Amt ist. Der WV muss jedoch immer aus einer **ungeraden Zahl** von Mitgl. bestehen. Die Bestellung von Ersatzmitgl. ist zweckmäßig. Mängel bei der Bestellung des WV[10] können ebenso wie seine fehlerhafte Zusammensetzung während der Durchführung des Wahlverfahrens[11] die Anfechtung begründen. Die fehlerhafte Besetzung des WV kann auch während des BR-Wahlverfahrens durch eine e. V. angegriffen werden. Der Abbruch der Wahl ist dann möglich, wenn rechtzeitig vor Ablauf der Amtszeit des BR ein neuer WV bestellt und die Wahl durchgeführt werden kann, ohne dass eine betriebsratslose Zeit entsteht.[12]

4. Vertreter bestimmter Beschäftigtengruppen, Gewerkschaftsvertreter

5   Auch Leih-AN nach § 7 Satz 2 können Mitglied im WV sein, sofern sie wahlberechtigt sind. **Mitgl. des noch amtierenden BR** dürfen dem WV angehören. Auch Wahlbewerber können Mitgl. des WV sein.[13] Die Bestimmung, dass jede im Betrieb vertretene Gew. einen Beauftragten in den WV entsenden kann, findet nur Anwendung, wenn die Gew. nicht bereits durch ein Mitgl. im WV vertreten ist. Der WV ist **berechtigt und verpflichtet** zu prüfen, ob der Beauftragte, der entsandt werden soll, einer Gew. i. S. des § 2 (vgl. § 2 Rn. 2) angehört und diese Gew. im Betrieb vertreten ist. Darüber hinaus muss der Beauftragte wahlberechtigter AN des Betriebs sein. Das ist erforderlich, da nur wahlberechtigte AN Mitgl. des WV sein können (vgl. Abs. 1 Satz 1). Die Aufgaben des entsandten Beauftragten erschöpfen sich in einer **kontrollierenden Beobachtung**; Stimmrecht im WV besteht für den Beauftragten nicht.

---

7   LAG Nürnberg a. a. O.
8   17. 3. 10 – 15 TaBVGa 34/10, juris.
9   LAG Nürnberg 17. 5. 13 – 5 TaBVGa 2/13, juris.
10   Vgl. LAG Nürnberg, a. a. O.
11   BAG, BB 89, 496.
12   LAG Nürnberg, a. a. O.
13   BAG 4. 10. 77, AP Nr. 2 zu § 18 BetrVG 1972.

5. Bestellung des Wahlvorstands bei Untätigbleiben des Betriebsrats

Bleibt der BR untätig und besteht acht Wochen vor Ablauf der Amtszeit kein WV, kann die Bestellung des WV durch das ArbG erfolgen. **6** Antragsberechtigt sind drei wahlberechtigte AN oder eine im Betrieb vertretene Gewerkschaft. Diese ist dann im Betrieb vertreten, wenn ihr mindestens ein AN des Betriebs als Mitglied angehört. Ferner darf das Mitglied nicht unter offensichtlichem Verstoß gegen die Satzung der Gew. (z. B.: im Hinblick auf den Organisationsbereich) aufgenommen worden sein. Die Tarifzuständigkeit der Gewerkschaft ist dazu nicht erforderlich.[14] Alternativ dazu kann die Bestellung des WV durch den GBR, falls ein solcher nicht besteht oder untätig bleibt, durch den KBR vorgenommen werden. Das wird sich wegen der größeren Sachnähe des GBR bzw. des KBR zum Betrieb sogar empfehlen, so dass die Anrufung des ArbG wesentlich auf die Fälle beschränkt sein wird, in denen ein GBR und KBR nicht vorhanden sind (zur Bestellung des WV durch den GBR bzw. KBR vgl. Rn. 7 f.).

6. Bestellung des Wahlvorstands durch das Arbeitsgericht

Das ArbG wird nur auf Antrag tätig. Der Antrag kann von dem Tag an gestellt werden, der – um acht Wochen zurückgerechnet – dem Tag des Ablaufs der Amtszeit des BR entspricht. Wird der Antrag von drei AN gestellt, müssen diese am Tag der Antragstellung wahlberechtigt sein. Diese Antragsvoraussetzung muss nicht für alle drei AN während des ganzen Verfahrens bestehen. Die Wahlberechtigung der Antragsteller muss nur bei Antragstellung gegeben sein. Ein späterer Wegfall macht den Antrag nicht unzulässig, solange noch ein Wahlberechtigter unter den Antragstellern ist.[15] Erst wenn alle Antragsteller nicht mehr wahlberechtigt sind, wird der Antrag unzulässig, vgl. § 19 Rn. 3). Dies entspricht der Rspr. des BAG zu den Antragsvoraussetzungen für die Anfechtung der BR-Wahl.[16] In dem Antrag können Vorschläge für die Zusammensetzung des WV gemacht werden. Auch das ArbG kann, wenn dies zur ordnungsgemäßen Durchführung der Wahl erforderlich ist, **mehr** als drei Mitgl. in den WV berufen und Ersatzmitgl. bestellen. Bis zur **rechtskräftigen** Entscheidung des ArbG kann der BR die Bestellung vornehmen, es sei denn, dass seine Amtszeit abgelaufen ist. In Betrieben mit mehr als 20 wahlberechtigten AN kann das ArbG auch **Nichtbetriebsangehörige** in den WV entsenden, sofern sie Mitgl. einer im Betrieb vertretenen Gew. sind. Dabei kann es sich sowohl um hauptamtliche Gew.-Vertr. handeln, als auch um Gew.-Mitgl., die als AN in einem anderen Betrieb tätig sind. Erforderlich ist die Bestellung nichtbetriebsangehöriger Gew.-Mitgl. ist bereits, wenn

---

14 BAG, NZA 05, 426 f.
15 LAG Hamm 2. 10. 09 – 10 TaBV 27/09, brwo.
16 BAG 15. 2. 1989 – 7 ABR 9/88, NZA 1990, 115.

nicht genügend AN des Betriebs zur Übernahme des Amtes als WV-Mitgl. bereit sind[17] oder die AN nicht in der Lage sind, das förmlich ausgestaltete und schwierige Wahlverfahren ordnungsgemäß durchzuführen.[18] Die Bestellung betriebsfremder Personen ist nicht erst dann erforderlich, wenn die Durchführung der Wahl ansonsten unmöglich würde, sondern bereits dann, wenn die Bestellung betriebsfremder Personen zur Erreichung des Ziels, die BR-Wahl schnell und ordnungsgemäß durchzuführen, geboten ist. Dies ist insbesondere der Fall, wenn es zwischen AG und Initiatoren der BR-Wahl zu Spannungen gekommen ist.[19] Versuchen auf Betreiben des AG vom ArbG nach § 16 Abs. 2 Satz 3 bestellte betriebsangehörige WV-Mitglieder die BR-Wahl zu hintertreiben, kann das ArbG sie auf Antrag durch Betriebsfremde ersetzen (vgl. § 18 Rn. 2).[20] Hat das ArbG einen WV bestellt und kommt es zum Ausscheiden eines WV-Mitgl., ist die notwendige Ergänzung des WV durch gerichtl. Beschluss nach Abs. 2 möglich. Es bedarf keiner gerichtl. Neubestellung des gesamten WV.[21]

7. Bestellung des Wahlvorstands durch den GBR oder KBR

7 Die Regelung des Abs. 3 ermöglicht eine Bestellung des WV durch den **GBR**, sofern ein solcher nicht besteht, durch den **KBR**, wenn der BR seiner Verpflichtung zur Bestellung des WV nicht nachkommt. Dies gilt auch, wenn nach Absinken der Zahl der BR-Mitglieder unter die Gesamtzahl gem. § 13 Abs. 2 Nr. 2 kein WV bestellt worden ist.[22] Dazu bedarf es, anders als nach Abs. 2 bei der Einleitung eines Bestellungsverfahrens beim ArbG, **keines förmlichen Antrags**. So können sich etwa AN des Betriebs, in dem die BR-Wahl erfolgen soll, der BR aber bis acht Wochen vor der Wahl den WV nicht bestellt hat, an den GBR bzw. an den KBR wenden, um die Bestellung des WV zu erreichen; entsprechendes gilt für die im Betrieb vertretene Gew. GBR bzw. KBR können aber auch **von sich aus tätig werden**, wenn sie auf andere Weise von dem Untätigbleiben des BR erfahren

---

17 Vgl. LAG Düsseldorf, DB 75, 260.

18 DKKW-Homburg, Rn. 29; ArbG Hamburg, AiB 00, 282, wenn sich AN möglicherweise im Hinblick auf ihre kurzfristigen Arbeitsverträge nicht bereit finden, das Amt eines WV-Mitgl. zu übernehmen; vgl. auch ArbG Mönchengladbach, BetrR 90, 16, das selbst bei der Bereitschaft von betriebsangehörigen AN zur Übernahme des Amtes als WV-Mitgl. im Falle der erstmaligen BR-Wahl die Notwendigkeit zur Bestellung nichtbetriebsangehöriger Gew.-Mitgl. bejaht, wenn die AN des Betriebs das förmliche Wahlverfahren nicht ordnungsgemäß durchführen können.

19 ArbG Berlin, AiB 02, 106 m. Anm. Büscher; ArbG Eisenach 3.6.03 – 2 BV 9/03, n. v.

20 LAG Thüringen 20.1.05 – 1 TaBV 1/04, juris.

21 ArbG Iserlohn 12.4.88 – 2 BV 4/88.

22 LAG Hessen 8.12.05, AuR 06, 253.

haben. GBR bzw. KBR haben bei der Bestellung die in Abs. 1 enthaltenen Grundsätze zu beachten.

Die Bestellung des WV durch den GBR bzw. KBR soll sicherstellen, **8** dass auch bei einem Untätigbleiben des BR keine betriebsratslose Zeit eintritt. Dieses Bestellungsverfahren soll aber nicht die arbeitsgerichtliche Bestellung nach Abs. 2 ersetzen, sondern ist lediglich eine **weitere Alternative**. Ist daher beim ArbG bereits ein Bestellungsverfahren nach Abs. 2 eingeleitet worden, können der GBR bzw. der KBR nicht mehr tätig werden. Umgekehrt kann beim ArbG kein Antrag nach Abs. 2 gestellt werden, wenn der GBR bzw. der KBR bereits beschlossen hat, den WV zu bestellen.

§ 17 Bestellung des Wahlvorstands in Betrieben ohne Betriebsrat

(1) Besteht in einem Betrieb, der die Voraussetzungen des § 1 Abs. 1 Satz 1 erfüllt, kein Betriebsrat, so bestellt der Gesamtbetriebsrat oder, falls ein solcher nicht besteht, der Konzernbetriebsrat einen Wahlvorstand. § 16 Abs. 1 gilt entsprechend.

(2) Besteht weder ein Gesamtbetriebsrat noch ein Konzernbetriebsrat, so wird in einer Betriebsversammlung von der Mehrheit der anwesenden Arbeitnehmer ein Wahlvorstand gewählt; § 16 Abs. 1 gilt entsprechend. Gleiches gilt, wenn der Gesamtbetriebsrat oder Konzernbetriebsrat die Bestellung des Wahlvorstands nach Absatz 1 unterlässt.

(3) Zu dieser Betriebsversammlung können drei wahlberechtigte Arbeitnehmer des Betriebs oder eine im Betrieb vertretene Gewerkschaft einladen und Vorschläge für die Zusammensetzung des Wahlvorstands machen.

(4) Findet trotz Einladung keine Betriebsversammlung statt oder wählt die Betriebsversammlung keinen Wahlvorstand, so bestellt ihn das Arbeitsgericht auf Antrag von mindestens drei wahlberechtigten Arbeitnehmern oder einer im Betrieb vertretenen Gewerkschaft. § 16 Abs. 2 gilt entsprechend.

1. Bestellung des Wahlvorstands durch GBR oder KBR

Zu den Aufgaben des GBR oder, wenn ein solcher nicht vorhanden ist, **1** des KBR gehört es, einen Wahlvorstand in betriebsratslosen Betrieben zu bestellen. Der AG ist ggü. dem GBR (bzw. KBR) verpflichtet, Auskunft über die betriebsratslosen Betriebe im Unternehmen (bzw. Konzern) zu geben.[1] Ein GBR hat Anspruch auf Freischaltung aller

---

1 LAG Nürnberg 25.1.07 – 1 TaBV 14/06, brwo.

Telefone in seinem Büro und in betriebsratslosen Filialbetrieben, um seine Aufgaben (Bestellung Wahlvorstand; Überwachung der Einhaltung von GBVen, Wahrnehmung seiner originären Rechte nach § 50 Abs. 1) erfüllen zu können.[2] Der GBR bzw. der KBR haben ein Zutrittsrecht zu den betriebsratslosen Betrieben.[3] Andernfalls könnte er nicht feststellen, ob AN des Betriebes bereit sind, das Amt des Wahlvorstands zu übernehmen. Der GBR oder KBR hat nicht das Recht die AN in betriebsratslosen Betrieben auf **Informationsveranstaltungen** über die BR-Wahl informieren und so versuchen, geeignete AN zu finden, die er in den WV bestellen kann.[4] Eine Versammlung zur Wahl des Wahlvorstandes kann der GBR oder KBR nicht einberufen.[5] Das BAG verweist den GBR auf nicht näher definierte »andere Wege der Informationsbeschaffung« und die im Unternehmen vorhandene Kommunikationstechnik. Dies ist weder praxisgerecht, noch vom Gesetz gefordert. Der GBR muss die AN, die er in den Wahlvorstand berufen will persönlich kennen; er muss überzeugt sein, dass diese zuverlässig sind und der Aufgabe gerecht werden können. Im Zweifel muss der GBR die AN an ihren Arbeitsplätzen aufsuchen. GBR bzw. KBR haben ggü. dem AG Anspruch auf Auskunft über alle betriebsratslosen, aber betriebsratsfähigen Betriebe (vgl. § 80 Rn. 19).[6] Der GBR bzw. der KBR kann die Initiative **jederzeit** ergreifen, wenn festgestellt wird, dass der betreffende Betrieb zwar nach § 1 betriebsratsfähig ist, aber noch keinen BR hat. Die Anregung zur Bestellung des WV kann aber auch von der im Betrieb vertretenen **Gew.** oder von **AN** des betroffenen Betriebs kommen. Eines förmlichen Antrags bedarf es nicht.

2   Haben der GBR bzw. der KBR festgestellt, dass ein betriebsratsfähiger, aber betriebsratsloser Betrieb im UN bzw. Konzern vorhanden ist, oder haben sie entsprechende Hinweise erhalten, sollen sie die Bestellung des WV unverzüglich vornehmen. Bei der Bestellung des WV sind die Grundsätze des § 16 Abs. 1 zu beachten. Das Bestellungsverfahren durch den GBR bzw. durch den KBR findet auch auf die Bestellung des WV im vereinfachten Wahlverfahren nach **§ 17 a Anwendung** (vgl. § 17 a Rn. 2).

2. Bestellung des Wahlvorstands durch die Betriebsversammmlung

Besteht im UN kein GBR und auch im Konzern kein KBR oder bestehen diese Betriebsverfassungsorgane zwar, bleiben aber untätig, so kann der WV für den betriebsratsfähigen, aber betriebsratslosen Betrieb durch eine **Betriebsversamml.** bestellt werden. Einladen können drei (oder mehr) AN des Betriebes oder eine im Betr. vertretene Gew. In

2   BAG 9. 12. 09 – 7 ABR 46/08, NZA 2010, 662.
3   Fitting, Rn. 8.
4   BAG 16. 11. 11 – 7 ABR 28/10 – juris.
5   BAG a. a. O.
6   Vgl. Fitting, Rn. 9.

der Praxis sollte die Einladung durch AN nur in Ausnahmefällen erfolgen, da die einladenden AN nur einen eingeschränkten Kündigungsschutz haben. Nach § 15 Abs. 3 a KSchG ist eine ordentliche Kündigung nur vom Zeitpunkt der Einladung bzw. Antragstellung auf gerichtliche Bestellung bis zur Bekanntgabe des Wahlergebnisses ausgeschlossen. Die Einladung durch die Gew. schützt die Initiatoren einer BR-Wahl. Das Einladungsrecht der Gew. entfällt nicht schon dann, wenn drei AN des Betriebs zu einer Betriebsversamml. zur Wahl eines WV eingeladen haben.[7] Vorschriften über die Form der Einladung bestehen nicht. Sie muss aber mindestens Ort, Zeit, Thema und die Einladenden enthalten.[8] Für das normale WV ist keine Einladungsfrist vorgeschrieben; sie ist nach den betrieblichen Verhältnisse zu bestimmen. Eine Frist von einem Tag ist in jedem Fall zu kurz.[9] Die Einladung muss allerdings in einer Weise bekannt gemacht werden, dass alle AN des Betriebs davon **Kenntnis** nehmen können, wie etwa durch Aushang am »Schwarzen Brett« oder durch ein Rundschreiben. Der AG ist verpflichtet, allen regelmäßig **auswärts beschäftigten AN** die Einladung zu einer Betriebsversamml. zum Zwecke der Wahl eines WV für die erstmalige Wahl eines BR zukommen zu lassen.[10] Diese Verpflichtung besteht auch, wenn der AG durch die Gew. aufgefordert wurde, die Einladung zur Betriebsversamml. vorzunehmen.[11] Sind die AN von der einladenden Stelle bzw. vom AG nicht unterrichtet worden und haben sie auch nicht auf andere Weise von der beabsichtigten Durchführung der Versamml. erfahren, so kann die Nichtigkeit der Wahl des WV gegeben sein.[12] Die Nichtigkeit tritt **nicht** ein, wenn durch das Fernbleiben der nicht unterrichteten AN das Wahlergebnis ohnehin nicht beeinflusst werden konnte. Die Betriebsversamml. zur Wahl des WV hat im Betr. stattzufinden, sofern dafür geeignete Räume im Betr. vorhanden sind. Weigert sich der AG Räume zur Verfügung zu stellen, müssen die Einladenden bzw. die Gew. versuchen, die Durchführung der Betriebsversamml. im Betrieb gerichtlich durchzusetzen. Tun sie dies nicht und führen sie die Betriebsversammlung außerhalb des Betr. Durch, soll dies die Wahl des BR nach der abzulehnenden Auffassung des LAG Hamm anfechtbar machen.[13]

---

7   LAG Köln, BB 90, 998.

8   ArbG Essen, NZA-RR 05, 258 f.

9   ArbG Essen, a. a. O.; LAG Baden-Württemberg v. 20. 02. 2009 – 5 TaBVGa 1/09, brwo; hält drei Tage für angemessen.

10 BAG, DB 92, 2147.

11 LAG Hamburg, AiB 93, 566; vgl. auch ArbG Stuttgart v. 22. 12. 92 – 1 Bv 191/92, das die Verpflichtung des AG in einem Zeitungsvertrieb festgestellt hat, die von den Einberufern übergebene Einladung an die als Zeitungszusteller beschäftigten AN zu versenden.

12 BAG, NZA 86, 753.

13 LAG Hamm 12. 4. 13 – 13 TaBV 64/12, juris; n. rk. BAG 7 ABR 33/13.

Der AG ist zur Teilnahme nicht berechtigt (str.), ebenso wenig leit. Ang. Gew.-Beauftragte haben auch dann ein Teilnahmerecht, wenn die Gew. nicht selbst zur Versamml. eingeladen hat, sondern AN des Betriebs. Das ergibt sich nicht nur aus ihrer betriebsverfassungsrechtlichen Unterstützungsfunktion, sondern auch aus § 46 Abs. 1.

3 Die Zeit der Teilnahme an der Versamml. zur Bestellung des WV ist wie Arbeitszeit zu vergüten. Das gilt einschließlich zusätzlicher Wegezeiten. Auch sonstige Kosten, wie z. B. besondere Fahrkosten, sind vom AG nach § 20 Abs. 3 zu erstatten.

4 Zum **Leiter der Versamml.** kann auch ein Beauftragter (Sekretär) der einladenden Gew. gewählt werden, ohne dass es dazu einer förmlichen Abstimmung bedarf.[14] Der WV muss **nicht in geheimer Abstimmung** gewählt zu werden. Es genügt, wenn aus dem Verlauf der Versamml. hervorgeht, dass die Anwesenden in ihrer Mehrheit mit der Wahl der vorgeschlagenen Kandidaten einverstanden sind und keine berechtigten Zweifel darüber bestehen, wer gewählt ist.[15] Die Versamml. kann aus Gründen der Vereinfachung über einen **kompletten Vorschlag**, der z. B. drei bestimmte WV-Mitgl. und drei Ersatzmitgl. enthält, beschließen. Werden allerdings mehr Kandidaten vorgeschlagen, als WV-Mitgl. erforderlich sind, muss eine Abstimmung über die einzelnen Kandidaten erfolgen, die formlos sein kann.[16] Andernfalls ist der WV nicht ordnungsgem. bestellt. Der Vors. des WV wird ebenfalls durch die Versamml. gewählt. Ist dies nicht geschehen, kann ihn der WV selbst wählen.[17] Entsprechend dem Teilnahmerecht sind alle AN stimmberechtigt, somit nicht nur die Wahlberechtigten.[18] Personen nach § 5 Abs. 2 sind nicht teilnahmeberechtigt.[19] Zur Beschlussfähigkeit ist eine Mindestanzahl von Teilnehmern nicht erforderlich.[20]

5 Zur Wahlversammlung zur Bestellung eines WV in Kleinbetrieben, auf die das besondere Wahlverfahren nach § 14a Anwendung findet, vgl. § 17a Nr. 3.

3. Bestellung des Wahlvorstands durch das Arbeitsgericht

6 Die Anrufung des ArbG ist zulässig, sobald feststeht, dass eine Betriebsversamml. erfolglos war. Unerheblich ist, warum sie nicht zustande gekommen ist. Bis zur **rechtskräftigen** Entscheidung des ArbG kann die Betriebsversamml. die Wahl des WV noch vornehmen. Hat das

---

14   LAG Berlin, AuR 87, 35.
15   LAG Rheinland-Pfalz, AuR 87, 35.
16   LAG Nürnberg 17. 5. 13 – 5 TaBVGa 2/13, juris.
17   BAG 14. 12. 65, AP Nr. 5 zu § 16 BetrVG.
18   Fitting, Rn. 24.
19   DKKW-Homburg, Rn. 8, Fitting, Rn. 24.
20   LAG Baden-Württemberg 20. 2. 09 – 5 TaBVGa 1/09 juris; DKKW-Homburg, Rn. 10.

ArbG bei der Bestellung des WV **kein Ersatzmitgl.** benannt und scheidet ein WV-Mitgl. aus, kann der nicht mehr vollständige WV durch gerichtl. Beschluss ergänzt werden (vgl. auch § 16 Rn. 5).[21] Durch den Verweis auf § 16 Abs. 2 in Abs. 4 Satz 2 wird das ArbG in die Lage versetzt, in Betrieben mit in der Regel mehr als 20 wahlberechtigten AN auch WV-Mitgl. zu bestellen, die einer im Betrieb vertretenen Gew. angehören, aber **nicht AN des Betriebs** sind (vgl. auch § 16 Rn. 6). Zum Vertretersein der Gew. s. § 16 Rn. 6.

§ 17 a   Bestellung des Wahlvorstands im vereinfachten Wahlverfahren

Im Fall des § 14 a finden die §§ 16 und 17 mit folgender Maßgabe Anwendung:

1. Die Frist des § 16 Abs. 1 Satz 1 wird auf vier Wochen und die des § 16 Abs. 2 Satz 1, Abs. 3 Satz 1 auf drei Wochen verkürzt.

2. § 16 Abs. 1 Satz 2 und 3 findet keine Anwendung.

3. In den Fällen des § 17 Abs. 2 wird der Wahlvorstand in einer Wahlversammlung von der Mehrheit der anwesenden Arbeitnehmer gewählt. Für die Einladung zu der Wahlversammlung gilt § 17 Abs. 3 entsprechend.

4. § 17 Abs. 4 gilt entsprechend, wenn trotz Einladung keine Wahlversammlung stattfindet oder auf der Wahlversammlung kein Wahlvorstand gewählt wird.

1. Besonderheiten der Bestellung des Wahlvorstands im vereinfachten Wahlverfahren

Die Vorschrift passt die Regelungen zur Bestellung des WV an das **1** **vereinfachte Wahlverfahren** nach § 14 a an. Das betrifft zunächst die **Verkürzung der Fristen** (Nr. 1): Die Frist zur Bestellung des WV in einem Betrieb, in dem bereits ein BR besteht, und die normalerweise mindestens zehn Wochen vor Ablauf der Amtszeit beträgt (§ 16 Abs. 1 Satz 1), wird auf **vier Wochen** verkürzt; die Fristen für die arbeitsgerichtliche Bestellung des WV (§ 16 Abs. 2 Satz 1) und durch den GBR bzw., wenn ein solcher nicht besteht, durch den KBR (§ 16 Abs. 3 Satz 1), werden jeweils von acht auf **drei Wochen** verkürzt. Eine weitere Besonderheit ist, dass der WV immer aus **drei Personen** besteht (Nr. 2). Eine Erhöhung der Zahl der WV-Mitgl. ist nicht

---

21   ArbG Iserlohn 12. 4. 88 – 2 BV 4/88.

zulässig (Ausschluss des § 16 Abs. 1 Satz 2 und 3). Dagegen können **Ersatzmitgl.** bestellt werden (§ 16 Abs. 1 Satz 4). Die Regelung, dass dem WV **Frauen und Männer** angehören sollen, wenn beide Geschlechter im Betrieb vertreten sind (§ 16 Abs. 1 Satz 5), findet ebenso Anwendung, wie die Möglichkeit der Entsendung eines **nicht stimmberechtigten Mitgl.** in den WV durch die im Betrieb vertretene Gew. (§ 16 Abs. 1 Satz 6).

2. Bestellung des Wahlvorstands in besonderen Fällen

2 Die Bestellung des WV soll auch in den Kleinbetrieben, in denen das vereinfachte Wahlverfahren nach § 14a anzuwenden ist, durch den **GBR** bzw. **KBR** erfolgen. Aber gerade in diesen Bereichen wird in vielen Fällen ein GBR bzw. KBR nicht vorhanden sein. Deshalb kommt der Regelung der Nr. 3 besondere Bedeutung zu. Der WV kann daher, wenn ein GBR bzw. KBR nicht besteht, in einer **Wahlversamml.** von der Mehrheit der anwesenden AN gewählt werden. Zu dieser Versamml. können drei wahlberechtigte AN oder die im Betrieb vertretene Gew. einladen. Kommt trotz Einladung eine Wahlversamml. nicht zustande oder wird auf ihr ein WV nicht gewählt, kommt die Bestellung durch das **ArbG** nach § 17 Abs. 4 in Betracht (Nr. 4).

§ 18 Vorbereitung und Durchführung der Wahl

(1) Der Wahlvorstand hat die Wahl unverzüglich einzuleiten, sie durchzuführen und das Wahlergebnis festzustellen. Kommt der Wahlvorstand dieser Verpflichtung nicht nach, so ersetzt ihn das Arbeitsgericht auf Antrag des Betriebsrats, von mindestens drei wahlberechtigten Arbeitnehmern oder einer im Betrieb vertretenen Gewerkschaft. § 16 Abs. 2 gilt entsprechend.

(2) Ist zweifelhaft, ob eine betriebsratsfähige Organisationseinheit vorliegt, so können der Arbeitgeber, jeder beteiligte Betriebsrat, jeder beteiligte Wahlvorstand oder eine im Betrieb vertretene Gewerkschaft eine Entscheidung des Arbeitsgerichts beantragen.

(3) Unverzüglich nach Abschluss der Wahl nimmt der Wahlvorstand öffentlich die Auszählung der Stimmen vor, stellt deren Ergebnis in einer Niederschrift fest und gibt es den Arbeitnehmern des Betriebs bekannt. Dem Arbeitgeber und den im Betrieb vertretenen Gewerkschaften ist eine Abschrift der Wahlniederschrift zu übersenden.

1. Einleitung und Durchführung der Wahl

Der WV hat die BR-Wahl **einzuleiten, durchzuführen** und das **1**
Wahlergebnis **festzustellen**.[1] Daneben hat er allgemein darauf zu
achten, dass die Wahl **rechtmäßig** und **ordnungsgemäß** abgewickelt
wird. Die entsprechenden Einzelheiten regelt die WO. Die Wahl ist so
zügig durchzuführen, dass der neu gewählte BR sein Amt **mit Ablauf
der Amtszeit des bestehenden BR** antreten kann. Kommt es zur
zeitgleichen Wahl eines SpA nach dem SprAuG, ist ggf. das Zuordnungsverfahren nach § 18a zu beachten, das der WV für die Wahl des
BR und der WV für die Wahl des SpA gemeinsam durchzuführen
haben (vgl. § 18a).

a) Wählerliste

Der WV hat die Wahlvorbereitungen mit der Aufstellung der Wählerliste zu beginnen (zur Ermittlung des zahlenmäßigen Anteils des
Minderheitengeschlechts vgl. § 15 Rn. 4ff.; zu den ansonsten erforderlichen Angaben in der Wählerliste vgl. § 2 Abs. 1 WO). Benötigt
der WV die Privatadressen der wahlberechtigten AN (insbesondere im
Zusammenhang mit der schriftlichen Stimmabgabe), hat auch diese der
AG an ihn herauszugeben.[2] Datenschutzrechtliche Bedenken dagegen
bestehen nicht.[3] Den Anspruch kann der Wahlvorstand im Wege einer
e.V. durchsetzen.[4] Der Wahlvorstand kann die Herausgabe einer Mit-
arbeiter-Liste (§ 2 Abs. 2 WO) auch verlangen, wenn der Arbeitgeber
bestreitet, dass eine Einrichtung des Arbeitgebers einen betriebsratsfähigen Betrieb darstellt.[5] Gleiches gilt bei Streit zwischen AG und WV
über die Frage, ob ein gemeinsamer Betrieb vorliegt, da die Verkennung des Betriebsbegriffs zur Anfechtbarkeit, aber nicht zur Nichtigkeit der Wahl führt.[6] Die Wählerliste ist bis zum Abschluss der Wahl an
geeigneter Stelle im Betrieb zur Einsichtnahme auszulegen (§ 2 Abs. 4
WO).

1 Muster für alle Wahlarten in brwo Berg/Heilmann, §§ 7–20.
2 ArbG Leipzig 24.2.06 – 3 BVGa 5/06, juris; LAG BaWü 30.10.92 – 1 TaBV
2/92; LAG Hamburg 3.3.87 – 3 TaBV 1/87.
3 LAG BaWü a.a.O.
4 ArbG Leipzig, a.a.O.
5 LAG Hamm, NZA-RR 05, 373.
6 LAG Hamm 29.3.06 – 13 TaBV 26/06, brwo.

b) Wahlausschreiben

Des Weiteren hat der WV **spätestens** sechs Wochen vor dem ersten Tag der Stimmabgabe ein Wahlausschreiben zu erlassen, das vom Vors. und von **mindestens** einem weiteren Mitgl. des WV unterzeichnet sein muss. Das Wahlausschreiben kann ebenso wie die Wählerliste und der Text der WO durch die mittels der im Betrieb vorhandenen Informations- und Kommunikationstechnik, wie etwa Intranet oder E-Mail, bekannt gemacht werden (§ 2 Abs. 4 Satz 3 u. 4, § 3 Abs. 4 Satz 2 u. 3 WO).[7] Die elektronische Form der Bekanntmachung kann aber nur erfolgen, wenn sichergestellt ist, dass alle AN auf diesem Wege Kenntnis erlangen. Außerdem müssen Vorkehrungen (Password nur für Wahlvorstand) dahingehend getroffen werden, dass nur der WV Änderungen am Wahlausschreiben bzw. an der Wählerliste vornehmen kann. Andere Mitarbeiter, wie beispielsweise Systemadministratoren, dürfen ohne Mitwirkung des WV keine Möglichkeit zur Veränderung der in elektronischer Form bekanntgemachten Wahlunterlagen haben.[8] Mit dem Erlass des Wahlausschreibens ist die BR-Wahl **eingeleitet**. Alle Änderungen im Wahlablauf, z. B. Verschiebung des Wahltags, Änderung des Ortes der öffentlichen Stimmauszählung, sind in derselben Form wie das Wahlausschreiben bekanntzumachen.

c) Wahlvorschläge

Der WV hat eingereichte Wahlvorschläge unverzüglich zu prüfen.[9] Er muss z. B. sicherstellen, dass am letzten Tag der Einreichungsfrist eingehende Wahlvorschläge sofort geprüft werden.[10] S. im Übrigen § 14 Rn. 5 ff.

d) Stimmabgabe und Stimmauszählung

Die Öffnung der Wahlurnen und die Stimmauszählung haben betriebsöffentlich zu erfolgen.[11] Der Ort, an dem ausgezählt wird, muss für alle AN zugänglich sein. Die Öffentlichkeit ist nicht gewahrt, wenn AN erst durch z. B. Klingeln Zugang erhalten.[12] Vertreter der im Betrieb vertretenen Gew. können an der Stimmauszählung teilnehmen.[13] Auch die Beratungen des WV über die Gültigkeit von Stimmen müssen öffentlich sein.[14]

---

7   Vgl. ausführlich zum Einsatz der Informations- und Kommunikationstechnik bei BR-Wahlen Schneider/Wedde, AuR 07, 26 f.
8   BAG 21.1.09 – 7 ABR 65/07, juris.
9   BAG a. a. O.
10   BAG 25.5.05 – 7 ABR 39/04, NZA 06, 116.
11   Vgl. BAG, DB 01, 1152.
12   LAG Berlin, DB 88, 504.
13   BAG 16.4.03, 7 ABR 29/02, brwo.
14   LAG Nürnberg 20.9.11 – 6 TaBv 9/11, juris.

e) Feststellung des Wahlergebnisses

Mit der Bekanntgabe des endgültigen Wahlergebnisses (§ 18 WO) ist die BR-Wahl beendet. Der WV hat noch die Mitglieder des gewählten BR zur **konstituierenden Sitzung** einzuberufen (§ 29 Abs. 1 BetrVG) und die Wahlakten an den BR zu übergeben, damit dieser sie aufbewahren kann (§ 19 WO).

2. Ersetzung des Wahlvorstands bei dessen Untätigbleiben

Die **Ersetzung des WV** durch das ArbG kommt in Betracht, wenn er **2** seine Pflichten so grob verletzt, dass die Wahl eines neuen BR nicht erfolgen kann bzw. wesentlich gefährdet ist. Ist allerdings bei der erstmaligen Wahl des BR die Wahl des Wahlvorstands nichtig (s. § 17 Rn. 2) kann dieser nicht ersetzt werden. Vielmehr muss eine neue Wahlversammlung gem. § 17 Abs. 3, 4 BetrVG einberufen werden.[15] Der Antrag beim ArbG kann nicht darauf gerichtet sein, die Verpflichtung des WV, die Wahl durchzuführen, zu erzwingen.[16] Das schließt nicht aus, dass einzelne Maßnahmen und Entscheidungen des WV **vor Abschluss des Wahlverfahrens** gesondert vor dem ArbG angegriffen werden können (vgl. Rn. 3). Nur die in Satz 2 genannten Antragsteller können einen Antrag auf Ersetzung des WV beim ArbG stellen. Dazu gehört auch der BR, der den untätig gebliebenen WV bestellt hat. Der AG kann den Antrag nicht stellen. Die Abberufung des WV hat keine rückwirkende Kraft; bereits eingeleitete Maßnahmen bleiben **grundsätzlich rechtswirksam**. Der neue WV ist jedoch berechtigt, **rechtsfehlerhafte Maßnahmen** des alten zu berichtigen. Bei der Bestellung eines neuen WV kann das ArbG, wenn dies im Interesse einer ordnungsgemäßen Durchführung der Wahl notwendig ist, **Nichtbetriebsangehörige** in den neuen WV berufen, sofern sie Mitgl. einer im Betrieb vertretenen Gew. sind (vgl. auch § 16 Rn. 5).[17]

3. Rechtsfehlerhafte Maßnahmen des Wahlvorstands, einstweilige Verfügungen

Rechtsfehlerhafte Maßnahmen des WV können schon im Laufe des **3** Wahlverfahrens zum Gegenstand eines arbeitsgerichtl. Verfahrens gemacht werden.[18] Der **Abbruch** einer Betriebsratswahl kommt nur dann in Frage, wenn sie **voraussichtlich nichtig** wäre.[19] Das BAG hat damit die in der Instanzrechtsprechung umstrittene Frage, ob eine BR-Wahl schon dann abgebrochen werden darf, wenn sie voraussichtlich **anfechtbar** ist oder erst dann, wenn sie voraussichtlich **nichtig**

---

15   ArbG Essen, NZA-RR 05, 258 f.
16   ArbG Iserlohn, AuR 89, 28.
17   Vgl. LAG Thüringen 20. 1. 05 – 1 TaBV 1/04 juris; zur Bestellung von WV-Mitgl., die nicht dem Betrieb angehören.
18   BAG, AuR 75, 216; LAG Hamm 3. 3. 06 – 13 TaBV 18/06, juris.
19   BAG 27.07.11 – 7 ABR 61/10, juris.

ist, entschieden.[20] Durch eine einstweilige Verfügung kann die Betriebsratswahl i. d. R. nicht bis zur endgültigen Klärung der Rechtsfrage ausgesetzt werden.[21] Andernfalls entstünde eine betriebsratslose Zeit. Durch sog. »Leistungsverfügung« sind nur korrigierende Eingriffe in das Wahlverfahren zulässig.[22] So kann dem Wahlvorstand aufgegeben wird, z. B. bestimmte AN in die Wählerliste aufzunehmen oder einen Wahlvorschlag zur Wahl zuzulassen.[23]

4. Klärung bei Zweifeln über betriebsratsfähige Organisationseinheit

4   Die Frage, ob eine betriebsratsfähige Organisationseinheit vorliegt, kann von den Antragstellern **jederzeit**, also auch unabhängig von einer konkreten BR-Wahl, vor das ArbG getragen werden. Zur Einleitung eines Verfahrens nach § 18 Abs. 2 berechtigte Antragsteller sind der **AG**, die **beteiligten BR**, der GBR[24] oder eine im Betrieb vertretene **Gew.**; vor der BR-Wahl auch die **beteiligten WV**. Die Schwerbehindertenvertretung oder einzelne AN sind nicht antragsberechtigt. Die Aufzählung in Abs. 2 ist abschließend.[25] Soweit das Gesetz von betriebsratsfähigen Organisationseinheiten spricht, sind im Wesentlichen folgende Streitfragen gemeint: das Vorliegen eines **gemeinsamen Betriebs** mehrerer UN (§ 1 Abs. 2);[26] ob ein Betriebsteil als **selbstständiger Betrieb** gilt (§ 4 Abs. 1 Satz 1); die Bildung eines **unternehmenseinheitlichen BR** durch TV (§ 3 Abs. 1 Nr. 1 erste Alternative); die **Zusammenfassung von Betrieben** (§ 3 Abs. 1 Nr. 1 zweite Alternative); die Bildung von **Sparten-BR** (§ 1 Abs. 1 Nr. 2); die Bildung anderer **AN-Vertretungsstrukturen** (§ 1 Abs. 1 Nr. 3). Der Begriff »Nebenbetrieb«, wie er im früheren Recht (vgl. § 18 Abs. 2 BetrVG 1972) verwendet wurde, ist im geltenden Gesetz nicht mehr enthalten. Er ist in den umfassenderen Begriff »betriebliche Organisationseinheit« aufgegangen.

---

20   Abbruch nur, wenn zuverlässig feststellbar ist, dass die Wahl nichtig sein wird: LAG Düsseldorf 13. 3. 13 – 9 TaBVGa 5/13, juris; HessLAG 7. 8. 08 – 9 TaBVGa 188/08, brwo; LAG Nürnberg 30. 3. 06 – 6 TaBV 19/06, FA 06, 280; LAG Köln, NZA-RR 99, 247 und AiB 01, 602; LAG Nürnberg, AuR 02, 238; LAG BaWü, AiB 98, 401; vgl. DKKW-Homburg, § 19 Rn. 16 m. w. N.; Abbruch auch, wenn die Wahl mit Sicherheit anfechtbar ist: LAG SH 7. 4. 11 – 4 TaBVGa1/11, juris; LAG Hamburg 26. 4. 06 – 6 TaBV 6/06, NZA-RR 06, 413; Fitting, § 18 Rn. 42.

21   DKKW-Homburg, § 19 Rn. 20; Fitting, § 18 Rn. 37; LAG Hamm, DB 75, 1176; LAG München, BB 89, 147.

22   Fitting, § 18 Rn. 40; DKKW-Homburg, § 19 Rn. 22 m. w. N.

23   LAG Hamm 3. 3. 06 – 13 TaBV 18/06, juris; Fitting, Rn. 40; DKKW-Homburg, § 19 Rn. 22.

24   BAG 22. 6. 05, NZA 05, 1248.

25   BAG 18. 1. 12 – 7 ABR 72/10, juris.

26   BAG 17. 8. 05 – 7 ABR 62/04 – juris.

Das Vorliegen einer betriebsratsfähigen Organisationseinheit kann **5** auch als Vorfrage in einem anderen streitigen Verfahren (z. B. in einem Verfahren nach § 99 oder § 102) entschieden werden, solange noch keine bindende Entscheidung über die Betriebsabgrenzung ergangen ist.[27] Ergeht zwischen zwei BR-Wahlen eine rechtskräftige Entscheidung nach § 18 Abs. 2 dahingehend, dass die letzte Wahl auf der Grundlage einer rechtlich unzutreffenden Organisationseinheit erfolgte, ist das Ergebnis der gerichtl. Feststellung grundsätzlich erst für die **nächste BR-Wahl** maßgebend.[28] Ergeht während einer laufenden BR-Wahl eine rechtskräftige Entscheidung, z. B. über die Frage, ob eine betriebsratsfähige Organisationseinheit vorliegt, hat der WV diese zu berücksichtigen und gegebenenfalls die Wahl abzubrechen und neu einzuleiten.[29] Eine rechtskräftige gerichtl. Entscheidung, nach der zwei UN keinen gemeinsamen Betrieb bilden (§ 1 Abs. 2), wirkt auch im Verhältnis zwischen den UN und ihren AN.[30]

§ 18 a Zuordnung der leitenden Angestellten bei Wahlen

(1) Sind die Wahlen nach § 13 Abs. 1 und nach § 5 Abs. 1 des Sprecherausschussgesetzes zeitgleich einzuleiten, so haben sich die Wahlvorstände unverzüglich nach Aufstellung der Wählerlisten, spätestens jedoch zwei Wochen vor Einleitung der Wahlen, gegenseitig darüber zu unterrichten, welche Angestellten sie den leitenden Angestellten zugeordnet haben; dies gilt auch, wenn die Wahlen ohne Bestehen einer gesetzlichen Verpflichtung zeitgleich eingeleitet werden. Soweit zwischen den Wahlvorständen kein Einvernehmen über die Zuordnung besteht, haben sie in gemeinsamer Sitzung eine Einigung zu versuchen. Soweit eine Einigung zustande kommt, sind die Angestellten entsprechend ihrer Zuordnung in die jeweilige Wählerliste einzutragen.

(2) Soweit eine Einigung nicht zustande kommt, hat ein Vermittler spätestens eine Woche vor Einleitung der Wahlen erneut eine Verständigung der Wahlvorstände über die Zuordnung zu versuchen. Der Arbeitgeber hat den Vermittler auf dessen Verlangen zu unterstützen, insbesondere die erforderlichen Auskünfte zu erteilen und die erforderlichen Unterlagen zur Verfügung zu stellen. Bleibt der Verständigungsversuch erfolglos, so entscheidet der Vermittler nach Beratung mit dem Arbeitgeber. Absatz 1 Satz 3 gilt entsprechend.

(3) Auf die Person des Vermittlers müssen sich die Wahlvor-

---

27 BAG, NZA 86, 334.
28 DKKW-Homburg, § 18 Rn. 25 m. w. N.
29 BAG 1. 12. 04, NZA 05, 1319.
30 BAG, BB 91, 2087.

stände einigen. Zum Vermittler kann nur ein Beschäftigter des Betriebs oder eines anderen Betriebs des Unternehmens oder Konzerns oder der Arbeitgeber bestellt werden. Kommt eine Einigung nicht zustande, so schlagen die Wahlvorstände je eine Person als Vermittler vor; durch Los wird entschieden, wer als Vermittler tätig wird.

(4) Wird mit der Wahl nach § 13 Abs. 1 oder 2 nicht zeitgleich eine Wahl nach dem Sprecherausschussgesetz eingeleitet, so hat der Wahlvorstand den Sprecherausschuss entsprechend Absatz 1 Satz 1 erster Halbsatz zu unterrichten. Soweit kein Einvernehmen über die Zuordnung besteht, hat der Sprecherausschuss Mitglieder zu benennen, die anstelle des Wahlvorstands an dem Zuordnungsverfahren teilnehmen. Wird mit der Wahl nach § 5 Abs. 1 oder 2 des Sprecherausschussgesetzes nicht zeitgleich eine Wahl nach diesem Gesetz eingeleitet, so gelten die Sätze 1 und 2 für den Betriebsrat entsprechend.

(5) Durch die Zuordnung wird der Rechtsweg nicht ausgeschlossen. Die Anfechtung der Betriebsratswahl oder der Wahl nach dem Sprecherausschussgesetz ist ausgeschlossen, soweit sie darauf gestützt wird, die Zuordnung sei fehlerhaft erfolgt. Satz 2 gilt nicht, soweit die Zuordnung offensichtlich fehlerhaft ist.

1. Grundsätze

1   Das Verfahren soll sicherstellen, dass die **Doppelvertretung** eines Ang. durch den BR und den SpA möglichst ausgeschlossen wird. Es soll auch gewährleistet werden, dass nicht derselbe Ang. an den Wahlen zu beiden Vertretungsorganen teilnimmt. Das Zuordnungsverfahren lässt die Möglichkeit unberührt, unabhängig von der Einleitung der Wahl eines BR bzw. der Wahl eines SpA betriebsverfassungsrechtlich zu klären, ob ein bestimmter AN leit. Ang. ist oder nicht. Die Regelungen des § 18a BetrVG stehen dem nicht entgegen.[1]

Im vereinfachten Wahlverfahren ist die Vorschrift nicht anwendbar, da der Zeitablauf des Zuordnungsverfahrens sich nicht mit den kurzen

---

1   LAG Berlin, AuR 91, 61, das sogar darauf hinweist, auch ohne das Vorliegen eines konkreten, aktuellen Anlasses bestehe für die betriebsverfassungsrechtliche Klärung, ob ein AN leit. Ang. ist, in der Regel ein Feststellungsinteresse.

Fristen des vereinfachten Wahlverfahrens in Übereinstimmung bringen lässt.

2. Getrennte Prüfung, gemeinsame Sitzung beider Wahlvorstände

Dem Zuordnungsverfahren geht eine **getrennte Festlegung** der beiden WV voraus, wer den leit. Ang. zuzuordnen ist. Somit hat der WV für die BR-Wahl wie bisher eigenständig zu prüfen, ob ein Beschäftigter zum Personenkreis der leit. Ang. gehört (zur Begriffsabgrenzung vgl. die Erl. zu § 5 Abs. 3 und 4). Spätestens zwei Wochen vor Einleitung der Wahlen haben sich die beiden WV gegenseitig darüber zu unterrichten, welche Ang. sie den leit. Ang. zugeordnet haben.[2]   **2**

Erst wenn nach der gegenseitigen Unterrichtung feststeht, dass eine unterschiedliche Zuordnung des WV für die BR-Wahl und des WV für die Wahl des SpA vorliegt, kommt es zu einer **gemeinsamen Sitzung**. In dieser Sitzung soll eine Einigung versucht werden. Der AG hat **kein Teilnahmerecht**. Für den WV der BR-Wahl nehmen nur dessen **stimmberechtigte Mitgl.** teil, also nicht die nach § 16 Abs. 1 Satz 6 zusätzlich entsandten Beauftragten von Gew. Das Teilnahmerecht von Gew.-Beauftragten nach § 31 findet jedoch analog Anwendung. Eine gemeinsame Abstimmung der beiden WV darüber, ob jemand zum Personenkreis der leit. Ang. gehört, erfolgt **nicht**. Verbleiben Streitfälle, ob bestimmte Ang. zu den leit. Ang. gehören, muss darüber durch jeweils getrennte Beschlussfassung in den beiden WV entschieden werden (zum Zuordnungsverfahren mit Einschaltung des Vermittlers vgl. Rn. 4).[3] Erfolgt zwar eine Einigung, haben jedoch an der Sitzung nicht alle stimmberechtigten Mitgl. eines WV, wie beispielsweise die Mitgl. des WV für die BR-Wahl, teilgenommen, entscheidet der WV insgesamt. Die Beschlussfassung erfolgt mit der Mehrheit der anwesenden stimmberechtigten Mitgl. in der WV-Sitzung.   **3**

3. Einschaltung eines Vermittlers

Kommt eine Einigung zwischen den WV über die Zuordnung zum Personenkreis der leit. Ang. nicht zustande, haben sie sich bis spätestens zum Beginn der letzten Woche vor der Wahleinleitung auf einen **Vermittler zu einigen**, der dem Betrieb, in dem die Wahlen durchgeführt werden, angehört.[4] Er kann auch einem anderen Betrieb des UN oder Konzerns angehören. Findet sich **kein Vermittler**, ist das **Zuordnungsverfahren nicht durchzuführen**; eine Ersatzbestellung des Vermittlers durch das ArbG kommt nicht in Betracht. Die Regelung lässt es zu, dass der AG als Vermittler bestellt wird. Der AG ist dafür jedoch **grundsätzlich ungeeignet**, da er in seiner AG-Stellung   **4**

---

2 Muster s. brwo-Berg/Heilmann, §§ 7–20 Information an Sprecherausschuss über Zuordnung leit. Ang.

3 DKKW-Trümner, Rn. 18 m. w. N.

4 Muster zur Einsetzung des Vermittlers s. brwo-Berg/Heilmann, §§ 7–20.

selbst ein betriebsverfassungsrechtliches Organ ist. Diese betriebsverfassungsrechtliche Stellung führt zur **Befangenheit des AG** mit der Gefahr, dass willkürliche Entscheidungen bei der Zuordnung nicht auszuschließen sind.[5] Von der Bestellung des AG als Vermittler sollte daher grundsätzlich Abstand genommen werden.[6] Kommt eine Einigung über die Person des Vermittlers nicht zustande, entscheidet das **Los** darüber, welcher von den beiden WV Vorgeschlagenen die Vermittlerposition einnehmen soll. Ein bestimmtes Verfahren bei der Losentscheidung ist **nicht vorgesehen**. Es ist daher jede Methode zulässig, die zu einem **Zufallsergebnis** führt und eine Beeinflussung des Ergebnisses ausschließt. Der Losentscheid kann z.B. durch das Ziehen von Losen oder das Werfen einer Münze durchgeführt werden. Der so festgestellte Vermittler ist nicht verpflichtet, das Amt anzunehmen. Wird der Vermittler tätig, hat er sich bei der Frage der Zuordnung an die **gesetzlich vorgegebene Begriffsabgrenzung** des leit. Ang. zu halten (vgl. die Erl. zu § 5 Abs. 3 und 4). Seine Entscheidung hat der Vermittler nach Beratung mit dem AG zu treffen.

4. Wegfall des Zuordnungsverfahrens; Zuordnung mit UN-SpA

5   Das **Zuordnungsverfahren entfällt ganz**, wenn bei zeitgleicher Durchführung der Wahlen (Abs. 1) zum Zeitpunkt der Wahleinleitung durch den WV für die Wahl des BR (Aushang des Wahlausschreibens) noch **kein WV für den SpA** besteht.[7] Es kann allerdings sein, dass ein **UN-SpA** (vgl. § 20 SprAuG) gewählt werden soll und hierfür ein WV vorhanden ist. Dann nimmt der WV für die Wahl des UN-SpA im Rahmen des Zuordnungsverfahrens die Funktionen des SpA-WV gegenüber **sämtlichen BR-WV** der zum UN gehörenden Betriebe wahr. Entstehen wegen der Vielzahl von Einzelfällen faktische Probleme, dürfen sie nicht dazu führen, die BR-Wahl zeitlich so zu verschieben, dass betriebsratslose Zeiten eintreten. Entsprechendes gilt für die Wahl betrieblicher SpA, wenn das Zuordnungsverfahren entfällt oder zwar bereits eingeleitet worden ist, aber abgebrochen werden muss.[8]

5. Besonderheiten bei Auseinanderfallen beider Wahlen

6   Diese Regelung berücksichtigt, dass es zu einem **zeitlichen Auseinanderfallen** der Wahlen des BR und des SpA kommen kann, etwa

---

5   So grundsätzlich auch Martens, RdA 88, 202 ff. Fn. 41.
6   Vgl. auch DKKW-Trümner, Rn. 61 f.
7   Vgl. ArbG Frankfurt, BetrR 89, 189.
8   Vgl. DKKW-Trümner, Rn. 6 f., 78; vgl. ferner ArbG Lingen, BetrR 87, 128; vgl. auch LAG Hamm, BB 90, 1628, wonach der BR allerdings nicht berechtigt sein soll, bei einem nicht gemäß § 18 a durchgeführten Zuordnungsverfahren im Wege der einstweiligen Verfügung die Veränderung der Wählerliste für den zu wählenden SpA bzw. den Wahlabbruch zur Wahl des SpA zu verlangen.

deswegen, weil der BR außerhalb der regelmäßigen BR-Wahlen aus einem der in § 13 Abs. 2 genannten Gründe neu zu wählen ist. In einem solchen Fall hat der WV für die Wahl des BR den SpA darüber zu unterrichten, welche Beschäftigten er dem Personenkreis der leit. Ang. zuordnen will. Kommt es zu keinem Einvernehmen, benennt der SpA aus seiner Mitte Mitgl., die das in den Abs. 1 bis 3 festgelegte Zuordnungsverfahren anstelle des WV wahrnehmen. Die Regelung gilt auch umgekehrt, also dann, wenn der SpA außerhalb seiner regelmäßigen Amtszeit gewählt wird und dieser Zeitpunkt somit nicht mit der Wahl des BR zusammenfällt.

6. Rechtswirkungen des Zuordnungsverfahrens

Das Zuordnungsverfahren bringt **keine endgültige Festlegung** darüber, ob jemand zum Personenkreis der leit. Ang. gehört oder nicht. Dem Betreffenden ist es ohne weiteres möglich, jederzeit – somit auch nach den Wahlen des BR und des SpA – das ArbG zur Feststellung anzurufen, ob er zum Personenkreis der leit. Ang. gehört. Das ergibt sich schon daraus, dass eine fehlerhafte Zuordnung zum Personenkreis der leit. Ang. dazu führt, dass für den Betreffenden die **Schutzfunktion** des Betriebsverfassungsrechts **keine Anwendung** findet und er somit in seiner Rechtsposition entscheidend geschmälert wird. Ein solches Feststellungsverfahren kann aber auch durch andere Beteiligte betrieben werden, soweit ein **Rechtsschutzinteresse** besteht. Das ist beispielsweise beim BR der Fall, wenn es um personelle Einzelmaßnahmen gegenüber einem Beschäftigten geht, von dem der BR meint, dass die Zuordnung fehlerhaft erfolgt ist. Aber auch andere BR-Rechte können durch eine fehlerhafte Zuordnung beeinträchtigt werden, so etwa der Umfang der Freistellungen von BR-Mitgl. nach § 38 Abs. 1 oder die MB nach § 95 Abs. 2 bei Auswahlrichtlinien (vgl. dazu § 5 Rn. 8). Die Regelung des Abs. 5 legt allerdings fest, dass eine Anfechtung der BR-Wahl oder der Wahl des SpA insoweit ausgeschlossen ist, als sie auf eine fehlerhafte Zuordnung gestützt wird. Ist jedoch die Zuordnung nach diesem Verfahren »offensichtlich« fehlerhaft, können die genannten Wahlen **auch aus diesem Grund**e angefochten werden. Eine **offensichtlich fehlerhafte Zuordnung** liegt etwa dann vor, wenn die betrieblichen Rechtsanwender (WV, Vermittler) bei der Abgrenzung vorschnell die Hilfskriterien nach Abs. 4 Nrn. 1 bis 4 anwenden, ohne eine sachgerechte Aufklärung auf der Grundlage des Abs. 3 Nr. 3 vorzunehmen.[9] Ebenso, wenn eine – mittlere – Führungsebene zu leit. Ang. erklärt wird, ohne das Vorliegen der gesetzlichen Kriterien zur Bestimmung von leit. Ang. zu prüfen.[10]

7

---

9 DKKW-Trümner, Rn. 71.
10 LAG BaWü 29. 4. 11 – 7 TaBV 7/10, AiB 2013, 718.

§ 19 Wahlanfechtung

(1) Die Wahl kann beim Arbeitsgericht angefochten werden, wenn gegen wesentliche Vorschriften über das Wahlrecht, die Wählbarkeit oder das Wahlverfahren verstoßen worden ist und eine Berichtigung nicht erfolgt ist, es sei denn, dass durch den Verstoß das Wahlergebnis nicht geändert oder beeinflusst werden konnte.

(2) Zur Anfechtung berechtigt sind mindestens drei Wahlberechtigte, eine im Betrieb vertretene Gewerkschaft oder der Arbeitgeber. Die Wahlanfechtung ist nur binnen einer Frist von zwei Wochen, vom Tage der Bekanntgabe des Wahlergebnisses an gerechnet, zulässig.

1. Die Anfechtung

1 Die Anfechtung ist ein Rechtsbehelf, mit dem die Unwirksamkeit der Betriebsratswahl bei Gericht geltend gemacht werden kann. Die Vorschrift gilt auch JAV-Wahlen (§ 63 Abs. 2). Sie ist entsprechend anwendbar für die internen Wahlen im Betriebsrat, wie Wahl des Vorsitzenden und Stellvertreters, die Wahl der Mitgl. des BA, sowie weiterer Ausschüsse des BR.[1] In diesen Fällen ist allerdings auch ein einzelnes BR-Mitgl. anfechtungsberechtigt, das geltend macht, in seinen Rechten verletzt zu sein.[2]

a) Voraussetzungen

2 Es müssen Verstöße gegen **wesentliche** Vorschriften über das **Wahlrecht**, die **Wählbarkeit** oder das **Wahlverfahren** vorliegen, damit eine Anfechtung erfolgen kann.

Wesentlich ist ein Verstoß dann, wenn gegen grundlegende Prinzipien

---

1 Vgl. BAG 20.4.05 – 7 ABR 44/04, NZA 05, 1426; 21.7.04 – 7 ABR 58/03, NZA 05, 170.
2 Siehe brwo: Musterschreiben zur Anfechtung einer BR-Wahl.

der BR-Wahl verstoßen wurde. Hierzu gehören in jedem Fall die zwingenden Vorschriften[3] und i.d.R. nicht die Soll-Vorschriften. Allerdings zählen Soll-Vorschriften, wenn sie grundlegend für eine demokratische Wahl sind, ebenfalls zu den wesentlichen Wahlvorschriften. So hat das BAG die Soll-Vorschrift über die Information ausl. Mitarbeiter in § 2 Abs. 5 WO – zu Recht – zu den wesentlichen Vorschriften gezählt.[4]

Eine Wahlanfechtung kommt aber nicht in Betracht, wenn zwar gegen wesentliche Wahlvorschriften verstoßen wurde, der Mangel jedoch **rechtzeitig korrigiert** worden ist oder der Verstoß das Wahlergebnis **nicht ändern** oder **beeinflussen** konnte.[5] Ein Wahlverstoß, der sich lediglich auf die Reihenfolge der Ersatzmitgl. auswirkt, beeinflusst das Wahlergebnis i.S.d. § 19 Abs. 1 nicht und berechtigt daher **nicht** zur Wahlanfechtung.[6] Die Anfechtung der Wahl des BR kann nicht darauf gestützt werden, dass die Zuordnung zum Personenkreis der leit. Ang. nach § 5 Abs. 3 fehlerhaft erfolgte, es sei denn, dass die Zuordnung **offensichtlich fehlerhaft** ist (vgl. § 18a Rn. 7). Die Auszählung der Stimmen einer BR-Wahl mittels EDV ist grundsätzlich zulässig, sofern die Verantwortlichkeit des WV für den Auszählungsvorgang gewahrt ist. Das bedeutet insbesondere, dass sich während der im Rechenzentrum stattfindenden Datenerfassung der Stimmzettel dort ständig WV-Mitgl. aufhalten und den Verbleib der Stimmzettel beobachten müssen.[7]

Die Anfechtung wird sich i.d.R. gegen die BR-Wahl insgesamt richten. Möglich ist aber auch eine **Teilanfechtung**, mit der nur Teile des Wahlergebnisses korrigiert werden sollen. Dies kann z.B. bei einer falschen Verteilung der Sitze auf die einzelnen Vorschlagslisten oder einer fehlerhaften Verteilung der Sitze im Hinblick auf das Minderheitengeschlecht der Fall sein.[8] Wird die Anfechtung auf die Verkennung des Betriebsbegriffes gestützt, muss sie sich dann auf die **Wahl aller BR** erstrecken. Die Anfechtung der Wahl nur eines der BR ist in diesem Fall unzulässig.[9] Voraussetzung für eine Anfechtung ist nicht, dass während des Wahlverfahrens z.B. Einspruch gegen die Wählerliste erhoben wurde.[10]

---

3 BAG 13.10.04 – 7 ABR 5/04, AiB 05, 245 m. Anm. Mittländer.

4 BAG a.a.O.

5 Vgl. etwa BAG, NZA 93, 949, nach dem eine Berichtigung der Wählerliste nach Ablauf der Einspruchsfrist ohne das Vorliegen der in § 4 Abs. 3 WO genannten Voraussetzungen zwar die Anfechtbarkeit begründet, aber nur, wenn dadurch das Wahlergebnis beeinflusst werden konnte.

6 BAG, NZA 02, 282.

7 LAG Berlin, DB 88, 504.

8 BAG 16.3.05 – 7 ABR 40/04, NZA 05, 1252; vgl. DKKW-Homburg, § 19 Rn. 30 m.w.N.

9 BAG 14.11.01 – 7 ABR 40/00, NZA 02, 1251.

10 DKKW-Homburg, § 19 Rn. 6 m.w.N.; offengelassen BAG a.a.O.

§ 19 Wahlanfechtung

Im Übrigen kann in einem Wahlanfechtungsverfahren das **Rechts-schutzinteresse** für einen Antrag, die Wahl für unwirksam zu erklä-ren, entfallen, wenn während des Wahlanfechtungsverfahrens die Amtszeit des BR, dessen Wahl angefochten wurde, endet.[11]

b) Anfechtungsberechtigte

3 Anfechtungsberechtigt sind ausschließlich drei wahlberechtigte AN, eine im Betrieb vertretene Gewerkschaft oder der Arbeitgeber. Auch wahlberechtigte Leih-AN können die Wahl anfechten.[12] Die Anfech-tung durch eine Gew. muss dabei von der nach der Satzung zuständi-gen Stelle erfolgen. Die Anfechtung durch eine nicht nach der Satzung zuständige Stelle (z. B. Verwaltungsstelle oder Region) führt dazu, dass die Anfechtung unzulässig ist. Eine solche Anfechtung wird auch nicht dadurch zulässig, dass sie – nach Ablauf der Anfechtungsfrist – von der zuständigen Stelle (z. B. Hauptvorstand) genehmigt wird.[13] **Nicht anfechtungsberechtigt** ist der **gewählte BR**, was andererseits nicht ausschließt, dass sich einzelne BR-Mitgl. in ihrer Eigenschaft als AN an dem Anfechtungsverfahren beteiligen. Auch der **WV** als solcher ist nicht anfechtungsberechtigt.[14] Der **einzelne AN** hat selbst dann kein Anfechtungsrecht, wenn er bei ordnungsgemäßer Durchführung der Wahl gewählt worden wäre.[15]

Die Anfechtungsfrist beginnt mit Ablauf des Tages, an dem das Wahl-ergebnis durch Aushang bekannt gemacht worden ist. Es handelt sich dabei um den Aushang nach § 18 WO, mit dem die Namen der BR-Mitgl. bekannt gemacht werden, wenn nach Ablauf der in § 17 Abs. 1 WO genannten Frist feststeht, wie sich der neu gewählte BR zusammensetzt. Nach Ablauf der zweiwöchigen Anfechtungsfrist kann nur noch eine evtl. vorliegende Nichtigkeit der BR-Wahl gerichtlich geltend gemacht werden.

Voraussetzung für eine Wahlanfechtung durch mind. drei AN ist, dass diese am Tag der Wahl wahlberechtigt waren. Verlieren während des Verfahrens Anfechtende ihre Wahlberechtigung – beispielsweise we-gen Ausscheidens aus dem Betrieb oder Eintritts in die Freistellungs-phase der Altersteilzeit – wird das Anfechtungsverfahren nicht unzu-lässig, solange noch ein Wahlberechtigter zu den Anfechtenden gehört. Nur wenn alle Anfechtenden ihre Wahlberechtigung verloren haben, entfällt ihr Rechtsschutzinteresse am Verfahren und es wird unzuläs-sig.[16] Tritt eine **Gew.** als Antragsteller auf, muss die Verfahrensvoraus-

---

11 BAG 16.4.08 – 7 ABR 4/07, brwo; NZA-RR 08, 583.
12 Fitting, § 19 Rn. 29.
13 LAG Düsseldorf 12.12.06 – 12 TaBV 95/06, brwo.
14 Vgl. BAG 14.11.75, AP Nr. 1 zu § 18 BetrVG 1972.
15 BAG 20.4.56, AP Nr. 3 zu § 27 BetrVG.
16 BAG 16.11.05 – 7 ABR 9/05, brwo; BAG 15.2.89 – 7 ABR 9/88, NZA 90, 115.

setzung, dass sie im Betrieb vertreten ist, während des ganzen Anfechtungsverfahrens gegeben sein.[17]

c) Rechtsfolgen der Anfechtung

Eine Entscheidung des ArbG, die der Anfechtung stattgibt, wirkt nur **4** für die **Zukunft**. Dem BR ist zwar die Rechtsgrundlage für sein weiteres Bestehen entzogen. Der BR bleibt aber mit allen betriebsverfassungs- und auch verfahrensrechtlichen Rechten im Amt.[18] Die von ihm bis dahin vorgenommenen Handlungen bleiben **rechtswirksam**, z. B. die von ihm abgeschlossenen BVen. Der BR, dessen Wahl erfolgreich (und rechtskräftig) angefochten worden ist, darf keinen WV zur Neuwahl bestellen. Vielmehr ist auf die Grundsätze zurückzugreifen, die für einen betriebsratslosen Betrieb gelten (vgl. § 17).

d) Beispiele:

• Verkennung des Betriebsbegriffs

Die Verkennung des Betriebsbegriffs führt nicht zur Nichtigkeit einer **5** BR-Wahl. Sie kann nur die Anfechtung begründen.[19] Die Verkennung des Betriebsbegriffs kann nicht nur dazu führen, dass ein einheitlicher BR für mehrere Betriebsteile gebildet worden ist, die als selbstständige Betriebe nach § 4 Satz 1 gelten. Denkbar ist auch, dass in einem an sich einheitlichen Betrieb, für den nur ein BR zu wählen gewesen wäre, mehrere BR für die einzelnen Betriebsteile gewählt worden sind.[20] Auch die Verkennung der Rechtsgrundlage für die Bestimmung des Betriebsbegriffes rechtfertigt nur die Anfechtung der BR-Wahl, führt aber nicht zu deren Nichtigkeit. Dies ist z. B. der Fall, wenn der WV von der Gültigkeit eines TV zur Betriebsratsbildung ausgeht, und nicht von §§ 1 und 4 für die Bestimmung des Betriebes (bzw. der Betriebsteile), in dem zu wählen ist. [21]

Ist unter Verkennung des Betriebsbegriffs für zwei Betriebe ein gemeinsamer BR gewählt und diese Wahl nicht angefochten worden, kann während der Amtszeit dieses BR für einen dieser Betriebe solange kein eigener BR gewählt werden, wie sich die tatsächlichen Verhältnisse nicht wesentlich geändert haben.[22] Die vorstehenden Grundsätze sind auch anzuwenden, wenn es um die Anforderung von BR-Wahlen in einem Gemeinschaftsbetrieb nach § 1 Abs. 2 oder in einer durch TV nach § 3 Abs. 1 Nr. 1–3 gebildeten Organisationseinheit geht (vgl.

---

17   BAG 21.11.75, AP Nr. 6 zu § 118 BetrVG 1972.
18   BAG 13.2.13 – 7 ABR 36/11, NZA-RR 13, 521.
19   BAG 19.11.03 – 7 ABR 25/03, AiB 04, 193.
20   Vgl. LAG Köln 8.5.06 – 2 TaBV 22/06, brwo.
21   BAG 13.3.13 – 7 ABR 70/11, NZA 13, 738.
22   LAG Hamm 18.9.96, AP Nr. 40 zu § 19 BetrVG 1972.

auch § 18 Abs. 2, der eine gerichtliche Überprüfung solcher Organisationseinheiten ohne einen Zusammenhang mit einer BR-Wahl vorsieht).

• Anfechtung der Wahl eines einzelnen Betriebsratsmitglieds

Die Anfechtung kann sich nicht nur gegen den neu gewählten BR insgesamt richten, sondern auch gegen ein **einzelnes BR-Mitgl.**, wenn lediglich dessen Wahl fehlerhaft gewesen ist.[23]

Weitere Beispiele:

• Nichteinhaltung der 6-Wochen-Frist (§ 3 Abs. 1 WO) zwischen Aushang Wahlausschreiben und Wahltag;[24]

• Nichtbekanntgabe von Ort und Zeit der Stimmenauszählung;[25]

• Abweichen von im Wahlausschreiben angegebenen Ort und Zeit der Stimmauszählung, ohne dies rechtzeitig vorher im Betrieb bekannt gemacht zu haben;[26]

• Aushang des Wahlausschreibens (§ 3 Abs. 4 Satz 1 WO) in nur zwei von 84 bundesweiten Filialen;[27]

• nicht ausreichende Unterrichtung ausländischer, der deutschen Sprache nicht mächtiger Mitarbeiter in ihrer Sprache durch den Wahlvorstand über die wesentlichen Grundsätze und Abläufe der BR-Wahl;[28]

• Durchführung der BR-Wahl im vereinfachten Wahlverfahren in Betrieben mit i.d.R. 51 bis 100 AN ohne ausdrückliche oder konkludente Vereinbarung mit dem AG;[29]

• Zulassung nicht wählbarer Wahlbewerber;

• Nichtaufnahme von Wahlberechtigten AN in die Wählerliste;[30]

• Nichtberücksichtigung der Minderheitengeschlechterquote; falsche Angaben im Wahlausschreiben über die Anzahl der Sitze für das Minderheitengeschlecht;[31]

• Unzutreffende Angaben über die Anzahl der auf das Minderheitengeschlecht entfallen den Mindestsitze[32]

---

23   BAG 7.7.54, AP Nr. 1 zu § 24 BetrVG.
24   Hessisches LAG 14.4.11 – 9 TaBV 198/10, brwo.
25   BAG, NZA 01, 583.
26   LAG München 10.3.08 – 6 TaBV 87/07, brwo.
27   BAG, NZA 04, 1285.
28   BAG 13.10.04, AiB 05, 245.
29   BAG, AuR 04, 309.
30   LAG Rheinland-Pfalz 11.2.09 – 8 TaBV 27/08, brwo.
31   LAG Hamm 17.12.08 – 1 TaBV 137/07, juris.
32   BAG 13.3.13 – 7 ABR 67/11, NZA-RR 13, 575.

- die unterlassene Verwendung von Wahlumschlägen ist grundsätzlich ein Grund für die Anfechtung einer BR-Wahl;[33]
- Verwendung von getrennten Stimmzetteln (je Liste einer) bei Verhältniswahl;[34]
- Verzögerte Prüfung von Wahlvorschlägen durch den WV, die verhindert, dass heilbare Mängel korrigiert werden können;[35]
- Ausschluss einer Vorschlagsliste wg. Verwendung des Namens einer Gew. ohne deren Zustimmung;[36]
- Falsche Zuordnung von Außendienstmitarbeitern zum Betrieb. Die Außendienstmitarbeiter gehören zum Betrieb, von dem die Entscheidungen über ihren Einsatz ausgehen und in dem somit Leitungsmacht des AG ausgeübt wird. Hierbei kommt es insbesondere darauf an, von welchem Betrieb das Direktionsrecht ausgeübt wird und die auf das Arbeitsverhältnis bezogenen Anweisungen erteilt werden. Demgegenüber ist die Ausübung der Fachaufsicht nur von untergeordneter Bedeutung;[37]
- Aus dem allgemeinen Grundsatz der Freiheit der Wahl folgt die Verpflichtung des Wahlvorstands, während der laufenden BR-Wahl Dritten keine Einsichtnahme in die mit den Stimmabgabevermerken versehene Wählerliste zu gestatten. Gewährt der Wahlvorstand einzelnen Wahlbewerbern diese Einsichtnahme, verletzt er neben diesem Grundsatz außerdem den ungeschriebenen Grundsatz der Chancengleichheit der Wahlbewerber;[38]
- Die Kumulierung von Stimmen auf einzelne Bewerber bei einer Persönlichkeitswahl;[39]
- Verstoß des WV gegen die Pflicht, Doppelkandidaten aufzufordern (§ 6 Abs. 7 Satz 2 WO), zu erklären, auf welcher Liste sie kandidieren wollen, auch wenn eine Liste ungültig ist.[40]

2. Die Nichtigkeit

a) Voraussetzungen

6 Von der Anfechtung ist die Nichtigkeit zu unterscheiden (zu den Auswirkungen s. Rn. 7). Sie ist gesetzlich nicht geregelt. Im Interesse der Rechtssicherheit kommt sie nur ausnahmsweise in Betracht, »wenn

---

33 LAG Berlin-Brandenburg 25.8.11 – 25 TaBV 529/11, AiB 13, 652; LAG Nds. 1.3.04 – 16 TaBV 60/03, juris.
34 LAG SH 15.9.11 – 5 TaBV 19/11, brwo.
35 BAG 25.5.05, AuR 05, 425.
36 BAG 15.5.13 – 7 ABR 40/11, NZA 13, 1095.
37 BAG, 10.3.04, AiB 05, 761.
38 BAG, NZA 01, 853.
39 ArbG Lörrach 14.7.06 – 3 BV/06, n.v.
40 LAG München 25.1.07 – 2 TaBV 102/06, brwo.

bei der Wahl des Betriebsrats so grob und offensichtlich gegen Wahlvorschriften verstoßen wurde, dass nicht einmal vom Anschein einer
dem Gesetz entsprechenden Wahl gesprochen werden kann und dies
jedem mit den betrieblichen Verhältnissen vertrauten Dritten sofort
ohne weiteres erkennbar ist«.[41] Unter Aufgabe seiner früheren Rspr.
geht das BAG[42] nunmehr davon aus, dass sich die Nichtigkeit einer
BR-Wahl nicht aus der Summe einzelner Verstöße gegen Wahlvorschriften oder einer Gesamtwürdigung ergeben kann. Da die Nichtigkeit jederzeit geltend gemacht werden kann, ist dieser Änderung der
Rspr. im Interesse der Rechtssicherheit zuzustimmen.[43]

Die Möglichkeiten, die Nichtigkeit einer BR-Wahl geltend zu machen, sind damit in der Praxis sehr beschränkt. Die Nichtigkeit kann
jederzeit geltend gemacht werden. Eine bestimmte Form ist nicht
vorgeschrieben. Fristen sind nicht einzuhalten. Jeder, der ein rechtliches Interesse an der Feststellung der Nichtigkeit hat, kann diese
geltend machen; auch ein einzelner Arbeitnehmer.[44] Ausgenommen
hiervon ist der AG, der in Kenntnis der Nichtigkeit der BR-Wahl den
BR als rechtmäßige AN-Vertretung behandelt hat, z. B. indem er mit
diesem ohne Vorbehalte Betriebsvereinbarungen abgeschlossen hat.[45]
Der AG würde sich mit der Berufung auf die Nichtigkeit der BR-Wahl
zu seinem eigenen Verhalten in Widerspruch setzen.

b) Rechtsfolgen

7   Im Gegensatz zur erfolgreichen Anfechtung hat die Feststellung der
Nichtigkeit rückwirkende Kraft. Ein BR, dessen Wahl für nichtig
erklärt wurde, hat von Anfang an nicht bestanden. Die vom BR, dessen
Wahl gerichtl. für nichtig erklärt wurde, vorgenommenen Handlungen sind rechtsunwirksam. Die zwischen dem AG und dem rechtlich
nicht existenten BR in der Vergangenheit abgeschlossenen BV können
jedoch auf der individualrechtlichen Ebene weiterhin Wirkung entfalten.[46] Soll nach der Feststellung der Nichtigkeit ein neuer BR
gewählt werden, hat dies wie in einem betriebsratslosen Betrieb zu
geschehen (§ 17).

c) Beispiele

8   • Nichtig wäre z. B. die Wahl eines BR in einem nicht betriebsratsfähigen Betrieb, die Wahl in offener Abstimmung, die Wahl eines
Wahlbewerbers, der kein AN des Betriebes ist.

---

41   BAG, NZA 04, 395.
42   A. a. O.
43   Vgl. zustimmend auch Fitting, Rn. 4.
44   LAG Berlin 8. 4. 03 – 5 TaBv 1990/02, NZA-RR 03, 587.
45   Fitting, Rn. 8; DKKW-Schneider/Homburg, Rn. 48 m. w. N.; a. A. BAG
     27. 4. 76, AP Nr. 4 zu § 19 BetrVG 1972.
46   Vgl. DKKW-Schneider/Homburg-, Rn. 48.

- Nichtig ist auch die Wahl eines unternehmenseinheitlichen BR gem. § 3 Abs. 3 für zwei Unternehmen, auch wenn die AN entsprechend abgestimmt haben.[47]
- Nichtig ist die Wahl für einen eindeutig nicht betriebsratsfähigen Betrieb, wenn feststeht, dass unmittelbar nach der Wahl weniger als fünf wahlberechtigte AN im Betrieb beschäftigt sind.[48]
- Eine Betriebsratswahl, die auf Grundlage eines Zuordnungstarifvertrages nach § 3 durchgeführt wurde ist nur anfechtbar, aber nicht nichtig, auch wenn die Tarifparteien beim Abschluss des TV ihrer Befugnisse überschritten haben.[49]
- Durchführung einer BR-Wahl ohne WV, weil WV-Bestellung nichtig war.[50]

3. Gerichtliche Überprüfung von Entscheidungen des WV vor der Wahl

Entscheidungen und Maßnahmen des WV können bereits vor **Abschluss der Wahl des BR** gerichtlich angegriffen werden (vgl. § 18 Rn. 3). Einstweilige Verfügungen gegen Entscheidungen und Maßnahmen des WV sind zwar nicht grundsätzlich ausgeschlossen. Ein **Abbruch der Wahl** des BR kommt aber wegen der Gefahr, dass für einen erheblichen Zeitraum das Betriebsverfassungsrecht für den betroffenen Betrieb quasi suspendiert würde, **regelmäßig nicht in Betracht.**[51] Lediglich bei so schwer wiegenden Mängeln, die nicht nur zur Anfechtbarkeit, sondern zur Nichtigkeit der Wahl führen würden, kann der Abbruch oder die Untersagung der weiteren Durchführung einer laufenden BR-Wahl durch einstweilige Verfügung in Betracht kommen.[52]   **9**

4. Einsichtsrecht in die Wahlakten

Jeder, der die BR-Wahl anfechten oder ihre Nichtigkeit geltend machen kann, hat ein Recht auf Einsicht in die beim BR (§ 19 WO) aufzubewahrenden **Wahlakten**. Das **Einsichtsrecht** ist nicht von einem Anfechtungs- oder Nichtigkeitsverfahren abhängig. Es dient der Prüfung, ob ein solches geführt werden kann und soll. Dies gilt nicht für Bestandteile der Wahlakten, aus denen evtl. Rückschlüsse auf das Wahlverhalten oder die Teilnahme bzw. Nichtteilnahme an der   **10**

---

47 ArbG Hamburg 13.6.06 – 19 BV 16/06.
48 LAG Hessen 22.11.05 – 4 TaBV 165/05, AuR 06, 172.
49 LAG Nds. 22.8.08 – 12 TaBV 14/08, brwo.
50 LAG Düsseldorf 9.1.12 – 14 TaBV 69/11, n.rk. BAG 7 ABR 53/12, juris.
51 So grundsätzlich auch LAG Hamm, DB 75, 1176; LAG München, BB 89, 147; LAG BaWü, DB 94, 1091.
52 BAG 27.7.11 – 7ABR 61/10, juris; LAG Thüringen 6.2.12 – 1 TABVGa 1/12, AiB 13, 718; LAG SH 5.4.12 – 4 TaBVGa 1/12, AiB 13, 718.

Wahl gezogen werden können. Hierzu zählen z.B. die mit Stimmabgabe-Vermerken versehenen Wählerlisten oder Briefe von Wahlberechtigten an den Wahlvorstand, die Rückschlüsse auf das Wahlverhalten zulassen können. In solchen Fällen ist die Einsichtnahme in die Wahlakten, insbesondere des Arbeitgebers, nur zulässig, wenn gerade diese Bestandteile der Akten für die Überprüfung der Ordnungsmäßigkeit der Wahl erforderlich sind. Dieses Interesse ist im Einzelnen darzulegen und zu begründen.[53]

§ 20   Wahlschutz und Wahlkosten

(1) Niemand darf die Wahl des Betriebsrats behindern. Insbesondere darf kein Arbeitnehmer in der Ausübung des aktiven und passiven Wahlrechts beschränkt werden.

(2) Niemand darf die Wahl des Betriebsrats durch Zufügung oder Androhung von Nachteilen oder durch Gewährung oder Versprechen von Vorteilen beeinflussen.

(3) Die Kosten der Wahl trägt der Arbeitgeber. Versäumnis von Arbeitszeit, die zur Ausübung des Wahlrechts, zur Betätigung im Wahlvorstand oder zur Tätigkeit als Vermittler (§ 18 a) erforderlich ist, berechtigt den Arbeitgeber nicht zur Minderung des Arbeitsentgelts.

1. Verbot der Wahlbehinderung und der unzulässigen Wahlbeeinflussung

1   Der Begriff »Wahl« ist im weitesten Sinne zu verstehen. Er umfasst alle mit der Wahl zusammenhängenden oder ihr dienenden Handlungen, Betätigungen und Geschäfte. Eine Behinderung der Wahl liegt etwa vor, wenn der AG ihm obliegende bestimmte Handlungen nicht vornimmt, wie Nichtzurverfügungstellung von Wahlräumen, oder durch aktive Maßnahmen die Wahl behindert, z.B. durch Unterbindung notwendiger Gespräche zwischen WV-Mitgl. und AN. Eine Behinderung der Wahl kann auch in der Mitteilung des AG an wahlberechtigte AN liegen, dass sie leit. Ang. und deshalb nicht wahlberechtigt seien, sofern derartige Schreiben geeignet sind, die betroffenen AN von der Wahl abzuhalten.[1] Unter das Verbot der Behinderung fällt auch eine **Kündigung**, die anlässlich der Betätigung für die Wahl oder im Zusammenhang mit ihr ausgesprochen wird, um

---

53 BAG, NZA 06, 59.
 1 DKKW-Homburg, Rn. 11 m. w. N.

die Entsendung des betreffenden AN in den BR zu verhindern oder ihn wegen seines Einsatzes bei der BR-Wahl zu maßregeln, sofern keine sonstige Verletzung arbeitsvertraglicher Pflichten, die wegen ihrer Schwere eine Kündigung rechtfertigt, vorliegt. Auch die **tatsächliche und finanzielle Unterstützung** einer Gruppe von Wahlbewerbern bei der Herstellung einer Wahlzeitung durch den AG ist ein Verstoß, der zur Unwirksamkeit der Wahl führt.[2] Die Kosten der Wahlwerbung für Kandidaten und einzelnen Vorschlagslisten gehören nicht zu den Kosten der Wahl und sind nicht vom Arbeitgeber zu tragen.[3] Bei der Wahl der betrieblichen AN-Repräsentanten hat der **AG strikte Enthaltung und Neutralität** zu üben.[4] So ist das Sammeln von Stützunterschriften durch AG-Repräsentanten eine unzulässige Vorteilsgewährung.[5] Werden Briefwahlunterlagen von Arbeitgeber und Wahlbewerbern bei einem Teil der Wahlberechtigten eingesammelt, ist dies eine unzulässige Beeinträchtigung der freien Wahlentscheidung der Wähler.[6] Auch eine vom AG einberufene Mitarbeiterversammlung, die allein dem Zweck dient, die BR-Wahl zu beeinflussen, ist eine unzulässige Wahlbeeinflussung. Der WV kann diese im Wege der einstweiligen Verfügung untersagen lassen.[7] Eine Behinderung kann auch dadurch vorliegen, dass der AG ihm obliegende bestimmte Handlungen nicht vornimmt, wie beispielsweise die Nichtzurverfügungstellung der für die BR-Wahl notwendigen Unterlagen.[8] Ein gekündigter Wahlbewerber, über dessen Kündigungsschutzklage das ArbG noch nicht abschließend entschieden hat, ist berechtigt, zum Zwecke der Wahlwerbung den Betrieb zumindest zeitweise zu betreten und kann diesen Anspruch durch einstweilige Verfügung durchsetzen.[9] Der AG behindert die BR-Wahl, wenn er für die Zeit der geplanten Wahlversammlung zur Wahl des BR im vereinfachten Wahlverfahren eine Erste-Hilfe-Schulung ansetzt.[10]

Für die im **Betrieb vertretenen Gew.** ergibt sich bereits aus ihrer **2**
umfassenden Unterstützungs- und Beratungsfunktion im Rahmen der Betriebsverfassung, aber auch aus ihren koalitionsrechtlichen Befugnissen, die Berechtigung einer Werbetätigkeit anlässlich einer BR-Wahl für bestimmte Wahlvorschläge oder Kandidaten. Eine solche Werbetätigkeit der Gew. stellt keine unzulässige Wahlbeeinflussung dar (h. M.). Es gehört auch zum Wesen des Wahlkampfes, dass

---

2 Vgl. auch BAG, AuR 87, 82.
3 LAG Baden-Württemberg 1. 8. 07, LAGE § 19 BetrVG 2001 Nr. 3.
4 Vgl. auch ArbG Berlin 8. 8. 84 – 18 BV 5/84.
5 LAG Frankfurt 23. 8. 01 – 12 TaBV 31/01, juris.
6 LAG München 27. 1. 10 – 11 Ta BV 22/09, brwo.
7 ArbG Regensburg, AiB 03, 554 m. Anm. Müller.
8 Vgl. AG Detmold, BB 79, 783.
9 ArbG München, AiB 98, 161.
10 ArbG Berlin 29. 5. 09 – 16 BVGa 9922/09, juris.

Kritik an konkurrierenden Gew. geübt wird. Der Gew. ist es auch erlaubt, auf ihre Mitgl. dahingehend einzuwirken, dass sie **keine Wahlvorschläge unterschreiben, die von konkurrierenden Gew. oder Gruppierungen unterstützt werden.** Das gilt schon deshalb, weil die Glaubwürdigkeit der Wahlaussagen der Gewerkschaft und das Vertrauen in ihre Durchsetzungsfähigkeit wesentlich von dem Eindruck ihrer Geschlossenheit abhängen. Konkurrierende Listen eigener Mitgl. zur gewerkschaftlich unterstützten Liste sind einem solchen Gesamtbild der Gewerkschaft abträglich.[11]

2. Kostentragung durch den Arbeitgeber

3   Der AG hat alle Kosten zu tragen, die »mit der Einleitung und der Durchführung der Wahl sowie der gerichtlichen Überprüfung des Wahlergebnisses verbunden sind«.[12] Dazu zählen z. B. die Kosten für Stimmzettel, Wahlurnen, Wahlkabinen, Telefon, E-Mail-Anschluss und Zugang zum IT-System, insb. bei ausschließlich elektronischer Veröffentlichung der Bekanntmachungen des WV. Auch die Kosten für die an die **Briefwähler zu versendenden Unterlagen** (vgl. § 24 Abs. 1 WO) gehören dazu.[13] Die Kostentragungspflicht des AG ist auf die erforderlichen Kosten begrenzt. Die zu § 40 Abs. 1 entwickelten Grundsätze wendet die Rspr. analog an (vgl. § 40 Rn. 1 m. w. N.).[14] Ein WV kann einen RA als Sachverständigen analog § 80 Abs. 3 hinzuziehen. Die Kosten hat der AG in diesem Fall nur zu tragen, wenn eine entsprechende Kostenvereinbarung vor Aufnahme der Tätigkeit des RA abgeschlossen worden ist.[15] Auch die Kosten für einen vom **WV zu führenden Rechtsstreit** zur Klärung seiner Befugnisse, z. B. über die Frage, ob ein gem. Betrieb mehrerer UN vorliegt, hat der AG zu übernehmen.[16] Auch die Kosten einer erfolgreich angefochtenen oder nichtigen Wahl sind zu tragen.[17] Die Kosten einer Wahlanfechtung, einschließlich der Beauftragung eines RA, hat der AG ebenfalls zu übernehmen.[18] Auch **Kosten**, die einer im Betrieb vertretenen **Gew.** durch die Beauftragung eines RA im Verfahren zur Bestellung eines Wahlvorstands,[19] die Durchsetzung des Teilnahmerechts an der Stimmauszählung für einen Gew.-Sekretär[20] oder durch die Anfechtung einer Wahl[21] entstehen, sind vom AG zu tragen.

---

11   BVerfG, NZA 99, 713; vgl. auch DKKW–Homburg, Rn. 26.
12   BAG 11.11.09 – 7ABR 26/08; NZA 10, 353.
13   Vgl. BAG 3.12.87, AP Nr. 13 zu § 20 BetrVG 1972.
14   BAG 11.11.09 – 7 ABR 26/08, NZA 10, 535.
15   BAG a. a. O.
16   BAG 8.4.92 – 7 ABR 56/91; NZA 1993, 415.
17   Vgl. BAG 29.4.98 – 7 ABR 43/97, NZA 98, 1133.
18   LAG Nds. 14.9.06 – 4 Ta BV 7/06, juris.
19   BAG 31.5.00 – 7 ABR 8/99, AiB 01, 604 m. Anm. Grimberg.
20   BAG 16.4.03 – 7 ABR 29/02, NZA 03, 1359.
21   Vgl. BAG 16.4.03 – 7 ABR 29/02, NZA 03, 1359.

Dem WV sind kommentierte einschlägige Gesetzestexte, zu denen mindestens das BetrVG, die dazu erlassene WO und das SprAuG einschließlich der WO zu diesem Gesetz gehören sowie Formularsammlungen, zur Verfügung zu stellen. Versäumnis von Arbeitszeit, wie sie insbesondere durch die Ausübung des Wahlrechts oder der Betätigung im WV entsteht, berechtigt den AG nicht zur Minderung des Arbeitsentgelts. Der WV kann seine Aufgaben somit während der Arbeitszeit durchführen.

Die **WV-Mitgl.** bedürfen zur Wahrnehmung von Aufgaben des WV **4** keiner Genehmigung zum Verlassen ihres Arbeitsplatzes. Sie haben sich jedoch **ab- und zurückzumelden**, sofern sie nicht ohnehin schon freigestellt sind. Muss die Tätigkeit des WV-Mitgl. aus betriebsbedingten Gründen **außerhalb der Arbeitszeit** durchgeführt werden, haben sie **Anspruch auf entsprechende Arbeitsbefreiung** unter Fortzahlung des Arbeitsentgelts nach § 37 Abs. 3.[22] Der Arbeitgeber ist nicht berechtigt, dem Wahlvorstand ein Stundenkontingent für seine Arbeit vorzugeben.[23] Überstunden, die ein Mitgl. des WV ohne seine Tätigkeit im WV geleistet hätte, sind ihm zu vergüten. Das gilt auch dann, wenn es sich dabei nicht um regelmäßig anfallende **Überstunden** handelt.[24]

Der WV hat bei der Festlegung der notwendigen Maßnahmen zur **5** Durchführung der Wahl und den damit verbundenen Kosten einen **Beurteilungsspielraum**, den er nach den für den BR im Rahmen des § 40, § 37 Abs. 2 und 6 geltenden Grundsätzen zu beachten hat.[25] Außerhalb von notwendigen Beschlussverfahren, hat der AG die Kosten eines Rechtsanwalts für die Beratung des WV nur nach vorheriger Vereinbarung zwischen WV und ArbG über die Kosten analog § 80 Abs. 3 BetrVG (Hinzuziehung von Sachverständigen; vgl. § 80 Rn. 28 f.) zu tragen.[26] Auch Rechtsanwaltskosten, die ein Wahlbewerber für ein einstweiliges Verfügungsverfahren aufwenden muss, um die Genehmigung zum Betreten des Betriebs zum Sammeln von Stützunterschriften für seinen Wahlvorschlag, zur Durchführung von Wahlwerbung u. Ä. zu erlangen, gehören zu den zu erstattenden Kosten.[27] Weigert sich der AG, für die BR-Wahl erforderliche Gegenstände und Unterlagen zur Verfügung zu stellen, kann sie der WV auf **Rechnung des AG** beschaffen[28] oder ihre Herausgabe bzw. Zurverfügungstellung ggf. gerichtlich durchsetzen. Der WV ist von da-

---

22 BAG, NZA 96, 160.
23 LAG SH, NZA 05, 253 f.
24 BAG, AiB 89, 164.
25 BAG 3.12.87, AP Nr. 13 zu § 20 BetrVG 1972.
26 BAG 11.11.09 – 7 ABR 26/08, brwo.
27 Vgl. LAG Hamm, DB 80, 1223; LAG Berlin, AuR 89, 28.
28 Vgl. ArbG Limburg, AuR 88, 122.

durch entstehenden **Ansprüchen Dritter** durch den AG **freizustellen**.[29]

6   Auch **persönliche Kosten**, die den WV-Mitgl. im Rahmen ihrer
Aufgabenwahrnehmung entstehen, hat der AG ggf. zu ersetzen. Dazu
zählen auch Reisekosten. Benutzt das WV-Mitgl. seinen eigenen Pkw,
sind ihm die Kosten mit der betriebsüblichen Kilometerpauschale zu
erstatten.[30] Auch der **Ersatz von Unfallschäden**, die ein WV-Mitgl.
bei der Benutzung des eigenen Pkw erleidet, kommt in Betracht, wenn
der AG die Benutzung ausdrücklich gewünscht hat oder die Benutzung erforderlich war, damit das WV-Mitgl. seine gesetzlichen Aufgaben wahrnehmen konnte.[31]

7   Die Kosten einer **notwendigen und angemessenen Schulung** der
Mitgl. des WV über die ordnungsgemäße Vorbereitung und Durchführung der Wahl hat der AG ebenfalls zu tragen.[32]

8   Sammeln Wahlbewerber während der Arbeitszeit Stützunterschriften
für ihren Wahlvorschlag, darf die hierfür notwendige Zeit nicht vom
Gleitzeitkonto bzw. vom Entgelt abgezogen werden. Auch die Ausübung des passiven Wahlrechts ist durch § 20 geschützt. Wahlbewerber zur Sammlung von Stützunterschriften auf die Zeiten außerhalb
der Arbeitszeit zu verweisen, würde in der Praxis zu erheblichen
Erschwerungen beim Sammeln von Stützunterschriften führen, da
die anderen Arbeitnehmer so oft nicht zu erreichen sind.[33]

Die **Wahl selbst** findet während der **Arbeitszeit** statt. Das gilt auch
für die Wahlversamml. nach § 14 a. Die dadurch bedingte notwendige
Versäumnis von Arbeitszeit berechtigt den AG nicht zur Minderung
des Entgelts oder zum Zeitabzug von Arbeitszeitkonten.

---

29   So grundsätzlich BAG 3. 12. 87, AP Nr. 13 zu § 20 BetrVG 1972.

30   Vgl. BAG, DB 83, 1366, das darauf abstellt, ob das WV-Mitgl. die Kosten bei
vernünftiger Betrachtung als erforderlich ansehen konnte.

31   Vgl. BAG a. a. O., das die Fahrt mit dem eigenen Pkw als erforderlich ansieht,
wenn das Mitgl. des WV seine Tätigkeit wegen der Unzumutbarkeit mit anderen
Verkehrsmitteln nicht erfüllen kann.

32   LAG Hamburg 14. 3. 12 – H 6 Sa 116/11, juris; zu eng BAG, BB 85, 397, das
zwar eine kurzzeitige Teilnahme eines erstmals bestellten WV-Mitgl. für erforderlich hält, bei anderen WV-Mitgl. jedoch auf den konkreten Wissensstand
abstellt.

33   DKKW-Homburg, Rn. 36; a. A. LAG Hamburg 31. 5. 07 – 7 Sa 1/07 juris; LAG
Berlin, BB 1979, 1036; Fitting, Rn. 43 m. w. N.

Zweiter Abschnitt:
Amtszeit des Betriebsrats

§ 21 Amtszeit

Die regelmäßige Amtszeit des Betriebsrats beträgt vier Jahre. Die Amtszeit beginnt mit der Bekanntgabe des Wahlergebnisses oder, wenn zu diesem Zeitpunkt noch ein Betriebsrat besteht, mit Ablauf von dessen Amtszeit. Die Amtszeit endet spätestens am 31. Mai des Jahres, in dem nach § 13 Abs. 1 die regelmäßigen Betriebsratswahlen stattfinden. In dem Fall des § 13 Abs. 3 Satz 2 endet die Amtszeit spätestens am 31. Mai des Jahres, in dem der Betriebsrat neu zu wählen ist. In den Fällen des § 13 Abs. 2 Nr. 1 und 2 endet die Amtszeit mit der Bekanntgabe des Wahlergebnisses des neu gewählten Betriebsrats.

1. Regelmäßige Amtszeit

Die regelmäßige Amtszeit für den BR beträgt vier Jahre. Sie kann sich **1** jedoch für BR, die zwischen den regelmäßigen Wahlzeiträumen (§ 13 Abs. 1) erneut oder erstmals gewählt werden, verkürzen oder verlängern. Die **Amtszeit des** BR ist **kürzer**, wenn der BR, der im Zeitraum zwischen den regelmäßig stattfindenden Wahlen gewählt ist, am 1. März des nächstfolgenden regelmäßigen Wahljahres ein Jahr oder länger im Amt war und deshalb nach § 13 Abs. 3 Satz 1 bereits bei der nächstfolgenden regelmäßigen BR-Wahl neu zu wählen ist. Die **Amtszeit** ist **länger**, wenn der zwischenzeitlich gewählte BR am 1. März des Jahres mit regelmäßigen BR-Wahlen weniger als ein Jahr im Amt gewesen ist. Die gesetzlichen Vorschriften zur Amtszeit sind zwingend. Durch BV oder TV kann nicht von ihnen abgewichen werden. Ausnahme ist ein Tarifvertrag bzw. eine BV nach § 3. Bestimmt der Tarifvertrag bzw. die BV einen anderen Wahlzeitpunkt, endet gem. § 3 Abs. 4 die Amtszeit eines BR mit Bekanntgabe des Wahlergebnisses des neugewählten BR gem. § 3 Abs. 1 Nr. 1 bis 3. Zur Verlängerung des Übergangsmandates des BR nach § 21 a s. dort.

Besteht im Betrieb ein BR, beginnt die Amtszeit des neugewählten **2** BR mit Ablauf der Amtszeit des vorherigen BR. Sein Amt endet vier Jahre später mit Ablauf desjenigen Kalendertages, der dem Tag vorausgeht, der dem ersten Tag seiner Amtszeit durch seine kalendermäßige Bezeichnung entspricht (§ 188 BGB).

Beispiel: Endet die Amtszeit des amtierenden BR am 15. April, beginnt die Amtszeit des neuen BR am 16. April. Sie endet vier Jahre später, mit Ablauf des 15. April.

3   **Besteht im Betrieb kein BR**, beginnt die Amtszeit des BR mit der Bekanntgabe des Wahlergebnisses. Sie endet sie vier Jahre später an dem Tag, der seiner Bezeichnung nach dem Tage der Bekanntgabe des Wahlergebnisses entspricht (§§ 188, 187 BGB).

4   Die Amtszeit eines außerhalb des regelmäßigen Wahlzeitraums gewählten BR endet mit der Bekanntgabe des Wahlergebnisses des neu gewählten BR,[1] spätestens jedoch am 31.5. des nächsten Wahlzeitraums gemäß § 13 Abs. 3.

5   Nach **Beendigung der Amtszeit des BR** ist ein beim ArbG anhängiges **Beschlussverfahren** bis zur Wahl eines neuen BR unterbrochen, wenn zwischen dem Ende der Amtszeit des alten und dem Beginn der Amtszeit des neuen BR eine **betriebsratslose Zeit eintritt**. Der ggf. später neu gewählte BR ist **anstelle** seines Vorgängers Beteiligter des unterbrochenen Beschlussverfahrens.[2] Endet die Amtszeit eines Betriebsrats während eines Wahlanfechtungsverfahrens, entfällt das Rechtsschutzinteresse, da eine Entscheidung keinerlei Auswirkungen mehr haben kann.[3]

6   Besteht am Tage der Bekanntgabe des endgültigen Wahlergebnisses kein BR, beginnt die Amtszeit des neuen BR mit der **Bekanntgabe des Wahlergebnisses**, d.h. mit dem Aushang im Betrieb.[4] Dies gilt auch dann, wenn der noch amtierende BR nach § 13 Abs. 2 außerhalb des regelmäßigen Wahlzeitraums gewählt wurde (vgl. auch § 22).

Ist zum Zeitpunkt der Bekanntgabe des Wahlergebnisses die Amtszeit des bisherigen BR noch nicht abgelaufen, beginnt die Amtszeit erst mit dem **Ablauf der Amtszeit** des bisherigen BR (zu den Sonderfällen, wenn durch TV oder BV betriebsverfassungsrechtliche Organisationseinheiten nach § 3 gebildet werden und den damit verbundenen Auswirkungen auf die Beendigung der Amtszeit des bisherigen BR vgl. § 3 Rn. 10). Für das Zwischenstadium hat der neu gewählte BR noch nicht die Rechte aus dem BetrVG; diese stehen weiterhin dem bisherigen BR zu. Der neu gewählte BR sollte sich aber vor Beginn seiner Amtszeit konstituieren (vgl. § 29 Rn. 1), damit ein nahtloser Übergang gewährleistet ist. Gegen Kündigungen sind die Mitgl. des neuen BR nach § 103 BetrVG bereits geschützt;[5] Entsprechendes gilt für Versetzungen (vgl. § 103 Rn. 31).

---

1   BAG 28.9.83, AP Nr. 1 zu § 21 BetrVG 1972.
2   BAG, AiB 81, 64; NZA 89, 396 auch noch in der Beschwerdeinstanz; BB 89, 286 bei Betriebsinhaberwechsel.
3   BAG 16.4.08, NZA-RR 2008, 583.
4   DKKW-Buschmann, Rn. 5.
5   Vgl. auch BAG, AiB 84, 45.

2. Persönliche Amtszeit

Das **Ende der Amtszeit** des BR ist von der Beendigung der Mit- **7**
gliedschaft im BR des einzelnen BR-Mitgl. zu unterscheiden. Die
Beendigung der Mitgliedschaft des einzelnen BR-Mitgl. berührt die
Amtszeit des BR als solche nicht. Sprechen allerdings alle BR-Mit-
glieder fristlose Eigenkündigungen aus, endet die Amtszeit des BR
sofort. Der Betrieb wird betriebsratslos. Auch eine Weiterführung der
Geschäfte durch die ausgeschiedenen BR-Mitglieder kommt nicht in
Betracht.[6] Dies gilt auch, wenn die Eigenkündigung im Rahmen von
Sanierungsbemühungen erfolgte und die Arbeitsverhältnisse anschlie-
ßend neu begründet werden.[7]

3. Absinken der Zahl der Betriebsratsmitglieder

Auf die Amtszeit des BR hat das **Absinken** der **Zahl der regelmäßig** **8**
beschäftigten AN keine Auswirkungen, sondern verpflichtet allenfalls zur Einleitung der Neuwahl (vgl. § 13 Abs. 2 Nr. 1). Verändert
sich die Zahl der AN in der Weise, dass andere Stufen des § 9 **erreicht
bzw. unterschritten** werden (wenn sich beispielsweise die AN-Zahl
in einem Betrieb durch Einstellungen von 190 auf 200 AN erhöht oder
durch Personalabbau eine Verringerung der AN-Zahl von 420 auf 380
AN eintritt), wird die Zahl der BR-Mitgl. nicht an die veränderten
Stufen angepasst. Es erfolgt somit keine Neuwahl, es sei denn, die
Anzahl der AN verändert sich in einem Umfang, dass die Voraussetzungen des § 13 Abs. 2 Nr. 1 vorliegen oder die Gründe des § 13
Abs. 2 Nr. 2 oder 3 eine Neuwahl erforderlich machen. Sinkt die
AN-Zahl auf Dauer unter die für die Bildung eines BR notwendige
Mindestzahl von fünf ständigen wahlberechtigten AN (§ 1 Abs. 1),
endet die Amtszeit des BR ebenfalls.

4. Übergangs- und Restmandat bei Umstrukturierungen

Bei betrieblichen Umstrukturierungen und damit verbundenen Ver- **9**
änderungen der Betriebsstrukturen (wie Spaltung von bzw. Zusammenschluss mit anderen Betrieben) entsteht unter bestimmten Voraussetzungen ein **Übergangsmandat** des BR (vgl. § 21 a); bei
Betriebsstilllegungen oder anderen Formen der Auflösung des Betriebs
ein **Restmandat** (vgl. § 21 b). Wird allerdings bei einer Spaltung des
UN der Betrieb als **gemeinsamer Betrieb** fortgeführt, endet die
Amtszeit des BR nicht (zum Gemeinschaftsbetrieb vgl. § 1 Rn. 3 f.).

§ 21 a Übergangsmandat

**(1) Wird ein Betrieb gespalten, so bleibt dessen Betriebsrat im
Amt und führt die Geschäfte für die ihm bislang zugeordneten**

6 LAG Hamm, FA 05, 218.
7 LAG Hamm, a. a. O.

§ 21a   Übergangsmandat

Betriebsteile weiter, soweit sie die Voraussetzungen des § 1 Abs. 1 Satz 1 erfüllen und nicht in einen Betrieb eingegliedert werden, in dem ein Betriebsrat besteht (Übergangsmandat). Der Betriebsrat hat insbesondere unverzüglich Wahlvorstände zu bestellen. Das Übergangsmandat endet, sobald in den Betriebsteilen ein neuer Betriebsrat gewählt und das Wahlergebnis bekannt gegeben ist, spätestens jedoch sechs Monate nach Wirksamwerden der Spaltung. Durch Tarifvertrag oder Betriebsvereinbarung kann das Übergangsmandat um weitere sechs Monate verlängert werden.

(2) Werden Betriebe oder Betriebsteile zu einem Betrieb zusammengefasst, so nimmt der Betriebsrat des nach der Zahl der wahlberechtigten Arbeitnehmer größten Betriebs oder Betriebsteils das Übergangsmandat wahr. Absatz 1 gilt entsprechend.

(3) Die Absätze 1 und 2 gelten auch, wenn die Spaltung oder Zusammenlegung von Betrieben und Betriebsteilen im Zusammenhang mit einer Betriebsveräußerung oder einer Umwandlung nach dem Umwandlungsgesetz erfolgt.

1. Grundsätze

1   Das Übergangsmandat soll sicherstellen, dass bei betrieblichen Organisationsveränderungen in der dadurch ausgelösten Übergangsphase **keine betriebsratslosen Zeiten** vorkommen. Es entsteht nicht bei reinen Veränderungen in der UN-Struktur. Das Übergangsmandat entsteht bei jeder Form einer **Betriebsspaltung**, wenn die Organisationsänderung des Betriebs zum Wegfall des bestehenden Betriebs führt oder durch eine Betriebsspaltung ein Teil der AN aus dem Zuständigkeitsbereich des BR herausfällt und sie dadurch ihren Schutz nach dem BetrVG verlieren würden. Dies gilt auch, wenn ein oder mehrere kleinere Betriebsteile vom Ursprungsbetrieb abgespalten werden, unabhängig davon, ob sie nach der Abspaltung selbständig fortbestehen oder mit anderen Einheiten zu einem Betrieb zusammengefasst werden.[1]

2. Voraussetzung: betriebsratsfähiger Betriebsrat

2   Das Übergangsmandat für die abgespaltenen Betriebe besteht nur,

---

1   LAG Hamm 22.10.10 – 10 TaBVGa 19/10, brwo.

wenn diese Betriebsteile **betriebsratsfähig** i. S. des § 1 Abs. 1 sind, also mindestens fünf ständig beschäftigte wahlberechtigte AN haben, von denen drei wählbar sind.[2] Es besteht nicht für einen abgespaltenen Betriebsteil, der in einen Betrieb eingegliedert wird, in dem bereits ein BR besteht.

Wenn das Übergangsmandat entsteht, bleibt der BR in seiner **bisherigen Zusammensetzung** erhalten. Ihm gehören auch die BR-Mitgl. an, die in die abgespaltenen Betriebsteile übergewechselt sind.[3] § 21 a geht als Spezialnorm den Regelungen in § 24 Nr. 3 u. 4 vor. Der BR, der das Übergangsmandat wahrnimmt, hat die **vollen Rechte und Pflichten** nach dem Gesetz nicht nur im Restbetrieb, sondern auch für die abgespaltenen Betriebsteile. Er hat darüber hinaus die Aufgabe, für die abgespaltenen Betriebsteile **unverzüglich WV** zu bestellen, damit es zur Einleitung von BR-Wahlen in diesem Bereich kommt. Dabei müssen die WV-Mitgl. aus dem abgespaltenen Betriebsteil kommen, für den der WV eingesetzt wird, denn nur solche (und ggf. Leih-AN) sind dort wahlberechtigt.   **3**

3. Zeitliche Begrenzung

Das Übergangsmandat ist grundsätzlich auf **sechs Monate** beschränkt. Es kann durch TV oder BV um weitere sechs Monate verlängert werden. Die **Höchstdauer** beträgt somit **ein Jahr**. Das Übergangsmandat endet vor Ablauf der sechs Monate bzw. bei Verlängerung vor Ablauf des Jahres, wenn in den abgespaltenen Betriebsteilen **neue BR** gewählt und die Wahlergebnisse bekannt gegeben worden sind.   **4**

4. Zusammenfassung von Betrieben

Das Übergangsmandat entsteht auch, wenn Betriebe oder Betriebsteile zu einem neuen Betrieb **zusammengefasst** werden. Es findet bei allen Formen der Zusammenfassung von Betrieben oder Betriebsteilen Anwendung, unabhängig von der Form gesellschaftsrechtlicher Veränderungen (vgl. aber auch Rn. 6). Die bloße Eingliederung eines Betriebsteils, der weniger als 50 % der Arbeitnehmer des aufnehmenden Betriebes hat, während gleichzeitig ein Betriebsteil von diesem Betrieb abgespalten wird, führt allein nicht dazu, eine neue Identität des Betriebs anzunehmen. Der Betriebsrat bleibt mit Vollmandat, nicht Übergangsmandat im Amt.[4] Werden zwei bisher selbständige Betriebsteile einer gemeinsamen Leitung unterstellt, ohne dass sich die sonstige Betriebsorganisation ändert, liegt keine Eingliederung, sondern eine   **5**

---

2 Fitting, Rn. 13; a. A. DKKW-Buschmann, Rn. 21 nimmt aufgrund der Betriebsübergangs-RL 2001/23/EG an, dass dieses Erfordernis nicht richtlinienkonform sei.

3 DKKW-Buschmann, Rn. 35; Fitting, Rn. 16.

4 LAG Nürnberg 4. 9. 07 – 6 TaBV 31/07, brwo.

Zusammenfassung von Betriebsteilen vor mit der Folge, dass ein Übergangsmandat entsteht.[5] Wird ein Betrieb in einen anderen Betrieb, der
ebenfalls über einen BR verfügt, unter Verlust seiner Identität eingegliedert, entsteht kein Übergangsmandat für den BR des eingegliederten
Betriebes (vgl. § 1 Rn. 1 f.).[6] Der BR des aufnehmenden Betriebes
bleibt im Amt und ist zuständig für die aufgenommenen Arbeitnehmer.
Verlieren beide Betriebe ihre Identität, entsteht das Übergangsmandat.[7] Das Übergangsmandat nimmt in diesen Fällen der BR wahr, der
in dem nach der Zahl der wahlberechtigten AN größten **Betrieb bzw.
größten Betriebsteil** vor der Zusammenfassung bestanden hat. Abzustellen ist auf die Zahl der wahlberechtigten AN, die zum Zeitpunkt
der Einleitung der BR-Wahl dem Betrieb bzw. Betriebsteil angehör-
ten. Die Regelungen nach Abs. 1 zur Dauer und zum Umfang des
Übergangsmandats gelten im Übrigen entsprechend.

5. Auftreten betrieblicher Organisationsänderungen

6 Das Übergangsmandat nach den Abs. 1 und 2 gilt unabhängig davon,
ob die Spaltung des Betriebs oder die Zusammenlegung von Betrieben
bzw. Betriebsteilen ausschließlich aufgrund von **Änderungen der
Betriebsorganisation** innerhalb eines UN erfolgt oder betriebliche
Umstrukturierungen im Zusammenhang mit einem **Betriebsübergang** im Wege der Einzel- oder Gesamtrechtsnachfolge entstehen.
Erforderlich ist aber immer das Auftreten betrieblicher Organisations-
änderungen. Erfolgt somit ein Vorgang auf UN-Ebene, der den Betrieb in seiner Organisationsform **unberührt** lässt, wie etwa eine
Fusion oder ein bloßer Formwechsel, bei dem der Rechtsträger erhalten bleibt und lediglich eine neue Rechtsform erhält, findet das Übergangsmandat keine Anwendung. Entsprechendes gilt, wenn der Betrieb auf einen **anderen Inhaber** nach § 613 a BGB übertragen wird,
ohne dass der neue Inhaber betriebliche Organisationsveränderungen
vornimmt.

§ 21 b   Restmandat

**Geht ein Betrieb durch Stilllegung, Spaltung oder Zusammen-
legung unter, so bleibt dessen Betriebsrat so lange im Amt, wie
dies zur Wahrnehmung der damit im Zusammenhang stehenden Mitwirkungs- und Mitbestimmungsrechte erforderlich ist.**

---

5 LAG Hessen 23.10.08 – 9 TaBV 155/08, brwo.
6 HessLAG 6.5.04 – 9 TaBVGa 61/04, juris; Fitting, Rn. 14.
7 HessLAG 6.5.04 – 9 TaBVGa 61/04, juris.

1. Grundsätze

Zweck der Vorschrift ist die Erhaltung von BR-Rechten bei Still-   **1**
legung, Spaltung oder Zusammenlegung von Betrieben. Diese Orga-
nisationsänderungen betreffen sämtlich Betriebsänderungen i. S. v.
§ 111. Erforderlich für das Restmandat ist aber nicht, dass die übrigen
Voraussetzungen des § 111, wie z. B. mehr als 20 wahlberechtigte
Beschäftigte im UN, vorliegen.[1] Das Restmandat bezieht sich nicht
nur auf die Abwicklung eines Interessenausgleichs und Sozialplans. Alle
Rechte und Befugnisse des BR können im Rahmen des Restmandats
wahrgenommen werden, sofern sie mit der Stilllegung, Spaltung oder
dem Zusammenschluss des Betriebs funktional im Zusammenhang
stehen.[2] Voraussetzung ist, dass ein über die tatsächliche Stilllegung,
die Spaltung oder den Zusammenschluss überdauernder Regelungsbedarf gegeben ist.[3] Während sich das befristete Übergangsmandat
(§ 21 a) auch auf neue Aufgaben bezieht, die dem BR nach der Spaltung oder der Zusammenlegung von Betrieben oder Betriebsteilen
erwachsen, dient das Restmandat der **Abwicklung der Aufgaben**
des BR, wie sie über die Stilllegung des Betriebs oder eine andere Form
der Auflösung der betrieblichen Einheit hinaus noch gegeben sein
können. Das Restmandat ist kein Vollmandat.[4] Das Restmandat **verlängert** die Amtszeit des BR, die sonst durch den Wegfall der Organisationseinheit enden würde. Diese Funktion des Restmandats führt
dazu, dass es − anders als das Übergangsmandat − **nicht zeitlich
befristet** ist. Das Restmandat endet erst, wenn im Zusammenhang
mit den genannten Maßnahmen **keine Verhandlungsgegenstände
mehr offen** sind.[5] Es kann daher sogar über das Ende der eigentlichen
Amtszeit hinaus fortbestehen. Ein Restmandat aber entsteht nicht,
wenn z. B. der AG nur eine Teilstilllegung des Betriebes durchführt,
sofern der verbleibende Betrieb mehr als fünf AN beschäftigt und noch
BR-Mitgl. im Betrieb beschäftigt sind. Sind keine BR-Mitgl. mehr
beschäftigt, sind Neuwahlen durchzuführen. Werden z. B. die Pro-
duktionsanlagen durch Feuer zerstört und soll der Betrieb aber nach
dem Wiederaufbau weitergeführt werden, hat der BR kein Restmandat, sondern ein Vollmandat, da der Betrieb nicht endgültig stillgelegt
wird.[6]

Das Restmandat wird von dem BR ausgeübt, **der bei dem Unter-
gehen** des Betriebs **im Amt** war. Diesem BR gehören auch die Mitgl.
an, die bereits aus dem Betrieb **ausgeschieden** sind.[7] § 24 Nr. 3

---

1 DKKW-Buschmann, Rn. 3.
2 BAG 8. 12. 09 − 1 ABR 41/09, brwo, NZA 10, 665; DKKW-Buschmann, Rn. 5.
3 BAG, NZA 02, 109.
4 BAG 24. 5. 12 − 2 AZR 62/11, NZA 13, 277.
5 BAG, NZA 01, 849.
6 BAG 16. 6. 87 − 1 AZR 528/85, NZA 87, 2231.
7 BAG 5. 5. 10 − 7 AZR 728/08, brwo, NZA 10, 1025.

BetrVG findet keine Anwendung. Ihm gehören auch die BR-Mitgl. an, deren Arbeitsverhältnis durch Betriebsübergang (§ 613a BGB) auf einen anderen Arbeitgeber übergegangen sind.[8] Wenn einzelne BR-Mitgl. nicht mehr bereit sind, ihr Amt auszuüben bzw. das Amt niederlegen, übt der restliche BR in **entsprechender Anwendung des § 11** die noch wahrzunehmenden Rechte aus. Das gilt selbst dann, wenn (nur) noch ein aus einer Person bestehender BR zur Wahrnehmung der abzuwickelnden Aufgaben bereit ist.[9]

Die **Kosten** für das **Restmandat** sind vom Arbeitgeber zu tragen. Dies umfasst auch Kosten, die durch Freistellungen entstehen, weil ein BR-Mitgl. des Restbetriebsrates schon bei einem anderen Arbeitgeber arbeitet.[10] Ein BR-Mitgl. des Rest-BRs kann keine Vergütung für die BR-Tätigkeit verlangen.[11] Ist das Arbeitsverhältnis eines BR-Mitgl. beendet, wird es durch die weitere Ausübung des Restmandates weder verlängert, noch neu begründet.[12]

2. Mitwirkungs- und Mitbestimmungsrechte

2 Der BR ist gem. § 102 vor Ausspruch von Kündigungen von AN zu hören, die mit Abwicklungsarbeiten beschäftigt sind.[13] Auch bei Kündigungen, die gleich aus welchem Grund, nach der tatsächlichen Betriebsstillegung erfolgen, ist der BR nach § 102 anzuhören.[14] Im Rahmen des Restmandates ist der BR des abgebenden Betriebes nicht nach § 99 zu beteiligen, wenn der Arbeitgeber nach vollständiger Stilllegung des Betriebes einem AN eine Tätigkeit in einem anderen Betrieb zuweist.[15] Wenn bei einem Betriebsübergang nach § 613a BGB der Betrieb seine Identität behält, bleibt der BR im Amt, es gibt kein Restmandat. Dieser BR im übergegangenen Betrieb ist nicht zuständig für AN, die dem Betriebsübergang widersprochen haben und nun gekündigt werden.[16] Weiterhin ist beispielsweise denkbar, dass bei dem Untergang des Betriebs durch eine der in der Vorschrift genannten Maßnahmen noch Kostenerstattungsansprüche des BR nach § 40 bestehen.[17] Während des Restmandats hat der BR Anspruch

---

8 DKKW-Buschmann, Rn. 4; vgl. LAG Sachsen-Anhalt 25.11.10 – 3 TaBV 16/10 juris.
9 BAG, NZA 01, 849.
10 Fitting, Rn. 20.
11 BAG 5.05.10 – 7 AZR 728/08 NZA 10, 1025.
12 DKKW-Buschmann, § 21 b Rn. 26.
13 LAG Nds. 6.3.06 – 17 Sa 85/06, brwo; Fitting, Rn. 17.
14 BAG 25.10.07, NZA-RR 2008, 367.
15 BAG 8.12.09 – 1 ABR 41/09, NZA 2010, 665.
16 BAG 24.5.12 – 2 AZR 62/11, NZA 13, 277, LAG Köln 17.8.12 – 10 Sa 1347/11, n.rk. BAG 2 AZR 1005/12; LAG Nürnberg 9.8.11 – 6 Sa 230/10, juris; a.A. LAG Rheinland-Pfalz 18.4.05 – 2 TaBV 15/02, NZA 05, 529.
17 Vgl. DKKW-Buschmann, Rn. 25 m.w.N.

auf alle erforderlichen Sachmittel und Räume, die er hierfür benötigt. Dies umfasst auch einen PC, Literatur, Telefon usw.[18]

Ein Verhandlungsgegenstand, für den der das Restmandat ausübende   **3** BR zuständig ist, liegt auch vor, wenn es um die **Abänderung** eines bereits abgeschlossenen Sozialplans an veränderte Umstände geht. Das folgt aus dem Zweck des Restmandats, das gewährleisten soll, dass die zur Abwicklung einer Betriebsstillegung erforderlichen betrieblichen Regelungen tatsächlich noch getroffen werden können.[19]

§ 22   Weiterführung der Geschäfte des Betriebsrats

In den Fällen des § 13 Abs. 2 Nr. 1 bis 3 führt der Betriebsrat die Geschäfte weiter, bis der neue Betriebsrat gewählt und das Wahlergebnis bekannt gegeben ist.

Inhaltsübersicht   Rn.

1. Grundsätze

§ 22 stellt sicher, dass grundsätzlich keine betriebsratslose Zeit eintritt   **1** und ein BR die Geschäfte aus dem BetrVG wahrnimmt, sofern erst einmal ein BR gewählt ist. Dies ist insbesondere von Bedeutung für die Geschäftsführungsbefugnis eines zurückgetretenen BR, da für diesen die Regelung des § 21 Satz 5 nicht unmittelbar gilt. Die Geschäftsführungsbefugnis nach § 22 besteht in den in § 13 Abs. 2 Nrn. 1 bis 3 aufgeführten Fällen. Sie ist **umfassend** und erstreckt sich auf alle Aufgaben und Rechte des BR. Bei einer Wahlanfechtung führt der zurückgetretene BR so lange die Amtsgeschäfte weiter, bis die Gerichtsentscheidung **rechtskräftig** ist, ggf. erst nach der Entscheidung über eine Nichtzulassungsbeschwerde beim BAG, oder er durch einen neu gewählten BR abgelöst wird oder die normale Amtszeit abgelaufen ist.[1] Das Rechtsschutzinteresse für die Wahlanfechtung entfällt nicht bereits dadurch, dass der BR seinen Rücktritt beschließt.[2]

Wird in den Fällen des § 13 Abs. 2 Nrn. 1 bis 3 auch nach erfolgter Einleitung der Wahl kein neuer BR gewählt, weil z. B. trotz gesetzter Nachfrist keine Vorschlagsliste eingereicht wird, bleibt der bisherige BR, ggf. der Rumpf-BR, bis zum Ablauf seiner Amtszeit im Amt. Dies gilt auch, wenn der BR nur noch aus einer Person besteht.[3] Der »geschäftsführende« BR kann jedoch jederzeit erneut die Wahl eines

---

18   LAG Bremen, a. a. O., vgl. DKKW-Buschmann § 21 b Rn. 25 m. w. N.
19   BAG a. a. O.
1   BAG 15. 2. 12 – 7 ABN 59/11, NZA-RR 12, 602; LAG Düsseldorf, DB 87, 177.
2   BAG, DB 92, 231.
3   Vgl. LAG Düsseldorf 15. 4. 11 – 6 SDa 857/10, juris.

BR einleiten. Ggf. finden auch § 16 Abs. 2, 3, § 17 und § 17 a Nr. 3, 4 Anwendung.

2. Besonderheit tariflicher Regelungen

2 Die Weiterführung der Geschäfte kommt nicht in Betracht, wenn durch TV nach § 3 Abs. 1 Nr. 1–3 **abweichende BR- bzw. AN-Vertretungsstrukturen** gebildet werden. Die Amtszeit des bisherigen BR endet erst mit der Neuwahl dieser anderen BR- bzw. AN-Vertretungsstrukturen (Bekanntgabe des Wahlergebnisses; vgl. § 3 Abs. 4). Eine analoge Anwendung des § 22 kann aber in Betracht kommen, wenn ein nach § 3 Abs. 1 Nr. 4 gebildetes **zusätzliches Gremium** bzw. eine nach § 3 Abs. 1 Nr. 5 gebildete **zusätzliche Vertretung** zurücktritt. Zur Weiterführung der Geschäfte auf der Grundlage eines **Übergangsmandats** vgl. § 21 a; auf der Grundlage eines **Restmandats** vgl. § 21 b.

§ 23   Verletzung gesetzlicher Pflichten

(1) Mindestens ein Viertel der wahlberechtigten Arbeitnehmer, der Arbeitgeber oder eine im Betrieb vertretene Gewerkschaft können beim Arbeitsgericht den Ausschluss eines Mitglieds aus dem Betriebsrat oder die Auflösung des Betriebsrats wegen grober Verletzung seiner gesetzlichen Pflichten beantragen. Der Ausschluss eines Mitglieds kann auch vom Betriebsrat beantragt werden.

(2) Wird der Betriebsrat aufgelöst, so setzt das Arbeitsgericht unverzüglich einen Wahlvorstand für die Neuwahl ein. § 16 Abs. 2 gilt entsprechend.

(3) Der Betriebsrat oder eine im Betrieb vertretene Gewerkschaft können bei groben Verstößen des Arbeitgebers gegen seine Verpflichtungen aus diesem Gesetz beim Arbeitsgericht beantragen, dem Arbeitgeber aufzugeben, eine Handlung zu unterlassen, die Vornahme einer Handlung zu dulden oder eine Handlung vorzunehmen. Handelt der Arbeitgeber der ihm durch rechtskräftige gerichtliche Entscheidung auferlegten Verpflichtung zuwider, eine Handlung zu unterlassen oder die Vornahme einer Handlung zu dulden, so ist er auf Antrag vom Arbeitsgericht wegen einer jeden Zuwiderhandlung nach vorheriger Androhung zu einem Ordnungsgeld zu verurteilen. Führt der Arbeitgeber die ihm durch eine rechtskräftige gerichtliche Entscheidung auferlegte Handlung nicht durch, so ist auf Antrag vom Arbeitsgericht zu erkennen, dass er zur Vornahme der Handlung durch Zwangsgeld anzuhalten sei. Antragsberechtigt sind der Betriebsrat oder eine im Betrieb vertretene Gewerkschaft. Das Höchstmaß des Ordnungsgeldes und Zwangsgeldes beträgt 10 000 Euro.

1. Auflösung BR bzw. Ausschluss BR-Mitgl.

In Abs. 1 ist das Verfahren und die Voraussetzung für eine **Auflösung** **1**
des BR als Kollektivorgan und für einen **Ausschluss eines BR-Mitgl.** aus dem BR **abschließend geregelt**. Eine Abwahl des BR oder eine Absetzung einzelner BR-Mitgl. durch die AN des Betriebes ist nicht zulässig, ebenso wenig wie ein Beschluss des BR über den Ausschluss eines seiner Mitgl.[1] Beide Maßnahmen werden durch das ArbG im Beschlussverfahren entschieden. Der Antrag muss beim ArbG ausdrücklich gestellt und entsprechend begründet werden.[2] Ein **Misstrauensvotum** auf einer Betriebsversamml. ist kein Antrag, sondern kann höchstens den BR zum Rücktritt bewegen. **Antragsberechtigt** sind ein Viertel der wahlberechtigten AN, die im Betrieb vertretene Gew. oder der AG, aber nicht einzelne BR-Mitgl.[3] Den **Ausschluss eines BR-Mitgl.** kann auch der BR beantragen. Wann eine grobe Verletzung der gesetzl. Pflichten vorliegt, kann nur im Einzelfall beurteilt werden.[4]

2. Begriff der groben Amtspflichtverletzung

Die **grobe Amtspflichtverletzung** muss objektiv erheblich und **2**
offensichtlich schwerwiegend sein.[5] Danach kann eine grobe Verletzung der gesetzl. Pflichten nur angenommen werden, wenn unter Berücksichtigung aller Umstände des Einzelfalles die weitere Amtsausübung des BR untragbar erscheint.[6]

Eine **grobe Amtspflichtverletzung** eines BR-Mitgl. liegt vor,

• wenn ein BR-Mitgl. einem Dritten Einsicht in Bewerbungsunterlagen gibt, die ihm im Rahmen des Unterrichtsverfahrens nach

1 LAG Hamm 14.8.09 – 10 TaBV 175/08, brwo.
2 Zu einem Musterantrag vgl. DKKW-F-Trittin, § 23 Rn. 2 ff.
3 LAG München 5.2.09 – 3 TaBV 107/08, brwo.
4 BAG, AuR 78, 120; vgl. DKKW-F-Trittin, § 23, CD-Arbeitshilfen zu 1.
5 BAG, NZA 94, 184; LAG München 24.02.11 – 3 TaBV 23/10, brwo; LAG Hamm 20.1.09 – 10 TaBV 149/08, brwo; vgl. aber auch ArbG Marburg, DB 96, 1925.
6 BAG, NZA 94, 184; LAG Nds., NZA-RR 05, 530.

§ 99 Abs. 1 übermittelt worden sind, und er damit gegen die Geheimhaltungspflicht verstoßen hat (vgl. § 79 Rn. 3);[7]

- wenn ein BR-Vors. auf einer Betriebsversamml. aus den ihm mit einem Zustimmungsantrag des AG zur Einstellung nach § 99 übermittelten Bewerbungsschreiben eines Mitarbeiters ohne dessen Einwilligung wörtlich zitiert und dadurch den eingestellten Mitarbeiter herabwürdigt;[8]

- wenn der BR-Vors. die Verfahrensbevollmächtigten in einem Beschlussverfahren entweder anweist, falsch vorzutragen oder er zumindest positive Kenntnis davon hat, dass der Sachvortrag im Verfahren falsch war und er diesen Sachvortrag bewusst nicht korrigiert hat, um das Verfahren zum Vorteil des BR zu beeinflussen,[9]

- wenn ein BR-Mitgl. in einer Vielzahl von Fällen fortgesetzt unberechtigt Einblick in elektronisch geführten Personalakten nimmt;[10]

- wenn ein BR-Mitgl. den BR-Vors. zweimal mit der Person Adolf Hitler und seinen Methoden im Wochenabstand vergleicht;[11]

- wenn sich ein BR-Mitgl. nachhaltig und grundlos weigert, eine ihm durch Beschluss des BR zugeteilte Aufgabe zu übernehmen.[12]

Beispiele für **keine grobe Pflichtverletzung**:

- die Kritik an der Geschäftsführung durch BRVors. ist zulässig, auch wenn sie in zugespitzter und provozierender Weise erfolgt;[13]

- ein Vorsitzender einer Mitarbeitervertretung, der in einer Sitzung den seiner Auffassung nach »menschenverachtenden Umgang« kritisiert, der »von einzelnen Verantwortlichen« gepflegt werde, wird von der Meinungsfreiheit geschützt;[14]

- eine Amtsenthebung eines BR-Mitgl. wegen gehässiger und ungerechtfertigter Diffamierungen gegenüber dem AG ist zu verneinen, wenn der AG sich seit Jahren hartnäckig bemüht, den BR durch Missachtung und Rechtsverstöße zu provozieren,[15]

- die Information eines AN über § 15 Abs. 5 TzBfG durch den BR-Vors.[16]

Die Amtspflichtverletzung durch ein **BR-Mitgl.** muss in der Regel

---

7   ArbG Wesel, NZA-RR 09, 21.
8   LAG Düsseldorf 9.1.13 – 12 TaBV 93/12, brwo.
9   ArbG Kempten 21.8.12 – 2 BV 16/12, juris.
10 LAG Berlin-Brandenburg 12.11.12 – 17 TaBV 1318/12, RDV 13, 204.
11 HessLAG 23.5.13 – 9 TaBV 17/13, brwo.
12 ArbG Halle 25.1.13 – 9 BV 50/12, NZA-RR 13, 361.
13 LAG Hamm 20.3.09 – 10 TaBV 149/08, brwo.
14 ArbG Würzburg 24.06.10 – 10 Ca 592/10, juris.
15 ArbG Marburg, DB 01, 156.
16 ArbG Wuppertal 5.7.06 – 6 BV 9/06, dbr 1/07, 39.

schuldhaft sein, und zwar vorsätzlich oder mindestens grob fahrlässig.[17] Diese Voraussetzungen liegen keinesfalls vor, wenn BR-Mitgl. die Ursache, z.b. eine Störung des Betriebsfriedens, nicht gesetzt haben,[18] oder ein BR-Mitglied mit Billigung des BR die Aufsichtsbehörde über einen tatsächlichen oder vermeintlichen Arbeitszeitverstoß des AG (in diesem Fall: unzulässige Sonntagsarbeit) informiert, nachdem der AG zuvor in rechtswidriger Weise ohne Zustimmung des BR den Schichtbeginn am Sonntag vorverlegt hat.[19]

Demgegenüber setzt die grobe Verletzung von gesetzlichen Pflichten seitens des **BR kein Verschulden** voraus. Entscheidend ist hier, ob der **BR als Gesamtorgan** seine gesetzlichen Pflichten in grober Weise **objektiv** verletzt hat.[20] Die Nichtwahrnehmung von im Gesetz enthaltenen Rechten und Pflichten – z.B. Betriebsversamml. einzuberufen und durchzuführen,[21] MBR nicht wahrzunehmen oder Verstöße gegen seine Pflichten zur parteipolitischen Neutralität (vgl. § 74 Rn. 4)[22] kann – jedenfalls im Wiederholungsfall – einen Antrag auf Auflösung des BR, ggf. auch den Ausschluss eines BR-Mitgl., rechtfertigen.[23]

Ein **einmaliger, besonders schwerwiegender** grober Pflichtverstoß **3** kann genügen, um den Ausschlussantrag zu rechtfertigen. Eine Fortsetzung oder mehrmalige **Wiederholung** leichter Pflichtverletzungen kann unter gewissen Voraussetzungen zu einer groben Pflichtverletzung werden, wenn mit einer gewissen Beharrlichkeit gegen die gleiche Pflicht fortgesetzt verstoßen wird und auf die Pflichtverletzung mittels einer Abmahnung aufmerksam gemacht wurde.[24]

Eine auf **Rechtsunkenntnis** beruhende Amtspflichtverletzung eines **4** BR-Mitgl. stellt jedoch grundsätzlich keine einen Ausschluss aus dem BR rechtfertigende grobe Pflichtverletzung dar, sondern allenfalls die bewusste und nachhaltige Verletzung der mit der Annahme der Wahl übernommenen Verpflichtungen, sich um den Erwerb der für eine eigenverantwortliche Wahrnehmung des Amtes erforderlichen Kenntnisse zu bemühen.[25] Vor einem Ausschlussverfahren kann auch eine betriebsverfassungsrechtliche Abmahnung als milderes Mittel erforder-

---

17 BAG 4.5.55, AP Nr. 1 zu § 44 BetrVG.
18 LAG Berlin, BB 88, 1045.
19 ArbG Marburg 12.11.10 – 2 BV 4/10 – LAGE § 23 BetrVG 2001 Nr. 6.
20 BAG, NZA 94, 184.
21 LAG Frankfurt, AuR 94, 107; ArbG Stuttgart 24.7.13 – 22 BV 13/13, BB 13, 1908; ArbG Hamburg 27.6.12 – 27 BV 8/12, juris; ArbG Wetzlar, AiB 93, 48.
22 BAG 17.3.10 – 7 ABR 95/08.
23 Vgl. auch die Beispiele bei DKKW-Trittin, Rn. 32 ff., 158 ff.
24 BAG 22.5.59, AP Nr. 3 zu § 23 BetrVG; vgl. auch DKKW-Trittin, Rn. 22; a.A. LAG Nds., NZA-RR 05, 530, wonach es einer vorherigen Abmahnung wegen des amtspflichtwidrigen Verhaltens nicht bedarf.
25 LAG BaWü 10.5.91 – 5 TaBV 4/91.

lich sein.[26] Es gehört zu den Grundsätzen eines fairen Verfahrens, dass der BR dem BR-Mitgl. die Möglichkeit einräumt, sich vor der Beschlussfassung vor dem BR zur Sache und zu den Ausschließungsgründen zu äußern, ansonsten liegt ein Verfahrensmangel vor, der zur Unwirksamkeit des BR-Beschlusses führt.[27] Ist ein BR-Mitgl. der objektiv fehlerhaften Ansicht, eine BR-Aufgabe wahrzunehmen, kommt eine arbeitsrechtliche **Abmahnung** wegen einer dadurch bedingten Versäumnis der Arbeitszeit nicht in Betracht, wenn es sich um die Verkennung schwieriger oder ungeklärter Rechtsfragen handelt.[28]

3. Verletzung der Amtspflichten und des Arbeitsvertrags

5   Zur **Amtsenthebung** können nur **grobe Amtspflichtverletzungen**, nicht jedoch **Verstöße gegen die Arbeitspflichten** führen.[29] Werden dem BR-Mitgl. lediglich grobe Amtspflichtverletzungen vorgeworfen, ist eine außerordentliche Kündigung unzulässig und nur ein Amtsenthebungsverfahren möglich (vgl. § 37 Rn. 7).[30] Ebenso wenig kann wegen unzulässiger BR-Tätigkeit eine individualrechtliche **Abmahnung** ausgesprochen werden.[31] Geht es um das Verhalten eines BR-Mitgl. in Zusammenhang mit der Verletzung von betriebsverfassungsrechtlichen Pflichten, hat der AG nicht das Recht, das BR-Mitgl. zu einem Personalgespräch vorzuladen.[32] Eine unzulässige Werbetätigkeit für eine Gewerkschaft (vgl. § 74 Rn. 6) kann nur im Rahmen des Amtsenthebungsverfahrens, nicht jedoch mit einer Abmahnung durch den AG geahndet werden.[33] Verstöße des BR gegen das Verbot parteipolitischer Betätigung begründen keinen Unterlassungsanspruch des AG gegenüber dem BR. Der AG kann nur bei einer groben Pflichtverletzung gemäß § 23 Abs 1 BetrVG die Auflösung des Betriebsrats beantragen bzw. im Beschlussverfahren die Zulässigkeit einer Maßnahme des BR im Wege eines Feststellungsantrages klären lassen.[34]

6   Eine grobe Amtspflichtverletzung kann aber zugleich eine **Verletzung**

---

26   ArbG Hildesheim, AuR 97, 336; vgl. auch Kania, DB 96, 374.

27   ArbG Halle 25. 1. 13 – 9 BV 50/12, NZA-RR 13, 361.

28   BAG, NZA 95, 225.

29   LAG Hamm, AuR 07, 316.

30   BAG, DB 93, 438; LAG Hamm 20. 3. 09 – 10 TaBV 149/08, brwo.

31   BAG, a. a. O.; LAG Berlin, DB 88, 863; BB 91, 2301; LAG Düsseldorf, AiB 93, 569; HessLAG, RDV 05, 172; a. A. offenbar BAG, NZA 94, 500, wenn für das BR-Mitgl. bei sorgfältiger Prüfung ohne weiteres erkennbar war, dass die Teilnahme an der Schulungsmaßnahme nicht erforderlich war.

32   LAG Hamm 16. 4. 10 – 13 Sa 1480/09, brwo, DB 11, 360, Ls.

33   LAG SH, AiB 01, 305.

34   BAG 17. 3. 10 – 7 ABR 95/08, brwo, AiB 11, 540 unter Aufgabe seiner bisherigen Rspr.

der **Pflichten aus dem Arbeitsvertrag** darstellen. In diesem Fall hat der AG grundsätzlich das Wahlrecht. Will er die grobe Verletzung der Arbeitsvertragspflichten ahnden, bedarf es bei einer außerordentlichen Kündigung gemäß § 103 der vorherigen Zustimmung des BR (vgl. Erl. zu § 103). An die **außerordentliche Kündigung** eines BR-Mitgl. ist jedenfalls dann, wenn die Vertragsverletzung in Ausübung des BR-Amtes erfolgt ist, ein besonders strenger Maßstab anzulegen.[35]

4. Entfallen des Rechtsschutzinteresses

Ist zum Zeitpunkt der Neuwahl des BR über den Ausschluss eines **7** BR-Mitgl. noch nicht rechtskräftig entschieden, entfällt das **Rechts-schutzinteresse** für das Ausschlussverfahren selbst dann, wenn das betreffende BR-Mitgl. erneut in den BR gewählt wurde.[36] Auch für das Auflösungsverfahren entfällt das Rechtsschutzinteresse, sobald der BR neu gewählt ist[37] bzw. sich die Besetzung des BR aus anderen Gründen komplett ändert.[38]

5. Rechtsfolgen der Amtspflichtverletzung

Der **rechtskräftige Beschluss** des ArbG bewirkt den **sofortigen 8 Ausschluss des BR-Mitgl.** aus dem BR, für das ein Ersatzmitgl. (§ 25) nachrückt, bzw. die **sofortige Auflösung und Beendigung der Amtszeit des BR**, so dass bis zur Neuwahl eine betriebsratslose Zeit eintritt. Im Falle der Auflösung des BR erfolgt die Bestellung des WV durch das ArbG von Amts wegen (vgl. Abs. 2). Der BR kann sich jedoch nicht wie die einzelnen BR-Mitgl. dem Auflösungsantrag dadurch entziehen, dass er seinen **Rücktritt** beschließt, weil sein Amt durch den Beschluss nicht sofort endet, sondern durch die Wei-terführung der Geschäfte nach § 22 (zunächst) fortbesteht.[39] Der BR kann aber einen WV einsetzen; sein Amt endet dann, wenn der BR neu gewählt worden ist (Bekanntgabe des Wahlergebnisses).

6. Grobe Pflichtverstöße des Arbeitgebers

Bei groben Pflichtverstößen des AG können der BR oder eine im **9** Betrieb vertretene Gew., aber nicht die SchwbVertr.[40] vom AG die **Duldung, Vornahme oder Unterlassung einer Handlung** durch das ArbG erzwingen (vgl. ergänzend Rn. 16). Das ArbG entscheidet im Beschlussverfahren. Die Verfahren setzen jeweils einen Antrag,[41]

---

35 BAG, BB 87, 1952; vgl. auch DKKW-Trittin, Rn. 101 ff. m. w. N.
36 BAG 8.12.61, 29.4.69, AP Nrn. 7, 9 zu § 23 BetrVG.
37 Vgl. auch BAG, AuR 91, 348.
38 LAG Köln, AuR 91, 382; vgl. auch DKKW-Trittin, Rn. 88, 183 ff.
39 Vgl. DKKW-Trittin, Rn. 29.
40 LAG RP 19.7.12 – 10 TaBV 13/12, brwo; Fitting, Rn. 70.
41 Zu einem Musterantrag, vgl. DKKW-F-Trittin, § 23, CD-Arbeitshilfen zu 2.

jedoch **kein schuldhaftes Verhalten** des AG voraus.[42] Der Anspruch ist bereits bei objektiver Pflichtwidrigkeit gegeben,[43] z.B. auch dann, wenn diese von einzelnen Vorgesetzten ohne Wissen des AG begangen wird.

Ein **grober Pflichtverstoß** nach § 23 Abs. 3 liegt vor, wenn es sich um eine objektiv erhebliche und offensichtlich schwerwiegende Pflichtverletzung handelt.[44] Diese Anforderungen sind regelmäßig erfüllt, wenn der AG mehrfach und erkennbar gegen seine Pflichten aus dem BVerfG verstoßen hat.[45] Der Pflichtverstoß setzt aber nicht immer eine mehrmalige Außerachtlassung der betriebsverfassungsrechtlichen Pflichten oder eine Serie von Verstößen gegen das BetrVG voraus (vgl. auch Rn. 5).[46] In gravierenden Fällen kann auch ein **einmaliger schwerwiegender Verstoß** ausreichen,[47] so z.B. auch eine einmalige bewusste Auflehnung gegen die Pflicht zur vertrauensvollen Zusammenarbeit mit dem BR nach §§ 2, 74[48] bzw. ein Verstoß gegen das Verbot der Behinderung des BR nach § 78.[49] Eine **Wiederholungsgefahr** des gerügten Verhaltens des AG ist keine Voraussetzung des Anspruchs.[50] Zumindest liegt sie bei bereits erfolgten zahlreichen Verstößen zwangsläufig vor.[51]

Eine **grobe Pflichtverletzung** ist jedenfalls immer anzunehmen bei **wiederholter Missachtung** der MBR des BR durch den AG bzw. dessen Erfüllungsgehilfen.[52] Sie liegt grundsätzlich auch vor, wenn Zweifel oder ein Rechtsirrtum am Umfang der MBR des BR seitens des AG bestehen. Zweifel an der Rechtslage können nämlich nicht dazu führen, MBR des BR außer Acht zu lassen. Für diesen Fall ist vielmehr das gesetzl. vorgesehene Verfahren vom AG einzuhalten.[53] Nach Auffassung des BAG soll eine Ausnahme dann gelten, wenn der AG seine Rechtsposition in einer schwierigen und ungeklärten

42   BAG 19.1.10 – 1 ABR 55/08, NZA 10, 659.
43   Ständige Rspr. des BAG; vgl. etwa BAG, NZA 04, 670; vgl. auch DKKW-Trittin, Rn. 201 ff.
44   BAG 19.1.10 – 1 ABR 55/08, NZA 10, 659; ArbG Gießen 21.8.12 – 5 BV 12/12, AuR 13, 142 Ls.
45   BAG 7.2.12 – 1 ABR 77/10, AiB 13, 128.
46   Sächsisches LAG 17.9.2010 – 3 TaBV 2/10, NZA-RR 2011, 72 zu § 17 Abs 2 S 1 AGG; LAG BaWü, AiB 88, 281; LAG Hamburg 10.7.90 – 6 TaBV 3/90; ArbG Kaiserslautern, AuR 06, 334 bei Beschäftigung von Leih-AN ohne Beteiligung des BR.
47   LAG SH, NZA-RR 07, 639.
48   LAG BaWü a.a.O.; LAG Hamburg a.a.O.
49   ArbG Stralsund, AiB 05, 498.
50   BAG, DB 85, 2511; ArbG Stralsund a.a.O.
51   BAG, DB 04, 2220.
52   Vgl. BAG 23.6.09 – 1 ABR 23/08; NZA 04, 670; LAG Frankfurt, BB 93, 1948; vgl. auch BAG, AiB 93, 117.
53   BAG, DB 85, 2511; DKKW-Trittin, Rn. 205 f.

Rechtsfrage verteidigt.[54] Bei einem Betriebsübergang muss sich - der Betriebserwerber als Rechtsnachfolger des Betriebsveräußerers dessen betriebsverfassungsrechtliche Pflichtverletzungen bei der Gewichtung der Pflichtverletzung als grobe Pflichtverletzung zurechnen lassen.[55]

Nach dieser Vorschrift können nur Verpflichtungen des AG aus dem **10** BetrVG geahndet werden, nicht jedoch Verletzungen von arbeitsvertraglichen Verpflichtungen. Zu den zu beachtenden gesetzl. Verpflichtungen zählen aber auch solche betriebsverfassungsrechtlichen Pflichten, die sich aus **anderen Gesetzen**, wie z. B. § 9 Abs. 3 ASiG, § 22 Abs. 1 SGB VII, § 17 Abs. 2 KSchG, §§ 81, 83, 84, 93–99 SGB IX oder aus **TV** ergeben. Die konsequente Nichtanwendung von abgeschlossenen **BV**, die Nichteinhaltung von BV[56] sowie die beharrliche Missachtung der Informations-, Mitwirkungs- und MBR des BR führen insbesondere zu groben Verstößen gegen die Vorschrift des Abs. 3.[57] Auch sonstige betriebsverfassungswidrige Verhaltensweisen, wie beispielsweise die Einstellung eines geplanten Demografieprojektes wegen BR-Kosten aus mehreren Beschlussverfahren und Einigungsstellen,[58] eine vom AG rechtsmissbräuchlich anberaumte Mitarbeiterbesprechung[59] oder die Gefährdung der Durchführung einer Betriebsversamml. seitens des AG,[60] können grobe Verstöße sein. In einem Gemeinschaftsbetrieb muss der BR die Ansprüche gegenüber allen an der gemeinsamen Führung beteiligten Unternehmen geltend machen, wenn es sich um die Unterlassung oder Vornahme einer Maßnahme der gemeinsamen betrieblichen Leitung handelt.[61] Der BR ist befugt, die vom AG bestrittene Berechtigung der Hinzuziehung eines BR-Mitgl. zu einem Personalgespräch (§ 82 Abs. 2 Satz 2) im Rahmen einer sich aus § 23 Abs. 3 Satz 1 ergebenden gesetzlichen Prozessstandschaft feststellen zu lassen.[62]

Die Vorschrift berechtigt die im Betrieb vertretene **Gew.**, Anträge **11** gegen den AG zu stellen, wenn sie geltend macht, dass eine von den Betriebsparteien abgeschlossene BV gegen die betriebsverfassungsrechtliche Ordnung verstößt, weil sie den in § 77 Abs. 3 **normierten Vorrang des TV** nicht beachtet (vgl. ergänzend § 77 Rn. 14 a).[63] Das

---

54   BAG, NZA 04, 670.
55   HessLAG 3.2.11 – TaBV 27/10, brwo; zu Einzelfällen vgl. DKKW-Trittin, Rn. 80 ff.
56   BAG, NZA 04, 670.
57   Zu Einzelfällen vgl. DKKW-Trittin, Rn. 213 ff.
58   Hess LAG 13.9.12 – 9 TaBV 79/12, juris.
59   Vgl. ArbG Osnabrück, AuR 98, 82.
60   ArbG Darmstadt, AiB 04, 754.
61   BAG, AuR 07, 366.
62   BAG, DB 05, 504.
63   BAG, NZA 01, 1037; vgl. auch ArbG Marburg, DB 96, 1929.

gilt auch für eine Regelungsabrede.[64] Das Verfahren nach § 23 Abs. 3
zielt dabei auf ein zukünftiges Verhalten des AG, so dass zurückliegende Verstöße gegen den TV aus § 77 Abs. 3 nicht im Verfahren nach
§ 23 Abs. 3 geltend gemacht werden können. Ein gew. Anspruch auf
Beseitigung und Unterlassung weiterer Beeinträchtigungen gegen den
AG ergibt sich aus § 1004 Abs. 1, § 823 Abs. 1 BGB i. V. m. Art. 9
Abs. 3 GG bei tarifwidrigen betrieblichen Regelungen (vgl. § 77
Rn. 14 a).[65] Nach der abzulehnenden Rspr. soll die Gew. dann aber
keinen Anspruch gegen den AG haben, die Anwendung einer BV im
Regelungsbereich des § 87 Abs. 1 – im entschiedenen Fall: Lage und
Verteilung der Arbeitszeit in einem Schichtbetrieb – deswegen zu
unterlassen, weil diese BV gegen zwingende tarifwidrige Vorgaben
verstößt, wenn der TV den Betriebsparteien ausdrücklich eine gewisse
Gestaltungsfreiheit einräumt (§ 77 Rn. 85).[66] Der Unterlassungsantrag
der Gew. ist im Beschlussverfahren geltend zu machen.[67]

12 Nach § 17 Abs. 2 **AGG** kann der BR oder eine im Betrieb vertretene
Gew. gemäß § 23 Abs. 3 den AG gerichtlich in Anspruch nehmen.
Dieses gilt sowohl im Falle von Benachteiligungen durch den AG als
auch bei Verstößen des AG gegen seine Verpflichtung nach § 12 AGG,
präventive und weitere Schutzmaßnahmen zu ergreifen.[68] Dabei reicht
die Benachteiligung nur eines AN aus. Im Rahmen des § 17 Abs. 2
AGG gelten die Grundsätze für das Merkmal des »groben« Verstoßes
i. S. des § 23 Abs. 3 ebenso.[69]

7. Allgemeiner Unterlassungsanspruch des Betriebsrats

13 Ein von § 23 Abs. 3 unabhängiger, **allgemeiner Unterlassungsanspruch** steht **neben anderen Ansprüchen** im BetrVG (Ausnahme
nach Auffassung des BAG: § 101) und verdrängt diese nicht (vgl. zu
den einzelnen Ansprüchen: § 87 Rn. 81; § 90 Rn. 11; § 94 Rn. 16;
§ 95 Rn. 13; § 101 Rn. 5 und 6; § 111 Rn. 21).[70] Aus dem Gesetzeswortlaut des § 23 Abs. 3 ergibt sich nämlich nicht, dass die Regelung
abschließend gemeint ist. Es fehlt das Wort »nur«. Auch die Begründung des RegE[71] weist darauf hin, dass mit dieser Regelung eine

64 LAG Hamm 29.7.11 – 10 TaBV 91/10, brwo.
65 BAG 17.5.11 – 1 AZR 473/09, AuR 11, 498.
66 BAG, DB, 92, 275; problematisiert durch BVerfG, NZA 94, 34; a. A. LAG SH, AiB, 00, 105 ff.; jetzt auch BAG, AuR 99, 408 zu tarifwidrigen Regelungsabreden und betrieblichen Einheitsregelungen; zur Kritik vgl. DKKW-Berg, § 2 Rn. 143; DKKW-Trittin, Rn. 254.
67 BAG, NZA 01, 1037; zu einem Musterantrag, vgl. DKKW-F-Trittin, CD-Arbeitshilfe zu 2: Antrag der Gew. auf Nicht-Durchführung einer tarifwidrigen BV.
68 Vgl. NP-AGG, § 17 Rn. 8 ff.; Hayen, AuR 07, 6.
69 BAG, DB 10, 284.
70 BAG, DB 05, 2530; DKKW-Trittin, Rn. 326 ff.
71 BT-Drucks. VI/1786 S. 39.

zusätzliche Sanktionsnorm geschaffen werden sollte. Nach Auffassung des BAG[72] steht dem BR aber kein allgemeiner Unterlassungsanspruch neben **§ 101** zu.[73] Die Sicherung des Aufhebungsanspruchs erfolge abschließend durch § 101 Satz 1 und könne in diesem Rahmen notfalls durch eine e. V. (Leistungsverfügung) durchgesetzt werden. Daneben komme weiterhin ein Anspruch aus § 23 Abs. 3 in Frage (vgl. Rn. 15). Unabhängig davon steht dem BR ein Anspruch auf Aufhebung der Versetzung eines BR-Mitgl. im einstweiligen Verfügungsverfahren zu, wenn die nach § 103 Abs. 3 erforderliche Zustimmung vom BR nicht erteilt oder durch das ArbG ersetzt worden ist, da in diesem Fall § 101 in keiner Weise anwendbar ist.[74]

Für den **BR** ergibt sich unmittelbar ein **allgemeiner Unterlassungsanspruch** bei einer **Verletzung seiner MBR** z. B. nach § 87 Abs. 1, auch wenn dies in der Vorschrift nicht ausdrücklich geregelt ist.[75]

Beispiele:

* bei Auswahlrichtlinien ohne Beteiligung des BR nach § 95 Abs. 1;[76]

* bei der einseitigen Änderung von Entlohnungsgrundsätzen durch AG;[77]

* bei Kündigungen ohne Interessenausgleich;[78]

* bei Betriebsänderung ohne Interessenausgleich;[79]

* bei Betriebsänderung ohne Interessenausgleich unter Hinweis auf Art. 4 sowie 8 der Richtlinie 2002/14/EG v. 11. 3. 2003 zur Festlegung eines allgemeinen Rahmens für die Unterrichtung und Anhörung der AN in der EU;[80]

* bei Verstößen gegen zulässige Schwankungsbreite einer BV zu Arbeitszeitkonten;[81]

* bei einseitiger Festlegung der Arbeitszeiten von LeihAN i. S. des § 87 Abs. 1 Nr. 2 und 3;[82]

---

72 BAG 9. 3. 2011 – 7 ABR 137/09 – brwo; NZA 09, 1430; a. A. ArbG Berlin, AuR 11, 129 Ls.

73 Dem BAG folgend: LAG Berlin-Brandenburg 30. 8. 13 – 6 TaBV 953/13, juris; LAG Hamburg 3. 7. 13 – 6 TaBV Ga 3/13, juris.

74 LAG Nürnberg 11. 10. 10 – 7 TaBV Ga 7/10, DB 11, 883.

75 Ständige Rspr. des BAG vgl. ferner Klein, dbr 08, Heft 6, 16.

76 BAG, DB 05, 2530.

77 BAG, BB 06, 2419.

78 LAG Berlin, NZA 96, 1284.

79 LAG Hamm, BB 08, 171; HessLAG, AuR 10, 528 (Ls.); LAG Nds., AiB 08, 348; LAG SH, NZA-RR 08, 244.

80 LAG SH 15. 12. 10 – 3 TaBV Ga 12/10, DB 11, 714; LAG München, AuR 09, 142.

81 LAG Köln 7. 5. 08 – 3 TaBV 85/07, brwo.

82 LAG BaWü, AiB 06, 381.

- bei Einführung eines allgemeinen Rauchverbotes durch AG;[83]
- bei Mehrarbeit;[84]
- bei einseitigem Einsatz von Leih-AN durch AG bei Betriebsversamml.;[85]
- Unterlassung von Kündigungen bis zur abschließenden Entscheidung über den Antrag des BR auf Verlängerung der Kurzarbeit;[86]
- Unterlassung der Veröffentlichung von Fehlzeitenlisten;[87]
- bei Pilot- und Testanwendungen unter Nutzung von Echtdaten bei IT-Anwendungen.[88]
- die wiederholte Verletzung der Mitteilungspflicht nach § 105 BetrVG, wonach eine beabsichtigte Einstellung oder personelle Veränderung eines leitenden Angestellten dem Betriebsrat rechtzeitig mitzuteilen ist;[89]
- die verspätete, unvollständige oder vollständig unterlassene Information des Wirtschaftsausschusses.[90]

Ein Unterlassungsanspruch steht dem BR weiterhin bei der Behinderung seiner Amtstätigkeit nach § 78 Satz 1 zu (vgl. § 78, Rn. 4). Die Behinderung umfasst jede unzulässige Erschwerung, Störung oder gar Verhinderung der Betriebsratsarbeit,[91] so z. B. bei der Androhung der Betriebsschließung und Produktionsverlagerung ins Ausland wegen der durch den BR verursachten Kostentragungspflicht[92] oder bei der rechtswidrigen Offenlegung der BR-Kosten durch AG.[93]

Einer **groben** Pflichtverletzung bedarf es dabei nicht, ein Unterlassungsanspruch ist unabhängig von der Intensität des Verstoßes gegeben.[94] Der Unterlassungsanspruch zur Sicherung der Mitbestimmungsrechte aus § 87 Abs. 1 steht allein dem BR zu, der Träger des konkreten Mitbestimmungsrechts ist.[95]

14 Im **einstweiligen Verfügungsverfahren** kann der allgemeine Unterlassungsanspruch zur Sicherung der Rechte des BR geltend gemacht werden, ebenso wie dem AG die Verpflichtungen des § 23 Abs. 3

83   LAG Hamm, AuA 05, 47.
84   LAG Hamm 7. 12. 05 – 13 TaBV 107/05, brwo.
85   LAG Hamm, EZAÜG § 14 AÜG Betriebsverfassung Nr. 63.
86   ArbG Bremen-Bremerhaven 25. 11. 09 – 12 BVGa 1204/09.
87   ArbG Würzburg, AiB 96, 560.
88   ArbG Frankfurt/Main, AiB 06, 113.
89   HessLAG 23. 5. 13 – 9 TaBV 288/12, juris.
90   LAG Berlin-Brandenburg 30. 3. 12 – 10 TaBV 2362/11, brwo.
91   BAG, NZA 1996, 332.
92   ArbG Leipzig, NZA-RR 03, 142.
93   BAG, BB 98, 1006.
94   BAG 24. 4. 07 – 1 ABR 47/06 –, NZA 07, 818; NZA 02, 111.
95   BAG 17. 5. 11 – 1 ABR 121/09, juris, bei Ethikrichtlinie dem KBR.

auferlegt werden können (s. auch § 101, Rn. 6).[96] Dem AG kann durch das ArbG aufgegeben werden, den gerichtlichen Beschluss durch Aushang am Schwarzen Brett oder Rundschreiben allen betroffenen AN bekanntzugeben, um die Rechtswidrigkeit der vom AG bei Teilnahme an einer Betriebsversammlung in Aussicht gestellten Nachteile bekannt zu machen.[97] Zur Durchsetzung einer Unterlassungsverfügung gegen den AG kann wegen der nach § 23 Abs. 3 geltenden Beschränkung nicht Ordnungshaft für den Fall angedroht und verhängt werden, dass ein festgesetztes Ordnungsgeld nicht beigetrieben werden kann.[98]

8. Das arbeitsgerichtliche Verfahren

Ein auf § 23 Abs. 3 gestützter Antrag des BR, dem AG aufzugeben, **15** künftig seine sich aus §§ 99, 100 ergebenden MBR bei personellen Einzelmaßnahmen zu beachten, wird durch das in § 101 vorgesehene Zwangsgeldverfahren nicht ausgeschlossen (s. auch § 101, Rn. 5).[99] Im ersten Schritt hat der BR das Bestehen seines MBR gem. § 256 Abs. 1 ZPO feststellen zu lassen. Bei weiteren Verstößen bzw. wenn diese drohen, kann er das Verfahren nach § 23 Abs. 3 betreiben. Dabei kommt auch eine e. V. in Betracht.[100]

Das ArbG-Verfahren nach § 23 Abs. 3, das keine die allgemeine **16** Zwangsvollstreckung nach § 85 ArbGG ausschließende Sonderregelung darstellt,[101] gliedert sich in **zwei Stufen**:

1. in ein **Erkenntnisverfahren**, in dem der AG verurteilt wird, oder durch Prozessvergleich übernimmt,[102] eine Handlung zu unterlassen oder eine Handlung vorzunehmen oder zu dulden, und

2. sofern der AG seiner Verpflichtung aus der Entscheidung des ArbG oder dem Vergleich nicht nachkommt, in ein **Vollstreckungsverfahren** zur Durchsetzung der ArbG-Entscheidung mit gerichtl. Zwangsmaßnahmen nach den Sätzen 2 und 3 dieser Vorschrift.

Für das Vollstreckungsverfahren gelten gemäß § 85 Abs. 1 ArbGG die Vorschriften der §§ 704–915 h ZPO entsprechend. Als **Zwangsmittel** kommen für die Unterlassung einer Handlung oder die Duldung der Vornahme einer Handlung die Festsetzung eines **Ordnungsgeldes** (Abs. 3 Satz 2) in Betracht, für die Nichtdurchführung einer auferlegten Handlung gibt es die Festsetzung eines **Zwangsgeldes** (Abs. 3

96 BAG 9.3.11 – 7 ABR 137/09, juris; DKKW-Trittin, Rn. 279 m. w. N., auch zur gegenteiligen Auffassung.
97 ArbG Darmstadt, AiB 04, 754.
98 BAG 5.10.10 – 1 ABR 71/09, NZA 2011, 174.
99 BAG, NZA 09, 1430, NZA 87, 786; zu den einzelnen Anwendungstatbeständen vgl. DKKW-Trittin, Rn. 347 ff.
100 BAG, NZA 09, 1430.
101 BAG, DB 83, 1986.
102 BAG, NZA 04, 1240.

Satz 3). Die Höhe des Ordnungsgeldes muss geeignet sein, den AG zu einem betriebsverfassungsgemäßem Verhalten anzuhalten.[103] Für jede Zuwiderhandlung gegen eine durch rechtskräftige gerichtliche Entscheidung auferlegte Unterlassungsverpflichtung ist grundsätzlich das Höchstmaß eines Ordnungsgeldes von 10 000 € anzudrohen.[104]

Die **Androhung eines Ordnungsgeldes oder Zwangsgeldes** kann auf Antrag bereits in dem das Erkenntnisverfahren abschließenden Beschluss erfolgen,[105] wobei lediglich Art und Höchstmaß des angedrohten hoheitlichen Zwangs bestimmt angegeben werden muss.[106] Eine Identität der Antragsteller im Erkenntnis- und Vollstreckungsverfahren ist nicht erforderlich. Dies gilt zumindest im Fall der Gesamtrechtsnachfolge,[107] darüber hinaus aber auch im Falle der Einzelrechtsnachfolge.[108] Ein Vertragsstrafenversprechen in einer Vereinbarung zwischen AG und BR zugunsten des BR oder an einen Dritten im Falle einer MBR-Verletzung ist unwirksam. Eine solche Möglichkeit kennt das BetrVG nicht.[109] Eine Vertragsstrafenregelung zugunsten der betroffenen AN ist demgegenüber aber wirksam.[110]

Die **Androhung einer Ordnungshaft** scheidet nach der in § 85 Abs. 1 Satz 3 ArbGG enthaltenen Maßgabe als Sanktion gegenüber einem grob betriebsverfassungswidrigen Verhalten eines Arbeitgebers von Gesetzes wegen aus.[111] Nach Auffassung des BAG[112] gilt die spezialgesetzliche Beschränkung von Zwangsmaßnahmen auch bei der Durchsetzung des allgemeinen Unterlassungsanspruchs des Betriebsrats sowie für den aus dem Durchführungsanspruch nach § 77 Abs. 1 folgenden Unterlassungsanspruch. Eine Ordnungshaft scheidet in den Fällen ebenfalls aus.

§ 24 Erlöschen der Mitgliedschaft

Die Mitgliedschaft im Betriebsrat erlischt durch

1. Ablauf der Amtszeit,

2. Niederlegung des Betriebsratsamtes,

3. Beendigung des Arbeitsverhältnisses,

---

103 LAG SH 3.1.12 – 6 Ta 187/11, brwo.

104 LAG Berlin-Brandenburg 10.11.11 – 6 Ta 2034/11, brwo.

105 BAG, NZA 04, 670; vgl. im Übrigen DKKW-Trittin, Rn. 196, 197 ff., 288 ff.

106 LAG Hamm 6.2.12 – 10 Ta 637/11, juris.

107 BAG, NZA 08, 1259.

108 BAG a.a.O. hat diese Frage offen gelassen; s. aber LAG BaWü 26.4.93 – 15 TaBV 1/93.

109 BAG 19.1.10 – 1 ABR 62/08, brwo; DB 04, 2220.

110 LAG SH 7.5.08 – 6 TaBV 7/08, brwo.

111 BAG 3.5.94 – 1 ABR 24/93, brwo.

112 V. 5.10.10 – 1 ABR 71/09, brwo.

4. **Verlust der Wählbarkeit,**

5. **Ausschluss aus dem Betriebsrat oder Auflösung des Betriebs-rats aufgrund einer gerichtlichen Entscheidung,**

6. **gerichtliche Entscheidung über die Feststellung der Nicht-wählbarkeit nach Ablauf der in § 19 Abs. 2 bezeichneten Frist, es sei denn, der Mangel liegt nicht mehr vor.**

Inhaltsübersicht   Rn.

1. Grundsätze

Die Vorschrift regelt das Erlöschen der Mitgliedschaft im BR für das **1** einzelne Mitglied. Das Ende der Amtszeit des gesamten BR als Organ ist in §§ 21,22 geregelt.

2. Die einzelnen Gründe

Die Mitgliedschaft der einzelnen BR-Mitgl. erlischt mit **Ablauf der** **2** **Amtszeit des BR** (§ 21); dies gilt auch bei vorzeitiger Beendigung der Amtszeit beispielsweise durch eine erfolgreiche Anfechtung der Wahl (§ 19) oder durch Auflösen des BR aufgrund einer gerichtl. Entscheidung (§ 23 Abs. 1). Die **Amtsniederlegung** kann jederzeit gegenüber dem BR oder seinem Vors. erfolgen, nicht jedoch gegenüber dem AG.[1] Sie kann formlos erfolgen[2] und wird wirksam, wenn sie dem Vorsitzenden (im Falle der Verhinderung dem Stellvertreter) zugegangen ist oder in einer BR-Sitzung ausgesprochen wurde.[3] Auch die ein **Restmandat ausübenden BR-Mitgl.** können ihr Amt niederlegen. Besteht der BR nur noch aus einem Mitgl. und ist eine Belegschaft nicht mehr vorhanden, so kann die Amtsniederlegung gegenüber dem AG erklärt werden.[4] Von der Amtsniederlegung ist die bloße Absichts-erklärung, das Amt niederlegen zu wollen, zu unterscheiden. Sie ist rechtlich ohne Bedeutung.

Der Niederlegende kann einen Zeitpunkt für die Niederlegung des Amtes bestimmen. Die Erklärung kann nicht zurückgenommen oder widerrufen werden. Sie kann auch nicht an Bedingungen, wie z.B. eine bestimmte inhaltliche Haltung des BR, geknüpft werden. Man-gelnde Ernsthaftigkeit (§ 118 BGB) kann jedoch eingewandt werden. Das BR-Amt endet außerdem mit der **Beendigung des Arbeits-verhältnisses** (Kündigung, Auslaufen der Befristung; Aufhebungsver-trag) oder auch durch einvernehmliche Versetzung in einen anderen Betrieb des UN oder Konzerns, es sei denn, das BR-Mitgl. übt noch

---

1 LAG SH 19.8.66, AP Nr. 4 zu § 24 BetrVG; LAG BaWü, AiB 95, 187.
2 LAG Berlin, BB 67, 1424.
3 BAG, NZA 00, 669, DKKW-Buschmann, Rn. 7.
4 BAG, a.a.O.

ein **Rest- oder Übergangsmandat** aus (vgl. §§ 21 a und 21 b; zum Schutz gegen einseitige Versetzungen durch den AG vgl. § 103 Abs. 3). Vereinbart allerdings das BR-Mitgl. vor Ablauf der Kündigungsfrist die Fortsetzung des Arbeitsverhältnisses, dann erlischt das BR-Amt nicht.[5] Das BR-Amt endet nicht, wenn in einem unbefristeten Arbeitsverhältnis aufgrund einer individualrechtlichen Vereinbarung nur während eines Teils des Jahres tatsächlich gearbeitet wird.[6] So z. B. wenn jährlich eine Saisonpause für den Sommer vereinbart worden ist oder aufgrund einer arbeitsvertraglichen Regelung (Jahresteilzeit) das vereinbarte Stundenkontingent schon im Juni erschöpft ist und der AN während des restlichen Jahres tatsächlich nicht mehr arbeitet. **Befristete Arbeitsverhältnisse** enden auch bei BR-Mitgl. durch Zeitablauf. Die Erreichung des **Rentenalters** ist kein selbstständiger Grund für die Beendigung des Arbeitsverhältnisses und hat für BR-Mitgl. keine anderen Folgen als für andere AN.

Eine ordentliche Kündigung ist ggü. einem BR-Mitgl. nur im Falle der Stilllegung bzw. Teilstilllegung des Betriebs zulässig (§§ 15 Abs. 4, 5 KSchG). Die außerordentliche Kündigung ist nur möglich mit Zustimmung des BR oder die Zustimmung des BR ersetzender Entscheidung eines Arbeitsgerichtes. Daher endet das Amt nicht automatisch bei einer seitens des AG erklärten außerordentlichen **Kündigung**, solange nicht die rechtskräftige Zustimmungsersetzung zu der erklärten Kündigung nach § 103 vorliegt;[7] ggf. kann zum Schutz der BR-Tätigkeit während des Kündigungsrechtsstreits eine einstweilige Verfügung auf Zutritt zum Betrieb bzw. Weiterbeschäftigung erlassen werden.[8] Kündigt der Arbeitgeber außerordentlich mit Zustimmung des BR, so ist bis zur rechtskräftigen arbeitsgerichtlichen Entscheidung über die Kündigung das BRM zeitweilig an der Ausübung des Amtes gehindert und wird durch ein Ersatzmitglied vertreten.[9] Ist die außerordentliche Kündigung rechtmäßig, erlischt das BR-Amt; ist sie unrechtmäßig, kann das BR-Mitgl. sein Amt wieder ausüben.

Es endet auch nicht, wenn das Arbeitsverhältnis ruht, z. B. bei Einberufung zum **Wehr- oder Zivildienst** oder einer Wehrübung, bei Inanspruchnahme der **Elternzeit** nach dem BEEG,[10] bei einem längeren **Sonderurlaub** oder bei einer vorübergehenden Abordnung in einen anderen Betrieb. Bei **Altersteilzeit** im Blockmodell allerdings erlischt das Amt mit Beginn der Freistellungsphase.[11] Auch bei einer

---

5   LAG Düsseldorf 15. 4. 11 – 6 Sa 857/10, juris.
6   ArbG Potsdam 27. 3. 09 – 3 BV 2/09, juris.
7   LAG Düsseldorf, DB 77, 1053; ArbG München 16. 4. 91 – 15 GaBV 59/91.
8   LAG Hamburg 2. 3. 76, BetrR 76, 310; DKKW-Buschmann, Rn. 15 m. w. N.
9   LAG Köln 27. 7. 11 – 9 TaBVGa 2/11, juris; LAG München – 3 TABVGa 20/10, juris; vgl. DKKW-Buschmann Rn. 14 m. w. N.
10 BAG 25. 5. 05 – 7 ABR 45/04, AiB 06, 322 m. Anm. Rudolph.
11 BAG 16. 4. 03; AuR 04, 109.

bloßen Veräußerung des Betriebs bleibt das BR-Amt bestehen, da der neue Betriebsinhaber gemäß § 613 a BGB in die Rechte und Pflichten aus den im Zeitpunkt des Übergangs bestehenden Arbeitsverhältnissen eintritt.

Das Amt erlischt bei **Verlust der Wählbarkeit**, z. b. durch Übernahme der Tätigkeit eines leit. Ang.[12] Es endet ferner bei **Ausschluss aus dem BR** durch Gerichtsbeschluss nach § 23 Abs. 1 und bei **gerichtl. Feststellung der Nichtwählbarkeit**, z. B. bei Nichtvorliegen der sechsmonatigen Betriebszugehörigkeit bei der Wahl, sofern der Mangel nicht zwischenzeitlich behoben ist; allerdings erst, wenn die Gerichtsentscheidung rechtskräftig ist.[13]

§ 25 Ersatzmitglieder

(1) Scheidet ein Mitglied des Betriebsrats aus, so rückt ein Ersatzmitglied nach. Dies gilt entsprechend für die Stellvertretung eines zeitweilig verhinderten Mitglieds des Betriebsrats.

(2) Die Ersatzmitglieder werden unter Berücksichtigung des § 15 Abs. 2 der Reihe nach aus den nicht gewählten Arbeitnehmern derjenigen Vorschlagslisten entnommen, denen die zu ersetzenden Mitglieder angehören. Ist eine Vorschlagsliste erschöpft, so ist das Ersatzmitglied derjenigen Vorschlagsliste zu entnehmen, auf die nach den Grundsätzen der Verhältniswahl der nächste Sitz entfallen würde. Ist das ausgeschiedene oder verhinderte Mitglied nach den Grundsätzen der Mehrheitswahl gewählt, so bestimmt sich die Reihenfolge der Ersatzmitglieder unter Berücksichtigung des § 15 Abs. 2 nach der Höhe der erreichten Stimmenzahlen.

1. Grundsätze

Das Ersatzmitgl. tritt als Mitgl. in den BR ein, übernimmt aber nicht **1** kraft Gesetzes zugleich die Funktionen (z. B. in Ausschüssen) innerhalb des BR (GBR, KBR) des ausgeschiedenen oder zeitweilig verhinderten Mitgl. Während der Zeit der Stellvertr. nimmt das Ersatzmitgl. **nicht nur** an **BR-Sitzungen** teil; es nimmt auch **alle** anderen dem

---

12 Vgl. zu Wirtschaftsprüfern als leit. Ang. nach § 45 S. 2 WPO LAG Düsseldorf –
    10 TaBV 302/08, n. rk., BAG – 7 ABR 78/09.
13 BAG, DB 84, 302.

BR obliegenden **Tätigkeiten** wahr. Ein Ersatzmitgl. rückt auch dann nach, wenn die zeitweilige Verhinderung sehr kurz ist und z. B. keine oder nur eine BR-Sitzung stattfindet.[1] Eine Verhinderung liegt immer dann vor, wenn dem BR-Mitgl. die Amtsausübung tatsächlich oder rechtlich nicht möglich ist. Ist das **zuständige Ersatzmitgl.** ebenfalls **verhindert**, wird es von dem nächst zuständigen Ersatzmitgl. für die Dauer seiner Verhinderung vertreten.[2] Lehnt es ein Ersatzmitgl. bei endgültigem Ausscheiden eines BR-Mitgl. ab, nachzurücken, hat dies das Ausscheiden aus dem BR auch als Ersatzmitgl. zur Folge (vgl. auch Rn. 7).[3]

2   Unterbleibt die Ladung eines Ersatzmitgl., ist der BR-Beschluss nichtig.[4] Die Ladung durch den Vors. des BR ist jedoch nicht Voraussetzung für die Teilnahme des Ersatzmitgl. an einer BR-Sitzung.[5]

Ein Ersatzmitgl., das **arbeitsunfähig erkrankt** ist, rückt gleichwohl automatisch unter den Voraussetzungen des Abs. 1 Satz 1 i. V. m. Abs. 2 in den BR nach.[6] Für die Dauer seiner Verhinderung rückt wiederum ein Ersatzmitgl. nach. Erklärt ein Ersatzmitgl. sich nicht bereit, bei Ausscheiden eines BR-Mitgl. nachzurücken, geht die Stellung als Ersatzmitgl. verloren. Es kann folglich später beim Ausscheiden eines anderen BR-Mitgl. nicht erklären, nachrücken zu wollen.[7]

2. Zeitweilige Verhinderung

3   Zeitweilig verhindert kann ein BR-Mitgl. u. a. aus folgenden Gründen sein: Urlaub, Wehr- oder Zivildienst; Mutterschutz, Dienstreise, vorübergehende Abordnung in einen anderen Betrieb, Schulungen bzw. Qualifizierungsmaßnahmen. Das BR-Mitgl. ist verpflichtet an der BR-Sitzung teilzunehmen. Es kann nicht willkürlich einer BR-Sitzung fern bleiben. Eine Verhinderung liegt nicht vor, wenn das BR-Mitgl. »dringende« Arbeiten auf seinem Arbeitsplatz verrichten muss. Die Aufgaben des BR haben Vorrang vor den Pflichten aus dem Arbeitsvertrag.[8] Zeitweilig verhindert ist ein BR-Mitgl. auch, wenn es von der Beschlussfassung **persönlich unmittelbar betroffen** ist, so z. B. bei der Beratung und Abstimmung über die Zustimmung einer es betreffenden außerordentlichen Kündigung,[9] einer ihn betreffenden Versetzung oder Ein- bzw. Umgruppierung. Ein BR-Mitgl. ist aller-

---

1   Vgl. auch BAG 17. 1. 79, AP Nr. 5 zu § 15 KSchG 1969.
2   BAG, BB 80, 317.
3   ArbG Kassel, AiB 96, 149.
4   ArbG Halle 25. 1. 13 – 9 BV 50/12, NZA-RR 361; ArbG Berlin 17. 2. 88 – 37 Ca 455/87.
5   Vgl. DKKW-Buschmann, Rn. 7.
6   LAG Hamm, DB 95, 2432 = AiB 95, 66.
7   So ArbG Kassel, AiB 96, 6.
8   LAG Schleswig-Holstein 1. 11. 12 – 5 TABV 13/12, juris.
9   BAG 10. 11. 09 – 1ABR 64/08, NZA-RR 2010, 416.

dings nicht zeitweilig verhindert, wenn es um die Beschlussfassung des BR bei einer Versetzung um eine Stelle geht, auf die sich auch das BR-Mitgl. beworben hatte, der AG aber die Versetzung eines anderen AN beantragt.[10] Die zeitweilige Verhinderung gilt jedoch nur für diesen Beratungsgegenstand. Lediglich hierzu ist ein Ersatzmitgl. zur Sitzung einzuladen. Soll mehreren BR-Mitgl. gekündigt werden, ist jeweils das BR-Mitgl. nur in der es selbst betreffenden Sache verhindert.[11] Ein BR-Mitgl. ist jedoch nicht verhindert bei der **Beschlussfassung über organisatorische Angelegenheiten** des BR, z.B. Wahl oder Abwahl des Vors. bei eigener Kandidatur. Die persönliche Betroffenheit des BR-Vorsitzenden schließt diesen nur von der Beratung und Beschlussfassung in dem betreffenden Punkt aus. Dies schließt aber nicht aus, dass der BR-Vorsitzende zur Sitzung einlädt und den AG über das Ergebnis informiert.[12]

Eine krankheitsbedingte **Arbeitsunfähigkeit** eines BR-Mitgl. führt **4** zwar in der Regel, jedoch nicht zwangsläufig, auch zu einer **Amtsunfähigkeit** und somit zu seiner Verhinderung.[13] Während des Urlaubs ist ein BR-Mitgl. i.d.R. zeitweilig verhindert. Nur wenn es ausdrücklich erklärt, während des Urlaubs als BR-Mitgl. tätig sein zu wollen und zur Verfügung zu stehen, ist es nicht verhindert.[14] Ein BR-Mitgl. kann auch für die Teilnahme an einer BR-Sitzung z.B. seinen Urlaub unterbrechen[15] oder während **Kurzarbeit**.[16] Während der **Elternzeit** ist ein BR-Mitgl. nicht zwangsläufig zeitweilig verhindert.[17] Es kann an BR-Sitzungen teilnehmen, wenn es möchte. Jedoch muss das BR-Mitgl. dem BR-Vorsitzenden anzeigen, dass es während des Urlaubs oder der Elternzeit an Sitzungen teilnehmen will; anderenfalls gilt es als zeitweilig verhindert.[18] Auch durch die Teilnahme an einem **Arbeitskampf** ist ein BR-Mitgl. nicht zeitweilig an der Wahrnehmung seines Amtes gehindert.[19]

3. Reihenfolge des Nachrückens

Erfolgte die Wahl als **Listenwahl** (Verhältniswahl), werden die Ersatz- **5** mitgl. in der **Reihenfolge** berücksichtigt, in der sie auf der Liste, der

---

10 BAG 24.4.13 – 7 ABR 82/11, NZA 2013, 523.

11 BAG 25.3.76 a.a.O.

12 ArbG Berlin 5.4.13 – 28 BV 1565/13 juris.

13 BAG, NZA 85, 367.

14 BAG 8.9.11 – 2 AZR 388/10, NZA 12, 400.

15 So BAG 5.5.87, AP Nr. 5 zu § 44 BetrVG 1972 für die Teilnahme an einer Betriebsversamml.; LAG Hamm 21.1.87 – 3 Sa 1520/86.

16 So BAG, NZA 87, 712 für die Teilnahme an einer Betriebsversamml.

17 BAG 25.5.05 – 7 ABR 45/04, NZA 05, 1002.

18 LAG Hamm 25.10.10 – 10 TaBV 37/10, brwo; BAG 8.9.11 – 2 AZR 388/10 juris.

19 DKKW-Buschmann, Rn. 18 a m.w.N.

das ausgeschiedene oder verhinderte Mitgl. angehörte, aufgeführt sind. Dabei ist zu beachten, dass hierbei auch Listen zu berücksichtigen sind, die bei der BR-Wahl keinen Sitz erhalten haben.[20] Dabei ist aber zu beachten, dass die **Mindestanzahl** von Sitzen, die der **Geschlechterminderheit nach § 15 Abs. 2** zustehen, nicht unterschritten werden darf. Ist das durch das Ausscheiden eines BR-Mitgl. bzw. die Verhinderung eines Ersatzmitgl. der Fall, kommt von dieser Liste das nächstplatzierte Ersatzmitgl. des Minderheitengeschlechts auch dann in den BR, wenn ein Ersatzmitgl. des Mehrheitsgeschlechts günstiger platziert ist. Hat die Liste kein Ersatzmitglied des in der Minderheit befindlichen Geschlechts mehr, rückt das Ersatzmitglied des Minderheitengeschlechts nach, das auf der Liste mit der nächsthöheren Teilzahl entsprechend platziert ist. Sofern aufgrund der Minderheitengeschlechtsquote alle Bewerber des Minderheitengeschlechts einen Sitz erhalten haben, kann bei Ausscheiden oder Verhinderung eines BR-Mitglieds des Minderheitengeschlechts die Quote nicht mehr gewahrt werden. In diesem Fall rückt ein Bewerber derjenigen Liste nach, auf die nach den Grundsätzen der Verhältniswahl der nächste Sitz entfallen wäre.[21] Diese Folgen treten aber nur ein, wenn es um die dem Minderheitengeschlecht zwingend zustehenden Sitze geht. Etwas anderes gilt hinsichtlich der Sitze, die das Minderheitengeschlecht über die Mindestanzahl nach § 15 Abs. 2 hinaus erhalten hat. Das Nachrücken auf einen solchen Sitz bestimmt sich allein nach den Grundsätzen von § 25.

6 Erfolgte die Wahl als **Mehrheitswahl**, kommt das Ersatzmitgl. mit der nächsthöchsten Stimmenzahl in den BR, um das ausgeschiedene bzw. verhinderte BR-Mitgl. zu ersetzen. Auch bei der Mehrheitswahl darf die Mindestanzahl der dem Minderheitengeschlecht nach § 15 Abs. 2 zustehenden Sitze nicht unterschritten werden; ggf. rückt ein Ersatzmitgl. des Minderheitengeschlechts nach, auch wenn es weniger Stimmen als das an sich in Betracht kommende Ersatzmitgl. des Mehrheitsgeschlechts hat. Voraussetzung für das Nachrücken ist, dass das Ersatzmitglied bei der Mehrheitswahl wenigstens eine Stimme erhalten hat.[22]

4. Kündigungsschutz der Ersatzmitglieder

7 Das Ersatzmitgl. genießt bis zu seinem Eintritt in den BR nicht den **Kündigungsschutz** nach § 103 BetrVG, jedoch in den ersten sechs Monaten nach Bekanntgabe des Wahlergebnisses den nachwirkenden Kündigungsschutz von Wahlbewerbern nach § 15 Abs. 3 Satz 2

20 Vgl. DKKW-Buschmann Rn. 27.
21 DKKW-Buschmann, Rn. 28 a; a. A. LAG Nürnberg 13.5.04, AuR 04, 317, das den letzten Bewerbertausch a. G. der Minderheitengeschlechtsquote rückgängig machen will.
22 LAG Düsseldorf 15.04.11 6 Sa 857/10, brwo; vgl. Fitting, § 22 WO 2001 Rn. 5.

KSchG. Ferner kann sich die Unwirksamkeit der Kündigung auch aus § 78 sowie aus § 134 BGB ergeben. Soweit und solange ein Ersatzmitgl. ein BR.-Mitgl. vertritt, hat es während der Dauer der Vertretung alle Schutzrechte (§ 15 Abs. 1 Satz 1 KSchG i. V. m. § 103 Abs. 1 BetrVG) eines BR.-Mitgl., einschließlich des nachwirkenden Kündigungsschutzes von einem Jahr nach § 15 Abs. 1 Satz 2 KSchG, jedenfalls dann, wenn es konkrete BR.-Aufgaben wahrgenommen hat.[23] Während der Dauer der Verhinderung eines BR.-Mitgl. sind Ersatzmitgl. **vollwertige BR.-Mitgl.** mit allen sich aus dieser Stellung ergebenden Rechten und Pflichten.[24]

Der Kündigungsschutz greift zugunsten eines Ersatzmitgl. **vor Eintritt** **8** **in den BR** dann ein, wenn der Verhinderungsfall noch nicht vorliegt, das Ersatzmitgl. sich jedoch auf eine BR.-Sitzung, an der es wegen eines Verhinderungsfalles teilnehmen muss, vorbereitet. In diesem Fall tritt der Kündigungsschutz vom Tag der Ladung zur Sitzung, im Allgemeinen höchstens drei Tage vor der Sitzung, ein.[25] Meldet sich ein BR.-Mitgl. krank und bleibt es der Arbeit fern, tritt der Kündigungsschutz des Ersatzmitgl. selbst dann unmittelbar ein, wenn sich später herausstellen sollte, dass das BR.-Mitgl. nicht arbeitsunfähig krank war und unberechtigt der Arbeit fernblieb.[26] Der Schutz, wie er bei Kündigungen besteht, findet auch bei **Versetzungen Anwendung** (§ 103 Abs. 3).

5. Besonderheiten in den privatisierten Postunternehmen

Die Bestimmung von Ersatzmitgliedern in den **privatisierten Post-** **9** **UN** wird dadurch kompliziert, dass neben den Wahlarten (Verhältnis- oder Mehrheitswahl), die Gruppen (Arbeitnehmer und Beamte) und die Minderheitengeschlechtsquote zu beachten sind (§ 26 Nr. 7 PostPersRG). Es ist wie folgt zu unterscheiden:

- Bei Gruppenwahl und Verhältniswahl rückt das Ersatzmitglied aus der Gruppe und Vorschlagsliste, der das ausgeschiedene oder verhinderte BR.-Mitglied angehörte, nach.

- Sofern bei Gruppenwahl eine oder beide Gruppen in Mehrheitswahl gewählt haben, rückt zunächst das Gruppenmitglied mit der nächsthöheren Stimmzahl nach (§ 25 Abs. 2 Satz 3).

- Bei gemeinsamer Wahl der Gruppen (§ 26 Nr. 3 Post PersRG) und Verhältniswahl rückt zunächst ein Mitglied der Vorschlagsliste nach, der das ausgeschiedene oder verhinderte BR.-Mitglied entstammt. Führt dieses Nachrücken dazu, dass das Verhältnis von ArbN und Beamten nicht mehr ihrem zahlenmäßigen Verhältnis entspricht,

---

23   BAG 27. 9. 12 – 2 AZR 955/11, NZA 13, 1323.
24   Vgl. BAG, BB 79, 888; 80, 317.
25   BAG, BB 79, 888.
26   BAG, BB 87, 1319.

rückt der nächste gruppenangehörige Bewerber der Vorschlagsliste nach. Sind auf dieser Vorschlagsliste keine Gruppenvertreter mehr, springt der Sitz auf die nächste Vorschlagsliste über, auf der sich Gruppenvertreter befinden.

• Bei Gemeinschaftswahl und Mehrheitswahl rückt der nächste Bewerber der Gruppe nach, sofern dies zur Wahrung des Gruppenproporzes notwendig ist, sonst der nächste Bewerber.

Die so gefundenen Ergebnisse sind jedoch im Hinblick auf die Minderheitengeschlechtsquote zu korrigieren, wenn die durch das Nachrücken nicht mehr gewahrt wäre (s. Erl. zu § 15 Rn. 6 f.).

Dritter Abschnitt:
Geschäftsführung des Betriebsrats

§ 26 Vorsitzender

(1) Der Betriebsrat wählt aus seiner Mitte den Vorsitzenden und dessen Stellvertreter.

(2) Der Vorsitzende des Betriebsrats oder im Fall seiner Verhinderung sein Stellvertreter vertritt den Betriebsrat im Rahmen der von ihm gefassten Beschlüsse. Zur Entgegennahme von Erklärungen, die dem Betriebsrat gegenüber abzugeben sind, ist der Vorsitzende des Betriebsrats oder im Fall seiner Verhinderung sein Stellvertreter berechtigt.

1. Wahl des Vorsitzenden und seines Stellvertreters

1 Die **Wahl des Vors.** und **seines Stellvertr.** ist eine **gesetzl. Pflichtaufgabe** des BR. Sie erfolgt in der konstituierenden Sitzung (vgl. § 29 Rn. 3). Nach der in Literatur und Rspr. vorwiegend vertretenen Auffassung soll der AG Verhandlungen mit dem BR so lange ablehnen können, bis dieser einen Vors. gewählt hat.[1] Die Auffassung des BAG

---

1 BAG, DB 85, 1085; LAG Düsseldorf, dbr 12/09, 7; a. A. LAG RP 19.2.09 – 11 TaBV 29/08, brwo, wonach der AG bei einer unmittelbar bevorstehenden Konstituierung des BR nach dem Gebot der vertrauensvollen Zusammenarbeit gemäß § 2 Abs 1 BetrVG verpflichtet ist, von einer einseitigen Einführung von Urlaubsgrundsätzen abzusehen, wenn deren Einführung nicht unaufschiebbar ist.

ist abzulehnen,[2] da das Gesetz nicht zwischen **Amtsbeginn und »Amtsausübungsbefugnis«** unterscheidet. Um nicht Gefahr zu laufen, Rechtsnachteile in Kauf nehmen zu müssen, wird jedoch für die betriebliche Praxis empfohlen, die Wahlen rechtzeitig vor Ablauf der Amtszeit des vorherigen BR bzw. unmittelbar nach Bekanntgabe des Wahlergebnisses (z. B. bei erstmaliger Wahl eines BR) durchzuführen.

2. Wahlgrundsätze

Für die Wahl, an der sich mindestens die Hälfte der BR-Mitgl. gemäß § 33 Abs. 2 beteiligen müssen, bestehen **keine besonderen Wahlvorschriften**. Durch den Wahlleiter muss nur zweifelsfrei festgestellt werden können, wer gewählt worden ist. Möglich ist somit eine offene oder geheime Wahl, eine Wahl durch Stimmzettel, Handaufheben oder sogar Zuruf. Eine geheime Wahl ist durchzuführen, sofern ein BR-Mitgl. dies verlangt.

In entsprechender Anwendung des § 19 BetrVG können Gesetzesverstöße bei der Wahl des BR-Vors. und seines Stellvertr. in einem **Wahlanfechtungsverfahren** binnen einer Frist von zwei Wochen seit Bekanntgabe der Wahl gerichtl. geltend gemacht werden.[3]

3. Amtsniederlegung

Der Vors. oder stellv. Vors. kann jederzeit das **Amt niederlegen** oder ggf. auch ohne Angabe von Gründen **abgewählt** werden. Die **Abwahl** ist ohne Angabe von Gründen möglich. Sie bedarf unter den Voraussetzungen des § 33 Abs. 2 (Beschlussfähigkeit) der Zustimmung der Mehrheit der anwesenden BR-Mitgl. In diesen Fällen, aber auch bei Nichtannahme des Amtes bzw. Ausscheiden aus dem Betrieb, hat unverzüglich eine **Neuwahl** zu erfolgen, für die die gleichen Grundsätze wie bei der Konstituierung des BR gelten.

4. Sonderregelungen bei Post und Bahn

Die Sonderstellung der Bea.-Vertr. ist in den **privatisierten Post-UN**[4] auf die Wahrnehmung der Beteiligungsrechte in Personalangelegenheiten beschränkt (vgl. BPersVG-PK, Anhang IV B § 28 PostPersRG Rn. 1 ff.). Zu den Besonderheiten der betrieblichen Interessenvertretung der Bea. des Bundeseisenbahnvermögens, die der **Deutschen Bahn AG**[5] zugewiesen sind, s. BPersVG-PK, Anhang III C § 17 DBGrG Rn. 1 ff. Die zugewiesenen Bea. und AN gelten in

2 So auch Wiese, Anm. zu EzA § 102 BetrVG 1972 Nr. 59; vgl. auch DKKW-F-Wedde, Rn. 5.
3 BAG, NZA 06, 445; NZA 05, 1426.
4 Vgl. im Einzelnen Fitting, § 99 Rn. 316 ff.
5 Vgl. im Einzelnen Fitting, § 99 Rn. 303 ff.

Folge ihrer Eingliederung als AN des Betriebes und gehören diesem an
(vgl. § 5 Abs. 1 Satz 3).

5. Befugnisse des Betriebsratsvorsitzenden

5 Im Rahmen der vom BR gefassten Beschlüsse, die sich innerhalb des
dem BR vom BetrVG zugewiesenen Wirkungskreises bewegen, besteht eine Befugnis des Vors. zur Vertretung des BR. Nur in diesem
Rahmen kann der Vors. rechtsgeschäftliche Erklärungen mit verbindlicher Wirkung für den BR abgeben (vgl. § 40 Rn. 1).[6] Eine erteilte
Prozessvollmacht ermächtigt im Außenverhältnis nach § 81 ZPO
i. V. m. § 46 Abs. 2 ArbGG den Rechtsanwalt zu allen den Rechtsstreit
betreffenden Prozesshandlungen einschl. der Einlegung von Rechtsmitteln, ohne dass es dazu eines erneuten Beschlusses des BR bedarf.[7]
Zum Schriftformerfordernis vgl. § 95 Rn. 4, § 99 Rn. 35 und § 112
Rn. 3. Eine e-mail ist auch ohne qualifizierte elektronische Signatur
i. S. des § 126a BGB wirksam.[8] Erforderlich ist aber, dass die Mitteilung die Voraussetzungen der Textform des § 126b BGB erfüllt. Dies
ist bei einer maschinellen Erklärung der Fall, wenn der Aussteller zu
erkennen ist, und das Textende sich aus der Grußformel mit Namens-
angabe ergibt.[9] Demgegenüber wird alleine durch eine De-Mail-Nut-
zung kein Schriftformerfordernis erfüllt, dies ist nur mit einer qualifizierten elektronischen Signatur zu erreichen.[10] Daneben ergeben sich
Rechte des Vors. aus §§ 27 Abs. 1 und 3, 29 Abs. 2 und 3, 34 Abs. 1
Satz 2, 42 Abs. 1 Satz 1, 65 Abs. 2, 69 Satz 4. Nur in diesen Fällen hat
der Vors. eine Eigenzuständigkeit bzw. Entscheidungsbefugnis aus
eigenem Recht, sofern die Geschäftsordnung des BR keine anderen
Regelungen vorsieht. Darüber hinaus können im BR mit weniger als
neun Mitgl. dem Vors. **die laufenden Geschäfte** übertragen werden
(§ 27 Abs. 3).

6 **Überschreitet** der Vors. seine **Vertretungsbefugnis**, indem er z. B.
ohne Beschlussfassung durch den BR eine BV oder Regelungsabrede
unterzeichnet oder ohne Beschluss des BR eine Erklärung abgibt, ist
die Vereinbarung schwebend unwirksam[11] bzw. für den BR nicht
bindend. Gesetzlich geschützt ist nicht der gute Glaube des AG an
das Vorliegen eines BR-Beschlusses. Die Wirksamkeit hängt nach
§ 177 Abs. 1 BGB von der nachträglichen Zustimmung durch einen

---

6 BGH, AiB 13,385 mit Anm. Ratayczak; BAG 19.1.10, NZA 10, 592; LAG
   Berlin-Brandenburg, BB 09, 1413, Ls.; LAG SH 12.4.05 – 2 TaBV 8/05.
7 BAG, DB 09, 2331.
8 BAG, NZA 09, 622.
9 BAG, AiB 09, 593.
10 Zu den Einzelheiten vgl. Haverkamp, CA 10/11, S. 36.
11 BAG 17.10.10 – 7 ABR 120/09, brwo, zu einer als Regelungsabrede mündlich
   abgesprochenen Auswahlrichtlinie; NZA 02, 1360 zur Wirksamkeit eines Inte-
   ressenausgleiches; DB 05, 168 zu einer Zustimmung nach § 87 Abs. 1 Nr. 10.

BR-Beschluss ab.[12] Genehmigt der BR nachträglich, wirkt die Genehmigung nach § 184 Abs. 1 BGB auf den Zeitpunkt der Unterzeichnung oder Erklärung durch den Vors. zurück, soweit nichts anderes bestimmt ist. Die Vereinbarung oder Erklärung wird aufgrund des BR-Beschlusses so behandelt, als sei sie bei ihrer Vornahme zugleich wirksam geworden (vgl. im Einzelnen § 33 Rn. 4).[13] Die nachträgliche Beschlussfassung muss aber rechtzeitig vor dem Ereignis erfolgen: z. B. vor der Durchführung einer Schulung nach § 37 Abs. 6,[14] vor der Auslösung von Kosten nach § 40 Abs. 2[15] oder bei einer einstweiligen Verfügung vor Abschluss der ersten Instanz.[16] Etwas anders soll nach der nicht überzeugenden Rspr. des BAG zu § 102 gelten. Danach sollen mögliche Mängel bei der Beschlussfassung des BR keine Auswirkungen auf die Ordnungsgemäßheit des Anhörungsverfahrens nach § 102 haben, selbst wenn der AG diese weiß oder vermuten kann.[17] Ebenfalls soll eine nach Ablauf der Wochenfrist des § 99 Abs. 3 Satz 1 erfolgende Genehmigung nicht geeignet sein, nachträglich einen Zustimmungsverweigerungsgrund nach § 99 zu begründen, der bei Ablauf der Wochenfrist noch nicht vorlag.[18]

Der Vors. kann seine **Vertretungsbefugnis** aber auch in der Weise **überschreiten**, dass er einen Vertrag mit einem Dritten abschließt, der über die Erforderlichkeit hinausgeht. Ein solcher »**überschießender**« **Vertrag** liegt z. B. dann vor, wenn der Beratungs- und Zeitaufwand des Sachverständigen das erforderliche Maß oder die im Vertrag vereinbarte Vergütungshöhe für den Berater den marktüblichen Tarif überschreitet; der Vertrag ist insoweit teilunwirksam. Der BR wird hinsichtlich des »überschießenden« Teils nicht verpflichtet (vgl. § 40 Rn. 1). In diesem Fall ergibt sich möglicherweise eine **Haftung** des Vors. aus einer entsprechenden Anwendung des § 179 BGB für den Teil des Vertrages, der die sich aus § 40 Abs. 1 BetrVG ergebende »Erforderlichkeitsgrenze« überschreitet.[19] Dabei sind allerdings die Haftungsbeschränkungen nach § 179 Abs. 2 und 3 BGB relevant, die eine Basis bieten, um die Haftung für BR-Mitgl. zu beschränken, ja ganz auszuschließen.[20]

---

12 BAG 17.10.10 – 7 ABR 120/09, brwo; BAG 10.10.07 – 7 ABR 51/06, AiB 08, 418.
13 BAG 10.10.07 – 7 ABR 51/06, brwo, AiB 08, 418.
14 BAG, DB 00, 1335.
15 BAG, NZA 08, 369.
16 BAG, DB 03, 2290.
17 BAG, NZA 04, 1330.
18 BAG 17.10.10 – 7 ABR 120/09, brwo, zu einer als Regelungsabrede mündlich abgesprochenen Auswahlrichtlinie.
19 BGH, AiB 13, 385 mit Anm. Ratayczak.
20 Zu den Einzelheiten s. Ratayczak, Anm. zu BGH, AiB 13, 385.

6. Befugnisse des stellvertretenden Betriebsratsvorsitzenden

7 Der **stellvertr. Vors.** kann die Aufgaben und Befugnisse des Vors. nur dann wahrnehmen, **wenn und solange der Vors. selbst verhindert ist.** Nur im Vertretungszeitraum kann er grundsätzlich Erklärungen mit verbindlicher Wirkung für den BR abgeben; ein Mangel der fehlenden Befugnis kann bei fristgebundenen Erklärungen nach Ablauf der Frist nicht durch eine genehmigende Erklärung mit Rückwirkung geheilt werden.[21] Eine erneute Verlautbarung durch den Vors. bzw. im Verhinderungsfall durch den stellvertr. Vors. schafft erst in die Zukunft gerichtet eine Rechtsgrundlage für Handlungen und Erklärungen des BR zu dem betreffenden Beschlussgegenstand. Deswegen kann z.B. eine schwebend unwirksame Auswahlrichtlinie durch einen rückwirkenden Genehmigungsbeschluss geheilt werden.[22] Für das Vorliegen einer Verhinderung gelten die Grundsätze für die zeitweilige Verhinderung eines BR-Mitgl. nach § 25 Abs. 1 Satz 2 entsprechend (vgl. § 25 Rn. 3 f.).[23] Für die Dauer seiner Vertr. hat der stellvertr. Vors. kraft Gesetzes jedoch die gleichen Befugnisse und Zuständigkeiten wie der Vors.[24] Der Vors. ist von seiner Organtätigkeit ausgeschlossen und damit verhindert, wenn es um Entscheidungen im BR geht, die ihn individuell und unmittelbar betreffen. Dies ist z.B. bei einer Eingruppierung »in eigener Sache« der Fall.[25] Die Verhinderung bezieht sich dagegen nicht auf die schriftliche Mitteilung von der verweigerten Zustimmung des BR nach § 99 Abs. 3 Satz 1, da der Vors. den AG nur über die vom BR getroffene Entscheidung informiert. Er handelt lediglich als Vertreter des BR in der Erklärung, nicht im Willen.[26] Sind sowohl der Vors. als auch der stellv. Vors. verhindert (z.B. weil der AG gegenüber beiden Personen ein Hausverbot ausgesprochen hat), kann die Vertretung durch einen vorhergehenden Beschluss oder die Geschäftsordnung bestimmt werden. Ist dieses nicht der Fall, müssen die BR-Mitgl. von sich aus zusammentreten, um eine anderweitige Vertretung durch Beschluss zu bestimmen. Eine Ladung nach § 29 Abs. 2 S. 2 ist in diesem Fall nicht möglich.[27]

7. Erklärungen des Arbeitgebers gegenüber Betriebsratsmitgliedern

8 Werden Erklärungen nicht dem Vors., sondern einem anderen – nicht empfangsberechtigten – BR-Mitgl. gegenüber abgegeben, wird dieses

---

21 BAG 1.6.11 – 7 ABR 138/09, brwo, im Falle der Verweigerung der Zustimmung nach § 99 Abs. 1.
22 BAG 17.10.10 – 7 ABR 120/09, brwo.
23 BAG 7.7.11 – 6 AZR 248/10, brwo.
24 Vgl. DKKW-F-Wedde, Rn. 31 f.; BAG 7.7.11 – 6 AZR 248/10, brwo, zu einer Erklärung durch den AG außerhalb des Betriebes.
25 BAG, NZA 00, 440.
26 BAG, DB 03, 1911.
27 HessLAG 29.3.07 – 9 TaBVGa 68/07, juris.

lediglich als Bote tätig; dem BR ist die Erklärung in diesem Fall erst zugegangen, wenn sie dem Vors. oder dem BR zur Kenntnis gelangt.[28] Sind sowohl der Vors. als auch sein Stellv. verhindert, kann der AG grundsätzlich jedem BR-Mitgl. gegenüber Erklärungen abgeben, sofern der BR für diesen Fall keine Vorkehrungen getroffen hat.[29] Der Vors. ist **nicht verpflichtet**, Erklärungen **außerhalb der Arbeitszeit** und außerhalb der Betriebsräume entgegenzunehmen;[30] tut er es doch, gilt die Erklärung als zugegangen.[31]

Wie und wann der Zugang der Erklärung des AG bewirkt bzw. als bewirkt anzusehen ist, regelt nicht § 26 Abs. 2 Satz 2, sondern § 130 BGB.[32] Danach wird eine unter Abwesenden abgegebene Willenserklärung in dem Zeitpunkt wirksam, in welchem sie dem Empfänger zugeht. Eine schriftliche Willenserklärung ist nach § 130 Abs. 1 BGB zugegangen, wenn sie in verkehrsüblicher Weise in die tatsächliche Verfügungsgewalt des Empfängers gelangt ist und für den Empfänger unter gewöhnlichen Verhältnissen die Möglichkeit besteht, von dem Inhalt des Schreibens Kenntnis zu nehmen. Den Zugang einer E-Mail hat derjenige zu beweisen, der sich auf den Zugang beruft, also der Absender. Allein die Absendung einer E-Mail reicht nicht aus; eine Eingangs- oder Lesebestätigung kann den Nachweis aber bringen.[33] Zu beachten ist aber, dass der Empfänger zur Abgabe einer Eingangs- oder Lesebestätigung nicht verpflichtet ist.

Der BR muss sich auch im Rahmen des **Anhörungsverfahrens** bei   **9** einer beabsichtigten **Kündigung** grundsätzlich nur das Wissen eines nach dieser Vorschrift berechtigten[34] oder hierzu ausdrücklich ermächtigten BR-Mitgl. zurechnen lassen.[35] Die Bevollmächtigung kann auch im Rahmen einer Duldungsvollmacht erfolgen. Diese ist anzunehmen, wenn die Kommunikation zwischen BR und AG regelmäßig über ein einfaches BR-Mitgl. geschieht.[36]

§ 27 Betriebsausschuss

(1) Hat ein Betriebsrat neun oder mehr Mitglieder, so bildet er

---

28 BAG, AuR 75, 123; DB 86, 332; zu einem Musterschreiben an AG vgl. DKKW-F-Wedde, § 26 Rn. 16.

29 LAG Frankfurt, BB 77, 1048.

30 LAG SH 24. 10. 13 – 4 TaBV 8/13, brwo.

31 BAG, DB 83, 181.

32 LAG SH 24. 10. 13 – 4 TaBV 8/13, brwo; LAG Nds 26. 11. 07 – 6 TaBV 34/07, juris.

33 LAG Berlin-Brandenburg 27. 12. 12 – 15 Ta 2066/12, AuR 13, 270 mit Anm. Walter.

34 LAG Köln, FA 06, 189 Ls.

35 BAG, BB 86, 321.

36 LAG MV 20. 5. 03 – 5 Sa 452/02; offen gelassen im Revisionsverfahren durch BAG, NZA 04, 1330.

§ 27 Betriebsausschuss

einen Betriebsausschuss. Der Betriebsausschuss besteht aus dem Vorsitzenden des Betriebsrats, dessen Stellvertreter und bei Betriebsräten mit

9 bis 15 Mitgliedern aus 3 weiteren Ausschussmitgliedern,
17 bis 23 Mitgliedern aus 5 weiteren Ausschussmitgliedern,
25 bis 35 Mitgliedern aus 7 weiteren Ausschussmitgliedern,
37 oder mehr Mitgliedern aus 9 weiteren Ausschussmitgliedern.

Die weiteren Ausschussmitglieder werden vom Betriebsrat aus seiner Mitte in geheimer Wahl und nach den Grundsätzen der Verhältniswahl gewählt. Wird nur ein Wahlvorschlag gemacht, so erfolgt die Wahl nach den Grundsätzen der Mehrheitswahl. Sind die weiteren Ausschussmitglieder nach den Grundsätzen der Verhältniswahl gewählt, so erfolgt die Abberufung durch Beschluss des Betriebsrats, der in geheimer Abstimmung gefasst wird und einer Mehrheit von drei Vierteln der Stimmen der Mitglieder des Betriebsrats bedarf.

(2) Der Betriebsausschuss führt die laufenden Geschäfte des Betriebsrats. Der Betriebsrat kann dem Betriebsausschuss mit der Mehrheit der Stimmen seiner Mitglieder Aufgaben zur selbständigen Erledigung übertragen; dies gilt nicht für den Abschluss von Betriebsvereinbarungen. Die Übertragung bedarf der Schriftform. Die Sätze 2 und 3 gelten entsprechend für den Widerruf der Übertragung von Aufgaben.

(3) Betriebsräte mit weniger als neun Mitgliedern können die laufenden Geschäfte auf den Vorsitzenden des Betriebsrats oder andere Betriebsratsmitglieder übertragen.

1. Grundsätze

1   Die Bildung eines BA ist **zwingend** vorgeschrieben, wenn der BR aus 9 oder mehr Mitgl. besteht (in Betrieben ab 201 AN; vgl. § 9). Bildet der BR keinen BA, handelt er pflichtwidrig, was ggf. zur Auflösung des BR führen kann.[1] Obwohl das BetrVG darüber schweigt, sollte die Bildung möglichst während der **konstituierenden Sitzung** des BR (§ 29) oder kurzfristig danach erfolgen. Die Mitgl. des BA müssen dem BR angehören und werden von diesem nach den Grundsätzen der Verhältniswahl gewählt, sofern mindestens zwei Wahlvorschläge ge-

---

1   Vgl. Lenz, AiB 98, 71.

macht werden. Bei der Wahl der BA-Mitgl. sind die Wahlvorschläge nicht auf die Listen beschränkt, die bei der BR-Wahl eingereicht wurden und auf die BR-Mandate entfallen sind. Für die Wahl der BA-Mitgl. können sich **andere Koalitionen und »Listenverbindungen«** bilden.[2] Ergibt sich bei Abstimmungen Stimmengleichheit, ist diese Pattsituation durch Losentscheid aufzulösen.[3] Außerdem schreibt das Gesetz zwingend eine geheime Wahl vor. Der Vors. des BR und sein Stellvertr. gehören dem Ausschuss jedoch kraft Amtes an. Der Vors. des BR ist automatisch Vors. des BA, gleiches gilt für den Stellvertr. Ein anderes Mitgl. des BA kann nicht als Vors. gewählt werden.[4] An der Wahl müssen sich mindestens die Hälfte der BR-Mitgl. beteiligen (§ 33 Abs. 2).[5] Eine **Wahlanfechtung** hat in entsprechender Anwendung von § 19 Abs. 2 S. 2 innerhalb einer Frist von 2 Wochen zu erfolgen (vgl. Rn. 5).[6]

Maßgebend für die Größe des BR und damit für die **Zahl der Mitgl. des BA** ist nicht die gesetzl. vorgeschriebene Mitgl.-Zahl, sondern die Zahl der tatsächlich gewählten BR-Mitgl. Sinkt dagegen die Zahl der BR-Mitgl. im Laufe der Amtszeit, hat dies auf die Größe des BA keine Auswirkungen, solange der BR im Amt ist.[7]   **2**

2. Wahl von Ersatzmitgliedern, Teilnahmerechte

Die **Wahl von Ersatzmitgl.** – für die das Gesetz keine ausdrückliche Regelung vorsieht – ist zulässig und zweckmäßig. Sie müssen jedoch dem BR angehören. Bei der zeitweiligen Verhinderung eines Mitgl. des BA rückt nicht das nach § 25 in Betracht kommende Ersatzmitgl. auch in den BA nach. Auf die Mitgliedschaft in betriebsratsinternen Ausschüssen ist § 25 Abs. 2 Satz 2 nicht entsprechend anwendbar (s. Rn. 4).[8] Für die Teilnahme von **Gew.-Vertr.** an Sitzungen des BA gilt § 31 entsprechend.[9] Die **Schwerbehindertenvertr.** hat gemäß § 95 Abs. 4 SGB IX ein Teilnahmerecht. Auch die **JAV** hat ein Teilnahmerecht an allen Sitzungen des BA in entsprechender Anwendung des § 67 Abs. 1; sie kann immer einen Vertr. entsenden.   **3**

2 Vgl. DKKW-Wedde, Rn. 21.
3 BAG, AiB 93, 234; BAG, DB 87, 1995.
4 HessLAG 24.9.09 – 9 TaBV 69/09, brwo.
5 Zur Durchführung von betriebsratsinternen Wahlen vgl. Ratayczak, AiB 06, 270.
6 BAG 16.11.05 – 7 ABR 11/05, NZA 06, 445; LAG Köln 3.2.11 – 13 TaBV 73/10, brwo.
7 So für den WA HessLAG, DB 94, 1248.
8 BAG 16.3.05 – 7 ABR 43/04, NZA 05, 1072; a.A. LAG Nds 5.9.07 – 15 TaBV 3/07, brwo, wonach die Regelung wie im Falle der Abwahl eines BA-Mitgl. gelten soll.
9 Vgl. auch BAG, NZA 90, 660.

3. Abwahl der weiteren Mitglieder des Betriebsauschusses

4 Die **Abwahl der weiteren Mitgl. des BA** ist ohne Angabe von Gründen möglich.[10] Sie bedarf unter den Voraussetzungen des § 33 Abs. 2 (Beschlussfähigkeit) der Zustimmung der Mehrheit der anwesenden BR-Mitgl. Ist die Wahl der weiteren Mitgl. des BA nach den Grundsätzen der **Verhältniswahl** erfolgt, ist eine geheime Abstimmung gesetzlich vorgeschrieben, und die Abwahl bedarf einer Mehrheit von drei Vierteln der Stimmen der BR-Mitgl. Das ersatzweise **nachrückende** Mitgl. ist in entsprechender Anwendung des § 25 Abs. 2 Satz 1 derjenigen Vorschlagsliste zu entnehmen, der das zu ersetzende Mitgl. angehörte.[11] Nach erfolgter Abwahl bzw. Ausscheidens eines Mitgl. des BA besteht kein Zwang, eine Neuwahl aller BA-Mitgl. vorzunehmen.[12] Das Nachrücken bzw. die Nachwahl (s. u.) eines Mitgl. des BA ist – nicht nur im Falle der Nachwahl, sondern z. B. auch bei einem Rücktritt eines BA-Mitgl. – zulässig und ausreichend. Eine **Nachwahl** nach den Grundsätzen der Mehrheitswahl hat zu erfolgen, wenn die Liste erschöpft ist, der das bisherige Mitgl. des BA angehörte.[13] Dieses gilt erst recht, wenn die Erstwahl nach den Grundsätzen der Mehrheitswahl durchgeführt worden ist. Wird eine **Erhöhung der Zahl der Mitgl. des BA** im Laufe der BR-Amtszeit notwendig, sind die weiteren Mitgl. des BA alle **neu zu wählen**, wenn die bisherigen Mitgl. nach den Grundsätzen der Verhältniswahl gewählt worden sind. Ansonsten würde der mit § 27 Abs. 1 Satz 3 bezweckte Minderheitenschutz beeinträchtigt.[14] Eine **isolierte Neuwahl** nach den Grundsätzen der Mehrheitswahl kommt bei einer Erweiterung des BA nur dann in Frage, wenn die bisherigen weiteren Mitgl. des BA nach den Grundsätzen der Mehrheitswahl gewählt worden sind. Diese Grundsätze gelten entsprechend für die BR-Ausschüsse nach § 28 (§ 28 Rn. 2), die Freistellung von BR nach § 38 (§ 38 Rn. 8), den Gesamtbetriebsausschuss (§ 51 Rn. 3) sowie den Konzernbetriebsausschuss (§ 59). Mangels Verweisung in §§ 51 Abs. 1 Satz 1, 59 Abs. 1 auf § 28 Abs. 1 Satz 2 gilt für die **anderen Ausschüsse des GBR und KBR** die Mehrheitswahl, nicht die Verhältniswahl.[15] Der Minderheitenschutz reicht nicht weiter als die gesetzliche Regelung.[16]

5 Gesetzesverstöße bei der Wahl der weiteren Mitglieder des BA müssen grundsätzlich in einem **Wahlanfechtungsverfahren** in entsprechender Anwendung des § 19 BetrVG binnen einer Frist von zwei Wochen seit Bekanntgabe der Wahl gerichtlich geltend gemacht werden (vgl.

---

10 Vgl. hierzu auch BAG, NZA 92, 989.
11 BAG 16.3.05 – 7 ABR 43/04, NZA 05, 1072.
12 BAG 16.3.05 – 7 ABR 43/04, NZA 05, 1072; NZA 93, 910.
13 BAG a. a. O.
14 BAG 16.3.05 – 7 ABR 43/04, NZA 05, 1072.
15 BAG 16.3.05 – 7 ABR 37/04, DB 05, 1069.
16 Vgl. auch BAG 25.5.05 – 7 ABR 10/04, NZA 06, 215.

§ 26 Rn. 2).[17] **Antragsbefugt** ist an Stelle von drei Wahlberechtigten ein einzelnes BR-Mitgl.

4. Laufende Geschäfte, Übertragung von Aufgaben

Zu den **laufenden Geschäften** des BR, die Aufgabe des BA sind, **6** gehören alle Angelegenheiten, die keines besonderen Beschlusses des BR bedürfen. Dazu zählen insbesondere regelmäßig interne, verwaltungsmäßige, organisatorische und ggf. wiederkehrende Aufgaben, die Vorbereitung von Sitzungen sowie von Betriebs-, Teil- und Abteilungsversamml., die Erledigung des Schriftverkehrs, Einholung und Erteilung von Auskünften, Entgegennahme von Anträgen von AN, Besprechungen mit dem AG oder Gew. u. Ä.[18]

Zu den Aufgaben zur selbständigen Erledigung gehören regelmäßig **7** Angelegenheiten aus dem Rechte- und Pflichtenkreis des BR im Verhältnis zur Belegschaft, insbesondere aber im Verhältnis zum Arbeitgeber, also die materiellen Mitwirkungs- und MBR im weitesten Sinn.[19] Ebenso kann der BA mit der Durchführung der Monatsgespräche nach § 74 Abs. 1 beauftragt werden (vgl. § 74 Rn. 1).[20] Soweit es sich um **privatisierte Postunternehmen** handelt, können bestimmte Personalangelegenheiten nicht auf den BA übertragen werden, dieses bleibt der Beamtenvertretung im BR vorbehalten (§ 28 Post-PersRG).[21] Die Ausübung der materiellen Mitwirkungs- und MBR des BR, z. B. nach §§ 87, 90, 98, 99 und 102, ist jedoch nur dann und insoweit Aufgabe des BA, wie sie diesem ausdrücklich durch den BR mit der qualifizierten Mehrheit der Stimmen seiner Mitgl. übertragen wurde (beachte § 33 Rn. 6). Die **Übertragung von Aufgaben zur selbstständigen Erledigung** hat dort ihre Grenze, wo der BR nicht einmal mehr einen Kernbereich der gesetzlichen Befugnisse hat.[22] Eine BV kann deswegen der BR nur als Gesamtorgan abschließen (vgl. aber § 28a Rn. 10) ebenso wie nur der BR die ESt. anrufen kann.[23] In einer Geschäftsordnung des BR kann dem BA nicht die Bildung von Arbeitsgruppen nach § 28a und die Erledigungsbefugnis hinsichtlich der Angelegenheiten anderer Ausschüsse übertragen werden.[24] Zum Kernbereich zählt die Entscheidung nach § 37 Abs. 6, welches BR-Mitgl. an welcher Schulung teilnimmt.[25] Nach abzulehnender Auffassung des

17 BAG, NZA 06, 445; BAG 17.3.05 – 2 AZR 275/04, NZA 05, 1064.
18 BAG 15.8.12 – 7 ABR 16/11, brwo;vgl. DKKW-Wedde, Rn. 35 ff.
19 BAG 15.8.12 – 7 ABR 16/11, brwo.
20 BAG 15.8.12 – 7 ABR 16/11, brwo; offen gelassen durch ArbG Bielefeld 11.6.08 – 6 BV 37/08, juris.
21 Vgl. im Einzelnen Fitting, § 99 Rn. 316 ff.
22 BAG, NZA 05, 1064; AiB 94, 421; vgl. DKKW-Wedde, Rn. 37.
23 LAG München 29.10.09 – 4 TaBV 62/09, brwo.
24 HessLAG 24.9.09 – 9 TaBV 69/09, brwo.
25 A. A. ArbG Essen, EzA-Schnelldienst 9/2004, 13.

BAG[26] ist die Übertragung des Zustimmungsrechts des BR zur außerordentlichen Kündigung eines Wahlbewerbers nach § 103 auf den BA oder einen Ausschuss nach § 28 grundsätzlich zulässig. Im schriftlichen Übertragungsbeschluss sind die übertragenen Befugnisse so genau zu umschreiben, dass der Zuständigkeitsbereich des Ausschusses eindeutig feststeht.[27] Die Übertragung bedarf der **Schriftform** und kann jederzeit eingeschränkt oder widerrufen werden.[28]

5. Betriebsrat mit weniger als neun Mitgliedern

8 Bei weniger als 9 Mitgl. können die laufenden Geschäfte[29] auf den Vors. oder andere BR-Mitgl. übertragen werden. Dazu bedarf es eines mit einfacher Stimmenmehrheit zu fassenden Beschlusses. Demgegenüber ist die Bildung eines geschäftsführenden Ausschusses in Betrieben mit weniger als neun BR-Mitgl. gesetzeswidrig, da dieser nicht im Einklang mit § 27 Abs. 3 steht.[30] Zu den laufenden Geschäften in kleineren Betrieben gehört auch das **Einblicksrecht in die Bruttolohn- und Gehaltslisten**.[31] Über die laufende Geschäftsführung hinaus kann der BR jedoch nicht weitere Aufgaben zur selbstständigen Erledigung auf den Vors. oder andere BR-Mitgl. übertragen. So ist eine Übertragung der Teilnahme an den Monatsgesprächen nach § 74 Abs. 1 nicht zulässig.[32]

§ 28 Übertragung von Aufgaben auf Ausschüsse

(1) Der Betriebsrat kann in Betrieben mit mehr als 100 Arbeitnehmern Ausschüsse bilden und ihnen bestimmte Aufgaben übertragen. Für die Wahl und Abberufung der Ausschussmitglieder gilt § 27 Abs. 1 Satz 3 bis 5 entsprechend. Ist ein Betriebsausschuss gebildet, kann der Betriebsrat den Ausschüssen Aufgaben zur selbständigen Erledigung übertragen; § 27 Abs. 2 Satz 2 bis 4 gilt entsprechend.

(2) Absatz 1 gilt entsprechend für die Übertragung von Aufgaben zur selbstständigen Entscheidung auf Mitglieder des Betriebsrats in Ausschüssen, deren Mitglieder vom Betriebsrat und vom Arbeitgeber benannt werden.

---

26 BAG 17.3.05 – 2 AZR 275/04, NZA 05, 1064; LAG Nds., NZA-RR 09, 532 bejaht die rechtmäßige Errichtung eines Personalausschusses für BR-Mitgl.

27 BAG 17.3.05 – 2 AZR 275/04, NZA 05, 1064; zu einem Musterbeschluss vgl. DKKW-F-Wedde, § 27 Rn. 24.

28 Vgl. im Übrigen DKKW-Wedde, Rn. 40 ff.

29 Vgl. hierzu Blanke, AiB 81, 120.

30 BAG 14.8.13 – 7 ABR 66/11, brwo; DKKW-Wedde, § 28 Rn. 11.

31 BAG 23.2.73, 18.9.73, AP Nrn. 2, 3 zu § 80 BetrVG 1972.

32 ArbG Bielefeld 11.6.08 – 6 BV 37/08, juris.

1. Grundsätze

Unabhängig vom Bestehen eines BA nach § 27 kann der BR in **1** Betrieben mit mehr als 100 AN (vgl. § 5 Rn. 1 ff.; § 7 Rn. 4 ff.) Ausschüsse bilden und ihnen Aufgaben übertragen.[1] Nach Auffassung des Gesetzgebers sollen dadurch die BR die Möglichkeit erhalten, »die Betriebsratsarbeit besser und effektiver zu strukturieren und zu erledigen, indem sie für bestimmte Angelegenheiten Fachausschüsse bilden können, die für fachspezifische Themen zuständig sind und diese für eine sachgerechte Beschlussfassung im Betriebsrat vorbereiten« (BT-Drs. 14/5741, Seite 39/40). Es steht dem BR grundsätzlich frei zu entscheiden, ob und inwieweit er Aufgaben auf Ausschüsse überträgt (zu den Einzelheiten s. § 27 Rn. 7). Nur wenn der BR aus wenigstens 9 Mitgl. besteht, ist die Bildung von Ausschüssen möglich, denen bestimmte Aufgaben zur **selbstständigen Erledigung** übertragen werden können, z. B. ein Personal- oder Sozialausschuss.[2] Der Umfang der Aufgabenübertragung muss so hinreichend bestimmt sein, dass der Zuständigkeitsbereich des Ausschusses eindeutig feststeht. Zweifelsfrei muss feststellbar sein, in welchen Angelegenheiten der Ausschuss anstelle des BR rechtsverbindliche Beschlüsse fassen kann.[3] Dabei können Grundlagenentscheidungen nicht übertragen werden (vgl. § 27 Rn. 7). Die Bildung eines geschäftsführenden Ausschusses, der im Sinn von § 27 Abs 2 Satz 1 BetrVG die laufenden Geschäfte des Betriebsrats führt oder auch nur die Sitzungsvorbereitungen wahrnimmt, ist nach § 28 nicht möglich (vgl. § 28 Rn. 8).[4]

Neben den gesetzlich vorgesehenen Ausschüssen des BR nach §§ 27 sowie 28 können durch BV auch andere, nicht im BetrVG vorgesehene Ausschüsse errichtet werden.[5] Aber auch ohne BV können z. B. Koordinationsausschüsse, die nur für bestimmte räumlich abgegrenzte Teile des Betriebes eine Zuständigkeit besitzen, gebildet werden.[6] Der BR kann auch grundsätzlich Beauftragte durch Beschluss benennen, die den BR in der Kommunikation mit der Belegschaft unterstützen sollen, ohne dass ihnen betriebsverfassungsrechtliche Aufgaben zur eigenständigen Wahrnehmung übertragen werden, wenn der BR ungeachtet ihrer Existenz seine Mitwirkungsrechte sowohl autonom als auch effektiv nutzen kann und nutzt.[7]

Für die **Wahl, Abberufung** und **Anfechtung der Wahl** von Aus- **2** schussmitgl. sowie zur **Übertragung von Aufgaben** zur selbständi-

---

1 Zu Musterbeschlüssen vgl. DKKW-F-Wedde, § 28 Rn. 6 ff.
2 Vgl. auch BAG, NZA 85, 96.
3 BAG, NZA 05, 1064.
4 BAG 14. 8. 13 – 7 ABR 66/11, brwo; DKKW-Wedde, Rn. 11.
5 BAG 15. 1. 92 – 7 ABR 24/91, AiB 93, 234; Fitting, Rn. 12.
6 LAG Ba-Wü 10. 4. 13 – 2 TaBV 6/12, brwo, n. rk. BAG 7 ABR 24/13.
7 LAG BaWü 6. 9. 12 – 3 TaBV 2/12, juris, AuR 13, 141 n. rk. BAG 7 ABR
   102/12; LAG BaWü 26. 7. 10 – 20 TaBV 3/09, AuR 10, 665.

gen Erledigung an einen Ausschuss gelten die gleichen Grundsätze wie für den BA (vgl. § 27 Rn. 1 ff., 7). Entsprechendes gilt auch für das Teilnahmerecht der **JAV** und der **Schwerbehindertenvertr.** (vgl. § 32 Rn. 1) sowie für die Hinzuziehung des Gew.-Beauftragten zu den Sitzungen der Ausschüsse, einschließlich der gemeinsamen Ausschüsse.[8] Für die Ausschüsse ist **keine bestimmte Größe** vorgeschrieben.[9] Alle Mitgl. eines Ausschusses müssen gewählt werden. Die Geschäftsordnung eines BR kann nicht bestimmen, dass der BR-Vors. und sein Stellvertr. geborene Mitgl. eines Ausschusses sind.[10]

2. Gemeinsamer Ausschuss mit dem Arbeitgeber

3 Die Bildung von gemeinsamen Ausschüssen nach Abs. 2 ist nicht davon abhängig, ob weitere Ausschüsse i. S. dieser Vorschrift bestehen.[11] Wenn einem solchen Ausschuss Aufgaben zur selbständigen Entscheidung übertragen werden sollen, bedarf die Übertragung der Mehrheit der Stimmen der BR-Mitgl. und der Schriftform, wobei der Umfang der übertragenen Aufgaben hinreichend bestimmt sein muss.[12] Wird ein Ausschuss gemeinsam aus Mitgl. des BR und Vertr. des AG gebildet, z. B. ein Wohnungs- oder Akkordausschuss bzw. Ausschuss für Arbeitssicherheit oder Umweltschutz[13] oder zur Frauenförderung, ist anzuraten, dass der gemeinsame Ausschuss nur vorbereitende Tätigkeiten wahrnimmt und der BR sich die abschließende Entscheidung vorbehält. Bei einer Übertragung von Aufgaben zur selbstständigen Erledigung auf die Mitglieder des BR im Ausschuss muss eine **paritätische Besetzung** des Ausschusses sichergestellt werden.[14] Nur so können Beteiligungs- und MBR des BR gesichert werden. Der BR sollte durch Beschluss die Modalitäten der Beratung und Beschlussfassung in gemeinsamen Ausschüssen festlegen. Voraussetzung für einen Beschluss im Ausschuss ist auf jeden Fall, dass die Mehrheit der vom BR entsandten Mitgl. im Ausschuss zugestimmt hat. Dem gemeinsamen Ausschuss müssen mindestens zwei BR-Mitgl. angehören.[15] Sind den BR-Mitgl. in einem paritätischen Ausschuss die Mitwirkungsrechte bei Kündigungen nach § 102 zur selbstständigen Entscheidung übertragen worden, soll nach Ansicht des BAG eine ordnungsgemäße Beschlussfassung unter der Voraussetzung zulässig sein, dass der BR selbstständig und ausschließlich alle seine Mitgl. entsandt hat und sämtliche Mitgl. des BR im paritätischen Ausschuss

---

8 BAG, AiB 94, 48.

9 Vgl. ergänzend DKKW-Wedde, Rn. 12.

10 BAG, DB 06, 731.

11 BAG, NZA 94, 567; DKKW-Wedde, Rn. 20.

12 LAG RP 27. 11. 12 – 3 Sa 294/12, juris, zu einer paritätisch besetzten Kommission »Personalstandssteuerung«.

13 Teichert, AiB 94, 229.

14 Zu einem Musterbeschluss vgl. DKKW-F-Wedde, § 28 Rn. 13.

15 BAG a. a. O.

zugestimmt haben.[16] Insbesondere bei gemischten Ausschüssen ist zu empfehlen, die Aufgabenbefugnisse dieser gemischten Ausschüsse in einer BV näher festzulegen.

§ 28 a   Übertragung von Aufgaben auf Arbeitsgruppen

(1) In Betrieben mit mehr als 100 Arbeitnehmern kann der Betriebsrat mit der Mehrheit der Stimmen seiner Mitglieder bestimmte Aufgaben auf Arbeitsgruppen übertragen; dies erfolgt nach Maßgabe einer mit dem Arbeitgeber abzuschließenden Rahmenvereinbarung. Die Aufgaben müssen im Zusammenhang mit den von der Arbeitsgruppe zu erledigenden Tätigkeiten stehen. Die Übertragung bedarf der Schriftform. Für den Widerruf der Übertragung gelten Satz 1 erster Halbsatz und Satz 3 entsprechend.

(2) Die Arbeitsgruppe kann im Rahmen der ihr übertragenen Aufgaben mit dem Arbeitgeber Vereinbarungen schließen; eine Vereinbarung bedarf der Mehrheit der Stimmen der Gruppenmitglieder. § 77 gilt entsprechend. Können sich Arbeitgeber und Arbeitsgruppe in einer Angelegenheit nicht einigen, nimmt der Betriebsrat das Beteiligungsrecht wahr.

1. Grundsätze

Der BR kann Aufgaben auf Arbeitsgruppen übertragen,[1] nicht dagegen der BA.[2] Dadurch soll eine unmittelbare Beteiligung der AN im Rahmen der Arbeitsorganisation ermöglicht werden. Dieses Delegationsrecht kann der BR nur in **Betrieben mit mehr als 100 AN** (vgl. dazu § 7 Rn. 1 ff.)[3] ausüben.[4] Eine mögliche Zuständigkeit des GBR

1

---

16 BAG, NZA 85, 96; vgl. aber auch ArbG Wuppertal, AiB 93, 456.

1 Vgl. dazu »Übertragung von Aufgaben auf Arbeitsgruppen – § 28 a BetrVG«, Handlungshilfe für BR und Vertrauensleute, Hrsg. IGM-Vorstand [2002]; Zumbeck, Arbeitsgruppenvereinbarungen nach dem neuen § 28 a Betriebsverfassungsgesetz, Hrsg. HBS, Die novellierte Betriebsverfassung, Bd. 8, 2004; Becker, Brinkmann, Engel, WSI-Mitteilungen 08, 305 zum Verbreitungsgrad und zur praktischen Anwendung; Richter/Schneider, AiB 04, 154 zur praktischen Relevanz.

2 HessLAG 24. 9. 09 – 9 TaBV 69/09, brwo.

3 DKKW-Wedde, Rn. 12.

4 Bei bis 100 AN siehe DKKW-Klebe, § 87 Rn. 49.

oder KBR scheidet aus, da Aufgaben des örtlichen BR delegiert werden sollen und ein Verweis in §§ 51 Abs. 1 und 59 Abs. 1 fehlt.

2 Voraussetzung ist als erstes eine mit dem AG abzuschließende Rahmenvereinbarung,[5] die auch Teil einer BV z.B. zur Einführung von Gruppenarbeit sein kann (siehe § 87 Rn. 77).[6] Bei dieser **Rahmenvereinbarung** handelt es sich um eine **freiwillige BV** i.S. von § 88. Für sie gilt die allgemeine Vorschrift des § 77 zu Abschluss, Wirkung und Kündigung. Sie bedarf zwingend der Schriftform (vgl. § 77 Rn. 6). Für die Beschlussfassung des BR sind § 29 Abs. 2 sowie § 33 Abs. 1 und 2 zu beachten (vgl. hierzu § 29 Rn. 4 f.; § 33 Rn. 3, 5). Eine Nachwirkung besteht nur, wenn sie vereinbart wird (vgl. § 77 Rn. 17).

2. Inhalt der Rahmenvereinbarung

3 In der Rahmenvereinbarung ist detailliert festzulegen, welchen Arbeitsgruppen in welchem Umfang Aufgaben des BR übertragen werden sollen. Die **Aufgaben** müssen in einem inneren Zusammenhang mit den zu erledigenden Tätigkeiten stehen und dürfen nur die Mitgl. der Arbeitsgruppe betreffen. Sie dürfen keine Auswirkungen auf andere AN oder die Belegschaft des Betriebs haben. Gegenstand der Rahmenvereinbarung können nur **tätigkeits- und aufgabenbezogene Sachverhalte** sein.[7] Die Übertragung von Aufgaben können sich **insbesondere** auf Rechte des BR nach § 80 Abs. 1, Entscheidungsvorbereitungen für den BR, die Arbeitsgestaltung, den Arbeitswechsel in der Gruppe, die Reihenfolge der Arbeitsabwicklung, die Zusammenarbeit in der Gruppe und mit anderen Gruppen wie auch auf Arbeitszeitfragen, die Pausen, die Gestaltung der internen und externen Kommunikation (z.B. die Lage und Durchführung von Gruppengesprächen, Konfliktlösungsmechanismen), Berücksichtigung von leistungsschwächeren AN, die Festlegung des Qualifizierungsbedarfs und seine Planung (z.B. wer geht wann bei Kontingentierung?) sowie die Urlaubsplanung beziehen. Unzulässig sind Aufgabenübertragungen z.B. im Zusammenhang mit Fragen der betrieblichen Lohngestaltung (§ 87 Abs. 1 Nr. 10), Festsetzung leistungsbezogener Entgelte (§ 87 Abs. 1 Nr. 11), bei personellen Maßnahmen (§ 99) oder einer Betriebsänderung (§ 111).[8] Hier liegt ein Drittbezug vor, da nicht nur Mitgl. der Arbeitsgruppe, sondern auch andere AN betroffen sind. Deshalb sind auch Aufgabenübertragungen im Zusammenhang mit der Einführung von Überstunden oder Kurzarbeit (§ 87 Abs. 1 Nr. 3) grundsätzlich unzulässig. In der Rahmenvereinbarung nicht enthaltene Aufgaben können nicht wirksam auf die Arbeitsgruppe übertragen werden. Empfehlenswert ist eine **Überprüfungs- und Anpassungs-**

---

5   Zu Muster-BV vgl. DKKW-F-Wedde, § 28 a Rn. 3.
6   Zu Muster-BV vgl. DKKW-F-Wedde, § 28 a Rn. 4.
7   BT-Drucks. 14/5741, S. 40.
8   Vgl. DKKW-Wedde, Rn. 68.

klausel mit Verhandlungsoption insbesondere bei Veränderungen des Arbeitsprozesses und/oder der personellen Zusammensetzung der Arbeitsgruppe.

3. Umfang der Rechte der Arbeitsgruppe

Da die Gruppenvereinbarung gemäß § 28a Abs. 2 kollektivrechtlichen **4** Charakter haben kann – **§ 77 gilt entsprechend** –, sind in der Rahmenvereinbarung weiterhin die **Regelungsbefugnisse der Arbeitsgruppe** im Einzelnen zu bestimmen, d. h. wie die Arbeitsgruppe die übertragenen Aufgaben umsetzen kann. Dazu zählt insbesondere die Frage ob und wenn ja, wie die Geltungsdauer, Kündigungsfrist und Nachwirkung bzw. Nichtnachwirkung (vgl. § 77 Rn. 17) dieser Gruppenvereinbarung zu regeln ist (vgl. Rn. 10). Ebenso ist festzulegen, wer Empfangsberechtigter in der Arbeitsgruppe für eine Widerrufserklärung des BR ist.

Wenn Arbeitsgruppen Aufgaben und Rechte des BR wahrnehmen **5** können, können sie auch als ihre Vertretung, insbesondere gegenüber dem AG, einen **Gruppensprecher** wählen. Dessen Wahlverfahren, Aufgaben und Rechte (Vertretungsbefugnis, Freistellung, Schulung, Kostenregelung, Kündigungsschutz u. a.) sind in der Rahmenvereinbarung zu regeln.

Die Übertragung kann nur auf **Arbeitsgruppen im arbeitsorgani-** **6** **satorischen Sinne** erfolgen, d. h. auf Arbeitsgruppen, in denen AN im Rahmen einer gemeinsamen Arbeitsaufgabe zusammenwirken.[9] Dieses trifft zunächst für die Gruppenarbeit zu (siehe Definition der teilautonomen Gruppe in § 87 Abs. 1 Nr. 13 sowie § 87 Rn. 77). Dazu gehören auch Arbeitsgruppen, denen ein Projekt zur eigenständigen Erledigung übertragen wird (Projektgruppe). Aber auch Problemlösungsgruppen sowie sonstige Teamarbeiten werden erfasst. Diese Vorschrift bezieht sich nicht auf Arbeitsgruppen des BR. Diese können durch die Einbeziehung von sachkundigen AN als Auskunftspersonen gemäß § 80 Abs. 2 durch den BR gebildet werden (vgl. § 80 Rn. 20 ff.).

4. Übertragung durch Beschluss

Neben der bestehenden Rahmenvereinbarung ist für die Übertragung, **7** aber auch für die wirksame Einsetzung eines Gruppensprechers ein **Beschluss des BR** notwendig. Für die Beschlussfassung des BR sind § 29 Abs. 2 sowie § 33 Abs. 1 und 2 zu beachten (vgl. hierzu § 29 Rn. 4 f.; § 33 Rn. 3, 5). Der Beschluss muss mit der Mehrheit der Stimmen seiner Mitgl. (absolute Mehrheit) gefasst werden (vgl. § 33 Rn. 3) und kann nicht durch die Rahmenvereinbarung vorweggenommen werden. Stimmenthaltungen gelten als Ablehnung. Trotz

---

9 Geffken, AiB 02, 258.

bestehender Rahmenvereinbarung kann somit eine Aufgabenübertragung mangels Mehrheitsbeschlusses unterbleiben oder sich nur auf bestimmte Arbeitsgruppen beziehen. Ebenso kann der BR mittels Beschlusses nur bestimmte Aufgaben aus der Rahmenvereinbarung übertragen oder Aufgaben genau definieren (vgl. zu den Aufgaben Rn. 3). Er ist grundsätzlich nicht verpflichtet, die Rahmenvereinbarung in allen Punkten umzusetzen. Der BR kann die Regelungsbefugnis der Arbeitsgruppe im Einzelnen bestimmen, indem er z. B. der Arbeitsgruppe die Möglichkeit einräumt, Gruppenvereinbarungen nur mit bestimmten Kündigungsfristen und ohne Nachwirkung abzuschließen oder deren Abschluss entsprechend einer BV sogar ausschließen (vgl. Rn. 4), soweit dieses nicht schon Gegenstand der Rahmenvereinbarung ist.

5. Widerruf der Übertragung

8   Die **Übertragung** bedarf nach der Beschlussfassung des BR der **Schriftform**. Im Einzelnen müssen die übertragenen Aufgaben benannt und hinsichtlich der Regelungsbefugnisse abschließend aufgelistet werden. Nur die schriftlich fixierten Aufgaben und Regelungsbefugnisse können von der Arbeitsgruppe wahrgenommen und umgesetzt werden.

9   Die Übertragung kann durch den BR jederzeit widerrufen werden.[10] Ein Teilwiderruf ist nicht möglich. Da für den **Widerruf** Satz 1 erster Halbsatz und Satz 3 entsprechend gilt, ist ein Beschluss des BR notwendig, der mit der Mehrheit der Stimmen seiner Mitgl. (absolute Mehrheit) gefasst wird (vgl. § 33 Rn. 3). Für die Beschlussfassung des BR sind § 29 Abs. 2 sowie § 33 Abs. 1 und 2 zu beachten (vgl. hierzu § 29 Rn. 4 f.; § 33 Rn. 3, 5). Eine Begründung sieht das Gesetz nicht vor. Der Widerruf muss **schriftlich** gegenüber der Arbeitsgruppe erklärt werden. Bei fehlender Regelung in der Rahmenvereinbarung bzw. im BR-Beschluss ist er wirksam mit **Zugang** bei der **Arbeitsgruppe**, wenn die Arbeitsgruppe einen Sprecher hat, mit Zugang bei ihm. Zweckmäßig ist die zeitgleiche Information des AG über den Widerruf; er ist unverzüglich zu informieren. Mit dem Zugang des Widerrufs fallen die Aufgaben und Regelungsbefugnisse mit sofortiger Wirkung an den BR zurück. Er ist automatisch **Vertragspartei der Gruppenvereinbarung**. Dem BR stehen dann das Kündigungsrecht, aber auch alle anderen Rechte aus dieser Vereinbarung zu. Dieselben Wirkungen wie bei einem Widerruf treten im Falle der **Kündigung der Rahmenvereinbarung** mit Ablauf der Kündigungsfrist ein, sofern eine Nachwirkung nicht vereinbart worden ist (siehe Rn. 4).

---

10   Zu Musterwiderruf vgl DKKW-F-Wedde, § 28 a Rn. 8 ff.

6. Abschluss von Gruppenvereinbarungen mit dem Arbeitgeber

Im Rahmen der wirksam übertragenen Aufgaben kann die Arbeits-   **10**
gruppe **Gruppenvereinbarungen** mit dem AG abschließen. Dabei
kann es sich z. B. um Fragen der Durchführung der Qualifizierung, der
Pausenregelung, aber auch der Urlaubsplanung handeln (vgl. Rn. 3).
Eine Vereinbarung mit dem AG ist **wirksam**, wenn die Mehrheit aller
Gruppenmitgl. (absolute Mehrheit) zugestimmt hat. Die Regelungen
zur Einberufung einer BR-Sitzung (§§ 29, 30) sowie zur Beschlussfassung (§§ 33, 34) finden entsprechende Anwendung.[11] Ein Beschluss
im Umlaufverfahren scheidet aus. Eine solche Vereinbarung kann die
Wirkung einer BV haben, da § 77 entsprechend gilt (vgl. im Einzelnen
dazu § 77 Rn. 6 ff.).[12] Sie hat dann unmittelbare und zwingende Wirkung und begründet unmittelbare Rechtsansprüche des einzelnen AN.
Voraussetzung ist aber immer ein wirksamer Delegationsbeschluss des
BR (siehe Rn. 7). Bei **Nichtdurchführung** oder **Verstößen** gegen
die Gruppenvereinbarung durch den AG ist der BR gemäß § 80
zuständig. Dieses Recht kann nicht delegiert werden.

Wenn in einer Angelegenheit **keine Einigung** über die Vereinbarung   **11**
zwischen AG und Arbeitsgruppe erfolgt, z. B. weil nicht die Mehrheit
der Gruppenmitgl. der Vereinbarung zustimmt (vgl. Rn. 10), fällt das
Beteiligungs- bzw. MBR automatisch an den BR zurück (§ 28 a Abs. 2
Satz 3). In Streitfällen soll der BR die Verhandlungen mit dem AG
führen und ggf. die ESt. anrufen.[13]

Falls über den BR-Beschluss hinausgehende Themen in eine **Grup-**   **12**
penvereinbarung mit dem AG eingeflossen sind, ist die Vereinbarung
insoweit nichtig, wobei dieses auch die Unwirksamkeit der gesamten
Vereinbarungen nach sich ziehen kann.[14] Außerhalb des Beschluss-
rahmens stehen die Beteiligungs- und MBR nur dem BR zu. Vom BR
abgeschlossene BV gehen den Gruppenvereinbarungen vor,[15] sofern sie
keine Öffnungsklauseln haben.

§ 29   Einberufung der Sitzungen

**(1) Vor Ablauf einer Woche nach dem Wahltag hat der Wahl-
vorstand die Mitglieder des Betriebsrats zu der nach § 26 Abs. 1
vorgeschriebenen Wahl einzuberufen. Der Vorsitzende des
Wahlvorstands leitet die Sitzung, bis der Betriebsrat aus seiner
Mitte einen Wahlleiter bestellt hat.**

**(2) Die weiteren Sitzungen beruft der Vorsitzende des Betriebs-
rats ein. Er setzt die Tagesordnung fest und leitet die Verhand-**

---

11   Zu einer Mustereinladung vgl. DKKW-F-Wedde, § 28 a Rn. 13.
12   Zur Rechtsnatur s. DKKW-Wedde, Rn. 57 ff.
13   Fitting, Rn. 37.
14   Vgl. im Einzelnen DKKW-Wedde, Rn. 67.
15   Däubler, AuR 01, 1.

lung. **Der Vorsitzende hat die Mitglieder des Betriebsrats zu den Sitzungen rechtzeitig unter Mitteilung der Tagesordnung zu laden.** Dies gilt auch für die Schwerbehindertenvertretung sowie für die Jugend- und Auszubildendenvertreter, soweit sie ein Recht auf Teilnahme an der Betriebsratssitzung haben. Kann ein Mitglied des Betriebsrats oder der Jugend- und Auszubildendenvertretung an der Sitzung nicht teilnehmen, so soll es dies unter Angabe der Gründe unverzüglich dem Vorsitzenden mitteilen. Der Vorsitzende hat für ein verhindertes Betriebsratsmitglied oder für einen verhinderten Jugend- und Auszubildendenvertreter das Ersatzmitglied zu laden.

(3) Der Vorsitzende hat eine Sitzung einzuberufen und den Gegenstand, dessen Beratung beantragt ist, auf die Tagesordnung zu setzen, wenn dies ein Viertel der Mitglieder des Betriebsrats oder der Arbeitgeber beantragt.

(4) Der Arbeitgeber nimmt an den Sitzungen, die auf sein Verlangen anberaumt sind, und an den Sitzungen, zu denen er ausdrücklich eingeladen ist, teil. Er kann einen Vertreter der Vereinigung der Arbeitgeber, der er angehört, hinzuziehen.

1. Grundsätze

1   Der WV hat innerhalb einer Woche nach dem Wahltag bzw. nach Ablauf der Frist zur nachträglichen Stimmabgabe (§ 14a Abs. 4) den BR zur sog. **konstituierenden Sitzung** einzuberufen.[1] Die Sitzung selbst muss allerdings nicht in diesem Zeitraum stattfinden. Sie kann jedoch bereits stattfinden, wenn die Amtszeit des vorherigen BR noch nicht beendet ist. Sie sollte jedenfalls so rechtzeitig stattfinden, dass keine betriebsratslose Zeit eintritt bzw. diese verkürzt wird, da nach Auffassung des BAG vor der Konstituierung des BR z.B. keine Anhörungspflicht des AG bei beabsichtigten Kündigungen bestehen soll (vgl. im Einzelnen § 26 Rn. 1).[2]

2   An der konstituierenden Sitzung nimmt nur der **Vors. des WV** teil. Die Funktion des WV erlischt in dem Moment, in dem der **Wahlleiter** gewählt ist. Dessen Funktion ist wiederum erfüllt, wenn der BR-Vors. und sein Stellvertr. gewählt sind. Ein Teilnahmerecht eines **Beauftragten der im BR vertretenen Gew.** an der konstituierenden Sitzung ist unter den Voraussetzungen des § 31 gegeben.

---

1   Zu Mustereinladung vgl. DKKW-F-Wedde, § 29 Rn. 19.
2   BAG, DB 85, 1085; LAG Düsseldorf, dbr 12/09, 7.

Die konstituierende Sitzung des BR dient insbesondere der **Wahl des** **3** **Vors. und stellvertr. Vors.** des BR. Zweckmäßigerweise werden in der konstituierenden Sitzung auch gewählt: die weiteren **Mitgl. des BA** (bei BR mit neun und mehr Mitgl.), die **freizustellenden BR-Mitgl.** und der **Schriftführer** (vgl. § 34) sowie ggf. die **Vertr. für den GBR bzw. KBR**, die **Mitgl. des WA** und für **Ausschüsse** oder Kommissionen.[3]

2. Ordnungsgemäße Ladung und Tagesordnung

Die **Ladung** und die **Tagesordnung** müssen allen Sitzungsteilneh- **4** mern so **rechtzeitig** übermittelt werden, dass sie sich auf die Teilnahme einstellen, Vorbereitungen treffen, dem Vors. eine etwaige Verhinderung mitteilen und u. U. auf eine Verlegung der Sitzung hinwirken können.[4] In **Eilfällen** ist – entgegen dem BAG[5] – eine kurzfristige Einladung möglich, da z. B. bei fristlosen Kündigungen eine Stellungnahme innerhalb der Dreitagesfrist des § 102 Abs. 2 BetrVG sonst nicht möglich ist. Demgegenüber fordert in diesen Eilfällen das BAG unter Verkennung der Realität eine ausreichende Frist für eine sachgemäße Vorbereitung für die BR-Mitgl.[6] In welcher **Form** und mit welchen **Fristen Ladungen** durch den BR-Vors. zu BR-Sitzungen zu erfolgen haben, ist deshalb zweckmäßigerweise in der Geschäftsordnung festzulegen (vgl. § 36). Ansonsten ist auf die übliche Praxis bei der Fristberechnung abzustellen, sofern keine Eilbedürftigkeit vorliegt.[7] Den Zeitpunkt und die Häufigkeit der BR-Sitzungen bestimmt der Vors. nach pflichtgemäßem Ermessen, sofern der BR keine bestimmten Regeln beschlossen oder in der Geschäftsordnung festgelegt hat.

Die **ordnungsgemäße Ladung** aller BR-Mitgl. durch den Vors. **5** unter **Mitteilung der Tagesordnung** ist Voraussetzung für eine rechtswirksame Beschlussfassung.[8] Grundsätzlich sind alle ordentlichen BR-Mitgl. zu laden, da ein BR-Mitgl. von dem Vors. oder durch Beschluss des BR von einer Sitzung nicht ausgeschlossen werden kann.[9] Im Fall der **Verhinderung** hat der BR-Vors. nicht irgendein sondern »das« entsprechende Ersatzmitglied zu laden. Er

---

3 Vgl. DKKW-Wedde, Rn. 2 ff.; a. A. LAG Hamburg v. 23. 7. 07 – 3 TaBV 13/06 – juris, wonach diese Wahlen unzulässig sind, wenn sie vor Beginn der Amtszeit des neu gewählten Betriebsrates stattfinden.

4 LAG Köln, BB 2008, 1570; ArbG Weiden 1. 6. 10 – 6 BVGa 8/10 – juris.

5 BAG, NZA 06, 1364.

6 BAG, a. a. O.

7 LAG Düsseldorf 26. 10. 07 – 9 TaBV 54/07, brwo.

8 BAG, 24. 5. 06 –7 AZR 201/05, NZA 06, 1364; vgl. ferner Wulff, AiB 08, 528; zu Mustereinladung vgl. DKKW-F-Wedde, § 29 Rn. 24.

9 BAG 22. 7. 11 – 7 ABR 61/10, AiB 12, 681; LAG Hamm 14. 8. 09 – 10 TaBV 175/08, brwo; DKKW-Wedde, Rn. 29.

hat kein Wahlrecht, welches Ersatzmitglied er zur Sitzung einlädt. Die Reihenfolge ergibt sich zwingend aus § 25 Abs. 2 BetrVG (vgl. im Einzelnen § 25 Rn. 1 ff.).[10] Zur Verhinderung in eigenen, persönlichen Angelegenheiten vgl. § 33 Rn. 3. **Tagesordnungspunkte**, die **nicht** vorher **mitgeteilt** wurden oder die **geändert** werden sollen, können nach **neuester Auffassung des BAG** dann behandelt und ein Beschluss gefasst werden, wenn alle BR-Mitgl. einschließlich erforderlicher Ersatz-Mitgl. rechtzeitig zur Sitzung geladen worden sind und die beschlussfähig (§ 33 Abs. 2 BetrVG) Erschienenen auf dieser Sitzung eine Ergänzung oder Erstellung der Tagesordnung einstimmig beschließen (s. u.). Damit ist die viel kritisierte Auffassung des BAG überholt, wonach ein zusätzlicher Tagesordnungspunkt nur dann behandelt und ein Beschluss gefasst werden konnte, wenn der vollzählig versammelte BR einstimmig sein Einverständnis erklärt, den Tagesordnungspunkt in die Tagesordnung aufzunehmen und darüber zu beschließen.[11] Auch unter dem Tagesordnungspunkt »Verschiedenes« sollte nach dieser überholten Auffassung des BAG der BR nur dann wirksame Beschlüsse fassen, wenn dieser spezifiziert wurde, der BR vollständig versammelt ist und kein BR-Mitgl. der Beschlussfassung widerspricht.[12] Der überholten Rspr. des BAG ist entgegen gehalten worden, dass sie nicht in Einklang mit allgemeinen Geschäftsordnungsgrundsätzen steht und der betrieblichen Wirklichkeit und praktischen Bedürfnissen der BR-Arbeit widerspricht.[13] Auf Grund dieser Kritik **hat** der 1. Senat des **BAG** die **Rspr. geändert** und für die Heilung des Verfahrensmangels als ausreichend angesehen, dass alle BR-Mitgl. einschließlich erforderlicher Ersatz-Mitgl. rechtzeitig zur Sitzung geladen worden sind und die beschlussfähig (§ 33 Abs. 2 BetrVG) Erschienenen auf dieser Sitzung eine Ergänzung oder Erstellung der Tagesordnung einstimmig beschließen.[14] Da der 1. Senat von der Rechtsauffassung des 7. Senats des BAG abweichen wollte, hat er beim 7. Senat angefragt, ob dieser an seiner Rechtsauffassung festhalten wolle. Der 7. Senat ist dem 1. Senat in seiner Entscheidung vom 22. 1. 14[15] gefolgt, sodass der 1. Senat die Rspr.-Änderung in einer Endentscheidung nunmehr vorgenommen hat (diese lag im Zeitpunkt der Bearbeitung noch nicht vor).

Es reicht dabei aus, dass kein Mitgl. der Ergänzung widersprochen hat (vgl. § 33 Rn. 1).[16] Im Fall einer objektiven Verhinderung eines BR-

---

10   LAG SH 1. 11. 12 – 5 TaBV 13/12, brwo.

11   BAG 24. 5. 06 – 7 AZR 201/05, NZA 06, 1364; LAG Nürnberg 10. 10. 06 – 6 TaBV 16/06, NZA-RR 07, 136.

12   BAG, BB 93, 580.

13   DKKW-Wedde, Rn. 21; Fitting, Rn. 48 f.

14   BAG Vorabentscheidungsersuchen 9. 7. 13 – 1 ABR 2/13 (A), juris.

15   BAG 22. 1. 14 – 7 AS 6/13.

16   BAG 18. 2. 03 – 1ABR 17/02, NZA 04, 336.

Mitgl. (vgl. § 25) kommt es auf die Zustimmung des Ersatz-Mitgl. an und nicht auf die des verhinderten BR-Mitgl.[17]
Ein verhindertes BR-Mitgl. bzw. JAV-Mitgl. soll dem BR-Vors. dies unter Angabe des Verhinderungsgrundes unverzüglich mitteilen; empfehlenswert ist es, eine entsprechende Verpflichtung in der Geschäftsordnung festzulegen.[18] Denn der BR-Vors. muss letztlich feststellen, ob ein Verhinderungsgrund vorliegt oder nicht. Wenn die Absage bzw. Verhinderung – z.B. wegen einer Erkrankung – so kurzfristig erfolgt, dass ein Ersatz-Mitgl. nicht mehr ordnungsgemäß zur Sitzung geladen werden kann, ist der BR trotz des Fehlens dieses BR-Mitgl. vollständig erschienen, wenn alle anderen BR-Mitgl. anwesend sind.[19] Da es sich um eine wesentliche Verfahrensvorschrift in § 29 Abs. 2 Satz 3 handelt, kann keine abweichende Regelung in einer Geschäftsordnung des BR getroffen werden. Unwirksam sind die Beschlüsse des BR auch, wenn für das verhinderte BR-Mitgl. nicht das zuständige **Ersatz-Mitgl.** oder ein falsches Ersatz-Mitgl. geladen wurde,[20] es sei denn, die Verhinderung ist so plötzlich eingetreten, dass eine Benachrichtigung nicht mehr möglich war (vgl. ergänzend § 33 Rn. 2f.).[21] Wenn Ersatz-Mitgl. nicht vorhanden sind, kommt es alleine auf diejenigen BR-Mitgl. an, die zur Verfügung stehen.[22] Die **Heilung des Ladungsmangels** kann grundsätzlich in einer späteren Sitzung, zu der ordnungsgemäß **geladen wurde**, erfolgen (im Einzelnen auch zu den Einschränkungen s. § 33 Rn. 4).[23] Ist der BR-Vors. selbst verhindert, erfolgt die Einberufung der weiteren BR-Sitzungen durch seinen Stellvertr. Ist auch der Stellvertr. verhindert s. § 26 Rn. 7.

3. Erklärung des Betriebsratsvorsitzenden

Grundsätzlich trägt eine Erklärung des BR-Vors. die Vermutung in sich, dass der BR einen der Erklärung zu Grunde liegenden Beschluss auch so gefasst hat;[24] zur Überschreitung der Vertretungsbefugnis durch den BR-Vors. s. § 26 Rn. 6. Der Nachweis einer wirksamen Beschlussfassung des BR ist nur dann erforderlich, wenn ein Anlass für ernsthafte Zweifel besteht, ob tatsächlich ein Beschluss des BR vorliegt oder dieser ordnungsgemäß zustande gekommen ist.[25] Denn der AG muss die Vermutung durch einen Gegenbeweis entkräften.[26] Ein pau-

6

17 LAG Nürnberg 10.10.06 – 6 TaBV 16/06, NZA-RR 07, 136.
18 Schneider, AiB 06, 491.
19 LAG Hamm 22.1.2010 – 13 TaBV 60/09, brwo; ArbG Weiden 1.6.10 – 6 BVGa 8/10, juris.
20 Vgl. BAG, AuA 07, 697; DB 85, 554; BB 93, 1433.
21 BAG, dbr 06, Nr. 7, 38.
22 LAG Nürnberg, NZA-RR 07, 136.
23 BAG, NZA 04, 336.
24 ArbG Offenbach, AuR 02, 272.
25 Vgl. LAG Frankfurt, BB 94, 574.
26 BAG, DB 81, 1414.

schales Bestreiten mit Nichtwissen durch den AG reicht nicht aus, wenn der BR die Voraussetzungen für einen Beschluss im Einzelnen unter Beifügung von Unterlagen darlegt.[27] Gleiches gilt auch für die Ladung und ihren Zugang, wenn der BR die Ladung mit Tagesordnung und Protokoll der BR-Sitzung vorlegt.[28] Wegen der in vielen Fällen unnötigen Ausweitung der Verfahren verlangt demgegenüber das HessLAG[29] zu Recht, dass der AG das Bestreiten mit Nichtwissen bezüglich der einzelnen Schritte aufschlüsseln muss und nicht einen ordnungsgemäßen BR-Beschluss ohne irgendwelche konkreten Anhaltspunkte ins Blaue hinein bestreiten kann.

4. Betriebsratssitzung auf Antrag

7   Der BR-Vors. muss eine BR-Sitzung einberufen, wenn mindestens ein **Viertel der BR-Mitgl.** oder der **AG** dies **beantragen.**[30] Der BR-Vors. ist verpflichtet, den Gegenstand, dessen Beratung beantragt wird, auf die Tagesordnung zu setzen. Der Antrag, bei dem eine besondere Form nicht vorgeschrieben ist, ist an den BR-Vors. zu richten und muss angeben, über welche Fragen verhandelt werden soll. Der Beratungsgegenstand muss zum Aufgabenbereich des BR gehören. Beruft der BR-Vors. trotz eines Antrags[31] eine Sitzung nicht ein oder setzt er den beantragten Gegenstand nicht auf die Tagesordnung, handelt er pflichtwidrig (§ 23 Abs. 1). Zum Antragsrecht der JAV vgl. § 67. Das Antragsrecht der Schwerbehindertenvertr. ergibt sich aus § 95 Abs. 4 SGB IX.

5. Teilnahmerecht des Arbeitgebers

8   Der **AG** kann an **BR-Sitzungen** nur teilnehmen, wenn die Sitzungen auf seinen Antrag einberufen oder er ausdrücklich zur Sitzung eingeladen worden ist. Die Einladung kann sich auch auf einzelne Punkte der Tagesordnung beschränken.[32] Der AG ist verpflichtet, entweder selbst oder durch einen Vertr. an der BR-Sitzung teilzunehmen. Bei dem Vertr. muss es sich um eine für die Leitung des Betriebs verantwortliche Person handeln, nicht jedoch um einen Betriebsfremden. Ein grundsätzliches und hartnäckiges Fernbleiben kann eine Störung der Tätigkeit des BR bedeuten und nach § 119 Abs. 1 Nr. 2 als Straftat geahndet werden. Ein Vertr. des AG-Verbandes kann nur dann an einer BR-Sitzung teilnehmen, wenn er ausdrücklich vom AG dazu

---

27   BAG 29.7.09 – 7 ABR 95/07, brwo, NZA 09, 1223; 19.1.05 – 7 ABR 24/04, brwo; DB 04, 2055.

28   LAG Nürnberg, NZA-RR 07, 137.

29   V. 14.7.11 – 9 TaBV 192/10, brwo.

30   Vgl. im Einzelnen DKKW-Wedde Rn 31 ff.

31   Zu Musteranträgen vgl. DKKW-F-Wedde, § 29 Rn. 29 ff.

32   LAG Hamm, AiB 99, 488; zu Mustereinladung vgl. DKKW-F-Wedde, § 29 Rn. 34.

aufgefordert wurde. Der AG hat **kein Stimmrecht.** Er ist nicht berechtigt, eine Protokollführung hinzuzuziehen.[33] Er kann auch nicht die Sitzung **leiten** und hat kein **Teilnahmerecht** während der Beschlussfassung.

§ 30 Betriebsratssitzungen

Die Sitzungen des Betriebsrats finden in der Regel während der Arbeitszeit statt. Der Betriebsrat hat bei der Ansetzung von Betriebsratssitzungen auf die betrieblichen Notwendigkeiten Rücksicht zu nehmen. Der Arbeitgeber ist vom Zeitpunkt der Sitzung vorher zu verständigen. Die Sitzungen des Betriebsrats sind nicht öffentlich.

Inhaltsübersicht

1. Zeit und Ort von Betriebsratssitzungen

Betriebliche Notwendigkeiten können nur in Ausnahmefällen dazu führen, dass eine BR-Sitzung außerhalb der Arbeitszeit stattfindet. Es kann sich dabei nur um solche Gründe handeln, die zwingend Vorrang vor dem Interesse des BR auf Abhaltung der BR-Sitzung zu dem von ihm vorgesehenen Zeitpunkt haben,[1] und der BR die Sitzung unter inhaltlichen Gesichtspunkten verschieben kann.[2] Müssen einzelne BR-Mitgl. außerhalb ihrer persönlichen Arbeitszeit an BR-Sitzungen teilnehmen, z. B. in Schichtbetrieben oder Teilzeitbeschäftigte, haben sie Anspruch auf **Freizeitausgleich** nach § 37 Abs. 3 (vgl. § 37 Rn. 18). Der AG kann eine Sitzung, bei der nach seiner Auffassung auf **betriebliche Notwendigkeiten** nicht genügend Rücksicht genommen wurde, nicht verbieten oder gar dem BR-Mitgl. das Arbeitsentgelt entsprechend kürzen. Auch hat dies keinen Einfluss auf die Wirksamkeit der vom BR gefassten Beschlüsse. **1**

Der AG kann vom BR nicht verlangen, seine Sitzungen an **bestimmten Wochentagen** oder zu einem **bestimmten Zeitpunkt** oder für eine bestimmte zeitliche **Dauer** abzuhalten.[3] Der BR ist auch nicht verpflichtet, dem AG nachträglich Auskunft über Beginn und Ende seiner Sitzungen zu erteilen.[4] Gegen den Willen des BR kann der AG die Absetzung der Sitzung auch nicht durch eine **einstweilige Ver-** **2**

---

33 So auch ArbG Bad Hersfeld, BB 87, 2452, zu den Besprechungen nach § 74 Abs. 1.

1 LAG Berlin-Brandenburg 18. 3. 10 – 2 TaBV 2694/09, brwo.

2 Vgl. DKKW-Wedde Rn. 6.

3 ArbG Wesel, AuR 89, 60.

4 ArbG Hamburg, AiB 00, 102.

fügung des ArbG erwirken.[5] Um den beiderseitigen Interessen gerecht zu werden, empfiehlt es sich für den BR, einen **festen Sitzungsrhythmus** – etwa wöchentlich – festzulegen und dies dem AG mitzuteilen.[6]

3 BR-Sitzungen finden grundsätzlich im Betrieb statt.[7] Müssen die Sitzungen jedoch, z. B. weil kein angemessener Sitzungsraum zur Verfügung steht, **außerhalb des Betriebsgeländes** stattfinden, ist der AG nicht berechtigt, eine Abmahnung auszusprechen oder Lohnabzüge für den Sitzungszeitraum vorzunehmen.[8]

2. Mitteilung des Zeitpunktes an den Arbeitgeber

4 Die Verpflichtung, den AG vorher vom **Zeitpunkt der BR-Sitzung** zu verständigen, hat lediglich den Sinn, dass sich der AG wegen des Arbeits- und Produktionsablaufs darauf einstellen kann. Die Tagesordnung ist nicht mitzuteilen. Es bedarf zur Durchführung der Sitzung keiner Zustimmung des AG, noch viel weniger benötigt das BR-Mitgl. eine Freistellungserklärung durch den AG zur Teilnahme an der BR-Sitzung.[9]

3. Grundsatz der Nicht-Öffentlichkeit

5 Durch den Grundsatz der **Nichtöffentlichkeit** sollen Vertrauen, Offenheit und Transparenz bezogen auf das BR-Gremium geschützt werden. Die Funktionsfähigkeit des BR darf nicht durch unangebrachte Indiskretionen beeinträchtigt werden. § 30 BetrVG soll eine freie Diskussion des BR erleichtern.[10] Für Sitzungen und Besprechungen ist deswegen vom AG ein von außen nicht einsehbarer Raum zur Verfügung zu stellen (vgl. § 40 Rn. 26).[11] Eine BR-Sitzung per **Videokonferenz** oder mittels **anderer elektronischer Medien** ist wegen der Nicht-Gewährleistung des Grundsatzes der Nichtöffentlichkeit nicht zulässig.[12] Denn unberechtigte Dritte könnten das Gespräch verfolgen, ohne das es BR-Mitgl. auffallen würde.

Aus dem Grundsatz der Nichtöffentlichkeit ergibt sich **keine** über den Rahmen des § 79 hinausgehende **Verschwiegenheitspflicht**. Neben

---

5 LAG Berlin-Brandenburg 18. 3. 10 – TaBV 2694/09, brwo, verneint einen Unterlassungsanspruch des AG und verweist auf § 23 Abs. 1.

6 Vgl. ergänzend DKKW-Wedde, Rn. 4 ff.

7 HessLAG 29. 3. 07 – 9 TaBVGa 68/07, juris.

8 LAG Berlin, AiB 88, 110.

9 LAG RP 19. 8. 08 – 3 TaBVGa 1/09, juris.

10 BAG 5. 9.67 – 1 ABR 1/67, AP § 23 BetrVG Nr. 8; HessLAG 16. 12. 10 – 9 TaBV 55/10, brwo.

11 ArbG Frankfurt/Main 3. 12. 02 – 18 BV 360/02.

12 Vgl. im Einzelnen DKKW-Wedde, § 33 Rn. 11; a. A. Fitting, § 33 Rn. 21 b bei Ausnahmesituationen.

den BR-Mitgl. sollen ein Teilnahmerecht nur die Schwerbehinderten-Vertr., die JAV, der Vertr. der Gew. (vgl. im Übrigen Erl. zu § 31),[13] der AG (nur im Rahmen des § 29 Abs. 4), Schreibkräfte zur Anfertigung der Sitzungsniederschriften (vgl. § 34 Rn. 2) oder andere vom BR zur Beratung einzelner Tagesordnungspunkte hinzugezogene Personen (Auskunftspersonen, Sachverständige; vgl. § 80 Rn. 20 f., 28 f.) haben. Der Betriebsrat ist **kein geheimer Zirkel**.[14] So hat das BAG bereits 1967 entschieden,[15] dass im Allgemeinen keine Pflicht der BR-Mitgl. besteht, über den Verlauf von BR- bzw. Ausschusssitzungen Stillschweigen zu bewahren. Eine Schweigepflicht ist nur dann zu bejahen, wenn die **Verschwiegenheitspflicht** des § 79 greift oder besondere Umstände vorliegen. Dem BR steht es nicht zu, den BR-Mitgl. eine über § 79 hinausgehende Verschwiegenheitspflicht über vertrauliche Angelegenheiten aufzuerlegen.[16] Etwas anderes gilt für Sachverhalte, die ihrer Natur nach geheim zu halten sind oder die den Persönlichkeitsschutz von AN gefährden. Dazu gehören vertrauliche Mitteilungen von AN gegenüber BR-Mitgl., die bei Bekanntwerden das in die Mitarbeiter gesetzte und für seine Arbeit unerlässliche Vertrauen beeinträchtigen können; ferner kann Schweigepflicht auferlegt werden im Falle eines noch im Stadium des Entstehens befindlichen BR-Beschlusses, dessen Zustandekommen durch ein zu frühzeitiges Bekanntwerden gefährdet würde.[17]

§ 30 gilt entsprechend für die Sitzungen des BA, WA und anderer vom BR gebildeter Ausschüsse. **6**

§ 31 Teilnahme der Gewerkschaften

Auf Antrag von einem Viertel der Mitglieder des Betriebsrats kann ein Beauftragter einer im Betriebsrat vertretenen Gewerkschaft an den Sitzungen beratend teilnehmen; in diesem Fall sind der Zeitpunkt der Sitzung und die Tagesordnung der Gewerkschaft rechtzeitig mitzuteilen.

1. Voraussetzungen zur Teilnahme

Durch diese Vorschrift wird der Grundsatz der Zusammenarbeit zwischen BR und Gew. in § 2 konkretisiert. Die Teilnahme von **Gew.-** **1**

---

13 Vgl. BAG, DB 90, 1288.
14 HessLAG 16.12.10 – 9 TaBV 55/10, brwo.
15 BAG 5.9.67 – 1 ABR 1/67, AP § 23 BetrVG Nr. 8.
16 DKKW-Wedde, § 30 Rn. 14.
17 BAG a.a.O.

Beauftragten kann bereits dann erfolgen, wenn dies lediglich von einem Viertel der BR-Mitgl. beantragt wird.[1] Eines Beschlusses des BR bedarf es nicht; ein entsprechender Antrag kann auch nicht durch **Mehrheitsbeschluss des BR** abgelehnt werden.[2] Voraussetzung für die **Antragstellung** ist, dass ein BR-Mitgl., das nicht auch Antragsteller sein muss, dieser Gew. angehört. Der Gew. sind der **Zeitpunkt** und die **Tagesordnung rechtzeitig** mitzuteilen.[3]

2   Welchen Vertr. die eingeladene Gew. entsendet, bestimmt diese allein. Der Gew.-Vertr. muss nicht Ang. der Gew. sein; er kann auch AN des Betriebs sein.[4] Die Entsendung **mehrerer Vertr.** ist möglich und jedenfalls dann zweckmäßig, wenn die Tagesordnungspunkte eine Beratung durch verschiedene Gew.-Vertr. notwendig erscheinen lassen. Auch Gew.-Vertr., die als AN-Vertr. dem AR eines Konkurrenz-UN angehören, kann der AG die Teilnahme an BR-Sitzungen (Ausschüsse, Betriebsversamml.) nicht verwehren, da es keine Unvereinbarkeit zwischen diesen beiden Tätigkeiten gibt.[5]

2. Regelung der Teilnahme

3   Die Hinzuziehung von Beauftragten einer im Betrieb vertretenen Gew. kann auch der **BR** sowohl im Einzelfall als auch generell **beschließen** bzw. in seiner **Geschäftsordnung** regeln.[6]

3. Befugnisse des Gewerkschaftsbeauftragten

4   Im Gegensatz zum Vertr. der AG-Vereinigung (§ 29 Abs. 4 Satz 2) hat der Beauftragte der Gew. **beratende Stimme**, d. h., er darf auf die Willensbildung des BR Einfluss nehmen. Er hat kein Stimmrecht, kann jedoch bei der Beschlussfassung anwesend sein. Der AG kann dem Gew.-Beauftragten den **Zutritt zum Betrieb** nicht verwehren (vgl. § 2 Rn. 3 ff.).[7] Ausnahmsweise soll der AG einem bestimmten Gew.-Beauftragten den Zutritt zum Betrieb verweigern dürfen, wenn der Beauftragte in der Vergangenheit den Betriebsfrieden nachhaltig gestört oder den Arbeitgeber grob beleidigt hat, und eine Wiederholung des Verhaltens zu befürchten steht.[8] Die Entfernung eines Gew.-Beauftragten einer im Betrieb vertretenen Gew. durch einen Polizeibeamten von einer BR-Sitzung ist rechtswidrig.[9] Ausnahmsweise kann

---

1   Zu Musterantrag vgl. DKKW-F-Wedde, § 31 Rn. 3.
2   OVG NRW, PersR 96, 202.
3   Zu Mustereinladung vgl. DKKW-F-Wedde, § 31 Rn. 6.
4   Vgl. ArbG Aachen 25. 10. 95 – 5 BV 45/94.
5   LAG Hamburg, Mitb. 87, 782.
6   BAG, DB 90, 1288; vgl. auch BAG, DB 81, 1240 zur Teilnahme an WA-Sitzungen.
7   OLG Hamm 26. 6. 87 – 1 Ss 164/87; ArbG Elmshorn, AiB 04, 40.
8   LAG Hamm 3. 6. 05 – 13 TaBV 58/05, AuR 05, 465 Ls.
9   Widerspruchsbescheid der Polizeidirektion SH West v. 12. 3. 91, Az: – 11 – 12.45.

nach Auffassung des LAG Hamm[10] der AG einem bestimmten Gew.-Beauftragten den Zutritt verweigern, wenn dieser in der Vergangenheit den Betriebsfrieden nachhaltig gestört oder den Arbeitgeber grob beleidigt hat und eine Wiederholung des Verhaltens zu befürchten steht. Zur **Verschwiegenheitspflicht** siehe § 79 Abs. 2.

4. Teilnahmerecht auch bei anderen Betriebsverfassungsorganen

§ 31 ist entsprechend anzuwenden auf Ausschüsse des BR einschl. BA   **5** und WA sowie GBR, KBR, JAV, GJAV und KJAV.[11]

§ 32   Teilnahme der Schwerbehindertenvertretung

Die Schwerbehindertenvertretung (§ 94 des Neunten Buches Sozialgesetzbuch) kann an allen Sitzungen des Betriebsrats beratend teilnehmen.

§ 32 gilt nicht nur für alle BR-Sitzungen,[1] sondern auch für Ausschuss-   **1** sitzungen des BR einschl. BA und WA[2] und Arbeitsschutzausschuss (§ 95 Abs. 4 SGB IX). Weiterhin gilt die Vorschrift für die beratende Teilnahme an Sitzungen gemeinsamer Ausschüsse des BR und AG i. S. des § 28 Abs. 2[3] und für Besprechungen mit dem AG nach § 74 Abs. 1 (§ 95 Abs. 5 SGB IX). Die SchwbVertr. ist zu jeder Sitzung mit Tagesordnung einzuladen.[4] Eine **Verpflichtung** zur Teilnahme besteht jedoch nicht. Unterlässt der BR-Vors. die rechtzeitige Ladung,[5] handelt er **pflichtwidrig**. Ein Anspruch ergibt sich aber weder aus dieser Vorschrift noch aus dem SGB IX an **allen** Gesprächen, die zwischen BR, BR-Mitgl. und AG geführt werden, beratend teilzunehmen.[6]

Ist die SchwbVertr auch gleichzeitig BR-Mitgl., kann eine zeitweilige Verhinderung nach § 25 eintreten, wenn sie sich in einer Interessenkollision befindet. Solche können jedoch schon nach der gesetzlichen Ausgangslage kaum entstehen. Falls sich ein Interessenkonflikt ausnahmsweise doch ergeben sollte, muss die SchwbVertr. diesen gegenüber dem BR-Vors. anzeigen. Dies kann so geschehen, dass die Geheimhaltungspflicht gegenüber dem schwerbehinderten Menschen über persönliche Verhältnisse, die der vertraulichen Behandlung bedürfen, nicht verletzt wird. Für den Fall der Verhinderung ist durch den BR-Vors. ein Ersatzmitgl. für den Tagesordnungspunkt zu laden[7]

---

10 AuR 05, 465 Ls.
11 BAG, DB 81, 1240; vgl. ergänzend DKKW-Wedde, Rn. 2, 19.
1 LAG Hessen, NZA-RR 02, 587: unabhängig davon, ob Fragen schwerbehinderter AN anstehen und welche Themen auf der Tagesordnung stehen.
2 BAG, NZA 87, 861.
3 BAG, AiB 94, 48.
4 HessLAG 1.11.12 – 9 TaBV 156/12, brwo.
5 Zu Mustereinladung vgl. DKKW-F-Wedde, § 32 Rn. 5 ff.
6 LAG SH, AuR 09, 61 zu sog. zweiwöchigen Standardgesprächen.
7 HessLAG 1.11.12 – 9 TaBV 156/12, brwo.

§ 33   Beschlüsse des Betriebsrats

oder für die SchwbVertr. nimmt der Vertreter den Tagesordnungspunkt wahr.

2 Die SchwbVertr.[8] hat nicht das Recht, die **Einberufung einer BR-
Sitzung** zu beantragen. Sie kann aber verlangen, Angelegenheiten, die
einzelne schwerbehinderte Beschäftigte oder die schwerbehinderten
Beschäftigten als Gruppe besonders betreffen, auf die **Tagesordnung**
der nächsten BR-Sitzung zu setzen (§ 95 Abs. 4 SGB IX).

§ 33   Beschlüsse des Betriebsrats

**(1) Die Beschlüsse des Betriebsrats werden, soweit in diesem
Gesetz nichts anderes bestimmt ist, mit der Mehrheit der Stimmen der anwesenden Mitglieder gefasst. Bei Stimmengleichheit ist ein Antrag abgelehnt.**

**(2) Der Betriebsrat ist nur beschlussfähig, wenn mindestens die
Hälfte der Betriebsratsmitglieder an der Beschlussfassung teilnimmt; Stellvertretung durch Ersatzmitglieder ist zulässig.**

**(3) Nimmt die Jugend- und Auszubildendenvertretung an der
Beschlussfassung teil, so werden die Stimmen der Jugend- und
Auszubildendenvertreter bei der Feststellung der Stimmen-
mehrheit mitgezählt.**

Inhaltsübersicht

1. Ladung und Beschlussfassung

1 Der BR trifft seine Entscheidung durch Beschluss. Voraussetzung für
die Beschlussfassung ist die **ordnungsgemäße Ladung aller BR-
Mitgl.** und aller **Mitgl. der JAV**, sofern diese im BR Stimmrecht
hat (vgl. § 67), und die **rechtzeitige Mitteilung der Tagesordnung**
(Erl. zu § 29, 4 ff.).[1] Für verhinderte BR-Mitgl. (z. B. bei einer Interessenkollision) sind **Ersatzmitgl.** zu laden (vgl. im Einzelnen § 25
Rn. 3 ff.). Erfolgt dies nicht, ist der BR an einer wirksamen Beschlussfassung gehindert.[2] Der Mangel der nicht rechtzeitigen Mitteilung oder
die Notwendigkeit der Ergänzung der Tagesordnung kann nach **neuester Auffassung des BAG** dadurch behoben werden, das alle BR-
Mitgl. einschließlich erforderlicher Ersatz-Mitgl. rechtzeitig zur Sitzung geladen worden sind und die beschlussfähig (§ 33 Abs. 2 BetrVG)
Erschienenen auf dieser Sitzung eine Ergänzung oder Erstellung der

---

8   Zur Zusammenarbeit mit BR vgl. Splanemann, AiB 02, 404; Feldes, AiB 02, 291.
1   BAG, DB 04, 2220, vgl Übersicht bei Wulff, AiB 08, 528.
2   BAG, BB 93, 1433, LAG Hamm 11. 10. 07 – 13 TaBV 36/07, brwo.

Tagesordnung einstimmig beschließen[3] Zu den Einzelheiten s. § 29 Rn. 5. Die Vorschrift gilt ebenso für die Ausschüsse des BR, den GBR, KBR und deren Ausschüsse sowie für die JAV, die GJAV und die KJAV.

Eine **ordnungsgemäße Beschlussfassung** setzt weiterhin die Beschlussfähigkeit des BR voraus (vgl. Rn. 5).[4] Diese muss bei jeder Abstimmung des BR bestehen und durch den Vors. jeweils erneut festgestellt werden. Sie sollte mit dem Abstimmungsergebnis für jede Abstimmung in der Sitzungsniederschrift vermerkt werden, sofern Veränderungen eingetreten sind.[5] Zu beachten ist aber, dass der Beschluss nicht durch die Protokollierung, sondern durch die Beschlussfassung wirksam wird. Das Protokoll dient lediglich Dokumentationszwecken.[6] **2**

2. Unzulässigkeit von Umlaufverfahren, erforderliche Mehrheiten

Ein Beschluss ist nach dem Gesetzeswortlaut nur bei **Stimmenmehrheit** der **anwesenden Mitgl.** wirksam getroffen worden, wenn also die BR-Mitgl. körperlich anwesend sind. Eine Beschlussfassung im **Umlaufverfahren**[7] sowie außerhalb von Sitzungen ist unzulässig.[8] Entsprechendes gilt für eine **schriftliche, telegrafische, fernmündliche oder stillschweigende** Beschlussfassung,[9] außerdem für eine Beschlussfassung per **E-Mail, Internet** oder **Intranet** und solche unter Nutzung neuer webbasierender Anwendungen wie etwa **TV oder IP**. Eine BR-Sitzung per **Videokonferenz** oder mittels **anderer elektronischer Medien** ist wegen der Nicht-Gewährleistung des Grundsatzes der Nichtöffentlichkeit nicht zulässig (vgl. im Einzelnen § 30 Rn. 5).[10] **3**

In einigen Fällen bedarf jedoch ein Beschluss der Mehrheit der Stimmen der Mitgl. des BR (**absolute Mehrheit**), so nach §§ 13 Abs. 2 Nr. 3, 27 Abs. 1 und 2, 28 Abs. 1, 28 a Abs. 1, 36, 50 Abs. 2, 107 Abs. 3. **Stimmenthaltungen** gelten demnach als Ablehnung. Zur Beschlussfassung, dabei auch zu den Besonderheiten in Betrieben der Postunternehmen und der Deutschen Bahn AG vgl. DKKW-Wedde, Rn. 19 ff. mit einigen Beispielen aus der Praxis. In **eigenen, persönlichen** Angelegenheiten (z. B. Umgruppierung, Kündigung oder Aus-

---

3 BAG Vorabentscheidungsersuchen 9.7.13 – 1 ABR 2/13 (A), juris; 22.1.14 – 7 AS 6/13.

4 Zu den Zahlen zur Beschlussfähigkeit vgl. DKKW-F-Wedde, § 33 Rn. 10.

5 Vgl. DKKW-Wedde, Rn. 7 f.

6 BAG 8.2.77 – 1 ABR 82/74, DB 77, 914; LAG Berlin-Brandenburg 7.9.12 – 10 TaBV 1297/12, brwo.

7 BAG, BB 03, 1791.

8 LAG Köln, AiB 99, 583.

9 BAG, ZBVR 05, 110; Hess LAG, AuR 92, 222; Rudolph, CF 7–8/06, 58.

10 Vgl. im Einzelnen DKKW-Wedde, Rn 11.

schlussantrag) ist das unmittelbar betroffene BR-Mitgl. »rechtlich« gehindert, an der Beratung und Beschlussfassung des BR teilzunehmen (vgl. § 25, Rn. 3).[11] Für das verhinderte BR-Mitgl. ist ein Ersatzmitgl. zu laden. Die Nichtbeachtung dieser Pflicht führt zur Unwirksamkeit des Beschlusses.[12] Das betroffene BR-Mitgl. hat jedoch Anspruch auf **rechtliches Gehör**.

3 a Der Inhalt eines Beschlusses muss hinreichend genau formuliert werden. Die Zustimmung des BR nach § 77 Abs. 4 Satz 2 muss sich auf den konkreten Einzelfall beziehen.[13] Die Bestellung so genannter **»Beauftragter des Betriebsrats«**, die bestimmte Aufgaben für den BR wahrnehmen, ohne in einer Organstruktur zusammengefasst zu sein, kann durch Mehrheitsbeschluss des BR erfolgen. Ein Minderheitenschutz muss bei diesem Mehrheitsbeschluss nicht gewährleistet werden.[14] Die Aufgaben der »Beauftragten« können von der Unterstützung des BR bei seiner Meinungsbildung über die Anweisung, werksrelevante Informationen an die Belegschaft im Rahmen der Regelkommunikation zur Umsetzung des Leitbilds weiterzugeben bis hin zu weiteren vom BR erteilten konkreten Aufträgen reichen. Ein ordnungsgemäßer BR-Beschluss über die **Teilnahme nach § 37 Abs. 6** liegt dann vor, wenn über die Entsendung mehrerer BR-Mitgl. im Block und mit deren Beteiligung abgestimmt wird.[15] Um ein **Beschlussverfahren einleiten** zu können, müssen der Gegenstand des Verfahrens und das Ziel benannt werden.[16] Eine erteilte Prozessvollmacht ermächtigt im Außenverhältnis nach § 81 ZPO i. V. m. § 46 Abs. 2 ArbGG den Rechtsanwalt zu allen den Rechtsstreit betreffenden Prozesshandlungen einschl. der Einlegung von Rechtsmitteln, ohne dass es dazu eines erneuten Beschlusses des BR bedarf.[17]

3. Unwirksame Beschlüsse und Heilung

4 **Nichtig** sind Beschlüsse des BR nur, wenn sie entweder einen **gesetzwidrigen Inhalt** haben, nicht der Zuständigkeit des BR unterliegen oder nicht **ordnungsgemäß** zustande gekommen sind (zur Überschreitung der Vertretungsbefugnis durch den Vors. und der nachträglichen Genehmigung durch den BR vgl. § 26 Rn. 6).[18] Wirkt an der Beschlussfassung des BR eine hierzu nicht berechtigte Person mit, führt dies grundsätzlich zur Nichtigkeit des Beschlusses, es sei

---

11   BAG 6.11.13 – 7 ABR 84/11 –; DB 00, 626; LAG Hamm, AuA 07, 369.
12   Offen gelassen von BAG 6.11.13 – 7 ABR 84/11.
13   BAG, BB 04, 1282.
14   LAG BaWü 26.7.10 – 20 TaBV 3/09, brwo.
15   LAG Berlin-Brandenburg 9.10.09 – 22 TaBV 1795/09, juris.
16   BAG, DB 04, 2220.
17   BAG 26.5.09 – 1 ABR 12/08, NZA-RR 09, 588; DB 03, 2290. Zu Musterbeschlüssen vgl. DKKW-F-Wedde, § 33 Rn. 12 ff.
18   BAG, AuR 86, 92 m. Anm. v. Heilmann; AiB 88, 346 m. Anm. v. Grimberg.

denn, der Fehler hatte offensichtlich keinen Einfluss auf das Abstimmungsergebnis.[19] Letzteres ist aber nur bei groben Verstößen sowie bei wesentlichen und unverzichtbaren Verfahrensvorschriften und nicht schon bei kleinen **Formfehlern** gegeben. Es gehört zu den Grundsätzen eines fairen Verfahrens, dass der BR dem BR-Mitgl. die Möglichkeit einräumt, sich vor der Beschlussfassung vor dem BR zur Sache und zu den Ausschließungsgründen zu äußern, ansonsten liegt ein Verfahrensmangel vor, der zur Unwirksamkeit des BR-Beschlusses führt.[20] BR-Beschlüsse sind hinsichtlich ihrer **Zweckmäßigkeit** nicht überprüfbar.[21] Solange ein Beschluss des BR noch keine **Außenwirkung**, z.B. durch Mitteilung an den AG, erlangt hat, kann der BR jederzeit einen gefassten Beschluss durch einen neuen ordnungsgemäßen Beschluss aufheben oder ändern.[22] Unzulässig sind sog. Vorratsbeschlüsse, mit denen im Vorhinein die Einleitung aller möglichen Beschlussverfahren beschlossen und eine Generalvollmacht an einen Verfahrensbevollmächtigten erteilt wird.[23] Die **Heilung** eines unwirksamen Beschlusses kann durch einen späteren wirksamen Beschluss herbeigeführt werden – sog. nachträgliche Genehmigung.[24] Die Genehmigung wirkt auf den Zeitpunkt des Rechtsgeschäftes zurück. So kann die zunächst unwirksame Bestellung einer Gew.-Sekretärin als ESt-Beisitzerin durch einen späteren Beschluss genehmigt werden.[25] Diese Beschlussfassung ist nicht fristgebunden. Davon gibt es aber Ausnahmen, die sich aus der Natur des Rechtsgeschäftes ergeben; so z.B. wenn die erneute Beschlussfassung des BR erst nach dem für die Beurteilung eines Sachverhaltes maßgeblichen Zeitpunktes erfolgt. Dieses ist der Fall bei einer vorzunehmenden Erforderlichkeitsprüfung, sodass eine nachträgliche Genehmigung über die Teilnahme an einer Schulung nicht möglich ist (vgl. § 37 Rn. 36).[26] Einschränkungen ergeben sich wegen der gebotenen Erforderlichkeitsprüfung bei § 40. Die Hinzuziehung eines Rechtsanwaltes erfordert im Allgemeinen einen ordnungsgemäßen Beschluss des BR, und zwar für jede Instanz. Das gilt insbesondere dann, wenn der BR erstinstanzlich unterlegen ist. Eine Ausnahme von diesem Grundsatz kann nur dann gemacht werden, wenn zum Beispiel wegen der besonderen Bedeutung des Rechtsstreits die Prozessvertretung von vornherein für mehrere Instanzen ausgesprochen wird oder wenn gegen eine zugunsten des BR ergan-

---

19 BAG 6.12.06 – 7 ABR 62/05, brwo; LAG München 14.6.11 – 7 TaBV 84/10, juris, n.rk. BAG 7 ABR 84/11 zu einem von dem Beschluss unmittelbar persönlich betroffene BR-Mitgl.

20 ArbG Halle 25.1.13 – 9 BV 50/12, NZA-RR 13, 361.

21 BAG, DB 79, 2091; LAG Nürnberg, AiB 86, 93.

22 LAG Hamm, DB 92, 483.

23 LAG Hamm 16.5.07 – 10 TaBV 101/06, brwo.

24 BAG 10.10.07 – 7 ABR 51/06, DB 08, 478.

25 BAG 10.10.07 – 7 ABR 51/06, DB 08, 478.

26 BAG, NZA 02, 492.

gene Entscheidung vom Prozessgegner Rechtsmittel eingelegt wird.[27] Bei der nachträglichen Genehmigung eines Beschlussverfahrens und der Beauftragung eines Verfahrensbevollmächtigten kann eine Heilung nur durch einen späteren ordnungsgemäßen Beschluss erfolgen, wenn er noch vor Abschluss der ersten Instanz – bis zum Ergehen einer Prozessentscheidung – gefasst wird (vgl. § 40 Rn. 11).[28] Ein Rückwirkungsverbot für eine Beschlussfassung während des Beschwerdeverfahrens ist aber nur dann gerechtfertigt, wenn die Ordnungsmäßigkeit des Betriebsratsbeschlusses bereits in der ersten Instanz von der Arbeitgeberseite gerügt wurde.[29] Dabei hat das Gericht dem BR gleichzeitig Gelegenheit zu geben, die fehlende oder fehlerhafte Beschlussfassung nachzuholen.[30] Eine weitere Ausnahme gilt für die Fälle, in denen der BR einen Beschluss innerhalb einer bestimmten Frist abgeben muss (§§ 99, 102). Zur Mitteilung von Beschlüssen an Dritte, insbesondere an den AG vgl. § 26 Rn. 5 f.

4. Erforderliche Beschlussfähigkeit

5 Die **Beschlussfähigkeit** des BR ist eine unverzichtbare Voraussetzung für das Zustandekommen wirksamer Beschlüsse. Sie setzt die Teilnahme von mindestens der Hälfte der BR-Mitgl. an **jeder Beschlussfassung** voraus.[31] Sind jedoch während der Dauer einer Äußerungsfrist (z. B. § 102 Abs. 2) mehr als die Hälfte der BR-Mitgl. verhindert und können diese nicht durch Ersatzmitgl. vertreten werden, nimmt der Rest-BR in entsprechender Anwendung des § 22 die Beteiligungsrechte wahr.[32]

6 Die Stimmen der JAV zählen in den Fällen des § 67 Abs. 2 bei der Feststellung der Stimmenmehrheit, nicht jedoch bei der Feststellung der Beschlussfähigkeit mit.

Zum in Zweifelziehen eines BR-Beschlusses durch den AG siehe § 29 Rn. 6.

§ 34 Sitzungsniederschrift

(1) Über jede Verhandlung des Betriebsrats ist eine Niederschrift aufzunehmen, die mindestens den Wortlaut der Beschlüsse und die Stimmenmehrheit, mit der sie gefasst sind, enthält. Die Niederschrift ist von dem Vorsitzenden und einem weiteren Mitglied zu unterzeichnen. Der Niederschrift ist eine

---

27 LAG Düsseldorf 16.1.13 – 7 TaBV 31/12, brwo, n.rk. BAG 7 ABR 4/13.

28 BAG, NZA 04, 336.

29 HessLAG 1.9.11 – 5 TaBV 44/11, brwo, AiB 12, 540 mit Anm. Klimaschewski; LAG Düsseldorf 29.2.08 – 2 TaBV 7/08, juris.

30 BAG, NZA 06, 553.

31 BAG, DB 04, 2220.

32 BAG, DB 83, 234.

Anwesenheitsliste beizufügen, in die sich jeder Teilnehmer eigenhändig einzutragen hat.

(2) Hat der Arbeitgeber oder ein Beauftragter einer Gewerkschaft an der Sitzung teilgenommen, so ist ihm der entsprechende Teil der Niederschrift abschriftlich auszuhändigen. Einwendungen gegen die Niederschrift sind unverzüglich schriftlich zu erheben; sie sind der Niederschrift beizufügen.

(3) Die Mitglieder des Betriebsrats haben das Recht, die Unterlagen des Betriebsrats und seiner Ausschüsse jederzeit einzusehen.

1. Zwingender Inhalt

Die Niederschrift muss **zwingend** enthalten: die Wiedergabe des **1** **Wortlauts der Beschlüsse**, die Angabe des **Stimmenverhältnisses**, des **Datums**, aber nicht die genaue Angabe von Beginn und Ende der Sitzung,[1] und die Beifügung der eigenhändig unterschriebenen **Anwesenheitsliste** aller Teilnehmer. Es muss sich aus ihr auch ergeben, welche Fragen in der Sitzung behandelt worden sind.[2] Die Niederschrift ist vom BR-Vors. sowie einem weiteren BR-Mitgl. zu unterzeichnen. Ist ein Schriftführer bestellt, so hat dieser neben dem BR-Vors. zu unterzeichnen. Mit der Unterschrift wird die Verantwortung für die Richtigkeit und Vollständigkeit der Niederschrift übernommen.[3] Die Nichtanfertigung einer Niederschrift hat keine Auswirkungen auf die Wirksamkeit der vom BR gefassten Beschlüsse, sie erleichtert jedoch deren Nachweis.[4] Das Protokoll dient lediglich Dokumentationszwecken.[5] BR-Mitgl. haben vom Gesetz her keinen Anspruch auf Aushändigung einer Abschrift der Niederschrift. Es besteht nur ein Recht auf Einsichtnahme nach Abs. 4. Etwas anderes kann sich aber aus einer Geschäftsordnung ergeben.[6]

Die **Hinzuziehung einer Schreibkraft** ist zulässig.[7] Bedenken we- **2**

1 ArbG Hamburg, AiB 00, 102.
2 Zu Musterprotokollen vgl. DKKW-F-Wedde, § 34 Rn. 12 ff.
3 LAG Düsseldorf, NZA-RR 09, 306.
4 Vgl. im Übrigen DKKW-Wedde, Rn. 2 ff.
5 LAG Berlin-Brandenburg 7. 9. 12 – 10 TaBV 1297/12, brwo.
6 LAG Nds., NZA-RR 09, 532.
7 Vgl. BAG, NZA 91, 432; vgl. auch BAG, DB 91, 1523, wonach jedoch kein Anspruch des BR bestehen soll, eine ihm nicht angehörende Person zur Protokollführung hinzuzuziehen.

gen der **Nichtöffentlichkeit** der BR-Sitzungen bestehen nicht, da dem BR nach § 40 Abs. 2 vom AG u. a. auch für Sitzungen Büropersonal zur Verfügung zu stellen ist.[8] Entsprechendes gilt für die **Verschwiegenheitspflicht**, da die Schreibkraft bereits aufgrund ihres Arbeitsvertragsverhältnisses zur Verschwiegenheit verpflichtet ist.[9]

2. Teilweise Aushändigung der Sitzungsniederschrift an Arbeitgeber

3 Der AG hat nur dann und für den Teil der Sitzung Anspruch auf eine schriftliche Aushändigung der Niederschrift, soweit er selbst an der Sitzung teilgenommen hat.[10] Gleiches gilt für Beauftragte einer Gew. Der AG ist jedoch nicht berechtigt, seinerseits eine Protokollführung hinzuzuziehen.[11] **Einwendungen** gegen die Richtigkeit der Niederschrift können nicht nur der AG und der **Gew.-Vertr.**, sondern alle übrigen Sitzungsteilnehmer erheben.[12]

3. Recht auf Einsichtnahme in Betriebsratsunterlagen durch Betriebsratsmitglieder

4 Zu den Unterlagen des BR gehören nicht nur die Sitzungsniederschriften, sondern sämtliche Aufzeichnungen und Materialien einschl. Dateien, die der Betriebsrat oder ein Ausschuss angefertigt hat und die ständig zur Verfügung stehen, etwa auch Betriebsvereinbarungen, Tarifverträge, Gesetzestexte sowie Erläuterungsbücher. Das Recht auf Einsichtnahme in die Unterlagen des BR und seiner Ausschüsse steht allen BR-Mitgl. zu und kann inhaltlich nicht beschränkt werden.[13] Damit soll sichergestellt werden, dass sich jedes BR-Mitgl. ohne zeitliche Verzögerung über die Vorgänge im BR informieren kann (Grundsatz der gleichen Informationsmöglichkeiten). Auch elektronisch gespeicherte Dateien des BR einschl. der Ausschüsse fallen darunter, zumal das BDSG keine Rechtsgrundlage für eine Beschränkung darstellt.[14] Das Einsichtsrecht ist dabei so auszuüben, dass eine Behinderung der Arbeit des BR und seiner Ausschüsse nicht erfolgt (»im Rahmen des praktisch Möglichen«).[15] Aus diesem Recht ergibt sich jedoch keine Verpflichtung des BR, dem einzelnen BR-Mitgl. die Herstellung von Fotokopien zu gestatten.[16] Das einzelne BR-Mitgl. ist jedoch berechtigt, sich Notizen zu machen. Der BR kann

---

8   BAG, NZA 91, 432.
9   BAG a. a. O.; vgl. auch DKKW-Wedde, Rn. 9 f.
10 Zu Musterübersendung vgl. DKKW-F-Wedde, § 34 Rn. 16.
11 So auch ArbG Bad Hersfeld, BB 87, 2452 zu Besprechungen gemäß § 74 Abs. 1.
12 Zu Mustereinwendungen vgl. DKKW-F-Wedde, § 34 Rn. 18 ff.
13 BAG 12. 8. 09 – 7 ABR 15/08, DB 09, 2439.
14 BAG 12. 8. 09 – 7 ABR 15/08, DB 09, 2439.
15 LAG Nds., NZA-RR 01, 249.
16 BAG, DB 82, 2578; a. A. LAG Hamm 14. 8. 09 – 10 TaBV 175/08, brwo, wenn hierfür ein sachliches Bedürfnis besteht; vgl. DKKW-Wedde Rn 27.

aber beschließen, dass Unterlagen, Niederschriften u. Ä. für alle Mitgl. z. B. als Sitzungsunterlagen fotokopiert werden. Dies dürfte sich grundsätzlich auch empfehlen, da nur so jedes BR-Mitgl. in der Lage ist, sich auf eine Sitzung vorzubereiten. Im Ausnahmefall kann sich ergeben, dass einem BR-Mitgl. ein Anspruch auf Überlassung eines Schlüssels für das Betriebsratsbüro zusteht, wenn das Einsichtnahmerecht zum einen sonst nicht sichergestellt werden kann und es andererseits dem BR tatsächlich möglich und zumutbar ist.[17] Zu beachten ist aber, dass sich nicht allgemein aus dem BetrVG ein grundsätzlicher Anspruch eines BR-Mitgl. auf die Überlassung eines Schlüssels für das BR-Büro ableiten lässt.[18] Das Einsichtsrecht eines BR-Mitgl. kann nicht durch einen entsprechenden BR-Beschluss untersagt werden. Ausgeschiedenen BR-Mitgl. steht kein Einsichtsrecht in die Unterlagen des Betriebsrats mehr zu, da mit Beendigung des BR-Amtes das Einblicksrecht endet.[19]

Die **JAV** kann nach § 70 Abs. 2 verlangen, dass der BR ihr die zur Durchführung ihrer Aufgaben erforderlichen Unterlagen zur Verfügung stellt.[20]

Völlig unbestritten ist, dass dem AG kein Einsichtsrecht in die Akten des BR, wozu auch Dateien gehören, zusteht. Tut er es doch, ist es ihm untersagt, diese zu verwerten.[21]

§ 35 Aussetzung von Beschlüssen

(1) Erachtet die Mehrheit der Jugend- und Auszubildendenvertretung oder die Schwerbehindertenvertretung einen Beschluss des Betriebsrats als eine erhebliche Beeinträchtigung wichtiger Interessen der durch sie vertretenen Arbeitnehmer, so ist auf ihren Antrag der Beschluss auf die Dauer von einer Woche vom Zeitpunkt der Beschlussfassung an auszusetzen, damit in dieser Frist eine Verständigung, gegebenenfalls mit Hilfe der im Betrieb vertretenen Gewerkschaften, versucht werden kann.

(2) Nach Ablauf der Frist ist über die Angelegenheit neu zu beschließen. Wird der erste Beschluss bestätigt, so kann der Antrag auf Aussetzung nicht wiederholt werden; dies gilt auch, wenn der erste Beschluss nur unerheblich geändert wird.

---

17 LAG BaWü 20. 2. 13 – 13 TaBV 11/12, brwo.
18 LAG BaWü 20. 2. 13 – 13 TaBV 11/12, brwo.
19 HessLAG 25. 10. 12 – 9 TaBV 129/12, AiB 2013, 326 mit Anm. Hayen.
20 Vgl. auch DKKW-Wedde, Rn. 19 ff.
21 LAG Düsseldorf 7. 3. 12 – 4 TaBV 87/1, juris, RDV 12, 310.

1. Grundsätze

1   Der Antrag auf Aussetzung kann **nur gegen einen Beschluss** des BR und nicht etwa gegen eine Wahlentscheidung gestellt werden. Eine Frist für die Stellung des **Aussetzungsantrags** ist nicht vorgeschrieben. Sie ergibt sich jedoch unmittelbar daraus, dass der Beschluss nur für die Dauer von einer Woche von der Beschlussfassung – nicht vom Antrag – an gerechnet, ausgesetzt werden kann. **Antragsberechtigt** ist die Mehrheit der JAV oder die Schwerbehindertenvertr. (§ 95 Abs. 4 SGB IX).[1]

2   Der Grundsatz, dass der BR im Falle eines Aussetzungsantrags den Beschluss vor Ablauf der einwöchigen Aussetzungsfrist nicht vollziehen darf, **gilt nicht uneingeschränkt**, wenn die Gefahr besteht, dass das Schweigen des BR als Zustimmung zu einer beabsichtigten Maßnahme des AG angesehen wird (§ 99 Abs. 3, § 102 Abs. 2). In diesem Fall hat der BR dem AG vor Ablauf der Äußerungsfrist die von ihm getroffene Entscheidung mitzuteilen und gleichzeitig auf den gestellten Aussetzungsantrag hinzuweisen, sofern eine Verständigung vorher nicht möglich ist.[2]

2. Beendigung der Aussetzung

3   Der AG verstößt gegen den **Grundsatz der vertrauensvollen Zusammenarbeit**, wenn er nach Ablauf der Äußerungsfrist die personelle Maßnahme durchführt, ohne die endgültige Entscheidung des BR abzuwarten. Die Vorschrift gilt entsprechend auch für **Ausschüsse** (§§ 27, 28), denen Aufgaben zur selbstständigen Erledigung übertragen wurden. Die im Betrieb vertretene Gew. kann zur Hilfestellung bei den Verständigungsverhandlungen herangezogen werden. Bei einer erneuten Beschlussfassung ist das Aussetzungsverfahren endgültig beendet, wenn der BR den früheren Beschluss inhaltlich bestätigt. Ein erneuter Aussetzungsantrag ist nur dann möglich, wenn ein neuer oder inhaltlich anderer Beschluss gefasst worden ist.[3]

3. Rechte der Schwerbehindertenvertretung

4   Die **Schwerbehindertenvertr.** kann einen Aussetzungsantrag auch dann stellen, wenn sie entgegen § 95 Abs. 2 SGB IX bei Maßnahmen gegenüber Schwerbehinderten nicht rechtzeitig und umfassend vorher vom AG unterrichtet bzw. angehört wurde (§ 95 Abs. 4 SGB IX).

§ 36   Geschäftsordnung

Sonstige Bestimmungen über die Geschäftsführung sollen in

---

1   Zu Musteranträgen vgl. DKKW-F-Wedde, § 35 Rn. 3 f.
2   So auch DKKW-Wedde, Rn. 11.
3   Vgl. DKKW-Wedde, Rn. 18.

einer schriftlichen Geschäftsordnung getroffen werden, die der Betriebsrat mit der Mehrheit der Stimmen seiner Mitglieder beschließt.

1. Grundsätze

Die Geschäftsordnung darf nicht von zwingenden gesetzl. Bestimmun- **1** gen für die Geschäftsführung (z. B. §§ 26, 27, 29 und 41) abweichen. Sie enthält nur Regelungen für die interne Geschäftsführung des BR. So kann z. B. in der Geschäftsordnung geregelt werden, dass die im Betrieb vertretene Gew. ein generelles Teilnahmerecht an den BR-Sitzungen hat.[1] In der Geschäftsordnung können auch Regelungen aufgenommen werden, die mit dem AG vereinbart oder in einer BV getroffen wurden.[2] Neben den gesetzlich vorgesehen Ausschüssen (§§ 27, 28 BetrVG) kann der BR in seiner Geschäftsordnung auch die Errichtung anderer Ausschüsse, wie z. B. Koordinationsausschüsse, die nur für bestimmte räumlich abgegrenzte Teile des Betriebes eine Zuständigkeit besitzen, sowie so genannte Fachbeauftragte für bestimmte Themen regeln (vgl. § 28 Rn. 1).[3] In einer Geschäftsordnung kann dem BA nicht die Bildung von Arbeitsgruppen nach § 28 a und die Erledigungsbefugnis hinsichtlich der Angelegenheiten anderer Ausschüsse übertragen werden (vgl. § 27 Rn. 7).[4]

2. Geltungsdauer, absolute Mehrheit

Die Geschäftsordnung gilt grundsätzlich nur für die **Dauer der Amts-** **2** **zeit** des BR. Anderes gilt für die Geschäftsordnung des **GBR/KBR**, da diese Organe keine von vornherein begrenzte Amtszeit haben. Nach den regelmäßigen BR-Wahlen empfiehlt sich aber auch hier eine erneute Beratung und Beschlussfassung. Eine Geschäftsordnung kann durch den BR nur mit der Mehrheit der Stimmen seiner Mitgl. **(absolute Mehrheit) beschlossen** werden. Dies gilt auch für Änderungen, als auch einmalige Abweichungen von einer einmal beschlossenen Geschäftsordnung. Eine Geschäftsordnung ist in einer Urkunde zusammenzufassen und vom BR-Vors. zu unterzeichnen.[5] Ausreichend ist die Aufnahme des Geschäftsordnungstextes in die Sitzungsniederschrift. Ein unter Verstoß gegen die Geschäftsordnung des BR

---

1 BAG, NZA 90, 660.
2 Zu Musterentwurf vgl. DKKW-F-Wedde, § 36 Rn. 8; vgl. auch Kraushaar, AiB 95, 161.
3 LAG Ba-Wü 10. 4. 13 – 2 TaBV 6/12, juris, n. rk. BAG 7 ABR 24/13.
4 HessLAG 24. 9. 09, brwo.
5 LAG Hamm 14. 8. 09 – 10 TaBV 175/08, brwo.

zustande gekommener Beschluss oder eine stattgefundene betriebsrats-
interne Wahl ist unwirksam, wenn gegen wesentliche Verfahrensvorschriften verstoßen wurde.[6]

3 Eine Bekanntmachung oder Mitteilung an den AG ist nicht erforderlich. Die Aushändigung von Auszügen an den AG kann jedoch zweckmäßig sein, soweit es für die Zusammenarbeit notwendig ist. Den
einzelnen BR-Mitgl. ist jedoch eine Kopie der Geschäftsordnung
auszuhändigen, jedenfalls auf Anforderung.[7]

§ 37 Ehrenamtliche Tätigkeit, Arbeitsversäumnis

**(1) Die Mitglieder des Betriebsrats führen ihr Amt unentgeltlich
als Ehrenamt.**

**(2) Mitglieder des Betriebsrats sind von ihrer beruflichen Tätig-
keit ohne Minderung des Arbeitsentgelts zu befreien, wenn und
soweit es nach Umfang und Art des Betriebs zur ordnungsgemäßen Durchführung ihrer Aufgaben erforderlich ist.**

**(3) Zum Ausgleich für Betriebsratstätigkeit, die aus betriebs-
bedingten Gründen außerhalb der Arbeitszeit durchzuführen
ist, hat das Betriebsratsmitglied Anspruch auf entsprechende
Arbeitsbefreiung unter Fortzahlung des Arbeitsentgelts. Betriebsbedingte Gründe liegen auch vor, wenn die Betriebsratstätigkeit wegen der unterschiedlichen Arbeitszeiten der
Betriebsratsmitglieder nicht innerhalb der persönlichen Arbeitszeit erfolgen kann. Die Arbeitsbefreiung ist vor Ablauf
eines Monats zu gewähren; ist dies aus betriebsbedingten Gründen nicht möglich, so ist die aufgewendete Zeit wie Mehrarbeit
zu vergüten.**

**(4) Das Arbeitsentgelt von Mitgliedern des Betriebsrats darf
einschließlich eines Zeitraums von einem Jahr nach Beendigung der Amtszeit nicht geringer bemessen werden als das
Arbeitsentgelt vergleichbarer Arbeitnehmer mit betriebsüblicher beruflicher Entwicklung. Dies gilt auch für allgemeine
Zuwendungen des Arbeitgebers.**

**(5) Soweit nicht zwingende betriebliche Notwendigkeiten ent-
gegenstehen, dürfen Mitglieder des Betriebsrats einschließlich
eines Zeitraums von einem Jahr nach Beendigung der Amtszeit
nur mit Tätigkeiten beschäftigt werden, die den Tätigkeiten
der in Absatz 4 genannten Arbeitnehmer gleichwertig sind.**

**(6) Die Absätze 2 und 3 gelten entsprechend für die Teilnahme
an Schulungs- und Bildungsveranstaltungen, soweit diese**

---

6 HessLAG 25.3.04 – 9 TaBV 117/03, juris, bei Verstoß gegen die Regelung der
   Ladungsfrist.
7 ArbG München, AiB 89, 315.

Kenntnisse vermitteln, die für die Arbeit des Betriebsrats erforderlich sind. Betriebsbedingte Gründe im Sinne des Absatzes 3 liegen auch vor, wenn wegen Besonderheiten der betrieblichen Arbeitszeitgestaltung die Schulung des Betriebsratsmitglieds außerhalb seiner Arbeitszeit erfolgt; in diesem Fall ist der Umfang des Ausgleichsanspruchs unter Einbeziehung der Arbeitsbefreiung nach Absatz 2 pro Schulungstag begrenzt auf die Arbeitszeit eines vollzeitbeschäftigten Arbeitnehmers. Der Betriebsrat hat bei der Festlegung der zeitlichen Lage der Teilnahme an Schulungs- und Bildungsveranstaltungen die betrieblichen Notwendigkeiten zu berücksichtigen. Er hat dem Arbeitgeber die Teilnahme und die zeitliche Lage der Schulungs- und Bildungsveranstaltungen rechtzeitig bekannt zu geben. Hält der Arbeitgeber die betrieblichen Notwendigkeiten für nicht ausreichend berücksichtigt, so kann er die Einigungsstelle anrufen. Der Spruch der Einigungsstelle ersetzt die Einigung zwischen Arbeitgeber und Betriebsrat.

(7) Unbeschadet der Vorschrift des Absatzes 6 hat jedes Mitglied des Betriebsrats während seiner regelmäßigen Amtszeit Anspruch auf bezahlte Freistellung für insgesamt drei Wochen zur Teilnahme an Schulungs- und Bildungsveranstaltungen, die von der zuständigen obersten Arbeitsbehörde des Landes nach Beratung mit den Spitzenorganisationen der Gewerkschaften und der Arbeitgeberverbände als geeignet anerkannt sind. Der Anspruch nach Satz 1 erhöht sich für Arbeitnehmer, die erstmals das Amt eines Betriebsratsmitglieds übernehmen und auch nicht zuvor Jugend- und Auszubildendenvertreter waren, auf vier Wochen. Absatz 6 Satz 2 bis 6 findet Anwendung.

1. Ehrenamt

1   Die unentgeltliche Ausübung des Amtes soll die **Unabhängigkeit** des BR-Mitgl. gewährleisten.[1] Den BR-Mitgl. darf wegen ihrer Tätigkeit im BR keine besondere Vergütung irgendwelcher Art gewährt werden.[2] Dadurch wird vermieden, dass die Amtsführung der BR-Mitgl. durch den Erhalt oder den drohenden Verlust von materiellen Sondervorteilen beeinflusst wird. Vor allem darf für die Ausübung des BR-Amtes keine besondere Vergütung zusätzlich zum arbeitsvertraglich geschuldeten Arbeitsentgelt gewährt werden.[3] Dem Verbot von Vorteilen steht der Ausschluss jeglicher Benachteiligung gegenüber. Der **pauschale Ersatz** regelmäßig entstehender Auslagen und Aufwendungen ist jedoch zulässig, wenn es sich dabei nicht um eine versteckte Vergütung handelt,[4] und aufgrund der praktischen Unmöglichkeit von Einzelabrechnungen oder ihrer wirtschaftlichen Unzumutbarkeit die Festlegung einer Pauschale erforderlich ist (s. § 78 Rn. 5).[5] In der Weiterzahlung des bisherigen Lohns liegt keine Gewährung eines unberechtigten Vorteils, wenn das BR-Mitgl. wegen seines Amtes an einen schlechter bezahlten Arbeitsplatz versetzt wird. Wird einem BR-Mitgl. Erholungsurlaub bewilligt, führt dies nicht nur zum Ruhen seiner Verpflichtung zur Arbeitsleistung, sondern zeitgleich zur Suspendierung seiner Amtspflichten.[6]

2   Die Tätigkeit als BR-Mitgl. steht in sozialversicherungsrechtlicher Hinsicht der Arbeitsleistung gleich;[7] Unfälle einschl. Wegeunfälle im Rahmen der BR-Tätigkeit sind Betriebsunfälle.[8] Eine Feier des BR, an der nur BR-Mitgl. und Ersatzmitgl. teilnehmen, steht nicht unter **Versicherungsschutz**, wenn der AG in keiner Weise am Zustandekommen, am Ablauf bzw. an der Finanzierung dieser Feier beteiligt war.[9] Die BR-Tätigkeit darf gegen den Willen des BR-Mitgl. grundsätzlich weder in einem **Zeugnis** noch in einer dienstlichen **Regel-**

---

1   Zur aktuellen Diskussion um das Ehrenamt s. Fischer, NZA 07, 484.
2   LG Braunschweig 25.1.07 – 6 KLs 48/06, juris zum Fall »Hartz«.
3   BAG 5.3.97 – 7 AZR 581/92, brwo, AiB 98, 105; ArbG Bielefeld 11.5.11 – 3 Ca 2633/10, juris.
4   BAG 9.11.1955 – 1 AZR 329/54, AP Nr. 1 zu Art IX KRG Nr. 22 Betriebsrätegesetz; LAG Köln, DB 85, 394; offen gelassen von BAG 16.2.05 – 7 AZR 95/04, AuR 05, 386.
5   ArbG Stuttgart 13.12.12 – 24 Ca 5430/12, AuR 13, 136 mit Anm. Mittag; Waas, S. 40.
6   BAG 8.9.11 – 2 AZR 388/10, AiB 12, 409 mit Anm. Grimberg.
7   BSG, BB 76, 980.
8   DKKW-Wedde, Rn. 8.
9   BSG, NJW 02, 1446.

beurteilung erwähnt werden;[10] auch mittelbare Aussagen haben zu unterbleiben.[11]

2. Arbeitsbefreiung

Durch diese Vorschrift wird sichergestellt, dass die Erfüllung der **BR-Aufgaben Vorrang** vor der **arbeitsvertraglichen Verpflichtung** des AN hat, soweit diese nach Umfang und Art des Betriebs zur ordnungsgemäßen Durchführung der BR-Aufgaben erforderlich sind (zur Ab- und Rückmeldung vgl. Rn. 11 ff.).[12] Das Recht auf Arbeitsbefreiung erstreckt sich auf jegliche BR-Tätigkeit, gleichgültig, ob innerhalb oder außerhalb des Betriebs. Gemäß §§ 51 Abs. 1, 59 Abs. 1 gilt die Vorschrift entsprechend auch für die Mitgl. des **GBR**[13] und **KBR**. Sie findet ferner Anwendung für Mitgl. des **WA**, die nicht BR-Mitgl. sind.[14] Abs. 2 regelt nicht nur die **Arbeitsbefreiung** aus konkretem Anlass, sondern eröffnet auch die Möglichkeit, einzelne BR-Mitgl. generell für einen bestimmten Teil ihrer Arbeitszeit (stundenweise, tageweise) freizustellen,[15] auch in Betrieben mit nach § 38 völlig freigestellten BR-Mitgl.[16] sowie als Ersatzfreistellungen für verhinderte freigestellte BR-Mitgl.[17] Daneben regelt § 38 die völlige Freistellung von der Verpflichtung zur Arbeitsleistung, aber auch die Aufteilung einer Freistellung (Teilfreistellung nach § 38 Abs. 1 Satz 3). Ein BR-Mitgl. in Teilfreistellung hat da neben einen Freistellungsanspruch nach § 37 Abs. 2, wenn es in der Zeit seiner anderweitigen Tätigkeit im Einzelfall erforderliche BR-Arbeit wahrzunehmen hat.[18] Der AG hat auch bei der Zuteilung des **Arbeitspensums** auf die Inanspruchnahme des BR-Mitgl. durch BR-Tätigkeit während der Arbeitszeit angemessen Rücksicht zu nehmen.[19]

3

Ein BR-Mitgl., das im **Schichtbetrieb** arbeitet, kann ggf. von vor oder nach einer BR-Sitzung liegenden Schichtzeiten zu befreien sein, wenn dies zur aktiven Teilnahme an der BR-Sitzung erforderlich ist,[20] oder seine Tätigkeit früher beenden, um einigermaßen ausgeschlafen

4

---

10   LAG Frankfurt, DB 78, 167; LAG Hamm, DB 76, 1112; BAG, NZA 93, 222 bei
     entsprechender Tätigkeit nach dem BPersVG.
11   ArbG Ludwigshafen, BB 87, 1464.
12   BAG, ZTR 97, 524; NZA 95, 961; vgl. auch DKKW-Wedde, Rn. 10 ff.; ferner
     Esser/Wolmerath, AiB 98, 181.
13   LAG München, NZA 91, 905; ArbG München AiB 91, 429.
14   ArbG Berlin, AiB 80, 11.
15   BAG, BB 92, 360; DB 74, 1439.
16   BAG, NZA 97, 782; zu Musterschreiben an AG vgl. DKKW-F-Wedde, § 37
     Rn. 32 ff.
17   BAG, AiB 98, 100.
18   HessLAG, NZA-RR 07, 296.
19   BAG, BB 91, 759; vgl. auch Schneider, PersR 92, 41.
20   LAG Hamm, DB 92, 232.

an der Sitzung teilnehmen zu können.[21] Das **ArbZG** findet Anwendung bei der BR-Tätigkeit.[22] Das Arbeitsentgelt darf deswegen aber nicht gemindert werden.[23] Ggf. kommt auch die Zahlung einer vollen Schicht in Betracht, wenn z. B. für im **Fahrdienst beschäftigte** BR-Mitgl. notwendigerweise eine ganze Schicht ausfällt.[24] Nimmt ein in **Nachtschicht** arbeitendes BR-Mitgl. an einer ganztägigen BR-Sitzung teil, ist es jedenfalls dann von der Arbeitsleistung unter Fortzahlung des Arbeitsentgelts in der vorausgehenden und nachfolgenden Nachtschicht befreit, wenn es ihm unmöglich oder unzumutbar ist, seine vor oder nach der BR-Sitzung liegende Arbeitszeit einzuhalten (vgl. auch Rn. 19 ff.).[25]

5   Darüber hinaus gewährt die Vorschrift unter Umständen auch einen Anspruch auf generelle **Befreiung von einer bestimmten Art der Arbeit**, z. B. Versetzung aus der Wechselschicht in die Normalschicht[26] oder aus dem Außendienst in den Innendienst[27] oder von der Akkordarbeit in die Zeitarbeit unter Fortzahlung der bisherigen Vergütung einschl. einer bisher bezahlten Arbeitspause,[28] sofern diese für eine sachgerechte Erfüllung der Aufgaben des BR erforderlich ist. Der **Umfang der Arbeitsbefreiung** hängt auch davon ab, welche Funktionen das Mitgl. im BR ausübt und welche Aufgaben ihm übertragen wurden. Bei der Frage, ob eine Arbeitsbefreiung erforderlich ist, steht dem BR-Mitgl. ein Beurteilungsspielraum zu.[29] Hinsichtlich des **zeitlichen Aufwands** für BR-Tätigkeit gilt, dass diese nicht mit der Stoppuhr gemessen werden kann. Auch der BR-Vors. hat es nicht allein in der Hand, die **Dauer einer Sitzung** zu bestimmen. Die festgelegte Tagesordnung ist zu erledigen. Er kann nicht einzelnen Mitgl. das Wort entziehen bzw. die Diskussionen abbrechen, sondern muss die Meinungsbildung des BR zu den einzelnen Punkten herbeiführen, beraten und abstimmen lassen.[30]

---

21 ArbG Koblenz, AiB 89, 79.

22 LAG SH, AiB 02, 632 zur Ruhezeit gem. § 5 Abs. 1 ArbZG; zweifelnd LAG Rheinland-Pfalz 19. 8. 08 – 3 TaBVGa 1/08, brwo; vgl. auch OVG NRW 10. 5. 11 – 4 A 1403/08, juris, wonach die Zeit der Teilnahme an einer Betriebsversamml. für die AN als Arbeitszeit i. S. v. § 2 Abs. 1 ArbZG zu bewerten ist; Schulze, AiB 12, 657.

23 ArbG Koblenz a. a. O.

24 LAG Düsseldorf 23. 8. 77, EzA § 37 BetrVG 1972 Nr. 56.

25 BAG, DB 90, 995; ArbG Lübeck, DB 00, 2074; vgl. DKKW-Wedde, Rn. 42.

26 BAG, BB 91, 759; zu Musterschreiben an AG vgl. DKKW-F-Wedde, § 37 Rn. 36.

27 LAG SH, DB 05, 2415 Ls.; LAG Düsseldorf 19. 7. 88 – 8/2 TaBV 57/88.

28 LAG Hamburg, BetrR 95, 35.

29 BAG, AuR 06, 454 Ls.

30 LAG Hamm 8. 6. 78, EzA § 37 BetrVG 1972 Nr. 58; ArbG Berlin, DB 88, 863 sowie AuR 81, 61; vgl. auch DKKW-Wedde, Rn. 34, 38.

a) Erforderlichkeit

Eine Arbeitsbefreiung ist immer dann erforderlich, wenn das BR- **6**
Mitgl. dies bei gewissenhafter Überlegung und bei ruhiger, vernünftiger Würdigung aller Umstände für notwendig halten durfte.[31] Unabhängig vom Willen des AG verfügt das BR-Mitgl. über einen Beurteilungsspielraum.[32] Ob die Arbeitsbefreiung überhaupt der Durchführung von BR-Aufgaben dient, ist nach Auffassung des BAG eine Rechtsfrage, die sich allein nach objektiven Maßstäben beurteilt. Die **Erforderlichkeit** muss sich aus den konkreten Umständen ergeben.[33] Da der BR und das BR-Mitgl. aber eigenverantwortlich über die Ausübung der BR-Tätigkeit entscheidet, kann nicht jede Verkennung der objektiven Rechtslage nachteilige Auswirkung z. B. für den Vergütungsanspruch nach § 37 Abs. 2 haben. Dieses ist nur dann der Fall, wenn bei verständiger Würdigung erkennbar ist, dass es sich bei der Tätigkeit nicht mehr um die Wahrnehmung gesetzlicher Aufgaben des BR handelt.[34] Bei einer erforderlichen Abwägung der Dringlichkeit der beruflichen Tätigkeit einerseits und der BR-Tätigkeit – etwa einer BR-Sitzung – andererseits haben die BR-Aufgaben im Zweifel Vorrang (vgl. aber auch Rn. 12).[35] Allerdings genügt ein **Beschluss** des BR allein nicht, um die Erforderlichkeit einer Arbeitsbefreiung zu begründen.[36] Dieser ist andererseits aber nicht Voraussetzung, wenn das BR-Mitgl die BR-Tätigkeit für erforderlich halten durfte.[37] Denn jedes BR-Mitgl. führt unabhängig von der Geschäftsverteilung innerhalb des BR sein **Amt in eigener Verantwortung** und in Kenntnis seiner Kompetenzen.[38] Ein BR, der den weit gesteckten Rahmen seiner gesetzl. Mitwirkungs- und MB-Rechte auszuschöpfen versucht, überschreitet keineswegs die Grenzen der Erforderlichkeit.[39]

Nimmt ein nicht freigestelltes BR-Mitgl. jedoch BR-Tätigkeiten **7**
wahr, die es für erforderlich halten konnte, kommt eine **Abmahnung** durch den AG wegen der damit verbundenen Versäumung von Ar-

---

31 BAG 6.8.81, EzA § 37 BetrVG 1972 Nr. 73; Fitting, Rn. 38.

32 BAG 21.6.06 – 7 AZR 418/05, brwo; DB 96, 2185; HessLAG, AuR 08, 77.

33 Vgl. DKKW-Wedde, Rn. 26 ff.

34 BAG, AuR 06, 454 Ls.; HessLAG 4.2.13 – 16 TaBV 261/12, brwo, das allerdings zu weit geht, wenn es vom BR-Mitgl. eine Abwägung verlangt, ob seine Teilnahme an der BR-Sitzung so wichtig ist, dass sie auch die Nichtleistung der dringenden beruflichen Tätigkeit im Sinne des § 37 Abs. 2 BetrVG erforderlich macht.

35 Vgl. BAG, ZTR 97, 524; ArbG Hamburg, AiB Newsletter 08, Heft 10, 5 wonach eine Teilnahme an einer BR-Sitzung immer erforderlich ist, selbst wenn die BR-Sitzung selbst nicht erforderlich war oder unter Verstoß gegen § 30 anberaumt worden ist.

36 BAG 21.6.06 – 7 AZR 418/05, brwo; 6.8.81, EzA § 37 BetrVG 1972 Nr. 73.

37 BAG, DB 82, 758.

38 BAG, DB 79, 2091.

39 Fitting, Rn. 38.

beitszeit nicht in Betracht (§ 23 Rn. 5).[40] Dies gilt auch bei der Teilnahme an einer Schulungsmaßnahme nach Abs. 6 gegen den Widerspruch des AG.[41] Entsprechendes gilt, wenn ein BR-Mitgl. der **objektiv fehlerhaften Ansicht** ist, eine BR-Aufgabe wahrzunehmen, sofern es sich um die Verkennung **schwieriger oder ungeklärter Rechtsfragen** handelt.[42] Bei Verstößen eines BR-Mitgl. gegen betriebsverfassungsrechtliche Pflichten, die nicht zugleich eine **Verletzung der Arbeitspflichten** darstellen, kommt weder eine Kündigung noch eine Abmahnung in Betracht (vgl. § 23 Rn. 5).[43] Wird gleichwohl eine Abmahnung ausgesprochen, ist sie auf Antrag des AN aus der Personalakte zu entfernen. Zum Schutz durch Art. 9 Abs. 3 GG bei der Mitgliederwerbung für die Gewerkschaft und ihre Mitgl., auch soweit es sich um BR-Mitgl. handelt vgl. § 74 Rn. 6.[44]

b) Aufgaben

8 Neben der Teilnahme an **Sitzungen des BR** (ggf. GBR, KBR, EBR), auch wenn diese außerhalb des Betriebsgeländes stattfinden,[45] seiner Ausschüsse und Arbeitsgruppen sowie an Betriebs- und Arbeitsversamml. gehören auch die Vor- und Nachbereitung von Sitzungen, die Erledigung des Schriftverkehrs, die Erstellung von Sitzungsunterlagen, Gesprächsnotizen, Niederschriften, die Einordnung von Unterlagen, Entgegennahme und Bearbeitung von Beschwerden, Betriebsbegehungen, die Ausübung erforderlicher Tätigkeit für den GBR, KBR, WA, EBR,[46] die Abhaltung von Sprechstunden im jeweils erforderlichen Umfang[47] u. Ä. zu den erforderlichen Aufgaben von BR-Mitgl.[48] Erforderliche BR-Tätigkeit kann sich auch **außerhalb des Betriebs** vollziehen,[49] u. a. Besprechungen mit Behörden,[50] Rechtsberatung bei der Gew., Besprechungen mit BR fremder Betriebe, jedenfalls wenn es um aktuelle betriebliche Fragen geht.[51]

---

40 BAG, DB 82, 758; vgl. auch BAG, NZA 94, 500, vgl. ferner DKKW-Wedde, Rn. 32.

41 LAG Berlin 2.3.88 – 10 Sa 106/87; LAG BaWü, AuR 88, 258; a. A. BAG, DB 94, 2554, wenn bei sorgfältiger objektiver Prüfung ohne weiteres erkennbar war, dass die Teilnahme nicht erforderlich war.

42 BAG, NZA 95, 225.

43 BAG, DB 93, 438; HessLAG, RDV 05, 172.

44 LAG SH, AiB 02, 305; BVerfG, DB 96, 1627.

45 LAG Berlin, DB 88, 863; ArbG Stuttgart 27.1.06 – 24 Ca 3/06 n. v.

46 Vgl. auch LAG München, NZA 91, 905.

47 BAG, BB 92, 360.

48 LAG Berlin 17.12.80 – 5 Sa 75/80 und 11.12.80 – 7 Sa 67/80; vgl. ergänzend DKKW-Wedde, Rn. 16 ff.

49 BAG 21.6.06 – 7 AZR 418/05, brwo.

50 Zum Arbeitsschutz s. BAG, DB 03, 2496.

51 BAG, AuR 06, 454 Ls. bei Betrieben desselben Unternehmens; LAG RP, NZA-RR 2/10; 78; LAG Düsseldorf 30.6.87 – 16 TaBV 41/87; ArbG Mün-

Zu den **erforderlichen Aufgaben** eines BR-Mitgl. kann auch die **9** Teilnahme als Zuhörer an einer **ArbG-Verhandlung** jedenfalls dann gehören, wenn der BR Beteiligter im Verfahren ist[52] oder wenn es sich um einen Rechtsstreit von grundsätzlicher Bedeutung über eine für die Arbeit des betreffenden BR wesentliche Frage – z.B. neue Tarifregelung – handelt.[53]

Auch im **Ausland** können ggf. Veranstaltungen, Sitzungen und **10** Besprechungen des EBR sowie mit betrieblichen Interessenvertretungen ausländischer Betriebe, mit UN- bzw. Konzernleitungen oder Behörden (z.B. der EU) in Betracht kommen,[54] z.B. wenn der AG grenzüberschreitend ein mitbestimmungspflichtiges EDV-System einführen will[55] oder sonstige wirtschaftliche oder organisatorische grenzüberschreitende Maßnahme mit Auswirkungen auf den Betrieb anstehen, wie Fusionen, Investitionen, Produktionsverlagerungen, Standortfragen u.Ä.[56] Die **Erforderlichkeit** einer Auslandsreise ist nicht rückblickend nach rein objektivem Maßstab, sondern danach zu beurteilen, ob der BR die Reise subjektiv im Zeitpunkt der Entscheidung für erforderlich halten durfte.[57] Bei erforderlicher BR-Tätigkeit (aus betriebsbedingten Gründen, vgl. Rn. 19 ff.) außerhalb des Betriebs zählt auch die aufgewendete **Fahrt-, Wege- und Reisezeit** als Arbeitszeit (vgl. auch Rn. 20).[58] Dieses gilt auch, wenn sich das BR-Mitgl. während der Teilnahme an den BR-Sitzungen in Elternzeit befindet.[59] Wegen § 78 Satz 2 gelten für die Bewertung von Reisezeiten von BR-Mitgl. die gleichen Maßstäbe wie für die Reisezeiten eines AN. Es kommen somit die maßgeblichen tarifvertraglichen oder betrieblichen Regelungen über die Durchführung von Dienstreisen im Betrieb des AG zur Anwendung (vgl. Rn. 21).[60] Die Erforderlichkeit kann auch gegeben sein für eine Einladung eines BR-Mitgl. bzw. betrieblichen AN-Vertreters aus einem ausländischen Schwester-UN, um vor einer Betriebsversamml. über gemeinsame Probleme zu referieren. Erforderliche Kos-

chen, BB 91, 2375; vgl. auch Fitting, Rn. 30; Plander, AiB 97, 195; zu Musterschreiben an AG vgl. DKKW-F-Wedde, § 37, Rn. 39.
52 ArbG Hamburg, AiB 92, 90.
53 LAG Bremen, DB 90, 742; LAG München, BB 87, 685; LAG Hamburg, DB 81, 2236; vgl. auch BAG, BB 90, 491, wenn es z.B. um die Zustimmung der Hauptfürsorgestelle zu einer erst beabsichtigten Änderungskündigung geht; einschränkend BAG, NZA 95, 225.
54 Vgl. DKKW-Wedde, Rn. 20 f.; DKKW-Däubler, Einl. Rn. 231 ff.
55 Vgl. ArbG München, AiB 91, 429.
56 Vgl. LAG Nds., BB 93, 291, wenn der BR bei der EU-Behörde seine Besorgnis hinsichtlich der geplanten Gründung eines Gemeinschafts-UN artikuliert.
57 LAG Nds. a.a.O.
58 BAG, DB 06, 2412.
59 BAG, NZA 05, 1002.
60 BAG, DB 06, 2412.

ten (Fahr- und Dolmetscherkosten) des Referenten sind vom AG zu tragen.[61]

c) Verfahrensweise

11 Das BR-Mitgl. darf seinen Arbeitsplatz **ohne Zustimmung des AG** verlassen, da der AG der Arbeitsbefreiung nicht zustimmen muss.[62] Nach der **ständigen Rspr.** des BAG[63] hat sich das BR-Mitgl. aufgrund arbeitsvertraglicher Nebenpflicht beim AG **abzumelden**[64] und sich **zurückzumelden**, sobald es nach Beendigung der BR-Arbeit seine Arbeit wieder aufnimmt. Eine solche Pflicht zur Ab- und Rückmeldung betrifft alle AN im Betrieb als arbeitsvertragliche Nebenpflicht gleichermaßen. Zusätzlich folgt nach Auffassung des BAG[65] eine kollektivrechtliche Obliegenheit zur Ab- und Rückmeldung aus dem Gebot der vertrauensvollen Zusammenarbeit nach § 2 Abs. 1.

12 Die Ab- und Rückmeldepflicht ergeben sich aus dem Organisationsinteresse des AG und dienen dem Zweck, dem AG die Arbeitseinteilung zu erleichtern und vor allem den Arbeitsausfall des BR-Mtgl. zu überbrücken, um Störungen im Betriebsablauf zu vermeiden. Deshalb reichen als Mindestangaben auch völlig aus, wenn das BR-Mitgl. bei der **Abmeldung** den **Ort** und die **voraussichtliche Dauer** der BR-Tätigkeit angibt,[66] was auch den Zeitpunkt der Rückkehr umfasst, wenn das BR-Mtgl. diesen schon vorhersehen kann. Eine nähere Darlegung der Art und des Inhalts der BR-Arbeit kann nicht vom AG gefordert werden, da ihm dadurch eine Kontrolle der BR-Tätigkeit ermöglicht würde.[67] BR-Mitgl. sind nicht verpflichtet, die Namen von AN anzugeben, die sie im Betrieb aufsuchen wollen, oder die AN generell auf die Sprechstunde des BR zu verweisen.[68] Im Rahmen seines Zugangsrechtes ist der BR berechtigt, zur Überprüfung der Arbeitssicherheit unangekündigte, stichprobenartige Arbeitsplatzbegehungen vorzunehmen.[69] Die Ab- und Rückmeldepflicht besteht grundsätzlich auch immer dann, wenn das BR-Mitgl. die Arbeit unterbricht, um an seinem **Arbeitsplatz BR-Aufgaben wahrzunehmen**. Diese Pflichten können aber auf Grund der Umstände des Einzelfalles entfallen, wenn eine **vorübergehende Umorganisation** der Arbeitseinteilung **nicht** ernsthaft in Betracht kommt, weil

---

61 LAG BaWü, BB 98, 954.
62 BAG 29.6.11 – 7 ABR 135/09, brwo; BAG 15.3.95 – 7 AZR 643/94, AiB 95, 735 m. Anm. Nielebock.
63 BAG 29.6.11 – 7 ABR 135/09 m.w.N.
64 Zu Musterschreiben vgl. DKKW-F-Wedde, § 37 Rn. 38.
65 BAG 29.6.11 – 7 ABR 135/09, brwo.
66 BAG 29.6.11 – 7 ABR 135/09, brwo.
67 BAG 15.3.95 – 7 AZR 643/94, AiB 95, 735 m. Anm. Nielebock.
68 BAG, DB 83, 2419.
69 ArbG Stuttgart, NZA-RR 02, 365.

z. B. ein ausschließlich mit einem langfristig angelegten Projekt befasster Entwicklungsingenieur seine Tätigkeit **kurzfristig unterbricht**, um an seinem Arbeitsplatz BR-Aufgaben wahrzunehmen.[70] Denn dann muss der AG keine organisatorischen Maßnahmen ergreifen, um den Arbeitsausfall des BR-Mtgl. zu überbrücken, da es zu keinen Störungen im Betriebsablauf kommt. Der AG kann aber für die Ermittlung der Zeit, für die er Entgelt für die BR-Tätigkeit zu zahlen hat, vom BR-Mitgl. verlangen, nachträglich die Gesamtdauer der BR-Tätigkeiten zu dokumentieren

Angaben zur **Art der BR-Tätigkeit** sind nicht erforderlich, weil diese das BR-Mitgl. bereits im Vorfeld **Rechtfertigungszwängen** aussetzt, die die **Handlungsfreiheit** beeinträchtigen und sich damit auf die **unabhängige Amtsführung** auswirken können.[71] Orts- und zeitbezogene Angaben sind allenfalls dann unzureichend, wenn der AG bei der Abmeldung eine **Organisationsproblematik** beschreibt, nach der das BR-Mitgl. für die Zeit der beabsichtigten BR-Tätigkeit unabkömmlich ist und **betriebsbedingte Gründe** eine zeitliche Verlegung der BR-Arbeit verlangen. In diesem Fall muss das BR-Mitglied prüfen, ob und inwieweit die BR-Aufgabe aufgeschoben werden kann. Ist diese dringlich, hat dies das BR-Mitgl. darzulegen (vgl. hierzu Rn. 11). Der AG hat bezüglich des **Abmeldeverfahrens** kein Weisungsrecht; folglich besteht auch kein MBR nach § 87 Abs. 1 Nr. 1.[72] Wie die Abmeldung im Einzelnen erfolgt, steht dem BR-Mitgl. frei. Sie kann mündlich erfolgen und muss nicht persönlich durchgeführt werden.[73] An feste Fristen ist die Abmeldung nicht gebunden.[74] Da es sich bei der Abmeldepflicht sowohl um eine betriebsverfassungsrechtliche Verpflichtung als auch um eine arbeitsvertragliche Nebenverpflichtung handelt, kann ein beharrlicher Verstoß eines BR-Mitgl. gegen die Abmeldepflicht grundsätzlich eine Kündigung des Arbeitsverhältnisses rechtfertigen.[75]

Für die Beurteilung der **Erforderlichkeit** ist vom Standpunkt eines **vernünftigen Dritten** auszugehen.[76] Für die gerichtliche Durchsetzung der **Entgeltfortzahlung** soll eine **abgestufte Darlegungslast** für den Fall gelten, dass der AG mit sog. **erheblichen Zweifeln** an der Erforderlichkeit der BR-Tätigkeit die Entgeltfortzahlung verweigert. Danach hat das BR-Mitgl. die Art und Dauer der BR-Tätigkeit stichwortartig darzulegen (vgl. Rn. 11), damit dem AG eine **Plausibili-**

---

70   BAG 29. 6. 11 – 7 ABR 135/09, brwo.
71   BAG, NZA 95, 961.
72   BAG, DB 83, 2419; vgl. auch BAG, BB 90, 1625.
73   BAG 13. 5. 97 – 1 ABR 2/97, AiB 97, 661 m. Anm. Schuster.
74   LAG Hamm, AuR 07, 405, wonach eine vom AG verlangte Viertagesfrist unzulässig ist.
75   LAG Hamm 8. 6. 07 – 10 TaBV 31/07, brwo.
76   BAG, NZA 94, 127.

tätskontrolle ermöglicht wird. Bleiben die Zweifel, muss der AG die Gründe dafür angeben. Nunmehr hat das BR-Mitgl. substantiiert darzulegen, aufgrund welcher Umstände es die BR-Tätigkeit für erforderlich halten durfte.[77]

13 Will ein BR-Mitgl. in Ausübung seiner Amtstätigkeit einen **AN am Arbeitsplatz aufsuchen**, besteht (zusätzlich) **keine besondere Anmeldepflicht** bei der Personalleitung oder dem zuständigen Abteilungsleiter.[78] Eine **Rückmeldung** ist nach Beendigung der BR-Tätigkeit im Allgemeinen erforderlich;[79] allenfalls dann nicht, wenn der voraussichtliche Zeitpunkt der Rückkehr schon bei der Abmeldung genannt wurde. Wenn sich BR-Mitgl. ab- und zurückmelden, sind sie nicht verpflichtet, zusätzlich die von ihnen jeweils aufgewendete Zeit für BR-Tätigkeit schriftlich aufzuzeichnen (vgl. aber Rn 12).[80]

d) Entgeltfortzahlung

14 Das Arbeitsentgelt – einschl. sämtlicher **Zulagen**, die nicht reinen Aufwendungscharakter (wie z.B. Wegegelder) haben, **Prämien- und Akkordlöhne**, **Nachtzuschläge**,[81] allgemeine oder **einmalige Zuwendungen** u.Ä. – muss so weitergezahlt werden, als wenn das BR-Mitgl. an seinem Arbeitsplatz verblieben wäre (vgl. § 38 Rn. 8 b).[82] Muss ein AN allein wegen seiner BR-Arbeit seine Tätigkeit als stellv. Schichtführer aufgeben, hat der AG eine etwaige Lohndifferenz auszugleichen.[83] Im Rahmen der Entgeltsicherung ist auch ein umsatzabhängiger Bonus (Jahresprämie) zu berücksichtigen.[84] Dies gilt auch für **Prämien im Bergbau** für zulässigerweise versäumte Untertageschichten[85] sowie für den steuerpflichtigen Teil z.B. der **Nahauslösung** nach dem Bundesmontage-TV in der Eisen-, Metall- und Elektroindustrie[86], der sich in der Nachwirkung befindet, sowie für **Anwesenheitsprämien**, die auch bei Fehlzeiten, die durch den Besuch von Schulungsmaßnahmen i.S. der Abs. 6, 7 entstehen, nicht gekürzt werden dürfen,[87] und für **Antrittsgebühren in der Druck-**

---

77 Auch zur Kritik vgl. DKKW-Wedde, Rn. 43 ff.
78 ArbG Berlin 16.6.80 – 37 BV 1/80; ArbG Stuttgart 29.10.80 – 2 BV 2/80; a.A. LAG BaWü, BB 78, 1413; LAG Berlin, BB 81, 1416; LAG Nürnberg, BB 94, 65, wenn es der AG verlangt.
79 BAG 29.6.11 – 7 ABR 135/09, brwo; DB 97, 2131.
80 Vgl. BAG, BB 90, 1625.
81 LAG Köln 13.12.13 – 12 Sa 682/13.
82 Zur Entgeltsicherung eines Außendienstmitarbeiters als BR-Mitgl. s. Mayer, AiB 11, 668.
83 LAG Köln, DB 85, 394.
84 LAG Berlin, AiB 97, 228 m. Anm. v. Roos; vgl. auch Gaul, BB 98, 101.
85 Vgl. DKKW-Wedde, Rn. 52; Fitting, Rn. 69.
86 BAG, DB 88, 2206.
87 LAG Hamm, DB 88, 2058, das allerdings den Anspruch bei Teilnahme an nicht erforderlichen Schulungen i.S. des Abs. 6 verneint.

industrie für regelmäßige, bestimmte Sonntagsarbeit.[88] Zu zahlen ist ebenfalls eine **Mehrarbeitsvergütung**, wenn das BR-Mitgl. ohne seine Freistellung zu Überstunden herangezogen worden wäre.[89] AG und BR können sich über eine aus ihrer Sicht in gewissem Umfang erforderliche Mehrarbeit von BR-Mitgl. verständigen, wobei ein freigestelltes BR-Mitgl. grundsätzlich nicht auf einen (vorrangigen) Freizeitausgleich verwiesen werden kann. Vereinbarungen der Betriebsparteien über die **pauschale Abgeltung von Mehrarbeit**, die von Betriebsräten geleistet wird, sind zulässig, wenn die zugrunde liegenden Annahmen nicht »realitätsfremd« sind und die Pauschalierung lediglich der praktischen Unmöglichkeit von Einzelnachweisen und/oder der wirtschaftlichen Unzumutbarkeit entsprechender Kontrollen durch den AG Rechnung tragen soll.

Vollständig freigestellte BR-Mitgl. haben im selben Umfang Anspruch auf einen Dienstwagen und seine private Nutzung wie vor der Freistellung.[90] Eine Nutzung des Firmenfahrzeuges scheidet aber dann aus, wenn das Fahrzeug ausschließlich nur zur dienstlichen Nutzung, nicht jedoch zur privaten Nutzung zur Verfügung stand.[91] Nach abzulehnender Rspr. des LAG Nürnberg[92] sind bei einer pauschalen Freistellung nach Abs. 2 die höheren Fahrtkosten zwischen dem Sitz des BR, der weiter entfernt ist als der Arbeitsort, und dem Wohnort eines freigestellten BR-Mitgl. vom AG nicht nach § 40 Abs. 1 zu erstatten; diese Erstattung würde gegen das Begünstigungsverbot des § 78 verstoßen (vgl. zur Kritik im Einzelnen § 38 Rn. 8 b).[93] **Trinkgelder**, die z. B. in Gaststätten dem Bedienungspersonal im Allgemeinen von den Gästen freiwillig gezahlt werden, sollen dagegen **nicht zum fortzuzahlenden Arbeitsentgelt gehören**.[94] Bei der Berechnung des **Urlaubsentgelts** sind erfolgte Ausgleichszahlungen nach Abs. 3 zu berücksichtigen.[95] Im Anwendungsbereich eines TV können die Entgeltansprüche eines BR-Mitgl. als tarifliche Ansprüche den geltenden tarifvertraglichen Ausschlussfristen unterfallen.[96]

Die Entgeltfortzahlung ist selbst dann vorzunehmen, wenn ein BR-Mitgl. Arbeitsbefreiung aus Gründen in Anspruch genommen hat, die nicht zu den BR-Aufgaben gehören, das BR-Mitgl. in einem ent-

88 BAG, NZA 95, 588.
89 BAG, DB 01, 875.
90 BAG, BB 05, 111.
91 BAG 25.2.09 – 7 AZR 954/07, brwo, im Falle der ausschließlichen Nutzung als Kundendienstfahrzeug.
92 NZA-RR 09, 590.
93 Im Anschluss an die abzulehnende Rspr. des BAG, AiB 08, 53. mit kritischer Anm. Schneider, bei nach § 38 freigestellten BR-Mtgl.
94 So aber BAG, AiB 96, 319.
95 BAG, NZA 96, 105.
96 BAG 8.9.10 – 7 AZR 513/09, NZA 11, 159.

schuldbaren Irrtum aber davon ausgegangen ist, BR-Tätigkeit auszuüben (vgl. Rn. 6).[97] Der AG ist grundsätzlich nicht berechtigt, das
Entgelt einzubehalten, wenn er der Auffassung ist, es hätte keine
erforderliche BR-Tätigkeit vorgelegen, es sei denn, es liegt ein Missbrauch des Freistellungsanspruchs vor.[98]

15 Führt ein BR-Mitgl. aus betriebsbedingten Gründen während einer
Kurzarbeitsperiode BR-Tätigkeit aus, während die anderen AN in
dieser Zeit nicht arbeiten, hat es Anspruch auf seine übliche Vergütung.[99] In der Insolvenz hat das BR-Mitgl. ebenfalls einen Vergütungsanspruch, da eine erforderliche BR-Tätigkeit einer Entgegennahme der Arbeitsleistung gleichkommt. Eine Freistellung von der
BR-Tätigkeit ist gesetzlich in der **Insolvenz** nicht möglich.[100] Nach
Auffassung des BAG soll allerdings ein Vergütungsanspruch bei BR-
Tätigkeit während der Zeit des Arbeitsausfalls wegen **Schlechtwetters**
nicht gegeben sein.[101] Entsprechendes soll nach der abzulehnenden
Rspr. des BAG auch gelten, wenn BR-Mitgl. während einer **Aussperrung** BR-Tätigkeit ausüben.[102] Nach diesen Entscheidungen
können auch BR-Mitgl. suspendierend ausgesperrt werden. Diese
Rspr. verkennt, das mit der Aussperrung nur das Arbeitsverhältnis,
nicht das BR-Amt suspendiert wird.[103]

16 Die fortzuzahlenden Bezüge unterliegen der **Steuer- und Sozialversicherungspflicht**. Dies gilt auch für **Sonntags-, Feiertags- und
Nachtarbeitszuschläge**, wenn sie nur zur Vermeidung eines Ein-
kommensverlustes gezahlt werden, ohne dass diese Tätigkeiten ausgeführt worden sind. Nach Auffassung des BAG ist der AG in diesen
Fällen nicht verpflichtet, eine entsprechende Ausgleichssumme zu
zahlen (vgl § 78 Rn. 5).[104]

Wenn ein BR-Mitgl., das sich im Ruhestand befindet und ungeschmä-
lerte Versorgungsbezüge erhält, sein BR-Mandat als **Restmandat
nach § 21 b** nach der Stilllegung des Betriebs und Beendigung des
Arbeitsverhältnisses wahrnimmt, kommt nach Auffassung des BAG[105]
eine Befreiung von der dem AG geschuldeten Arbeitsleistung bei

97   Vgl. BAG, NZA 95, 225.
98   DKKW-Wedde, Rn. 53; vgl. auch BAG, NZA 95, 961.
99   DKKW-Wedde, Rn. 52; Fitting, Rn. 69.
100 LAG Nürnberg, NZA-RR 06, 151.
101 BAG, DB 87, 1845.
102 BAG, DB 89, 682.
103 Vgl. DKKW-Wedde, Rn. 40, 61.
104 BAG, BB 81, 429; DB 86, 599; LAG Berlin-Brandenburg 12.3.09 – 20 Sa
     34/09, juris, wonach die freiwillige Zahlung einer Ausgleichssumme recht-
     mäßig ist und keine Begünstigung eines BR-Mitgl. darstellt; Zur so genannten
     46-Tage-Regelung eines Außendienstmitarbeiters bei einem BR-Mitgl. s.
     Mayer, AiB 11, 668; Schölzel/Grüneberg, AiB 11, 79.
105 BAG 5.5.10 – 7 AZR 728/08, brwo, unter Aufgabe von BAG, NJW 84, 381.

Fortzahlung des Entgelts oder ein Freizeitausgleich nach § 37 Abs. 2, 3 nicht mehr in Betracht. Ebenso scheidet in diesem Fall eine Vergütung für das mit der BR-tätigkeit verbundene Freizeitopfer aus. Das BAG hat ausdrücklich offen gelassen, ob ein BR-Mitgl. im Restmandat einen Ausgleich für Vermögensopfer verlangen kann, die dadurch entstehen, dass es von einem neuen AG unbezahlt für Tätigkeiten im restmandatierten BR des alten Betriebs freigestellt wird.

Bei einem Streit um die Entgeltfortzahlung ist von einer abgestuften Darlegungslast auszugehen. Es kann keine detaillierte Darlegung des BR-Mitgl. verlangt werden, welche BR-Arbeit er für welchen Zeitraum ausgeführt und welche Überlegungen hierfür im Einzelnen ausschlaggebend gewesen sind. Ausreichend sind stichwortartige Angaben zu Art und Umfang der BR-Tätigkeit, die es dem AG an sich erlauben, eine zuverlässige Prüfung des Lohnfortzahlungsanspruchs durchzuführen.[106] Individualrechtliche Ansprüche eines BR-Mitgl. (z. B. wegen der Fortzahlung des Arbeitsentgeltes bei BR-Tätigkeit) hat dieses selbst gerichtlich klären zu lassen, dem BR steht dieses Recht nicht zu (vgl. § 40 Rn. 10).[107]

3. Ausgleich für Betriebsratstätigkeit außerhalb der Arbeitszeit

Die BR-Mitgl. sollen die ihnen übertragenen Aufgaben grundsätzlich **während der Arbeitszeit** erledigen.[108] Da dies jedoch aus betriebsbedingten Gründen in vielen Fällen nicht möglich ist, z. B. in **Schichtbetrieben**, bei **Job-sharing-Arbeitsverhältnissen** oder bei **Teilzeitbeschäftigung**, gewährt Abs. 3 den betroffenen BR-Mitgl. einen **Ausgleichsanspruch**.[109] Bezüglich der BR-Tätigkeit gelten die zu Abs. 2 entwickelten Grundsätze (vgl. Rn. 3 ff.) mit der Maßgabe, dass auch deren Durchführung außerhalb der Arbeitszeit erforderlich sein muss. Abs. 3 gilt entsprechend für **Mitgl. des WV**.[110] Hinsichtlich der Teilnahme an Schulungs- und Bildungsveranstaltungen vgl. Rn. 22. **17**

Ein Ausgleichsanspruch auf Freizeit setzt voraus, dass eine BR-Tätigkeit aus **betriebsbedingten Gründen** außerhalb der (persönlichen) Arbeitszeit durchgeführt worden ist, z. B. in **Schichtbetrieben oder bei Teilzeitbeschäftigung** (so jetzt ausdrücklich in Abs. 3 Satz 2; Rn. 19 f.).[111] Ein Ausgleichsanspruch besteht somit auch, wenn die **18**

---

106 BAG 15. 3. 95 – 7 AZR 643/94, DB 95, 1514; LAG Hamm 10. 2. 12 – 13 Sa 1412/11, NZA-RR 12, 305; ArbG Hamburg 4. 10. 12 – 17 Ca 40/12, juris.
107 BAG, DB 83, 665.
108 Fitting, Rn. 73.
109 Vgl. DKKW-Wedde, Rn. 50 ff., 71 f., 78 f.; zu Musterschreiben vgl. DKKW-F-Wedde, § 37 Rn. 41.
110 BAG, DB 96, 283.
111 Vgl. auch BAG 14. 2. 89, AP Nr. 70 zu § 37 BetrVG 1972.

Ursache für die BR-Tätigkeit außerhalb der Arbeitszeit dem AG-Bereich zuzuordnen ist.[112]

19 **Betriebsbedingte Gründe** sind insbesondere solche, die sich aus der Eigenart des Betriebs, der betrieblichen Organisation (z. B. Arbeitszeitgestaltung und -modelle), der Gestaltung des Arbeitsablaufs oder Beschäftigungslage ergeben[113] und vom BR nicht beeinflussbar sind. Dies ist regelmäßig in **Betrieben mit Schichtarbeit**, ggf. auch für Reise- und Wegezeiten, der Fall, sofern auch BR-Mitgl. in Wechselschicht arbeiten. Ein Ausgleichsanspruch besteht auch, wenn das BR-Mitgl. die beabsichtigte BR-Tätigkeit anzeigt, der AG aber keine Möglichkeit zur Ausübung der BR-Tätigkeit während der Arbeitszeit gegeben hat (Rn. 3)[114] oder wenn die BR-Tätigkeit, z. B. eine BR-Sitzung, auf Wunsch des AG außerhalb der Arbeitszeit stattfindet. Ohne vorherige Anzeige können betriebsbedingte Gründe auch dann angenommen werden, wenn sich der AG eindeutig und endgültig auch für zukünftige Fälle geweigert hat, die BR-Tätigkeit während der Arbeitszeit zu ermöglichen.[115] Für BR-Mitgl. gilt ggf. Abs. 3 auch bei **Betriebs-, Teil- oder Abteilungsversamml.**, da sie in ihrer Amtseigenschaft an diesen Veranstaltungen teilnehmen.[116]

20   Die erforderliche BR-Tätigkeit über die persönliche tägliche Arbeitszeit von **Schichtarbeitern** und **Teilzeitbeschäftigten** hinaus ist nunmehr gemäß Abs. 3 Satz 2 ausdrücklich betriebsbedingt, so dass Anspruch auf Freizeitausgleich besteht (vgl. im Einzelnen Rn. 40). Dies gilt auch für **Reise-, Fahrt- und Wegezeiten**, z. B. zu auswärtigen BR- (GBR-, KBR-) bzw. Ausschusssitzungen sowie Schulungs- und Bildungsveranstaltungen (vgl. hierzu Rn. 40) unter den gleichen Voraussetzungen wie ein vollzeitbeschäftigter AN (so jetzt ausdrücklich Abs. 6 Satz 1 und 2). Die Gewährung von Freizeitausgleich geht auch dann einem Vergütungsanspruch zunächst einmal vor, wenn die vom teilzeitbeschäftigten BR-Mitgl. laufend geleistete BR-Tätigkeit seine wöchentliche Arbeitszeit regelmäßig übersteigt und bei der gemeinsamen Dienstplangestaltung die Arbeitstage des BR-Mitgl. auf die Sitzungstage von BR und BA gelegt werden.[117] BR-Tätigkeit, die außerhalb der persönlichen Arbeitszeit des teilzeitbeschäftigten BR-Mitgl. stattfindet, ist nicht als Arbeitszeit i. S. des MTV Einzelhandel NRW i. d. F. vom 25.7.03 anzusehen und kann somit nicht einen tariflichen Anspruch auf Verlängerung der Arbeitszeit begründen.[118]

---

112   BAG, NZA 94, 765; DB 01, 875.
113   Fitting, Rn. 79.
114   BAG, NZA 88, 437; vgl. auch DKKW-Wedde, Rn. 65 f., 71 ff.
115   BAG a. a. O.; vgl. auch BAG, DB 94, 1244.
116   Fitting, Rn. 82.
117   LAG Berlin-Brandenburg 11. 6. 10 – 6 Sa 675/10, brwo; a. A. LAG Düsseldorf, AiB 93, 653.
118   BAG, DB 07, 1820.

Die erforderlichen **Reise-, Wege- und Fahrzeiten**, die ein BR-Mitgl. zur Erfüllung notwendiger BR-Aufgaben, z.B. wegen Teilnahme an einer auswärtigen BR-Versamml., außerhalb der Arbeitszeit aufwendet, lösen einen Ausgleichsanspruch nach der jeweiligen internen Reisekostenordnung aus.[119] Dieser Anspruch ergibt sich aus § 40 Abs. 1 (vgl. § 40 Rn. 4).[120] Dabei ist das Begünstigungs- und Benachteiligungsverbot des § 78 zu berücksichtigen. Wenn im Betrieb tarifvertragliche oder betriebliche Regelungen über die Durchführung von Dienstreisen Anwendung finden, hat das BR-Mitgl. auf dieser Grundlage einen Ausgleichsanspruch.[121] Dieser Anspruch kann sich z.B. auf Fahrtkosten, Tagegeld sowie Zeitzuschläge[122] erstrecken. Es besteht auch dann ein Anspruch auf Freizeitausgleich, wenn die An- oder Rückreise außerhalb der Arbeitszeit auf Wunsch des AG erfolgt oder das BR-Mitgl. in der Arbeitszeit unabkömmlich ist.[123] Lehnt der AG den Ausgleichsanspruch des BR-Mitgl. in diesen Fällen ab, kann das BR-Mitgl. die Reise am Vortag und/oder am Tag nach der Sitzung während der Arbeitszeit antreten.[124]

21 Dagegen soll nach Auffassung des BAG kein Ausgleichsanspruch bestehen, wenn die BR-Tätigkeit aus Gründen, die in der Sphäre des BR oder in der Person bzw. dem Verhalten des BR-Mitgl. liegen – sog. **betriebsratsbedingten Gründen** –, außerhalb der Arbeitszeit ausgeübt wird,[125] so z.B., wenn der BR eine Sitzung außerhalb der Arbeitszeit durchführt, weil ansonsten die Teilnahme eines Sachverständigen oder eines Gew.-Vertr. nicht möglich ist oder er eine Sitzung über die Beendigung der Arbeitszeit hinaus fortsetzt. Auch bei der Festsetzung von **Zeit und Ort**, z.B. von Sitzungen des BR, GBR, KBR oder der BR-Versamml. (nach § 53), soll es sich im Allgemeinen nicht um betriebsbedingte Gründe handeln.[126]

22 **Bildungsveranstaltungen** nach § 37 Abs. 6 und 7, einschl. An- und Rückreise, rechnet das BAG[127] ebenfalls zur BR-Tätigkeit aus **betriebsratsbedingten Gründen**, soweit diese außerhalb der Arbeitszeit des betreffenden BR-Mitgl. stattfinden (s. Rn. 21).

23 Die **Arbeitsbefreiung** ist vor Ablauf eines Monats zu gewähren. Der Anspruch unterliegt dabei möglichen Ausschlussfristen, da es sich bei dem Anspruch auf Freizeitausgleich um einen Anspruch aus dem

---

119 BAG, NZA 09, 1284; DB 06, 24/2; AiB 05, 183 m. Anm. Peter.
120 BAG, DB 08, 938.
121 BAG, NZA 09, 1284; DB 06, 2412.
122 BAG, NZA 09, 1284.
123 BAG, DB 06, 2412.
124 BAG a.a.O.; vgl. DKKW-Wedde, Rn. 68 ff.; Wulff, AiB 07, 402.
125 BAG, DB 74, 561; PersR 87, 86.
126 BAG, DB 78, 2177; 22.5.86 a.a.O.; vgl. auch BAG, NZA 94, 765.
127 DB 91, 49.

Arbeitsverhältnis handelt.[128] Der Freizeitausgleich ist grundsätzlich vor Ablauf eines Monats zu gewähren, gerechnet ab dem Zeitpunkt der außerhalb der Arbeitszeit durchgeführten BR-Tätigkeit.[129] Für Tage, an denen das BR-Mitgl. aufgrund vorangegangener BR-Tätigkeit Freizeitausgleich nimmt und gleichwohl erforderliche Betriebsratstätigkeit leistet, hat er Anspruch auf entsprechende Arbeitsbefreiung.[130] Nach der abzulehnenden Auffassung des BAG[131] sollen hinsichtlich der zeitlichen Lage der Arbeitsbefreiung die Grundsätze für die Urlaubsgewährung nicht entsprechend gelten, d. h. die zeitliche Lage der Arbeitsbefreiung richtet sich **nicht** nach den Wünschen des BR-Mitgl., sofern keine betriebsbedingten Gründe entgegenstehen.[132] Da der Arbeitsbefreiungsanspruch zu seiner zeitlichen Festlegung keine den Grundsätzen der Urlaubsgewährung nach § 7 Abs. 1 Satz 1 BUrlG entsprechende Vorgaben enthält und eher dem Ausgleich von Mehrarbeit durch Freistellung gleichsteht und nicht dem Urlaubsanspruch, hat der AG die Freistellung nach billigem Ermessen i. S. von § 106 Satz 1 GewO und § 315 Abs. 1 BGB vorzunehmen.[133] Dabei hat der AG auf berechtigte Interessen des BR-Mitgl. an der Planbarkeit seiner Freizeit Rücksicht zu nehmen[134] und dem BR-Mitgl. rechtzeitig mitzuteilen, wann er Freizeitausgleich erhält. Ihm soll ermöglicht werden, sich darauf einzustellen um die Freizeit sinnvoll nutzen zu können. Folgerichtig kommt das BAG auch zu dem Schluss, dass, wenn das BR-Mitgl. während des Freizeitausgleiches arbeitsunfähig wird, der Freizeitausgleich verfällt.[135] Das BR-Mitgl. hat grundsätzlich **kein Wahlrecht** zwischen Freizeitausgleich und Abgeltungsanspruch. Ein **Abgeltungsanspruchs** kommt nur in Betracht, wenn die Arbeitsbefreiung aus betriebsbedingten Gründen nicht innerhalb eines Monats möglich ist. Der Anspruch auf Freizeitausgleich wandelt sich weder durch Ablauf der Monatsfrist nach Satz 2 Halbsatz 1 »automatisch« noch dadurch in einen Vergütungsanspruch nach Satz 2 Halbsatz 2 um, dass der AG den Freizeitausgleich nicht von sich aus gewährt.[136] Wegen des Vorrangs des Freizeitausgleichs ist eine Mehrarbeitspauschale, die gänzlich unabhängig von der betrieblichen Notwendigkeit der Erbringung von BR-Arbeit außerhalb der Arbeitszeit und zudem unabhängig von betriebsbedingten bzw. betriebsratsbedingten Gründen Vergütungs- statt Freizeitausgleichsansprüche festlegt, unzuläs-

---

128   BAG, NZA 04, 171; LAG Hamm 7. 12. 07 – 10 Sa 1055/07, brwo.
129   BAG 16. 4. 03 – 7 AZR 423/01, NZA 04, 171.
130   LAG Köln 3. 2. 12 – 4 Sa 888/11, juris, n. rk. BAG 7 AZR 480/12.
131   BAG 15. 2. 12 – 7 AZR 774/10, brwo.
132   Vgl. DKKW-Wedde Rn. 66.
133   BAG 15. 2. 12 – 7 AZR 774/10, brwo.
134   BAG 19. 5. 09 – 9 AZR 433/08, brwo.
135   BAG 15. 2. 12 – 7 AZR 774/10, brwo.
136   BAG, BB 00, 774; LAG Rheinland-Pfalz v. 8. 3. 07 – 2 Sa 10/07 – brwo.

sig.[137] Der Vergütungsanspruch entsteht, wenn der AG sich auf die Unmöglichkeit des Freizeitausgleiches beruft[138] oder das freigestellte BR-Mitgl. darlegt, dass dem AG aus betriebsbedingten Gründen ein Freizeitausgleich unmöglich ist, wofür das BR-Mitgl. substantiierte Tatsachen vortragen muss.[139] Abzulehnen ist die Auffassung des BAG[140] wonach der **Ausgleichsanspruch** im gleichen Umfang (1:1) bestehen soll, wie das BR-Mitgl. außerhalb seiner Arbeitszeit BR-Tätigkeit ausgeübt hat.[141] Denn die Höhe des Mehrarbeitszuschlags richtet sich grundsätzlich nach den bestehenden Vereinbarungen wie TV, BV, Einzelarbeitsvertrag bzw. Betriebsüblichkeit.[142] Bei der Berechnung von Urlaubsgeld liegt in der Berücksichtigung des so erzielten höheren Einkommens deshalb auch keine unzulässige Begünstigung des BR-Mitgl.[143]

Zu sonstigen Aufwendungen und Auslagen des BR-Mitgl. s. § 40 Rn. 8 ff.

4. Wirtschaftliche Absicherung

Das Benachteiligungsverbot des § 78 Satz 2 wird durch § 37 Abs. 4 **24** konkretisiert, enthält aber keine abschließende Regelung über die Höhe des Arbeitsentgeltes eines BR-Mitgl.;[144] es gilt für nichtfreigestellte als auch freigestellte BR-Mitgl. Ein Anspruch kann sich auch aus § 78 Satz 2 in dem Fall ergeben, wenn ein BR-Mitgl. gerade wegen seiner BR-Tätigkeit eine geringere Vergütung erhält.[145] Das Benachteiligungsverbot für freigestellte BR-Mitgl. gilt auch für Beamte des Bundeseisenbahnvermögens, die der DB AG zugewiesen sind.[146] Durch § 37 Abs. 4 wird die Angleichung des Arbeitsentgelts von BR-Mitgl. an das **vergleichbarer** AN des Betriebs mit **betriebsüblicher Entwicklung** sowohl während als auch innerhalb eines (zwei im Falle des § 38 Abs. 3) Jahres nach Beendigung der Amtszeit sichergestellt. Unter »betriebsüblich« ist dabei die Entwicklung zu verstehen, die bei objektiv vergleichbarer Tätigkeit AN mit vergleichbarer fachlicher und persönlicher Qualifikation bei Berücksichtigung der normalen betrieblichen und personellen Entwicklung in beruflicher Hinsicht genommen haben. Dabei entsteht die Betriebsüblichkeit auf Grund eines gleichförmigen Verhaltens des AG sowie einer von ihm auf-

---

137 ArbG Stuttgart 13.12.12 – 24 Ca 5430/12, juris.
138 BAG a.a.O.
139 BAG, DB 01, 875.
140 BAG, DB 77, 2101.
141 Vgl. dazu DKKW-Wedde, Rn. 81.
142 BAG, NZA 09, 1284.
143 BAG, NZA 96, 105.
144 Thannheiser, AiB 07, 529.
145 BAG, NZA 06, 448.
146 OVG Berlin-Brandenburg 13.1.12 – OVG 6 N 55.09, juris.

gestellten Regel.[147] Es geht dabei um die Entwicklung, die vergleichbare AN unter Berücksichtigung der betrieblichen Gegebenheiten
genommen haben, wobei Persönlichkeit, Qualifikation und Leistungen dieser vergleichbaren AN zum Vergleich heranzuziehen sind (vgl.
auch § 38 Rn 8 b).[148] Vergleichbar sind die AN, die im Zeitpunkt der
Übernahme des BR-Amts bzw. bei einem Ersatz-Mitgl. im Zeitpunkt
des Nachrückens in den BR[149] eine im Wesentlichen gleich qualifizierte Tätigkeit wie das BR-Mitgl. ausgeübt haben und dafür in ähnlicher Art und Weise wie das BR-Mitgl. fachlich und persönlich
qualifiziert waren.[150] Betriebsüblich ist eine Entwicklung dann, wenn
beispielsweise eine Beförderung des BR-Mitgl. angestanden oder die
Mehrheit der vergleichbaren AN des Betriebs einen entsprechenden
Aufstieg erreicht hätte (für freigestellte BR-Mitgl. vgl. im Übrigen
§ 38 Rn 9).[151] Hat der Betrieb nur einen vergleichbaren AN, ist der
Vergleich mit diesem maßgebend, die Feststellung der betriebsüblichen beruflichen Entwicklung ist aber ebenso notwendig.[152] Fehlt auch
ein vergleichbarer AN, ist die Entwicklung der am ehesten vergleichbaren AN zugrunde zu legen; ansonsten die allgemeine Entwicklung
im Betrieb.[153]

25   Das BR-Mitgl. soll **grundsätzlich** dasselbe Arbeitsentgelt erhalten,
das es verdient hätte, wenn es das BR-Amt nicht übernommen und
deshalb eine andere berufliche Entwicklung genommen hätte.[154]
Während seiner Amtszeit ist das **Arbeitsentgelt** der BR-Mitgl. laufend dem vergleichbarer AN **anzupassen**. Das BR-Mitgl. hat während der Dauer seiner Amtszeit Anspruch auf Gehaltserhöhungen in
dem Umfang, in dem die Gehälter vergleichbarer AN mit betriebsüblicher beruflicher Entwicklung erhöht werden. Lässt sich nicht feststellen, dass die Gehälter der Mehrzahl der vergleichbaren AN in
gleichem Umfang erhöht wurden, kann für den Gehaltsanpassungs-
anspruch des BR-Mitgl. der Durchschnitt der den Angehörigen der
Vergleichsgruppe gewährten Gehaltserhöhungen maßgebend sein.[155]

---

147   BAG, NZA 06, 448.
148   BAG 14.7.10 – 7 AZR 359/09, brwo, NZA 2011, 311 zur Vergütung eines
      PR-Mitgl. und der fiktiven Laufbahnnachzeichnung, für die dieselben Kriterien
      wie für ein BR-Mitgl. gelten; AuA 05, 436; DB 93, 1379; OVG NRW, PersR
      04, 38 zu einem verbeamteten BR-Mitgl. in einem privatisierten Postunter-
      nehmen; Cox, AiB 10, 452.
149   BAG 15.1.92 – 7 AZR 194/91, AiB 93, 236.
150   BAG 19.1.05 – 7 AZR 208/04, juris.
151   LAG Köln 13.3.02 – 7 (10) Sa 1061/01; BAG a.a.O.
152   BAG, NZA 06, 448.
153   DKKW-Wedde, Rn. 88). Zur Einführung von Referenzgruppen vgl. DKKW-
      F-Wedde, § 37 Rn. 43.
154   Thannheiser, AiB 07, 529.
155   BAG 19.1.05 – 7 AZR 208/04, juris.

Dies gilt auch für freiwillige Verdiensterhöhungen.[156] Zu dem Arbeitsentgelt zählen auch allgemeine Zuwendungen, die vergleichbare AN erhalten,[157] widerrufliche Zulagen[158] und Nahauslösungen jedenfalls dann, wenn das BR-Mitgl. wegen seiner BR-Tätigkeit keine Montagearbeiten mehr ausführen kann.[159] Leistungen eines Dritten können auch zum Arbeitsentgelt zählen, wenn der AG diese Leistungen versprochen hat. So gehören z.B. Aktienoptionen durch ein anderes Konzernunternehmen zum Arbeitsentgelt, wenn diese nach dem Arbeitsvertrag anstelle oder neben den Leistungen des AG zu erbringen sind.[160] In der Praxis erfolgt der Ausgleich nicht selten in der Form einer Pauschale, nicht zuletzt, um dem AG Verwaltungsaufwand zu ersparen. Das ist zulässig, sofern das Benachteiligungs- und Begünstigungsverbot (§ 78) beachtet wird (vgl. Rn. 14); im Übrigen lässt Abs. 4 einen gewissen Beurteilungsspielraum zu.[161]

Bei dem Vergleich ist der **Zeitpunkt der Übernahme des BR-Amtes** maßgebend.[162] Das BR-Mitgl. ist zu diesem Zeitpunkt mit anderen AN zu vergleichen, die ähnliche, im Wesentlichen gleich qualifizierte Tätigkeiten wie das BR-Mitgl. ausgeübt haben und dafür in ähnlicher Art und Weise wie das BR-Mitgl. fachlich und persönlich qualifiziert waren.[163] Unter »betriebsüblich« ist dabei die Entwicklung zu verstehen, die bei objektiv vergleichbarer Tätigkeit AN mit vergleichbarer fachlicher und persönlicher Qualifikation bei Berücksichtigung der normalen betrieblichen und personellen Entwicklung in beruflicher Hinsicht genommen haben.[164] Dabei sind auch Maßnahmen der betrieblichen **Fort- und Weiterbildung** zu berücksichtigen, an denen zwar vergleichbare AN teilgenommen haben, das BR-Mitgl. wegen der BR-Tätigkeit jedoch nicht teilnehmen konnte.[165] Gegenüber dem AG hat das BR-Mitgl. einen Auskunftsanspruch.[166]   **26**

Das Verbot der geringeren **Bemessung des Arbeitsentgelts** findet auch Anwendung, wenn die **Bewerbung** von BR-Mitgl. um einen höher dotierten Arbeitsplatz zu Unrecht erfolglos bleibt.[167] Bewerben   **27**

---

156 Vgl. BAG, AiB 95, 360.
157 BAG, DB 83, 2253; NZA 88, 403.
158 BAG, DB 83, 2253.
159 BAG, DB 88, 2206, 2367; LAG Hamburg 30.6.86 – 2 Sa 27/86.
160 BAG, AuR 08, 55.
161 DKKW-Wedde, Rn. 80.
162 BAG, BetrR 93, 35.
163 BAG, AuA 05, 436; vgl. DKKW-Wedde, Rn. 73 ff.
164 BAG, DB 06, 511 Ls.; AuA 05, 436.
165 Vgl. BAG, DB 83, 2253; DKKW-Wedde, Rn. 92; Rudolph, AiB 2010, 734; Cox/Kölbach, AiB 2010, 731.
166 BAG, AuA 05, 436.
167 So auch BAG, NZA 88, 403 zu nicht freigestellten BR-Mitgl.; vgl. auch BAG, NZA 91, 694; NZA 93, 909.

sich neben dem BR-Mitgl. andere AN des Betriebs um einen höher dotierten Arbeitsplatz, ist der Anspruch des nicht berücksichtigten BR-Mitgl. auf das höhere Arbeitsentgelt gerechtfertigt, wenn eine personelle Auswahl im Rahmen der betriebsüblichen beruflichen Entwicklung zu seiner Beförderung geführt hätte,[168] und zwar unabhängig davon, ob es sich um ein freigestelltes oder nicht freigestellten BR-Mitgl. handelt.[169] Dies gilt auch dann, wenn der höher dotierte Arbeitsplatz im Wege der Neueinstellung besetzt wird.[170]

Zu beachten ist, das im Anwendungsbereich eines TV die Entgeltansprüche eines BR-Mitgl. als tarifliche Ansprüche den geltenden tarifvertraglichen **Ausschlussfristen** unterfallen können.[171]

In entsprechender Anwendung des § 37 Abs. 4 hat ein nach Abschluss der Ausbildung vom AG übernommenes JAV-Mitgl. Anspruch auf das Arbeitsentgelt vergleichbarer AN.[172]

5. Berufliche Sicherung

28 Neben der **wirtschaftlichen Absicherung** gewährleistet Abs. 5 den Schutz des BR-Mitgl. gegen die Zuweisung von unterwertigen beruflichen Tätigkeiten.[173] Die Regelung bezieht sich in erster Linie auf nicht freigestellte BR-Mitgl. Für freigestellte BR-Mitgl. erhält sie Bedeutung, wenn sie nach Beendigung der Freistellung wieder eine berufliche Tätigkeit ausüben. Ob eine Tätigkeit gleichwertig ist, muss unter Berücksichtigung insbesondere der Auffassung der in dem betreffenden Beruf Tätigen beurteilt werden (Zur Vergleichbarkeit s. Rn. 26). Die Ausnahmeregelung, dass dem zwingende betriebliche Notwendigkeiten entgegenstehen können, ist eng auszulegen.

6. Schulungs- und Bildungsveranstaltungen nach Abs. 6

a) Erforderlichkeit

29 Nach Auffassung des BAG[174] ist die Vermittlung von Kenntnissen dann **erforderlich**, wenn diese unter **Berücksichtigung der konkreten Verhältnisse im Betrieb** und **im BR** notwendig sind, damit der BR seine gegenwärtigen oder in naher Zukunft anstehenden **Aufgaben** sach- und fachgerecht erfüllen kann.[175] Die Durchführungsform der Veranstaltung kann sehr unterschiedlich angelegt sein. Sie kann von

168   BAG, NZA 88, 403.
169   BAG, DB 93, 1379.
170   BAG, NZA 88, 403.
171   BAG 8.9.10 – 7 AZR 513/09, brwo.
172   LAG Hamm, AuR 06, 214.
173   LAG Frankfurt, BB 86, 2199; Schneider, NZA 84, 21; zu Musterschreiben an AG vgl. DKKW-F-Wedde, § 37 Rn. 44.
174   BB 08, 2457; vgl. auch Schneider, AiB 03, 344.
175   Vgl. Däubler, AiB 04, 525 zur Erforderlichkeit.

einer individuellen Beziehung zwischen Lehrpersonen und BR-Mitgl. geprägt oder durch einen Erfahrungsaustausch der BR-Mitgl. gekennzeichnet sein, z.B. durch eine Konferenz für Betriebsräte. Denn auch bei einer reinen Konferenz auf der Basis eines Erfahrungsaustausches kann – im Gegensatz zur Auffassung des LAG Hamburg[176] – erforderliches Wissen für die BR-Arbeit vermittelt werden. Für die Teilnahme gibt es dabei keine zeitliche Obergrenze, solange die vermittelten Kenntnisse erforderlich sind.[177] Eine Schulung in der Muttersprache eines ausländischen BR-Mitgl. kommt in Betracht, wenn dieses die deutsche Sprache nicht hinreichend beherrscht und die Teilnahme an der Schulung für die ordnungsgemäße Durchführung der BR-Tätigkeit erforderlich ist.[178]

Wenn ein Betriebsratsmitglied, das im Rahmen eines Seminars »Aktuelle Rechtsprechung zum Arbeits- und Betriebsverfassungsrecht« an einem halbtägigen Besuch von Verhandlungen vor dem Arbeitsgericht teilnimmt, während einer Verhandlungspause in dieser Kammer ein Cafe gegenüber dem Gerichtsgebäude aufsucht oder eine Güteverhandlung im Kündigungsschutzprozess eines anderen Mitarbeiters seines Arbeitgebers besucht, sind diese Unterbrechungszeiten erforderliche Schulungszeiten im Sinne von Abs. 6 und damit auch Zeiten erforderlicher BR-Tätigkeit im Sinne von Abs. 2.[179]

Die Erforderlichkeit kann sich auch dadurch ergeben, dass der BR beabsichtigt, in naher Zukunft von seinem Initiativrecht etwa im Bereich des § 80 Abs. 1, § 92a sowie des § 87 Abs. 1 Gebrauch zu machen und zu der entsprechenden Regelungsmaterie das notwendige Wissen benötigt.[180] In ständiger Rspr. hat das BAG bestätigt, dass sowohl die Vermittlung von **Grundkenntnissen** als auch von **Spezialwissen** erforderlich sein kann.[181] Die Abgrenzung zwischen Grundkenntnissen und Spezialwissen ist im Einzelfall schwierig.[182] Zum **Beurteilungsspielraum** vgl. Rn. 33.

b) Grundkenntnisse

Für die Vermittlung allgemeiner **Grundkenntnisse des BetrVG** ist   **30** ein konkreter betriebsbezogener Anlass nicht Voraussetzung und durch den BR auch nicht darzulegen.[183] Dies gilt für alle erstmals gewählten

---

176   LAG Hamburg 4.12.12 – 4 TaBV 14/11, brwo.

177   ArbG Kaiserslautern, AiB-Newsletter 6/06, 5 Ls.

178   ArbG Berlin 3.3.11 – 24 BV 15046/10, zu der Durchführung eines Seminars in englischer Sprache.

179   LAG München 24.2.11 – 3 TaBV 23/10, brwo.

180   DKKW-Wedde, Rn. 120 m.w.N.

181   BAG, BB 08, 2457.

182   Vgl. DKKW-Wedde, Rn. 93 ff.

183   BAG 17.11.10 – 7 ABR 113/09, brwo, NZA 11, 816; DB 02, 51; Schneider, AiB 03, 344.

BR-Mitgl.,[184] ansonsten bedarf es der Prüfung, ob das betreffende BR-Mitgl. schon über diese Grundkenntnisse verfügt – sei es durch Schulungen oder langjährige Tätigkeit im BR.[185] Weiterhin hat der BR zu prüfen, ob die zu erwartenden Schulungskosten mit der Größe und Leistungsfähigkeit des Betriebes zu vereinbaren sind. So ist die Teilnahme an einer Schulungsveranstaltung nicht erforderlich, wenn sich der BR vergleichbare Kenntnisse zumutbar und kostengünstiger auf andere Weise verschaffen kann.[186] Dabei sind aber die Kosten nicht der alleinige Maßstab, denn der BR ist grundsätzlich frei in der Wahl des Trägers der Schulungsveranstaltung.[187] Die Auswahlentscheidung kann bei vergleichbaren Inhalten auch vom Veranstalter und seinem Konzept selbst abhängig gemacht werden, da es grundsätzlich Sinn und Inhalt von Schulungsveranstaltungen für Betriebsräte ist, regelmäßig juristisch nicht vorgebildeten BR-Mitgl. Zusammenhänge von Gesetzen und Rechtsprechung aufzuzeigen und die Teilnehmer dazu anzuleiten, Gesetze und Rechtsprechung in der betrieblichen Praxis zu berücksichtigen.[188] Hinsichtlich der Dauer gibt es keine generelle Begrenzung, da deren Erforderlichkeit einer Würdigung der Umstände des Einzelfalles bedarf (vgl. Rn. 41).[189] Wegen der Schwierigkeit der gesetzl. Materie kann ein BR-Mitgl. nicht darauf verwiesen werden, sich über den Inhalt des Gesetzes im **Selbststudium** zu unterrichten oder auf die **Unterrichtung durch erfahrene BR-Kollegen** zurückzugreifen.[190] Für eine ordnungsgemäße BR-Arbeit ist es unerlässlich, dass **jedes BR-Mitgl.** Grundkenntnisse über das BetrVG als Basis jeder BR-Arbeit haben muss, um seine Aufgaben eigenverantwortlich erfüllen und wahrnehmen zu können.[191] Ebenso sind Grundkenntnisse über die Wirkung der im Betrieb anwendbaren TV für jedes BR-Mitgl. zwingend notwendig.[192] Auch ein **langjähriges BR-Mitgl.** hat Anspruch auf eine Grundschulung, wenn die dort vermittelten Kenntnisse bei ihm nicht vorliegen.[193] Die Vermittlung von

---

184 BAG 12.1.11 – 7 ABR 94/09, brwo, NZA 11, 813.

185 BAG 17.11.10 – 7 ABR 113/09, brwo; BAG 19.3.08 – 7 ABR 2/07, brwo.

186 BAG 18.1.12 – 7 ABR 73/10, brwo; BAG 19.3.08 – 7 ABR 2/07, brwo.

187 BAG 19.3.08 – 7 ABR 2/07, brwo; LAG Berlin-Brandenburg 7.9.12 – 10 TaBV 1297/12, juris.

188 BAG 18.1.12 – 7 ABR 73/10, NZA 12, 813; LAG Berlin-Brandenburg 3.5.13 – 10 TaBV 88/13, juris.

189 HessLAG 15.9.05 – 9 TaBV 189/04, brwo.

190 BAG, AuR 08, 362; AiB 97, 170 m. Anm. v. Peter, DB 02, 51; ArbG Bremen-Bremerhaven, dbr 08, 38.

191 Vgl. auch BAG, DB 87, 891; ArbG Frankfurt, AiB 04, 309 m. Anm. Saum zu ver. di BR-Seminar »BR III – soziale Angelegenheiten«.

192 LAG Hamm 21.8.09 – 10 TaBV 157/08, brwo.

193 BAG, AuR 08, 362, wonach es aber einer konkreten Darlegung der die Erforderlichkeit begründenden Umstände bedarf; LAG Hamburg, AiB 09, 303, wonach eine Grundlagenschulung grundsätzlich nicht durch Erfahrungswissen zu ersetzen und nicht auf die erste Wahlperiode beschränkt ist; LAG SH, MDR

Grundkenntnissen beschränkt sich jedoch nicht nur auf Einführungslehrgänge in das BetrVG, sondern auch auf **spezielle, abgeschlossene Teilgebiete** des Gesetzes, ohne dass es in der Regel der Darlegung einer besonderen betrieblichen Situation, die solche Kenntnisse erforderlich macht, bedarf.[194] Die Teilnahme eines **BR-Vors.** an einem Seminar »Der BR-Vors. und die Geschäftsführung des BR« ist erforderlich, wenn das Ziel die Vermittlung von Grundkenntnissen über die Arbeit von BR-Vors. ist.[195] Ebenso ist für ein zum **Schriftführer** ernanntes BR-Mitgl. die Teilnahme an einer Schulung mit dem Thema »Protokoll- und Schriftführung im BR« erforderlich;[196] wobei die Erforderlichkeit auch dann gegeben sein kann, wenn die Tätigkeit als Schriftführer schon über einen längeren Zeitraum beanstandungsfrei ausgeübt worden ist.[197] Nichts anderes gilt für den Vertreter des Schriftführers, wobei es für die Erforderlichkeit nicht entscheidend ist, ob und in welchem Umfang ein Verhinderungsfall vorliegt. Denn dabei würde außer Acht gelassen, dass der Stellvertr. gerade auch in unvorhersehbaren Fällen tätig werden muss.[198] **Ersatzmitgl.** des BR, die häufig und in einer gewissen Regelmäßigkeit BR-Mitgl. vertreten, haben grundsätzlich Anspruch auf Schulungsmaßnahmen nach Abs. 6. Dies muss im Einzelfall zur Gewährleistung der Arbeitsfähigkeit des BR erforderlich sein.[199] Gleiches gilt für das **Ersatzmitglied** eines **einköpfigen BR**, wobei hier noch eher von einer Gefährdung der Arbeitsfähigkeit des BR auszugehen ist.[200]

Die Vermittlung von Grundkenntnissen des **allgemeinen Arbeitsrechts**, insbesondere des Arbeitsschutzrechts, Schulungsveranstaltungen über Arbeits- und Gesundheitsschutz[201] und Unfallverhütung (**Arbeitssicherheit**) sowie zu den Strafvorschriften der §§ 119, 120[202] sind grundsätzlich als eine erforderliche Kenntnisvermittlung anzusehen.[203] Hat der BR Ausschüsse gebildet, ist für die ordnungsgemäße Amtsführung erforderlich, dass sämtliche Mitgl. des jeweiligen Aus-

31

07, 1143; LAG SH, AiB 00, 287; ArbG Bremen, FA 05, 11 zu personellen Einzelmaßnahmen und Kündigungen; ArbG Düsseldorf, AiB 04, 757 m. Anm. Malottke.

194   LAG Nürnberg, AuR 02, 438.
195   LAG Berlin-Brandenburg 3.5.13 – 10 TaBV 88/13, juris.
196   LAG Hamm 22.6.07 – 10 TaBV 25/07, brwo.
197   ArbG Weiden, dbr 07, 38, bestätigt durch LAG Nürnberg 9.4.08 – 4 TaBV 71/07, n. v.
198   LAG Düsseldorf, NZA-RR 09, 306.
199   BAG 19.9.01 – 7 ABR 32/00, DB 02, 51; LAG Nds 3.1.12 – 11 TaBV 105/10 n. v.; vgl. DKKW-Wedde, Rn. 144.
200   ArbG Bremen, AiB 07, 250.
201   ArbG Bamberg 5.11.12 – 2 BVGa 3/12, AuR 13, 59.
202   LAG Köln, AuR 08, 277.
203   BAG, NZA 87, 63; vgl. auch ArbG Dortmund 28.9.93 – 2 BV 54/92, zum Arbeitsrecht; HessLAG, dbr 4/05, 35 zum Arbeitsschutz/Arbeitssicherheit.

schusses wenigstens über Mindestkenntnisse für die mit ihrem Amt verbundenen Aufgaben verfügen.[204] Als erforderliche Kenntnisvermittlung sind auch Schulungsmaßnahmen über **sozialpolitische Gesetzesvorhaben** mit Auswirkungen für die BR-Tätigkeit anzusehen,[205] jedenfalls dann, wenn damit zu rechnen ist, dass der Gesetzentwurf ohne wesentliche Änderungen verabschiedet wird.[206] Als Grundlagenseminar gilt die Vermittlung von Kenntnissen zu neuen gesetzlichen Regelungen wie z. B. zu den Auswirkungen der Änderungen des KSchG und der Agenda 2010 auf die Arbeit als BR,[207] zur Novellierung des BetrVG im Jahre 2001,[208] zum Altersvermögensgesetz 2002[209] oder zum AGG.[210] Der Anspruch besteht unabhängig von der Schulungsverpflichtung des AG nach § 12 AGG. Hierbei geht es um die Hebung des Kenntnisstandes auf das **aktuelle, gesetzliche Niveau**. Eine sachgerechte BR-Arbeit erfordert außerdem von jedem BR-Mitgl. ausreichende Kenntnisse über die für den Betrieb geltenden **TV**[211] sowie einen gewissen Stand an **allgemeinen rechtlichen, wirtschaftlichen und technischen Kenntnissen**.[212]

32   Die Vermittlung von Grundkenntnissen des BetrVG wird nicht deshalb überflüssig, weil der BR im Zeitpunkt der Durchführung der Veranstaltung zurückgetreten war, da der **zurückgetretene BR** gemäß § 22 die Amtsgeschäfte in vollem Umfang bis zur Neuwahl des BR weiterführt.[213] Dies gilt insbesondere dann, wenn das betroffene BR-Mitgl. für den neuen BR wieder kandidiert.[214] Unter Aufgabe seiner bisherigen Rspr. geht das BAG[215] nunmehr auch davon aus, dass kurz vor **Ablauf der Amtszeit** des BR keine anderen Anforderungen gelten können. Erst wenn für den BR absehbar ist, dass das zu schulende BR-Mitgl. in seiner verbleibenden Amtszeit das vermittelte Wissen nicht mehr benötigt, ist die Erforderlichkeit zu verneinen. Diese Grundsätze gelten auch bei einem befristet eingestellten BR-Mitgl., das kurz vor Ende des befristeten Arbeitsverhältnisses an einer Schulungsveranstaltung teilnimmt.[216] Zur Frage des befristeten Arbeitsvertrags eines BR-Mitgl. und einer Benachteiligung vgl. § 78 Rn. 4.

---

204 BAG, DB 96, 1139; LAG Hamm 8.7.05 – 10 Sa 2053/04, juris; LAG Hamm, AuR 07, 105, Ls.; vgl. auch DKKW-Wedde, Rn. 139; Schneider, AiB 98, 369.

205 Zu eng BAG, DB 88, 1453.

206 Vgl. BAG a. a. O.

207 ArbG Dresden 17.6.04 – 2 BV 236/03, n. v.

208 LAG Hamm, AuR 05, 37; ArbG Berlin, AiB 02, 566.

209 ArbG Darmstadt, AiB 02, 307.

210 HessLAG, AuA 08, 442.

211 LAG Hamm, DB 81, 1678.

212 Vgl. BAG, DB 74, 830.

213 ArbG Berlin 19.1.88 – 36 BV 11/87.

214 ArbG Berlin, AiB 02, 566.

215 BAG 17.11.10 – 7 ABR 113/09, brwo; BB 08, 2457.

216 BAG 17.11.10 – 7 ABR 113/09, brwo.

Bei der **Vertiefung von Kenntnissen** oder bei **Wiederholungs-** **33** **schulungen** zur Auffrischung und Erweiterung der bisherigen Kenntnisse oder bei der Vermittlung von **Spezialwissen** ist bei der Prüfung der Erforderlichkeit auf die **konkrete Aufgabenstellung** des BR abzustellen.[217] Bei der Frage, ob die Probleme anstehen oder in naher Zukunft anstehen werden, sind die **Initiativrechte des BR**, z. B. nach §§ 80, 87, 92 a, 97, zu berücksichtigen.[218] Bei der Beurteilung der Frage, ob die Entsendung eines BR-Mitgl. zu einer Schulungsmaßnahme erforderlich ist, steht dem BR wie den Gerichten ein gewisser **Beurteilungsspielraum** zu.[219] Dieser betrifft den Inhalt und die Dauer der Maßnahme sowie die Teilnehmerzahl.[220] Dem BR steht im Rahmen dieses Beurteilungsspielraums die Befugnis zu, die Teilnahme an einer qualitativ höherwertigen, wenn auch teureren Schulung zu beschließen.[221] War während der Beschlussfassung die Erforderlichkeit zunächst nicht gegeben, treten dann aber vor Beginn der Schulungsveranstaltung Umstände ein, die die Erforderlichkeit begründen, so ist dett Schulungsveranstaltung als erforderlich anzusehen.[222]

c) Spezialwissen

Unter Berücksichtigung der konkreten Verhältnisse im Betrieb und des **34** BR kommen neben den Lehrgängen, die Grundkenntnisse vermitteln (vgl. Rn. 30), auch Schulungsmaßnahmen als Spezialwissen in Frage zu Themen wie:

- Aids im Betrieb,[223]

- Aktuelle Entscheidungen des Bundesarbeitsgerichts,[224] aktuelle Rspr. des BAG und deren Umsetzung in die betriebliche Praxis sowie zum Problem des vorläufigen Rechtsschutzes im Verhältnis zum Unterlassungsanspruch nach § 23 Abs. 3,[225]

- Arbeitsrechtliches Beschäftigungsförderungsgesetz (mittlerweile hat das TzBfG das BeschFG abgelöst),[226] Schulungen zu den Hartz-Gesetzen und den Auswirkungen auf die BR-Arbeit,[227]

---

217 Vgl. BAG, AuR 92, 60; vgl. ergänzend DKKW-Wedde, Rn. 105 ff.
218 Vgl. DKKW-Wedde, Rn. 101.
219 BAG, DB 75, 780; DB 87, 891.
220 LAG Hamm 21. 10. 05 – 10 TaBV 82/05, brwo; ArbG Berlin, AiB Newsletter 07, Nr. 10, 6; vgl. DKKW-Wedde, Rn. 154.
221 BAG, DB 86, 2496; HessLAG, dbv 05, Nr. 4, 35.
222 LAG Düsseldorf, NZA-RR 09, 306.
223 LAG Frankfurt, AiB 92, 93.
224 BAG 18. 1. 12 – 7 ABR 73/10, brwo, AuR 12, 550.
225 BAG, AiB 97, 170 m. Anm. v. Peter; AuR 92, 60.
226 ArbG Detmold, AiB 98, 42 m. Anm. v. Ludwig.
227 ArbG Dresden 17. 6. 04 – 2 BV 236/03 n. v. zur Agenda 2010.

- Betriebliche Öffentlichkeitsarbeit,[228]
- Betriebliche Standortsicherung (vgl. jetzt § 92 a),[229] Beschäftigungssicherung und Innovation i. S. von § 92 a,[230] der BR erstellt einen Sozialplan,[231]
- Betriebsökologie« (vgl. jetzt §§ 80 Abs. 1 Nr. 9, 89),[232]
- Bilanzanalyse,[233]
- burn out im Unternehmen,[234]
- EG-Rechtsgrundlagen, soweit sich durch die Umsetzung in nationales Recht Mitwirkungs- und Handlungsmöglichkeiten der betrieblichen Interessenvertretungen ergeben,[235]
- Entlohnung, Qualifizierung und Gruppenarbeit,[236]
- Flexible Arbeitszeiten und die Mitbestimmung des Betriebsrates,[237]
- Förderung der Eingliederung Schwerbehinderter und sonstiger besonders schutzbedürftiger Personen (vgl. § 80 Abs. 1 Nr. 4),
- Frauenförderung (vgl. jetzt § 92 Abs. 3),
- Gefährdungsbeurteilung,[238]
- Gestaltung von Arbeitsplatz, Arbeitsablauf und Arbeitsumgebung nach § 90 Abs. 1 BetrVG,[239]
- Konflikte mit dem Arbeitgeber lösen,[240]
- Integration ausländischer AN im Betrieb, Maßnahmen zur Bekämpfung von Rassismus und Fremdenfeindlichkeit im Betrieb (vgl. jetzt § 80 Abs. 1 Nr. 7),

---

228   VG Köln, PersR 97, 541 zu Personalvertretungsrecht.
229   ArbG Weiden, BetrR 92, 142; LAG BaWü, AiB 98, 102 m. Anm. v. Hess-Grünewald.
230   LAG Hamm, AuR 07, 105 Ls., zumindest dann, wenn Änderungen und Planungen im Betrieb konkret anstehen.
231   LAG Nds., AuR 05, 37.
232   ArbG Wiesbaden, AiB 91, 540; vgl. auch Trümner, AiB 91, 522; a. A. ArbG Köln 20. 9. 91 – 5 BVGa 25/91.
233   A. A. LAG Köln, AuR 02, 357.
234   ArbG Essen 30. 6. 11 – 3 BV 29/11, juris, wenn der Betriebsrat darauf verweisen kann, dass ihn Beschäftigte mehrfach auf eine bestehende Überforderungssituation angesprochen haben.
235   DKKW-Wedde, Rn. 128.
236   LAG Hamm 8. 7. 05 – 10 Sa 2053/04, juris.
237   HessLAG 16. 6. 11 – 9 TaBV 126/10, juris, wenn BVen zur Regelung der Arbeitszeit gekündigt wurden und eine neue BV abgeschlossen werden soll.
238   LAG Hamburg 18. 7. 12 – 5 TaBV 2/12, juris, n. rk. BAG 7 ABR 64/12; ArbG Saarlouis 7. 8. 12 – 1 BV 17/11, AuR 13, 143 Ls.
239   LAG Hamm 9. 3. 07 – 10 TaBV 34/06, brwo.
240   ArbG Heilbronn, AiB 02, 108.

- ISO 9000, Rationalisierung durch EDV, Probleme und Handlungsmöglichkeiten im Bereich Telekommunikation,[241]
- Mobbing,[242] Sexuelle Belästigung am Arbeitsplatz,[243]
- Moderationstechniken, [244]
- PC-Schulung zur Erledigung von BR-Aufgaben (siehe § 40 Rn. 28);[245] »Internetnutzung auf dem BR-PC;[246]
- Rechte und Pflichten des BR im Arbeitskampf,[247]
- Recht der Allgemeinen Geschäftsbedingungen,[248]
- Rechtsstellung von BR-Mitgl., die nach § 38 Abs. 1 freigestellt sind,[249]
- Rhetorik für Betriebsräte,[250]
- Rhetorik und Verhandlungsführung für Frauen,[251]
- Sanktionsmöglichkeiten des BR;[252]
- Schriftliche Kommunikation im Betrieb,[253]
- Suchtkrankheit am Arbeitsplatz,[254]
- Überstunden-Mitbestimmung des Betriebsrats,[255]
- Umweltschutz im Betrieb,[256] Gefahrstoffe am Arbeitsplatz,[257]

---

241 ArbG Wetzlar, AiB 96, 3 m. Anm. v. Zubel; ArbG Gießen 30.5.96 – 2 BV 8/95; HessLAG 21.2.95 – Sa 1072/94.
242 LAG Hamm 15.11.12 – 13 TaBV 56/12, juris; LAG München 30.10.12 – 6 TaBV 39/12, juris, n.rk. BAG 7 ABR 95/12; ArbG Bremen, NZA-RR 04, 538; enger BAG, DB 97, 1475 bei Darlegung einer betrieblichen Konfliktlage, zu deren Erledigung das auf der Schulung vermittelte Wissen benötigt wird.
243 ArbG Wesel, AiB 93, 570.
244 LAG SH, BB 09, 2309 Ls.; LAG Hamm, NZA-RR 06,249 bei BR-Mitgl. mit herausgehobener Stellung im BR wie z.B. BR-Vors. bzw. Stellv.
245 BAG, DB 95, 2378; ArbG Hamburg AuR 08, 407; ArbG Wetzlar 16.12.08 – 3 Ca 182/08, n.v.
246 BAG 17.2.10 – 7 ABR 81/09, brwo, NZA-RR 10, 413.
247 LAG Hamm, NZA-RR 04, 82, wenn konkreter, aktueller und betriebsbezogener Anlass besteht.
248 Reineke, AuR 12, 245.
249 LAG Köln, NZA-RR 09, 423.
250 BAG 12.1.11 – 7 ABR 94/09, NZA 11, 813; ArbG Berlin 8.10.10 – 28 BV 8298/10, dbr 11, Nr. 5, 36 mit Anm. Corneliua.
251 LAG Sachsen, NZA-RR 03, 420.
252 LAG Hamm 15.10.10 – 10 TaBV 37/10, brwo.
253 ArbG Hamburg, AiB 94, 116.
254 LAG Düsseldorf 9.8.95 – 4 TaBV/39.
255 LAG Hamm 16.5.12 – 10 TaBV 11/12, juris.
256 BAG, FA 07, 317.
257 LAG Nds. 6.7.95 – 9 TaBV 106/94.

- Vorbereitung der EBR-Gründung,[258]
- Was BR und PR vom Sozialrecht wissen sollten,[259]
- Wirtschaftsausschuss,[260]
- Zusammenarbeit zwischen BR-Vors. und Stellvertreter – Verbesserung und Professionalisierung,[261]
- Zeitmanagement.[262]

Nach Ansicht des BAG kommen als Spezialwissen aber nicht in Betracht:

- Sprechwirksamkeit,[263]
- Allgemeine Grundkenntnisse des Sozial- und Sozialversicherungsrechtes.[264]

Es ist nicht notwendig, dass die Teilnahme an der Schulungsmaßnahme rückblickend gesehen objektiv wirklich erforderlich war.[265]

35 Soweit mit einer Schulungsmaßnahme für die BR-Arbeit **teils erforderliche, teils nicht erforderliche Kenntnisse** vermittelt werden, gilt nach der Rspr. des BAG grundsätzlich Folgendes: Werden im Rahmen der Schulungszeit überwiegend (mehr als 50 v.H.) erforderliche Themen behandelt, ist die gesamte Veranstaltung als erforderlich anzusehen,[266] es sei denn, dass die Themen klar voneinander abgrenzbar sind und ein zeitweiser Besuch der Veranstaltung möglich ist.[267] Der zeitweilige Besuch entsprechender Veranstaltungen dürfte jedoch nur selten möglich sein, da diese grundsätzlich nur als einheitliches Ganzes angeboten werden. Die **Teilnahme an nach Abs. 7 anerkannten Schulungsmaßnahmen** ist auch nach Abs. 6 zulässig, sofern die Teilnahme für die BR-Arbeit des betreffenden Betriebs erforderlich ist.[268]

---

258 ArbG Hamburg, dbr 10/09, 36 m. Anm. Büggel.

259 ArbG Essen, AiB 98, 581 m. Anm. v. Noll; vgl. im Übrigen die umfassende Zusammenstellung bei DKKW-Wedde, Rn. 131.

260 LAG Hamm 16.7.10 – 10 Sa 291/10, brwo, wonach § 107 Abs. 1 Satz 3 grundsätzlich einen Erstattungs- oder Freistellungsanspruch nach Abs. 6 für WA-Mitgl., die auch BR-Mitgl. sind, nicht ausschließt; LAG Berlin-Brandenburg 9.10.09 – 22 TaBV 1795/09, juris, wenn BR-Mitgl. als WA-Mitgl. nach § 108 Abs. 4, 5 dem BR zu berichten haben; LAG Hamm, 22.6.07 – 10 TaBV 25/07, brwo; AiB 06, 175, Ls., wenn BR-Mitgl. Kenntnisse nicht besitzt.

261 LAG Hamm 26.4.13 – 13 TaBV 15/13, juris, bei einer ausufernden Auseinandersetzung.

262 ArbG Fulda 11.9.96 – 1 BV 4/96 n.v.; ArbG Augsburg 17.6.96 – 8 BV 13/95 n.v.; vgl. jedoch BAG, AuR 95, 65.

263 BAG NZA 94, 190.

264 BAG, DB 03, 2344.

265 BAG, DB 75, 780; DB 75, 504; 24.7.91 – 7 ABR 12/90 n.v.

266 BAG, BB 08, 2457.

267 BAG, DB 74, 1772.

268 BAG, DB 84, 1785.

d) Beschluss des Betriebsrates

Bei dem Anspruch auf Teilnahme an einer Schulungsveranstaltung **36** nach Abs. 6 handelt es sich um einen **Anspruch des BR**, nicht des einzelnen BR-Mitgl.[269] Der BR beschließt somit darüber, ob und ggf. welche BR-Mitgl. an welcher Schulungsmaßnahme zu welchem Zeitpunkt teilnehmen. Zum Zeitpunkt der Beschlussfassung müssen dem BR zur Beurteilung der Erforderlichkeit hinreichende Informationen über den genauen Gegenstand einer bevorstehenden Schulungsveranstaltung vorliegen, da ansonsten der Beschluss unwirksam ist.[270] Dabei steht ihm ein Beurteilungsspielraum zu (Rn. 34). Ohne einen **BR-Beschluss** ist die Teilnahme von BR-Mitgl. an einer Schulungsmaßnahme nicht möglich. Ein vorangegangener Beschluss über die Teilnahme an einem anderen Seminar genügt nicht.[271] Auch ein Beschluss des BR nach dem Besuch der Schulung, in dem die Teilnahme der BR-Mitgl. gebilligt wird, begründet keinen Anspruch auf Kostentragung des AG (vgl. § 33 Rn. 4).[272] Wenn der BR einen »Seminarplan« beschließt, führt die mangelnde Erforderlichkeit bei einzelnen BR-Mitgl. nicht zur automatischen Unwirksamkeit der Entsendung der anderen BR-Mitgl.[273] Bei der **Festlegung der zeitlichen Lage** hat der BR die betrieblichen Notwendigkeiten zu berücksichtigen (aber nicht bei freigestellten BR-Mitgl.) und dem AG die Teilnahme und die zeitliche Lage der Maßnahme rechtzeitig bekannt zu geben.[274] **Rechtzeitig** ist eine Unterrichtung, die dem AG die Prüfung ermöglicht, ob die Voraussetzungen für die Gewährung einer bezahlten Freistellung vorliegen und die es ihm, falls er die betrieblichen Belange nicht für ausreichend berücksichtigt hält, ferner gestattet, die **ESt.** anzurufen.[275] Die ESt. ist ggf. unverzüglich, spätestens jedoch innerhalb von **2 Wochen** vom AG anzurufen. Sie darf nur über die Frage der Berücksichtigung der **betrieblichen Notwendigkeiten** entscheiden, nicht aber über die Erforderlichkeit.[276] Umstritten ist, ob das BR-Mitgl. die Teilnahme bis zum Spruch der ESt. zurückstellen muss, wenn der AG die ESt. angerufen hat.[277]

---

269 Vgl. DKKW-Wedde, Rn. 150 ff.; zu Musterbeschlüssen vgl. DKKW-F-Wedde, § 37 Rn. 45 ff.

270 BAG 18. 1. 12 – 7 ABR 73/10, NZA 12, 813; LAG Hamm 18. 1. 13 – 13 TaBV 60/12, brwo.

271 BAG, AiB 01, 356 m. Anm. v. Wedde.

272 BAG a. a. O. unter Aufgabe von BAG, AiB 93, 286.

273 LAG Nürnberg, AuR 02, 438.

274 Zur Teilnahme v. JAV-Mitgl. vgl. Rudolph/Dannenberg, AiB 97, 213.

275 BAG, DB 77, 1148; ArbG Berlin, AiB Newsletter 07, Nr. 10, 6, geht aus von in der Regel zwei bis drei Wochen vor der Veranstaltung.

276 HessLAG 1. 3. 06 – 8 Sa 788/05, brwo.

277 So jedoch BAG a. a. O.; zur Durchsetzung v. BR-Seminaren vgl. Peter, AiB 97, 527.

e) Entscheidung über Erforderlichkeit

37 Die Entscheidung, **ob erforderliche** Kenntnisse vermittelt werden, obliegt dem **ArbG**, nicht der ESt. Grundsätzlich bedarf das BR-Mitgl. keiner Erlaubnis oder **Zustimmung des AG** zur Teilnahme an einer Schulungsveranstaltung.[278] Das BR-Mitgl. ist grundsätzlich befugt, der Arbeit fernzubleiben. Es müssen lediglich die objektiven Tatbestandsvoraussetzungen der Erforderlichkeit der Teilnahme an der Schulungsveranstaltung vorliegen, und der Betriebsrat muss dem Arbeitgeber die Teilnahme sowie die zeitliche und örtliche Lage der Veranstaltung rechtzeitig bekannt gegeben haben.[279] Daher können BR-Mitgl. an Schulungsmaßnahmen auch dann teilnehmen, wenn der AG das ArbG angerufen hat und noch keine rechtskräftige Entscheidung vorliegt (vgl. aber Rn. 36 bei Berücksichtigung betrieblicher Belange). Ggf. kommt auch der Erlass einer **einstweiligen Verfügung** durch das ArbG auf Antrag des AG oder des BR-Mitgl. in Betracht.[280] Der BR und das BR-Mitgl. können ihre Rechte gem. § 37 Abs. 6 wahrnehmen, und das BR-Mitgl. darf, wenn der BR die Teilnahme beschlossen hat, nach erfolgter Abmeldung seinen Arbeitsplatz verlassen und an der Schulungsmaßnahme teilnehmen, auch wenn der AG widersprochen hat.[281] Der AG ist nach der Rspr. nicht bereits deshalb verpflichtet, Schulungskosten zu tragen, weil er auf eine Mitteilung des BR, ein bestimmtes BR-Mitgl. zu dieser Schulungsveranstaltung entsenden zu wollen, geschwiegen hat.[282] Notfalls kann im Wege des einstweiligen Rechtsschutzes der BR oder das BR-Mitgl. für die unmittelbar zu leistenden, ihm finanziell nicht möglichen oder zumutbaren Aufwendungen einen Vorschuss vom AG verlangen.[283]

---

278   BAG, AuR 96, 16; HessLAG 1.3.06 – 8 Sa 788/05, brwo, wonach eine Abmeldung genügt; vgl. Gorsboth, AiB 10, 381.

279   BAG 12.1.2011 – 7 ABR 94/09, brwo, NZA 11, 813; LAG Hamm 30.5.08 – 10 TaBVGa 129/07, brwo.

280   HessLAG 5.8.13 – 16 TaBVGa 120/13, juris; HessLAG, dbr 4/05, 35 zur Freistellung eines BR-Mitgl.; ArbG Bamberg 5.11.12 – 2 BVGa 3/12, AuR 13, 59; ArbG Darmstadt, AiB 02, 306; ArbG Heilbronn, AiB 02, 108; vgl. auch ArbG Bremen, AiB 00, 288, wenn der AG auf die Mitteilung des BR, dass BR-Mitgl. an einer Schulung teilnehmen sollen, unangemessen lange schweigt; ArbG Dortmund, AiB 01, 727; **a.A.** eine einstweilige Verfügung des BR verneinen: LAG Hamm 17.9.10 – 10 TaBV 26/10, brwo, in der Rechtsbeschwerde durch BAG 18.1.12 – 7 ABR 73/10, brwo offen gelassen; 21.5.08 – 10 TaBVGa 7/08, brwo; LAG Köln, DB 04, 551.

281   BAG 12.1.2011 – 7 ABR 94/09, brwo, NZA 11, 813; BAG, AiB 94, 502, nur dann nicht, wenn bei sorgfältiger objektiver Prüfung ohne weiteres erkennbar war, dass die Teilnahme nicht erforderlich war; LAG BaWü, AiB 88, 282.

282   BAG, DB 96, 145.

283   Offen gelassen vom BAG 12.1.11 – 7 ABR 94/09, brwo; HessLAG 5.8.13 – 16 TaBVGa 120/13, juris, wenn im Betrieb des AG eine Reisekostenordnung angewendet wird, aus der sich ein derartiger Anspruch ergibt.

f) Entgeltfortzahlung

Der **Anspruch** auf entsprechende **Fortzahlung des Arbeitsentgelts** **38**
und der Kostenübernahme entfällt nicht bei unterlassener oder nicht
rechtzeitiger Unterrichtung des AG durch den BR, bei Nichtvorlage
des Lehrplans oder bei nicht korrekter Bezeichnung des Lehrgangs,
sofern das BR-Mitgl. dennoch an der Schulungsveranstaltung teilnimmt und die übrigen Voraussetzungen vorliegen. Die ordnungsgemäße Unterrichtung des AG ist keine zusätzliche Anspruchsvoraus-
setzung.[284]

Eine durch generelle **Betriebsferienregelung** erfolgte zeitliche Fest- **39**
legung des Urlaubs eines BR-Mitgl. wird gegenstandslos, wenn der
BR das betreffende BR-Mitgl. zu einer in den Zeitraum der Betriebsferien fallende Schulung entsendet.[285] Für die Fortzahlung des Arbeitsentgelts gilt das **Lohnausfallprinzip**. Das bedeutet: Das BR-Mitgl.
hat Anspruch auf das Arbeitsentgelt einschl. aller Nebenbezüge, wie
z. B. Erschwernis- und Schichtzulagen, Prämien,[286] für regelmäßige
Mehrarbeit,[287] Zuschläge für Mehr-, Nacht- oder Sonntagsarbeit[288]
einschl. sog. Antrittsgebühren,[289] so als wenn das BR-Mitgl. im Betrieb
weitergearbeitet hätte. Die fortzuzahlenden Bezüge unterliegen jedoch
der **Steuer- und Sozialversicherungspflicht** (vgl. im Einzelnen
Rn. 14 ff.).[290]

Teilzeitbeschäftigten BR-Mitgl. steht grundsätzlich der gleiche **40**
Schulungsanspruch zu wie den vollzeitbeschäftigten BR-Mitgl. Dies
gilt auch für die **Entgeltfortzahlung**. Soweit wie BR-Mitgl. wegen
ihrer persönlichen Arbeitszeit, die sich sowohl hinsichtlich der Lage als
auch hinsichtlich des Umfangs der Arbeitszeit ergeben kann (z. B.
Teilzeitbeschäftigte, **Schichtarbeiter** in einem rollierenden System),
die Schulung außerhalb ihrer Arbeitszeit durchführen müssen, ist
gemäß Abs. 6 Satz 2 von einem betriebsbedingten Grund auszugehen.
Diese BR-Mitgl. haben neben dem Anspruch auf Entgelt des Weiteren
einen Freizeitausgleichsanspruch gemäß Abs. 3 für die Zeiten außerhalb ihrer persönlichen Arbeitszeit (vgl. im Einzelnen Rn. 17 ff.). Dem
steht nicht entgegen, wenn der AG in weit überwiegendem Maß nur
Teilzeit-AN beschäftigt.[291] Dieser Ausgleichsanspruch ist pro Schulungstag begrenzt auf die Arbeitszeit eines vollzeitbeschäftigten AN,
wobei nicht die durchschnittliche tägliche Arbeitszeit eines vollzeitbeschäftigten AN maßgeblich ist, sondern dessen konkrete Arbeitszeit

---

284 LAG BaWü, AiB 88, 282.
285 LAG Nds., AiB 88, 284.
286 Vgl. LAG Hamm, DB 88, 2058.
287 BAG, AuR 98, 173 m. Anm. Dieball.
288 BAG, DB 81, 427.
289 BAG, NZA 95, 588; vgl. ergänzend DKKW-Wedde, Rn. 135, 48 ff.
290 Vgl. DKKW-Wedde, Rn. 58.
291 LAG Nds 12. 9. 08 – 12 Sa 903/08, brwo.

an dem betreffenden Schulungstag.[292] Vollzeitbeschäftigt ist der AN, der einen Arbeitsvertrag über die einen Arbeitstag üblicherweise entsprechende Zeit hat. Tarifvertragliche Festlegungen können dabei als Orientierung dienen, bei Fehlen einer solchen ist sie nach der Branchenüblichkeit zu bestimmen.[293] Bei fehlenden Anhaltspunkten ist die Arbeitszeit eines vollzeitbeschäftigten AN entsprechend § 2 Abs. 1 Satz 4 TzBfG zu bestimmen. Dabei muss die betriebsübliche Arbeitszeit nicht für den ganzen Betrieb einheitlich sein. Falls dieses nicht der Fall ist, ist auf die betriebsübliche Arbeitszeit des Arbeitsbereiches oder der AN-Gruppe abzustellen, dem oder der das BR-Mitgl. angehört.[294] In diesen Rahmen gehören zu der ausgleichspflichtigen Schulungszeit auch während eines Schulungstags anfallende Pausen sowie Wege-, Fahrt- und Ruhezeiten.[295] Der Anspruch auf Entgeltfortzahlung besteht auch, wenn das BR-Mitgl. während eines **Streiks**[296] oder einer **Kurzarbeitsperiode bzw. – im Baugewerbe – an Schlechtwettertagen** an einer Schulungsmaßnahme teilnimmt (vgl. Rn. 15).[297]

g) Träger der Schulungsveranstaltung, Teilnehmer

41 Unerheblich ist, wer **Träger der Schulungsveranstaltung** ist[298] und ob außer BR-Mitgl. auch **andere Personen** teilnehmen.[299] Der BR ist bei vergleichbaren Seminarinhalten nicht gehalten, anhand einer umfassenden Marktanalyse den günstigsten Anbieter zu ermitteln und ohne Rücksicht auf andere Erwägungen auszuwählen.[300] Der Wunsch eines BR, neue BR-Mitgl. von der Gewerkschaft schulen zu lassen, hält sich innerhalb seines Beurteilungsspielraums und ist nicht zu beanstanden.[301] Schulungsmaßnahmen können auch speziell für einen Betrieb,[302] ein UN, einen Konzern, eine Konzerngruppe oder eine Branche, ggf. unter Beteiligung ausländischer betrieblicher Interessenvertr. im In- oder Ausland, durchgeführt werden (§ 40 Rn. 18 f.).[303]

---

292 BAG, DB 05, 1175.
293 BAG, NZA 05, 936; LAG Köln 18.1.13 – 10 Sa 723/12, juris, n.rk. BAG 7 AZR 502/13.
294 BAG, NZA 05, 936.
295 BAG, NZA 05, 936; umfassend dazu DKKW-Wedde, Rn. 137 m.w.N.
296 BAG, DB 91, 1465, selbst für den Fall, dass sich das BR-Mitgl. ohne die Schulung am Streik beteiligt hätte.
297 Görg, AiB 81, 124; vgl. auch DKKW-Wedde, Rn. 52, 165; a. A. BAG, DB 74, 1725; DB 87, 1845.
298 ArbG Berlin, AiB Newsletter 07, Nr. 10, 6.
299 Vgl. LAG Nürnberg, AiB 94, 118, wonach auch eine Funktionärsvers. eine erforderliche Schulungsmaßnahme i. S. dieser Vorschrift sein kann.
300 BAG 17.11.10 – 7 ABR 113/09, NZA 11, 816; HessLAG 14.5.12 – 16 TaBV 226/11, brwo.
301 HessLAG 14.5.12 – 16 TaBV 226/11, brwo.
302 LAG Berlin, BB 93, 291.
303 Vgl. ergänzend DKKW-Wedde, Rn. 127, 174, 20 f.

h) Dauer

Die **Dauer** der Schulungen ergibt sich aus der sachlichen Notwendigkeit. Eine Schulungsdauer von bis zu zwei Wochen hat das BAG[304] als erforderlich angesehen, wobei aber auch länger dauernde Schulungsveranstaltungen im Rahmen der Erforderlichkeit liegen können.[305] Entsprechendes gilt auch für mehrere einwöchige Seminare zur Vermittlung von Grundkenntnissen, verteilt auf die Amtsperiode.[306] Einer Schulungsmaßnahme an **Sonn- und Feiertagen** steht § 9 ArbZG nicht entgegen, da nach dieser Vorschrift nur berufliche Aus- und Fortbildungsveranstaltungen an Sonn- und Feiertagen grundsätzlich nicht durchgeführt werden dürfen. Dazu zählt aber gerade nicht die Fortbildung für ein Ehrenamt wie die eines BR-Mitgl. Während der Zeit der Teilnahme an einer Schulungsmaßnahme unterliegen BR-Mitgl., einschließlich der An- und Abreise, dem **gesetzlichen Unfallversicherungsschutz** nach § 2 Abs. 1 Nr. 1 SGB VII (s. Rn. 2).

Die immer noch bestehende Rechtsunsicherheit in der Anwendung der Vorschrift hat einige BR dazu gebracht, mit dem AG ein **Gesamtzeitvolumen** für Abs. 6 auszuhandeln. Es bleibt dann dem BR überlassen, wie dieser die Verteilung unter den BR-Mitgl. vornimmt.

i) Kosten

Hinsichtlich der **Kostentragungspflicht** wird auf § 40 Rn. 14 ff. verwiesen.[307]   **42**

7. Schulungs- und Bildungsmaßnahmen nach Abs. 7

Im Gegensatz zu Abs. 6 handelt es sich um einen **Individualanspruch**   **43** des einzelnen BR-Mitgl., ohne Rücksicht auf seinen konkreten Wissensstand.[308] Für die Teilnahme reicht es aus, dass die betreffende Veranstaltung von der zuständigen obersten Arbeitsbehörde des Landes als **geeignet anerkannt** ist bzw. nach Veranstaltungsbeginn anerkannt wird, sofern der Antrag rechtzeitig gestellt wurde.[309] Die Anerkennung des Veranstalters als solchem reicht hierfür nicht aus.[310] Zuständig ist die oberste Arbeitsbehörde des Landes, in dem der Veranstalter seinen Sitz hat. Es gilt somit das **Trägerprinzip**.[311] Die Schulungsmaßnahme

---

304   DB 87, 891; DB 77, 1323.

305   HessLAG 14. 5. 12 – 16 TaBV 226/11, brwo, zu 3 Wochen; HessLAG 15. 9. 05 – 9 TaBV 189/04, brwo; ArbG Kaiserslautern, AiB Newsletter 6/06, 5; DKKW-Wedde, Rn. 140 m. w. N.

306   LAG München 25. 2. 93 – 7 TaBV 89/92; ArbG Bochum 14. 12. 93 – 2 BV 16/83; LAG Nürnberg, AuR 02, 438 zu einem Jahresseminarplan.

307   Vgl. auch Peter, AiB 04, 279.

308   BAG, NZA 97, 169.

309   BAG, DB 1997, 283; NZA 96, 934; vgl. auch Peter, AiB 97, 223.

310   LAG Bremen 1. 6. 10 – 1 Sa 145/09, juris.

311   BAG, DB 75, 699; vgl. DKKW-Wedde, Rn. 179 ff.

kann auch im Ausland, ggf. nach Abs. 6, durchgeführt werden, sofern geeignete Kenntnisse i. S. dieser Vorschrift vermittelt werden, z. B. Themen zum EU-Recht, Interessenvertretung und Arbeitsrecht in den EU-Mitgliedsländern, EU-Richtlinien zum Gesundheits- und Arbeitsschutz.[312]

44 Die zu vermittelnden Kenntnisse müssen für die BR-Arbeit im weiten Sinne dienlich und förderlich[313] sein. Der sachliche Zusammenhang mit der BR-Tätigkeit darf dabei nicht zu eng gesehen werden. Nach der abzulehnenden Rspr. des BAG[314] muss, sofern sich eine Schulungsveranstaltung teilweise mit Themen befasst, die nicht i. S. dieser Vorschrift geeignet sind, entweder die Anerkennung verweigert oder durch entsprechende Nebenbestimmungen sichergestellt werden, dass die Veranstaltung in vollem Umfang geeignet ist. Nach zutreffender Auffassung reicht es aus, wenn in der Schulungsveranstaltung überwiegend geeignete Themen behandelt werden.[315] Der gesetzl. Anspruch von drei Wochen (bzw. vier Wochen für BR-Mitgl., die erstmals gewählt wurden und vorher auch nicht Mitgl. einer JAV waren) kann **zusammenhängend** oder auch in **Teilabschnitten** erfüllt werden. Auch der Anspruch nach Abs. 7 muss vom BR dem AG gegenüber geltend gemacht werden.

45 Der BR beschließt über die **zeitliche Lage**.[316] Die ESt. kann der AG auch in diesem Fall nur anrufen, wenn er die betrieblichen Notwendigkeiten für nicht ausreichend berücksichtigt hält (vgl. im Übrigen Rn. 20). Nimmt ein BR-Mitgl. unmittelbar vor dem Ende seiner Amtszeit an einer als geeignet anerkannten Schulungsmaßnahme teil, muss es nach einer überholten Auffassung des BAG darlegen, aufgrund welcher besonderen Umstände des Einzelfalles eine solche Festlegung des Zeitpunkts durch den BR noch pflichtgemäßem Ermessen entspricht,[317] bzw. prüfen, ob die vermittelten Kenntnisse noch während der Amtszeit in die BR-Arbeit eingebracht werden können.[318] Hier ist aber zu beachten, dass das BAG[319] unter Aufgabe seiner bisherigen Rspr. zu der Frage der Erforderlichkeit i. S. des § 37 Abs. 6 (vgl. Rn. 32) nunmehr auch davon ausgeht, dass kurz vor **Ablauf der Amtszeit** des BR keine anderen Anforderungen als während der laufenden Amts-

---

312 Vgl. ArbG Lüneburg 12.11.93 – 1 Ca 777/93, das die Maßnahme zutreffend als erforderlich angesehen hat; vgl. auch ArbG Stuttgart 4.4.95 – 16 BV 258/94; zu Beispielen für das Vorliegen der Geeignetheit vgl. auch DKKW-Wedde, Rn. 175.

313 Vgl. BAG, DB 94, 535.

314 NZA 94, 517.

315 So noch BAG 28.5.76, AP Nr. 24 zu § 37 BetrVG 1972; DKKW-Wedde, Rn. 176.

316 Zu Musterschreiben an AG vgl. DKKW-F-Wedde, § 37 Rn. 52.

317 BAG, AiB 93, 430.

318 BAG, BB 96, 2569.

319 BAG 17.11.10 – 7 ABR 113/09, brwo; BB 08, 2457.

zeit gelten können. Erst wenn für den BR absehbar ist, dass das zu
schulende BR-Mitgl. in seiner verbleibenden Amtszeit das vermittelte
Wissen nicht mehr benötigt, ist die Erforderlichkeit zu verneinen. Für
einen Anspruch nach § 37 Abs. 7 kann nichts anderes gelten.

Die Dauer des Anspruchs ändert sich nicht dadurch, dass die Amtszeit **46**
z. B. wegen einer außerhalb des einheitlichen Wahlzeitraumes (§ 13)
durchgeführten Wahl ausnahmsweise mehr oder weniger als vier Jahre
beträgt (str.).[320] Wird der »Bildungsurlaub« ganz oder teilweise nicht in
Anspruch genommen, verfällt er grundsätzlich mit Ablauf der Amtszeit, es sei denn, er konnte aus dringenden persönlichen oder betrieblichen Gründen nicht genommen werden. Einem nachrückenden
Ersatzmitgl. steht der Anspruch nach Abs. 7 anteilig für die verbleibende Amtszeit mit der Maßgabe zu, dass die zusätzliche Woche für
erstmals gewählte BR-Mitgl. voll zu gewähren ist. Ist die Realisierung
durch das Ersatzmitgl. in der laufenden Amtsperiode nicht mehr möglich, behält es den zusätzlichen Anspruch für erstmals gewählte BR-
Mitgl.[321] Solange das **Ersatzmitgl.** nicht gemäß § 25 Abs. 1 Satz 1 für
ein ausgeschiedenes BR-Mitgl. in den BR nachgerückt ist, hat es
keinen Anspruch auf bezahlte Freistellung für Schulungsveranstaltungen nach Abs. 7. Wegen der Entgeltfortzahlung bzw. einem Anspruch
auf Freizeitausgleich, z. B. bei teilzeitbeschäftigten BR-Mitgl. gemäß
Abs. 7 Satz 3, siehe Rn. 39, 40.

§ 38 Freistellungen

**(1) Von ihrer beruflichen Tätigkeit sind mindestens freizustel-
len in Betrieben mit in der Regel**

200 bis	500	Arbeitnehmern ein	Betriebsratsmitglied,
501 bis	900	Arbeitnehmern	2 Betriebsratsmitglieder,
901 bis	1500	Arbeitnehmern	3 Betriebsratsmitglieder,
1501 bis	2000	Arbeitnehmern	4 Betriebsratsmitglieder,
2001 bis	3000	Arbeitnehmern	5 Betriebsratsmitglieder,
3001 bis	4000	Arbeitnehmern	6 Betriebsratsmitglieder,
4001 bis	5000	Arbeitnehmern	7 Betriebsratsmitglieder,
5001 bis	6000	Arbeitnehmern	8 Betriebsratsmitglieder,
6001 bis	7000	Arbeitnehmern	9 Betriebsratsmitglieder,
7001 bis	8000	Arbeitnehmern	10 Betriebsratsmitglieder,
8001 bis	9000	Arbeitnehmern	11 Betriebsratsmitglieder,
9001 bis	10000	Arbeitnehmern	12 Betriebsratsmitglieder.

**In Betrieben mit über 10 000 Arbeitnehmern ist für je angefan-
gene weitere 2000 Arbeitnehmer ein weiteres Betriebsratsmitglied freizustellen. Freistellungen können auch in Form von
Teilfreistellungen erfolgen. Diese dürfen zusammen genom-**

320 Vgl. DKKW-Wedde, Rn. 185 m. w. N.
321 Vgl. DKKW-Wedde, Rn. 189.

men nicht den Umfang der Freistellungen nach den Sätzen 1 und 2 überschreiten. Durch Tarifvertrag oder Betriebsvereinbarung können anderweitige Regelungen über die Freistellung vereinbart werden.

(2) Die freizustellenden Betriebsratsmitglieder werden nach Beratung mit dem Arbeitgeber vom Betriebsrat aus seiner Mitte in geheimer Wahl und nach den Grundsätzen der Verhältniswahl gewählt. Wird nur ein Wahlvorschlag gemacht, so erfolgt die Wahl nach den Grundsätzen der Mehrheitswahl; ist nur ein Betriebsratsmitglied freizustellen, so wird dieses mit einfacher Stimmenmehrheit gewählt. Der Betriebsrat hat die Namen der Freizustellenden dem Arbeitgeber bekannt zu geben. Hält der Arbeitgeber eine Freistellung für sachlich nicht vertretbar, so kann er innerhalb einer Frist von zwei Wochen nach der Bekanntgabe die Einigungsstelle anrufen. Der Spruch der Einigungsstelle ersetzt die Einigung zwischen Arbeitgeber und Betriebsrat. Bestätigt die Einigungsstelle die Bedenken des Arbeitgebers, so hat sie bei der Bestimmung eines anderen freizustellenden Betriebsratsmitglieds auch den Minderheitenschutz im Sinne des Satzes 1 zu beachten. Ruft der Arbeitgeber die Einigungsstelle nicht an, so gilt sein Einverständnis mit den Freistellungen nach Ablauf der zweiwöchigen Frist als erteilt. Für die Abberufung gilt § 27 Abs. 1 Satz 5 entsprechend.

(3) Der Zeitraum für die Weiterzahlung des nach § 37 Abs. 4 zu bemessenden Arbeitsentgelts und für die Beschäftigung nach § 37 Abs. 5 erhöht sich für Mitglieder des Betriebsrats, die drei volle aufeinander folgende Amtszeiten freigestellt waren, auf zwei Jahre nach Ablauf der Amtszeit.

(4) Freigestellte Betriebsratsmitglieder dürfen von inner- und außerbetrieblichen Maßnahmen der Berufsbildung nicht ausgeschlossen werden. Innerhalb eines Jahres nach Beendigung der Freistellung eines Betriebsratsmitglieds ist diesem im Rahmen der Möglichkeiten des Betriebs Gelegenheit zu geben, eine wegen der Freistellung unterbliebene betriebsübliche berufliche Entwicklung nachzuholen. Für Mitglieder des Betriebsrats, die drei volle aufeinander folgende Amtszeiten freigestellt waren, erhöht sich der Zeitraum nach Satz 2 auf zwei Jahre.

Inhaltsverzeichnis

1. Berechnung der Schwellenzahl

Bei der Berechnung der Schwellenzahl sind Teilzeit AN nach Köpfen **1**
zu berücksichtigen und nicht nach Quoten.[1] Ebenso sind nach richtiger Ansicht Leiharbeitnehmer gem. § 7 Satz 2 zu berücksichtigen.[2]
Unter Aufgabe der bisherigen Rspr.[3] hat das BAG nun zu § 9 entschieden, dass **Leih-AN** bei der Größe des BR grundsätzlich zu
berücksichtigen sind.[4] Da die Begründung für § 38 identisch ist mit
der für § 9, ist davon auszugehen, dass das BAG seine Rspr. zu § 38[5]
auch ändern wird. Mit der Neuregelung in § 5 Abs. 1 Satz 3 sind durch
unwiderlegliche Fiktion die in privaten Betrieben beschäftigten Beamten, Soldaten und Arbeitnehmer des öffentlichen Dienstes, die in
Betrieben privatrechtlich organisierter Unternehmen (z. B. auf Grund
eines Dienstleistungsüberlassungsvertrages) tätig sind, als AN auch für
die Schwellenwerte gemäß § 38 Abs. 1 zu berücksichtigen. Dabei ist
weder auf eine Begrenzung noch auf einen dauerhaften Einsatz abzustellen.[6] Des weiteren kommt es auf die Zahl der »in der Regel«
beschäftigten AN an.[7] Zur Ermittlung der regelmäßig beschäftigten
AN vgl. im Einzelnen § 9 Rn. 2 ff. Bei den angegebenen Zahlen
handelt es sich um **Mindestfreistellungen**, über die durch TV, BV
oder Regelungsabrede hinausgegangen werden kann[8] Nach abzulehnender Auffassung des BAG[9] soll eine Verringerung der Zahl der
freizustellenden BR-Mitgl. durch BV zulässig sein.[10] Auch der BR
kann statt der völligen Freistellung eines Mitgl. mehrere BR-Mitgl.
teilweise von der Arbeit freistellen, so jetzt ausdrücklich in Abs. 1
Satz 3.[11] Die **Teilfreistellungen** dürfen im Falle der gesetzlichen
Mindestfreistellung zusammengenommen den Umfang der Mindestfreistellungen nicht überschreiten. In Fällen **divergierender Arbeitszeitmodelle** oder der Geltung mehrerer Tarifverträge mit unterschiedlichen Arbeitszeitregelungen in ein und demselben Betrieb ist

---

1 LAG Saarland, AiB 02, 129; ArbG Aachen 5. 11. 09 – 8 BV 27/09 d.
2 HessLAG 12. 8. 13 -16 TaBV 25/13, brwo; DKKW-Wedde, Rn. 9; Fitting,
   Rn. 9.
3 BAG 16. 4. 03 – 7 ABR 53/02, brwo.
4 BAG 13. 3. 13 – 7 ABR 69/11, AiB 13, 281 mit Anm. Zeibig/Priebe.
5 BAG, DB 04, 1836; AiB 04, 239; vgl. zur Kritik Ratayczak, AiB 04, 212.
6 BAG 5. 12. 12 – 7 ABR 17/11, brwo; 15. 12. 11 – 7 ABR 65/10, brwo.
7 BAG 18. 10. 11 – 1 AZR 335/10, brwo; 22. 10. 03 – 7 ABR 3/03, brwo;
   HessLAG 12. 8. 13 – 16 TaBV 25/13, juris.
8 LAG Köln 7. 10. 11 – 4 TaBV 52/11, brwo; LAG Hamm 19. 8. 09 – 10 Sa
   295/09, brwo, ArbG Köln, BB 08, 945.
9 NZA 97, 1301.
10 LAG BaWü 26. 10. 07 – 5 TaBV 1/07, brwo, ArbG Wuppertal 23. 7. 07 – 8 BV
   4/07, n. v., verlangen sachliche Gründe, um eine BV nicht als rechtsmissbräuchlich anzusehen.
11 Vgl. Peter, AiB 02, 282.

grundsätzlich auf das höchste Zeitvolumen abzustellen.[12] Die Schaffung von Teilfreistellungen erfolgt durch einfachen Mehrheitsbeschluss des BR (vgl. § 33).[13] In Betrieben **unter 200 AN** kann dem BR ebenfalls ein Anspruch auf völlige oder teilweise Freistellung von BR-Mitgl. zustehen, wenn dies zur ordnungsgemäßen Durchführung der BR-Arbeit erforderlich ist (vgl. im Übrigen § 37 Rn. 3).[14] Arbeitsbefreiungen nach § 37 Abs. 2 können selbst bei sehr umfangreicher Inanspruchnahme nicht auf Freistellungen nach Abs. 1 angerechnet werden.[15]

2. Ersatzfreistellung

2 Für zeitweilig verhinderte freigestellte BR-Mitgl. kann der BR, wenn dies für die ordnungsgemäße Durchführung seiner Aufgaben erforderlich ist, die **Ersatzfreistellung** eines anderen BR-Mitgl. beschließen,[16] die ggf. auch im einstweiligen Verfügungsverfahren durchsetzbar ist.[17] Die Notwendigkeit von Ersatzfreistellungen hat der BR im Streitfalle nach Auffassung des BAG durch Angabe konkreter Gründe näher darzulegen.[18] Auf den **GBR/KBR** findet die Vorschrift nicht entsprechend Anwendung (vgl. § 37 Rn. 3).[19]

3. Beratung mit Arbeitgeber

3 Über die Freistellungen der BR-Mitgl. entscheidet nach vorheriger **Beratung** mit dem AG allein der BR. Diese Beratung muss mit dem gesamten BR erfolgen.[20] Der BR entscheidet ebenfalls alleine, ob, wie viele und in welchem Umfang Teil- statt Vollfreistellungen erfolgen sollen.[21] Es ist allein Sache des BR, wie er sein Freistellungskontingent ausnutzt und welche BR-Mitgl. er für geeignet erachtet.[22] Will der BR über die in Abs. 1 festgelegten **Mindestzahlen** hinausgehen, weil für die Durchführung der BR-Tätigkeit weitere Freistellungen erforderlich sind, und erreicht er keine Übereinkunft mit dem AG, muss er nach Ansicht des BAG[23] eine Klärung **durch das ArbG** herbeiführen.

---

12 DKKW-Wedde Rn 19; a.A. ArbG Aachen 5.11.09 – 8 BV 27/09 d, juris, wonach maßgeblich ist, welche Arbeitszeit oder welches Arbeitszeitmodell im Betrieb überwiegt.

13 Zur konkreten Vorgehensweise Fitting, Rn. 12 a ff.

14 BAG 2.4.74, AP Nr. 10 zu § 37 BetrVG 1972.

15 ArbG Berlin 1.10.85 – 30 BV 12/85.

16 BAG, NZA 97, 782; AiB 98, 100; vgl. auch DKKW-Wedde, Rn. 23 f.

17 ArbG Frankfurt, AiB 91, 25.

18 BAG, NZA 97, 782; vgl. DKKW-Wedde, Rn. 23; kritisch auch Schneider, AiB 99, 308 ff.

19 LAG München, NZA 91, 905.

20 BAG, NZA 93, 329.

21 Zu Musterbeschlüssen vgl. DKKW-F-Wedde, § 38 Rn. 11.

22 ArbG Saarlouis 11.12.06 – 3 BV 9/06, n. v.

23 NZA 98, 164.

Richtigerweise ist dagegen dem BR die primäre Zuständigkeit über die Erforderlichkeit weitergehender Freistellungen zuzuerkennen, wobei der AG die Möglichkeit hat, gegen diese Entscheidung die ESt. anzurufen.[24] Die anderweitige Regelungsbefugnis für die aufgrund von **TV, BV** oder (formloser) Regelungsabrede[25] über die gesetzliche Mindeststaffel hinausgehenden Freistellungen bezieht sich **auf die Zahl** der ganz oder teilweise freizustellenden BR-Mitgl. und nicht auf eine abweichende Regelung des Freistellungsverfahrens.[26] Für Betriebe unter zweihundert AN ist damit die Möglichkeit gegeben, eine pauschalierte völlige oder teilweise Freistellung von BR-Mitgl. zwischen BR und AG zu vereinbaren.[27]

4. Wahl der Freizustellenden

Vor Durchführung der Wahl hat der BR zunächst darüber zu ent- **4** scheiden, ob und in welchem Umfang Vollfreistellungen durch Teil- freistellungen ersetzt werden sollen, also ob, wie viele und in welchem zeitlichen Umfang Teilfreistellungen vorgesehen werden sollen.[28] Die anschließende Wahl der Freizustellenden erfolgt **geheim** aufgrund von Wahlvorschlägen.[29] Nach den Grundsätzen der **Verhältniswahl** er- folgt die Wahl, sofern mindestens zwei Wahlvorschläge gemacht wer- den (vgl. auch § 27 Rn. 1). Wird nur ein Wahlvorschlag (Vorschlags- liste) eingereicht, oder ist nur ein BR-Mitgl. freizustellen, wird die Wahl als Mehrheitswahl durchgeführt. Jedenfalls bei Verhältniswahl erfolgt die Wahl der freizustellenden BR-Mitgl. – auch bei Voll- und Teilfreistellungen – **in einem Wahlgang**.[30] Bei **Teilfreistellungen** ist im Zusammenhang mit einer **Verhältniswahl** zu berücksichtigen, dass die aus einer Vollfreistellung aufgeteilten Teilfreistellungen der Liste zufallen, welcher die Vollfreistellung zufallen würde.[31]

Ergeben sich bei der Wahl Pattsituationen, sind diese nach Auffassung **5**

---

24   ArbG Darmstadt 5.10.78 – 2 BV 11/78.

25   LAG Köln 7.10.11 – 4 TaBV 52/11, brwo, sowie LAG Hamm 10.8.09 – 10 Sa 295/09, brwo, lassen als anderweitige Regelung ausdrücklich auch eine Rege- lungsabrede zu.

26   LAG Brandenburg 4.3.03 – 2 TaBV 22/02, juris; LAG Nürnberg, DB 91, 1178; LAG Frankfurt, DB 91, 2494; Fitting, Rn. 29.

27   LAG Hamm 10.8.09 – 10 Sa 295/09, brwo.

28   LAG BaWü 18.1.12 – 20 TaBV 1/11, brwo; LAG Brandenburg 4.3.03 – 2 TaBV 22/02, juris; DKKW-Wedde, Rn. 21.

29   Vgl. ArbG Kassel 7.6.90 – 4 BV 6/90, wonach das Wahlgeheimnis nur gewahrt ist, wenn nicht die Möglichkeit besteht, dass das Wahlverhalten eines Wählenden erkannt werden kann.

30   LAG BaWü 18.1.12 – 20 TaBV 1/11, brwo; LAG Nürnberg, DB 91, 1178; LAG Frankfurt, DB 91, 2494; vgl. ergänzend DKKW-Wedde, Rn. 34ff., 41ff.

31   LAG BaWü 25.4.13 – 21 TaBV 7/12, juris, n.rk.; BAG 7 ABR 43/13; LAG BaWü 18.1.12 – 20 TaBV 1/11, brwo; LAG Brandenburg 4.3.03 – 2 TaBV 22/02, juris; DKKW-Wedde, Rn. 21; Ratayczak, AiB 10, 296; a.A. Fitting, Rn. 43.

des BAG durch Losentscheid aufzulösen.[32] Die Wahl der freizustellenden BR-Mitgl. kann analog § 19 Abs. 2 nur innerhalb von zwei Wochen angefochten werden.[33] Dies gilt auch, wenn die nach Abs. 2 erforderliche Beratung mit dem AG unterblieb.[34] Eine Anfechtung in Folge einer unterlassenen Beratung ist aber ausgeschlossen, wenn in der Vergangenheit die BR die freizustellenden BR-Mitgl. stets ohne vorherige Beratung mit dem AG gewählt hat, und der AG dieses nicht beanstandet hat.[35] Eine Anfechtung wegen Verstoß gegen wesentliche Wahlvorschriften soll möglich sein, wenn die Freistellungswahlen vor Beginn der Amtszeit des neu gewählten BR erfolgt sind, z. B. auf der konstituierende Sitzung nach § 29 Abs. 1.[36] Einzelne oder mehrere BR-Mitglieder können die Wahl binnen einer Frist von zwei Wochen nach Bekanntgabe des Wahlergebnisses **anfechten**. Bekanntgabe ist bei der Freistellungswahl die Feststellung des Wahlergebnisses durch den BR. Wenn ein anfechtungsberechtigtes BR-Mitgl. verhindert war, beginnt **nur** für dieses Mitgl. die Anfechtungsfrist mit der Kenntniserlangung von der Wahl und dem Wahlergebnis.[37] Zur Nichtigkeit vgl. § 19 Rn. 2.

6 Der BR hat dem AG die Namen der **Freizustellenden** mitzuteilen. Hält der AG den Beschluss des BR für sachlich nicht vertretbar, kann er innerhalb von zwei Wochen die **ESt.** anrufen. Betriebliche Notwendigkeiten sind nur dann anzuerkennen, wenn dringende betriebliche Gründe bestehen, die den zwingenden Vorrang vor dem Interesse des BR an der Freistellung gerade dieses BR-Mitgl. haben.[38] Durch den **Spruch der Est.** (bzw. Einigung in der ESt.) wird die Einigung zwischen BR und AG ersetzt. Bestätigt die ESt. jedoch nicht den Beschluss des BR, muss sie andere freizustellende BR-Mitgl. bei Abwägung zwischen einer ordnungsgemäßen BR-Arbeit und der betrieblichen Notwendigkeiten sowie unter Beachtung der Minderheitenregelung bestimmen.[39]

7 Ist der Beschluss des BR wirksam geworden, sind die freigestellten BR-Mitgl. nicht mehr zur Erbringung ihrer Arbeitsleistung verpflichtet. Damit entfällt auch das **Direktionsrecht** des AG. Deshalb können einem freigestellten BR-Mitgl. bestimmte Anwesenheitszeiten im Betrieb durch den AG nicht vorgeschrieben werden, sofern die BR-Tätigkeit in den betriebsüblichen Arbeitszeiten verrichtet wird.[40] Die

---

32 BAG, DB 93, 334.
33 BAG 20.04.05 – 7 ABR 47/04, brwo; AiB 93, 234 m. Anm. v. Grimberg.
34 Vgl. LAG Berlin, AuR 95, 469.
35 ArbG Köln, BB 08, 945.
36 LAG Hamburg 23.7.07 – 3 TaBV 13/06, juris.
37 BAG, DB 05, 2416.
38 LAG BaWü 26.10.07 – 5 TaBV 1/07, brwo.
39 DKKW-Wedde, Rn. 51 ff.
40 ArbG Nienburg, AiB 00, 289.

Dauer der Freistellung erfolgt in der Regel für die gesamte Amtszeit des Betriebsrats.[41]

5. Abberufung, Rücktritt

Die **Abberufung** (vgl. § 27 Rn. 4) – gleiches gilt auch für den **Rücktritt** – von der Freistellung ist jederzeit ohne Angabe von Gründen möglich.[42] Eine geheime Abstimmung ist gesetzlich (§§ 38 Abs. 2 Satz 8, 27 Abs. 1 Satz 5) nur vorgeschrieben, wenn die Wahl der freigestellten BR.-Mitgl. nach den Grundsätzen der **Verhältniswahl** erfolgt ist. In diesem Fall bedarf die Abwahl auch einer Mehrheit von drei Vierteln der Stimmen der BR.-Mitgl.[43] Grundsätzlich ist in diesem Fall das ersatzweise freizustellende BR.-Mitgl. in entsprechender Anwendung des § 25 Abs. 2 Satz 1 der Vorschlagsliste zu entnehmen, der das zu ersetzende Mitglied angehört.[44] Bei Erschöpfung der Liste ist das ersatzweise freizustellende BR.-Mitgl. im Wege der Mehrheitswahl neu zu wählen.[45] Im Fall der **Mehrheitswahl** reicht für die Abberufung die einfache Stimmenmehrheit des BR. Dem BR bleibt es unbenommen, mehrere oder alle freigestellten BR.-Mitgl. abzuberufen und eine Nach- bzw. Neuwahl durchzuführen.

Ein abberufenes BR.-Mitgl. kann sich gegen seine Abwahl mit einer einstweiligen Verfügung wehren und eine vorläufige Duldung seines weiteren Tätigwerdens verlangen, wenn die Abwahl unter einem schwerwiegenden Mangel leidet, z. B. wegen einer nicht ordnungsgemäßen Beschlussfassung.[46]

Erforderlich werdende **Nachwahlen** finden unabhängig davon, ob die Freizustellenden in Verhältnis- oder Mehrheitswahl gewählt wurden, durch **Mehrheitswahl** statt, wenn die Liste erschöpft ist, der der bisher Freigestellte angehört hat.[47] Einer Neuwahl sämtlicher freizustellender BR.-Mitgl. bedarf es selbst dann nicht, wenn die ursprüngliche Wahl nach den Grundsätzen der Verhältniswahl stattgefunden hat.[48] Ist die Liste, der der bisher Freigestellte angehört hat, noch nicht erschöpft, ist das ersatzweise freigestellte BR.-Mitgl. als **Nachrücker** der Vorschlagsliste zu entnehmen, der das zu ersetzende BR.-Mitgl. angehörte.[49]

Wird im Laufe der BR.-Amtszeit eine **Erhöhung der Zahl der Freistellungen** notwendig, so findet eine isolierte Neuwahl nach den Grundsätzen der Mehrheitswahl nur dann statt, wenn auch die bishe-

8

8a

---

41   BAG 20.4.05 – 7 ABR 47/04, juris; LAG RP 14.5.13 – 6 SaGa 2/13, brwo.
42   LAG Hamburg 7.8.12 – 2 TaBV 2/12, brwo.
43   BAG, DB 05, 2416; NZA 93, 329.
44   BAG 20.4.05 – 7 ABR 44/04, brwo.
45   LAG Hamburg 7.8.12 – 2 TaBV 2/12, brwo.
46   ArbG Weiden 1.6.10 – 6 BVGa 8/10, juris.
47   BAG, NZA 05, 1013, BB 02, 1318; DKKW-Wedde, Rn. 60 m. w. N.
48   BAG, BB 02, 1318.
49   BAG, DB 05, 2416; DB 02, 1165.

rigen freigestellten BR-Mitgl. nach den Grundsätzen der Mehrheitswahl gewählt worden sind. Ist die Erstwahl nach den Grundsätzen der Verhältniswahl erfolgt, müssen alle freigestellten BR-Mitgl. neu gewählt werden, um eine Wahl nach den Grundsätzen der Verhältniswahl zu ermöglichen.[50] Es bedarf dazu nicht einer vorherigen Abberufung der bisherigen freigestellten BR-Mitgl. **Sinkt die Belegschaftsstärke auf Dauer** ab – also nicht nur vorübergehend –, ist deshalb die Zahl der freigestellten BR-Mitgl. zu reduzieren, es sei denn, die Aufgaben des BR haben sich nicht entsprechend reduziert.[51] Alle Freizustellenden sind neu zu wählen, es bedarf dazu keiner Beschlussfassung etwa mit einer dreiviertel Mehrheit.[52]

6. Umfang der Arbeitspflicht

8b Die freigestellten BR-Mitgl. sind grundsätzlich von ihrer gesamten **Arbeitspflicht freigestellt**, Teilfreigestellte anteilsmäßig. Sie unterliegen nicht dem Direktionsrecht des AG hinsichtlich der Arbeitsleistung. Anstelle der Arbeitspflicht tritt die Verpflichtung des BR-Mitgl. während seiner arbeitsvertraglichen Arbeitszeit im Betrieb am Sitz des BR anwesend zu sein und sich dort für anfallende Betriebsratsarbeit bereitzuhalten.[53] Insbesondere kann der AG Anwesenheitszeiten nicht vorgeben, wenn BR-Tätigkeit zu den betriebsüblichen Arbeitszeiten erfolgt.[54] Das freigestellte BR-Mitgl. muss während der betriebsüblichen Arbeitszeiten im Betrieb erreichbar sein und die BR-Tätigkeit im Rahmen der allg. Vorgaben grundsätzlich so einteilen, wie es seiner Ansicht nach für die ordnungsgemäße Durchführung seiner Aufgaben erforderlich ist.[55] Betriebsübliche Zeiten sind solche Zeiten, in denen im Betrieb oder in einzelnen Abteilungen gearbeitet wird.[56] Wenn in einem Betrieb eine BV die Anwendung eines Zeiterfassungssystems regelt, gilt diese auch grundsätzlich für das freigestellte BR-Mitgl., und ihm ist die Teilnahme am Arbeitszeiterfassungssystem nach dieser BV zu ermöglichen.[57] Mit der Freistellung kann sich auch der Arbeitsort (Leistungsort) ändern, wenn der bisherige Arbeitsort nicht identisch mit dem Sitz des BR ist. Der **Leistungsort** wird infolge der Freistellung verändert.[58] Nach abzulehnender Rspr. des

50 BAG, NZA 05, 1013; Hess LAG 28.5.09 – 9 TaBV 20/09, juris.
51 LAG Köln, AiB 89, 165 mit Anm. Grimberg; Fitting, Rn. 17, 19; DKKW-Wedde, Rn. 10.
52 BAG, DB 93, 1527.
53 BAG, Beschluss 10.7.13 – 7 ABR 22/12, juris.
54 LAG Hamm 20.3.09 – Sa 1407/08, juris.
55 LAG Hamm 20.3.09 – Sa 1407/08, juris.
56 LAG Rheinland-Pfalz 8.11.07 – 9 TaBV 37/07, brwo; ArbG Nienburg, AiB 00, 289.
57 BAG 10.7.13 – 7 ABR 2212, DB 13,2571; LAG München 2.2.12 – 3 TaBV 56/11, brwo.
58 BAG, DB 91, 2594.

BAG[59] sind die höheren Fahrtkosten zwischen dem Sitz des BR, der weiter entfernt ist als der Arbeitsort, und dem Wohnort eines freigestellten BR-Mitgl. vom AG nicht nach § 40 Abs. 1 zu erstatten; diese Erstattung würde gegen das Begünstigungsverbot des § 78 verstoßen (vgl. § 37 Rn. 14 bei einer pauschalen Freistellung nach § 37 Abs. 2). Diese Rspr. ist noch weniger verständlich, wenn das BVerwG[60] zum PersVG genau zu der entgegen gesetzten Auffassung gelangt. Im Fall eines hessischen PR-Mitgl., das freigestellt ist, ist Trennungsgeld für den gleichen Fall in Form der Fahrkostenerstattung, Wegstreckenoder Mitnahmeentschädigung anerkannt worden, und zwar genau mit der Begründung, dass ansonsten gegen das Benachteiligungsverbot verstoßen würde.

Hinsichtlich des **Urlaubs** gelten für ein freigestelltes BR-Mitgl. die Regelungen, die anzuwenden wären, wenn keine Freistellung vorliegen würde.[61] Das BR-Mitgl. hat Anspruch auf Überlassung eines **Firmenfahrzeuges** zur privaten Nutzung, wenn der AG ihm vor der Freistellung ein Firmenfahrzeug – auch zur privaten Nutzung – zur Verfügung gestellt hat.[62] Eine Nutzung des Firmenfahrzeuges scheidet aber dann aus, wenn das Fahrzeug ausschließlich zur dienstlichen Nutzung, nicht jedoch zur privaten Nutzung zur Verfügung stand.[63]

7. Verdienst- und Tätigkeitsschutz

Das freigestellte BR-Mitglied hat Anspruch auf das **Arbeitsentgelt,** 9 das es bei Ausübung seiner beruflichen Tätigkeit erhalten würde, insoweit gilt das Gleiche wie für vorübergehend von der Arbeit befreite BR-Mitglieder (**§ 37 Rn. 14**). In der Praxis ist vereinzelt eine betriebliche Präzisierung der Vergütungskriterien unter entsprechender Zuordnung der jeweiligen freigestellten BR-Mitgl. oder der Funktionen anzutreffen. Solche **Regelungen**, z.B. in der Form einer Regelungsabrede, haben sich als sinnvoll erwiesen. Denn die fiktive Nachzeichnung des beruflichen Werdegangs ohne Freistellung und die damit verbundene Darlegungs- und Beweislast in einem gerichtlichen Verfahren stellt das betroffene BR-Mitgl. vor fast unlösbare Aufgaben, so dass eine gerichtliche **Durchsetzung eines höheren Entgeltanspruches** bei **betriebsüblicher beruflicher Entwicklung** i.S.v. § 37 Abs. 4 fast unmöglich ist (vgl. auch § 37 Rn 24).[64] Da die gesetz-

59 BAG, AiB 08, 53. mit kritischer Anm. Schneider; LAG Sachsen 15.5.12 – 7 TaBV 22/11, juris, n.rk. BAG 7 ABR 55/12.

60 BVerwG, PersR 07, 387.

61 BAG, DB 03, 1963.

62 BAG, DB 04, 2702.

63 BAG 25.2.09 – 7 AZR 954/07, brwo, im Falle der ausschließlichen Nutzung als Kundendienstfahrzeug.

64 Vgl. nur BAG 14.7.10 – 7 AZR 359/09, brwo, im Falle eines PR-Mitgl., für das dieselben Kriterien wie für ein BR-Mitgl. gelten; Cox, AiB 10, 452.

§ 38   Freistellungen

liche Regelung völlig unbefriedigend ist, ist der Gesetzgeber letztlich gefordert. Solche generellen Vergütungsrichtlinien für freigestellte BR-Mitgl. sollten den Beschäftigten bekannt gegeben werden und für sie nachvollziehbar sein, denn eine solche Transparenz wirkt vertrauensbildend. Gleichzeitig ist es auch für Beschäftigte wichtig, die eine Kandidatur zum BR in Betracht ziehen, diese Transparenz über ihre zukünftige berufliche Entwicklung sowie ihre Entgeltentwicklung zu erhalten.

AG und BR können sich über eine aus ihrer Sicht in gewissem Umfang erforderliche Mehrarbeit von BR-Mitgl. verständigen, wobei ein freigestelltes BR-Mitgl. grundsätzlich nicht auf einen vorrangigen Freizeitausgleich verwiesen werden kann. Vereinbarungen der Betriebsparteien über die **pauschale Abgeltung von Mehrarbeit**, die von Betriebsräten geleistet wird, sind zulässig, wenn die zugrunde liegenden Annahmen nicht »realitätsfremd« sind, und die Pauschalierung lediglich der praktischen Unmöglichkeit von Einzelnachweisen und/oder der wirtschaftlichen Unzumutbarkeit entsprechender Kontrollen durch den AG Rechnung tragen soll.[65] Zum **pauschalen Ersatz** regelmäßig entstehender Auslagen und Aufwendungen s. im Einzelnen § 37 Rn. 1 sowie § 78 Rn. 5.

Der in § 37 Abs. 4, 5 geregelte **Verdienst- und Tätigkeitsschutz** (vgl. § 37 Rn. 24 ff.) wird auf zwei Jahre verlängert, wenn ein BR-Mitgl. über drei volle aufeinander folgende Amtszeiten von der Arbeit freigestellt war. Für den Anspruch auf den erhöhten nachwirkenden Schutz kommt es nicht auf die Beendigung der Amtszeit an, sondern auf den Ablauf der Amtszeit des BR, mit der das Mitgl. aus dem BR ausscheidet.[66]

8. Teilnahme an Maßnahmen der Berufsbildung

10 Damit freigestellte BR-Mitgl. den Anschluss an ihre **berufliche Entwicklung** nicht verlieren, muss der AG ihnen die Teilnahme an inner- und außerbetrieblichen Maßnahmen der Berufsbildung auch während der Amtszeit ermöglichen.[67] Darüber hinaus ist freigestellten BR-Mitgl. nach Beendigung ihrer Freistellung innerhalb eines Jahres bzw. zwei Jahren Gelegenheit zu geben, eine wegen der Freistellung unterbliebene betriebsübliche berufliche Entwicklung nachzuholen.[68] Dies gilt auch, wenn nur die Freistellung und nicht die Tätigkeit im BR endet. Es kommen auch außerbetriebliche Maßnahmen in Betracht, deren Kosten der AG zu tragen hat.

---

65 Waas, S. 40.
66 Vgl. dazu DKKW-Wedde, Rn. 83.
67 BAG, NZA 91, 694; Rudolph, AiB 10, 734; Cox/Kölbach, AiB 10, 731 zu Teilnahmeschreiben vgl. DKKW-F-Wedde, § 38 Rn. 15.
68 Zu Musterschreiben vgl. DKKW-F-Wedde, § 38 Rn. 15.

§ 39 Sprechstunden

(1) Der Betriebsrat kann während der Arbeitszeit Sprechstunden einrichten. Zeit und Ort sind mit dem Arbeitgeber zu vereinbaren. Kommt eine Einigung nicht zustande, so entscheidet die Einigungsstelle. Der Spruch der Einigungsstelle ersetzt die Einigung zwischen Arbeitgeber und Betriebsrat.

(2) Führt die Jugend- und Auszubildendenvertretung keine eigenen Sprechstunden durch, so kann an den Sprechstunden des Betriebsrats ein Mitglied der Jugend- und Auszubildendenvertretung zur Beratung der in § 60 Abs. 1 genannten Arbeitnehmer teilnehmen.

(3) Versäumnis von Arbeitszeit, die zum Besuch der Sprechstunden oder durch sonstige Inanspruchnahme des Betriebsrats erforderlich ist, berechtigt den Arbeitgeber nicht zur Minderung des Arbeitsentgelts des Arbeitnehmers.

1. Einrichtung von Sprechstunden

Über die Notwendigkeit der Durchführung von Sprechstunden entscheidet allein der BR. Eine Vereinbarung zwischen BR und AG muss lediglich hinsichtlich des **Ortes** und der zeitlichen **Lage** herbeigeführt werden.[1] Bei keiner Einigung entscheidet die ESt. Über die Dauer der Sprechstunden entscheidet der BR allein, wobei er die Erforderlichkeit und Verhältnismäßigkeit zu berücksichtigen hat.[2] Den BR-Mitgl., denen die Durchführung der Sprechstunden obliegt, ist **Arbeitsbefreiung** nach § 37 Abs. 2 zu gewähren, soweit sie nicht nach § 38 freigestellt sind.[3] Werden die Sprechstunden aus betriebsbedingten Gründen außerhalb der Arbeitszeit durchgeführt, findet § 37 Abs. 3 Anwendung.[4] Lediglich die Einrichtung und Abhaltung von Sprechstunden rechtfertigt jedoch nicht die **pauschale Freistellung** eines BR-Mitgl.[5]

1

In den Sprechstunden können **alle Angelegenheiten** behandelt werden, die in den Aufgabenbereich des BR fallen und in unmittelbarem Zusammenhang mit dem Arbeitsverhältnis stehen. Hierzu gehört auch die Behandlung von **Beschwerden** (§ 85) und die Entgegennahme

2

---

1   Zu Muster BV vgl. DKKW-F-Wedde, § 39 Rn. 11.
2   DKKW-Wedde, Rn. 11; a. A. Fitting, Rn. 11.
3   Fitting, Rn. 8.
4   Fitting, Rn. 16; DKKW-Wedde, Rn. 14.
5   BAG, AiB 92, 456.

von **Anregungen** (§ 80 Abs. 1 Nr. 3). Eine **Erörterung von Rechtsfragen** im Rahmen der Aufgaben des BR ist nach dem seit dem 1. 7. 08 geltenden RDG zulässig.[6] Dieses betrifft aber nicht jede Art von Beratung. Vielmehr wird durch § 2 Abs. 3 Nr. 3 RDG nur die Erörterung der die Beschäftigten berührenden Rechtsfragen erlaubt, soweit ein Zusammenhang zu den Aufgaben des BR besteht. Danach ist nur eine Erstberatung zulässig, die auch wegen der Haftungsfragen für den BR nicht ausgedehnt werden sollte.[7] Die ausführliche Rechtsberatung sollte durch den gewerkschaftlichen Rechtsschutz bzw. durch Rechtsanwälte erfolgen.

2. Sprechstunden der JAV

3 In Betrieben, die in der Regel mehr als 50 jugendliche AN und Auszubildende beschäftigen, kann die **JAV** Sprechstunden während der Arbeitszeit einrichten. Zeit und Ort sind zwischen BR und AG zu vereinbaren.[8]

3. Sonstige Inanspruchnahme des Betriebsrats

4 Der AN ist berechtigt, Sprechstunden des BR aufzusuchen oder auch den BR **außerhalb der Sprechstunden** in Anspruch zu nehmen, wenn dies erforderlich ist.[9] Er braucht dem AG den Anlass seines Besuches nicht mitzuteilen. Ein Verlust an Arbeitsentgelt entsteht nicht. Der AN hat sich lediglich ordnungsgemäß **abzumelden** sowie nach Rückkehr wieder anzumelden. Verweigert der AG ohne triftigen Grund den Besuch der Sprechstunden, kann der AN bei vorliegender Erforderlichkeit auch gegen den Widerspruch des AG die Sprechstunden aufsuchen.

5 Die **kollektive Inanspruchnahme** des BR – mehrere AN zur gleichen Zeit – ist z. B. zur Information über den Stand wichtiger betrieblicher Fragen zulässig.[10] Im Rahmen ihrer Unterstützungsfunktion nach § 2 Abs. 1 können die im Betrieb vertretenen Gew. in die Sprechstunden einbezogen werden, z. B., um durch Beauftragte bei der Auslegung von TV behilflich zu sein.[11]

6 Der AG ist verpflichtet, das **Entgelt**, ggf. einschl. aller Zulagen und Zuschläge, fortzuzahlen, wenn der AN die Sprechstunde des BR

---

6 Vgl. im Einzelnen Düwell, dbr 08, Heft 7, 16.
7 Zur Haftung s. Schwab, AiB 08, 571.
8 Vgl. im Übrigen § 69; DKKW-Wedde, Rn. 20 ff.
9 BAG, DB 83, 2419; vgl. auch LAG Berlin 3. 11. 80, EzA § 39 BetrVG 1972 Nr. 1.
10 LAG Hamburg 28. 7. 82 – 5 Sa 23/82; ArbG Darmstadt 2. 10. 86 – 2 Ca 191/86; a. A. LAG Frankfurt 11. 11. 87 – 8 Sa 203/87; LAG Nds., NZA 87, 33, wenn sich die AN über den Stand von tariflichen Schlichtungsverhandlungen informieren wollen; ArbG Osnabrück, NZA 95, 1013.
11 LAG BaWü, BB 74, 1206; DKKW-Wedde, Rn. 9.

aufsucht oder den BR sonst wie in Anspruch nimmt. Dabei muss die Inanspruchnahme des BR erforderlich sein.[12]

§ 40 Kosten und Sachaufwand des Betriebsrats

(1) Die durch die Tätigkeit des Betriebsrats entstehenden Kosten trägt der Arbeitgeber.

(2) Für die Sitzungen, die Sprechstunden und die laufende Geschäftsführung hat der Arbeitgeber in erforderlichem Umfang Räume, sachliche Mittel, Informations- und Kommunikationstechnik sowie Büropersonal zur Verfügung zu stellen.

1. Erforderlichkeit der Kosten

Nach Auffassung des BAG sind nur solche Kosten erstattungsfähig, **1** deren Aufwendung der BR unter Anlegung eines verständigen Maßstabs für erforderlich halten konnte.[1] In Höhe dieser Kosten hat der BR einen Freistellungsanspruch gegenüber der AG. Dazu gehören[2] z.B.: **Kosten für die laufende Geschäftsführung**, einschließlich **Post-, Fernsprech- und Telefaxgebühren** (vgl. Rn. 10 ff.).[3] Erstattungsfähig sind auch solche Kosten, die im Zusammenhang mit dem Abschluss eines Vertrages zwischen dem BR und einem Dritten (z.B. einem Rechtsanwalt, einem Sachverständigen bzw. Berater, vgl. § 40 Rn. 5 und 6) auf der Grundlage eines BR-Beschlusses entstehen und erforderlich sind. Einen wirksamen Beratungsvertrag kann der BR mit der Beratungsgesellschaft im eigenem Namen abschließen, denn er ist

---

12 DKKW-Wedde, Rn. 23; zu Musterschreiben vgl. DKKW-F-Wedde, § 39 Rn. 10.
1 BAG, NZA 08, 546.
2 Vgl. DKKW-Wedde, Rn. 15 ff., 44 ff.; Roos, AiB 98, 188.
3 Zu Musterschreiben vgl. DKKW-F-Wedde, § 40 Rn. 11 ff.

teilrechtsfähig und teilvermögensfähig, soweit er innerhalb des ihm vom BetrVG zugewiesenen Wirkungskreises tätig wird (a. A. noch Vorauflage Rn. 5).[4] Innerhalb dieses Wirkungsbereiches kann der BR berechtigt und verpflichtet werden. Ein »überschießender« Vertrag (z. B. überschreitet der Beratungs- und Zeitaufwand des Sachverständigen das erforderliche Maß, oder die im Vertrag vereinbarte Vergütungshöhe für den Berater den marktüblichen Tarif) ist teilunwirksam, und der BR wird hinsichtlich des »überschießenden« Teils nicht verpflichtet. Eine **Haftung des BR** scheidet aus.[5] Hinsichtlich des »überschießenden« Vertragsteils **haften die BR-Mitgl. nicht** unmittelbar und zusätzlich für Verpflichtungen des BR, da diese Risiken und finanziellen Belastungen der BR-Mitgl. im völligen Widerspruch zur Ausgestaltung des BR-Amtes als unentgeltliches Ehrenamt stehen.[6] Zur Haftung von BR-Mitgl., die nach außen für den Betriebsrat handeln s. § 26 Rn. 6.

Die Kostentragungspflicht des AG besteht auch für die Tätigkeit eines BR, dessen Wahl angefochten worden ist, und zwar auch im Falle der Nichtigkeit, wenn die Nichtigkeit auf einer nicht offenkundigen Verkennung des Geltungsbereiches des BetrVG (§ 118 Abs. 2) beruht.[7] Die bei Ablauf der Amtszeit des BR vom AG noch nicht erfüllten Kostenfreistellungsansprüche gehen mangels neuem BR nicht unter. Der BR bleibt auch **nach Amtszeitende** befugt (analog § 22), noch nicht erfüllte Kostenerstattungsansprüche gegen den AG weiter zu verfolgen und an den Gläubiger abzutreten.[8] Ansonsten wird der neue BR Funktionsnachfolger des alten BR. Im Rahmen des Restmandates (§ 21 b) sind dem BR die erforderlichen Sachmittel und Räume zur Verfügung zu stellen wie bei einem Vollmandat.[9] Bei einem Übergangsmandat (§ 21 a) haben sowohl der AG des Ursprungsbetriebes als auch der AG des übernehmenden Betriebes die Kosten des BR gesamtschuldnerisch zu tragen.[10] Bei einem gemeinsamen Betrieb (§ 1 Abs. 2) haben die an dem Betrieb beteiligten AG die Kosten des BR ebenfalls gesamtschuldnerisch zu tragen.[11]

---

4   BGH, AiB 13,385 mit Anm. Ratayczak; BAG 19.1.10, NZA 2010, 592; DKKW-Wedde, Einleitung Rn. 141, 142.

5   BAG, NZA 1987, 100; DKKW-Wedde, Einleitung Rn. 141, 142.

6   BGH, AiB 13,385 mit Anm. Ratayczak; a. A. BAG, NZA 1987, 100.

7   BAG, NZA 98, 1133; LAG Köln 10.11.05 – 5 TaBV 42/05, brwo, zur Kostenerstattung für nicht wirksam bestellten GBR, wenn die Bildung des GBR nicht offenkundig unzulässig war; LAG München, AuA 07, 441 sowie LAG Hamburg 5.4.07 – 2 TaBV 12/06, juris, bejahen Kostenerstattung eines in den KBR entsandten BR-Mitgl., wenn noch nicht abschließend die wirksame Errichtung des KBR geklärt ist.

8   BAG, BB 02, 2282.

9   LAG Bremen, AuR 05, 421 m. Anm. Buschmann.

10 ArbG Leipzig, NZA-RR 07, 25.

11 BAG, NZA 90, 230.

Die Kosten für **Dolmetscher** hat der AG zu tragen, wenn diese zur **2** Verständigung mit ausländischen AN, z.B. in den Sprechstunden, Sitzungen oder Betriebsversamml., benötigt werden.[12] Gleiches gilt für die **Übersetzung** von Schriftstücken für ausländische AN oder ggf. des Tätigkeitsberichts des BR nach § 43, insbesondere in Betrieben mit zahlreichen ausländischen AN,[13] bzw. von Unterlagen für die GBR-Mitgl. ins Deutsche in einem Konzern, in dem Englisch Konzernsprache ist (vgl. auch Rn. 7).[14]

Die Kosten eines **schriftlichen Tätigkeitsberichts** hat der AG zu **3** übernehmen, wenn z.B. ein nicht unerheblicher Teil der Belegschaft verhindert ist, an der Betriebsversamml. teilzunehmen.[15] Entsprechendes kann für eine **Fragebogenaktion**[16] bzw. Kosten für ein betriebliches **Informationsblatt** des BR gelten.[17]

2. Reisekosten

Zu den vom AG zu tragenden Aufwendungen zählen auch **Reise-** **4** **kosten**,[18] einschl. der notwendigen Kosten für angemessene **Unterkunft und Verpflegung**,[19] die das BR-Mitgl. zur Durchführung konkreter BR-Tätigkeit aufgewendet hat.[20] Für Fahrten zwischen der Wohnung des BR-Mitgl. und dem Betrieb gilt dies nur für den Fall, dass das BR-Mitgl. ohne die konkret zu erledigende BR-Tätigkeit den Betrieb nicht hätte aufsuchen müssen.[21] Befinden sich BR-Büro und Arbeitsplatz des BR-Mitgl. nicht am selben Ort, so sind auch die notwendigen Fahrtkosten zwischen Arbeitsplatz und BR-Büro gemäß § 40 Abs. 1 BetrVG zu erstatten und die Reisezeit als Arbeitszeit zu werten.[22] Dieses gilt entsprechend für den GBR, KBR und WA. Die Regelung gilt auch während der ohne Erwerbstätigkeit in Anspruch genommenen Elternzeit des BR-Mitgl.[23] Besteht im Betrieb eine für die AN verbindliche **Reisekostenregelung**, gilt diese grundsätzlich auch für Reisen von BR-Mitgl. (s.

---

12 LAG Düsseldorf 30.1.81, EzA § 40 BetrVG 1972 Nr. 49; ArbG Stuttgart, AiB 86, 168; zu Musterschreiben vgl. DKKW-F-Wedde, § 40 Rn. 12.

13 ArbG München, BB 74, 118; Fitting, Rn. 19.

14 ArbG Frankfurt, AiB 97, 678.

15 LAG BaWü, AuR 84, 54.

16 BAG, AuR 77, 121.

17 BAG, DB 79, 751; vgl. auch OVG Nordrhein-Westfalen, PersR 94, 429; vgl. ferner LAG Düsseldorf 1.3.91 – 10 TaBV 124/90, das jedoch eine regelmäßige Erscheinungsweise ablehnt.

18 Zu Musterschreiben vgl. DKKW-F-Wedde, § 40 Rn. 14 f.

19 ArbG Darmstadt, AiB 88, 285.

20 BAG, AiB 08, 423 m. Anm. Rudolph.

21 BAG a.a.O.

22 LAG SH 16.2.12 – 4 TaBV 28/11, juris.

23 BAG, NZA 05, 1002 zu Fahrtkosten.

§ 37 Rn. 20).[24] Zur Fahrtkostenerstattung eines freigestellten BR-Mitgl., dessen ursprünglicher Arbeitsort näher am Wohnort ist als der Sitz des BR, s. § 38 Rn. 8. BR-Mitgl. sind grundsätzlich nicht verpflichtet, im Privatwagen eines BR-Kollegen aufgrund vielfältiger Risiken und Probleme mitzufahren.[25] Erstattungsfähig sind Fahrtkosten eines BR-Mitgl., das die Filialen über die Möglichkeit einer Abstimmung über die Teilnahme an der BR-Wahl informiert. Wenn BR-Mitgl. anlässlich einer erforderlichen Dienstreise eine Fahrgemeinschaft bilden, muss hinsichtlich der entstehenden Kosten ein Gesamtvergleich durchgeführt werden. Nur so kann berücksichtigt werden, dass möglicherweise höhere Kosten anfallen (z. B. durch Anmietung eines Mietwagens oder erforderliche Umwege, um die anderen BR-Mitgl. abzuholen und wieder abzusetzen), während für andere BR-Mitgl. keinerlei Kosten anfallen.[26]

3. Kosten der Rechtsverfolgung

5   Die Kosten für die Hinzuziehung eines **Rechtsanwalts**, z. B. für eine Prozessvertr.[27] bzw. als Beisitzer in einer ESt. (vgl. § 76a Rn. 2),[28] sind vom AG zu tragen, wenn der BR bei pflichtgemäßer und verständiger Abwägung aller Umstände die Hinzuziehung für notwendig halten konnte und dazu einen ordnungsgemäßen Beschluss gefasst hat (vgl. im Einzelnen § 33 Rn. 4). Dazu zählen ebenfalls die Kosten für einen Rechtsanwalt, dessen Heranziehung in einer **außergerichtlichen Angelegenheit des BetrVG** der BR in Wahrnehmung seiner betriebsverfassungsrechtlichen Rechte für erforderlich halten durfte.[29] Die Kostentragungspflicht entfällt bei einer offensichtlich aussichtslosen oder mutwilligen Rechtsverfolgung durch den BR.[30] Er hat wie jeder, der auf Kosten eines anderen handeln kann, die Maßstäbe

24   BAG, AuR 74, 346; DB 75, 1707; vgl. zum Ausgleichsanspruch nach § 37 Abs. 2 bei Reisezeiten BAG, NZA 04, 171.
25   ArbG Marburg, AuR 93, 62; vgl. auch BAG, AuR 93, 120, wenn die Mitfahrt nicht zumutbar erscheint, z. B. wenn die begründete Besorgnis besteht, dass sich der Mitfahrende in besondere Gefahr begibt; vgl. auch ArbG Nürnberg, AiB 96, 248, wonach BR-Mitgl. nicht verpflichtet sind, den eigenen oder einen Firmen-Pkw als Selbstfahrer zu benutzen.
26   LAG Hamm 23.11.12 – 10 TaBV 63/12, brwo.
27   BAG 18.7.12 – 7 ABR 23/11, brwo; BAG, NZA 06, 109, wenn Beschlussverfahren ungeklärte Rechtsfragen zum Gegenstand hat und die Rechtsauffassung des BR vertretbar erscheint; LAG SH, NZA-RR 01, 592 sowie ArbG Gießen, AiB 10, 120 zu Kosten für Anzeige einer Ordnungswidrigkeit nach § 121.
28   BAG, NZA 96, 892, wonach der BR bei der Überprüfung der Erforderlichkeit einer anwaltlichen Vertretung vor der ESt. ein gesondertes Gebühreninteresse des Rechtsanwalts nicht berücksichtigen darf, wenn dieser den BR vor dem ESt.-Verfahren beraten hat.
29   BAG 18.7.12 – 7 ABR 23/11, brwo.
30   BAG 7.8.05 – 7 ABR 56/04, brwo; HessLAG 27.6.11 – 16 TaBV 65/11, brwo.

einzuhalten, die er gegebenenfalls bei eigener Kostentragung anwenden würde, wenn er selbst bzw. seine beschließenden Mitgl. die Kosten tragen müssten.[31] Von einer offensichtlichen Aussichtslosigkeit ist dann auszugehen, wenn die Rechtslage unzweifelhaft ist und das Beschlussverfahren zu einem Unterliegen des BR führen muss.[32] Mutwilligkeit kann dann vorliegen, wenn das Interesse des AG an der Begrenzung seiner Kostentragungspflicht missachtet wird.[33] Unter mehreren gleich geeigneten Möglichkeiten darf der BR bei der Wahl der Rechtsdurchsetzung nur die für den AG kostengünstigere Lösung für erforderlich halten.[34] Die Bestellung eines Verfahrensbevollmächtigten vor der Rechtshängigkeit eines Zustimmungsersetzungsverfahrens nach § 99 darf ein BR nicht für erforderlich halten.[35] Eine spätere Antragsrücknahme führt nicht zu einem Wegfall des Honoraranspruches, wenn die Rechtsverfolgung von vornherein nicht offensichtlich aussichtslos erscheint.[36] Die Beauftragung eines **auswärtigen Rechtsanwalts** kann der BR dann für erforderlich halten, wenn er darlegen kann, dass er einen ebenso qualifizierten ortsansässigen Anwalt nicht finden konnte, der zur Mandatsübernahme bereit war, oder dass ihm eine solche Suche auf Grund der konkreten Umstände nicht möglich oder zumutbar war.[37] Die Kostentragungspflicht besteht auch dann, wenn die förmliche Beschlussfassung nachträglich erfolgt (vgl. im Einzelnen § 33 Rn. 4 sowie § 40 Rn. 11)[38] oder wenn der Rechtsanwalt vom BR zu seiner **außergerichtlichen Vertretung** gegenüber dem AG mit dem Ziel beauftragt worden ist, eine gerichtliche Auseinandersetzung zu vermeiden und eine einvernehmliche Regelung herbeizuführen.[39] Die Hinzuziehung eines Rechtsanwalts erfordert einen **ordnungsgemäßen Beschluss** des BR (vgl. § 33).[40] Dies gilt auch für die Durchführung eines Beschlussverfahrens nach § 78 a Abs. 4; der Beschluss nur durch die **JAV** löst keine Kostenerstattung und keine Freistellungsansprüche gegen den AG aus.[41] Das folgt vor allem aus der betriebs-

---

31 BAG 18. 1. 12 – 7 ABR 83/10, brwo.

32 HessLAG 29. 7. 13 – 16 TaBV 312/12, juris.

33 BAG, NZA 09, 1223 geht von einer Mutwilligkeit dann aus, wenn der BR bei der Einleitung eines Beschlussverfahrens an Stelle von mehreren Einzelverfahren die Durchführung eines Gruppenverfahrens in Betracht ziehen muss.

34 BAG 18. 1. 12 – 7 ABR 83/10, brwo.

35 BAG 29. 7. 09 – 7 ABR 95/07, juris.

36 HessLAG 27. 6. 11 – 16 TaBV 65/11, brwo.

37 BAG, EzA § 40 BetrVG 1972 Nr. 92.

38 BAG, NZA 04, 336 bei Prozessvertretung vor Erlass des Prozessurteils der ersten Instanz; BAG, DB 08, 478, die Bestellung eines Einigungsstellenbeisitzers ist nicht fristgebunden.

39 LAG SH, AiB 00, 162.

40 BAG, NZA 96, 829; DB 04, 2055.

41 BAG 18. 1. 12 – 7 ABR 83/10, brwo; LAG Hamm 16. 1. 09 – 10 TaBV 37/08, brwo.

verfassungsrechtlichen Stellung der JAV, die kein selbständiges Mit-wirkungsorgan ist. Der Beschluss des BR muss dabei sowohl zur Verfahrenseinleitung als auch zur Beauftragung eines Rechtsanwalts erfolgen. In einem Verfahren nach § 78 a Abs. 4 Satz 1 darf der BR neben der Mandatierung eines ihn vertretenden Rechtsanwalts regel-mäßig nicht die weitere Beauftragung eines Rechtsanwalts zur gesonderten Vertretung der JAV für erforderlich halten.[42] Aufgrund der weitergehenden und ggf. konträren Interessenwahrnehmung im Verfahren nach § 78 a kann es der BR in ganz besonderen Situationen jedoch für erforderlich halten, auch für die JAV Rechtsanwälte mit der Wahrnehmung ihrer Eigeninteressen zu betrauen.[43]

Der mit dem Rechtsanwalt abgeschlossene Vertrag ist dabei in der Regel kein Vertrag mit Schutzwirkung zugunsten der AN.[44] Notwendig ist nicht die namentliche Festlegung des Rechtsanwalts. Die Wahl kann z. B. an den BR-Vorsitzenden delegiert werden.[45] Der BR kann mit der Folge der Erstattungspflicht ohne Zustimmung des AG keine höhere als die **gesetzliche Vergütung** vereinbaren.[46] Eine Honorar-zusage, die zu einer höheren Vergütung des RA führt, insbesondere auch die Vereinbarung eines **Zeithonorars**, darf der BR regelmäßig nicht für erforderlich halten.[47] Der Rechtsanwalt hat für die in Rechnung gestellten Beratungskosten eine schlüssige Darlegung der Beratungsleistungen vorzunehmen, die über pauschale Angaben hinaus alle während des abgerechneten Zeitraums konkret getroffenen Maßnahmen in einer auch im Nachhinein nachprüfbaren Weise zu enthalten haben.[48] Die in einem Beschlussverfahren zu stellenden Anträge brauchen nicht exakt formuliert zu sein; für den BR-Beschluss reicht es aus, zum einen den Gegenstand, der geklärt werden soll, und zum anderen das angestrebte Ergebnis zu benennen.[49] Zur Situation bei Rechtsmitteln vgl. Rn. 11. Der AG kann gegenüber einem Freistellungs-anspruch des BR nicht mit behaupteten Schadensersatzansprüchen aufrechnen;[50] zudem findet gemäß § 394 Satz 1 BGB eine Aufrechnung gegen einen Kostenfreistellungsanspruch des BR nicht statt, da ein solcher Anspruch nach § 850 a Nr. 3 ZPO unpfändbar ist. Kommt es zu einem Rechtsstreit wegen der entstandenen Anwaltsgebühren, ist

---

42 BAG 18. 1. 12 – 7 ABR 83/10, brwo.
43 BAG 18. 1. 12 – 7 ABR 83/10, brwo.
44 BAG, DB 06, 2745 hat Schadensersatzansprüche eines AN in Zusammenhang mit Sozialplanverhandlungen eines beauftragten Rechtsanwaltes verneint.
45 LAG SH, AiB 02, 632.
46 HessLAG 7. 11. 11 – 16 TaBVGa 177/11, juris, auch nicht aus dem Gesichts-punkt einer »Waffengleichheit« heraus; LAG SH, AiB 98, 470; vgl. Hinrichs/ Plitt, NZA 11, 1006.
47 HessLAG 7. 11. 11 – 16 TaBVGa 177/11, juris; 18. 11. 09 – 9 TaBV 39/09, brwo.
48 BGH 2. 3. 10 – II ZR 62/06, NJW 10, 1373.
49 BAG, DB 04, 2220.
50 LAG Hamm, AuR 06, 74 Ls.

der Freistellungsanspruch im Beschlussverfahren geltend zu machen.[51] Ein Kostenerstattungsanspruch kann auch durch den beauftragten Rechtsanwalt unmittelbar gegenüber dem Arbeitgeber geltend gemacht werden, wobei es dazu einer Abtretung des Freistellungsanspruches durch den BR bedarf.[52]

4. Kosten für Sachverständige, Moderator und Berater

Die Kostenübernahme des AG soll für die Hinzuziehung eines **Sach- 6 verständigen** gemäß § 80 Abs. 3[53] nach der abzulehnenden Rspr. des BAG nur in Betracht kommen, wenn sich der BR die fehlende Fachkunde nicht kostengünstiger verschaffen kann (vgl. auch Rn. 5).[54] Voraussetzung ist außerdem, dass vorher mit dem AG über die Hinzuziehung des Sachverständigen eine Vereinbarung getroffen wurde.[55] Verweigert der Arbeitgeber eine solche Vereinbarung trotz der Erforderlichkeit der Hinzuziehung des Sachverständigen, kann der BR die fehlende Zustimmung durch eine arbeitsgerichtliche Entscheidung ersetzen lassen. Bei einer Betriebsänderung nach § 111 Satz 2 (mehr als dreihundert AN im Unternehmen) bedarf die Hinzuziehung eines Beraters (auch eines Rechtsanwalts) keiner Vereinbarung mit dem AG, da die Erforderlichkeit vom Gesetz unterstellt wird;[56] abweichend von § 80 Abs. 3 BetrVG kann der BR nach pflichtgemäßem Ermessen allein über die Hinzuziehung eines Beraters entscheiden.[57] Als Sachverständiger kommt eine Person in Betracht, die dem BR fehlende Fachkenntnisse zur Beantwortung konkreter, aktueller Fragen vermittelt, damit er die ihm obliegende betriebsverfassungsrechtliche Aufgabe im Einzelfall sachgerecht erfüllen kann. Das kann auch ein **Rechtsanwalt** sein.[58] Wird der Rechtsanwalt hingegen vom BR zumindest

51 BAG, Beschluss 24. 10. 01 – 7 ABR 20/00, brwo, AiB 02, 569.
52 BAG, Beschluss 24. 10. 01 – 7 ABR 20/00, brwo, AiB 02, 569; LAG Köln 8. 9. 10 – 3 Ta 234/10, brwo.
53 Fitting, Rn. 13.
54 BAG, NZA 06, 553; vgl. DKKW-Buschmann, § 80 Rn. 132 ff.; § 80 Rn. 28.
55 BAG, DB 78, 1747; vgl. auch für die Hinzuziehung eines **fachkundigen Beraters** in schwierigen EDV-Fragen LAG Frankfurt, AuR 91, 93; hinsichtlich der Hinzuziehung eines fachkundigen Referenten auf einer Betriebsversamml. vgl. LAG BaWü, AuR 98, 286.
56 BGH, AiB 13,385 mit Anm. Ratayczak; BAG 11. 11. 09 – 7 ABR 26/08, brwo; HessLAG, FA 10, 50; LAG Hamm, ZIP 05, 2269 lässt die Frage offen; a. A. ArbG Hannover, NZA-RR 09, 309 wonach die Kosten der Hinzuziehung im Rahmen des § 40 Abs. 1 erforderlich und verhältnismäßig sein müssen.
57 BAG 11. 11. 09 – 7 ABR 26/08, brwo; LAG RP 7. 11. 11 – 7 TaBV 29/11, juris; HessLAG, AuR 04, 397.
58 BAG 16. 11. 05 – 7 ABR 12/05, DB 06, 1437; BAG, NZA 98, 900 Kostenerstattung auf der Grundlage des § 80 Abs. 3, wenn ein Rechtsanwalt zur gutachterlichen Beratung z. B. über eine abzuschließende BV hinzugezogen wird; LAG RP 7. 11. 11 – 7 TaBV 23/11 zur erforderlichen Hinzuziehung eines Rechtsanwaltes nach § 111 BetrVG.

auch zur Vorbereitung eines Rechtsstreits oder zur Vertretung in einem ESt-Verfahren beauftragt, findet § 80 Abs. 3 keine Anwendung, sondern die Kostentragungspflicht richtet sich ausschließlich nach § 40 Abs. 1.[59] Gleiches gilt, wenn es um die außergerichtliche Geltendmachung eines konkreten Mitbestimmungsrechts gegenüber dem AG mit dem Ziel geht, die bereits beschlossene Durchführung eines arbeitsgerichtlichen Beschlussverfahrens entbehrlich zu machen.[60] Die Hinzuziehung einer externen Moderatorin kann erforderlich sein, etwa wenn die Situation im BR z. B. wegen schwerwiegender Kommunikationsstörungen und Beeinträchtigungen der Zusammenarbeit im Gremium festgefahren ist.[61] Die Hinzuziehung unterliegt einer Einschätzungsprärogative des BR-Vors.

5. Auslandskontakte

7 Der AG hat auch die Kosten zu tragen, die durch ein erforderliches, auswärtiges Treffen von BR eines UN[62] oder die erforderliche Zusammenarbeit mit **ausländischen betrieblichen Interessenvertretungen**, z. B. zur Bildung eines EBR[63] bzw. im Zusammenhang mit der Errichtung oder der Tätigkeit eines EBR anfallen (siehe Anhang 1, § 30 i. V. m. § 16 EBRG)[64] oder durch sonstige erforderliche **Auslandskontakte** (z. B. EU-Behörde) entstehen.[65]Hierzu können neben Telefonkosten u. Ä. auch solche Kosten gehören, die durch **Besprechungen und Sitzungen** im **Ausland** entstehen. Neben den **Reise- und Übernachtungskosten**[66] für die teilnehmenden BR-Mitgl. hat der AG bzw. UN auch die erforderlichen Veranstaltungskosten, z. B. für Dolmetscher, für Simultan-Anlagen und die Übersetzung von Schriftstücken, zu tragen (§ 37 Rn. 5; vgl. ferner Rn. 2).[67] Referiert auf Einladung des BR ein betrieblicher AN-Vertreter aus einem ausländischen Schwester-UN in einer Betriebsversammlung über gemeinsame Probleme, hat der AG die erforderlichen Fahr- und Dolmetscherkosten zu tragen.[68]

---

59 LAG SH, AiB 00, 162, wonach für die Unterscheidung zwischen einer anwaltlichen Vertretung und einer Tätigkeit als Sachverständiger entscheidend ist, dass der Rechtsanwalt zur Durchsetzung der Rechte des BR beauftragt wurde.
60 BAG 15. 11. 00 – 7 ABR 24/00, juris.
61 HessLAG 11. 6. 12 – 16 TaBV 237/11, brwo.
62 BAG, BB 95, 1034.
63 ArbG Hamburg, AiB 98, 164 m. Anm. v. Kunz.
64 Vgl. hierzu DKKW-Wedde, § 37 Rn. 20 ff.; Fitting, Rn. 50.
65 Vgl. Klebe, FS für Gnade, S. 661, 670.
66 Vgl. LAG Nds., BB 93, 291; ArbG München, AiB 91, 429 m. Anm. v. Däubler = BetrR 93, 47 m. Anm. v. Meißner.
67 Vgl. ergänzend DKKW-Wedde, Rn. 24 f.
68 LAG BaWü, BB 98, 954.

6. Kosten eines Betriebsratsmitgliedes

Entstehen dem BR bzw. einem BR-Mitgl. Aufwendungen oder Aus-   **8**
lagen, z. B. Reise- oder Schulungskosten, kann vom AG die Zahlung
eines angemessenen **Vorschusses** verlangt werden.[69] Die Kosten, die
einzelne BR-Mitgl. im Rahmen und in Ausübung ihrer BR-Tätigkeit machen, hat der AG zu tragen. Es gelten dieselben Grundsätze wie
bei den Kosten des BR (vgl. Rn. 1). Der Erstattungsanspruch der
einzelnen BR-Mitgl. nach § 40 unterliegt weder der **tarifvertraglichen Ausschlussfrist**[70] noch der **kurzen Verjährung** nach § 196
BGB. Zum Ersatz von **Aufwendungen** des einzelnen BR-Mitgl.
und zum Ersatz bei der **Aufopferung von Vermögenswerten**, z. B.
durch Beschädigung der Kleidung eines BR-Mitgl. bei Ausübung
seines Amtes, vgl. DKKW-Wedde, Rn. 57 ff. m. w. N. Zu erstatten
hat der AG auch die Kosten für **Kinderbetreuung**, die einem allein-
erziehenden (Gesamt-)BR-Mitgl. infolge der Teilnahme an über die
individuell vereinbarte Arbeitszeit hinausgehenden Sitzungen des (Ge-
samt-)BR bzw. während einer mehrtägigen auswärtigen BR-Tätigkeit
für die Betreuung minderjähriger Kinder entstehen.[71] Der Aufwand
eines freigestellten BR-Mitgl. für seine **regelmäßigen Fahrten von
seiner Wohnung in den Betrieb** ist vom AG grundsätzlich nicht als
Kosten aus der Tätigkeit des BR nach dieser Vorschrift zu tragen.[72]
Gleiches soll gelten, wenn sich der Sitz des BR weiter vom Wohnort
des freigestellten BR-Mitgl. befindet als der bisherige Arbeitsort. Das
freigestellte BR-Mitgl. soll nach abzulehnender Auffassung des BAG
(vgl. im Einzelnen § 38 Rn. 8 b)[73] keinen Anspruch auf Erstattung der
höheren Fahrtkosten haben.

Ist die gesetzl. Rechtsstellung **eines einzelnen BR-Mitgl., Ersatz-**   **9**
mitgl. oder **Wahlbewerbers** Streitgegenstand oder durch den
Rechtsstreit berührt, hat der AG auch die dem einzelnen BR-Mitgl.,
Ersatzmitgl. oder Wahlbewerber entstehenden Rechtsanwaltskosten
zu tragen, so z. B.:

- bei einem **Ausschlussverfahren** (§ 23 Abs. 1) aus dem BR,[74]
- bei einer **Anfechtung der Wahl** eines BR-Mitgl. nach § 19,[75]

---

69   BAG 18. 1. 12 – 7 ABR 73/10, brwo, hat die Frage bei Seminarbesuchen offen
    gelassen, ob der BR oder das zu schulende Mitglied jedenfalls für die unmittelbar
    zu leistenden, ihm finanziell nicht möglichen oder zumutbaren Aufwendungen
    einen Vorschuss des AG im Wege einstweiligen Rechtsschutzes verlangen kann;
    ArbG Darmstadt, AiB 88, 285, bejaht die Durchsetzung des Anspruchs auch im
    Wege der einstweiligen Verfügung.
70   BAG, BB 73, 474.
71   BAG 23. 6. 10 – 7 ABR 103/08, brwo, NZA 10, 1298; HessLAG, AiB 98, 221 m.
    Anm. v. Sossna.
72   BAG, BB 91, 2228.
73   AiB 08, 53 mit kritischer Anm. Schneider.
74   BAG, DB 90, 740; AuR 82, 258; HessLAG 23. 5. 13 – 9 TaBV 17/13, brwo.
75   Vgl. LAG Düsseldorf, NZA 95, 444.

- bei einem Streit über das **Einblicksrecht eines BR-Mitgl. in die BR-Unterlagen**,[76]
- bei Erstattung von Reisekosten zur Teilnahme an einer EBR-Sitzung und BR-Versamml. bei **nichtiger BR-Wahl**,[77]
- bei **Überprüfung von BR-Beschlüssen**,[78]
- bei einem Streit eines Wahlbewerbers hinsichtlich des **Zugangsrechts** zum Betrieb, z. B. zum Sammeln von Stützunterschriften,[79]
- bei Streitigkeiten über die Frage des **aktuellen Nachrückens** in den BR bzw. über die Frage der zeitweiligen **Ersatzmitgliedschaft** im BR,[80]
- bei einem Streit zwischen AG und WV über das **Bestehen eines gemeinsamen Betriebs mehrerer UN** und die sich daraus ergebenden Konsequenzen für die Wahl eines BR. Diese Kosten gehören zu den nach § 20 Abs. 3 vom AG zu tragenden Kosten der BR-Wahl,[81]
- bei der Erstattung einer Ordnungswidrigkeitenanzeige nach § 121 BetrVG wegen unvollständiger Information des WA.[82]
- Der AG hat auch die Rechtsanwaltskosten zu tragen z. B. bei einer Klage gegen den BR-Vors. als Vorgesetzten einer BR-Sekretärin[83] oder bei einer Unterlassungsklage des BR-Vors. gegen einen Betriebsinspektor.[84]

10   Nach der abzulehnenden Auffassung des BAG[85] sollen Anwaltskosten, die einem **BR-Mitgl.** bei der Geltendmachung seiner **individualrechtlichen Interessen** gegenüber dem AG entstehen, wegen § 12 a Abs. 1 ArbGG selbst dann nicht erstattungsfähig sein, wenn sie ihren Ursprung im BetrVG haben, so z. B. in einem **Verfahren nach § 103 Abs. 2**. Das BAG hat in seinem Beschluss vom 20. 1. 10[86] offen gelassen, ob und ggf. unter welchen Voraussetzungen ein BR-Mitgl., das in einem Urteilsverfahren individualrechtliche im Zusammenhang mit der Wahrnehmung seines Betriebsratsamts entstandene Ansprüche gegenüber dem AG geltend macht, nach § 40 Abs. 1 oder nach § 823 Abs. 2 BGB i. V. m. § 78 Satz 2 vom AG die Erstattung der durch die

76   BAG, DB 82, 2578.
77   BAG, NZA 98, 1133.
78   BAG, DB 79, 2091.
79   LAG Berlin, DB 88, 1172.
80   BAG 11. 12. 87 – 7 ABR 76/86, juris.
81   BAG, NZA 93, 415.
82   LAG SH, BB 01, 1048.
83   LAG Düsseldorf, AiB 97, 535 m. Anm. v. Grimberg.
84   LAG Köln, AiB 98, 163 m. Anm. v. Dornieden.
85   NZA 00, 2280.
86   7 ABR 68/08, brwo, NZA 10, 777.

Hinzuziehung eines Prozessbevollmächtigten verursachten Kosten verlangen kann. Es ist zu hoffen, dass sich damit eine Rechtssprechungsänderung ankündigt. Legt das beteiligte und betroffene BR-Mitgl. Beschwerde ein, hat der AG jedoch im Falle des Obsiegens im Beschwerdeverfahren die Kosten zu tragen.[87] Ein Erstattungsanspruch besteht, wenn der Anwalt in einem Verfahren nach § 103 den BR und das BR-Mitgl. gleichzeitig vertritt, jedenfalls solange, wie der BR genauso wie das betroffene BR-Mitgl. die gerichtliche Zustimmung zu der Kündigung unterbinden will.[88] Die Kosten für eine **Lohnklage** (Urteilsverfahren) zur Durchsetzung des Anspruchs auf Entgeltfortzahlung wegen BR-Tätigkeit hat der AG ebenfalls zu tragen, es sei denn, die umstrittene Rechtsfrage hätte ggf. als Vorfrage in dem kostenmäßig günstigeren Beschlussverfahren verbindlich geklärt werden können[89] oder die Rechtsverfolgung ist von vornherein aussichtslos und mutwillig.[90] Eine zwischen einem BR-Mitgl. und dem AG vereinbarte **Regelung zur Kostentragungspflicht** in einem arbeitsgerichtlichen Urteilsverfahren über individualrechtliche, im Zusammenhang mit der BR-Tätigkeit stehende Ansprüche ist zulässig und stellt keine unzulässige Benachteiligung oder Bevorzugung des BR-Mitgl. dar.[91] Ebenfalls hat der AG nach der abzulehnenden Auffassung des BAG[92] die Anwaltskosten eines **JAV-Mitgl.** in einem Verfahren nach § 78a Abs. 4 nicht zu tragen.

Der BR muss für **jede Gerichtsinstanz** eine förmliche Entscheidung **11** (§ 33) darüber herbeiführen, ob auch in der nächsthöheren Instanz ein Rechtsanwalt für ihn tätig sein soll (vgl. § 33 Rn. 4).[93] Dies kann jedoch dann nicht gelten, wenn es lediglich um die Abwehr eines Rechtsmittels gegen eine Entscheidung geht, die der vom BR beauftragte Rechtsanwalt zu dessen Gunsten erwirkt hat,[94] oder wegen der besonderen Bedeutung des Rechtsstreits die Prozessvertretung von vornherein für mehrere Instanzen ausgesprochen wird.[95] Eine erteilte Prozessvollmacht ermächtigt im Außenverhältnis nach § 81 ZPO i. V. m. § 46 Abs. 2 ArbGG den Rechtsanwalt zu allen den Rechtsstreit betreffenden Prozesshandlungen einschl. der Einlegung von Rechtsmitteln, ohne dass es dazu eines erneuten Beschlusses des BR bedarf.[96]

---

87 BAG, BB 91, 205.
88 BAG, NJW 05, 921; a. A. LAG Köln, NZA-RR 01, 253.
89 Fitting, Rn. 64.
90 BAG, DB 92, 1833.
91 BAG 20.1.10 – 7 ABR 68/08, brwo, NZA 10, 777.
92 BB 01, 1357.
93 LAG Düsseldorf 16.1.13 – 7 TaBV 31/12, juris, n. rk. BAG 7 ABR 4/13; LAG Berlin 26.1.87, AP Nr. 25 zu § 40 BetrVG 1972; vgl. auch LAG Hamburg, AiB 93, 653.
94 Vgl. auch BAG, AiB 92, 732.
95 LAG Düsseldorf 16.1.13 – 7 TaBV 31/12, juris, n. rk. BAG 7 ABR 4/13.
96 BAG, NZA-RR 09, 588; DB 03, 2290.

Im Übrigen ist eine Heilung oder Nachholung des Beschlusses bzw. die Genehmigung einer einseitigen Handlung des BR-Vors.[97] vor Erlass des Prozessurteils der ersten Instanz möglich (vgl. § 33 Rn. 4).[98] Dabei hat das Gericht dem BR gleichzeitig Gelegenheit zu geben, die fehlende oder fehlerhafte Beschlussfassung nachzuholen.[99] Allgemein zu Kosten eines Rechtsanwalts s. Rn. 5 sowie § 33 Rn. 33.

12 Nicht zu den erstattungsfähigen Kosten gehören allerdings nach Auffassung des BAG die **Reisekosten** eines nicht am Gerichtsort der 1. Instanz ansässigen Rechtsanwalts, sofern der BR die Zuziehung eines auswärtigen Rechtsanwalts bei pflichtgemäßer Abwägung aller Umstände nicht für erforderlich halten durfte.[100] Die Beauftragung eines auswärtigen Rechtsanwalts kann der BR jedoch beschließen, wenn er einen ebenso qualifizierten ortsansässigen Anwalt nicht finden konnte, der auch zur Vertretung bereit war, oder wenn dem BR eine solche Sache aufgrund der konkreten Umstände nicht möglich oder zumutbar war. Eine Erforderlichkeit ist alleine deswegen nicht gegeben, weil der AG sich seinerseits durch einen auswärtigen Rechtsanwalt vertreten lässt.[101]

13 Auf Verlangen des Anwalts hat der AG **Vorschüsse** auf das Honorar zu zahlen (§ 9 RVG). Zu den **Kosten der ESt.** vgl. § 76 a.

7. Kosten für Schulungen nach § 37 Abs. 6

14 Zu den nach dieser Vorschrift zu erstattenden Kosten gehören auch die **Kosten für Schulungen** nach § 37 Abs. 6.[102] Das setzt einen Beschluss des BR zur Teilnahme an der vom BR-Mitgl. besuchten Veranstaltung voraus (vgl. im Einzelnen § 37 Rn. 36). Der AG ist jedoch nicht bereits deshalb zur Übernahme der Schulungskosten verpflichtet, weil er auf die Mitteilung des Entsendungsbeschlusses durch den BR geschwiegen hat.[103] Der BR ist nach Auffassung des BAG gemäß dem **Grundsatz der Verhältnismäßigkeit** verpflichtet, hinsichtlich des Umfangs und der Höhe der Aufwendungen auf die Größe und Leistungsfähigkeit des Betriebs Rücksicht zu nehmen.[104] Diese Rspr. des BAG ist zu Recht kritisiert worden, da § 37 Abs. 6 auf § 37 Abs. 2 verweist und dort die

---

97   Vgl. hierzu BAG, ZBVR 05, 110.

98   BAG, DB 06, 1437; weitergehend LAG Düsseldorf 29. 2. 08 – 2 TaBV 7/08, juris, wonach eine Heilung durch BR-Beschluss noch in der Rechtsmittelinstanz erfolgen kann, wenn der Mangel in der unteren Instanz unentdeckt geblieben ist.

99   BAG, NZA 06, 553.

100 BAG, NZA 87, 753; FA 01, 119; vgl. auch ArbG Wetzlar, BB 93, 583.

101 So jetzt BAG, FA 01, 119; a. A. BAG v. 2. 4. 87, AP Nr. 3 zu § 87 BetrVG 1972.

102 BAG, AuR 73, 187; NZA 84, 362; DKKW-Wedde, Rn. 56 ff.; vgl Peter, AiB 04, 279.

103 BAG, DB 96, 145.

104 BAG, DB 95, 2118.

Dauer der Arbeitsbefreiung nur durch das Merkmal der Erforderlichkeit bestimmt wird.[105] Allerdings ist der BR keineswegs gehalten, stets die billigste Maßnahme auszuwählen.[106] Einer qualitativ höherwertigen Schulung ist Vorrang zu geben, z. B. einer Maßnahme an einer zentralen Bildungsstätte, da hier regelmäßig eine effektivere Ausbildung möglich ist.[107] Auch kann im Einzelfall der AG verpflichtet sein, die Hotel- und Fahrtkosten für eine dreitägige Klausurtagung mit einer Trainerin/Moderatorin zu erstatten.[108] Außerdem kann der BR seine Auswahlentscheidung bei vergleichbaren Seminarinhalten auch von dem Veranstalter selbst abhängig machen und in diesem Zusammenhang berücksichtigen, dass **gewerkschaftliche oder gewerkschaftsnahe Anbieter** eine an den praktischen Bedürfnissen der BR-Arbeit ausgerichteten Wissensvermittlung erwarten lassen und eine **gemeinsame Gew.-Zugehörigkeit** ein Klima gegenseitigen Vertrauens schafft, das den Schulungserfolg fördert. Der BR muss sich aus Kostengründen auch nicht auf Bildungsangebote **konkurrierender Gewerkschaften** oder einer vom AG getragenen Bildungseinrichtung verweisen lassen.[109]

Zu den zu erstattenden Kosten gehören insbesondere die **Fahrkosten**, die Kosten für **Verpflegung** und **Übernachtung**,[110] eine etwaige **Teilnehmergebühr** bzw. Kurs- oder Lehrgangsgebühr sowie die Stornokosten eines Seminars, das erforderlich und vom Umfang verhältnismäßig gewesen wäre.[111] Wenn im Betrieb eine zumutbare all-

15

---

105 Vgl. ArbG Bremen-Bremerhaven, dbr 08, Nr. 4, 38; DKKW-Wedde, § 37 Rn. 141.

106 BAG, AuR 08, 362.

107 BAG, BB 75, 1111.

108 HessLAG 11. 6. 12 – 16 TaBV 237/11, brwo, sowie HessLAG 19. 5. 11 – 9 TaBV 196/10, brwo, im Falle eines neu gewählten BR, der sich zu dem Zeitpunkt noch im Selbstfindungsprozess befand und die personelle Besetzung des Amtes des BR-Vors. ungeklärt war.

109 BAG, AuR 95, 419.

110 LAG Köln 21. 2. 13 – 6 TaBV 43/12, brwo, n. rk. BAG 7 ABR 26/13, hält bei normalen Straßenverhältnissen die tägliche An- und Abreise bei einer Entfernung von 40 km für zumutbar; ArbG Düsseldorf, AiB 04, 757 spricht gegen ein tägliches Pendeln zum Schulungsort eine Anreisezeit von mindestens 1 Stunde (74 km) sowie das daraus resultierende Fehlen eines abendlichen Austausches der Seminarteilnehmer; ArbG Bremen-Bremerhaven, dbr 08, Nr. 4, 38 hält eine tägliche An- und Abreise zu einem 40 km entferntem Seminarort um Übernachtungskosten zu sparen für unzumutbar; vgl. auch LAG SH, BB 96, 1062 zu anreisebedingten Übernachtungskosten sowie ArbG Ulm, dbr 07, Nr. 6, 38 zu abreisebedingter Übernachtung.

111 ArbG Frankfurt/Main, AiB 04, 377, m. Anm. Burgner; LAG Hamm 18. 9. 09 – 13 TaBV 174/08, brwo, verneint die Übernahme von Stornokosten, wenn der AG das Seminar mit Hinweis auf einen günstig gelegeneren Seminarort abgelehnt hat und der BR versäumt, rechtzeitig eine kostenfreie Stornierung auf den Weg zu bringen; LAG Köln, NZA-RR 03, 141 hat die Frage offen gelassen, da

gemeine Reisekostenregelung gilt, gilt diese nach Auffassung des BAG[112] auch für eine Schulung nach § 37 Abs. 6, soweit die Übernachtungs- und Verpflegungskosten vom BR-Mitgl. beeinflusst werden können. In dem vom BAG entschiedenen Fall hätte das BR-Mitgl. wegen der Kostenbegrenzung in der Reisekostenregelung an einem anderen, entweder fußläufig oder mit öffentlichen Verkehrsmitteln erreichbaren Hotel am Tagungsort übernachten müssen. Aufwendungen für Getränke und Tabakwaren sind nicht erstattungsfähig.[113] Die Notwendigkeit der Übernachtung im Tagungshotel ist nach der abzulehnenden Auffassung des BAG[114] ohne Darlegung besonderer Umstände als nicht erforderlich anzusehen. Ohne nähere Begründung bezeichnet das BAG den nach Beendigung des eigentlichen Seminarprogramms beabsichtigten Gedanken- und Erfahrungsaustausch über die BR-Arbeit im Tagungshotel als nicht erforderlich. Vielmehr sei das BR-Mitgl. nicht daran gehindert, an den Begegnungen im Tagungshotel teilzunehmen, wenn es in einem anderen, entweder zu Fuß oder mit öffentlichen Verkehrsmitteln erreichbaren Hotel am Tagungsort übernachtet.[115] Eine Übernachtung kann kurzfristig wegen extrem winterlicher Verhältnisse erforderlich werden, unabhängig davon, wann die Hotelbuchung vorgenommen wurde.[116] Bei einer **Schulungsmaßnahme**, an der das BR-Mitgl. **nach § 37 Abs. 7** teilnimmt, besteht dagegen lediglich Anspruch auf Fortzahlung des Arbeitsentgelts.

16   Nach der Rspr. des BAG ist das BR-Mitgl. zur **Aufschlüsselung** und zum **Nachweis der erstattungsfähigen Kosten** verpflichtet, wenn die Schulungsmaßnahme durch eine **Gewerkschaft** oder einen freien, aber **gewerkschaftsnahen Schulungsträger** durchgeführt wurde.[117] So müssen in der Rechnung **Unterkunft und Verpflegung** getrennt ausgewiesen und angegeben werden, welche **gastronomischen Leistungen** in Rechnung gestellt wurden, damit der AG den Umfang seiner Kostentragungspflicht überprüfen kann.[118] Nach dieser alten Rspr. war der AG berechtigt, 20 % des tatsächlichen Verpflegungsaufwandes als **Haushaltsersparnis** anzurechnen. Dieser Prozentsatz der Anrechnung ist aber seit Jahren überholt. Bis Ende 2006 war die Sachbezugsverordnung in der jeweils gültigen Fassung als Grundlage

---

es die Schulung bereits für nicht erforderlich erachtet hat; ArbG Berlin, AiB 08, 613 jedenfalls dann, wenn AG die Nichtteilnahme der BR-Mitgl. an der Schulung zu vertreten hat.

112   BAG 28.3.07 – 7 ABR 33/06, brwo.
113   BAG 15.6.76, AP Nr. 12 zu § 40 BetrVG 1972.
114   BAG 17.11.10 – 7 ABR 113/09, brwo, NZA 11, 816.
115   Vgl. BAG 28.3.07 – 7 ABR 33/06, brwo.
116   LAG Köln 21.2.13 – 6 TaBV 43/12, brwo, n.rk. BAG 7 ABR 26/13.
117   BAG, DB 94, 2295; DB 95, 2118; ArbG Marburg, DB 97, 427; vgl. DKKW-Wedde, Rn. 97 ff.
118   BAG a.a.O.

anzuwenden, wenn die betriebliche Reisekostenordnung bzw. -praxis eine andere Regelung nicht vorsieht.[119] Ab dem 1.1.07 ist die Sachbezugsverordnung durch § 2 Abs. 1 Sozialversicherungsentgeltverordnung ersetzt worden, so dass eine weitergehende Anrechnung ersparter Aufwendungen nicht zu erfolgen hat.[120]

Die **Gew. als Schulungsträger** kann sämtliche Kosten einschl. Aufwendungen für **Referentenhonorare**, Kosten für **Schulungsmaterialien**, die durch die konkrete Schulungsmaßnahme entstanden sind, auf die Schulungsteilnehmer umlegen.[121] Hierzu zählen auch **Honoraraufwendungen** für **eigene** oder DGB-Referenten, sofern eine entsprechende Referententätigkeit nicht zu deren Haupt- oder Nebenpflichten aus dem Arbeitsverhältnis gehört.[122] Die Kostenerstattungspflicht des AG soll nach der Rspr. des BAG durch den **koalitionsrechtlichen Grundsatz** dahin gehend eingeschränkt sein, dass die Gew. aus den Schulungsveranstaltungen zumindest keinen Gewinn erzielen darf. **17**

Die bisherige Rspr. des BAG ist davon ausgegangen, dass dem AG keine **Vorhaltekosten** (Generalkosten) gewerkschaftseigener Schulungseinrichtungen, wie Strom, Heizung, Reinigung und Wasser, auferlegt werden können.[123] Hiervon ist das BAG abgerückt und hat anerkannt, dass zusätzliche **schulungsbedingte Kosten** in gewerkschaftlichen Einrichtungen, wie Strom, Wasser, Reinigung sowie **zusätzliche personelle Aufwendungen** (sog. Grenzkosten) von den Vorhaltekosten abzugrenzen und erstattungsfähig sind.[124] Der Träger kann die erstattungsfähigen Kosten durch Einzelkostennachweis ermitteln oder nach betriebswirtschaftlichen Kriterien in einer Weise pauschalieren, die einen Gewinn (Gegnerfinanzierung) von vornherein ausschließt. Sofern zum Nachweis der Forderung zur Vorlage der Unterlagen Geschäftsgeheimnisse berührt werden können, besteht ein berechtigtes Interesse an deren Geheimhaltung.[125] **18**

Die für **Gew.** geltenden Beschränkungen sollen nach der Rspr. des BAG weitestgehend auch Anwendung finden auf **gewerkschaftsnahe Bildungseinrichtungen**, bei denen es sich zumeist um gemeinnützige Vereine oder GmbHs handelt, sofern die Gew. kraft satzungsmäßi- **19**

---

119 LAG BaWü, dbr 08, Nr. 4, 37 m. Anm. Cornelius; LAG Hamm, NZA-RR 06, 252; a.A. LAG Hamm 9.3.07 – 10 TaBV 34/06, brwo, das die Lohnsteuerrichtlinien noch zu Grunde legt.

120 LAG Köln, dbr 11/09, 36; LAG Hamm 15.10.10 – 10 TaBV 37/10, brwo.

121 BAG, AuR 95, 419.

122 BAG, DB 79, 1799.

123 BAG, DB 92, 2054.

124 BAG, DB 95, 2118; zur Problematik der sog. Vorhaltekosten bzw. Generalunkosten und zur Kritik an der Rspr. des BAG vgl. umfassend DKKW-Wedde, Rn. 95 ff.

125 BAG, DB 95, 2118.

ger Rechte und personeller Verflechtungen maßgebenden Einfluss auf den Inhalt, die Organisation und die Finanzierung der Bildungsarbeit nehmen kann. Auch entsprechende **gewerkschaftsnahe** Bildungsträger können über die **schulungsbedingten Kosten** (vgl. Rn. 18) die ihnen für Schulungsmaßnahmen nach Abs. 6 **konkret entstehenden Aufwendungen**, ggf. durch eine nach anerkannten betriebswirtschaftlichen Kriterien erstellte Jahresrechnung, in Rechnung stellen.[126] Dies gilt auch für **Personal- und Personalnebenkosten**, die gezielt und ausschließlich für die Organisation und Durchführung von Schulungsmaßnahmen i. S. des Abs. 6 anfallen. Bei strikter Trennung dieses Bereichs von den sonstigen Tätigkeiten wird auch eine Mischkalkulation als zulässig angesehen, nach der die Kosten für die Maßnahme nach Abs. 6 gemeinsam ermittelt und anteilig den einzelnen Schulungsveranstaltungen zugeordnet werden.[127] Die Aufschlüsselungspflicht der berechneten Pauschalgebühren setzt voraus, dass im Einzelnen hinreichend gesicherte satzungsrechtliche oder personelle Möglichkeiten der gewerkschaftlichen Einflussnahme bei der Verwendung der eingenommenen Beträge gegeben sind. Den Charakter einer gewerkschaftsnahen Bildungseinrichtung hat das BAG[128] trotz ihrer gewerkschaftlichen Mitgliederstruktur verneint für den Verein Arbeit und Leben − DGB/Volkshochschule − Arbeitsgemeinschaft für politische und soziale Bildung im Lande Nordrhein-Westfalen e. V. und den Verein zur Förderung von Arbeitnehmerinteressen − Bildungskooperation Alb-Donau-Bodensee e. V. Die Möglichkeiten der satzungsrechtlichen oder personellen gewerkschaftlichen Einflussnahme wurde auch beim Bildungswerk Springen e. V. verneint.[129] Dagegen sah das BAG[130] die Voraussetzung der Aufklärungspflicht als gegeben an bei von der gewerkschaftseigenen hbv-KBV GmbH durchgeführten BR-Schulungsmaßnahmen. Im Übrigen darf die aus der Koalitionseigenschaft abgeleitete besondere Aufschlüsselungspflicht kein zusätzliches Korrektiv zur Verringerung der betriebsverfassungsrechtlichen Kostentragungspflicht des AG sein.[131] Die bloße Behauptung des Vorliegens der »Gewerkschaftsnähe« löst keine besonderen Aufschlüsselungspflichten pauschaler Schulungsgebühren aus, vielmehr müssen konkrete Anhaltspunkte für eine Gegenfinanzierung vorliegen bzw. vom AG vorgetragen werden.[132]

Der BR kann eine Freistellung von Verbindlichkeiten für Seminarkosten vom AG verlangen, sobald er vom Veranstalter des Seminars in

---

126   BAG, DB 98, 1339.
127   BAG, DB 95, 2118; vgl. DKKW-Wedde, Rn. 104 ff.
128   BAG, DB 98, 1339.
129   LAG Hamm 8. 4. 98 − 3 Ta BV 144/97.
130   BAG, DB 98, 1339.
131   BAG, AuR 99, 202; DKKW-Wedde, Rn. 102.
132   BAG, AuR 99, 202; LAG Düsseldorf, NZA-RR 09, 306.

Anspruch genommen worden ist. Dazu reicht es nicht aus, dass der Veranstalter die Originalrechnung mit der Bitte an den BR sendet, die offenstehende Forderung mit den nötigen rechtlichen Mitteln durchzusetzen, da diese Bitte noch keine Verbindlichkeit gegenüber dem BR begründet.[133]

8. Information des Arbeitgebers über Kosten

Der Anspruch auf Kostenerstattung hängt nicht davon ab, ob der BR **20** den AG vorher überhaupt oder **rechtzeitig informiert**;[134] es sei denn, es werden außergewöhnlich **hohe oder atypische Kostenerstattungsansprüche** geltend gemacht, wie z. B. Erteilung einer atypischen Honorarzusage an einen beauftragten Rechtsanwalt.[135]

9. Kostenerstattungsanspruch im Insolvenzverfahren

Vor der Insolvenzeröffnung begründete Kostenerstattungsan- **21** sprüche sind keine Masse-, sondern Insolvenzforderungen nach § 38 InsO.[136] Ein AG haftet für diese Verbindlichkeiten nicht, wenn er den Betrieb nach Insolvenzeröffnung gemäß § 613a BGB übernommen hat.[137] Der Aufwendungsersatz für BR-Tätigkeit **nach Insolvenzeröffnung** zählt jedoch zu den Masseverbindlichkeiten i. S. des § 55 Abs. 1 InsO und ist somit vorab aus der Insolvenzmasse zu befriedigen.[138] Gleiches gilt gemäß § 55 Abs. 2 InsO für Verbindlichkeiten eines **vorläufigen Insolvenzverwalters**, die mit alleiniger Verfügungsbefugnis über das Vermögen des AG von ihm begründet worden sind. Der Erstattungsanspruch der einzelnen BR-Mitgl. nach § 40 unterliegt weder der **tarifvertraglichen Ausschlussfrist**[139] noch der **kurzen Verjährung** nach § 196 BGB. Im Insolvenzverfahren kommt eine Gewährung von Prozesskostenhilfe mit Anwaltsbeiordnung für den BR in Frage, wenn der Anspruch nach § 40 Abs. 1 angesichts der Eröffnung des Insolvenzverfahrens gegen den AG nicht realisiert werden kann.[140]

10. Sachaufwand und Beurteilungsspielraum des Betriebsrates

Nach Abs. 2 ist der AG verpflichtet, dem BR für Sitzungen, Versamm- **22** lungen, Sprechstunden und die laufende Geschäftsführung die erfor-

133 LAG Hamm 15.7.11 – 13 TaBV 24/11, juris.
134 LAG BaWü, AuR 88, 258; ArbG Frankfurt/Main, AiB 04, 377, m. Anm. Burgner bei einer Schulung nach § 37 Abs. 6.
135 LAG Frankfurt, NZA 88, 441; LAG SH, BB 98, 1314.
136 BAG 9.12.09 – 7 ABR 90/07, brwo, AiB 11, 58.
137 So BAG a.a.O.
138 BAG 9.12.09 – 7 ABR 90/07, brwo, AiB 11, 58; NZA 06, 109 zu Rechtsanwaltsgebühren.
139 BAG, BB 73, 474.
140 Sächsisches LAG, EzA-SD 2/09, 16.

derlichen **Sachmittel, Räume, Informations- und Kommunikationstechniken** und das notwendige **Büropersonal** zur Verfügung zu
stellen und die hierfür notwendigen Kosten zu tragen. Eine **Grundausstattung** des BR ist grundsätzlich als erforderlich anzusehen.[141]
Dieses ergibt sich nunmehr aus dem BetrVerf-ReformG auch bezüglich der **Informations- und Kommunikationstechnik**, die zur
notwendigen Sachausstattung des BR gehört.[142] Nach der abzulehnenden Auffassung des BAG[143] hat der BR trotz der neuen Gesetzeslage
weiterhin die Erforderlichkeit detailliert und betriebsbezogen zu begründen.[144] Bei einem über die Grundausstattung hinausgehenden
Bedarf entscheidet der BR im Rahmen seines pflichtgemäßen Ermessens allein über deren **Erforderlichkeit**, wobei er die berechtigten
Belange der Belegschaft und des AG zu berücksichtigen hat. Dabei hat
er nach Auffassung des BAG[145] die Interessen der Belegschaft an einer
sachgerechten Ausübung des BR-Amtes einerseits und berechtigte
Interessen des AG andererseits, auch soweit sie auf eine Begrenzung
seiner Kostentragungspflicht gerichtet sind, gegeneinander abzuwägen.
Dem BR steht dabei ein **Beurteilungsspielraum** zu, den die Gerichte
zu beachten haben.[146] Denn der BR führt seine Geschäfte eigenständig
und eigenverantwortlich.[147] Der **Verpflichtungsumfang** des AG
richtet sich nach den Aufgaben und der Größe des BR, nach der Art
und Beschaffenheit des Betriebs sowie nach den besonderen Erforder-
nissen des Einzelfalles.[148] Der BR hat einen Überlassungsanspruch. Er
ist grundsätzlich nicht berechtigt, sich die Sachmittel, Techniken oder
das Büropersonal selbst zu beschaffen, da dem AG bei der Beschaffung
von Sachmitteln ein Auswahlrecht zusteht.[149] Dies gilt jedoch nicht,
wenn der AG in angemessener Frist seiner Verpflichtung, die erforderlichen Sachmittel, Techniken selbst zu beschaffen, nicht nachgekommen ist. Der BR kann dann vom AG Ersatz der Aufwendungen
verlangen.

23   Zu den erforderlichen **Sachmitteln** gehören u. a. alle für eine büromäßige Erledigung der Aufgaben erforderlichen Utensilien, Schreib-
maschinen, Diktiergerät, Aktenordner, Mobiliar sowie Fachliteratur.[150]
Der BR ist berechtigt, für seinen Schriftverkehr Briefpapier mit dem

---

141   Klebe/Wedde, DB 99, 1945.
142   DKKW-Wedde, Rn. 158; Fitting, Rn. 127; Engels/Trebinger/Löhr-Stein-
      haus, DB 01, 532.
143   NZA 07, 1117; BB 04, 557 und 668.
144   Zur Kritik vgl. Wedde, CT 5/2004, 28.
145   NZA 05, 1010.
146   BAG, BB 04, 557 und 668.
147   BAG, BB 95, 1087.
148   Im Einzelnen siehe DKKW-Wedde, Rn. 88.
149   BAG, BB 04, 668.
150   Zu Musterschreiben vgl. DKKW-F-Wedde, § 40 Rn. 16 ff.

das Logo des Unternehmens und dem Zusatz »Der Betriebsrat« zu verwenden.[151]

11. Fachliteratur

Die dem BR zur Verfügung zu stellende **Fachliteratur**[152] ist ihm **24** grundsätzlich auch zur **ausschließlichen Benutzung** zu überlassen. Dies gilt, auch in kleineren Betrieben, zumindest für die Literatur, die der BR häufig benötigt. Eine Mitbenutzung kann daher allenfalls für die Literatur in Betracht kommen, die der BR selten benötigt (str.).[153] Bei der ihm zur alleinigen Benutzung zu überlassenden Literatur hat der BR ein **Auswahlrecht** und braucht sich nicht ausschließlich vom Interesse des AG an einer möglichst kostengünstigen Ausgabe leiten zu lassen.[154] Das Wahlrecht schließt auch das Recht ein, zu entscheiden, ob er bei Neuauflagen an dem bisherigen **Kommentar** bzw. **Gesetzessammlung** festhält oder eine andere Ausgabe wählt.[155] Aufgrund seiner gesetzlichen Aufgabenstellung kann der BR verlangen, dass ihm der AG Kommentare, Gesetzessammlungen u. Ä. jeweils auf dem **neuesten Stand** (Neuauflage) beschafft.[156]

Allen BR-Mitgl. ist nicht nur der Text des BetrVG, sondern jeweils **25** auch für jeden ein Exemplar des aktuellen **Basiskommentars** zum BetrVG[157] zur Verfügung zu stellen. Gleiches gilt für die wichtigsten arbeits- und sozialrechtlichen **Gesetzestexte**, z. B. die **Textsammlung** von Kittner »Arbeits- und Sozialordnung«.[158] Neben Kommentaren (vgl. Rn. 24) sind dem BR auch **Fachbücher**, z. B. »Kittner/Zwanziger, Arbeitsrecht, Handbuch für die Praxis« oder »Schaub, Arbeitsrechts-Handbuch«,[159] Handwörterbuch »Schoof, Betriebsratspraxis von A–Z« sowie Entscheidungssammlung »Schoof, Rechtsprechung zum Arbeitsrecht von A–Z«,[160] Formularbuch »Däubler/Kittner und andere (Herausgeber): Arbeitshilfen für den Betriebsrat mit

---

151 LAG Frankfurt, BB 73, 2451; ArbG Oberhausen 15. 12. 10 – 1 BV 58/10, LAGE § 2 BetrVG 2001 Nr 1.

152 BAG, AiB 84, 15.

153 Vgl. DKKW-Wedde, Rn. 183.

154 BAG, DB 96, 2034.

155 BAG, NZA 95, 386.

156 BAG, NZA 95, 386; ArbG Halberstadt, AuR 98, 330 hält als erforderlich 2 Kommentare zum BetrVG [DKKW, Fitting] sowie ein Handbuch zur Tarifarbeit im Betrieb.

157 ArbG Elmshorn 19. 2. 91 – 1 d BV 10/91; ArbG Nürnberg 1. 10. 10 – 6 BV 205/10, AiB 11, 402, wenn die Mitglieder des Betriebsrates nicht in einer gemeinsamen räumlichen Einheit untergebracht sind; einschränkend ArbG Düsseldorf, NZA-RR 04, 311.

158 BAG, DB 96, 2034; LAG Düsseldorf, BB 88, 1072; LAG Bremen, BB 96, 2303; ArbG Nürnberg 1. 10. 10 – 6 BV 205/10, AiB 11, 402.

159 LAG Bremen, BB 96, 2303; Fitting, Rn. 119 ff.

160 ArbG Frankfurt 14. 11. 00 – 18 BV 479/00, juris.

Wahlunterlagen und EBR-Gesetz (Formularbuch)«;[161] ggf. **Spezialliteratur**, wie »Ordnungswidrigkeitenverfahren nach dem BetrVG«,[162] **Entscheidungssammlungen**[163] und **Fachzeitschriften** (z. B. AiB, AiB-Newsletter, AuR, PersR, Computer-Fachzeitschrift, Gegenpol oder Gute Arbeit) bereitzustellen.[164] Steht dem BR jedoch bereits eine arbeitsrechtliche Fachzeitschrift zur Verfügung, die sich z. B. regelmäßig auch mit arbeits- und gesundheitswissenschaftlichen Themenstellungen befasst (vorwiegend die Zeitschrift »Arbeitsrecht im Betrieb« – AiB – sowie Loseblattsammlung »Krause, Arbeitssicherheit«; »AiB, AuR«; »AiB/Computerzeitschrift«), hat der BR darzulegen, welche betrieblichen oder betriebsratsbezogenen Gründe die **Anschaffung einer weiteren Fachzeitschrift** erfordern.[165]

In Frage kommt auch das zur Verfügung stellen digitaler Versionen von Gesetzessammlungen und Kommentaren als CD- oder DVD-ROM und/oder eines Online-Zugangs zu Datenbanken mit entsprechenden Entscheidungs- und Literatursammlungen (z. B. »Betriebsratswissen online«).[166]

12. Büroräume

26   Der AG hat dem BR einen oder mehrere Räume als **BR-Büros** für die büromäßige Abwicklung seiner Tätigkeit sowie für Sitzungen und Besprechungen mit erforderlichem Mobiliar, wie verschließbare Schränke, Schreibtische, Tische und Stühle, zur Verfügung zu stellen.[167] Der Raum muss funktionsgerecht und benutzbar sein (heizbar und beleuchtet) und den Anforderungen an die ArbStättV entsprechen.[168] Der BR-Raum und insbesondere auch Besprechungsräume

---

161   ArbG Nürnberg 1. 10. 10 – 6 BV 205/10, AiB 11, 402.

162   ArbG Darmstadt, AiB 96, 482 m. Anm. v. J. Schmidt.

163   Besgen, AiB 87, 150; Rn. 96; a. A. LAG Düsseldorf, BB 78, 1413.

164   BAG, BB 95, 1087; LAG Frankfurt, AiB 91, 335; LAG Düsseldorf, BB 98, 2002; ArbG Halberstadt, AiB 98, 585 m. Anm. v. Wedde; ArbG Köln 8. 10. 98 – 1 BV 163/98; vgl. ergänzend DKKW-Wedde, Rn. 184 ff.

165   BAG, BB 95, 1087; vgl. ferner LAG Berlin, BB 93, 725; AuR 98, 330; BB 98, 2002.

166   DKKW-Wedde, Rn. 192; Fitting, Rn. 134 wenn der AG über einen Zugang verfügt und die Kosten nicht unverhältnismäßig sind.

167   LAG Köln 23. 1. 13 – 5 TaBV 7/12, brwo, bejaht Anspruch bei siebenköpfigen BR; LAG SH, AiB 08, 666, fordert für einen fünfköpfigen BR einen Raum von mindestens 20 qm; LAG München, BB 08, 441; LAG München 8. 7. 05 – 3 TaBV 79/03, juris, wonach ein dreiköpfiger BR einen Anspruch auf Büroraum mit mindestens 9 qm nebst eigenem Telefonanschluss hat; vgl. ArbG Frankfurt, NZA-RR 99, 420 – bejahend bei fünfköpfigen BR; ArbG Halberstadt, AiB 98, 585 m. Anm. v. Wedde; zu Musterschreiben vgl. DKKW-F-Wedde, § 40 Rn. 16.

168   LAG Köln, AuR 02, 150.

müssen optisch und akustisch soweit abgeschirmt sein, dass sie von Zufallszeugen von außen nicht eingesehen oder abgehört werden können.[169] Der BR hat Anspruch auf ein Sicherheitsschloss für das BR-Büro außerhalb der allgemeinen Schließanlage.[170] In diesen Räumen übt der BR das Hausrecht aus. Der AG darf deshalb nicht gegen den Willen des BR BR-Büros öffnen und betreten.[171] Mit Rücksicht auf dieses **Hausrecht** ist der AG grundsätzlich verpflichtet, den Zugang Dritter zum BR-Büro zu dulden, soweit dies für die Erfüllung der gesetzlichen Aufgaben des BR erforderlich ist.[172] Nach Auffassung des BAG ist der AG auch nur in diesem Rahmen verpflichtet, den Zugang von Medienvertretern gegen Vorlage des Presseausweises bzw. eines Rechtsanwalts zum BR-Büro zu dulden.[173] Der AG kann dem BR die Nutzung einmal zugesagter Räumlichkeiten nicht untersagen, selbst wenn die Räume nicht sachgerecht genutzt werden,[174] es sei denn, der AG stellt andere, gleichwertige Büroräume zur Verfügung.[175] Der AG begeht verbotene Eigenmacht, wenn er den BR aus dem von ihm bislang benutzten Zimmer hinauswirft[176] oder das BR-Büro eigenmächtig ausräumt und mit einer neuen Schließanlage versieht.[177] Der BR kann vom AG verlangen, dass dieser nicht ohne vorherige Genehmigung das BR-Büro betritt bzw. dort befindliche Unterlagen, Möbel u. Ä. aus dem BR-Büro entfernt.[178] Der BR hat aber auch keinen Ewigkeitsanspruch, einmal zugewiesene Räume zu behalten oder bestimmte Räumlichkeiten zu erhalten, wenn der Mietvertrag gekündigt ist und die Räume zurückgegeben werden müssen.[179]

Die Mitglieder einer Minderheitsliste haben gegenüber dem BR keinen Anspruch auf Bereitstellung eines Raums sowie entsprechender Büromittel wie Computer, Schreibtisch etc. zur alleinigen Verfügung. Das BR entscheidet in eigener Autonomie darüber, wie er seine

---

169 LAG SH, NZA-RR 08, 187; LAG Köln 19. 1. 01 – 11 Ta BV 75/00; ArbG Frankfurt/Main 3. 12. 02 – 18 BV 360/02.

170 ArbG Mannheim, AiB 01, 48.

171 LAG Nürnberg, NZA 00, 335; ArbG Mannheim, AiB 01, 48.

172 BAG, BB 92, 144; einschränkend jetzt BAG 20. 10. 99 – 7 ABR 37/98, brwo, wonach der BR die Interessen der Belegschaft an einer sachgerechten Ausübung des BR-Amtes und die berechtigten Interessen des AG gegeneinander abzuwägen hat.

173 BAG a. a. O.

174 ArbG Göttingen, AiB 88, 284, sowie ArbG Berlin, AiB 93, 184, die auch die Voraussetzungen für eine einstweilige Verfügung anerkennen, weil sonst die BR-Arbeit erheblich gefährdet würde.

175 ArbG Villingen-Schwenningen, AiB 97, 413 m. Anm. v. Kunz.

176 ArbG Berlin a. a. O.

177 ArbG Villingen-Schwenningen a. a. O.

178 ArbG Villingen-Schwenningen a. a. O.; vgl. auch ArbG Freiburg, AiB 97, 413 zu einem entsprechenden Herausgabeanspruch des BR.

179 LAG Hamm 28. 5. 10 – 13 TaBV 102/09, brwo.

personellen und sachlichen Ressourcen für seine BR-Arbeit am besten nutzt.[180]

13. Büropersonal

27 Dem BR ist auch Büropersonal im erforderlichen Umfang zur Verfügung zu stellen.[181] Das Vorhandensein von PCs steht der Überlassung nicht entgegen.[182] Den Arbeitsvertrag mit der Bürokraft schließt der AG auch dann ab, wenn diese ausschließlich mit Büroarbeiten des BR beschäftigt werden soll. Die Interessen des BR sind jedoch bei der Auswahl zu berücksichtigen. Der BR ist nicht verpflichtet, eine zur Verfügung gestellte Bürokraft in jedem Fall auch zu beschäftigen. Er kann ggf. eine Schreibkraft ablehnen, zu der er kein Vertrauen hat.[183] Bei einer begründeten Weigerung hat der AG dem BR eine andere Bürokraft zur Verfügung zu stellen.[184] Allerdings kann der BR nicht verlangen, einen bestimmten AN als Bürokraft zu beschäftigen.[185] Während der Tätigkeit für den BR sind die Bürokräfte dem Weisungsrecht des AG entzogen.

14. Informations- und Kommunikationstechnik

28 Der AG ist verpflichtet, dem BR im erforderlichen Umfang **Informations- und Kommunikationstechnik** zur Verfügung zu stellen. Durch die Neuregelung in § 40 Abs. 2 wird festgeschrieben, dass diese Technik zur notwendigen Sachausstattung des BR gehört.[186] Dabei steht dem BR auch der betriebsübliche Standard zu.[187] Geht die Anforderung des BR darüber hinaus, muss durch ihn im Zweifelsfall die Erforderlichkeit dargelegt werden. In beiden Fällen steht dem BR ein Auswahlermessen bei der Bewertung der Erforderlichkeit zu.[188] Demgegenüber verlangt das BAG grundsätzlich auch weiterhin, dass der BR eine Einzelfallprüfung hinsichtlich der Erforderlichkeit vor-

---

180 LAG Berlin-Brandenburg 19.7.11 – 7 TaBV 764/11, brwo, BB 11,1908.

181 BAG 19.6.12 – 1 ABR 19/11, NZA 12, 1237 zur Überlassung von Hilfspersonal an den GBR; BAG, NZA 05, 1010; LAG MV 3.5.05 – 5 TaBV 20/04, juris, zur Ausweitung des Bürodienstes einer Hilfskraft; vgl. auch BAG 17.10.90, AP Nr. 8 zu § 108 BetrVG 1972 zur Bereitstellung von Büropersonal für den WA; zu Musterschreiben vgl. DKKW-F-Wedde, § 40 Rn. 22.

182 BAG, NZA 05, 1010.

183 BAG, NZA 97, 844.

184 Vgl. auch LAG Berlin, AiB 96, 318.

185 BAG, NZA 97, 844.

186 Engels/Trebinger/Löhr-Steinhaus, DB 01, 532; Lück, AiB 11, 298; vgl. Fitting, Rn. 127 f.

187 DKKW-Wedde, Rn. 158 ff.; Fitting, Rn. 127; LAG Nds., NZA-RR 03, 250 spricht vom »Prinzip der Äquivalenz der Mittel«; LAG München, AiB 08, 545 geht vom Prinzip der Waffengleichheit aus; ArbG Berlin, CF 2/06, 29; Wedde, CT 5/2004, 28; Grimberg, CF 2/06, 26.

188 BAG, NZA 07, 1117.

zunehmen hat.[189] Modifikationen durch das BAG werden im Folgenden dargestellt. Zur Informations- und Kommunikationstechnik gehören insbesondere Personalcomputer (PC) einschl. Drucker und Software, Telefon, Mobiltelefon, Telefaxgeräte, Fotokopiergeräte, E-Mail, Intranet und Internet nebst Zugang[190] sowie die Einrichtung einer elektronischen Signatur (vgl. § 26 Rn. 5).[191] Die Neuregelung erfasst somit die grundsätzliche Nutzung der im Betrieb[192] bzw. im UN vorhandenen Techniken durch den BR.[193] Dieses schließt einen Anspruch des BR auf Übernahme der **Kosten** durch den AG nach Abs. 1 auf eine entsprechend erforderliche **Schulung** mit ein (siehe § 37 Rn. 34).[194] Der AG hat dem BR einen, in größeren Betrieben mehrere, **Personalcomputer (PC)** zur Verfügung zu stellen,[195] und zwar einschließlich des entsprechenden Zubehörs wie **Software** und **Farbdrucker**.[196] Die Konfiguration des BR-PC einschließlich der Anmeldeprozedur bestimmt der BR grundsätzlich allein, wobei der BR bei der Verarbeitung personenbezogener Daten unter Beachtung des Persönlichkeitsrechts der betroffenen AN selbst die datenschutzrechtlichen Details bestimmt.[197] Dazu gehört nicht ein Zugang zum im Betrieb des AG gebräuchlichen SAP-Entgeltabrechnungssystems.[198] Da der BR seine Daten und Dateien genauso wie seine sonstigen schriftlichen Unterlagen eigenverantwortlich verwaltet, hat der AG

189 BAG, NZA 07, 1117; BB 04, 668; vgl. Rn. 22; zur Kritik vgl. Wedde, CT 5/2004, 28; Grimberg, CF 2/06, 26.
190 ArbG Berlin, AuR 06, 37; zu Musteranforderungsschreiben vgl. DKKW-F-Wedde, § 40 Rn. 17 ff.
191 Übersicht bei Lück, AiB 11, 298 sowie Schomaker, AiB 11, 325.
192 LAG Hamm, RDV 06, 83 Ls.; LAG Rheinland-Pfalz, AuR 06, 253.
193 Vgl. BT-Drucks. 14/5741, 41; a.A. BAG, BB 04, 577 und 668.
194 Peter, CF 7–8/06, 52; a.A.: LAG SH 3.6.03 – 4 Ta BV 24/02 verneint Erforderlichkeit, wenn Kenntnisse durch »learning by doing« erlangt worden sind.
195 Klebe/Wedde, DB 93, 1418; Kort, NZA 90, 598.
196 LAG Hamm 18.6.10 – 10 TaBV 11/10, brwo, NZA-RR 2010, 521; LAG SH 27.1.10 – 3 TaBV 31/09, AuR 10, 132 Ls. sowie LAG Nürnberg, BB 09, 2141 Ls. wenn der AG bei der Wahrnehmung einzelner betriebsverfassungsrechtlicher Aufgaben einen PC zur Anwendung bringt; LAG SH 8.7.10 – 1 TaBV 40 a/09, juris, auch dann, wenn der Bezirksleiter des AG selbst keinen PC zur Verfügung hat; LAG Bremen, NZA-RR 09, 485 bejaht grundsätzlich die Zurverfügungstellung einer EDV-Grundausstattung, da es sich regelmäßig um unverzichtbare Arbeitsmittel des BR handelt; HessLAG, dbr, 08, Nr. 7, 37, wonach die Benutzung eines PC durch den Betriebsrat für einen vernünftigen und angemessenen Einsatz menschlicher Arbeitskraft unabdingbar ist; LAG Düsseldorf, NZA-RR 06, 139, wonach jedenfalls in mittleren und größeren Betrieben die Erforderlichkeit eines PC für die BR-Tätigkeit regelmäßig indiziert wird; ArbG Berlin, dbr 5/09, 38.
197 BAG 18.7.12 – 7 ABR 23/11, brwo.
198 LAG Nürnberg, RDV 06, 84.

kein Recht, in die Dateien des BR Einsicht zu nehmen.[199] Bei der vom BR vorzunehmenden Prüfung der Erforderlichkeit ist von den betrieblichen Verhältnissen zum Zeitpunkt der Beschlussfassung auszugehen.[200] Auf die Größe des BR kommt es nicht an. Der BR muss sich wegen des Vertrauensschutzes grundsätzlich nicht auf die Mitbenutzung beim AG vorhandener Rechner verweisen lassen.[201] Der AG ist verpflichtet, dem BR die Information der Belegschaft über ein **EDV-gestütztes Kommunikationssystem** (z. B. **E-Mail** bzw. **Intranet**) zu gestatten, wenn das System im Betrieb bzw. im UN allgemein zu diesem Zweck genutzt wird.[202] Entsprechendes gilt für die Zurverfügungstellung einer eigenen **Homepage** des BR im **Intranet** des AG.[203] Das BAG[204] bejaht im Rahmen der Erforderlichkeitsprüfung die Nutzung des Intranets sowie die Einrichtung einer Homepage nur dann, wenn das Intranet das im Unternehmen vorhandene übliche Kommunikationsmittel ist. Bei der inhaltlichen Gestaltung der Homepage entscheidet der BR alleine ohne Zustimmung des AG. Auch wenn dabei der Aufgabenbereich des BR überschritten wird, kann der AG nicht eigenmächtig Seiten der Homepage sperren oder löschen. Er ist zur Vorzensur nicht berechtigt.[205] Es gelten die für das »**Schwarze Brett**« entwickelten Grundsätze (vgl. Rn 30).[206] Für einen Auftritt des BR im Social Web ergeben sich noch zusätzliche Probleme. Dieser bringt auf der einen Seite einen schnellen Informationsfluss und eine bessere Netzwerkarbeit. Es stellt sich aber ebenso die Frage, wie ein solcher Auftritt sinnvoll und rechtssicher zu gestalten ist. Die Anforderungen sind dabei vielfältig und mit vielen Unsicherheiten verbunden.[207] Der Zugang zum **Internet** und die Einrichtung einer **E-Mail Adresse** für den BR sind – ausgehend vom betrieblichen Standard – regelmäßig für erforderlich anzusehen.[208] Erst mit Beschluss

---

199   LAG Düsseldorf 15. 9. 11 – 4 TaBV 87/11 sowie 17. 9. 11 – 4 TaBV 11/12, BB 12, 832.

200   BAG, NZA 98, 953.

201   BAG, NZA 98, 953.

202   HessLAG 5. 11. 09 – 9 TaBV 241/08, brwo, ArbG Frankfurt/Main, AiB 03, 744 m. Anm. Wedde; Gehrke/Pfeifer, AiB 03, 522; Däubler, CF 9/04, 25; zu Musterschreiben vgl. DKKW-F-Wedde, § 40 Rn. 20 ff.

203   ArbG Paderborn, DB 98, 678; Däubler, a. a. O.

204   BAG 1. 12. 04 – 7 ABR 18/04, NZA 05, 1016.

205   HessLAG 5. 11. 09 – 9 TaBV 241/08, brwo.

206   LAG Hamm, RDV 04, 223 zu Informationen über Tarifverhandlungen; ArbG Dortmund 12. 9. 03 – 1 BV 15/03.

207   Im Einzelnen Greve, CuA 13, 32; Demuth, AiB 11, 302; Wedde, AiB 11, 287; Brandt, CR 4/11, 32.

208   BAG 14. 7. 10 – 7 ABR 80/08, brwo, AiB 11, 54, Internet und E-Mail Adresse auch für mehrere BR-Mitgl.; 17. 2. 10 – 7 ABR 103/09, AiB 11, 325 Ls., wonach allenfalls dann etwas anderes gelten kann, wenn der AG (beispielsweise aufgrund einer wirtschaftlich schwierigen Situation des Unternehmens) generell auf die Nutzung des Internets verzichtet; 20. 1. 10 – 7 ABR 79/08, brwo, NZA

vom 20. Januar 2010 hat das BAG[209] klargestellt, dass die **Nutzung des Internets** durch den BR »in der Regel« der gesetzlichen Aufgabenerfüllung dient und die Erforderlichkeit des Internetzugangs nicht mehr auf Grund konkreter betrieblicher Anforderungen im Einzelfall durch den BR nachgewiesen werden muss. Der BR kann die Einrichtung eines nicht personalisierten Internetzugangs über den ihm zur Verfügung gestellten PC verlangen und eigenständig bestimmen, ob beim Zugang einzelner BR-Mitgl. zum Internet über einen gemeinsamen PC des BR eine Personalisierung stattfinden soll oder nicht.[210] Denn für die Beachtung des Datenschutzes beim Zugang hat der BR in eigener Verantwortung zu sorgen. Stellt der AG dem BR über das betriebliche Intranet einen Internetanschluss zur Verfügung, besteht in diesem Fall grundsätzlich kein Anspruch auf einen (weiteren) Internetanschluss über einen externen Provider, durch den zusätzliche Kosten anfallen.[211] Die Überlassung eines **mobilen Computers** (Laptop, Notebook) kann erforderlich sein, auch wenn stationäre Computer zur Verfügung stehen.[212]

Der BR kann in der Regel verlangen, dass ihm der AG ein eigenes **29**
Diktiergerät und **Fotokopiergerät** zur Vervielfältigung von Sitzungsunterlagen, Protokollen u. Ä. zur Verfügung stellt;[213] Entsprechendes gilt – alleine schon aus Datenschutzgründen – für ein **Telefaxgerät**.[214] Bei besonderen Betriebsstrukturen (z. B. Einzelhandelsfilialist) und einer eingeschränkten Erreichbarkeit des AG gerade bei fristgebundenen Stellungnahmen des BR hat dieser Anspruch auf einen Anrufbeantworter, ein Fotokopiergerät sowie ein Faxgerät.[215] Dem BR muss im BR-Büro ein **Telefon** zur jederzeitigen, ungehinderten Benutzung zur Verfügung stehen.[216] Die Nutzung des Telefons dient der innerbetrieblichen Kommunikation und dem Informationsaustausch zwischen AN und BR.[217] Welche Informations- und Kommunikationswege der BR dabei für zweckmäßig hält, ist von dem BR nach pflichtgemäßem Ermessen zu entscheiden. Der AG hat dem BR

10, 709, jedenfalls dann, wenn BR einen PC bereits hat, im Betrieb ein Internetanschluss vorhanden ist, die Freischaltung des Zugangs keine zusätzlichen Kosten verursacht und die Nutzung durch den BR keine sonstigen berechtigten Belange des AG entgegenstehen.
209 BAG 20. 1. 10 – 7 ABR 79/08, brwo, AiB 10, 687.
210 BAG 18. 7. 12 – 7 ABR 23/11, brwo.
211 LAG BaWü 23. 1. 13 – 13 TaBV 8/12, juris.
212 LAG Köln 13. 12 11 –11TaBV 59/11, brwo.
213 Besgen, AiB 87, 150; Kort, NZA 90, 598.
214 LAG Rheinland-Pfalz, AuR 06, 253; LAG Nds., NZA-RR 03, 250; vgl. DKKW-Wedde, Rn. 130.
215 BAG, AuR 00, 142 zur alten Gesetzeslage.
216 LAG München 8. 7. 05 – 3 TaBV 79/03, juris; ArbG Osnabrück 19. 11. 90 – 2 BV 18/90; vgl. DKKW-Wedde, Rn. 131 ff.
217 BAG, AuR 00, 142.

nicht vorzuschreiben, auf welche Art die innerbetriebliche Kommunikation zu erfolgen hat.[218] Ist ein örtlicher BR nicht vorhanden, hat der **GBR** einen Anspruch auf Freischaltung der in den einzelnen Verkaufsstellen vorhandenen Telefonapparate zur Erfüllung seiner gesetzlichen Aufgaben.[219] Ein eigener **Telefonamtsanschluss** ist dagegen nicht erforderlich, wenn der BR die betriebliche Telefonanlage ohne Empfänger- und Inhaltskontrolle jederzeit benutzen kann.[220] In Kleinbetrieben kann die – ungestörte – Mitbenutzung des betrieblichen Fernsprechers ausreichend und zumutbar sein.[221] In Betrieben mit ausgelagerten Betriebsteilen oder Filialen muss die Telefonanlage technisch so geschaltet sein, dass der BR die außerhalb der zentralen Betriebsstätte (z. B. in den Verkaufsstellen) Beschäftigten direkt anwählen und die Beschäftigten eingehende Gespräche des BR auch tatsächlich entgegennehmen können.[222] Der BR hat Anspruch auf Zurverfügungstellung von **Mobilfunktelefonen** (Handys), wenn ein BR-Mitgl. auf Grund der Tätigkeit im GBR bzw. KBR mehr als 40 % seiner Arbeitszeit außerhalb des eigenen Betriebes verbringt,[223] wenn mit dem Mobiltelefon die BR-Mitgl. auch zu Zeiten ereichbar sind, an denen sie sich nicht an ihrem Arbeitsplatz oder im Betriebsratsbüro aufhalten und deshalb nicht über Festnetz angerufen werden können,[224] wenn auf andere Weise eine unmittelbare, zugleich direkte und zeitnahe Kommunikation zwischen den entsprechenden BR-Mitgl. und den betroffenen AN nicht sichergestellt ist.[225] Auch das Zur-Verfügung stellen eines Smartphones, **Black Berry, MDA** o. Ä. kann erforderlich sein, wenn das einzelne BR-Mitgl. auf Grund seiner Tätigkeit häufiger außerhalb seines Betriebes unterwegs ist und ein Zugriff auf die E-Mail Kommunikation notwendig ist. Dies gilt insbesondere, wenn die Kommunikation über E-Mail betrieblicher Standard ist.

---

218   BAG 27.11.02 – 7 ABR 45/01, brwo; LAG BaWü 12.3.09 – 16 TaBV 8/08 n. v.

219   BAG 9.12.09 – 7 ABR 46/08, AiB 11, 329 Ls.

220   LAG Frankfurt, NZA 86, 650; vgl. auch BAG, DB 91, 47.

221   LAG Rheinland-Pfalz, NZA 93, 426.

222   LAG Nds. 21.9.09 – 9 TaBV 98/08, juris; BAG, NZA 03, 803 noch zur alten Gesetzeslage.

223   ArbG Karlsruhe 11.6.08 – 4 BV 15/07, juris.

224   HessLAG 28.11.11 – 16 TaBV 129/11, juris.

225   LAG Hamm 20.5.11 – 10 TaBV 81/10, brwo, LAGE § 40 BetrVG 2001 Nr. 16, n. rk. BAG 7 ABR 41/11 sowie LAG BaWü 12.3.09 – 16 TaBV 8/08 n. v., nur bei Vorliegen besonderer Umstände; LAG Sachsen-Anhalt 23.6.10 – 4 TaBV 4/10, juris, wenn der BR ansonsten nicht ungestört telefonieren und angerufen werden kann oder seine Telefonate mitgehört werden können; LAG BaWü, EZA Schnelldienst 13/06, 15 Ls.; ArbG Berlin, CF 2/06, 29; ArbG Frankfurt, AiB 98, 223 m. Anm. v. Hess-Grunewald; verneinend: LAG München 20.12.05 – 8 TaBV 57/04.

15. »Schwarze Bretter«

Für die Bekanntmachungen des BR hat der AG ein oder mehrere **30**
»**Schwarze Bretter**« zur Verfügung zu stellen, die an geeigneten, allen
AN des Betriebs zugänglichen Stellen anzubringen sind.[226] Als
»Schwarzes Brett« kann der BR einen abschließbaren Info-Kasten
verlangen.[227] Auch eine eigenen **Homepage** des BR in dem Intranet
des AG kommt als »Schwarzes Brett« in Frage (vgl. im Einzelnen
Rn. 28). Der **Inhalt der Aushänge** muss sich im Rahmen seiner
Aufgaben und seiner Zuständigkeit bewegen.[228] Der BR ist jedoch
nicht gehindert, **seine Ansicht**, auch wenn sie von der des AG
abweicht, am »Schwarzen Brett« bekannt zu geben[229] oder der Belegschaft einen **Interessenkonflikt** mitzuteilen und **Missstände** zu kri-
tisieren.[230] Bei **unzulässigen Anschlägen** kann der AG vom BR die
Entfernung verlangen. Verwehrt der BR die Entfernung, begeht der
AG grundsätzlich **verbotene Eigenmacht** (vgl. §§ 858 ff. BGB),
wenn er Anschläge, die aus seiner Sicht unzulässig sind, eigenmächtig
entfernt oder entfernen lässt oder gleich das »Schwarze Brett« entfernt
oder umhängt, da der BR an dem ihm zur Verfügung gestellten
»Schwarzen Brett« ein Besitzrecht ausübt.[231] Der AG ist auf das Mittel
der **Gegendarstellung** beschränkt oder kann den **Rechtsweg** be-
schreiten (vgl. Rn. 28).[232] Einer eigenmächtigen Entfernung von Anschlägen darf sich der BR nach § 859 Abs. 1 BGB notfalls sogar mit
Gewalt widersetzen.[233] Der BR kann aber auch nach § 861 Abs. 1 BGB
die Wiederanbringung der Anschläge verlangen.[234]

§ 41 Umlageverbot

**Die Erhebung und Leistung von Beiträgen der Arbeitnehmer
für Zwecke des Betriebsrats ist unzulässig.**

Die Vorschrift erstreckt sich nur auf Beiträge für den BR selbst. Ein **1**
Verstoß gegen dieses Umlageverbot setzt voraus, dass von AN Beiträge
für Zwecke des BR erhoben oder geleistet werden. Mittel aus dem
Tronc einer Spielbank dürfen nicht zur Anschaffung von Gegenstän-

---

226 Vgl. BAG, DB 79, 751; Fitting, Rn. 115 ff.
227 ArbG Würzburg, AiB 99, 402.
228 LAG Hamburg, DB 78, 118.
229 LAG Berlin, DB 80, 1704.
230 LAG BaWü, DB 78, 799; vgl. auch BVerfG, DB 96, 2443 zum Schutz von
    Werkszeitungen durch die Pressefreiheit; ArbG Hamburg, AiB 95, 774 zur
    Meinungsfreiheit im Arbeitsverhältnis.
231 HessLAG 15.3.07 – 9 TaBVGa 32/07, brwo; LAG Hamm 12.3.04 – 10 TaBV
    161/03, brwo.
232 LAG Hamm, RDV 04, 223 zur Homepage im Intranet; LAG Frankfurt, DB 72,
    1027; ArbG Gelsenkirchen, AuR 85, 129.
233 DKKW-Wedde, Rn. 148 m. w. N.
234 Däubler, Gewerkschaftsrechte im Betrieb (10. Aufl.), Rn. 697.

den – Büromaterial – durch den AG genutzt werden; diese hat der AG
aus seinen Mitteln zu finanzieren.[1] Unberührt bleiben Geldsammlun-
gen durch BR-Mitgl. für andere Zwecke (z. B. Geburtstagsgeschenke
an AN oder für Opfer einer Katastrophe).

Vierter Abschnitt:
Betriebsversammlung

§ 42   Zusammensetzung, Teilversammlung, Abteilungs-
versammlung

**(1) Die Betriebsversammlung besteht aus den Arbeitnehmern
des Betriebs; sie wird von dem Vorsitzenden des Betriebsrats
geleitet. Sie ist nicht öffentlich.** Kann wegen der Eigenart des
Betriebs eine Versammlung aller Arbeitnehmer zum gleichen
Zeitpunkt nicht stattfinden, so sind Teilversammlungen durchzuführen.

(2) Arbeitnehmer organisatorisch oder räumlich abgegrenzter
Betriebsteile sind vom Betriebsrat zu Abteilungsversammlungen zusammenzufassen, wenn dies für die Erörterung der besonderen Belange der Arbeitnehmer erforderlich ist. Die Abteilungsversammlung wird von einem Mitglied des Betriebsrats
geleitet, das möglichst einem beteiligten Betriebsteil als Arbeitnehmer angehört. Absatz 1 Satz 2 und 3 gilt entsprechend.

1. Allgemeines

1   Die Betriebsversamml. dient der **gegenseitigen Information von
BR und AN, der Aussprache und Meinungsbildung**[1] sowie dazu,
dass der BR in der Betriebsversamml. **Rechenschaft** über seine Tätigkeit gibt (§ 43 Abs. 1 Satz 1). Die Betriebsversamml. kann weder mit
dem AG Vereinbarungen abschließen noch dem BR verbindliche
Weisungen erteilen.[2] Sie ist dem **BR nicht übergeordnet** und kann
deshalb auch **kein rechtswirksames Misstrauensvotum** gegen den
BR oder einzelne BR-Mitgl. aussprechen. In Betrieben, in denen kein
BR besteht, können keine Betriebsversamml. durchgeführt werden.

---

1 BAG 16.11.11 – 7 ABR 28/10, NZA12, 404; DB 89, 2543.
2 BAG 16.11.11 – 7 ABR 28/10, NZA12, 404; DB 89, 2543.
2 Vgl. BAG, DB 89, 2543.

Deswegen kann nach abzulehnender Auffassung des BAG[3] ein GBR in betriebsratslosen Betrieben zum Zwecke der Bestellung eines WV für die Durchführung einer BR-Wahl keine Informationsveranstaltungen in Form einer Betriebsversamml. durchführen; er muss sich vielmehr anderer Wege der Informationsbeschaffung bedienen und insbesondere die im Unternehmen vorhandene Kommunikationstechnik nutzen (vgl. § 17 Rn. 1). Die Einberufung erfolgt durch den BR.[4] Es obliegt dem BR, wie die Einladung erfolgen soll (z. B. Anschlag am »Schwarzen Brett«, Rundschreiben, Handzettel). Der AG hat dem BR zwecks Einladung auf Anforderung die Namen und Adressen der AN mitzuteilen, die wegen Urlaub, Elternzeit, Mutterschutz, Krankheit usw. nicht am Arbeitsplatz erreichbar sind. Dieser Anspruch kann ggf. mittels einer einstweiligen Verfügung durchgesetzt werden.[5] Werden im Betrieb **EDV-gestützte Kommunikationssysteme** (z. B. Intranet) eingesetzt, ist deren Benutzung durch den BR zur Einladung der Teilnehmer der Betriebsversamml. vom AG zu gestatten, wie etwa gegenüber im Außendienst tätigen AN, die den Kontakt zum Betrieb über ein Mailbox-System aufrechterhalten.[6] Der AG darf nicht die AN des Betriebs oder Gruppen von ihnen zu Versamml. einberufen, in denen Themen behandelt werden, für die nach § 45 die **Betriebsversamml. zuständig** ist und somit auch die Zuständigkeit des BR beeinträchtigt wird. Solche Mitarbeiterversamml. dürfen nicht zu »Gegenveranstaltungen« gegenüber Betriebsversamml. missbraucht werden, was sich u. a. darin zeigen kann, dass eine zeitliche Nähe oder gar eine Überschneidung einer solchen Versamml. zu einer Betriebsversamml. besteht.[7] Die Durchführung einer Mitarbeiterversamml. außerhalb der betriebsüblichen Arbeitszeit ist mitbestimmungspflichtig (§ 87 Abs. 1 Nr. 3), wenn der AG die Teilnahme kraft Weisungsrechts anordnen kann oder der AN zur Teilnahme verpflichtet ist.[8] Der AG darf die AN auch nicht auffordern, an einer rechtmäßig einberufenen Betriebsversamml. nicht teilzunehmen.[9] Darin kann eine Störung der BR-Tätigkeit liegen.[10] Ebenso wenig darf der AG einzelnen AN oder

---

3 BAG 16.11.11 – 7 ABR 28/10, NZA12, 404.

4 Vgl. DKKW-F-Berg, §§ 42–46 CD-Arbeitshilfen zu 2: Mustereinladung zur Betriebsversamml.; zur professionellen Gestaltung s. Bossmann, AiB 11, 672.

5 ArbG Berlin, NZA-RR 04, 642.

6 Vgl. BAG, BB 04, 668; LAG Köln, NZA 92, 519; ArbG München, AiB 92, 95.

7 ArbG Darmstadt, AiB 96, 609; ArbG Duisburg, AuR 94, 276; zu sog. Mitarbeiterdienstbesprechungen siehe ArbG Osnabrück, AuR 98, 298; vgl. auch BAG, DB 89, 2543, das den AG, wenn eine solche »**Gegenveranstaltung**« nicht vorliegt, für berechtigt hält, die AN in Mitarbeiterversamml. über betriebliche Belange zu informieren.

8 BAG, DB 01, 2055.

9 Vgl. Renker, AiB 01, 701 zu Behinderungsstrategien des AG.

10 Vgl. ArbG Köln, AiB 89, 212; vgl. auch OLG Stuttgart, AiB 89, 23 f., nach dem der Tatbestand des § 119 Abs. 1 Nr. 2 bereits mit der Behinderung der BR-Tätigkeit bei der Einberufung der Betriebsversamml. vollendet ist.

AN-Gruppen die Teilnahme an der Betriebsversamml. untersagen, weil er meint, ihrer Durchführung ständen dringende betriebliche Bedürfnisse entgegen.[11] Auch der Versuch des AG, eine Betriebsversamml. durch Überhängen der Einladung und das Versprechen eines halben Tages Zusatzurlaub bei Nichtteilnahme zu verhindern, ist ein grober Verstoß i. S. von § 23 Abs. 3.[12] Die Befragung von AN durch den AG, ob sie an einer Betriebsversamml. teilnehmen wollen oder nicht, stellt eine Behinderung der BR-Arbeit dar, selbst wenn die Befragung der Planung der Produktion dient.[13] Zur Sicherung der BR-Rechte kann eine einstweilige Verfügung im Verfahren nach § 23 Abs. 3 beantragt werden.[14] In dem Rahmen kann dem AG aufgegeben werden, den gerichtlichen Beschluss allen AN durch Aushang am schwarzen Brett oder durch Rundschreiben bekannt zu geben.[15] Ein Unterlassungsanspruch des AG gegenüber dem BR, mit dem auf die Art und Weise der Durchführung von Betriebsversamml. Einfluss genommen werden soll, besteht nicht; vielmehr kann der AG nur den Weg über § 23 Abs. 1 BetrVG gehen.[16]

Wenn im Betrieb ein geeigneter Raum vorhanden ist, hat der AG diesen dem BR zur Verfügung zu stellen und der BR ihn auch zu nutzen. Stehen mehrere Räume zur Verfügung, soll nach der abzulehnenden Auffassung des HessLAG der AG alleine darüber entscheiden, in welchem Raum die Betriebsversamml. stattfinden soll, selbst wenn der vom Betriebsrat vorgeschlagene Raum noch besser geeignet sein sollte.[17] Neben der klassischen Betriebsversamml. werden auch neue Wege beschritten, um Interesse und Akzeptanz bei den AN zu erhöhen. Dabei ist zu beachten, das die oben genannten Strukturen einer Betriebsversamml., insbesondere der Kommunikationsrahmen, gewahrt bleibt. So hat in einer nicht überzeugenden Entscheidung das LAG Thüringen die Auffassung vertreten, dass anstelle einer »üblichen« Betriebsversamml. ein Betriebsrundgang diese nicht ersetzen kann.[18] Die **Leitung der Betriebsversamml.** obliegt dem BR-Vors. Er hat das Wort zu erteilen und zu entziehen, ebenso kann er die Redezeit beschränken und Ordnungsrufe erteilen. Werden Abstimmungen durchgeführt, hat er diese zu leiten und das Ergebnis bekannt zu geben. Im Versamml.-Raum hat der BR-Vors.

---

11   LAG Hamburg, AiB 89, 212; ArbG Darmstadt, AiB 04, 754 zur Androhung des AG bei Teilnahme keine Kostenerstattung oder Lohnfortzahlung.

12   LAG BaWü, BetrR 87, 420 ff.

13   ArbG Bremen, AiB 06, 756.

14   LAG Düsseldorf, NZA 91, 29; ArbG Darmstadt, AiB 04, 754.

15   ArbG Darmstadt, AiB 04, 754.

16   LAG Berlin-Brandenburg 8.4.11 – 9 TaBV 2765/10, brwo, im Anschluss an BAG 17.3.10 – 7 ABR 95/08, brwo.

17   HessLAG 12.6.12 – 16 TaBVGa 149/12, AuR 12, 437 mit Anm. Stück.

18   13.8.13 – 1 TaBV 1/13 – zit. nach Brückmann/Geilen, AiB 13, 723 mit Anm.

Hausrecht. Dieses besteht auch in Bezug auf die Zugangswege zum Versamml.-Raum.[19]

2. Teilnehmerkreis

Die Betriebsversamml. besteht aus den **AN des Betriebs.** Auch über- **2** lassene AN i. S. des § 7 Satz 2 (z. B. **Leih-AN** – § 14 Abs. 2 AÜG) dürfen an den Betriebsversamml. ebenso wie **Heim-AN** und **Tele-AN** teilnehmen.[20] Weiterhin zählen gem. § 5 Abs. 1 Satz 3 auch die Beamten, Soldaten sowie die AN des öffentlichen Dienstes, die in Betrieben privatrechtlich organisierter Unternehmen tätig sind, als AN des Einsatzbetriebes.[21] Gleiches gilt für AN, die **Altersteilzeitarbeit** für sich in Anspruch nehmen, unabhängig davon, ob sie jeweils im Betrieb Arbeitsleistung erbringen oder nicht. Es sind auch AN teilnahmeberechtigt, bei denen am Tag der Betriebsversamml. keine Arbeitspflicht besteht, wie etwa während des **Urlaubs,**[22] der **Elternzeit,**[23] der **Kurzarbeit**[24] oder während eines **Arbeitskampfes.**[25] Auszubildende, die zu dem Inhaber eines reinen Ausbildungsbetriebs in einem Vertragsverhältnis stehen und von diesem zur praktischen Ausbildung in den Betrieb eines anderen Betriebsinhabers entsandt werden, sind berechtigt, während ihrer Ausbildungszeit an den dort stattfindenden Betriebsversamml. teilzunehmen.[26] Die Teilnahme der AN an der Betriebsversamml. ist Arbeitszeit im Sinne von § 2 Abs. 1 Satz 1 ArbZG.[27]

Die Dauer der Betriebsversamml. ist gesetzlich nicht geregelt und richtet sich insbesondere nach dem Umfang der Tagesordnung. Der BR trifft die zeitliche Festlegung der Betriebsvers. unter Berücksichtigung betrieblicher Notwendigkeiten.[28] Dabei ist zu beachten, dass nach § 44 Abs. 1 S. 1 die regelmäßigen Betriebsversamml. **während der Arbeitszeit** stattfinden, soweit nicht die Eigenart des Betriebes eine andere Regelung zwingend erfordert (vgl. im Einzelnen § 44 Rn. 1). Wird im Betrieb in der Form der gleitenden Arbeitszeit gearbeitet, ist der BR bei der **zeitlichen Festlegung** berechtigt, diese

---

19 BAG 22. 5. 12 – 1 ABR 11/11, NZA 12, 1176; 20. 10. 99 – 7 ABR 37/98, brwo.
20 Schneider, AiB 02, 287.
21 BAG 5. 12. 12 – 7 ABR 48/11, aber im Bereich des PostPersRG nicht im Stammbetrieb.
22 BAG, NZA 87, 712.
23 BAG, DB 90, 793.
24 BAG, NZA 87, 712.
25 BAG, NZA 87, 853.
26 BAG 24. 8. 11 – 7 ABR 8/10, brwo, wonach das Teilnahmerecht aus der entsprechenden Anwendung des § 14 Abs. 2 Satz 2 AÜG folgt.
27 OVG NRW 10. 5. 11 – 4 A 1403/08, AuR 11, 311 Ls.
28 BAG 8. 12. 10 – 7 ABR 69/09, brwo, bezogen auf Tag und Stunde der Betriebsversammlung.

Versamml. in die **Kernarbeitszeit** zu legen.[29] Betriebsversamml., die nach der Tagesordnung keinen höheren Zeitbedarf als acht Zeitstunden haben, sind grundsätzlich an einem Kalendertag abzuhalten. Bei dieser Fallgestaltung sind zweitägige Betriebsversamml. nicht erforderlich,[30] vielmehr sind Teilversammlungen durchzuführen, wenn AN längere Anreisezeiten wegen einer eintägigen Betriebsversamml. unzumutbar sind.[31] Kann die Tagesordnung der Betriebsversamml. bis zum Ende der Arbeitszeit nicht abschließend behandelt werden, kann der BR unter Zugrundelegung seines Ermessensspielraumes die **Fortsetzung der Versamml.** für den nächsten Tag innerhalb der Arbeitszeit bestimmen.[32]

3 Auch für AN, die nur **vorübergehend im Ausland** tätig sind und somit noch zum Betrieb gehören, kann im Ausland eine Teilversamml. durchgeführt werden[33] (a. A. das BAG[34]). Das wird jedenfalls dann zu gelten haben, wenn nicht zwingende Vorschriften des betreffenden Staates dem entgegenstehen.

4 Die Betriebsversamml. ist **nicht öffentlich**. Es hat daher eine Beschränkung des Teilnehmerkreises grundsätzlich auf diejenigen Personen zu erfolgen, die entweder ein ausdrückliches Teilnahmerecht haben oder vom BR wegen der sachlichen Verbindung zur Betriebsversamml. eingeladen worden sind. **Tonbandaufzeichnungen** vom Verlauf der Betriebsversamml. sind ohne Zustimmung und ohne einen entsprechenden Hinweis des Versammlungsleiters unzulässig (vgl. zu Wortprotokollen § 43 Rn. 2).[35]

5 Die Teilnahme von **leit. Ang.** ist nur möglich, wenn der BR **nicht** widerspricht. **Betriebsfremde Personen** dürfen ohne ausdrückliche Genehmigung des BR an der Betriebsversamml. **nicht** teilnehmen. Zu diesem Personenkreis gehören auch Vertreter des AG, die Arbeitsverträge mit anderen Konzernobergesellschaften haben,[36] sowie betriebsfremde AG-Anwälte. Die Teilnahme von Personen, die zwar nicht zu den AN des Betriebs gehören, aber wegen ihrer **besonderen Funktion** eine enge sachliche Verbindung zum Betrieb haben, ist

---

29 ArbG München 27. 7. 72 – 17 Ca 56/72 n. v.

30 LAG MV 15. 10. 08 – 2 TaBV 2/08, brwo, offen gelassen in der Rechtsbeschwerdeinstanz vom BAG 8. 12. 10 – 7 ABR 69/09, brwo.

31 A. A. ArbG Rostock 2. 12. 08 – 3 BVGa 18/08 n. v., wonach bei weiter auseinanderliegenden Betriebsstätten eine zweitägige Betriebsversamml. mit Anreise am Morgen und Abreise am Nachmittag zulässig ist.

32 Vgl. LAG BaWü, AiB 86, 67; 89, 209 f.; siehe auch Zabel, AiB 96, 346.

33 LAG Hamm, DB 80, 1030; offen gelassen LAG München 7. 7. 10 – 5 TaBV 18/09, brwo.

34 BAG, DB 82, 2519.

35 Vgl. LAG München, DB 78, 895.

36 ArbG Frankfurt 27. 11. 12 – 10 BVGa 856/12 – zit. nach Brückmann/Geilen, AiB 13, 723 mit Anm.

jedoch zulässig. Das gilt z.B. für Mitgl. des GBR, des WA und der AN-Vertr. im Aufsichtsrat[37] sowie für Mitgl. im EBR.[38] Auch die Teilnahme anderer Personen kann notwendig werden, wie etwa von **Referenten oder Sachverständigen**, wobei wegen entstehender Kosten eine Vereinbarung mit dem AG bzw. bei einer Nichteinigung eine arbeitsgerichtl. Entscheidung herbeizuführen ist.[39] Personen, die kein ausdrückliches gesetzliches Teilnahmerecht haben, bedürfen auf jeden Fall einer Einladung bzw. der Zustimmung des BR zur Teilnahme an der Betriebsversamml.[40] Ein Verstoß gegen den Grundsatz der Nichtöffentlichkeit liegt ebenfalls nicht vor, wenn der BR auf einer Betriebsversamml. einen **betriebsfremden Referenten** ein Kurzreferat halten lässt. Was die Berechtigung der Teilnahme von **Vertr. der Presse, des Rundfunks oder des Fernsehens** zum Zwecke der Berichterstattung über den Verlauf der Betriebsversamml. angeht, wird häufig übersehen, dass der Betrieb nicht lediglich eine bloße Produktionsstätte, sondern auch ein Sozialgebilde und damit ein Teil dieser Gesellschaft ist.[41] Die Teilnahme solcher Medienvertreter ist zulässig, wenn dies der BR als sachdienlich ansieht. **Gew.-Vertr.** haben ein **selbstständiges Teilnahmerecht** an der Betriebsversamml. (§ 46 Abs. 1). Voraussetzung ist, dass es sich um eine Gew. i. S. des § 2 (vgl. § 2 Rn. 2) handelt und die Gew. im Betrieb vertreten ist.

3. Vollversammlung/Teilversammlung

Betriebsversamml. werden grundsätzlich als **Vollversamml.** aller AN **6** durchgeführt. Vollversamml. haben wegen der besseren Kommunikationsmöglichkeiten grundsätzlich Vorrang vor Teilversamml.[42] **Teilversamml.** sind jedoch zulässig, wenn infolge der Eigenart des Betriebs eine gleichzeitige Versamml. aller AN nicht möglich ist, z.B. weil in mehreren Schichten bzw. in einem voll kontinuierlichen Schichtbetrieb gearbeitet wird,[43] die Betriebsstätten weiter auseinanderliegen oder die Teilnahme von AN wegen Reisezeiten nicht zumutbar ist.[44] Dabei steht dem BR ein Beurteilungsspielraum zu.[45] In erster Linie kommt es auf die organisatorisch-technischen Besonder-

---

37   BAG, DB 77, 2452.
38   LAG BaWü, BB 98, 954.
39   BAG, BB 89, 1696.
40   Zu Mustereinladung vgl. DKKW-F-Berg, §§ 42–46 Rn. 9.
41   Vgl. DKKW-Berg, Rn. 27 m. w. N.
42   BAG, DB 76, 1291; ArbG Essen 14. 4. 11 – 2 BVGa 3/11, NZA-RR 11, 579.
43   LAG BaWü, AiB 03, 627.
44   LAG MV 15.10.08 – 2 TaBV 2/08, brwo, offen gelassen in der Rechtsbeschwerdeinstanz vom BAG 8.12.10 – 7 ABR 69/09; a.A. ArbG Rostock 2.12.08 – 3 BVGa 18/08 n.v., wonach bei weiter auseinanderliegenden Betriebsstätten eine zweitägige Betriebsversamml. mit Anreise am Morgen und Abreise am Nachmittag zulässig ist.
45   LAG Nds., NZA-RR 05, 530.

heiten an, nicht auf mögliche wirtschaftliche Interessen. Allein die besondere Größe eines Betriebs macht es nicht erforderlich, anstelle einer Betriebsversamml. als Vollversamml. aller AN Teilversammlungen durchzuführen.[46] Auch zwingen allgemeine wirtschaftliche Erwägungen oder eine Störung des Betriebsablaufs den BR nicht zur Durchführung von Teilversamml.[47] Das Gesetz verbietet Versamml. **bestimmter Gruppen** von AN, z.B. von Frauen oder ausländischen AN zwar nicht. Solche Versamml. unterliegen jedoch nicht den Vorschriften des BetrVG und sind somit keine Teilversamml. i.S. des § 42 Abs. 1.

4. Abteilungsversammlung

7   Die **Abteilungsversamml.** ist eine besondere Form der Betriebsversamml. Sie soll den einzelnen Betriebsabteilungen die Erörterung ihrer **gemeinsamen Belange**, die in der großen Betriebsversamml. häufig nicht behandelt werden können, ermöglichen. Sie darf nicht mit der Teilversamml. nach Abs. 1 verwechselt werden und kann nur für Beschäftigte von **organisatorisch** oder **räumlich** abgegrenzten Betriebsteilen durchgeführt werden. Für die Durchführung der Abteilungsversamml. gelten dieselben Grundsätze wie für die Betriebsversamml. Liegen die Voraussetzungen für die Durchführung von Abteilungsversamml. vor, hat der BR in jedem Kalenderjahr zwei Betriebsversamml. als Abteilungsversamml. durchzuführen (§ 43 Abs. 1 Satz 2). Der BR entscheidet nach pflichtgemäßem Ermessen, ob die Voraussetzungen gegeben sind. Die Entscheidung darüber trifft er durch einen **Mehrheitsbeschluss** nach § 33.

§ 43   Regelmäßige Betriebs- und Abteilungsversammlungen

(1) Der Betriebsrat hat einmal in jedem Kalendervierteljahr eine Betriebsversammlung einzuberufen und in ihr einen Tätigkeitsbericht zu erstatten. Liegen die Voraussetzungen des § 42 Abs. 2 Satz 1 vor, so hat der Betriebsrat in jedem Kalenderjahr zwei der in Satz 1 genannten Betriebsversammlungen als Abteilungsversammlungen durchzuführen. Die Abteilungsversammlungen sollen möglichst gleichzeitig stattfinden. Der Betriebsrat kann in jedem Kalenderhalbjahr eine weitere Betriebsversammlung oder, wenn die Voraussetzungen des § 42 Abs. 2 Satz 1 vorliegen, einmal weitere Abteilungsversammlungen durchführen, wenn dies aus besonderen Gründen zweckmäßig erscheint.

(2) Der Arbeitgeber ist zu den Betriebs- und Abteilungsversammlungen unter Mitteilung der Tagesordnung einzuladen.

---

46   ArbG Wuppertal, AiB 97, 347.
47   ArbG Essen 14.4.11 – 2 BVGa 3/11, NZA-RR 11, 579.

Er ist berechtigt, in den Versammlungen zu sprechen. Der Arbeitgeber oder sein Vertreter hat mindestens einmal in jedem Kalenderjahr in einer Betriebsversammlung über das Personal- und Sozialwesen einschließlich des Standes der Gleichstellung von Frauen und Männern im Betrieb sowie der Integration der im Betrieb beschäftigten ausländischen Arbeitnehmer, über die wirtschaftliche Lage und Entwicklung des Betriebs sowie über den betrieblichen Umweltschutz zu berichten, soweit dadurch nicht Betriebs- oder Geschäftsgeheimnisse gefährdet werden.

(3) Der Betriebsrat ist berechtigt und auf Wunsch des Arbeitgebers oder von mindestens einem Viertel der wahlberechtigten Arbeitnehmer verpflichtet, eine Betriebsversammlung einzuberufen und den beantragten Beratungsgegenstand auf die Tagesordnung zu setzen. Vom Zeitpunkt der Versammlungen, die auf Wunsch des Arbeitgebers stattfinden, ist dieser rechtzeitig zu verständigen.

(4) Auf Antrag einer im Betrieb vertretenen Gewerkschaft muss der Betriebsrat vor Ablauf von zwei Wochen nach Eingang des Antrags eine Betriebsversammlung nach Absatz 1 Satz 1 einberufen, wenn im vorhergegangenen Kalenderhalbjahr keine Betriebsversammlung und keine Abteilungsversammlungen durchgeführt worden sind.

1. Regelmäßige Betriebs- bzw. Abteilungsversammlung

Die Bestimmung ist **zwingend**. Sie verpflichtet den BR, **vierteljährlich mindestens** eine Betriebsversamml. durchzuführen, die halbjährlich auch in Form von Abteilungsversamml. stattfinden kann, wenn die Voraussetzungen hierfür vorliegen.[1] Die Nichtdurchführung vorgeschriebener Betriebsversamml. erschwert eine konsequente Interessenvertretung durch den BR und kann – insbesondere im Wiederholungsfall – eine grobe Verletzung der gesetzlichen Pflichten des BR nach § 23 Abs. 1 darstellen.[2] Der AG hat alles **zu unterlassen**, was die Durchführung der gesetzlich vorgesehenen Betriebsversamml. **verhindern** oder **stören könnte** (vgl. auch § 42 Rn. 1). Die Betriebs-

1

---

1 Vgl. DKKW-F-Berg, §§ 42–46 CD-Arbeitshilfen zu 1: Jahresplanung des BR für die Durchführung von Betriebsversamml.

2 HessLAG, AiB 94, 404; LAG Rheinland-Pfalz, BB 60, 982; ArbG Stuttgart 24. 7. 13 – 22 BV 13/13, juris; ArbG Hamburg 27. 6. 12 – 27 BV 8/12, juris.

bzw. Abteilungsversamml. finden grundsätzlich während der **Arbeits-zeit** statt (vgl. § 44 Abs. 1). Den **konkreten Zeitpunkt** legt der BR nach **pflichtgemäßem Ermessen** durch Mehrheitsbeschluss nach § 33 fest. Der BR hat rechtzeitig einzuladen; eine gesetzl. festgelegte Frist braucht allerdings nicht eingehalten zu werden. Es kommt für die Einladungsfrist stets auf die Gegebenheiten des Einzelfalles an.[3] Die Form der Einladung bleibt dem BR überlassen (vgl. § 42 Rn. 1). Der in den Versamml. zu erstattende **Tätigkeitsbericht** des BR soll über alle in dem Berichtszeitraum eingetretenen Ereignisse, die für die AN des Betriebs bedeutsam sind, berichten. Der Bericht hat sich vor allem auf die Tätigkeit des BR und seiner Ausschüsse zu erstrecken. Der BR ist keineswegs auf die Darstellung von Fakten beschränkt. Er kann auch Bewertungen abgeben und ggf. an betrieblichen Zuständen, am Verhalten des AG oder anderer Personen deutliche Kritik üben (vgl. auch § 45 Rn. 2). Den Teilnehmern der Betriebsversamml. ist Gelegenheit zu geben, die einzelnen Punkte des Tätigkeitsberichts mit dem BR zu diskutieren.

2   Die Teilnehmer der Betriebsversamml. haben das Recht, den Tätigkeitsbericht und andere Themen, für die die Betriebsversamml. nach § 45 zuständig ist, **unbeeinflusst** zu diskutieren. Deshalb sind **Tonbandaufnahmen** oder **Aufzeichnungen auf Bildträger** vom Verlauf der Betriebsversamml. nur ausnahmsweise mit **Zustimmung des Versamml.-Leiters** zulässig. Dabei muss die Tatsache der Aufnahme bekannt gegeben werden.[4] Auch die Anfertigung eines **Wortprotokolls** ist nur zulässig, wenn der Versamml.-Leiter zustimmt. Auf keinen Fall hat der AG das Recht, ohne Zustimmung des BR Wortprotokolle von Betriebsversamml. anzufertigen, da ansonsten die freie Meinungsäußerung behindert würde.[5] Der BR kann die Unterlassung der Anfertigung eines Wortprotokolls bzw. von Notizen durch den AG auch dann verlangen, wenn er die Protokollierung in der Vergangenheit geduldet hat, da er auf betriebsverfassungsrechtliche Rechte nicht wirksam verzichten kann.[6]

2. Weitere Betriebs- bzw. Abteilungsversammlungen

3   Neben den vierteljährlich durchzuführenden Betriebs- bzw. Abteilungsversamml. kann der BR in jedem Kalenderhalbjahr eine weitere Betriebs- bzw. Abteilungsversamml. durchführen. Bei der Frage, ob ihre Durchführung aus besonderen Gründen zweckmäßig erscheint, hat der BR

---

3   LAG Düsseldorf, DB 89, 2284; vgl. auch ArbG Bielefeld, DB 90, 1776.
4   LAG München, DB 78, 895.
5   LAG Hamm, AiB 87, 46 f.; vgl. auch LAG Düsseldorf, BB 91, 2375, das die Anfertigung stichwortartiger Aufzeichnungen vom Inhalt der Betriebsversamml. durch den AG nur zulässt, wenn in den Aufzeichnungen keine Namen von AN vermerkt werden; a. A. LAG BaWü, DB 79, 316.
6   LAG Hamm a. a. O.

einen weitgehenden **Ermessensspielraum**.[7] So können z. B. besondere
Gründe gegeben sein, wenn der BR die AN über bevorstehende Betriebsänderungen informieren oder ihre Auffassung zu bestimmten Fragen, etwa zum bevorstehenden Abschluss einer BV, kennen lernen und
diese mit ihnen besprechen will;[8] ebenso, wenn während einer Tarifaus-
einandersetzung durch betriebsöffentliche Stellungnahmen des AG zur
Tarifpolitik oder wegen der Ankündigung arbeitskampfbedingter Kurzarbeit in der Belegschaft Informations- und Diskussionsbedarf entsteht.[9]

3. Rechte und Pflichten des Arbeitgebers

Der AG ist **berechtigt**, an den regelmäßigen Betriebsversamml. teil- **4**
zunehmen. Er ist vom BR unter Mitteilung der Tagesordnung einzuladen. Der AG ist **verpflichtet**, mindestens einmal in jedem Kalenderjahr in einer Betriebsversamml. einen umfassenden Bericht über das
Personal- und **Sozialwesen** einschließlich des Standes der Gleichstellung von Frauen und Männern im Betrieb,[10] der Integration der im
Betrieb beschäftigten ausländischen AN, über die **wirtschaftliche
Lage** und **Entwicklung** des Betriebs sowie über den betrieblichen
Umweltschutz (zur Definition vgl. § 89 Abs. 3) zu geben. Dazu gehören z. B. die Entwicklung des Personalbestands, die weitere Entwicklung der Belegschaftsstärke und ihre Zusammensetzung, die Frauenförderung, Maßnahmen zum Umweltschutz, Integrationsangebote
für ausländische AN, Sozialeinrichtungen des Betriebs, die Produkti-
ons- und Absatzlage, Rationalisierungsmaßnahmen oder sonstige Betriebsänderungen i. S. des § 111).[11] Dabei ist es dem AG untersagt,
Anmerkungen über die Kosten der BR-Tätigkeit ohne jeden Anlass
oder in missverständlicher Art und Weise zu machen.[12] Ob durch den
Bericht **Betriebs- oder Geschäftsgeheimnisse** gefährdet werden,
hängt **nicht** von der subjektiven Beurteilung durch den AG ab. Es
kommt **ausschließlich** darauf an, dass ein Betriebs- oder Geschäftsgeheimnis **objektiv** besteht (vgl. auch § 79 Abs. 1).

Wird von den Beschäftigten eines Betriebs **mehrerer UN** ein **ein-** **5**
heitlicher BR gewählt (vgl. § 1 Abs. 2), muss der Bericht nach Abs. 2
von sämtlichen betroffenen AG für **alle UN** in einer Betriebsversamml.
gegeben werden.[13] Auch in einem **Tendenz-UN** hat der AG den
Bericht zu erstatten.[14]

---

7 BAG, DB 92, 689.
8 Einschränkend aber BAG, BB 92, 436.
9 ArbG Oldenburg, NZA 89, 652; vgl. DKKW-Berg, Rn. 17 m. w. N.
10 Zum Stand in den Betrieben s. Klenner, WSI-Mitteilungen 08, 342.
11 Vgl. DKKW-F-Berg, §§ 42–46 CD-Arbeitshilfen zu 2: Schreiben des BR an AG
   zum erforderlichen Inhalt des Berichts des AG.
12 BAG, NZA 98, 559; BB 96, 328.
13 LAG Hamburg, NZA 89, 733.
14 Vgl. BAG, DB 77, 962.

4. Außerordentliche Betriebsversammlungen

6 Der BR kann jederzeit **außerordentliche Betriebsversamml.** einberufen, wenn er dies für erforderlich erachtet. Sie können einberufen werden, wenn der AG »Mitarbeiterversammlungen« zu einer einseitigen Informationspolitik gegenüber der Belegschaft missbraucht (vgl. auch § 42 Rn. 1).[15] Der BR ist zur Einberufung verpflichtet, wenn dies vom **AG** oder von mindestens einem **Viertel** der **wahlberechtigten AN** des Betriebs verlangt wird.[16] Außerordentliche Betriebsversamml. ermöglichen es, Angelegenheiten zu behandeln, die für die AN von **aktuellem** Interesse sind und nicht bis zu der nächsten ordentlichen Betriebsversamml. nach Abs. 1 verschoben werden können. Während der AG nach Abs. 1 ein Teilnahmerecht an den regelmäßigen und den zusätzlichen Betriebs- und Abteilungsversamml. hat, besteht es **nicht** bei den außerordentlichen Betriebsversamml. nach Abs. 3. Etwas anderes gilt nur dann, wenn die außerordentliche Betriebsversamml. auf Wunsch des AG einberufen wird oder der BR ihn zu der außerordentlichen Betriebsversamml. einlädt. Wegen des Verdienstausfalls für die Teilnahme an diesen Betriebsversamml. vgl. § 44 Rn. 7. Die außerordentlichen Betriebsversamml. können auch als Abteilungsversamml. nach § 42 Abs. 2 durchgeführt werden. Dies ist zwar nicht ausdrücklich vorgesehen, ergibt sich jedoch aus § 44 Abs. 2.[17]

5. Betriebsversammlung auf Antrag der Gewerkschaft

7 Der hier vorgesehene Antrag der Gew. setzt voraus, dass der BR im vorangegangenen Kalenderhalbjahr keine Betriebsversamml. und keine Abteilungsversamml. durchgeführt hat.[18] Unter Kalenderhalbjahr i. S. dieser Bestimmung ist **nicht** ein beliebiger Zeitraum von sechs Monaten zu verstehen, sondern entweder die Zeit vom 1.1. bis 30.6. oder vom 1.7. bis 31.12. eines Jahres.

8 Der BR ist **verpflichtet**, vor Ablauf von zwei Wochen nach Eingang des Antrags der im Betrieb vertretenen Gew. eine Betriebsversamml. einzuberufen, und zwar grundsätzlich als Vollversamml. aller AN des Betriebs. Eine Aufteilung in Abteilungsversamml. ist in diesem Fall nicht vorgesehen. Die Betriebsversamml. muss innerhalb der zweiwöchigen Frist nicht durchgeführt, sondern nur **einberufen** werden. Die Durchführung hat allerdings innerhalb eines angemessenen Zeitraums zu erfolgen. Kommt der BR dem Antrag der Gew. nicht nach, so

---

15 BAG, DB 89, 2543 f.
16 Vgl. DKKW-F-Berg, §§ 42–46 CD-Arbeitshilfen zu 2: Antrag von AN auf Durchführung einer Betriebsversamml.
17 ArbG Stuttgart, BB 77, 1304.
18 Vgl. DKKW-F-Berg, §§ 42–46 CD-Arbeitshilfen zu 2: Antrag Gew. auf Durchführung einer Betriebsversamml.

begeht er eine **grobe Amtspflichtverletzung**, die nach § 23 Abs. 1 zu seiner Auflösung führen kann.[19]

§ 44   Zeitpunkt und Verdienstausfall

(1) Die in den §§ 14 a, 17 und 43 Abs. 1 bezeichneten und die auf Wunsch des Arbeitgebers einberufenen Versammlungen finden während der Arbeitszeit statt, soweit nicht die Eigenart des Betriebs eine andere Regelung zwingend erfordert. Die Zeit der Teilnahme an diesen Versammlungen einschließlich der zusätzlichen Wegezeiten ist den Arbeitnehmern wie Arbeitszeit zu vergüten. Dies gilt auch dann, wenn die Versammlungen wegen der Eigenart des Betriebs außerhalb der Arbeitszeit stattfinden; Fahrkosten, die den Arbeitnehmern durch die Teilnahme an diesen Versammlungen entstehen, sind vom Arbeitgeber zu erstatten.

(2) Sonstige Betriebs- oder Abteilungsversammlungen finden außerhalb der Arbeitszeit statt. Hiervon kann im Einvernehmen mit dem Arbeitgeber abgewichen werden; im Einvernehmen mit dem Arbeitgeber während der Arbeitszeit durchgeführte Versammlungen berechtigen den Arbeitgeber nicht, das Arbeitsentgelt der Arbeitnehmer zu mindern.

1. Versammlungen während der Arbeitszeit

Während der Arbeitszeit finden folgende Versamml. statt: die vierteljährlich durchzuführenden **regelmäßigen Betriebs- bzw. Abteilungsversamml.** (§ 43 Abs. 1 Satz 1 und 2); die **zusätzlichen Betriebsversamml.** bzw. **Abteilungsversamml.** (§ 43 Abs. 1 Satz 4); die Versamml. zur **Bestellung des WV** (§ 17 Abs. 1), die **Wahlversamml.** in Zusammenhang mit dem **vereinfachten Wahlverfahren** (§ 14 a) und die auf Antrag des AG einzuberufenden **außerordentlichen Betriebsversamml.** oder Abteilungsversamml. (§ 43 Abs. 3). Wird im Betrieb in der Form der gleitenden Arbeitszeit gearbeitet, ist der BR berechtigt, diese Versamml. in die **Kernarbeitszeit** zu legen (vgl im Einzelnen § 42 Rn. 2).[1] Die Zeit der Teilnahme an einer Betriebsversamml. ist für die AN als **Arbeitszeit im Sinne von § 2 Abs. 1 ArbZG** zu bewerten.[2] Kann die Tagesordnung der Betriebsversamml. bis zum Ende der Arbeitszeit nicht abschließend behandelt **1**

---

19   Vgl. LAG Rheinland-Pfalz, BB 60, 982; ArbG Wetzlar, BB 92, 2216.
1   ArbG München 27. 7. 72 – 17 Ca 56/72.
2   OVG NRW 10. 5. 11 – 4 A 1403/08, juris.

werden, kann der BR unter Zugrundelegung seines Ermessensspielraumes die Fortsetzung der Versamml. für den nächsten Tag innerhalb
der Arbeitszeit bestimmen.[3] Der AG darf einzelnen AN oder bestimmten AN-Gruppen die Teilnahme an der Betriebsversamml. auch dann
nicht untersagen, wenn er der Meinung ist, der vom BR beschlossene
Zeitpunkt sei wegen dringender betrieblicher Bedürfnisse unzulässig.[4]
Der AG darf auch nicht einen halben Tag Zusatzurlaub versprechen,
um die Teilnahme zu verhindern. Darin liegt ein grober Verstoß i. S.
des § 23 Abs. 3.[5]

2 Die Abhaltung der Betriebsversamml. **außerhalb** der Arbeitszeit hat
absoluten Ausnahmecharakter und ist an strenge Voraussetzungen
geknüpft.[6] Unter »Eigenart des Betriebs« ist in erster Linie die **organisatorisch-technische Besonderheit** des konkreten Einzelbetriebs
zu verstehen, denn das Gesetz spricht von der Eigenart des Betriebs und
nicht des Unternehmens. Die organisatorisch-technische Eigenart des
Betriebs muss eine Durchführung der Versamml. außerhalb der Arbeitszeit zwingend erfordern, was das bei einer technisch untragbaren
Störung des eingespielten Betriebsablaufs der Fall sein würde.[7] Rein
wirtschaftliche Erwägungen können nur in Ausnahmefällen bei einer
absoluten wirtschaftlichen Unzumutbarkeit die Versamml. außerhalb
der Arbeitszeit notwendig machen.[8] Der AG kann sich nicht darauf
berufen, dass Produktionsausfälle oder das Nichterbringen von Dienstleistungen zu wirtschaftlichen Einbußen führen. Auch die bei einer
Just-in-time Produktion damit verbundenen Beeinträchtigungen von
Lieferungen und Kundenbeziehungen, einschl. einer Konventional-
strafe, erfordern keine Abhaltung außerhalb der Arbeitszeit, genauso
wenig wie ein Imageverlust bei einem möglichen Investor des Kunden.[9] Deshalb haben auch in Lebensmittelfilialbetrieben und Kaufhäu-
sern Betriebsversamml. grundsätzlich während der Öffnungszeiten
stattzufinden.[10] Organisatorische Versäumnisse des AG können nicht
dazu führen, dass Betriebsversamml. stets nur noch als Teilversamml.
oder gar als Vollversaml. außerhalb der betriebsüblichen Arbeitszeit
durchgeführt werden.[11] Völlig unbeachtlich ist, dass es in wirtschaftlich
schwierigen Zeiten Investoren geben mag, die der Meinung sind, die
Regelungen des BetrVG müssten nicht befolgt werden.[12] Die Duldung

---

3 Vgl. LAG BaWü, AiB 86, 67; 89, 209 f.; siehe auch Zabel, AiB 96, 346.
4 LAG Hamburg, AiB 89, 212.
5 LAG BaWü, BetrR 87, 420 ff.
6 ArbG Essen 14. 4. 11 – 2 BVGa 3/11, NZA-RR 11, 579.
7 Vgl. BAG, DB 76, 1291.
8 LAG SH, AiB 97, 348; ArbG Darmstadt, dbr 8/09, 36 wenn das Ruhen der
   Produktion zu einen wirtschaftlich ruinösen Schaden führen würde.
9 ArbG Darmstadt, dbr 8/09, 36.
10 BAG, DB 83, 453.
11 ArbG Essen 14. 4. 11 – 2 BVGa 3/11, NZA-RR 11, 579.
12 ArbG Darmstadt 7. 5. 09 – 7 BVGa 13/09, juris.

der Durchführung der Betriebsversamml. während der Arbeitszeit kann ggf. durch eine einstweilige Verfügung im Beschlussverfahren erzwungen werden.[13]

2. Entgeltfortzahlung und Kosten

Der Anspruch auf Zahlung des Arbeitsentgelts für die Zeit der Teil-   **3**
nahme ist nicht auf die Zeit begrenzt, in der die Versamml. während der persönlichen Arbeitszeit des betreffenden AN stattfindet. Es gilt somit nicht das **Lohnausfallprinzip**. Geht die Betriebsversamml. über die Arbeitszeit hinaus, ist der AN so zu stellen, als wenn er während dieser Zeit der Teilnahme **gearbeitet hätte**. Gleiches gilt, wenn der AG die Maschinen für die Schicht abstellt und die Betriebsversamml. vorzeitig vor Schichtende zum Schluss kommt. Die Teilnahme von AN an Betriebsversamml. ist im Rahmen der Schichtplanung als Arbeitszeit im Sinne des Arbeitszeitgesetzes zu berücksichtigen (s. § 42 Rn. 2).[14]

Das gilt auch, wenn AN nur geringfügig oder zu bestimmten Zeiten   **4**
tätig sind, wie beispielsweise **Teilzeitbeschäftigte** oder AN mit **kapazitätsorientierter variabler Arbeitszeit**. Der Grundsatz, dass die Zeit der Teilnahme an den Versamml. wie Arbeitszeit zu vergüten ist, kommt auch dann zur Anwendung, wenn AN während ihres **Urlaubs, Kurzarbeitszeiten** oder während eines **Arbeitskampfes** an der Betriebsversamml. teilnehmen (zum Teilnahmerecht von AN an Betriebsversamml. während solcher arbeitsfreier Zeiten vgl. § 42 Rn. 2). Ein hoher Anteil von **ausländischen** AN ist ein sachlicher Grund dafür, dass der BR zur Betriebsversamml. Dolmetscher hinzuzieht. Der Anspruch auf die Vergütung bleibt auch während der Dolmetscherzeit für alle AN bestehen.[15] Die **Kosten der Dolmetschertätigkeit** sind Kosten des BR und deshalb vom AG zu tragen (siehe auch § 40 Rn. 7). Das gilt auch, wenn der BR ein BR-Mitgl. einer ausländischen Tochtergesellschaft zur Betriebsversamml. einlädt, um ein Referat über gemeinsame Probleme zu halten und dazu einen Dolmetscher benötigt.[16] Der AG ist aber nicht verpflichtet, die Kosten der Bewirtung von Teilnehmern einer Betriebsversamml. zu tragen, weder in Form der Zahlung eines Vorschusses noch der Erstattung konkret angefallener Bewirtungskosten.[17]

Die Zeit der Teilnahme an einer Betriebsversamml. ist wie »Arbeits-   **5**
zeit« zu vergüten, ohne dabei selbst Arbeitszeit zu sein. Der Grundsatz, dass der AN so zu stellen ist, als wenn er während der Zeit der Teil-

---

13   ArbG Frankfurt 17.5.76 – 11 BV Ga 6/76.
14   OVG NRW 10.5.11 – 4 A 1403/08, AuR 11, 311 Ls.
15   ArbG Stuttgart, AiB 86, 168.
16   LAG BaWü, BB 98, 954.
17   LAG Nürnberg 25.4.12 – 4 TaBV 58/11, NZA-RR 12, 524.

nahme gearbeitet hätte, gilt auch dann, wenn die Versamml. wegen der **Eigenart des Betriebs** von vornherein außerhalb der Arbeitszeit stattfindet. Nach Auffassung des BAG[18] ist allerdings die Zeit der Teilnahme, soweit sie über die normale Arbeitszeit hinausgeht, keine »Mehrarbeit«. Ein Anspruch auf Mehrarbeitszuschlag besteht nach dieser Rspr. deshalb nicht, es sei denn, ein AN hätte **während** der Betriebsversamml. Mehrarbeit leisten müssen. Auch **besondere Zuschüsse**, wie Schmutzzulagen oder Erschwerniszulagen, die bei einer Arbeitsleistung bezahlt worden wären, sind fortzuzahlen.[19] Ebenso sind entgegen der Auffassung des BAG[20] bei einer außerhalb des Betriebes stattfindenden Betriebsversamml. die zusätzlichen Wegezeiten und Fahrkosten zu erstatten. Nach nicht überzeugender Auffassung des BAG steht den AN für die Teilnahme an einer vom BR **zu Unrecht außerhalb der Arbeitszeit** einberufenen regelmäßigen Betriebsversamml. ein Vergütungs- und Kostenerstattungsanspruch dann nicht zu, wenn der AG vorher gegenüber der Belegschaft der Einberufung der Betriebsversamml. außerhalb der Arbeitszeit widersprochen hat.[21]

6   Die Behandlung nicht auf der Tagesordnung stehender, jedoch zulässiger Fragen lässt die Lohnzahlungspflicht des AG unberührt. Dies gilt auch, wenn unzulässige Themen behandelt werden und der AG nicht mit den ihm zur Verfügung stehenden Mitteln dagegen eingeschritten ist,[22] z.B. indem er die Belegschaft ausdrücklich darauf hingewiesen hat, dass die Betriebsversamml. rechtswidrig sei und die Zeit der Teilnahme nicht bezahlt werde.[23] Eine Kürzung der Vergütung ist ohnehin nicht gerechtfertigt, wenn die Erörterung unzulässiger Themen im Verhältnis zur Gesamtdauer der Betriebsversamml. nur **kurzfristig** ist, wie etwa 15 bis 30 Minuten.[24] Die Lohnzahlungspflicht des AG entfällt auch nicht dadurch, dass eine Betriebsversamml. an dem betreffenden Tag, für den sie einberufen worden ist, nicht zu Ende gebracht werden kann und deshalb der Schluss der Versamml. auf einen **späteren Tag vertagt** wird.[25]

3. Sonstige Betriebs- und Abteilungsversammlungen

7   Die vom BR bzw. auf Wunsch von mindestens einem Viertel der wahlberechtigten AN nach § 43 Abs. 3 einberufenen Betriebsversamml. finden nur im **Einvernehmen** mit dem AG während der

---

18   DB 74, 145.
19   LAG Düsseldorf, AuR 79, 27.
20   BAG 14.11.06 – 1 ABR 5/06, NZA 07, 458.
21   BAG, DB 88, 810.
22   LAG BaWü, DB 87, 1441; LAG Bremen, DB 82, 1573.
23   BAG, DB 92, 689.
24   Vgl. LAG Düsseldorf, DB 81, 1729.
25   LAG BaWü, AiB 86, 67.

Arbeitszeit statt. Ist der AG mit der Abhaltung dieser Versamml. während der Arbeitszeit einverstanden, so darf den teilnehmenden AN das Arbeitsentgelt nicht gemindert werden. Ein Anspruch auf Vergütung der zusätzlichen Wegezeiten bzw. Erstattung zusätzlicher Fahrkosten besteht allerdings nicht. Der BR kann aber auch, wenn er eine außerordentliche Betriebsversamml. nach § 43 Abs. 3 durchführen muss, diese Versamml. als eine **ordentliche oder zusätzliche Betriebsversamml.** nach § 43 Abs. 1 durchführen, sofern eine solche Versamml. in dem betreffenden Vierteljahr noch nicht stattgefunden hat.[26] Es tritt dann die Kostenfolge nach § 44 Abs. 1 ein, so dass die Zeit der Teilnahme einschließlich der zusätzlichen Wegezeiten den AN wie Arbeitszeit zu vergüten ist, und zwar auch, wenn die Versamml. wegen der Eigenart des Betriebs außerhalb der Arbeitszeit stattfindet.

§ 45 Themen der Betriebs- und Abteilungsversammlungen

Die Betriebs- und Abteilungsversammlungen können Angelegenheiten einschließlich solcher tarifpolitischer, sozialpolitischer, umweltpolitischer und wirtschaftlicher Art sowie Fragen der Förderung der Gleichstellung von Frauen und Männern und der Vereinbarkeit von Familie und Erwerbstätigkeit sowie der Integration der im Betrieb beschäftigten ausländischen Arbeitnehmer behandeln, die den Betrieb oder seine Arbeitnehmer unmittelbar betreffen; die Grundsätze des § 74 Abs. 2 finden Anwendung. Die Betriebs- und Abteilungsversammlungen können dem Betriebsrat Anträge unterbreiten und zu seinen Beschlüssen Stellung nehmen.

1. Umfang und Inhalt der Themen

In den Betriebs- oder Abteilungsversamml. dürfen alle Fragen erörtert werden, die zum Aufgabenbereich des BR gehören oder das Verhältnis zwischen AG und AN betreffen, wobei das Gesetz einen unmittelbaren Bezug der zu behandelnden Themen zum Betrieb oder seinen AN verlangt (vgl. Rn. 2 ff.). Die inhaltliche Gestaltung der Betriebsversamml. obliegt im Rahmen der durch § 45 gezogenen Grenzen alleine dem BR. **1**

Es können in den Betriebs- und Abteilungsversamml. auch **betriebliche Missstände** angesprochen und die dafür verantwortlichen Personen kritisiert werden, sofern die Kritik nicht grob unsachlich oder in **2**

---

26 ArbG Heilbronn, AiB 90, 197.

ehrverletzender Weise vorgetragen wird (vgl. auch Rn. 6). Es könnnen mittels Gruppenarbeit an Stehtischen die AN veranlasst werden, die betrieblichen Probleme selbst zu benennen und anzusprechen. Die Kosten für die gemieteten Stehtische sind vom AG nach § 40 Abs. 1 tragen.[1] Ebenfalls zulässig ist es, die AN in Betriebs- oder Abteilungsversamml. über die für den **Betrieb maßgebenden TV** und deren Änderungen oder Ergänzungen zu unterrichten. Werden Tarifverhandlungen geführt, können die AN über den jeweiligen Stand informiert werden (vgl. auch § 43 Rn. 3).[2] Auch sozialpolitische oder arbeitsrechtliche Fragen, die sich im **Stadium der Gesetzgebung** befinden, dürfen hinsichtlich des aktuellen Standes und der Auswirkungen nach Abschluss des Gesetzgebungsverfahrens behandelt werden, sofern der Bezug zum Betrieb bzw. den AN vorhanden ist (vgl. auch Rn. 3).[3] Der betriebliche **Arbeitsschutz**[4] und der **betriebliche Umweltschutz** (jetzt ausdrücklich in § 45) gehören ebenfalls zu den thematisch zulässigen Problemen, wie etwa Erörterungen über Abfallvermeidung, Abbau von Umweltbelastungen oder die Entwicklung umweltfreundlicher Produkte und umweltfreundlicher Produktionstechniken und -verfahren. Auch **Fragen der Krankenversicherung** der AN sind als zulässige sozialpolitische Themen anzusehen.[5] Dabei ist in der Betriebsversamml. das Thema der Förderung der **Gleichstellung von Frauen und Männern** umfassend zu behandeln und eine Diskussionen über die Lage der Frauen in Betrieb, Branche und Gesellschaft zu fördern, einschließlich der betrieblichen Handlungsmöglichkeiten. Die **Integration der im Betrieb beschäftigten ausländischen AN** ist ausdrücklich als Thema benannt. Die Betriebsversamml. kann zu einem Forum gegen das Schweigen im Betrieb gegenüber Fremdenfeindlichkeit werden, alltägliche und strukturelle Formen der Diskriminierung benennen und Maßnahmen diskutieren. Zu den sozialpolitisch zulässigen Themen gehören auch **gew. Aktivitäten und Angelegenheiten**, und zwar nicht nur tarifpolitischer Art. Die in der Betriebsverfassung gesetzlich vorgesehene Zusammenarbeit zwischen BR und der im Betrieb vertretenen Gew. lässt einen weiten Rahmen zu. Deshalb ist beispielsweise ein Referat über »Vertrauensleutearbeit im Betrieb« zulässig.[6]

3 Der Hinweis auf § 74 Abs. 2 macht deutlich, dass Angelegenheiten **tarifpolitischer, sozialpolitischer, umweltpolitischer** und **wirtschaftlicher Art** auch dann erörtert werden können, wenn sie gleichzeitig parteipolitischen Charakter haben (vgl. § 74 Rn. 4). Daher kön-

---

1 LAG RP 23.3.10 – 3 TaBV 48/09, brwo, LAGE § 40 BetrVG 2001 Nr. 14.

2 LAG BaWü, AiB 92, 96; ArbG Wilhelmshaven, NZA 89, 571.

3 LAG Hamm 8.7.96 – 3 Ta BV 71/96.

4 Vgl. ArbG Frankfurt, AiB 93, 432.

5 ArbG Paderborn, AiB 97, 414.

6 Vgl. LAG Düsseldorf, DB 81, 1729; bejahend auch LAG Hamm, DB 87, 2659, mit der Einschränkung, dass das Referat keine Gew.-Werbung enthält.

nen Politiker, wenn sie sich an diesen Rahmen halten, als Referenten in Betriebsversamml. auftreten. Deshalb liegt **keine verbotene parteipolitische Betätigung** in der Betriebsversamml. vor, wenn ein Politiker z.B. ein Referat über ein sozialpolitisches Thema hält, das **auch** die AN des Betriebs betrifft. Nach der Rspr. des BAG liegt aber dann eine unzulässige parteipolitische Betätigung vor, wenn ein solches Referat gerade und nur zu Zeiten des **Wahlkampfes** von einem Spitzenpolitiker in seinem **Wahlkreis** im Rahmen seiner **Wahlkampfstrategie** gehalten wird.[7] Im Übrigen bedarf der BR, wenn er einen außenstehenden Referenten zur Betriebsversamml. hinzuziehen will, **keines Einverständnisses** des AG. Das ergibt sich daraus, dass der BR in der **Gestaltung der Tagesordnung** im Rahmen der Zuständigkeit der Betriebsversamml. und unter Berücksichtigung der gestellten Anträge frei ist.[8]

Der geforderte unmittelbare Bezug zum Betrieb und seinen AN bedeutet nicht, dass ein Thema lediglich die Interessen **nur** des betreffenden Betriebs oder seiner AN berühren muss. Es kann sich auch um Fragen handeln, die für die AN **insgesamt** von Bedeutung sind. Soweit hinsichtlich der Zulässigkeit der Behandlung bestimmter Themen das Gesetz Grenzen vorsieht, sind diese rechtlich ohne Belang, wenn derartige Fragen in **ausdrücklicher** oder **stillschweigender** Übereinstimmung aller Beteiligten in einer Betriebs- oder Abteilungsversamml. erörtert werden. **4**

2. Alternative Informationswege

Der BR ist grundsätzlich **nicht** darauf beschränkt, die Belegschaft allein auf Betriebsversamml. oder durch Anschläge am »Schwarzen Brett« zu unterrichten (s. § 74 Rn. 3). Unter bestimmten Voraussetzungen kann der BR für die AN notwendige und innerhalb seiner Zuständigkeit liegende Informationen durch **schriftliche Mitteilung**, etwa durch ein **Informationsblatt**, bekannt geben.[9] Der BR kann sich bei der Herausgabe eines Informationsblattes auf Art. 5 Abs. 1 GG berufen.[10] Der BR kann auch eine **Fragebogenaktion** unter den AN durchführen, wenn sich die Fragen im Rahmen der Zuständigkeit der Betriebsverfassungsorgane halten und die Persönlichkeitssphäre anderer AN nicht unnötig verletzt wird.[11] Ebenfalls kann er sog. **Mit-** **5**

---

7 BAG, DB 77, 2452.
8 BAG a.a.O.
9 So grundsätzlich BAG, DB 79, 751.
10 LAG SH 1.4.09 – 3 TaBVGa 2/09, brwo, wonach der Hinweis auf Meinungsverschiedenheiten bzgl. der Kündigung eines BR-Mitgl. unter namentlicher Nennung der Personalleiterin und auf ein damit im Zusammenhang stehendes Zustimmungsersetzungsverfahren zulässig ist.
11 BAG, DB 77, 914; ArbG Berlin 24.10.07 –77 BVGa 16633/07, AiB 08, 424 mit Anm. Peters.

arbeiterforen als elektronische Diskussionsplattform auf seiner Homepage einrichten, ohne dazu die Zustimmung des AG zur Veröffentlichung zu benötigen (vgl. § 40 Rn. 28).[12] Die **Verteilung eines Flugblatts** des BR an die Belegschaft, in dem gegen Überstunden Stellung genommen wird, stellt grundsätzlich keine Störung des Betriebsfriedens dar (vgl. § 74 Rn. 3).[13] Zu den Informationswegen zählen im Betrieb und UN vorhandene Informations- und Kommunikationstechniken, auf die der BR einen Überlassungsanspruch hat (vgl. § 40 Rn. 22, 28), wie z.B. Intranet oder E-Mail, aber auch Angebote aus dem Bereich der »Sozialen Medien«.[14]

3. Recht auf freie Meinungsäußerung

6 Im Rahmen der Behandlung von Themen in einer Betriebs- oder Abteilungsversamml. haben die AN das Recht auf **freie Meinungsäußerung** über alle betrieblichen Angelegenheiten. Im Rahmen kritischer Äußerungen zu betrieblichen Missständen kann sich die Kritik auch auf den AG und die mit der Leitung des Betriebs beauftragten Personen erstrecken, sofern sie nicht in einer grob unsachlichen, ehrverletzenden Weise ausgeübt wird.[15] Da die Betriebsversamml. auch ein **Forum der innerbetrieblichen Auseinandersetzungen** darstellt, darf kein kleinlicher Maßstab angelegt werden.[16]

§ 46 Beauftragte der Verbände

(1) An den Betriebs- oder Abteilungsversammlungen können Beauftragte der im Betrieb vertretenen Gewerkschaften beratend teilnehmen. Nimmt der Arbeitgeber an Betriebs- oder Abteilungsversammlungen teil, so kann er einen Beauftragten der Vereinigung der Arbeitgeber, der er angehört, hinzuziehen.

(2) Der Zeitpunkt und die Tagesordnung der Betriebs- oder Abteilungsversammlungen sind den im Betriebsrat vertretenen Gewerkschaften rechtzeitig schriftlich mitzuteilen.

Inhaltsübersicht

---

12 LAG SH 31.10.02 – 1 TaBV 16/02, AuR 03, 311; vgl. im Einzelnen DKKW-Wedde, § 40 Rn. 150.

13 ArbG Stuttgart, AiB 4/80, S. 14.

14 DKKW-Wedde, § 40 Rn. 150; Sendelbeck, AiB 13, 626.

15 Vgl. auch BAG 22.10.64, AP Nr. 4 zu § 1 KSchG Verhaltensbedingte Kündigung.

16 HessLAG, RDV 05, 172 zur konstitutiven Bedeutung der Meinungsfreiheit für die Betriebsparteien.

1. Teilnahme von Gewerkschaftsbeauftragten

Die im **Betrieb vertretenen Gew.** (zum Gew.-Begriff vgl. § 2 **1**
Rn. 2)[1] haben bei Betriebs- oder Abteilungsversamml. ein **eigenstän-
diges Recht** auf Teilnahme. Solche Gew. können daher einen oder
mehrere von ihnen bestimmte Vertr. zu diesen Versamml. entsenden.
Die Gew. entscheidet **selbst**, wen sie als Beauftragten entsendet.[2] Ein
Gew.-Beauftragter kann nicht deshalb von der Teilnahme an der
Betriebsversamml. ausgeschlossen werden, weil er als AN-Vertreter
dem **AR eines Konkurrenz-UN** angehört.[3] Einer nicht-tariffähigen
AN-Vereinigung stehen die betriebsverfassungsrechtlichen Befugnisse
einer im Betrieb vertretenen Gewerkschaft – insb. aus § 46 – nicht zu.[4]

Das Entsendungsrecht der Gew. gilt sowohl für die ordentliche als auch **2**
für die außerordentliche Betriebs- bzw. Abteilungsversamml. Der
Beauftragte der Gew. ist nicht verpflichtet, den AG über seine Teilnahme vorher zu unterrichten, da § 46 gegenüber § 2 Abs. 2 eine
Sonderregelung ist. Der AG kann dem Beauftragten der Gew. die
Teilnahme nicht verwehren. Der Zutritt ist ggf. im Wege einer einstweiligen Verfügung durchsetzbar.[5] Die Verweigerung des Zugangs zur
Betriebsversamml. kann eine **strafbare Behinderung oder Störung
der Tätigkeit des BR** gemäß § 119 Abs. 1 Nr. 2 darstellen.[6] Ausnahmsweise kann durch den AG einem bestimmten Gewerkschafts-
beauftragten der Zutritt verweigert werden, wenn dieser in der Vergangenheit den Betriebsfrieden nachhaltig gestört oder den AG grob
beleidigt hat **und** eine Wiederholung des Verhaltens zu befürchten
steht.[7] Beauftragte der Gew. nehmen an den Betriebs- oder Abteilungsversamml. beratend teil. Sie können das Wort ergreifen und zu
den anstehenden Themen Stellung nehmen.

Im Gegensatz zum Beauftragten der Gew. hat der Vertr. einer AG- **3**
Vereinigung **kein selbständiges Recht** auf Teilnahme an einer Be-
triebs- oder Abteilungsversamml. Er kann zu dieser vielmehr nur dann
vom AG hinzugezogen werden, wenn der AG dem AG-Verband
angehört **und** er oder sein Vertr. tatsächlich an der Betriebs- oder
Abteilungsversamml. teilnimmt. Der Vertr. der AG-Vereinigung hat
auch **kein** selbstständiges Rederecht. Nimmt aber der AG an einer

1 BAG, NJW 07, 1018.
2 Vgl. auch LAG Hamburg, DB 87, 1595, das zutreffend darauf hinweist, der Erfolg der Unterstützung durch einen Beauftragten der Gew. hänge wesentlich von der Kompetenz des Beraters ab.
3 LAG Hamburg, DB 87, 1595.
4 BAG 22.5.12 – 1 ABR 11/11, AuR 12, 511 mit Anm. Manske.
5 LAG Hamm, AuR 05, 465 Ls.; vgl. DKKW-F-Berg, §§ 42–46 CD-Arbeitshilfen zu 2: Antrag der Gew. auf Duldung der Teilnahme eines Gew. Beauftragten an der Betriebsversamml.
6 LG Siegen, AiB 92, 41 – bestätigt durch OLG Hamm 26.2.87 – 1 Ss 164/87.
7 LAG Hamm, AuR 05, 465 Ls.; vgl. im Einzelnen DKKW-Berg, § 2 Rn. 90; DKKW-Berg Rn. 5.

Betriebsversamml. teil, so kann er vom Leiter der Versamml. (BR-Vors.) verlangen, dass dem von ihm hinzugezogenen Beauftragten seiner AG-Vereinigung zu bestimmten Einzelthemen an seiner Stelle und für ihn das Wort erteilt wird.[8]

2. Unterrichtung der Gewerkschaft

4 Den im **BR** vertretenen Gew. ist der **Zeitpunkt** und die **Tagesordnung** aller Betriebs- und Abteilungsversamml. mitzuteilen. Eine Gew. ist dann im BR vertreten, wenn ihr wenigstens ein BR-Mitgl. angehört. Es reicht nicht aus, wenn eine Gew. lediglich im Betrieb durch ein Mitgl. vertreten ist. Die Mitteilung muss **schriftlich** erfolgen und ggf. auch den **Ort** der Versamml. (was im Gesetz nicht ausdrücklich bestimmt ist) beinhalten.[9]

Fünfter Abschnitt:

Gesamtbetriebsrat

§ 47 Voraussetzungen der Errichtung, Mitgliederzahl, Stimmengewicht

(1) Bestehen in einem Unternehmen mehrere Betriebsräte, so ist ein Gesamtbetriebsrat zu errichten.

(2) In den Gesamtbetriebsrat entsendet jeder Betriebsrat mit bis zu drei Mitgliedern eines seiner Mitglieder; jeder Betriebsrat mit mehr als drei Mitgliedern entsendet zwei seiner Mitglieder. Die Geschlechter sollen angemessen berücksichtigt werden.

(3) Der Betriebsrat hat für jedes Mitglied des Gesamtbetriebsrats mindestens ein Ersatzmitglied zu bestellen und die Reihenfolge des Nachrückens festzulegen.

(4) Durch Tarifvertrag oder Betriebsvereinbarung kann die Mitgliederzahl des Gesamtbetriebsrats abweichend von Absatz 2 Satz 1 geregelt werden.

(5) Gehören nach Absatz 2 Satz 1 dem Gesamtbetriebsrat mehr als vierzig Mitglieder an und besteht keine tarifliche Regelung nach Absatz 4, so ist zwischen Gesamtbetriebsrat und Arbeitgeber eine Betriebsvereinbarung über die Mitgliederzahl des Gesamtbetriebsrats abzuschließen, in der bestimmt wird, dass Betriebsräte mehrerer Betriebe eines Unternehmens, die regional oder durch gleichartige Interessen miteinander verbunden sind, gemeinsam Mitglieder in den Gesamtbetriebsrat entsenden.

8 BAG, DB 78, 2032.
9 DKKW-Berg, Rn. 8f.

(6) Kommt im Fall des Absatzes 5 eine Einigung nicht zustande, so entscheidet eine für das Gesamtunternehmen zu bildende Einigungsstelle. Der Spruch der Einigungsstelle ersetzt die Einigung zwischen Arbeitgeber und Gesamtbetriebsrat.

(7) Jedes Mitglied des Gesamtbetriebsrats hat so viele Stimmen, wie in dem Betrieb, in dem es gewählt wurde, wahlberechtigte Arbeitnehmer in der Wählerliste eingetragen sind. Entsendet der Betriebsrat mehrere Mitglieder, so stehen ihnen die Stimmen nach Satz 1 anteilig zu.

(8) Ist ein Mitglied des Gesamtbetriebsrats für mehrere Betriebe entsandt worden, so hat es so viele Stimmen, wie in den Betrieben, für die es entsandt ist, wahlberechtigte Arbeitnehmer in den Wählerlisten eingetragen sind; sind mehrere Mitglieder entsandt worden, gilt Absatz 7 Satz 2 entsprechend.

(9) Für Mitglieder des Gesamtbetriebsrats, die aus einem gemeinsamen Betrieb mehrerer Unternehmen entsandt worden sind, können durch Tarifvertrag oder Betriebsvereinbarung von den Absätzen 7 und 8 abweichende Regelungen getroffen werden.

1. Errichtung des Gesamtbetriebsrats

Die Bildung des GBR ist zwingend vorgeschrieben.[1] Es bedarf hierzu **1** keines Beschlusses der Einzel-BR. BR i. S. dieser Vorschrift ist auch der nur aus einer Person bestehende BR. Für den Begriff UN ist die rechtliche Selbstständigkeit entscheidend.[2] Auch für mehrere im Inland gelegene Betriebe eines **ausländischen UN** mit Sitz außerhalb der Bundesrepublik ist ein GBR zu bilden.[3] Die Landesverbände und Bezirke der SPD sind keine Betriebe eines UN, so dass dort kein GBR zu bilden ist.[4]

---

1 BAG, NZA 03, 336.
2 ArbG Trier 23. 8. 12 – 3 Ca 535/12, juris; ArbG Trier 4. 9. 12 – 3 Ca 518/12, juris.
3 BAG, DB 76, 295 zur gleichgelagerten Frage der Bildung eines WA.
4 BAG, BB 00, 2637.

Für mehrere rechtlich selbständige UN, d. h. für **Betriebe verschiedener Rechtsträger** kann **nach dieser Vorschrift kein gemeinsamer GBR** errichtet werden.[5] Das gilt auch dann, wenn die UN untereinander organisatorisch und wirtschaftlich verflochten sind[6] oder Personengleichheit der Geschäftsführer besteht.[7] Auch wenn die beteiligten UN ausschließlich oder teilweise Gemeinschaftsbetriebe i. S. von § 1 Abs. 2 (s. hierzu auch Rn. 11) unterhalten, kann kein UN-übergreifender GBR gebildet werden.[8] Die BR von Gemeinschaftsbetrieben haben vielmehr jeweils Mitgl. in sämtliche bei den Träger-UN zu errichtende GBR zu entsenden.[9] Im Übrigen wäre an die Bildung eines KBR (s. §§ 54 ff.) zu denken.[10] Ein unter Verstoß gegen die gesetzlichen Bestimmungen gebildeter GBR ist rechtlich nicht existent und sein Handeln unbeachtlich, insbesondere sind mangels betriebsverfassungsrechtlicher Befugnisse von ihm abgeschlossene BV unwirksam.[11] Ein GBR, der unter Verstoß gegen die gesetzlichen Bestimmungen errichtet wurde, kann mithin keinen wirksamen Interessenausgleich abschließen.[12] Kommt es für die Begründetheit eines auf einen Sozialplan gestützten Anspruchs eines AN auf die Wirksamkeit des Sozialplans an, ist der AG auch dann nicht gehindert, sich auf die Unwirksamkeit des Sozialplans zu berufen, wenn er selbst diesen abgeschlossen und ein rechtlich nicht existentes betriebsverfassungsrechtliches Organ als Betriebspartner akzeptiert hat.[13] Auch durch TV oder BV kann kein UN-übergreifender GBR gebildet werden. Die Errichtung eines solchen Gremiums verstößt gegen die gesetzlichen Organisationsvorschriften des BetrVG. Die Billigung der Errichtung eines solchen Gremiums durch eine gewerkschaftliche Erklärung ändert daran nichts. Die TV-Parteien können nur nach Maßgabe der gesetzlichen Regelungen (§ 3 Abs. 1) betriebsverfassungsrechtliche Organisationseinheiten gestalten.[14] Möglich ist daher die **GBR-Bildung aufgrund eines TV oder einer BV nach § 3 Abs. 1 Nr. 3** einschließlich der Zuweisung der Befugnisse eines GBR (vgl. hierzu § 3 Rn. 5 am Ende)[15] ebenso wie die Schaffung zusätzlicher betriebsverfassungsrechtlicher Gremien durch TV oder BV zur UN-übergreifenden Zu-

---

5   BAG 13. 2. 07 – 1 AZR 184/06, juris; HessLAG 18. 1. 11 – 12 Sa 778/10, brwo.
6   BAG, DB 76, 588.
7   BAG, DB 88, 759.
8   BAG 13. 2. 07 – 1 AZR 184/06, juris; BAG 17. 3. 10 – 7 ABR 706/08, juris; BAG 17. 4. 12 – 3 AZR 400/10, brwo.
9   BAG 13. 2. 07 – 1 AZR 184/06, juris.
10   ArbG Trier 4. 9. 2012 – 3 Ca 518/12, juris.
11   So ausdrücklich BAG 17. 3. 10 – 7 ABR 706/08, juris.
12   ArbG Trier 23. 8. 12 – 3 Ca 535/12, juris.
13   BAG 17. 3. 10 – 7 ABR 706/08, juris.
14   BAG 17. 3. 10 – 7 ABR 706/08, juris; ArbG Trier 4. 9. 2012 – 3 Ca 518/12, juris.
15   S. auch Gilles, dbr 1/11, S. 39.

sammenarbeit von AN-Vertr. nach § 3 Abs. 1 Nr. 4 (vgl. § 3 Rn. 6), sofern die dort genannten weiteren Voraussetzungen vorliegen.

2. Zusammensetzung des Gesamtbetriebsrats

Bei dem GBR handelt es sich um **kein gewähltes**, sondern um ein aus entsandten Mitgl. der BR bestehendes **Organ**.[16] Die Wahl eines GBR durch ein aus Delegierten bestehendes Gremium ist unzulässig.[17] Der GBR als Institution hat **keine feste Amtszeit**; die von den BR in den GBR entsandten Mitgl. verlieren aber mit dem Amtsende des BR ihre Mitgliedschaft auch im GBR, ungeachtet ihrer möglichen Wiederentsendung.[18] Da es sich bei dem GBR um eine Dauereinrichtung handelt, muss er sich nur einmal konstituieren.[19] Eine Beendigung tritt insoweit nur ein, wenn die Voraussetzungen für die Bildung des GBR entfallen. Daher endet das Mandat eines GBR, wenn im UN keine zwei BR mehr vorhanden sind; auf die Dauer dieses Zustands kommt es nicht an.[20] Überträgt ein UN seine sämtlichen Betriebe auf mind. zwei andere, rechtlich selbstständige UN, endet das Amt des in dem übertragenden UN gebildeten GBR; das gilt selbst dann, wenn sich die beiden neuen AG zu einer gemeinsamen Betriebsführung zusammengeschlossen haben.[21]

2

Jeder BR mit mehr als **drei** Mitgl. entsendet **zwei** Vertr., ein BR mit **bis zu drei** Mitgl. entsendet lediglich **einen** Vertr. in den GBR. Besteht der BR nur aus einer Person, ist diese unmittelbar Mitgl. im GBR. Der BR eines gemeinsamen Betriebs mehrerer UN (§ 1 Abs. 2) entsendet Mitgl. in die GBR der verschiedenen UN. Das Gebot, die **Geschlechter** angemessen zu berücksichtigen, soll dem Gleichberechtigungsgrundsatz des Art. 3 Abs. 2 GG Rechnung tragen. Es richtet sich an die einzelnen BR, da nur sie im Rahmen der von ihnen zu beschließenden Entsendung Einfluss auf die personelle Zusammensetzung des GBR nehmen können. Das Gebot ist allerdings auch zu beachten, wenn die Mitgl.-Zahl des GBR durch TV oder BV gemäß Abs. 4 bis 6 abweichend von Satz 1 geregelt wird. Im Gegensatz zu der für die Einzel-BR geltenden Bestimmung (§ 15) handelt es sich zwar lediglich um eine **Sollvorschrift**. Auch ist nicht vorgeschrieben, dass die Geschlechter entsprechend ihrem zahlenmäßigen Verhältnis im Betrieb oder BR zu berücksichtigen sind; verlangt wird nur ihre **angemessene** Berücksichtigung. Das Gesetz gibt den entsendenden BR von daher einen nicht unerheblichen Beurteilungsspielraum. Jedoch erfordert auch das Wort »angemessen« eine grundsätzliche Ori-

3

16 BAG, DB 78, 2224.
17 LAG Frankfurt, DB 77, 2056.
18 ArbG Stuttgart, DB 76, 1160.
19 BAG, NZA 03, 336.
20 ArbG Bielefeld 2.4.08 – 6 BV 16/08, juris.
21 BAG, NZA 03, 336.

entierung am tatsächlichen Anteil der Geschlechter. Sie kann dann zurücktreten, wenn sachliche Gesichtspunkte dies geboten erscheinen lassen. Untersagt ist dagegen die willkürliche Zurücksetzung eines Geschlechts. Da dem Gleichberechtigungsgrundsatz Verfassungsrang zukommt, dürfte sie trotz des Sollcharakters der Bestimmung auch die Anfechtbarkeit des Entsendungsbeschlusses in entsprechender Anwendung des § 19 begründen. Dies gilt verstärkt im Hinblick auf die Vorgaben des AGG. Ein Fall der willkürlichen Zurücksetzung eines Geschlechts wäre z. B. gegeben, wenn es bei der Abstimmung über zwei in den GBR zu entsendende Mitgl. ohne Vorliegen sachlicher Gründe übergangen würde, obwohl es im Verhältnis zu dem anderen Geschlecht im Betrieb und BR über denselben oder aber einen sogar noch höheren Anteil verfügt. Werden in Betrieben der **privatisierten Post-UN** Bea. beschäftigt, muss den zu entsendenden BR-Mitgl. ein Vertreter der Bea. angehören, soweit die Gruppe der Bea. im BR vertreten ist; dieser muss darüber hinaus das Vertrauen der Mehrheit der Bea.-Gruppe erhalten. Wird nur ein Mitgl. entsandt, braucht dies kein Bea. zu sein. Für das Stimmengewicht des Vertreters der Bea. gilt die Vorschrift des Abs. 8 entsprechend. Sie erlangt jedoch nur Bedeutung, soweit im GBR beamtenspezifische Angelegenheiten behandelt werden (vgl. § 32 PostPersRG).

4 Die zu entsendenden Mitgl. werden von jedem BR durch **einfachen Mehrheitsbeschluss** bestimmt. In § 47 Abs. 2 ist kein Wahlverfahren vorgeschrieben, so dass die Regel aus § 33 Abs. 1 gilt. Die Entsendung erfolgt daher nicht durch Wahl, sondern durch BR-Beschluss mit der Mehrheit der Stimmen der anwesenden Mitglieder. Eine Verhältniswahl ist nicht durchzuführen; der mit ihr bezweckte Minderheitenschutz ist kein allgemeines Prinzip der Betriebsverfassung.[22] Sämtliche BR eines UN müssen sich an der Bildung des GBR beteiligen. Ein BR, der keine oder nicht die vom Gesetz vorgeschriebene Anzahl von Vertr. entsendet, **verletzt seine gesetzl. Pflichten** (§ 23 Abs. 1). Der BR kann die in den GBR entsandten Mitgl. jederzeit durch einfachen Mehrheitsbeschluss abberufen und durch andere ersetzen.[23] Eines besonderen Grundes hierzu bedarf es nicht. Das betroffene BR-Mitgl. ist sowohl bei der Beschlussfassung über die Bestellung als auch bei derjenigen über die Abberufung stimmberechtigt.[24]

3. Ersatzmitglieder des Gesamtbetriebsrats

5 Für jedes einzelne GBR-Mitgl. ist jeweils individuell ein Ersatzmitgl. zu bestellen. Bei Bestellung mehrerer Ersatzmitgl. ist die Reihenfolge des Nachrückens festzulegen. Ist ein nur aus einer Person bestehender BR im GBR vertreten, kommt die Bestellung eines Ersatzmitgl. nicht

---

22 BAG, NZA 05, 170; NZA 06, 215.
23 BAG, NZA 05, 1080.
24 Fitting, § 33 Rn. 37b.

in Betracht. Es rückt dann ein im vereinfachten Wahlverfahren (§ 14 a) gewähltes Ersatzmitgl. **zwingend** nach oder übernimmt die Stellvertr.

4. Abweichende Größe des Gesamtbetriebsrats durch Tarifvertrag oder Betriebsvereinbarung

Durch TV oder BV **kann** die Mitgl.-Zahl des GBR sowohl erhöht **als**   **6** **auch** verringert werden. Es können für mehrere BR gemeinsame oder für einen BR mehr Vertr. entsandt werden als im Gesetz vorgesehen. Werden mittels TV mehrere Betriebe zu einem Entsendungsbereich zusammengefasst, so entsendet dieses Gremium die GBR-Mitgl. durch Beschlussfassung gem. § 33 mit einfacher Mehrheit.[25] Das Gebot der angemessenen Berücksichtigung der Geschlechter (Abs. 2 Satz 2) gilt auch für diesen Fall. Erfolgt die Regelung durch TV, kann dieser von einer tarifzuständigen und im Betrieb vertretenen Gewerkschaft ohne Beteiligung von anderen gleichfalls tarifzuständigen Gewerkschaften abgeschlossen werden.[26] Erfolgt die Regelung durch BV, ist für ihren Abschluss der »Ur-GBR« in der nach Abs. 2 Satz 1 vorgeschriebenen Größe und Zusammensetzung zuständig; dieser muss sich daher zunächst nach § 51 Abs. 3 konstituiert haben und beschlussfähig sein. Die BV ist nicht erzwingbar.

5. Verkleinerung des Gesamtbetriebsrats

Die Vorschrift ist **zwingend.** Sie kommt **nicht** zur Anwendung,   **7** **wenn** eine **tarifliche** Regelung über die Mitgl.-Zahl besteht. Dabei ist es unerheblich, ob der TV für den GBR mehr oder weniger als 40 Mitgl. festlegt. Die BV über die Verringerung der Mitgl.-Zahl ist zwischen dem GBR in seiner ursprünglichen Größe und dem UN abzuschließen. Die BV darf nur die herabgesetzte Mitgl.-Zahl des nunmehr zu bildenden GBR regeln und die gemeinsame Entsendung von Mitgl. in dieses Gremium durch BR von Betrieben, die unter Gesichtspunkten der räumlichen Nähe und/oder gleichartiger Interessen zusammengefasst sind. Es ist nicht erforderlich, dass alle Betriebe zusammengelegt werden, sondern es können Einzelbetriebe bestehen bleiben.[27] Der gesetzl. GBR nach Abs. 2 ist zur Entsendung von Mitgl. in den verkleinerten GBR nicht berufen. Die **Entsendung hat** vielmehr **durch** die **zusammengefassten BR zu erfolgen.**[28] Die neue Zahl der Mitgl. kann auch über 40 liegen; entscheidend ist allein, dass durch gemeinsame Entsendung von Mitgl. mehrerer BR eine Reduzierung der ursprünglichen Mitgl.-Zahl herbeigeführt wird. Das Gebot der angemessenen Berücksichtigung der Geschlechter (Abs. 2 Satz 2)

---

25 BAG, NZA 06, 215.
26 BAG 29.7.09 – 7 ABR 27/08, brwo.
27 HessLAG 5.6.08 – 9 TaBV 44/07, brwo.
28 BAG, DB 78, 2224.

gilt auch in diesem Fall. Die Gew. hat nach Auffassung des BAG[29] kein Antragsrecht, Mängel bei der Konstituierung des GBR oder den Abschluss oder Inhalt von BV gerichtl. überprüfen zu lassen.

6. Entscheidung der Einigungsstelle

8   Die Initiative zur Anrufung der ESt. kann ebenso wie die zum Abschluss einer BV nach Abs. 5 sowohl vom AG als auch vom GBR ausgehen.

7. Stimmengewichtung bei gesetzlicher Größe des Gesamtbetriebsrats

9   Maßgebend für die **Stimmenzahl** der einzelnen Mitgl. des GBR ist der Stand der Wählerliste am Wahltag der vorangegangenen **BR-Wahl**. Sofern mehrere Mitgl. eines BR in den GBR entsandt sind, können die auf die einzelnen Mitgl. entfallenden Stimmenzahlen auch »krumme« Zahlen sein. Jedes Mitglied kann seine Stimmenzahl nur einheitlich abgeben.[30] Die Mitgl. des GBR sind in ihrer Stimmabgabe zwar grundsätzlich **frei** und an keine Aufträge oder Weisungen des entsendenden BR gebunden. Hat dieser jedoch eine wichtige Frage vorberaten, ist das Mitgl. des GBR schon aus Gründen der Loyalität gehalten, sich über die Meinungsbildung des entsendenden BR nicht grundlos hinwegzusetzen; es liefe andernfalls auch Gefahr, aus dem GBR wieder abberufen zu werden.

8. Stimmengewichtung bei Entsendung für mehrere Betriebe

10   Obwohl ein Mitglied des GBR keinen Weisungen des entsendenden BR unterliegt (vgl. Rn. 9), kann es, wenn es die Stimmen mehrerer entsendender Betriebe auf sich vereinigt, bei einer Abstimmung je nach der konkreten Fallkonstellation unter Umständen in einen gewissen Loyalitätskonflikt geraten. Ein solcher Fall ist denkbar, wenn die BR der mehreren Betriebe, für die das Mitgl. in den GBR entsandt worden ist, in einer wichtigen Angelegenheit nach Vorberatung zu unterschiedlichen Ergebnissen gekommen sind und konträre Standpunkte vertreten. Auch dann bleibt eine Stimmenaufteilung dergestalt, dass es mit dem auf die jeweiligen Betriebe entfallenden Stimmenanteil unterschiedlich votiert, grundsätzlich (Ausnahme s. Rn. 11) unzulässig.

9. Stimmengewichtung bei Entsendung aus gemeinsamem Betrieb

11   Der BR eines gemeinsamen Betriebs mehrerer UN entsendet Mitgl. in den GBR jedes der an dem gemeinsamen Betrieb beteiligten UN. Ein gemeinsamer GBR kann für Betriebe verschiedener Rechtsträger nicht errichtet werden.[31] Die in den GBR entsandten BR-Mitgl. des ge-

29   NZA 88, 27.
30   Fitting, Rn. 74.
31   BAG, NZA 07, 825.

meinsamen Betriebs müssen nicht in einem Arbeitsverhältnis zu dem betreffenden UN stehen.[32] Das Stimmengewicht von Mitgl. des GBR, die aus einem gemeinsamen Betrieb mehrerer UN entsandt worden sind, richtet sich grundsätzlich nach der Zahl aller in dem gemeinsamen Betrieb in die Wählerliste eingetragenen AN. Dies kann aber durch TV oder BV abweichend von Abs. 7 und 8 geregelt werden. Dadurch kann sichergestellt werden, dass bei Abstimmungen im GBR über Angelegenheiten, die nur AN eines der am gemeinsamen Betrieb beteiligten UN betreffen, auch nur die Stimmenzahl der AN dieses UN berücksichtigt wird.

§ 48   Ausschluss von Gesamtbetriebsratsmitgliedern

Mindestens ein Viertel der wahlberechtigten Arbeitnehmer des Unternehmens, der Arbeitgeber, der Gesamtbetriebsrat oder eine im Unternehmen vertretene Gewerkschaft können beim Arbeitsgericht den Ausschluss eines Mitglieds aus dem Gesamtbetriebsrat wegen grober Verletzung seiner gesetzlichen Pflichten beantragen.

Während ein gerichtl. Ausschluss aus dem BR automatisch auch zur   **1** Beendigung der Mitgliedschaft im GBR führt, hat der Ausschluss aus dem GBR **nicht zwangsläufig** auch den Verlust des BR-Amtes zur Folge. Der Ausschluss aus dem GBR setzt eine grobe Pflichtverletzung (§ 23 Abs. 1) in Bezug auf die GBR-Tätigkeit voraus. Er wird mit **Rechtskraft** des arbeitsgerichtl. Beschlusses für die Zukunft wirksam. Es rückt das nach § 47 Abs. 3 bestellte Ersatzmitgl. entsprechend der festgelegten Reihenfolge nach. Ist kein Ersatzmitgl. mehr vorhanden, so hat der entsendende BR ein neues Mitgl. zu bestellen. Im Falle eines Ausschlussantrags kann bei Vorliegen besonders schwerwiegender Gründe die weitere Amtsausübung bis zur rechtskräftigen Entscheidung im Beschlussverfahren durch einstweilige Verfügung vorläufig untersagt werden, wenn den übrigen Mitgl. des GBR eine weitere Zusammenarbeit mit dem auszuschließenden Mitgl. auch bei Anlegen eines strengen Maßstabes nicht einmal vorübergehend zumutbar erscheint.[1]

§ 49   Erlöschen der Mitgliedschaft

Die Mitgliedschaft im Gesamtbetriebsrat endet mit dem Erlöschen der Mitgliedschaft im Betriebsrat, durch Amtsniederlegung, durch Ausschluss aus dem Gesamtbetriebsrat aufgrund einer gerichtlichen Entscheidung oder Abberufung durch den Betriebsrat.

Der GBR ist eine **ständige Einrichtung**. Er hat **keine feste Amts-**   **1** **zeit**. Eine neue Zusammensetzung des GBR nach den regelmäßigen

---

32   Fitting, Rn. 81.
1   LAG Hamm, BB 75, 1302.

BR-Wahlen (§ 13 Abs. 1) bedeutet weder die Beendigung einer bisherigen noch den Beginn einer neuen Amtszeit des GBR als Organ,
sondern betrifft allein die Amtszeit der Mitgl. dieses Organs. Die
Amtszeit der einzelnen GBR-Mitgl. kann aus den in der Vorschrift
vorgesehenen Gründen zu unterschiedlichen Zeitpunkten enden. Ein
kollektiver Rücktritt des GBR mit der Folge seines völligen Wegfalls
ist nicht möglich. Zulässig ist die gleichzeitige Amtsniederlegung
mehrerer oder auch aller GBR-Mitgl. In diesem Fall rücken die
bestellten Ersatzmitgl. (§ 47 Abs. 3) nach. Sind keine Ersatzmitgl. mehr
vorhanden, müssen die betreffenden BR ihre GBR-Mitgl. neu bestellen. Die Amtsniederlegung kann jederzeit erklärt werden. Sie ist ohne
Einfluss auf die Mitgliedschaft im entsendenden BR. Bei einer Abberufung aus dem GBR endet gleichzeitig eine etwaige Mitgliedschaft im
KBR.

§ 50 Zuständigkeit

**(1) Der Gesamtbetriebsrat ist zuständig für die Behandlung von
Angelegenheiten, die das Gesamtunternehmen oder mehrere
Betriebe betreffen und nicht durch die einzelnen Betriebsräte
innerhalb ihrer Betriebe geregelt werden können; seine Zuständigkeit erstreckt sich insoweit auch auf Betriebe ohne Betriebsrat. Er ist den einzelnen Betriebsräten nicht übergeordnet.**

**(2) Der Betriebsrat kann mit der Mehrheit der Stimmen seiner
Mitglieder den Gesamtbetriebsrat beauftragen, eine Angelegenheit für ihn zu behandeln. Der Betriebsrat kann sich dabei
die Entscheidungsbefugnis vorbehalten. § 27 Abs. 2 Satz 3 und
4 gilt entsprechend.**

1. Zuständigkeit kraft Gesetzes

1 Die Beteiligungsbefugnisse nach dem Gesetz werden, soweit dieses
nicht ausdrücklich etwas anderes bestimmt (etwa bei Regelungen über
den WA), primär durch die BR wahrgenommen.[1] Im Zweifel ist der
BR zuständig, nicht der GBR. Der GBR ist den einzelnen BR nicht
übergeordnet und daher auch nicht weisungsbefugt. Der GBR ist nicht
Träger des Überwachungsrechts aus § 80 Abs. 1 Nr. 1; für dessen

---

1 Rechtsprechungsübersicht zum GBR bei Kunz, AiB 03, 175.

Wahrnehmung ist allein der BR zuständig.[2] Die Aufgabe des BR nach § 80 Abs. 1 Nr. 1, darüber zu wachen, dass die zugunsten der AN geltenden BV durchgeführt werden, geht auch dann nicht auf den GBR über, wenn dieser im Rahmen seiner Zuständigkeit nach Abs. 1 Satz 1 über eine MB-pflichtige Angelegenheit eine BV abschließt.[3] Eine **originäre Zuständigkeit des GBR** ist nur dann gegeben, wenn es sich zum einen um eine mehrere Betriebe betreffende Angelegenheit handelt und zum anderen von der zu regelnden Materie her objektiv ein **zwingendes Erfordernis** für eine UN-einheitliche oder betriebsübergreifende Regelung besteht. Das Vorliegen eines zwingenden Erfordernisses bestimmt sich nach Inhalt und Zweck desjenigen MB-Tatbestands, der einer zu regelnden Angelegenheit zugrunde liegt.[4] Ob eine UN-einheitliche Regelung zwingend sachlich notwendig ist, lässt sich nur von Fall zu Fall beurteilen. Allein der Wunsch des AG nach einer UN-einheitlichen oder betriebsübergreifenden Regelung, sein Kosten- oder Koordinierungsinteresse sowie reine Zweckmäßigkeitsgesichtspunkte genügen nicht, um in den Angelegenheiten der **zwingenden MB** die Zuständigkeit des GBR zu begründen.[5] Auch der arbeitsrechtliche Gleichbehandlungsgrundsatz und der betriebsverfassungsrechtliche Gleichbehandlungsgrundsatz des § 75 Abs. 1 begründen keine Zuständigkeit des GBR.[6] Das BetrVG enthält keinen allgemeinen MB-Tatbestand der UN-Sanierung, aufgrund dessen der GBR allgemein zur Abschaffung der die AN begünstigenden betrieblichen Vereinbarungen zuständig sein könnte.[7] Sprechen nur Zweckmäßigkeitsgründe für eine einheitliche Regelung innerhalb des UN, so kann der GBR sich lediglich um eine Koordinierung der Tätigkeit der einzelnen BR bemühen. Der GBR kann den BR jedoch keine Weisungen erteilen und auch keine bindenden Richtlinien für deren Arbeit beschließen. Die Zuständigkeit des GBR für eine UN-einheitliche Regelung kann auch auf der »subjektiven Unmöglichkeit« einer betrieblichen Regelung beruhen. Ein solcher Fall liegt vor, wenn der AG im Bereich der **freiwilligen MB** zu einer Maßnahme nur UN-einheitlich oder betriebsübergreifend bereit ist. Das gilt vor allem bei der Gewährung freiwilliger Zulagen.[8] Aber auch in Angelegenheiten der freiwilligen MB fehlt dem GBR die Kompetenz, in bereits bestehende Vereinbarungen der betrieblichen Ebene einzugreifen und sie durch abweichende überbetriebliche Regelungen zu ersetzen.[9] Eine

2 BAG 16.8.11 – 1 ABR 22/10, juris.
3 BAG 20.12.88 – 1 ABR 63/87, juris.
4 BAG 15.1.02 – 1 ABR 10/01, juris.
5 BAG 14.11.06 – 1 ABR 4/06, juris; BAG 19.6.12 – 1 ABR 19/11, juris; LAG München 11.12.12 – 9 TaBV 103/11, juris.
6 HessLAG 26.11.12 – 16 TaBV 201/12, juris.
7 BAG 15.1.02 – 1 ABR 10/01, juris.
8 BAG, NZA 05, 892.
9 LAG RP 27.2.08 – 8 TaBV 62/07, brwo.

Primärzuständigkeit des GBR steht freiwilligen Regelungen der einzelnen BR nicht entgegen, **solange** der GBR selbst untätig bleibt. Die einzelnen BV werden dann jedoch durch die mit dem zuständigen GBR getroffene Regelung abgelöst.[10] Die gesetzliche Verteilung der Zuständigkeiten zwischen BR und GBR kann weder durch TV noch durch BV geändert werden. Enthält ein TV eine solche Zuständigkeitsregelung, ist diese unwirksam.[11] Soweit eine Zuständigkeit des GBR kraft Gesetzes gegeben ist, erstreckt sie sich auch auf betriebsratslose Betriebe des UN. Daher kann der GBR im Rahmen seiner originären Zuständigkeit auch GBV für BR-lose Betriebe abschließen. Der GBR ist jedoch nicht berechtigt, in BR-losen Betrieben die Rechte des örtlichen BR zu übernehmen.[12] Gem. § 17 Abs. 1 Satz 1 kann der GBR aber in einem BR-losen Betrieb einen WV für eine BR-Wahl bestellen. In diesem Zusammenhang ist der GBR jedoch nicht befugt, Informationsveranstaltungen durchzuführen, die den Charakter von Belegschaftsversammlungen haben.[13] Für den Abschluss einer BV über einen einheitlichen BR im UN (§ 3 Abs. 1 Nr. 1 a) i. V. m. Abs. 2) ist der GBR zuständig.[14]

a) Personelle Einzelmaßnahmen

2   Bei **personellen Einzelmaßnahmen** scheidet eine Zuständigkeit des GBR generell aus. Bei Einstellungen, Eingruppierungen, Umgruppierungen und Versetzungen sind ausschließlich die einzelnen BR zu beteiligen. Dies gilt auch bei der Versetzung eines AN von einem Betrieb in einen anderen desselben UN,[15] und zwar auch dann, wenn der AG eine Reihe von Versetzungen in einer sog. Personalrunde zusammenfasst und deshalb mehrere BR betroffen sind,[16] oder bei der Besetzung einer Stelle bei der Leitung des UN, auch wenn deren Inhaber Kompetenzen für sämtliche Betriebe haben soll.[17] Ebenso ist für eine Kündigung nicht der GBR, sondern der BR des Betriebs zu hören, in dem der AN beschäftigt ist.[18] In den privatisierten Nachfolge-UN der früheren DBP hat bei der Erhebung der Disziplinarklage regelmäßig der BR des Betriebs mitzuwirken, bei dem der Bea. beschäftigt ist.[19] Auch die (dauerhafte) Zuweisung eines Bea. der DT AG zu einem anderen Konzern-UN fällt nicht in die Zuständigkeit des

---

10   BAG, NZA 02, 688.
11   BAG, DB 99, 1458.
12   S. Fitting, Rn. 32.
13   BAG 16.11.11 – 7 ABR 28/10, brwo.
14   BAG 24.4.13 – 7 ABR 71/11, juris.
15   BAG, NZA 91, 195.
16   BAG, AiB 93, 458.
17   ArbG Berlin, BB 83, 1920.
18   LAG Köln, DB 84, 937.
19   BVerwG 22.6.06 – 2 C 11/05, brwo.

GBR.[20] Widerspricht ein AN im Falle eines Betriebsübergangs dem Übergang seines Arbeitsverhältnisses auf einen neuen Betriebsinhaber und wird ihm daraufhin wegen fehlender Weiterbeschäftigungsmöglichkeiten gekündigt, so ist der GBR zu der Kündigung selbst dann nicht zu hören, wenn es an jedweder Zuordnung des AN zu einem anderen Betrieb des UN fehlt.[21]

b) Allgemeine personelle Angelegenheiten

Bei **allgemeinen personellen** Angelegenheiten wie Personalplanung **3** (§ 92), Personalfragebogen und Beurteilungsgrundsätzen (§ 94), Auswahlrichtlinien (§ 95) oder Angelegenheiten, die die Förderung der Berufsbildung (§ 96) oder die Einrichtung und Maßnahmen der Berufsbildung (§ 97) betreffen, kann ein tatsächliches Bedürfnis nach einer unternehmenseinheitlichen Regelung bestehen und damit die Zuständigkeit des GBR gegeben sein.[22] Entsprechendes gilt für die Ausschreibung von Arbeitsplätzen (§ 93), wenn tatsächlich eine Personaleinsatzplanung auf UN-Ebene erfolgt und sachgerecht ist.[23] Für die Aufstellung von Auswahlrichtlinien nach § 95 ist grundsätzlich der BR zuständig (s. § 95 Rn. 12), jedoch kann ein tatsächliches Bedürfnis für eine unternehmenseinheitliche Regelung zu bejahen sein.[24] Für die Angaben in betriebsübergreifend verwendeten Formulararbeitsverträgen ist der GBR zuständig, wenn der Arbeitgeber die Arbeitsverträge von der Zentrale aus schließt und von dort aus auch die gesamte Personalpolitik steuert.[25]

c) Soziale Angelegenheiten

Auch in **sozialen** Angelegenheiten ist regelmäßig die Zuständigkeit **4** des BR und nicht des GBR gegeben. Im Bereich der erzwingbaren MB nach § 87 Abs. 1 kann der AG (anders als im Bereich der freiwilligen MB) die Zuständigkeit des GBR nicht dadurch begründen, dass er eine betriebsübergreifende Regelung verlangt.[26] Betriebs- oder

---

20 OVG NRW 7. 11. 12 – 1 B 849/12, juris.

21 BAG, DB 96, 2230; LAG SH 20. 6. 13 – 5 Sa 400/12, brwo.

22 BAG, DB 92, 741; LAG Düsseldorf 6. 3. 09 – 9 TaBV 347/08, juris, zur Einführung einer standardisierten Mitarbeiterbeurteilung; vgl. aber auch LAG RP 6. 6. 08 – 6 TaBV 4/08, brwo, wonach Betriebsvereinbarungen über ein jährliches Mitarbeitergespräch keine UN-einheitliche bzw. betriebsübergreifende Regelung erfordern; LAG BaWü 27. 8. 87 – 13/7 TaBV 7/86, das die Zuständigkeit des GBR für die Aufstellung allgemeiner Beurteilungsgrundsätze für Auszubildende verneint.

23 Vgl. auch LAG München, DB 89, 180, das einen zwingenden Grund für eine unternehmensweite Stellenausschreibung zumindest im Regelfall verneint.

24 Vgl. auch BAG, DB 83, 2311.

25 LAG Nürnberg 21. 12. 10 – 6 TaBVGa 12/10, brwo für ein Einzelhandelsunternehmen mit vielen Filialen.

26 BAG 14. 11. 06 – 1 ABR 4/06, juris; LAG Köln 21. 8. 13 – 11 Ta 87/13, juris.

Tarifvertragsparteien können weder unmittelbar noch mittelbar eine von der zwingenden gesetzlichen Zuständigkeitsverteilung abweichende Regelung treffen.[27] Das gilt auch bei Nutzung der Gestaltungsmöglichkeiten des § 3 BetrVG.

In die **Zuständigkeit des BR** fällt beispielsweise

- das Verlangen des AG nach Vorlage von Arbeitsunfähigkeitsbescheinigungen der AN bereits dann, wenn die Arbeitsunfähigkeit nicht länger als drei Tage dauert (§ 5 Abs. 1 Satz 3 EFZG),[28]

- die Einführung einer Kleiderordnung, deshalb ist für den Abschluss einer GBV betreffend die Einführung einer UN-einheitlichen Arbeitskleidung nicht der GBR zuständig,[29]

- die Festlegung von Beginn und Ende der Arbeitszeit. Deshalb ist die unternehmerische Strukturentscheidung eines Call-Center-Unternehmens, die Arbeitszeit bundesweit zentral zu verteilen, um sie damit optimal an das bundesweite Aufkommen anzupassen, indem die bundesweit eingehenden Anrufe so »geroutet« werden, dass sie optimal dort ankommen, wo gerade freie Arbeitskapazität ist, für die Zuständigkeitszuordnung nach § 50 nicht als bindend hinzunehmen,[30]

- die Einführung von Kurzarbeit,[31]

- die Aufstellung eines Urlaubsplans,[32]

- die Einführung und Anwendung technischer Kontrolleinrichtungen,[33]

- der Arbeits- und Gesundheitsschutz im Rahmen des Arbeitsschutzgesetzes und der Unfallverhütungsvorschriften sowie der Bildschirmarbeitsverordnung; hierzu s. z. B.:

Zuständigkeit der betrieblichen ESt., die Regelungen zur Gefährdungsbeurteilung und zur Unterweisung der Beschäftigten nach §§ 5, 12 ArbSchG erstellen soll.[34]

Aus der deutschlandweiten Verwendung der gleichen Hard- und Software an allen Arbeitsplätzen im Konzern und der standardisierten Ausstattung der Bildschirmarbeitsplätze ergibt sich keine Notwendigkeit einer UN- bzw. betriebsübergreifenden Regelung, weil

---

27 BAG, NZA 05, 234.
28 LAG Köln 21. 8. 13 – 11 Ta 87/13, juris.
29 LAG Düsseldorf 1. 4. 09 – 4 TaBV 83/08, brwo.
30 LAG Köln 10. 12. 10 – 4 TaBV 38/10, brwo.
31 BAG 23. 9. 75, AP Nr. 1 zu § 50 BetrVG 1972.
32 DKKW-Trittin Rn. 106.
33 DKKW-Trittin Rn. 107 ff.
34 BAG, NZA 05, 227; BAG 8. 11. 11 – 1 ABR 42/10 und 64/10, juris.

noch Regelungsraum für den Gesundheitsschutz auf örtlicher Ebene bleibt.[35]

Festlegung konkreter Zeitintervalle für tarifvertraglich vorgesehene Regenerationskuren.[36]

Allein aus der Unterbringung mehrerer Betriebe und UN eines Konzerns in einem Gebäude ergibt sich nicht die Notwendigkeit einer einheitlichen Regelung in Bezug auf Arbeitsschutztatbestände.[37]

Die Nutzung von Gebäuden und Räumlichkeiten durch AN anderer Betriebe bzw. UN ebenso wie ein für das UN geltender Bildschirm-TV stehen der MB des BR bei der Gefährdungsbeurteilung nicht entgegen.[38]

Festsetzung von Mindestgrößen für Arbeitsräume in Abhängigkeit von der Anzahl der dort eingerichteten Callcenter-Agenten-Arbeitsplätze.[39]

Zuständigkeit der Einigungsstelle für den Regelungsgegenstand »Gefährdungsbeurteilung nach §§ 4 ff. ArbSchG« auch dann, wenn der AG bereits gem. § 13 Abs. 2 ArbSchG einen Dritten beauftragt hat.[40]

- eine Regelung über die bargeldlose Lohnzahlung[41] ebenso wie über die Erstattung von Kontoführungsgebühren[42] oder über die Festlegung der maßgeblichen Bemessungsgrundsätze bei Leistungszulagen,[43]

- die Festsetzung der Vorgabezeiten bei einem Akkordsystem,[44]

- die Änderung eines Entlohnungsgrundsatzes, auch bei vorheriger Geltung für das ganze UN,[45]

- die Regelung der Vergütungsgrundsätze der AT-Ang., da deren Vergütung keine MB-freie freiwillige Leistung ist, so dass hier das MBR aus § 87 Abs. 1 Nr. 10 den örtlichen BR zusteht.[46]

Ein zwingendes Erfordernis für eine betriebsübergreifende Regelung

35   LAG Hamburg 7.6.99 – 7 TaBV 3/98, juris.
36   LAG Berlin 10.3.05 – 18 TaBV 2091/04, juris.
37   LAG Köln 28.1.08 – 14 TaBV 70/07, brwo.
38   LAG MV 25.2.09 – 3 TaBV 7/08, brwo, zur grundsätzlichen Wirksamkeit einer BV infolge Spruchs einer ESt. über »Mindestanforderungen an Arbeitsstätten«.
39   LAG MV 9.3.10 – 5 TaBVGa 6/09, juris.
40   LAG Köln 28.6.12 – 4 TaBV 17/12, juris.
41   BAG, DB 82, 1674.
42   BAG, DB 02, 1584.
43   HessLAG 26.11.12 – 16 TaBV 201/12, juris.
44   LAG Düsseldorf, BB 91, 2528.
45   LAG Berlin, NZA 89, 73.
46   BAG 18.5.10 – 1 ABR 96/08 und 23.3.10 – 1 ABR 82/08, brwo.

und damit die **Zuständigkeit des GBR** wurde dagegen in konkreten Einzelfällen bejaht bei

- der UN-einheitlichen Einführung eines EDV-Systems mit UN-einheitlichem Standard,[47]

- der Einführung eines zentralen computergesteuerten Informations- oder Personaldatenverarbeitungssystems,[48]

- der Einführung eines UN-weiten Computersystems zur Fehlzeitenüberwachung[49],

- der Einführung und Nutzung einer Telefonvermittlungsanlage,[50]

- der Einführung eines elektronischen Zeiterfassungssystems, das nicht nur der Erfassung der Kommens- und Gehzeiten der Mitarbeiter dient, sondern auch Zugriffsrechte für das Marktbüro, die Marktleitung, die Personalplanung, die Revision, die Abt. Personalverwaltung und den BR selbst ermöglicht, wenn für die Einführung und Anwendung technisch notwendig eine betriebsübergreifende Regelung erforderlich ist.[51]

- Eine betriebsübergreifende Regelung ist technisch notwendig bei der Einführung eines UN-einheitlichen elektronischen Bezahlsystems über regional eingesetzte Bezahlterminals und das mit diesen verknüpfte, nur in der Zentrale eingesetzte System SAP 3/R, das die AN einer bundesweiten Straßenwacht für die Abrechnung beim Verkauf von Batterien nutzen.[52]

- Für einen Schichtrahmenplan kann der GBR zuständig sein, wenn der AG in mehreren Betrieben eine Dienstleistung erbringt, deren Arbeitsabläufe technisch-organisatorisch miteinander verknüpft sind; in diesem Fall verbleibt es aber für die Regelung der Arbeitszeitfragen derjenigen Beschäftigten, deren Arbeitsaufgabe nicht überregional ist, bei der Zuständigkeit des jeweiligen Einzel-BR.[53]

- Die Zuständigkeit des GBR wurde auch bejaht bei Fragen im Zusammenhang mit Sozialeinrichtungen, deren Wirkungsbereich sich auf das UN erstreckt, etwa eine UN-einheitliche Altersversorgung,[54] UN-einheitliche Richtlinien für die Gewährung von Darlehen an AN aller Betriebe[55] oder die Ausgestaltung eines Systems erfolgsabhängiger Vergütung für sämtliche Vertriebsbeauftragte eines

---

47   LAG Düsseldorf, NZA 88, 211.
48   Vgl. BAG, NZA 85, 450.
49   LAG Nürnberg, NZA-RR 03, 21.
50   BAG, NZA 99, 947.
51   LAG RP 25.5.07 – 6 TaBV 7/07, brwo.
52   LAG München 11.12.12 – 9 TaBV 103/11, juris.
53   BAG 19.6.12 – 1 ABR 19/11, juris.
54   BAG, DB 82, 50; s. auch Perreng, AiB 05, 170.
55   BAG, DB 76, 1290.

UN,[56] ebenso für eine auf mehrere oder alle Betriebe des UN anwendbare Spesenregelung.[57]

- Wird eine sog. Ethik-Richtlinie unabhängig vom Sitz der internationalen Konzernspitze in den deutschen Betrieben eingeführt, ist aufgrund der UN-einheitlichen Regelung der GBR für die Ausübung des MBR zuständig.[58]

d) Wirtschaftliche Angelegenheiten

In **wirtschaftlichen** Angelegenheiten sind dem GBR nach dem Gesetz ausdrücklich Zuständigkeiten im Zusammenhang mit der Errichtung und der Wahrnehmung der Aufgaben des WA (§§ 107 ff.) zugewiesen. Bei **Betriebsänderungen** (§§ 111 ff.) kommt es für die Frage der Zuständigkeit von BR oder GBR darauf an, ob nur ein oder mehrere bzw. alle Betriebe des UN betroffen sind (vgl. im Einzelnen § 111 Rn. 20).[59] Plant z. B. ein mit der Vermittlung von Versicherungsverträgen befasstes UN mit mehr als 20 AN, alle bisher in eigenständigen Kleinbetrieben organisierten Außendienstmitarbeiter zu entlassen und deren bisherige Aufgaben auf freie Handelsvertreter zu übertragen, ist dies eine in die Zuständigkeit des GBR fallende mitbestimmungspflichtige Betriebsänderung.[60] Plant der AG die Verlegung eines Betriebs und dessen Zusammenlegung mit einem anderen seiner Betriebe, ist ebenfalls der GBR für Verhandlungen über einen Interessenausgleich zuständig.[61] Dasselbe gilt bei einer Stilllegung wesentlicher Betriebsteile in mehreren Betrieben aus Anlass der Neuorganisation des gesamten Ausbildungswesens der UN.[62] Liegt der vom AG geplanten Betriebsänderung ein UN-einheitliches Konzept zugrunde und betrifft die geplante Maßnahme das ganze UN oder mehrere Betriebe des UN, ist gem. Abs. 1 der betriebsübergreifende **Interessenausgleich** mit dem GBR zu vereinbaren.[63] Nach Ansicht des BAG folgt aus der Zuständigkeit des GBR für den Abschluss des Interessenausgleichs auch seine Zuständigkeit für die Vereinbarung der **Namensliste** (§ 1 Abs. 5 Satz 1 KSchG), da die Namensliste Teil des Interessenausgleichs sei.[64] Dies überzeugt nicht, da die Erstellung der Namensliste nach § 1 Abs. 5 KSchG eine betriebsbezogene Sozialaus-

5

---

56   LAG Hamm, BB 76, 1028.

57   HessLAG 4. 9. 97 – 5 TaBV 68/97, brwo.

58   LAG Düsseldorf, NZA-RR 06, 81.

59   LAG Berlin, NZA-RR 99, 34.

60   BAG, NZA 99, 1168.

61   BAG, BB 96, 2093.

62   LAG Berlin, NZA-RR 99, 34.

63   BAG, NZA 99, 1168.

64   BAG 19. 7. 12 – 2 AZR 386/11, juris; für einen gem. § 125 Abs. 3 InsO vom Insolvenzverwalter mit dem GBR abgeschlossenen Interessenausgleich mit Namensliste BAG 7. 7. 11 – 6 AZR 248/10, brwo m. w. N.; ebenso HessLAG

wahl voraussetzt; für diese ist der GBR jedoch nicht zuständig.[65] **Aus der Zuständigkeit des GBR für den Interessenausgleich folgt nicht notwendig die Zuständigkeit für den Abschluss des Sozialplans.** Voraussetzung für eine Zuständigkeit des GBR zum Abschluss des **Sozialplans** ist vielmehr, dass die Regelung des Ausgleichs oder der Abmilderung der durch die Betriebsänderung entstehenden Nachteile zwingend UN-einheitlich oder betriebsübergreifend erfolgen muss.[66] Das ist der Fall, wenn die Durchführung des Interessenausgleichs abhängig ist von betriebsübergreifenden einheitlichen Kompensationsregelungen im Hinblick auf betriebsübergreifende Versetzungen und die Unterbreitung von Angeboten bei anderen AG sowie die Neubesetzung von Stellen durch Qualifizierung von Mitarbeitern im Wege einer UN-einheitlichen Koordination durch eine Transfergesellschaft mit einer einheitlichen Leitung.[67] Wenn der GBR zwar für den Interessenausgleich, aber nicht zweifelsfrei auch für den Sozialplan zuständig ist, wird es in der betrieblichen Praxis wegen der Erzwingbarkeit des Sozialplans häufig empfehlenswert sein, dass die BR den GBR gem. **§ 50 Abs. 2** beauftragen (hierzu Rn. 7), den Sozialplan zu verhandeln. Bei Zweifeln über den zuständigen Verhandlungspartner muss der AG die in Betracht kommenden AN-Vertretungen zur Klärung der Zuständigkeitsfrage auffordern. Weist er ohne weiteres einen der möglichen Verhandlungspartner zurück, trägt er das Risiko, dass sein Verhandlungsversuch als unzureichend gewertet wird, wenn dieser zuständig gewesen wäre.[68] Der GBR einer Gewerkschaft ist für den Abschluss einer Vereinbarung zuständig, in der unternehmenseinheitlich alle die Arbeitsbedingungen geregelt werden sollen, die für andere UN in Mantel-TV geregelt werden können.[69]

e) Rahmenvereinbarung, Öffnungsklausel

6 Soweit eine Zuständigkeit des GBR zu bejahen ist, beschränkt sie sich auf die **notwendigerweise** einheitlich zu regelnden Fragen. Eine vom GBR getroffene **Rahmenvereinbarung** kann der BR unter Berücksichtigung betriebsspezifischer Besonderheiten ggf. näher ausgestalten und konkretisieren.[70] Der GBR kann in einer von ihm getroffenen Vereinbarung auch ausdrücklich eine **Öffnungsklausel** für ergänzende Regelungen durch die einzelnen BR aufnehmen.[71] Eine im Rah-

---

18.3.11 – 10 Sa 1561/10, brwo; LAG Berlin-Brandenburg 16.7.10 – 13 Sa 758/10, brwo.

65 Wie hier DKKW-Trittin, Rn. 150.
66 BAG, AiB 07, 494.
67 HessLAG 14.5.12 – 16 TaBV 197/11, juris.
68 BAG, NZA 96, 1107.
69 BAG, AuR 92, 313.
70 BAG, NZA 84, 49.
71 Vgl. auch BAG, DB 84, 2413.

men seiner Zuständigkeit getroffene Vereinbarung des GBR gilt unmittelbar für alle AN **sämtlicher** Betriebe des UN. Die Frage, ob der GBR oder ein einzelner örtlicher BR zuständig ist, hat das ArbG auch im Rahmen einer Entscheidung über die Bestellung des Vors. einer ESt. nach § 98 ArbGG zu prüfen.[72] Auch bei alleiniger Zuständigkeit des GBR verbleibt dem örtlichen BR das Recht, abweichende Vorstellungen durch Einflussnahme auf die Willensbildung im GBR durchzusetzen; dazu können sich auch Vorbesprechungen mit anderen örtlichen BR als notwendig erweisen. Die hierdurch entstehenden Kosten hat der AG als solche der BR-Tätigkeit zu tragen.[73]

2. Zuständigkeit kraft Beauftragung

Beauftragt ein BR den GBR mit der Mehrheit seiner Stimmen, eine **7** Angelegenheit für ihn zu behandeln, so kann sich der GBR der Übertragung solcher Aufgaben **nicht entziehen**; die Erledigung der ihm übertragenen Angelegenheit obliegt ihm vom Zeitpunkt des Zugangs der Beauftragung an. Umgekehrt gilt dasselbe für den **Widerruf**, der **jederzeit** erfolgen kann. Der GBR hat in der ihm übertragenen Angelegenheit grundsätzlich nur für den BR zu verhandeln. Er kann keine endgültige Entscheidung treffen, wenn er hierzu vom BR nicht **ausdrücklich** ermächtigt worden ist.[74] Der BR kann deshalb differenzieren, ob er den GBR nur beauftragen will, für ihn zu verhandeln, oder ob er ihm von vornherein eine Abschlussvollmacht erteilt. Der GBR kann von einem BR auch beauftragt werden, einen Anspruch des BR für diesen **gerichtl. geltend zu machen**.[75] Die Beauftragung des GBR durch einen BR kann grundsätzlich nur für eine bestimmte Angelegenheit beschlossen werden; die generelle Übertragung eines ganzen Sachbereichs ist nicht möglich.[76] Überschreitet ein GBR, der nicht originär zuständig ist, wegen fehlerhafter Beauftragung seine Kompetenz, sind seine Handlungen unwirksam; sie können vom BR allerdings nachträglich genehmigt werden.[77]

§ 51 Geschäftsführung

(1) Für den Gesamtbetriebsrat gelten § 25 Abs. 1, die §§ 26, 27 Abs. 2 und 3, § 28 Abs. 1 Satz 1 und 3, Abs. 2, die §§ 30, 31, 34, 35, 36, 37 Abs. 1 bis 3 sowie die §§ 40 und 41 entsprechend. § 27

---

72 LAG Frankfurt, NZA 85, 33.

73 BAG, NZA 95, 796.

74 ErfK-Koch, Rn. 9.

75 BAG, DB 76, 1290.

76 BAG, NZA 93, 714.

77 ArbG Rheine 16. 1. 89 – 1 Ca 305/88; vgl. aber auch LAG Köln 23. 1. 98 – 12 TaBV 59/97, wonach der BR einem gutgläubigen AG einen diesem nicht mitgeteilten Vorbehalt bei der Beauftragung des GBR nach getroffener Regelung nicht entgegenhalten kann.

Abs. 1 gilt entsprechend mit der Maßgabe, dass der Gesamt-betriebsausschuss aus dem Vorsitzenden des Gesamtbetriebs-rats, dessen Stellvertreter und bei Gesamtbetriebsräten mit

9 bis 16 Mitgliedern aus 3 weiteren Ausschussmitgliedern,
17 bis 24 Mitgliedern aus 5 weiteren Ausschussmitgliedern,
25 bis 36 Mitgliedern aus 7 weiteren Ausschussmitgliedern,
mehr als 36 Mitgliedern aus 9 weiteren Ausschussmitgliedern
besteht.

(2) Ist ein Gesamtbetriebsrat zu errichten, so hat der Betriebsrat der Hauptverwaltung des Unternehmens oder, soweit ein sol-cher Betriebsrat nicht besteht, der Betriebsrat des nach der Zahl der wahlberechtigten Arbeitnehmer größten Betriebs zu der Wahl des Vorsitzenden und des stellvertretenden Vorsitzenden des Gesamtbetriebsrats einzuladen. Der Vorsitzende des ein-ladenden Betriebsrats hat die Sitzung zu leiten, bis der Gesamt-betriebsrat aus seiner Mitte einen Wahlleiter bestellt hat. § 29 Abs. 2 bis 4 gilt entsprechend.

(3) Die Beschlüsse des Gesamtbetriebsrats werden, soweit nichts anderes bestimmt ist, mit Mehrheit der Stimmen der anwesenden Mitglieder gefasst. Bei Stimmengleichheit ist ein Antrag abgelehnt. Der Gesamtbetriebsrat ist nur beschluss-fähig, wenn mindestens die Hälfte seiner Mitglieder an der Beschlussfassung teilnimmt und die Teilnehmenden mindes-tens die Hälfte aller Stimmen vertreten; Stellvertretung durch Ersatzmitglieder ist zulässig. § 33 Abs. 3 gilt entsprechend.

(4) Auf die Beschlussfassung des Gesamtbetriebsausschusses und weiterer Ausschüsse des Gesamtbetriebsrats ist § 33 Abs. 1 und 2 anzuwenden.

(5) Die Vorschriften über die Rechte und Pflichten des Be-triebsrats gelten entsprechend für den Gesamtbetriebsrat, so-weit dieses Gesetz keine besonderen Vorschriften enthält.

1. Organisation und Geschäftsführung

1   Für die **Geschäftsführung** des BR und dessen innere Organisation gelten weitgehend die für den BR maßgebenden Vorschriften ent-sprechend.[1] Die weiteren Mitgl. des GBA werden vom GBR nach den

---

1   Zum Mustertext einer Geschäftsordnung der GBR s. DKKW-F-Trittin, § 51 Arbeitshilfen Geschäftsordnung des GBR.

Grundsätzen der Verhältniswahl gewählt, sofern mind. zwei Wahl-vorschläge gemacht werden. Der GBR kann mit der Mehrheit der Stimmen seiner Mitglieder dem GBA Aufgaben zur selbstständigen Erledigung übertragen; das gilt jedoch nicht für den Abschluss von BV (vgl. § 27 Rn. 7). Daher kann der GBA nicht die Anrufung einer ESt., die zum Abschluss einer GBV führen soll, beschließen.[2] Wenngleich § 37 Abs. 4–7 nicht in Bezug genommen sind, kann die Erforderlich-keit der Teilnahme an **Schulungs- und Bildungsveranstaltungen** nach § 37 Abs. 6 nicht allein nach der im entsendenden BR ausgeübten Tätigkeit beurteilt werden. Es muss auch die hierüber hinausgehende Tätigkeit im GBR berücksichtigt werden, ebenso die Tätigkeit eines Mitgl. des GBR im WA.[3] Die Entsendung von Mitgl. des GBR zu Schulungsveranstaltungen erfolgt aber nicht durch den GBR, sondern durch die jeweiligen BR.[4] Ein Mitgl. des GBR kann für voraussicht-liche Aufwendungen, etwa erforderliche Reisekosten, einen angemes-senen Vorschuss verlangen. Der Anspruch auf Vorschuss oder auch auf Sachleistungen (Fahrzeug) kann auch im Wege der einstweiligen Ver-fügung durchgesetzt werden.[5] Die für die Anmietung und Nutzung eines Mietwagens für die An- und Abreise zur BR-Versammlung (§ 53 Abs. 1) entstehenden Kosten sind jedenfalls dann als erforderlich an-zusehen, wenn bei Bildung einer Fahrgemeinschaft im Gesamtver-gleich keine höheren Kosten als bei An- und Abreise mit der Bahn entstehen.[6] Ein GBR hat Anspruch auf eine **Schreibkraft** z.B. zur Protokollführung, wenn auf einer Sitzung umfangreiche Tagesord-nungspunkte behandelt werden.[7] Für die **Wahl des Vors.** und des stellvertr. Vors. des GBR gelten dieselben Grundsätze wie für die Wahl des Vors. und stellvertr. Vors. des BR (vgl. § 26 Abs. 1) und für die Beschlussfassung im GBR (Abs. 3). Allerdings sind der Vors. und der stellvertr. Vors. nach Durchführung der regelmäßigen BR-Wahlen (§ 13 Abs. 1) und der anschließend notwendig werdenden **Neuent-sendung** der Mitgl. des GBR **stets neu zu wählen.**[8]

Die Staffel über die **Freistellung** von Mitgl. des BR nach § 38 Abs. 1 **2** gilt nicht für den GBR. Der GBR hat jedoch nach § 51 Abs. 1 Satz 1 i.V.m. § 37 Abs. 2 einen Anspruch auf Freistellung eines oder meh-rerer Mitgl., wenn und soweit die Freistellung zur ordnungsgemäßen Durchführung der Aufgaben **erforderlich** ist. Auch kann die zeitwei-lige Verhinderung eines freigestellten BR-Mitgl. infolge seiner Zuge-hörigkeit zum GBR den BR unter den Voraussetzungen des § 37

---

2   LAG München 29.10.09 – 4 TaBV 62/09, brwo.

3   ArbG Würzburg, AiB 99, 524.

4   BAG, DB 75, 2092.

5   ArbG Darmstadt, AiB 88, 285.

6   LAG Hamm 23.11.12 – 10 TaBV 63/12, brwo.

7   ArbG Frankfurt am Main, AiB 98, 587.

8   ArbG Stuttgart, DB 76, 1160.

Abs. 2 berechtigen, eine anteilige Freistellung eines weiteren BR-Mitgl. zu verlangen.[9] Eine entsprechende Anwendung des § 38 Abs. 2 auf den GBR kommt allenfalls dann in Betracht, wenn lediglich über die Person des Freizustellenden Streit entsteht.[10] Durch TV oder BV kann ein bestimmter Freistellungsumfang für den GBR vereinbart werden.

3 Für die Wahl und Abberufung der weiteren Mitgl. des **GBA** gilt durch den Verweis in Abs. 1 Satz 2 auf § 27 Abs. 1 (s. auch die Kommentierung dort) die **Verhältniswahl**; dies ist nach Ansicht des BAG kein Redaktionsversehen des Gesetzgebers des BetrVerf-ReformG sondern hat den Zweck, Fraktionen im (G)BR im Verhältnis ihrer Stärke an den Ausschüssen zu beteiligen und insbesondere Minderheitsfraktionen zu schützen.[11] Wenn eine Vergrößerung des GBR dazu führt, dass sich auch die Zahl der weiteren Mitgl. des GBA erhöht, dann sind nicht nur die zusätzlichen Sitze im GBA, sondern sämtliche weiteren GBA-Mitgl. nach Abs. 1 Satz 2 nach dem Prinzip der Verhältniswahl neu zu wählen.[12] Die Frage, wie ein ausscheidendes GBA-Mitgl. zu ersetzen ist, ist im BetrVG nicht geregelt.[13] Diese Regelungslücke ist über eine entsprechende Anwendung des § 25 Abs. 2 Satz 1 zu schließen, solange auf der fraglichen Liste noch ein weiterer Kandidat vorhanden ist: Scheidet ein weiteres Ausschussmitgl. des GBA aus und war zur Bestimmung der weiteren Mitgl. eine Listenwahl durchgeführt, so rückt damit ein Mitgl. derjenigen Liste in den GBA nach, der das ausgeschiedene Mitgl. angehörte.[14] Ein Ausscheiden in diesem Sinne liegt auch vor, wenn eine bisher als weiteres Ausschussmitgl. gewählte Person zum (stellvertr.) Vors. des GBR gewählt wird und damit kraft Amtes ein Mandat im GBA wahrnimmt.[15] Weitere Ausschüsse des GBR werden durch **Mehrheitswahl** gebildet.[16] Da Abs. 1 weder auf § 27 Abs. 1 Satz 3 noch auf § 28 Abs. 1 Satz 2 verweist, kann der GBR auch Mitglieder örtlicher BR, die nicht Mitgl. im GBR sind, in seine weiteren, nicht entscheidungsbefugten Ausschüsse berufen.

2. Konstituierung des Gesamtbetriebsrats

4 Abs. 2 gilt für die Einladung zur **konstituierenden** Sitzung des GBR. Diese findet nur einmal statt, da der GBR eine Dauereinrichtung ohne feste Amtszeit ist. Die Vorschrift ist entsprechend anzuwenden, wenn

---

9 BAG, AuR 97, 252.

10 LAG München, NZA 91, 905.

11 BAG, NZA 05, 173.

12 BAG, NZA 05, 1069.

13 BAG 16.3.05 – 7 ABR 43/04, brwo, für den Fall des Ausscheidens von Mitgl. der nach § 28 Abs. 1 gebildeten Ausschüsse.

14 LAG Düsseldorf 8.5.12 – 16 TaBV 96/11, brwo.

15 Ebenda.

16 BAG, NZA 05, 173.

nach den regelmäßigen BR-Wahlen oder nach Amtsniederlegung aller GBR-Mitgl. Neuwahlen innerhalb des GBR vorzunehmen sind. Für die Einberufung der späteren Sitzungen gelten die Vorschriften für den BR entsprechend (§ 29 Abs. 2 bis 4). Der GBR ist nicht verpflichtet, seine Sitzungen nur am Ort der Hauptverwaltung eines UN einzuberufen; er kann Sitzungen auch in einem **anderen Betrieb des UN** abhalten.[17] Es ist nicht zu beanstanden, wenn die Sitzungen des GBR in einem Hotel stattfinden. Entsprechende **Tagungskosten** hat insoweit der AG zu tragen. Dies gilt jedenfalls dann, wenn ein geeigneter Sitzungsraum beispielsweise im am Ort befindlichen Betrieb des UN nicht vorhanden ist.[18] **Häufigkeit und Dauer** der Sitzungen bestimmt allein der GBR. Der AG hat bei einer zweitägigen Sitzung auch die anfallenden Übernachtungskosten und weitere Tagespauschalen zu tragen. Stellt der AG üblicherweise für Dienstreisen – auch für BR-Tätigkeit – Firmenfahrzeuge aus einem Pool zur Verfügung, so ist eine Nutzung solcher Fahrzeuge auch für die Anreise zur Sitzung des GBR zu gestatten.[19] Der GBR ist auch befugt, sich mit ausländischen Interessenvertretungen der AN des UN direkt in Verbindung zu setzen. Der AG hat die Telefon- und Reisekosten zu tragen.[20]

3. Beschlussfassung im Gesamtbetriebsrat

Der GBR ist beschlussfähig, wenn mind. die Hälfte seiner Mitgl. an der **5** Beschlussfassung teilnimmt und die Teilnehmenden mind. die Hälfte des Stimmengewichts aller GBR-Mitgl. repräsentieren. Die Beschlussfassung erfolgt grundsätzlich mit der Mehrheit der Stimmen der anwesenden Mitgl. Bei der Beschlussfassung kommt es **nicht** auf die **Zahl** der anwesenden Mitgl., sondern auf deren **Stimmengewicht** gemäß § 47 Abs. 7 an. Ein GBR-Mitgl. kann die ihm zustehenden Stimmen **nur einheitlich** abgeben; ein Aufteilen der Stimmen ist nicht möglich (vgl. aber die Erl. zu § 47 Abs. 9, wenn ein GBR-Mitgl. für mehrere Betriebe entsandt worden ist). Wie bei der Beschlussfassung des BR (§ 33 Abs. 1) ist auch im GBR ein Antrag bei Stimmengleichheit abgelehnt.

In besonderen Fällen (z. B. bei der Übertragung von Aufgaben des **6** GBR auf den GBA zur selbstständigen Erledigung nach § 51 Abs. 1, § 27 Abs. 3 oder der Abstimmung über die Geschäftsordnung nach § 51 Abs. 1, § 36) ist für die Beschlussfassung nicht die Mehrheit der anwesenden, sondern die Mehrheit **aller Stimmen** der GBR-Mitgl. erforderlich. Im Übrigen setzt die **Beschlussfähigkeit** des GBR **nicht**

---

17 BAG, DB 80, 263.
18 ArbG Darmstadt, AiB 88, 285.
19 ArbG Darmstadt a. a. O.
20 ArbG München, AiB 91, 429, für die Reise eines GBR-Vors. zur österreichischen Schwestergesellschaft; LAG Nds., DB 93, 1043, für Reisekosten nach Brüssel aus Anlass von dort geführten Verhandlungen über Fusionspläne des UN.

nur die Anwesenheit von mindestens der Hälfte seiner Mitgl. voraus. Diese müssen vielmehr auch die Hälfte aller Stimmen auf sich vereinigen. Nimmt die GJAV an der Beschlussfassung teil, so werden die Stimmen der GJAV bei der Feststellung der Stimmenmehrheit, nicht dagegen bei der Frage der Beschlussfähigkeit, mitgerechnet.

4. Beschlussfassung des Gesamtbetriebsausschusses

7 Anders als im GBR hat bei der Beschlussfassung des GBA und weiterer Ausschüsse des GBR jedes Mitgl. **nur eine Stimme** (§ 33 Abs. 1 und 2). Ein Ausschuss ist nur dann beschlussfähig, wenn mindestens die Hälfte seiner Mitgl. an der Beschlussfassung teilnimmt.

5. Rechte und Pflichten des Gesamtbetriebsrats

8 Die Vorschrift bezieht sich nicht auf **Organisation** und **Geschäftsführung** des GBR, da diese entweder durch besondere Bestimmungen oder durch Verweisung auf die für den BR geltenden (vgl. Abs. 1) geregelt sind. Sie besagt, dass für den GBR die allgemeinen Grundsätze des Gesetzes und bei der Wahrnehmung von Beteiligungsbefugnissen im Rahmen seiner Zuständigkeit dieselben Rechte und Pflichten gelten wie für den BR. So hat er nach Maßgabe des § 80 Abs. 3 auch das Recht, **Sachverständige** hinzuzuziehen. Beim Abschluss einer GBV sind die Grundsätze von Recht und Billigkeit, insbes. der betriebsverfassungsrechtliche Gleichbehandlungsgrundsatz (s. hierzu auch § 75 Rn. 2) zu beachten.[21]

§ 52 Teilnahme der Gesamtschwerbehindertenvertretung

Die Gesamtschwerbehindertenvertretung (§ 97 Abs. 1 des Neunten Buches Sozialgesetzbuch) kann an allen Sitzungen des Gesamtbetriebsrats beratend teilnehmen.

1 Die Vorschrift entspricht § 32 (vgl. auch die Erl. dort) zum Teilnahmerecht der Schwerbehindertenvertr. an BR-Sitzungen. Das Teilnahmerecht erstreckt sich auf **alle** Sitzungen des GBR und seiner Ausschüsse. Inhalt des Rechts ist Beratung, nicht Beschlussfassung. Von der Vorschrift kann weder durch TV noch durch BV abgewichen werden.

§ 53 Betriebsräteversammlung

(1) Mindestens einmal in jedem Kalenderjahr hat der Gesamtbetriebsrat die Vorsitzenden und die stellvertretenden Vorsitzenden der Betriebsräte sowie die weiteren Mitglieder der Betriebsausschüsse zu einer Versammlung einzuberufen. Zu dieser Versammlung kann der Betriebsrat abweichend von Satz 1 aus seiner Mitte andere Mitglieder entsenden, soweit

---

21 LAG Düsseldorf 2.2.06 – 11 (7) Sa 687/05, juris.

dadurch die Gesamtzahl der sich für ihn nach Satz 1 ergebenden Teilnehmer nicht überschritten wird.

(2) In der Betriebsräteversammlung hat

1. der Gesamtbetriebsrat einen Tätigkeitsbericht,

2. der Unternehmer einen Bericht über das Personal- und Sozialwesen einschließlich des Stands der Gleichstellung von Frauen und Männern im Unternehmen, der Integration der im Unternehmen beschäftigten ausländischen Arbeitnehmer, über die wirtschaftliche Lage und Entwicklung des Unternehmens sowie über Fragen des Umweltschutzes im Unternehmen, soweit dadurch nicht Betriebs- und Geschäftsgeheimnisse gefährdet werden,

zu erstatten.

(3) Der Gesamtbetriebsrat kann die Betriebsräteversammlung in Form von Teilversammlungen durchführen. Im Übrigen gelten § 42 Abs. 1 Satz 1 zweiter Halbsatz und Satz 2, § 43 Abs. 2 Satz 1 und 2 sowie die §§ 45 und 46 entsprechend.

Das Wort »mindestens« in Abs. 1 besagt, dass mehrere Versamml. **1** möglich sind, wenn die Gesamtumstände es angezeigt erscheinen lassen, ebenso Teilversamml. (Abs. 3). Die Teilnahme an der BR-Vers. gehört zu den gesetzlichen Aufgaben des in Abs. 1 Satz genannten Personenkreises. Nach Abs. 1 Satz 2 ist es dem BR freigestellt, statt der gesetzlich vorgesehenen Teilnehmer andere seiner Mitgl. zu entsenden. Das wird praktisch vor allem dann bedeutsam, wenn die gesetzlich vorgesehenen Personen bereits in ihrer Eigenschaft als Mitglied des Gesamtbetriebsrates an der Versammlung teilnehmen. Sind also der Vors., sein Stellvertr. oder andere Mitgl. des BA gleichzeitig Mitgl. des GBR, so kann der BR an deren Stelle zusätzliche Vertr. zu BR-Versamml. entsenden. Da die dem GBR angehörenden BR-Mitgl. nicht auf die Gesamtzahl der teilnahmeberechtigten BR-Mitgl. anzurechnen sind, wird hierdurch die Möglichkeit geschaffen, zum einen den Kreis der Teilnehmer im Interesse einer möglichst großen Informationsbreite zu erweitern, zum anderen zu speziellen Tagesordnungspunkten der BR-Vers. besonders sachkundige BR-Mitgl. zu entsenden.[1] Soweit es den Bericht des UN betrifft, hat er auch über den Stand der **Gleichstellung** von Frauen und Männern, die Integration der im UN beschäftigten **ausländischen** AN sowie Fragen des **Umweltschutzes** zu berichten; im Übrigen soll der UN für eine vertiefende, der Bedeutung der Versamml. angemessene Beantwortung von Fragen der Teilnehmer zur Verfügung stehen.[2] Für die BR-Versamml. sind weitgehend die für die Durchführung von Betriebsversamml. geltenden Vorschriften entsprechend anwendbar. Außerhalb der BR-Versamml.

1 LAG Hamm 23.11.12 – 10 TaBV 63/12, brwo.
2 LAG Frankfurt, DB 89, 1473.

kann erforderlichenfalls aus aktuellem Anlass eine Zusammenkunft der BR einberufen werden, wenn von einzelnen BR Bedarf an betriebsübergreifenden Absprachen über konkrete, in mehreren Betrieben des UN anstehende MB-pflichtige Angelegenheiten gesehen wird. Zu solchen Zusammenkünften kann ggf. ein Gew.-Beauftragter hinzugezogen werden.[3]

Sechster Abschnitt:

Konzernbetriebsrat

§ 54   Errichtung des Konzernbetriebsrats

(1) Für einen Konzern (§ 18 Abs. 1 des Aktiengesetzes) kann durch Beschlüsse der einzelnen Gesamtbetriebsräte ein Konzernbetriebsrat errichtet werden. Die Errichtung erfordert die Zustimmung der Gesamtbetriebsräte der Konzernunternehmen, in denen insgesamt mehr als 50 vom Hundert der Arbeitnehmer der Konzernunternehmen beschäftigt sind.

(2) Besteht in einem Konzernunternehmen nur ein Betriebsrat, so nimmt dieser die Aufgaben eines Gesamtbetriebsrats nach den Vorschriften dieses Abschnitts wahr.

1. Errichtung des Konzernbetriebsrats

1 Ein KBR wird **nur** für Konzerne i. S. des § 18 Abs. 1 AktG vorgesehen. Danach kann ein KBR nur in einem sog. Unterordnungskonzern errichtet werden.[1] Darunter sind Konzerne zu verstehen, bei denen **ein herrschendes und** ein oder mehrere **abhängige** UN unter der **einheitlichen Leitung** des herrschenden UN zusammengefasst sind. Das Herrschaftsverhältnis kann auf einem Beherrschungsvertrag oder dem Mehrheitsbesitz am Gesellschaftskapital oder auf anderer gesellschaftsrechtlicher Grundlage, z. B. Stimmbindungsverträgen[2], beruhen. Die **Rechtsform** des herrschenden oder der abhängigen UN ist unerheblich.[3] Ein KBR kann deshalb auch gebildet werden, wenn die einzelnen UN des Konzerns nicht in Form einer Aktiengesellschaft, sondern etwa als GmbH oder als Personengesellschaften geführt werden. Auch bei einer natürlichen Person als Konzernspitze kann bei Vorliegen der

3   BAG, NZA 89, 18; ArbG Dortmund, AiB 91, 25.
1   BAG 9. 2. 11 – 7 ABR 11/10, brwo.
2   LAG Bremen 9. 8. 12 – 3 TaBV 19/11, juris, n. rk. BAG 7 ABR 98/12.
4   BAG, NZA 89, 18; ArbG Dortmund, AiB 91, 25.

Voraussetzungen des § 18 Abs. 1 AktG ein KBR gebildet werden, wenn sie sich auch in anderen Gesellschaften unternehmerisch betätigt.[4] Ein KBR kann auch für den privatrechtlich organisierten Teil eines Konzerns mit öffentlich-rechtlich organisierter Konzernspitze (hier: Universitätsklinikum) gebildet werden; § 130 steht dem nicht entgegen (s. auch § 130 Rn. 1).[5] Bei einem Gemeinschafts-UN ist von einer Konzernzugehörigkeit zu jedem herrschenden UN auszugehen. Es ist daher kein KBR bei der gesamten UN-Gruppe zu bilden; vielmehr ist für das jeweilige Konzernverhältnis bei jedem der herrschenden UN jeweils ein KBR zu bilden.[6] Für einen Konzern kann grundsätzlich nur ein – beim herrschenden UN angesiedelter – KBR errichtet werden. Die Bildung mehrerer nebeneinander bestehender KBR ist gesetzlich ebenso wenig vorgesehen wie die Errichtung eines KBR für einen Teil des Konzerns.[7] Ein **faktischer** Unterordnungskonzern, in dem ein KBR gebildet werden kann, ist dann anzunehmen, wenn das herrschende UN über Mittel verfügt, die es ihm ermöglichen, das abhängige UN seinem Willen zu unterwerfen und diesen bei ihm durchzusetzen. Die einheitliche Leitung kommt dabei oft dergestalt zustande, dass leit. Ang. des führenden Konzern-UN zugleich Organmitgl. der einzelnen Konzerngesellschaften sind.[8] Für einen **Gleichordnungskonzern** (§ 18 Abs. 2 AktG) kommt kein KBR in Betracht.

Ein KBR kann auch bei einem Tochter-UN eines **mehrstufigen**, vertikal gegliederten Konzerns gebildet werden (Unterkonzern), wenn diesem ein betriebsverfassungsrechtlich relevanter Spielraum für die bei ihm und für die von ihm abhängigen UN zu treffenden Entscheidungen verbleibt.[9] Wird ein UN von mehreren UN beherrscht, etwa wenn zwei Obergesellschaften ein Stammkapital von jeweils 50 v. H. an einem **Gemeinschafts-UN** halten, bildet das Gemeinschafts-UN mit jedem der herrschenden UN einen Konzern.[10] Das beherrschte UN kann in diesem Fall Mitgl. in beide KBR entsenden.[11] Haben Teile eines Konzerns ihren Sitz im **Ausland**, kommt die Errichtung eines KBR nur dann in Betracht, wenn nicht nur die unter einer einheitlichen Leitung zusammengefassten UN, sondern auch die Konzernobergesellschaft ihren Sitz im Inland hat.[12] Ein KBR kann nur für die im Inland gelegenen UN gebildet werden; im Ausland errichtete

2

---

4 BAG, DB 96, 1043; NZA 05, 647.
5 BAG 27.10.10 – 7 ABR 85/09, brwo.
6 BAG NZA 05, 647; LAG München 27.2.09 – 9 TaBV 86/08, brwo.
7 BAG 9.2.11 – 7 ABR 11/10, brwo.
8 LAG Düsseldorf, AuR 88, 92; zu den Formen faktischer Beherrschung im Automobilbereich vgl. Däubler, CR 88, 834 ff.
9 BAG, DB 81, 895.
10 BAG, DB 87, 1691; NZA 05, 647.
11 ArbG Dortmund, AiB 93, 457.
12 BAG NZA 08, 320.

AN-Vertr. nehmen nicht an der Bildung des KBR im Inland teil. Nach abzulehnender Auffassung des BAG[13] sind inländische »Enkel-UN« nach Wirksamwerden von Beherrschungsverträgen zwischen der bisherigen inländischen Konzernspitze (»Tochter«) und der ausländischen Konzernspitze (»Mutter«) nicht mehr dem inländischen Konzern zuzuordnen, sondern als unter der einheitlichen Leitung der ausländischen Konzernspitze zusammengefasst anzusehen mit der Folge, dass die bei dem »Enkel-UN« gebildeten GBR bzw. BR kein Entsendungsrecht in den KBR der inländischen Obergesellschaft haben. Das gilt solange, wie das herrschende UN nicht über eine im Inland ansässige Teilkonzernspitze verfügt.[14] Ob das BAG an dieser Rspr. – ein KBR kann nur errichtet werden, wenn das herrschende UN seinen Sitz im Inland hat oder über eine im Inland ansässige Konzernspitze verfügt – festhält, ist offen.[15] Übt das herrschende UN seine Leitungsmacht vom Ausland durch ein inländisches UN aus, dann bildet die inländische UN-Gruppe einen **Konzern im Konzern**, in dem die Voraussetzungen für die Errichtung eines KBR vorliegen.[16] Nach zutreffender Auffassung des OLG Düsseldorf[17] ist bei der inländischen Obergesellschaft ein mitbestimmter AR zu bilden.

3 Während die Errichtung des GBR zwingend vorgeschrieben ist (§ 47 Abs. 1), ist die Bildung eines KBR nicht obligatorisch, sondern vom Willen der GBR abhängig. Sie bedarf der **Zustimmung** der GBR der Konzern-UN, die mehr als 50 v. H. der AN des Konzerns beschäftigen. Das bedeutet, dass ein GBR eines Konzern-UN, das mindestens die genannte Zahl von AN beschäftigt, **auch gegen den Willen der GBR** der anderen Konzern-UN die Errichtung des KBR beschließen kann. Soweit es für die Errichtung eines KBR auf die Zahl der AN ankommt, zählen alle AN mit, ohne Rücksicht darauf, ob sie wahlberechtigt sind oder nicht. Dabei ist auf die Zahl aller Konzern-UN abzustellen, gleichgültig, inwieweit dort (G)BR bestehen oder nicht.[18] Maßgebend ist die Zahl der AN im Zeitpunkt der **Beschlussfassung**. Die Beschlüsse werden in Einzelsitzungen der GBR gefasst. Es genügt die einfache Stimmenmehrheit.

4 Die **Initiative** zur Errichtung des KBR kann **von jedem** GBR ergriffen werden. Der GBR, der die Errichtung des KBR anstrebt, sollte alle übrigen GBR anschreiben und sie auffordern, einen Beschluss über die Errichtung des KBR zu fassen.

5 Die Konzernvermutung kann widerlegt werden. Die Widerlegung

---

13 NZA 07, 999.
14 BAG a.a.O.
15 S. BAG 27.10.10 – 7 ABR 85/09, brwo.
16 BAG DB 81, 895; NZA 08, 320; zur grenzüberschreitenden AN-Vertretung vgl. auch das EBRG 28.10.96, BGBl. I S. 1584.
17 DB 07, 100.
18 BAG, NZA 94, 326.

setzt voraus, dass Tatsachen behauptet und bewiesen werden, aus denen sich ergibt, dass ein beherrschender Einfluss aus Rechtsgründen nicht ausgeübt werden kann. Nach Ansicht des LAG Bremen[19] ist dies dann der Fall, wenn ein schriftlicher Gewinnabführungs- und Entherrschungsvertrag zwischen den beteiligten UN zunächst eine Laufzeit von fünf Jahren hatte, in dieser Zeit nicht kündbar war und sich danach um ein weiteres Kalenderjahr verlängert, wenn er nicht mit einer Frist von sechs Monaten zum Jahresende gekündigt wird. Nach diesem Vertrag konnte in den ersten fünf Jahren seit Vertragsbeginn der Mehrheitsaktionär die AR-Wahl bei einer hundertprozentigen Beteiligungsgesellschaft nicht dominieren.

Die für die Bildung des KBR maßgebenden Grundsätze gelten auch für dessen Auflösung. Der KBR kann also **nicht selbst** seine Auflösung beschließen.   **6**

2. Konzernunternehmen mit nur einem Betriebsrat

Die Bestimmung gilt sowohl für den Fall, in dem ein Konzern-UN nur aus einem betriebsratsfähigen Betrieb besteht, als auch dann, wenn zwar mehrere Betriebe zu einem UN gehören, aber nur in einem Betrieb ein BR gewählt wurde (str.).   **7**

Der BR hat nach dieser Bestimmung die **Stellung eines GBR**, jedoch nur im Rahmen der Vorschriften über den KBR. So hat er zum Beispiel bei der Errichtung des KBR so viele Stimmen, wie AN in dem UN, dem sein Betrieb angehört, beschäftigt sind. Soweit Aufgaben nicht den KBR betreffen, übt der BR in diesem UN dagegen nicht die Funktion des GBR aus. Dem Feststellungsantrag des BR, dass der AG einem Konzern angehört und der BR zur Errichtung des KBR mit berechtigt ist, fehlt das Rechtsschutzinteresse, solange nicht die BR der UN mit der zur Errichtung eines KBR erforderlichen Quote zugestimmt haben.[20]   **8**

§ 55   Zusammensetzung des Konzernbetriebsrats, Stimmengewicht

(1) In den Konzernbetriebsrat entsendet jeder Gesamtbetriebsrat zwei seiner Mitglieder. Die Geschlechter sollen angemessen berücksichtigt werden.

(2) Der Gesamtbetriebsrat hat für jedes Mitglied des Konzernbetriebsrats mindestens ein Ersatzmitglied zu bestellen und die Reihenfolge des Nachrückens festzulegen.

(3) Jedem Mitglied des Konzernbetriebsrats stehen die Stim-

---

19   9.8.12 – 3 TaBV 19/11, juris, n.rk. BAG 7 ABR 98/12.
20   ArbG Braunschweig, NZA-RR 99, 88.

men der Mitglieder des entsendenden Gesamtbetriebsrats je zur Hälfte zu.

(4) Durch Tarifvertrag oder Betriebsvereinbarung kann die Mitgliederzahl des Konzernbetriebsrats abweichend von Absatz 1 Satz 1 geregelt werden. § 47 Abs. 5 bis 9 gilt entsprechend.

1. Zusammensetzung des Konzernbetriebsrats

1 In den KBR entsendet jeder GBR ohne Rücksicht auf seine personelle Zusammensetzung und Größe **zwei** seiner Mitgl. Nicht ausdrücklich geregelt ist die Frage, ob dies ausnahmslos auch dann gilt, wenn in einem Konzern-UN nur ein BR besteht und dieser gemäß § 54 Abs. 2 die Aufgaben des GBR wahrnimmt. Bei einem aus nur einer Person bestehenden BR scheidet eine Entsendung von zwei Mitgl. zwangsläufig aus; in Anlehnung an § 47 Abs. 2 Satz 1 dürfte die Entsendung nur eines Mitgl. allerdings auch dann in Betracht kommen, wenn der entsendende BR selbst aus nicht mehr als **drei** Mitgl. besteht, da Sachgesichtspunkte für eine insoweit unterschiedliche Behandlung nicht erkennbar sind. Ebenso ist die möglichst angemessene Berücksichtigung der **Geschlechter**, wie bei der Entsendung der Mitgl. in den GBR nach § 47 Abs. 2 Satz 1 (siehe dort), auch bei der Zusammensetzung des KBR zu beachten. Werden in Betrieben der **privatisierten Post-UN** Bea. beschäftigt, muss den in den KBR zu entsendenden Mitgl. des GBR ein Vertreter der Bea. angehören, der nicht gegen die Mehrheit der Vertreter der Bea. im GBR bestimmt werden kann. Der Vertreter der Bea. im KBR hat so viele Stimmen, wie die Vertreter der Bea. im GBR insgesamt Stimmen haben (vgl. § 33 PostPersRG).

2. Ersatzmitglieder des Konzernbetriebsrats

2 (2) Mindestens ein **Ersatzmitgl.** ist jeweils **für ein bestimmtes Mitgl.** des KBR zu bestellen. Werden für ein bestimmtes KBR-Mitgl. mehrere Ersatzmitgl. bestellt, so ist gleichzeitig die **Reihenfolge des Nachrückens** festzulegen. Die Bestellung der Ersatzmitgl. erfolgt in derselben Weise wie die der ordentlichen Mitgl. des KBR.

3. Stimmengewichtung im Konzernbetriebsrat

3 (3) Für die **Stimmenzahl** eines Mitgl. des KBR kommt es nicht auf die Mitgl.-Zahl im GBR an. Abzustellen ist vielmehr auf die **Summe**

aller Stimmen, die die Mitgl. im GBR haben (vgl. § 47 Abs. 7). In ihrer Stimmabgabe sind die Mitgl. des KBR frei und an **keine Aufträge oder Weisungen** des entsendenden GBR oder BR gebunden. Allerdings kann der entsendende GBR oder BR das seine Beschlüsse ignorierende Mitgl. jederzeit aus dem KBR **abberufen** und durch ein anderes Mitgl. ersetzen. Die Mitgl. des KBR können die auf sie entfallenden Stimmen bei der Abstimmung nicht aufteilen (siehe aber die Erl. zu § 47 Abs. 9).

4. Abweichende Größe des Konzernbetriebsrats durch Tarifvertrag oder Betriebsvereinbarung

Gehören dem nach Abs. 1 zu bildenden KBR mehr als 40 Mitgl. an, sind Größe und Zusammensetzung des KBR durch TV oder BV mit dem herrschenden UN zu regeln. Hinsichtlich der Änderung der Mitgl.-Zahl des KBR durch TV oder BV gelten die Erl. zu § 47 Abs. 4 bis 6 entsprechend.

§ 56   Ausschluss von Konzernbetriebsratsmitgliedern

Mindestens ein Viertel der wahlberechtigten Arbeitnehmer der Konzernunternehmen, der Arbeitgeber, der Konzernbetriebsrat oder eine im Konzern vertretene Gewerkschaft können beim Arbeitsgericht den Ausschluss eines Mitglieds aus dem Konzernbetriebsrat wegen grober Verletzung seiner gesetzlichen Pflichten beantragen.

Die Bestimmung hinsichtlich des **gerichtl. Ausschlusses** von Mitgl. des KBR wegen grober Pflichtverletzung entspricht der für den GBR geltenden (vgl. § 48 mit Erl.).   **1**

§ 57   Erlöschen der Mitgliedschaft

Die Mitgliedschaft im Konzernbetriebsrat endet mit dem Erlöschen der Mitgliedschaft im Gesamtbetriebsrat, durch Amtsniederlegung, durch Ausschluss aus dem Konzernbetriebsrat aufgrund einer gerichtlichen Entscheidung oder Abberufung durch den Gesamtbetriebsrat.

Für den KBR sieht das Gesetz **keine bestimmte Amtszeit** der   **1** einzelnen Mitgl. vor. Ist der KBR einmal errichtet, so bleibt er auch über die Amtszeit der einzelnen BR hinaus bestehen. Er wird also **ständig** durch die GBR **ergänzt**. Lediglich die Mitgl. des KBR werden für eine bestimmte Amtszeit, die regelmäßig mit der im GBR identisch ist, in diesen entsandt. Unabhängig davon endet ihre Mitgliedschaft im KBR aus den in dieser Vorschrift genannten Gründen. Die Vorschrift lehnt sich an die auch für den GBR maßgebenden Regelungen an (vgl. § 49 mit Erl.). Scheidet ein UN nach Bildung des

KBR aus dem Konzern aus, so endet dadurch auch die Mitgliedschaft der Vertr. dieses UN im KBR.

§ 58 Zuständigkeit

(1) Der Konzernbetriebsrat ist zuständig für die Behandlung von Angelegenheiten, die den Konzern oder mehrere Konzernunternehmen betreffen und nicht durch die einzelnen Gesamtbetriebsräte innerhalb ihrer Unternehmen geregelt werden können; seine Zuständigkeit erstreckt sich insoweit auch auf Unternehmen, die einen Gesamtbetriebsrat nicht gebildet haben, sowie auf Betriebe der Konzernunternehmen ohne Betriebsrat. Er ist den einzelnen Gesamtbetriebsräten nicht übergeordnet.

(2) Der Gesamtbetriebsrat kann mit der Mehrheit der Stimmen seiner Mitglieder den Konzernbetriebsrat beauftragen, eine Angelegenheit für ihn zu behandeln. Der Gesamtbetriebsrat kann sich dabei die Entscheidungsbefugnis vorbehalten. § 27 Abs. 2 Satz 3 gilt entsprechend.

1. Zuständigkeit kraft Gesetzes

1 Die **Zuständigkeit** des KBR ist in Anlehnung an den für den GBR maßgebenden § 50 Abs. 1 geregelt (vgl. die Erl. dort). Der KBR ist z. B. zuständig hinsichtlich der Errichtung und Verwaltung von Sozialeinrichtungen, deren Wirkungsbereich sich auf den Konzern erstreckt.[1] Bei der konzernweiten Einführung sog. Ethik-Richtlinien (»codes of conduct«)[2] steht das MBR dem KBR zu;[3] enthält das Regelungswerk auch mitbestimmungsfreie Regelungen, begründet das MBR des KBR an einzelnen Regelungen nicht notwendig ein MBR am Gesamtwerk.[4] Lässt der AG das MBR des KBR unbeachtet, steht dem örtlichen BR gegen den AG kein Anspruch aus § 87 Abs. 1 auf Unterlassung der verbindlichen Anwendung der in sog. Grundsätzen der UN-Ethik enthaltenen Regelungen zu.[5] Für die Frage, ob der AG die Anpassung von Betriebsrenten an die Kaufkraftentwicklung wegen übermäßiger wirtschaftlicher Belastung des UN ganz oder teilweise ablehnen kann, kann es wegen der wirtschaftlichen Verflechtung von Konzern-UN für die wirtschaftliche Leistungsfähigkeit auf die

---

1 BAG, DB 79, 2039.
2 Zum Sinn von Ethikrichtlinien im Kampf gegen Korruption s. Haag, AiB 13, 419.
3 BAG 17.5.11 – 1 ABR 121/09, juris.
4 BAG AiB 08, 669 m. Anm. v. Deinert/Brummer.
5 BAG 17.5.11 – 1 ABR 121/09, brwo.

wirtschaftliche Lage des Konzerns ankommen.[6] Auf konzernweit geltende Regelungen (z. B. bei Gratifikationen) kommt grundsätzlich der Gleichbehandlungsgrundsatz zur Anwendung.[7] Der Gleichbehandlungsgrundsatz gebietet aber keine die UN-Grenzen überschreitende konzerneinheitliche Regelung der Reduzierung des tariflichen 13. Monatseinkommens (zum arbeitsrechtlichen Gleichbehandlungsgrundsatz s. § 75 Rn. 2).[8] Für Abfindungsansprüche aus einem Sozialplan kann die Durchgriffshaftung gegenüber dem herrschenden UN (»Konzernmutter«) in Betracht kommen.[9] Ermöglicht ein TV die Kürzung tariflicher Ansprüche durch eine freiwillige BV, ohne eine vom Gesetz abweichende Zuständigkeit zu regeln, ist für den Abschluss der BV grundsätzlich die BR zuständig. Allein der Wunsch des Konzerns nach einer konzerneinheitlichen Regelung oder sein Kosten- oder Koordinierungsinteresse oder etwa reine Zweckmäßigkeitsgesichtspunkte begründen keine Zuständigkeit des KBR.[10] Auch ergibt sich aus der Unterbringung mehrerer Betriebe und UN eines Konzerns in einem Gebäude nicht die Notwendigkeit einer einheitlichen Regelung in Bezug auf Arbeitsschutztatbestände.[11] Ist eine ESt. zum gleichen Regelungsgegenstand sowohl unter Beteiligung des örtlichen BR als auch des KBR nicht offensichtlich unzuständig, spricht eine gesetzliche Vermutung dafür, dass die MBR im Verfahren vor der ESt. vom BR wahrzunehmen sind; die ESt. ist nur dann mit dem KBR zu errichten, wenn dieser offensichtlich zuständig ist.[12] Bei einem Streit über die Einsetzung einer ESt. sind selbst dann keine weiteren betriebsverfassungsrechtlichen Gremien zu beteiligen, wenn die Zuständigkeit des die Einsetzung der ESt. beantragenden BR zweifelhaft ist und auch der KBR zuständig sein könnte.[13] Bei personellen Einzelmaßnahmen im Konzernleitungsbereich besteht auch dann keine Zuständigkeit des KBR, sondern des dort gebildeten BR, wenn ein AN eingestellt werden soll, der nach dem Inhalt seines Arbeitsvertrages im gesamten Konzernbereich eingesetzt werden kann. Entsprechendes gilt für die Versetzung eines AN von einem Konzern-UN in ein anderes.[14] Kündigungen von Arbeitsverhältnissen fallen auch dann nicht in die Zuständigkeit des KBR, wenn der AN keinem Betrieb zugeordnet ist.[15] Die konzernweite Einführung eines SAP-

6 BAG, AuR 94, 242.
7 LAG Köln, AiB 00, 636.
8 BAG NZA 07, 1184.
9 LAG Frankfurt, NZA 89, 107.
10 BAG NZA 07, 1184.
11 LAG Köln 28.1.08 – 14 TaBV 70/07, brwo.
12 LAG Nds. 26.8.08 – 1 TaBV 62/08, brwo.
13 LAG Düsseldorf 4.2.13 – 9 TaBV 129/12, brwo, zum MBR des BR im Rahmen der Ausgestaltung des betrieblichen Eingliederungsmanagements.
14 BAG, DB 81, 1833.
15 LAG SH 20.6.13 – 5 Sa 400/12, brwo.

Systems löst nicht zwingend die Zuständigkeit des KBR aus, sondern die MB nach § 87 Abs. 1 Nr. 6 kann beim örtlichen BR verbleiben.[16] Für eine Regelung über den konzerninternen Austausch von Mitarbeiterdaten ist der KBR zuständig.[17] Der KBR ist auch zuständig für die MB bei der Nutzung eines Personalverwaltungssystems (hier: SAP ERP), das von der Personalverwaltung eines konzernangehörigen Tochter-UN wahrgenommen wird, dem Sammeln von Informationen und dem Auswerten bereits vorliegender Daten der AN dient, individualisierte oder individualisierbare Verhaltens-oder Leistungsdaten von AN im Konzern aufzeichnet und außerdem die Verknüpfung und Auswertung der erhobenen Daten ermöglicht; der Einsatz des Personalverwaltungssystems kann wegen der bestehenden zentralen Nutzungs- und Überwachungsmöglichkeit weder durch die in den Konzern-UN errichteten BR noch durch den BR des personalverwaltenden Betriebs geregelt werden.[18] MBR im Zusammenhang mit dem Datenabgleich der Mitarbeiter (sog. Mitarbeiterscreening) zur Korruptionsbekämpfung durch den Konzern stehen nicht dem BR, sondern dem KBR zu.[19] Ist der Einsatz von Kameras objektiv geeignet, die AN verschiedener Konzern-UN aufzunehmen, ist bei Regelungen zur Anwendung der Überwachungseinrichtungen der KBR zu beteiligen – unabhängig davon, ob die AG (hier: Krankenhauskonzern) die Überwachungseinrichtungen UN-übergreifend einsetzen wollte.[20] Bei Betriebsänderungen obliegt die Wahrnehmung der MBR dem KBR, sofern es sich um Maßnahmen handelt, die den gesamten Konzern oder mehrere UN betreffen und notwendigerweise nur (konzern-)einheitlich oder jedenfalls UN-übergreifend geregelt werden können. Dabei folgt aus der Zuständigkeit des KBR für den Abschluss eines Interessenausgleichs nicht ohne weiteres eine Zuständigkeit auch für den Abschluss eines Sozialplans. Hat eine Betriebsänderung UN-übergreifende Versetzungen und Umsetzungen zur Folge, ist der KBR dann für den Sozialplan zuständig, wenn die für die betroffenen AN entstehenden Nachteile nur konzerneinheitlich ausgeglichen werden können. Das setzt die (im konkreten Fall verneinte) objektive und subjektive Unmöglichkeit der Verhandlung und des Abschlusses von Sozialplänen mit der jeweiligen GBR voraus.[21] **Im Rahmen seiner Zuständigkeit** kann der KBR mit dem herrschenden UN BV abschließen, die auch für die abhängigen Konzern-UN und deren AN gelten. Der KBR ist auch für Betriebe zuständig, die nicht BR-fähig sind, keinen BR gewählt haben oder deren BR pflichtwidrig keinen Vertreter in den GBR entsandt hat. In UN ohne BR-fähige Einheiten ist der KBR auch

16 LAG Nds. 24.5.11 – 1 TaBV 55/09, brwo, n.rk. BAG 1 ABR 45/11.
17 BAG, NZA 96, 945; s. auch Hummel/Hilbrans, AuR 05, 207.
18 BAG 25.9.2012 – 1 ABR 45/11, brwo.
19 ArbG Dessau-Roßlau 17.6.09 – 1 BV 1/09, juris.
20 LAG Berlin-Brandenburg 31.7.13 – 17 TaBV 222/13, brwo.
21 ArbG Düsseldorf 25.1.13 – 11 BV 267/12, juris.

für nicht BR-fähige Kleinstbetriebe (Betriebe, die die Voraussetzungen des § 1 Abs. 1 nicht erfüllen) zuständig. Durch die Zuständigkeit soll erreicht werden, dass die in BR-losen Betrieben beschäftigten AN in überbetrieblichen Angelegenheiten mit AN aus Betrieben mit einem BR gleichbehandelt werden. Dagegen ist ein GBR oder KBR nicht berechtigt, in BR-losen Betrieben die Rolle des örtlichen BR zu übernehmen und rein betriebsbezogene Angelegenheiten zu regeln.[22] BV zwischen KBR und Konzern gelten auch für die AN solcher Betriebe unmittelbar und zwingend. Eine originäre Zuständigkeit des KBR schließt Regelungen auf niedrigerer Ebene nicht aus, wenn ausfüllungsbedürftige Spielräume belassen sind oder der KBR seine Zuständigkeit nicht in Anspruch nimmt.[23]

2. Zuständigkeit kraft Beauftragung

Soweit der GBR nach dieser Bestimmung **Aufgaben** auf den KBR **übertragen** kann, gelten dieselben Grundsätze wie für die Übertragung von Aufgaben durch den BR auf den GBR (vgl. § 50 Abs. 2). In Mitbestimmungsangelegenheiten nach § 87 Abs. 1 Nr. 4 hat der **beauftragte** KBR mit den jeweiligen Konzern-UN zu verhandeln; die Leitung der herrschenden Konzerngesellschaft kann in solchen Fällen nicht zum Abschluss einer Konzern-BV verpflichtet werden.[24]

2

§ 59   Geschäftsführung

(1) Für den Konzernbetriebsrat gelten § 25 Abs. 1, die §§ 26, 27 Abs. 2 und 3, § 28 Abs. 1 Satz 1 und 3, Abs. 2, die §§ 30, 31, 34, 35, 36, 37 Abs. 1 bis 3 sowie die §§ 40, 41 und 51 Abs. 1 Satz 2 und Abs. 3 bis 5 entsprechend.

(2) Ist ein Konzernbetriebsrat zu errichten, so hat der Gesamtbetriebsrat des herrschenden Unternehmens oder, soweit ein solcher Gesamtbetriebsrat nicht besteht, der Gesamtbetriebsrat des nach der Zahl der wahlberechtigten Arbeitnehmer größten Konzernunternehmens zu der Wahl des Vorsitzenden und des stellvertretenden Vorsitzenden des Konzernbetriebsrats einzuladen. Der Vorsitzende des einladenden Gesamtbetriebsrats hat die Sitzung zu leiten, bis der Konzernbetriebsrat aus seiner Mitte einen Wahlleiter bestellt hat. § 29 Abs. 2 bis 4 gilt entsprechend.

Inhaltsübersicht

---

22   BT-Drucks. 14/5741, S. 42f.
23   BAG, DB 84, 2413.
24   BAG, NZA 98, 497.

1. Organisation und Geschäftsführung

1   Für die **Geschäftsführung** des KBR gilt die für den GBR maßgebende Vorschrift des § 51 entsprechend (vgl. die Erl. dort).[1] Notwendige Kosten der Arbeit eines KBR (§ 40) sind auch Reisekosten und Spesen, die dadurch anfallen, dass ein Mitglied des KBR im Rahmen eines von diesem gefassten Beschlusses zur Bildung eines EBR in das Ausland entsandt wird, um mit der AN-Vertr. eines dort ansässigen Konzern-UN Fragen der Vorbereitung zu besprechen.[2]

2. Konstituierung des Konzernbetriebsrats

2   Die Vorschrift über die Einladung zur **konstituierenden** Sitzung des KBR entspricht dem für den GBR geltenden § 51 Abs. 2 (vgl. die Erl. dort). Die Einladung muss im Übrigen auch an die BR und GBR gerichtet werden, die sich **gegen** einen KBR ausgesprochen oder sich an der Beschlussfassung über dessen Bildung nicht beteiligt haben. Über Streitigkeiten wegen der Geschäftsführung entscheiden die ArbG im Beschlussverfahren (§§ 2 a, 80 ff. ArbGG). Örtlich zuständig ist das ArbG, in dessen Bezirk das herrschende Konzern-UN seinen Sitz hat.

§ 59 a   Teilnahme der Konzernschwerbehindertenvertretung

Die Konzernschwerbehindertenvertretung (§ 97 Abs. 2 des Neunten Buches Sozialgesetzbuch) kann an allen Sitzungen des Konzernbetriebsrats beratend teilnehmen.

1   Die durch das BetrVerf-ReformG in das BetrVG eingefügte Vorschrift entspricht § 32 zum Teilnahmerecht der Schwerbehindertenvertr. an BR-Sitzungen und § 52 zum Teilnahmerecht der Gesamtschwerbehindertenvertr. an GBR-Sitzungen. Sie ermöglicht eine Vertr. der Schwerbehinderten auf der Konzernebene, sofern die Gesamtschwerbehindertenvertr. eine Konzernschwerbehindertenvertr. gewählt haben. Hinsichtlich des Inhalts des Teilnahmerechts gelten die Erl. zu § 52 entsprechend.

---

1   Zum Mustertext einer Geschäftsordnung des KBR s. DKKW-F-Trittin, § 59 Arbeitshilfen Muster einer Geschäftsordnung für den KBR.
2   ArbG Hamburg, AuR 98, 42.

Dritter Teil: Jugend- und Auszubildendenvertretung

Betriebliche Jugend- und Auszubildendenvertretung

§ 60 Errichtung und Aufgabe

(1) In Betrieben mit in der Regel mindestens fünf Arbeitnehmern, die das 18. Lebensjahr noch nicht vollendet haben (jugendliche Arbeitnehmer) oder die zu ihrer Berufsausbildung beschäftigt sind und das 25. Lebensjahr noch nicht vollendet haben, werden Jugend- und Auszubildendenvertretungen gewählt.

(2) Die Jugend- und Auszubildendenvertretung nimmt nach Maßgabe der folgenden Vorschriften die besonderen Belange der in Absatz 1 genannten Arbeitnehmer wahr.

1. Errichtung

Interessenvertretung der jugendlichen AN und der Auszubildenden ist **1** die **JAV**. Für die Errichtung der JAV wird vorausgesetzt, dass in dem Betrieb ein BR besteht.

Jugendliche AN sind AN, die das 18. Lebensjahr noch nicht vollendet **2** haben und deshalb wegen ihres Alters gemäß § 7 noch nicht wahlberechtigt zum BR sind. Zum Kreis der jugendlichen AN zählen nach der hier vertretenen Auffassung auch unter 18jährige Leih-AN mit der Folge, dass sie zur JAV wahlberechtigt sind (§ 61) sowie bei der Größe der JAV mitzählen (§ 62). Dies folgt zum einen aus der neuen Rspr. des BAG zur Berücksichtigung von Leih-AN bei der Größe des BR,[1] wonach die in der Regel beschäftigten Leih-AN nach der am Sinn und Zweck der gesetzl. Schwellenwerte orientierten Auslegung mit-

---

1 BAG 13.3.13 – 7 ABR 69/11, brwo.

zuzählen sind (s. hierzu auch § 9 Rn. 3). Zum anderen schließt § 14 Abs. 2 Satz 1 AÜG zwar die Wählbarkeit, nicht aber die Wahlberechtigung von Leih-AN bei der Wahl der betriebsverfassungsrechtlichen AN-Vertretungen im Entleiherbetrieb aus. Bislang liegt zur Frage der Berücksichtigung unter 18jähriger Leih-AN keine Rspr. vor.

Zu ihrer Berufsausbildung beschäftigte AN sind außer den Auszubildenden nach dem BBiG Anlernlinge, Umschüler sowie Teilnehmer an berufsvorbereitenden Ausbildungsmaßnahmen im Betrieb, auch wenn es sich nur um kurzzeitige handelt[2] (vgl. im Übrigen auch § 5 Rn. 1), ferner Volontäre und Praktikanten, jedenfalls soweit für sie – wie im Regelfall – eine Pflicht zur Arbeit besteht (str. bei Studenten, die ein betriebliches Praktikum als Bestandteil des Studiums absolvieren müssen, und bei Schülern, die in einigen Bundesländern im Rahmen der schulischen Ausbildung ein ein- oder mehrwöchiges Betriebspraktikum abzuleisten haben, um einen Einblick in die Arbeitswelt zu gewinnen).[3] Die zu ihrer Berufsausbildung Beschäftigten dürfen das 25. Lebensjahr noch nicht vollendet haben.

3   Die Errichtung einer JAV nach dieser Vorschrift setzt voraus, dass die zu ihrer Berufsausbildung Beschäftigten AN i. S. des § 5 Abs. 1 sind. Diesbezüglich ist nach der Rspr. des BAG[4] zu unterscheiden, ob die Ausbildung in einem produzierenden Betrieb oder in einem reinen Ausbildungsbetrieb erfolgt. Die zu ihrer Berufsausbildung Beschäftigten sind dann AN i. S. dieses Gesetzes, wenn sich ihre Berufsausbildung im Rahmen des arbeitstechnischen Zwecks eines Produktions- oder Dienstleistungsbetriebs vollzieht und sie deshalb in vergleichbarer Weise wie die sonstigen AN in den Betrieb eingegliedert sind (betriebliche Berufsbildung i. S. von § 1 Abs. 5 BBiG). Einrichtungen der betrieblichen Berufsbildung sind auch **überbetriebliche Ausbildungsstätten** (z. B. Lehrwerkstätten, Ausbildungszentren), so dass die dort zu ihrer Berufsausbildung Beschäftigten ebenfalls AN i. S. dieses Gesetzes sind. Findet die praktische Ausbildung dagegen **außerbetrieblich** in einem reinen Ausbildungsbetrieb statt, also in einem Betrieb, dessen arbeitstechnischer Zweck in der Berufsausbildung besteht (sonstige Berufsbildungseinrichtung nach § 1 Abs. 5 BBiG), so gehören die Auszubildenden nicht zur Belegschaft des Ausbildungsbetriebs und haben deshalb dort auch kein Wahlrecht zur Wahl einer betrieblichen Interessenvertretung.[5] Das gilt auch dann, wenn sie gelegentlich zusammen mit anderen Mitarbeitern praktische Arbeiten vornehmen (vgl. auch § 5 Rn. 5).[6] Auszubildendenvertretungen, die in örtlichen, unterhalb der Ebene des Betriebs angesiedelten Berufsbil-

2   BAG, AuR 82, 133; DB 82, 606.
3   Vgl. hierzu Engels/Natter, BB 88, 1453, 1455.
4   AuR 94, 331; NZA 97, 273.
5   BAG NZA-RR 08, 19.
6   BAG, AiB 97, 595.

dungsstellen auf tarifvertraglicher Grundlage gebildet werden, sind keine JAV nach diesem Gesetz. Auszubildende, die in einem Betrieb, dessen Zweck die Durchführung der Berufsausbildung für andere Betriebe ist, zusammengefasst sind, sind keine AN i. S. v. § 5 BetrVG; bei den auf tariflicher Grundlage geschaffenen Auszubildendenvertretungen in solchen Betrieben handelt es sich weder um AN-Vertretungen i. S. v. § 3 Abs. 1 Nr. 3,[7] noch sind die Auszubildenden wahlberechtigt zum BR des reinen Ausbildungsbetriebs.[8] Vollzieht sich aber die praktische Ausbildung für einen nicht unbeträchtlichen Zeitraum in einem operativ tätigen Betrieb des AG oder eines anderen Konzern-UN, sind die Auszubildenden in diesen Betrieb eingegliedert und damit dort wahlberechtigt.[9] Für die Auszubildenden in außerbetrieblichen Ausbildungsstätten ermöglicht § 51 BBiG die Wahl einer besonderen Interessenvertretung. Auszubildende, die mit einem AG ein Ausbildungsverhältnis abgeschlossen haben, tatsächlich aber **im Betrieb eines anderen AG** ausgebildet werden, sind dort allerdings wahlberechtigt und wählbar.[10] Die Errichtung einer JAV setzt also nicht voraus, dass zwischen den wahlberechtigten AN und dem AG des Betriebs **unmittelbar** ein Ausbildungsvertrag besteht. Findet die Ausbildung in verschiedenen Betrieben statt, haben die AN in allen Betrieben, in denen ihnen gegenüber Weisungsrechte tatsächlich ausgeübt werden, ein Wahlrecht.[11] Dasselbe soll nach Ansicht des BAG gelten, wenn der Inhaber eines Betriebs einem Dritten einen Teil der Lehrwerkstatt überlässt, damit dieser dort mit eigenen Lehrkräften die Berufsausbildung seiner Auszubildenden durchführt.[12]

2. Aufgaben

Die JAV hat ihre Aufgaben (vgl. § 70) in enger **Zusammenarbeit** mit dem **BR** zu erfüllen. Sie vertritt diese Interessen somit nicht unabhängig vom BR und direkt gegenüber dem AG, sondern gemeinsam mit dem BR. Die JAV kann deshalb **allein** auch **keine** gegenüber dem AG wirksamen Beschlüsse fassen.[13]

4

7 BAG 13.8.08 – 7 AZR 450/07, brwo.
8 BAG 16.11.11 – 7 ABR 48/10, brwo.
9 Ebenda.
10 LAG Hamm, DB 88, 2058; ArbG Bielefeld, DB 89, 1580.
11 Zu eng BAG, BB 91, 6624, wonach der bloße Vollzug einzelner Ausbildungsabschnitte in einem anderen Betrieb keine Zugehörigkeit zu diesem und damit auch keine Wahlberechtigung der dort vorübergehend beschäftigten AN begründen soll.
12 BAG, NZA 91, 315.
13 BAG, DB 74, 683; 77, 914.

§ 61 Wahlberechtigung und Wählbarkeit

(1) **Wahlberechtigt sind alle in § 60 Abs. 1 genannten Arbeitnehmer des Betriebs.**

(2) **Wählbar sind alle Arbeitnehmer des Betriebs, die das 25. Lebensjahr noch nicht vollendet haben; § 8 Abs. 1 Satz 3 findet Anwendung. Mitglieder des Betriebsrats können nicht zu Jugend- und Auszubildendenvertretern gewählt werden.**

1 **Wahlberechtigt** sind alle in § 60 Abs. 1 genannten AN, die am Wahltage das 18. bzw. 25. Lebensjahr noch nicht vollendet haben (s. die Erläuterungen dort in Rn. 2 und 3; zur Wahlberechtigung jugendlicher Leih-AN s. § 60 Rn. 2). Erstreckt sich die Wahl über mehrere Tage, ist das Alter am letzten Wahltag maßgebend. Ein **Mindestalter** für die Ausübung des aktiven Wahlrechts wird **nicht** vorausgesetzt. **Wählbar** sind alle AN, die das 25. Lebensjahr noch nicht vollendet haben, und zwar auch dann, wenn sie nicht zu ihrer Berufsausbildung beschäftigt werden. Eine untere Lebensaltersgrenze gibt es auch hier nicht. Ferner ist für die Wählbarkeit **keine Mindestdauer der Betriebszugehörigkeit** vorgeschrieben. AN können auch dann wahlberechtigt für JAV-Wahlen sein, wenn sie nicht in einem Vertragsverhältnis zum Betriebsinhaber stehen, aber wie die anderen AN so auf Dauer in den Betrieb eingegliedert sind, dass sie von diesen nur noch das Fehlen vertraglicher Beziehungen zum Betriebsinhaber unterscheidet.[1]

2 Mitgl. einer JAV können in den BR gewählt werden, aber nicht umgekehrt. Mit der Annahme der Wahl zum BR-Mitgl. erlischt das Amt als JAV-Mitgl. Damit soll eine **Doppelmitgliedschaft** in beiden Organen vermieden werden. Rückt ein Mitgl. der JAV, das zugleich Ersatzmitgl. des BR ist, auf Dauer in den BR nach, endet **automatisch** die Mitgliedschaft in der JAV.[2] Wird ein JAV-Mitgl. im Laufe der Amtszeit 25 Jahre alt, bleibt es bis zum Ende der Amtszeit Mitgl. der JAV (§ 64 Abs. 3).

§ 62 Zahl der Jugend- und Auszubildendenvertreter, Zusammensetzung der Jugend- und Auszubildendenvertretung

(1) **Die Jugend- und Auszubildendenvertretung besteht in Betrieben mit in der Regel**

5 bis	**20 der in § 60 Abs. 1 genannten Arbeitnehmer**	**aus einer Person,**
21 bis	**50 der in § 60 Abs. 1 genannten Arbeitnehmer aus**	**3 Mitgliedern,**

---

1 LAG Frankfurt, BB 85, 2173.
2 Nach BAG, DB 80, 454 soll dies auch bei nur vorübergehendem Nachrücken für ein zeitweilig verhindertes BR-Mitgl. gelten.

51 bis   150 der in § 60 Abs. 1 genannten Arbeitnehmer aus
5 Mitgliedern,
151 bis   300 der in § 60 Abs. 1 genannten Arbeitnehmer aus
7 Mitgliedern,
301 bis   500 der in § 60 Abs. 1 genannten Arbeitnehmer aus
9 Mitgliedern,
501 bis   700 der in § 60 Abs. 1 genannten Arbeitnehmer aus
11 Mitgliedern,
701 bis 1000 der in § 60 Abs. 1 genannten Arbeitnehmer aus
13 Mitgliedern,
mehr als 1000 der in § 60 Abs. 1 genannten Arbeitnehmer aus 15
Mitgliedern.

(2) Die Jugend- und Auszubildendenvertretung soll sich möglichst aus Vertretern der verschiedenen Beschäftigungsarten
und Ausbildungsberufe der im Betrieb tätigen in § 60 Abs. 1
genannten Arbeitnehmer zusammensetzen.

(3) Das Geschlecht, das unter den in § 60 Abs. 1 genannten
Arbeitnehmern in der Minderheit ist, muss mindestens entsprechend seinem zahlenmäßigen Verhältnis in der Jugend- und
Auszubildendenvertretung vertreten sein, wenn diese aus mindestens drei Mitgliedern besteht.

Inhaltsübersicht   Rn.

1. Größe der Jugend- und Auszubildendenvertretung

Maßgebend für die Größe der JAV ist die Zahl der **am Tage des**   1
Erlasses des Wahlausschreibens »in der Regel« im Betrieb beschäftigten in § 60 Abs. 1 genannten AN (s. die Erläuterungen dort in Rn. 2
und 3; zur Berücksichtigung jugendlicher Leih-AN beim gesetzl.
Schwellenwert s. § 60 Rn. 2). In Grenzfällen hat der WV nach pflichtgemäßem Ermessen zu entscheiden. Ein **späteres Ansteigen oder**
Sinken der Zahl der in § 60 Abs. 1 genannten AN ist ohne Bedeutung.
Sinkt die Zahl allerdings **nicht nur vorübergehend** unter fünf, so
entfallen die Voraussetzungen für die Bildung einer JAV (§ 60 Abs. 1);
eine bestehende JAV verliert ihr Amt. Auch bei einer außerordentlichen vorzeitigen Wahl ist die Mitgliederzahl einer JAV nach der Zahl
der bei Erlass des Wahlausschreibens zu dieser Wahl im Betrieb beschäftigten jugendlichen AN zu bestimmen.[1]

2. Zusammensetzung der Jugend- und Auszubildendenvertretung

Wie auch der BR, so **soll** sich die JAV möglichst aus Vertr. der   2

---

1   BAG, NZA 85, 715.

verschiedenen **Beschäftigungsarten** sowie der **Ausbildungsberufe** der im Betrieb tätigen in § 60 Abs. 1 genannten AN zusammensetzen. Die Geschlechter **müssen** entsprechend ihrem zahlenmäßigen Verhältnis vertreten sein. Die Vorschrift ist wortgleich mit der für den BR geltenden Regelung des § 15 Abs. 2 (vgl. deshalb die Erl. dort; siehe im Übrigen auch § 126).

§ 63 Wahlvorschriften

(1) Die Jugend- und Auszubildendenvertretung wird in geheimer und unmittelbarer Wahl gewählt.

(2) Spätestens acht Wochen vor Ablauf der Amtszeit der Jugend- und Auszubildendenvertretung bestellt der Betriebsrat den Wahlvorstand und seinen Vorsitzenden. Für die Wahl der Jugend- und Auszubildendenvertreter gelten § 14 Abs. 2 bis 5, § 16 Abs. 1 Satz 4 bis 6, § 18 Abs. 1 Satz 1 und Abs. 3 sowie die §§ 19 und 20 entsprechend.

(3) Bestellt der Betriebsrat den Wahlvorstand nicht oder nicht spätestens sechs Wochen vor Ablauf der Amtszeit der Jugend- und Auszubildendenvertretung oder kommt der Wahlvorstand seiner Verpflichtung nach § 18 Abs. 1 Satz 1 nicht nach, so gelten § 16 Abs. 2 Satz 1 und 2, Abs. 3 Satz 1 und § 18 Abs. 1 Satz 2 entsprechend; der Antrag beim Arbeitsgericht kann auch von jugendlichen Arbeitnehmern gestellt werden.

(4) In Betrieben mit in der Regel fünf bis fünfzig der in § 60 Abs. 1 genannten Arbeitnehmer gilt auch § 14 a entsprechend. Die Frist zur Bestellung des Wahlvorstands wird im Falle des Absatzes 2 Satz 1 auf vier Wochen und im Falle des Absatzes 3 Satz 1 auf drei Wochen verkürzt.

(5) In Betrieben mit in der Regel 51 bis 100 der in § 60 Abs. 1 genannten Arbeitnehmer gilt § 14 a Abs. 5 entsprechend.

1 Die **Wahlvorschriften** sind weitgehend an die für die Wahl des BR geltenden angepasst worden; das gilt auch für das vereinfachte Wahlverfahren nach § 14 a (siehe die Erl. dort) sowie für die Möglichkeit des GBR bzw. KBR, im Falle des Untätigbleibens des BR den WV zu bestellen.

2 Regelwahl für die Bildung der JAV ist die **Verhältniswahl**. Lediglich dann, wenn nur **ein** Wahlvorschlag eingereicht wird oder nur **ein** JAV zu wählen ist, findet die Wahl nach den Grundsätzen der **Mehrheitswahl** statt.

3 Wie bei der Wahl des BR ist auch für die Wahl der JAV den Gew. ein eigenständiges Recht zur Einreichung von Wahlvorschlägen eingeräumt worden (vgl. Erl. zu § 14 Rn. 5). Ferner können wie bei der BR-Wahl dem Betrieb angehörende Gew.-Vertr. in den WV entsandt werden. In Betrieben mit weiblichen und männlichen Wahlberechtigten **sollen** dem WV Frauen und Männer angehören (§ 16 Abs. 1

Satz 5). Die Regelung über die öffentliche Feststellung des Wahlergebnisses (§ 18 Abs. 3) ist auch bei der Wahl der JAV zu beachten.

Durch Verweis auf § 16 Abs. 1 Sätze 4 bis 6 wird die Wahl von **4** Ersatzmitgl. für den WV zur Wahl der JAV zugelassen.

Werden irrtümlich **mehr Mitgl.** zur JAV gewählt, als nach dem Gesetz **5** zu wählen sind, und wird die Wahl nicht angefochten, verbleibt es für die Wahlperiode bei der vom WV festgelegten Zahl.[1] Für den **Schutz** und die **Kosten der Wahl** gelten die für den BR maßgebenden Bestimmungen entsprechend. Eine einstweilen – und sei es auch auf gerichtl. Anordnung hin – abgesetzte Wahl zur JAV kann nicht später fortgeführt werden; die Wahl muss vielmehr neu ausgeschrieben werden.[2] Im Verfahren über die Anfechtung der Wahl einer JAV ist der BR Beteiligter.[3]

§ 64 Zeitpunkt der Wahlen und Amtszeit

(1) Die regelmäßigen Wahlen der Jugend- und Auszubildendenvertretung finden alle zwei Jahre in der Zeit vom 1. Oktober bis 30. November statt. Für die Wahl der Jugend- und Auszubildendenvertretung außerhalb dieser Zeit gilt § 13 Abs. 2 Nr. 2 bis 6 und Abs. 3 entsprechend.

(2) Die regelmäßige Amtszeit der Jugend- und Auszubildendenvertretung beträgt zwei Jahre. Die Amtszeit beginnt mit der Bekanntgabe des Wahlergebnisses oder, wenn zu diesem Zeitpunkt noch eine Jugend- und Auszubildendenvertretung besteht, mit Ablauf von deren Amtszeit. Die Amtszeit endet spätestens am 30. November des Jahres, in dem nach Absatz 1 Satz 1 die regelmäßigen Wahlen stattfinden. In dem Fall des § 13 Abs. 3 Satz 2 endet die Amtszeit spätestens am 30. November des Jahres, in dem die Jugend- und Auszubildendenvertretung neu zu wählen ist. In dem Fall des § 13 Abs. 2 Nr. 2 endet die Amtszeit mit der Bekanntgabe des Wahlergebnisses der neu gewählten Jugend- und Auszubildendenvertretung.

(3) Ein Mitglied der Jugend- und Auszubildendenvertretung, das im Laufe der Amtszeit das 25. Lebensjahr vollendet, bleibt bis zum Ende der Amtszeit Mitglied der Jugend- und Auszubildendenvertretung.

---

1 BAG, DB 72, 686.
2 LAG Hamm, DB 74, 1241.
3 BAG, DB 86, 2552.

1. Regelmäßige Wahlen

1 Die **Wahl** der JAV wird **alle zwei Jahre** durchgeführt. Als **einheitlicher Wahlzeitraum** ist die Zeit vom **1. Oktober bis 30. November** festgelegt worden. Außerhalb des einheitlichen Wahlzeitraumes findet die Wahl einer JAV dann statt, wenn für sie einer der Tatbestände des § 13 Abs. 2 Nr. 2 bis 6 gegeben ist. Die Regelung des § 13 Abs. 2 Nr. 1 (Steigen oder Sinken der Zahl der beschäftigten AN) findet auf die JAV keine Anwendung. Durch den Hinweis auf § 13 Abs. 3 wird sichergestellt, dass auch in den Fällen, in denen die Wahl der JAV außerhalb des einheitlichen Wahlzeitraumes durchgeführt wird, die nächste Wahl wieder in den gesetzlich vorgeschriebenen einheitlichen Wahlzeitraum fällt.

2. Amtszeit

2 Im Hinblick auf den **Beginn und** das **Ende der regelmäßigen zweijährigen Amtszeit** der JAV gelten die für die vierjährige Amtszeit des BR maßgebenden Grundsätze (vgl. die Erl. zu § 21) entsprechend mit dem Unterschied, dass in den Fällen, in denen das Ende der Amtszeit mit dem Ende des einheitlichen Wahlzeitraums zusammenfällt, nicht auf den 31. Mai, sondern auf den 30. November abzustellen ist.

3. Vollendung des 25. Lebensjahres

3 Es wird klargestellt, dass ein Mitgl. der JAV, das während der Amtszeit durch Überschreiten der Altersgrenze die Voraussetzungen für die Wählbarkeit verliert, im Interesse einer kontinuierlichen Weiterführung des Amtes **nicht vorzeitig** aus der JAV ausscheiden **muss**. Das Mitgl. der JAV darf allerdings das 25. Lebensjahr nicht bereits vor Beginn der Amtszeit vollendet haben. Zum Beginn der Amtszeit vgl. Abs. 2.

§ 65 Geschäftsführung

(1) Für die Jugend- und Auszubildendenvertretung gelten § 23 Abs. 1, die §§ 24, 25, 26, 28 Abs. 1 Satz 1 und 2, die §§ 30, 31, 33 Abs. 1 und 2 sowie die §§ 34, 36, 37, 40 und 41 entsprechend.

(2) Die Jugend- und Auszubildendenvertretung kann nach Verständigung des Betriebsrats Sitzungen abhalten; § 29 gilt entsprechend. An diesen Sitzungen kann der Betriebsratsvorsitzende oder ein beauftragtes Betriebsratsmitglied teilnehmen.

Inhaltsübersicht

1. Organisation und Geschäftsführung

Eine Reihe der für die **Organisation** und die **Geschäftsführung** des   **1**
BR maßgebenden Bestimmungen gilt entsprechend für die JAV. Dies
gilt beispielsweise für die Möglichkeit, die JAV aufzulösen oder einzelne Mitgl. aus ihr auszuschließen (§ 23 Abs. 1), für die Beendigung
der Mitgliedschaft in der JAV (§ 24 Abs. 1) oder die **Wahl des Vors.**
und seines Stellvertr. (§ 26) sowie für die Bildung von Ausschüssen
(§ 28). Ist die Wahl zur JAV nach den Grundsätzen der Verhältniswahl
durchgeführt worden, rückt bei Ausscheiden eines Mitgl. der JAV der
nicht gewählte Bewerber aus der Liste nach, der das ausgeschiedene
oder verhinderte Mitgl. angehörte; bei Mehrheitswahl rückt das Ersatzmitgl. nach, das unter den nicht gewählten Bewerbern die höchste
Stimmenzahl erreicht hat. Hat das Ersatzmitgl. nach der Wahl, aber vor
Amtsbeginn das 25. Lebensjahr vollendet, so rückt es nicht nach; ggf.
sind Neuwahlen anzusetzen.[1] Die JAV kann sich eine Geschäftsordnung geben.[2] Die Mitgl. der JAV haben auch Anspruch auf Arbeitsbefreiung, soweit dies für ihre Aufgabenerfüllung erforderlich ist
(§ 37); für notwendige Tätigkeit außerhalb ihrer Arbeitszeit besteht
Anspruch auf Freizeitausgleich oder Entgeltzahlung. Ebenso haben sie
Anspruch auf Arbeitsbefreiung für die Teilnahme an **Schulungs- und
Bildungsveranstaltungen** (§ 37 Abs. 6 und 7). Über die zeitliche
Lage einer Schulungsveranstaltung und die an ihr teilnehmenden Personen entscheidet jedoch der BR und nicht die JAV, weil diese keine
unmittelbar gegenüber dem AG wirksamen Beschlüsse fassen kann.[3]
Soll ein Mitgl. der GJAV an einer Schulung teilnehmen, entscheidet
ebenfalls der BR unter Hinzuziehung der JAV des Betriebs, dem die zu
schulende Mitgl. angehört.[4] Die Kosten der JAV trägt der AG (§ 40).
Zu beachten ist aber, dass die **JAV nicht berechtigt** ist, **eigenständig
durch Beschlussfassung Kosten für den AG auszulösen**; insoweit
bedarf es der Beschlussfassung durch den BR.[5] Vgl. im Übrigen die
entsprechenden Erl. zu den in dieser Vorschrift angeführten Bestimmungen.

2. Sitzungen der Jugend- und Auszubildendenvertretung

Für die **Einberufung der Sitzungen** der JAV, die diese nach vor-   **2**
heriger Information des BR abhalten kann, gelten die für den BR
maßgebenden Regelungen (§ 29) entsprechend. Soweit der BR-Vors.
oder ein Beauftragter des BR an den Sitzungen der JAV teilnimmt,
steht ihm kein Stimmrecht zu.

---

1 LAG Düsseldorf, BB 93, 141.
2 Mustertext s. DKKW-F-Trittin, § 65 Arbeitshilfen Muster einer Geschäftsordnung für die JAV.
3 BAG, AuR 74, 215; DB 75, 2092.
4 BAG, DB 75, 2092.
5 LAG Hamm 16.1.09 – 10 TaBV 37/08, brwo.

§ 66 Aussetzung von Beschlüssen des Betriebsrats

(1) Erachtet die Mehrheit der Jugend- und Auszubildendenvertreter einen Beschluss des Betriebsrats als eine erhebliche Beeinträchtigung wichtiger Interessen der in § 60 Abs. 1 genannten Arbeitnehmer, so ist auf ihren Antrag der Beschluss auf die Dauer von einer Woche auszusetzen, damit in dieser Frist eine Verständigung, gegebenenfalls mit Hilfe der im Betrieb vertretenen Gewerkschaften, versucht werden kann.

(2) Wird der erste Beschluss bestätigt, so kann der Antrag auf Aussetzung nicht wiederholt werden; dies gilt auch, wenn der erste Beschluss nur unerheblich geändert wird.

Die Bestimmung entspricht § 35 (vgl. die Erl. dort).

§ 67 Teilnahme an Betriebsratssitzungen

(1) Die Jugend- und Auszubildendenvertretung kann zu allen Betriebsratssitzungen einen Vertreter entsenden. Werden Angelegenheiten behandelt, die besonders die in § 60 Abs. 1 genannten Arbeitnehmer betreffen, so hat zu diesen Tagesordnungspunkten die gesamte Jugend- und Auszubildendenvertretung ein Teilnahmerecht.

(2) Die Jugend- und Auszubildendenvertreter haben Stimmrecht, soweit die zu fassenden Beschlüsse des Betriebsrats überwiegend die in § 60 Abs. 1 genannten Arbeitnehmer betreffen.

(3) Die Jugend- und Auszubildendenvertretung kann beim Betriebsrat beantragen, Angelegenheiten, die besonders die in § 60 Abs. 1 genannten Arbeitnehmer betreffen und über die sie beraten hat, auf die nächste Tagesordnung zu setzen. Der Betriebsrat soll Angelegenheiten, die besonders die in § 60 Abs. 1 genannten Arbeitnehmer betreffen, der Jugend- und Auszubildendenvertretung zur Beratung zuleiten.

1. Teilnahmerecht an Betriebsratssitzungen

1   Es obliegt der JAV, welches ihrer Mitgl. sie zu der BR-Sitzung entsenden will. Es können **auch weitere** Mitgl. der JAV an der BR-Sitzung teilnehmen, **wenn der BR damit einverstanden** ist. Werden Angelegenheiten behandelt, die **besonders** die in § 60 Abs. 1 genannten AN betreffen, so hat die gesamte JAV ein Teilnahmerecht. »Besonders« bedeutet nicht, dass eine Frage ausschließlich oder überwiegend die in § 60 Abs. 1 genannten AN berühren muss. Es kann sich vielmehr auch um Angelegenheiten handeln, die für die anderen AN ebenso von Belang sind. Entscheidend ist, dass eine Frage erörtert werden soll, deren Behandlung für die in § 60 Abs. 1 genannten AN **von nicht unerheblicher** Bedeutung ist. Das Teilnahmerecht der JAV besteht auch dann, wenn der BR aus besonderem Anlass ein Verhalten der JAV oder sein Verhältnis zu dieser erörtert. Schließlich hängt es nicht davon ab, dass die behandelten Maßnahmen kollektiven Charakter haben; es ist vielmehr auch bei jeder **personellen Einzelmaßnahme** gegenüber einem der in § 60 Abs. 1 genannten AN gegeben.

2. Stimmrecht im Betriebsrat

Über die Heranziehung der JAV zu den BR-Sitzungen hinaus haben ihre Mitgl. dann ein **Stimmrecht**, wenn Beschlüsse gefasst werden sollen, die **überwiegend** die von den JAV vertretenen AN betreffen. Das Merkmal »überwiegend« ist erfüllt, wenn eine Angelegenheit entweder zahlenmäßig oder aber vom Gewicht her mehr die in § 60 Abs. 1 genannten als die übrigen AN berührt. Eine pflichtwidrige Nichthinzuziehung der JAV zu den Sitzungen des BR kann zur Unwirksamkeit der jeweiligen Beschlüsse des BR führen, sofern nicht feststeht, dass eine Beteiligung der JAV auf das Ergebnis der Beschlussfassung keinen Einfluss gehabt hätte, etwa weil der Beschluss dem Antrag der JAV selbst entsprach.[1] Für die Ermittlung der Beschlussfähigkeit des BR werden die Stimmen der JAV nicht mitgezählt. **2**

3. Antragsrecht im Betriebsrat

Die Vorschrift will sicherstellen, dass die JAV bei Angelegenheiten, die besonders die von ihr vertretenen AN betreffen (vgl. Abs. 1), nicht nur initiativ werden, sondern auch erreichen kann, dass die betreffende Frage in der nächsten BR-Sitzung behandelt wird. Der BR **ist verpflichtet**, diesem Antrag nachzukommen. Unabhängig vom Antragsrecht der JAV hat der BR alle Angelegenheiten, die besonders die in § 60 Abs. 1 genannten AN betreffen, der JAV zuzuleiten. **3**

§ 68   Teilnahme an gemeinsamen Besprechungen

Der Betriebsrat hat die Jugend- und Auszubildendenvertretung zu Besprechungen zwischen Arbeitgeber und Betriebsrat beizuziehen, wenn Angelegenheiten behandelt werden, die besonders die in § 60 Abs. 1 genannten Arbeitnehmer betreffen.

Es sind hier nicht nur die mindestens monatlich einmal stattfindenden Besprechungen nach § 74 Abs. 1 gemeint, sondern **Besprechungen jeglicher Art** zwischen AG und BR, in denen Angelegenheiten behandelt werden, die besonders die von der JAV vertretenen AN **1**

---

1 Vgl. auch BAG, DB 75, 1706.

(§ 60 Abs. 1) betreffen (zum Merkmal »besonders« vgl. § 67 Rn. 1). Soweit Besprechungen zwischen dem AG und dem BA oder anderen Ausschüssen des BR stattfinden und diesen die selbstständige Erledigung von Angelegenheiten übertragen ist, gilt die Vorschrift entsprechend.

§ 69 Sprechstunden

In Betrieben, die in der Regel mehr als fünfzig der in § 60 Abs. 1 genannten Arbeitnehmer beschäftigen, kann die Jugend- und Auszubildendenvertretung Sprechstunden während der Arbeitszeit einrichten. Zeit und Ort sind durch Betriebsrat und Arbeitgeber zu vereinbaren. § 39 Abs. 1 Satz 3 und 4 und Abs. 3 gilt entsprechend. An den Sprechstunden der Jugend- und Auszubildendenvertretung kann der Betriebsratsvorsitzende oder ein beauftragtes Betriebsratsmitglied beratend teilnehmen.

1 Es obliegt der JAV, ob sie für die von ihr vertretenen AN des Betriebs **Sprechstunden** während der Arbeitszeit einrichten will. Einen entsprechenden Beschluss fasst daher sie, nicht der BR. Voraussetzung ist allerdings, dass im Betrieb in der Regel mehr als 50 der in § 60 Abs. 1 genannten AN beschäftigt sind. Hat die JAV den Beschluss gefasst, sind zwischen BR und AG Zeit und Ort der Durchführung der Sprechstunden zu vereinbaren. Im Streitfall entscheidet die ESt. verbindlich. **Versäumnis von Arbeitszeit**, die zum Besuch der Sprechstunden oder durch sonstige Inanspruchnahme der JAV erforderlich ist, berechtigt den AG nicht zur Minderung des Arbeitsentgelts. Fasst die JAV keinen Beschluss über die Abhaltung eigener Sprechstunden oder hat der Betrieb regelmäßig 50 oder weniger der in § 60 Abs. 1 genannten AN, so kann ein Mitgl. der JAV nur an den Sprechstunden des BR zur Beratung der von ihr vertretenen AN teilnehmen (§ 39 Abs. 2).

§ 70 Allgemeine Aufgaben

(1) Die Jugend- und Auszubildendenvertretung hat folgende allgemeine Aufgaben:

1. **Maßnahmen, die den in § 60 Abs. 1 genannten Arbeitnehmern dienen, insbesondere in Fragen der Berufsbildung und der Übernahme der zu ihrer Berufsausbildung Beschäftigten in ein Arbeitsverhältnis, beim Betriebsrat zu beantragen;**

1a. **Maßnahmen zur Durchsetzung der tatsächlichen Gleichstellung der in § 60 Abs. 1 genannten Arbeitnehmer entsprechend § 80 Abs. 1 Nr. 2a und 2b beim Betriebsrat zu beantragen;**

2. **darüber zu wachen, dass die zugunsten der in § 60 Abs. 1**

genannten Arbeitnehmer geltenden Gesetze, Verordnungen, Unfallverhütungsvorschriften, Tarifverträge und Betriebsvereinbarungen durchgeführt werden;

3. Anregungen von in § 60 Abs. 1 genannten Arbeitnehmern, insbesondere in Fragen der Berufsbildung, entgegenzunehmen und, falls sie berechtigt erscheinen, beim Betriebsrat auf eine Erledigung hinzuwirken. Die Jugend- und Auszubildendenvertretung hat die betroffenen in § 60 Abs. 1 genannten Arbeitnehmer über den Stand und das Ergebnis der Verhandlungen zu informieren;

4. die Integration ausländischer, in § 60 Abs. 1 genannter Arbeitnehmer im Betrieb zu fördern und entsprechende Maßnahmen beim Betriebsrat zu beantragen.

(2) Zur Durchführung ihrer Aufgaben ist die Jugend- und Auszubildendenvertretung durch den Betriebsrat rechtzeitig und umfassend zu unterrichten. Die Jugend- und Auszubildendenvertretung kann verlangen, dass ihr der Betriebsrat die zur Durchführung ihrer Aufgaben erforderlichen Unterlagen zur Verfügung stellt.

1. Allgemeine Aufgaben

Die Vorschrift konkretisiert die **Aufgaben** der JAV. Die Aufzählung **1** ist **nicht abschließend**. Durch das BetrVerf-ReformG ausdrücklich hervorgehoben wurde die gerade in Zeiten hoher Arbeitslosigkeit besonders wichtige Frage der Übernahme in ein Arbeitsverhältnis nach Abschluss der Ausbildung. Aufgenommen wurde ferner die große Bedeutung der Themen Gleichstellung der Geschlechter und Integration von Ausländern im Betrieb auch für die JAV. Durch die Hervorhebung der **Berufsbildung** wird deutlich, dass in diesem Bereich einer der Schwerpunkte der Tätigkeit der JAV liegt. Das **Überwachungsrecht** beinhaltet gleichzeitig eine Überwachungspflicht. Gemeint sind alle Rechtsnormen, die für die von der JAV vertretenen AN von Bedeutung sind, wie insbesondere das BBiG und das JArbSchG. Soweit Maßnahmen beim AG zu beantragen sind oder auf eine Erledigung von Anregungen oder bei ihm beantragter Maßnahmen (etwa nach Nrn. 1 a oder 4) der von der JAV vertretenen AN hinzuwirken ist, kann dies **nur über** den **BR** geschehen. Der BR ist nach § 80 Abs. 1 Nr. 3 verpflichtet, solche Anregungen oder bei ihm beantragte Maßnahmen (etwa nach Nrn. 1 a oder 4) gegenüber dem AG zu verfolgen. Die JAV ist zwar auch befugt, in allen die in § 60 Abs. 1 genannten AN betreffenden Angelegenheiten selbst Beschlüsse zu fassen. Die Durchführung dieser Beschlüsse erfordert jedoch in jedem einzelnen Fall die

Einschaltung des BR.[1] Will die JAV beispielsweise unter den von ihr vertretenen AN eine **Fragebogenaktion** durchführen, ist ein Beschluss des BR unter Beteiligung der JAV über die Durchführung der Meinungsumfrage erforderlich.[2] Der BR kann der JAV bei ihrer Aufgabenerfüllung allerdings keine Vorschriften machen. Ebenso wenig hat er die JAV zu überwachen; er soll diese lediglich beraten, unterstützen sowie berechtigte Anliegen der JAV dem AG gegenüber vertreten. Die der JAV nach Nr. 2 dieser Bestimmung zugewiesenen Überwachungsaufgaben kann diese selbstständig **ohne Hinzuziehung** des BR ausüben. Zu diesem Zweck kann die JAV auch die Arbeitsplätze der von ihr vertretenen AN aufsuchen, ohne dass sie einen konkreten Verdacht der Nichtbeachtung von zugunsten dieser AN bestehenden Rechtsvorschriften darlegen muss. Allerdings bedarf sie nach Auffassung des BAG auch für eine solche **Betriebsbegehung** der Zustimmung des BR.[3] Lädt der AG alle neu eingestellten Auszubildenden und deren Eltern zu einer Veranstaltung ein, hat die JAV ein eigenes Teilnahmerecht, das sich aus ihrer Überwachungspflicht und aus dem Grundsatz der vertrauensvollen Zusammenarbeit ergibt. Dies gilt auch dann, wenn der BR ebenfalls an der Veranstaltung teilnimmt.[4] In einem sie berührenden arbeitsgerichtl. Beschlussverfahren ist die JAV selbst Beteiligte.[5]

2. Unterrichtungspflicht und Mitwirkung des Betriebsrats

2   Der BR ist verpflichtet, die zur Durchführung der Aufgaben der JAV **notwendigen Auskünfte** zu erteilen und sie sich ggf. vom AG zu beschaffen. Reicht die bloße Einsichtnahme in Unterlagen zur Durchführung der Aufgaben der JAV nicht aus, kann diese verlangen, dass ihr die **Unterlagen auf Zeit überlassen** werden, damit sie ihr etwa in einer JAV-Sitzung zur Verfügung stehen. Zu solchen Unterlagen gehören z. B. betriebliche Ausbildungspläne oder Berichte über die nach den Bestimmungen des JArbSchG vorgeschriebenen ärztlichen Untersuchungen, soweit sie zur Überwachung der Einhaltung des Gesetzes durch den AG notwendig sind.

§ 71   Jugend- und Auszubildendenversammlung

Die Jugend- und Auszubildendenvertretung kann vor oder nach jeder Betriebsversammlung im Einvernehmen mit dem Betriebsrat eine betriebliche Jugend- und Auszubildendenversammlung einberufen. Im Einvernehmen mit Betriebsrat und Arbeitgeber kann die betriebliche Jugend- und Auszubilden-

---

1   BAG, DB 75, 1706.
2   BAG, AuR 77, 121.
3   BAG, DB 82, 1277.
4   A. A. ArbG Darmstadt, DB 89, 232.
5   BAG, AuR 77, 121.

denversammlung auch zu einem anderen Zeitpunkt einberufen werden. § 43 Abs. 2 Satz 1 und 2, die §§ 44 bis 46 und § 65 Abs. 2 Satz 2 gelten entsprechend.

1. Einberufung

Die hier vorgesehenen Jugend- und Auszubildendenversamml. sollen **1** den von der JAV vertretenen AN Gelegenheit geben, die sie betreffenden Angelegenheiten zu erörtern. Eine zwingende Verpflichtung der JAV zur Einberufung der Versamml. besteht allerdings nicht. Will sie sie einberufen, bedarf sie der **Übereinstimmung** mit dem BR. Der BR darf sein Einvernehmen jedoch nicht ohne sachlich gerechtfertigten Grund versagen. Die Versamml. wird vom Vors. der JAV geleitet. Ihm steht auch das Hausrecht zu.

2. Zeitpunkt, Abteilungsversammlung

Die Jugend- und Auszubildendenversamml. wird grundsätzlich in **2** einem **zeitlichen Zusammenhang** mit einer Betriebsversamml. durchgeführt. Soweit es möglich und zumutbar ist, soll sie möglichst an demselben Tag stattfinden, an dem die Betriebsversamml. durchgeführt wird, und zwar unmittelbar vor oder nach dieser bzw. – je nach den Umständen des Einzelfalles – auch am Tag davor oder danach. Der Besuch von zwei Versamml. an einem Tag ist für die betreffenden AN jedenfalls dann nicht als unzumutbar angesehen worden, wenn zwischen den beiden Versamml. eine Mittagspause liegt.[1] Im **Einvernehmen** mit dem BR und AG kann die betriebliche Jugend- und Auszubildendenversamml. auch ohne direkten zeitlichen Zusammenhang mit einer Betriebsversamml. zu jedem beliebigen anderen Zeitpunkt durchgeführt werden.

Als Betriebsversamml. gelten auch die **Abteilungsversamml.** nach **3** § 42 Abs. 2. Die Jugend- und Auszubildendenversamml. ist **als betriebliche Versamml.** durchzuführen. Sie kann auch in Form von Teilversamml. durchgeführt werden, wenn eine Versamml. aller Jugendlichen und zu ihrer Berufsausbildung beschäftigten AN nicht durchgeführt werden kann; ein völliger Verzicht auf eine Versamml. des betroffenen Personenkreises wegen der betrieblichen Gegebenheiten würde dem Gesetzeszweck am wenigsten gerecht. Auch dann, wenn die von der JAV vertretenen AN eigene Versamml. durchführen, können sie darüber hinaus an den Betriebsversamml. teilnehmen.

---

1 LAG Düsseldorf, DB 76, 539; vgl. auch BAG, DB 78, 2275.

3. Entsprechend anwendbare Vorschriften

4 Hinsichtlich der **zeitlichen Lage** der Jugend- und Auszubildendenversamml. und der **Erstattung des Entgeltausfalls** gelten die für die
Teilnahme an Betriebsversamml. maßgebenden Vorschriften entsprechend (§ 44). Entsprechende Anwendung finden auch die Vorschriften
über die Teilnahme von Vertr. der Verbände und die in den Jugend-
und Auszubildendenversamml. zulässigen Themen (§§ 45, 46). Der
AG ist zu den Jugend- und Auszubildendenversamml. unter Mitteilung
der Tagesordnung einzuladen. Er hat das Recht, in den Versamml. zu
sprechen. Ebenso kann der BR-Vors. oder ein beauftragtes BR-Mitgl.
an der Jugend- und Auszubildendenversamml. teilnehmen und sich zu
Wort melden.

Zweiter Abschnitt:
Gesamt-Jugend- und Auszubildendenvertretung

§ 72 Voraussetzungen der Errichtung, Mitgliederzahl, Stimmengewicht

(1) Bestehen in einem Unternehmen mehrere Jugend- und
Auszubildendenvertretungen, so ist eine Gesamt-Jugend- und
Auszubildendenvertretung zu errichten.

(2) In die Gesamt-Jugend- und Auszubildendenvertretung entsendet jede Jugend- und Auszubildendenvertretung ein Mitglied.

(3) Die Jugend- und Auszubildendenvertretung hat für das
Mitglied der Gesamt-Jugend- und Auszubildendenvertretung
mindestens ein Ersatzmitglied zu bestellen und die Reihenfolge
des Nachrückens festzulegen.

(4) Durch Tarifvertrag oder Betriebsvereinbarung kann die
Mitgliederzahl der Gesamt-Jugend- und Auszubildendenvertretung abweichend von Absatz 2 geregelt werden.

(5) Gehören nach Absatz 2 der Gesamt-Jugend- und Auszubildendenvertretung mehr als zwanzig Mitglieder an und besteht
keine tarifliche Regelung nach Absatz 4, so ist zwischen Gesamtbetriebsrat und Arbeitgeber eine Betriebsvereinbarung
über die Mitgliederzahl der Gesamt-Jugend- und Auszubildendenvertretung abzuschließen, in der bestimmt wird, dass
Jugend- und Auszubildendenvertretungen mehrerer Betriebe
eines Unternehmens, die regional oder durch gleichartige Interessen miteinander verbunden sind, gemeinsam Mitglieder in
die Gesamt-Jugend- und Auszubildendenvertretung entsenden.

(6) Kommt im Fall des Absatzes 5 eine Einigung nicht zustande, so entscheidet eine für das Gesamtunternehmen zu bildende Einigungsstelle. Der Spruch der Einigungsstelle ersetzt die Einigung zwischen Arbeitgeber und Gesamtbetriebsrat.

(7) Jedes Mitglied der Gesamt-Jugend- und Auszubildendenvertretung hat so viele Stimmen, wie in dem Betrieb, in dem es gewählt wurde, in § 60 Abs. 1 genannte Arbeitnehmer in der Wählerliste eingetragen sind. Ist ein Mitglied der Gesamt-Jugend- und Auszubildendenvertretung für mehrere Betriebe entsandt worden, so hat es so viele Stimmen, wie in den Betrieben, für die es entsandt ist, in § 60 Abs. 1 genannte Arbeitnehmer in den Wählerlisten eingetragen sind. Sind mehrere Mitglieder der Jugend- und Auszubildendenvertretung entsandt worden, so stehen diesen die Stimmen nach Satz 1 anteilig zu.

(8) Für Mitglieder der Gesamt-Jugend- und Auszubildendenvertretung, die aus einem gemeinsamen Betrieb mehrerer Unternehmen entsandt worden sind, können durch Tarifvertrag oder Betriebsvereinbarung von Absatz 7 abweichende Regelungen getroffen werden.

1. Errichtung der Gesamt-Jugend- und Auszubildendenvertretung

Die GJAV ist den einzelnen JAV nicht übergeordnet. Ihre **Bildung** ist **1** **zwingend** vorgeschrieben, wenn in einem UN mehrere JAV bestehen. Das Bestehen eines GBR ist zwar nicht gesetzliche Voraussetzung für die Bildung einer GJAV; da sie ihre Aufgaben aber nur über den GBR erfüllen kann, ist sie im Fall des Nichtbestehens eines GBR in ihrer Tätigkeit weitgehend beschränkt.

Die GJAV ist eine **ständige Einrichtung**. Sie hat keine feste Amtszeit. **2** Lediglich die einzelnen Mitgl. werden für eine bestimmte Amtszeit in die GJAV entsandt, die regelmäßig mit ihrer Amtszeit in der JAV identisch ist.

2. Zusammensetzung der Gesamt-Jugend- und Auszubildendenvertretung

3 Jede JAV entsendet **ein Mitgl.** in die GJAV. Die Entscheidung darüber wird durch Beschluss der JAV mit einfacher Stimmenmehrheit gefasst.

3. Ersatzmitglieder der Gesamt-Jugend- und Auszubildendenvertretung

4 Es besteht die Verpflichtung der JAV, für jedes entsandte Mitgl. **mindestens ein Ersatzmitgl.** zu bestellen, das in die GJAV nachrückt, wenn das betreffende ordentliche Mitgl. zeitweilig verhindert ist oder ganz aus der GJAV ausscheidet. Bestellt die JAV mehrere Ersatzmitgl., hat sie die Reihenfolge des Nachrückens festzulegen.

Besteht die JAV **nur aus einem Mitgl.**, rückt das nach § 63 Abs. 4 i. V. m. § 14 a im vereinfachten Wahlverfahren gewählte Ersatzmitgl. in die GJAV nach.

5 Das GJAV-Mitgl. kann von der entsendenden JAV **jederzeit** und ohne Angabe von Gründen durch einfachen Mehrheitsbeschluss wieder **abberufen** werden. In diesem Fall rückt das bestellte Ersatzmitgl. nach.

4. Abweichende Größe der Gesamt-Jugend- und Auszubildendenvertretung durch Tarifvertrag oder Betriebsvereinbarung

6 Die hier vorgesehenen TV oder BV können bestimmen, dass sowohl **eine JAV mehrere** Mitgl. als auch **mehrere JAV ein gemeinsames Mitgl.** in die GJAV entsenden. Sofern ein TV nicht besteht, ist für den Abschluss einer entsprechenden BV der GBR zuständig. Dabei wirken die Mitgl. der GJAV stimmberechtigt mit (§ 73 Abs. 2, § 67 Abs. 2).

7 Soweit die Mitgl.-Zahl der GJAV durch TV oder BV geregelt wird, legt das Gesetz **keine obere Begrenzung** fest. Die GJAV kann daher in solchen Fällen auch aus mehr als 20 Mitgl. bestehen.

5. Verkleinerung der Gesamt-Jugend- und Auszubildendenvertretung

8 Der erzwingbare Abschluss einer BV über die Verkleinerung der Mitgl.-Zahl ist – anders als beim GBR (vgl. § 47 Abs. 5) – bereits vorgeschrieben, wenn die Zahl der GJAV 20 Mitgl. übersteigt. Zu beachten ist jedoch, dass die Regelung **nur in Betracht** kommt, wenn die Zahl der Mitgl. der GJAV **nach dem normalen Entsendungsverfahren** nach Abs. 2 **mehr als 20** beträgt. Beruht die erhöhte Mitgl.-Zahl auf einem TV oder einer BV nach Abs. 4, ist eine (weitere) BV nach Abs. 5 nicht abzuschließen.

6. Entscheidung der Einigungsstelle

Diese Vorschrift entspricht wörtlich der Regelung, wie sie für den **9** GBR nach § 47 Abs. 6 maßgebend ist (vgl. die Erl. dort). Zu beachten ist jedoch, dass die ESt. nur durch den AG oder den GBR, nicht dagegen durch die GJAV angerufen werden kann.

7. Stimmengewichtung

Das **Stimmengewicht** der Mitgl. der GJAV ist in Anlehnung an das **10** der Mitgl. des GBR geregelt worden (vgl. § 47 Abs. 7 und 8). Es kommt auf die Zahl der in die Wählerlisten eingetragenen in § 60 Abs. 1 genannten AN der Betriebe an, aus denen die Mitgl. der GJAV kommen.

Wird die Größe der GJAV durch TV oder BV abweichend vom Gesetz **11** geregelt und entsenden die JAV mehrerer Betriebe nur einen Vertr. in die GJAV, so hat dieser so viele Stimmen, wie in § 60 Abs. 1 genannte AN insgesamt in diesen Betrieben in den Wählerlisten eingetragen waren. Entsendet dagegen die JAV eines Betriebs mehrere Mitgl. in die GJAV (Abs. 4), so wird die gesamte Stimmenzahl gleichmäßig auf die einzelnen Mitgl. aufgeteilt.

8. Stimmengewichtung bei Entsendung aus gemeinsamem Betrieb

Die Vorschrift, nach der das Stimmengewicht von Mitgl. der GJAV, **12** die aus einem **gemeinsamen Betrieb** mehrerer UN entsandt worden sind, durch TV oder BV abweichend von der allgemeinen Bestimmung des Abs. 7 geregelt werden kann, entspricht der für den GBR geltenden Vorschrift des § 47 Abs. 9 (siehe deshalb die Erl. dort).

§ 73 Geschäftsführung und Geltung sonstiger Vorschriften

(1) Die Gesamt-Jugend- und Auszubildendenvertretung kann nach Verständigung des Gesamtbetriebsrats Sitzungen abhalten. An den Sitzungen kann der Vorsitzende des Gesamtbetriebsrats oder ein beauftragtes Mitglied des Gesamtbetriebsrats teilnehmen.

(2) Für die Gesamt-Jugend- und Auszubildendenvertretung gelten § 25 Abs. 1, die §§ 26, 28 Abs. 1 Satz 1, die §§ 30, 31, 34, 36, 37 Abs. 1 bis 3, die §§ 40, 41, 48, 49, 50, 51 Abs. 2 bis 5 sowie die §§ 66 bis 68 entsprechend.

1. Sitzungen der Gesamt-Jugend- und Auszubildendenvertretung

Für die **Durchführung der Sitzungen** der GJAV gelten die für den **1** GBR maßgebenden Regelungen entsprechend (§ 51 Abs. 3). Die geforderte vorherige Verständigung des GBR setzt lediglich dessen **Unterrichtung** voraus. Der GBR hat also Kenntnis von der beabsichtigten Sitzung des GJAV zu erhalten; er kann sie jedoch nicht untersagen.

2. Organisation und Geschäftsführung

2   Die Bestimmung legt fest, dass eine Reihe von Vorschriften für die **Organisation, Geschäftsführung, Zuständigkeit und Rechtsstellung** der GJAV entsprechend gilt (vgl. die Erl. zu den entsprechenden Bestimmungen). Die GJAV kann Ausschüsse bilden und ihnen bestimmte Aufgaben übertragen, wenn im UN mehr als 100 AN i. S. von § 60 Abs. 1 beschäftigt werden. Auch wenn nicht ausdrücklich auf die Abs. 4 bis 7 des § 37 verwiesen wird, haben Mitgl. der GJAV in ihrer Eigenschaft als JAV-Mitgl. einen Anspruch auf Freistellung für Schulungs- und Bildungsveranstaltungen nach Maßgabe dieser Bestimmungen, sofern die vermittelten Kenntnisse für die Tätigkeit der Mitgl. der JAV erforderlich i. S. des § 37 Abs. 6 sind. Dies gilt nicht nur für das unmittelbar in die GJAV entsandte Mitgl., sondern auch für das Ersatzmitgl. (vgl. auch § 65 Rn. 1). In betriebsübergreifenden Angelegenheiten ist die GJAV gemäß Abs. 2 i. V. m. § 50 Abs. 1 Satz 1 Halbsatz 2 auch zuständig für Betriebe, in denen keine JAV besteht.

Dritter Abschnitt:
Konzern-Jugend- und Auszubildendenvertretung

§ 73a   Voraussetzung der Errichtung, Mitgliederzahl, Stimmengewicht

(1) Bestehen in einem Konzern (§ 18 Abs. 1 des Aktiengesetzes) mehrere Gesamt-Jugend- und Auszubildendenvertretungen, kann durch Beschlüsse der einzelnen Gesamt-Jugend- und Auszubildendenvertretungen eine Konzern-Jugend- und Auszubildendenvertretung errichtet werden. Die Errichtung erfordert die Zustimmung der Gesamt-Jugend- und Auszubildendenvertretungen der Konzernunternehmen, in denen insgesamt mindestens 75 vom Hundert der in § 60 Abs. 1 genannten Arbeitnehmer beschäftigt sind. Besteht in einem Konzernunternehmen nur eine Jugend- und Auszubildendenvertretung, so nimmt diese die Aufgaben einer Gesamt-Jugend- und Auszubildendenvertretung nach den Vorschriften dieses Abschnitts wahr.

(2) In die Konzern-Jugend- und Auszubildendenvertretung entsendet jede Gesamt-Jugend- und Auszubildendenvertretung

eines ihrer Mitglieder. Sie hat für jedes Mitglied mindestens ein Ersatzmitglied zu bestellen und die Reihenfolge des Nachrückens festzulegen.

(3) Jedes Mitglied der Konzern-Jugend- und Auszubildendenvertretung hat so viele Stimmen, wie die Mitglieder der entsendenden Gesamt-Jugend- und Auszubildendenvertretung insgesamt Stimmen haben.

(4) § 72 Abs. 4 bis 8 gilt entsprechend.

Die Vorschrift über die Voraussetzungen für die Bildung einer KJAV ist der für die Errichtung eines KBR (§ 54 Abs. 1) nachgebildet (vgl. deshalb die Erl. dort). Wie beim KBR handelt es sich um eine **freiwillige** Institution; allerdings bedarf sie der Zustimmung der GJAV der Konzern-UN, in denen insgesamt mindestens 75 v. H. der in § 60 Abs. 1 genannten AN der Konzern-UN beschäftigt sind. **1**

Die Vorschriften über die **Entsendung** der Mitgl. der KJAV und die Bestellung von Ersatzmitgl. (Abs. 2) sowie über die Möglichkeit der **Festlegung** einer anderweitigen **Mitgl.-Zahl** und über das **Stimmengewicht** ihrer Mitgl. (Abs. 3 und 4) entsprechen inhaltlich den Regelungen, die für den GBR und KBR sowie die GJAV gelten (vgl. deshalb die Erl. dort). **2**

§ 73 b   Geschäftsführung und Geltung sonstiger Vorschriften

(1) Die Konzern-Jugend- und Auszubildendenvertretung kann nach Verständigung des Konzernbetriebsrats Sitzungen abhalten. An den Sitzungen kann der Vorsitzende oder ein beauftragtes Mitglied des Konzernbetriebsrats teilnehmen.

(2) Für die Konzern-Jugend- und Auszubildendenvertretung gelten § 25 Abs. 1, die §§ 26, 28 Abs. 1 Satz 1, die §§ 30, 31, 34, 36, 37 Abs. 1 bis 3, die §§ 40, 41, 51 Abs. 3 bis 5, die §§ 56, 57, 58, 59 Abs. 2 und die §§ 66 bis 68 entsprechend.

Die Vorschrift enthält Regelungen über die **Sitzungen** der KJAV, die inhaltlich denen über die Sitzungen der JAV bzw. der GJAV entsprechen. **1**

Die Bestimmung regelt im Wege der **Verweisung** auf entsprechende Vorschriften des BR, des GBR und KBR sowie der JAV Fragen der **Geschäftsführung** und der **Zuständigkeit** der KJAV sowie der Beendigung der Mitgliedschaft in diesen Gremien. **2**

Vierter Teil: Mitwirkung und Mitbestimmung der Arbeitnehmer

Erster Abschnitt:
Allgemeines

§ 74 Grundsätze für die Zusammenarbeit

(1) Arbeitgeber und Betriebsrat sollen mindestens einmal im Monat zu einer Besprechung zusammentreten. Sie haben über strittige Fragen mit dem ernsten Willen zur Einigung zu verhandeln und Vorschläge für die Beilegung von Meinungsverschiedenheiten zu machen.

(2) Maßnahmen des Arbeitskampfes zwischen Arbeitgeber und Betriebsrat sind unzulässig; Arbeitskämpfe tariffähiger Parteien werden hierdurch nicht berührt. Arbeitgeber und Betriebsrat haben Betätigungen zu unterlassen, durch die der Arbeitsablauf oder der Frieden des Betriebs beeinträchtigt werden. Sie haben jede parteipolitische Betätigung im Betrieb zu unterlassen; die Behandlung von Angelegenheiten tarifpolitischer, sozialpolitischer, umweltpolitischer und wirtschaftlicher Art, die den Betrieb oder seine Arbeitnehmer unmittelbar betreffen, wird hierdurch nicht berührt.

(3) Arbeitnehmer, die im Rahmen dieses Gesetzes Aufgaben übernehmen, werden hierdurch in der Betätigung für ihre Gewerkschaft auch im Betrieb nicht beschränkt.

1. Monatsgespräche

1 Die mindestens einmal im Monat durchzuführenden Zusammenkünfte (»Monatsgespräche«) sollen den BR wie den AG anhalten, über **beide**

Seiten berührende Probleme zu sprechen.[1] Teilnahmerecht haben alle **BR-Mitgl.**, sofern der BR nicht den BA (§ 27) oder einen anderen Ausschuss (§ 28) mit der Durchführung der Besprechungen beauftragt.[2] Die Beauftragung des BA mit der Durchführung der Monatsgespräche nach § 74 Abs. 1 ist zulässig (vgl § 27 Rn. 7).[3] Zu diesen Gesprächen können Gew.-Beauftragte hinzugezogen werden. Der **Schwerbehindertenvertr.** steht ein **Teilnahmerecht** nach § 95 Abs. 5 SGB IX zu.[4] Die **JAV** (§ 68) ist zu beteiligen, wenn auch Angelegenheiten behandelt werden, die besonders den in § 60 genannten Personenkreis betreffen.[5] Die Verpflichtung des AG, mit dem BR mit dem ernsten Willen zur Einigung zu verhandeln und Vorschläge für die Beilegung von Meinungsverschiedenheiten zu machen, ist Ausdruck der in § 2 Abs. 1 geforderten grundsätzlichen Verhaltensweise. Zur Verhandlungsobliegenheit vor Anrufung der ESt vgl. § 76 Rn. 1. Da der AG nur in seltenen Fällen auf die Mitwirkung des BR angewiesen ist, während der BR, da ihm das Direktionsrecht nicht zusteht, in der Regel eines **Entgegenkommens des AG** bedarf, betrifft diese Bestimmung überwiegend den AG. Der AG hat die Vorstellungen des BR nicht nur anzuhören, sondern auch zu bedenken und zu überprüfen, wieweit er ihnen nachkommen kann. Er ist dabei auch zur Überprüfung der eigenen Position verpflichtet. Eine aus § 74 Abs. 1 herzuleitende rechtliche Verpflichtung zum Kompromiss besteht zwar nicht,[6] doch kann die dauernde Verweigerung der Zusammenarbeit eine grobe Pflichtverletzung i. S. des § 23 Abs. 3 sein. Gegen den Willen des BR kann der AG zu den monatlichen Besprechungen **keine betriebsfremde Person zur Protokollführung** heranziehen.[7] Als Vertreter des AG braucht der BR nur solche Personen zu akzeptieren, die fachlich kompetent und berechtigt sind, für den AG verbindlich zu sprechen.[8]

Eine gegenseitige **Einlassungs- und Erörterungspflicht** besteht sowohl für den AG als auch den BR. Dieses betrifft zum einen die Monatsgespräche, aber auch alle anderen Angelegenheiten (vgl. § 76 Rn. 1 zur Verhandlungsverpflichtung vor der Anrufung einer ESt.). Dahinter steht die beiderseitige Verpflichtung, mit dem ernsten Willen zur Einigung zu verhandeln und Vorschläge zur Beilegung von Meinungsverschiedenheiten zu unterbreiten. Dieses beinhaltet aber **keine Pflicht zum Kompromiss.**[9]

---

1 Zu einer Musterregelungsabrede vgl. DKKW-F-Berg, § 74 Rn. 6.
2 Fitting, Rn. 7.
3 BAG 15.8.12 – 7 ABR 16/11, brwo; offen gelassen durch ArbG Bielefeld 11.6.08 – 6 BV 37/08, juris.
4 Vgl. dazu auch BAG, AuR 93, 337.
5 Ausführlich zu den monatlichen Besprechungen Rädel, AiB 99, 671.
6 BAG, DB 74, 731.
7 ArbG Hersfeld, BB 87, 2452.
8 BAG, AiB 92, 534.
9 Im Einzelnen s. DKKW-Berg Rn. 12 ff.

2. Verbot des Arbeitskampfes

2   Das Verbot, **Maßnahmen des Arbeitskampfes**[10] durchzuführen, gilt nur für den AG und den BR als Organe. Der BR kann also nicht Arbeitskämpfe zur Erzwingung betriebsverfassungsrechtlicher Regelungen durchführen.[11] Er hat sich als Organ jeder Tätigkeit im Arbeitskampf zu enthalten und darf insbesondere keinen Streik unterstützen oder die Belegschaft auffordern, sich an einem gewerkschaftlich organisierten Streik zu beteiligen. Während eines Arbeitskampfs bleibt der BR mit allen Rechten und Pflichten im Amt und hat dieses neutral wahrzunehmen. Er ist aber nach Auffassung des BAG daran gehindert, einzelne Mitbestimmungsrechte, die durch das Streikgeschehen bedingt sind, auszuüben, wenn hierdurch die Arbeitskampffreiheit des AG ernsthaft beeinträchtigt wird (im Einzelnen § 80 Rn. 3, § 87 Rn. 25 und § 99 Rn. 24).[12] Dem BR ist es nicht untersagt, wenn er die Belegschaft über tarifliche Auseinandersetzungen, die den von ihm repräsentierten Betrieb betreffen, unterrichtet. Demgegenüber liegt ein Verstoß gegen die Friedenspflicht und das Neutralitätsgebot vor, wenn der BR als Organ eine Gew. bei der konkreten Vorbereitung zur Urabstimmung unterstützt sowie eine Danksagung an die Belegschaft wegen der Unterstützung eines Streiks richtet.[13] Die einzelnen Mitgl. des BR können sich aber, wie jeder andere AN des Betriebs, an gewerkschaftlichen Kampfmaßnahmen beteiligen, insbesondere auch aktiv und an hervorragender und führender Stelle außerhalb und innerhalb des Betriebs den Streik vorbereiten, organisieren und leiten, z.B. die Urabstimmung mitorganisieren, zum Streik aufrufen und in der Streikleitung mitarbeiten.[14] Streikaufrufe dürfen sie jedoch nicht unter ausdrücklicher Bezugnahme auf ihre BR-Mitgliedschaft unterzeichnen.[15] Ebenso ist es untersagt, über einen personenbezogenen E-Mail-Account, dessen private Nutzung ausdrücklich untersagt ist, Streikaufrufe der Gewerkschaft zu verbreiten.[16] Wegen Rechtsfolgen bei Verstoß s. Rn. 6. Das BR-Amt mit seinen Rechten und Pflichten besteht grundsätzlich auch während eines Arbeitskampfes weiter (bei personellen Maßnahmen siehe § 99 Rn. 24).[17] Auch das BVerfG be-

---

10   Zum Begriff des Arbeitskampfes vgl. u.a. BVerfG, AuR 92, 29; 93, 150; BAG 22.9.09 –1 AZR 972/08, NZA 09, 1347.

11   BAG, DB 77, 728.

12   BAG 13.12.11 – 1 ABR 2/10, NZA 12, 571.

13   LAG Düsseldorf 14.12.10 – 17 TaBV 12/10, brwo.

14   LAG Düsseldorf, AuR 95, 107.

15   LAG München 6.5.10 – 3 TaBVGa 10/10, brwo, zu einem Aufruf zum Streik und zur Verhinderung von Streikbruch-Arbeit per E-Mail durch einen GBR-Vors.

16   BAG 15.10.13 – 1 ABR 31/12, juris.

17   BAG 10.12.02 – 2ABR 7/02, DB 03, 2072 zu § 80 Abs. 2; DB 71, 1061; LAG RP 21.3.13 – 10 TaBV 41/12, NZA-RR 13, 291; ArbG Regensburg, AuR 87, 178; vgl. DKKW-F-Berg, § 74 Rn. 2.

tont[18] die Bedeutung der weiteren Funktionsfähigkeit des BR. In Ausübung ihrer BR-Tätigkeit darf den streikenden oder ausgesperrten BR-Mitgl. auch der Zutritt zum Betrieb nicht verwehrt werden.[19] Im Übrigen verstößt der BR nicht gegen die Friedenspflicht, wenn er sich bei spontan streikenden AN gegenüber dem AG um eine Vermittlung bemüht, um den Betriebsfrieden wieder herzustellen.[20] Andererseits trifft weder den BR noch das einzelne BR-Mitgl. eine rechtliche Verpflichtung, auf rechtswidrig streikende AN einzuwirken, um diese zur Wiederaufnahme der Arbeit zu veranlassen,[21] er hat keine Garantenstellung für ein rechtmäßiges Verhalten der AN. Zur Verneinung des Lohnanspruchs bei BR-Tätigkeit während des Arbeitskampfes durch das BAG vgl. § 37 Rn. 15. Nicht zu den Aufgaben des BR gehört es, während eines rechtmäßigen Arbeitskampfes mit dem AG **Notdienstvereinbarungen**[22] abzuschließen. Das ist allein Aufgabe der kämpfenden Gew.[23] Diese bestimmt auch über die Zahl der vom Notdienst betroffenen AN und deren Auswahl. Notdienstvereinbarungen zwischen AG und BR sind unwirksam.[24]

3. Verbot der Beeinträchtigung von Arbeitsablauf oder Betriebsfrieden

Der Arbeitsablauf oder der Frieden des Betriebs dürfen weder durch **3** den AG noch durch den BR oder einzelne BR-Mitgl. beeinträchtigt werden. Das Verbot richtet sich aber nicht gegen die AN des Betriebs, die allerdings aufgrund ihres Arbeitsvertrags verpflichtet sind, derartige Störungen zu unterlassen. Der **BR** ist jedoch nicht verpflichtet, auf die AN einzuwirken, die sich betriebsstörend verhalten.[25] Betätigungen, durch die der **Arbeitsablauf oder der Frieden** des Betriebs beeinträchtigt werden, liegen nur dann vor, wenn es sich um konkrete Störungen handelt.[26] Die bloße Möglichkeit einer Beeinträchtigung reicht nicht aus. Eine Kritik des BR-Vors. an der Geschäftsführung – auch in zugespitzter und provozierender Weise vorgetragen – stellt keine Beeinträchtigung dar, solange es sich nicht um grobe Beleidigungen oder Diffamierungen handelt,[27] oder konkrete Gefahren für Betriebsabläufe oder für die Außenwirkung des Unternehmens dro-

---

18 BVerfG, AuR 75, 350.
19 LAG Köln, LAGE Nr. 9 zu § 2 BetrVG 1972; LAG Frankfurt, BB 90, 1626; ArbG Stuttgart 22.5.84 – 2 BVGa 1/84.
20 BAG 5.12.78 – 6 AZR 485/76.
21 BAG a.a.O.
22 Zum Inhalt BAG, DB 82, 2139.
23 Zu den rechtlichen Auswirkungen einer Notdienstvereinbarung BAG, AuR 95, 36.
24 Vgl. dazu auch DKKW-Berg, Rn. 43.
25 Vgl. u.a. Fitting, Rn. 28.
26 Vgl. dazu BAG, DB 83, 2578; DKKW-Berg, Rn. 44.
27 LAG Hamm, dbr 6/09, 6.

hen.[28] Das **Grundrecht der Meinungsfreiheit** aus Art 5 Abs. 1 GG
gilt auch in der betrieblichen Arbeitswelt.[29] Der BR kann sich bei der
Herausgabe eines Informationsblattes auf Art 5 Abs. 1 GG berufen.[30]
Die Wahrnehmung der dem BR zustehenden Rechte, insbesondere
die Durchführung einer Betriebsversamml. unter Darlegung des Schei-
terns von Verhandlungen mit dem AG, stellt in keinem Fall einen
Verstoß gegen § 74 Abs. 2 Satz 2 dar (zu alternativen Informationswegen § 45 Rn. 5).[31] Der BR kann auch eine **Fragebogenaktion**
unter den AN durchführen, wenn sich die Fragen im Rahmen der
Zuständigkeit der Betriebsverfassungsorgane halten und die Persönlichkeitssphäre anderer AN nicht unnötig verletzt wird.[32] Die **Verteilung eines Flugblatts** des BR an die Belegschaft, in dem gegen
Überstunden Stellung genommen wird, stellt grundsätzlich keine Störung des Betriebsfriedens dar.[33] Der BR kann die Belegschaft über den
Stand von TV-Verhandlungen oder die Durchführung von Bildungsmaßnahmen durch eine Gew. sachlich informieren und unterrichten.[34]
Unter den **Angelegenheiten tarifpolitischer Art** sind dabei alle
Fragen zu verstehen, die mit den durch den TV geregelten oder zu
regelnden Arbeitsbedingungen oder deren Verhältnissen zu betrieblichen Leistungen oder Regelungen zusammenhängen.[35] Gleiches gilt
auch bei der Benutzung von **E-Mail, Intranet**[36] oder **Internet** durch
den BR (§ 40 Rn. 22, 28).[37] Dabei hat die Veröffentlichung im Intranet wegen der betriebsinternen Öffentlichkeit den Charakter einer
BR-Zeitung. Eine Veröffentlichung im Internet wendet sich an die
Öffentlichkeit und gehört damit nach der abzulehnenden Rspr. des
BAG[38] nicht zu den gesetzlichen Aufgaben des BR. Der BR ist auch
berechtigt, z.B. bei Rechtsverstößen des AG, die Beschäftigten zu
mobilisieren und entsprechend der Überzeugung des BR zu beeinflussen.[39] Auch die Darlegung der BR-Meinung in den **Medien** oder
per **Presseerklärung** durch den BR ist grundsätzlich zulässig.[40]

28   LAG RP 8.7.11 – 6 Sa 713/10, brwo.
29   BAG, NZA 05, 158.
30   LAG SH 1.4.09 – 3 TaBVGa 2/09, brwo, wonach der Hinweis auf Meinungs-
     verschiedenheiten bzgl. der Kündigung eines BR-Mitgl. unter namentlicher
     Nennung der Personalleiterin und auf ein damit im Zusammenhang stehendes
     Zustimmungsersetzungsverfahren zulässig ist.
31   DKKW-Berg, Rn. 49.
32   BAG, DB 77, 914.
33   ArbG Stuttgart, AiB 4/80, S. 14.
34   LAG Hamm, dbr 6/09, 6; vgl. DKKW-F-Berg, § 74 Rn. 5.
35   LAG Hamm, dbr 6/09, 6; Fitting, Rn. 58.
36   LAG Hamm, RDV 04, 223 zu Tarifverhandlungen.
37   Vgl. Strunk, CF 05, Heft 4 S. 26.
38   NZA 92, 315.
39   ArbG Hamburg 2.2.94 – 1 GaBV 1/94.
40   ErfK-Dieterich, Art. 5 GG, Rn. 40; einschränkend BAG, NZA 92, 315.

Unzulässig ist es, wenn der **AG** ein von ihm verfasstes, polemische Angriffe gegen den BR enthaltendes Schreiben an AN des Betriebs verteilt[41] oder am »Schwarzen Brett« wahrheitswidrige Informationen über das Verhalten des BR veröffentlicht.[42] Zur Behinderung der BR-Arbeit vgl. im Einzelnen § 78, Rn. 2 f. Unzulässig ist es auch, wenn der AG eine Veröffentlichung des BR am »Schwarzen Brett« einseitig entfernt, weil er mit den darin gemachten Aussagen nicht einverstanden ist (vgl. § 40 Rn. 30).[43] Gleiches gilt für das Löschen von im Intranet eingestellten Seiten des BR.[44] Der AG ist auch nicht befugt, die **Fehlzeiten von BR-Mitgl.**, die durch BR-Tätigkeit, Krankheit oder sonstige Gründe bedingt sind, im Betrieb bekannt zu geben.[45] Zu den **Kosten der BR-Arbeit** darf der AG sich in einer Betriebsversamml. nur dann äußern, wenn für ihn daran ein berechtigtes Interesse besteht. Durch die Art und Weise der Informationsgestaltung und -vermittlung darf er den BR jedoch nicht in seiner Amtsführung beeinträchtigen (s. § 78 Rn. 2 f.), was z. B. der Fall sein kann, wenn der BR gegenüber der Belegschaft wegen der verursachten Kosten unter Rechtfertigungsdruck gesetzt wird, was sich nachteilig auf eine sachgerechte Interessenvertretung auswirkt (vgl. dazu § 23 Rn. 14).[46] Es stellt auch eine Behinderung der Amtstätigkeit des BR dar, wenn der AG sich dahingehend äußert, dass für AN vorgesehene Fortbildungsmaßnahmen ggf. nicht durchgeführt werden könnten, weil aus dem vorgesehenen Etat auch die BR-Kosten bestritten würden und der BR diesen Etat sehr stark ausschöpfe.[47] Wenn der AG im Zusammenhang mit Verhandlungen mit dem BR über freiwilliges Weihnachtsgeld die Kosten der BR-Arbeit durch Aushang bekannt macht und dokumentiert, dass er bei Reduzierung der BR-Kosten das Weihnachtsgeld erhöhen würde, handelt es sich ebenfalls um eine Behinderung der BR-Tätigkeit.[48]

4. Verbot der parteipolitischen Betätigung

Das Verbot der **parteipolitischen Betätigung** (Tätigkeit für oder gegen eine politische Partei) gilt für AG wie BR als Organ[49] und erfasst lediglich parteipolitische Betätigung auf dem Betriebsgelän- **4**

---

41 LAG Köln, BB 91, 1191.
42 Vgl. ArbG Trier, AiB 89, 53 m. Anm. v. Schoof.
43 VG Berlin, PersR 95, 96.
44 LAG Hamm, RDV 04, 223.
45 LAG Nds., AuR 91, 153.
46 BAG, BB 96, 328; BB 98, 1006; nach ArbG Leipzig (NZA-RR 03, 142) kann der Unterlassungsanspruch nach § 23 Abs. 3 auch im einstweiligen Verfügungsverfahren geltend gemacht werden.
47 BAG, BB 98, 1006.
48 ArbG Wesel, AiB 97, 52 m. Anm. v. Grimberg.
49 Vgl. ErfK-Dietrich, Art 5 GG, Rn. 43.

de.[50] Es gilt aber nicht für die JAV und auch nicht für die einzelnen AN. Für Letztere besteht ein Verbot, sich im Betrieb parteipolitisch zu betätigen erst dann, wenn durch deren Verhalten der Betriebsfrieden oder der Betriebsablauf konkret gestört.[51] Durch das Verbot wird das Grundrecht der freien Meinungsäußerung erheblich eingeschränkt, was im Hinblick auf Art. 5 GG bedenklich ist.[52] Es ist mit der überragenden Bedeutung des Grundrechts auf Meinungsfreiheit (Art. 5 Abs. 1 GG) unvereinbar, wenn dieses Grundrecht nicht oder nur eingeschränkt in der betrieblichen Arbeitswelt anwendbar wäre.[53] Unter parteipolitischer Betätigung ist **nicht jede politische Tätigkeit** zu verstehen, vielmehr sind Äußerungen allgemeinpolitischer Art ohne Bezug zu einer Partei zulässig (vgl. Rn. 5).[54] Wegen der besonderen Bedeutung des Grundrechts der freien Meinungsäußerung ist insb. der Begriff der »Parteipolitik« eng auszulegen. Deswegen ist dem BR als auch dem AG eine parteipolitische Betätigung erst dann untersagt, wenn es zu einer konkreten Beeinträchtigung des Betriebsablaufs oder Betriebsfriedens kommt.[55] Angelegenheiten tarifpolitischer, sozialpolitischer, umweltpolitischer und wirtschaftlicher Art (vgl. § 45), die den Betrieb oder seine AN unmittelbar betreffen, z. B. Fragen der Berufsausbildung oder der MB, können vom BR in Betriebsversamml. behandelt werden, auch wenn sie gleichzeitig im parteipolitischen Bereich diskutiert werden. Eine unzulässige parteipolitische Betätigung liegt allerdings dann vor, wenn in einer Betriebsversamml. ein Referat über ein sozialpolitisches Thema nur zu Zeiten des Wahlkampfes von einem Spitzenpolitiker in seinem Wahlkreis im Rahmen seiner Wahlkampfstrategie gehalten wird.[56] Ein Aufruf des BR, sich an einer bevorstehenden politischen Abstimmung oder Wahl zu beteiligen, verstößt nicht gegen das Verbot parteipolitischer Betätigung.[57] Eine parteipolitische Betätigung ist ebenfalls zu verneinen, wenn ein BR-Mitgl. an seinem Privatwagen den Aufkleber einer bestimmten **Partei** angebracht hat oder ein entsprechendes Zeichen an seinem Anzug trägt. Auch das Tragen von sog. **Anti-Strauß-Plaketten** war

---

50   Weitergehend BAG, DB 78, 1547, das auch eine Betätigung in unmittelbarer Betriebsnähe, z. B. das Verteilen eines parteipolitischen Flugblattes vor dem Fabriktor, dazurechnet.

51   Enger BAG, DB 83, 2578, wonach das **Grundrecht auf Meinungsfreiheit** durch die »Grundregeln über das Arbeitsverhältnis« begrenzt wird.

52   Vgl. Däubler, Arbeitsrecht 1, Rn. 781 ff.

53   BAG, NZA 05, 158 zur unzulässigen Kündigung eines gewerkschaftlichen Vertrauensmannes wegen kritischer Äußerungen über den AG im gewerkschaftseigenen Intranet.

54   BVerfG, DB 76, 1485; jetzt auch BAG 17. 3. 10 – 7 ABR 95/08, brwo, AiB 11, 540.

55   BVerfG a. a. O.; vgl. DKKW-Berg, Rn. 51.

56   BAG, DB 77, 2452.

57   BAG 17. 3. 10 – 7 ABR 95/08, brwo, AiB 11, 540.

nicht grundsätzlich unzulässig. Es darf sich nur nicht um große, auffällige Plaketten handeln, mit denen der politische Gegner diffamiert und verächtlich gemacht werden soll.[58] Zulässig ist auch das Tragen einer Plakette mit einer stilisierten weißen Taube auf blauem Grund (**Friedenstaube**) oder einer Plakette, auf der die gewerkschaftliche Forderung nach der **35-Stunden-Woche** in den Farben Rot-Gelb abgebildet ist.[59] Auch das Tragen von sog. **Anti-Atom-Plaketten** ist keine parteipolitische Betätigung. Da die Kernenergie in fast allen politischen Gruppierungen umstritten ist, fehlt insoweit der parteipolitische Bezug.[60] Die Verteilung von Flugblättern vor dem Betrieb, die zur Unterstützung des »Krefelder Appells« aufrufen, verletzt keine arbeitsvertragliche Pflicht.[61] Richtigerweise kann auch die **Auseinandersetzung mit ausländerfeindlichen oder rechtsradikalen Aktivitäten** nicht als parteipolitische Betätigung i. S. dieser Vorschrift angesehen werden, da in § 80 Abs. 1 (vgl. § 80 Rn. 11) ausdrücklich die Integration der im Betrieb beschäftigten ausländischen AN zu den allgemeinen Aufgaben des BR erklärt worden ist. Andererseits findet die Meinungsfreiheit ihre Grenze in den Benachteiligungs- bzw. Diskriminierungsverboten des § 75 Abs. 1.[62] Von einer parteipolitischen Betätigung kann auch keine Rede sein, wenn ein BR-Mitgl. außerhalb des Betriebs im Rahmen seiner zulässigerweise ausgeübten parteipolitischen Tätigkeit auf seine BR-Funktion hinweist.[63] Bei einer **unzulässigen parteipolitischen Betätigung** von AN im Betrieb besteht keine Verpflichtung des BR (oder des AG) zum Einschreiten. Eine solche Verpflichtung ist dem Gesetz nicht zu entnehmen.

Im eindeutigen Widerspruch sowohl zur Rspr. des BVerfG[64] als auch **5** zu seiner früheren eigenen Rspr.[65] hat das BAG[66] bisher die Ansicht vertreten, dass **alle politischen Fragen** in den Bereich der parteipolitischen Stellungnahme fallen würden und deshalb vom BR nicht behandelt werden dürften. Mit seiner Entscheidung vom 17. 3. 10[67] hat das BAG sich nunmehr der Rspr. des BVerfG angeschlossen und ausgeführt, das Äußerungen allgemeinpolitischer Art, die eine politische Partei, Gruppierung oder Richtung weder unterstützen noch sich

---

58 BAG, DB 83, 2578.
59 ArbG Köln, AuR 85, 98; a. A. LAG RP 28. 8. 86 – 5 Sa 240/86.
60 Vgl. dazu aber BAG, DB 82, 2142, das Lehrern im öffentlichen Dienst das Tragen derartiger Plaketten während des Unterrichts untersagt hat, die Frage, ob sich andere AN ebenso verhalten müssen, aber offen gelassen hat.
61 LAG München, DB 85, 1539.
62 ArbG Bremen, BB 94, 1568.
63 Vgl. dazu auch BAG 20. 3. 79 – 1 AZR 450/76.
64 Vgl. BVerfG, DB 76, 1485.
65 Vgl. z. B. BAG 18. 1. 68, AP Nr. 28 zu § 66 BetrVG.
66 DB 87, 1898; zur Kritik vgl. ErfK-Dieterich, Art. 5 GG Rn. 43; DKKW-Berg, Rn. 28.
67 7 ABR 95/08, brwo, AiB 11, 540.

gegen sie wenden, nicht unter das Verbot des § 74 Abs. 2 Satz 3 fallen. Von dem Verbot wird nur die Betätigung für oder gegen eine politische Partei erfasst.

5. Gewerkschaftliche Betätigung von betriebsverfassungsrechtlichen Amtsträgern

6 Durch diese Bestimmung wird klargestellt, dass sich BR.-Mitgl. in gleicher Weise wie alle anderen AN für ihre Gew. im Betrieb betätigen können. Sie dürfen ihr Amt nur nicht dazu benutzen, **unzulässigen** Druck zum Eintritt in eine bestimmte Gew. auszuüben. Eine Doppelfunktion führt nicht zu einer Beschränkung in der Wahrnehmung von BR.-Aufgaben, z. B. gemäß § 80 Abs. 1 oder § 106.[68] Bei neu in den Betrieb eintretenden AN kann der BR darauf hinweisen, dass eine enge Zusammenarbeit mit der Gew. und ein hoher Organisationsgrad besteht. Die BR.-Mitgl. dürfen ansonsten für ihre Gew. werbend tätig werden (vgl. § 2 Rn. 7). Eine **Abmahnung**, die der AG deshalb ausspricht, weil ein BR.-Mitgl. während der Arbeitszeit für seine Gew. Informationsmaterial und Aufnahmeformulare verteilt, ist **rechtswidrig**, da für die Mitgl.-Werbung im Betrieb der Grundrechtsschutz des Art. 9 Abs. 3 GG (Koalitionsfreiheit) besteht (vgl. im Übrigen zur individualrechtlichen Abmahnung von BR.-Mitgl. § 23 Rn. 5).[69] Wenn ein AN und BR.-Mitgl. private E-Mails mit Werbung für seine Gewerkschaft außerhalb der Arbeitszeit an die dienstlichen E-Mail-Adressen von AN des Betriebes sendet, stellt dieses keine arbeitsrechtliche Pflichtverletzung dar.[70] Selbstverständlich dürfen BR.-Mitgl. – wie jeder andere AN auch – gewerkschaftliche Funktionen (beispielsweise als Vertrauensleute) ausüben. Aus der Vorschrift ergibt sich im Übrigen, dass der AG grundsätzlich verpflichtet ist, die zulässige **gewerkschaftliche Information und Werbung** (z. B. Verteilung von Informationsmaterial, Plakatwerbung, Mitgliederwerbung) in seinem Betrieb zu dulden (vgl. auch § 2 Rn. 7).[71] Dieses

68 BAG, NZA 01, 402; Peters-Ackermann, AiB 11, 197.
69 Vgl. dazu im Einzelnen BVerfG, BB 96, 590, das damit eine gegenteilige Entscheidung des BAG (DB 92, 483) aufgehoben hat; ArbG Stuttgart 23.10.03 – 4 Ca 5258/03; siehe auch Heilmann, AuR 96, 121.
70 LAG SH, AiB 01, 305.
71 BAG 22.6.10 – 1 AZR 179/09, AuR 10, 528; DB 06, 1381; BAG, AuR 09, 46 zur Versendung von Werbung per e-mail durch die tarifzuständige Gewerkschaft an die AN über deren betriebliche E-Mail-Adressen; BAG, NZA 05, 158 zur kritischen Äußerung eines Vertrauensmannes über den AG im gewerkschaftseigenen Intranet; LAG Berlin-Brandenburg 3.8.11 – 4 Sa 839/11, AuR 12, 83 Ls.; OLG SH, AiB 03, 632 m. Anm. Wedde zum Speicherungs- und Verwertungsverbot des AG von Dateien aus einem gewerkschaftseigenen Intranet; LAG Köln, AuR 99, 411 f. zur Verteilung einer Gew.-Zeitung im Betrieb – auch in einem Betrieb, der verfassungsrechtlich dem kirchlichen Bereich zuzuzählen ist; ArbG Brandenburg, RDV 05, 275 (Ls.) zur Werbe-E-Mail eines gewerkschaftlichen AR-Kandidaten; Däubler, DB 04, 2102.

gilt auch für ein betriebsfremdes, aber unternehmensangehöriges BR-Mitgl.[72]

Eine **gewerkschaftliche Vertrauensperson** ist ohne Einwilligung des Arbeitgebers grundsätzlich befugt, im Auftrag der Gew. E-Mails von seinem Arbeitsplatz an die betrieblichen E-Mailadressen anderer Beschäftigten zu versenden, in denen für die Gewerkschaft geworben, über Streikmaßnahmen der Gewerkschaft informiert und zur Teilnahme am Streik aufgerufen wird. Zuvor muss dazu nicht das Einverständnis des AG zur Nutzung der IT-Infrastruktur eingeholt werden. Eine aus diesem Anlass ausgesprochene Abmahnung ist unwirksam.[73]

Nach der abzulehnenden Auffassung des BAG[74] hat ein **ehrenamtlich tätiges Gewerkschaftsmitglied** keinen Anspruch gegenüber dem AG auf unbezahlte Freistellung von der Arbeit für die Teilnahme an einer Ortsvorstandssitzung. Das Gewerkschaftsmitglied könne jedoch verlangen, dass die Sitzungen von ihrer zeitlichen Lage her bei der Aufstellung von Schichtplänen berücksichtigt werden. Das ArbG Kaiserslautern[75] hat als Vorinstanz noch entschieden, dass der AG grundsätzlich verpflichtet ist, einem AN erforderlichenfalls die Teilnahme an der Ortsvorstandssitzung seiner Gewerkschaft durch unbezahlte Freistellung zu ermöglichen. Er hat ihm den Verdienstausfall zu bescheinigen, damit der AN bei seiner Gewerkschaft den Verdienstausfall geltend machen kann. Die Entscheidung des BAG umfasst aber nicht den Fall einer Delegiertenversammlung bzw. eines Gewerkschaftstages, da hier die Belastung für den Arbeitgeber wesentlich geringer ist. In diesen Fällen haben die betrieblichen Interessen des AG hinter der durch Artikel 9 Abs. 3 GG geschützten Koalitionsbetätigungsfreiheit der AN zurückzutreten. So hat das LAG Köln[76] einen Anspruch eines AN auf unbezahlte Freistellung anerkannt, wenn der AN als Delegierter an einem alle vier Jahre stattfindenden Gewerkschaftstag der IG Chemie-Papier-Keramik teilnimmt.

6. Rechtsfolgen, Streitigkeiten

Verstöße des BR gegen seine nach Abs. 2 bestehenden Pflichten begründen keinen Unterlassungsanspruch des AG gegenüber dem BR. Der AG kann nur bei einer groben Pflichtverletzung gemäß § 23 Abs 1 die Auflösung des Betriebsrats beantragen bzw. bei weniger gravierenden Pflichtverletzungen die Zulässigkeit einer Maßnahme des BR im Wege eines Feststellungsantrages im Beschlussverfahren klären **7**

72 ArbG Stuttgart 23.10.03 – 4 Ca 5258/03.
73 HessLAG 20.08.10 – 19 Sa 1835/09, brwo, AuR 11, 129.
74 BAG 13.08.10 – 1 AZR 173/09, brwo, DB 11, 1115.
75 ArbG Kaiserslautern, AuR 07, 285.
76 LAG Köln 11.1.90 – 8 Sa 1020/89, AiB 1991, 131 Ls.

lassen.[77] Ein Unterlassungsbegehren des AG im Zusammenhang mit einem Verstoß gegen das Arbeitskampfverbot kann sich gegen einen einzelnen AN aus § 1004 Abs. 1 Satz 2 BGB ergeben; der Anspruch kann sich gegen jedermann richten.[78]

§ 75   Grundsätze für die Behandlung der Betriebsangehörigen

(1) Arbeitgeber und Betriebsrat haben darüber zu wachen, dass alle im Betrieb tätigen Personen nach den Grundsätzen von Recht und Billigkeit behandelt werden, insbesondere, dass jede Benachteiligung von Personen aus Gründen ihrer Rasse oder wegen ihrer ethnischen Herkunft, ihrer Abstammung oder sonstiger Herkunft, ihrer Nationalität, ihrer Religion oder Weltanschauung, ihrer Behinderung, ihres Alters, ihrer politischen oder gewerkschaftlichen Betätigung oder Einstellung oder wegen ihres Geschlechts oder ihrer sexuellen Identität unterbleibt.

(2) Arbeitgeber und Betriebsrat haben die freie Entfaltung der Persönlichkeit der im Betrieb beschäftigten Arbeitnehmer zu schützen und zu fördern. Sie haben die Selbständigkeit und Eigeninitiative der Arbeitnehmer und Arbeitsgruppen zu fördern.

1. Grundsätze

1 Mit dem am 18. August 2006 in Kraft getretenen Allgemeinem Gleich-

---

77 BAG 15.10.13 – 1 ABR 31/12, juris; 17.3.10 – 7 ABR 95/08, brwo, – 1 AZR 173/09, brwo, AiB 11, 540 unter Aufgabe seiner bisherigen Rspr.; LAG Düsseldorf 14.12.10 – 17 TaBV 12/10, brwo, AuR 11, 266 Ls. Zu Rechtsfolgen bei Verstößen und Streitigkeiten vgl. im Einzelnen DKKW-Berg, Rn. 87 ff.
78 BAG 15.10.13 – 1 ABR 31/12, juris, auch zu den weiteren Voraussetzungen.

behandlungsgesetz (AGG) wurden vier EU-Richtlinien (Anti-Rassismusrichtlinie – 2000/43/EG, Rahmenrichtlinie Beschäftigung – 2000/78/EG, Gender-Richtlinie – 2002/73/EG – sowie die Gleichbehandlungsrichtlinie außerhalb der Arbeitswelt – 2002/113/EG) umgesetzt. Im Rahmen dieses Gesetzes ist § 75 Abs. 1 neu gefasst und an die Begriffe des AGG angepasst worden.[1] Ziel des AGG ist es, besonders im Erwerbsleben Beschäftigte umfassend vor Benachteiligungen durch erweiterte Handlungsmöglichkeiten auch für den BR zu schützen (vgl. § 17 Abs. 2 AGG; § 23 Rn. 11 a).[2]

Die Vorschrift erfasst **alle im Betrieb beschäftigten Personen,** also auch die AN, die im Betrieb des AG tätig sind, ohne zu diesem in einem Arbeitsverhältnis zu stehen (z. B. Leih-AN, Werkvertrags-AN, Monteure, entsandte Bauarbeiter u. Ä.). Darüber hinaus handelt es sich um eine **Rahmenvorschrift** hinsichtlich der Regelungsmacht des BR, die u. a. durch die MBR eine nähere Konkretisierung erfährt. Aus der Überwachungspflicht sowie aus §§ 12, 17 AGG ergibt sich insbesondere für den AG die Verpflichtung, präventive und weitere Schutzmaßnahmen gegen Benachteiligungen zu ergreifen. Diese beinhaltet auch, dass AG und BR nicht gegen die aufgeführten Grundsätze verstoßen dürfen. (Zur Verpflichtung des AG, den BR auch über die bei ihm beschäftigten **freien Mitarbeiter** zu informieren, damit die Grundsätze des § 75 gewährleistet werden, siehe § 80 Abs. 2 Satz 1 sowie dort Rn. 14) Entsprechendes gilt für die einzelnen BR-Mitgl. Die Formulierung »insbesondere« macht deutlich, dass unter Recht und Billigkeit nicht nur **das Verbot einer Diskriminierung** aus den genannten Gründen, sondern jede sachlich **nicht gerechtfertigte willkürliche Benachteiligung** (vgl. § 3 AGG) zu verstehen ist. Eine Benachteiligung liegt dann vor, wenn eine Person wegen eines in dieser Vorschrift genannten Grundes eine weniger günstige Behandlung als eine andere Person in einer vergleichbaren Situation erfährt, erfahren hat oder erfahren würde (**unmittelbare Benachteiligung,** § 3 Abs. 1 AGG), bzw. wenn dem Anschein nach neutrale Vorschriften, Kriterien oder Verfahren Personen wegen eines in dieser Vorschrift genannten Grundes gegenüber anderen Personen in besonderer Weise ohne sachlichen Grund benachteiligen können (**mittelbare Benachteiligung,** § 3 Abs. 2 AGG).[3] Zum Maßregelungsverbot nach einem Arbeitskampf vgl. Rn. 4.

---

1 Vgl. NP-AGG, Einleitung, S. 42 f.

2 Zu Umsetzungsmängeln des AGG vgl. Eberhardt, Gute Arbeit 11/09, 31; Busch, AiB 08, 184.

3 Zu Ansprüchen von AN aus den neuen Bundesländern, die aber in den alten Bundesländern ihre Arbeitsleistung erbringen, vgl. BAG, DB 93, 332 und AuR 94, 160. Zum AGG und den sich für den BR daraus ergebenden datenschutzrechtlichen Aufgaben s. Gola/Jaspers, RDV 07,111.

2. Arbeitsrechtlicher Gleichbehandlungsgrundsatz

2   Neben dem AGG (vgl. § 2 Abs. 3 Satz 1 AGG)[4] räumt Abs. 1 auch
dem einzelnen AN das individuelle Recht ein, nach den Grundsätzen
von Recht und Billigkeit behandelt zu werden.[5] Diese Grundsätze
prägen inhaltlich den **arbeitsrechtlichen Gleichbehandlungsgrundsatz** mit, dem wiederum der allgemeine Gleichheitssatz des
Art. 3 Abs. 1 GG zugrunde liegt.[6] Der Gleichbehandlungsgrundsatz
gilt **unternehmensweit**, wenn die verteilende Entscheidung sich
nicht nur auf einen Betrieb, sondern sich auf mehrere oder alle Betriebe
des Unternehmens bezieht.[7] Er steht aber unter dem Vorbehalt der
MBR der BR der einzelnen Betriebe des Unternehmens und ist nicht
geeignet, mitbestimmungsrechtliche Kompetenzen der einzelnen Betriebsräte einzuschränken[8] und Zuständigkeitsverteilungen zwischen
dem BR, GBR und KBR zu regeln.[9] Eine Unterscheidung zwischen
den einzelnen Betrieben ist nur zulässig, wenn es hierfür sachliche
Gründe gibt.[10] Der arbeitsrechtliche Gleichbehandlungsgrundsatz
greift nur bei einem gestaltenden Verhalten des AG,[11] so dass sowohl
ein Anspruch auf »Gleichbehandlung im Irrtum«[12] als auch eine Verpflichtung zur Gleichbehandlung der AN verschiedener AG ausscheidet.[13] Der Grundsatz findet auch keine Anwendung, wenn der AG
ausschließlich normative oder vertragliche Verpflichtungen erfüllt.[14]
Eine Verletzung des arbeitsrechtlichen Gleichbehandlungsgrundsatzes
liegt vor, wenn mit einer Zahlung solche Zwecke verfolgt werden, die
nicht im Ausgleich von Vergütungsunterschieden bestehen, sondern
ein Verhalten honorieren, das der AG von allen AN erwünscht.[15] In
einer BV nach § 88 kann für einen AN ein Anspruch auf eine variable
Erfolgsvergütung nicht vom Bestehen eines ungekündigten Arbeits-

---

4   Hinrichs/Zwanziger, DB 07, 574.

5   BAG 7.6.11 – 1 AZR 807/09, NZA 2011, 1234; s. Rn. 6; im Einzelnen
DKKW-Berg, Rn. 106 ff.

6   BAG, DB 08, 823; vgl. auch BVerfG NZA 07, 195.

7   BAG NZA 09, 367; LAG RP 24.8.12 – 9 Sa 176/12, NZA-RR 12, 636.

8   BAG, AuR 09, 43; HessLAG 9.1.07 – 4 Sa 1329/06, brwo.

9   BAG 18.5.10 – 1 ABR 96/08, NZA 11, 171.

10   BAG NZA 09, 367.

11   Gewährung z.B. von Leistungen nach einem erkennbar generalisierenden Prinzip auf Grund einer abstrakten Regelung, vgl. BAG 6.7.11 – 4 AZR 596/09,
NZA 11, 1426; NZA 07, 222.

12   BAG, DB 05, 1633.

13   BAG, DB 05, 2189; HessLAG, EzAÜG § 1 AÜG Konzerninterne Arbeitnehmerüberlassung Nr. 18 zu Stammbelegschaft und LeihAN.

14   BAG 21.9.11 – 5 AZR 520/10, brwo.

15   BAG, AuR 11, 367 Ls.; DB 07, 2778, im Falle der Zahlung eines vertraglichen
Weihnachtsgeldes nur an die AN, die zuvor einer Entgeltreduzierung und
Arbeitszeitverlängerung zugestimmt hatten.

verhältnisses am Auszahlungstag abhängig gemacht werden.[16] Nach einem Betriebsübergang haben AN keinen Anspruch auf Anpassung an die beim Erwerber bestehenden besseren Arbeitsbedingungen, da der AG nur die gesetzlichen Rechtsfolgen aus § 613 a BGB vollzieht,[17] sehr wohl aber auf eine freiwillige Lohnerhöhung nach einer selbst gegebenen Regelung des AG, wenn dieser zwischen der Stammbelegschaft und den auf Grund eines Betriebsübergangs übernommenen Arbeitnehmern differenzieren will.[18] In einer GBV kann der Ausschluss von AltersteilzeitAN, die sich in der Freistellungsphase befinden, von dem Anspruch auf Zahlung eines Jahresbonus, der u. a. vom Erfolg des Unternehmens abhängig ist, vereinbart werden.[19] Unzulässig ist eine BV, die einen Sonderkündigungsschutz nur zu Gunsten der AN begründet, die das Angebot des AG zu einer Weiterbeschäftigung zu einer geringeren Vergütung angenommen haben; eine auf dieser Grundlage getroffene Sozialauswahl ist grob fehlerhaft i. S. von § 1 Abs. 5 KSchG.[20] Vereinbart ein AG mit AN Altersteilzeitarbeitsverträge, obwohl er wegen Überschreitens der in § 3 Abs 1 Nr. 3 AltTZG geregelten Überlastquote hierzu nicht verpflichtet ist, erbringt er eine freiwillige Leistung. Der AG hat deshalb bei der Entscheidung über den Antrag eines AN auf Abschluss eines Altersteilzeitarbeitsvertrags den arbeitsrechtlichen Gleichbehandlungsgrundsatz zu beachten.[21]

Eine Ungleichbehandlung von **Arbeitern** und **Angestellten** durch den AG (z. B. beim Weihnachtsgeld) ist grundsätzlich unzulässig. Der bloße Statusunterschied zwischen Arbeitern und Angestellten kann eine Ungleichbehandlung in einer BV zur betrieblichen Altersversorgung nicht rechtfertigen.[22] Nur wenn sachliche Kriterien die Besserstellung gegenüber der anderen Gruppe rechtfertigen, kann z. B. eine höhere freiwillige Leistung durch den AG gezahlt werden.[23] Kein sachlicher Grund ist ein unterschiedliches Ausbildungs- und Qualifikationsniveau.[24]

Weiterhin ist das **Maßregelungsverbot** nach § 612 a BGB zu beachten, wobei eine Benachteiligung sowohl dann vorliegt, wenn der AN eine Einbuße erleidet, sich also seine Situation gegenüber dem bisherigen Zustand verschlechtert, als auch im dem Fall, wenn dem AN Vorteile

16 BAG 7.6.11 – 1 AZR 807/09, NZA 2011, 1234.
17 BAG 19.1.10 – 3 ABR 19/08, brwo, DB 10, 1131 zu einer Versorgungsordnung; NZA 06, 265.
18 BAG, DB 07, 1817.
19 LAG Nds., AuR 09, 170, Ls.
20 LAG Nds., LAGE § 2 KSchG Nr. 63.
21 BAG 15.11.11 – 9 AZR 387/10, brwo.
22 BAG 16.2.10 – 3 AZR 216/09, brwo, AuR 10, 135.
23 BAG, BB 06, 440 zu einem höheren Weihnachtsgeld zwecks stärkerer Betriebsbindung.
24 BAG a. a. O.

§ 75   Grundsätze für die Behandlung der Betriebsangehörigen

vorenthalten werden, die der AG AN gewährt, falls diese entsprechende
Rechte nicht ausgeübt haben.[25] Dies gilt auch im Bereich freiwilliger
Leistungen.[26] Nach § 75 Abs. 1 ist der BR verpflichtet, auf deren Einhaltung zu achten. Diese Aufgabe begründet einen entspr. Auskunftsanspruch gegen den AG.[27] Die Überwachungspflichten des BR begründen neben den §§ 81 ff. weitergehende Rechtsansprüche des AN nach
§§ 13 ff. AGG bzw. für den BR nach § 17 AGG.[28]

3. Benachteiligungsverbote

a) Geschlecht

3 Die Benachteiligung wegen des **Geschlechtes** bezieht sich auf die
biologische Zuordnung als Frau, Mann oder Trans- und Intersexuellen
und nicht auf die sexuelle Ausrichtung. Über Abs. 1 gilt der Gleichberechtigungsgrundsatz des Art. 3 Abs. 2 GG sowie das Diskriminierungsverbot des Art. 3 Abs. 3 GG im Betrieb unmittelbar. Aus dem
Benachteiligungsverbot folgt insbesondere, dass AG und BR darauf zu
achten haben, dass der **Grundsatz der Lohngleichheit** von Mann
und Frau bei gleichartiger Arbeit im Betrieb eingehalten wird und
Frauen gleichberechtigt an Fortbildungsmaßnahmen teilnehmen (vgl.
§ 2 Abs. 1 Nr. 2 AGG; §§ 80 Abs. 1 Nr. 2 a, 2 b, 92 Abs. 3).[29] Untersagt
ist aber nicht nur die unmittelbare Benachteiligung wegen des Geschlechts. Unzulässig ist auch jede mittelbare Benachteiligung; so jetzt
ausdrücklich geregelt in § 3 Abs. 2 AGG. Eine solche liegt beispielsweise vor, wenn **teilzeitbeschäftigte Frauen** von der betrieblichen
Altersversorgung ausgeschlossen werden[30] oder eine tarifliche Regelung geringfügig Beschäftigte von der Zahlung einer Sonderzuwen-
dung (Weihnachtsgeld) ausschließt, wenn davon mehr Frauen als
Männer betroffen sind.[31] Eine Regelung in einer österreichischen
Dienstordnung, die vorsieht, dass das Arbeitsverhältnis durch Erreichen
des Pensionsantrittsalters endet, das nach dem Geschlecht des AN

---

25   BAG, DB 08, 823.
26   LAG RP 26.6.09 – 9 Sa 170/09, juris.
27   BAG, BB 04, 2467 zur Auskunft über individuell vereinbarte Umsatzziele bei
     TV-Leistungslohnsystem.
28   Vgl. zur alten Rechtslage BAG, DB 05, 504.
29   Zu den Arbeitsbedingungen der Frauen siehe online-Umfrage des WSI in AiB-
     Newsletter 4/09, 9 Horstkötter, AiB 02, 34; zum Grundsatz der Lohngleichheit
     vgl. u.a. BAG, DB 82, 2354; zu Altersteilzeit-, Übergangsgeld- und Vor-
     ruhestandsregelungen vgl. EuGH, NZA 03, 506; LAG Düsseldorf, BB 03, 683.
30   Vgl. dazu EuGH, NZA 86, 599; BAG, DB 87, 994; DB 90, 330; BVerfG, AuR
     99, 276; zur Gleichbehandlung unterschiedlicher AN-Gruppen in der betrieb-
     lichen Altersversorgung vgl. BAG, NZA 98, 762 und für den Bereich des
     öffentlichen Dienstes BAG, NZA 00, 659.
31   EuGH, AuR 99, 401; zur mittelbaren Diskriminierung von schwangeren ANin-
     nen, Wöchnerinnen und stillenden ANinnen vgl. EuGH, AuR 00, 66 m. Anm.
     v. Feldhoff.

unterschiedlich festgesetzt ist, begründet eine unmittelbare Diskriminierung.[32] Die Begrenzung von Überbrückungsbeihilfen nach dem TV zur sozialen Sicherung der AN der Stationierungsstreitkräfte v. 31. 8. 71 bis zu dem Zeitpunkt, ab dem vorgezogenen Altersruhegeld aus der gesetzlichen Rentenversicherung bezogen werden kann, verstößt nicht gegen das Benachteiligungsverbot.[33] Im Bereich des öffentlichen Dienstes wurde § 23a BAT alte Fassung teilweise wegen mittelbarer Frauendiskriminierung beim **Bewährungsaufstieg** teilzeitbeschäftigter Frauen als unwirksam angesehen.[34] Unwirksam war auch § 39 Abs. 1 Unterabs. 3 Satz 2 BAT alte Fassung, nach dem teilzeitbeschäftigte Ang. nur eine anteilige Jubiläumszuwendung erhielten (siehe jetzt § 39 Abs. 1 und Abs. 3 BAT neue Fassung). Da Teilzeitbeschäftigte nicht wegen der Teilzeitarbeit gegenüber Vollzeitbeschäftigten unterschiedlich behandelt werden dürfen (§ 4 Abs. 1 TzBfG), haben sie Anspruch auf die **volle Jubiläumszuwendung**.[35] Das Verbot der Schlechterbehandlung gilt für alle Arbeitsbedingungen, d. h. sowohl für einseitige Maßnahmen des AG als auch für einzelvertragliche Vereinbarungen.[36] Wegen Verstoßes gegen § 4 Abs. 1 Satz 2 TzBfG sind § 34 Abs. 1 Unterabs. 1 Satz 3 und Unterabs. 2 BAT-O unwirksam, soweit danach Urlaubsgeld, Zuwendungen und vermögenswirksame Leistungen bei Teilzeitbeschäftigten unberücksichtigt bleiben; diese Entgeltbestandteile sind bei Mehrarbeitsstunden anteilig zu berücksichtigen.[37] Eine tarifvertragliche Regelung, die die Zahlung von Spätarbeits- und Nachtarbeitszuschlägen an Teilzeitbeschäftigte ausschließt, verstößt gegen § 4 Abs. 1 TzBfG und ist damit unwirksam.[38] Ebenso besteht für einen befristet Beschäftigten ein Anspruch auf Besitzstandszulagen gemäß § 23 i. V. m. §§ 24, 25 ETV-Arb. Deutsche Post AG, da die derzeitige Regelung in § 23 ETV-Arb. gegen das Benachteiligungsverbot des § 4 Abs. 2 Satz 2 TzBfG verstößt.[39] Einem **teilzeitbeschäftigten BR-Mitgl.** steht ein entsprechender Freizeitausgleich zu (vgl. § 37 Rn. 40, 46). Bei **ganztägigen Schulungsveranstaltungen** steht **teilzeitbeschäftigten BR-Mitgl.** gem. § 37 Abs. 6 Satz 2 sowie § 37 Abs. 7 Satz 3 grundsätzlich der gleiche Schulungsanspruch wie vollzeitbeschäftigten BR-Mitgl. zu. Die Verweigerung von **Überstundenzuschlägen an Teilzeitbeschäftigte** ist nach der Auffassung des EuGH keine mittelbare Diskriminierung i. S. des

---

32 EuGH 12. 9. 13 – C-614/11, NZA 13, 1071.

33 BAG, NZA 07, 103 zu § 612 Abs. 3 BGB, der seit dem 18. 8. 06 wegen dem AGG aufgehoben ist.

34 BAG, NZA 93, 367.

35 BAG, DB 96, 1783.

36 BAG, NZA-RR 09, 527.

37 BAG, NZA 09, 265.

38 BAG, DB 99, 1762.

39 BAG, NZA 04, 735; zur Ermittlung einer Ungleichbehandlung wegen der Höhe der Vergütung einer Mehrarbeit vgl. EuGH, DB 08, 187.

Art. 119 EWG-V, weil objektiv keine Unterscheidung zwischen Vollzeit und Teilzeit vorliege, da die Vergütung bei gleicher Arbeitszeit jeweils gleich sei.[40] Das in dem früheren § 19 AZO normierte Nachtarbeitsverbot für Frauen ist vom BVerfG als verfassungswidrig angesehen worden.[41] Nach dem ArbZG dürfen sowohl Männer als auch Frauen **Nachtarbeit** leisten. Da aber Nachtarbeit nach der Rspr. des BVerfG[42] grundsätzlich schädlich ist, bestimmt § 7 Abs. 1 ArbZG, dass die Nachtarbeitszeit nach den gesicherten arbeitswissenschaftlichen Erkenntnissen über die menschengerechte Gestaltung der Arbeit festzulegen ist. Im Übrigen besteht bei der Einführung von Nachtarbeit ein MBR des BR.[43] Bei einer tariflichen Vergütungsregelung sind die **Mutterschutzfristen** in die Bemessungsgrundlage eines ergebnisbezogenen Entgelts einzubeziehen.[44] Eine Geschlechtsdiskriminierung bei übertariflicher Entlohnung hat zur **Folge**, dass die benachteiligte Gruppe Anspruch auf die Leistungen hat, die der bevorzugten Gruppe gewährt werden.[45] Ein an die Geschlechtszugehörigkeit anknüpfendes Versorgungsentgelt einer Pensionskasse ist unrechtmäßig, und die für die begünstigte AN-Gruppe geltenden Regeln sind auch für die benachteiligte AN-Gruppe maßgeblich.[46] Die Bemessung einer Sozialplanabfindung, wonach Zeiten der Teilzeit- und der Vollzeitbeschäftigung anteilig berücksichtigt werden, verstößt nicht gegen den arbeitsrechtlichen Gleichbehandlungsgrundsatz.[47] Demgegenüber sind Erziehungsurlaubszeiten (jetzt Elternzeiten) bei Sozialplanabfindungen als Beschäftigungszeiten einzubeziehen.[48] Unzulässig ist, für Frauen und Männer **unterschiedliche Einstellungsvoraussetzungen** festzulegen oder überhaupt Frauen wegen ihres Geschlechts schon im **Bewerbungsverfahren** zu benachteiligen.[49] Deshalb ist in der Regel auch die **Frage nach dem Vorliegen einer Schwangerschaft** bei Bewerberinnen unzulässig (vgl. § 3 Abs. 1 AGG).[50] Die Frage ist jedoch ausnahmsweise sachlich gerechtfertigt, wenn sie objektiv dem gesundheitlichen Schutz der Bewerberin und des ungeborenen Kindes dient (siehe auch § 94 Rn. 5).[51] Muss an einem Arbeitsplatz schwere körper-

---

40   EuGH, DB 95, 49; vgl. auch BAG, DB 98, 373.

41   BVerfG, AiB 92, 281.

42   A. a. O.

43   Vgl. dazu DKKW-Klebe, § 87 Rn. 104, 252.

44   BAG, DB 06, 2636.

45   BAG, NZA 93, 891.

46   BAG, DB 05, 507, zur geschlechtsspezifischen Diskriminierung eines Mannes.

47   BAG, DB 09, 2664; DB 02, 153.

48   BAG, DB 04, 991.

49   BVerfG, AuR 94, 110; zur Gleichbehandlung bei der Begründung eines Ausbildungsverhältnisses vgl. BVerfG NZA 07, 195.

50   BAG, DB 93, 435; LAG Köln 11.10.12 – 6 Sa 641/12, NZA-RR 13, 232.

51   Einstellung einer Arzthelferin; BAG, AuR 93, 252, 335; vgl. dazu aber auch EuGH, BetrR 94, 94 m. Anm. v. Rudolph.

liche Arbeit verrichtet werden, so ist in der körperlichen Leistungs-fähigkeit des Bewerbers ein Einstellungskriterium gegeben, nicht aber per se in der Zugehörigkeit zu einem bestimmten Geschlecht. Ein männlicher Bewerber wird nicht unzulässig wegen seines Geschlechts benachteiligt, wenn ein Schulträger eine Stelle nur mit einer Frau besetzen will, weil die Tätigkeit auch mit Nachtdiensten in einem Mädcheninternat verbunden ist.[52] Eine schwangere AN, deren befristetes Arbeitsverhältnis wegen der Schwangerschaft nicht verlängert wird, hat einen Schadenersatzanspruch wegen entgangenem Arbeitseinkommen sowie auf angemessene Entschädigung wegen einer Benachteiligung nach dem AGG (vgl. im Einzelnen Rn. 11).[53] Eine Diskriminierung scheidet aus, wenn der AG in Unkenntnis der Schwangerschaft kündigt.[54]

Aus dieser Vorschrift kann sich auch die Verpflichtung zum Abschluss und zur Durchführung von besonderen **Frauenförderplänen** – siehe hierzu jetzt § 92 Abs. 3 – ergeben.[55] Eine sog. **Quotenregelung**, nach der Frauen gegenüber Männern bei gleicher Qualifikation bevorzugt bei der Übertragung einer höherwertigen Tätigkeit zu berücksichtigen sind,[56] hat das BAG für den öffentlichen Dienst (BremLGG) zunächst als mit dem GG vereinbar angesehen. Es hat allerdings in dieser Frage den EuGH zur Vorabentscheidung angerufen.[57] Daraufhin hat der EuGH entschieden, dass eine solche Regelung mit dem Recht der EG unvereinbar ist, weil sie weiblichen Bewerbern um eine Beförderungsstelle automatisch den Vorrang einräumt, wenn sie gleich qualifiziert sind wie männliche Mitbewerber. Eine derartige Regelung darf bei Auswahlentscheidungen nicht angewandt werden.[58] Nach einer Entsch. des HessStGH[59] verstößt die Regelung des HessPersVG, nach der die Personalräte entsprechend dem zahlenmäßigen Verhältnis von Männern und Frauen in der Dienststelle zu bilden sind, nicht gegen die HessLV. Darüber hinaus ist es das Ziel des am 1. 9. 94 in Kraft getretenen Zweiten Gleichberechtigungsgesetzes,[60] die Durchsetzung der Gleichberechtigung von Frauen und Männern durch eine Vielzahl

---

52 BAG 28. 5. 09 – 8 AZR 536/08, brwo; zu einer diskriminierenden Stellenanzeige s. ArbG Stuttgart 5. 9. 07 – 29 Ca 2793/07; ArbG Berlin 12. 11. 07 – 86 Ca 4035/07, juris. Zur Beweislast siehe NP-AGG, § 22 Rn. 5 ff. sowie BAG, NZA 08, 1351 zu § 611 a BGB a. F.

53 ArbG Mainz, AiB-Newsletter 12.2008, 6.

54 BAG 17. 10. 13 – 8 AZR 742/12.

55 Vgl. Schieck, AiB 97, 447; Pfarr, Frauenförderung und Grundgesetz (1988).

56 Zur Zulässigkeit vgl. Martini, AiB 03, 149.

57 BAG, AuR 94, 30.

58 EuGH, BB 95, 2481; BAG, BB 96, 1332; differenzierend jetzt aber EuGH, AuR 98, 40 m. Anm. v. Pape; zur Frauenquote im öffentlichen Dienst vgl. u. a. auch OVG NRW, VG Trier und ArbG Berlin, alle AuR 96, 154.

59 PersR 94, 67.

60 BGBl. I S. 1406.

neuer Vorschriften zu fördern, was z. B. auch durch die zwingende Regelung in § 15 Abs. 2 erfolgt (vgl. § 15 Rn. 3).[61]

b) Religion und Weltanschauung

3a   Im Rahmen des Benachteiligungsverbotes wegen der **Religion** ist es dem AG i. d. R. untersagt, einer muslimischen ANin das Tragen eines Kopftuches während der Arbeitszeit zu untersagen.[62] Demgegenüber ist das Verbot religiöser Bekundungen (z. B. durch Kopfbedeckungen) im öffentlichen Schulunterricht,[63] in einer Krankenanstalt in konfessioneller Trägerschaft[64] oder in einer Kinderbetreuungseinrichtung[65] zulässig, da dies zur Vermeidung religiös-weltanschaulicher Konflikte in öffentlichen Einrichtungen dient. Wegen einer tatsächlich vorliegenden **Weltanschauung**[66] kann es zu einer Benachteiligung kommen, aber auch schon dann, wenn der AG bei der AN – irrigerweise – eine Weltanschauung vermutet und sie aufgrund dieser unzutreffenden Vermutung ungünstiger behandelt hat.[67]

c) Sexuelle Identität

3b   Aus der Neuregelung des Abs. 1 ergibt sich, dass AG und BR ebenfalls darüber zu wachen haben, dass die im Betrieb tätigen Personen wegen ihrer **sexuellen Identität** nicht unterschiedlich behandelt werden (vgl. § 1 AGG). Daraus folgt, dass kein AN wegen seiner Homosexualität, Transsexualität oder einer anderen sexuellen Identität bei der Einstellung oder seiner Tätigkeit im Betrieb benachteiligt werden darf. Darunter fallen jedoch nicht sexuelle Verhaltensweisen, die nach strafrechtlichen Vorschriften unter Strafe gestellt sind.[68]

d) Gewerkschaftliche Betätigung

4   Der BR hat weiterhin darauf zu achten, dass kein AN wegen seiner **gewerkschaftlichen Betätigung** benachteiligt oder bevorzugt wird, So gilt insbesondere ein Maßregelungsverbot nach einem Arbeitskampf.[69] Ein Interessenausgleich, bei dem der BR die Herausnahme

---

61   BAG, NZA 05, 1252; der wegen vermuteter Unwirksamkeit der Regelung erfolgte Vorlagebeschluss des LAG Köln (AuR 04, 111) wurde durch Beschluss des BVerfG 11. 10. 06 – 1 BvL 9/03 als unzulässig zurückgewiesen.

62   BVerfG, NZA 03, 959; BAG, NZA 03, 483; vgl. im Übrigen DKKW-Berg, Rn. 45 ff.

63   BAG 20. 8. 09 – 2 AZR 499/08, zu §§ 57 Abs. 4, 58 Schulgesetz NRW.

64   LAG Hamm 17. 2. 12 – 18 Sa 867/11, juris, n. rk. BAG – 5 AZR 611/12.

65   BAG 12. 8. 10 – 2 AZR 593/09, NZA-RR 11, 162.

66   Zum Begriff s. DKKW-Berg Rn. 45 f.

67   BAG 20. 6. 13 – 8 AZR 482/12, AuR 13, 332.

68   DKKW-Berg, Rn. 102 ff.

69   BVerfG, NZA 88, 473; BAG, NZA 93, 39; 93, 1135; LAG Hamm 20. 3. 09 – 10 Sa 1407/08, brwo;

von auf einer Liste aufgeführten, der Gew. ver. di angehörenden Mitgl. aus der Liste der zu kündigenden AN zur wesentlichen Voraussetzung macht, ist wegen einer ungerechtfertigten Bevorzugung unwirksam.[70] Ein AG darf die Einstellung eines AN nicht von dessen **Austritt aus der Gew.** abhängig machen.[71] Rechtswidrig handelt der AG z. B. auch dann, wenn er nur Gew.-Mitgl. **aussperrt**,[72] an Arbeitswillige während oder nach einem Streik »**Streikbruchprämien**« zahlt,[73] wegen der **Streikteilnahme** AN eine Jahresprämie kürzt[74] oder AN wegen der Teilnahme an einer gewerkschaftlichen Protestveranstaltung von übertariflichen Zulagen ausschließt.[75] Die betroffene Gew. kann sich gegen rechtswidrige Angriffe auf ihr Koalitionsbetätigungsrecht mit einer **Unterlassungsklage** gegen den AG wehren.[76]

e) Alter

Aus Abs. 1 ergibt sich die konkrete Verpflichtung des BR, darauf zu   **5** achten, dass jede Benachteiligung des Alters unterbleibt und nicht nur, dass ältere AN nicht benachteiligt werden (zu Fragen des **Sozialplans** s. Rn. 6). Der Begriff ist identisch mit dem Begriff in § 1 AGG. Ausnahmsweise ist eine unterschiedliche Behandlung wegen des Alters gem. § 10 S. 1 und 2 AGG zulässig, wenn sie objektiv und angemessen und durch ein legitimes Ziel gerechtfertigt ist und die Mittel zur Erreichung dieses Ziels angemessen und erforderlich sind. In diesem Fall ist auch der betriebsverfassungsrechtliche Gleichbehandlungsgrundsatz gewahrt.[77] Neben diesen Ausnahmen stehen die Rechtfertigungsgründe aus § 3 Abs. 2, § 5 und § 8 AGG.

Die Bemessung der **Grundvergütung** nach Lebensaltersstufen gem. § 27 A I BAT[78] sowie die in § 26 Abs 1 Satz 2 TVöD angeordnete Bemessung des **Urlaubs** nach Altersstufen[79] stellen eine unmittelbare Benachteiligung wegen des Alters dar, die nicht nach §§ 5, 8 oder 19 AGG sachlich gerechtfertigt ist, und nur durch eine Anpassung »nach oben« beseitigt werden kann. Der TVöD knüpft bei der Grundvergütung im Gegensatz zum BAT verstärkt an die Berufserfahrung des jeweiligen AN an und stellt damit eine sachlich begründete Differen-

---

70 LAG Köln, AuR 04, 436.
71 BAG, NZA 00, 1294.
72 BAG, DB 80, 1355.
73 BAG, NZA 93, 39; differenzierend aber BAG, NZA 93, 1135.
74 BAG, DB 88, 183.
75 LAG Rheinland-Pfalz, BB 87, 1459.
76 BAG, DB 87, 2312.
77 BAG 17. 9. 13 – 3 AZR 686/11, juris, zu einer betrieblichen Altersversorgung; 12. 4. 11 – 1 AZR 743/09, brwo, AuR 11, 368 Ls.
78 EuGH 8. 9. 11 – C 297/10, DB 12, 53; 8. 9. 11 – C 298/10, BB 11, 2419; BAG 10. 11. 11 – 6 AZR 481/09, brwo; 20. 05. 10 – 6 AZR 148/09, brwo.
79 BAG 20. 3. 12 – 9 AZR 529/10, AiB 12, 546 mit Anm. Meyer/Kaspers.

zierung zwischen den AN dar. Nach Auffassung des EuGH[80] sind die Regelungen im TVöD deshalb nicht diskriminierend. Das Benachteiligungsverbot bedeutet für den AG, dass er sich ggf. um Umschulungsmaßnahmen oder Versetzungen für ältere AN bemühen muss. Auch Benachteiligungen, die an das noch junge Lebensalter eines AN anknüpfen, unterliegen dem gesetzlichen Diskriminierungsverbot.[81] Eine Benachteiligung wegen des Alters kann im Text einer **Stellenausschreibung** beinhaltet sein, wenn sie neben den Bewerbungskriterien »Hochschulabsolventen« und »Berufsanfänger« auch das Kriterium »Young Professionells« enthält,[82] aber auch durch die Nicht-Einbeziehung eines Beschäftigte in die Auswahl durch ein Vorabausscheiden erfolgt. Eine Altersdiskriminierung kann auch eine Stellenbeschreibung mit dem Inhalt »junge Bewerber« enthalten.[83] Nach § 10 Nr. 5 AGG ist eine Vereinbarung zulässig, die die **Beendigung des Arbeitsverhältnisses ohne Kündigung** zu einem Zeitpunkt vorsieht, zu dem der AN eine Rente wegen Alters beantragen kann. Die Erreichung einer bestimmten **Altersgrenze** rechtfertigt für sich die Kündigung des Arbeitsverhältnisses durch den AG nicht (vgl. jetzt auch § 41 Abs. 4 Satz 1, 2 SGB VI).[84] Eine **tarifvertragliche Beendigungsklausel**, die an das Erreichen des Rentenalters des Beschäftigten anknüpft, ist zulässig, da eine solche Bestimmung zum einen objektiv und angemessen ist und durch ein legitimes Ziel der Beschäftigungs- und Arbeitsmarktpolitik gerechtfertigt wird, und zum anderen die Mittel zur Erreichung dieses Ziel angemessen und erforderlich sind.[85] Durch § 41 Abs. 4 Satz 3 SGB VI sowie § 10 Nr. 4 AGG gilt eine Vereinbarung, die die **Beendigung des Arbeitsverhältnisses** eines AN ohne Kündigung zu einem Zeitpunkt vorsieht, in dem der AN vor Vollendung des 65. Lebensjahres eine Rente wegen Alters beantragen kann, dem AN gegenüber als auf die Vollendung des 65. Lebensjahres abgeschlossen, es sei denn, dass die Vereinbarung innerhalb der letzten drei Jahre vor diesem Zeitpunkt

---

80   EuGH 8.9.11, C 297/10, DB 12, 53; C 298/10, BB 11, 2419.
81   BAG 14.5.13 –1 AZR 44/12, NZA 13, 1160 wenn AG eine altersdiskriminierende Dienstplangestaltung nicht einstellt, steht den benachteiligten AN ein Leistungsverweigerungsrecht zu; 20.3.12 – 9 AZR 529/10 wonach die Staffelung der Urlaubstage gem. § 26 Abs. 1 Satz 2 TVöD eine Benachteiligung darstellt und der Urlaub der jüngeren AN »nach oben« anzupassen ist; LAG Düsseldorf 18.1.11 – 8 Sa 1274, brwo, BB 11,1984, zur Urlaubsstaffel des § 15 Abs. 3 MTV Einzelhandel NRW, wonach AN im Einzelhandel, die das 20., 23. bzw. 30. Lebensjahr noch nicht vollendet haben, im Vergleich zu ihren über 30 Jahre AN sechs, vier bzw. zwei Urlaubstage pro Jahr weniger erhalten.
82   BAG 24.1.13 – 8 AZR 429/11, AuR 13, 103.
83   BAG, AiB 11, 274, m. Anm. Busch; AuR 09, 310.
84   BAG 28.9.61, AP Nr. 1 zu § 1 KSchG Personenbedingte Kündigung.
85   EuGH 12.10.2010 – C-45/09; BAG 12.6.13 – 7 AZR 917/11, AuR 13, 456 zu § 32 Abs 1 Buchst a BAT-KF a.F.; 21.9.11 – 7 AZR 134/10, brwo zu § 46 Ziffer 1 Satz 1 des TV für die AN bei den Stationierungsstreitkräften im Gebiet der Bundesrepublik Deutschland; BAG, NZA 08, 1302.

abgeschlossen oder von dem AN bestätigt worden ist.[86] Eine **tariflichen Altersgrenze von 60 Jahren** für **Piloten** ist europarechtswidrig.[87] Das BAG verneint im Zusammenhang mit dem AGG die Wirksamkeit einer Altergrenze von 60 Jahren für das Kabinenpersonal in einem TV wegen des Fehlens eines Sachgrundes gem. § 14 Abs. 1 TzBfG[88] und bezweifelt die Vereinbarkeit von § 14 Abs. 3 Satz 1 TzBfG in der bis zum 30. 4. 07 geltenden Fassung mit dem Gemeinschaftsrecht.[89] Das BAG hat wegen § 14 Abs. 3 Satz 1 TzBfG den EuGH um eine Vorabentscheidung ersucht. Der EuGH[90] hat die Sache an das BAG mit der Begründung zurückverwiesen, es sei Sache des BAG, die einschlägigen Vorschriften des TzBfG im Rahmen des Möglichen im Einklang mit § 5 Nr. 1 der Rahmenvereinbarung auszulegen. Durch § 14 Abs. 3 TzBfG besteht die Möglichkeit, die Arbeitsverhältnisse mit AN, die bei Beginn des Arbeitsverhältnisses das 52. Lebensjahr vollendet haben, ohne Vorliegen eines sachlichen Grundes bis zur Dauer von fünf Jahren zu befristen.[91] § 41 Abs. 4 Satz 3 SGB VI steht dem nicht entgegen; denn bei der **Befristungsregelung** des § 14 Abs. 3 TzBfG handelt es sich um eine Vorschrift, die nicht auf das Rentenalter abstellt. Zu den einzelnen Voraussetzungen der Befristung siehe § 14 Abs. 3 TzBfG. Die in der Vorschrift vorgesehene Möglichkeit, ältere AN in beliebiger Häufigkeit und Dauer ohne Sachgrund befristet zu beschäftigen, ist letztendlich europarechtswidrig.[92] Die Regelung in § 622 Abs. 2 Satz 2 BGB (keine Berücksichtigung von Beschäftigungszeiten vor dem 25. Lebensjahr für die Dauer der Kündigungsfrist) verstößt gegen das europarechtliche Verbot der Diskriminierung wegen des Alters und ist deswegen bei der Berechnung der maßgeblichen Kündigungsfrist nicht anzuwenden.[93]

Ebenso wie in Tarifverträgen können in **BV** Altersgrenzen vereinbart werden, nach denen das Arbeitsverhältnis mit Erreichen der Regelaltersgrenze endet.[94]

Das im BetrAVG für den Erwerb unverfallbarer Versorgungsanwartschaften festgelegte Mindestalter von 30 Jahren bei Beendigung des Arbeitsverhältnisses ist mit Unionsrecht vereinbar.[95] Ein Anspruch

86 BAG, AuR 08, 263 zur tariflichen Altersgrenze von 65 Jahren; siehe auch EuGH, DB 07, 2427; kritisch Bertelsmann, AiB 07, 689.
87 EuGH 13.9.11 – C-447/09, brwo, NZA 11, 1039; BAG 18.1.12 – 7 AZR 112/08, AuR 12, 226.
88 BAG 23.6.10 – 7 AZR 1021/08, NZA 10, 1248.
89 BAG, DB 09, 850; vgl. auch BAG 6.4.11 – 7 AZR 524/09, DB 11, 2038.
90 EuGH 10.3.11 – C-109/09, NZA 11, 397.
91 Vgl. BAG 19.10.11 – 7 AZR 253/07, NZA 12, 1297.
92 Zur alten europarechtswidrigen Regelung s. EuGH, DB 05, 2638, 5; Däubler, ZIP 01, 217.
93 EuGH, DB 10, 228; BAG 29.9.11 – 2 AZR 177/10 zum MTV für AN der Systemgastronomie; 9.9.10 – 2 AZR 714/08 –, NZA 11, 343.
94 BAG 5.3.13 – 1 AZR 417/12, NZA 13, 916.
95 BAG 28.5.13 – 3 AZR 635/11, DB 13, 1973.

auf Leistungen aus der betrieblichen Altersversorgung kann an die Voraussetzung einer mindestens 15-jährigen Betriebszugehörigkeit bis zum Erreichen der Regelaltersgrenze in der gesetzlichen Rentenversicherung geknüpft werden und bewirkt keine unzulässige Diskriminierung wegen des Alters.[96] Ein Vorstoß liegt grundsätzlich nich vor, wenn eine Höchstaltersgrenze von 50 Jahren für die Aufnahme in den begünstigten Personenkreis vorgegeben ist.[97] Eine Diskriminierung liegt ebenfalls nicht vor, wenn eine Versorgungsordnung für den Anspruch auf Witwenrente voraussetzt, dass die Ehe vor dem Ausscheiden des versorgungsberechtigten AN aus dem Arbeitsverhältnis geschlossen wurde.[98]

f) Behinderung

5 a Durch die Neufassung des Abs. 1 durch das AGG ist nunmehr auch ausdrücklich eine Benachteiligung wegen einer **Behinderung** untersagt. Das Benachteiligungsverbot umfasst nicht nur Schwerbehinderte, sondern gilt darüber hinaus.[99] Für den Begriff der Behinderung ist die Definition in § 2 Abs. 1 Satz 1 SGB IX sowie in § 3 AGG maßgeblich.[100] Erklärt der Dienstherr gegenüber einer behinderten Beamtin, in der neuen Laufbahn gebe es keine geeigneten Arbeitsplätze, ist der Einwand nach richtiger Auffassung des BVerfG[101] nur beachtlich, wenn der Dienstherr alle zumutbaren Möglichkeiten genutzt hat, einen geeigneten Arbeitsplatz zur Verfügung zu stellen (§ 81 Abs. 4 SGBIX) und durch ein betriebliches Eingliederungsmanagement den Nachweis der Nichtverwendbarkeit (§ 84 Abs. 2 SGB IX) erbracht hat. Die Begründung des BVerfG lässt sich ohne Einschränkung auf den beruflichen Aufstieg eines jeden behinderten AN übertragen.[102] Seit der Einführung des AGG können sich behinderte Menschen, die nicht schwerbehindert sind, nur noch auf das AGG, aber nicht mehr auf die Schutzvorschriften für schwerbehinderte Menschen nach dem Sozialgesetzbuch (SGB IX) berufen.[103] Verletzt ein Arbeitgeber seine Prüfungspflicht gemäß § 81 Abs. 1 SGB IX, ob er eine freie Stelle mit einem Schwerbehinderten besetzen könnte, ist dies ein Hinweis dafür, dass ein abgelehnter schwerbehinderter Bewerber benachteiligt

---

96 BAG 12.2.13 – 3 AZR 100/11, AuR 2013, 145.
97 BAG 12.11.13 – 3 AZR 356/2.
98 BAG 15.10.13 – 3 AZR 653/11, BB 14, 308.
99 NP-AGG, § 1 Rn. 24; vgl. EuGH, RDV 07, 20, Ls. zur Behinderung und krankheitsbedingter Entlassung.
100 BAG 19.12.13 – 6 AZR 190/12 – zum Behindertenbegriff des AGG.
101 BVerfG 10.12.08 – 2 BvR 2571/07, juris.
102 Vgl. EuGH 11.4.13 – C-355/11, juris; BAG 19.12.13 – 6 AZR 190/12, AiB 14, 6.
103 BAG 27.1.11 – 8 AZR 580/09, brwo, wonach sich eine behinderte AN deswegen nicht auf die unterlassene Prüfung gemäß § 81 Abs. 1 SGB IX berufen kann.

wurde.[104] Seit dem Inkrafttreten des AGG ist es umstritten, ob sich der AG bei der Anbahnung eines Arbeitsverhältnisses weiterhin nach einer Anerkennung als Schwerbehinderter auch dann erkundigen darf, wenn die Behinderung für die Ausübung der vorgesehenen Tätigkeit ohne Bedeutung ist.[105] Nach Auffassung des BAG[106] soll im bestehenden Arbeitsverhältnis jedenfalls nach sechs Monaten – nach dem Erwerb des Sonderkündigungsschutzes für behinderte Menschen – die **Frage des AG** nach der Schwerbehinderung zulässig sein insbesondere zur Vorbereitung von beabsichtigten Kündigungen. Die Pflichtenbindung des AG ergebe sich aus den Anforderungen des § 1 Abs. 3 KSchG, der die Berücksichtigung der Schwerbehinderung bei der Sozialauswahl verlangt, sowie durch den Sonderkündigungsschutz nach § 85 SGB IX, wonach eine Kündigung der vorherigen Zustimmung des Integrationsamtes bedarf.

g) Rasse oder ethnische Herkunft, Abstammung oder sonstige Herkunft und Nationalität

Im Betrieb dürfen ausländische oder staatenlose AN nicht anders behandelt werden als deutsche AN, wobei es gleichgültig ist, ob es sich um AN aus Staaten der EU oder aus anderen Staaten handelt. Die Vorschriften des Ausländergesetzes, insbesondere die Bestimmungen über die Aufenthaltserlaubnis für längeren Aufenthalt zwecks Erwerbstätigkeit, sind dabei durch den AG zu beachten, soweit es sich um AN aus dem Raum außerhalb der EU handelt. Eine mittelbare Benachteiligung gem. § 3 Abs. 2 AGG kann die Nichtberücksichtigung eines nichtdeutschen Stellenbewerbers wegen mangelnder Deutschkenntnisse darstellen, wenn die vom AG für erforderlich gehaltenen Sprachkenntnisse auf dem zu besetzenden Arbeitsplatz sachlich nicht erforderlich sind.[107] Sofern aber bei arbeitsnotwendigen Sprachkenntnissen, z.B. zum Lesen von Arbeitsanweisungen Deutschkenntnisse erforderlich sind, verstößt eine Kündigung, die ein AG aufgrund mangelnder Deutschkenntnisse ausspricht, nicht gegen das AGG und ist rechtmäßig.[108] Ein Ausländerausschuss des BR ist nach dem AGG nicht zwingend, der BR entscheidet in eigener Kompetenz, ob und inwieweit er seine Aufgaben auf Ausschüsse überträgt und in welcher

5b

---

104 BAG 13.10.11 – 8 AZR 608/10, brwo; zur Benachteiligung wegen Schwerbehinderung vgl. BAG 7.4.11 – 8 AZR 679/09, brwo, NZA-RR 2011, 494; NJW 09, 3319; AiB 06, 248; sowie wegen Behinderung vor Inkrafttreten des AGG vgl. BAG, EzA-SD 09, Nr. 2, 12; AiB 08, 119.

105 Verneinend Borrasio/Perreng, AGG § 2 Rn. 17 f.

106 BAG 16.2.12 – 6 AZR 553/10. AuR 12, 141.

107 LAG Hamm, NZA-RR 09, 13; a.A. ArbG Berlin, AuR 08, 112, mit ablehnender Anm. Maier.

108 BAG 22.6.11 – 8 AZR 48/10, NZA 11, 1226 zu Abmahnungen; 28.1.10 – 2 AZR 764/08, brwo; LAG Nürnberg 5.10.11 – 2 Sa 171/11, brwo zu einer Stellenausschreibung mit der Anforderung »sehr gutes Deutsch«.

gebotenen Weise er sich der Probleme der ausländischen AN annimmt.[109]

h) Beschlussverfahren

5 c   Nach § 17 Abs. 2 AGG kann der BR oder eine im Betrieb vertretene
Gew. gemäß § 23 Abs. 3 den AG gerichtlich in Anspruch nehmen; im
Einzelnen s. § 23 Rn. 12.

4. Behandlung von Arbeitnehmern nach Recht und Billigkeit

6   Die Vorschrift des Abs. 1 spricht zwar direkt nur den AG und den BR
an. So sind sie beim Abschluss einer BV zur Wahrung der grundrechtlich geschützten Freiheitsrechte verpflichtet und haben daher die durch
Art. 14 Abs. 1 GG geschützte Eigentumsgarantie ebenso zu beachten
wie die in Art. 2 Abs. 1 GG normierte allgemeine Handlungsfreiheit
der betriebsangehörigen AN.[110] Sie räumt aber auch dem einzelnen AN
das **individuelle Recht** ein, nach diesen Grundsätzen behandelt zu
werden (im Einzelnen Rn. 11; zu Auswahlrichtlinien vgl. § 95
Rn. 8).[111] So verstößt ein **Sozialplan**, der die AN von Leistungen
ausschließt oder kürzt, die das Arbeitsverhältnis auf Veranlassung des
AG selbst gekündigt oder einen Aufhebungsvertrag abgeschlossen
haben, gegen diese Vorschrift (vgl. § 112 Rn. 8 f.).[112] Bei der einem
Interessenausgleich mit Namensliste nach § 125 InsO zugrunde liegenden Sozialauswahl darf die Verpflichtung zur Gewährung von
Familienunterhalt an den mit dem AN in ehelicher Lebensgemein-
schaft lebenden Ehegatten gemäß § 1360 BGB nicht gänzlich außer
Betracht bleiben.[113] **Stichtagsregelungen** sind insbesondere dann
gerechtfertigt, wenn sie dem Zweck dienen, die Leistungen auf diejenigen AN zu beschränken, die von der Betriebsänderung betroffen sind
und durch diese Nachteile zu befürchten haben.[114] Nach der Regelung
in § 10 S. 3 Nr. 6 AGG, die nicht gegen das Verbot der Altersdiskriminierung im Recht der Europäischen Union verstößt,[115] können
die Betriebsparteien eine **nach Alter oder Betriebszugehörigkeit
gestaffelte Abfindungsregelung** vorsehen. Dabei muss die von den
Betriebsparteien gewählte Sozialplangestaltung geeignet sein, das mit

---

109   BAG 24. 4. 09 – 10 TaBV 55/08, brwo.

110   BAG 17. 7. 12 – 1 AZR 476/11, DB 12, 2873.

111   BAG, DB 85, 602; DKKW-Berg, § 75 Rn. 147.

112   BAG, NZA-RR 08, 636; BB 08, 1793.

113   BAG 28. 6. 12 – 6 AZR 682/10, NZA 12, 1090.

114   BAG 12. 4. 11 – 1 AZR 505/09, AuR 11, 463, zu Stichtag und Eigenkündigung; LAG Düsseldorf 7. 6. 11 – 8 Sa 1407/10, brwo, zur Gruppenbildung durch
Stichtagsregelung; vgl auch BAG 5. 7. 11 – 1 AZR 94/10, juris, zu einer
Stichtagsregelung in einer BV Bonusregelung, wonach Anspruch auf eine
variable Erfolgsvergütung vom Bestehen eines ungekündigten Anstellungsver-
hältnisses am Auszahlungstag abhängig ist.

115   BAG 12. 4. 11 – 1 AZR 743/09, brwo, AuR 11, 368 Ls.

§ 10 Satz 3 Nr. 6 Alt. 2 AGG verfolgte Ziel tatsächlich zu fördern und darf die Interessen der benachteiligten (Alters-) Gruppe nicht unverhältnismäßig stark vernachlässigen.[116] **Höchstbetragsklauseln in Sozialplänen**, die eine mit Alter und Betriebszugehörigkeit steigende Sozialplanabfindung begrenzen, stellen nach Auffassung des EuGH[117] keinen Verstoß gegen das Verbot der Altersdiskriminierung dar. Auch kann im Rahmen des AGG in einem Sozialplan die Reduzierung oder der völlige Ausschluss von Leistungen bei denjenigen AN vorgesehen werden, die vorgezogenes **Altersruhegeld** in Anspruch nehmen können, wobei auf den frühestmöglichen Bezug einer Altersrente abgestellt werden kann,[118] Das soll nach Auffassung des BAG auch für schwerbehinderte AN gelten, die nach § 236 a Abs. 1 Satz 2 SGB VI eine vorgezogene Altersrente in Anspruch nehmen können;[119] während der EuGH zu Recht darauf hinweist, das durch das Abstellen auf den frühestmöglichen **Renteneintritt auf Grund der Schwerbehinderung** eine mittelbare Ungleichbehandlung vorliegt, da der behinderte AN regelmäßig einen geringeren Abfindungsbetrag erhalte als der Nichtbehinderte.[120] Das Verbot der Altersdiskriminierung steht der Berücksichtigung des Lebensalters im Rahmen der Sozialauswahl des § 1 Abs. 3 Satz 1 KSchG sowie der Bildung von Altersgruppen bei der Sozialauswahl gem. § 1 Abs. 3 Satz 2 KSchG nicht entgegen.[121] Eine Höchstgrenze für eine Sozialplanabfindung ist zulässig, wenn eine solche Kappungsgrenze alle davon betroffenen AN gleich behandelt.[122] Sozialplanleistungen dürfen nicht vom **Verzicht auf die Erhebung einer KSchKlage** abhängig gemacht werden – auch nach dem ab 1.1.04 neu eingeführten § 1 a KSchG.[123] Es besteht aber die Möglichkeit, zusätzlich zu einem Sozialplan Leistungen (sog. **Turbo Prämie**) in einer freiwilligen BV für den Fall zu vereinbaren, dass der AN von einer KSchKlage absieht.[124] Dabei muss aber für den AN erkennbar sein, dass er ein Wahlrecht zwischen Abfindungsanspruch und KSchG Klage hat.[125] Ein Verstoß gegen den allgemeinen Gleichheitssatz liegt nicht vor, wenn in einem Sozialplan für AN keine

---

116   BAG 26.3.13 – 1 AZR 857/11, DB 13, 1792.
117   BAG 23.3.10 – 1 AZR 832/08, brwo, NZA 10, 774; BAG 23.4.13 – 1 AZR 25/12, juris.
118   EuGH 6.12.12 – C-152/11, juris; BAG 26.3.13 – 1 AZR 813/11, juris; 23.3.10 – 1 AZR 832/08, brwo, NZA 10, 774; BAG 7.6.11 – 1 AZR 34/10, AuR 11, 316, beim Bezug einer Erwerbsminderungsrente; zur Altersgruppenbildung im Sozialplan vgl. Oberberg, AiB 11, 664.
119   BAG 23.4.13 – 1 AZR 916/11, NZA 13, 980.
120   EuGH 6.12.12 – C-152/11, AiB 13, 327 mit Anm. Rehwald.
121   BAG, NZA 09, 361.
122   BAG, DB 09, 2666.
123   BAG, DB 05, 1744.
124   BAG 18.5.10 – 1 AZR 187/09, NZA 10, 1304.
125   BAG a.a.O.

Abfindung vorgesehen wird, die eine zumutbare Weiterbeschäftigungsmöglichkeit ablehnen,[126] denen ein neuer Arbeitsplatz vermittelt werden kann[127] oder deren Arbeitsverhältnis, infolge einer Betriebsänderung auf einen Übernehmer übergeht.[128] Unter der Geltung des AGG sind auch grundsätzlich die Bildung von Altersgruppen in einem **Interessenausgleich mit Namensliste**[129] und die Bildung von Altersstufen bei der Sozialauswahl in einem Sozialplan zulässig.[130]

7   Die Verpflichtungen des BR aus Abs. 1 bestehen seit Inkrafttreten des SprAuG (vgl. § 27 SprAuG) gegenüber **leit. Ang.** nicht mehr.[131]

5. Freie Entfaltung der Persönlichkeit der Arbeitnehmer im Betrieb

8   Diese Bestimmung verpflichtet in erster Linie den AG, aber auch den BR, bei seinen Maßnahmen auf die **freie Entfaltung der Persönlichkeit** der im Betrieb beschäftigten AN sowie die Selbständigkeit und Eigeninitiative der AN und Arbeitsgruppen zu achten und zu fördern. Zuerst bedeutet dieses den Schutz der freien Persönlichkeit des AN, das Verhindern rechtswidriger Verletzungen des Persönlichkeitsrechts des AN durch den AG. Dieser Grundsatz ist insbesondere bei der rechtlich zulässigen Einschränkung einzelner Persönlichkeitsrechte gegenüber betrieblichen Interessen zu berücksichtigen, z. B. bei Abschluss von BV[132] sowie bei Kontrolleinrichtungen (vgl. § 87 Rn. 42). Sog. **Ethikrichtlinien** unterliegen grundsätzlich dem MBR des BR und können nicht einseitig durch den AG, auch bei einer Anweisung seitens der US-Muttergesellschaft vollzogen werden (vgl. § 87 Rn. 12).[133] Solche problematischen Regelungen verstoßen auch gegen das allgemeine Persönlichkeitsrecht, wenn sie Einschränkungen bei Beziehungen/Liebesbeziehungen im betrieblichen Bereich enthalten. Dann sind sie auch MBR nicht zugänglich, da die Regelung rechtswidrig wäre. Jeder BR sollte darauf achten, dass Gesinnungsethik im Betrieb nichts verloren hat. Die mit der Einführung zusammenhängenden Fragen unterliegen dem MBR des BR nach § 87 Abs. 1 Nr. 1 oder Nr. 6. Wenn der AG in Arbeitsbereichen allgemein zugänglich einen sog. **Personalplaner** aushängt, auf dem für jeden einzelnen AN für das laufende Jahr An- und Abwesenheitszeiten, diese nach Gründen wie Beurlaubung, Krankheit, Freischicht aufgeschlüs-

---

126   BAG, AiB 08, 673.

127   BAG 8.12.09 – 1 AZR 801/08, juris.

128   BAG, NZA 08, 425.

129   BAG, NZA 09, 361.

130   BAG, NZA 09, 849.

131   So bereits zum alten Recht BAG, DB 75, 1320.

132   BAG, DB 07, 866.

133   LAG Düsseldorf, AuR 05, 452; BAG, DB 08, 2485 grundsätzlich bejahend, aber einschränkend bzgl. der Reichweite der MBR des BR; Schneider, AiB 06, 10.

selt, aufgeführt sind, liegt darin z. T. ein Verstoß gegen Abs. 2. Entsprechendes gilt auch bei der Bekanntgabe von **Abmahnungen** am »Schwarzen Brett« durch den AG[134] sowie bei Versendung von Abmahnungen bzw. »**Krankenbriefen**« durch den AG an arbeitsunfähig erkrankte AN.[135] Zur **Personalakte** genommene **Gesundheitsakten** sind in besonderer Weise aufzubewahren und vor unbefugter zufälliger Kenntnisnahme durch Einschränkung des Kreises der Informationsberechtigten zu schützen.[136]

Einen privatrechtlichen Anspruch auf einen tabakrauchfreien Arbeitsplatz haben AN im Einzelfall nach § 618 Abs. 1 BGB i. V. m. § 5 Abs. 1 ArbStättV gegenüber dem AG.[137] Durch den mit Art. 2 des PassivrauchschutzG zum 1. 9. 2007 in Kraft getretenen § 5 Abs. 1 Satz 2 ArbStättV, wonach der AG bei Erforderlichkeit ein allgemeines oder beschränktes Rauchverbot erlassen muss, ist der gesetzliche Nichtraucherschutz gestärkt worden. Daneben kann sich ein Anspruch des AN auf einen rauchfreien Arbeitsplatz bereits aus allgemeinen Arbeitsschutzbestimmungen ergeben. Sollen **nichtrauchende AN** während des Aufenthalts im Betrieb vor gesundheitlichen Gefährdungen und Belästigungen durch Passivrauchen geschützt werden, kann sich ein Rauchverbot auf sämtliche geschlossenen Räume des Betriebs erstrecken.[138] Ein absolutes **Rauchverbot** auf dem Freigelände des Betriebs ist dagegen nicht begründet, da beim Rauchen im Freien Nichtraucher nicht nennenswert beeinträchtigt werden.[139] In jedem Fall unterliegt aber sowohl ein generelles als auch ein beschränktes Rauchverbot dem **MBR** des BR (s. § 87 Rn. 12, 45; § 87 Rn. 12 und Rn. 45).[140] Der Verstoß gegen ein aus Sicherheitsgründen erlassenes absolutes Rauchverbot kann einen wichtigen Grund für eine außerordentliche Kündigung darstellen.[141] Wenn ein AN eine Raucherpause einlegt, ohne das Zeiterfassungssystem zu bedienen, obwohl eine ausdrückliche Pflicht zum Abstempeln besteht, kann dieses Verhalten ein wichtiger Grund für eine außerordentliche Kündigung sein.[142] Die allgemeine Handlungsfreiheit von Besatzungsmitgliedern eines Schiffes wird durch das absolute Verbot, während der Dienstzeit **alkoholische Getränke** zu sich zu nehmen, sowie das Gebot, bei Dienstantritt

134 ArbG Regensburg, AiB 89, 354.
135 LAG Bremen, AiB 87, 191 f.; LAG Köln, AiB 89, 163.
136 BAG, DB 07, 523.
137 BAG, NJW 09, 2698; Raif/Böttcher, AuR 09, 289.
138 BAG, AiB 99, 404 mit ablehnender Anm. v. Heilmann; die Entscheidung wird bejaht von Künzel, BB 99, 2187.
139 BAG a. a. O.; vgl. auch DKKW-Berg, Rn. 130.
140 DKKW-Klebe, § 87 Rn. 62 und Rn. 253 m. weit. Hinw.
141 BAG 27. 9. 12 – 2 AZR 955/11, NZA 13, 425; einschränkend LAG SH 27. 8. 13 – 1 Sa 80/13, brwo, wenn durch das Rauchen die konkrete Gefahr eines Brandes/Explosion bestanden hat.
142 LAG RP 6. 5. 10 – Sa 712/09 –, AuA 11, 249.

nicht unter der Wirkung alkoholischer Getränke zu stehen, nicht verletzt.[143]

Das **Abhören von Telefongesprächen** ist ein unzulässiger Eingriff in die Persönlichkeitsrechte (Recht am gesprochenen Wort). Bedeutungslos ist dabei, ob es sich um private oder dienstliche Gespräche handelt.[144] Unzulässig ist im Allgemeinen auch das **heimliche Mithörenlassen** von Telefongesprächen zwischen AN und AG. Wer jeweils mithören lassen will, hat seinen Gesprächspartner vorher darüber zu informieren.[145] Dieser ist allerdings nicht verpflichtet, sich seinerseits zu vergewissern, ob jemand mithört.[146] Wenn ein AG die missbräuchliche Nutzung der betrieblichen Telefonanlage kontrollieren will, verstößt er dann gegen § 75, wenn er ohne besondere Anhaltspunkte und außerhalb einer allgemeinen Stichprobenregelung ausschließlich die Gesprächsdaten des BR-Vors. auswertet.[147] Das allgemeine Persönlichkeitsrecht umfasst auch das Recht am eigenen Bild. Es ist nicht auf bestimmte Örtlichkeiten, wie insbesondere die eigene Wohnung, begrenzt.[148] Eine **Videoüberwachung im Betrieb** kann im Rahmen einer Vereinbarung zwischen AG und BR grundsätzlich eingeführt werden, wobei wegen des damit verbundenen Eingriffs in die Persönlichkeitsrechte der AN der Grundsatz der Verhältnismäßigkeit zu beachten ist.[149] Eingriffe in das allgemeine Persönlichkeitsrecht der Arbeitnehmer müssen durch schutzwürdige Belange anderer Grundrechtsträger gerechtfertigt sein. Unzulässig ist dabei eine **heimliche Videoüberwachung** wegen der Verletzung des Rechtes am eigenen Bild, wenn nicht bereits vor der Überwachung der konkrete Verdacht einer strafbaren Handlung oder einer anderen schweren Verfehlung zu Lasten des Arbeitgebers bestand.[150] Auch eine dauerhafte, verdachtsunabhängige Videoüberwachung einer Belegschaft ist unverhältnismäßig und damit unzulässig.[151] Dabei kann sich eine wiederholte und hartnäckige Verletzung des Rechts am eigenen Bild, die um des wirtschaftlichen Vorteils willen erfolgt, als schwere,

---

143 LAG SH, AuR 08, 162.

144 BVerfG, NZA, 92, 307.

145 BAG, AuR 09, 322; LAG SH, RDV 05, 274.

146 BAG, DB, 98, 371.

147 LAG Sachsen-Anhalt, RDV 01, 28.

148 BAG 26.8.08 – 1 ABR 16/07, NZA 08, 1187.

149 BAG, NZA 08, 1187 zur Videoüberwachung in einem Briefverteilzentrum; kritisch zu Lidl und Videoüberwachung Schneider, AiB 08, 243, der zu Recht ein AN-Datenschutzrecht einfordert; zu den Grenzen der Videoüberwachung Schierbaum CA 2/10, 5; Böker, CA 7/09, 16.

150 BAG 21.11.13 – 2 AZR 797/11, DB 14, 367; 21.6.12 – 2 AZR 153/11, NZA 12, 1025; LAG Köln 29.9.06 – 4 Sa 772/06, juris, AiB newsletter 3/07, 5; HessLAG, AuR 03, 188; ArbG Hamburg, NZA-RR 05, 520.

151 BAG, DB 05, 1580, DB 04, 2377 zum Berliner Briefzentrum; LAG Nds., AiB 05, 687.

einen Anspruch auf **Geldentschädigung** rechtfertigende Verletzung des allgemeinen Persönlichkeitsrechts des betroffenen AN darstellen.[152] Die heimliche Videoaufzeichnung an einem öffentlich zugänglichen Arbeitsplatz verstößt gegen § 6 b BDSG und ist rechtswidrig.[153] Diese Videobänder unterliegen in einem Kündigungsschutzverfahren einem **Beweisverwertungsverbot** und sind zu Beweiszwecken unzulässig (vgl. § 87 Rn. 2, § 94 Rn. 6 sowie § 103 Rn. 19).[154] Nach abzulehnender Auffassung des BAG[155] soll nur ein eingeschränktes Beweisverwertungsverbot gelten. So soll eine Verletzung von MBR des BR bei der Erlangung von kündigungsrelevanten Informationen grundsätzlich nicht zu einem **Beweisverwertungsverbot** führen, es sei denn, durch das Verhalten des AG sind Persönlichkeitsrechte des AN verletzt worden und mit der Verwertung im Prozess wird in verfassungsrechtlich geschützte Grundpositionen eingegriffen.[156] Ebenfalls soll ein Beweisverwertungsverbot nicht für eine unter Verletzung des MBR des BR erlangte Videoaufnahme gelten, wenn der BR in Kenntnis der durch die Überwachung gewonnenen Informationen gemäß § 102 zugestimmt hat.[157] Solche Eingriffe in das Persönlichkeitsrecht können auch nicht durch Zustimmung des BR legitimiert werden, wie das BAG bereits 1991 zu Recht festgestellt hat.[158] Ein Beweisverwertungsverbot gilt auch für den Fall, wenn bei einem Telefongespräch die Gegenseite einen Dritten durch aktives Handeln zielgerichtet veranlasst, das Telefongespräch heimlich mitzuhören.[159]

Der Begriff **Mobbing** wird letztlich mit der Definition des Begriffs »Belästigung« in § 3 Abs. 3 AGG umschrieben[160] und ist auf eine Benachteiligung eines AN anwendbar; zu Schadensersatzansprüchen s. Rn. 11. Zum **Stalking** vgl. Reim, AiB 06, 16. Die Persönlichkeitsrechte der AN können auch durch eine betriebliche **Kleiderordnung** beeinträchtigt werden, da grundsätzlich die AN selbst bestimmen, welche Arbeitskleidung sie tragen wollen. Ist aus betrieblichen Gründen das Tragen einer einheitlichen Arbeitskleidung geboten, besteht insoweit ein MBR des BR (vgl. § 87 Rn. 12).[161] Ein Verstoß gegen

---

152 Hess LAG 25.10.10 – 2 Sa 1230/10, brwo, AiB 11, 337.
153 ArbG Frankfurt am Main, RDV 06, 214.
154 LAG Hamm, NZA-RR 02, 464; Arb Hamburg, BB 11, 1332; LAG Bremen, RDV 06, 24 zu Informationen eines Zeiterfassungsgerätes.
155 BAG 16.12.10 – 2 AZR 485/08, NZA 11, 571; zur Kritik Wedde, AuR 05, 453.
156 BAG, DB 08, 1633.
157 BAG, DB 03, 2330.
158 BAG, NZA 92, 43.
159 BAG, AuR 09, 322, das aber eine Ausnahme dann zu lassen will, wenn ein Dritter zufällig den Inhalt des Telefongespräches mithört.
160 BAG, DB 08, 529; LAG Thüringen, AuR 06, 31.
161 LAG Düsseldorf 18.8.10 – 3 TaBV 15/10, brwo, AiB 11, 474 zu Vorschriften über Fingernägel, Haarfarbe und Unterwäsche.

Abs. 2 soll jedoch nach Auffassung des BAG nicht vorliegen, wenn unter Beachtung des MBR des BR den AN untersagt wird, während der vorgeschriebenen Mittagspause den Betrieb zu verlassen, wenn sie berechtigt sind, außerhalb der Mittagspause für eine Stunde den Betrieb zu verlassen.[162] Ebenfalls unzulässig ist es, wenn der AN verpflichtet werden soll, am **Kantinenessen** teilzunehmen und dafür die entstehenden Kosten zu tragen. Eine entsprechende BV ist unwirksam, weil sie in die der Regelungskompetenz der Betriebspartner grundsätzlich entzogene private Lebensgestaltung des AN eingreift.[163]

Durch das ab dem 1.2.2010 in Kraft getretene **Gesetz über genetische Untersuchungen bei Menschen** (GenDG) werden im 5. Abschnitt (§§ 19–22 GenDG) verbindliche Regelungen für das Arbeitsleben über die Durchführung von genetischen Untersuchungen und den Umgang mit den daraus gewonnenen Ergebnissen geschaffen. Durch das GenDG werden AN-Rechte gestärkt, indem in §§ 19 und 20 GenDG ausdrücklich festgelegt wird, dass der AG grundsätzlich weder vor noch nach Abschluss eines Arbeitsvertrages genetische Daten untersuchen oder erfragen darf. Sehr enge Ausnahmen werden in § 20 Abs. 2 bis 4 GenDG zugelassen, ohne dass dadurch aber der AN verpflichtet ist, sich unter den Voraussetzungen dieser Ausnahmen derartigen Untersuchungen oder Analysen unterziehen zu müssen.[164] Schon jetzt ist es nicht zulässig, vom AN zu verlangen, dass er an einer **Routineuntersuchung** teilnimmt, die klären soll, ob er alkohol- oder drogenabhängig ist.[165] Unabhängig davon kann aber ein AN zu einer Einstellungsuntersuchung verpflichtet sein, die im Zusammenhang mit einer gesetzlichen (z.B. § 32 JArbSchG, § 81 SeemannsG), tariflichen (z.B. § 3 Abs. 4 TVöD) oder durch Verordnung (z.B. § 60 StrlSchVO) geregelten arbeitsschutzrechtlichen Untersuchung vor Abschluss des Arbeitsvertrages steht.

9 In einem besonderen Maße ist die freie Entfaltung der Persönlichkeit der AN durch den **Einsatz neuer Technologien**, vor allem durch moderne Personalinformationssysteme, gefährdet, mit deren Hilfe fast unbegrenzt AN-Daten gespeichert und ausgewertet werden können (vgl. § 87 Rn. 41 f.).[166] Abs. 2 verpflichtet daher BR und AG, bei

---

162 BAG, DB 91, 394.

163 BAG, DB 01, 545; BAG, DB 09, 2275 zur Frage einer Verschwiegenheitserklärung.

164 Vgl. im Einzelnen Genenger, AuR 09, 285.

165 BAG, DB 99, 2369; LAG BaWü, NZA-RR 03, 417 zum Drogen- und Alkoholtest bei Einstellungen; vgl. BVerfG, RDV 05, 214 zur Wahrung des Verhältnismäßigkeitsprinzips beim Drogenscreening eines Bundeswehrsoldaten.

166 Zu den Grenzen einer umfassenden Registrierung und dem daraus resultierenden »informationellen Selbstbestimmungsrecht« des Menschen vgl. das »Volkszählungsurteil« des BVerfG, NJW 84, 419; vgl. auch DKKW-Berg, Rn. 123 ff. und ausführlich DKKW-Klebe, § 87 Rn. 154 ff.

Regelungen über die Verarbeitung von personenbezogenen Daten der AN den Grundsätzen über den **Persönlichkeitsschutz des AN** im Arbeitsverhältnis unter Beachtung des BDSG[167] – insbesondere unter Beachtung des § 32 BDSG, der die Datenerhebung, -verarbeitung und Nutzung im Beschäftigungsverhältnis regelt[168] – Rechnung zu tragen.[169] Das gilt nicht nur für Regelungen im Rahmen einer BV, sondern auch bei einem Spruch der ESt.[170] Bei einem mangelhaften und nicht datenschutzkonformen Verfahrensverzeichnis hat der BR einen Unterlassungsanspruch.[171]

Durch die Förderungspflicht wird gerade der AG angehalten, die **freie**   **10**
Entfaltung der Persönlichkeit, insbesondere die Selbständigkeit und Eigeninitiative der AN zu fördern und damit einen Beitrag zu mehr Demokratie im Betrieb zu leisten.[172] Diese Verpflichtung soll sich widerspiegeln in einer entsprechenden Gestaltung der Arbeit und der Betriebsorganisation, damit Freiräume für Entscheidungen, Eigenverantwortung und Kreativität der AN geschaffen werden.[173] Die Förderungspflicht gegenüber den Arbeitsgruppen realisiert sich über deren AN sowie über arbeitsorganisatorische Vorgaben und Regelungen. Die Förderungspflicht schafft jedoch keine neuen MBR des BR.[174]

6. Rechtsfolgen von Verstößen

Verstößt der AG sowohl gegen die in dieser Vorschrift genannten   **11**
Grundsätze als auch gegen das AGG, ist der BR berechtigt, dem AG die Pflichtverletzung **gerichtlich untersagen** zu lassen (§ 17 Abs. 2 AGG i.V.m. § 23 Abs. 3), und zwar entgegen der Auffassung des BAG[175] auch dann, wenn die Voraussetzungen des § 23 Abs. 3 BetrVG nicht vorliegen.[176] Auch eine einstweilige Verfügung ist möglich.

Gegenüber dem AG haben durch Benachteiligung Betroffene zunächst einmal die Möglichkeit des Beschwerderechts, insb. nach § 13 AGG und §§ 84, 85. Daneben kommt ein Leistungsverweigerungsrecht nach § 14 AGG in Frage. Bei einer schuldhaften Herbeiführung einer Be-

---

167 Wedde, AiB 03, 727.
168 Im Einzelnen zur Neuregelung Brandt, AiB 09, 542.
169 Vgl. Thannheiser, CA 2/10, 26 zu ELENA – Elektr. Entgeltnachweis; Brandt, AiB 09, 80; Gola, CF 7–8/06, 43; Schierbaum, CF 7–8/06, 64 zum Datenschutz im BR-Büro; Probst, CA 07, 17 zu Biometrie-Systemen.
170 BAG, DB 86, 1287.
171 Vgl. VG Wiesbaden, RDV 05, 177 zu einem Unterlassungsanspruch des PR bei einem Verfahrensverzeichnis für SAP R/3 HR; ArbG Kaiserslautern, dbr 8/09, 37 zu dem Einbau von GPS-Geräten.
172 Vgl. BT-Drucks. 14/5741, 45.
173 Vgl. BT-Drucks. 14/5741, 45.
174 So BAG, BB 99, 2357.
175 BAG, NZA 03, 166 lehnt einen Unterlassungsanspruch aus § 75 Abs. 2 ab.
176 So u.a. LAG Bremen, AiB 86, 191; LAG Köln, AiB 89, 163.

nachteiligung haftet der AG auf Schadensersatz und – verschuldensunabhängig – für einen Nichtvermögensschaden gem. § 15 AGG.[177] Weitergehende Ansprüche gegen den AG bleiben davon unberührt.[178] Zu beachten ist die zweimonatige **Ausschlussfrist** des § 15 Abs. 4 AGG zur Geltendmachung von Ansprüchen wegen eines Verstoßes gegen das Benachteiligungsverbot des § 7 AGG. Sie beginnt im Falle einer erfolglosen Bewerbung grundsätzlich mit dem Zugang der Ablehnung, nicht jedoch vor dem Zeitpunkt, ab dem der Bewerber Kenntnis von seiner Benachteiligung erlangt hat.[179] Durch die Neuregelung in § 253 Abs. 2 BGB ist ein AG zudem zu Schadensersatz verpflichtet, wenn er nicht alles unternimmt, um eine Verletzung des Körpers, der Gesundheit, der Freiheit oder der sexuellen Selbstbestimmung zu unterbinden. Dieser Anspruch besteht auch bei einer Schädigung durch einen Anderen, z. B. einen Arbeitnehmer (Erfüllungsgehilfe nach § 278 BGB), und kann auch ein Schmerzensgeld umfassen. Der Schadensersatzanspruch gilt insbesondere bei Mobbing und sexueller Belästigung.[180] Es gelten auch bei Mobbing die allgemeinen Grundsätze der Verteilung der Darlegungs- und Beweislast.[181] Die Zweimonatsfrist des § 15 Abs. 4 AGG ist zur Geltendmachung von Entschädigungsansprüchen nach AGG einzuhalten.[182]

Ein Anspruch auf Geldentschädigung (Schmerzensgeld) kann bei einer schwerwiegende Verletzung des allgemeinen Persönlichkeitsrechtes gegeben sein, z. B. bei einer wiederholten und hartnäckigen Verletzung des Rechts am eigenen Bild, das um des wirtschaftlichen Vorteils willen erfolgt.[183]

Der BR kann nach § 104 die Kündigung oder Versetzung eines AN verlangen, der wiederholt die in Abs. 1 enthaltenen Grundsätze grob verletzt und dadurch den Betriebsfrieden ernstlich stört (vgl. § 104 Rn. 1). Dabei ist aber eine wiederholte ernstliche Störung des Betriebsfriedens Voraussetzung.[184] Der BR hat einen Zustimmungsverweigerungsgrund nach § 99 Abs. 2 Nr. 6 BetrVG, wenn anzunehmen ist, dass ein Bewerber oder AN gegen die in § 75 Abs. 1 enthaltenen Grundsätze verstoßen wird (vgl. § 99 Rn. 34).[185]

---

177   BAG 16.2.12 – 8 AZR 697/10, AuR 12, 141.

178   Vgl. NP-AGG, vor §§ 13–16, Rn. 1 ff.

179   BAG 15.3.12 – 8 AZR 37/11, NZA 12, 910.

180   BAG, DB 08, 529; LAG Hamm 19.1.12 – 11 Sa 722/10, juris; zum Anspruch auf Schmerzensgeld LAG Hamm, NZA-RR 03, 8.

181   BAG, DB 08, 532.

182   BAG 15.3.12 – 8 AZR 160/11, brwo.

183   HessLAG 25.10.10 – 7 Sa 1586/09, AiB 11, S. 337 im Falle eines AN, der durch eine sichtbar angebrachte Videokamera einem ständigen Anpassungsdruck ausgesetzt ist.

184   LAG Hamm 23.10.09 – 10 TaBV 39/09, brwo.

185   Vgl. BAG, DB 05, 1469 wonach bestimmte Tatsachen objektiv die Prognose rechtfertigen müssen.

§ 76 Einigungsstelle

(1) Zur Beilegung von Meinungsverschiedenheiten zwischen Arbeitgeber und Betriebsrat, Gesamtbetriebsrat oder Konzernbetriebsrat ist bei Bedarf eine Einigungsstelle zu bilden. Durch Betriebsvereinbarung kann eine ständige Einigungsstelle errichtet werden.

(2) Die Einigungsstelle besteht aus einer gleichen Anzahl von Beisitzern, die vom Arbeitgeber und Betriebsrat bestellt werden, und einem unparteiischen Vorsitzenden, auf dessen Person sich beide Seiten einigen müssen. Kommt eine Einigung über die Person des Vorsitzenden nicht zustande, so bestellt ihn das Arbeitsgericht. Dieses entscheidet auch, wenn kein Einverständnis über die Zahl der Beisitzer erzielt wird.

(3) Die Einigungsstelle hat unverzüglich tätig zu werden. Sie fasst ihre Beschlüsse nach mündlicher Beratung mit Stimmenmehrheit. Bei der Beschlussfassung hat sich der Vorsitzende zunächst der Stimme zu enthalten; kommt eine Stimmenmehrheit nicht zustande, so nimmt der Vorsitzende nach weiterer Beratung an der erneuten Beschlussfassung teil. Die Beschlüsse der Einigungsstelle sind schriftlich niederzulegen, vom Vorsitzenden zu unterschreiben und Arbeitgeber und Betriebsrat zuzuleiten.

(4) Durch Betriebsvereinbarung können weitere Einzelheiten des Verfahrens vor der Einigungsstelle geregelt werden.

(5) In den Fällen, in denen der Spruch der Einigungsstelle die Einigung zwischen Arbeitgeber und Betriebsrat ersetzt, wird die Einigungsstelle auf Antrag einer Seite tätig. Benennt eine Seite keine Mitglieder oder bleiben die von einer Seite genannten Mitglieder trotz rechtzeitiger Einladung der Sitzung fern, so entscheiden der Vorsitzende und die erschienenen Mitglieder nach Maßgabe des Absatzes 3 allein. Die Einigungsstelle fasst ihre Beschlüsse unter angemessener Berücksichtigung der Belange des Betriebs und der betroffenen Arbeitnehmer nach billigem Ermessen. Die Überschreitung der Grenzen des Ermessens kann durch den Arbeitgeber oder den Betriebsrat nur binnen einer Frist von zwei Wochen, vom Tage der Zuleitung des Beschlusses an gerechnet, beim Arbeitsgericht geltend gemacht werden.

(6) Im Übrigen wird die Einigungsstelle nur tätig, wenn beide Seiten es beantragen oder mit ihrem Tätigwerden einverstanden sind. In diesen Fällen ersetzt ihr Spruch die Einigung zwischen Arbeitgeber und Betriebsrat nur, wenn beide Seiten sich dem Spruch im Voraus unterworfen oder ihn nachträglich angenommen haben.

(7) Soweit nach anderen Vorschriften der Rechtsweg gegeben ist, wird er durch den Spruch der Einigungsstelle nicht ausgeschlossen.

(8) Durch Tarifvertrag kann bestimmt werden, dass an die Stelle der in Absatz 1 bezeichneten Einigungsstelle eine tarifliche Schlichtungsstelle tritt.

1. Bildung einer Einigungsstelle

a) Einigungsstelle bei Bedarf

1 Die ESt. ist bei **Bedarf** zu bilden, d. h., wenn alle anderen Einigungsmöglichkeiten zwischen BR und AG erschöpft sind und die Streitigkeit in die Kompetenz der ESt. fällt.[1] Zu den anderen Einigungsmöglichkeiten gehört auch die Inanspruchnahme einer paritätischen Kommission zur Beilegung der Meinungsverschiedenheiten, wenn dieses zwischen AG und BR vereinbart worden ist.[2] Eine paritätische Kommission kann aber nicht als Einigungsstelle im Sinne von § 76 qualifiziert werden und sie ersetzen, denn in § 87 Abs. 2 ist die Verdrängung der ESt. nicht vorgesehen und nach § 76 Abs. 6 BetrVG können nur die TV-Parteien bestimmen, dass an die Stelle der ESt. eine tarifliche Schlichtungsstelle tritt.[3] Vor Anrufung der ESt. muss eine gütliche Einigung versucht worden sein.[4] Dies ergibt sich aus der nach § 74 Abs. 1 S. 2 bestehenden **Verhandlungsverpflichtung** (vgl. § 74 Rn. 1). Ein Mangel an der Einigung liegt bereits dann vor, wenn

---

1 Vgl. BAG, DB 04, 766; NZA 03, 171.
2 LAG Hamm 12. 1. 07 – 10 TaBV 55/06, juris.
3 HessLAG 15. 11. 12 – 5 TaBVGa 257/12, brwo.
4 LAG Sachsen, NZA-RR, 02, 362.

nach subjektiver Einschätzung einer der beiden Seiten eine Regelung nicht ohne fremde Hilfe möglich ist. Allein der Umstand, dass eine Seite die Verhandlung für aussichtslos hält, reicht dazu nicht aus.[5] Ein **Mangel an der Einigung** liegt vor,

- wenn BR und AG über eine mitbestimmungspflichtige Angelegenheit ernsthaft verhandelt haben, eine Seite es dann aber ablehnt, trotz zweimaliger Aufforderung zu den näher entwickelten Vorschlägen der Gegenseite überhaupt Stellung zu nehmen,[6]
- wenn eine Seite nach Ablehnung des Entwurfes einer neuen BV bzw. jeglicher Änderungsvorschläge erklärt, es solle nach der gekündigten BV weiter verfahren werden,[7]
- wenn schon längere Zeit ergebnislos verhandelt worden ist[8] bzw. die Umstände, z.B. totale Zerstrittenheit in der Frage, eine Seite zu der Überzeugung kommen lassen, dass eine Verständigung außerhalb der ESt. nicht möglich ist,[9]
- wenn ein von beiden Seiten erkannter Regelungsgegenstand nach der subjektiven Einschätzung einer Seite nicht ohne Hilfe der ESt. einer möglichst einvernehmlichen Lösung zugeführt werden kann, nachdem der AG mehrfach versucht hat, die Einsetzung zu verhindern.[10]
- außerdem wenn eine der Betriebsparteien aufgrund des bisherigen Verhaltens der anderen Partei die weitere Führung von Verhandlungen für aussichtslos hält und die ESt. anruft.[11]

Das Verfahren vor der ESt. verstößt nicht gegen das Rechtsstaatsprinzip.[12] Die **Kosten** der ESt. trägt der AG (vgl. im Übrigen zu den Kosten der ESt. § 76a).

b) Ständige Einigungsstelle

Das Gesetz geht von einer **nicht ständigen** ESt. aus. Von der Einrichtung einer ständigen ESt. ist abzuraten, da sonst u.a. nicht auszuschließen ist, dass die Einigungsmöglichkeiten nicht voll ausgeschöpft werden, sondern im Streitfall sofort die ESt. angerufen wird. Eine ESt. kann nicht durch Spruch die Besetzung einer ständigen oder einer künftig für bestimmte Gegenstände zuständigen ESt. fest-

2

---

5 LAG RP, AuR 06, 333 Ls.
6 HessLAG, NZA 95, 1118.
7 LAG Hamm, AuR 04, 398; LAG Sachsen, a.a.O.
8 LAG Hamm 9.2.09 – 10 TaBV 3/09, brwo.
9 LAG München, NZA-RR 08, 71 spricht von einer erkennbaren Rechtsmissbräuchlichkeit; LAG Nds., NZA-RR 06, 142.
10 LAG RP 2.11.12 – 9 TaBV 34/12, brwo.
11 LAG Hamm 17.10.11 – 10 TaBV 69/11, brwo; LAG SH 2.3.11 – 3 TaBV 1/11, brwo.
12 Vgl. BVerfG, NZA 88, 25.

legen.[13] Das Gesetz unterscheidet zwischen dem **erzwingbaren** (Abs. 5) und dem – in der Praxis seltenen – freiwilligen **ESt.-Verfahren** (Abs. 6 Satz 1).

2. Zusammensetzung

a) Grundsätze

3 Die Vorschrift des Abs. 2 ist zwingend. Im erzwingbaren ESt-Verfahren kann grundsätzlich keine Seite die Mitwirkung an der Bildung der ESt. verweigern.[14] Akzeptiert der AG den Vorschlag des BR hinsichtlich der **Person des Vors.**, so ist dieser damit bestellt.[15] Kommt eine Einigung über den Vors. nicht zustande, bestellt ihn das **zuständige ArbG**, das auch bei Nichteinigung über die **Anzahl der Beisitzer** entscheidet.[16] Diese Regelungen sind zwingend. In einem ESt-Spruch kann die Besetzung einer ESt hingegen nicht festgelegt werden.[17] Im ESt-Besetzungsverfahren gilt der Offensichtlichkeitsmaßstab für alle im Bestellungsverfahren zu entscheidenden Fragen, also auch für die Frage, ob das in Anspruch genommene Mitbestimmungsrecht dem GBR oder dem BR zusteht.[18] Der Antrag auf Bestellung eines Vors. der ESt. kann vom ArbG nur zurückgewiesen werden, wenn die ESt. **offensichtlich unzuständig** ist (§ 98 Abs. 1 Satz 1 ArbGG).[19] Dabei gilt der Maßstab der offensichtlichen Unzuständigkeit für alle im Zusammenhang mit der Bildung der ESt. zu prüfenden Fragen, also nicht nur für die Frage, ob der ESt. in der umstrittenen Angelegenheit eine Entscheidungskompetenz zusteht.[20] Im **Gerichtsverfahren** (§ 98 ArbGG) verhandelt und entscheidet der Vors. Richter in beiden Instanzen ohne ehrenamtliche Richter.

Der Antrag auf Einsetzung einer ESt. kann nur dann durch das ArbG zurückgewiesen werden, wenn die Zuständigkeit der ESt. ganz offensichtlich unter keinem denkbaren Gesichtspunkt gegeben ist. § 98 Abs. 1 ArbGG spricht von »**offensichtlicher Unzuständigkeit**«.

In folgenden Fällen ist eine Zuständigkeit zu bejahen:,

- bei Unterbringung von auswärts beschäftigten Monteuren im Doppel- oder Einzelzimmer wegen § 87 Abs. 1 Nr. 1;[21]

---

13 BAG, NZA 08, 1187.
14 LAG RP 22. 11.12 – 10 TaBV 37/12, juris, zur Verweigerung eines AG.
15 Zum ESt.-Vors. ausführlich U. Fischer, DB 00, 217 ff.
16 Zum Ablaufverfahren vgl. DKKW-F-Berg, § 76 Rn. 2.
17 BAG 9.7.13 – 1 ABR 19/12, AuR 13, 459.
18 LAG Hamm 19.7.10 – 10 TaBV 39/10, brwo.
19 Siehe dazu Goergens, AiB 98, 481.
20 LAG Nürnberg, AuR 05, 278 auch für das Scheitern der Verhandlungen oder den Widerruf einer Vereinbarung über die Zulassung eines RA auf Seiten des BR bei Beratungen über einen Interessenausgleich; LAG Düsseldorf, AiB 05, 122; LAG München, AiB 04, 695 m. Anm. Fuchs; DKKW-Berg, Rn. 65.
21 LAG Hamm 26.7.04 – 10 TaBV 73/04, juris.

- bei Einführung von Tätigkeitsberichten und Tätigkeitsplänen in einer Vertriebsdirektion;[22]
- wenn ein AG als Sprache der betrieblichen Kommunikation Englisch statt Deutsch einführen will;[23]
- bei einem betrieblichem Eingliederungsmanagement;[24]
- bei der Errichtung einer Beschwerdestelle i. S. des § 13 AGG hinsichtlich der Frage der Einführung und Ausgestaltung des Verfahrens, nicht jedoch hinsichtlich der Frage, wo die Beschwerdestelle errichtet und wie diese personell besetzt werden soll;[25]
- bei Mobbing; [26]
- wenn ESt. wegen einer AN-Beschwerde, die den Vorwurf des Mobbings enthält, angerufen wird, auch wenn Gegenstand der Beschwerde nicht nur Belastungen tatsächlicher Art sind, sondern auch wenn zweifelhaft ist, ob der vom AN vorgetragene Beschwerdegrund rechtlicher oder tatsächlicher Art ist;[27]
- wenn der AG durch bereits installierte Einrichtungen grundsätzlich technisch in die Lage versetzt wird, Verhaltens- bzw.- Leistungsdaten der beschäftigten AN zu erfassen;[28]
- bei einer Gefährdungsbeurteilung nach §§ 4 ff. ArbSchG auch dann, wenn der AG bereits gem. § 13 Abs. 2 ArbSchG einen Dritten beauftragt hat;[29]
- wenn es um eine konkrete betriebliche Regelung zur Wärmeentlastung im Betrieb nach § 3 a ArbStättVO i. V. m. ASR A 3.5 geht;[30]
- bei der Frage eines Verbotes, im Betrieb bestimmte Plaketten zu tragen;[31]
- bei der Frage, ob eine Änderung auch grundlegend i. S. des § 111 Satz 3 Nr. 4 ist;[32]
- bei Interessenausgleich und Sozialplan, wenn ein BR erstmalig gewählt worden ist, nachdem die Betriebsänderung bereits begonnen hat;[33]

---

22 LAG RP, AuR 05, 238.
23 LAG Köln, AuR 09, 370, Ls.
24 LAG SH, DB 07, 924.
25 BAG, NZA 09, 1049; LAG Hamburg DB 07, 1417.
26 LAG Düsseldorf, AiB 05, 122; LAG München, dbr 7/06, 39.
27 LAG Hamm 5. 10. 09 – 10 TaBV 63/09, brwo.
28 ThüringerLAG 14. 6. 12 – 3 TaBV 2/12, AuR 12, 414.
29 LAG SH 8. 2. 12 – 6 TaBV 47/11, AiB 13, 529 Ls.; LAG Köln 28. 6. 12 – 4 TaBV 17/12, brwo.
30 LAG SH 1. 10. 13 – 1 TaBV 33/13, brwo.
31 LAG Hamm 26. 5. 08 – 10 TaBV 51/08, brwo.
32 LAG Hamm, dbr 2/05, 36.
33 LAG Köln, AuR 07, 395.

- bei Interessenausgleich und Sozialplan, auch wenn das in § 92a vorgesehene Verfahren noch nicht abgeschlossen ist;[34]

- bei einer systematischen Beschäftigung von Teilzeitarbeitskräften mit flexibler Arbeitszeit statt wie bisher mit fester individueller, vertraglicher Wochenarbeitszeit (veränderte Arbeitsmethode i. S. d. § 111 Satz 3 Nr. 5 i. V. m. Nr. 4);[35]

- bei der Frage, ob Altersteilzeit nur im Blockmodell und/oder im Teilzeitmodell eingeführt wird;[36]

- bei der Beschwerde einer Abteilungsleiterin, die sich über die personelle Unterbesetzung ihrer Abteilung und die damit verbundene Arbeitsüberlastung beschwert hat;[37]

- bei dem Thema der Ablehnung eines Antrages einer AN auf unbezahlten Urlaub und ihrer Beschwerde hiergegen;[38]

- für eine Vereinbarung »Kontinuierlicher Verbesserungsprozess« (§ 87 Abs. 1 Nr. 12);[39]

- wenn MBR des BR noch nicht durch BV verbraucht ist und es um die noch nicht geregelte Frage geht;[40]

- bei einem konkreten Auskunftsverlangen des **WA** nach § 109, wobei gegebenenfalls die zwischen den Beteiligten umstrittene Frage, ob überhaupt eine wirtschaftliche Angelegenheit im Sinne des § 106 betroffen ist, inzident als Vorfrage im Rahmen der Prüfung ihrer Zuständigkeit zu klären ist.[41]

In folgenden Fällen ist eine **Zuständigkeit** zu **verneinen**:

- wenn eine Rechtsfrage vom BAG in ständiger Rspr. in einem bestimmten Sinne beantwortet wird;[42]

- wenn von einem MBR bereits durch Abschluss einer noch ungekündigten BV abschließend Gebrauch gemacht worden ist, es sei denn, ein Wegfall der Geschäftsgrundlage kommt in Betracht,[43]

- wenn es sich um das bloße Vorliegen einer Meinungsverschiedenheit

---

34   LAG Hamm 20.3.09, 10 TaBV 17/09, brwo.
35   LAG RP 9.3.12 – 6 TaBV 39/11, brwo.
36   LAG Köln, AuR 06, 214.
37   HessLAG, AuR 09, 181 zu §§ 84, 85; LAG Hamm, NZA-RR 02, 139.
38   LAG Hamburg, AuR 07, 219.
39   ArbG Elmshorn, AiB 95, 675.
40   LAG Hamm, BB 08, 340.
41   LAG RP 28.2.13 – 11 TaBV 42/12, brwo.
42   LAG Saarbrücken, AiB 04, 244; LAG Köln AiB 98, 593 m. Anm. v. Rataczak.
43   LAG BaWü, AiB-Newsletter 4/09, 5; LAG Nds, EzA-SD 1/09, 16; LAG Köln, AuR 09, 370, Ls. HessLAG, AuR 08, 406; LAG Hamm 21.12.05 – 10 TaBV 173/05, brwo.

zwischen den Beteiligten über die Anwendung eines TV auf einen Einzelfall handelt;[44]

- wenn sich aus dem TV ergibt, dass die Arbeitszeitflexibilisierung nur durch eine freiwillige BV zwischen dem BR und dem AG geregelt werden kann.[45]

Bei einem Antrag auf gerichtliche Errichtung einer ESt. muss der Antragsteller sein Begehren an die ESt. ausreichend klarstellen. Er kann die Feststellung, dass die Unzuständigkeit der ESt. nicht offensichtlich i.S. des § 98 Abs. 1 Satz 1 ArbGG sei, nicht dadurch erreichen, dass er sein Begehren an die ESt. im Unklaren lässt.[46] Andererseits genügt aber für die Einleitung des gerichtl. Bestellungsverfahrens, wenn BR und AG wissen, worum es bei den Verhandlungen der ESt. gehen soll.[47] In der Antragsschrift ist hinreichend konkret anzugeben, über welchen Gegenstand in der ESt. verhandelt werden soll.[48] Unzulässig ist ein »Widerantrag«, durch den weitere Angelegenheiten noch vor die ESt. kommen sollen[49] oder der AG gleichzeitig die Feststellung der Unzuständigkeit der ESt. beantragt.[50] Bestehen am Schluss der gerichtlichen Anhörung der Betriebspartner im Einigungsstellenbesetzungsverfahren unvereinbare Ansichten, kann vom Arbeitgeber selbst bei zunächst nicht ausreichenden innerbetrieblichen Verhandlungen nicht noch ein erneuter innerbetrieblicher Einigungsversuch verlangt werden.[51]

Bei der **Bestellung des Vors. der ESt.** hat das Gericht die Wünsche und auch die rein subjektiven Vorstellungen der Beteiligten zu beachten;[52] wenn ein Kandidat das Vertrauen des AG und BR genießt, ist es regelmäßig sachgerecht, diesen Kandidaten als Vors. zu bestellen.[53] In der Regel ist der vom Antragsteller beantragte **Vors.** einzusetzen, wenn vom anderen Beteiligten keine oder keine nachvollziehbaren Einwände erhoben werden oder keine begründeten Bedenken gegen seine Unparteilichkeit und Fachkunde bestehen.[54] Die bloße Ableh-

---

44 BAG 11.9.01 – 1 ABR 1/01, juris; LAG Köln 14.3.11 – 5 TaBV 101/11, juris.

45 LAG SH 26.5.10 – 3 TaBV 42/09, brwo.

46 LAG Köln, AuR 98, 378.

47 LAG Nds., AiB 99, 647.

48 HessLAG, AuR 06, 214.

49 LAG Sachsen, NZA-RR 02, 362.

50 LAG Hamm, NZA-RR 03, 637.

51 LAG Berlin-Brandenburg 7.8.08 – 14 TaBV 1212/08, juris; LAG Hamm 18.7.07 – 10 TaBV 71/07, brwo.

52 LAG Berlin-Brandenburg 7.8.08 – 14 TaBV 1212/08, juris; HessLAG, AuR 08, 406; LAG Frankfurt, BB 86, 600.

53 HessLAG, AuR 08, 277.

54 LAG RP 8.3.12 – 11 TaBV 12/12, brwo; LAG Berlin-Brandenburg 3.6.10 – 10 TaBV 1058/10, brwo; LAG Nürnberg 2.7.04 – 7 TaBV 19/04, NZA-RR 05, 100; a.A. LAG Berlin-Brandenburg 4.6.10 – 6 TaBV 901/10, brwo, AuR 10,

nung eines ESt. Vors. ohne Mitteilung nachvollziehbarer Gründe reicht nicht aus.[55] Vors. einer ESt. wird regelmäßig ein Nichtbetriebsangehöriger sein. Es muss sich um eine Person handeln, die die Voraussetzungen des § 98 Abs. 1 Satz 4 ArbGG (Inkompatibilität) und des § 76 Abs. 2 Satz 1 BetrVG (Unparteilichkeit) erfüllt und die notwendige Sach- und Rechtskunde hat.[56] Die Bestellung des Vors. der ESt. und auch die Bestimmung der Anzahl der Beisitzer durch einstweilige Verfügung ist unzulässig.[57] Eine **besondere Regelung** gilt für die Betriebe, die unter den **Geltungsbereich des PostPersRG** fallen (privatisierte Post-UN), wenn bei Meinungsverschiedenheiten über bestimmte Personalangelegenheiten der Bea. (§ 76 Abs. 1 BPersVG) eine ESt. zu bilden ist und keine Einigung über die Person des Vors. erzielt wird. Dann ist der Vors. vom Präsidenten des zuständigen VG zu bestellen (§ 30 PostPersRG, vgl. im Einzelnen BPersVG-PK Anhang IV B § 30 PostPersRG). Allerdings kann auch der gerichtl. bestellte ESt.-Vors. im laufenden ESt.-Verfahren wegen **Besorgnis der Befangenheit** abgelehnt werden, wenn sich Anhaltspunkte für seine Parteilichkeit ergeben. Dieses Verfahren richtet sich grundsätzlich nach den Vorschriften des Schiedsverfahrens (§§ 1036 ff. ZPO).[58] Nur die Betriebsparteien, nicht die Beisitzer können den Befangenheitsantrag stellen.[59] Die ablehnende Betriebspartei hat innerhalb von 2 Wochen ab Bekanntwerden der Ablehnungsgründe diese gegenüber der ESt. schriftlich darzulegen, ansonsten sind sie unbeachtlich. Über den Antrag entscheidet die ESt., wobei der ESt.-Vors. an der Beschlussfassung nicht teilzunehmen hat.[60] Über den abgelehnten Befangenheitsantrag ist nach überwiegender Auffassung durch das zuständige ArbG gemäß § 98 ArbG zu entscheiden.[61] Innerhalb einer Frist von 1 Monat nach Zurückweisung des Antrages durch die ESt. muss eine Entscheidung des ArbG beantragt werden. Das Ablehnungsrecht verliert jedoch derjenige, der sich auf die Verhandlung der ESt. rügelos einlässt, obwohl ihm die Ablehnungsgründe bekannt sind.[62] Wird der Befangenheitsantrag in Verzögerungsabsicht missbräuchlich gestellt oder bedarf es einer kurzfristigen Sachentscheidung der ESt., dann kann die ESt. mit der Stimme des Vors. die Fortführung des Verfahrens beschließen. Legt der Vors. sein Amt freiwillig nieder, weil er zumindest das Bestehen einer Besorgnis der Befangenheit als begründet

485 Ls; sowie LAG RP 15.5.09 – 9 TaBV 10/09, brwo, das keine Bindung des Gerichts an den Personalvorschlag eines der Beteiligten sieht.
55 LAG Hamm 9.2.09 – 9 TaBV 10/09, brwo.
56 LAG Hamm, BB 08, 340.
57 ArbG Siegburg, DB 02, 278; ArbG Ludwigshafen, DB 97, 1188.
58 BAG 17.11.10 – 7 ABR 100/09, brwo, AuR 11, 268 Ls.; BB 02, 576.
59 BAG, DB 02, 1948.
60 BAG, BB 02, 576.
61 BAG a.a.O.; DKKW-Berg, Rn. 102.
62 BAG a.a.O.

ansieht, muss der Vors. der ESt. im üblichen Verfahren (entweder durch BR und AG oder durch das ArbG) neu bestimmt werden.[63]

b) Beisitzer

Beisitzer der ESt. können sowohl der AG selbst als auch Mitgl. des **4** BR sein.[64] Es können aber auch allein Nichtbetriebsangehörige bestellt werden.[65] Wird im **Insolvenzverfahren** des AG aus Anlass einer Betriebsstilllegung ein Sozialplan aufgestellt, brauchen Vertreter der Gläubiger nicht zu Mitgl. der ESt. bestellt zu werden.[66] Die Beisitzer werden für die AN-Seite vom BR benannt, während der AG seine Beisitzer bestimmt. In der Auswahl ihrer Beisitzer sind beide Seiten frei. Besondere Voraussetzungen brauchen die Beisitzer nicht zu er-füllen. Für die **Anzahl der Beisitzer** einer ESt. sind die Schwierig-keiten des Streitgegenstandes und die zur Beilegung der Streitigkeiten notwendigen Fachkenntnisse und betriebspraktischen Erfahrungen maßgebend.[67] Im Allgemeinen sind für **beide Seiten drei Beisitzer** zu bestellen.[68] Die Gegenseite kann die Beisitzer der anderen Seite, gleich aus welchen Gründen, nicht ablehnen, auch nicht wegen Be-sorgnis der Befangenheit.[69] Für die AN-Seite ist es regelmäßig zweck-mäßig, neben betrieblichen Beisitzern **Gew.-Ang.** in die ESt. zu berufen. Im Geltungsbereich des **PostPersRG** sind bei Meinungs-verschiedenheiten in **Personalangelegenheiten der Bea.** (§ 76 Abs. 1 BPersVG) die Beisitzer des BR nur von den Bea.-Vertr. zu bestimmen, wenn die Bea. eine eigene Gruppe im BR bilden. Bilden sie keine eigene Gruppe, muss mindestens einer der vom BR zu bestellenden Beisitzer Bea. sein (§ 30 PostPersRG; vgl. im Einzelnen BPersVG-PK Anhang IV B § 30 PostPersRG). Die Bestellung von **Ersatzbeisitzern** ist zulässig.

3. Verfahren vor der Einigungsstelle

a) Allgemeines

Die für die ESt. maßgeblichen **Verfahrensvorschriften** sind in dieser **5**

---

63 LAG Köln, FA 97, 20.
64 BAG, AuR 86, 282.
65 BAG, NZA 89, 515; BAG, BB 96, 1991.
66 Zur alten KO: BAG, DB 86, 2027.
67 LAG Hamm 17.6.13 – 13 TaBV 48/13, brwo; LAG Nds., NZA-RR 06, 306.
68 LAG Bremen, AuR 84, 91; vgl. auch LAG Hamm 17.6.13 – 13 TaBV 48/13, brwo, sowie LAG Hamm, AiB 09, 450 m. Anm. Manstetten wonach als Regel-besetzung von zwei Beisitzern auszugehen ist; nach der Ansicht des LAG SH, AuR 97, 176 m. Anm. v. Hjort, dürfen auf keinen Fall weniger als zwei Beisitzer pro Seite bestellt werden; LAG RP 8.3.12 – 11 TaBV 12/12, brwo, sowie LAG Hamburg, AiB 99, 221, hat bei einer nicht als gewöhnlich einzuordnenden Sachlage die Anzahl der Beisitzer auf je **vier für jede Seite** festgesetzt.
69 Vgl. BAG, NZA 89, 515; LAG BaWü, AuR 02, 151; LAG Düsseldorf, AuR 81, 284.

Bestimmung zwar zwingend, aber nicht abschließend geregelt, so dass die ESt. einen weitgehenden Freiraum hat[70] und ihr weiteres Verfahren nach pflichtgemäßen Ermessen selbst bestimmt, wobei aber rechtsstaatliche Grundsätze zu beachten sind.[71] Das Gesetz schreibt lediglich die mündliche Beratung, die Abstimmung durch den Spruchkörper, den Abstimmungsmodus, die schriftliche Niederlegung und die Zuleitung der Beschlüsse vor. Weitere Einzelheiten können die Betriebsparteien in einer Betriebsvereinbarung regeln. Die ESt. hat ihre Tätigkeit **unverzüglich** aufzunehmen. Sie hat somit ohne zeitliche Verzögerung zusammenzutreten und die Verhandlungen zu beginnen. Wenn der AG in der ESt. erklärt, nunmehr doch keine Betriebsstilllegung vorzunehmen, ist dieses für die ESt. nicht bindend; sie verliert deshalb nicht ihre Zuständigkeit.[72] An welchem **Ort** die ESt. zu tagen hat (ob inner- oder außerbetrieblich), kann zwischen AG und BR vereinbart werden. Kommt eine Einigung darüber nicht zustande, entscheidet der Vors. der ESt.[73] Der Vors. hat auch für die **Einladung der Beisitzer** zu sorgen, wenn Ort und Zeit einer Sitzung der ESt. nicht zwischen allen Mitgl. abgesprochen wurde. Bedient er sich dazu einzelner Beisitzer und leiten diese die Einladung nicht weiter, so fehlt es an einer ordnungsgemäßen Einladung. Haben nicht alle Beisitzer an der Sitzung der ESt. teilgenommen, weil sie nicht ordnungsgemäß eingeladen wurden, und ergeht dennoch ein ESt.-Spruch, ist dieser unwirksam.[74] Unschädlich ist es, dass Vertr. des AG und Mitgl. des BR bzw. von der Sache unmittelbar betroffene AN an der mündlichen Verhandlung der ESt. als **Zuhörer** teilnehmen.

b) Beratung und Beschlussfassung

Die **abschließende mündliche Beratung und Beschlussfassung** darf dagegen nur in Abwesenheit der Betriebsparteien erfolgen; andernfalls ist der ergangene Spruch unwirksam.[75] Die Pflicht zur Zusammenarbeit bedingt, dass AG und BR der ESt. die angeforderten **Unterlagen** zur Verfügung stellen.[76] **Zwangsmittel** hat die ESt. aber nicht. Zu den Verfahrensgrundsätzen, die die ESt. immer zu beachten hat, gehört die Gewährung des **rechtlichen Gehörs** (Art. 103 Abs. 1

---

70 BAG 17.9.13 – 1 ABR 24/12, DB 13, 2806.
71 BAG, DB 99, 1457; vgl. auch DKKW-Berg, Rn. 89; zum Ablaufverfahren vgl. DKKW-F-Berg, § 76 Rn. 3; Rupp, AiB 02, 335.
72 LAG Köln, AuR 01, 77.
73 DKKW-Berg, Rn. 98.
74 BAG, BB 95, 2581.
75 BAG, DB 94, 838.
76 ArbG Berlin, AiB 00, 436 in dem Fall, dass der AG die von der ESt. angeforderten Unterlagen nicht aushändigt bzw. die entsprechenden Informationen nicht erteilt hat.

GG).[77] Den Beteiligten muss deshalb stets Gelegenheit eingeräumt werden, sich ausführlich zur Sache zu äußern. Die ESt. ist an die **Anträge oder inhaltlichen Vorgaben**[78] **der Betriebsparteien nicht gebunden.** Sie kann im vorgegebenen Entscheidungsrahmen durchaus abweichende Lösungsvorschläge zur Beilegung der Meinungsverschiedenheiten zur Abstimmung stellen.[79] Über einen Antrag auf Vertagung der Sitzung entscheidet die ESt. mit Stimmmehrheit, nicht der Vorsitzende alleine.[80] Eine Beschlussfassung der ESt. erfolgt außerhalb des freiwilligen Einigungsstellenverfahrens (vgl. Abs. 6) nur in Angelegenheiten, in denen der Gesetzgeber eine solche Entscheidung zur Auflösung eines betriebsverfassungsrechtlichen Konflikts ausdrücklich vorgesehen hat. Für das Scheitern der Interessenausgleichsverhandlungen vor der ESt. ist eine förmliche Entscheidung durch Beschluss der ESt. nicht vorgesehen.[81] Liegt ein erzwingbares ESt.-Verfahren vor und bleiben die Beisitzer einer Seite trotz rechtzeitiger Einladung ohne sachliche Rechtfertigung der Sitzung der ESt. fern, entscheiden die **anwesenden Beisitzer und der Vors. allein.** Nur die tatsächlich abgegebenen Stimmen zählen.[82] Wird der ESt.-Spruch in einzelnen Abschnitten zur Abstimmung gestellt, muss gewährleistet sein, dass er im Ergebnis in seiner Gesamtheit von der Mehrheit der Mitgl. der ESt. getragen wird.[83] Die Entscheidung der ESt. wird mit **einfacher Stimmenmehrheit der anwesenden Mitgl.** getroffen. Der Vors. hat sich bei der Beschlussfassung zunächst der Stimme zu enthalten. Erst bei der zweiten Abstimmung, der eine weitere mündliche Beratung vorausgehen muss, nimmt er an der Abstimmung teil (Abs. 3 Satz 2). Unterbleibt die weitere Beratung, liegt ein grober Verfahrensverstoß vor, der einen ESt.-Spruch, der ohne diese weitere Beratung ergangen ist, unwirksam macht.[84] Gleiches gilt, wenn die ESt. mit Schlussberatung und Abstimmung über den zunächst verabredeten Endzeitpunkt hinaus fortgesetzt wird, obwohl für einen Beisitzer die weitere Teilnahme unzumutbar und ein Ersatzbeisitzer nicht geladen worden ist.[85] Die Beisitzer dürfen sich grundsätzlich nicht der Stimme enthalten. Geschieht dies doch, zählen Stimmenthaltungen nach Auffassung des BAG[86] jedenfalls in den Fällen, in denen der Spruch einer ESt. die Einigung der Betriebsparteien ersetzt, nicht als Nein-Stimmen. Nach dieser Auffassung ist daher der Spruch der ESt. auch im ersten

---

77 BAG, DB 92, 1730.
78 BAG 17.9.13 – ABR 24/12, DB 13, 2806.
79 BAG, DB 90, 1090.
80 LAG Köln, NZA-RR 06, 197.
81 BAG 16.8.11 – 1 AZR 44/10, brwo, BB 11, 3060 Ls.
82 BAG 16.8.11 – 1 ABR 30/10, brwo.
83 BAG, DB 89, 1926.
84 ArbG München, CR 92, 219.
85 LAG Köln, NZA-RR 06, 197.
86 BB 91, 2535.

Abstimmungsgang mit Stimmenmehrheit beschlossen, wenn die Zahl der Ja-Stimmen größer ist als die der Nein-Stimmen.[87]

Die ESt. kann auch eine vorläufige Regelung für die Dauer eines bereits laufenden ESt.-Verfahrens bis zu ihrem endgültigen Spruch treffen. Bei Vorliegen unabweisbarer Sicherungsbedürfnisse ist die ESt. zu einem vorläufigen materiellen Rechtsschutz durch Vorabentscheidung sogar verpflichtet, wenn ein entsprechender Antrag gestellt wird.[88]

c) Sachverständiger

5a   Fehlender Sachverstand kann in der ESt. durch die Hinzuziehung eines Sachverständigen geklärt werden. Die ESt. kann die Beiziehung eines **Sachverständigen** nach pflichtgemäßen Ermessen anordnen, soweit dies zur ordnungsmäßigen Erfüllung ihrer Aufgaben erforderlich ist.[89], ohne auf eine Vereinbarung mit dem Arbeitgeber nach § 80 Abs. 3 BetrVG angewiesen zu sein.[90] Es bedarf deshalb keiner Einschaltung des ArbG, um eine fehlende Einigung zwischen AG und BR zu ersetzen.[91]

d) Schriftliche Begründung der Beschlüsse und Zuleitung

6   Die in § 76 Abs. 3 normierte Verpflichtung die Beschlüsse der ESt. schriftlich niederzulegen, vom Vors. zu unterschreiben und mit der Unterschrift des Vors. versehen beiden Betriebsparteien zuzuleiten, hat konstitutive Bedeutung.[92] Die schriftliche **Begründung der Beschlüsse** ist nicht zwingend vorgeschrieben, dient jedoch den Interessen aller Beteiligten.[93] Von Verfassungs wegen ist eine Begründung allerdings nicht geboten.[94] Der Vors. der ESt. muss unverzüglich den Betriebsparteien ein von ihm persönlich unterzeichnetes Schriftstück, das den Spruch beinhaltet, zustellen.[95] Die Unterzeichnung durch ihn kann nicht durch eine elektronische Form erfolgen (§ 126a BGB), z. B. in Form einer pdf-Datei in der Anlage zu einer E-Mail mit der Unterschrift des Vors. in eingescannter Form oder mit einer elektronischen Signatur. Auch eine Unterzeichnung lediglich in Textform (§ 126b BGB) kann nicht vorgenommen werden. Eine Ausnahme gilt für den

---

87   BAG a. a. O.; zum Stimmverhalten des Vors. und der Beisitzer vgl. auch BAG, DB 99, 1457.

88   HessLAG 25.6.09 – 5 TaBVGa 52/09, brwo; DKKW-Berg, Rn. 118.

89   Vgl. BAG, BB 90, 918.

90   LAG Hamm 22.2.08 – 10 TaBVGa 3/08, brwo.

91   LAG Nds., AiB 88, 311.

92   BAG 13.3.12 – 1 ABR 78/10, DB 13, 1001; LAG Hamburg 15.1.13 – 2 TaBV 13/11, juris, n. rk. BAG – 1 ABR 22/13.

93   Zu einem Musterspruch vgl. DKKW-F-Berg, § 76 Rn. 12.

94   BVerfG, NZA 88, 25.

95   LAG Berlin-Brandenburg 16.11.11 – 17 TaBV 1366/11, juris.

Fall, dass bei der Übermittlung die Übersendung des unterzeichneten Spruchs angekündigt wird.[96] Eine nachträgliche und rückwirkende Heilung ist nicht möglich.[97] Für eine Korrektur bedarf es erst einer erneuten Beschlussfassung durch die ESt.[98] Nimmt der ESt-Spruch auf Anlagen Bezug, muss er insgesamt dem Schriftformerfordernis der §§ 126 BGB, 77 Abs. 2 BetrVG genügen, d. h. die **Anlagen** müssen mit dem Spruch körperlich verbunden und ihrerseits unterzeichnet oder paraphiert sein, damit eine Rückbeziehung der Anlagen auf den ESt-Spruch vorliegt.[99]

e) Inhalt und Rechtswirkung des Spruchs

In den Fällen, in denen der Spruch der ESt. die Einigung zwischen AG und BR ersetzt, kommt in aller Regel eine BV zustande, z. B. in den Fällen der sozialen MB nach § 87 Abs. 1. In diesen Fällen wird sie auf Antrag einer Seite tätig. In den Fällen der § 37 Abs. 6, 7, § 38 Abs. 2 und § 95 Abs. 1 kann sie nur vom AG, im Falle des § 85 nur vom BR angerufen werden. Im Geltungsbereich des **PostPersRG** kann bei Meinungsverschiedenheiten über die in § 76 Abs. 1 BPersVG genannten Personalangelegenheiten der Bea. lediglich die **Einsetzung** einer ESt. **erzwungen** werden. Diese kann aber keinen verbindlichen Spruch fällen, sondern lediglich eine **Empfehlung** aussprechen. Ggf. trifft der zuständige Bundesminister die endgültige Entscheidung (§ 29 Abs. 3 PostPersRG; vgl. im Einzelnen BPersVG-PK Anhang IV B § 29 PostPersRG). Die die Zuständigkeit ist auch in **Eilfällen** gegeben.[100] Bestimmt im TV, dass in einer **nichtmitbestimmungspflichtigen** Angelegenheit ein Einvernehmen zwischen AG und BR zu erzielen ist, kann darin festgelegt werden, dass bei einer Nichteinigung die ESt. **verbindlich** entscheidet.[101] Die ESt. kann einen **Zwischenbeschluss** fassen, der die Feststellung der Zuständigkeit zum Inhalt hat. Dieser kann hinsichtlich seiner Wirksamkeit bzw. Unwirksamkeit isoliert mit einem Feststellungsantrag nach § 256 Abs. 1 ZPO gerichtlich überprüft werden, außer bereits vor der gerichtlichen Anhörung im Verfahren erster Instanz liegt der abschließend regelnde Spruch der ESt. vor. Verfahrensbegleitende Zwischenbeschlüsse der ESt., die nicht die Zuständigkeit der ESt. zum Gegenstand haben, sind nicht gesondert gerichtlich anfechtbar.[102]

7

---

96   BAG 11. 12. 12 – 1 ABR 78/11, DB 13, 2034; 13. 3. 12 – 1 ABR 78/10, DB 13, 1001.
97   BAG 5. 10. 2010 – 1 ABR 31/09, AiB 11, 466.
98   LAG Berlin-Brandenburg 8. 3. 12 – 5 TaBV 141/12, brwo, BAG 10. 12. 13 – 1 ABR 45/12 – hat Rechtsbeschwerde zurückgewiesen.
99   LAG Nds 1. 8. 12 – 2 TaBV 52/11, NZA-RR 13, 23.
100 BAG, DB 75, 647.
101 BAG, DB 87, 2257; 88, 1397.
102 BAG, NZA 04, 1175, DB 02, 1839.

f) Ermessensspielraum

Die ESt. hat ihre **Beschlüsse** unter angemessener Berücksichtigung der Belange des Betriebs und der betroffenen AN nach billigem Ermessen zu treffen, ihrem Regelungsauftrag vollständig nachzukommen und den Konflikt im Rahmen der gestellten Anträge vollständig zu lösen.[103] Die Einigungsstelle hat die durch Art 2 Abs. 1 GG geschützte allgemeine Handlungsfreiheit der AN zu beachten. Das zulässige Ausmaß einer Beschränkung der allgemeinen Handlungsfreiheit bestimmt sich nach dem Grundsatz der Verhältnismäßigkeit. Die getroffene Regelung muss somit geeignet, erforderlich und unter Berücksichtigung der gewährleisteten Freiheitsrechte angemessen sein, um den erstrebten Zweck zu erreichen.[104] Sie hat einen Ermessensspielraum, der als solcher gerichtl. nicht nachgeprüft werden kann. Die Frage, ob ein Spruch der ESt. die **Grenzen des Ermessens** überschreitet, ist eine Rechtsfrage, die der unbeschränkten Überprüfung durch das ArbG unterliegt.[105] Die Anrufung des ArbG zur Überprüfung der Entscheidung der ESt. darf durch Vereinbarung nicht ausgeschlossen werden.[106] Ob der Spruch der ESt. die Grenzen des Ermessens wahrt, ist davon abhängig, ob die getroffene Regelung als angemessener Ausgleich die Belange des Betriebs und der betroffenen AN angemessen berücksichtigt und ob sie billigem Ermessen entspricht.[107] Es kommt nicht darauf an, welche Überlegungen die ESt. selbst angestellt hat und von welchen Umständen sie sich bei ihrer Entscheidung hat leiten lassen.[108] Eine Entscheidung der ESt. außerhalb des ihr eingeräumten Gestaltungs- und Ermessensspielraums liegt etwa vor,

- wenn sie dem AG in einer mitbestimmungspflichtigen Angelegenheit eine Gestaltungsfreiheit eingeräumt hat, die einem »mitbestimmungsfreien« Zustand gleichkommt,[109]

- wenn der ESt.-Spruch, der nicht selbst eine Regelung der mitbestimmungspflichtigen Angelegenheiten trifft, die der ESt. zustehenden Regelungsbefugnis auf den AG überträgt,[110]

---

103   BAG 11.1.11 – 1 ABR 104/09, DB 11, 1111.

104   BAG, NZA 07, 640.

105   Zur Ermessenüberschreitung bei einer Videoüberwachung und -aufzeichnung BAG 11.12.12 –1 ABR 78/11, brwo; bei der Aufstellung eines Sozialplans vgl. u. a. BAG, DB 95, 430; zur wirtschaftlichen Vertretbarkeit eines Sozialplanes BAG, AuR 11, 183; DB 05, 397, BB 04, 218; bei Vergütungspflicht einer Raucherpause LAG SH, dbr 1/08, 38.

106   BAG, DB 91, 1025.

107   Vgl. BAG 9.11.10 – 1 ABR 75/09, brwo, NZA-RR 11, 354 zur Arbeitszeit; DB 04, 2377.

108   BAG, BB 83, 1597.

109   BAG, NZA 90, 399.

110   BAG 17.1.12 – 1 ABR 45/10, DB 12, 2290.

- wenn bei der Ausgestaltung der Dienstkleidungspflicht dem AG die Bestimmung des persönlichen Geltungsbereichs überlassen bleibt, als auch eine Regelung der Umkleidemöglichkeiten unterbleibt,[111]

- dem AG durch den ESt.-Spruch dauerhaft ermöglicht wird, das betriebsübliche Ende der Arbeitszeit um die festgelegten Zeiten hinauszuschieben,[112]

- wenn ein ESt.-Spruch nicht regelt, unter welchen Voraussetzungen die streitgegenständlichen Schichten durchgeführt werden müssen oder vom AG nach Zustimmung des BR abgesagt werden können,[113]

- wenn die ESt. einfach den Antrag einer Seite zurückweist, ohne die im Streit befindlichen Angelegenheiten im Rahmen eines bestehenden MBR selbst zu regeln,[114]

- wenn die ESt. lediglich Bestimmungen über die Verteilung eines möglichen Sozialplanvolumens trifft, ohne den Umfang der vom Unternehmen zur Verfügung zu stellenden Finanzmittel festzulegen,[115]

- wenn die Regelungsaufgabe durch abschließende Entscheidung mit bestimmten Maßnahmen an die Betriebsparteien zurück übertragen wird,[116]

- bei einem ESt.-Spruch, der einen AG zu Gefährdungsschulungen nach § 12 ArbSchG verpflichtet, bevor konkrete Gefährdungen für den jeweils zu schulenden AN festgestellt wurden (Gefährdungsbeurteilungen).[117]

Ein ESt.-Spruch kann nur im Rahmen eines Mitbestimmungsrechtes erfolgen;[118] die Mitbestimmungsrechte des BR können nicht ohne dessen Zustimmung durch die ESt. erweitert werden.[119] Falls die Mitbestimmung des BR nach § 87 Abs. 1 BetrVG durch einen **Verwaltungsakt eingeschränkt** wird, durch den der AG verpflichtet wird, eine bestimmte Maßnahme ohne Gestaltungsspielraum vorzunehmen oder zu unterlassen, hat auch die ESt. diese Einschränkung des Mitbestimmungsrechtes zu beachten.[120] Stellt die ESt. fest, dass die

---

111 BAG 17.1.12 – 1 ABR 45/10, DB 12, 2290.
112 BAG 9.7.13 – 1 ABR 19/12, AuR 13, 459.
113 LAG RP 9.2.11 – 8 TaBV 7/10, brwo.
114 Vgl. BAG, DB 90, 1090; vgl. auch LAG Hamm, NZA 90, 500.
115 BAG, NZA-RR 09, 588.
116 BAG, DB 02, 1839; LAG Bremen, AiB 99, 161.
117 BAG 8.11.11 – 1 ABR 42/10, DB 12, 1213; LAG Saarbrücken 8.12.10 – 1 TaBV 3/10, brwo, dbr 5/11, 38.
118 BAG, NZA 07, 640.
119 BAG, NZA 01, 1154.
120 BAG 11.12.12 –1 ABR 78/11, brwo.

Regelung der Mitbestimmungsmaterie nicht vollständig erfolgt ist, kann sie sich damit erneut befassen, wenn es sich um eine offensichtliche Unvollständigkeit des ESt.-Spruchs handelt.[121]

g) Bestimmtheit des Spruchs

Ein ESt.-Spruch muss **hinreichend bestimmt** sein, ansonsten ist er unwirksam. So muss aus einem Spruch, mit dem die Berechtigung einer Beschwerde von AN nach § 85 Abs. 2 festgestellt wird, hervorgehen, welche tatsächlichen Umstände als zu vermeidende Beeinträchtigungen der AN angesehen werden.[122] Ein die AN belastender ESt.-Spruch kann ausnahmsweise **rückwirkende Kraft** entfalten, wenn die betroffenen AN mit einer rückwirkend belastenden Regelung rechnen mussten und sich darauf einstellen konnten. Soll ein belastender Spruch der ESt. rückwirkend in Kraft treten, so muss das im Spruch selbst deutlich zum Ausdruck gebracht werden. Im Zweifel ist eine Rückwirkung nicht gewollt.[123]

4. Streitigkeiten; gerichtliche Überprüfung des Einigungsstellenspruchs

8 Das ArbG[124] kann die Unwirksamkeit des ESt.-Spruches feststellen, wenn diese ihren Ermessensspielraum überschritten hat. Die Anrufung des ArbG suspendiert den Spruch nicht, die Anfechtung des ESt.-Spruches hat keine aufschiebende Wirkung. Dieser ist während des noch laufenden Gerichtsverfahrens entgegen der Auffassung des BAG[125] verbindlich und auszuführen.[126] Die **Durchführung** kann durch einstweilige Verfügung erzwungen werden.[127] Einstweilige Verfügungen, die die Durchführung eines ESt.-Spruchs **verhindern** sollen, sind – wenn überhaupt – nur in ganz engen Grenzen zulässig, ggf. dann, wenn der Spruch krasse Rechtsverstöße enthält und diese zudem offensichtlich sind.[128] Nach Auffassung des BAG kann der AG auch während des laufenden ESt.-Verfahrens beim ArbG im Beschlussverfahren geltend machen, dem BR stehe in der streitigen Angelegen-

121 LAG Hamburg 15.1.13 – 2 TaBV 13/11, juris, n.rk. BAG – 1 ABR 22/13.
122 BAG, NZA 06, 803.
123 BAG, BB 96, 326.
124 Zu einem Musterantrag, vgl. DKKW-F-Berg, § 76 Rn. 14.
125 BAG 22.1.13 – 1 ABR 92/11, juris, wonach die Durchführung eines von einer ESt. beschlossenen Sozialplans erst möglich ist, wenn die Entscheidung in einem parallel geführten Verfahren über die arbeitgeberseitige Anfechtung des Sozialplans rechtskräftig ist.
126 LAG MV 3.2.10 – 2 TaBV 15/09, brwo; HessLAG, ArbRB 05, 241; offen gelassen von LAG Nds 18.10.11 – 11 TaBV 89/10, brwo.
127 Vgl. u.a. LAG Berlin, BB 85, 1199.
128 HessLAG a.a.O.; LAG Köln, NZA 00, 334.

heit ein MBR nicht zu.[129] Aber auch dadurch wird der Spruch der ESt. nicht suspendiert.

Ermessensfehler darf das ArbG nur überprüfen, wenn es innerhalb **9** der vorgeschriebenen **2-Wochen-Frist** angerufen wird.[130] Bei der Frist von zwei Wochen handelt es sich um eine materiell-rechtliche Ausschlussfrist. Sie ist nicht gewahrt, wenn innerhalb dieser Frist die Feststellung der Unwirksamkeit eines Sozialplans ohne Begründung beim ArbG beantragt wird.[131] Der Spruch der ESt. kann **außerhalb der 2-Wochen-Frist** gerichtlich angefochten werden, wenn er gegen **zwingende Rechtsvorschriften** verstößt. Eine **Überprüfung** des Spruchs der ESt. über personelle Angelegenheiten der Bea. im Geltungsbereich des **PostPersRG** obliegt – bei Vorliegen der entsprechenden Voraussetzungen – dem **VG** (§ 29 Abs. 9 PostPersRG; vgl. im Einzelnen BPersVG-PK Anhang IV B § 29 PostPersRG). Wird der Betrieb stillgelegt, erledigt sich ein anhängiges Beschlussverfahren.[132] Ist die ESt. ihrem Auftrag zur vollständigen Lösung des Konflikts zwischen den Betriebspartnern im Rahmen des bestehenden Mitbestimmungsrechts des BR so nachgekommen, dass der Spruch der Einigungsstelle rechtsunwirksam ist, fehlt es an einer wirksamen Beendigung des ESt.-Verfahrens. In diesem Fall ist die nach wie vor bestehende ESt. unter Fortsetzung des Verfahrens zur Lösung des zwischen den Betriebspartnern bestehenden Konflikts verpflichtet.[133]

5. Tarifliche Schlichtungsstelle

Durch TV kann eine **tarifliche Schlichtungsstelle** errichtet werden, **10** die die Befugnisse der betriebsverfassungsrechtlichen ESt. übernimmt. Ein solcher TV kann festlegen, dass sich die Zuständigkeit der tariflichen Schlichtungsstelle auf alle Aufgaben der ESt. oder nur auf einen Teil erstrecken soll.[134] Der TV findet bereits dann Anwendung, wenn nur der AG tarifgebunden ist (§ 3 Abs. 2 TVG). Sprüche einer tariflichen Schlichtungsstelle unterliegen der Formvorschrift des § 76 Abs. 3 S. 4 (vgl. Rn. 4) Danach ist der Spruch einer tariflichen Schlichtungsstelle nur wirksam, wenn er schriftlich niedergelegt und mit der Unterschrift des Vorsitzenden versehen beiden Betriebsparteien zugeleitet

---

129 Vgl. u. a. BAG, DB 84, 775; a. A. ArbG Wetzlar, AuR 87, 181, wonach ein entsprechender Antrag des AG unzulässig ist, da die ESt. über diese Frage selbst zu entscheiden habe.

130 Vgl. dazu auch BAG, DB 85, 2153.

131 BAG, DB 88, 2154.

132 BAG, DB 01, 2659.

133 BAG, AiB 90, 259; LAG RP 12. 4. 11 – 3 TaBV 6/11, brwo.

134 BAG 14. 9. 10 – 1 ABR 30/09, AuR 11, 38 Ls.; BAG 16. 8. 11 – 1 ABR 30/10, EzA-SD 2011, Nr 26, 14, zur Paritätische Kommission nach dem ERA-TV für Beschäftigte in der Metall- und Elektroindustrie in Baden-Württemberg vom 16. September 2003.

wird. Fehlt die Unterschrift des ESt.-Vors. ist der Spruch unwirksam und kann auch nicht nachträglich geheilt werden.[135]

§ 76 a   Kosten der Einigungsstelle

(1) Die Kosten der Einigungsstelle trägt der Arbeitgeber.

(2) Die Beisitzer der Einigungsstelle, die dem Betrieb angehören, erhalten für ihre Tätigkeit keine Vergütung; § 37 Abs. 2 und 3 gilt entsprechend. Ist die Einigungsstelle zur Beilegung von Meinungsverschiedenheiten zwischen Arbeitgeber und Gesamtbetriebsrat oder Konzernbetriebsrat zu bilden, so gilt Satz 1 für die einem Betrieb des Unternehmens oder eines Konzernunternehmens angehörenden Beisitzer entsprechend.

(3) Der Vorsitzende und die Beisitzer der Einigungsstelle, die nicht zu den in Absatz 2 genannten Personen zählen, haben gegenüber dem Arbeitgeber Anspruch auf Vergütung ihrer Tätigkeit. Die Höhe der Vergütung richtet sich nach den Grundsätzen des Absatzes 4 Satz 3 bis 5.

(4) Das Bundesministerium für Arbeit und Soziales kann durch Rechtsverordnung die Vergütung nach Absatz 3 regeln. In der Vergütungsordnung sind Höchstsätze festzusetzen. Dabei sind insbesondere der erforderliche Zeitaufwand, die Schwierigkeit der Streitigkeit sowie ein Verdienstausfall zu berücksichtigen. Die Vergütung der Beisitzer ist niedriger zu bemessen als die des Vorsitzenden. Bei der Festsetzung der Höchstsätze ist den berechtigten Interessen der Mitglieder der Einigungsstelle und des Arbeitgebers Rechnung zu tragen.

(5) Von Absatz 3 und einer Vergütungsordnung nach Absatz 4 kann durch Tarifvertrag oder in einer Betriebsvereinbarung, wenn ein Tarifvertrag dies zulässt oder eine tarifliche Regelung nicht besteht, abgewichen werden.

Inhaltsübersicht

1. Kostentragung

1   Der AG hat die durch die Tätigkeit der ESt. entstandenen Kosten zu tragen, wie etwa den Sachaufwand (z.B. Miete für Räume, Zurverfügungstellung von Schreibmaterial und Schreibkräften) oder Aufwendungen der Mitgl. der ESt. (z.B. Reise-, Übernachtungs- und Verpflegungskosten; dazu gehören aber auch die Kosten für einen

---

135   BAG 14.9.10 – 1 ABR 30/09, brwo, AuR 11, 38 Ls.

Sachverständigen, den die ESt. in ihrem Verfahren hinzuzieht).[1] So sind der Zeitaufwand für die Tätigkeit der ESt. und der Schwierigkeitsgrad der Streitigkeit entscheidende Maßstäbe bei der Festsetzung des Honorars für den ESt.-Vors. und die sich daran orientierende Vergütung für die außerbetrieblichen Beisitzer. Solange die Rechtsverordnung nach Abs. 4 noch nicht erlassen worden ist, gilt prinzipiell die Rspr. des BAG zum Vergütungsanspruch des **ESt.-Vors.** und der **außerbetrieblichen Beisitzer**, wobei der erforderliche **Zeitaufwand**, die **Schwierigkeit der Streitigkeit** sowie ein eventueller **Verdienstausfall** zu berücksichtigen sind. Das RVG und der damit verbundene Gegenstandswert können grundsätzlich nicht als Bemessungskriterium für die Vergütung herangezogen werden. Es wird allgemein als naheliegend angesehen, die Vergütung auf der Grundlage der Neuregelung nach **Stunden- oder Tagessätzen** abzurechnen.[2] Die ArbG sind nicht befugt, Höchstbeträge für die Honorare von ESt.-Mitgl. festzusetzen, da es an einer planmäßigen Gesetzeslücke fehlt, die von den ArbG geschlossen werden könnte.[3] Zu beachten ist ferner, dass nach der Neuregelung nicht nur der ESt.-Vors., sondern auch die außerbetrieblichen Beisitzer ohne eine ausdrückliche Vergütungsabrede bzw. Vergütungszusage einen **Anspruch gegen den AG auf Vergütung** der ESt.-Tätigkeit haben (Abs. 3 Satz 1). Die Vergütung eines **Rechtsanwalts als außerbetrieblicher Beisitzer** richtet sich ausschließlich nach § 76 a Abs. 3, denn als Beisitzer einer ESt. wird ein Rechtsanwalt in dieser Eigenschaft und nicht in seiner Eigenschaft als Anwalt tätig.[4] Der Vergütungsanspruch der Mitgl. der ESt. besteht jedoch nur dann, wenn sie **rechtswirksam bestellt** worden sind. Bei den vom BR bestellten Beisitzern setzt dies einen **rechtswirksamen BR-Beschluss** voraus (vgl. § 33 Rn. 1 ff.).[5] Der BR kann eine von dem BR-Vors. zuvor ohne Rechtsgrundlage getroffene Vereinbarung mit einem Beisitzer durch eine nachträgliche Beschlussfassung genehmigen, wobei diese Beschlussfassung nicht fristgebunden ist (s. § 33 Rn. 4).[6] Bei der Auswahl der vom BR zu benennenden Beisitzer einer ESt. hat dieser nicht zu prüfen, ob die Benennung eines oder mehrerer **außerbetrieblicher Beisitzer erforderlich** ist.[7] Die Vergütung der außerbetrieblichen Beisitzer ist niedriger zu bemessen als die des Vors. der ESt. (vgl. Rn. 2).

---

1   Vgl. dazu BAG, NZA 92, 459.
2   Vgl. DKKW-Berg, Rn. 21 ff.
3   BAG, AuR 97, 37.
4   BAG 20. 2. 91 – 7 ABR 6/90, DB 91, 1939; LAG Hamm 10. 2. 12 – 10 TaBV 67/11, brwo; ArbG Weiden 20. 3. 12 – 5 BV 30/11, juris.
5   BAG, BB 96, 1991.
6   BAG, DB 08, 478.
7   BAG a. a. O.

2. Vergütung des Vorsitzenden und der außerbetrieblichen Beisitzer

2 Die eine Honorarabstufung vorsehende Regelung des Abs. 4 Satz 3 entspricht im Grundsatz der früheren Rechtslage,[8] nach der eine solche Abstufung **als vernünftig und angemessen** angesehen wurde. Es besteht daher keine Veranlassung, von dem bisher geltenden Grundsatz der Abstufung abzugehen, wonach die außerbetrieblichen Beisitzer **Anspruch auf 7/10** der Vergütung des ESt.-Vors. haben. Die Vergütung in dieser Höhe entspricht im Allgemeinen billigem Ermessen.[9] Das Honorar des ESt-Vors. scheidet als Bemessungsgrundlage nur aus, wenn es seinerseits unangemessen ist oder sich durch Besonderheiten erklärt, die in den Verhältnissen oder der Person des Beisitzers nicht erfüllt sind.[10] Eine Erhöhung des Pauschalbetrages kommt in Betracht, wenn nach erfolgreicher Anfechtung vor dem ArbG ein Wechsel des Vors. der ESt. erfolgt und wegen des erheblichen weiteren Zeitaufwands die Vergütung insgesamt unangemessen wäre.[11] Die Geltendmachung von **Mehrwertsteuer** bedarf nicht mehr der vorherigen Vereinbarung mit dem AG.[12] **Unzulässig** ist die **Gewährung unterschiedlich hoher Vergütungen** für die Beisitzer des AG und der BR-Seite. Differenzierungen können sich allenfalls dann ergeben, wenn bei der Anwendung des Vergütungsrahmens der einzelnen Mitgl. der ESt. ein Verdienstausfall zu berücksichtigen ist.[13] Nach Abs. 5 kann von den Grundsätzen des Abs. 3 und von einer Vergütungsordnung nach Abs. 4 sowohl durch TV, durch eine (freiwillige) BV als auch durch eine individuelle Vereinbarung zwischen AG und vergütungsberechtigten Beisitzern abgewichen werden.[14] In diesem Rahmen ist es möglich, niedrigere, aber auch höhere Vergütungen für die Mitgl. der ESt. zu vereinbaren.[15] Lässt sich der BR vor der ESt. durch einen **Rechtsanwalt als Bevollmächtigten** vertreten, was einen ordnungsgemäßen BR-Beschluss voraussetzt, hat der AG auch die dadurch entstehenden Kosten zu übernehmen. Eine solche Kostentragungspflicht des AG besteht allerdings nach Auffassung des BAG nur dann, wenn der Regelungsgegenstand der ESt. schwierige und zwischen den Betriebsparteien umstrittene Rechtsfragen aufwirft.[16] Die durch die Hinzuziehung eines Rechtsanwalts als Bevollmächtigten des

---

8   Vgl. etwa BAG, NZA 89, 515.

9   BAG, AuR 96, 37; LAG Nds., LAGE § 76 a BetrVG 2001, Nr. 1; LAG München, AiB 99, 359 m. Anm. v. Manske.

10 BAG 14. 2. 96 – 7 ABR 24/95, AP Nr. 6 zu § 76a BetrVG 1972; HessLAG 11. 6. 12 – 16 TaBV 203/11, brwo.

11 LAG Nds., LAGE § 76 a BetrVG 2001, Nr. 1

12 BAG, AuR 96, 37; LAG Hamm, NZA-RR 06, 323.

13 Zum Vergütungsanspruch im Einzelnen siehe DKKW-Berg, Rn. 21 ff.

14 BAG, DB 97, 283.

15 LAG Hamm, NZA-RR 06, 323, bei Zahlung eines höheren Honorars an einen außerbetrieblichen Beisitzer als an den ESt.-Vors.; Fitting, Rn. 32.

16 BAG, DB 96, 2187.

BR entstehenden Kosten sind nicht unmittelbare Kosten der ESt., so dass nicht § 76a Abs. 1, sondern § 40 Abs. 1 als Anspruchsgrundlage in Betracht kommt. Muss ein Mitgl. der ESt. seinen Vergütungsanspruch gerichtl. durchsetzen und beauftragt es einen Rechtsanwalt mit der Prozessvertretung, handelt es sich bei den dadurch entstehenden Kosten jedoch um solche der ESt., die der AG ebenfalls zu tragen hat.[17]

3. Vergütung der betriebsangehörigen Beisitzer

Die Beisitzer der ESt., die dem Betrieb angehören, erhalten keine   **3**
Vergütung. Die dem Betrieb angehörenden Beisitzer haben jedoch einen gesetzlich ausdrücklich festgelegten **Anspruch auf Arbeitsbefreiung** für die Tätigkeit in der ESt. unter **Fortzahlung des Arbeitsentgelts** (§ 37 Abs. 2). Aufwendungen, wie z.B. Fahrkosten oder Übernachtungskosten, sind ebenfalls zu erstatten. Hat der dem Betrieb angehörende Beisitzer die Tätigkeit für die ESt. **außerhalb der Arbeitszeit** durchgeführt, hat er Anspruch auf entsprechende Arbeitsbefreiung unter Fortzahlung des Arbeitsentgelts. Sie ist vor Ablauf eines Monats zu gewähren. Kann aus betriebsbedingten Gründen die Arbeitsbefreiung nicht gewährt werden, ist die außerhalb der Arbeitszeit in der ESt. aufgewendete Zeit **wie Mehrarbeit** zu vergüten (§ 37 Abs. 3). Die Regelungen des § 37 Abs. 2 und 3 gelten für die Beisitzer der ESt., die dem Betrieb angehören, **unabhängig** davon, ob sie BR-Mitgl. sind. Diese Vorschriften finden ferner auf die Tätigkeit in einer ESt. Anwendung, die zur Beilegung von Meinungsverschiedenheiten zwischen **AG** und **GBR** oder **KBR** gebildet worden ist, sofern der Beisitzer einem Betrieb des UN oder des Konzerns angehört. Von der Bildung einer ESt. auf der Ebene des UN oder des Konzerns ist der Fall zu unterscheiden, dass eine ESt. für einen Betrieb gebildet wird, der BR dieses Betriebs aber Beisitzer in die ESt. entsendet, die (ggf. als BR-Mitgl.) einem **anderen Betrieb desselben UN bzw. des Konzerns** angehören. Solche Beisitzer fallen als **betriebsfremde Beisitzer** nicht unter die Vorschrift des Abs. 2, sondern haben einen Vergütungsanspruch gemäß Abs. 3.[18]

§ 77   Durchführung gemeinsamer Beschlüsse, Betriebsvereinbarungen

(1) Vereinbarungen zwischen Betriebsrat und Arbeitgeber, auch soweit sie auf einem Spruch der Einigungsstelle beruhen, führt der Arbeitgeber durch, es sei denn, dass im Einzelfall etwas anderes vereinbart ist. Der Betriebsrat darf nicht durch einseitige Handlungen in die Leitung des Betriebs eingreifen.

(2) Betriebsvereinbarungen sind von Betriebsrat und Arbeit-

---

17   BAG, BB 95, 104.
18   HessLAG 28.8.03 – 9 TaBV 40/03, brwo.

geber gemeinsam zu beschließen und schriftlich niederzulegen. Sie sind von beiden Seiten zu unterzeichnen; dies gilt nicht, soweit Betriebsvereinbarungen auf einem Spruch der Einigungsstelle beruhen. Der Arbeitgeber hat die Betriebsvereinbarungen an geeigneter Stelle im Betrieb auszulegen.

(3) Arbeitsentgelte und sonstige Arbeitsbedingungen, die durch Tarifvertrag geregelt sind oder üblicherweise geregelt werden, können nicht Gegenstand einer Betriebsvereinbarung sein. Dies gilt nicht, wenn ein Tarifvertrag den Abschluss ergänzender Betriebsvereinbarungen ausdrücklich zulässt.

(4) Betriebsvereinbarungen gelten unmittelbar und zwingend. Werden Arbeitnehmern durch die Betriebsvereinbarung Rechte eingeräumt, so ist ein Verzicht auf sie nur mit Zustimmung des Betriebsrats zulässig. Die Verwirkung dieser Rechte ist ausgeschlossen. Ausschlussfristen für ihre Geltendmachung sind nur insoweit zulässig, als sie in einem Tarifvertrag oder einer Betriebsvereinbarung vereinbart werden; dasselbe gilt für die Abkürzung der Verjährungsfristen.

(5) Betriebsvereinbarungen können, soweit nichts anderes vereinbart ist, mit einer Frist von drei Monaten gekündigt werden.

(6) Nach Ablauf einer Betriebsvereinbarung gelten ihre Regelungen in Angelegenheiten, in denen ein Spruch der Einigungsstelle die Einigung zwischen Arbeitgeber und Betriebsrat ersetzen kann, weiter, bis sie durch eine andere Abmachung ersetzt werden.

1. Durchführung von Vereinbarungen

1   Die **Durchführung von Vereinbarungen** im Betrieb obliegt dem AG. Führt der AG eine BV nicht oder nicht vollständig durch, kann der BR aus eigenem Recht – auch bei individuellen Ansprüchen der

AN – die Durchführung vom AG verlangen[1] und ggf. durch Einleitung eines arbeitsgerichtl. Beschlussverfahrens durchsetzen, dass dieser die BV ihrem Regelungsinhalt entsprechend im Betrieb anwendet und die durch die BV geschaffene Ordnung verwirklicht.[2] Entscheidend für die Antragsbefugnis des BR ist letztlich, ob sich das Beschlussverfahren auf das betriebsverfassungsrechtliche Verhältnis der Betriebsparteien bezieht bzw. was der BR mit seinem Antrag letztlich begehrt. Die Befugnis entfällt nicht schon dann, wenn durch die Auseinandersetzung der Betriebsparteien über Inhalt, Reichweite und Auslegung einer BV wegen deren normativer Wirkung auch individualrechtliche Ansprüche der AN betroffen sein können.[3] Bei einer GBV oder KBV, für die der GBR oder KBR originär zuständig ist, kann der BR vom AG deren Durchführung grundsätzlich nicht verlangen. Ein solcher Anspruch steht ihm nur dann zu, wenn der BR selbst Partei der BV ist oder ihm durch die GBV/KBV eigene betriebsverfassungsrechtliche Rechte eingeräumt werden. Unabhängig davon kann der örtliche BR die Einhaltung der durch diese GBV oder KBV gestalteten betriebsverfassungsrechtlichen Ordnung nach § 23 Abs. 3 BetrVG erzwingen.[4] Der Anspruch erstreckt sich auf die Wirksamkeit, Fortgeltung aber auch die Auslegung einer BV.[5] Er beinhaltet zugleich die Verpflichtung des AG, dass er betriebsverfassungswidrige Maßnahmen unterlässt und dafür sorgt, dass sich auch die AN in seinem Betrieb an die Regelungen einer BV halten. So gehört zu der Durchführungspflicht bei einer BV über die betriebliche Arbeitszeit die Pflicht des AG dafür zu sorgen, dass sich die AN an die festgelegten Arbeitszeitgrenzen halten.[6] Er hat seinen Betrieb so zu organisieren, dass die betriebsverfassungsrechtlich geregelten Arbeitszeitgrenzen eingehalten werden und die betrieblichen Abläufe mit den normativen Vorgaben der BV übereinstimmen.[7] Der BR kann den Anspruch notfalls auch im Rahmen einer **einstweiligen Verfügung** geltend machen.[8] Eine Betriebsratsminderheit (Minderheitenliste) kann nicht gegen den Willen der

---

1   Zu einem Musterschreiben vgl. DKKW–F–Berg, § 77 Rn. 4.

2   BAG 22.1.13 – 1 ABR 92/11, juris; DB 05, 2417; LAG MV 9.3.10 – 5 TaBVGa 6/09, brwo im Falle einer gekündigten, aber nachwirkenden BV; vgl. aber auch BAG, BB 90, 489, wonach es das BAG als unzulässig ansieht, dass der BR Ansprüche einzelner AN im Beschlussverfahren geltend macht; ebenso LAG SH, NZA-RR 10, 24.

3   LAG SH 26.1.10 – 5 TaBV 38/09, brwo.

4   BAG 18.5.10 – 1 ABR 6/09, brwo, DB 10, 2175.

5   BAG, DB 05, 2417.

6   LAG Köln 8.2.10 – 5 TaBV 28/09, brwo, AuR 10, 273 Ls.

7   ArbG Berlin 22.3.12 – 54 BV 7072/11, juris.

8   LAG Köln 12.6.12 – 12Ta 95/12, brwo; LAG SH 15.7.10 – 1 TaBVGa 10 b/10, brwo, AuR 10 444 Ls.; LAG Nds., AuA 09, 484; ArbG München, AiB 02, 308 m. Anm. Abel.

Mehrheit des Betriebsrats dessen Rechte in einem Beschlussverfahren geltend machen.[9]

2 Dem Anspruch des BR auf **Unterlassung** betriebsverfassungswidriger Maßnahmen stehen die Voraussetzungen und Rechtsfolgen des § 23 Abs. 3 nicht entgegen (vgl. im Übrigen § 23 Rn. 13 und 16),[10] ebenso wenig wie ein Anspruch des BR gegen den AG auf Unterlassung mitbestimmungswidrigen Verhaltens.[11] Dies gilt auch bei einer freiwilligen BV.[12] Entsprechendes gilt für die Durchführung von ESt.-Sprüchen selbst dann, wenn der AG den Spruch angefochten hat, es sei denn, sie sind offensichtlich rechtswidrig (vgl. im Einzelnen § 76 Rn. 8).[13] Der Unterlassungsanspruch setzt weiterhin das Bestehen einer Wiederholungsgefahr bzw. einer Begehungsgefahr voraus.[14] Der Durchführungsanspruch kann auch in einem Anspruch auf **Unterlassung** betriebsvereinbarungswidrigen Verhaltens bestehen.[15] Eine Unterlassungsverpflichtung kann auch darauf gerichtet sein, dass der AG innerhalb seines Organisationsbereiches aktiv auf Dritte einwirken muss, um den Eintritt eines bestimmten Erfolges zu verhindern.[16] Eine zwischen den Betriebsparteien ergangene rechtskräftige gerichtl. Entscheidung über den Inhalt einer BV wirkt auch gegenüber den AN, die Ansprüche aus der BV geltend machen.[17]

2. Grenzen einer Betriebsvereinbarung

3 Die Betriebsparteien sind beim Abschluss ihrer Vereinbarungen gemäß § 75 an die Grundsätze von Recht und Billigkeit gebunden und damit auch zur Wahrung der grundrechtlich geschützten Freiheitsrechte verpflichtet (vgl. Rn. 7).[18] BV dürfen somit grundsätzlich nicht gegen **höherrangiges, zwingendes staatliches Recht** wie Gesetze, Verordnungen, UVV verstoßen. So gilt die Unwirksamkeitsfolge des § 7 Abs. 2 AGG auch für Betriebsvereinbarungen.[19] Diese BV sind nach

---

9   LAG Köln, AuR 07, 406.

10   BAG, DB 04, 2220; LAG Hamm 23.9.05 – 13 TaBV 89/05, juris.

11   LAG Köln, RDV 07, 78.

12   ArbG Köln, AiB 92, 650.

13   LAG MV 9.3.10 – 5 TaBVGa 6/09, brwo; HessLAG, ArbRB 05, 241; LAG Berlin, AuR 91, 251.

14   LAG Köln 29.1.13 – 12 TaBV 82/12, juris; HessLAG 19.4.12 – 5 TaBV 192/11, brwo.

15   BAG, DB 04, 2220; LAG BaWü 25.2.11 – 18 TaBV 2/10, LAGE § 77 BetrVG 2001 Nr. 11; LAG MV 2.6.05 – 1 TaBV 22/04, juris; ArbG Hamburg, AiB 01, 360; vgl. ergänzend DKKW-Berg, Rn. 6 ff.

16   BAG, DB 04, 2220 zur Einhaltung eines täglichen Gleitzeitrahmens.

17   BAG, AiB 92, 651 m. Anm. v. Neuhaus.

18   BAG 7.6.11 – 1 AZR 807/09, NZA 11, 1234.

19   BAG 13.10.09 – 9 AZR 722/08, brwo.

§ 134 BGB nichtig.[20] Eine unwirksame BV kann grundsätzlich nicht nach § 140 BGB in eine Regelungsabrede bzw. eine vertragliche Einheitsregelung umgedeutet werden.[21] Eine **Umdeutung** in eine vertragliche Einheitsregelung (Gesamtzusage bzw. gebündelte Vertragsangebote) kommt nur dann in Frage, wenn besondere Umstände dafür sprechen, dass der AG sich unabhängig von einer BV zu einer Leistung an die AN verpflichten will.[22] Kommt eine BV nicht zustande und gewährt der AG mehrere Jahre vorbehaltlos einzelne Leistungen, kann er damit eine betriebliche Übung begründen.[23] Eine **Teilunwirksamkeit** hat nicht die Unwirksamkeit der gesamten BV zur Folge, wenn der verbleibende Teil auch ohne den unwirksamen Teil eine sinnvolle und in sich geschlossene Regelung enthält.[24] Eine **nichtige BV** kann ausnahmsweise in ein entsprechendes **Vertragsangebot an die AN** umgedeutet werden, wenn besondere Umstände darauf schließen lassen, dass der AG sich unabhängig von einer BV binden wollte. Dieses Angebot können die AN annehmen, ohne dass es einer ausdrücklichen Annahmeerklärung (§ 151 BGB) bedarf.[25] Eine BV mit Rückwirkungsvereinbarung ist grundsätzlich nur zulässig, wenn sie für AN ausschließlich günstigere Regelungen enthält.[26] Die Rückwirkung einer belastenden BV ist begrenzt durch das **Vertrauensschutz- und Verhältnismäßigkeitsprinzip**.[27] Eine die AN belastende BV kann ausnahmsweise **rückwirkend in Kraft** treten, wenn die betroffenen AN mit einer rückwirkend belastenden Regelung rechnen mussten und dies deutlich in der BV zum Ausdruck gebracht wird.[28] Ebenso kann eine BV unter einer aufschiebenden Bedingung abgeschlossen werden, wenn der Eintritt der Bedingung für alle Beteiligten ohne weiteres feststellbar ist.[29] Sofern eine BV über die Einführung von **Kurzarbeit** normative Wirkung für die betroffenen AN entfalten soll, müssen in ihr Beginn und Dauer der Kurzarbeit, die Lage und Verteilung der Arbeitszeit, die Auswahl der von der Kurzarbeit betroffenen AN oder die Abteilung sowie die Zeiträume, in denen

---

20 Vgl. HessLAG 22.9.94 – 5 TaBV 183/93 zu einer BV, die das Mithören von Telefonaten zulässt; vgl. ergänzend DKKW-Berg, Rn. 16 ff.
21 BAG, NZA 02, 872.
22 BAG, DB 06, 1795.
23 BAG, NZA 06, 1174; HessLAG 1.8.11 – 7 Sa 1878/10, brwo.
24 BAG, FA 05, 341, 353; vgl. BAG, NZA 03, 1097 zu den Voraussetzungen, unter denen eine verbleibende sinnvolle Regelung insgesamt unwirksam ist.
25 BAG, AuR 97, 336; LAG Köln, BB 98, 538.
26 BAG, NZA 01, 900; vgl. DKKW-Berg, Rn. 86.
27 BAG, NZA 08, 709; NZA-RR 08, 570 zur rückwirkenden Änderung eines Sozialplans.
28 BAG, DB 96, 1576.
29 BAG, DB 02, 1896.

die Arbeit ganz ausfallen soll, festgelegt werden,[30] Der Verweis auf vom AG auszuhängenden Listen in der BV suspendiert dann nicht die Arbeitspflicht und den Vergütungsanspruch, sofern AN der Kurzarbeit widersprechen.[31] Durch eine BV (vorliegend durch einen Sozialplan mit Wirkung einer Betriebsvereinbarung) können die Betriebsparteien Rechte und Pflichten nur im Verhältnis zueinander, nicht jedoch normative Ansprüche gegenüber und zu Lasten Dritter begründen.[32] In den Fragen seiner **eigenen Geschäftsführung**, z. B. mit Blick auf den Inhalt einer Bekanntmachung am »Schwarzen Brett« oder auf der Homepage im Intranet des AG bestimmt allein der BR, einer BV bedarf es dazu nicht (vgl. § 40 Rn. 28, 30).[33]

3. Regelungsabrede

4   Von der **formbedürftigen BV** (vgl. Abs. 4) zu unterscheiden ist die **formlose Regelungsabrede** (»mündliche« Vereinbarung zwischen AG und BR). Regelungsabreden begründen nur **schuldrechtliche Beziehungen** zwischen AG und BR und wahren das MBR des BR.[34] Sie erfüllen eine wichtige Funktion z. B. bei Freistellungen und Arbeitsbefreiung von BR-Mitgl. (§§ 38 Abs. 2, 37 Abs. 2, 6, 7).[35] Auch in sozialen Angelegenheiten kommen entsprechende formlose Einigungen in Betracht, z. B. in **Eilfällen** oder bei echten **Einzelmaßnahmen** (z. B. Überstunden).[36] Durch Regelungsabreden können die betriebsverfassungsrechtlichen Beteiligungsrechte erweitert werden, die über die in § 88 BetrVG genannten Regelungsbereiche hinaus gehen. Dabei fehlt den Betriebsparteien aber die Regelungskompetenz zu Eingriffen in das arbeitsgerichtliche Verfahren, wie z. B. in den gerichtlichen Verfahrensablauf bzw. den Prüfungsgegenstand eines Beschlussverfahrens im Zusammenhang mit § 99.[37] Bei der Regelungsabrede müssen jedoch die Aushöhlung der MBR des BR und die Verschleppung des Abschlusses einer BV vermieden werden.

5   Die **Regelungsabrede** führt nicht zu einer entsprechenden Änderung der Arbeitsverträge der hiervon betroffenen AN. Hierzu bedarf es zusätzlich einer vertraglichen Vereinbarung oder einer Änderungs-

---

30   LAG Hamm 1. 8. 12 – 5 Sa 27/12, NZA-RR 13, 244 m. w. N. und Überblick über Streitstand.

31   LAG RP 12. 8. 10 – 10 Sa 160/10, brwo, AiB 11, 771; LAG MV 20. 7. 06 – 1 Sa 34/06, juris; HessLAG, ZTR 97, 525.

32   BAG 11. 1. 11 – 1 AZR 375/09, brwo, BB 11, 1533 zu einer Sozialplanabfindung.

33   LAG Hamm, RDV 04, 223.

34   BAG, DB 91, 1990.

35   Vgl. LAG Köln 7. 10. 11 – 4 TaBV 52/11, brwo.

36   Vgl. auch BAG, AiB 92, 583 m. Anm. v. Neuhaus.

37   BAG 18. 8. 09 – 1 ABR 49/08, brwo, BB 10, 124.

kündigung.[38] Eine Regelungsabrede kann jederzeit durch eine BV **abgelöst** werden, nicht jedoch eine BV als höherrangiges Recht durch eine Regelungsabrede.[39] Die Einhaltung einer Regelungsabrede kann der BR in einem arbeitsgerichtl. **Beschlussverfahren** durchsetzen.[40] Zum Abschluss, zur Kündigung und Nachwirkung einer Regelungsabrede: vgl. Rn. 6, 9, 16, 17.

4. Betriebsvereinbarungen

a) Formvorschriften

Die **BV** bedarf zwingend der **Schriftform**.[41] Die Schriftform ist für **6** eine BV nur dann gewahrt, wenn das vollständige Original gemeinsam von BR und AG unterzeichnet wird. Die Unterzeichnung einer Kopie der BV durch den AG und die des Originals durch den BR reichen daher nicht aus.[42] Die BV kann nur zwischen AG und BR abgeschlossen werden. Ein gemeinsam von AG und BR unterzeichnetes Protokoll[43] oder eine gemeinsame Erklärung[44] kann eine BV darstellen. Eine BV, die auf Anlagen Bezug nimmt, muss insgesamt dem Schriftformerfordernis der §§ 126 BGB, 77 Abs. 2 genügen. Dabei ist dem genüge getan, wenn die BV klar und zweifelsfrei auf – selbst nicht unterzeichnete – Schriftstücke verweist, selbst wenn diese nicht körperlich mit der BV verbunden sind, oder die unterzeichnete Anlage ihrerseits auf die BV verweist. Zumindest ist erforderlich, dass zweifelsfrei nur eine Fassung der in Bezug genommenen, eindeutig bezeichneten Anlage existiert.[45] Bestimmungen in gemischten, von Arbeitgeber, Gewerkschaft und Betriebsrat gemeinsam unterzeichneten Vereinbarungen (z.B. Standortsicherungsverträgen) sind nur dann wirksam, wenn sich aus den Bestimmungen selbst ohne Weiteres und zweifelsfrei ergibt, wer Urheber der einzelnen Regelungskomplexe ist und um welche Rechtsquellen (TV oder BV) es sich folglich handelt.[46] Deswegen empfiehlt es sich, die Regelungen getrennt in einem TV bzw. in einer BV abzuschließen. Für die **Beschlussfassung** des BR sind § 29 Abs. 2 und § 33 Abs. 1, 2 zu beachten (vgl. hierzu § 29 Rn. 4 f.; § 33 Rn. 3, 5). Dies gilt entsprechend auch für den Abschluss einer **Regelungsabrede**. Der Verpflichtung zur **Aus-**

---

38 BAG 18.8.09 – 1 ABR 49/08, brwo, BB 10, 124; LAG Sachsen-Anhalt 28.7.10 – 4 Sa 476/09, juris.
39 BAG, NZA 86, 401; BB 91, 835; vgl. auch DKKW-Berg, Rn. 166.
40 BAG, NZA 92, 1098.
41 Zu einer Muster-BV vgl. DKKW-F-Berg, § 77 Rn. 3.
42 LAG Berlin, AiB 92, 294 m. Anm. v. Kuster.
43 Vgl. ergänzend DKKW-Berg, Rn. 58.
44 BAG 17.4.12 – 3 AZR 400/10, BB 13,57.
45 LAG Nds 1.8.12 – 2 TaBV 52/11, NZA-RR 13, 23 m. w. N.
46 BAG, NZA 08, 1074; vgl. auch BAG, NZA-RR 08, 586 zur Abgrenzung zwischen Firmen-TV und BV.

legung wird am besten genügt, wenn nach Abschluss der BV am »**Schwarzen Brett**« bzw. auf der **Homepage** im Intranet des AG mitgeteilt wird, wo sie eingesehen werden kann bzw. zugänglich ist.[47] Die Verletzung dieser Vorschrift bewirkt nicht die Unwirksamkeit der BV, da sie keine konstitutive Wirkung hat,[48] kann jedoch den AG schadensersatzpflichtig machen.[49] Ein AN soll nach der praxisfremden Entscheidung des LAG Köln gegen den AG weder einen Anspruch auf Aushändigung einer Kopie einer BV noch einen Anspruch darauf haben, die BV ihm leihweise auszuhändigen, damit er sich hiervon eine Kopie fertigen kann.[50]

b) Funktionale Zuständigkeit

7   Die funktionale **Zuständigkeit der Parteien der BV** ist zwar umfassend, aber nicht unbeschränkt (vgl. Rn. 3).[51] So kann durch eine BV z. B. nur in dem unbedingt erforderlichen Umfang in die allgemeine Handlungsfreiheit bzw. **Persönlichkeitsrechte der einzelnen AN** oder in bereits fällige Einzelansprüche der AN eingegriffen werden. Allgemein anerkannt ist ein notwendiger Individualschutz vor der Kollektivnorm. Er bestimmt sich nach dem Grundsatz der Verhältnismäßigkeit.[52] Der Persönlichkeitsschutz wird durch § 75 Abs. 1 und Abs. 2 unterstrichen (vgl. § 75 Rn. 1 f. und 8).[53] Bei einer BV ist der betriebsverfassungsrechtliche Gleichbehandlungsgrundsatz von den Betriebsparteien zu beachten.[54] In einer BV kann sich der AG dem BR gegenüber auch verpflichten, Arbeitsverträge nur mit festen Arbeitszeiten abzuschließen und **Teilzeitbeschäftigte** nur zu den zuvor im Arbeitsvertrag festgelegten festen Arbeitszeiten zu beschäftigen.[55] Zulässig ist es, wenn in einer BV über ein elektronisches Zeitmanagementsystem vereinbart wird, dass die gespeicherten Daten über Arbeitsbeginn und -ende nicht zur Verhaltenskontrolle, insbesondere nicht zur Begründung von Abmahnungen, Versetzungen oder Kündigungen durch den AG genutzt werden dürfen.[56] In einer BV kann abschließend festgelegt werden, mit welchen Mitteln ein zwischen AG und BR vereinbartes **Alkoholverbot** überwacht wird.[57] Unwirksam

---

47   LAG Nürnberg, NZA-RR 05, 377.
48   BAG 17.4.12 – 3 AZR 400/10, BB 13,57.
49   Vgl. dazu F. W. Fischer, BB 00, 354, 360; ders., Anm. zu BVerfG, BB 00, 1143 f.
50   LAG Köln 20.1.12 – 3 Sa 420/09, brwo.
51   Grundlegend BAG, NZA 08, 1074; Thannheiser, AiB 99, 315 ff.
52   BAG, DB 07, 866.
53   Fitting, Rn. 55 ff.
54   BAG, NZA 09, 796.
55   BAG, NZA 88, 253.
56   LAG Köln, RDV 07, 78.
57   BAG, DB 88, 611; LAG SH, AuR 08, 162 zur Zulässigkeit eines absoluten Alkoholverbotes.

ist eine BV, die dem AN finanzielle Verpflichtungen für Arbeits- und Schutzkleidung, die er allein für den Betrieb benötigt, auferlegt[58] ebenso wie für ein Kantinenessen, dass der AN nicht in Anspruch nimmt.[59] Unzulässig ist die Vereinbarung einer zweistufigen Ausschlussfrist in einer BV.[60]

c) Rechtswirkung

Eine **BV verdrängt** die Normen einer **alten BV**,[61] auch dann, wenn **8** diese für die Zukunft schlechtere Bedingungen enthält.[62] Eine **BV verdrängt** aber grundsätzlich **nicht vertraglich begründete Ansprüche** der AN auf Sozialleistungen[63] oder aus sog. **betriebliche Einheitsregelungen, Gesamtzusagen bzw. betriebliche Übungen**, wenn diese für die AN günstiger sind;[64] hier gilt das Günstigkeitsprinzip. Bei allgemeinen Sozialleistungen, insbesondere bei Leistungen der betrieblichen Altersversorgung, gilt im Verhältnis von **betrieblichen Einheitsregelungen, Gesamtzusagen** und der **betrieblichen Übung** zu den Normen einer **BV** nicht das Ablösungsprinzip, sondern grundsätzlich ein modifiziertes Günstigkeitsprinzip, das die Wirkung der Normen der BV einschränkt. In diesem Fall ist statt des individuellen Günstigkeitsvergleiches ein **kollektiver Günstigkeitsvergleich** vorzunehmen.[65] Solche Ansprüche können durch eine nachfolgende BV in den Grenzen von Recht und Billigkeit nur beschränkt werden, wenn die Neuregelung insgesamt bei kollektiver Betrachtung nicht ungünstiger ist.[66] Dabei ist auch zu prüfen, ob die Ablösung auch den Grundsätzen der Verhältnismäßigkeit und des Vertrauensschutzes genügt.[67] Dies gilt auch für konzerneinheitliche Regelungen (z. B. Jubiläumszuwendungen), die mit dem KBR abgestimmt sind.[68] Ein kollektiver Günstigkeitsvergleich ist nicht erforderlich, wenn der AG die

---

58 BAG, AuR 76, 348.
59 BAG, NZA 01, 462.
60 BAG, dbr 11/07, 39.
61 BAG, NZA 08, 709.
62 BAG, NZA-RR 07, 411; DB 04, 327 zu den Voraussetzungen; DB 05, 2698 auch im Falle der Ablösung von nach § 613 a Abs. 1 Satz 2 BGB transformierter Rechte aus einer BV durch eine spätere BV im Erwerberbetrieb.
63 LAG RP, AuR 05, 237 – keine Verschlechterung arbeitsvertraglich begründeter Arbeitsbedingungen durch eine nachfolgende BV zur Einführung von Schichtarbeit.
64 BAG, DB 02, 1383 zur vertraglichen Einheitsregelung.
65 St. Rspr. seit BAG GS 16. 9. 86 – GS 1/82, AiB 87, 114; BAG 16. 11. 11 – 10 AZR 60/11, DB 12, 237; vgl. im Einzelnen DKKW-Berg, Rn. 43 ff.; Fitting, Rn. 208.
66 BAG, NZA-RR 08, 597; DB 04, 327; zur »umstrukturierenden BV« bei Sozialleistungen vgl. ergänzend DKKW-Berg, Rn. 46.
67 BAG, DB 08, 994.
68 BAG, DB 88, 1275.

Kürzung oder Streichung der Sozialleistung wegen eines Widerruf-
vorbehaltes, sofern die Voraussetzungen vorliegen, die ihn zur Ausübung des Widerrufs berechtigen, oder wegen Wegfalls der Geschäftsgrundlage verlangen kann.[69] Dies gilt auch dann, wenn die vertragliche
Regelung **»betriebsvereinbarungsoffen«** ist, weil sie einen ausdrücklichen oder stillschweigenden Vorbehalt der Ablösung durch
eine spätere BV enthält.[70] Das ist z.B. der Fall bei einem Formulararbeitsvertrag und einem kollektiven Bezug, wobei eine solche Klausel
aber einer AGB-Kontrolle standhalten muss.[71] Eine Änderung der
Arbeitsverträge hinsichtlich der Arbeitszeit und der Lohnzahlungspflicht für die Dauer der Kurzarbeitsperiode ohne Rücksicht auf den
Willen der AN kann durch eine BV herbeigeführt werden, nicht
jedoch durch eine formlose Regelungsabrede.[72] Der BR ist zur Vertretung bereits ausgeschiedener Mitarbeiter nicht legitimiert, so dass
eine ablösende verschlechternde Betriebsvereinbarung nicht zu Lasten
von Betriebsrentnern wirkt.[73] Zu den Besonderheiten im Bereich der
betrieblichen Altersversorgung vgl. im Einzelnen Fitting Rn. 195.

d) Verhältnis zu anderen Vereinbarungen; Günstigkeitsprinzip

9 Soweit Normen einer **BV** für den AN **günstiger** sind als die arbeitsvertragliche Vereinbarung, verdrängen sie diese lediglich für die Dauer
ihrer Wirkung, machen aber die einzelvertragliche Vereinbarung nicht
nichtig (vgl. auch Rn. 8).[74] Bei einer die AN begünstigenden, aber
nichtigen BV (sei es wegen einer Formnichtigkeit oder wegen eines
Verstoßes gegen § 77 Abs. 3) bleiben den AN ihre Ansprüche jedoch
dann erhalten, wenn diese gemäß § 140 BGB als Vertragsangebot an
die AN umgedeutet werden können (vgl. auch Rn. 3).[75] Eine BV, in
der für die AN Vertragsstrafen begründet werden, ist jedoch dann
unwirksam, wenn darin bestimmt wird, dass einzelvertragliche Vertragsstrafen der BV auch dann vorgehen, wenn diese für den AN
ungünstiger sind.[76] Die Vereinbarung von Vertragsstrafen in formular-
mäßigen Arbeitsverträgen sollen nach abzulehnender Auffassung des
BAG[77] zulässig sein, eine Unwirksamkeit kann sich aber auf Grund
einer unangemessenen Benachteiligung (§ 307 Abs. 1 BGB) ergeben.

---

69 BAG, DB 88, 333.
70 BAG 17.7.12 – 1 AZR 476/11, NZA 13, 338; 16.11.11 – 10 AZR 60/11, DB
    12, 237.
71 BAG 5.3.13 – 1 AZR 417/12, AuR 13, 186.
72 LAG RP 12.8.10 – 10 Sa 160/10, brwo, AiB 11, 771.
73 ArbG Duisburg 7.2.08 – 1 Ca 2482/07, juris, zu Leistungen einer betrieblichen
    Altersversorgung; BAG, NZA 09, 796 lässt offen, ob an dieser Rspr. zu Betriebs-
    rentnern festzuhalten ist.
74 BAG, BB 90, 994.
75 HessLAG 1.8.11 – 7 Sa 1878/10, juris; BAG, DB 90, 184 nur zu § 77 Abs. 3.
76 BAG, DB 92, 146.
77 NZA 09, 370; AiB 05, 633 m. Anm. Mayer.

Ist in einem Formulararbeitsvertrag die Verweisung auf Tarifnormen zweifelhaft, geht dieses gem. § 305 c Abs. 2 BGB zu Lasten des Arbeitgebers.[78]

e) Geltungsbereich

Die BV endet nicht beim rechtsgeschäftlichen oder umwandlungs- **10** bedingten **Wechsel des Betriebsinhabers**, wenn die bisherige **Betriebsidentität sich nicht ändert**.[79] Die bloße Zusammenfassung von Betrieben mit bis dahin eigenen BR zu einer größeren betriebsverfassungsrechtlichen Organisationseinheit durch TV nach § 3 Abs. 1 Nr. 1 b bei Beibehaltung der betriebsverfassungsrechtlichen Identität der zusammengefassten Einheiten lässt die Fortgeltung der BV unberührt.[80] Auch der **Zusammenschluss von Betrieben** im Rahmen einer Eingliederung berührt bei Wahrung der Identität des Betriebs den Bestand der für den aufnehmenden Betrieb geltenden BV nicht. In deren Geltungsbereich werden die AN des eingegliederten Betriebsteils einbezogen. Die BV des **übergegangenen Betriebsteils**, die nicht bereits unmittelbar durch eine im neuen Betrieb bestehende BV ersetzt wird (§ 613 a Abs. 1 Satz 3 BGB),[81] wird Inhalt der Einzelarbeitsverträge mit einjähriger Veränderungssperre (§ 613 a Abs. 1 Satz 2 BGB). Diese einzelvertraglichen Inhalte sind aber nicht weiter geschützt, als wenn sie als BV beim Erwerber weiter gelten würden. Im Verhältnis zu einer neuen BV gilt deshalb das Ablösungsprinzip, nicht das Günstigkeitsprinzip (vgl. Rn. 8).[82] Zu den Fällen des Verlustes der Betriebsidentität vgl. im Einzelnen DKKW-Berg, Rn. 101 ff. Nach dem Übergang nur eines von mehreren Betrieben bleibt die **GBV als Einzel-BV** in dem übergegangenen Betrieb mit normativer Geltung bestehen,[83] auch wenn der Betriebsübergang bereits im Jahr 1993 stattgefunden hat.[84] BV gelten, wenn deren Geltungsbereich nicht eingeschränkt ist, grundsätzlich **für alle AN des Betriebs** bzw. des UN oder des Konzerns, wenn der Abschluss durch den GBR bzw. den KBR erfolgte. Demgegenüber kann der Geltungsbereich einer BV nicht durch eine freiwillige Vereinbarung des BR und AG auf andere betriebsratslose oder selbständige Betriebsteile ausgeweitet werden.[85]

---

78 BAG, BB 06, 386.
79 Vgl. DKKW-Berg, Rn. 100 ff. sowie Schoof, Rechtsprechungsübersicht, AiB 12, 750 sowie AiB 13, 59.
80 BAG 7.6.11 – 1 ABR 110/09, NZA 12, 110.
81 BAG 13.3.12 – 1 AZR 659/10, NZA 12, 990.
82 BAG, DB 05, 2698; AiB 02, 438.
83 Grundlegend BAG, AiB 04, 41.
84 LAG Köln 13.7.10 – 9 Sa 182/10, brwo; zur Weitergeltung einer GBV vgl. DKKW-Trittin, § 50 Rn. 211 ff. und einer KBV vgl. DKKW-Trittin, § 58 Rn. 127 ff.; Bachner, AiB 03, 408.
85 BAG, NZA 02, 1300.

f) Vorrang der Tarifautonomie

11 Regelungen können nach Abs. 3 nur Gegenstand einer BV sein, wenn sie nicht durch TV geregelt sind oder üblicherweise geregelt werden oder der TV den Abschluss ergänzender BV ausdrücklich zulässt. Diese Vorschrift trägt dem **Vorrang der Tarifautonomie** (Art. 9 Abs. 3 GG)[86] auch gegenüber **nichttarifgebunden AG**[87] Rechnung und stellt klar, dass auch die inhaltliche Übernahme eines für den Betrieb geltenden TV ganz oder teilweise durch eine BV und damit die Erstreckung auf Außenseiter nicht möglich ist.[88] Arbeitsbedingungen sind dann durch TV geregelt, wenn sie in einem TV enthalten sind und der Betrieb in den räumlichen, betrieblichen, fachlichen und persönlichen Geltungsbereich dieses Tarifvertrags fällt.[89]

Eine Beeinträchtigung muss angenommen werden, wenn eine betriebliche Regelung einheitlich wirken und die entsprechende Tarifnorm als kollektive Ordnung verdrängen soll.[90] Die Sperrwirkung wirkt gegenüber BV, Regelungsabreden,[91] betrieblichen Einheitsregelungen sowie allgemeinen Arbeitsbedingungen, bei dem der BR mitgewirkt hat.[92] AG und BR sollen weder abweichende noch ergänzende BV mit normativer Wirkung schließen können.[93] Nach abzulehnender Auffassung des BAG[94] soll die Sperrwirkung eines TV aber bloße Regelungsabreden der Betriebsparteien sowie individualrechtliche Absprachen, die nicht normativ auf den Inhalt eines Arbeitsverhältnisses wirken, nicht erfassen. Das sog. Günstigkeitsprinzip gilt nicht im Verhältnis zwischen TV und BV, soweit nicht der TV selbst eine entsprechende **Öffnungsklausel** enthält (vgl. auch Rn. 14).[95] Eine tarifliche Regelung liegt bereits dann vor, wenn der AG tarifgebunden ist und bei Tarifbindung auch des AN die tarifliche Regelung unmittelbar und zwingend gelten würde; ob und wie viele AN tatsächlich tarifgebunden sind, ist unerheblich.[96] Die Sperrwirkung tritt sowohl bei einem allgemeinverbindlich erklärten TV[97] als auch bei einem FirmenTV ein[98] und zwar auch dann, wenn der FirmenTV erst später

86   BAG, NZA 03, 1097.
87   BAG 23.3.11 – 4 AZR 268/09, BB 11 2420 Ls.; AiB 08, 169.
88   BAG 20.11.01 – 1 AZR 12/01, NZA 02, 872; vgl. DKKW-Berg, Rn. 136.
89   BAG 16.8.11 – 1 AZR 314/10, brwo, zu einer BV über die Auszahlung der Beträge aus dem ERA-Anpassungsfonds.
90   BAG 17.5.11 – 1 AZR 473/09, brwo, AuR 11, 498; LAG Hamm 29.07.11 – 10 TaBV 91/10, brwo, AuR 11, 504.
91   Offen gelassen BAG 17.5.11 – 1 AZR 473/09, AuR 11, 498.
92   Vgl. im Einzelnen DKKW-Berg, Rn. 158 ff.
93   BAG 16.8.11 – 1 AZR 314/10, brwo.
94   BAG 21.1.03 – 1 ABR 9/02, NZA 03, 1097.
95   DKKW-Berg, Rn. 128.
96   BAG, NZA 02, 872.
97   LAG Hamm 29.7.2011 – 10 TaBV 91/10, brwo.
98   BAG, DB 06, 680.

in Kraft tritt.[99] Ebenso wird eine teilmitbestimmte BV durch einen später abgeschlossenen TV verdrängt.[100] Die mitgliedsbezogene Festlegung des fachlichen Geltungsbereiches eines TV schließt die Sperrwirkung nicht aus.[101] § 87 hat Vorrang vor § 77 Abs. 3, d. h., bei Angelegenheiten des § 87 besteht ein MBR des BR nur dann nicht, wenn ein TV eine abschließende Regelung i. S. des **§ 87 Abs. 1 Eingangssatz** enthält (vgl. dazu im Einzelnen § 87 Rn. 7 f.).[102] Die MBR des BR nach § 87 Abs. 1 sind nicht ausgeschlossen, wenn die entsprechende mitbestimmungspflichtige Angelegenheit nur **üblicherweise** durch TV geregelt ist.[103] Ein lediglich nachwirkender TV schließt ebenfalls das MBR des BR nach § 87 Abs. 1 nicht aus.[104]

Auf **Sozialpläne** findet nach § 112 Abs. 1 Satz 4 die Vorschrift des § 77 Abs. 3 keine Anwendung (vgl. § 112 Rn. 1 und 7); diese Ausnahme gilt aber nicht für freiwillige vorsorgliche Sozialpläne.[105] Andererseits kann eine Gewerkschaft zum Streik aufrufen mit dem Ziel, einen firmenbezogenen Verbandstarifvertrag über den Ausgleich der mit einer geplanten Betriebsänderung verbundenen wirtschaftlichen Nachteile abzuschließen.[106]

Eine BV verstößt gegen den **Tarifvorrang** des Abs. 3, wenn sie **12** Regelungen z. B. über die Erhöhung der bisherigen **Vergütung** und Weihnachtsgratifikation oder über die Dauer der wöchentlichen bzw. jährlichen **Arbeitszeit** enthält, die im Widerspruch zum geltenden TV stehen bzw. üblich sind[107] oder Bestimmungen zur Dauer der wöchentlichen Arbeitszeit innerhalb und außerhalb eines 4-Schichtmodells treffen, die gegen § 3 MTV Metall- und Elektroindustrie NW verstoßen.[108] Sind in einem betrieblichen Bereich tarifliche Regelungen über die **Entgelthöhe** und Anpassung von Entgelten üblich, sind BV über die Entgelthöhe unwirksam (vgl. ergänzend Rn. 3).[109] Da Zweck der Vorschrift die Gewährleistung des Vorrangs der Tarifautonomie und nicht etwa die Vermeidung kollektiver Auseinandersetzungen über materielle Vertragsbedingungen im Betrieb ist, ist eine BV für AT-Ang. möglich. Ein AG kann für **AT-Angestellte**, die nicht in den Geltungsbereich eines TV fallen, freiwillig eine normative

---

99 BAG, NZA 03, 1097.
100 BAG 13.3.12 – 1 AZR 659/10, NZA 12, 990.
101 BAG, FA 05, 341, 353.
102 BAG 13.3.12 – 1 AZR 659/10, NZA 12, 990.
103 BAG, DB 88, 813.
104 BAG, DB 87, 1435.
105 BAG, NZA 07, 339.
106 BAG, DB 07, 1924.
107 BAG 17.5.11 – 1 AZR 473/09, AuR 11, 498; BB 96, 1717; vgl. auch LAG BaWü, AuR 96, 359; AiB 97, 536 m. Anm. v. Petri.
108 LAG Hamm 26.11.04 – 13 TaBV 60/04, juris.
109 BAG, AuR 97, 336; vgl. auch BAG, NZA 98, 661.

Verpflichtung zur Gehaltserhöhung in einer BV nach § 88 eingehen, wobei eine solche Verpflichtung wegen ihres Ausnahmecharakters in der BV deutlich zum Ausdruck kommen muss.[110] Die Betriebsparteien können die **Ausbildungszeit** nicht durch BV verlängern, wenn die regelmäßige wöchentliche Ausbildungszeit durch TV geregelt wird.[111] Eine BV, die zunächst gegen den Tarifvorrang verstoßen hat, kann rückwirkend durch eine spätere Tariföffnungsklausel wirksam werden.[112] Durch die Sperrwirkung werden nicht Zahlungen für zusätzliche Leistungen (z. B. Prämien), sofern sich der TV nur auf die Regelung des Zeitlohns beschränkt, oder auf Leistungen mit anderen tatbestandlichen Voraussetzungen (z. B. Schmutz-, Erschwernis-, Leistungs- oder Funktionszulage) erfasst. Der Abschluss einer BV, durch den der Fälligkeitszeitpunkt einer Sonderzahlung vorgezogen wird, um die Sonderzahlung dem Schutz der Insolvenzgeldversicherung zu unterstellen, verstößt bei einer **Öffnungsklausel** im TV nicht gegen den Tarifvorrang; ist aber wegen eines Verstoßes gegen die guten Sitten (Vertrag zu Lasten der Allgemeinheit) gemäß § 138 BGB nichtig.[113] Die Regelung in einer BV, wonach AN unter bestimmten Umständen auf Grund eines bevorstehenden Betriebsteilüberganges einen Wiedereinstellungsanspruch haben, verstößt nicht gegen § 77 Abs. 3.[114] Die Regelung in einer BV, die die **Beendigung des Arbeitsverhältnisses** mit **Vollendung des 65. Lebensjahres** vorsieht, verstößt nicht gegen den Tarifvorrang, wenn eine tarifliche Regelung zur Altersgrenze nicht besteht und auch nicht üblich ist.[115] Nach der abzulehnenden Auffassung des BAG[116] soll eine BV nach § 87 Abs. 1 jedoch dann nicht gegen Abs. 3 verstoßen, wenn sie in einzelnen Bestimmungen zwingende tarifliche Vorgaben verletzt.[117] Die gegen diesen Beschluss eingelegte Verfassungsbeschwerde hat das BVerfG zwar nicht zur Entsch. angenommen, aber ausgeführt, dass es nicht unproblematisch erscheint, wenn das BAG generell Schutzansprüche der Gew. gegen Betriebsparteien bei nichttarifkonformen BV über mitbestimmungspflichtige Angelegenheiten i. S. von § 87 Abs. 1 BetrVG verneint.[118] Nach der Entscheidung des BAG v. 17.5.11[119] stellt sich die Frage, ob das BAG an dieser Auffassung noch festhält.

Lässt eine tarifliche Regelung nur **notwendige Mehrarbeit** zu, sind BV über die Einführung von Mehrarbeit, die nicht notwendig ist,

---

110 BAG 18.10.11 – 1 AZR 376/10, brwo.
111 BAG, DB 03, 1743.
112 BAG, NZA 02, 927.
113 BSG, ZIP 04, 1376.
114 BAG 24.4.13 – 7 AZR 523/11, brwo.
115 BAG 5.3.13 – 1 AZR 417/12, DB 13, 1852.
116 NZA 03, 1097.
117 BAG, DB 92, 275.
118 BVerfG, NZA 94, 34.
119 1 AZR 473/09, brwo, AuR 11, 498.

unwirksam.[120] Die Regelungssperre dieser Vorschrift bedeutet, dass auch **günstigere BV** im Sperrbereich unwirksam sind; dies ist gesetzlich gewollt zur Sicherung der Tarifautonomie.[121] Eine TV-Regelung entfaltet Sperrwirkung i. S. dieser Vorschrift nur innerhalb ihres räumlichen Geltungsbereichs.[122] Der Tarifvorrang nach dieser Vorschrift bezieht sich jedoch nicht nur auf materielle Arbeitsbedingungen.[123]

Von **TV-Üblichkeit** kann gesprochen werden, wenn überhaupt für **13** den räumlichen, betrieblichen und fachlichen Tätigkeitsbereich des Betriebs TV über entsprechende Regelungen abgeschlossen zu werden pflegen, oder wenn der Regelungsgegenstand in der Vergangenheit in einem einschlägigen TV enthalten war und die TV-Parteien über ihn Verhandlungen führen.[124] Nicht tarifgebundene AG sollen kollektivrechtliche Konkurrenzregelungen in Form von BV nicht treffen können. Für das Bedürfnis nach betriebsnaher Regelung stehen Firmen-TV als kollektivrechtliche Gestaltungsmittel zur Verfügung.[125] Keine TV-Üblichkeit liegt allerdings vor, wenn es in der Vergangenheit noch keinen einschlägigen TV gab und die TV-Parteien lediglich beabsichtigen, die Angelegenheit künftig tariflich zu regeln.[126] Selbst wenn sie bereits Tarifverhandlungen aufgenommen haben, ist noch nicht von einer TV-Üblichkeit auszugehen. Sie ist auch nicht gegeben, wenn der AG die Geltung eines TV, von dessen Geltungsbereich er nicht erfasst wird, einzelvertraglich mit seinen AN vereinbart.[127] Auch der Abschluss von Firmen-TV mit einzelnen UN begründet keine TV-Üblichkeit für die Branche.[128]

Das BAG[129] hat die bisherige Rechtsprechung zum Grundsatz der **Tarifeinheit** aufgegeben. Danach kann für den Betrieb kraft Tarifgebundenheit des AG nach § 3 Abs. 1 TVG mehr als ein TV gelten, für die jeweiligen Arbeitsverhältnisse derselben Art im Falle der Tarifbindung eines oder mehrerer AN allerdings jeweils nur ein Tarifvertrag – so genannte **Tarifpluralität**. Durch diese Rechtsprechungsänderung ist zukünftig davon auszugehen, dass die Inhaltsnormen der von konkurrierenden Gew. abgeschlossenen TV im Betrieb für die jeweils der tarifschließenden Gew. angehörenden AN im Betrieb gelten und nebeneinander zur Anwendung kommen.[130]

---

120 BAG, AuR 92, 250.
121 ArbG Stuttgart, AuR 97, 336.
122 BAG, NZA 98, 661.
123 BAG, NZA 91, 734; BB 92, 1418; vgl. ergänzend DKKW–Berg, Rn. 129 f.
124 BAG 5. 3. 13 – 1 AZR 417/12, DB 13, 1852.
125 BAG 22. 3. 05 – 1 ABR 64/03, NZA 06, 383.
126 BAG 5. 3. 13 – 1 AZR 417/12, DB 13, 1852.
127 BAG, NZA 87, 489.
128 BAG a. a. O.
129 BAG 7. 7. 10 – 4 AZR 549/08, brwo, NZA 10, 1068.
130 Vgl. im Einzelnen DKKW–Berg Rn. 143 ff.

14 BV können immer abgeschlossen werden, wenn tarifliche **Öffnungs-klauseln** bestehen[131] oder die TV-Parteien nachträglich eine entsprechende Öffnungsklausel vereinbaren,[132] wobei die Zulassung einer solchen BV zwar nicht wörtlich erfolgen, aber im TV deutlich zum Ausdruck kommen muss.[133] Eine ausdrückliche Öffnungsklausel ist aber dann erforderlich, wenn die MBR des BR (z. B. Umkleidezeiten als vergütungspflichtige Arbeitszeit) und damit seine Kompetenzen erweitert werden sollen.[134] Die Betriebsparteien können dabei nicht den Anspruch von anderen als den im Tarifvertrag geregelten Voraussetzungen abhängig machen.[135] Die Zulassung kann auch von der Genehmigung der TV-Parteien abhängig gemacht werden.[136] Für **Sozialpläne** gilt das Vorrangprinzip generell nicht (vgl. § 112 Rn. 1).

14a Ein **Unterlassungs- und Beseitigungsanspruch der Gew.**, mit dem die Gew. die Einhaltung des TV-Vorrangs erzwingen kann, ist zu bejahen (vgl. ergänzend § 23 Rn. 11).[137] Der Unterlassungsanspruch kann auf § 1004 BGB i. V. m. Artikel 9 Abs. 3 GG oder § 23 Abs. 3 BetrVG gestützt und auch im Wege einer einstweiligen Verfügung geltend gemacht werden.[138] Neben dem Unterlassungsanspruch steht der Gew. auch ein Beseitigungsanspruch zur Verfügung.[139] Der Anspruch auf Unterlassung kann sich dabei auch auf weitere Vereinbarungen mit dem BR beziehen.[140] Die Gewerkschaft ist dabei berechtigt, die gesamten durch die BV hervorgerufenen Verstöße und nicht nur diejenigen gegen unmittelbar normativ wirkende Bestimmungen im Wege des Unterlassungsanspruchs gegen AG geltend zu machen.[141]

Die Gew. ist in einem **Beschlussverfahren** antragsberechtigt, soweit es um die Wirksamkeit einer BV im Verhältnis zu einem TV geht oder die Rechte der TV-Parteien in einer sonstigen Weise berührt werden.[142]

---

131   Vgl. dazu BAG, DB 03, 455; BB 99, 1976.

132   BAG, NZA 02, 927.

133   BAG 17. 1. 12 – 1 AZR 482/10, brwo.

134   Vgl. BAG 19. 9. 12 – 5 AZR 678/11, brwo zum BayPersVG.

135   BAG 16. 8. 11 – 1 AZR 314/10, brwo, zu Zahlungen aus dem ERA-Anpassungsfonds vom 18. Dezember 2003 TV (ERA-APF).

136   BAG 20. 10. 10 – 4 AZR 105/09, brwo, NZA 11, 468.

137   BAG 17. 5. 11 – 1 AZR 473/09, brwo, AuR 11, 498; AuR 01, 144; LAG Hamm 29. 7. 2011 – 10 TaBV 91/10, brwo; LAG SH, AiB 00, 105 m. Anm. Zabel; ArbG Mannheim, AiB 05, 692; zum Unterlassungsanspruch vgl. auch DKKW-Berg, Rn. 176 ff.; siehe auch § 23 Rn. 11; zu einem Musterantrag vgl. DKKW-F-Berg, § 77 Rn. 6.

138   BAG 17. 5. 11 – 1 AZR 473/09, brwo, AuR 11, 498.

139   BAG a. a. O.

140   LAG Hamm 29. 7. 2011 – 10 TaBV 91/10, brwo.

141   LAG BaWü, AuR 08, 185.

142   BAG 17. 5. 11 – 1 AZR 473/09, brwo, AuR 11, 498; AuR 99, 408; LAG SH, AiB 00, 1059; DKKW-Berg, Rn. 184 ff.

g) Verzicht

Eine BV gilt unmittelbar und zwingend. Weder durch eine **Verein-** **15** **barung** noch durch eine **Ausgleichsquittung** kann auf Rechte aus einer BV verzichtet werden, es sei denn, der BR hat durch einen ordnungsgemäßen Beschluss eingewilligt, dieses nachträglich genehmigt oder den Verzicht – auch in einer späteren – BV geregelt.[143] Eine wirksame Beschlussfassung setzt die ordnungsgemäße Unterrichtung des BR über die für seine Entscheidung bedeutsamen Umstände voraus. Die Zustimmung kann nur jeweils für den einzelnen konkreten Verzicht des Arbeitnehmers erteilt werden Der BR muss dabei unmissverständlich zum Ausdruck bringen, dass er mit dem Verzicht einverstanden ist.[144] BV können nicht durch einzelvertragliche Abreden zu Lasten der AN geändert werden.[145] Durch BV können auch keine günstigeren einzelvertraglichen Arbeitszeitregelungen der AN beseitigt werden.[146]

h) Wegfall der Geschäftsgrundlage

Der Wegfall der **Geschäftsgrundlage** gibt dem AG nicht das Recht, einseitig eine BV (z. B. Gesamtzusage eines errichteten Versorgungswerkes) zu ändern bzw. zu beenden.[147] In diesem Fall steht es dem AG frei, bei einer BV mit Dauerwirkung von der Kündigungsmöglichkeit Gebrauch zu machen. Bei einer BV ohne Dauerwirkung kommt unter Umständen eine Anpassung in Frage.[148] Kommt über die beabsichtigte Änderung keine Einigung mit dem BR zustande, ist die ESt. zuständig.[149]

i) Auslegung

Die BV sind wegen ihres normativen Charakters wie Tarifverträge und Gesetze **auszulegen**.[150] Auszugehen ist danach vom Wortlaut der Bestimmungen und dem durch ihn vermittelten Wortsinn. Abzustellen ist ferner auf den Gesamtzusammenhang und die Systematik der Re-

---

143 BAG, DB 08, 1163; LAG RP 10.2.11 – 11 Sa 263/10, brwo; vgl. DKKW-Berg, Rn. 89.
144 BAG 15.10.13 – 1 AZR 405/12.
145 Vgl. BAG, BB 04, 1282 bei individualrechtlichem Verzicht auf Sozialplananspräche findet Günstigkeitsprinzip Anwendung.
146 LAG Düsseldorf, AiB 91, 433 m. Anm. v. Schoof; vgl. auch BAG, NZA 92, 177, das BV-Regelungen als unwirksam ansieht, wonach einzelvertragliche Vertragsstrafenversprechen der BV auch dann vorgehen sollen, wenn sie für den AN ungünstiger sind.
147 BAG 29.9.04 – 1 AZR 445/03, NZA 2005, 532.
148 Fitting, Rn. 152.
149 BAG, NZA 98, 719.
150 BAG 24.4.13 – 7 AZR 523/11, brwo; 20.1.09 – 1 ABR 78/07, brwo; LAG SH, NZA-RR 05, 142 zu den Voraussetzungen eines Redaktionsversehens.

gelungen. Im Zweifel gebührt dabei derjenigen Auslegung der Vorzug, die zu einem sachgerechten, zweckorientierten, praktisch brauchbaren und gesetzeskonformen Verständnis der Bestimmung führt.[151] Bei der Auslegung kann nur begrenzt auf den allgemeinen Sprachgebrauch abgestellt werden. Da Betriebsvereinbarungen betriebliche Sachverhalte regeln, ist das Verständnis im Betrieb entscheidend.[152] Es kommt aber auch nicht nur auf den Wortlaut, sondern auch auf den von den Betriebsverfassungsorganen verfolgten Sinn und Zweck an, soweit er im Wortlaut wenigstens andeutungsweise Ausdruck gefunden hat.[153] Sind in einem TV **Ausschlussfristen** geregelt, kann durch BV keine andere Ausschlussfrist vereinbart werden, sofern der TV insoweit keine Öffnungsklausel (vgl. Rn. 14) enthält.[154]

j) Beendigung

16 Eine BV kann mit Erreichung des Zweckes, mit Eintritt einer auflösenden Bedingung oder durch Fristablauf enden. Sie kann auch jederzeit durch eine nachfolgende BV abgelöst werden, auch wenn diese für die Zukunft die bisherige Rechtsposition der AN verschlechtert (s. im Einzelnen Rn. 8).[155] Neben der gesetzlichen **Frist** von drei Monaten[156] – wenn keine andere Vereinbarung getroffen worden ist[157] – kann eine BV auch **fristlos gekündigt** werden, wenn ein wichtiger Grund vorliegt oder die Geschäftsgrundlage entfallen ist (vgl. auch Rn. 15). Die Zulässigkeit einer Teilkündigung kann in einer BV zugelassen oder ausgeschlossen werden. Befindet sich in der BV keine Regelung dazu, ist eine Teilkündigung nur dann zulässig, wenn der gekündigte Teil einen selbständigen Regelungskomplex betrifft, der ebenso in einer eigenständigen Betriebsvereinbarung geregelt werden könnte.[158] Dies gilt auch für eine BV, die auf dem Spruch einer ESt. beruht, es sei denn, die BV hat eine feste Laufzeit. Die außerordentliche Kündigung einer BV, z. B. eines Sozialplans, die nicht als Dauerregelung vorgesehen ist, ist unzulässig.[159] Die Kündigung einer BV bedarf zwar grundsätzlich keiner besonderen Form, sie muss aber unmissverständlich und eindeutig sein.[160] Auch formlose **Regelungsabreden** können mit einer Frist von drei Monaten gekündigt werden,

---

151   BAG 7.6.11 – 1 AZR 807/09, NZA 11, 1234.
152   BAG, AP Nr. 27 zu § 77 BetrVG 72 Betriebsvereinbarung.
153   Im Einzelnen DKKW-Berg, Rn. 52.
154   BAG, BB 91, 2012.
155   BAG, DB 09, 461; vgl. DKKW-Berg, Rn. 93.
156   Vgl. BAG, DB 90, 1871; zu einer Musterkündigung vgl. DKKW-F-Berg, § 77 Rn. 5.
157   ArbG Hamburg, BB 91, 2445.
158   BAG, AiB 08, 616.
159   Kreisgericht Suhl, AiB 92, 102 m. Anm. v. Oberhofer.
160   BAG, DB 08, 1384.

wenn keine andere Kündigungsfrist vereinbart ist.[161] Im Übrigen bedarf die Ausübung des Kündigungsrechts keiner Rechtfertigung und unterliegt keiner inhaltlichen Kontrolle. Die Grundsätze des Vertrauensschutzes und der Verhältnismäßigkeit begrenzen aber die Kündigungswirkungen.[162]

k) Nachwirkung

Die **Nachwirkung** setzt voraus, dass es sich um eine BV in Angelegenheiten der sog. **erzwingbaren** MB (z. B. nach § 87) handelt.[163] **17** Führt die Kündigung der BV nicht zu einer Beseitigung der Ansprüche der AN, z. B. bei einer BV über betriebliches Altersruhegeld, bleibt für diese BV die Nachwirkung insoweit bestehen.[164] Ein Ausschluss der Nachwirkung ergibt sich daraus, dass in einem TV (hier: § 4 Nr. 2 Satz 3 MTV gewerbliche AN der bayerischen Metall- und Elektroindustrie) für den Fall der Nichteinigung zwischen AG und BR als Schlichtungsorgan nicht die ESt., sondern die tarifliche Schlichtungsstelle vorgesehen ist.[165] Die Nachwirkung einer BV entfällt auch in dem Fall, wenn die BV sich auf die Regelung eines zeitlich begrenzten, abgeschlossenen Gegenstands beschränkt.[166] Die Nachwirkung entfällt, wenn jährlich eine neue BV abgeschlossen und vereinbart wird, so dass keine Ansprüche für künftige Jahre daraus hergeleitet werden können.[167] Die Nachwirkung beschränkt sich nicht nur auf die den mitbestimmungspflichtigen Tatbestand betreffenden Einzelregelungen, sondern auch auf die Vereinbarungen, die mit ihnen in einem sinnvollen Zusammenhang als Ergebnis eines Aushandlungsprozesses stehen.[168] Eine gekündigte **Regelungsabrede** wirkt zwischen AG und BR bis zum Abschluss einer neuen Vereinbarung weiter, wenn Gegenstand der Regelungsabrede eine mitbestimmungspflichtige Angelegenheit ist.[169] Eine **andere Abmachung** ist nicht nur ein TV, der Spruch einer ESt., eine neue BV oder auch die bloße Aufhebung durch eine

---

161   BAG, AiB 92, 583 m. Anm. v. Neuhaus; LAG Köln 7. 10. 11 – 4 TaBV 52/11, brwo.

162   BAG, BB 00, 777 zur Kündigung einer BV über betriebliche Altersversorgung; ArbG Trier 23. 9. 10 – 3 Ca 69/10, LAGE § 1 KSchG Nr 17, zur unwirksamen Entziehung einer bereits abgeschlossen erworbenen Unkündbarkeitsposition durch arbeitgeberseitige Kündigung der BV- Echte Rückwirkung einer normativen Regelung.

163   BAG, NZA 05, 532.

164   Vgl. BAG, AiB 03, 637; offen gelassen durch BAG 15. 2. 11 – 3 AZR 196/09, brwo, bei Leistungen der betrieblichen Altersversorgung, da in diesem Fall keine Mittel mehr zur Verfügung standen.

165   BAG, NZA 05, 532.

166   BAG 28. 4. 09 – 1 ABR 7/08, juris, zu Regelungen über Flugumlaufpläne.

167   BAG, BB 95, 1643.

168   HessLAG, AuR 04, 166.

169   BAG, AiB 92, 585; LAG München 11. 12. 12- 9 TaBV 103/11, juris.

BV,[170] sondern auch ein Einzelvertrag. Das MBR darf jedoch nicht durch den Abschluss gleich lautender Einzelverträge umgangen werden. Das BAG lässt den Ausschluss der Nachwirkung durch BV von vornherein,[171] als auch erst für die Zeit nach Ablauf einer vereinbarten Frist[172] zu. Für **freiwillige** BV kann die Nachwirkung vereinbart werden.[173] Nach der Rspr. des BAG,[174] kann die Nachwirkung auch gegen den Willen einer Seite durch die Anrufung der ESt. nach § 76 Abs. 5 beendet werden, wenn die Bemühungen um eine einvernehmliche neue Regelung scheitern.

18 Sind in einer BV Regelungstatbestände nach § 87 (**erzwingbare**) und § 88 (**freiwillige**) untrennbar **verbunden (sog. teilmitbestimmte BV)**, wirkt die BV jedenfalls dann insgesamt nach, wenn der erzwingbare und freiwillige Teil der BV eine untrennbare Einheit bilden (vgl. hierzu auch § 87 Rn. 61).[175] Ein nicht tarifgebundener AG leistet in mitbestimmungsrechtlicher Hinsicht die gesamte Vergütung als freiwillige Leistung. Wenn dieser AG mit der Kündigung eine Reduzierung des Volumens der insgesamt zur Verfügung gestellten Mittel und zugleich eine Änderung des Verteilungsschlüssels bzw. -plans beabsichtigt, wirkt die BV nach.[176] Eine gekündigte BV über eine freiwillige Leistung des AG, über deren Einführung und Leistungszweck der AG ohne Beteiligung des BR entscheiden kann, wirkt nach, wenn der AG den Verteilungs- und Leistungsplan ändern will. Erklärt der AG aber gegenüber dem BR oder den AN, dass er für den bisherigen Leistungszweck keine Mittel mehr zur Verfügung stellt, tritt keine Nachwirkung ein.[177]

19 Haben sich die Betriebsparteien über die Umsetzung einer tariflichen **Änderung der Wochenarbeitszeit** bis zum Inkrafttreten des TV nicht geeinigt, ist der AG nicht berechtigt, Anfang und Ende der tariflichen Arbeitszeit einschl. der Pausen sowie die Verteilung der wöchentlichen Arbeitszeit auf die einzelnen Wochentage ohne Zustimmung des BR einseitig festzulegen, solange die bisherige Arbeitszeit nach dem neuen TV beibehalten werden kann.[178] Eine BV, die als Ergänzung zu einem TV abgeschlossen wurde, ist grundsätzlich in ihrer Laufzeit auf die Dauer des TV sowie ggf. dessen Nachwirkung be-

---

170 HessLAG 26. 4. 12 – 5 Sa 924/11, brwo.

171 BAG, DB 95, 1918.

172 BAG, NZA 04, 336.

173 BAG, NZA 08, 1078.

174 BB 98, 2315.

175 BAG 9.7.13 – 1 AZR 275/12, NZA 13, 1438; 5.10.10 – 1 ABR 20/09, DB 11, 1113; LAG München 11.12.12 – 9 TaBV 103/11, brwo; LAG Hamm 9.9.05 – 10 TaBV 13/05, juris.

176 BAG 10.11.09 – 1 AZR 511/08, brwo; DB 08, 2709.

177 BAG 5.10.10 – 1 ABR 20/09, brwo, AuR 11, 129 Ls.

178 BAG, AiB 91, 431.

schränkt.[179] Ist eine **ergänzende BV** auch im Hinblick auf einen künftigen TV geschlossen, hängt ihre Weitergeltung vom Inhalt dieses TV ab.[180] Falls auf der Grundlage einer tarifvertraglichen Öffnungsklausel eine mitbestimmungspflichtige BV (z.B. nach § 87 Abs. 10 und 11) abgeschlossen worden ist, wirkt diese BV im Falle einer Kündigung nach.[181] Wird eine BV gekündigt, deren Regelung nicht Angelegenheiten betrifft, in denen ein Spruch der ESt. die Einigung zwischen AG und BR ersetzen kann, führt diese Kündigung nach Ablauf der Kündigungsfrist dazu, dass die tarifliche Regelung bei einem tarifgebundenen AG wieder auflebt mit der Folge, dass eine Nachwirkung der gekündigten BV ausscheidet.[182]

§ 78 Schutzbestimmungen

Die Mitglieder des Betriebsrats, des Gesamtbetriebsrats, des Konzernbetriebsrats, der Jugend- und Auszubildendenvertretung, der Gesamt-Jugend- und Auszubildendenvertretung, der Konzern-Jugend- und Auszubildendenvertretung, des Wirtschaftsausschusses, der Bordvertretung, des Seebetriebsrats, der in § 3 Abs. 1 genannten Vertretungen der Arbeitnehmer, der Einigungsstelle, einer tariflichen Schlichtungsstelle (§ 76 Abs. 8) und einer betrieblichen Beschwerdestelle (§ 86) sowie Auskunftspersonen (§ 80 Abs. 2 Satz 3) dürfen in der Ausübung ihrer Tätigkeit nicht gestört oder behindert werden. Sie dürfen wegen ihrer Tätigkeit nicht benachteiligt oder begünstigt werden; dies gilt auch für ihre berufliche Entwicklung.

1. Behinderung bzw. Störung eines Organs

Der **Begriff der Behinderung/Störung** ist umfassend zu verstehen **1** und erfasst jede unzulässige Erschwerung, Störung oder gar Verhinderung der BR-Arbeit. Ein Verschulden oder eine Behinderungsabsicht des Störers ist dazu nicht erforderlich.[1] Das Verbot der Störung oder Behinderung des BR bezieht sich nicht nur auf den AG[2], sondern

---

179 BAG, DB 84, 1302; vgl. auch BAG, BB 84, 1746.
180 BAG, NZA 09, 1159; DB 84, 1302.
181 BAG, NZA 09, 1159 zu einer BV über Prämienlohn.
182 LAG Köln 20.4.09 – 5 TaBV 66/08, brwo.
  1 LAG BaWü 6.7.11 – 13 TaBV 4/11, NZA-RR 11, 528.
  2 Wenckebach, AiB 13, 678 zu den Grenzen betriebsratskritischer Äußerungen des AG.

es richtet sich gegen jedermann[3] Die Äußerung eines leitenden Angestellten ist dem AG dann zuzurechnen, wenn die schuldhafte Handlung des als Erfüllungsgehilfen handelnden Mitarbeiters in einem inneren sachlichen Zusammenhang mit den Aufgaben steht, die der Arbeitgeber ihm als Erfüllungsgehilfen zugewiesen hat.[4] Eine verbotene Behinderung oder Störung der Tätigkeit der Betriebsverfassungsorgane der AN-Seite kann jedes positive Tun und – soweit eine Mitwirkungspflicht besteht – auch ein Unterlassen sein.

2 Eine **unzulässige Behinderung der BR-Tätigkeit** (vgl. auch § 74 Rn. 3) liegt z.B. vor

- bei einer ständigen Unterlassung der Mitteilungs- und Auskunftspflicht nach §§ 80 Abs. 2, 99 Abs. 1, 102 Abs. 1 und § 105, Behinderung bzw. Verhinderung von BR-Sitzungen;[5]

- bei Maßnahmen, durch welche die Ausübung der Überwachungspflicht nach § 80 Abs. 1, § 89 Abs. 2 bis 5 und § 96 beeinträchtigt werden;[6]

- wenn der AG es unterlässt, dem BR die notwendigen sachlichen Mittel für die BR-Arbeit zur Verfügung zu stellen;[7]

- bei Maßnahmen gegenüber einzelnen BR-Mitgl., wenn sie von AN unabhängig von etwaigen BR-Beschlüssen um Unterstützung bei der Wahrnehmung ihrer Rechte gebeten werden;[8]

- bei Verweigerung des **Zutritts von BR-Mitgl.** auch zu den Arbeitsplätzen solcher Räume, deren Betreten nur bestimmten Beschäftigten erlaubt ist, ohne Nachweis eines besonderen Interesses (; vgl. auch Rn. 2);[9]

- bei Verweigerung des **Zutritts von BR-Mitgl.** zu einem Betrieb des Konzerns, in dem AN z.B. als LeihAN eingesetzt werden, die den BR gewählt haben, da der BR des Entleiherbetriebes für die »verliehenen« Arbeitnehmer weiterhin zuständig ist;[10]

- bei Verweigerung des **Zutritts von Gew.-Beauftragten** ohne Vorliegen der Ausnahmetatbestände des § 2 Abs. 2;

- bei dem Aussprechen von außerordentlichen anstelle von ordentlichen Kündigungen, um das Widerspruchsrecht des BR nach § 102 zu umgehen;

---

3   LAG Bremen 30.5.12 – 2 TaBV 36/11, AuR 13, 178 n.rk. BAG 7 AZR 74/12.
4   HessLAG 2.9.13 – 16 TaBV 36/13, brwo.
5   ArbG Frankfurt, AiB 89, 78; ArbG München 16.4.91 – 15 GaBV 59/91.
6   HessLAG 26.9.11 – 16 TaBV 105/11, NZA-RR 2012, 85.
7   Siehe dazu U. Fischer, BB 99, 1920.
8   LAG Berlin-Brandenburg 20.10.11 – 10 TaBV 567/11, juris.
9   ArbG Hamburg, AiB 97, 611.
10 LAG Bremen 30.5.12 – 2 TaBV 36/11, brwo, n.rk. BAG 7 ABR 74/12, AuR 13, 178.

- bei Androhung und Durchführung von Sanktionen gegenüber WA-Mitgl.;[11]
- bei der Androhung der Betriebsschließung und Produktionsverlagerung ins Ausland wegen der durch den BR verursachten Kostentragungspflicht;[12]
- bei der rechtswidrigen Offenlegung der BR-Kosten durch AG;[13]
- bei monatlicher Bekanntgabe der Kosten des BR;[14]
- bei einer Kostenzuordnung nicht freigestellter BR-Mitgl. durch den AG auf ihre Abteilung;[15]
- bei der Weitergabe (zwecks Stimmungsmache) eines an den BR gerichteten Schreibens durch den AG;[16]
- bei einer Behauptung des AG, dass im Falle der durch den BR verursachten Kostentragungspflicht der Betrieb geschlossen und ins Ausland verlagert werde;[17]
- durch die herabsetzende Äußerung des AG, der BR wolle das gesamte Unternehmen lahm legen, und die Kosten der BR-Arbeit per Aushang mitteilt;[18]
- in dem Vorwurf eines unsolidarischen und verantwortungslosen Verhaltens in einem Schreiben des AG, weil BR-Mitgl. bisher dem Ausstieg aus dem BAT nicht zugestimmt haben;[19]
- bei Öffnung der Post des BR, auch wenn diese an das UN adressiert, aber in der Anschrift erkennbar ist, dass sie an den BR gerichtet ist;[20]
- durch das Löschen vom BR in das betriebsinterne Intranet eingestellten Seiten durch den AG;[21] einseitiges Umhängen des Schwarzen Brettes;[22]
- durch Entfernung von Mobiliar aus dem BR-Büro;[23]

---

11 ArbG Köln, AiB 86, 68.
12 ArbG Leipzig, NZA-RR 03, 142.
13 BAG, BB 98, 1006.
14 ArbG Darmstadt, AiB 87, 140; vgl. auch BAG, BB 98, 1006, sofern die Angaben nicht den gesetzlichen Vorgaben entsprechen und nach Art und Inhalt erkennen lassen, dass der AG diese Kosten zu tragen hat, soweit diese für die BR-Arbeit erforderlich sind.
15 ArbG Berlin, AuR 05, 277.
16 LAG Köln, AuR 91, 121.
17 ArbG Leipzig, NZA-RR 03, 142.
18 LAG Nds., AiB 05, 444.
19 ArbG Stralsund, AiB 05, 498.
20 ArbG Stuttgart, AiB 88, 109; ArbG Elmshorn, AiB 91, 269.
21 LAG Hamm, RDV 04, 223; ArbG Dortmund 12.9.03 – 1 Bv 15/03.
22 HessLAG 15.3.07 – 9 TaBVGa 32/07, brwo.
23 ArbG Duisburg, AuR 94, 381.

- durch Streichung von freiwilligen Leistungen bzw. Anrechnung von übertariflichen Zulagen, weil der BR auf seinen Rechten nach dem BetrVG, z. B. Information bei der Einstellung von Aushilfskräften, bestehen bleibt;[24]

- durch Androhung der Streichung der kostenlosen Parkplätze, falls es nicht ohne ESt zu einer Einigung über die Parkplatzregelung kommt;[25]

- bei Verweigerung des Betretens der Betriebsräume durch ein BR-Mitgl., auch wenn diesem bereits gekündigt ist;[26]

- bei Beeinträchtigung der Amtsführung des BR in der Art und Weise der Berichterstattung über die verursachten Kosten des BR durch den AG in einer Betriebsversammlung.[27]

3 Es genügt allein eine **objektiv feststellbare Beeinträchtigung**, ohne dass eine darauf zielende Absicht vorhanden sein muss. Verstöße werden nach § 119 Abs. 1 Nr. 2 auf Antrag des BR oder der Gew. **strafrechtlich** verfolgt. Dabei ist nur ein vorsätzliches Verhalten strafbar, und der Antrag muss innerhalb von drei Monaten gestellt werden (vgl. § 119 Rn. 3). Ein Antrag nach § 23 Abs. 3 kann zusätzlich gestellt werden.[28]

2. Benachteiligung eines Organmitglieds

4 Eine **Benachteiligung** ist jede Schlechterstellung im Vergleich zu anderen Arbeitnehmern, die nicht auf sachlichen Gründen, sondern auf der Tätigkeit als **BR-Mitgl.** beruht. Dabei ist eine Benachteiligungsabsicht nicht erforderlich, es genügt die objektive Schlechterstellung gegenüber Nicht-BR-Mitgl. Der Schutz gilt ebenfalls für ein **BR-Ersatzmitgl.**[29] Das Benachteiligungsverbot für freigestellte BR-Mitgl. gilt auch für Beamte des Bundeseisenbahnvermögens, die der DB AG zugewiesen sind.[30]

Nach der zu engen Auffassung des BAG[31] kann eine unzulässige Benachteiligung eines BR-Mitgl. darin liegen, dass das BR-Mitgl. allein aufgrund seiner Amtsstellung endgültig **mit Vermögensaufwendungen belastet** wird, die im Falle eines sonstigen AN in einer im Übrigen vergleichbaren Situation im Ergebnis nicht den AN, sondern den AG treffen würden. Bei einer solchen Fallgestaltung ist dem Benachteiligungsverbot dadurch Rechnung zu tragen, dass auch

---

24 ArbG Darmstadt 24. 3. 94 – 2 BV Ga 2/94.
25 HessLAG 31. 7. 08 – 9/4 TaBV 24/08, brwo.
26 ArbG Elmshorn, AiB 97, 173.
27 BAG, BB 96, 328.
28 LAG Hamburg, AiB 06, 239.
29 LAG Hamburg, AiB 06, 238.
30 OVG Berlin-Brandenburg 13. 1. 12 – OVG 6 N 55.09.
31 BAG 20. 1. 10 – 7 ABR 68/08, NZA 10, 777.

dem BR-Mitgl. unter denselben Voraussetzungen und in demselben Umfang ein Erstattungsanspruch gegen seinen AG gewährt wird. Nach richtiger Auffassung kann eine unzulässige Benachteiligung bereits dann vorliegen, wenn der AG die Vergütungszahlung mit der Folge einstellt, dass dem BR-Mitgl. dadurch für die weitere BR-Arbeit der Boden entzogen wird[32]

Eine **Benachteiligung eines BR-Mitgl.** liegt vor,

- wenn der AG aus Anlass der Wahl in den BR einem Mitgl. ein räumlich ungünstigeres Büro (Großraumbüro statt Arbeitszimmer mit zwei Arbeitsplätzen) zuweist;[33]

- wenn der AG ein BR-Mitgl. abmahnt, weil sich AN an ihn um Unterstützung wenden und er sich darum ohne BR-Beschluss kümmert;[34]

- wenn der AG den Zutritt des BR-Mitgl. zu seiner betrieblichen Wirkungsstätte von einer vorherigen Anmeldung abhängig macht;[35]

- wenn die Bestellung zum Beauftragten für den Datenschutz mit der Begründung widerrufen wird, dass der Beauftragte BR-Mitgl. ist;[36]

- wenn der AG als Bedingung für eine Stelle verlangt, dass die AN ihr Amt als BR-Vors. aufgibt;[37]

- beim Ausschluss vom beruflichen Aufstieg;[38]

- bei der Zahlung einer geringeren Vergütung gerade wegen der BR-Tätigkeit;[39]

- bei der Nichtzahlung einer Pauschalvergütung, wenn die Verrichtung der BR-Tätigkeit zum Wegfall der tariflichen Voraussetzungen für den Bezug der Pauschalvergütung führt;[40]

- bei Nichtweiterzahlung von Aktienoptionen, auch wenn sie durch eine andere Konzerngesellschaft gewährt wurden;[41]

- bei der Verweigerung von Zusatzurlaub und Altersfreizeit, die ein freigestelltes BR-Mitgl. erhalten würde, wenn es weiterhin seine frühere berufliche Tätigkeit ausgeübt hätte;[42]

---

32 HessLAG, dbr 11/07, 37.
33 LAG Köln 26.7.10 – 5 SaGa 10/10, brwo, NZA-RR 10, 641.
34 LAG Berlin-Brandenburg 20.10.11 – 10 TaBV 567/11, juris.
35 ArbG Berlin 2.8.13 – 28 BVGa 10241/13, BB 13, 2547.
36 BAG 23.3.11 – 10 AZR 562/09, brwo, DB 11, 1926.
37 LAG BaWü 30.12.11 – 14 Sa 103/11, juris.
38 BAG, NZA 06, 448; LAG Düsseldorf, AuR 08, 120.
39 BAG, NZA 06, 448.
40 LAG Berlin-Brandenburg 22.2.12 – 17 Sa 2212/12, juris.
41 BAG, NZA 08, 836.
42 BAG 29.9.99 – 7 AZR 378/98, juris.

- bei der Verweigerung des Aufstiegs in eine Position mit höherer Vergütung;[43]
- bei der nachteiligen Berücksichtigung einer Freistellung bei Beförderungen;[44]
- bei der Ablehnung einer Fahrzeugüberlassung;[45]
- bei der Untersagung der weiteren privaten Nutzung eines Dienstwagens durch ein freigestelltes BR-Mitgl., wenn ihm vor der Freistellung diese Überlassung schon zustand;[46]
- bei der Angabe der BR-Tätigkeit im Zeugnis gegen den Willen des AN;[47]
- wenn der AG bei einer vorgenommenen Auswahlentscheidung zwischen zwei geeigneten Bewerbern, von denen einer freigestelltes BR-Mitgl. ist, bei dieser die Freistellung des BR-Mitgl. maßgeblich in ihre Auswahlerwägungen eingestellt hat;[48]
- wenn der AG einem BR-Mitgl., dessen Kündigung er beabsichtigt und für den er das Verfahren nach § 23 Abs. 1 bzw. das Zustimmungsersetzungsverfahren nach § 103 Abs. 2 betreibt, den Zugang zum Betrieb[49] sowie zu den einzelnen Arbeitsplätzen verwehrt;[50]
- wenn einem bereits gekündigten BR-Mitgl. nach Ablauf der Kündigungsfrist der Zugang zum Betrieb durch den AG verwehrt wird, obwohl fristgerecht Kündigungsschutzklage erhoben worden und die Kündigung nicht offensichtlich rechtswirksam ist[51] sowie in dem Fall, wo der AG nicht das Zustimmungsersetzungsverfahren nach § 103, sondern die Anhörung nach § 102 betreibt.[52]

Das **Zutrittsrecht zum Betrieb** kann durch eine einstweilige Verfügung geltend gemacht werden.[53] Zum Schutz der BR-Tätigkeit kann des Weiteren eine einstweilige Verfügung erlassen werden, wenn die ausgesprochene Kündigung offensichtlich unwirksam ist. Dieses ist der

43 Vgl. BAG, NZA 93, 909, sofern dem BR-Mitgl. der Nachweis gelingt.
44 BAG, DB 00, 151 zum PersVG.
45 LAG Brandenburg, AiB 02, 573.
46 BAG, BB 05, 111.
47 LAG Hamm, DB 91, 1527; LAG Frankfurt, AuR 84, 287; a.A. LAG Köln 6.12.13 −7 Sa 583/12, brwo bei einem freigestellten BR-Mitgl.
48 LAG Hamburg 19.9.12 − H 6 TaBV 2/12, brwo.
49 LAG München, dbr 4/06, 41; LAG Köln, AuA 05, 744; vgl. auch LAG München, NZA-RR 03, 641.
50 ArbG Elmshorn, AiB 91, 56; 97, 173.
51 LAG München 27.1.11 − 3 TaBVGa 20/10, brwo, AuA 11, 370; 18.11.09 − 11 TaBVGa 16/09, NZA-RR 10, 189; ArbG Elmshorn, AiB 04, 40.
52 HessLAG, AuR 08, 406.
53 LAG München 18.11.09 − 11 TaBVGa 16/09, juris; LAG Berlin-Brandenburg, NZA-RR 09, 646 während eines § 103 Zustimmungsersetzungsverfahren; LAG München, dbr 4/06, 41.

Fall, wenn die **Kündigung** ohne Zustimmung des BR bzw. eine die Zustimmung ersetzende arbeitsgerichtliche Entscheidung ausgesprochen wurde bzw. aus einem anderen Grund unwirksam ist.[54] Während des Kündigungsschutzprozesses ist das suspendierte BR-Mitgl. nicht verpflichtet, ein sog. **Zwischenarbeitsverhältnis** bei einem anderen AG einzugehen, denn dieses käme einer fristlosen Kündigung gleich.[55] Der kündigende AG hat vielmehr die geschuldete arbeitsvertragliche Vergütung weiter zu bezahlen. Neben der Kündigung (vgl. Erl. zu § 103) kommen als Benachteiligung eines BR-Mitgl. u. a. in Betracht die Versetzung oder Zuweisung einer unangenehmen Arbeit.[56] Im Falle einer **Versetzung** steht dem BR ein Anspruch auf Aufhebung der Versetzung eines BR-Mitgl. im einstweiligen Verfügungsverfahren zu, wenn die nach § 103 Abs. 3 erforderliche Zustimmung vom BR nicht erteilt oder durch das ArbG ersetzt worden ist, da in diesem Fall § 101 in keiner Weise anwendbar ist (vgl. § 23 Rn. 13).[57] Nach abzulehnender Auffassung des BAG[58] gebieten Art. 7 und Art. 8 der EGRL 14/2002 i. V. m. Art. 27, 28 und 30 der EUGrdRCh keine Einschränkung des § 14 Abs. 2 TzBfG auf **befristete Arbeitsverhältnisse** von BR-Mitgl.; ein Anspruch auf Abschluss eines unbefristeten Arbeitsvertrages kann sich aber aus dem Benachteiligungsverbot des § 78 ergeben.[59] In dem Fall hat ein befristet beschäftigtes BR-Mitgl. einen Anspruch auf unbefristete Beschäftigung, wenn andere befristet Beschäftigte vom AG ein Übernahmeangebot erhalten, und nur das BR-Mitgl. wegen der Betriebsratstätigkeit nicht in ein unbefristetes Arbeitsverhältnis übernommen werden soll. Schlechterstellungen, die alle AN des Betriebs betreffen, gelten grundsätzlich auch für BR-Mitgl. Die Benachteiligung eines **Mitgl. einer ESt.** kann gegeben sein, wenn seine Vergütung weniger als 1/3 der dem Vors. gewährten Vergütung beträgt.[60]

Keine Benachteiligung soll nach der abzulehnenden Auffassung des BAG[61] jedoch bei der Ablehnung der Kostenerstattung eines Rechtsanwalts für die **Prozessvertretung eines BR-Mitgl.** bei der gerichtl. Verfolgung seines auf § 37 Abs. 2 gestützten Lohnanspruchs bestehen.

54 HessLAG, AuR 08, 406; LAG Hamm 24.9.04 – 10 TaBV 95/04, juris; LAG Köln, NZA-RR 06, 28.
55 ArbG München, AiB 10, 689 m. Anm. Helm, Huber, Lehmann.
56 LAG Bremen 12.8.82, AP Nr. 15 zu § 99 BetrVG 1972; LAG Frankfurt, BB 86, 2199; vgl. auch ArbG Trier, AiB 93, 241.
57 LAG Nürnberg 11.10.10 – 7 TaBV Ga 7/10, brwo, DB 11, 883.
58 BAG 5.12.12 – 7 AZR 698/11, brwo; ebenso LAG Berlin-Brandenburg 4.11.2011 – 13 Sa 1549/11, AuR 11, 507; a.A. ArbG München 8.10.10 – 24 Ca 861/10; Huber/Schubert/Ögüt, AuR 12, 429.
59 BAG 5.12.12 – 7 AZR 698/11, juris; ArbG München 12.6.13 – 24 Ca 1619/11, AiB 13, 608 mit Anm. Helm/Bell.
60 LAG München, AuR 91, 382 bei einem anwaltlichen Beisitzer.
61 BAG, NZA 94, 284.

Das BAG hat in seinem Beschluss vom 20. 1. 10[62] offen gelassen, ob und ggf. unter welchen Voraussetzungen ein BR-Mitgl., das in einem Urteilsverfahren individualrechtliche – im Zusammenhang mit der Wahrnehmung seines Betriebsratsamts entstandene – Ansprüche gegenüber dem AG geltend macht, nach § 40 Abs. 1 oder nach § 823 Abs. 2 BGB i. V. m. § 78 Satz 2 vom AG die Erstattung der durch die Hinzuziehung eines Prozessbevollmächtigten verursachten Kosten verlangen kann. Es ist zu hoffen, dass sich damit eine Rechtssprechungsänderung ankündigt. Nach abzulehnender Rspr. des BAG[63] sind die höheren **Fahrtkosten** zwischen dem Sitz des BR, der weiter entfernt ist als der Arbeitsort, und dem Wohnort eines freigestellten BR-Mitgl. vom AG nicht nach § 40 Abs. 1 zu erstatten; eine Erstattung würde gegen das Begünstigungsverbot verstoßen (vgl. § 38 Rn. 8 b). Eine Benachteiligung soll nicht vorliegen, wenn ein BR-Mitgl. als AN in der Personalabteilung der Zentrale im operativen Bereich wesentliche Arbeitgeberfunktionen wahrnimmt, und sie deshalb auf einen anderen Arbeitsplatz in dieser Abteilung versetzt wird.[64]

Bei Behinderungen oder Störungen der Tätigkeit des BR als auch des BR-Mitgl. kann mit einem **Unterlassungsanspruch** gegen den AG vorgegangen werden.[65] Der BR kann ggf. per **einstweiliger Verfügung** durchsetzen, dass der AG diesen Gesetzesverstoß unterlässt.[66] Ebenfalls kann dem AG durch einstweilige Verfügung untersagt werden, den Zugriff des BR auf dessen eigenen PC über das firmeninterne PC-Netzwerk zu erschweren.[67]

Den Anspruch auf Unterlassung einer Störung oder Behinderung kann nicht nur das betroffene BR-Mitglied, sondern auch der BR gerichtlich geltend machen, wobei auch eine einstweilige Verfügung in Betracht kommt. Gegen den Ausspruch von Abmahnungen wegen angeblicher Verletzung von Amtspflichten steht sowohl dem BR-Mitglied als auch dem Gremium ein Unterlassungsanspruch zu.[68] Zumal sowohl eine Kündigung als auch eine Abmahnung nur bei Vertragspflichtverletzungen, nicht aber bei Verletzung betriebsverfassungsrechtlicher Pflichten in Betracht kommen (s. § 23 Rn. 5).[69]

Zu außergerichtlichen Lösungsmöglichkeiten vgl. Rafoth, AiB 11, 169.

---

62 BAG 20.1.10 – 7 ABR 68/08, NZA 10, 777.
63 BAG, AiB 08, 53. mit krit. Anm. Schneider.
64 LAG Köln 9.9.11 – 10 TaBV 104/10, AuR 13, 322 mit Anm. Pröpper.
65 LAG Brandenburg, AiB 02, 573; vgl. auch Roos, AiB 02, 332.
66 LAG Köln 26.7.10 – 5 SaGa 10/10, NZA-RR 10, 641; ArbG Elmshorn, AiB 04, 40; ArbG Leipzig, NZA-RR 03, 142; ArbG Stuttgart, AiB 88, 109; zu einem Musterantrag vgl. DKKW-F-Buschmann, § 78 Rn. 3 f.
67 ArbG Düsseldorf, AiB 99, 648.
68 LAG Düsseldorf, AiB 93,569; DKKW-Buschmann, Rn. 39; a. A. LAG BaWü 6.7.11 – 13 TaBV 4/11, NZA-RR 11, 528.
69 BAG 12.5.10 – 2 AZR 587/08, brwo.

3. Begünstigung eines Organmitgliedes

Die **Begünstigung** des durch die Vorschrift erfassten Personenkreises   **5**
wegen ihrer Tätigkeit im Rahmen der Betriebsverfassung ist ebenfalls
unzulässig.

Unzulässige Begünstigungen können z. B. sein:

- Gewährung besonderer Zuwendungen oder Zahlung überhöhter
Entschädigungen für Auslagen oder Reisekosten,[70]

- eine **Pauschale** für Mehrarbeit, die gänzlich unabhängig von der
betrieblichen Notwendigkeit der Erbringung von BR-Arbeit außerhalb der Arbeitszeit und zudem unabhängig von betriebsbedingten
bzw. betriebsratsbedingten Gründen Vergütungs- statt Freizeitausgleichsansprüche festlegt,[71]

- die Vereinbarung einer Fahrtkostenerstattung für ein freigestelltes
BR-Mitgl. für den Weg zwischen der Wohnung und dem Sitz des
BR,[72]

- die Gewährung einer Zulage nach § 24 Abs. 1 BAT,[73]

- die Zahlung einer höheren Abfindung aufgrund eines Sozialplanes
oder eines eigenen Aufhebungsvertrages als an andere AN,[74]

- die Gewährung besonderer Zuwendungen oder Zahlung überhöhter
Entschädigungen für **Auslagen** oder **Reisekosten**,[75]

- die Förderung der sog. **AUB** durch finanzielle Unterstützung, Freistellung für den BR-Wahlkampf, Unterstützung von Seminaren und
Publikationen durch Siemens.

Die Vereinbarung einer unzulässigen Begünstigung ist nichtig (§ 134
BGB).

Keine unzulässige Begünstigung ist

- die Anwendung des § 103 im Rahmen des § 15 KSchG im Falle
einer generellen Massenänderungskündigung,[76]

- die einer betriebsbedingten Änderungskündigung zugrunde liegende
Unternehmerentscheidung, die unter Sonderkündigungsschutz stehenden BR-Mitgl. von der Regelung auszunehmen,[77]

---

70   BAG, BB 74, 1023; DB 75, 1707; vgl. auch BAG, BB 91, 2228.
71   ArbG Stuttgart 13. 12. 12 – 24 Ca 5430/12, AuR 13, 136 mit Anm. Mittag.
72   LAG Stuttgart, dbr 2/07, 37.
73   So LAG Köln, AuR 02, 358 bei einer Vertrauensfrau der Schwerbehinderten.
74   LAG Düsseldorf, BB 02, 306.
75   BAG, DB 75, 1707; DB 74, 1535.
76   BAG, DB 05, 894.
77   LAG Düsseldorf 15. 8. 12 – 7 Sa 165/12, brwo.

- die Errichtung eines Personalausschusses für BR-Mitgl. durch den BR,[78]

- wenn auf Grund einer Vereinbarung BR-Mitgl. hinsichtlich ihrer Nettovergütung so gestellt werden, als wenn sie tatsächlich **Sonntags-, Feiertags- oder Nachtarbeit** geleistet hätten.[79]

Demgegenüber kann ein BR-Mitgl., das vor seiner Freistellung von der beruflichen Tätigkeit Sonntags-, Feiertags- oder Nachtarbeit geleistet und dafür steuerfreie Zuschläge zum Lohn erhalten hat, nach seiner Freistellung vom AG nicht aufgrund von § 37 Abs. 2 deren unversteuerte Auszahlung verlangen (vgl. § 37 Rn. 16).[80] Eine zwischen einem BR-Mitgl. und dem AG vereinbarte **Regelung zur Kostentragungspflicht** in einem arbeitsgerichtlichen Urteilsverfahren über individualrechtliche, im Zusammenhang mit der BR-Tätigkeit stehende Ansprüche stellt keine unzulässige Benachteiligung oder Bevorzugung des BR-Mitgl. dar. Dieses macht damit vielmehr von einer Möglichkeit Gebrauch, die anderen AN ohne BR-Amt in vergleichbarer Situation ebenfalls offensteht.[81]

Eine Begünstigung in **Entgeltfragen** liegt immer dann nicht vor, wenn die Vergütung des BR-Mitgl. den gesetzlichen Regelungen entspricht (vgl. § 37 Rn. 14; § 38 Rn. 9). Dies bedeutet, dass das nicht freigestellte BR-Mitgl. seine sonstige Vergütung auch während der BR-Tätigkeit erhält. Im Falle der Freistellung ist die potenzielle berufliche Entwicklung zu ermitteln und eine dieser entsprechende Vergütung zu bezahlen. Dabei sind die Leistungen vom AG zu erbringen, die andere Beschäftigte in der entsprechenden Vergütungsgruppe, die nicht BR-Mitgl. sind, erhalten. Darüber hinaus ist der tatsächliche Aufwand zu entschädigen (vgl. Leitlinien der IG Metall für gute BR-Arbeit unter Punkt 11). Zum **pauschalen Ersatz** regelmäßig entstehender Auslagen und Aufwendungen s. im Einzelnen § 37 Rn. 1 sowie § 38 Rn. 9.

Einzelne BR-Mitgl. können vom AG mangels Antragsbefugnis nicht die Unterlassung der Begünstigung anderer BR-Mitgl. wegen deren BR-Amtes verlangen.[82]

§ 78 a   Schutz Auszubildender in besonderen Fällen

(1) Beabsichtigt der Arbeitgeber, einen Auszubildenden, der Mitglied der Jugend- und Auszubildendenvertretung, des Betriebsrats, der Bordvertretung oder des Seebetriebsrats ist, nach Beendigung des Berufsausbildungsverhältnisses nicht in ein

---

78   LAG Nds., NZA-RR 09, 532.
79   LAG Berlin-Brandenburg 12. 3. 09 – 20 Sa 34/09, juris.
80   BAG, NZA 86, 263.
81   BAG 20. 1. 10 – 7 ABR 68/08, brwo, NZA 2010, 777.
82   LAG München 5. 2. 09 – 3 TaBV 107/08, brwo.

Arbeitsverhältnis auf unbestimmte Zeit zu übernehmen, so hat er dies drei Monate vor Beendigung des Berufsausbildungsverhältnisses dem Auszubildenden schriftlich mitzuteilen.

(2) Verlangt ein in Absatz 1 genannter Auszubildender innerhalb der letzten drei Monate vor Beendigung des Berufsausbildungsverhältnisses schriftlich vom Arbeitgeber die Weiterbeschäftigung, so gilt zwischen Auszubildendem und Arbeitgeber im Anschluss an das Berufsausbildungsverhältnis ein Arbeitsverhältnis auf unbestimmte Zeit als begründet. Auf dieses Arbeitsverhältnis ist insbesondere § 37 Abs. 4 und 5 entsprechend anzuwenden.

(3) Die Absätze 1 und 2 gelten auch, wenn das Berufsausbildungsverhältnis vor Ablauf eines Jahres nach Beendigung der Amtszeit der Jugend- und Auszubildendenvertretung, des Betriebsrats, der Bordvertretung oder des Seebetriebsrats endet.

(4) Der Arbeitgeber kann spätestens bis zum Ablauf von zwei Wochen nach Beendigung des Berufsausbildungsverhältnisses beim Arbeitsgericht beantragen,

1. festzustellen, dass ein Arbeitsverhältnis nach Absatz 2 oder 3 nicht begründet wird, oder

2. das bereits nach Absatz 2 oder 3 begründete Arbeitsverhältnis aufzulösen,

wenn Tatsachen vorliegen, aufgrund derer dem Arbeitgeber unter Berücksichtigung aller Umstände die Weiterbeschäftigung nicht zugemutet werden kann. In dem Verfahren vor dem Arbeitsgericht sind der Betriebsrat, die Bordvertretung, der Seebetriebsrat, bei Mitgliedern der Jugend- und Auszubildendenvertretung auch diese Beteiligte.

(5) Die Absätze 2 bis 4 finden unabhängig davon Anwendung, ob der Arbeitgeber seiner Mitteilungspflicht nach Absatz 1 nachgekommen ist.

Inhaltsübersicht

1. Geschützter Personenkreis

Da ein Berufsausbildungsverhältnis grundsätzlich mit **Ablauf** der Ausbildungszeit endet, **ohne** dass es einer **Kündigung** bedarf, kommt der nach diesem Gesetz geltende besondere Kündigungsschutz (§ 103) für **1**

Auszubildende, die zugleich Mitgl. eines betriebsverfassungsrechtlichen Vertretungsorgans sind, nicht zur Anwendung. § 78 a soll die
insoweit bestehende Gesetzeslücke füllen.

2 Die Vorschrift ist nicht nur auf die nach dem BBiG staatlich anerkannten **Ausbildungsberufe** anzuwenden, sondern auch auf Ausbildungsverhältnisse, die **tariflichen Regelungen** entsprechen und eine ge-
ordnete Ausbildung von mindestens zwei Jahren Dauer vorsehen.[1]
Dies ist bei einem Volontär, der 18 Monate lang zu Bedingungen
mit teilweise arbeitsvertraglichem Charakter in unterschiedlichen Bereichen der Film- und Fernsehbranche beschäftigt und mit deren
Arbeit vertraut gemacht wird, nicht der Fall.[2] Ein **Volontariatsver-
hältnis** als anderes Vertragsverhältnis nach § 19 BBiG liegt dann vor,
wenn aufgrund Ausbildungsvertrags und einschlägiger tariflicher Vorschriften ein geordneter Ausbildungsgang vorgeschrieben und die
Dauer der Ausbildung der gesetzlichen Mindestanforderung für staatlich anerkannte Ausbildungsberufe von mindestens zwei Jahren nach
§ 25 Abs. 2 Nr. 2 BBiG entspricht.[3] Wer sich in einem **Umschu-
lungsverhältnis** für einen anerkannten Ausbildungsberuf befindet,
ist Auszubildender. Bestehen zwischen dem JAV-Mitgl. und dem
AG keine **vertraglichen Beziehungen**, besteht keine Verpflichtung
zur Übernahme in ein Arbeitsverhältnis.[4]

3 Der **Schutz** der Auszubildenden **beginnt** mit Feststellung des Wahlergebnisses.[5]

2. Mitteilungspflicht des Arbeitgebers

4 Der Arbeitgeber ist verpflichtet, dem Auszubildenden **spätestens drei
Monate** vor der Beendigung des Ausbildungsverhältnisses (§ 14 BBiG)
schriftlich mitzuteilen, wenn er ihn nach erfolgreicher Beendigung des
Berufsausbildungsverhältnisses nicht in ein unbefristetes Arbeitsverhältnis übernehmen will. Die **Nichtmitteilung** nach Abs. 1 durch
den AG bedingt zwar nicht das Zustandekommen eines Arbeitsverhältnisses, jedoch können dem Auszubildenden dadurch Schadensersatzansprüche entstehen.[6] Ein Arbeitsverhältnis kommt nur dann zustande,
wenn der Auszubildende **innerhalb** der letzten drei Monate vor
Beendigung der Berufsausbildung vom AG **schriftlich** die Weiterbeschäftigung verlangt.[7] Ansonsten scheidet er mit Ablauf des Ausbildungsverhältnisses aus.

---

1 BAG, DB 84, 1786.
2 LAG Köln, AiB 01, 53.
3 BAG, NZA 05, 779.
4 BAG 17.8.05 – 7 AZR 553/04, brwo.
5 BAG, NZA 84, 45.
6 BAG, NZA 86, 401.
7 Musterschreiben für ein Weiterbeschäftigungsverlangen s. DKKW-F-Bachner,
   § 78 a Rn. 4.

3. Weiterbeschäftigungsverlangen des Auszubildenden

Ein früher als drei Monate vor Beendigung des Ausbildungsverhält- **5**
nisses erklärtes Weiterbeschäftigungsverlangen ist unwirksam und muss
innerhalb der Dreimonatsfrist des Abs. 2 Satz 1 wiederholt werden; die
Sechsmonatsfrist in § 12 Abs. 1 Satz 2 BBiG findet keine entsprechende Anwendung.[8] Umgekehrt kann ein in einem Ausbildungsverhältnis
stehendes Mitgl. der JAV nicht durch einen **vor Beginn** der **Dreimonatsfrist** abgeschlossenen **Aufhebungsvertrag** auf den Sonder-
schutz nach dieser Vorschrift verzichten.[9] Für die Berechnung der
Dreimonatsfrist ist grundsätzlich auf die vertraglich vereinbarte Beendigung des Ausbildungsverhältnisses abzustellen. Bei vorgezogener
Abschlussprüfung ist der Zeitpunkt der Bekanntgabe des Prüfungs-
ergebnisses maßgebend.[10] Die Weiterbeschäftigung muss schriftlich
verlangt werden; zur Einhaltung der Schriftform genügt eine E-Mail
grundsätzlich nicht, sofern sie nicht der elektronischen Form des
§ 126a BGB entspricht.[11]

Durch ein form- und fristgerechtes Übernahmeverlangen des Aus- **6**
zubildenden entsteht zwischen dem AG und dem Mitgl. der in Abs. 1
genannten AN-Vertretungen ein unbefristetes Vollzeitarbeitsverhältnis
im Ausbildungsberuf des Auszubildenden.[12] Der Auszubildende hat
keinen Anspruch auf einen bestimmten Arbeitsplatz, aber auf Weiterbeschäftigung in dem Betrieb (hinsichtlich der Weiterbeschäftigungsmöglichkeit im UN oder auch im Konzern s. Rn. 9), für den
er als Mitgl. der JAV gewählt worden ist, weil er sonst sein Amt
verlieren würde.[13] Verlangt der Auszubildende vom AG fristgemäß
und schriftlich die Übernahme in ein **Vollzeitarbeitsverhältnis**, so
gilt gemäß Abs. 2 im Anschluss an das Berufsausbildungsverhältnis ein
Vollzeitarbeitsverhältnis auf unbestimmte Zeit als begründet.[14] Nimmt
der Auszubildende vorbehaltlos ein Teilzeitarbeitsvertragsangebot an,
verliert er endgültig seinen gesetzlichen Anspruch auf ein Vollzeitarbeitsverhältnis.[15] Ist ein Auszubildender (hilfsweise) bereit, zu anderen als den nach diesem Gesetz vorgesehenen Arbeitsbedingungen in
ein Arbeitsverhältnis übernommen zu werden, so muss er dies dem AG
unverzüglich nach dessen Erklärung nach Abs. 1, spätestens mit dem
Übernahmeverlangen nach Abs. 2 mitteilen;[16] eine Einverständnis-

---

8   BAG 15. 12. 11 – 7 ABR 40/10, brwo; BAG 5. 12. 12 – 7 ABR 38/11, brwo.
9   LAG Frankfurt, BB 75, 1025; anders dagegen nach Auffassung des LAG Köln
    (AiB 01, 53), wenn der Auszubildende vor Ablauf der Ausbildungszeit vor-
    behaltlos einen **befristeten** Arbeitsvertrag unterzeichnet.
10 BAG, NZA 86, 401; 89, 439.
11 BAG 15. 12. 11 – 7 ABR 40/10, brwo.
12 BAG 15. 12. 11 – 7 ABR 40/10, brwo.
13 LAG Berlin, BB 75, 837.
14 BAG, NZA 89, 439; 92, 174.
15 LAG BaWü, AiB 05, 563 m. Anm. Klar.
16 LAG Hamm 11. 1. 13 – 10 TaBV 5/12, brwo.

erklärung im gerichtl. Verfahren genügt nicht.[17] Hat der Auszubildende rechtzeitig erklärt, ggf. auch zu anderen Bedingungen zu arbeiten,
muss der AG prüfen, ob die anderweitige Beschäftigung möglich und
zumutbar ist.[18] Nach abzulehnender Ansicht des BAG[19] darf sich der
Auszubildende nicht darauf beschränken, sein Einverständnis mit allen
in Betracht kommenden Beschäftigungen zu erklären; vielmehr muss
er die angedachte Beschäftigungsmöglichkeit so konkret beschreiben,
dass der AG erkennen kann, wie sich der Auszubildende seine Weiter-
arbeit vorstellt. Empfehlenswert ist daher ein kaskadiertes Weiterbeschäftigungsverlangen, mit dem die Weiterbeschäftigung in einem
ausbildungsgerechten, unbefristeten Vollzeitarbeitsverhältnis verlangt
und gleichzeitig die Bereitschaft mitgeteilt wird, zu diesen Bedingungen auch in einem anderen Betrieb des UN oder auch in einem
anderen Betrieb eines anderen Konzern-UN oder notfalls auch in
einem befristeten oder in einem Teilzeitarbeitsverhältnis oder auf
einem – möglichst genau zu beschreibenden – nicht ausbildungsgerechten Arbeitsplatz, ggf. mit geringerer Bezahlung, ein Arbeitsverhältnis einzugehen. Ist dem AG unter Berücksichtigung aller Umstände die Weiterbeschäftigung im Rahmen eines unbefristeten
Vollzeitarbeitsverhältnisses nicht zumutbar (vgl. Rn. 8 f.), muss er dies
in einem Beschlussverfahren nach Abs. 4 geltend machen (vgl. auch
Rn. 7).[20]

4. Entbindung des Arbeitgebers von der Weiterbeschäftigungs-
pflicht

a) Arbeitsgerichtliches Verfahren

7 Der AG kann sich **gegen eine Übernahme** des Auszubildenden nur
wenden, indem er nach Abs. 4 das ArbG im **Beschlussverfahren**
anruft (vgl. auch Rn. 8).[21] Die Anrufung des ArbG durch den AG
muss spätestens **innerhalb von zwei Wochen** nach Beendigung des
Ausbildungsverhältnisses erfolgen. Solange das Ausbildungsverhältnis
noch nicht beendet ist, kann der AG den Feststellungsantrag nach
Abs. 4 Satz 1 Nr. 1 stellen mit dem Ziel, dass ein Arbeitsverhältnis
wegen Unzumutbarkeit der Weiterbeschäftigung **nicht begründet**
wird. Ist aber das Ausbildungsverhältnis **bereits beendet** und durch
das Weiterbeschäftigungsverlangen nach Abs. 2 ein **Arbeitsverhältnis
begründet**, kann der AG den Auflösungsantrag nach Abs. 4 Satz 1
Nr. 2 stellen, um die **Auflösung** des bereits begründeten Arbeitsverhältnisses zu erreichen. Hat der AG jedoch vor Beendigung des Berufsausbildungsverhältnisses einen Feststellungsantrag nach Abs. 4 Satz 1

---

17   BAG 8. 9. 10 – 7 ABR 33/09, brwo.
18   BAG, AiB 97, 604 m. Anm. Hummel/Spoo.
19   15. 11. 06 – 7 ABR 15/06, brwo.
20   BAG a. a. O.
21   BAG, DB 84, 1992.

Nr. 1 gestellt, braucht er ihn nach Beendigung des Ausbildungsverhältnisses nicht ausdrücklich in einen Auflösungsantrag abzuändern.[22] Mit dem Weiterbeschäftigungsverlangen nach Abs. 2 gilt zwischen dem Auszubildenden und dem AG im Anschluss an das Ausbildungsverhältnis ein Arbeitsverhältnis auf unbestimmte Zeit zunächst als begründet. Der Auszubildende hat deshalb unabhängig vom Zeitpunkt der Verfahrenseinleitung durch den AG zunächst einen Beschäftigungsanspruch aus dem Arbeitsverhältnis,[23] der auch mit Hilfe einer **einstweiligen Verfügung** gesichert werden kann.[24] Sowohl der Auflösungsantrag nach Abs. 4 Satz 1 Nr. 2 als auch der Feststellungsantrag nach Abs. 4 Satz 1 Nr. 1 zielen auf eine rechtsgestaltende gerichtliche Entscheidung, die ihre Wirkung immer erst mit ihrer Rechtskraft für die Zukunft entfaltet.[25] Die Weiterbeschäftigung erfolgt also in jedem Fall bis zur Rechtskraft der Entscheidung. Ein Antrag des AG, gerichtlich festzustellen, dass zwischen ihm und dem Auszubildenden kein Arbeitsverhältnis zustande gekommen ist, weil die Voraussetzungen nach Abs. 2 oder 3 dieser Bestimmung überhaupt nicht vorliegen, wird nicht von Abs. 4 erfasst; ein solcher Feststellungsantrag bezieht sich auf das individualrechtliche Verhältnis und ist deshalb auch nicht im Beschlussverfahren, sondern im arbeitsgerichtlichen Urt.-Verfahren geltend zu machen,[26] wonach dem AG die Feststellung der Nichtbegründung des Arbeitsverhältnisses sowie die Auflösung eines solchen Arbeitsverhältnisses in einem einheitlichen Beschlussverfahren ermöglicht werden soll). Der AG kann beide Verfahren unabhängig voneinander betreiben.[27] Im Wege der einstweiligen Verfügung kann die Auflösung des gesetzl. begründeten Arbeitsverhältnisses des Auszubildenden nicht herbeigeführt werden. Dies gilt auch, wenn der AG glaubhaft macht, dass offensichtlich keine Weiterbeschäftigungsmöglichkeit bestehe.[28] AG i. S. dieser Vorschrift ist – auch dann, wenn ein Betrieb als Gemeinschaftsbetrieb geführt werden sollte, – nur der Vertrags-AG.[29]

Der Antrag auf Entbindung von der Weiterbeschäftigungspflicht ist **8** nur dann begründet, wenn dem AG die Weiterbeschäftigung unter Berücksichtigung aller Umstände unzumutbar ist. Die Unzumutbarkeit kann sich zum Einen aus **schwerwiegenden persönlichen** Gründen,[30] z. B. wiederholtem Nichtbestehen der Abschlussprü-

---

22 BAG, BB 91, 65.
23 So auch BAG, DB 87, 2104; vgl. auch BAG, NZA 95, 647.
24 Sächsisches LAG 2. 11. 05 – 2 Sa 731/05, brwo; ArbG Offenbach – 5 Ga 2/06, AiB-Newsletter 5/06, 6.
25 BAG, BB 91, 65; NZA 95, 647.
26 Vgl. aber inzwischen BAG, NZA 95, 647.
27 BAG, DB 90, 234.
28 ArbG Rostock 4. 2. 93 – 1 BV Ga 1/93.
29 BAG AiB 09, 590.
30 BAG, DB 79, 1138.

fung[31] ergeben. Schlechtere Prüfungsnoten allein begründen die Unzumutbarkeit einer Weiterbeschäftigung aber nicht; der AG darf also nicht anstelle des Mitgl. einer JAV einen besser benoteten Ausgebildeten auf einer im Zeitpunkt der Abschlussprüfung freien Stelle weiter beschäftigen.[32] Ebenso begründet allein der Konsum von Cannabis noch keine Unzumutbarkeit; dies gilt auch für den bloßen Verdacht des chronischen Gebrauchs, solange noch keine Aufklärung über das Gefährdungspotenzial für die Arbeitswelt stattgefunden hat und eine Verhaltensänderung durch Abmahnung möglich ist.[33] Eine Ausschlussfrist, vergleichbar der des § 626 Abs. 2 BGB oder § 15 Abs. 5 BBiG, nach der das Gericht nur binnen zwei Wochen von den die Unzumutbarkeit begründenden Umständen angerufen werden kann, besteht nicht.[34] Zum Anderen können **betriebliche** Gründe zur Unzumutbarkeit der Weiterbeschäftigung führen. Nach abzulehnender Ansicht des BAG ist der Begriff der Unzumutbarkeit in Abs. 4 der Regelung nicht identisch mit demjenigen in § 626 Abs. 1 BGB über die außerordentliche Kündigung aus wichtigem Grund, so dass sich die zu § 626 Abs. 1 BGB entwickelten Grundsätze nicht auf den Auflösungstatbestand des Abs. 4 übertragen lassen.[35]

b) Freier Arbeitsplatz

9 Grundsätzlich kommt es für die Übernahmeverpflichtung darauf an, dass zum Zeitpunkt der Beendigung des Berufsausbildungsverhältnisses ein **freier Arbeitsplatz** zur Verfügung steht,[36] auf dem der Auszubildende mit seiner durch die Ausbildung erworbenen Qualifikation dauerhaft beschäftigt werden kann.[37] Ist das der Fall, hat bei der Prüfung der Unzumutbarkeit einer Weiterbeschäftigung ein künftiger Wegfall von Arbeitsplätzen unberücksichtigt zu bleiben.[38] Die Unzumutbarkeit der Weiterbeschäftigung ist zu verneinen, wenn der AG im unmittelbaren zeitlichen Zusammenhang mit dem Ende der Berufsausbildung freie Arbeitsplätze im Zuge von Rationalisierungsmaßnahmen mit AN besetzt hat, die einen tarifvertraglichen Anspruch auf zumutbare Weiterbeschäftigung haben; konkurrieren AN mit einem tarifvertraglichen Weiterbeschäftigungsanspruch mit Mitgl. der JAV, die ihren Weiterbeschäftigungsanspruch auf Abs. 2 stützen, um freie Arbeitsplätze, ist dem Mitgl. der JAV der Vorzug zu geben.[39] Die

31 LAG Düsseldorf, DB 75, 1995.
32 LAG Hamm, BB 93, 294.
33 OVG Saarland, AiB 99, 463.
34 BAG, NZA 84, 44.
35 BAG, NZA 97, 783; ebenso LAG Hamm 11.1.13 – 10 TaBV 5/12, brwo; a. A. ArbG Bayreuth 21.2.02 – 2 BV 5/01 H, juris.
36 BAG, NZA 92, 174.
37 LAG Hamm 11.1.13 – 10 TaBV 5/12, brwo.
38 BAG, NZA 96, 493.
39 ArbG Hamburg, AuR 06, 333.

Unzumutbarkeit der Weiterbeschäftigung ist auch zu verneinen, wenn der AG kurz vor Beendigung des Ausbildungsverhältnisses eines Mitgl. der JAV einen freien Arbeitsplatz besetzt hat und nicht darlegen kann, dass für dessen unverzügliche Besetzung eine betriebliche Notwendigkeit bestand[40] oder wenn der Auszubildende sich spätestens mit seinem Übernahmeverlangen nach Abs. 2 bereit erklärt, gegebenenfalls auch zu anderen Bedingungen zu arbeiten (s. hierzu Rn. 6) und eine solche anderweitige Beschäftigung möglich wäre.[41] Kann der AG nur einen Teil der Auszubildenden übernehmen, so muss er dies jedenfalls bezüglich des in § 78 a geschützten Personenkreises tun. Das unternehmerische Ziel, die geringe Zahl freier Stellen nur solchen Auszubildenden anzubieten, die ihre Ausbildung in verkürzter Zeit und mit besonders guter Bewertung absolviert haben, gestattet nicht generell den Schluss, die Weiterbeschäftigung eines Mitgl. der JAV, das diese Bedingungen nicht erfüllt, sei dem AG nicht zuzumuten.[42] Die Schaffung **zusätzlicher** Arbeitsplätze oder Entlassung anderer AN kann nicht verlangt werden,[43] auch nicht durch den Abbau von Überstunden,[44] jedoch können vom AG **organisatorische Maßnahmen** verlangt werden, die eine Übernahme des Auszubildenden ermöglichen, sofern sie nicht unzumutbar sind.[45] Begründet der AG die Unzumutbarkeit der Weiterbeschäftigung mit der Streichung bislang vorhandener Stellen, hat er die Durchführbarkeit und Nachhaltigkeit dieser unternehmerischen Entscheidung aufzuzeigen.[46] Die Übertragung von Arbeitsaufgaben auf Leih-AN führt nicht zur Unzumutbarkeit i. S. des § 78 a Abs. 4; denn allein durch die Entscheidung des AG, künftig für die Erledigung der Arbeitsmenge Leih-AN einzusetzen, ändert sich die Zahl der im Betrieb eingerichteten Arbeitsplätze und damit auch der Beschäftigungsbedarf nicht.[47] Beschäftigt der AG aber auf dauerhaft eingerichteten, ausbildungsadäquaten Arbeitsplätzen Leih-AN, so kann es ihm zumutbar sein, einen solchen Arbeitsplatz für den zu übernehmenden JAV freizumachen.[48] Sind in **anderen Betrieben des UN** freie Arbeitsplätze vorhanden, ist die Weiterbeschäftigung zumutbar und der Auszubildende zu übernehmen.[49] Anderer Ansicht ist das BAG[50] mit der Begründung, AG i. S. des Abs. 4 sei nur der

---

40 BAG, NZA 98, 1056.
41 BAG, AiB 97, 604 m. Anm. Hummel/Spoo; NZA 07, 1381.
42 LAG Berlin 18.7.95 – 12 TaBV 1/95, brwo.
43 BAG, NZA 97, 783.
44 Vgl. aber auch ArbG Bochum, DB 94, 1192.
45 LAG Nds., AuR 84, 287.
46 LAG SH, NZA-RR 06, 469.
47 BAG 16.7.08 – 7 ABR 13/07, brwo.
48 BAG 17.2.10 – 7 ABR 89/08, brwo.
49 So ArbG Bayreuth 21.2.02 – 2 BV 5/01 H, juris, für einen Gemeinschaftsbetrieb mehrerer UN.
50 25.2.09 – 7 ABR 61/07, brwo.

Vertrags-AG und damit nur diejenige natürliche oder juristische Person, mit der das JAV-Mitgl. das Berufsausbildungsverhältnis abgeschlossen hat. Für den Fall der konzerneinheitlichen Durchführung der Berufsausbildung in einem Ausbildungsbetrieb ist die Möglichkeit der Weiterbeschäftigung UN- bzw. konzernweit zu prüfen.[51] Nach abzulehnender Ansicht des BAG[52] kommt wegen der Betriebsbezogenheit der Weiterbeschäftigungspflicht ihre Ausdehnung auf eine ausbildungsadäquate Weiterbeschäftigungspflicht im UN oder im Konzern nicht in Betracht, weshalb selbst im dortigen Fall der Durchführung der Berufsausbildung in einem Ausbildungsbetrieb des Konzerns das Vorhandensein freier Arbeitsplätze in anderen Betrieben des UN bei der Beurteilung der Unzumutbarkeit nicht zu berücksichtigen sein soll. Für die Beurteilung der Unzumutbarkeit kommt es auf den Zeitpunkt der Beendigung des Ausbildungsverhältnisses an.[53]

c) Beweislast, Kostentragungspflicht

10 Der AG hat die **Beweislast**, dass eine Beschäftigung nicht möglich ist. Bis zu einer rechtskräftigen negativen Entscheidung bleibt der JAV im Betrieb.[54] Der AG ist verpflichtet, die durch die anwaltliche Vertret. eines JAV-Mitgl. im Beschlussverfahren entstehenden **Kosten** zu tragen.[55] Grundsätzlich hat auch das vorzeitig vor Ablauf der Amtsperiode der JAV ausgeschiedene Mitgl. der JAV die Rechte nach § 78a Abs. 3 i.V.m. Abs. 2, sofern das vorzeitige Ende der Mitgliedschaft nicht auf einer gerichtlichen Entscheidung beruht.[56]

d) Ersatzmitglieder der Jugend- und Auszubildendenvertretung

11 Auch ein **Ersatzmitgl.** der JAV, selbst wenn es nur vorübergehend nachgerückt war, hat den Schutz nach dieser Bestimmung, sofern das Berufsausbildungsverhältnis innerhalb eines Jahres nach dem Vertretungsfall erfolgreich abgeschlossen wird und der Auszubildende innerhalb von drei Monaten vor der Beendigung des Ausbildungsverhältnisses seine Weiterbeschäftigung verlangt.[57]

§ 79 Geheimhaltungspflicht

(1) Die Mitglieder und Ersatzmitglieder des Betriebsrats sind

---

51 LAG München 12.10.05 – 9 TaBV 30/05, juris; LAG Brandenburg 24.11.05 – 9 TaBV 7/05, juris; LAG Köln 24.1.06 – 9 TaBV 14/05; LAG Bremen 1.2.06 – 2 TaBV 15/05, juris und 23.5.06 – 1 TaBV 20/05, brwo.

52 15.11.06 – 7 ABR 15/06.

53 BAG, ZTR 01, 139.

54 BAG, DB 81, 889.

55 ArbG Fulda, AiB 97, 609.

56 BAG, DB 80, 451.

57 BAG, DB 86, 2235; ArbG Kaiserslautern, AiB-Newsletter 9/2007, 6.

verpflichtet, Betriebs- oder Geschäftsgeheimnisse, die ihnen wegen ihrer Zugehörigkeit zum Betriebsrat bekannt geworden und vom Arbeitgeber ausdrücklich als geheimhaltungsbedürftig bezeichnet worden sind, nicht zu offenbaren und nicht zu verwerten. Dies gilt auch nach dem Ausscheiden aus dem Betriebsrat. Die Verpflichtung gilt nicht gegenüber Mitgliedern des Betriebsrats. Sie gilt ferner nicht gegenüber dem Gesamtbetriebsrat, dem Konzernbetriebsrat, der Bordvertretung, dem Seebetriebsrat und den Arbeitnehmervertretern im Aufsichtsrat sowie im Verfahren vor der Einigungsstelle, der tariflichen Schlichtungsstelle (§ 76 Abs. 8) oder einer betrieblichen Beschwerdestelle (§ 86).

(2) Absatz 1 gilt sinngemäß für die Mitglieder und Ersatzmitglieder des Gesamtbetriebsrats, des Konzernbetriebsrats, der Jugend- und Auszubildendenvertretung, der Gesamt-Jugend- und Auszubildendenvertretung, der Konzern-Jugend- und Auszubildenvertretung, des Wirtschaftsausschusses, der Bordvertretung, des Seebetriebsrats, der gemäß § 3 Abs. 1 der gebildeten Vertretungen der Arbeitnehmer, der Einigungsstelle, der tariflichen Schlichtungsstelle (§ 76 Abs. 8) und einer betrieblichen Beschwerdestelle (§ 86) sowie für die Vertreter von Gewerkschaften oder von Arbeitgebervereinigungen.

Die Geheimhaltungspflicht (besser Verschwiegenheitspflicht),[1] die von **1** UN sehr häufig auch als Druckmittel gegenüber dem BR eingesetzt wird,[2] erstreckt sich nur auf Betriebs- und Geschäftsgeheimnisse, also auf Tatsachen, die im Zusammenhang mit dem technischen Betrieb oder der wirtschaftlichen Betätigung stehen, nur einem eng begrenzten Personenkreis bekannt, also nicht offenkundig sind und nach der ausdrücklichen Erklärung des AG geheim gehalten werden sollen und deren Geheimhaltung für den Betrieb oder das UN wichtig ist.[3] **Vertrauliche Angaben**, die diesen Kriterien nicht standhalten, unterliegen auch dann nicht der Verschwiegenheitspflicht, wenn der AG sie ausdrücklich als geheimhaltungsbedürftig bezeichnet.[4] Ebenso wenig ist eine Erweiterung der Verschwiegenheitspflicht über § 79 hinaus zulässig.[5] Die Geheimhaltungspflicht kann nicht durch Maßnahmen nach § 9 S 1 BDSG i. V. m. der dazu geltenden Anlage in Bezug auf personenbezogene Daten ausgeweitet werden. Denn jedes Mitglied

1 Vgl. DKKW-Buschmann, Rn. 4; zur arbeitsrechtlichen Geheimhaltungspflicht vgl. Schwab, AiB 11, 512.
2 Vgl. Müller, AiB 09, 577.
3 BAG, NZA 07, 1121 zu der Höhe von Künstlergagen; LAG Hamm 22.7.11 – 10 Sa 381/11, brwo; LAG Köln, dbr 9/08, 7.
4 ArbG Mannheim, AiB 07, 542 m. Anm. Stather verneint Geheimhaltungsinteresse für Zielgehaltssystem; vgl. DKKW-F-Buschmann, § 79 Rn. 2 f.
5 Vgl. auch BGH, DB 75, 1308.

des Betriebsrats verfügt nach § 34 Abs. 3 BetrVG über ein unabding-
bares Recht, auf Datenträgern gespeicherte Dateien und E-Mails des
Betriebsrats auf elektronischem Wege zu lesen.[6] Unlautere oder ge-
setzeswidrige Vorgänge (z. B. Steuerhinterziehung) genießen keinen
Geheimschutz. **Betriebsgeheimnisse** sind z. b. Patente, Herstel-
lungsverfahren, Versuchsprotokolle.[7] **Geschäftsgeheimnisse** sind dagegen z. B. Kundenlisten, Kalkulationsunterlagen,[8] Liquidität des UN.[9]

2 Anonymisierte Daten über gezahlte durchschnittliche Bruttogehälter
(-Löhne), übertarifliche Zulagen und Spannen der übertariflichen
Zulagen, die der BR nach erfolgter Einblicknahme in die Listen über
Bruttolöhne und -gehälter selbst erstellt, unterliegen nicht der Verschwiegenheitspflicht.[10] Dies gilt jedenfalls dann, wenn der AG seinerseits davon Gebrauch macht, in eigenen Veröffentlichungen Personaldaten bekannt zu geben.[11] Etwas anderes soll nach Auffassung des
BAG[12] dann gelten, wenn die Gehaltsdaten weitgehend mit den Pro-
duktionskosten identisch sind, wobei aber auch in diesem Fall die
Information einzelner AN über festgestellte Ungleichbehandlungen
in abstrakter Form erfolgen kann. Ein BR-Mitgl. verletzt seine Verschwiegenheitspflicht, wenn es Informationen aus einer Bonus-Bera-
tungsrunde mit dem AG weitergibt, die ausdrücklich noch nicht veröffentlicht oder weitergereicht werden dürfen oder wenn es eine
vertrauliche E-Mail-Antwort (»confidential«) an AN weiterleitet.[13]
Das ein BR-Mitgl. auch auf gewerkschaftlicher Ebene aktiv und auch
Mitgl. in der Tarifkommission ist, ist in der betrieblichen Wirklichkeit
nichts Ungewöhnliches. Das führt aber nicht zu einer Einschränkung
der Informationsansprüche des BR im Arbeitskampf nach dem Motto
»Dann kann er seinen gesetzlichen Geheimhaltungspflichten nicht
mehr nachkommen«.[14]

3 Der Verschwiegenheitspflicht unterliegen nur Kenntnisse, die den
BR-Mitgl. wegen ihrer Zugehörigkeit zum BR bekannt geworden
sind. Gesetzwidrige Vorgänge sind keine Geschäftsgeheimnisse. Die
Verschwiegenheitspflicht besteht z. B. **nicht** gegenüber BR- und

---

6   BAG, NZA 09, 1218.
7   Vgl. auch BAG, BB 82, 1792.
8   Vgl. auch BAG, DB 87, 2526.
9   Vgl. umfassend DKKW-Buschmann, Rn. 7 ff.; zum Unterrichtungsanspruch des
    BR und Geheimhaltungsinteressen des AG siehe BAG, AuR 99, 242.
10 Blanke, AiB 82, 6; Bobke, AiB 88, 69; vgl. auch LAG Köln, AiB 93, 334 m.
    Anm. v. Schirge.
11 Vgl. hierzu LAG Hamburg, CR 89, 409; ArbG Hamburg, AiB 92, 44 m. Anm. v.
    Hjort.
12 BAG, DB 87, 2526.
13 HessLAG 16. 12. 10 – 9 TaBV 55/10, brwo.
14 BAG 13. 12. 11 – 1 ABR 2/10, AuR 12, 45; LAG RP 21. 3. 13 – 10 TaBV 41/12,
    NZA-RR 13, 291.

AR-Mitgl.[15] sowie GBR und KBR-Mitgl. Auch besteht keine Geheimhaltungspflicht des BR bei seiner Auskunftspflicht gemäß § 89 Abs. 1 Satz 2 gegenüber den Aufsichtsbehörden. Er muss aber aus Gründen des Datenschutzes im Einzelfall die Erforderlichkeit der Datenweitergabe prüfen und dabei die Interessen der betroffenen AN berücksichtigen.[16] § 82 Abs. 2, § 83 Abs. 1, § 99 Abs. 1 und § 102 Abs. 2 enthalten **Sondervorschriften** über die Schweigepflicht. So liegt ein Verstoß gegen die Geheimhaltungspflicht vor, wenn ein BR-Mitgl. einem Dritten Einsicht in Bewerbungsunterlagen gibt, die ihm im Rahmen des Unterrichtungsverfahren nach § 99 Abs. 1 übermittelt worden sind.[17] Es besteht keine generelle Pflicht, Stillschweigen über den Inhalt von **BR-Sitzungen** zu bewahren. Eine entsprechende Verschwiegenheitspflicht kann sich aber aus der Natur der Sache ergeben, z. B. bei vertraulichen oder internen Überlegungen hinsichtlich eines Vorgehens des BR gegenüber dem AG.[18]

Die **Pflicht zur Verschwiegenheit** richtet sich in erster Linie an die **4** BR-Mitgl., aber auch an die Ersatzmitgl., da diese durch zeitweilige Vertr. in Betriebs- oder Geschäftsgeheimnisse eingeweiht werden können. Darüber hinaus gilt die Verschwiegenheitspflicht auch für alle betrieblichen und außerbetrieblichen Mitgl. und Ersatzmitgl. der in Abs. 2 aufgeführten Betriebsverfassungsorgane sowie für die Vertr. der Gew. und der AG-Vereinigungen sowie für Sachverständige. Für die Schwerbehindertenvertr. gilt nach § 96 Abs. 7 SGB IX inhaltlich die gleiche Schweigepflicht. Für die **AN-Vertr. im AR** gilt jedoch die Verschwiegenheitspflicht nach § 79 nicht. Sie unterliegen der Schweigepflicht beispielsweise nach dem AktG (§§ 116, 93), dem MitbG (§ 25 Abs. 1) und dem DrittelbG (§ 1 Abs. 1 Nr. 3) mit der Konsequenz, dass nach der abzulehnenden Auffassung des BAG[19] eine Verschwiegenheitspflicht der AN-Vertr. im AR grundsätzlich auch gegenüber dem BR besteht, selbst wenn ein AN-Vertr. zugleich Mitgl. im BR ist.

§ 80 Allgemeine Aufgaben

(1) Der Betriebsrat hat folgende allgemeine Aufgaben:

1. **darüber zu wachen, dass die zugunsten der Arbeitnehmer geltenden Gesetze, Verordnungen, Unfallverhütungsvorschriften, Tarifverträge und Betriebsvereinbarungen durchgeführt werden;**

---

15 BAG, NZA 09, 1218; DB 87, 2526.
16 BAG, DB 03, 2496 zu übermittelten Arbeitszeitlisten; dazu Schierbaum, CF 5/2004, 20.
17 ArbG Wesel, NZA-RR 09, 21.
18 BAG 5. 9. 67, AP Nr. 8 zu § 37 BetrVG; HessLAG 16. 12. 10 – 9 TaBV 55/10, brwo; LAG München, DB 78, 894.
19 NZA 09, 855.

2. Maßnahmen, die dem Betrieb und der Belegschaft dienen, beim Arbeitgeber zu beantragen;

2a. die Durchsetzung der tatsächlichen Gleichstellung von Frauen und Männern, insbesondere bei der Einstellung, Beschäftigung, Aus-, Fort- und Weiterbildung und dem beruflichen Aufstieg, zu fördern;

2b. die Vereinbarkeit von Familie und Erwerbstätigkeit zu fördern;

3. Anregungen von Arbeitnehmern und der Jugend- und Auszubildendenvertretung entgegenzunehmen und, falls sie berechtigt erscheinen, durch Verhandlungen mit dem Arbeitgeber auf eine Erledigung hinzuwirken; er hat die betreffenden Arbeitnehmer über den Stand und das Ergebnis der Verhandlungen zu unterrichten;

4. die Eingliederung Schwerbehinderter und sonstiger besonders schutzbedürftiger Personen zu fördern;

5. die Wahl einer Jugend- und Auszubildendenvertretung vorzubereiten und durchzuführen und mit dieser zur Förderung der Belange der in § 60 Abs. 1 genannten Arbeitnehmer eng zusammenzuarbeiten; er kann von der Jugend- und Auszubildendenvertretung Vorschläge und Stellungnahmen anfordern;

6. die Beschäftigung älterer Arbeitnehmer im Betrieb zu fördern;

7. die Integration ausländischer Arbeitnehmer im Betrieb und das Verständnis zwischen ihnen und den deutschen Arbeitnehmern zu fördern sowie Maßnahmen zur Bekämpfung von Rassismus und Fremdenfeindlichkeit im Betrieb zu beantragen;

8. die Beschäftigung im Betrieb zu fördern und zu sichern;

9. Maßnahmen des Arbeitsschutzes und des betrieblichen Umweltschutzes zu fördern.

(2) Zur Durchführung seiner Aufgaben nach diesem Gesetz ist der Betriebsrat rechtzeitig und umfassend vom Arbeitgeber zu unterrichten; die Unterrichtung erstreckt sich auch auf die Beschäftigung von Personen, die nicht in einem Arbeitsverhältnis zum Arbeitgeber stehen. Dem Betriebsrat sind auf Verlangen jederzeit die zur Durchführung seiner Aufgaben erforderlichen Unterlagen zur Verfügung zu stellen; in diesem Rahmen ist der Betriebsausschuss oder ein nach § 28 gebildeter Ausschuss berechtigt, in die Listen über die Bruttolöhne und -gehälter Einblick zu nehmen. Soweit es zur ordnungsgemäßen Erfüllung der Aufgaben des Betriebsrats erforderlich ist, hat der

e) Entgegennahme von Anregungen und ihre Behandlung

Die Regelung in Nr. 3 ergänzt die der Nrn. 2 und 2 a, b. Der BR ist **7**
somit Anlaufstelle für **Anregungen** der AN des Betriebs und der JAV.
Auch **Beschwerden** können unter diese Bestimmung fallen. Diese
behandelt der BR jedoch zweckmäßigerweise nach § 85 (vgl. die
dortigen Erl.). Die Behandlung von Anregungen gehört zu den
Pflichtaufgaben des BR. Hält der BR die Anregung für berechtigt,
hat er in **Verhandlungen mit dem AG** auf eine Erledigung hinzuwirken. Die Betroffenen hat er über den Stand und das Ergebnis zu
unterrichten.[27] Der einzelne AN muss die Anregung nicht selbst beim
BR vortragen. Es kann auch ein anderer AN für ihn tätig werden;
ebenso kann eine AN-Gruppe (Arbeitsbereich, Abteilung) einen Beschäftigten beauftragen, die Anregung beim BR vorzubringen.[28]

f) Eingliederung schwerbehinderter und schutzbedürftiger Personen

Bei der **Eingliederung schwerbehinderter** und **schutzbedürftiger** **8**
Personen (Nr. 4) hat der BR mit der Schwerbehindertenvertr. zusammenzuarbeiten, damit die Zielsetzungen des Schwerbehinderten-
rechts (SGB IX) möglichst umfassend verwirklicht werden. Dazu gehören insbesondere die Aufgaben der Schwerbehindertenvertr. zur
Integration schwerbehinderter Menschen (§ 95 Abs. 1 SGB IX) und
die Verpflichtung des BR, darauf zu achten, dass ein bestimmter Teil
der Arbeitsplätze mit schwerbehinderten Menschen besetzt wird und
das UN sich nicht durch Zahlung der Ausgleichsabgabe von dieser
Pflicht entbindet. Der AG hat dem BR und der Schwerbehindertenvertr. die frei gewordenen Arbeitsplätze mitzuteilen.[29] Er hat darauf
hinzuwirken, dass den schwerbehinderten Menschen eine ihren Kräf-
ten und Fähigkeiten entsprechende Beschäftigung zugewiesen wird
und ggf. auch eine Änderung der Arbeitsplätze erfolgt. Das Gesetz
weist dem BR darüber hinaus allgemein die Aufgabe zu, die Eingliе-
derung schutzbedürftiger Personen[30] zu fördern und z. B. **Programme**
und Maßnahmen anzuregen, die geeignet sind, spezifische **Einglie-**
derungsbarrieren gegenüber solchen Personen abzubauen und die
ihrer **Integration** in die Belegschaft dienen.[31] Die Vorschriften des
AGG, die auch eine Benachteiligung wegen Behinderung untersagen
(§§ 1, 7 AGG) sind zu beachten (s. § 75 Rn. 1 ff.).

g) Zusammenarbeit mit der JAV

Bei seiner **Zusammenarbeit mit der JAV** nach Nrn. 3, 5 hat der BR **9**

---

27 Vgl. DKKW-Buschmann, Rn. 49 ff.
28 SR, Rn. 43.
29 BAG, NZA 93, 376.
30 Zum Begriff der »besonders schutzbedürftigen Personen« vgl. SR, Rn. 58.
31 Vgl. DKKW-Buschmann, Rn. 52 ff.

mit dieser darauf hinzuwirken, dass eine JAV gewählt und ihre Arbeit konstruktiv unterstützt wird. Er hat weiterhin u. a. zu beachten, dass die Ausbildungsplätze gut ausgestattet sind, ein Werksunterricht in ausreichendem Maße angeboten wird, die Aus- und Fortbildung der Ausbilder gesichert ist, ein angemessenes Verhältnis der Ausbilder zur Anzahl der Auszubildenden besteht, moderne Ausbildungsmittel verwandt werden und eine planmäßige Ausbildung stattfindet.[32]

h) Beschäftigung älterer AN

10 Nr. 6 (**Beschäftigung älterer AN**) konkretisiert und ergänzt die Regelung des § 75 Abs. 1 (vgl. die dortigen Erl.; § 77 Rn. 7).[33] Im Rahmen der Personalplanung (§ 92) und bei den personellen Einzelmaßnahmen (§§ 99 ff.) wird der BR dafür Sorge zu tragen haben, dass auch ältere Menschen eingestellt sowie frei werdende und entsprechend geeignete Arbeitsplätze mit älteren AN besetzt werden. Die Anpassung bereits beschäftigter älterer AN an veränderte wirtschaftliche und technische Begebenheiten sind weitere wichtige Aspekte bei der Förderungspflicht nach Nr. 6.[34] Die Aufgabe die Beschäftigung älterer AN zu fördern, wird unterstützt durch das Verbot der Benachteiligung aus Gründen des Alters in § 1 AGG. Dabei sind jedoch nach dem AGG unter bestimmten Bedingungen weiterhin Differenzierungen nach Alter (vgl. §§ 8, 10 AGG) zulässig.

i) Integration ausländischer AN

11 Bei der Ausfüllung der Nr. 7, der **Integration ausländischer AN** im Betrieb, geht es z. B. darum, gesonderte Informationsveranstaltungen für Ausländer oder besondere Sprechstunden für diese durchzuführen oder ggf. den AG dazu zu bringen, einen Deutschkurs während der Arbeitszeit durchzuführen.[35] AG und BR haben auch die Aufgabe, gegen betriebliche Erscheinungsformen von **Ausländerfeindlichkeit und Rassismus** vorzugehen. Bei Straftatbeständen kann auch eine Kündigung in Frage kommen.[36]

j) Sicherung und Förderung der Beschäftigung im Betrieb

12 Mit der neuen Regelung der **Nr. 8** wird ein Schwerpunkt innerhalb der allgemeinen Aufgaben des BR gesetzt. Vor dem Hintergrund der

---

32 Vgl. DKKW-Buschmann, Rn. 58.

33 Vgl. auch BAG, NZA 92, 992; DKKW-Buschmann, Rn. 61 f.; Fritsch, BB 92, 701.

34 SR, Rn. 60.

35 Vgl. auch Helm, AiB 93, 70; Kleveman, AiB 93, 529; Parkinus, PersR 95, 193.

36 BAG, AuR 93, 124; LAG Köln, AuR 94, 315; ArbG Hannover, BB 93, 1218 m. Anm. v. Däubler; ArbG Siegburg, DB 94, 1146; vgl. DKKW-Buschmann, Rn. 63 f.

häufigen Umstrukturierungen und anderer Betriebsänderungen, die regelmäßig mit einem Personalabbau verbunden sind, soll sich der BR dafür einsetzen, dass die **Beschäftigung im Betrieb gesichert und gefördert** wird. Zur Erfüllung dieser wichtigen Aufgabe hat das neue Recht dem BR mehrere Beteiligungsrechte gegeben. Anzuführen sind insbesondere: die umfassenden Vorschlagsrechte, mit denen der BR ein Instrumentarium zur Ergreifung von Initiativen mit der Zielsetzung der Beschäftigungssicherung erhält (§ 92 a); die Möglichkeit der Ermittlung des Qualifizierungsbedarfs und damit des Berufsbildungsbedarfs zur Durchführung betrieblicher Berufsbildungsmaßnahmen (§ 96 Abs. 1 Satz 2); die Durchsetzung von Maßnahmen der betrieblichen Berufsbildung unter bestimmten Voraussetzungen (§ 97 Abs. 2 Satz 1); die Hinzuziehung von Sachverständigen bei Betriebsänderungen in Betrieben mit mehr als 300 AN (§ 111 Satz 2); die MB bei der Verwendung von Sozialplanmitteln zur Schaffung neuer Beschäftigungsperspektiven, die der Vermeidung von Arbeitslosigkeit dienen (§ 112 Abs. 5 Nr. 2 a).

k) Förderung von Maßnahmen des Arbeitsschutzes und des betrieblichen Umweltschutzes

Die Förderung von Maßnahmen des **Arbeitsschutzes und des betrieblichen Umweltschutzes** gehört nach Nr. 9 ausdrücklich zu den allgemeinen Aufgaben des BR. Das Gesetz gibt auch hier dem BR über die allgemeine Förderpflicht hinaus bestimmte Beteiligungsrechte, damit er sich nachhaltig für dieses Ziel einsetzen kann. Nach § 89 hat der BR im Bereich des betrieblichen Umweltschutzes eine vergleichbare Rechtsstellung, wie er sie im Arbeitsschutz innehat (vgl. die Erl. zu § 89). Die Bedeutung des betrieblichen Umweltschutzes soll außerdem in den Betriebs- und Abteilungsversamml. sowie in den BR-Versamml. thematisiert werden (vgl. §§ 45, 53 Abs. 2). **13**

2. Informationspflichten des Arbeitgebers

a) Grundsätze

Der AG hat den BR – unaufgefordert und ggf. mehrmals zur gleichen Sache –, **rechtzeitig und umfassend** zu **unterrichten,** damit dieser seiner Aufgaben wahrnehmen kann. Zu den Aufgaben des BR gehören – neben den allg. Aufgaben nach Abs. 1 – alle Mitbestimmungs- und Mitwirkungsrechte des BetrVG bzw. andere Gesetze, soweit dort dem BR Aufgaben zugewiesen sind. Der allg. Informationsanspruch des BR nach § 80 Abs. 2 wird nicht verdrängt durch spezielle Informationsansprüche, wie z. B. nach § 43 Abs. 2, § 102 Abs. 1, §§ 100, 111. Die Ansprüche bestehen nebeneinander.[37] Die allgemeinen Aufgaben des **14**

---

37   DKKW-Buschmann, Rn. 79, Fitting, Rn. 48; Richardi/Thüsing, Rn. 50 jeweils
     m. w. N.

BR nach § 80 Abs. 1 sind unabhängig vom Vorliegen besonderen
Mitwirkungs- oder Mitbestimmungsrechte des BR.[38] Der Unterrichtungsanspruch wird daher zweistufig geprüft: Ob überhaupt eine Aufgabe des BR gegeben ist und ob im Einzelfall die begehrte Information
zur Aufgabenwahrnehmung des BR erforderlich ist.[39] Der Unterrichtsanspruch besteht nicht nur dann, wenn feststeht, dass der BR ein
Beteiligungsrecht hat, sondern auch wenn mit einer gewissen Wahrscheinlichkeit von einem solchen Recht ausgegangen werden kann.[40]
Ein Informationsanspruch ist nur dann nicht gegeben, wenn ein Beteiligungsrecht des BR bzw. eine Aufgabe des BR offensichtlich nicht in
Betracht kommt.[41] Diese Generalklausel, die ggf. ergänzend für sämtliche Aufgaben und Befugnisse des BR nach dem BetrVG gilt, bedeutet, dass der AG die Unterrichtung anhand von Unterlagen vorzunehmen und diese dem BR auch zur Verfügung zu stellen und zu erläutern
hat, weil nur so eine sinnvolle Vorbereitung und Zusammenarbeit
möglich ist. Die vom AG geschuldete Unterrichtung des BR soll
diesen in die Lage versetzen, in **eigener Verantwortung** selbst zu
prüfen, ob sich für ihn Aufgaben ergeben und ob er tätig werden
muss.[42] Der Unterrichtsanspruch besteht auch während eines **Arbeitskampfes** uneingeschränkt. So muss der AG dem BR unter Nennung
der Namen darüber unterrichten, welche Überstunden, Schichtver-
schiebungen, Versetzungen, Einstellungen und Beschäftigung von
Mitarbeitern von Fremdfirmen beabsichtigt sind.[43]

Der Unterrichtungsanspruch des BR kann ggf. zu einem »**gestuften**«
Informationsanspruch führen.[44] Das wird etwa durch Abs. 2 Satz 1
zweiter Halbsatz deutlich. Der AG wird danach zur Unterrichtung des
BR über die Beschäftigung von Personen verpflichtet, die **nicht in
einem Arbeitsverhältnis** zum AG stehen. Sofern der AG von sich aus
dieser Unterrichtungspflicht nicht nachkommt, kann der BR nähere
Informationen über die Beschäftigung von Personen wie z.B. Leih-
AN, sog. freie Mitarbeiter oder solcher Beschäftigter verlangen, die
nach Meinung des AG im Rahmen eines Werkvertrags tätig sind.
Dabei kann sich das Auskunftsbegehren auf einzelne Personen erstrecken. Der BR kann aber auch »gestuft« in der Weise vorgehen, dass er
wegen der großen Zahl der in Betracht kommenden Personen vom
AG zunächst eine **Gesamtübersicht** zu einem bestimmten Stichtag

38 BAG 19.2.08 – 1 ABR 84/06, brwo; NZA 08, 1078.
39 BAG 7.2.12 – 1 ABR 46/10, NZA 12, 744; BAG 19.2.08 – 1 ABR 84/06, brwo; NZA 08, 1078.
40 BAG 24.1.06, NZA 06, 1050.
41 BAG 7.2.12 – 1 ABR 46/10, NZA 12, 744; BAG 19.2.08 – 1 ABR 84/06, brwo; NZA 08, 1078.
42 Ständige Rspr. des BAG; vgl. etwa BAG 6.5.03, NZA 03, 1348.
43 BAG 10.12.02, NZA 04, 223; LAG RP 21.3.13 – 10 TABV 41/12, NZA-RR 291.
44 Vgl. BAG 10.10.06, BB 07, 106.

verlangt, um sich eine Übersicht zu verschaffen. Der BR hat dabei nach der Rspr. des BAG,[45] die auch auf die jetzige Regelung des § 80 Abs. 2 Satz 1 zweiter Halbsatz anzuwenden ist, Anspruch auf insbesondere folgende Informationen: das Aufgabengebiet; die Arbeitszeiten (soweit festgelegt); die Art der Entlohnung (z. B. Pauschalentlohnung, Stundensatz, Tariflohn/Gehalt). Dadurch kann der BR Hinweise dafür gewinnen, ob die betriebsverfassungsrechtliche AN-Eigenschaft vorliegt. Soweit der BR weitere Auskünfte braucht oder zur Prüfung Unterlagen benötigt, sind diese vom AG zu geben bzw. zur Verfügung zu stellen. Wichtig ist in diesem Zusammenhang auch die Feststellung des BAG,[46] der BR habe in **eigener Verantwortung** zu prüfen, ob sich für ihn aufgrund der getroffenen Feststellungen zum Beschäftigtenstatus Aufgaben i. S. des BetrVG ergeben.

b) Zeitpunkt der Information

Rechtzeitig bedeutet, dass noch Alternativvorschläge des BR berücksichtigt werden können. Im Rahmen seiner Informationspflicht nach dieser Vorschrift ist der AG auch verpflichtet, dem BR **Betriebs- und Geschäftsgeheimnisse** mitzuteilen,[47] die er ggf. unter die Geheimhaltungspflicht des § 79 stellen kann (vgl. hierzu die Erl. zu § 79). **15**

c) Umfang und Form der Information

Die Informationspflicht des AG über die **Verarbeitung personenbezogener Daten** der AN ist auch gegeben, wenn die Verarbeitung nicht im Betrieb selbst, sondern in einem Dritt-UN erfolgt.[48] So ist der AG u. a. verpflichtet, den BR darüber zu unterrichten, nach welchen Gesichtspunkten allgemein geregelte **Zulagen**, z. B. Funktionszulagen, Leistungszulagen, Einmalzahlungen, gewährt werden, damit er ggf. überprüfen kann, ob der Gleichbehandlungsgrundsatz (§ 75 Abs. 1) beachtet worden ist oder seine MBR nach § 87 Abs. 1 Nr. 10 berührt werden (vgl. im Übrigen § 87 Rn. 56 ff.).[49] Weiterhin ist der AG verpflichtet, den BR darüber zu informieren, welche AN angemeldete **Nebentätigkeiten** verrichten, welchen Umfang diese haben und welcher Art sie sind.[50] Der AG ist auch verpflichtet, den BR vor **Ausspruch von Abmahnungen** zu informieren, damit dieser überprüfen kann, ob seine MBR aus § 87 Abs. 1 Nr. 1 tangiert werden.[51] **16**

45 15. 12. 98, NZA 99, 722.
46 A. a. O.
47 Vgl. hierzu auch BAG, DB 91, 1382.
48 So auch BAG 17. 3. 87, AP Nr. 29 zu § 80 BetrVG 1972 bei der Verarbeitung der Daten in einem anderen UN einer UN-Gruppe.
49 BAG 30. 6. 81, 10. 2. 87, 26. 1. 88, AP Nrn. 15, 27, 31 zu § 80 BetrVG 1972.
50 LAG BaWü, AiB 93, 238 m. Anm. v. Stather; a. A. LAG Köln, NZA 95, 443.
51 LAG Nds., AuR 85, 99, das den AG jedenfalls für verpflichtet hält, den BR gleichzeitig mit der Äußerung an den AN zu informieren; ArbG Bremen, AiB

Führt der AG **Belegschaftsbefragungen** durch, in denen er etwa nach den Einstellungen der AN zu ihrer Arbeit fragt (Arbeitszufriedenheit, Gehalt und Sozialleistungen, Verhalten von Vorgesetzten, Betriebsklima usw.) hat der BR Anspruch auf Mitteilung der Befragungsergebnisse, damit er prüfen kann, ob und inwieweit sich für ihn daraus Aufgaben ergeben.[52] Dies gilt auch dann, wenn im Ausland ansässige Konzernmutter die Befragung per E-Mail oder Intranet durchführen.[53]

17 Den Informationsansprüchen des BR stehen datenschutzrechtliche Bestimmungen i. d. R. nicht entgegen. Der BR ist kein Dritter i. S. v. § 3 Abs. 4 BDSG. Er steht nicht außerhalb der verantwortlichen Stelle; er ist vielmehr Teil dieser.[54] Die Übermittlung, z. B. der Namen der AN, die die Voraussetzungen für ein betriebliches Eingliederungsmanagement erfüllen, ist nicht abhängig von einer Zustimmung der betroffenen AN. Gleiches gilt für die Einsichtnahme in die Bruttolohn- und Gehaltslisten.[55] Im Zusammenhang mit Verhandlungen über einen Interessenausgleich und Sozialplan wird das **Informationsrecht** des BR über Nebentätigkeiten einzelner AN ebenso wenig **durch** die Vorschriften des **BDSG** eingeschränkt wie über die sich aus den Personalakten der AN ergebenden Daten (Name, Anschrift, Geburtsdatum, Personenstand, Anzahl der Kinder, Datum des Betriebseintritts u. Ä.).[56] In einem UN, in dem kein WA nach § 106 f. gebildet werden kann, kann sich der Anspruch des BR/GBR auf Informationen zu **wirtschaftlichen Angelegenheiten** unmittelbar aus Abs. 2 ergeben, da sich aus § 106 Abs. 2 insoweit keinerlei Beschränkung ergibt.[57] Die Unterrichtung des BR durch den AG hat grundsätzlich in **deutscher Sprache** zu erfolgen. Eine Unterrichtung in einer fremden Sprache setzt grundsätzlich das Einverständnis aller BR-Mitgl. voraus. Sie hat auch in verständlicher Form (nicht in »Fachchinesisch«) zu erfolgen.[58] Umgekehrt ist der AG verpflichtet, deutsche Unterlagen in eine andere Sprache übersetzen zu lassen, wenn BR-Mitglieder nur diese sprechen und verstehen. Ggf. muss der Arbeitgeber auch Übersetzer für Sit-

---

84, 95, das den AG für verpflichtet hält, den BR anhand von Unterlagen über kollektive Abmahnungen zu informieren; a. A. LAG Hamburg 16. 6. 83 – 7 TaBV 1/83; LAG SH, DB 83, 2145.

52 BAG 8. 6. 99, AiB 00, 292.
53 Vgl. zum MBR des BR nach § 94 LAG Frankfurt, NZA-RR 02, 200.
54 BAG 7. 2. 12 – 1 ABR 46/10, NZA 12, 744.
55 BAG a. a. O.; LAG Nds. 18. 4. 12 – 16 TaBV 39/11, juris.
56 LAG BaWü a. a. O.; ArbG Düsseldorf, AiB 92, 654; vgl. auch LAG Berlin, DB 84, 1936.
57 Bösche-Moderegger/Grimberg, AuR 90, 298; Mayer, AuR 91, 14; vgl. auch BAG, DB 91, 1382, 5. 2. 91, AP Nr. 89 zu § 613 a BGB, sofern der BR die Auskünfte und Unterlagen für konkrete Aufgaben benötigt; vgl. ferner Oetker, DB 90, 2320; a. A. LAG Köln, NZA 88, 210; LAG Hamm, AuR 90, 296.
58 HessLAG, AuR 94, 107; vgl. im Übrigen DKKW-Buschmann, Rn. 106 ff.

zungen zur Verfügung stellen (vgl. § 90 Rn. 7).[59] Die Informationsrechte des BR sind auch einzuhalten, wenn ein nationale AG kaum
eigenen Entscheidungsspielraum hat, weil die maßgeblichen Entscheidungen in einer Konzernzentrale im Ausland fallen (§ 87 Rn. 5).[60] Der
BR kann auch Auskunft über die Struktur einer EU-weit tätigen
UN-Gruppe verlangen, um zu prüfen, ob die Voraussetzungen für
die Bildung eines EBR gegeben sind.[61] Der Betriebsrat hat Anspruch
auf Kenntnis von Beginn und Ende der täglichen Arbeitszeit sowie
vom Umfang der tatsächlich geleisteten Wochenarbeitszeit. Die gilt
auch für AT-Arbeitnehmer.[62] Auch bei **»Vertrauensarbeitszeit«**
kann der Arbeitgeber die Information über die Arbeitszeiten nicht
verweigern mit der Begründung er verfüge über die Daten nicht (vgl.
§ 87 Rn. 19).[63] Der Arbeitgeber darf auch bei »Vertrauensarbeitszeit«
nicht auf die exakte Erfassung der Arbeitszeiten verzichten. Ob der
Arbeitgeber die Daten erheben will oder für notwendig erachtet ist
unerheblich. Im Hinblick auf die Überwachungsaufgabe des BR ist er
zur Erhebung der Daten verpflichtet.[64] Verfügt er nicht über ein
elektronisches Erfassungssystem, muss beim manuellen Aufschreiben
durch Kontrollen gewährleistet sein, dass die Aufzeichnungen korrekt
sind.[65] Ein reine Erfassung der Arbeitszeiten, die über die zulässige
tägliche Höchstarbeitszeit gem. § 16 Abs. 2 ArbZG hinausgehen ist
nicht ausreichend.[66]

d) Vorlage von Unterlagen

Auf Verlangen des BR sind ihm die zur Erfüllung seiner Aufgaben **18**
erforderlichen (vorhandenen oder erstellbaren)[67] **Unterlagen zur
Verfügung** zu stellen, d.h. im Original, in Durchschrift oder Foto-
kopie zu überlassen.[68] Insbesondere bei umfangreicheren und kom-
plexen Sachverhalten hat dies schriftlich zu erfolgen.[69] Geht es um
fortlaufende Aufgaben, kann der BR auch regelmäßige, z.B. quartals-
weise Überlassung von Aufstellungen verlangen.[70] Nach abzulehnen-

---

59 ArbG Frankfurt, AiB 98, 524 für den Fall eines 26-köpfigen GBR mit 12
    ausschließlich **Englisch** sprechenden Mitgliedern; a.A. noch LAG SH 20.4.84
    – 3 TaBV 46/83: Verpflichtung eines Ersatzmitglieds Deutsch zu lernen.
60 Vgl. LAG Nürnberg, NZA-RR 02, 247.
61 BAG, AuR 04, 189.
62 BAG, NZA 03, 1348.
63 BAG, a.a.O.
64 BAG, a.a.O.
65 LAG Nds., NZA-RR 2005, 424.
66 LAG Nds., a.a.O.
67 DKKW-Buschmann, Rn. 113 m.w.N.
68 Vgl. DKKW-Buschmann, Rn. 88 ff.
69 BAG 7.2.12 – 1 ABR 46/10, NZA 12, 744; 10.10.06 – 1 ABR 68/05, BB 07,
    106.
70 BAG 7.2.12 a.a.O.

der Rspr. des BAG soll der AG nur zur Vorlage von vorhandenen Unterlagen verpflichtet sein (zu Unterlagen im Rahmen der Ermittlung des Berufsbildungsbedarfes s. § 96 Rn. 4).[71] Dies gilt allerdings nicht, wenn der AG, z. B. um gesetzliche oder tarifliche Verpflichtungen erfüllen zu können, verpflichtet ist, Unterlagen vorzuhalten, z. B. Aufzeichnungen über die Arbeitszeit bei Vertrauensarbeitszeit.[72] Der AG ist im Allgemeinen nicht verpflichtet, von sich aus dem BR die Unterlagen zu überlassen.[73] Will der BR z. B. von seinem Initiativrecht nach § 87 oder seinem Überwachungsrecht nach § 80 Abs. 1 oder von den sonstigen Beteiligungsrechten nach dem BetrVG Gebrauch machen, hat ihm der AG auf Verlangen die dazu notwendigen Unterlagen zur Verfügung zu stellen. Die Vorlagepflicht ist grundsätzlich nicht von einem konkreten Streitfall abhängig.[74] Nach der Rspr. des BAG[75] kann der BR keinen lesenden Online-Zugriff auf bestimmte Rechner der Personalabteilung zur Wahrnehmung seiner Überwachungsaufgabe bzw. Kontrolle einer EDV-Vereinbarung geltend machen. § 80 Abs. 2 Satz 2 Halbsatz 1 gebe dem AG bei der Zurverfügungstellung von Unterlagen ein Vorprüfungsrecht. Der AG müsse entscheiden können, ob er dem BR die Unterlagen durch Ausdruck der Datei oder durch einen begrenzten Online-Zugriff gewähre.

e) Gegenstand der Information

19 Dem BR sind auf Verlangen vom AG u. a. zur Verfügung zu stellen: Exakte **Arbeitszeitnachweise** bezogen auf die einzelnen AN mit Angaben über die tatsächliche Handhabung von Soll-, Gleit-, Kern- und Höchstarbeitszeiten sowie über die Handhabung von Guthaben und Ausgleichszeiten auf Arbeitszeitkonten.[76] Diesem Unterrichtungsanspruch steht das BDSG nicht entgegen.[77] Dies umfasst auch Arbeitszeitnachweise, aus denen Beginn und Ende der täglichen Arbeitszeit, die Einhaltung der Ruhezeiten sowie die tatsächlich geleisteten Wochenarbeitsstunden hervorgehen.[78] **Zeiterfassungskarten** (Stechkarten), wenn der BR den Umfang der Ableistung von Überstunden prüfen will;[79] Ausdrucke von **elektronischen Zeiterfassungsgeräten**, z. B. über monatliche Aufstellungen von erfassten Anwesenheitszeiten und bezahlter Arbeitszeiten;[80] Unterlagen, woraus der BR ent-

71 BAG 30. 9. 08 – 1 ABR 54/07, juris; a. A. DKKW-Buschmann, Rn. 113 m. w. N.
72 BAG 10. 10. 06 – 1 ABR 68/05, brwo, BB 07, 106.
73 BAG, NZA 92, 275.
74 Vgl. BAG, PersR 91, 182; vgl. DKKW-Buschmann, Rn. 120.
75 16. 8. 11 – 1 ABR 22/10, juris.
76 LAG Köln 28. 6. 11 – 12 TaBV 1/11, brwo.
77 LAG Köln a. a. O.
78 LAG Hamm 8. 10. 10 – 10 TaBV 5/10, brwo.
79 LAG Frankfurt AuR 81, 30.
80 LAG BaWü 21. 2. 94, LAGE § 80 BetrVG 1972 Nr. 13 = AuR 94, 311.

nehmen kann, an welchen Arbeitsplätzen welche AN wann und wie viele Überstunden geleistet haben.[81]

Der monatliche **Stellenplan**, der die personellen Zielvorstellungen des AG enthält, sowie der **Stellenbesetzungsplan** mit dem aktuellen tatsächlichen Personalstand;[82] eine Auflistung der frei gewordenen »Schwerbehinderten«-**Arbeitsplätze**;[83] eine namentliche Auflistung mit **Anschriften der Außendienstmitarbeiter**, z. B. Zeitungszusteller;[84] Unterlagen über die **Kriterien über- bzw. außertariflicher Lohnzahlungen**, Leistungszulagen bzw. Einmalzulagen, einschließlich der **AT-Ang**.;[85] Unterlagen über Höhe und Empfänger von außertariflichen Sonderzahlungen;[86] Informationen über Inhalt und Zielerreichungsgrad für jeden einzelnen Mitarbeiter im Rahmen von **Zielvereinbarungen**, auch wenn diese auf einem TV beruhen.[87] **Nachweis über die Durchführung gesetzlicher Vorschriften.**

Bei Beschäftigung von **AN aus Fremdfirmen (Werkverträge, Dienstverträge)** die Verträge mit den Fremdfirmen;[88] **Kontrolllisten** über die **Einsatztage und Einsatzzeiten** der einzelnen AN von Fremdfirmen;[89] die Personalien aller im Betrieb eingesetzten AN von Fremdfirmen;[90] die Modalitäten des Einsatzes der als Redakteure tätigen freien Mitarbeiter im Betrieb des AG;[91] die **Veräußerungs- und Übertragungsverträge durch den Konkursverwalter** mit denen er das Vermögen und die Inbetriebnahme- und Gewährleistungspflichten gegenüber Kunden aus dem Vermögen der Gesamtschuldnerin auf einen Erwerber übertrug;[92] eine Auflistung der **Privatanschriften der AN** während eines arbeitskampfbedingten Produktionsstillstandes zur Versendung von situationsbezogenen Informationen;[93] Unterlagen über die von einem UN-Beratungsbüro **durchgeführten Untersuchungen zur Gemeinkostensenkung**, z. B. erarbeitete Arbeitsblätter über Rationalisierungspotenzial und den Maßnahmeplan;[94] bei Geltung einer BV über die **gleitende**

---

81 ArbG Münster 24. 11. 87 – 2 BV 148/87.
82 LAG Bremen, BB 93, 290.
83 BAG, NZA 93, 376.
84 ArbG Mannheim 18. 3. 91 – 10 BV 36/90 H.
85 BAG 26. 1. 88, AP Nr. 31 zu § 80 BetrVG 1972; 22. 12. 81, AP Nr. 7 zu § 87 BetrVG 1972 Lohngestaltung.
86 BAG 10. 10. 06 – 1 ABR 68/05, BB 07, 106.
87 BAG, NZA 04, 936f.
88 BAG 31. 1. 89 – 1 ABR 72/87, NZA 1989, 932; LAG Hessen 30. 8. 05 – 4/18 TaBV 67/05, juris, für Bewachungsvertrag.
89 BAG 31. 1. 89 a. a. O.
90 ArbG Mainz, AiB 91, 58.
91 ArbG Hamburg, AuR 97, 497.
92 LAG Berlin, AiB 98, 167 m. Anm. v. Bichlmeier.
93 LAG Berlin, DB 84, 1936.
94 LAG SH, AuR 94, 202; a. A. offenbar ArbG Minden 10. 8. 94 – 2 BV 26/93.

Arbeitszeit auf jeden AN bezogen eine zeitbezogene Aufstellung über monatlich erfasste Anwesenheitszeiten und monatlich bezahlte Arbeitszeiten;[95] Unterlagen über Formen und Inhalte der **Verarbeitung personenbezogener Daten der AN**, auch wenn die Datenverarbeitung bei einem anderen UN erfolgt;[96] Unterlagen über die bei Erteilung einer individuellen **Versorgungszusage an AT-Ang.** angewandten Grundsätze;[97] jeweils ein Exemplar der einem ausgeschiedenen AN gemäß § 2 Abs. 6 BetrAVG erteilten **Versorgungsauskunft**[98] die Etatansätze für die **berufliche Weiterbildung.**[99] Nach Auffassung des BAG soll der Unterrichtungsanspruch den BR jedoch nicht berechtigen, vom AG die Installierung von **Messgeräten** zu verlangen, um auf diese Weise Unterlagen über die tatsächliche Lärmbelästigung der AN zu erhalten.[100] Der BR hat Anspruch auf Namen und Adressen derjenigen AN, die wegen Krankheit, Urlaub, Elternzeit, Mutterschutz usw. fehlen, wenn er diese benötigt, um die AN zu einer kurzfristig anberaumten Betriebsversammlung einzuladen.[101] Für den **Auskunftsanspruch** genügt es, dass der BR die Auskunft benötigt, um feststellen zu können, ob ihm – z.B. bei der Gewährung einer **Streikprämie** – ein MBR zusteht und ob er davon Gebrauch machen soll.[102] Der AG ist verpflichtet, dem GBR bzw. dem KBR eine **Liste betriebsratsloser**, aber betriebsratsfähiger **Betriebe** zu erstellen, damit diese ihrer Aufgabe zur Bestellung von WV nachkommen können.[103] Der BR muss auch darüber informiert werden, warum bei bestimmten AN die Vorlage von **Arbeitsunfähigkeitsbescheinigungen** bereits nach einem Tag anstelle von drei Tagen gefordert wird und welche AN dies betrifft.[104] Der BR hat Anspruch auf eine vierteljährliche Liste aller AN, die die Voraussetzungen für das betriebliche Eingliederungsmanagement nach § 84 Abs. 2 SGB IX erfüllen.[105] Der BR kann nicht die Vorlage aller ab einem bestimmten Zeitpunkt ausgesprochenen Abmahnungen in anonymisierter Form verlangen.[106]

---

95   LAG BaWü, AiB 94, 563.
96   BAG 17.3.87, AP Nr. 29 zu § 80 BetrVG 1972.
97   BAG, BB 81, 1952.
98   LAG BaWü, AiB 91, 271.
99   LAG Hamm, AuR 98, 125.
100 BAG, AuR 86, 346; zur Kritik vgl. DKKW-Buschmann, Rn. 120.
101 ArbG Berlin 19.1.04, NZA 04, 642–633.
102 BAG, NZA 88, 620.
103 LAG Nürnberg 25.1.07 – 1 TaBV 14/06, brwo; LAG BAWü 30.4.08 – 2 TaBV 7/07, brwo; AiB 08, 416.
104 BAG 19.2.08 – 1 ABR 84/06, brwo, NZA 08, 1078.
105 BAG 7.2.12 – 1 ABR 46/10, NZA 12, 744.
106 BAG 17.9.13 – 1 ABR 26/12, juris.

3. Auskunftspersonen für den Betriebsrat

Der AG ist verpflichtet, dem BR erforderlichenfalls sachkundige AN **20**
als **Auskunftspersonen** zur Verfügung zu stellen.[107] Dieser Anspruch
besteht unabhängig von dem Anspruch des BR auf Hinzuziehung eines
Sachverständigen nach Abs. 3; es sei denn, der BR hält die von der
Auskunftsperson gegebenen Auskünfte für so umfassend und erschöpfend, dass er die Hinzuziehung eines außerbetrieblichen Sachverständigen als nicht erforderlich ansieht. Die Erforderlichkeit zur Hinzuziehung der betrieblichen Auskunftsperson ist gegeben, wenn die
benötigte Unterrichtung im Rahmen der Aufgaben des BR liegt und
der BR ohne die Auskunft seine Tätigkeit nicht ordnungsgemäß
erfüllen kann. Die Hinzuziehung setzt einen Beschluss nach § 33 und
eine entsprechende Mitteilung an den AG voraus.

Als **sachkundige Arbeitnehmer** kommen alle AN in Betracht; auch **21**
gew. Vertrauensleute.[108] Es kommen auch **leit. Ang. nach § 5 Abs. 3**
in Betracht.[109] Sie sind AN, wenn auch nicht nach § 5 Abs. 1. Der
Einschluss der leit. Ang. in den potenziellen Personenkreis der Aus-
kunftspersonen i. S. des § 80 Abs. 2 Satz 3 ergibt sich bereits daraus,
dass leit. Ang. der AG-Sphäre zuzurechnen sind und es ohnehin der
AG ist, der die Auskunftspflicht nach § 80 Abs. 2 zu erfüllen hat. Leit.
Ang. haben aufgrund ihrer AG-(UN-)Nähe häufig das erforderliche
Wissen, das der BR zur Erfüllung seiner Aufgaben benötigt. Der
Gesetzgeber hat im Übrigen auch an anderer Stelle leit. Ang. in das
betriebliche AN-Informationssystem eingebunden, nämlich beim WA.
So kann der BR (GBR) leit. Ang. zu **Mitgl. des WA** bestimmen
(§ 107 Abs. 1 Satz 2).

Der BR kann von dem AG verlangen, dass ihm **bestimmte Beschäf-** **22**
tigte als Auskunftspersonen zur Verfügung gestellt werden. Wenn dies
etwa wegen der Komplexität der Auskünfte erforderlich ist, kann der
BR auch die Zurverfügungstellung mehrerer Auskunftspersonen verlangen. Er ist nicht auf den betrieblichen Bereich beschränkt. Die
Auskunftspersonen können auch **anderen Betrieben des UN** angehören. Der BR kann aber auch vom AG verlangen, dass dieser ihm
eine **Liste** mit entsprechend sachkundigen Personen des Betriebs bzw.
des UN zugänglich macht.

Der AG ist grundsätzlich verpflichtet, dem BR den von diesem be- **23**
zeichneten Beschäftigten als Auskunftsperson zur Verfügung zu stellen.
Dazu ist er nur dann nicht verpflichtet, wenn **betriebliche Notwen-**
digkeiten dem entgegenstehen. Es muss sich um solche zwingenden
betrieblichen Notwendigkeiten handeln, bei denen das Interesse an der

107 Musterschreiben für BR s. DKKW-F-Buschmann, § 80 Rn. 15.
108 Vgl. Becker/Kunz/Schneider, AiB 02, 537.
109 DKKW-Buschmann, Rn. 145; vgl. für Druckereileiter LAG Hamm 2. 10. 01 –
     15 TaBV 106/01, AiB 02, 114 m. Anm. Teuber; a. A. Fitting, Rn. 85.

Nichtzurverfügungstellung wesentlich höher zu bewerten ist als das Interesse des BR, dass ihm diese Auskunftsperson zur Verfügung gestellt wird. Das Vorliegen der betrieblichen Notwendigkeit hat der **AG zu beweisen**. Im Streitfalle entscheidet das ArbG. Besteht ein dringendes Interesse des BR an der Zurverfügungstellung, kommt ggf. eine **einstweilige Verfügung** in Betracht.

24 Das Gesetz verlangt, dass dem BR die Auskunftsperson **»zur Verfügung«** gestellt wird. Das bedeutet, dass der BR in die Lage versetzt wird, ohne Einschränkung auf das Wissen der Auskunftsperson zurückgreifen zu können. Der BR soll nicht verlangen können, dass bei der Befragung der Auskunftsperson kein »Dritter« anwesend ist.[110] So muss er der Auskunftsperson beispielsweise jederzeit Fragen vorlegen können, die **schriftlich** zu beantworten sind. Eine andere Möglichkeit ist, von der Auskunftsperson in einer **BR-Sitzung** mündlich Auskunft zu erhalten. Die Auskunftsperson hat sich in dem für die Auskünfte erforderlichen zeitlichen Umfang zur Verfügung zu halten. Sie darf sich insoweit nicht auf arbeitsvertragliche Pflichten berufen. Bei umfangreichen Projekten und entsprechenden Fragekomplexen kann auch eine **zeitweise Freistellung** in Betracht kommen. Im Übrigen ist der AG aufgrund des gesetzlichen Auftrags der Zurverfügungstellung, aber auch auf der Grundlage der Zusammenarbeit mit dem BR verpflichtet, auf die betriebliche Auskunftsperson **einzuwirken**, auch mit arbeitsvertraglichen Mitteln, wenn sich diese der Zusammenarbeitspflicht mit dem BR entziehen will. Die Zusammenarbeit mit dem BR gehört für die Auskunftsperson zu ihren arbeitsvertraglichen Pflichten. Die aufgewendete Zeit ist Arbeitszeit und entsprechend zu vergüten.[111]

4. Einsicht in Listen über die Bruttolöhne und -gehälter

25 In die **Listen über die Bruttolöhne und -gehälter**[112] hat der BA, wo ein solcher nicht besteht, der BR-Vors. oder ein beauftragtes BR-Mitgl., ein Einsichtsrecht.[113] Dies auch dann, wenn die BR-Wahl gemäß § 19 angefochten wurde.[114] »Einblick« bedeutet nicht Aushändigung der Listen, schließt aber die Möglichkeit ein, Notizen zu machen,[115] ggf. auch in hierfür eigens vom BR vorbereiteten Listen, die in Bezug auf Tarif- und Effektivgehalt handschriftlich vollständig ergänzt werden können.[116] Ein Anwesenheitsrecht des AG bei der

110   LAG Nds. 21.2.13 – 15 TaBV 102/12, n.rk. BAG 1 ABR 25/12.
111   Fitting, Rn. 85.
112   Muster für BR s. DKKW-F-Buschmann, § 80 Rn. 13.
113   BAG 10.10.06 – 1 ABG 68/05, BB 07, 106.
114   LAG Düsseldorf 26.2.91 – 6 TaBV 133/90.
115   BAG, AuR 77, 125.
116   LAG Hamm 11.12.01 – 13 TaBV 85/01, AiB 03, 40 m. Anm. Teuber; LAG Hamburg, AuR 97, 39; vgl. auch ArbG Fulda, DB 92, 2404, das zutreffend die

Einsichtnahme besteht nicht.[117] Der allgemeine Informationsanspruch des BR nach § 80 Abs. 2 Satz 1 wird durch das Einsichtsrecht in die Brutto-Lohn- und Gehaltslisten nicht verdrängt.[118] Der BR kann auf den allg. Informationsanspruch auch Auskunftsverlangen über Höhe und Empfänger von außertariflichen Sonderzahlen stützen. Dies führt dazu, dass der Arbeitgeber Unterlagen aushändigen muss.[119]

Das Einblicksrecht erstreckt sich auch auf die **effektiven Bruttobe-** **26** **züge** einschließlich der übertariflichen Zulagen,[120] freiwilligen Prämien[121] und auf **alle Zahlungen**, einschl. Sonderzahlungen, Gratifikationen und sog. Einmalzahlungen (z. B. »Streikprämien«), die individuell ausgehandelt und gewährt werden.[122] Es ist nicht davon abhängig, dass die über- bzw. außertariflichen Lohnbestandteile **kollektiven oder kollektivähnlichen Bezug** haben.[123] Der Arbeitgeber hat das Bruttoentgelt nach seinen einzelnen Bestandteilen (z. B. Grundgehalt, Prämien, Zulagen, Überstunden Vergütung usw.) aufzuschlüsseln.[124] Dieser Anspruch ergibt sich, wenn der AG keine derart aufgeschlüsselten Listen führt, aus § 80 Abs. 2 Satz 1.[125] Der Begriff »Liste« bezieht sich auch auf in EDV-Anlagen gespeicherte Gehaltsdaten.[126]

Für die Ausübung des Einblicksrechts benötigt der BR keinen beson- **27** deren Anlass.[127] Dies gilt auch dann bei **AT-Ang.**, wenn die Höhe der Gehälter individuell ohne kollektiven Bezug vereinbart wurde.[128] AT-Ang. sind Ang., die kraft ihrer Tätigkeitsmerkmale nicht mehr unter den persönlichen Geltungsbereich des TV fallen.[129] In der Einblicknahme liegt **keine Verletzung der geschützten Individual-**

Anfertigung von Abschriften als zulässig ansieht; LAG Frankfurt, DB 90, 2376; vgl. ferner SR, Rn. 90 ff. zu Einzelfragen des Einblickrechts.

117 LAG Frankfurt, BetrR 85, 386; vgl. BAG, NZA 96, 330 = AiB 96, 380 m. Anm. v. Grimberg, wonach keine vom AG zur Überwachung des BR beauftragten Personen anwesend sein dürfen; vgl. ferner auch LAG Köln, AiB 92, 582, das zutreffend darauf hinweist, dass es in diesem Fall dem AG möglich wäre, Gespräche der BR-Mitgl. mitzuhören; Leege, BB 96, 479; a. A. LAG Bremen, DB 95, 1771; Leßmann, NZA 92, 832.
118 BAG 30.9.08 – 1 ABR 54/07, NZA 09, 502; BAG 10.10.06, BB 07, 106; LAG Hamburg 7.2.12 – 2 TaBV 12/11, juris.
119 BAG a.a.O.
120 BAG 18.9.73, 12.2.80, AP Nrn. 3, 12 zu § 80 BetrVG 1972.
121 BAG 17.3.83, AP Nr. 18 zu § 80 BetrVG 1972.
122 BAG 28.5.74, 30.6.81, 10.2.87, AP Nrn. 27, 7, 15 zu § 80 BetrVG 1972.
123 BAG 30.6.81, AP Nr. 15 zu § 80 BetrVG 1972.
124 BAG 30.9.08 – 1 ABR 54/07, NZA 09 502 f.
125 BAG a.a.O.
126 BAG 17.3.83 a.a.O.
127 BAG 18.9.73, 28.5.74, 17.3.83, AP Nrn. 4, 7, 18 zu § 80 BetrVG 1972.
128 BAG 30.6.81, AP Nr. 15 zu § 80 BetrVG 1972.
129 BAG 18.9.73, 28.5.74, AP Nrn. 3, 6 zu § 80 BetrVG 1972.

sphäre des einzelnen AN[130] und kein Verstoß gegen das BDSG[131] oder EU-Datenschutzvorschriften.[132] Das Einblicksrecht kann ggf. auch **gegen den** ausdrücklichen **Willen** der AN vorgenommen werden.[133]

5. Hinzuziehung von Sachverständigen

28 Ein Recht auf Beauftragung eines **Sachverständigen**[134] besteht nach näherer Vereinbarung mit dem AG.[135] Nur dann hat der AG die Kosten zu tragen.[136] Die **vorherige Zustimmung** des AG ist nach Auffassung der Rspr. erforderlich.[137] Allerdings muss nach Auffassung des BAG der BR zunächst **alle betrieblichen Informationsmöglichkeiten** ausschöpfen und versuchen, sich auf andere Weise (etwa durch den Besuch von Schulungsveranstaltungen) sachkundig zu machen, bevor er einen außerbetrieblichen Sachverständigen beauftragt.[138] Zu den betrieblichen Informationsmöglichkeiten gehört auch die Frage, ob und inwieweit der BR auf Beschäftigte des Betriebs bzw. des UN zurückgreifen sollte, um sie als Auskunftsperson i. S. des Abs. 2 Satz 3 in Anspruch zu nehmen (vgl. Rn. 20 ff.).[139] Bei der Vermittlung besonderer fachlicher Kenntnisse kommt die Hinzuziehung eines Sachverständigen bereits im **Informationsstadium** in Betracht, damit der BR ggf. in der Lage ist, zu erkennen, welche Aufgaben sich für ihn stellen.[140] Wird der BR von einem Sequester zur Aufnahme von Verhandlungen über einen Interessenausgleich und Sozialplan aufgefordert, kann die Hinzuziehung eines Sachverständigen erforderlich sein.[141]

29 Sachverständige sind Personen, die dem BR die fehlenden fachlichen und rechtlichen Kenntnisse vermitteln und/oder aus einem feststehenden Sachverhalt Schlussfolgerungen ziehen, damit der BR ihm konkret obliegende betriebsverfassungsrechtliche Aufgaben sachgerecht erfül-

---

130 BAG 18. 9. 73, 30. 6. 81, AP Nrn. 3, 15 zu § 80 BetrVG 1972.

131 BAG 17. 3. 83 a. a. O.

132 LAG Nds. 18. 4. 12 – 16 TaBV 39/11.

133 LAG Nds. a. a. O.; BAG, BB 83, 1214, 20. 12. 88, AP Nr. 5 zu § 92 ArbGG 1979.

134 Vgl. hierzu DKKW-Buschmann, Rn. 152 ff.

135 Mustervereinbarung s. DKKW-F-Buschmann, § 80 Rn. 17.

136 BAG 25. 4. 78, AP Nr. 11 zu § 80 BetrVG 1972.

137 BAG 11. 11. 09 – 7 ABR 26/08, NZA 10, 43 vgl. zur Kritik DKKW-Buschmann, § 80 Rn. 155.

138 BAG 16. 11. 05 – 7 ABR 12/05, NZA 06, 1004; zur Kritik an dieser Rspr. s. DKKW-Buschmann, Rn. 160.

139 LAG Hamburg 24. 2. 05 – 3 TaBV 11/03, juris.

140 So offenbar auch BAG, AuR 88, 92; SR a. a. O.; vgl. auch ArbG Berlin 7. 5. 87 – 4 BV 8/87, das den BR bei der Einführung von EDV immer für berechtigt hält, einen Sachverständigen hinzuzuziehen, wenn dem BR keine EDV-Spezialisten angehören.

141 ArbG Wesel, AiB 97, 538 m. Anm. v. Bell.

len kann.[142] In Betracht kommt jede Person, die über die erforderlichen Kenntnisse verfügt, z. B. Informatiker, Arbeitswissenschaftler, Rechtswissenschaftler, Bilanzsachverständige und Rechtsanwälte.[143] Auch die Zuziehung eines **Rechtsanwalts als Berater** des BR soll sich nach der Rspr. nicht nach § 40 Abs. 1, sondern nach dieser Vorschrift mit der Folge richten, dass eine nähere Vereinbarung mit dem AG getroffen werden muss.[144] Der BR kann als Sachverständigen eine Person seines Vertrauens hinzuziehen; er ist nicht auf die kostengünstigste Möglichkeit beschränkt.[145] Eine spezielle Sachverständigenregelung enthält § 111 Satz 2. Danach kann der BR bei geplanten Betriebsänderungen zu seiner Unterstützung einen Berater hinzuziehen. Dazu bedarf es nicht einer näheren Vereinbarung mit dem AG, wie sie in § 80 Abs. 3 vorgesehen ist. Andererseits schließen sich die speziellen Regelungen zur Hinzuziehung eines Beraters nach § 111 Satz 2 und zur Hinzuziehung eines Sachverständigen nach § 80 Abs. 3 nicht gegenseitig aus (vgl. auch § 111 Rn. 1 b).

Bei entsprechender Eilbedürftigkeit kann der AG im Wege der einstweiligen Verfügung verpflichtet werden, die Zustimmung zur Hinzuziehung eines Sachverständigen zu erteilen.[146] Sofern dies zur ordnungsgemäßen Erfüllung ihrer Aufgaben erforderlich ist, kann auch die ESt. einen Sachverständigen ohne vorherige Zustimmung des AG hinzuziehen.[147]   **30**

Für die hinzugezogenen Sachverständigen gilt ebenso wie für die Auskunftspersonen nach Abs. 2 Satz 3 die Schweigepflicht nach § 79 Abs. 1 Satz 3, 4 (vgl. die Erl. dort). Die **Schweigepflicht** gilt nicht gegenüber dem BR und seinen Mitgl. sowie gegenüber den in § 79 Abs. 1 Satz 3, 4 genannten Betriebsverfassungsorganen.   **31**

---

142 BAG, AiB 90, 36; HessLAG, NZA 94, 379; LAG Hamm, AiB 94, 423; DKKW-Buschmann, Rn. 163.

143 DKKW-Buschmann, a. a. O.

144 BAG, NZA 93, 86; vgl. auch BAG, NZA 98, 900; vgl. ferner LAG SH, AiB 00, 162, wonach zur Unterscheidung zwischen einer anwaltlichen Vertretung und einer Sachverständigentätigkeit maßgebend ist, ob der Rechtsanwalt zur Durchsetzung der Rechte des BR beauftragt wurde.

145 LAG BaWü, AiB 86, 261; offen gelassen BAG, NZA 93, 86, 89.

146 LAG BaWü, AiB 86, 261; LAG Düsseldorf, AuR 84, 191; LAG Hamm, AiB 94, 423; vgl. auch Knauber-Bergs, AiB 87, 160.

147 BAG, DB 92, 789; LAG Hamm a. a. O.; LAG Nds., AiB 88, 311.

Zweiter Abschnitt:

Mitwirkungs- und Beschwerderecht des Arbeitnehmers

§ 81 Unterrichtungs- und Erörterungspflicht des Arbeitgebers

(1) Der Arbeitgeber hat den Arbeitnehmer über dessen Aufgabe und Verantwortung sowie über die Art seiner Tätigkeit und ihre Einordnung in den Arbeitsablauf des Betriebs zu unterrichten. Er hat den Arbeitnehmer vor Beginn der Beschäftigung über die Unfall- und Gesundheitsgefahren, denen dieser bei der Beschäftigung ausgesetzt ist, sowie über die Maßnahmen und Einrichtungen zur Abwendung dieser Gefahren und die nach § 10 Abs. 2 des Arbeitsschutzgesetzes getroffenen Maßnahmen zu belehren.

(2) Über Veränderungen in seinem Arbeitsbereich ist der Arbeitnehmer rechtzeitig zu unterrichten. Absatz 1 gilt entsprechend.

(3) In Betrieben, in denen kein Betriebsrat besteht, hat der Arbeitgeber die Arbeitnehmer zu allen Maßnahmen zu hören, die Auswirkungen auf Sicherheit und Gesundheit der Arbeitnehmer haben können.

(4) Der Arbeitgeber hat den Arbeitnehmer über die aufgrund einer Planung von technischen Anlagen, von Arbeitsverfahren und Arbeitsabläufen oder der Arbeitsplätze vorgesehenen Maßnahmen und ihre Auswirkungen auf seinen Arbeitsplatz, die Arbeitsumgebung sowie auf Inhalt und Art seiner Tätigkeit zu unterrichten. Sobald feststeht, dass sich die Tätigkeit des Arbeitnehmers ändern wird und seine beruflichen Kenntnisse und Fähigkeiten zur Erfüllung seiner Aufgaben nicht ausreichen, hat der Arbeitgeber mit dem Arbeitnehmer zu erörtern, wie dessen berufliche Kenntnisse und Fähigkeiten im Rahmen der betrieblichen Möglichkeiten den künftigen Anforderungen angepasst werden können. Der Arbeitnehmer kann bei der Erörterung ein Mitglied des Betriebsrats hinzuziehen.

1. Unterrichtungs- und Erörterungspflicht des Arbeitgebers

1   Die Bestimmung enthält allgemeine, sich bereits aus vertraglichen Nebenpflichten ergebende, arbeitsrechtliche Grundsätze, beinhaltet zugleich aber auch Elemente einer Mitbestimmung am Arbeits-

platz.[1] Die §§ 81 ff. beeinträchtigen oder verdrängen in keiner Weise nach anderen Bestimmungen bestehende Beteiligungsrechte des BR, falls es zu Überschneidungen kommen sollte. So kann der AG Ansprüche des BR, die dieser im Rahmen der Berufsausbildung nach §§ 96 ff. hat, nicht damit abwehren, es handele sich insoweit um Unterrichtungen nach § 81 Abs. 1.[2] Der AN ist nicht nur über seinen unmittelbaren Aufgabenbereich, sondern darüber hinaus auch darüber zu unterrichten, wie sich seine **Tätigkeit im Arbeitsablauf** darstellt. Abs. 3 stellt insbesondere auf eine Unterrichtung und Erörterung bei Problemen ab, wie sie mit der Einführung neuer Technologien verbunden sind. Die Einzelrechte gelten auch für Auszubildende, nicht aber für leit. Ang.;[3] für Leih-AN gelten die §§ 81 bis 86 im Verleiherbetrieb uneingeschränkt, im Entleiherbetrieb mit Ausnahme der §§ 82 Abs. 2 und 83 (§ 14 Abs. 2 Satz 3 AÜG). Die Unterrichtungspflicht nach dieser Vorschrift betrifft auch die **vorübergehende Zuweisung** einer anderen Arbeit und Veränderungen, die sich auf den Bestand des Arbeitsverhältnisses selbst beziehen.[4] Von besonderer Bedeutung ist die Belehrung vor einem Einsatz in gesundheitsgefährdenden Arbeitszeitsystemen wie Nachtarbeit.[5]

2. Leistungsverweigerungsrecht des Arbeitnehmers

Solange der AG seine Verpflichtungen nach dieser Vorschrift nicht erfüllt, hat der AN ein **Leistungsverweigerungsrecht** nach § 273 BGB, ohne dass er seinen Lohnanspruch verliert. Für die Unterweisung in die Unfall- und Gesundheitsgefahren genügt nicht die Aushändigung eines Merkblatts. Sind im Betrieb Betriebsärzte und Fachkräfte für Arbeitssicherheit, gehört es zu ihren Aufgaben, den AG bei seiner Unterweisungspflicht zu unterstützen. Ausländische AN sind ggf. in ihrer Muttersprache zu belehren.[6]

§ 82   Anhörungs- und Erörterungsrecht des Arbeitnehmers

(1) Der Arbeitnehmer hat das Recht, in betrieblichen Angelegenheiten, die seine Person betreffen, von den nach Maßgabe des organisatorischen Aufbaus des Betriebs hierfür zuständigen Personen gehört zu werden. Er ist berechtigt, zu Maßnahmen des Arbeitgebers, die ihn betreffen, Stellung zu nehmen sowie Vorschläge für die Gestaltung des Arbeitsplatzes und des Arbeitsablaufs zu machen.

---

1   Däubler/Klebe, Mitbest. 90, 363, 395.
2   Zur Abgrenzung der §§ 81 ff. von §§ 96 ff. vgl. auch BAG, NZA 86, 535; 91, 837.
3   BAG, AuR 75, 1320.
4   ArbG Gelsenkirchen 21. 10. 82 – 3 Ca 1768/82.
5   Vgl. BVerfG, AuR 92, 187 ff.
6   LAG Rheinland-Pfalz, AuA 06, 562.

§ 82 Anhörungs- und Erörterungsrecht des Arbeitnehmers

(2) Der Arbeitnehmer kann verlangen, dass ihm die Berechnung und Zusammensetzung seines Arbeitsentgelts erläutert und dass mit ihm die Beurteilung seiner Leistungen sowie die Möglichkeiten seiner beruflichen Entwicklung im Betrieb erörtert werden. Er kann ein Mitglied des Betriebsrats hinzuziehen. Das Mitglied des Betriebsrats hat über den Inhalt dieser Verhandlungen Stillschweigen zu bewahren, soweit es vom Arbeitnehmer im Einzelfall nicht von dieser Verpflichtung entbunden wird.

1 Das Recht des AN, in bestimmten Angelegenheiten, die seine Person betreffen, gehört zu werden, beschränkt sich nicht auf ein bloßes Anhören. Der AN kann vielmehr verlangen, in der betreffenden Angelegenheit eine **Auskunft** vom AG oder der dafür zuständigen Person zu erhalten. Hat der AG den Auskunftsanspruch erfüllt, kann der AN darüber hinaus keinen Nachweis durch Vorlage von Unterlagen (hier: Einsichtsgewährung in die Leistungsbeschreibung eines Auftraggebers) verlangen.[1] Der AN kann selbst dann ein Mitgl. des BR hinzuziehen, wenn ein **Beratungs- und Förderungsgespräch** auf Veranlassung des AG stattfindet.[2] Unabhängig von der Bestimmung des § 82 kann sich auch aus dem allgemeinen Persönlichkeitsrecht aus Art. 2 Abs. 1 GG i. V. m. Art. 1 Abs. 1 GG das Recht des AN auf Zulassung eines Rechtsbeistandes seiner Wahl bei dienstlichen Gesprächen über seinen Gesundheitszustand ergeben, da nur so der Eintritt von Nachteilen zu Lasten des AN vermieden werden kann.[3] Ein Anspruch eines AN auf Hinzuziehung eines BR-Mitgl. zu einem Personalgespräch ist auf die in Abs. 2 Satz 1 genannten Gegenstände beschränkt; bei einem Gespräch über den Abschluss eines Aufhebungsvertrags besteht einer solcher Anspruch nicht, wenn das Gespräch nicht auch Themen i. S. von Abs. 2 Satz 1 zum Gegenstand hat.[4] Dasselbe gilt für Gespräche, in denen Arbeitsanweisungen erteilt oder Abmahnungen ausgesprochen werden.[5] Führt aber der AG mit dem AN aus Anlass der bevorstehenden Einführung eines neuen einheitlichen Entgeltrahmen-TV Gespräche über dessen konkrete Tätigkeitsbeschreibung, die Grundlage für die neu vorzunehmende Eingruppierung sein soll, so darf der AG die vom AN gewünschte Hinzuziehung eines BR-Mitgl. nicht verweigern.[6] Die Vorschrift gilt – mit Ausnahme der Möglichkeit der Hinzuziehung eines BR-Mitglieds – auch in BR-losen Betrieben.[7]

1 LAG Berlin-Brandenburg 26.10.09 – 26 Ta 1864/09, brwo.
2 BAG, AuR 79, 152.
3 ArbG Münster, BB 88, 1964.
4 BAG, NZA 05, 416.
5 LAG Hamm 19.10.07 – 10 TaBV 67/07, brwo.
6 BAG 20.4.2010 – 1 ABR 85/08, brwo.
7 LAG Köln, AuR 07, 405 zum Anspruch des AN auf Erläuterung der Berechnung und Zusammensetzung des Arbeitsentgelts.

§ 83   Einsicht in die Personalakten

(1) Der Arbeitnehmer hat das Recht, in die über ihn geführten Personalakten Einsicht zu nehmen. Er kann hierzu ein Mitglied des Betriebsrats hinzuziehen. Das Mitglied des Betriebsrats hat über den Inhalt der Personalakte Stillschweigen zu bewahren, soweit es vom Arbeitnehmer im Einzelfall nicht von dieser Verpflichtung entbunden wird.

(2) Erklärungen des Arbeitnehmers zum Inhalt der Personalakte sind dieser auf sein Verlangen beizufügen.

1. Einsichtnahme in Personalakte

a) Personalakte

Die Vorschrift schreibt nicht vor, dass eine Personalakte zu führen ist **1** und welchen Inhalt sie haben muss, wenn sie geführt wird. § 83 geht der Bestimmung des § 34 BDSG vor. Personalakte ist **jede Sammlung von schriftlichen Unterlagen** über einen bestimmten AN, ohne Rücksicht auf die Form, in der sie geführt wird. Darunter fallen auch die in **elektronischen Datenbanken** gespeicherten Personaldaten. Dem AN ist dabei in allgemeiner Form lesbar und entschlüsselt Auskunft darüber zu erteilen, welche Daten über ihn gespeichert werden und an wen sie übermittelt worden sind.[1] Das Einsichtsrecht aus dieser Vorschrift geht dem Auskunftsanspruch des § 34 BDSG vor (zum BDSG vgl. im Übrigen die Erl. zu § 94). Aufgrund des verfassungsrechtlich gewährleisteten Persönlichkeitsschutzes ist der AG verpflichtet, die Personalakten des AN **sorgfältig** zu verwahren, bestimmte Informationen **vertraulich** zu behandeln und für die vertrauliche Behandlung durch die Sachbearbeiter Sorge zu tragen. Auch muss der AG den Kreis der mit Personalakten befassten AN **möglichst eng** halten.[2]

Die Personalakten dürfen nur Angaben enthalten, für die ein **sachliches Interesse** des AG besteht.[3] Auch **Sonder- und Nebenakten, persönliche Aufzeichnungen** des Vorgesetzten sowie **Unterlagen des Werkschutzes** gehören zur Personalakte. Entscheidend ist nicht, was der AG als Personalakte bezeichnet. Maßgebend ist vielmehr der **2**

---

1   ArbG Berlin, BB 88, 70.
2   BAG, NZA 88, 53.
3   LAG Nds. 10.7.80, AP Nr. 85 zu § 611 BGB Fürsorgepflicht.

sog. **materielle Begriff** der Personalakte.[4] Der AN hat somit das Recht der Einsichtnahme in alle Unterlagen, die auf das Arbeitsverhältnis bezogene Aufzeichnungen enthalten und damit in einem Zusammenhang stehen. Die Führung von **Geheimakten** ist unzulässig. Der AN hat Anspruch darauf, dass in der Personalakte Hinweise auf geführte Sonderakten angebracht werden.[5]

b) Einsichtnahme, Hinzuziehung eines Betriebsratsmitglieds

3   Das Einsichtsrecht besteht **jederzeit** und erfolgt grundsätzlich während der **Arbeitszeit**. Eine Minderung des Arbeitsentgelts darf nicht stattfinden. Auch **außerbetrieblich** geführte Unterlagen dürfen eingesehen werden. **Verschlüsselte Angaben** sind dem AN zu erläutern. Das ist von besonderer Bedeutung, wenn Personaldaten in Datenbanken gespeichert werden. Sie müssen dem AN in einer für ihn verständlichen Form zugänglich gemacht werden. Der AN kann sich anhand der Personalakten auch **Notizen** machen oder auf eigene Kosten **Kopien** anfertigen. Eine BV, beispielsweise nach § 87 Abs. 1 Nr. 1, darf nicht zu einer grundsätzlichen Beschränkung des Einsichtsrechts führen. Von der Möglichkeit, ein BR-Mitgl. hinzuzuziehen, sollte regelmäßig Gebrauch gemacht werden. Ansonsten ist der Personenkreis, der sich mit Personalakten befasst, möglichst klein zu halten. **Ohne Einverständnis** des AN ist es unzulässig, die Personalakten an Betriebsfremde weiterzugeben, z. B. an einen AG, bei dem sich der AN bewerben will.[6] Nach Beendigung des Arbeitsverhältnisses kann zwar nicht mehr aus § 83, aber aus nachwirkender Schutz- und Rücksichtnahmepflicht des AG (§ 241 Abs. 2 BGB i. V. m. Art. 2 Abs. 1 und Art. 1 Abs. 1 GG) noch ein Einsichtsrecht bestehen, wenn die Akten noch vorhanden sind; ein konkretes berechtigtes Interesse muss der AN nicht darlegen.[7] Die Vorschrift begründet einen Anspruch auf Akteneinsicht, nicht auf Aktenherausgabe.[8]

2. Erklärungen des Arbeitnehmers

4   Die Erklärung ist auch dann beizufügen, wenn der AG sie für unzutreffend oder nicht in die Personalakten gehörend ansieht.

3. Entfernungsanspruch

Daneben hat der AN das **Recht auf Entfernung** von unrichtigen Angaben und missbilligenden Äußerungen aus den Personalakten, wenn diese unzutreffende Tatsachenbehauptungen enthalten, die den AN in seiner Rechtsstellung und in seinem beruflichen Fortkommen

---

4   BAG, AuR 81, 124.
5   LAG Bremen, BB 77, 648.
6   Vgl. BAG, NZA 85, 811.
7   BAG 16. 11. 10 – 9 AZR 573/09, brwo.
8   BAG a. a. O.

beeinträchtigen können,[9] und zwar auch dann, wenn konkrete Tatsachen nicht vorliegen, die eine Beeinträchtigung des beruflichen Fortkommens durch den Verbleib der Abmahnung in der Personalakte erwarten lassen.[10] Entsprechendes gilt, wenn sich in den Personalakten eine auf die Verletzung arbeitsvertraglicher Pflichten erstreckende schriftliche Abmahnung befindet, die unbegründet ist (vgl. auch § 87 Rn. 12).[11] Werden in einem Abmahnungsschreiben gleichzeitig verschiedene Pflichtverletzungen gerügt, von denen nur einzelne zutreffen, ist die Abmahnung nicht teilweise aufrecht zu erhalten, sondern sie muss vollständig aus der Personalakte entfernt werden.[12] Auch nach Entfernung einer Abmahnung aus der Personalakte besteht nach der Auffassung des BAG[13] bei fortdauernden Rechtsbeeinträchtigungen ein Widerrufsanspruch.

§ 84 Beschwerderecht

(1) Jeder Arbeitnehmer hat das Recht, sich bei den zuständigen Stellen des Betriebs zu beschweren, wenn er sich vom Arbeitgeber oder von Arbeitnehmern des Betriebs benachteiligt oder ungerecht behandelt oder in sonstiger Weise beeinträchtigt fühlt. Er kann ein Mitglied des Betriebsrats zur Unterstützung oder Vermittlung hinzuziehen.

(2) Der Arbeitgeber hat den Arbeitnehmer über die Behandlung der Beschwerde zu bescheiden und, soweit er die Beschwerde für berechtigt erachtet, ihr abzuhelfen.

(3) Wegen der Erhebung einer Beschwerde dürfen dem Arbeitnehmer keine Nachteile entstehen.

1. Beschwerdegegenstand, Beschwerdeverfahren

Das Beschwerderecht kann auch von mehreren AN gemeinsam ausgeübt werden.[1] Erforderlich für eine Beschwerde ist, dass ein betrieblicher Bezug besteht.[2] Der sich beschwerende AN muss eine Beeinträchtigung seiner persönlichen Position empfinden;[3] es kann sich

1

---

9 BAG, DB 72, 1783; NZA 86, 227.
10 ArbG Köln, BB 94, 580.
11 BAG, AuR 84, 220.
12 LAG Hamm 23.4.94 – 4 Sa 1811/91.
13 AuR 99, 352.
1 BAG, NZA 06, 803.
2 ArbG Mannheim, BB 79, 833.
3 ArbG Hannover, AiB 89, 313; HessLAG 9.5.12 – 18 Sa 1596/11, brwo.

sowohl um tatsächliche als auch um rechtliche Beeinträchtigungen des AN handeln,[4] z.B. sexuelle Belästigung,[5] das sog. Mobbing[6] oder ausländerfeindliches Verhalten von Mitarbeitern. Unabhängig von den im BetrVG geregelten Beschwerderechten haben Beschäftigte gemäß § 13 Abs. 1 AGG das Recht, sich bei den zuständigen Stellen des Betriebs, des UN oder der Dienststelle zu beschweren, wenn sie sich im Zusammenhang mit ihrem Beschäftigungsverhältnis vom AG, von Vorgesetzten, anderen Beschäftigten oder Dritten aus einem in § 1 AGG genannten Grund benachteiligt fühlen. § 1 AGG richtet sich gegen Benachteiligungen aus Gründen der Rasse oder wegen der ethnischen Herkunft, des Geschlechts, der Religion oder Weltanschauung, einer Behinderung, des Alters oder der sexuellen Identität. Die Beschwerde eines AN über Vorgänge, die nicht ihn persönlich, sondern andere AN betreffen oder auch nur über allgemeine Missstände, löst nicht das in dieser und den nachfolgenden Vorschriften geregelte besondere Beschwerdeverfahren aus,[7] es sei denn, der die allgemeinen Missstände rügende AN fühlt sich durch diese ebenfalls beeinträchtigt; in jedem Fall kann er sich auch mit allgemeinen Beschwerden an den BR wenden. Die Beschwerde hat **keine aufschiebende Wirkung** gegenüber Anordnungen des AG. Gesetzl. Fristen werden durch eine Beschwerde nicht gehemmt. Es besteht kein Anspruch auf anonyme Behandlung der Beschwerde.

2. Überprüfung der Beschwerde, Benachteiligungsverbot

2 Der Arbeitgeber hat die Beschwerde zu prüfen und das Ergebnis dem Beschwerdeführer mitzuteilen. Erachtet der AG die Beschwerde für berechtigt, hat er ihr abzuhelfen. Lehnt er die Beschwerde ab, soll die Ablehnung eine **Begründung** enthalten. Der AN kann im Falle der Ablehnung seiner Beschwerde den BR nach § 85 anrufen. Daneben hat er, soweit Gegenstand der Beschwerde ein Rechtsanspruch ist, die Möglichkeit der Einleitung eines Klageverfahrens oder, allerdings nur, wenn die Voraussetzungen des § 273 BGB erfüllt sind, der Zurückbehaltung seiner Arbeitsleistung. Das Benachteiligungsverbot nach Abs. 3 bezieht sich sowohl auf tatsächliche als auch auf rechtliche Benachteiligungen des AN;[8] es gilt auch, wenn die Beschwerde sich als unbegründet erweist.[9] Ausnahmen sind allenfalls im Hinblick auf Begleitumstände und Inhalt der Beschwerde denkbar, z.B. völlig haltlose schwere Anschuldigungen in beleidigendem Ton.[10]

---

4   BAG, a.a.O.
5   Vgl. LAG Hamm, NZA 97, 769.
6   BAG, NZA 97, 781.
7   LAG SH, NZA 90, 703 f.
8   LAG Frankfurt, BetrR 87, 223.
9   LAG Köln, LAGE § 626 BGB Nr. 128.
10 LAG Köln a.a.O.

§ 85   Behandlung von Beschwerden durch den Betriebsrat

(1) Der Betriebsrat hat Beschwerden von Arbeitnehmern entgegenzunehmen und, falls er sie für berechtigt erachtet, beim Arbeitgeber auf Abhilfe hinzuwirken.

(2) Bestehen zwischen Betriebsrat und Arbeitgeber Meinungsverschiedenheiten über die Berechtigung der Beschwerde, so kann der Betriebsrat die Einigungsstelle anrufen. Der Spruch der Einigungsstelle ersetzt die Einigung zwischen Arbeitgeber und Betriebsrat. Dies gilt nicht, soweit Gegenstand der Beschwerde ein Rechtsanspruch ist.

(3) Der Arbeitgeber hat den Betriebsrat über die Behandlung der Beschwerde zu unterrichten. § 84 Abs. 2 bleibt unberührt.

1. Behandlung von Beschwerden durch den Betriebsrat

Unabhängig von der Möglichkeit, sich selbst beim AG zu beschweren, **1** kann der AN die Beschwerde auch beim BR anbringen. Nur in diesem Fall kann **Abhilfe** einer berechtigten Beschwerde unabhängig von der Haltung des AG **durchgesetzt** werden. Der BR ist verpflichtet, die Beschwerde gegenüber dem AG weiter zu verfolgen, wenn er sie für berechtigt erachtet. Auch Beschwerden, die vom AG nach § 84 abschlägig beschieden worden sind, können auf diese Weise weiter verfolgt werden. Der Beschwerdegegenstand nach § 84 und nach § 85 ist identisch.[1] Gegenstand einer Beschwerde können hierbei auch **Rechtsansprüche** sein,[2] etwa eine vom AN beanstandete Ablehnung von Sonderurlaub durch den AG, die Geltendmachung eines Anspruchs auf Rücknahme einer Abmahnung oder Ansprüche von BR-Mitgl. auf Arbeitsbefreiung zur Durchführung ihrer Aufgaben und auf betriebsübliche Vergütung i. S. von § 37 Abs. 2–4 dieses Gesetzes.[3] Ist ein BR-Mitgl. von einer Beschwerde betroffen oder hat es selbst diese beim BR angebracht, ist es bei der Beschlussfassung des BR über die Berechtigung der Beschwerde ausgeschlossen.[4]

2. Einigungsstellenverfahren

Bei Nichteinigung zwischen BR und AG kann in jedem Fall die ESt. angerufen werden, die allerdings **keine verbindliche Entscheidung**

---

1   LAG Frankfurt, BetrR 87, 223.
2   BAG, NZA 06, 803.
3   HessLAG, AuR 08, 77.
4   LAG Nürnberg 16. 10. 12 – 7 TaBV 28/12, brwo.

über den Rechtsanspruch trifft.[5] Für die Beschwerde eines AN über seine totale Arbeitsüberlastung ist die ESt. nicht offensichtlich unzuständig (vgl. auch § 76 Rn. 9),[6] ebensowenig für die Beschwerde eines AN wegen Mobbings.[7] **Offensichtliche Unzuständigkeit** der ESt. nach § 98 ArbGG liegt bei einem Rechtsanspruch dann vor, wenn der AG den Rechtsanspruch zwar anerkennt, ihn zu erfüllen aber nicht bereit ist; dann ist das Klageverfahren vorrangig. Offensichtliche Unzuständigkeit liegt auch dann vor, wenn mit der Beschwerde die Einführung einer freiwilligen Leistung, für die kein erzwingbares MBR des BR besteht (hier: Aufnahme in die in einigen anderen Betrieben des UN bestehende betriebliche Altersversorgung) begehrt wird.[8] Nur der BR, nicht jedoch der einzelne AN, kann die ESt. anrufen. Hat der BR einen Beschluss über die Berechtigung der Beschwerde des AN gefasst, hat er zunächst beim AG auf Abhilfe hinzuwirken. AG und BR haben über die Erledigung der Beschwerde zu verhandeln, bevor die ESt. angerufen wird.[9] Ist ein BR-Mitgl. von einer Beschwerde betroffen oder hat es selbst diese beim BR angebracht, ist es bei der Beschlussfassung des BR über die Anrufung der ESt. ausgeschlossen.[10] Nach Ansicht des HessLAG[11] genügt bei einer ESt. über die Berechtigung der Beschwerde eines AN häufig die Bestellung eines Beisitzers pro Seite, da die Einbindung betriebsexterner juristischen Beistands auf AG- und BR-Seite in der Regel nicht notwendig ist. Die ESt. nach dem BetrVG ist auch für Beschwerden von Beamten bei den Nachfolge-UN der früheren DBP zuständig.[12] Hält die ESt. die Beschwerden von AN für berechtigt, so muss aus dem Spruch hervorgehen, welche konkreten tatsächlichen Umstände als zu vermeidende Beeinträchtigungen der AN angesehen werden, damit der AG erkennen kann, welchen Zustand er zu beseitigen oder zukünftig zu vermeiden hat; andernfalls ist der Spruch mangels hinreichender Bestimmtheit unwirksam.[13] Die MBR des BR können über das Beschwerdeverfahren zwar nicht erweitert werden.[14] Gleichwohl

---

5 A. A. BAG, NZA 85, 189, das entgegen des ausdrücklich zwischen der Anrufungsmöglichkeit der ESt. und der Nichtverbindlichkeit ihres Spruchs über einen Rechtsanspruch unterscheidenden Gesetzeswortlauts die ESt. in solchen Fällen schlechthin als unzuständig bezeichnet; s. auch BAG, NZA 06, 803.

6 LAG Düsseldorf, NZA 94, 767; LAG Hamm, NZA-RR 02, 139.

7 LAG Hamm 5. 10. 09 – 10 TaBV 63/09, brwo; LAG Rheinland-Pfalz 16. 1. 08 – 7 TaBV 60/07, brwo.

8 LAG Köln 7. 5. 08 – 7 TaBV 20/08, brwo.

9 ArbG Braunschweig, NZA-RR 04, 28.

10 LAG Nürnberg 16. 10. 12 – 7 TaBV 28/12, brwo.

11 3. 11. 09 – 4 TaBV 185/09, brwo.

12 BAG 22. 11. 05 – 1 ABR 50/04, NZA 06, 803.

13 BAG, NZA 06, 803 zu AN-Beschwerden über die Auswirkungen personeller Unterbesetzung von Schalterarbeitsplätzen, s. hierzu Anm. Hjort, dbr 10/06, 37.

14 LAG Hamm, BB 86, 1359; LAG SH, NZA 90, 703.

kann Gegenstand der Beschwerde auch eine Angelegenheit sein, in der dem BR ein Beteiligungsrecht nach anderen Vorschriften zusteht; jedenfalls ist die Durchführung des ESt.-Verfahrens auch in solchen Fällen nicht insgesamt ausgeschlossen. Im gerichtl. Verfahren auf Bestellung des ESt.-Vors. nach § 98 ArbGG hat das Gericht nicht zu entscheiden, ob die dem prozessualen Verfahrensantrag zur Einsetzung des ESt.-Vors. zugrunde liegenden AN-Beschwerden das MBR des BR auslösen oder ob Sinn und Zweck des § 85 BetrVG einer solchen Annahme entgegenstehen. Über ihre Zuständigkeit hat die ESt. als **Vorfrage** selbst zu befinden. Das ArbG übt im Rahmen des Bestellungsverfahrens lediglich eine Missbrauchskontrolle aus und kann den Antrag nur dann zurückweisen, wenn die ESt. offensichtlich unzuständig ist.[15]

§ 86 Ergänzende Vereinbarungen

Durch Tarifvertrag oder Betriebsvereinbarung können die Einzelheiten des Beschwerdeverfahrens geregelt werden. Hierbei kann bestimmt werden, dass in den Fällen des § 85 Abs. 2 an die Stelle der Einigungsstelle eine betriebliche Beschwerdestelle tritt.

Einzelheiten können sowohl für das individuelle Beschwerderecht (§ 84) als auch für das in § 85 vorgesehene kollektive Beschwerdeverfahren geregelt werden. Ein bestehender TV hat dabei **Vorrang** vor einer BV. Letztere unterliegt im Übrigen nicht dem erzwingbaren MBR; sie kann deshalb nur im Rahmen einer freiwilligen Einigung zwischen AG und BR abgeschlossen werden. **1**

§ 86a Vorschlagsrecht der Arbeitnehmer

Jeder Arbeitnehmer hat das Recht, dem Betriebsrat Themen zur Beratung vorzuschlagen. Wird ein Vorschlag von mindestens 5 vom Hundert der Arbeitnehmer des Betriebs unterstützt, hat der Betriebsrat diesen innerhalb von zwei Monaten auf die Tagesordnung einer Betriebsratssitzung zu setzen.

Die mit dem BetrVerf-ReformG in das Gesetz aufgenommene Vorschrift erweitert die Individualrechte des AN, in diesem Fall nicht im Verhältnis zum AG, sondern gegenüber dem BR. Vorschlagen kann der AN nicht nur **Beratungsgegenstände**, durch die er sich in besonderer Weise persönlich betroffen fühlt. Für sie dürfte vorrangig das Beschwerdeverfahren nach § 85 Abs. 1 in Betracht kommen. Gemeint sind vielmehr alle Fragen, die zum Aufgabenbereich des BR gehören und die Interessen des Betriebs und seiner Beschäftigten berühren. Der Kreis der in Betracht kommenden Themen deckt sich im Wesentlichen mit denen, die gemäß § 45 Gegenstand auch von **1**

---

15 LAG Hamburg 13.7.90 – 8 TaBV 5/90.

Anträgen der Betriebs- und Abteilungsversamml. sein können. Der BR handelt **pflichtwidrig**, wenn er den Vorschlag des AN nicht behandelt, obwohl die in dieser Bestimmung vorgesehene Mindestzahl anderer AN ihn unterstützt. Auch wenn das Gesetz es nicht ausdrücklich vorschreibt, hat der BR das Ergebnis der Beratung dem AN mitzuteilen, da dies dem Sinn der Regelung entspricht. Der AN kann allerdings nicht verlangen, dass seinem Vorschlag in dem von ihm gewollten Sinne auch entsprochen wird.

Dritter Abschnitt:

Soziale Angelegenheiten

§ 87 Mitbestimmungsrechte

(1) Der Betriebsrat hat, soweit eine gesetzliche oder tarifliche Regelung nicht besteht, in folgenden Angelegenheiten mitzubestimmen:

1. Fragen der Ordnung des Betriebs und des Verhaltens der Arbeitnehmer im Betrieb;

2. Beginn und Ende der täglichen Arbeitszeit einschließlich der Pausen sowie Verteilung der Arbeitszeit auf die einzelnen Wochentage;

3. vorübergehende Verkürzung oder Verlängerung der betriebsüblichen Arbeitszeit;

4. Zeit, Ort und Art der Auszahlung der Arbeitsentgelte;

5. Aufstellung allgemeiner Urlaubsgrundsätze und des Urlaubsplans sowie die Festsetzung der zeitlichen Lage des Urlaubs für einzelne Arbeitnehmer, wenn zwischen dem Arbeitgeber und den beteiligten Arbeitnehmern kein Einverständnis erzielt wird;

6. Einführung und Anwendung von technischen Einrichtungen, die dazu bestimmt sind, das Verhalten oder die Leistung der Arbeitnehmer zu überwachen;

7. Regelungen über die Verhütung von Arbeitsunfällen und Berufskrankheiten sowie über den Gesundheitsschutz im Rahmen der gesetzlichen Vorschriften oder der Unfallverhütungsvorschriften;

8. Form, Ausgestaltung und Verwaltung von Sozialeinrichtungen, deren Wirkungsbereich auf den Betrieb, das Unternehmen oder den Konzern beschränkt ist;

9. Zuweisung und Kündigung von Wohnräumen, die den Arbeitnehmern mit Rücksicht auf das Bestehen eines Ar-

beitsverhältnisses vermietet werden, sowie die allgemeine Festlegung der Nutzungsbedingungen;

10. Fragen der betrieblichen Lohngestaltung, insbesondere die Aufstellung von Entlohnungsgrundsätzen und die Einführung und Anwendung von neuen Entlohnungsmethoden sowie deren Änderung;

11. Festsetzung der Akkord- und Prämiensätze und vergleichbarer leistungsbezogener Entgelte, einschließlich der Geldfaktoren;

12. Grundsätze über das betriebliche Vorschlagswesen;

13. Grundsätze über die Durchführung von Gruppenarbeit; Gruppenarbeit im Sinne dieser Vorschrift liegt vor, wenn im Rahmen des betrieblichen Arbeitsablaufs eine Gruppe von Arbeitnehmern eine ihr übertragene Gesamtaufgabe im Wesentlichen eigenverantwortlich erledigt.

(2) Kommt eine Einigung über eine Angelegenheit nach Absatz 1 nicht zustande, so entscheidet die Einigungsstelle. Der Spruch der Einigungsstelle ersetzt die Einigung zwischen Arbeitgeber und Betriebsrat.

1. Umfang der Mitbestimmungsrechte

a) Mitbestimmung als Wirksamkeitsvoraussetzung, Fremdfirmenbeschäftigte

1 Die Aufzählung der MBR ist abschließend. Der BR kann allerdings die Angelegenheiten mitregeln, die mit dem MBR unmittelbar zusammenhängen und ohne die es nicht sinnvoll ausgeübt werden kann (**str.**; **Annex-Kompetenz**).[1] Dem AG ist es in allen MB-Angelegenheiten verwehrt, einseitige Maßnahmen durchzuführen, sofern ein BR besteht.[2] Kann zwischen AG und BR keine Übereinstimmung erzielt werden, sind beide Seiten berechtigt, die ESt. anzurufen, die verbindlich entscheidet. Deshalb sind **einseitige,** auch vorläufige,[3] **Maßnahmen** des AG **rechtswidrig** und damit unwirksam.[4] Dies gilt auch, wenn der AG den Betrieb so organisiert, dass er immer damit rechnen muss, dass z. B. Überstunden anfallen, er sie also duldet.[5] Er muss daher z. B. auch die Übereinstimmung betrieblicher Abläufe mit den Vorgaben der von ihm geschlossenen BV überprüfen und ggf. korrigierend so eingreifen, dass die betriebsverfassungsrechtlich geregelten Arbeitszeitgrenzen eingehalten werden. Dies gilt selbstverständlich auch für die Duldung von Freizeitarbeit (Schreiben von E-Mails, Telefonate usw.) mit Hilfe mobiler Arbeitsmittel, wie z. B. Smartphones.[6] Er kann sich keinesfalls der **Verantwortung für die Führung seines Betriebs** entziehen.[7] Eine nachträgliche Genehmigung des BR kann die einseitige Maßnahme nicht wirksam machen.[8] Ordnet der AG z. B. einseitig Kurzarbeit oder Überstunden an, ist kein AN verpflichtet, den Anordnungen Folge zu leisten.[9] Sog. »**Ein-Euro-Jobs**« begründen kein Arbeitsverhältnis (§ 16 d Abs. 7 SGB II),[10] sondern beruhen auf einem öffentlich-rechtlichen Vertrag zwischen dem Leistungsempfänger/Beschäftigten und dem Dritten, bei dem der Einsatz stattfindet. Die Vorschriften über den Arbeitsschutz und das

---

1 Vgl. auch Rn. 24, 27, 41 und BAG, DB 77, 1464; NZA 07, 640.
2 Vgl. BAG, DB 82, 1727; DKKW-Klebe, Rn. 15.
3 Vgl. z. B. auch BAG 9. 7. 13 – 1 ABR 19/12, NZA 14, 99.
4 Vgl. z. B. BAG, DB 88, 2411; DB 96, 1576; NZA 04, 331; 04, 852; DB 07, 471; 10, 2807.
5 BAG, BB 91, 548 f.; DB 07, 1475; 7. 2. 12 – 1 ABR 77/10, NZA-RR 12, 359.
6 ArbG Berlin 22. 3. 12 – 54 BV 7072/11; Baunack, AiB 12, 500; Buschmann, AiB 13, 514.
7 BAG, NZA 04, 670.
8 BAG, DB 74, 1389; NZA 98, 1237; 09, 565.
9 LAG Berlin, BetrR 82, 418 ff.
10 BAG, NZA 07, 1422; 08, 760.

BUrlG mit Ausnahme der Regelungen über das Urlaubsentgelt sind entsprechend anzuwenden. Daher kommen bei diesen Tätigkeiten MBR nach Nr. 5 und 7, sowie bei Anwendung der Grundsätze zu Fremdfirmenbeschäftigten insbesondere auch Nr. 1 und 6 in Betracht (s. u.).[11] Diese Grundsätze lassen sich auch auf im **Bundesfreiwilligendienst** Tätige, auf deren Einsatz nach § 13 BFDG die Arbeits- und Jugendarbeitsschutzbestimmungen, sowie das BUrlG Anwendung findet,[12] übertragen. Das MBR erstreckt sich auch auf den Einsatz von **Leih-AN**.[13] Für solche, die länger als drei Monate eingesetzt werden, wird dies durch § 7 Satz 2 klargestellt, der ihnen das aktive Wahlrecht zubilligt und damit ihre Zugehörigkeit zum Einsatzbetrieb anerkennt. Bei kürzerer Einsatzdauer besteht das MBR des Entleiher-BR immer dann, wenn dies der Normzweck und das dem Entleiher zustehende Direktionsrecht wegen des Schutzzwecks des BetrVG erforderlich machen (vgl. auch die gesetzliche Gleichstellung der Leih-AN mit der Stammbelegschaft bei den wesentlichen Arbeitsbedingungen gemäß §§ 3 Abs. 1 Nr. 3, 9 Nr. 2 AÜG).[14] Es besteht so z. B. gemäß Abs. 1 Nrn. 1, 2, 6, 7, 8 (vgl. auch § 13b AÜG), 9, 12 und 13,[15] regelmäßig jedoch nicht unmittelbar in Entlohnungsfragen (mittelbare Wirkungen sind wegen der **Gleichstellungsverpflichtung** z. B. bei übertariflichen Zulagen oder Gewinnbeteiligungen möglich,[16] sofern nicht ein TV abweichende Regelungen trifft) und auch dann nicht, wenn die Leih-AN an Betriebe mit einer längeren Arbeitszeit ausgeliehen werden und dort über ihre vertragliche **Wochenarbeitszeit** hinaus tätig sind.[17] Hier stehen die MBR dem BR des Verleiherbetriebs zu. Werden allerdings Überstunden erst nach Aufnahme der Tätigkeit aufgrund einer späteren Entscheidung des Entleihers geleistet, so übt dessen BR das MBR aus.[18] Diese Abgrenzung gilt für alle Formen der Leiharbeit.

Auch bei sonstigem **Fremdfirmeneinsatz**,[19] wie z. B. im Rahmen von **Werkverträgen**, können diese Grundsätze gelten, wenn das Direktionsrecht tatsächlich vom AG des Beschäftigungsbetriebs aus-

---

11 DKKW-Klebe, Rn. 13; zur Zuständigkeit der Sozialgerichte für Streitigkeiten aus dem Rechtsverhältnis BAG, NZA 08, 760.

12 Klenter, AiB 11, 656.

13 Vgl. DKKW-F-Klebe/Heilmann, § 87 Rn. 3: Mustervereinbarung zu Leih- und Fremdfirmenarbeit.

14 BAG, DB 93, 888; BB 01, 2582; LAG München, AiB 02, 432; HessLAG 1. 9. 11– 5 TaBV 44/11, AuR 12, 225 Ls.

15 BAG 13. 3. 13 – 7 ABR 69/11, NZA 13, 789, das beispielhaft auf Nr. 1, 2, 6, 7 und 13 verweist; 24. 8. 11 – 7 ABR 8/10, DB 12, 1158.

16 Vgl. Däubler, DB 08, 1914.

17 BAG, BB 01, 2582; EzA § 78 ArbGG 1979 Nr. 7.

18 BAG, BB 01, 2582; LAG Baden-Württemberg, AiB 06, 381 m. Anm. v. Klar.

19 Vgl. DKKW-F-Klebe/Heilmann, § 87 Rn. 3: Mustervereinbarung zu Leih- und Fremdfirmenarbeit.

geübt wird oder sich für dessen Belegschaft durch die Eingliederung der Fremdfirmenbeschäftigten Auswirkungen bzw. Koordinierungsbedarf ergeben oder für diese ansonsten eine Schutzlücke entsteht.[20] Bestehen BR sowohl im Einsatz- als auch im Entsendebetrieb kann sich eine **Doppelzuständigkeit** ergeben. Die vom BR des Einsatzbetriebs getroffene Vereinbarung könnte dann vom BR des Entsendebetriebs modifiziert werden (a. A. BAG[21]). Zur Beteiligung des BR im Einsatzbetrieb kommt man, wenn man einen Umgehungstatbestand annimmt.[22] Die **Umgehung des MBR** durch Änderung der Arbeitsverträge ist ebenso unzulässig, wobei die gewählte Form gleichgültig ist.[23] **Änderungskündigungen** sind dabei vor Durchführung eines für die entsprechende Modifizierung der Arbeitsbedingungen ebenfalls erforderlichen Mitbestimmungsverfahrens auch dann unwirksam, wenn sie unter dem Vorbehalt einer späteren mitbestimmten Regelung ausgesprochen werden.[24] Die abweichende Auffassung des BAG[25] ist abzulehnen.

2 Andererseits bleibt der AG zur Lohnzahlung verpflichtet, wenn AN Überstunden leisten, obwohl diese ohne Berücksichtigung des MBR vom AG angeordnet wurden.[26] Der AN behält auch seinen bisherigen **Lohnzahlungsanspruch** (insbesondere auf Zuschläge), wenn ihn der AG unter Verletzung des MBR von der **Wechsel- in die Normalschicht** abordnet.[27] **Allein** aus der Verletzung des MBR kann sich aber nach Auffassung des BAG kein individualrechtlicher Anspruch ergeben, der zuvor noch nicht bestanden hat.[28] Mitbestimmungwidrig vom AG erlangte Informationen unterliegen einem **Beweisverwertungsverbot (str.)**.[29] Etwas anderes gilt nur, wenn AN sie zu ihrer Entlastung nützen. Deshalb ist die Auffassung des BAG[30] abzulehnen, eine unter Verletzung des MBR erlangte **Videoaufnahme** könne in

---

20 DKKW-Klebe, Rn. 10 ff.; zu Dohna-Jaeger, AiB 13, 238.

21 NZA 04, 556.

22 Vgl. LAG Düsseldorf, NZA-RR 02, 361; LAG Frankfurt, DB 90, 2126 f.; BAG, DB 92, 686 und LAG Köln 30. 3. 11 – 3 TaBV 84/10, AiB 12, 472 für die Umgehung des MBR durch Einschaltung eines **Strohmanns** und BAG, NZA 97, 955.

23 Vgl. BAG, DB 93, 439; 07, 471; NZA-RR 08, 469.

24 DKKW-Klebe, Rn. 7; Fitting, Rn. 599.

25 BAG, DB 98, 2170.

26 BAG, DB 76, 1868; 10, 2807; vgl. auch LAG BaWü, AiB 95, 291 ff. und BAG, BB 92, 276; zur Umdeutung einer nichtigen BV in ein Vertragsangebot an die AN vgl. BAG, BB 96, 1717.

27 BAG, BB 03, 740; LAG Nds., NZA-RR 05, 589.

28 BAG, DB 92, 687; NZA 98, 1237; 03, 1219; DB 10, 2807.

29 LAG Bremen, RDV 06, 24; LAG BaWü, RDV 00, 27; LAG Hamm, RDV 08, 211; a. A. z. B. LAG Niedersachsen, LAGE § 626 BGB 2002 Verdacht strafbarer Handlung Nr. 6; zu Verwertungsverboten auch § 75 Rn. 8; § 94 Rn. 6; § 103 Rn. 19.

30 DB 03, 2230.

einem **Kündigungsschutzprozess** verwertet werden, wenn der BR der Kündigung in Kenntnis des durch die Überwachung gewonnenen Beweismittels zugestimmt habe. Zum einen können mitbestimmungs-widrige Maßnahmen nicht nachträglich genehmigt werden,[31] zum anderen sind sie unwirksam und sollen selbst dann keine Wirkungen entfalten, wenn sie individualrechtlich zulässig sind (dies verkennt auch BAG,[32] das ein Verwertungsverbot allenfalls dann annehmen will, wenn durch die Maßnahme selbst z. B. Persönlichkeitsrechte erheblich verletzt würden). Darüber hinaus ist die **Datenverwendung** ebenfalls mitbestimmungspflichtig.[33] Auch dies schließt die Verwertung aus. Schließlich sind Maßnahmen des AG, bei denen AN-Daten entgegen einer BV verwendet werden, jedenfalls dann unwirksam, wenn diese Rechtsfolge in der BV hierfür angeordnet wird.[34] Der BR kann die **Unterlassung** mitbestimmungswidriger Maßnahmen des AG bzw. die Beseitigung fortdauernder Wirkungen – bei entsprechender Eilbedürf-tigkeit auch im Wege der einstweiligen Verfügung – gerichtl. durch-setzen (vgl. Rn. 81).

b) Initiativrecht

Die MB räumt beiden Seiten (BR und AG) gleiche Rechte ein.[35] **3**
Somit steht dem BR grundsätzlich ein sog. **Initiativrecht** zu. Der BR kann also an den AG herantreten und von ihm verlangen, dass dieser eine MB-Maßnahme durchführt. Dabei kann es sich z. B. um die Einführung der gleitenden Arbeitszeit oder von Kurzarbeit, die Re-duzierung von Schichtarbeit, die Einführung eines neuen Entloh-nungssystems oder eine Regelung für die Vergabe von Werkwohnun-gen handeln. Kann eine Übereinstimmung mit dem AG nicht erzielt werden, entscheidet die ESt. verbindlich.[36] Das Initiativrecht ist dem BR in allen MB-Angelegenheiten eingeräumt, da sonst von einer gleichberechtigten MB keine Rede sein könnte, obwohl dadurch, zumindest mittelbar, die **unternehmerische Entscheidungsfreiheit eingeschränkt** wird.[37]

c) Ausübung des Mitbestimmungsrechts

Das MBR wird regelmäßig durch Abschluss von **BV** ausgeübt. Es sind **4**
jedoch auch formlose Absprachen möglich (vgl. § 77 Rn. 4).[38] Diese

---

31 So auch BAG, DB 03, 2230.
32 NJW 08, 2732.
33 BAG, DB 88, 1552 und Rn. 41.
34 LAG Berlin-Brandenburg 9. 12. 09 – 15 Sa 1463/09, brwo, NZA-RR 10, 347.
35 BAG, DB 75, 647.
36 Vgl. z. B. BAG, DB 90, 282.
37 Vgl. BAG, DB 86, 1395; NZA 05, 538; BVerfG, 18. 12. 85, AP Nr. 15 zu § 87 BetrVG 1972 Arbeitszeit.
38 Vgl. BAG, DB 92, 1734; NZA 09, 565.

können allerdings, anders als eine BV (vgl. hierzu § 77 Rn. 5, 8), die Arbeitsverträge nicht abändern.[39] Daher bleibt z. B. der volle Lohnanspruch trotz einer **Regelungsabrede** über Kurzarbeit erhalten. Auch bei formlosen Absprachen muss ein ordnungsgemäßer Beschluss des BR vorliegen. Ein »stillschweigendes« Einverständnis ist ebenso wenig ausreichend wie eine »widerspruchslose Hinnahme« des AG-Vorschlags.[40] Eine **Zustimmungsverweigerung** des BR ist nicht an bestimmte Gründe gebunden.[41] Sie ist auch dann nicht rechtsmissbräuchlich, wenn der BR seine Zustimmung zu Überstunden von der Zahlung einer Lärmzulage[42] oder anderen zusätzlichen Leistungen abhängig macht, die nicht vom MBR erfasst werden.[43] Es gibt also kein Verbot sog. »**Koppelungsgeschäfte**«.[44] Der BR hat zudem die Ausübung seiner MBR nicht unter den Vorbehalt der Erforderlichkeit zu stellen.[45] Die gesetzliche Zuständigkeitsverteilung zwischen BR, GBR und KBR (§§ 50 Abs. 1, 58 Abs. 1) ist zwingend, wenn es um Angelegenheiten geht, die in vollem Umfang der MB unterliegen.[46]

d) Kollektive Regelung und Einzelfall

5 Die MB besteht unabhängig davon, wie viele AN von einer MB-Maßnahme erfasst werden;[47] sie besteht auch **im Einzelfall**, wenn ein kollektiver Bezug vorliegt.[48] Maßnahmen, die nur durch die individuellen Umstände eines einzelnen AN veranlasst worden sind, unterliegen demgegenüber nicht der MB.[49] Darüber hinaus vermögen **Eilfälle**[50] die MB ebenso wenig auszuschließen[51] wie **Notfälle**[52] (**str.**, **einseitige Anordnungsrechte** können sich je nach Einzelfall allerdings für den AG aus § 2 Abs. 1 und § 242 BGB ergeben), die **pro-**

---

39 BAG, NZA 91, 607.
40 BAG, DB 93, 439; NZA 04, 331; NZA-RR 08, 469; LAG Köln 9.10.13 – 5 Sa 202/13, brwo.
41 BAG 9.7.13 – 1 ABR 19/12, NZA 14, 99.
42 LAG Nürnberg, DB 91, 707.
43 HessLAG, AuA 06, 304; LAG Hamm 9.2.07 – 10 TaBV 54/06; ArbG Hamburg, AiB 94, 120; LAG Düsseldorf, AuR 08, 270; ArbG Berlin, dbr 5/09, 40.
44 Fitting, Rn. 27: vgl. auch BAG, NZA 08, 56 (Höhere betriebliche Altersversorgungszusage des AG gegen höhere Flexibilität des Arbeitseinsatzes der AN).
45 BAG, BB 96, 1991.
46 BAG, AuR 04, 197.
47 BAG, DB 81, 946.
48 BAG, DB 89, 2386; 92, 1579, 1585 f.; NZA 04, 1047.
49 Vgl. z. B. BAG, NZA 04, 1047; DB 07, 1475; LAG Hamm 22.6.12 –13 TaBV 16/12.
50 Z. B. BAG 9.7.13 – 1 ABR 19/12, NZA 14, 99.
51 BAG, DB 82, 1115; BB 01, 2582; LAG Düsseldorf, AuR 08, 270.
52 Vgl. z. B. DKKW-Klebe, Rn. 30 m. w. N.; offen gelassen vom BAG z. B. in DB 11, 120.

beweise Durchführung von Maßnahmen[53] oder deren **Erledigung durch Dritte** (z. B. Verarbeitung von Personaldaten in einem externen Rechenzentrum). Der AG muss in diesem Fall in Verträgen mit dem Dritten sicherstellen, dass das MBR ausgeübt werden kann.[54] Die MBR sind auch einzuhalten, falls der nationale AG keinen eigenen Entscheidungsspielraum hat, weil die maßgeblichen Entscheidungen bei einer **Konzernzentrale im Ausland** fallen. Die Voraussetzungen des Eingangssatzes liegen nicht vor, die unternehmerischen Entscheidungsstrukturen hat ggf. die ESt. bei ihrer Ermessensentscheidung zu berücksichtigen.[55]

e) Gesetzes- und Tarifvorrang

Die MB entfällt dagegen, wenn eine zwingende **gesetzl. Regelung**   **6** vorliegt, die sich bei unmittelbarer Anwendbarkeit zwischen AN und AG auch aus internationalem Recht ergeben kann.[56] So kann der BR z. B. keine Arbeitszeitregelung mit dem AG vereinbaren, die gegen zwingende Vorschriften des Arbeitszeitgesetzes verstößt.[57] Dann gilt allein die gesetzl. Regelung. Muss diese jedoch noch betrieblich konkretisiert werden, wie z. B. die Sondervorschriften über **Sonntagsarbeit**[58] oder § 5 Abs. 1 Satz 3 EFZG,[59] besteht insoweit ein MBR des BR.[60] **§ 8 TzBfG**,[61] **§ 3 Abs. 4 PflegeZG** und **§ 15 BEEG** enthalten ebenso wenig abschließende gesetzliche Regelungen, wie die Vorschriften des **FPfZG**[62] und des **BDSG**.[63] Demgegenüber sind die §§ 1, 3, 7 und 12 AGG für ihren Anwendungsbereich zwingend und können von den Betriebsparteien weder abgemildert noch relativiert werden. Ein MBR scheidet insoweit aus.[64] Eine zwingende

---

53 LAG Berlin, CR 87, 26 ff.; LAG RP 19.8.11 – 9 TaBVGa 1/11; brwo, ArbG Frankfurt, AiB 06, 113 m. Anm. Wedde; vgl. auch DKKW-F-Klebe/Heilmann, § 87 Rn. 2: Mustervereinbarung für Testbetrieb.

54 BAG, DB 86, 1343; NZA 98, 1185; 04, 556.

55 LAG Hessen, DB 01, 2254; LAG Nürnberg, NZA-RR 02, 247; LAG Düsseldorf, NZA-RR 06, 81; so auch BAG, NZA 93, 906; NZA-RR 08, 333 für MBR der Personalvertretung bei von einer Dienststelle in den USA für Dienststellen in Deutschland getroffenen Entscheidungen; zu ausländischen Vorschriften für in Deutschland tätige UN vgl. Rn. 6.

56 BAG, NZA 08,1248.

57 BAG, DB 82, 117 (zur AZO); vgl. auch LAG Frankfurt, NZA 93, 279.

58 ArbG Offenbach 1.8.13 – 2 BVGa 12/13, AiB 14, 72 mit Anm. v. Zabel.

59 BAG, DB 00, 1128; LAG Berlin-Brandenburg 19.6.12 – 3 TaBV 2149/11, RDV 12, 254; LAG Bremen 29.11.12 – 3 TaBV 11/12, AiB 14, 70 mit Anm. v. Hayen.

60 Vgl. z.B. BAG, DB 85, 1898.

61 BAG, NZA 04, 1047; 09, 1207.

62 Hierzu Klenter, AiB 12, 31.

63 BAG, NZA 08, 1248.

64 BAG, NZA 08, 1248.

Regelung liegt nach Auffassung des BAG[65] auch vor, wenn von einer gesetzlichen Regelung nur nicht zuungunsten der AN abgewichen werden kann, wie dies § 8 **AWbG NW** vorsieht. Dies ist wenig überzeugend, da hiermit eine abschließende Regelung nur in eine Richtung vorliegt, der AG also Handlungsspielraum behält. **Verwaltungsakte** oder sonstige Anordnungen aufgrund gesetzl. Vorschriften (z.B. Sicherheitskontrolle in Kernforschungsanlagen) stehen **entgegen BAG**[66] einer gesetzl. Regelung **nicht** gleich.[67] Nach einer ebenso abzulehnenden Auffassung des BAG[68] sollen MBR zudem ausscheiden, wenn die Anordnung für den AG eine bindende Anweisung ohne Gestaltungsspielraum darstellt. Das MBR wird durch ausländische Rechtsvorschriften, die für in Deutschland tätige UN Pflichten beinhalten, wie z.B. gesetzl. Regelungen in den USA an der Börse gelistete UN, nicht ausgeschlossen. MBR in Betrieben, die in Deutschland liegen, richten sich nach deutschem Recht, auch wenn der AG seinen Sitz im Ausland hat.[69]

7 Weiterhin entfällt die MB, wenn ein Tatbestand, der ansonsten der MB unterliegt, für den Betrieb[70] bereits abschließend **tariflich geregelt** ist.[71] Der TV muss räumlich und sachlich anwendbar und zudem allgemeinverbindlich (§ 5 TVG) oder der AG tarifgebunden sein. Ist der AG tarifgebunden, greift die Sperrwirkung für betriebliche und betriebsverfassungsrechtliche Fragen bereits gem. § 3 Abs. 2 TVG ein. Aber auch TV über Inhalts-, Abschluss- und Beendigungsnormen schließen die MBR aus, da sich, so die frühere Begründung des BAG,[72] jeder AN durch Beitritt zur tarifvertragsschließenden Gewerkschaft den Schutz der tariflichen Regelung verschaffen könne. Inzwischen ist das BAG hiervon abgerückt und wendet die tariflichen Regelungen auch auf Nichtorganisierte an, soweit deren Gegenstände der erzwingbaren betrieblichen MB unterliegen.[73] Das bedeutet, dass der BR die MBR z.B. bei Entgeldregelungen für Nichtorganisierte gemäß Nr. 10 ausüben kann, obwohl eine abschließende tarifliche Regelung vorliegt. Diese Änderung der Rspr. ist abzulehnen.[74] Die Anwendung des Eingangssatzes erfordert allerdings, dass die Gewerkschaft eine Mindestrepräsentativität im Betrieb hat. Der AG kann nicht willkürlich eine Gewerkschaft als Partner für einen HausTV wählen, um so die

---

65 NZA 03, 171.

66 11.12.12 – 1 ABR 78/11, NZA 13, 913.

67 LAG BaWü, NZA 87, 251 f.; durch BAG, DB 88, 2055 offen gelassen.

68 Vgl. DB 88, 2055; DB 92, 143 (bestätigt durch BVerfG, NZA 95, 129).

69 BAG, NZA 08, 1248.

70 DKKW-Klebe, Rn. 36 f.

71 BAG, DB 86, 914; 90, 127 f.; NZA 04, 746.

72 24.2.87, AP Nr. 21 zu § 77 BetrVG 1972.

73 18.10.11 – 1 ABR 25/10, NZA 12, 392.

74 Vgl. Kittner/Zwanziger/Deinert-Deinert, Arbeitsrecht, § 10 Rn. 153; DKKW-Klebe, Rn. 37.

MBR zu verdrängen.[75] Unter Umständen ist durch Auslegung des TV festzustellen, ob eine Ergänzung durch die MB des BR noch in Frage kommt. Im Übrigen kann die MB durch einen TV nur dann ausgeschlossen werden, wenn der TV selbst eine ausreichende Regelung beinhaltet, die dem Zweck der gesetzl. MB Genüge tut.[76] Ein völliger Ausschluss der MB ohne »Ersatzlösung« durch TV ist unzulässig. Ein einseitiges Anordnungsrecht des AG kann daher nur in **Ausnahmefällen** als Teil des MB-Verfahrens für außergewöhnliche eng umgrenzte Fallgestaltungen angeordnet werden, wenn es erkennbar eine mitbestimmte Entscheidung nicht ersetzen, sondern nur mit Rücksicht auf besondere Umstände eine **vorläufige** und kurzfristige **Übergangslösung** schaffen soll, die die abschließende Klärung aber soweit als möglich offen hält.[77] Der BR kann auch **nicht** auf die ihm gesetzlich eingeräumten MBR **verzichten**, z. B. durch Untätigbleiben,[78] oder sie verwirken.[79] Ebenso wenig kann das **MBR** durch eine BV **aufgehoben** oder eingeschränkt werden. Eine Übertragung von Befugnissen auf den AG oder eine paritätische Kommission darf das MBR nicht in seiner **Substanz** beeinträchtigen (zur Übertragung von BR-Aufgaben auf AN-Arbeitsgruppen vgl. § 28 a).[80] Auch der Verweis in einer BV auf den jeweils geltenden TV ist ein unzulässiger Verzicht auf MBR.[81]

Durch den Tarifvorbehalt des § 77 Abs. 3 wird das MBR weder eingeschränkt noch ausgeschlossen, wenn die mitbestimmungspflichtige Angelegenheit **üblicherweise** durch TV geregelt ist (keine sog. Zweischrankentheorie; vgl. auch § 77 Rn. 11).[82] Ein lediglich nachwirkender TV schließt die MBR des BR ebenfalls nicht aus.[83]   **8**

f) Erweiterung der Mitbestimmungsrechte

Eine **Erweiterung** des gesetzl. MBR ist sowohl durch TV und BV,[84] wie auch durch Regelungsabrede[85] zulässig. Dabei kann allerdings nicht von der **zwingenden Zuständigkeitsverteilung** zwischen   **9**

---

75 DKKW-Klebe, Rn. 37.
76 Vgl. BAG, DB 89, 1676; NZA 03, 1155; NZA-RR 11, 354; 18. 10. 11 – 1 ABR 25/10, NZA 12, 392.
77 So BAG NZA 99, 662; vgl. auch BAG, DB 07, 60.
78 BAG, DB 84, 724; NZA 04, 936; 08,188: NZA-RR 08, 469.
79 LAG SH, NZA-RR 08, 414.
80 BAG, DB 89, 384; NZA 05, 227; 05, 184; 9. 7. 13 – 1 ABR 19/12, NZA 14, 99.
81 BAG, DB 93, 441.
82 Vgl. z. B. BAG, NZA 87, 639; DB 93, 441; NZA 05, 884.
83 BAG, DB 89, 1929.
84 BAG, DB 87, 2160; NZA 04, 936; BB 10, 124.
85 BAG, NZA 02, 342.

BR, GBR und KBR abgewichen werden.[86] Eine Erweiterung durch
Arbeitsvertrag ist demgegenüber nicht zulässig.[87]

g) AT-Angestellte

10 Dem MBR unterliegen alle AN des Betriebs, somit auch die **AT-
Ang.**[88] Nur die leit. Ang. (§ 5 Abs. 3) sind ausgeschlossen.[89]

2. Mitbestimmungspflichtige Angelegenheiten

a) Betriebliche Ordnung und Verhalten (Nr. 1)

11 Nach der Rspr. des BAG bestehen MBR bei der Gestaltung der
betrieblichen Ordnung durch Schaffung allgemein gültiger verbindlicher Verhaltensregeln und bei jeder Maßnahme des AG, durch die das
Verhalten des AN in Bezug auf diese betriebliche Ordnung berührt
wird. Das BAG unterscheidet dabei mitbestimmungspflichtige Maßnahmen, die das Ordnungsverhalten zum Gegenstand haben, von
mitbestimmungsfreien, die auf das **reine Arbeitsverhalten** bezogen
sind, die bei der unmittelbaren Erbringung der Arbeitsleistung selbst zu
beachten sind.[90] Um Arbeitsverhalten soll es sich handeln, wenn der
AG in Ausübung seiner Organisations- und Leitungsmacht bestimmt,
welche Arbeiten in welcher Weise auszuführen sind. Nur solche
Anordnungen unterliegen danach nicht dem MBR, mit denen die
Arbeitspflicht unmittelbar konkretisiert wird.[91] Diese Rspr.
schränkt die Möglichkeit des BR, Persönlichkeitsrechte der AN ohne
Einsatz technischer Einrichtungen zu schützen, erheblich ein. Sie
verstößt auch gegen den Wortlaut des Gesetzes[92] und ist daher abzulehnen. Richtigerweise wird jede Anordnung, die **verbindlich** oder
mittelbar[93] auf ein **einheitliches Verhalten der AN** im Betrieb zielt,
erfasst, sofern es sich nicht um eine konkrete arbeitsbezogene Einzel-
anweisung handelt.[94] Das **außerbetriebliche Verhalten** der AN, ihre
private Lebensführung, wird vom MBR nicht erfasst. Dabei ist der
Begriff des Betriebs funktional, nicht räumlich i. S. der Betriebsstätte,
zu verstehen. Das betriebliche Verhalten ist also auch dann betroffen,
wenn AN, wie z. B. Außendienstmitarbeiter oder Kraftfahrer, ihre

---

86 BAG, NZA 05, 234.
87 BAG, NZA 09, 915.
88 BAG, DB 92, 1730; NZA 95, 277; 06, 1050; vgl. den Überblick von Bergmeier,
AiB 00, 18.
89 BAG, DB 86, 2391; 95, 1671.
90 U. a. BAG, DB 81, 1674; 90, 483 ff.; 00, 1128; 02, 2280.
91 BAG, NZA 03, 166; 04, 556; 08, 1248; 10, 180.
92 Vgl. insoweit auch BAG, DB 02, 2280.
93 BAG, DB 81, 1674; NZA 08, 1248; DB 09, 1993; 7.2.12 – 1 ABR 63/10, NZA
12, 685.
94 Zur Kritik vgl. z. B. DKKW-Klebe, Rn. 55 ff. m. w. N.

arbeitsvertragliche Tätigkeit außerhalb »ihres« Betriebs verrichten.[95] Wirkt sich eine Maßnahme sowohl auf das Ordnungs- als auch auf das Arbeitsverhalten aus, soll es nach Auffassung des BAG[96] darauf ankommen, welcher Regelungszweck überwiegt. Richtigerweise ist jedoch das MBR unabhängig hiervon zu bejahen, da auch in diesem Fall eben nicht nur die Arbeitspflicht konkretisiert wird. Will der AG Anordnungen treffen, die z. B. wegen **Verletzung des Persönlichkeitsrechts** der AN unzulässig sind, so sind diese zu Recht nach Auffassung des BAG[97] nicht mitbestimmungsfrei. Die Unzulässigkeit einer konkret vom AG geplanten Regelung schließt die MBR des BR am Regelungsgegenstand nicht aus, auch, um gegebenenfalls den tatsächlichen Eingriff zu verhindern.

Auch wenn man die zu enge Rspr. des BAG zugrunde legt, besteht bei **12** folgenden Sachverhalten ein MBR: **Anwesenheitskontrollen, An-** und **Abmeldeverfahren**,[98] Einführung und Anwendung von **Passierscheinen** und **Betriebsausweisen**,[99] Tragen einer vorgeschriebenen **Arbeitskleidung** (optische Gestaltung, Farben, Umkleidemöglichkeiten usw.);[100] das MBR beinhaltet aber keine Kompetenz zur **Kostenbeteiligung der AN**,[101] Anordnung, **Namensschilder** an der Dienstkleidung zu tragen, jedenfalls wenn dies für die geschuldete Arbeitsleistung nur geringe Bedeutung hat,[102] Anordnung, Kunden immer mit den gleichen Sprachwendungen, z. B. an der Kasse im Einzelhandel, anzusprechen,[103] **Alkohol-**[104] und **Rauchverbote**,[105] auch Regelungen zu elektrischen Zigaretten, Benutzung von **betrieblichen Park- und Abstellmöglichkeiten**[106] und dabei Festlegung

---

95 BAG, NZA 04, 556; 08, 1248.

96 NZA 02, 1299; 07, 640; 17. 1. 12 – 1 ABR 45 / 10, NZA 12, 687; vgl. aber auch BAG, NZA 10, 180: »Mitbestimmungsfrei sind deshalb Anordnungen, mit denen lediglich die Arbeitspflicht konkretisiert wird.«.

97 BAG 22. 7. 08 – 1 ABR 40 / 07, brwo, NZA 08, 1248.

98 BAG, AuR 78, 278 f.; vgl. auch LAG Nürnberg 26. 1. 90 – 6 TaBV 17 / 89.

99 BAG, DB 87, 791.

100 BAG, DB 90, 893 f.; 93, 990; NZA, 07, 640; 17. 1. 12 – 1 ABR 45 / 10, NZA 12, 687; vgl. auch LAG Köln, NZA-RR 11, 85, das allerdings die Persönlichkeitsrechte der AN zu sehr einengt.

101 Zu einer arbeitsvertraglichen Vereinbarung, die gegen § 394 BGB verstößt BAG, DB 09, 1542.

102 BAG, DB 02, 2280; Mustervereinbarung bei DKKW–F–Klebe/Heilmann, § 87 Rn. 5.

103 Däubler, AiB 09, 350.

104 BAG, DB 87, 337; HessLAG, AiB 98, 709.

105 BAG, DB 99, 962; zum **Nichtraucherschutz** am Arbeitsplatz vgl. BAG, BB 98, 2113; NZA 09, 775; § 5 ArbStättV; DKKW–F–Klebe/Heilmann, § 87 Rn. 11 a Mustervereinbarung und zu »Alkohol- und Drogenverbot« bei DKKW–F–Klebe/Heilmann, § 87 Rn. 6.

106 BAG 5. 3. 1959, AP Nr. 26 zu § 611 BGB Fürsorgepflicht; 7. 2. 12 – 1 ABR 63 / 10, NZA 12, 685; LAG Hamm, NZA 87, 35.

des berechtigten Personenkreises und der konkreten Personen,[107] Gründung und Tätigkeit eines betrieblichen **Werkschutzes, Taschenkontrollen,**[108] **Torkontrollen** aller Art,[109] wie z. B. auch **biometrische Zugangskontrollsysteme,**[110] **IT-Sicherheitsrichtlinien** (z. B. Verpflichtung, das Passwort geheim zu halten), Regelung zur generellen **Herausgabe von Werbegeschenken,**[111] Umstellung des dienstlichen Umgangs der AN untereinander durch den AG auf die Anrede mit Vornamen und »Du«,[112] Regelung der **Kantinenbenutzung**[113] (dabei können allerdings AN, die das Essen nicht in Anspruch nehmen, nicht zur Kostentragung verpflichtet werden; vgl. auch Rn. 50), Einführung eines Formblatts, mit dem Redakteure einer Wirtschaftszeitung ihren Aktienbesitz offenlegen müssen.[114] **Arbeitsordnungen**[115] beinhalten in der Regel sowohl mitbestimmungspflichtige als auch mitbestimmungsfreie Tatbestände.[116] Ebenso verhält es sich bei sog. **Compliance-Regeln** oder **Ethik-Richtlinien**, die Anforderungen an das Geschäftsverhalten und die Integrität der Beschäftigten formulieren, wie z. B. das Verbot, **teuere Geschenke** anzunehmen/zu machen (siehe auch oben »Werbegeschenke«) und **Insidergeschäfte** zu tätigen oder festlegen, dass die AN von allen Verstößen gegen die Richtlinie Meldung an den Vorgesetzten machen müssen.[117] Auch die sog. **Hotlines für Whistleblower** (Telefonleitungen, auf denen Beschäftigte Verstöße von Kollegen gegen Gesetze oder interne Richtlinien anonym melden können/sollen)[118] sind mitbestimmungspflichtig. Beziehen sich die Meldepflichten auf den gesamten Verhaltenskodex, wird dieser nicht bereits deshalb insgesamt

---

107 LAG Köln, NZA-RR 11, 26.
108 BAG, DB 00, 48; NZA 08, 1008; 9. 7. 13 – 1 ABR 2/13, NZA 13, 1433 (auch zur Pflicht der Betriebsparteien, dabei das **allgemeine Persönlichkeitsrecht** der Beschäftigten zu beachten und zu schützen).
109 BAG, DB 88, 2055; 00, 48; HessLAG 10. 8. 11 – 8 Sa 1945/10; DKKW-F-Klebe/Heilmann, § 87 Rn. 8: Mustervereinbarung und Rn. 9 zu Zeiterfassung und Zugangskontrollen; a. A. zu Unrecht BAG, DB 84, 2097 für den Sonderfall eines Zugangssicherungssystems mit kodierten Ausweiskarten nach dem »Schlüsselprinzip« ohne weitere Festlegungen für den Zugang; vgl. auch LAG BaWü, NZA 92, 186 und zur Zulässigkeit Seefried, AiB 99, 428.
110 BAG, NZA 04, 556.
111 LAG Köln, DB 84, 2202; LAG Düsseldorf, NZA-RR 06, 81; ArbG Wuppertal, NZA-RR 05, 476.
112 LAG Hamm, NZA-RR 98, 481.
113 BAG, BB 01, 471.
114 BAG, NZA 03, 166.
115 DKKW-F-Klebe/Heilmann, § 87 Rn. 4: Mustervereinbarung.
116 Vgl. auch BAG, NZA 08, 1248.
117 Vgl. insgesamt BAG, NZA 08, 1248.
118 Hierzu EGMR, AuR 11, 355 = NZA 11, 1269; Perreng, AiB 11, 639 und Fox, CuR 11/09, 10.

mitbestimmungspflichtig.[119] Nicht bestimmungspflichtig sind z. B. Regelungen, die gesetzliche Vorschriften lediglich wiederholen, die allgemeine UN-Ziele beschreiben oder allgemeine ethisch-moralische Programmsätze. Bei Compliance-Regeln ist der **Schutz der Privatsphäre und der Persönlichkeitsrechte** der AN besonders wichtig. Zudem darf bei entsprechenden Richtlinien der Grundsatz nicht missachtet werden, dass die Strafvermeidung, -aufklärung und -verfolgung Aufgabe des Staates ist. Der AG ist kein Hilfsorgan der Polizei oder Staatsanwaltschaft. Dies gilt auch bei der Einschaltung eines **externen, privaten Ermittlers/Investigators** und der Anweisung des AG an die AN, sich dessen Befragung zur Aufklärung von Pflichtverletzungen/strafbaren Handlungen zu unterziehen. Einschaltung und Vorgehensweise unterliegen dem MBR[120] ebenso wie bei interner Ermittlung durch Mitarbeiterbefragungen. Im Übrigen gilt auch hier, dass die allgemeinen Schutzrechte, wie z. B. das Zeugnisverweigerungsrecht, nicht durch arbeitsvertragliche Regelungen außer Kraft gesetzt werden können und dürfen. Bei den Pflichten sollte in einer Richtlinie auch die Einhaltung von BV und TV ausdrücklich genannt werden. Bei elektronischer Auswertung kommt auch das MBR nach Nr. 6 in Betracht. Sollen Richtlinien für den **Umgang mit den sozialen Medien** (Facebook, Myspace, Twitter u. a.), **Blogs** und **Internet-Foren** im Betrieb aufgestellt werden, ist mit dem auch hier bestehenden MBR[121] sicherzustellen, dass sie nicht in die Privatsphäre der AN eingreifen oder deren Grundrechte unzulässig beeinträchtigen.

Der MB unterliegen auch eine Regelung gegen **Mobbing/Stalking**,[122] die Einführung eines **Sicherheitswettbewerbs**, der zu einem sicherheitsbewussten Verhalten anregen soll und der für die Verringerung von Unfallzahlen Prämien aussetzt,[123] **Kundenbefragungen**, die Aufschluss über das AN-Verhalten geben sollen,[124] die generelle Versendung von **Abmahnungsschreiben wegen Krankheit**,[125] die Festlegung von **Krankenkontrollen**,[126] Regeln für **Krankheitsgespräche** und -nachforschungen,[127] die Anordnung ge- **13**

---

119 BAG, NZA 08, 1284; a. A. die Vorinstanz HessLAG, AuR 07, 394.

120 Vgl. hierzu auch BAG, AuR 06, 173 (Ls.).

121 Vgl. auch Ruhland, CuA 1/12, S. 12 und Rn. 38.

122 LAG Düsseldorf, AiB 05, 122; ArbG Köln, AiB 02, 374 m. Anm. Wolmerath; DKKW-F-Klebe/Heilmann § 87 Rn. 7: Mustervereinbarung; Wagner/Bergmann, AiB 04, 103; zu Unrecht a. A. LAG Hamburg, NZA-RR 98, 1245; zum Anspruch auf **Schmerzensgeld** BAG, NZA 07, 1154; 08, 223 sowie § 253 Abs. 2 BGB; zu Stalking vgl. Reim, AiB 06, 16.

123 BAG, DB 81, 1674.

124 Vgl. aber auch BAG, DB 92, 1634, das nur Nr. 6 prüft.

125 ArbG Köln v. 1. 9. 77 – 13 BV 55/77.

126 Kohte, AiB 83, 22.

127 BAG, BB 95, 1188; LAG Frankfurt, BB 94, 1711.

nereller ärztlicher Eignungsuntersuchungen[128] und Nachweispflichten
für kurzfristige Erkrankungen,[129] die formularmäßige Anforderung
ärztlicher Bescheinigungen darüber, ob eine Fortsetzungserkrankung
vorliegt,[130] die Verwendung von **Formularen zum Arztbesuch**,[131]
die Verkürzung des Vorlagezeitraums für ärztliche Bescheinigungen
gemäß § 5 Abs. 1 Satz 3 EFZG,[132] Regelungen zur **Pandemievorsorge und -bekämpfung**, wie z. B. Hygienevorschriften und Torkontrollen,[133] die Veröffentlichung von individuellen krankheitsbedingten Fehlzeiten im Betrieb, sofern sie überhaupt zulässig ist,[134]
das Verlangen des AG nach Abgabe inhaltlich **standardisierter Ver-
schwiegenheitserklärungen**,[135] die erforderliche organisatorische
Gestaltung des betrieblichen **Eingliederungsmanagements gem.
§ 84 Abs. 2 SGB IX**,[136] eine Anordnung zum **Radiohören** im Betrieb,[137] ein generelles Verbot, **TV-**, **Video-** und **DVD-Geräte** im
Betrieb einschließlich der Sozialräume zu nutzen,[138] Regelungen für
die grundsätzlich vom AG erlaubte private Nutzung **firmeneigener
Kfz**[139] und auch für die rein dienstliche, wenn der AG Verhaltensregeln für die Nutzung aufstellt (zum Beispiel zur Mitnahme von
Personen), Regelungen zur Nutzung betrieblicher Telefonanlagen/
Mobiltelefone[140] und **PC mit Internetzugang**,[141] Richtlinien für
die dienstliche Nutzung privater Geräte, wie Smartphones, Tablet-PCs
oder Notebooks (»**Bring your own device**«, BYOD; vgl. auch
Rn. 38 und § 90 Rn. 3), die Festlegung der **Umgangssprache** auf

128   ArbG Offenbach, DB 91, 554.
129   Vgl. BAG v. 27.6.90, EzA § 3 LohnFG Nr. 12; v. 5.5.92, EzA § 87 BetrVG 1972 Betriebliche Ordnung Nr. 19.
130   HessLAG, LAGE § 87 BetrVG 1972 Betriebliche Ordnung Nr. 13.
131   BAG, DB 97, 282; LAG Düsseldorf, DB 81, 1677.
132   BAG, DB 00, 1128; LAG Bremen 29.11.12 – 3 TaBV 11/12, AiB 14, 70 mit Anm. v. Hayen.
133   Vgl. Kiesche/Rudolph, AiB 10, 26 und 34.
134   ArbG Würzburg, AiB 96, 560.
135   DKKW-Klebe, Rn. 64; demgegenüber **differenzierend BAG**, DB 09, 2275: MBR nur, wenn sich die Erklärung auf das Ordnungsverhalten bezieht und sich die Schweigepflicht nicht aus Gesetz oder TV ergibt.
136   Vgl. BAG 13.3.12 – 1 ABR 78/10, NZA 12, 748; LAG Nürnberg 16.1.13, – 2 TaBV 6/12, RDV 13, 203 (Ls.); zu den Überwachungsrechten des BR vgl. BAG 7.2.12 – 1 ABR 46/10, NZA 12, 744.
137   BAG, DB 86, 1025.
138   LAG Köln, NZA-RR 07, 80 und NZA-RR 11, 85 zu MP 3-Playern.
139   ArbG Hamburg, AiB 94, 760.
140   Vgl. auch LAG Nürnberg, NZA 87, 572; ArbG Kaiserslautern 11.10.07 – 8 BV 52/07; a. A. ArbG Celle, LAGE § 87 BetrVG 2001 Nr. 1.
141   LAG Hamm, NZA 07, 20: Nicht aber bei der Untersagung privater Nutzung.

Englisch oder Deutsch im Betrieb,[142] die Einführung und der Ablauf von **Mitarbeitergesprächen mit Zielvereinbarung,**[143] die Anordnung, **Privatgeld,** private Taschen und Privatportemonnaies nicht mit an den Arbeitsplatz zu nehmen und **Trinkgelder** separat aufzubewahren[144] und eine Regelung über die Mitnahme und Bearbeitung von **Arbeitsunterlagen** zu Hause.[145] **Nicht** der Vorschrift unterliegt die Einführung von pauschalen **Spesensätzen** im Rahmen des **Aufwendungsersatzes** (vgl. aber auch Rn. 58, 65)[146] und die Anweisung des AG an die Sachbearbeiter, in Geschäftsbriefen auch ihren Vornamen anzugeben.[147] Auch eine Regelung, die vorsieht, dass AN die dem AG durch **Entgeltpfändung entstehenden** Kosten zu tragen haben, ist nicht mitbestimmungspflichtig, da sie das außerbetriebliche Verhalten, nämlich die private Lebensführung betrifft (vgl. auch Rn. 15 und § 88 Rn. 1).[148] Dies gilt ebenfalls für anonym durchgeführte Tests zur Überprüfung der Beratungsqualität z. B. in einer Bank, wenn es hierbei nur um eine Bestandsaufnahme geht, die nicht Einzelnen oder Gruppen von AN zugeordnet werden kann.[149] Der Einsatz sog. **Testkäufer,** die im Betrieb anonym Einkäufe tätigen, um anschließend dem AG Bericht über das Verhalten der einzelnen Verkaufspersonen zu erstatten, ist demgegenüber ebenso **mitbestimmungspflichtig**[150] wie die Durchführung eines **Wissensmanagements**[151] mit dem Aufbau einer Datenbank, die auf Anordnung des AG von den AN durch formularmäßig erfasste Erfahrungen gespeist wird (vgl. auch Rn. 38 und § 94 Rn. 2). Dies gilt auch für die generelle Regelung von **Nebentätigkeiten** (z. B. Erlaubnis- oder Dokumentationspflichten), also auch, wenn die Interessen des AG nicht beeinträchtigt sind,[152] für Vorschriften zur Behandlung des **Werkzeugs** und der **Ordnung am Arbeitsplatz**[153] und entgegen der Meinung des BAG[154] bei der Verwendung

142 Vgl. LAG Köln v. 9.3.09 – 5 TaBV 114/08 (im Verfahren gem. § 98 ArbGG); LAG Frankfurt v. 22.10.91 – 4 TaBV 92/91; vgl. auch die Vorinstanz ArbG Marburg, AiB 92, 48.
143 Vgl. VG Karlsruhe, RDV 98, 31; VGH Mannheim, RDV 00, 225; siehe auch BAG, BB 95, 1188 zu formalisierten (Kranken-)Gesprächen und ArbG München, AuR 11, 79 (Ls.) zum Einsichtsrecht des BR in alle Zielvereinbarungen; DKKW-F-Klebe/Heilmann, § 87 Rn. 10 (Mustervereinbarung) und Rn. 38, 71; § 94 Rn. 2, 13.
144 HessLAG, NZA-RR 04, 411.
145 ArbG Hamburg, MitbGespr. 77, 66.
146 BAG, NZA 99, 381.
147 BAG, DB 99, 2218.
148 BAG, NZA 07, 462.
149 BAG, DB 00, 2227.
150 A.A. LAG Nürnberg, NZA-RR 07, 136; ebenso BAG, DB 01, 2558 zu § 99.
151 Hierzu Gerber/Trojan, AuA 02, 340.
152 LAG Hamm, NZA-RR 98, 481.
153 LAG SH 18.5.11 – 6 TaBV 11/11, brwo.
154 BAG 25.9.12 – 1 ABR 50/11, NZA 13, 467.

von Laufzetteln, auf denen der AG den Erhalt von Arbeitsmitteln und Zutrittsberechtigungen einschließlich erforderlicher Belehrungen vermerkt/quittieren lässt.[155]

14 **Kein MBR** soll nach der Rspr. des BAG bei **arbeitsbegleitenden Papieren** bestehen (ggf. kommen allerdings Rechte nach § 87 Abs. 1 Nr. 6 oder § 94 in Betracht). Nach Meinung des BAG ist die Anordnung des AG, über die einzelnen Arbeitsvorgänge, Pausen u. Ä. Buch zu führen, auf die Erbringung der Arbeitsleistung bezogen, also »arbeitsbezogen«.[156] Mit der gleichen Begründung verneint das BAG zu Unrecht das MBR beim Ausfüllen sog. Tageszettel zum **Überstundennachweis.**[157] Die Auffassung des BAG ist **abzulehnen.** Es handelt sich nicht um arbeitsbezogene Vorgaben, mit denen die Arbeitspflicht (»welche Arbeit ist auf welche Art und Weise auszuführen«) unmittelbar konkretisiert wird, sondern um mitbestimmungspflichtiges Ordnungsverhalten.[158] Das BAG lehnt ein MBR ebenfalls zu Unrecht beim Erlass einer **Dienstreiseordnung**[159] oder von **Führungsrichtlinien**[160] ab (vgl. auch § 94 Rn. 13). Auch der **Detektiveinsatz,** z. B. zur Überprüfung betrieblicher Verbote, soll nicht dem MBR unterliegen. Es kann allerdings ein Verstoß gegen § 75 Abs. 2 in Betracht kommen.[161] Bei der Benennung und Bekanntgabe (§ 12 Abs. 5 AGG) des Ortes und der personellen Besetzung der **Beschwerdestelle nach § 13 AGG** soll der BR kein MBR haben, da es sich um mitbestimmungsfreie organisatorische Entscheidungen[162] bzw. um bloßen Gesetzesvollzug handele.[163] Dies erscheint nicht richtig, weil der AG eine **Auswahlentscheidung** trifft, die die Effektivität des Verfahrens maßgeblich beeinflussen kann.[164] Auch ansonsten besteht das MBR nach Nr. 1 häufig bei organisatorischen Entscheidungen. Deshalb kann dem BAG nicht gefolgt werden. Ein MBR besteht jedenfalls dann, wenn **Verfahrensregeln,** wie in der Regel erforderlich, für die Behandlung

---

155 LAG SH 18.5.11 – 6 TaBV 11/11, brwo, aufgehoben v. BAG 25.9.12 – 1 ABR 50/11, NZA 13, 467.

156 BAG, DB 82, 1116.

157 V. 9.12.80, AP Nr. 2 zu § 87 BetrVG 1972 Ordnung des Betriebes; DB 82, 383.

158 Vgl. auch LAG SH 18.5.11 – 6 TaBV 11/11, brwo, das ein MBR bei Einführung eines standardisierten Laufzettels zur Erfassung empfangener Arbeitsmittel und Berechtigungen bejaht.

159 DB 82, 960.

160 DB 85, 495.

161 BAG, DB 91, 1834 f.; 00, 726.

162 BAG, DB 09, 1993.

163 LAG RP, DB 08, 1636 [Ls.]; LAG Nürnberg, DB 09, 71.

164 Vgl. insoweit auch BAG, DB 09, 1993 und im Verfahren nach § 98 ArbGG LAG Hamburg, DB 07, 1417; HessLAG, NZA-RR 07, 637; LAG Saarbrücken, AiB 07, 660; NP-AGG, § 13 Rn. 3.

von Beschwerden aufgestellt werden (**h. M.**).[165] Hier hat der BR auch ein Initiativrecht.[166] Die personelle Besetzung der Beschwerdestelle ist ebenfalls mitbestimmungspflichtig (**str.**).

Sollen bei Verstößen gegen die betriebliche Ordnung sog. **Betriebs- bußen** verhängt werden, ist das nur möglich, wenn zuvor eine be- triebliche Bußordnung eingeführt worden ist, die der MB ebenso unterliegt wie die Verhängung der Buße im Einzelfall.[167] Darin müssen die Tatbestände aufgeführt sein, die zur Verhängung einer Buße be- rechtigen.[168] Das Verfahren muss in allen Einzelheiten geregelt sein und rechtsstaatlichen Grundsätzen entsprechen, sofern man Betriebs- bußen überhaupt für zulässig hält.[169] Auch der **Entzug von Vergüns- tigungen** (z. B. ermäßigte Flugscheine) kann eine Betriebsbuße sein, wenn es sich um die Reaktion auf Verstöße gegen die betriebliche Ordnung oder gegen nach Nr. 1 begründete Verhaltenspflichten han- delt.[170] Demgegenüber stellt eine Bearbeitungsgebühr für **Ent- geltpfändungen** keine Betriebsbuße, sondern eine Kostenerstattung dar (vgl. auch Rn. 13 und § 88 Rn. 1).[171]

15

Rügt der AG ein Verhalten des AN, so kann es sich ebenfalls um eine Betriebsbuße **(Verwarnung, Verweis)** handeln. Dies ist der Fall, wenn ein Verstoß gegen die kollektive betriebliche Ordnung und nicht nur gegen einzelvertragliche Pflichten **(Abmahnung)** kritisiert wird. Ist in dem kritisierten Verhalten des AN sowohl eine Verletzung seiner arbeitsvertraglichen Pflichten als auch ein Verstoß gegen die betriebliche Ordnung zu sehen, ist die beabsichtigte Maßnahme des AG stets mitbestimmungspflichtig.[172] Eine Betriebsbuße liegt jedenfalls dann vor, wenn eine Rüge faktisch zu einer **Beförderungssperre** führt.[173] Verletzt ein **BR-Mitglied** lediglich seine **betriebsverfas- sungsrechtlichen Pflichten**, kann es keine Betriebsbuße erhalten und auch nicht abgemahnt werden.[174] Der AG kann nur nach § 23 Abs. 1 vorgehen.[175] Nach richtiger Auffassung kommt die Abmahnung eines **BR-Mitgl.** nur in Betracht, wenn eine arbeitsvertragliche

16

165 BAG, DB, 09, 1993.
166 BAG, DB 09, 1993; a. A. LAG Nürnberg, DB 09, 71; LAG RP, DB 08, 1636 (Ls.).
167 BAG, DB 76, 583; 90, 483 f.
168 BAG, DB 90, 483 f.
169 Für eine Unzulässigkeit z. B. LAG Nds., DB 81, 1985 f.
170 BAG, DB 86, 384.
171 BAG, NZA 07, 462.
172 Einschränkend BAG, DB 79, 1511; 83, 2695 und BAG, DB 93, 438, das zu Unrecht ausschließlich auf die Formulierung des AG abstellt; vgl. auch LAG Hamm 17. 2. 12 – 10 TaBV 63/11, BB 12, 2124.
173 BAG, DB 90, 483 f.
174 BAG, DB 93, 438; NZA 95, 225; LAG Hamm, BB 96, 1115 wegen Teilnahme an BR-Sitzung.
175 Vgl. auch BAG, DB 93, 438, das allerdings die Amtspflicht zu eng definiert.

Pflichtverletzung vorliegt und nicht die Verletzung der Amtspflicht im Vordergrund steht, wie z. B. bei der Teilnahme an einer nicht erforderlichen Schulungsveranstaltung (vgl. auch § 23 Rn. 5).[176]

b) Lage der Arbeitszeit (Nr. 2)

17 Der Zweck des MBR besteht darin, die Interessen der AN vor allem an der Lage ihrer Arbeitszeit und damit zugleich der Freizeit für die Gestaltung ihres Privatlebens zur Geltung zu bringen.[177] Hinzu kommt nach der hier vertretenen Auffassung der Schutz vor psychischen und physischen Belastungen bei besonders belastender Lage der der Arbeitszeit (z. B. Schicht- und Nachtarbeit). Das MBR[178] erstreckt sich im Rahmen des zwingenden Arbeitszeitrechts[179] nicht nur auf **Beginn und Ende**, sondern auch auf die **Dauer der täglichen Arbeitszeit**[180] und der **Pausen**.[181] Hierzu zählen auch **vergütungspflichtige tarifliche Kurzpausen**, bei denen die Festlegung ihrer **zeitlichen Lage** mitbestimmungspflichtig ist.[182] Gemäß § 2 Abs. 1 ArbZG ist **Arbeitszeit** die Zeit vom Beginn bis zum Ende der Arbeit ohne die Pausen.[183] Sie beinhaltet auch arbeitszeitrechtlich Zeiten der **Arbeitsbereitschaft** und **Bereitschaftsdienste** (§ 7 Abs. 1 Nr. 1a ArbZG).[184] Das MBR besteht selbst dann, wenn die Arbeitszeit nur an einem Tag abgeändert werden soll.[185] Der BR hat auch ein MBR und damit ein Initiativrecht[186] bei der Frage, ob die Arbeitszeit bereits am Werkstor oder erst am Arbeitsplatz beginnt, ob **Waschen und Umkleiden** zur Arbeitszeit zählen.[187] Nach einer neueren Entscheidung des **BAG** gehört die Umkleidezeit jedenfalls dann zur Arbeitszeit, wenn das Tragen der vorgeschriebenen Dienstkleidung lediglich im Interesse des AG

---

176 Auch DKKW-Klebe, Rn. 80; **a. A.** BAG, NZA 94, 500, das die besondere Situation eines BR-Mitgl. verkennt.
177 Vgl. z. B. BAG, NZA 07, 458.
178 **Checkliste** zur Arbeitszeit bei DKKW-F-Klebe/Heilmann, § 87 Rn. 12.
179 LAG Frankfurt, NZA 93, 279.
180 Vgl. BAG, DB 88, 334; 89, 385.
181 Zum Begriff BAG, DB 03, 2014; NZA 04, 620: Im Voraus festgelegte Unterbrechungen der Arbeitszeit, bei denen der AN frei darüber entscheiden kann, wo und wie er sie verbringen will.
182 BAG, NZA 04, 620.
183 BAG, DB 82, 2469.
184 EuGH, DB 03, 2066; BB 04, 1796: Jedenfalls bei Anwesenheitspflicht im Betrieb; NZA 06, 89; vgl. auch BAG, NZA 03, 742; DB 04, 1732 und zur Arbeitsbereitschaft EuGH, BB 04, 2353.
185 BAG, DB 77, 2235; NZA 05, 538.
186 Vgl. z. B. BAG, NZA 05, 538.
187 Vgl. BAG v. 17.3.88 – 2 AZR 576/87; LAG BaWü, AiB 87, 246; ArbG Frankfurt, AuR 04, 478; vgl. auch LAG Hamm, AuR 08, 121 Ls. (im § 98 ArbGG-Verfahren); zur individualrechtlichen Seite BAG, BB 01, 473; 19.9.12 – 5 AZR 678/11, NZA-RR 13, 63.

liegt.[188] Ebenso besteht ein MBR auch ohne ausdrückliche Anweisung des AG (Rn. 1), wenn erwartet wird, dass die AN bereits vor Arbeitsbeginn am Arbeitsplatz sind, z. B. um den Kassencomputer hochzufahren.

Ein MBR scheidet bei der **Dauer der wöchentlichen Arbeitszeit** **18** bereits dann aus, wenn ein TV diese, was in aller Regel üblich ist, abschließend festlegt. Nach der Rspr. des BAG[189] und auch h. M. kommt ein MBR allerdings auch ohne tarifliche Regelung nicht in Betracht.[190] Die MB erfasst Einführung, Änderung oder Abbau von **Schichtarbeit** und alle anderen damit zusammenhängenden Fragen,[191] wie z. B. die Zahl und die zeitliche Lage der einzelnen Schichten, den Schichtplan, dessen Ausgestaltung auch die Zuordnung der einzelnen AN zu den Schichten umfasst,[192] die Abgrenzung des Personenkreises, der Schichtarbeit zu leisten hat, den Wegfall der Nachtschicht und die Ausgestaltung eines gem. § 6 Abs. 5 ArbZG zu gewährenden **Freizeitausgleichs für Nachtarbeit** (vgl. auch Rn. 48).[193] Nicht erfasst wird dagegen die Zuweisung der innerhalb der maßgeblichen Schicht von den AN zu **erbringenden Arbeit**.[194] Die MB greift auch bei der Anordnung des **Schichtwechsels** für einen einzelnen AN ein, wenn der AG in einer Vielzahl von Situationen, die sich mit betriebsbedingter Notwendigkeit immer wieder ergeben, veranlasst ist, für einen oder mehrere AN einen Schichtwechsel durchzuführen[195] und kann nach Auffassung des BAG[196] auch durch eine Rahmenvereinbarung ausgeübt werden, die sich auf die Grundsätze der Schichtplanerstellung beschränkt und es dem AG gestattet, auf dieser Basis die Einzelschichtpläne festzulegen.[197]

Das MBR besteht bei der Einführung von **gleitender Arbeitszeit/** **19** **Arbeitszeitkonten**,[198] auch hinsichtlich des Umfangs der Kern-

---

188 BAG 10.11.09 – 1 ABR 54/08, brwo, DB 10, 454.

189 DB 89, 1630; 99, 1555; NZA 04, 507; 07, 1240.

190 Hierzu DKKW-Klebe, Rn. 89 ff. m. w. N.

191 BAG, DB 90, 1191 f.; NZA 94, 718; 05, 184, Ls.; vgl. auch LAG Köln, AuR 08, 230, Ls.

192 BAG 19.6.12 – 1 ABR 19/11, NZA 12, 1237; 9.7.13 – 1 AZR 275/12, NZA 13, 1438; 9.7.13 – 1 ABR 19/12, NZA 14, 99.

193 BAG, NZA 05, 884.

194 BAG, NZA 05, 313.

195 BAG, BB 03, 740; DB 07, 60.

196 DB 02, 2385.

197 Mustervereinbarungen zur Schicht- und Nachtarbeit bei DKKW-F-Klebe/Heilmann, § 87 Rn. 18 und 21; Eckpunkte für eine BV auch bei Engelhardt, AiB 08, 316.

198 BAG, DB 89, 1978; NZA 04, 507; LAG Hamm, BB 08, 340 und 22.5.13 – 4 Sa 1232/12; BAG, DB 04, 191 zur **Insolvenzsicherung** von Arbeitszeitkonten; vgl. auch das Gesetz zur Verbesserung der Rahmenbedingungen für die Absicherung flexibler Arbeitszeitregelungen und zur Änderung anderer Gesetze und hierzu Wellisch/Lenz, DB 08, 2762.

arbeitszeit und der sog. Gleitspanne. Werden dabei Regelungen vereinbart, die maximal übertragbare Gleitzeitguthaben definieren oder festlegen, dass am Ende eines Ausgleichszeitraums bestimmte Höchstwerte nicht überschritten werden dürfen, so begründet dies entsprechende Durchführungspflichten des AG, die der BR mit dem Unterlassungsanspruch durchsetzen kann.[199] Es darf nicht der **Verfall von Gleitzeitguthaben** vereinbart werden. Da die Arbeitsleistung vergütungspflichtig erbracht worden ist, dürfte ein Verfall auch schon im Hinblick auf Art. 14 GG unzulässig sein.[200] Besondere Probleme wirft die Ausübung der MBR[201] bei Modellen sog. **Vertrauensarbeitszeit** auf, bei denen der AG einen Zeitrahmen vorgibt, in dem bestimmte Arbeitsziele vom AN »eigenverantwortlich«, gleichwie und mit welchem Zeitaufwand, zu erreichen sind. Kernarbeitszeiten, Anwesenheitspflichten im Betrieb oder elektronische Zeiterfassung existieren dabei nicht.[202] Hier muss der BR unter aktiver Einbeziehung der Beschäftigten z.B. sicherstellen, dass gesetzliche und tarifliche Vorschriften eingehalten, realistische Arbeitsziele definiert, Überlastung vermieden und die tatsächlichen Arbeitszeiten betrieblich erfasst werden.[203] Zeiten eines **Bereitschaftsdienstes**,[204] die auch arbeitszeitrechtlich als Arbeitszeit anzusehen sind (vgl. § 7 Abs. 1 Nr. 1a ArbZG),[205] und einer sog. **Rufbereitschaft**[206] sind Arbeitszeiten i.S. dieser Vorschrift, so dass bei der Aufstellung eines Rufbereitschaftsplans ein MBR besteht.[207] Dies gilt nach richtiger Auffassung auch für **freiwillige Dienstbesprechungen** außerhalb des Betriebs (z.B. in einer Gaststätte), die Fachkenntnisse vermit-

199 BAG, NZA 04, 670; LAG Köln, AuR 08, 456 Ls.; zur Überwachung der Gleitzeitkonten durch den BR LAG Köln 28.6.11 – 12 TaBV 1/11, RDV 12, 37; vgl. auch BAG, BB 98, 1419, das ein MBR hinsichtlich der Vor- oder Nacharbeit eines AN ausschließt, mit der er nach individueller Entscheidung den Arbeitsausfall wegen eines **Betriebsausflugs** ausgleicht, sowie Rn. 23; Mustervereinbarungen zu Arbeitszeitkonten und zu Gleitzeit bei DKKW-F-Klebe/Heilmann, § 87 Rn. 13 und 14.

200 BAG, NZA 04, 670 lässt die Frage offen; a.A. LAG München 27.3.12 – 6 TaBV 101/11, AiB 13, 460 mit Anm. v. Heinlein.

201 LAG Nds. 22.10.13 – 1 TaBV 53/13; vgl. auch Rn. 32.

202 Zum Auskunftsanspruch des BR gemäß § 80 Abs. 2 Satz 1 BAG, DB 03, 2445; vgl. auch LAG Nds., NZA-RR 05, 424 und LAG Köln, AuR 11, 266, Ls.

203 Vgl. z.B. Hamm, AiB 00, 152; Ahrens, CF 5/01, S. 12ff.; DKKW-F-Klebe/Heilmann, § 87 Rn. 20: Mustervereinbarung.

204 Mustervereinbarung bei DKKW-F-Klebe/Heilmann, § 87 Rn. 17.

205 Auch EuGH, DB 03, 2066; BB 04, 1796 (auch zur Vergütungspflicht); NZA 06, 89; BAG, DB 03, 2445; 04, 1732.

206 Auch bei Erreichbarkeit für den AG per Funktelefon: BAG, NZA 01, 165; Mustervereinbarung bei DKKW-F-Klebe/Heilmann, § 87 Rn. 16.

207 BAG, DB 83, 611; 97, 380; 01, 1371; NZA 04, 507; Hinweise für eine BV bei Bösche/Grimberg, AiB 94, 199ff.

teln,[208] jedenfalls wenn die AN zur Teilnahme vom AG kraft des Direktionsrechts verpflichtet werden könnten oder eine anderweitige Verpflichtung, wie z.B. eine Selbstverpflichtung gegenüber dem AG, besteht[209] und ebenso für ein vom AG für bestimmte AN veranlasstes Mediationsverfahren.[210] Besteht im Hinblick auf vom AG angeordnete Schulungsmaßnahmen, die als Arbeitszeit dem MBR unterliegen,[211] auch ein MBR nach § 98, sind beide Vorschriften nebeneinander anwendbar.[212] Arbeitszeiten sind auch **Wegezeiten** vom Betrieb zum Kunden und zurück, von Kunde zu Kunde, vom Wohnort zum Kunden für die Zeit, die über die Fahrtzeit von der Wohnung zur Arbeitsstätte hinausgeht, und jedenfalls betriebsverfassungsrechtlich **generell Dienstreisezeiten**.[213] Der BR hat ein MBR, wenn die wöchentliche Arbeitszeit von 38,5 Std. auf sechs Arbeitstage in der Woche verteilt werden muss, und zwar sowohl hinsichtlich der Frage, ob in einem sog. **Rolliersystem** oder in einem Schichtdienst anderer Art gearbeitet werden soll, als auch hinsichtlich der Frage, auf welche einzelnen Tage der Woche die Arbeitszeit verteilt wird. Damit besteht das MBR auch im Hinblick darauf, ob einzelne Tage, wie z.B. (Wochen-)Feiertage, als freie Tage »ausgespart« bleiben.[214] Das MBR besteht auch bei Wahl und Änderung des Ausgleichszeitraums nach § 3 ArbZG und der Festlegung des Ersatzruhetages für **Sonntagsarbeit**.[215]

Wenn sich durch öffentlich-rechtlich angeordnete Zeitumstellung die Bezeichnung der Stunden ändert (Sommerzeit), hat der BR ein MBR z.B. wegen vorübergehender Verkürzung der Arbeitszeit in der entsprechenden Schicht.[216] Im Einzelhandel besteht bei der Änderung der **Ladenöffnungszeiten** ein MBR. Dabei kann eine Regelung getroffen werden, die die Ausschöpfung der **gesetzl. Ladenschlusszeiten**

20

---

208 ArbG Gießen, AiB 93, 50; ArbG Nürnberg, AiB 97, 176 und auch ArbG Münster, AiB 98, 168 (freiwillige Teilnahme an UN-interner Fernsehsendung, Business-TV).

209 BAG, NZA 01, 976.

210 A. A. LAG Nürnberg 27. 8. 13 – 5 TaBV 22/12, BB 13, 2739 (Ls.).

211 BAG, NZA-RR 09, 98.

212 LAG Hamburg, AuR 08, 155.

213 Ursprünglich ist das BAG von einem deutlich zu engen Arbeitszeitbegriff (DB 97, 380; NZA 07, 458) ausgegangen (Erfüllung vertraglicher Hauptleistungspflichten), den es mit der Entscheidung 15. 4. 08 – 1 ABR 44/07, NZA-RR 09, 98 allerdings zu Recht korrigiert hat (vgl. auch BAG 10. 11. 09 – 1 ABR 54/08, DB 10, 454: Umkleidezeit als Arbeitszeit); zur individualrechtlichen Bewertung von Reisezeiten vgl. BAG, BB 98, 52; NZA 07, 155.

214 Vgl. BAG, DB 89, 1630; NZA 89, 979 ff.; vgl. zum MBR bei Neuverteilung der Arbeitszeit wegen einer tariflichen Verkürzung BAG, NZA 91, 609 ff.

215 LAG Köln, AiB 99, 467; zur MB, die auch bei genehmigter Sonntagsarbeit besteht, vgl. auch ArbG Offenbach 1. 8. 13 – 2 BVGa 12/13, AiB 14, 72 mit Anm. v. Zabel.

216 BAG, DB 86, 1780.

unmöglich macht.[217] **Veränderungen des gesetzlichen Laden-schlusses** haben keinen unmittelbaren Einfluss auf Arbeitszeitregelungen z. B. in einer BV, sie stellen auch keinen Grund für deren außerordentliche Kündigung dar.[218]

21 Bei der Einführung von **Teilzeitarbeit** unterliegen mit **Initiativrecht** des BR alle Regelungen der MB, die eine tägliche Mindestarbeitszeit, eine Höchstzahl von Arbeitstagen in der Woche und einen zeitlichen Rahmen vorsehen, innerhalb dessen Teilzeit-AN an den einzelnen Tagen zu beschäftigen sind. Gleiches gilt für Regelungen, die die Lage der **Pausen** und deren Dauer betreffen und somit die tägliche Schichtzeit der Teilzeit-AN berühren.[219] Der AG kann sich in einer BV verpflichten, Teilzeit-AN nur in den zuvor im Arbeitsvertrag festgelegten festen Arbeitszeiten zu beschäftigen und Arbeitsverträge nur mit festen Arbeitszeiten unter Verzicht auf Abrufmöglichkeiten entsprechend dem Arbeitsanfall zu vereinbaren.[220] Das MBR umfasst auch eine Regelung, nach der im Arbeitsvertrag Art und Umfang der Tätigkeit, Einsatzort, Dauer der Arbeitszeit und die Arbeitszeitregelung pro Tag und Woche niederzulegen sind.[221] **TzBfG, BEEG** und **PflegezeitG** beschränken die MB nicht. Sie enthalten in § 8,[222] § 15 bzw. § 3 Abs. 4 ebenso wie das **FPfZG** keine abschließenden gesetzlichen Regelungen i. S. d. Eingangssatzes. Der Inhalt von BV kann so ein betrieblicher Grund i. S. v. § 8 Abs. 4 TzBfG sein.[223] Bei der Frage, ob **Altersteilzeit** im Blockmodell, im Teilzeitmodell oder wahlweise in beiden Modellen durchgeführt werden soll, besteht ebenfalls ein MBR, sofern keine abschließende tarifliche Regelung vorliegt. § 2 Abs. 2 ATG ist nicht abschließend.[224] Die MB besteht auch hinsichtlich der kapazitätsorientierten variablen Arbeitszeit **(KAPOVAZ)**[225] und des **Jobsharing-Systems**. Diese können nicht einseitig eingeführt werden.[226] Bei der Festlegung von **Überstunden** und **Kurzarbeit** geht es auch um

217 BAG, DB 83, 453; BVerfG v. 18.12.85, AP Nr. 15 zu § 87 BetrVG 1972 Arbeitszeit; BAG, NZA 05, 538.
218 Buschmann, AiB 07, 203.
219 BAG, DB 88, 334; LAG Köln 18.4.12 – 3 TaBV 92/11.
220 BAG, DB 88, 334.
221 HessLAG, AuR 04, 232; vgl. die Mustervereinbarungen bei DKKW-F-Klebe/Heilmann, § 87 Rn. 19, 21.
222 BAG, NZA 04, 1047; 08, 1309; 09, 1207.
223 BAG, DB 03, 2442; NZA 04, 1047; 09, 565.
224 LAG Köln, AuR 06, 214, Ls. und v. 12.12.05 – 12 TaBV 49/05 im Bestellungsverfahren für eine ESt. m. w. N.; vgl. zur Insolvenzsicherung den BV-Entwurf bei DKKW-F-Klebe/Heilmann, § 87 Rn. 22 und die Checkliste in Rn. 22 a.
225 Mustervereinbarung bei DKKW-F-Klebe/Heilmann, § 87 Rn. 15.
226 BAG, NZA 89, 184; vgl. auch Kleveman, AiB 86, 156 ff.

die Lage der Arbeitszeit, so dass neben Nr. 3 auch die Mitbestimmung nach Nr. 2 eingreift.[227]

c) Vorübergehende Veränderung der Arbeitszeit (Nr. 3)

aa) Allgemein

Schutzzweck des MBR ist, die AN bei einer Verkürzung der Arbeitszeit vor einer entsprechenden Entgeltminderung, bei einer Verlängerung vor den physischen und psychischen Belastungen zu schützen und ihnen eine sinnvolle Arbeits- und Freizeiteinteilung zu ermöglichen.[228] Dabei soll nach Klärung der Frage, ob die Arbeitszeit überhaupt zu verändern ist, auch eine gerechte Verteilung der damit verbundenen Belastungen und Vorteile erreicht werden.[229] Hiernach besteht das MBR, wenn die **regelmäßige betriebliche Arbeitszeit**[230] vorübergehend verlängert oder verkürzt wird. Die betriebsübliche Arbeitszeit kann für bestimmte Arbeitsplätze oder für einzelne Abteilungen unterschiedlich sein.[231] Eine **vorübergehende** Veränderung der Arbeitszeit liegt vor, wenn sie lediglich einen überschaubaren Zeitraum betrifft und **nicht auf Dauer** erfolgen soll.[232] Dies war nach früherer Auffassung des BAG[233] auch der Fall, wenn eine BV dem AG die begrenzte **Möglichkeit** gibt, über einen längeren Zeitraum **zusätzliche Schichten** zur tariflichen regelmäßigen Arbeitszeit abzurufen. Da die BV nicht zeitlich oder zweckbezogen befristet und zudem für einen langen Zeitraum unkündbar war, ist diese Entscheidung abzulehnen. Es handelt sich um eine dauerhafte Verlängerung der Arbeitszeit, die an § 77 Abs. 3 zu messen ist. Das BAG[234] hat sich später daher zu Recht korrigiert. Vorübergehend ist danach nur eine Veränderung, wenn für einen überschaubaren Zeitraum vom üblichen Arbeitszeitvolumen abgewichen wird, um anschließend zum bisherigen zurückzukehren. Maßgeblich ist die zum Zeitpunkt der Änderung bestehende AG-Planung. Dabei wird der vorübergehende Charakter insbesondere dadurch deutlich, dass die Maßnahme zeitlich oder durch eine Zweckerreichung befristet wird. Die Vorschrift erfasst **jede Form vorübergehender Veränderung**, z.B. auch unabhängig davon, ob sie **Auswirkungen auf die Vergütung** hat.[235] Das MBR besteht

22

---

227 BAG, DB 07, 60.
228 Vgl. z.B. BAG, NZA 01, 976.
229 BAG, BB 01, 2582; DB 07, 60; 25.9.12 – 1 ABR 49/11, NZA 13, 159.
230 BAG, DB 91, 2492; NZA 03, 1155; 05, 538; 9.7.13 – 1 ABR 19/12, NZA 14, 99; vgl. auch BAG, BB 02, 1970 zur Regelung einer Jahresarbeitszeit.
231 BAG, DB 07, 1475.
232 BAG, NZA 03, 1155; 07, 1240.
233 NZA 03, 1155.
234 17.5.11 – 1 AZR 473/09, NZA 11, 1169; 9.7.13 – 1 ABR 19/12, NZA 14, 99.
235 BAG, NZA 03, 1209; DB 07, 60.

bereits, wenn der AG z.B. die **Überstunden** nur für einen AN anordnen will, sofern noch ein kollektiver Bezug vorliegt.[236] Es wird nicht dadurch ausgeschlossen, dass AN auf Wunsch des AG bereit sind, freiwillig Überstunden zu leisten.[237] Gleiches gilt, wenn der AG die Überstunden nicht anordnet, sondern lediglich duldet,[238] wie z.B., wenn mit seiner Kenntnis AN außerhalb ihrer Arbeitszeit mit mobilen Arbeitsmitteln (Smartphones, Tablet-PCs usw.) tätig werden.[239] Auch bei **pauschaler Vergütung** bleibt das MBR selbstverständlich erhalten, da es sich bei der Arbeitszeit unverändert um Überstunden handelt. Die Frage der Vergütung ist für das MBR unbeachtlich.[240]

bb) Überstunden

23 Zur Einführung von **Überstunden**[241] zählt auch die Einlegung von ganzen **Schichten** (Sonderschichten)[242] und die Anordnung von zusätzlicher Arbeit für **Teilzeitbeschäftigte**, die die betriebsübliche Arbeitszeit für Vollzeitbeschäftigte nicht überschreitet.[243] Ordnet der AG in Verlängerung der Arbeitszeit nach § 98 mitbestimmungspflichtige Schulungs- und Fortbildungsveranstaltungen an, sind beide Vorschriften nebeneinander anwendbar.[244] Der MB unterliegen **freiwillige Dienstbesprechungen** außerhalb des Betriebs (z.B. in einer Gaststätte) und außerhalb der betriebsüblichen Arbeitszeit, die Fachkenntnisse vermitteln (vgl. auch Rn. 19),[245] jedenfalls, wenn die AN vom AG zur Teilnahme verpflichtet werden könnten oder eine anderweitige Verpflichtung, wie z.B. eine Selbstverpflichtung gegenüber dem AG, besteht,[246] ebenso ein vom AG für bestimmte AN veranlasstes Mediationsverfahren,[247] **Wege-**[248] und **Dienstreisezeiten** außerhalb der betriebsüblichen Arbeitszeit,[249] sowie der Tatbestand, dass der

---

236 Vgl. BAG, DB 86, 914; 86, 2391; 91, 2492.
237 BAG, DB 86, 2391; 87, 336.
238 BAG, BB 91, 548; NZA 07, 458.
239 ArbG Berlin 22.3.12 – 54 BV 7072/11.
240 BAG, NZA 97, 274; NZA-RR 09, 98.
241 Mustervereinbarung bei DKKW-F-Klebe/Heilmann, § 87 Rn. 24.
242 Vgl. BAG, NZA 91, 607.
243 BAG, DB 91, 2492; 97, 378; 07, 1475.
244 LAG Hamburg, AuR 08, 155; BAG, NZA-RR 09, 98 bejaht das MBR nach Nr. 3 ohne auf § 98 einzugehen.
245 ArbG Gießen, AiB 93, 50; ArbG Nürnberg, AiB 97, 176; ArbG Oldenburg, AiB 05, 315.
246 BAG, NZA 01, 976.
247 A.A. LAG Nürnberg 27.8.13 – 5 TaBV 22/12, BB 13, 2739 (Ls.).
248 Vgl. ArbG Berlin, AuR 97, 212.
249 DKKW-Klebe, Rn. 123f.; zu eng BAG, DB 97, 380; NZA 07, 458: Dienstreisen erfolgen im Interesse des AG und bedeuten für die betroffenen AN eine Belastung und eine Beschränkung des Privatlebens; vgl. auch BAG 10.11.09 – 1 ABR 54/08, DB 10, 454 zur Umkleidezeit als Arbeitszeit.

AG entgegen bisheriger betrieblicher Übung nunmehr für bestimmte Tage Arbeitsleistung anordnen will.[250] Sollen zwischen Weihnachten und Neujahr sog. **Feierschichten** eingelegt werden, bedarf es auch dazu einer Übereinstimmung zwischen BR und AG.[251] Der BR kann aufgrund seines MBR **Höchstgrenzen**[252] und **vorausgreifende Rahmenvereinbarungen** für Überstunden erzwingen.[253] Die Entscheidung über die Einführung und nähere Ausgestaltung von **Arbeitsbereitschaft, Bereitschaftsdienst** und **Rufbereitschaft** außerhalb der regelmäßigen Arbeitszeit wird ebenfalls von der Vorschrift erfasst. Arbeitsbereitschaft und Bereitschaftsdienst sind schon arbeitszeitrechtlich als Arbeitszeit anzusehen (Rn. 17, 19). Für Rufbereitschaft gilt dies jedenfalls bei Erbringung der Arbeitsleistung. Ansonsten ist die Vereinbarung von Rufbereitschaft als vorsorgliche Regelung der Leistung von Überstunden anzusehen.[254] Bei **Gleitzeitregelungen** besteht das MBR, wenn die vereinbarten Höchstgrenzen für eine Unter-/Überschreitung der Sollzeit nicht eingehalten werden.[255]

cc) Kurzarbeit

Darüber hinaus unterliegt jede vorübergehende **Verkürzung der Arbeitszeit,** wie die **Absage einer Schicht**[256] oder die **Einführung von Kurzarbeit**[257] der MB. Diese umfasst das Recht des BR, selbst die Einführung von Kurzarbeit zu verlangen (**Initiativrecht**)[258] und auch die **finanzielle Milderung der Folgen** (**str.**; teilweise ist ein finanzieller Ausgleich in TV vorgesehen).[259] Bei BV sind die in §§ **95 ff. SGB III** normierten Voraussetzungen für die Zahlung von Kurzarbeitergeld zu beachten (so z.B. ein vorübergehender, erheblicher, nicht vermeidbarer Arbeitsausfall mit Entgeltverlust). In der Regel müssen vorher alle im Betrieb zulässigen Arbeitszeitschwankungen wie Gleitzeitsalden oder Urlaub, nicht aber die Möglichkeiten der **BeschäftigungssicherungsTV** in der Metall- und Elektroindustrie,

24

---

250 Vgl. HessLAG, BB 94, 430 für Rosenmontag/Faschingsdienstag; vgl. aber auch BAG, DB 94, 2034.
251 BAG, DB 84, 2099; LAG Hamm, BB 94, 139.
252 Vgl. BAG, NZA 90, 235.
253 Vgl. BAG, DB 92, 1734; NZA 99, 662; DB 00, 1971; 01, 1371; für Rufbereitschaft BAG, DB 82, 1115, für Schichtarbeit BAG, DB 02, 2385.
254 BAG, DB 00, 1971; 01, 1371.
255 LAG Hessen, NZA-RR 99, 98.
256 Vgl. BAG, DB 77, 2235; NZA 03, 1209; ArbG Berlin 9.5.96 – 6 BVGa 14940/96: das MBR besteht auch bei **Insolvenz**; offen gelassen von LAG Hamm, LAGE § 55 InsO Nr. 3.
257 Vgl. hierzu Schoof, AiB 09, 610; Labrow/Stoffregen, AiB 09, 84; zur **Sozialversicherung** bei Kurzarbeit vgl. Winkel, AiB 09, 411.
258 Vgl. BAG, DB 86, 1395.
259 Vgl. DKKW-Klebe, Rn. 129 m.w.N.; **a.A.** ohne weitere Begründung BAG, NZA 03, 1097.

genutzt werden. Nach der Geschäftsanweisung der BA[260] ist es eben-
falls nicht erforderlich, dass in dem betroffenen Betrieb zunächst die
Leiharbeit beendet wird bzw. befristete Arbeitsverhältnisse auslaufen.
Vor dem Hintergrund der Finanz- und Wirtschaftskrise. wurden diese
Regelungen teilweise befristet ergänzt und modifiziert.[261] Diese Vor-
schriften sind inzwischen bis auf eine Verlängerung der Bezugsfrist
ausgelaufen. Die Bezugsfrist für Kurzarbeitergeld, die nach § 104
Abs. 1 SGB III längstens sechs Monate beträgt, ist mit VO nach § 109
SGB III verlängert worden: Sie beträgt bei Beschäftigten, deren An-
spruch auf Kurzarbeitergeld bis Ende 2014 entstanden ist, bis zu 12
Monate.[262] Die MB besteht auch dann, wenn die Bundesagentur für
Arbeit der Kurzarbeit zugestimmt hat (§ 19 Abs. 1 KSchG), um Mas-
senentlassungen zu verhindern oder hinauszuschieben. Bestimmt ein
TV z. B., dass Kurzarbeit nach einer **Ankündigungsfrist** von zwei
Wochen eingeführt werden kann, berechtigt das den AG nicht, die
Kurzarbeit einseitig einzuführen. Durch eine solche TV-Regelung
bleibt das MBR des BR unberührt.[263] Darüber hinaus kann von einer
zwingenden Regelung im TV wegen § 87 Eingangssatz nicht durch
BV abgewichen werden.[264] Wird die Kurzarbeit durch den AG einseitig eingeführt, bleibt dieser zur **vollen Lohnzahlung** verpflichtet.
Eine BV ist unwirksam, wenn die tarifliche Ankündigungsfrist nicht
eingehalten wird.[265] Der Entgeltanspruch der Beschäftigten bleibt
ebenfalls erhalten, falls die Kurzarbeit mit einer Regelungsabrede statt
einer BV eingeführt wird. Zwar wird das MBR gewahrt, die **Regelungsabrede** hat aber **keine normative Wirkung**.[266] Auch die Einführung von **Transfer-Kurzarbeit** (§§ 111, 104 ff. SGB III)[267] unterliegt der MB (**str.**).[268] Dies gilt auch bei **Arbeitszeitkonten** für den
Verfall von unverschuldeten Minusstunden und die Bewertung von
Plusstunden, die am Ausgleichsstichtag bestehen, als Überstunden.[269]
Das Initiativrecht bei Kurzarbeit hat für den BR insbesondere bei
anstehenden Kündigungen oder gar einer Standortschließung große
Bedeutung, um Zeit zugewinnen und so seiner Einschätzung nach
vorübergehend bestehende Engpässe zu überwinden. Beantragt der

260 Geschäftsanweisung Kurzarbeitergeld, Stand April 2012, § 96 III, 2.7 Abs. 2.
261 Vgl. hierzu die 16. Auflage und DKKW-Klebe, 13. Auflage, Rn. 133.
262 VO v. 31.10.13, BGBl. I Nr. 65 v. 6.11.13, S. 3905.
263 BAG, DB 82, 909.
264 BAG, DB 95, 734.
265 BAG, DB 95, 734.
266 BAG, DB 91, 2492; vgl. HessLAG, NZA- RR 97, 479 zu den inhaltlichen
     Anforderungen an eine BV, die Arbeitspflicht und Vergütungsanspruch sus-
     pendiert; vgl. auch die Mustervereinbarung bei DKKW-F-Klebe/Heilmann,
     § 87 Rn. 23.
267 Hierzu Homburg, AiB 11, 11.
268 DKKW-Klebe, Rn. 112; Ulber, AiB 07, 10 f.; a. A. Fitting, Rn. 152.
269 BAG, NZA 04, 507.

BR so die Einsetzung einer ESt. zur Einführung von Kurzarbeit, hat er nach richtiger Auffassung einen ggf. auch durch e. V. durchsetzbaren **Unterlassungsanspruch** gegen den AG: Dieser darf danach keine Kündigungen aussprechen bis die Einsetzung der ESt. entweder rechtskräftig abgelehnt worden ist oder die ESt. abschließend über den Antrag des BR entschieden hat.[270]

dd) Arbeitskampf

Will der AG während eines **Streiks** die Arbeitszeit der arbeitswilligen   **25** AN aus streikbedingten Gründen vorübergehend verlängern, soll **kein MBR** bestehen.[271] Nach der Rspr. des BAG[272] entfällt ebenfalls das MBR, wenn der AG wegen eines **Arbeitskampfes** in einem anderen Tarifgebiet »arbeitskampfbedingte« Kurzarbeit einführt. Dem BR wird lediglich ein MBR hinsichtlich der mit der Einführung derartiger Kurzarbeit verbundenen **Modalitäten** eingeräumt (vgl. hierzu auch § **100 Abs. 2 SGB III**: Danach hat der AG darzulegen und glaubhaft zu machen, dass der Arbeitsausfall Folge eines Arbeitskampfes ist, er also aus diesen Gründen unvermeidlich ist.). Die Auffassung des BAG findet im BetrVG keine Stütze und ist deshalb abzulehnen. Sie beruht schon vor Änderung des § 116 AFG (später § 146, jetzt § **160 SGB III**) auf verfehlten Paritätsüberlegungen[273] und wird den technologischen Rahmenbedingungen nicht gerecht.[274] Auch nach der BAG-Rspr. besteht ein uneingeschränktes MBR bei Kurzarbeit infolge **ausländischer Streiks** oder Arbeitskämpfen in **anderen Branchen**. Falls die Kurzarbeit nicht Folge des Arbeitskampfes ist oder der BR bei der Regelung der Modalitäten nicht beteiligt wird, kann er dem AG die Kurzarbeit durch **einstweilige Verfügung** untersagen lassen.[275] Dies gilt auch, falls der AG eine **tarifvertragliche Ankündigungsfrist** nicht einhält. Eine solche Frist findet auch bei arbeitskampfbedingten Drittwirkungen Anwendung.[276]

---

270 ArbG Bremen-Bremerhaven v. 25.11.09 – 12 BVGa 1204/09; Schoof, AiB 09, 610; ebenso LAG Hamburg v. 24.6.97 – 3 TaBV 4/97 zur vergleichbaren Situation der Absenkung der Arbeitszeit nach dem BeschäftigungssicherungsTV in der Metall- und Elektroindustrie zur Vermeidung von Kündigungen.
271 Vgl. BAG v. 24.4.74, AP Nr. 63 zu Art. 9 GG Arbeitskampf; NZA 95, 183; BB 03, 1900.
272 DB 81, 321; vgl. BSG, NZA 91, 985 m.w.N. auch zur Zahlung von Kurzarbeitergeld.
273 Vgl. auch BVerfG, DB 95, 1464.
274 Vgl. LAG Bremen, AiB 89, 316f.; Schwitzer/Unterhinninghofen, AiB 90, 5ff.; vgl. auch Fitting, Rn. 176.
275 Vgl. BAG, DB 81, 321; LAG Bremen, DB 84, 1935f.
276 LAG Baden-Württemberg v. 8.2.80 – 7 TaBV 4/79.

ee) Rückkehr zur Normalarbeitszeit

26   Das BAG[277] verneint zu Unrecht[278] das MBR, wenn Kurzarbeit früher als zunächst vorgesehen wieder aufgehoben werden soll und auch für den **Abbau von Überstunden**, die über eine längere Zeit geleistet worden sind.[279] Die Auffassung des BAG ist abzulehnen: Ist die Einführung von Überstunden und Kurzarbeit mitbestimmungspflichtig, so ist dies auch deren Beendigung. Unabhängig von dieser Überlegung ergibt sich das Mitbestimmungsrecht des AR, wenn über den MB-Tatbestand eine BV mit entsprechender Laufzeit abgeschlossen worden ist, die Arbeitszeitveränderung aber vorzeitig beendet werden soll, oder/und eine nur teilweise Rückführung der Arbeitszeit vom AG geplant wird.[280] Darüber hinaus kommt auch das MBR gemäß Nr. 2 in Betracht.

d) Auszahlung des Arbeitsentgelts (Nr. 4)

27   Die MB bei der **Auszahlung des Arbeitsentgelts**[281] umfasst die Festlegung der Lohnzahlungszeiträume (monatlich, wöchentlich u. Ä.; bei der **Umwandlung von Entgelt in Versorgungszusagen** gem. § 1 a BetrAVG wird ebenfalls der Zeitpunkt [neu] festgelegt; vgl. auch Rn. 49, 66),[282] den Ort (Betrieb oder sonstige Zahlstelle) und die Art (Barzahlung oder bargeldlose Überweisung) der Entgeltzahlung. Die Festlegung, dass ein über die regelmäßige tarifliche Wochenarbeitszeit hinausgehendes Zeitguthaben erst am Ende eines einjährigen Verteilungszeitraums vergütet wird, betrifft ebenfalls die Zeit der Auszahlung und unterliegt daher der MB.[283] Zum Entgelt gehören u. a. auch das zusätzliche Urlaubsgeld,[284] Gratifikationen, vermögenswirksame Leistungen, Provisionen, Auslösungen und Sachleistungen. Bei der Einführung der bargeldlosen Lohnzahlung, die als solche der MB unterliegt, erstreckt sich das MBR auf die Übernahme der **Kontoführungsgebühren**.[285] Derartige Gebühren können in Form einer Pauschale erstattet werden, z. B. in Höhe von 2 bis 3 Euro.[286]

28   Der MB unterliegt auch die Erstattung von **Wegekosten** und die Einführung einer »**Kontostunde**«, die es dem AN gestattet, die Bank zur Abhebung des Lohnes während der Arbeitszeit aufzusu-

---

277   DB 79, 655.

278   Vgl. DKKW-Klebe, Rn. 115; Fitting, Rn. 151.

279   BAG, DB 78, 403; vgl. auch BAG, BB 03, 740.

280   Vgl. auch LAG Nürnberg v. 7.4.92 – 6 TaBV 10/91 und BAG v. 25.2.97 – 1 AZR 642/96.

281   Mustervereinbarung bei DKKWF-Klebe/Heilmann, § 87 Rn. 25.

282   Auch Fitting, Rn. 469.

283   BAG, EzA § 614 BGB Nr. 1.

284   BAG, DB 89, 1928.

285   BAG, DB 77, 1464 DB 02, 1564.

286   BAG, NZA 91, 611 f.

chen.[287] Voraussetzung ist allerdings, dass zwischen den Gebühren/ Kosten bzw. dem Besuch der Bank und der Einführung der bargeldlosen Entgeltzahlung ein **notwendiger Zusammenhang** besteht.[288]

Wird durch TV die **Einführung der bargeldlosen Lohnzahlung** für zulässig erklärt, nicht aber ausdrücklich bestimmt, wer im Falle der Einführung die Kontoführungsgebühren zu tragen hätte, sollen nach der abzulehnenden Rspr. des BAG[289] die AN selbst verpflichtet sein, diese Gebühren zu zahlen. Die Voraussetzungen, unter denen ein Entgeltanspruch untergeht, werden vom MBR nicht erfasst.[290] **29**

e) Urlaub (Nr. 5)

Die Vorschrift erfasst **jede Form des Urlaubs**, z.B. auch den Bildungs-[291] oder Sonderurlaub. Letzterer steht gerade bei ausländischen AN häufig im Vordergrund.[292] Eine Form des Urlaubs sind auch allgemeine **Betriebsferien**[293] unter Schließung des Betriebs. Sie können nur unter Berücksichtigung der MB des BR eingeführt werden,[294] der auch hier ein **Initiativrecht** hat.[295] Der **Zusatzurlaub von Schwerbehinderten** unterliegt ebenso der MB,[296] wie jede andere Form bezahlter oder unbezahlter Freistellung, bei der gegensätzliche individuelle oder betriebliche Interessen auszugleichen sind,[297] wie z.B. auch bei **Sabbaticals**[298] und **Familienpausen**, nicht aber bei sog. **Insichbeurlaubungen** (als Voraussetzung des Statuswechsels von Beamten ins Angestelltenverhältnis).[299] **30**

Das MBR erstreckt sich auf die »**allgemeinen Urlaubsgrundsätze**«.[300] Das sind Richtlinien, nach denen dem AN im Einzelfall Urlaub zu gewähren ist.[301] Dazu gehören z.B. **Regelungen über das Bewilligungsverfahren**, über **geteilten/ungeteilten Urlaub**, die Verteilung des Urlaubs innerhalb des Kalenderjahres, Regelungen über den **Ausgleich paralleler Urlaubswünsche**, die Aufstellung von **Prio-** **31**

---

287 BAG, NZA 98, 497; DB 02, 1564.
288 BAG, BB 94, 140.
289 DB 82, 2519.
290 BAG, NZA 11, 1234.
291 BAG, NZA 03, 171; ArbG Frankfurt, AiB 88, 288.
292 BAG, DB 78, 499; vgl. auch die **Mustervereinbarung** bei DKKWF-Klebe/ Heilmann, § 87 Rn. 28.
293 Mustervereinbarung bei DKKWF-Klebe/Heilmann, § 87 Rn. 27.
294 BAG, DB 81, 2621; 88, 2261.
295 LAG Nds., AuR 99, 319, vorrangig zur Dauer der Betriebsferien.
296 LAG Frankfurt, BB 87, 1461.
297 BAG, NZA 03, 171.
298 Mustervereinbarung bei DKKWF-Klebe/Heilmann, § 87 Rn. 28.
299 BAG, AP Nr. 42 zu § 95 BetrVG 1972.
300 DKKWF-Klebe/Heilmann, § 87 Rn. 26: Mustervereinbarung.
301 BAG, DB 81, 2621.

ritätskriterien oder auch zu etwaigen **Urlaubssperren** und -vertre-
tungen.[302] Aufgestellt sind Urlaubsgrundsätze bereits, wenn Richtlini-
en entwickelt sind und deren Einhaltung vorgegeben wird. Die Richtlinien müssen noch nicht allen AN mitgeteilt worden sein. Es ist
ausreichend, wenn z. B. personalverantwortliche Bereichsleiter informiert sind.[303] Beim Bildungsurlaub NW erfasst das MBR so z. B. die
Aufstellung solcher allgemeiner Grundsätze zur Inanspruchnahme von
Freistellungen, nicht jedoch – unabhängig von gesetzlichen Vorschriften – Regelungen zu den Voraussetzungen, dem Umfang und den
Berechtigten des Anspruchs. Auch eine Regelung zur Erörterung und
Dokumentation des Bildungsurlaubs soll nach Auffassung des BAG[304]
vom MBR nicht erfasst werden (vgl. aber auch Rn. 41). Der **»Ur-
laubsplan«**, der ebenfalls der MB unterliegt, regelt die genaue Festlegung des Urlaubs der einzelnen AN und deren Vertretung. Ist der
einzelne AN mit der zeitlichen Festlegung seines Urlaubs nicht einverstanden, so besteht hier wiederum ein MBR des BR, und zwar
auch, wenn nur **zwischen den AN ein Konflikt** besteht.[305] Im
Übrigen ist jede Änderung der Urlaubsgrundsätze oder des Urlaubsplans[306] dem MBR unterworfen. Dies gilt auch dann, wenn bereits
erteilter Urlaub widerrufen werden soll.[307] Die Dauer des Urlaubs ist
dagegen der MB entzogen, da sie sich aus dem TV oder den gesetzl.
Bestimmungen (BUrlG) ergibt.[308]

f) Technische Überwachungseinrichtungen (Nr. 6)

32 Die Vorschrift dient dem Schutz der Persönlichkeitssphäre gegen
anonyme technische Kontrolleinrichtungen.[309] Hieraus folgert
das BAG[310] in dieser Allgemeinheit **zu Unrecht**, dass der BR kein
Initiativrecht zur Einführung von Überwachungstechnik haben könne.[311] Das Initiativrecht umfasst jedenfalls die Änderung und Abschaffung der technischen Einrichtung. Nach Auffassung des BAG ist eine
technische Einrichtung dazu bestimmt, Verhalten und Leistung der

---

302 BAG, NZA 03, 171.
303 LAG RP 19. 2. 09 – 11 TaBV 29/08.
304 NZA 03, 171.
305 ArbG Frankfurt, AiB 88, 288 f.
306 LAG München 14. 1. 09 – 11 TaBV 58/08.
307 LAG München, BB 88, 2175.
308 Vgl. z. B. LAG Hamm 12. 12. 11 – 10 TaBV 87/11.
309 Vgl. z. B. BAG, CR 94, 111; DB 03, 2230; NZA 04, 556; vgl. auch DB 04, 2377.
310 DB 90, 743 f.; ebenso LAG Nds. 22. 10. 13 – 1 TaBV 53/13, das allerdings bei einer Regelung zur sog. Vertrauensarbeitszeit (vgl. Rn. 19) davon ausgeht, dass der BR in **Annexkompetenz** auch darüber mitbestimmt, wie die Arbeitszeit erfasst wird.
311 A. A. DKKW-Klebe, Rn. 166; Fitting, Rn. 251; ArbG Berlin 20. 3. 13 – 28 BV 2178/13.

AN zu überwachen, wenn sie zur Überwachung objektiv geeignet ist. Dies ist der Fall, wenn durch sie **Verhaltens- oder Leistungsdaten** der AN ermittelt und aufgezeichnet[312] oder sonstige manuell, also nicht durch die technische Einrichtung selbst erhobene Daten zu Aussagen über Leistung und Verhalten verarbeitet werden.[313] Für das MBR ist es gleichgültig, ob die Verarbeitung der Daten bis zu einer Beurteilung von Leistung oder Verhalten i. S. eines Soll-Ist-Vergleichs erfolgt, ob der AG eine solche Beurteilung auch ohne technische Einrichtung anschließend überhaupt wahrnehmen will, ob er eine subjektive Überwachungsabsicht hat.[314] Ebenfalls kommt es nicht darauf an, ob der AG Zugriff auf die erfassten Daten hat.[315]

Es ist nicht erforderlich, dass die Daten eine vernünftige und sachgerechte Beurteilung ermöglichen. Die Voraussetzungen der Vorschrift sind erfüllt, wenn überhaupt **Informationen über Leistung und Verhalten**, hierzu zählen z. B. auch Informationen über krankheitsbedingte Fehlzeiten,[316] **erfasst oder gewonnen** werden.[317] **33**

Damit unterliegen, sozusagen als erste Generation von Kontrolleinrichtungen, die folgenden technischen Geräte der MB: **Multimomentkameras, Produktographen, Fahrtenschreiber, Filmkameras,**[318] **Fernsehanlagen,**[319] **Videokameras,**[320] **Stechuhren** oder **automatische Zeiterfassungsgeräte,**[321] **Einwegscheiben** (Einwegscheiben sind allerdings wegen Art. 1 Abs. 1, 2 Abs. 2 GG, § 75 Abs. 2 unzulässig; siehe auch Rn. 42),[322] sowie **Zugangskontroll- bzw. Sicherungssysteme.**[323] Die Verwendung einer Stoppuhr **34**

---

312 Vgl. z. B. BAG, DB 74, 1868; 79, 2428; NZA 04, 556.

313 BAG, DB 86, 1469; NZA 07, 399; 08, 1248; 25. 9. 12 – 1 ABR 45/11, NZA 13, 275.

314 BAG, DB 84, 2513; CR 94, 111; NZA 04, 556.

315 BAG, NZA 04, 566.

316 BAG 11. 3. 86, AP Nr. 14 zu § 87 BetrVG 1972 Überwachung; 13. 3. 12 – 1 ABR 78/10, NZA 12, 748.

317 BAG, DB 84, 775; 84, 2513; 86, 1469; vgl. auch DB 00, 2228.

318 BAG, DB 74, 1868; 79, 2427.

319 BVerwG, PersR 88, 271.

320 BAG, DB 03, 2230; NZA 08, 1187; 11. 12. 12 – 1 ABR 78/11, NZA 13, 913; DKKW-F-Klebe/Heilmann, § 87 Rn. 32 (Mustervereinbarung); zu datenschutzrechtlichen Grenzen der Videoüberwachung in öffentlich zugänglichen Räumen siehe § 6 b BDSG (BAG 21. 6. 12 – 2 AZR 153/11, NZA 12, 1025 und ArbG Frankfurt a. M., RDV 06, 214: Rechtswidrige Aufzeichnungen sind nicht verwertbar) und zu Schmerzensgeldansprüchen bei unzulässigem Einsatz von Kameras HessLAG, RDV 11, 99 = AiB 11, 337.

321 LAG Berlin, DB 84, 2098.

322 A. A. zu Unrecht BVerwG a. a. O.

323 Vgl. z. B. BAG, NZA 04, 556; **Mustervereinbarung** bei DKKW-F-Klebe/Heilmann, § 87 Rn. 39.

ist nicht mitbestimmungspflichtig, weil sie nicht selbst die Überwachung bewirkt.[324]

35   Heute stehen **DV-gestützte** Anwendungen im Mittelpunkt. Dabei geht es um **Personaldatenverarbeitung jeder Art** (Personalinformationssysteme, Betriebsdatenerfassung, Technikerberichtssysteme usw.) und den Schutz von Persönlichkeitsrechten. Darüber hinaus entsteht jedoch für den BR mit dem DV-Einsatz eine Vielzahl weiterer Handlungsnotwendigkeiten. **Arbeitsplatzsicherung**, Erhaltung und Ausbau der **Qualifikation**, Schaffung einer **humanen Arbeitsorganisation** und Gesundheitsschutz sind hierbei einige Stichworte. Im Zusammenspiel mit den sonstigen Mitbestimmungspositionen (vgl. z. B. § 87 Abs. 1 Nrn. 7, 13, §§ 91, 97, 111 ff.) hat § 87 Abs. 1 Nr. 6 eine zentrale Funktion. Daneben ist die **aktive Wahrnehmung von Informations- und Beratungsrechten** (vgl. z. B. §§ 80, 90) sehr wichtig. Will der BR negative Folgen vermeiden, muss er mit aktiven Gestaltungsvorschlägen die Ursachen bereits in der Planungs- und Einführungsphase beeinflussen.

36   Das BAG bejaht das MBR bei der Einrichtung von **Bildschirmarbeitsplätzen**, wenn aufgrund vorhandener Programme Verhaltens- und Leistungsdaten aufgezeichnet werden,[325] ebenso wie bei Computern zur automatischen Erfassung von **Telefondaten/Gebühren**.[326] Es hat weiter klargestellt, dass das MBR auch bei bloß datenverarbeitenden, nicht selbst datenerhebenden Systemen, wie z. B. **Personalinformationssystemen**, besteht.[327]

37   Das MBR besteht bereits dann, wenn überhaupt personenbezogene oder -beziehbare Daten (eine Zuordnung auf einzelne AN kann auch anhand von Zusatzwissen erfolgen, wie Arbeitsgebieten oder Anwesenheitslisten)[328] verarbeitet werden (str.). Diese Auffassung deckt sich mit dem **Volkszählungsurteil** des BVerfG:[329] Entscheidend für die Bedeutung von Daten für das Persönlichkeitsrecht ist ihre Verwendungs**möglichkeit**. Durch die den Informationstechnologien eigenen Verarbeitungs- und Verknüpfungsmöglichkeiten können Daten einen neuen Stellenwert erhalten. Es gibt kein belangloses, **kein harmloses**

---

324   BAG, DB 95, 783.

325   BAG, DB 84, 775.

326   BAG, DB 86, 2080; NZA 96, 218; LAG Hamm, RDV 08, 211; vgl. auch DKKW-F-Klebe/Heilmann, § 87 Rn. 35 (Mustervereinbarung) und Rn. 36 (zu Mobiltelefonen); zu **VoIP**, Telefonieren über das Internet, vgl. Konrad-Klein CF 10/06, 20 und Bergmann, AuA 07, 152, jeweils mit Checkliste.

327   BAG, DB 84, 2513; 86, 1469; NZA 95, 185; 07, 399; 08, 1248; vgl. auch ArbG Hamburg, RDV 96, 143 zu dem Softwaresystem **SAP R/3**; DKKW-F-Klebe/Heilmann, § 87 Rn. 37 (Mustervereinbarung).

328   Vgl. hierzu BAG, CR 94, 111.

329   15. 12. 83, DB 84, 37.

Datum mehr. Jedes Datum kann in seinem konkreten Verwendungs-
zusammenhang das Persönlichkeitsrecht beeinträchtigen.[330]
Das MBR[331] besteht auch beim Einsatz von **Scannerkassen**,[332] Lap-   **38**
tops, **PCs**,[333] beim Einsatz von mobilen Kommunikationsgeräten/
Smartphones, **Blackberry**, PDA oder ähnlichen,[334] auch wenn private
Geräte dienstlich genutzt werden (»**Bring your own device**«,
BYOD, vgl. auch Rn. 13 und § 90 Rn. 3), bei **E-Mail-**,[335] Vertriebs-
steuerungs-, Fahrtenoptimierungs- und **Betriebsdatenerfassungs-
systemen**,[336] bei **Ortungssystemen**, die z. B. über **GPS-gestützte
Navigationssysteme, Mobiltelefone** oder **RFID-Technik** personenbeziehbare Bewegungsdaten (nur in Ausnahmefällen zulässig)
erfassen,[337] außerdem bei **ECM-Systemen**, die Dokumente, Web-
site-Inhalte und Archive aufbereiten und verwalten und Software zur
Zusammenarbeit von Beschäftigten und **Workflow-(Arbeits-
fluss-)Systeme** enthalten.[338] Ein MBR besteht zudem bei Systemen
zur Fehlzeitenüberwachung,[339] betriebsärztlichen Informationssyste-
men, bei der Verarbeitung und Nutzung von Gesundheitsdaten beim
betrieblichen Eingliederungsmanagement[340] (vgl. auch Rn. 13 und 48)
und auch bei Systemen zur Organisation von **Desk-Sharing-Ar-
beitsplätzen**,[341] bei **CAD/CAM**,[342] bei **Produktionsplanungs-
und -steuerungssystemen** (PPS),[343] bei der Durchführung eines
Wissensmanagements mit Expertendatenbank (vgl. auch Rn. 13
und § 94 Rn. 2), bei **E-Learning-**Systemen,[344] Bürokommunikati-
onssystemen,[345] bei EDV-gestützter **Kantinenabrechnung**,[346] bei

---

330 BVerfG 15.12.83, DB 84, 37; BAG 25.9.13 – 10 AZR 270/12, NZA 14, 41;
     zu Krankheitsdaten als Verhaltensdaten vgl. BAG, DB 86, 1469; zum Begriff der
     »Leistung« vgl. BAG, DB 85, 1898.
331 Vgl. die Beispiele bei DKKW-Klebe, Rn. 198 ff.
332 LAG BaWü 25.2.11, LAGE § 77 BetrVG 2001 Nr. 11.
333 ArbG Berlin, CR 90, 482; BVerwG, CR 90, 132; DKKW-F-Klebe/Heilmann,
     § 87 Rn. 34 (Mustervereinbarung).
334 ArbG Darmstadt 11.4.07 – 5 BV Ga 4/07, vgl. auch Strunk, CuA 11/08, S. 25.
335 ArbG Mainz v. 19.10.95 – 8 BVGa 2776/95; DKKW-F-Klebe/Heilmann,
     § 87 Rn. 30 und 31 (Checkliste und Mustervereinbarung).
336 Vgl. z. B. BAG, DB 84, 2513; ArbG Hamburg, CR 96, 742.
337 Fitting, Rn. 247; Fickert, AiB 06, 38.
338 Bieler, CF 3/06, S. 11.
339 LAG Nürnberg, NZA-RR 02, 21.
340 BAG 13.3.12 – 1 ABR 78/10, NZA 12, 748.
341 ArbG Frankfurt/Main, AiB 03, 697: Erfassung der AN-Präsenz am Arbeitsplatz.
342 LAG Hamburg v. 3.3.86 – 2 TaBV 3/85; DKKW-F-Klebe/Heilmann, § 87
     Rn. 33 (Mustervereinbarung).
343 Vgl. ArbG Bielefeld, AiB 95, 600.
344 Vgl. Kölbach/Heidemann, CuA 2/09, S. 10 mit Eckpunkten für eine BV.
345 Vgl. ArbG Berlin, CR 90, 482.
346 ArbG Berlin, DB 84, 410 f.; DKKW-F-Klebe/Heilmann, § 87 Rn. 44 (Muster-
     vereinbarung).

der Einführung und Verwendung von **digitalen Betriebsausweisen** und von **Firmenkreditkarten**, bei **Telearbeitsplätzen**,[347] automatischen Anrufverteilsystemen in **Call-Centern**, bei **biometrischen Identifikationsverfahren**,[348] sofern diese überhaupt zulässig sind, sowie bei der Regelung der Nutzung eines **Intranets** oder des **Internets**,[349] der Anwendung von **Spamfiltern** einschließlich der Festlegung der Absender und Seiten, die nicht zugelassen sind, jedenfalls dann, wenn hierzu personenbeziehbare Aufzeichnungen erstellt werden, von **DLP-Systemen**,[350] mit denen die unerwünschte Weitergabe von sensiblen Daten und Dokumenten aus dem UN verhindert werden soll, bei Richtlinien und deren Kontrolle für den Umgang mit den **sozialen Medien** (Facebook, Myspace, Twitter u.a.), **Blogs** und **Internet-Foren** (auch Rn. 12), bei der Einführung von **Cloud Computing-Anwendungen** (vgl. auch Rn. 41 und § 94 Rn. 1), beim **Crowdsourcing** sowohl hinsichtlich der internen Teilnehmer, als auch der externen bei Berücksichtigung der Grundsätze zur Fremdfirmenarbeit (vgl. Rn. 1 und §§ 90 Rn. 4, 95 Rn. 3 und 111 Rn. 14, 16),[351] bei personenbeziehbaren **Mitarbeiterbefragungen**, wenn die Daten elektronisch erhoben oder ausgewertet werden (vgl. auch Rn. 13 und § 94 Rn. 2), und der Anwendung von **Firewall**-Systemen. Auch **Zielvereinbarungen** sind mitbestimmungspflichtig, wenn die entsprechenden Leistungsdaten elektronisch gespeichert bzw. verarbeitet werden (vgl. auch Rn. 13, 71; § 94 Rn. 2, 13). Dies gilt auch für **Offshoring-Konzepte**, die auf IT-Systemen aufsetzen. Beim Offshoring, der Verlagerung von Produktion, aber auch von Verwaltungsprozessen mit Personaldatenverarbeitung, wie z.B. Gehaltsabrechnung oder Buchhaltung ins weiter entfernte Ausland (z.B. Indien und China; **Nearshoring** meint denselben Vorgang, nur in nähere Standorte in Osteuropa, was für die BR-Rechte aber keinen Unterschied macht), werden die Arbeitsabläufe häufig über die Grenzen hinweg zwischen den Standorten verknüpft, wird wechselseitig auf Personaldaten zugegriffen. Der BR kann daher mit seinem MBR die für eine Datenvereinbarung außerhalb der EU erforderlichen **Schutzstandards** durchsetzen (vgl. auch Rn. 42). Darüber hinaus gelten die abgeschlossenen **BV zur Personaldatenverarbeitung** auch **im Ausland**. Der AG hat sicherzustellen, dass die Einhaltung für den BR kontrollierbar und sein MBR gewährleistet bleibt (vgl. Rn. 39; § 90 Rn. 4; § 106 Rn. 12; § 111 Rn. 10, 14). Daneben kommt das MBR

---

347   BV-Beispiele bei DKKW-F-Klebe/Heilmann, § 87 Rn. 38 und Gola, CF 12/99, S. 20.
348   BAG, NZA 04, 556.
349   DKKW-F-Klebe/Heilmann, § 87 Rn. 30, 31 (Checkliste und Mustervereinbarung).
350   Wedde, CuA 7–8/13, S. 4.
351   Klebe/Neugebauer, AuR 14, 4.

nach Nr. 7 z. B. im Hinblick auf die Software-Ergonomie der vernetzten Arbeitsplätze im Inland in Betracht.

Werden Personaldaten im Auftrag des AG bei einem **Dritt-UN/Auftragsdatenverarbeitung** verarbeitet, so muss dieser durch Vereinbarungen sicherstellen, dass der BR seine Rechte **ungehindert ausüben** kann (Rn. 5).[352] Dies gilt bereits für **Probeläufe**[353] und auch dann, wenn der Betrieb des Dritt-UN im **Ausland** liegt.   **39**

Das MBR ist auch gegeben, wenn Daten lediglich für eine **Gruppe** erhoben oder ausgewertet werden. Zumindest gilt dies z. B. dann, wenn eine kleine und überschaubare Gruppe im **Gruppenakkord** arbeitet, weil der von der technischen Einrichtung ausgehende Überwachungsdruck auf die Gruppe auf den einzelnen AN durchschlägt.[354] Dies ist aber auch bei leistungsunabhängigem Entgelt der Fall, wenn die Gruppe in ihrer Gesamtheit für ihr Arbeitsergebnis verantwortlich gemacht wird und schlechte Leistungen Einzelner für die übrigen Gruppenmitglieder bestimmbar bleiben.[355] Auf solchen Arbeitsgruppen laste, so das BAG,[356] ein **Überwachungsdruck**, der sich in Gruppenzwängen auch für den einzelnen AN auswirken könne und daher das MBR begründe. Diese Gesichtspunkte treffen jedoch auf jede Arbeitsgruppe zu, die ein abgrenz- und vergleichbares Ergebnis produziert.   **40**

Besteht das MBR, so erstreckt es sich auf die gesamte technische Einrichtung und nicht nur auf bestimmte Programmfunktionen.[357] Es erstreckt sich auf die **Einheit von Rechner und Software**[358] und daher z. B. auf die **Festlegung der verwendeten Geräte** (z. B. den Einsatz von PC und deren Auswahl). Bereits hieraus ergibt sich ein MBR bei der Einführung von **Cloud Computing-Anwendungen** (Nutzung von IT-Leistungen über Datennetze anstatt auf lokalen Rechnern; vgl. auch Rn. 38 und § 94 Rn. 1). Das MBR erfasst weiter die einzugebenden Daten, die **Verwendungszwecke**,[359] die Protokollierung der Datenläufe, Zugriffsrechte, BR-Rechte und auch den Zugriffsschutz.[360] Soll der BR seiner »präventiven Schutzfunktion«   **41**

352 BAG, NZA 04, 556; LAG Frankfurt, NZA 85, 35; LAG Hamburg, DB 85, 2308; vgl. auch BAG, DB 00, 2227.

353 ArbG Hamburg 13. 8. 82 – 18 BVGa 1/82; LAG Berlin, CR 87, 26 ff.; LAG RP 19. 8. 11 – 9 TaBVGa 1/11, brwo.

354 Vgl. BAG, DB 86, 1178; 94, 1573.

355 BAG, DB 94, 1573.

356 DB 94, 1573.

357 BAG, DB 84, 2513.

358 Vgl. auch BAG, NZA 95, 185 und DKKW-Klebe, Rn. 169, 191 m. w. N.

359 Vgl. BAG, DB 88, 1552 f.; siehe auch §§ 4 Abs. 3 Nr. 2, 4 a Abs. 1 und 28 Abs. 1 Satz 2 BDSG, der durch § 32 BDSG nicht ausgeschlossen wird (DKKW-Klebe, Rn. 190).

360 So offenbar BAG, DB 86, 1469; NZA 96, 218; demgegenüber a. A. BAG, DB 84, 775; 89, 1032 f.; 96, 1725 für eine **Vollzugs- und Kontrollordnung**.

für die AN effektiv nachkommen, so ist das MBR bereits bei der manuellen Erfassung von AN-Daten anzunehmen, falls diese in ein elektronisches Datenverarbeitungssystem eingespeichert werden sollen und eine Verarbeitung zulassen, die die Kontrolle von Leistung und Verhalten ermöglicht.[361]

42 BV über technische Einrichtungen dürfen nur in das **Persönlichkeitsrecht** des AN[362] eingreifen, wenn dies durch schutzwürdige Belange anderer Grundrechtsträger, z. B. des AG, gerechtfertigt ist.[363] Dabei muss der Eingriff verhältnismäßig sein, d. h., die in der BV getroffene Regelung muss geeignet, erforderlich und unter Berücksichtigung der betroffenen Grundrechte angemessen sein, um den erstrebten Zweck zu erreichen.[364] Auch § **75 Abs. 2** (vgl. Rn. 8 f.), die Vorschriften des **BDSG**, die nicht durch BV zu Lasten der AN verschlechtert werden können[365] und insbesondere das **Volkszählungsurteil** des BVerfG[366] sowie seine Entscheidung zum Grundrecht auf Gewährleistung der Vertraulichkeit und der Integrität informationstechnischer Systeme[367] sind zu beachten. Auch die aus **europäischem Recht** folgenden Schutzstandards sind zu berücksichtigen.[368] Danach ist die Verarbeitung von **Gesundheitsdaten der AN** (Krankheiten, ihre Ursachen, körperliche und geistige Verfassung o. ä.) unzulässig. Sie ist zur Durch-

---

361 So auch ArbG Offenbach 29. 1. 85 – 3 BVGa 1/85 und ArbG Hamburg, RDV 96, 143.

362 Vgl. z. B. BAG 14. 11. 12 – 10 AZR 793/11, DB 13, 700.

363 Zur **Zuständigkeit** der BR-Gremien vgl. BAG, BB 99, 1327; NZA 07, 399; 08, 1248; 25. 9. 12 – 1 ABR 45/11, NZA 13, 275; vgl. zudem Trittin/Fischer, NZA 09, 343: Auch bei einheitlicher konzernweiter Datenverarbeitung besteht jedenfalls wegen § 2 Abs. 4 BDSG keine Zuständigkeit des KBR, sondern des/der GBR/BR (**str.**).

364 Vgl. BAG, NZA 08, 1187; DB 04, 2377; RDV 05, 216 (beide letztgenannten zur Unwirksamkeit eines ESt.-Spruchs, der eine **dauerhafte verdachtsunabhängige Überwachung** von Beschäftigten vorsieht; vgl. auch § 32 Abs. 1 Nr. 2 BDSG); BAG, DB 88, 1552 f. zur Weitergabe von Schaublättern aus Fahrtenschreibern; vgl. zur Unzulässigkeit des Mithörens von Telefonaten BVerfG, DB 92, 786; 98, 371; BAG, DB 09, 1936.

365 Vgl. BAG 26. 8. 08 – 1 ABR 16/07, NZA 08, 1187; zu Unrecht noch a. A. BAG 27. 5. 86, DB 86, 2080; unklar BAG 9. 7. 13 – 1 ABR 2/13, NZA 13, 1433; vgl. insbesondere auch DKKW-Klebe, Rn. 194 ff.: z. B. Grundsatz der **Datenvermeidung** (§ 3 a), **Direkterhebung** der Daten beim Betroffenen (§ 4 Abs. 2), Einschränkung automatisierter Einzelentscheidungen (§ 6 a), Löschung der Daten unverzüglich, wenn zur Erreichung des Zwecks nicht mehr erforderlich oder schutzwürdige Interessen der Betroffenen einer weiteren Speicherung entgegenstehen (§ 6 b Abs. 5; vgl. auch BAG, NZA 08, 1187) oder Zulässigkeitsvoraussetzungen für **grenzüberschreitende Datenverarbeitung** in Länder außerhalb der EU (§§ 4 b, 4 c).

366 Vgl. auch BAG, DB 86, 1469.

367 NZA 08, 822.

368 Vgl. z. B. EuGH 24. 11. 11 – C-468/10; C-469/10, NZA 11, 1409 und BAG 7. 2. 12 – 1 ABR 46/10, NZA 12, 744.

führung des Arbeitsverhältnisses nicht erforderlich. Die erforderlichen Informationen, z. B. zur Eignung für einen Arbeitsplatz, kann der AG unter Beachtung der ärztlichen Schweigepflicht vom Betriebsarzt erhalten. Weder das BDSG noch die **EG-Antiterror-VO** bieten nach richtiger Auffassung eine Rechtsgrundlage, AN-Daten flächendeckend und systematisch mit Listen verdächtiger Personen nach den VO, z. B. zur Bewilligung des **AEO-Zertifikats** (diese Anerkennung als zugelassener Wirtschaftsbeteiligter bietet UN zollrechtliche Vereinfachungen), abzugleichen.[369] Jedenfalls besteht ein MBR bei den Anwendungsmodalitäten, wie z. B. hinsichtlich der abzugleichenden Daten, der Festlegung der sicherheitsrelevanten Bereiche im Betrieb, der Zugriffsrechte, der Löschfristen und der Überprüfungsfrequenz.[370] Dies gilt auch für die datenschutzrechtlich durchaus problematische Regelung in § 25 c Abs. 2 des Kreditwesengesetzes (Verpflichtung für Kreditinstitute, mit DV-Systemen personenbezogene Daten zu verarbeiten, um die Strafbarkeit von Transaktionen prüfen zu können). Bei privater Nutzung von Internet und Telefon im Betrieb findet **Telekommunikationsrecht** Anwendung.[371]

g) Arbeits- und Gesundheitsschutz (Nr. 7)

Normzweck ist die Effektivierung des gesetzlichen Arbeitsschutzes, die **43** Behebung seines Vollzugsdefizits durch betriebliche Konkretisierung[372] und damit auch die Realisierung des Grundrechts aus Art. 2 Abs. 2 GG. Wenn man berücksichtigt, dass im Jahre 2011 in der Bundesrepublik trotz der bekannt hohen Dunkelziffer 1 272 985 Arbeitsunfälle, Berufskrankheiten und Wegeunfälle angezeigt worden sind,[373] ist es nur folgerichtig, dass durch diese Vorschrift das MBR **alle** Maßnahmen des Arbeitsschutzes erfasst, die im Rahmen der **gesetzlichen Vorschriften** oder der **Unfallverhütungsvorschriften**, nicht der TV,[374] im Betrieb zu treffen sind, gleich, ob sie dem Gesundheitsschutz unmittelbar oder nur mittelbar dienen.[375] Voraussetzung ist, dass eine **Gesundheitsgefahr**, auch **psychischer Art** (vgl. z. B. § 5

---

369 DKKW-Klebe, Rn. 197; Homburg, AuR 13, 137; a. A. Bundesfinanzhof 19. 6. 12 – VII R 43/11, RDV 12, 303; Fitting, Rn. 223.

370 Vgl. DKKW-Klebe, Rn. 197; Homburg, AuR 13, 137; Schulze/Sticher, AiB 12, 574.

371 Vgl. hierzu im Einzelnen DKKW-Klebe, Rn. 197; a. A. VG Karlsruhe 27. 5. 13 – 2 K 3249/12, NVwZ-RR 13, 797 m. w. N.

372 BAG, NZA 04, 1175; DB 08, 2030; NZA 09, 1434.

373 Sicherheit und Gesundheit bei der Arbeit 2011, Unfallverhütungsbericht Arbeit, BMAS und Bundesanstalt für Arbeitsschutz und Arbeitsmedizin (2013) S. 89, 103.; vgl. auch zur Arbeitsumwelt in der EU Merllié/Paoli, AuR 02, 132.

374 BAG 11. 12. 12 – 1 ABR 81/11, NZA 13, 752, Ls.

375 BAG, NZA 98, 441; 04, 1175; 09, 1434; 17. 1. 12 – 1 ABR 62/10, NZA 12, 513; 11. 12. 12 – 1 ABR 81/11, NZA 13, 752, Ls.; vgl. auch die BV in AiB 00, 536 ff.

Abs. 3 Nr. 6 und § 4 Nr. 1 ArbSchG), die, wenn überhaupt, allerdings nur bei umfassenden Generalklauseln konkret bestimmbar sein muss,[376] oder die Gefahr besteht, dass **Arbeitsunfälle** (vgl. § 8 Abs. 1 SGB VII; zum **Wegeunfall** § 8 Abs. 2 SGB VII)[377] oder **Berufskrankheiten** (vgl. § 9 Abs. 1 SGB VII und die BerufskrankheitenVO i. d. F. v. 11. 6. 09, die 73 Krankheiten aufführt) eintreten. Weiter muss dem AG ein gewisser Beurteilungs- oder Ermessensspielraum zur Verfügung stehen, die Vorschriften müssen also einen **Regelungsspielraum** lassen. Dort wo der AG lediglich zwingende Anordnungen umzusetzen hat, scheidet das MBR aus.[378] Der Regelungsspielraum kann dabei sowohl die Rechtsfolgen als auch die Voraussetzungen der Vorschriften betreffen.[379] Das MBR umfasst ein **Initiativrecht**.[380]

44 Seit dem Inkrafttreten der **Einheitlichen Europäischen Akte** bekommt das europäische Arbeitsschutzrecht eine immer größere Bedeutung für das nationale Recht. Dabei wird das Schutzniveau stärker vereinheitlicht, die präventive organisationsbezogene betriebliche Umsetzung und Gefahrenvermeidung betont und der Gesundheitsschutz als dynamischer Prozess verstanden. Schon vor ihrer Umsetzung in deutsches Recht können die europäischen Richtlinien Bedeutung erlangen. Klare und unbedingte Richtlinien gelten nach Ablauf der Umsetzungspflicht im öffentlichen Dienst.[381] Zudem ist das nationale Recht schon mit Erlass einer Richtlinie eingeschränkt,[382] mit Ablauf der Umsetzungsfrist uneingeschränkt **richtlinienkonform** auszulegen.[383] Ist für eine nationale Vorschrift eine Auslegung möglich, die sie in möglichst große Übereinstimmung mit der Richtlinie bringt, ist sie von den Gerichten vorzunehmen.[384] Auch nach ihrer Umsetzung sind die Richtlinien weiter für die **Auslegung deutscher Gesetze**

---

376 BAG, NZA 04, 1175; 05, 227 m. w. N. sprechen in diesen Fällen auch von einer unmittelbaren objektiven Gesundheitsgefahr, die »allenfalls« dann Voraussetzung sei, wenn bei sehr weit gefassten, dem Gesundheitsschutz dienenden Generalklauseln ansonsten ein MBR nach dieser Vorschrift einschränkungslos zu bejahen wäre und für andere Vorschriften, wie z. B. §§ 88, 91 kein nennenswerter Anwendungsbereich mehr verbliebe; vgl. auch 11. 12. 12 – 1 ABR 81/11, NZA 13, 752, Ls.

377 Z. B. auch BAG, NZA 01, 549; Udke, AiB 99, 456; ders., AuA 01, 412.

378 BAG, NZA 02, 995; 09, 1434; 17. 1. 12 – 1 ABR 62/10, NZA 12, 513.

379 Fitting, Rn. 272 f., 275; vgl. auch BAG, DB 99, 438.

380 Vgl. z. B. LAG Nds., AiB 88, 110; LAG Nürnberg 16. 1. 13 – 2 TaBV 6/12, RDV 13, 203 (Ls.); LAG SH 1. 10. 13 – 1 TaBV 33/1; Fitting, Rn. 287.

381 EuGH, NJW 86, 2178; NZA 01, 1243; BAG, DB 96, 1725; 04, 138.

382 EuGH, NZA 06, 909.

383 Vgl. EuGH, NJW 86, 3020; NZA 04, 1145; BAG, DB 93, 737; NZA 04, 375; zu den Grenzen richtlinienkonformer Auslegung BVerfG 26. 9. 11 – 2 BvR 469/07, NJW 12, 669.

384 EuGH, BB 04, 2353; vgl. im Übrigen zum **Schadenersatz bei nicht rechtzeitiger Umsetzung** EuGH, ZIP 91, 1610; NJW 99, 3181.

und **VO** von großer Bedeutung. Diese ist soweit wie möglich an Wortlaut und Zweck der Richtlinien auszurichten.[385]

Zu den durch die MB ausfüllungsfähigen gesetzl. Vorschriften[386] gehören z. B. die **ArbStättV** (vgl. z. B. §§ 3–6)[387] mit dem dazu erlassenen Anhang (vgl. z. B. Nrn. 1.2, 1.4, 1.5, 1.8, 2.1, 3.4 oder 3.7), das **ASiG**,[388] die **GefStoffV** (vgl. z. B. §§ 6–8, 9 ff., 14),[389] die **VBG**, wie §§ 2 Abs. 1; 4 Abs. 1 VBG 1/BGV Nr. A 1 und § 12 Abs. 3 VBG 37[390] und vor allem das **ArbSchG**. Beim ArbSchG sind dies z. B. §§ 3 **Abs. 1 und 2**;[391] **4**;[392] **5**;[393] **6**;[394] **8 bis 12** (bei der Unterweisung nach § 12 geht es um konkrete Anweisungen und Erläuterungen, die auf der Basis der Gefährdungsanalyse auf den Arbeitsplatz zugeschnitten sind). Allgemeine Bestimmungen reichen nicht aus);[395] **13 Abs. 2** (wenn für einen kollektiven Tatbestand eine generelle betriebliche Regelung getroffen wird),[396] **16 Abs. 2**[397] und die aufgrund seines § 19 ergangenen **Verordnungen** z. B. zur Bildschirmarbeit und Lastenhandhabung (vgl. unten und Rn. 48). Weiterhin haben die Berufsgenossenschaften eine Vielzahl von (ausfüllungsbedürftigen) Unfallverhütungsvorschriften erlassen. Das **BAG** hat die Frage, ob die sog. **Generalklauseln**, die verbindliche Anordnungen beinhalten,[398] wie § 618 BGB, § 62 HGB, § 2 Abs. 1 VBG 1 (Unfallverhütungsvorschriften – allgemeine Vorschriften) und bis zur Aufhebung

45

---

385 EuGH, NZA 97, 307; BAG, NZA 08, 476; zu den Grenzen richtlinienkonformer Auslegung BVerfG 26. 9. 11 – 2 BvR 469/07, NJW 12, 669.

386 Vgl. insgesamt DKKW-Klebe, Rn. 229 ff., insbesondere auch 204; DKKW-F-Klebe/Heilmann, § 87 Rn. 40 (Mustervereinbarung Gesundheitsschutz).

387 Reusch, AiB 11, 571; zum in § 5 geregelten **Nichtraucherschutz** Düwell, AiB 02, 400.

388 Vgl. DKKW-Klebe, Rn. 232 ff.

389 Grüneberg, AiB 11, 588 und zu den vergleichbaren vorhergehenden Vorschriften Heilmann/Hien, AiB 05, 520 ff.; Pieper, AiB 05, 299 ff.

390 BAG, DB 99, 438.

391 LAG Hamburg, NZA-RR 01, 190, aus formellen Gründen aufgehoben und zurückverwiesen durch BAG, NZA 02, 995; HessLAG, AuR 03, 437, Ls. = RDV 04, 130; LAG Nürnberg, NZA-RR 03, 588; ArbG Hamburg, AuA 99, 36; AuR 99, 115; offen gelassen von BAG, DB 99, 438; NZA 04, 620.

392 LAG Hamburg a. a. O.

393 BAG, NZA 04, 1175; DB 08, 2030.

394 Zur unzureichenden Umsetzung der europäischen Richtlinie durch diese Vorschrift EuGH, NZA 02, 321.

395 BAG, NZA 11, 651; 8. 11. 11 – 1 ABR 42/10, DB 12, 1213.

396 So auch BAG, NZA 09, 1434, das bei Einzelmaßnahmen ein MBR ablehnt; eine solche Aufgabenübertragung lässt MBR gegenüber dem AG unberührt (LAG SH 8. 2. 12 – 6 TaBV 47/11, im Verfahren zur Bildung der ESt.).

397 Vgl. BAG, NZA 04, 227; 04, 1175 zu § 12; LAG Hamburg a. a. O. für §§ 6, 11, 12, 13 Abs. 2, dagegen ablehnend zu §§ 15–17; vgl. insgesamt DKKW-Klebe, Rn. 229 ff.

398 Vgl. BAG, NZA 04, 927 zu § 618 BGB.

im August 1996 auch § 120 a GewO als ausfüllungsfähige Rahmen-vorschriften in Betracht kommen, jedenfalls im Hinblick auf § 120 a GewO[399] und § 2 Abs. 1 VBG 1/BGV Nr. A 1[400] bejaht.[401] Es hat zudem die Auffassung vertreten, dass Rahmenvorschriften konkret und nicht durch Regelungen, die selbst allgemeinen Charakter haben, auszufüllen sind.[402] Hieraus folgt für den BR, dass er z. B. möglichst detaillierte Forderungen z. B. zur ergonomischen Gestaltung von Ar-beitsplätzen aufstellen[403] und die ESt. eine hinreichend konkrete Re-gelung treffen muss.[404] Bei einem kollektiven Tatbestand (vgl. Rn. 5) besteht das MBR auch, wenn nur ein einzelner Arbeitsplatz betroffen ist.[405] Für **Bildschirmarbeit**[406] enthält die **BildscharbV** eine Reihe ausfüllungsfähiger Rahmenvorschriften, wie z. B. mit § 3 zur Gefähr-dungsanalyse,[407] § 4 zu ergonomischen Maßnahmen und § 5 zur Ar-beitsorganisation (**Mischarbeit/Pausen** zur Belastungsunterbre-chung; für **Augenuntersuchungen** verweist § 6 auf Anhang Teil 4 (2) 1 ArbMedVV). Entgegen der Ansicht des BAG[408] ist zudem § 4 MuSchG eine Rahmenvorschrift für den Schutz werdender Mütter bei der Bildschirmarbeit.[409]

46 Ist der AG zur Bestellung von **Betriebsärzten** oder **Fachkräften für Arbeitssicherheit** verpflichtet, können diese als AN eingestellt oder als freiberufliche Kräfte verpflichtet werden. Es besteht aber auch die Möglichkeit, einen überbetrieblichen Dienst zu verpflichten (§§ 2 Abs. 3, 5 Abs. 3, 19 ASiG; zur erforderlichen Fachkunde vgl. §§ 3, 4 DGUV-Vorschrift 2[410]). Von welcher Möglichkeit Gebrauch gemacht wird, unterliegt dem MBR.[411] Soll ein Betriebsarzt oder eine Fachkraft für Arbeitssicherheit in den Betrieb eingestellt werden, ist dazu die Zustimmung des BR ebenso wie bei einer Abberufung erforderlich (§ 9 Abs. 3 ASiG). Die Beteiligungsrechte nach § 99 bzw. § 102 blei-ben hiervon unberührt.[412] Umgekehrt ist allerdings die ohne Zustim-mung des BR zur Abberufung ausgesprochene Kündigung jedenfalls dann unwirksam, wenn sie auf Gründe gestützt wird, die sachlich mit

---

399 DB 96, 1725.
400 DB 99, 438.
401 Vgl. auch LAG Nürnberg, NZA-RR 03, 588.
402 BAG, DB 84, 775.
403 Hierzu Richenhagen, AiB 95, 758.
404 BAG, NZA 04, 227.
405 LAG Nds., AiB 88, 110.
406 Zum Begriff des Bildschirmarbeitsplatzes EuGH, AuR 00, 683.
407 Vgl. BAG, NZA 04, 227; 04, 1175.
408 DB 84, 775.
409 Vgl. DKKW-Klebe, Rn. 225; DKKW-F-Klebe/Heilmann, § 87 Rn. 41 und 42 (Mustervereinbarungen).
410 Hierzu Hummel/Callsen, AiB 11, 83; Heegner, AiB 11, 582.
411 BAG, DB 79, 1995.
412 Vgl. auch LAG Bremen, NZA-RR 98, 250.

der Tätigkeit als Betriebsarzt im untrennbaren Zusammenhang stehen.[413]

Da die Aufgaben der Betriebsärzte, Sicherheitsingenieure und anderen **47** Fachkräfte für Arbeitssicherheit im Gesetz nicht abschließend geregelt sind, hat der BR nach Nr. 7 auch ein **MBR bei der konkreten Festlegung der Tätigkeit, der Rangordnung der einzelnen Aufgaben** und der Durchführung zusätzlicher Maßnahmen.[414] Hierbei ist § 2 DGUV-Vorschrift 2 zu berücksichtigen. Das MBR beinhaltet das **Initiativrecht**. Dieses besteht allgemein, also auch für die Abberufung[415] und die Bestellung (**str.**) eines internen Betriebsarztes oder einer internen Fachkraft für Arbeitssicherheit. Bei der Bestellung der **Sicherheitsbeauftragten** bestimmt der BR jedenfalls hinsichtlich der **generellen Auswahlentscheidungen**, wie z. B. der Festlegung der Tätigkeitsbereiche und der Zahl der Sicherheitsbeauftragten, mit, da die Bestellung gemäß § 22 Abs. 1 SGB VII unter Berücksichtigung der im UN für die Beschäftigten bestehenden Unfall- und Gesundheitsgefahren und der Zahl der Beschäftigten zu erfolgen hat, dem UN also insoweit ein Handlungsspielraum verbleibt. Werden **Externe** tätig, hat der AG den BR gemäß § 9 Abs. 3 Satz 3 ArbSiG vor der Verpflichtung/Entpflichtung zu hören. Ein MBR besteht auch bei der Konkretisierung von § 8 Abs. 2 ArbSiG, wie bei der praktischen Organisierung der Unterstellung, der konkreten hierarchischen Einordnung[416] oder der Festlegung des zuständigen Betriebsleiters, wenn es mehrere gibt, und von Abs. 3 bei der praktischen Ausgestaltung des Eskalationsverfahrens oder der Festlegung des zuständigen Vorstandsmitglieds, wenn diese Entscheidung nicht in die Zuständigkeit des AR fällt.

Aus der **LärmVibrationsArbSchV** ergeben sich eine Reihe von **48** Rahmenvorschriften, wie z. B. §§ 3, 4, 7, 8, 10, 11 und Normen im Anhang Vibrationen.[417] Die ESt. ist zudem auch zuständig, wenn der BR betriebliche **Lärmschutzmaßnahmen** zur Einhaltung der Nr. 3.7 des Anhangs der ArbStättV durchsetzen will.[418] Maßnahmen gegen hohe Temperaturen am Arbeitsplatz, bei denen eine Gesundheitsgefährdung nicht auszuschließen ist (Hitzeschutz), lassen sich auch über Nr. 7 in Ausfüllung von **§ 3 Abs. 1 Satz 1 ArbSchG** begründen (§ 3a Abs. 1 ArbStättV i. V. m. Nr. 3.5 des Anhangs zur ArbStättV kommt ebenfalls als Rahmenvorschrift in Betracht;[419] vgl. auch die

---

413 BAG, DB 89, 227.
414 Vgl. ArbG Hamburg, AiB 91, 92 f.
415 LAG BaWü, NZA 92, 184.
416 LAG Köln, NZA-RR 04, 319.
417 Vgl. DKKW-Klebe, Rn. 243.
418 LAG Nds., AiB 88, 110 für § 15 ArbStättV a. F.
419 LAG SH 1. 10. 13 – 1 TaBV 33/13 (im Verfahren zur Bildung einer ESt.).

Technische Regel für Arbeitsstätten ASR A 3.5),[420] wie Regelungen zur **Arbeitsplatz- und Raumgestaltung** in Ausfüllung von §§ 3 a Abs. 1, 6 Abs. 1 ArbStättV i. V. m. Nr. 1.2 Abs. 1, 3, Nr. 3.1 Abs. 1, 2 und der technischen Regel ASR A 1.2.[421] Dies gilt auch für Maßnahmen der **Pandemievorsorge und -bekämpfung** (vgl. zudem Rn. 13) und den Regelungsgegenstand »Ausgleich von Belastungen durch stehende Tätigkeiten« in einem Bekleidungsgeschäft.[422] Für die Verteilung der Arbeitsplätze in einem **Großraumbüro** wird das MBR zu Unrecht teilweise abgelehnt.[423] Jedenfalls kommt aber § 91 in Betracht.[424] **Weitere Rahmenvorschriften** finden sich z. B. in § 6 **Abs. 5 ArbZG** (vgl. auch Rn. 18),[425] in **JArbSchG** (§§ 22, 28, 29), **HAG** (§§ 12 Abs. 1, 16 Abs. 1), **ArbMedVV** (z. B. §§ 3–5 und Anhang Teil 4 (2) 1), **PSA-BV**, [426] **BetrSichV** (§§ 3, 4, 8–11), **Bio-StoffV** v. 15. 7. 13 (§§ 4, 7–11, 14),[427] BaustellV (z. B. § 5), **Last-handV** (§§ 2–4), § 1 **MuSchV** (Gefährdungsbeurteilung) und im **MuSchG** (§ 2 Abs. 1, 4).[428] Die erforderliche organisatorische Gestaltung, die Ausgestaltung des Gesundheitsschutzes und die entsprechende Durchführung beim **betrieblichen Eingliederungsmanagement gem.** § 84 **Abs. 2 SGB IX**[429] unterliegt ebenfalls der Mitbestimmung.[430]Auch die **Integrationsvereinbarung** gem. § 83 SGB IX dient dem Arbeits- und Gesundheitsschutz und ist daher nach dieser Vorschrift mitbestimmungspflichtig.[431] Darüber hinaus kommen entsprechend den in Abs. 2 aufgeführten Regelungsbereichen weitere MBR in Betracht, wie nach Nr. 2, 3, 13 und § 95. Bei nicht nur geringfügigen und kurzfristigen arbeitsschutzrechtlichen Pflichtverletzungen des AG kann dem einzelnen AN ein **Leistungsverweigerungsrecht** gem. § 273 BGB zustehen,[432] das keine unmittelbare

---

420 Gäbert, AiB 11, 579.

421 Hierzu Kiper, CuA 1/14, S. 14.

422 LAG Nds., NZA-RR 11, 247 unter Bezugnahme auf §§ 3 ff ArbSchG.

423 LAG München, DB 88, 186 f.

424 LAG München, a. a. O.

425 Zu der Frage, ob ein **Ausgleich für Nachtarbeit** durch bezahlte freie Tage oder durch Entgeltzuschlag zu gewähren ist vgl. BAG, NZA 98, 441; 05, 884; 17. 1. 12 – 1 ABR 62/10, NZA 12, 513: Tarifliche Ausgleichsregelung auch bei einzelvertraglicher Inbezugnahme des TV; vgl. auch die Mustervereinbarungen bei DKKW-F-Klebe/Heilmann, § 87 Rn. 57.

426 Vgl. z. B. zu § 2 Abs. 1 Nr. 3 BAG, DB 99, 438.

427 Hierzu Pieper, AiB 01, 437.

428 Vgl. insgesamt DKKW-Klebe, Rn. 248 ff. m. w. N.

429 Hierzu auch Nickel, AiB 09, 423.

430 Vgl. BAG 13. 3. 12 – 1 ABR 78/10, NZA 12, 748; LAG 07, 425; LAG Nürnberg 16. 1. 13 – 2 TaBV 6/12, RDV 13, 203 (Ls.); DKKW-Klebe, Rn. 65, 259 und Rn. 13; zu den Überwachungsrechten des BR vgl. BAG 7. 2. 12 – 1 ABR 46/10, NZA 12, 744.

431 Feldes/Kohte/Stevens-Bartol – Feldes, SGB IX, 2. Aufl. (2011), § 83 Rn. 64.

432 BAG, DB 96, 2446; BB 97, 1364.

Gesundheitsgefahr erfordert. Bei unmittelbarer erheblicher Gefahr kann sich ein **Entfernungsrecht** gem. § 9 Abs. 3 ArbSchG ergeben, das keine Pflichtverletzung des AG voraussetzt (vgl. auch § 91 Rn. 11). Die AN haben gemäß §§ 618 Abs. 1 BGB, 5 Abs. 1 ArbSchG einen privatrechtlichen Anspruch gegen den AG auf eine Beurteilung der mit ihrer Beschäftigung verbundenen Gefährdung. Dieser beinhaltet wegen des dem AG eingeräumten Handlungs-/Beurteilungsspielraums allerdings nicht, dass die Gefährdungsbeurteilung nach bestimmten vom AN vorgegebenen Kriterien durchgeführt wird, sondern nur, dass der AG den Beurteilungsspielraum ordnungsgemäß ausfüllt bzw. sein Initiativrecht geltend macht, um mit dem BR die erforderliche Einigung zu erzielen.[433] Die Kosten, die durch arbeitsschutzrechtliche Vorschriften entstehen, hat der AG zu tragen (vgl. § 3 Abs. 2 ArbSchG).[434]

h) Sozialeinrichtungen (Nr. 8)

Als **Sozialeinrichtungen** gelten alle Einrichtungen des Betriebs (UN   **49** oder Konzern), durch die den AN oder ihren Angehörigen über das Entgelt hinaus, das unmittelbar im Austauschverhältnis zur Arbeitsleistung steht,[435] **zusätzliche Vorteile** gewährt werden. Unentgeltlichkeit ist nicht Voraussetzung, eine Sozialeinrichtung kann sogar dann vorliegen, wenn der AG auf Dauer kostendeckende Einnahmen erzielen will.[436] Dem sozialen Zweck bzw. der Begrenzung des Wirkungsbereichs auf Betrieb/UN/Konzern widerspricht nicht, dass gelegentlich auch Gäste, die nicht dem Betrieb angehören, die Einrichtung nutzen.[437] Es muss allerdings auf Dauer eine gewisse Organisation vorhanden sein, die sich mit der anfallenden Verwaltung befasst (»zweckgebundenes Sondervermögen«).[438] Zu den Sozialeinrichtungen zählen u. a. **Kantinen** und Werksküchen,[439] Verkaufsautomaten, der Betrieb eines Selbstbedienungsladens durch einen rechtlich selbständigen Dritten, wenn der AG Räume zur Verfügung stellt und Kosten übernimmt,[440] **Beschäftigungs- und Qualifizierungsgesellschaften** eines AG, die mit den früheren Beschäftigten

---

433 BAG, DB 08, 2030; Gäbert, AiB 08, 640.

434 Vgl. auch BAG, BB 98, 2527; zu Bildschirmarbeitsbrillen: Anhang Teil 4 (2) 1 ArbMedVV und ArbG Neumünster, AiB 01, 244 m. Anm. Bertelsmann; Rundnagel/Seefried, AiB 01, 420.

435 Vgl. BAG, NZA 98, 1185.

436 BAG, ZIP 01, 262; NZA 09, 562.

437 BAG, ZIP 01, 262; NZA 09, 562.

438 Vgl. z. B. BAG, NZA 98, 1185; 02, 230; 8.11.11 – 1 ABR 37/10, NZA 12, 462.

439 BAG, DB 88, 404; ZIP 01, 262; Martini, AiB 13, 29; vgl. auch DKKW F-Klebe/Heilmann, § 87 Rn. 43 und 44 (Mustervereinbarungen Betriebsrestaurant und elektronische Kantinenabrechnung).

440 LAG Hamm, 2.3.83 – 12 TaBV 68/82.

Arbeitsverhältnisse eingehen, um ihnen den Bezug von Kurzarbeiter-geld zu ermöglichen,[441] **Sportanlagen**, Bibliotheken, **Erholungs-heime, Fortbildungseinrichtungen** und **Kindergärten**,[442] nicht jedoch ein **Betriebsausflug**[443] oder ein **ärztlicher Liquidations-pool** (vgl. aber auch Rn. 58).[444] Ein Werkverkehr mit Bussen kann eine Sozialeinrichtung darstellen, wenn eine eigenständige Organisa-tion mit abgesonderten Betriebsmitteln vorliegt.[445] **Betriebliche Pensions-** und **Unterstützungseinrichtungen**[446] sind nur dann als Sozialeinrichtungen anzusehen, wenn die Leistungen aus einem zweckgebundenen Sondervermögen erbracht werden.[447] Sog. **Di-rektzusagen** sind keine Sozialeinrichtungen,[448] unterliegen aber der MB nach Nr. 10 (vgl. Rn. 66). Die Vorschrift greift auch bei der Durchführung des AN-Anspruchs auf **Umwandlung von Entgelt in Versorgungszusagen** ein (vgl. auch Rn. 27, 66).[449] Die Sozialein-richtung kann auch von mehreren UN gemeinsam errichtet werden, wie z. B. bei einer Unterstützungskasse (Rn. 51) oder einer Kantine, die in einem Industriepark von einem Caterer für mehrere angesie-delte Firmen, die die Preise für ihre Beschäftigten subventionieren, betrieben wird.

50 Der MB des BR unterliegen die Form, Ausgestaltung und Verwaltung der Sozialeinrichtung.[450] Unter »Form« ist die juristische Gestaltung (eingetragener Verein, GmbH u. Ä.) zu verstehen. Zur »Ausgestaltung« der Sozialeinrichtung gehört insbesondere deren gesamte Organisati-on, wie z. B. die Satzung, eine Nutzungsordnung und ein Leistungs-plan sowie deren Änderung.[451] Zur »Verwaltung« zählt nicht nur die Aufstellung allgemeiner Verwaltungsrichtlinien; die MB erstreckt sich vielmehr auch auf die **einzelnen Verwaltungsmaßnahmen**.[452] Dazu zählen auch bei freiwilligen, jederzeit widerruflichen Leistungen die Verteilung der zur Verfügung stehenden finanziellen Mittel (Leistungs-plan) und die konkrete Auswahl der begünstigten AN.[453] Darüber hinaus ist die **Änderung des Leistungsplans** mitbestimmungspflich-

---

441 BAG, NZA 02, 230.
442 BAG, DB 82, 811; NZA 09, 562; DKKWF-Klebe/Heilmann, § 87 Rn. 45 (Mustervereinbarung).
443 BAG, BB 98, 1419; kritisch Grimberg, AiB 98, 711.
444 BAG, NZA 98, 1185.
445 BAG, DB 86, 230.
446 Vgl. auch Furier, AiB 99, 197.
447 BAG, DB 88, 2411; 09, 1079; NZA 09, 562; 8. 11. 11 – 1 ABR 37/10, NZA 12, 462.
448 BAG, BB 75, 1062; 75, 1064; 76, 1175.
449 DKKW-Klebe, Rn. 326 f.
450 BAG, DB 88, 2411.
451 BAG, DB 09, 1079.
452 BAG 14. 2. 67, AP Nr. 9 zu § 56 BetrVG Wohlfahrtseinrichtungen.
453 Vgl. BAG, DB 78, 2189; 88, 2411.

tig.[454] Bei einer **Werkskantine** unterliegt die Festsetzung der einzelnen Kantinenpreise, der Öffnungszeiten und auch die Frage dem MBR, wer sie nutzen darf und wie (dabei können allerdings AN, die das Essen nicht in Anspruch nehmen, nicht zur Kostentragung verpflichtet werden; vgl. auch Rn. 12).[455] Der AG kann zudem nicht ohne Zustimmung des BR die bisher übliche Nutzung (z. B. für Jubiläumsfeiern der AN) einschränken.[456]

Wird die Sozialeinrichtung als selbständige juristische Einrichtung betrieben, kann der MB dadurch Rechnung getragen werden, dass der BR in den zur Entscheidung befugten Organen **paritätisch** vertreten ist oder die zu treffenden Entscheidungen **unmittelbar zwischen BR und AG** vereinbart werden.[457] Wird das MBR z. B. bei der Aufstellung einer neuen Leistungsordnung verletzt, ist der Widerruf der Versorgungszusagen (individualrechtlich) unwirksam.[458] Sind an einer Unterstützungskasse allerdings mehrere UN beteiligt, setzen Ansprüche einzelner AN wegen Verletzung der MBR voraus, dass die Verletzung bei der Willensbildung in der **Gruppenunterstützungskasse** für die nachteilige Änderung der Leistungsrichtlinien kausal werden konnte.[459] Konkurrenzprobleme können auftauchen, wenn die Sozialeinrichtung ein eigener Betrieb mit BR ist. Im Hinblick z. B. auf die Öffnungszeiten bestimmt der BR dann nach Nr. 2 mit. Für den BR des Stammbetriebs besteht demgegenüber ein MBR nach Nr. 8 wegen der Ausgestaltung. In diesem Fall muss zunächst im Stammbetrieb eine Lösung gefunden, ein einheitlicher Wille gebildet werden. Die Betriebsparteien der Sozialeinrichtung haben diese Einigung dann als betriebliche Belange zu berücksichtigen.[460]

51

Der BR als solcher kann nicht Träger einer Sozialeinrichtung sein, weil er insoweit weder rechts- noch vermögensfähig ist. Allerdings kann dem BR die **Alleinverwaltung einer Sozialeinrichtung** übertragen werden.[461]

52

Nicht der MB unterliegen die Errichtung und Schließung einer Sozialeinrichtung, die Festlegung des allgemeinen Benutzerkreises[462] sowie die sog. Dotierung. Der **AG bestimmt** also **allein, welche finanziellen Mittel** er der Einrichtung zur Verfügung stellt.[463] Führt der

53

---

454 BAG 5. 6. 84, AP Nr. 3 zu § 1 BetrAVG Unterstützungskassen.
455 BAG, ZIP 01, 262.
456 BAG, DB 88, 404.
457 BAG, DB 78, 2189; 88, 2411; 03, 293.
458 BAG, DB 88, 2411; 92, 1885.
459 BAG, DB 89, 2491.
460 BAG, NZA 09, 562.
461 BAG, DB 86, 2680.
462 Vgl. hierzu aber auch BAG, DB 88, 2411.
463 Vgl. z. B. BAG 9. 12. 08 – 3 AZR 384/07.

AG eine **Kürzung** durch, bestimmt der BR aber bei der Neuverteilung der Mittel mit.[464]

i) Wohnraum (Nr. 9)

54 Das MBR[465] erstreckt sich auf die Zuweisung von Wohnräumen (insbesondere Werkmietwohnungen)[466] aller Art, soweit diese im Eigentum des AG stehen oder dem AG daran ein Verfügungsrecht zusteht. Auch die **Zuweisung an leit. Ang.** kann nur mit Zustimmung des BR erfolgen, wenn ein einheitlicher Bestand von Wohnungen vorliegt.[467] Das MBR besteht auch ansonsten, wenn Wohnungen auch an dritte Personen, die nicht vom BR repräsentiert werden, vergeben werden. Es ist gleich, ob zwischen dem AG und dem Dritten ein Vertragsverhältnis besteht.[468] Nicht dem MBR unterliegt, ob der Arbeitgeber **überhaupt Wohnraum zur Verfügung** stellt oder diesen später entwidmet.[469] Auch hinsichtlich der finanziellen Mittel, die er zur Verfügung stellt, ist der AG frei.

55 Zu den **Nutzungsbedingungen** zählt u. a. der Inhalt der Mietverträge und der Hausordnung. Aber auch die Festsetzung der Miethöhe (im Rahmen der vorgegebenen Dotierung)[470] gehört dazu. Die Erhöhung der **Grundmiete** kann nur unter Berücksichtigung des MBR erfolgen.[471] Die MB besteht zudem bei der Festlegung der **Übernachtungsgebühren** für AN in einem möblierten betrieblichen Wohnheim.[472] Dagegen gehört die Lieferung von Heizgas nicht zu den Nutzungsbedingungen, wenn der AG nur die Wohnräume einschließlich einer Heizgelegenheit zur Verfügung stellt.[473] Auch die **Kündigung der Wohnräume** unterliegt dem MBR. Handelt es sich um einen einheitlichen Bestand ohne feste Zuordnung, erfasst das MBR alle Wohnungen und nicht nur die der AN.[474] Es ist davon auszugehen, dass die fristgerechte Kündigung des Mietverhältnisses regelmäßig nur in Verbindung mit der gleichzeitigen Beendigung

---

464   BAG, DB 88, 2411; 03, 293; 09, 1079; zur Kündigung und Nachwirkung einer BV zur Altersversorgung vgl. BAG, AuR 00, 386 mit kritischer Anm. Herbst/ Matthes; NZA 02, 575.

465   **Mustervereinbarung** bei DKKWF-Klebe/Heilmann, § 87 Rn. 48.

466   **Checkliste** bei DKKWF-Klebe/Heilmann, § 87 Rn. 47; vgl. hierzu und zu Rechtswegfragen bei Streitigkeiten BAG, DB 00, 628: Für Werkmietwohnungen ist das AG, für Werkdienstwohnungen das ArbG zu ständig.

467   BAG, DB 74, 1627; NZA, 93, 766.

468   BAG, NZA 93, 272 und 766.

469   Vgl. z. B. BAG, NZA 93, 766.

470   BAG, NZA 93, 272.

471   BAG, DB 73, 1458.

472   BAG v. 3. 6. 76, AP Nr. 3 zu § 87 BetrVG 1972 Werkmietwohnungen.

473   BAG, DB 86, 704.

474   BAG, NZA 93, 272.

des Arbeitsverhältnisses möglich ist. Das MBR bleibt auch bestehen, wenn das Arbeitsverhältnis bereits beendet worden ist.[475] Eine ohne Beachtung des MBR ausgesprochene **Kündigung ist unwirksam.** Unabhängig von der MB kann der AN auch mietrechtlichen Schutz in Anspruch nehmen.

j) Betriebliche Lohngestaltung (Nr. 10)

Betriebliche Lohngestaltung i. S. dieser Bestimmung ist die Fest- **56** legung allgemeiner Regelungen, die sich auf die Grundlagen der Entgeltfindung (Lohn ist i. S. von Entgelt allgemein zu verstehen) beziehen.[476] Das MBR in diesem Bereich soll den AN, sofern kein **TV** eingreift (Rn. 7), vor einer einseitig an den Interessen des AG orientierten oder gar willkürlichen Lohngestaltung schützen. Dabei geht es um die **Angemessenheit und Durchsichtigkeit des innerbetrieblichen Lohngefüges,**[477] nach h. M. und Rspr. des BAG **nicht jedoch um die Entgelthöhe.**[478] Dennoch können auch auf diesem Wege die finanziellen Aufwendungen des AG erhöht werden, wenn der BR eine Lohnfindung unter dem Gesichtspunkt der Lohngerechtigkeit (zusätzliche Vergütung für zusätzliche Leistung; § 75) betreibt[479] oder der AG ohne Beachtung des MBR Leistungen gewährt hat **und** die Ansprüche der begünstigten AN wirksam sind, der AG die Gelder also nicht zurückfordern kann.[480] Wird das MBR, z. B. bei Anrechnung/Widerruf von **über-/außertariflichen Zulagen,** nicht beachtet, sind die Maßnahmen des AG gegenüber dem einzelnen AN unwirksam (vgl. auch Rn. 1 m. w. N.),[481] sie behalten also ihren bisherigen Zahlungsanspruch. Allein aus der Verletzung der MBR kann sich allerdings ein Anspruch, der bisher nicht bestanden hat, nicht ergeben.[482] Darüber hinaus ist die **individualrechtliche Zulässigkeit einer Verrechnung** jeweils zu prüfen,[483] nach der Einbeziehung von **Formulararbeitsverträgen** bzw. allgemeinen Arbeitsbedingungen in die **AGB-Kontrolle** (§§ 310 Abs. 4, 305 ff. BGB) auch unter den dort aufgeführten Kriterien.[484] Durch das **FMStFG** und die hierzu ergangene DurchführungsVO wird die Wirksamkeit von BV zu be-

---

475 BAG, NZA 93, 272.
476 BAG, DB 80, 1895; 94, 1573.
477 Vgl. z. B. BAG, DB 86, 914; NZA 04, 746; NZA 11, 1239; 30. 10. 12 – 1 ABR 61/11, NZA 13, 522 und Herbst, AiB 86, 186 ff.
478 Vgl. z. B. DB 95, 2610; NZA 06,1367; NZA-RR 11, 644; 18. 10. 11 – 1 ABR 25/10, NZA 12, 392; 30. 10. 12 – 1 ABR 61/11, NZA 13, 522.
479 BAG 14. 6. 94 – 1 ABR 63/93, NZA 95, 543; LAG Nds. 30. 4. 13 – 1 TaBV 142/12; DKKW-Klebe, Rn. 316, 319 m. w. N. zur BAG-Rspr.
480 BAG, DB 95, 680.
481 BAG, DB 91, 2593.
482 BAG, DB 92, 687; NZA 08, 888.
483 Vgl. z. B. BAG, NZA 93, 806; 09, 49; DB 09, 2787.
484 Hierzu BAG, NZA 05, 1111 m. w. N; 07, 853; 11, 796.

trieblichen Vergütungssystemen nicht betroffen. Die Umsetzung etwaiger Auflagen (vgl. § 5 Abs. 2 Nr. 3 der DurchführungsVO) bedarf einer vorherigen Kündigung der BV.

57 Das MBR besteht nur bei **kollektiven Tatbeständen**.[485] Um solche handelt es sich z. B. bei übertariflichen Zulagen immer, wenn die Verteilungsgrundsätze geändert werden.[486] Ein **kollektiver Tatbestand**, für den die Zahl der betroffenen AN ein Indiz sein kann,[487] liegt vor, wenn die Zulagen für einzelne AN **wegen besonderer Leistungen** gewährt[488] oder wegen unzureichender Arbeitsleistung,[489] der Kürze der Betriebszugehörigkeit, der absehbaren Beendigung des Arbeitsverhältnisses, **Mutterschutzes, Erziehungsurlaubs,**[490] wegen der Erhöhung des Tarifgehalts aufgrund von Alterssprüngen, Höhergruppierungen oder der Steigerung tariflicher Leistungszulagen[491] oder wegen krankheitsbedingter Fehlzeiten[492] gekürzt werden sollen.[493] **Keine kollektiven Tatbestände** liegen z. B. vor, falls die Tariflohnerhöhung gegenüber einem einzelnen AN mit Rücksicht darauf angerechnet wird, dass dieser trotz Umsetzung auf einen niedriger bewerteten Arbeitsplatz seine bisherige Vergütung behalten hat[494] oder er dies zur Vermeidung steuerlicher Nachteile wünscht.[495]

58 Zu den Fragen der betrieblichen Lohngestaltung gehören alle **Formen der Vergütung**, alle Geld- oder geldwerten Leistungen/Vorteile, die aus Anlass eines Arbeitsverhältnisses gewährt werden, auch wenn es **Einmalzahlungen** sind.[496] Nicht erfasst werden daher Zahlungen, die **keinen Vergütungscharakter** haben, also z. B. reiner **Aufwendungsersatz**, wie die Erstattung von Umzugskosten und Kontoführungsgebühren oder die Zahlung einer Reinigungspauschale.[497] Auch die **Zuweisung eines eigenen Büros** und eines gesonderten Mitarbeiters haben keinen Entgeltcharakter.[498] **Spesen** sind nach Auffas-

---

485 BAG, DB 95, 680; 97, 332; NZA 98, 1237; 00, 1066.

486 Vgl. z. B. BAG, DB 93, 380, DB 93, 1143.

487 BAG DB 97, 2081; NZA 07, 99.

488 BAG, NZA 00, 1066.

489 BAG, DB 93, 385, DB 93, 1143.

490 Vgl. zu diesen Beispielen BAG, DB 93, 1143.

491 BAG, DB 97, 2081.

492 BAG, DB 93, 382 und 1143.

493 Vgl. LAG Hamm, NZA 95, 93 und die Vorinstanz ArbG Paderborn, AiB 94, 249 im Falle der Anrechnung bei allen Arb., nicht aber bei den Ang.

494 BAG, DB 93, 384.

495 BAG, DB 93, 1143.

496 BAG, NZA 00, 1066; NZA-RR 08, 469; 30. 10. 12 – 1 ABR 61/11, NZA 13, 522.

497 Vgl. BAG, DB 09, 2662.

498 BAG, DB 05, 2585.

sung des BAG[499] auch dann Aufwendungsersatz, wenn sie die Pauschal-
beträge übersteigen, die lohnsteuerfrei bleiben, es sei denn, sie übersteigen von vornherein die Aufwendungen, die der AG für erforderlich
halten kann. Andererseits soll der steuerpflichtige Teil der **Nahauslösung** Entgelt sein (vgl. auch Rn. 13).[500] Zur Lohngestaltung gehören
alle AG-Leistungen, bei denen die Bemessung nach bestimmten
Grundsätzen oder nach einem System erfolgt.[501] Demnach unterliegen
beispielsweise der MB auch alle allgemeinen **freiwilligen Leistungen**, wie z. B. Zulagen des AG, die dieser zusätzlich zum tariflich
geregelten Entgelt zahlt.[502] Hierbei erfasst die MB zumindest, ob die
Zahlung, zu der sich der AG zuvor entschlossen hat, überhaupt gewährt und wie sie im Einzelnen ausgestaltet werden soll.[503] **Mitbestimmungsfrei** soll der AG entscheiden können, ob er eine Leistung erbringt / einstellt, welche finanziellen Mittel er zur Verfügung
stellt, welchen Zweck er mit der Leistung verfolgt und wie er den
begünstigten Personenkreis abstrakt eingrenzt.[504] Dieser Auffassung
kann nicht allgemein gefolgt werden.[505] Das MBR kann auch dann
bestehen, wenn eine zusätzliche Sozialleistung nicht nur gekürzt,
sondern vollständig in Wegfall gebracht werden soll.[506] Zudem kann
die Ausübung des MBR durchaus zu einer Ausweitung des Dotierungsrahmens führen (vgl. auch Rn. 56).[507]

Will der AG die finanzielle Belastung durch freiwillige **übertarifliche**   **59**
Zulagen[508] insgesamt kürzen, hat der BR darüber mitzubestimmen,
wie das **gekürzte Zulagenvolumen** auf die betroffenen AN **verteilt**
werden soll,[509] auch wenn die Zulage »automatisch« auf eine Tariflohnerhöhung angerechnet wird, die zum Ausgleich einer Arbeitszeit-
verkürzung gewährt wurde.[510]

---

499 NZA 99, 381.

500 BAG, DB 98, 2170; DKKW-Klebe, Rn. 302.

501 BAG, DB 86, 2340; 88, 1551.

502 BAG, DB 90, 1238; NZA 04, 803; NZA-RR 08, 469; zur MB bei Verteilung
des »Liquidationspools« von Chefärzten an nachgeordnete Ärzte vgl. BAG,
NZA 98, 1185.

503 BAG, DB 88, 1551; NZA 11, 475; 11, 598.

504 BAG, DB 90, 1238 m. w. N.; 02, 380; 04, 883; 13. 12. 11 – 1 AZR 508/10,
NZA 12, 876.

505 Vgl. DKKW-Klebe, Rn. 314 ff.

506 ArbG Mannheim, AiB 88, 88; Trittin, AiB 88, 81 ff.

507 Vgl. BAG, DB 88, 1551; 20. 3. 90 – 1 ABN 61/89; 14. 6. 94 – 1 ABR 63/93,
NZA 95, 543; LAG Nds. 30. 4. 13 – 1 TaBV 142/12.

508 Vgl. DKKWF-Klebe/Heilmann, § 87 mit Checkliste (Rn. 51) und Mustervereinbarung (Rn. 52).

509 BAG, DB 88, 1223 f.; DB 92, 1579; BB 93, 135; NZA 03, 224.

510 BAG, DB 92, 1579; zur **individualrechtlichen Zulässigkeit** vgl. BAG, DB
96, 1630; NZA 02, 342; BB 04, 2082; DB 08, 2766; 09, 2787 und Rn. 56; zur
Absicherung der AN gegen Kürzungen/Anrechnungen vgl. BAG, NZA 02,
342; 06, 1170.

60 Das BAG[511] hat folgende Grundsätze aufgestellt:

- Anrechnung/Widerruf lösen das MBR aus, wenn sich die **Verteilungsgrundsätze** für die Zulagen ändern und dem AG Spielraum für eine andere Verteilung bleibt;[512]

- auch bei einer prozentual gleichmäßigen Verrechnung der Tariflohnerhöhung mit allen Zulagen entfällt das MBR nur, wenn das **Verhältnis der Zulagen zueinander** unverändert bleibt;[513]

- das MBR scheidet demgegenüber aus, wenn der AG die bisherigen Verteilungsgrundsätze beachtet, wenn Anrechnung bzw. Widerruf zum **vollständigen Wegfall** der Zulagen führen[514] oder der Änderung der Verteilungsgrundsätze **rechtliche Hindernisse** entgegenstehen, wie z. B. bei einer vollständigen und gleichmäßigen Verrechnung der Tariflohnerhöhung auf alle Zulagen.[515] Dies gilt nach Auffassung des BAG auch, wenn der AG die Anrechnung bei wenigen AN **irrtümlich** unterlässt, die betroffenen AN aber **unmittelbar nach Feststellung** seines Irrtums über die nunmehrige Anrechnung informiert.[516] Für den Irrtum ist der AG darlegungs- und beweispflichtig. Der für die Ausübung des MBR erforderliche Regelungsspielraum bleibt allerdings für den AG erhalten, wenn er bei einer Tariflohnerhöhung auch die in unterschiedlicher Höhe gezahlten übertariflichen Zulagen ohne Rechtspflicht entsprechend anhebt und diese gleichzeitig voll auf eine neu geschaffene tarifliche Zulage anrechnet.[517] Das MBR bei den Verteilungsgrundsätzen ist ebenso wie **§ 2 Abs. 1** auch dann verletzt, wenn der AG keine Verhandlungen über seine Grundsätze zulässt und für den Fall abweichender Vorstellungen des BR zur Verteilung von vornherein eine mitbestimmungsfreie Vollanrechnung vorsieht.[518]

61 Dem BAG ist zuzustimmen, dass das MBR ausscheidet, falls die bishe-

---

511 DB 92, 1579.

512 Vgl. auch BAG, NZA 09, 684; 22. 5. 12 – 1 AZR 94/11, NZA 12, 1234.

513 Vgl. BAG, DB 96, 736 zur Zulässigkeit der unterschiedlichen Verrechnung in zwei verschiedenartigen betrieblichen Entgeltsystemen.

514 Z. B. BAG 22. 5. 12 – 1 AZR 94/11, NZA 12, 1234; vgl. aber auch BAG, DB 95, 1410; 95, 1411; 05, 168: **MBR** bei vollständiger Streichung der Zulage, wenn aufgrund einheitlicher Konzeption des AG anschließend, möglicherweise auch erst Monate später, von ihm eine neue Zulage gewährt wird.

515 Ebenso BAG, BB 93, 135; 98, 1419; NZA 07, 1303; 22. 5. 12 – 1 AZR 94/11, NZA 12, 1234; vgl. hierzu auch BAG, NZA 09, 684, das eine nur teilweise Verrechnung annimmt, wenn der AG bei zeitlich versetzten mehrstufigen Tariferhöhungen aufgrund seiner Gesamtkonzeption nur eine Stufe vollständig verrechnet; vgl. zur **betrieblichen Altersversorgung** BAG, DB 00, 525 und 774.

516 BB 96, 646.

517 BAG, DB 95, 1917.

518 BAG, DB 98, 2120; vgl. auch LAG Düsseldorf, AiB 07, 428 m. Anm. v. Trittin.

rigen Verteilungsgrundsätze beibehalten werden. Seine Auffassung, bei **vollständiger und gleichmäßiger Anrechnung** sei das MBR auch ausgeschlossen, wenn sich die Verteilungsgrundsätze ändern, ist allerdings **abzulehnen.** Hier sind ebenfalls Fragen der innerbetrieblichen Lohngerechtigkeit betroffen. Der AG kann durchaus individuelle Verpflichtungen und MBR nebeneinander beachten und harmonisieren.[519] Bei mitbestimmungspflichtigen Anrechnungen kann der AG das Zulagenvolumen/die einzelnen Zulagen bis zur Einigung mit dem BR nur kürzen, wenn er die bisherigen Verteilungsgrundsätze beibehält. Ansonsten sind Anrechnung bzw. Widerruf insgesamt unwirksam.[520] Eine auf den Zeitpunkt der Tariferhöhung **zurückwirkende BV** über die Anrechnung übertariflicher Zulagen kommt ausnahmsweise in Betracht, wenn die betroffenen AN mit einer rückwirkend belastenden Regelung rechnen mussten und sich hierauf einstellen konnten.[521] Wird die **teilmitbestimmte BV** über freiwillige Leistungen vom AG gekündigt, wirkt sie gemäß § 77 Abs. 6 insgesamt nach, wenn der AG das Volumen reduzieren und den Verteilerschlüssel ändern will.[522] Die Nachwirkung soll allerdings entfallen, wenn der AG die freiwillige Leistung vollständig streichen will (vgl. hierzu aber auch Rn. 58) bzw. sich auf den Verteilungsplan begrenzen, wenn der AG das Volumen reduzieren, aber den Verteilungsplan beibehalten will.[523] Da die Nachwirkung ausschließlich vom Willen des AG abhängt, verlangt das BAG zu Recht, dass dieser sich gegenüber dem BR oder den AN festlegt, wenn er die Leistungen einstellen will. Bis zum Zugang einer solchen Erklärung wirkt die BV nach.[524]

Die Anordnung des AG, **Zeiten der Dienstbereitschaft** künftig 62 nicht mehr pauschal abzurechnen, sondern nach den **tatsächlich geleisteten Stunden,** unterliegt ebenso der MB[525] wie eine **Pauschalierung der Überstundenvergütung**[526] und die Frage, welche Zeit als Nachtarbeitszeit zuschlagspflichtig sein soll.[527] Bei der Zahlung von **Prämienlohn** erstreckt sich das MBR sowohl auf den Verlauf der Prämienkurve als auch auf die Zuordnung von Geldbeträgen zu bestimmten Leistungsgraden,[528] bei Außendienstangestellten allerdings

---

519 Vgl. im Einzelnen DKKW-Klebe, Rn. 315.
520 BAG, DB 92, 1579; 97, 332.
521 BAG, BB 96, 326.
522 BAG, DB 08, 2709; NZA 11, 475; 11, 598.
523 BAG, DB 08, 2709.
524 BAG, NZA 11, 598.
525 LAG Frankfurt, DB 85, 1799.
526 HessLAG 15. 1. 09 – 5 TaBV 140/08 für den Fall, dass der AG in den Arbeitsverträgen vereinbart, dass Mehrarbeitsstunden mit dem Jahresgehalt pauschal abgegolten sind; zur Überprüfung der Angemessenheit von Pauschalabreden gem. § 307 BGB vgl. BAG, NZA 06, 149; 06, 423 und BVerfG, NZA 07, 85.
527 BAG, DB 94, 1193.
528 BAG, DB 87, 1198.

nicht auf die Einteilung der Verkaufsgebiete.[529] Der BR hat auch
darüber mitzubestimmen, ob innerhalb eines Akkordlohnsystems die
in der Vorgabezeit enthaltene Erholungszeit zu feststehenden Kurzpausen zusammengefasst werden soll[530] und bei **Umstellung von
Akkord- auf Zeitlohn**.[531] Dann besteht u. a. ein MBR bei der Frage
der Ausgestaltung von Besitzstandsregelungen jedenfalls innerhalb eines vom AG zur Verfügung gestellten **Dotierungsrahmens**.[532]

63 Bei der Einführung und näheren Ausgestaltung einer **Vergütungsordnung**, wie z. B. dem Entgeltsystem nach Hay, besteht ein MBR,
ebenso, wenn diese abgeändert oder durch eine andere ersetzt werden
soll.[533] Der BR kann sowohl die Einführung[534] als auch Änderung in
Ausübung seines **Initiativrechts**[535] betreiben. Auch nach **Wegfall der
Tarifbindung** des AG stellt die bisherige tarifliche Vergütungsordnung weiterhin die im Betrieb geltende i. S. der Vorschrift dar. Eine
Änderung kann daher wirksam nur bei Beachtung der MBR vorgenommen werden.[536] Dies gilt daher auch, wenn der AG durch
individuelle Vereinbarungen, auch durch Vereinbarung eines schlech-
teren TV, mit den AN von einem lediglich nachwirkenden TV abweichen will oder untertarifliche Entgeltgruppen einführt, von denen
er behauptet, sie würden vom TV nicht erfasst. Ist die tarifliche
Regelung abschließend, ist die Maßnahme zudem als Verstoß gegen
den TV unwirksam und die Gewerkschaft hat einen Unterlassungsanspruch. Eine Neuregelung soll nach Auffassung des BAG nicht
vorliegen, wenn bei **unveränderter Monatsvergütung** die **Wochenarbeitszeit erhöht** wird.[537] Hierdurch verringert sich allerdings
das **Entgelt pro Zeiteinheit** und in der Regel auch die **Relation
zwischen und in den Vergütungsgruppen**. Dies rechtfertigt entgegen der Meinung des BAG die Anwendung der Vorschrift (vgl. auch
Rn. 65).[538] Ein MBR besteht auch dann, wenn der AG für die AN, auf
die kein tarifliches System Anwendung findet, eine zusätzliche **eigene
Vergütungsordnung** einführen will. Findet ein tarifliches Entgeltsystem und damit der Eingangssatz Anwendung, will das BAG **zu
Unrecht** die Regelungen des TV, soweit sie der erzwingbaren MB

---

529 BAG, DB 91, 2677.

530 BAG, DB 88, 811.

531 BAG, NZA 05, 51; 08, 469; 08, 888.

532 BAG, NZA 03, 224, das offenlässt, ob auch hinsichtlich der **Höhe** der Besitz-
standsregelung ein MBR gem. Nr. 11 besteht.

533 BAG, NZA 87, 489; NZA 04, 852; 17. 5. 11 – 1 AZR 797/09, NZA-RR 11,
644; 18. 10. 11 – 1 ABR 25/10, NZA 12, 392.

534 BAG, NZA 04, 852.

535 Vgl. z. B. BAG, NZA 08, 888.

536 BAG, NZA 04, 852; 08, 888; 11, 1239; 17. 5. 11 – 1 AZR 797/09, NZA-RR
11, 644.

537 DB 02, 798.

538 Vgl. auch BAG, NZA 98, 441; BB 98, 1419.

unterliegen, auch auf nicht tarifgebundene AN anwenden, damit keine Schutzlücke entsteht.[539] Besteht keine Tarifbindung ist die Vergütung insgesamt mit allen ihren Bestandteilen der Ausgangspunkt, die Referenz.[540] Wird diese Gesamtvergütung, z. B. durch Streichung eines für alle AN gleichen Bestandteils, verändert, ändert der AG die Entlohnungsgrundsätze, und es greift, da er in aller Regel Gestaltungsspielraum hat, das MBR ein.[541] Dabei ist es gleich, ob dieser Vergütungsteil auf einer BV oder einer individualrechtlichen Absprache beruht. Solche Absprachen sind dann bei der Ausübung des MBR zu berücksichtigen, ggf. in der ESt. als betriebliche Belange.[542] Die Vorschrift erfasst auch die Festlegung von Kriterien zur Bildung von Gehaltsgruppen der **AT-Ang**.[543] und von Wertunterschieden zwischen den Gruppen,[544] die Frage, ob die AT-Gehälter linear oder unterschiedlich nach abstrakten Kriterien erhöht werden sollen[545] und die Ausgestaltung einer für sie geschaffenen Jahressonderzahlung.[546] Das MBR soll allerdings zu Unrecht nicht bei der Festlegung der Abstände der Gehaltsgruppen zur höchsten Tarifgruppe bestehen.[547] Freiwillig kann sich der AG gemäß § 88 BetrVG zu bestimmten Erhöhungen der AT-Gehälter verpflichten.[548] Nach Auffassung des BAG[549] kann der AG im Betrieb auch mehrere **voneinander unabhängige Vergütungssysteme** anwenden. Dabei kann er allerdings nicht das MBR dadurch einschränken, dass er die Belegschaft in beliebige Gruppen aufspaltet, für die er jeweils eigene unterschiedliche Entgeltsysteme vorsieht.[550] Bestehen aus **sachlich gerechtfertigten Gründen** unterschiedliche Systeme, ist deren weitere Entwicklung jeweils für sich und nicht als einheitlicher Regelungsgegenstand im Hinblick auf MBR zu bewerten.[551]

Bei **Provisionszahlungen** besteht zumindest ein MBR nach Nr. 10 **64** (vgl. auch Rn. 71), das sich zwar nicht auf den Geldfaktor, aber auf alle anderen Elemente, die das Provisionssystem im Einzelnen ausgestalten,

539 Zur Kritik vgl. Rn. 7 und DKKW-Klebe, Rn. 37.
540 BAG 15.4.08 – 1 AZR 65/07, NZA 08, 888; 26.8.08 – 1 AZR 354/07, NZA 08, 1426; Fitting, Rn. 452.
541 BAG 26.8.08 – 1 AZR 354/07, NZA 08, 1426.
542 Vgl. z.B. BAG 26.8.08 – 1 AZR 354/07, NZA 08, 1426.
543 BAG, NZA 91, 434; DB 05, 561; vgl. auch DKKWF- Klebe/Heilmann, § 87 Rn. 49 (**Checkliste**) und Rn. 50 (Mustervereinbarung).
544 BAG 18.10.11 – 1 ABR 25/10, NZA 12, 392.
545 BAG, NZA 91, 434; DB 93, 1143.
546 BAG, DB 92, 1730.
547 BAG, NZA 91, 436 m.w.N.; DB 93, 1143; vgl. auch BAG, NZA 03, 810; a.A. zu Recht Fitting, Rn. 491.
548 BAG 18.10.11 – 1 AZR 376/10, DB 12, 356, Ls.
549 DB 04, 1508.
550 BAG, DB 96, 736; 04, 1508.
551 BAG a.a.O.; NZA 04, 803.

bezieht. Das MBR erfasst daher z. B. bei einer Abschlussprovision auch die Frage, welche Verkaufsartikel den unterschiedlich provisionierten Gruppen zuzuordnen sind.[552] Die Festlegung von Regeln für **Zielvereinbarungen** bei der Entgeltfindung unterliegt ebenfalls der MB (vgl. zudem Rn. 13, 38, 71 und § 94 Rn. 2, 13).

65   Weiter besteht ein MBR bei Gestattung einer günstigen privaten Nutzung von **Firmenwagen**,[553] Firmenkreditkarten, **Telefonanlagen/Mobiltelefonen/PC mit Internetzugang**[554] und bei Nachlässen auf vom AG bezogene Waren,[555] wie z. B. Jahreswagen, bei Regelungen des **Mankogeldes**,[556] bei der Gewährung von **Flügen**, mit denen die Übernahme von Führungsverantwortung honoriert werden soll,[557] bei einem Personaleinkauf von Kantinenwaren zum Selbstkostenpreis,[558] bei der Gestattung, dienstlich erlangte **Bonusmeilen**, die dem AG zustehen,[559] privat zu nutzen, bei der Zahlung von **Spesensätzen**, die über die steuerfrei zu zahlenden Aufwendungserstattungen hinausgehen, es sei denn, der AG belegt, dass die tatsächlichen Aufwendungen des AN höher als der Steuerfreibetrag sind,[560] von **Mietzuschüssen** oder bei steuerpflichtigen Auslösungen[561] und der Übernahme der Kosten für **Familienheimfahrten** durch den AG.[562] Gleiches gilt für die Festsetzung der **Beiträge für betriebliche Kindergärten**,[563] die Gewährung von günstigen **Firmendarlehen**,[564] **Jahressonderzahlungen**,[565] **Jubiläumszahlun-**

---

552   BAG, DB 89, 384.

553   Vgl. auch BAG NZA 02, 394; NZA 04, 1287 und ausführlich DKKW-Klebe, Rn. 331; Checkliste und Mustervereinbarung bei DKKW-F-Klebe/Heilmann, § 87 Rn. 58 und 59.

554   LAG Hamm, NZA-RR 07, 20: Nicht bei der Untersagung der privaten Nutzung.

555   BAG, ZIP 93, 1251.

556   Hjort, AiB 94, 279; vgl. auch LAG BaWü v. 14.9.93 – 13 TaBV 2/93; **Checkliste** und **Mustervereinbarung** bei DKKW-F-Klebe/Heilmann, § 87 Rn. 55 und 56.

557   LAG Köln, NZA-RR 06, 415.

558   BAG 8.11.11 – 1 ABR 37/10, NZA 12, 462.

559   BAG, DB 06, 2068.

560   DKKW-Klebe, Rn. 302; vgl. auch HessLAG, AuR 98, 170 (Vorinstanz zu BAG, NZA 99, 381); **a. A.** BAG, NZA 99, 381.

561   BAG, DB 98, 2170.

562   BAG, DB 86, 2340.

563   BAG, DB 82, 811.

564   BAG, DB 81, 996; **Mustervereinbarung** bei DKKW-F-Klebe/Heilmann § 87 Rn. 53.

565   BAG, DB 92, 1730; erfasst werden auch etwaige Rückzahlungsklauseln; vgl. DKKW-Klebe, Rn. 328 (Fn. 1435), 338 und auch BAG AP Nr. 18 zu § 87 BetrVG 1972 Lohngestaltung für **allgemeine Regeln beim Entzug von Leistungen** und auch eine Beteiligung des BR im Einzelfall vor Ausspruch des Entzugs (**str.**); vgl. insgesamt Hinrichs, AiB 01, 590.

gen,[566] **Bleibeprämien** (für ein ungekündigtes Arbeitsverhältnis zu einem bestimmten Zeitpunkt), die Ausgabe von **Belegschaftsaktien** und **Aktienoptionen**,[567] auch wenn die entsprechenden Entscheidungen (wie z. B. begünstigter Personenkreis, Verteilungskriterien) letztlich bei einer Muttergesellschaft im Ausland fallen,[568] Umsatzprämien,[569] verbilligte/kostenlose **Outplacement-Beratungen**, eine Beteiligung der AN am Ertrag des UN, Zeitgutschriften für einen Betriebsausflug als Erfolgsprämie,[570] Sonderboni oder andere **Sonderzahlungen**, auch wenn sie nur einmalig und erst nachträglich im Hinblick auf erbrachte Leistungen gezahlt werden,[571] die abstrakte Festlegung von Tatbeständen (Arbeitsplätzen), nach denen sich die Zahlung eines tariflichen Erschwerniszuschlags richten soll,[572] für die Zahlung eines **zusätzlichen Urlaubsgeldes**[573] und **Urlaubsentgelt**,[574] für Zuschüsse zu Essensmarken[575] und Fahrgeld,[576] für die Veranstaltung von Wettbewerben mit Sonderprämien für die Gewinner,[577] für die Frage, ob ein **Ausgleich für Nachtarbeit** gem. § 6 Abs. 5 ArbZG durch bezahlte freie Tage oder durch Entgeltzuschlag zu gewähren ist[578] und für die Einführung eines **Prämienplans für Unfallfreiheit**.[579]

Zur betrieblichen Lohngestaltung gehört auch die Gewährung einer **66** **betrieblichen Altersversorgung** in Form von sog. Direktzusagen oder Gruppenversicherungen.[580] Dabei unterliegen die Einführung, zu der sich der AG zuvor entschlossen hat, und die Gestaltung des **Leistungsplans** i. S. der **Verteilung der zur Verfügung gestellten Mittel** dem MBR,[581] während der AG allein die Entscheidung darüber treffen kann, welchen Personenkreis er versorgen will, welche Versorgungsform (z. B. Direktzusage) zur Anwendung kommt und welche finanziellen Mittel zur Verfügung gestellt werden.[582] Auch

---

566 DKKW-F-Klebe/Heilmann, § 87 Rn. 54 (Mustervereinbarung).
567 BAG, NZA 90, 559.
568 LAG Nürnberg, NZA-RR 02, 247.
569 BAG, DB 96, 278.
570 BAG, BB 98, 1419.
571 BAG, DB 95, 680; NZA 00, 1066.
572 BAG, DB 90, 127.
573 BAG, DB 88, 1223.
574 BAG, NZA 03, 1219.
575 BAG, DB 08, 1215.
576 Vgl. z. B. BAG 15. 1. 87, AP Nr. 21 zu § 75 BPersVG.
577 Vgl. BAG, DB 82, 1519; sog. **Incentives**.
578 BAG, NZA 98, 441; 05, 884; vgl. auch die Mustervereinbarung bei DKKW-F-Klebe/Heilmann, § 87 Rn. 57.
579 LAG SH, BetrR 81, 428.
580 BAG, DB 75, 1559; DB 04, 883; 07, 471.
581 BAG, DB 07, 471.
582 Vgl. z. B. BAG, DB 93, 1240; NZA 04, 1344.

die **Beendigung der Leistungen** und die **Auswahl** und der **Wechsel von Versicherungs-UN** sind mitbestimmungsfrei, es sei denn, hiermit ist eine Änderung des Leistungsplans verbunden.[583] Es bestehen auch MBR, wenn die betriebliche Altersversorgung durch Entgelt des AN finanziert wird, das z. B. entsprechend § 1 a BetrAVG **in Versorgungszusagen umgewandelt** worden ist (siehe auch Rn. 27, 49),[584] allerdings auch hier nicht bei der Auswahl des Versicherungsträgers.[585]

67 **Entlohnungsgrundsätze** und **Entlohnungsmethoden** sind lediglich Unterfälle der umfassenden betrieblichen Lohngestaltung und nur **beispielhaft** angeführt.[586]

68 Bei den **Entlohnungsgrundsätzen** handelt es sich um Systeme, nach denen das Arbeitsentgelt bemessen werden soll, und um ihre Ausformung.[587] Dazu zählt u. a. die Entscheidung, ob und in welchem Umfang im **Zeitlohn oder im Leistungslohn** zu arbeiten ist[588] und die entsprechende Änderung.[589] Aber auch Prämien- und andere Systeme einer erfolgsabhängigen Vergütung (z. B. Provisionen) sowie ihre Ausgestaltung,[590] z. B. bei **Gruppenarbeit**, gehören zu den Entlohnungsgrundsätzen. Dies gilt ebenso für ein System der Stellenbewertung und Vergütung, wie z. B. das **Entgeltsystem nach Hay**, das in den Vergütungsgruppen erhebliche Spannbreiten vorsieht und die jährlichen Erhöhungen von Beurteilungen und/oder Zielvereinbarungen abhängig macht.

69 Unter **Entlohnungsmethoden** ist die Art und Weise der Durchführung des gewählten Entlohnungssystems zu verstehen.[591] Ist z. B. festgelegt worden, dass im Akkordlohn gearbeitet wird, muss im Rahmen der Entlohnungsmethode noch bestimmt werden, ob nach einem **arbeitswissenschaftlichen System** (Refa, Bedaux) oder nach einer frei ausgehandelten Methode verfahren werden soll.[592] Gleiches gilt auch bei der Einführung von **Prämien- oder Provisionsgrundsätzen** oder eines sog. **Cafeteria-Systems** für betriebliche Sozialleistungen, bei dem die AN bei vom AG vorgegebenem Gesamtvolumen Auswahl und Zusammenstellung selbst vornehmen kön-

---

583 BAG, DB 93, 1240; 04, 883; vgl. BAG, DB 00, 525; NZA 04, 1344; 02, 575 zur Kündigung einer BV und ihren Auswirkungen.

584 Vgl. im Einzelnen DKKW-Klebe, Rn. 326 f.; a. A. Fitting, Rn. 468.

585 BAG, DB 05, 2252; vgl. die Mustervereinbarung bei DKKW-F-Klebe/Heilmann, § 87 Rn. 60.

586 BAG, DB 80, 1895.

587 BAG, DB 80, 1895; 89, 984; 10, 2807.

588 BAG, BB 91, 835 f.; NZA 05, 51; 09, 1159.

589 BAG, BB 06, 2419.

590 BAG, DB 81, 2031.

591 BAG, DB 80, 1895; 91, 2677.

592 BAG, DB 03, 212.

nen.[593] Der MB unterliegt die Einführung von Entlohnungsgrund-
sätzen/-methoden und deren **Änderung**.

k) Leistungsbezogene Entgelte (Nr. 11)

Um den mit einer Leistungsentlohnung verbundenen Gefahren zu   **70**
begegnen, gewährt die Vorschrift dem BR ein MBR bei der Festsetzung der einzelnen Sätze des jeweiligen Leistungslohnsystems (wie
z. B. der Bezugsleistung), gleich wie sie im Einzelnen ermittelt werden.[594] Die MBR beziehen sich auf den gesamten Bereich der **Leistungsentlohnung**.[595] Sie erstrecken sich zunächst auf die **Festsetzung der Akkordsätze**[596] einschließlich der **Geldfaktoren.**
Darunter ist die Festlegung aller Bezugsgrößen zu verstehen, die für
die Ermittlung und Berechnung des Akkordlohns von Bedeutung sind.
In diesem Rahmen unterliegen auch die Festsetzung und Änderung der
sog. **Vorgabezeiten** der MB[597] und dabei auch der Umfang der in die
Vorgabezeit eingehenden **Rüst-, Verteil- und Erholungszeiten.**[598]
Werden Vorgabezeiten unter Beachtung der MB entsprechend den
tarifvertraglichen und arbeitswissenschaftlichen Regeln ermittelt, so
spricht der erste Anschein für ihre Richtigkeit.[599] Gemäß Nr. 10 hat
der BR beim Übergang vom Leistungs- zum Zeitlohn jedenfalls innerhalb des vom AG zur Verfügung gestellten Dotierungsrahmens das
Recht, über **Besitzstandsregelungen** mitzubestimmen (vgl. Rn. 62).
Das BAG[600] hat offen gelassen, ob nach Nr. 11 auch die Höhe der
Besitzstandszahlung mitbestimmt ist. Bei der Festsetzung der **Prämiensätze**[601] erstreckt sich die MB ebenfalls auf die Festlegung aller
Bezugsgrößen.[602] Das MBR umfasst **Studien**, die der AG zur Meinungsbildung vor Festlegung des Zeitfaktors durchführen lässt.[603]

Nach der Auffassung des BAG sind Akkord- und Prämiensätzen »**ver-**   **71**
gleichbare leistungsbezogene Entgelte« Vergütungsformen, bei
denen eine »Leistung« des AN gemessen und mit einer Bezugsleistung

---

593   Felix/Mache, AiB 01, 338 ff.
594   BAG, NZA 04, 936; NZA 09, 1159.
595   Zum Inhalt von BV vgl. Tondorf/Mache, AiB 94, 88 ff.
596   Vgl. die Mustervereinbarung »Akkord« bei DKKW-F-Klebe/Heilmann, § 87
        Rn. 61.
597   BAG, DB 88, 811; 89, 1929; 03, 212.
598   BAG, DB 03, 212.
599   LAG Hamm, DB 91, 2247.
600   NZA 03, 224.
601   Vgl. die Mustervereinbarung »Prämienlohn« bei DKKW-F-Klebe/Heilmann,
        § 87 Rn. 62.
602   Vgl. dazu Pornschlegel, AiB 82, 9 ff. und zu den unterschiedlichen Prä-
        mienlohnsystemen DKKW-Klebe, Rn. 349.
603   LAG Berlin, LAGE § 87 BetrVG 1972 Leistungslohn Nr. 5; Fitting, Rn. 511;
        a. A. BAG, DB 79, 2427; AuR 93, 374.

(»**Normalleistung**«) verglichen wird. Dabei muss sich die Höhe der Vergütung in irgendeiner Weise nach dem Verhältnis der Leistung des AN zur Bezugsgröße bemessen.[604] Das BAG fordert zu Unrecht eine aktuelle Leistungsbeurteilung, eine Beurteilung aus dem vergangenen Jahr soll für ein leistungsbezogenes Entgelt nicht ausreichen,[605] und lässt auch eine, die sich jährlich lediglich aus der Arbeit der ersten drei Monate ergibt, nicht genügen.[606] Zu den vergleichbaren leistungsbezogenen Entgelten können auch **Zielvereinbarungen** (vgl. auch Rn. 13, 38 und § 94 Rn. 2, 13)[607] und **Provisionen** zählen, soweit sie leistungsbezogen sind.[608] Das BAG nimmt daher zu Unrecht an, dass ein MBR bei den **Abschlussprovisionen** nicht besteht[609] und verweist den BR ebenso wie bei Anteils- und Leitungsprovisionen[610] auf Nr. 10 (vgl. Rn. 64). **Programmlohn** fällt ebenso unter die Vorschrift wie **Leistungszulagen**, die der AG in entsprechenden Prozentsätzen zusätzlich zum Zeitlohn für besondere Leistungen zahlt.

72 Unter »**Geldfaktor**« i. S. dieser Vorschrift ist der Geldbetrag zu verstehen, der in einem Leistungssystem die **Lohnhöhe für die Bezugs- und Ausgangsleistung** und damit den Preis für die im Leistungslohn zu erbringende Arbeit bestimmt.[611]

73 Durch die MB bei der **Festsetzung der Geldfaktoren** ist dem BR ein unmittelbarer **Einfluss auf die Lohnhöhe** der AN eingeräumt worden.[612]

l) Vorschlagswesen (Nr. 12)

74 Die Vorschrift[613] erfasst alle sog. **Verbesserungsvorschläge**. Das sind von AN entwickelte Vorschläge, die die Vereinfachung oder Verbesserung betrieblicher Einrichtungen oder Verfahren bezwecken. Dabei handelt es sich um zusätzliche Leistungen, zu denen keine Verpflichtung des AN aufgrund des Arbeitsverhältnisses besteht.[614] Die MB erstreckt sich sowohl auf die **Einführung/Aufhebung** als auch auf die **Ausgestaltung** von Grundsätzen über das betriebliche Vorschlagswesen. Insoweit steht dem BR selbstverständlich auch ein Initiativrecht zu. Er kann also die Aufstellung allgemeiner Grundsätze für das

---

604 BAG, DB 84, 2145; NZA 04, 936; 09, 1159.
605 NZA 86, 296.
606 BB 01, 2320.
607 BAG, NZA 04, 936.
608 DKKW-Klebe, Rn. 352; a. A. Fitting, Rn. 535.
609 BAG, DB 84, 2145 unter Aufgabe seiner bisherigen Rspr.; vgl. auch BAG, DB 89, 384.
610 BAG, DB 81, 2031.
611 BAG, DB 87, 1198.
612 Vgl. z. B. BAG, DB 95, 2610; NZA 09, 1159.
613 Vgl. auch Schwab, AiB 99, 445; Fischer, AiB 01, 263.
614 BAG, DB 04, 1049; ArbG Heilbronn, DB 87, 541.

betriebliche Vorschlagswesen verlangen, sobald er hierfür ein Bedürfnis sieht.[615] Ob der AG bereits finanzielle Mittel zur Verfügung gestellt hat, ist für die MB bedeutungslos.[616]

Bei der Aufstellung von Grundsätzen über das betriebliche Vorschlagswesen[617] ist vor allem auch festzulegen, wie die Prüfung der eingereichten Vorschläge vorzunehmen ist, welche Bewertungsmethoden Anwendung finden sollen und wie bei Streitigkeiten zu verfahren ist.[618] Wird ein **Prüfungsausschuss** eingesetzt, muss dieser paritätisch (AG und BR) besetzt werden.[619] Ein solcher Ausschuss kann zur **verbindlichen Beurteilung eingereichter Verbesserungsvorschläge** gebildet werden. Mit Mehrheit getroffene tatsächliche Feststellungen und Bewertungen sind dann nur **beschränkt gerichtlich überprüfbar**.[620] Haben sich AG und BR darauf geeinigt, dass ein **Beauftragter für das betriebliche Vorschlagswesen** einzusetzen ist, soll nach der abzulehnenden Rspr. des BAG[621] der AG über die Person allein entscheiden können. Der BR bestimmt **entgegen BAG** auch darüber mit, in welchem Verhältnis die Prämie zum Jahresnutzen eines verwerteten Vorschlags stehen soll,[622] über die Annahme/Verwertung entscheidet der AG allerdings allein.[623] Das MBR besteht bei der Einführung von **KVP**[624] und von **Qualitätszirkeln**, da in diesen auch Verbesserungsvorschläge erarbeitet werden sollen.[625] **75**

Zu den Verbesserungsvorschlägen zählen nicht die AN-Erfindungen. Diese werden durch das **ArbNErfG** geregelt. **76**

m) Gruppenarbeit (Nr. 13)

Zu Nr. 13: Das MBR soll nach dem Willen des Gesetzgebers **teilautonome Gruppen** erfassen.[626] Danach ist es also nicht ausreichend, dass Beschäftigte lediglich organisatorisch in einer Gruppe zusammengefasst werden und dort in Koordination ihre Einzelaufgaben erledigen. Die Gruppe muss vielmehr eine **Gesamtaufgabe** übertragen bekommen. Durch eine Ergänzung der Einzeltätigkeiten um **vor-** **77**

---

615   BAG, DB 81, 1882.
616   BAG a.a.O.
617   **Checkliste** bei DKKW-F-Klebe/Heilmann, § 87 Rn. 64; vgl. auch Schwab, AiB 07, 520.
618   Vgl. z.B. LAG Saarland, BB 96, 487 zur Beschränkung der Prozessführungsbefugnis auf ein bevollmächtigtes Gruppenmitglied bei Gruppenvorschlägen.
619   So wohl auch BAG, DB 04, 1049; **a.A.** BAG, DB 81, 1882.
620   BAG, DB 04, 1049.
621   DB 82, 1468.
622   DKKW-Klebe, Rn. 370; **a.A.** allerdings BAG a.a.O.
623   BAG a.a.O.
624   ArbG Elmshorn, AiB 95, 675 zur Einsetzung einer ESt.
625   Schwab, AiB 07, 520.
626   BT-Drucks. 14/5741, S. 47.

und nachgelagerte Aufgaben, wie qualitätssichernde Arbeiten sowie dispositive, nicht disziplinarische, Vorgesetztenfunktionen, kann so eine Gesamtaufgabe definiert werden, die die einzelnen Arbeitsaufgaben zusammenfasst und nach deren Ausführung ein abgegrenztes, abgeschlossenes Gesamtergebnis der Gruppe steht, wie ein komplettes Produkt/Dienstleistung oder ein Produktteil. Darüber hinaus muss die Gruppe ihre Arbeit **im Wesentlichen eigenverantwortlich** erledigen. Sie muss also eigenständig die einzelnen Arbeitsschritte organisieren, d.h. planen, steuern und verteilen und das Ergebnis kontrollieren. Ohne diese Entscheidungskompetenz für die konkrete Arbeitsorganisation liegt, wie z.B. bei einer Akkordkolonne, keine Gruppenarbeit i.S. von Nr. 13 vor. Auch eine lediglich überwiegend eigenverantwortliche Erledigung der Gesamtaufgabe würde nicht ausreichen. Diese muss der Arbeitsgruppe schließlich **im Rahmen des betrieblichen Arbeitsablaufes** übertragen worden sein. Das bedeutet jedoch nicht, dass damit **Projekt- und Steuerungsgruppen**[627] ausscheiden müssten.[628] Auch diese Arbeitsformen können im Betrieb oder in einzelnen Abteilungen eine übliche Arbeitsorganisation sein. Der **Gruppenbegriff in** § 28a ist demgegenüber erheblich weiter gefasst. Zudem ist dort der Regelungsgegenstand ein anderer (vgl. § 28a Rn. 6).[629]

78 Das MBR betrifft **Grundsätze** über die **Durchführung** der Gruppenarbeit. Die Entscheidung über ihre **Einführung** und **Beendigung** soll dem AG also allein überlassen bleiben. Sobald er allerdings die Entscheidung getroffen hat, ist der BR einzuschalten. Mit der Gruppenarbeit kann erst nach einer entsprechenden Einigung mit ihm begonnen werden, anderenfalls ist die Einführung unwirksam (vgl. Rn. 1). Unter Grundsätzen sind **allgemeine Regeln** zu verstehen. Diese können vor allem die interne Arbeitsorganisation betreffen, da nach der Definition Gruppenarbeit mit einem erheblichen Maß von Eigenverantwortung verbunden ist. Die Grundsätze können so z.B. Festlegungen über einen **Aufgabenwechsel in der Gruppe**, die **interne Kommunikation,** die **internen Entscheidungsstrukturen** (z.B. Wahl von **Gruppensprechern,** deren Stellung und Aufgaben) und die innerbetriebliche Koordination mit anderen Gruppen betreffen. Auch Regeln für die **Gruppenzusammensetzung** und ihre **Größe** sowie für Konfliktlösungen in der Gruppe sind möglich.[630]

79 Die schon **bisher bestehenden Rechte** des BR bei Gruppenarbeit, wie z.B. Informations- und Beratungsrechte nach §§ 90, 92, 106, 111

---

627 Vgl. auch DKKW-F-Klebe/Heilmann, § 87 Rn. 11: Mustervereinbarung Projektarbeit.

628 So aber BT-Drucks. 14/5741, S. 48.

629 Vgl. auch Malottke, AiB 01, 625; Wedde, AiB 01, 630 mit dem Entwurf einer Rahmen-BV.

630 Checkliste bei DKKW-F-Klebe/Heilmann, § 87 Rn. 65.

und MBR gemäß § 87 Abs. 1 Nr. 1, 6, 10, 12, § 95 oder § 111[631] werden durch die Vorschrift nicht berührt. Ebenso ist § 99 zu beachten, da die Zuweisung von Gruppenarbeit regelmäßig eine **Versetzung** darstellt. **Individualrechtlich** setzt diese voraus, dass der Arbeitsvertrag auch Gruppenarbeit abdeckt. Ansonsten ist eine **Vertragsänderung** – einverständlich oder mit einer Änderungskündigung – erforderlich.

Bestand **bei Inkrafttreten des Gesetzes 2001** bereits eine BV, die durch schon zuvor bestehende MBR abgedeckt war, kann diese nach den allgemeinen Regeln gekündigt werden und hat Nachwirkung. Bestand eine BV, die bisher **freiwillig** war und jetzt erzwingbar geworden ist, so kann diese Regelung jederzeit durch eine neue, nunmehr **mitbestimmte BV** abgelöst werden, weil das MBR unverbraucht ist.

3. Einigungsstelle

Für den Fall, dass in einer dem MBR unterliegenden Angelegenheit **80** eine Übereinstimmung zwischen AG und BR nicht erzielt werden kann, besteht die Möglichkeit der **Anrufung der betriebsverfassungsrechtlichen ESt.** Streitigkeiten über ihre Bildung sind in § 98 ArbGG und § 76 Abs. 2 Satz 2 und 3 geregelt. Die Anträge können vom Gericht nur zurückgewiesen werden, wenn die ESt. **offensichtlich unzuständig** ist (vgl. § 76 Rn. 3). Der Spruch der ESt. ersetzt die nicht zustande gekommene Einigung der Betriebsparteien (zur Möglichkeit der Überprüfung des Spruchs durch das ArbG und zum ESt.-Verfahren selbst vgl. die Erl. zu § 76). Die Betriebsparteien können die ESt. auch nicht durch eine betriebliche Schiedsstelle/paritätisch besetzte Kommission ersetzen.[632]

4. Gerichtliche Streitigkeiten

Geht es nicht um die Schaffung einer Regelung, sondern um die Frage, **81** ob und in welchem Umfang ein MBR besteht, entscheidet das ArbG im **Beschlussverfahren**. Verstößt der AG gegen MBR nach Abs. 1, kann der BR auch außerhalb von § 23 Abs. 3 (vgl. dort Rn. 9 ff., 13) einen **allgemeinen Anspruch auf Unterlassung** der mitbestimmungswidrigen Maßnahme geltend machen[633] bzw. auf deren **Besei-**

---

631 Hierzu LAG Nürnberg, AiB 04, 438.

632 HessLAG 15.11.12 – 5 TaBVGa 257/12.

633 BAG, DB 94, 2450; BB 06, 2419; NZA 07, 1240; 09, 1430; vgl. auch BAG, NZA 05, 313; 11, 364 (Bestimmtheit einer Unterlassungsverpflichtung) und BAG, NZA 07, 818 (Höchstgrenze des § 23 Abs. 3 Satz 5 für die Festsetzung von Ordnungsgeld für jede Zuwiderhandlung auch beim allgemeinen Unterlassungsanspruch); eine Androhung und Verhängung von Ordnungshaft kommt zur Durchsetzung einer Unterlassungsverpflichtung des AG nicht in Betracht [BAG, NZA 11, 174.

tigung, falls sie schon vollzogen ist und fortwirkt.[634] Ist das MBR bereits verletzt worden, besteht der Unterlassungsanspruch bei **Wiederholungsgefahr**. Für diese spricht eine tatsächliche Vermutung, es sei denn, besondere Umstände machen eine erneute Verletzung unwahrscheinlich.[635] Bei entsprechender Eilbedürftigkeit kann der BR den Unterlassungs- und auch den Beseitigungsanspruch mit einer **einstweiligen Verfügung** durchsetzen.[636]

§ 88 Freiwillige Betriebsvereinbarungen

Durch Betriebsvereinbarung können insbesondere geregelt werden

1. **zusätzliche Maßnahmen zur Verhütung von Arbeitsunfällen und Gesundheitsschädigungen;**

1a. **Maßnahmen des betrieblichen Umweltschutzes;**

2. **die Errichtung von Sozialeinrichtungen, deren Wirkungsbereich auf den Betrieb, das Unternehmen oder den Konzern beschränkt ist;**

3. **Maßnahmen zur Förderung der Vermögensbildung;**

4. **Maßnahmen zur Integration ausländischer Arbeitnehmer sowie zur Bekämpfung von Rassismus und Fremdenfeindlichkeit im Betrieb.**

1   Die Vorschrift[1] nennt beispielhaft fünf Regelungsbereiche für freiwillige BV, deren Begriffe und Inhalte teilweise in anderen Vorschriften (vgl. z.B. § 89 Abs. 3 für den betrieblichen Umweltschutz) erläutert werden. Die Aufzählung ist, wie die Formulierung »insbesondere« zeigt, nicht abschließend.[2] Die Vorschrift begründet vielmehr eine umfassende Zuständigkeit, die nicht auf **soziale Angelegenheiten** beschränkt ist (**str.**).[3] Hierzu zählt u.a. auch die Regelung allgemeiner Voraussetzungen für **personelle Maßnahmen**, wie z.B. von **Kündigungsfristen,**[4] Altersgrenzen für die Beendigung des Arbeitsverhältnisses[5] oder ein besonderer Kündigungsschutz für langjährig beschäf-

---

634 BAG, DB 99, 438; NZA 04, 746; LAG Berlin-Brandenburg 19.6.12, RDV 12, 254.

635 BAG, NZA 00, 1066; DB 05, 2530.

636 Vgl. z.B. LAG Düsseldorf, AuR 08, 270; HessLAG 15.11.12 – 5 TaBVGa 257/12; ArbG Offenbach 1.8.13 – 2 BVGa 12/13, AiB 14, 72 mit Anm. v. Zabel; Fitting, Rn. 610; Antragsschrift für eine einstweilige Unterlassungsverfügung bei DKKW-F-Klebe/Heilmann, § 87 Rn. 66 und Antragsschrift für eine einstweilige Beseitigungsverfügung dort in Rn. 67.

1   Vgl. die **Checkliste** bei DKKWF-Berg, § 88 Rn. 1.

2   Vgl. z.B. BAG, NZA 02, 342; 09, 915; 11, 1234; 5.3.13 – 1 AZR 417/12» NZA 13, 916.

3   Fitting, Rn. 2.

4   BAG, NZA 90, 818; vgl. auch BAG, DB 98, 265.

5   BAG 5.3.13 – 1 AZR 417/12, NZA 13, 916.

tigte AN.[6] Durch freiwillige BV können weitere Maßnahmen dem obligatorischen MBR des BR unterworfen werden, soweit nicht das tarifliche oder gesetzl. Vorrangprinzip berührt wird (§ 77 Abs. 3).[7] **Regelbar** sind z.B. **Treueprämien**,[8] Lohnabtretungsverbote,[9] die **Anrechnung von Tariferhöhungen** auf übertarifliche Zulagen (ob und inwieweit),[10] eine durch die Tarifvertragsparteien mit der wirtschaftlichen Lage des Betriebs konditionierte Verschiebung einer Entgelterhöhung,[11] eine Verpflichtung des AG, jährlich ein Budget für eine **Gehaltserhöhung** der **AT-Angestellten** zur Verfügung zu stellen,[12] die Veranstaltung von Betriebsfeiern und Betriebsausflügen, **freiwillige Sozialpläne**,[13] die Mindestausstattung von Arbeitsräumen und Arbeitsplätzen sowie eine Konkretisierung des Direktionsrechts.[14] Rahmenvereinbarungen nach § 28a sind ebenfalls freiwillige BV (vgl. § 28a Rn. 2).

Wegen seiner **sozialen Schutzfunktion** darf der BR jedoch die **2** materiellen Arbeitsbedingungen nicht verschlechtern.[15] Daher kann auch nicht in einer freiwilligen BV geregelt werden, dass AN die dem AG durch Entgeltpfändung entstehenden Kosten zu tragen haben (vgl. auch § 87 Rn. 13, 15)[16] oder dass AN bereits während eines laufenden Kündigungsschutzprozesses Ansprüche aus Annahmeverzug, die vom Ausgang dieses Prozesses abhängen, geltend machen müssen.[17] Beim Abschluss von BV sind die Betriebsparteien an das höherrangige zwingende Recht, wie z.B. das AGG oder die Grundsätze des § 75 (z.B. Schutz der Persönlichkeit, Gleichbehandlung) gebunden.[18] Hierzu gehören die im GG geschützten Freiheitsrechte, wie z.B. die Berufsfreiheit, der AN (Art. 12 Abs. 1). Zu den Grundsätzen des Rechts gehört auch § 611 Abs. 1 BGB. Danach kann die Auszahlung des Arbeitsentgelts nicht von der Erfüllung weiterer Zwecke abhängig gemacht werden.[19]

Auch für freiwillige BV gelten die Vorschriften des § 77 zu **Abschluss, 3**

6 BAG 18.3.2010 – 2 AZR 337/08, brwo, NZA-RR 11, 18.
7 BAG, NZA 07, 462.
8 BAG 30.8.63, AP Nr. 4 zu § 57 BetrVG.
9 BAG 26.1.83, AP Nr. 1 zu § 75 LPVG Rheinl.-Pfalz.
10 BAG, NZA 98, 661; 02, 342; 06, 1170; LAG Düsseldorf, BB 05, 1576, Ls.
11 BAG 22.5.12 – 1 AZR 103/11, NZA 12, 1110.
12 BAG, NZA 03, 810 und 18.10.11 – 1 AZR 376/10, DB 12, 356 (Ls.).
13 Vgl. z.B. BAG, DB 98, 265.
14 Weitere Beispiele bei DKKW-Berg, Rn. 11 ff.
15 BAG, DB 82, 2183; NZA 07, 462.
16 BAG, NZA 07, 462.
17 BAG, NZA 07, 453.
18 BAG 7.6.11 – 1 AZR 807/09, NZA 11, 1243; 12.4.1, BB 11, 2811; 5.3.13 – 1 AZR 417/12, NZA 13, 916.
19 BAG, NZA 11, 1234.

Wirkung und **Kündigung**. Eine **Nachwirkung** besteht nur, wenn sie vereinbart wird (vgl. § 77 Rn. 17).[20] Der **Tarifvorrang** des Abs. 3 ist zu beachten.[21]

§ 89   Arbeits- und betrieblicher Umweltschutz

(1) Der Betriebsrat hat sich dafür einzusetzen, dass die Vorschriften über den Arbeitsschutz und die Unfallverhütung im Betrieb sowie über den betrieblichen Umweltschutz durchgeführt werden. Er hat bei der Bekämpfung von Unfall- und Gesundheitsgefahren die für den Arbeitsschutz zuständigen Behörden, die Träger der gesetzlichen Unfallversicherung und die sonstigen in Betracht kommenden Stellen durch Anregung, Beratung und Auskunft zu unterstützen.

(2) Der Arbeitgeber und die in Absatz 1 Satz 2 genannten Stellen sind verpflichtet, den Betriebsrat oder die von ihm bestimmten Mitglieder des Betriebsrats bei allen im Zusammenhang mit dem Arbeitsschutz oder der Unfallverhütung stehenden Besichtigungen und Fragen und bei Unfalluntersuchungen hinzuzuziehen. Der Arbeitgeber hat den Betriebsrat auch bei allen im Zusammenhang mit dem betrieblichen Umweltschutz stehenden Besichtigungen und Fragen hinzuzuziehen und ihm unverzüglich die den Arbeitsschutz, die Unfallverhütung und den betrieblichen Umweltschutz betreffenden Auflagen und Anordnungen der zuständigen Stellen mitzuteilen.

(3) Als betrieblicher Umweltschutz im Sinne dieses Gesetzes sind alle personellen und organisatorischen Maßnahmen sowie alle die betrieblichen Bauten, Räume, technischen Anlagen, Arbeitsverfahren, Arbeitsabläufe und Arbeitsplätze betreffenden Maßnahmen zu verstehen, die dem Umweltschutz dienen.

(4) An den Besprechungen des Arbeitgebers mit den Sicherheitsbeauftragten im Rahmen des § 22 Abs. 2 des Siebten Buches Sozialgesetzbuch nehmen vom Betriebsrat beauftragte Betriebsratsmitglieder teil.

(5) Der Betriebsrat erhält vom Arbeitgeber die Niederschriften über Untersuchungen, Besichtigungen und Besprechungen, zu denen er nach den Absätzen 2 und 4 hinzuzuziehen ist.

(6) Der Arbeitgeber hat dem Betriebsrat eine Durchschrift der nach § 193 Abs. 5 des Siebten Buches Sozialgesetzbuch vom Betriebsrat zu unterschreibenden Unfallanzeige auszuhändigen.

---

20   Vgl. auch den **Formulierungsvorschlag** DKKWF-Berg, § 88 Rn. 2.
21   BAG 18. 3. 2010, – 2 AZR 337/08, brwo, NZA-RR 11, 18.

1. Grundsätze

§ 89 ergänzt die Bestimmungen des § 80 Abs. 1, § 87 Abs. 1 Nr. 7, §§ 88, 90, 91, § 115 Abs. 7 Nr. 7.[1] Aus Abs. 1 ergibt sich, dass der BR ein **selbstständiges Überwachungsrecht** und eine **Überwachungspflicht** bei der Bekämpfung von Gefahren für Leben und Gesundheit der AN und beim betrieblichen Umweltschutz hat. Er soll mit seinem betrieblichen Wissen auf den Abbau von Umweltbelastungen und den Ausbau umweltschonender Produktionstechniken und -verfahren, wie z. B. mit der Vermeidung von Abfall, hinwirken.[2] Zwischen Arbeits- und **Umweltschutz** besteht häufig dabei ein enger Zusammenhang.[3] Für eine effektive Arbeit empfiehlt sich die Bildung von **paritätischen Ausschüssen**, die gemeinsam den Arbeits- und betrieblichen Umweltschutz im Betrieb weiterentwickeln und fördern. Der BR kann **Betriebsbegehungen** und unangekündigte Stichproben vornehmen. Er ist dabei nicht vom Vorliegen konkreter Verdachtsmomente abhängig (vgl. § 80 Rn. 1, 3). Er kann auch **Betriebskontrollen** durch die Gewerbeaufsichtsämter, Umweltschutzbehörden und sonstige in Betracht kommende Stellen anregen, insbesondere wenn bei Verstößen des AG gegen Arbeitsschutzvorschriften eine Einigung im Betrieb nicht gelingt.[4] Dann entfällt seine Schweigepflicht nach § 79. Bei der **Bestellung der Sicherheitsbeauftragten** hat der BR jedenfalls bei den generellen Auswahlentscheidungen, wie z. B. der Festlegung der jeweiligen Tätigkeitsbereiche und der Zahl der Sicherheitsbeauftragten, ein MBR gemäß § 87 Abs. 1 Nr. 7 (vgl. § 87 Rn. 47).[5] Der AG hat die beabsichtigte Bestellung dabei rechtzeitig und eingehend mit dem BR zu erörtern. **1**

2. Betrieblicher Umweltschutz

Die **Definition des betrieblichen Umweltschutzes** ist umfassend. Sie erfasst nicht nur alle dem Umweltschutz dienenden Maßnahmen, die Bauten, technische Anlagen, Arbeitsverfahren, Arbeitsabläufe und Arbeitsplätze betreffen (vgl. § 90 Abs. 1 und dort Rn. 2 ff.), sondern auch entsprechende personelle und organisatorische Maßnahmen. Der Begriff umfasst den Schutz betrieblicher Umweltgüter vor außer- und **2**

---

1 Vgl. diverse **Musterschreiben** bei DKKWF-Buschmann, § 89 Rn. 2 ff.
2 BT-Drucks. 14/5741 S. 26, 30.
3 Vgl. BAG, NZA 96, 934; DKKW-Buschmann, Rn. 52 ff. auch zum **Öko**-Audit.
4 BAG, DB 84, 775; 87, 101.
5 Vgl. auch das **Musterschreiben** bei DKKWF-Buschmann, § 89 Rn. 7.

innerbetrieblichen Einflüssen ebenso wie umgekehrt den Schutz außerbetrieblicher Güter gegenüber betrieblichen Einflüssen.[6]

3. Aushändigung von Niederschriften

3 Anspruch auf Aushändigung der Niederschriften nach Abs. 5 hat der
BR selbst dann, wenn er nicht an den einzelnen Maßnahmen teil-
genommen hat. Durch seine Unterschrift unter die Unfallanzeige
(Abs. 6) übernimmt der BR keine Mitverantwortung für den Inhalt.
Der BR kann ggf. auch eine abweichende Darstellung geben.

Vierter Abschnitt:

Gestaltung von Arbeitsplatz, Arbeitsablauf und Arbeitsumgebung

§ 90   Unterrichtungs- und Beratungsrechte

(1) Der Arbeitgeber hat den Betriebsrat über die Planung

1. von Neu-, Um- und Erweiterungsbauten von Fabrikations-,
Verwaltungs- und sonstigen betrieblichen Räumen,

2. von technischen Anlagen,

3. von Arbeitsverfahren und Arbeitsabläufen oder

4. der Arbeitsplätze

rechtzeitig unter Vorlage der erforderlichen Unterlagen zu
unterrichten.

(2) Der Arbeitgeber hat mit dem Betriebsrat die vorgesehenen
Maßnahmen und ihre Auswirkungen auf die Arbeitnehmer,
insbesondere auf die Art ihrer Arbeit sowie die sich daraus
ergebenden Anforderungen an die Arbeitnehmer so rechtzeitig
zu beraten, dass Vorschläge und Bedenken des Betriebsrats bei
der Planung berücksichtigt werden können. Arbeitgeber und
Betriebsrat sollen dabei auch die gesicherten arbeitswissenschaftlichen Erkenntnisse über die menschengerechte Gestaltung der Arbeit berücksichtigen.

---

6 Konzen, RdA 01, 76 (89).

1. Allgemeines

Die Vorschrift gibt dem BR das Recht auf **Unterrichtung und** **1** **Beratung** bei den genannten Planungsmaßnahmen. Informations- und Beratungsrechte haben gerade beim Einsatz neuer Technologien eine ganz entscheidende Bedeutung. Nur ihre aktive Nutzung[1] versetzt den Betriebsrat in die Lage, sozial gestaltend Einfluss zu nehmen (zu weiteren Beteiligungs- und MBR vgl. die Erl. zu § 87 Abs. 1 Nrn. 1, 6, 7, §§ 91, 111 und §§ 80 Abs. 2, 92, 106 ff.).

2. Unterrichtungsgegenstände

a) Neu-, Um- und Erweiterungsbauten

Im Rahmen der Nr. 1 spielt es keine Rolle, ob es sich um einen **2** Neubau oder um einen Um- bzw. Erweiterungsbau handelt. Es ist ferner **unerheblich**, in welchem Umfang die bauliche Substanz verändert wird. **Reparatur- oder Renovierungsmaßnahmen** fallen im Allgemeinen nicht darunter. Dagegen erfasst die Bestimmung auch sog. **Sozialräume**, wie z. B. Kantinen, Aufenthaltsräume und Toiletten.

b) Technische Anlagen

Der Begriff »technische Anlagen« in Nr. 2 bezieht sich auf Maschinen **3** und sonstige technische Geräte und Einrichtungen, die dem Betriebszweck und damit dem Arbeitsablauf dienen, für die Arbeitsumgebung von Bedeutung sind oder sonst Auswirkungen auf die Gestaltung des Arbeitsplatzes haben, auch wenn dies nur **mittelbar** (z. B. Klimaanlage, Raumbeleuchtung, Fahrstühle) der Fall ist.[2] Gemeint ist nicht nur der **technische (gewerbliche) Bereich** des Betriebs, sondern auch der **kaufmännische** (Verwaltung), sofern dort technische Anlagen zum Einsatz kommen. Hierzu zählen z. B. die **Umstellung der Lohn- und Gehaltsabrechnung** von Off-line- auf On-line-Betrieb[3] und die Einführung einer neuen DV-Anlage.[4] Erfasst wird die Einführung von Robotern, NC-, CNC-Maschinen, **Bildschirmgeräten**[5] oder **CAD-**

---

1 Vgl. auch die **Checkliste** und **Mustervereinbarung** bei DKKW-F-Klebe/Heilmann, § 90 Rn. 2 f.
2 OLG Düsseldorf, BB 82, 1113.
3 LAG Hamburg, AiB 86, 23 f.; die Rechtsbeschwerdeentscheidung des BAG, DB 87, 1491 stützt den Anspruch auf § 80 Abs. 2 Satz 1.
4 OLG Stuttgart, AuR 85, 293.
5 BAG, DB 94, 775.

Terminals[6] ebenso wie der Anschluss an Internet/Intranet oder die Gestattung einer freiwilligen dienstlichen Nutzung privater technischer Geräte (z.B. Smartphones oder Tablet-PCs: **»Bring your own device«**, BYOD; vgl. auch § 87 Rn. 13, 38).[7]

c) Arbeitsverfahren, Arbeitsabläufe

4   In Nr. 3 werden die Arbeitsverfahren und die Arbeitsabläufe angesprochen. Es geht hier um die Konzipierung der **Art und Weise** der Arbeit im Zusammenwirken mit den technischen Betriebsmitteln. Darunter ist sowohl die **organisatorische** als auch die räumliche und **zeitliche** Gestaltung der Arbeit zu verstehen, wie z.B. Gruppen- oder Einzelarbeit, Einsatz von Fremdfirmenbeschäftigten, auch mit **Crowdsourcing** (vgl. auch §§ 87 Rn. 38; 95 Rn. 3; 111 Rn. 14, 16),[8] Schichtarbeit, **Telearbeit**, aktenlose Sachbearbeitung, **Outsourcing**, **Offshoring**/Nearshoring (vgl. auch § 87 Rn. 38; § 106 Rn. 12; § 111 Rn. 10, 14), der Anschluss ans **Internet/Intranet**, die Einführung von **TQM, Kaizen**, Lean Six Sigma, des **Öko-Audit-Systems** bzw. die Teilnahme an dem Gemeinschaftssystem für das Umweltmanagement und die Umweltbetriebsprüfung (**EMAS**) v. 19.3.01[9] oder von Managementkonzepten wie **Balanced Scorecard**. Vor allem sind aber hier auch **Rationalisierungsmaßnahmen** einzuordnen (Ersetzung der Handarbeit durch Maschinenarbeit, Anwendung [weiterer] DV-Systeme).

d) Arbeitsplätze

5   Die Nr. 4, die die Planung von Arbeitsplätzen nennt, stellt eine Art begrenzte **Generalklausel** dar. Sie begründet nicht nur ein Unterrichtungs- und Beratungsrecht des BR bei der Ausgestaltung der einzelnen Arbeitsplätze, damit die Leistungsanforderungen **die physische und psychische Leistungsfähigkeit** der AN nicht übersteigen. Darüber hinaus will sie erreichen, dass schädigende Einflüsse auch aus der Arbeitsumgebung auf den Arbeitsplatz ausgeschaltet oder zumindest zurückgedrängt werden. Als **Anwendungsbeispiele** sind etwa zu nennen: **Räumliche Anordnung** und Gestaltung der Maschinen und sonstiger Betriebsmittel, **Raumbedarf der AN** entsprechend der Arbeitssituation,[10] **Ablösesysteme** bei Tätigkeiten mit hohen körperlichen und nervlichen Beanspruchungen, **Arbeitseinsatzbeschränkungen** für Jugendliche, behinderte Menschen und sonstige schutzbedürftige Personengruppen, **Ausschaltung schädigender Einflüsse** wie Staub, Gase, Lärm und Verminderung zu schneller Arbeitstakte.

---

6   Vgl. Klebe/Roth, AiB 84, 70.
7   DKKW-Klebe, Rn. 9.
8   Klebe/Neugebauer, AuR 14, 4.
9   Vgl. Fitting, Rn. 29.
10   Zu **Großraumbüros** vgl. LAG München, NZA 88, 69.

3. Unterrichtung des Betriebsrats

a) Zeitpunkt

Die Unterrichtung hat **rechtzeitig** zu erfolgen: Die Information muss **6**
so frühzeitig wie möglich gegeben werden,[11] spätestens jedoch zu
einem Zeitpunkt, in dem der AG noch Alternativen überlegt, also
noch Einfluss auf die Entscheidung genommen werden kann.[12]
Diese bereits von der Rspr. entwickelte Konkretisierung hat der
Gesetzgeber 1989 sinngemäß in Abs. 2 für den Beratungszeitpunkt
aufgenommen; für die Information muss sie selbstverständlich erst
recht gelten. Hierfür spricht im Übrigen auch die **Richtlinie**
2002/14/EG vom 11. 3. 02 zur Festlegung eines allgemeinen Rahmens für die Unterrichtung und Anhörung der Arbeitnehmer in der
Europäischen Gemeinschaft.[13] Die Rechte des BR setzen bei der
Planung an, nicht erst bei deren Ergebnis, dem Plan.[14] Sie werden
allerdings nicht dadurch beseitigt, dass der AG eine unvorhergesehene
Maßnahme trifft bzw. keine systematische Vorbereitung erfolgt.[15]

b) Art der Unterrichtung

Die Unterrichtung hat unter **Vorlage der erforderlichen Unterla-**   **7**
gen zu erfolgen. Der AG muss also **unaufgefordert** alle Unterlagen
vorlegen, die notwendig sind, damit sich der BR ein möglichst genaues
Bild von Umfang und Auswirkungen der geplanten Maßnahmen
machen kann.[16] Der BR muss **alle wesentlichen Tatsachen, Ein-**
schätzungen und Bewertungen auf Deutsch,[17] in verständlicher
Sprache und überschaubarer Form aufbereitet erhalten.[18] Falls eine
sinnvolle Beschäftigung mit den Problemen und eine Vorbereitung
auf spätere Beratungen nur mit schriftlichen Unterlagen möglich ist,
sind diese vom AG **zur Verfügung zu stellen.**[19] Falls erforderlich, hat
der AG weitere Erläuterungen zu geben. Der BR kann zudem, dies
wird insbesondere bei neuen Technologien erforderlich sein, auf **ge-**
werkschaftliche Unterstützung zurückgreifen und **Sachverständi-**
ge (§§ 80 Abs. 3, 111 Satz 2) und auch betriebsinterne Fachleute
(Auskunftspersonen) heranziehen (vgl. § 80 Abs. 2 Satz 3 und dort

---

11   BAG v. 18. 7. 72, AP Nr. 10 zu § 72 BetrVG.
12   HansOLG Hamburg, DB 85, 1846 f.; LAG Hamburg, DB 85, 2308; LAG
     Frankfurt, AuR 93, 306.
13   Vgl. DKKW-Klebe, Rn. 19.
14   Vgl. auch BAG, DB 92, 1732.
15   OLG Hamm, BB 78, 748.
16   So BT-Drucks., 11/2503 S. 35.
17   HessLAG, NZA 95, 285; vgl. auch LG München, BB 01, 1648 zum Recht von
     Aktionären, Informationen in deutscher Sprache zu erhalten.
18   Vgl. auch BAG, DB 87, 1491; 92, 2246.
19   So schon ArbG Bochum 19. 2. 86 – 2 BV 15/85; vgl. auch Fitting, Rn. 12;
     DKKW-Klebe, Rn. 26 mit Hinweis auf die Richtlinie 2002/14/EG.

Rn. 20 ff.). Da die Planung ein **dynamischer Prozess** ist, hat der AG
die Informationen ständig zu aktualisieren und jeweils die erforderlichen Beratungen vorzunehmen.[20]

8 Der BR verliert seine Rechte nicht dadurch, dass der AG ohne die
erforderliche Information bereits die Veränderungen vorgenommen
hat oder der BR in Kenntnis der Vorgänge seine Rechte unzureichend
wahrnimmt. Der **Informations- und Beratungsanspruch** des BR
entsteht ständig neu; ein **Verzicht** auf zukünftige Mitwirkungs- und
Mitbestimmungsrechte ist zudem **unwirksam**.[21] Auch eine Begrenzung der Unterrichtungspflicht analog § 106 Abs. 2 kommt nicht in
Betracht.[22]

4. Beratung

9 Die Information ist von der anschließenden **Beratung**, deren Gegenstand und Zeitpunkt in Abs. 2 festgelegt sind, zu trennen. Sie muss
ebenfalls so rechtzeitig erfolgen, dass die Vorstellungen des BR bei der
Planung noch berücksichtigt werden können. Erst wenn ausreichende
Informationen gegeben worden sind, kann der BR sinnvoll mit dem
AG beraten. Hierbei geht es um die **Beeinflussung der betrieblichen Vorhaben** i. S. einer sozialen Gestaltung. Der BR kann Änderungen vorschlagen, z. B. beim DV-Einsatz **alternative Lösungen**
fordern, und Einfluss auf die Auswahlkriterien nehmen. Der AG ist
verpflichtet, diese Vorschläge und Forderungen mit dem BR mit dem
ernsten Willen zur Verständigung zu beraten. Er hat ihm auch ausreichend Zeit zu lassen, eigene Vorstellungen zu erarbeiten.

10 Die Beratung hat sich auf die Maßnahme selbst und **alle ihre Auswirkungen** auf die AN zu erstrecken. **Insbesondere** ist über die
Auswirkungen auf die Art der Arbeit (z. B. **Grad der Arbeitsteilung**,
Umfang der Automatisierung, **Arbeitstempo, Einzel- oder Gruppenarbeit**, Arbeitsinhalte) und die Anforderungen an die AN (z. B.
Kenntnisse, Geschicklichkeit, Verantwortung, Belastungen, Umge-
bungseinflüsse) zu beraten. Dabei **sollen** »auch« die gesicherten arbeitswissenschaftlichen Erkenntnisse über die **menschengerechte
Gestaltung der Arbeit** berücksichtigt werden (vgl. Erl. zu § 91).
Von dieser ausdrücklichen Verpflichtung kann nur bei Vorliegen
besonderer Gründe abgewichen werden.[23]

5. Streitigkeiten

11 Erfüllt der AG seine Pflichten nicht rechtzeitig, unvollständig oder
wahrheitswidrig, so handelt er **ordnungswidrig** i. S. des § 121. Da-

---

20 BAG, DB 92, 1732.
21 Vgl. hierzu BAG, DB 84, 724; NZA 08, 188; NZA-RR 08, 469.
22 Ebenso BAG, DB 91, 1937 für § 80.
23 Vgl. BAG, NZA 92, 944; 93, 270 zur Interpretation von Soll-Vorschriften.

rüber hinaus kann der BR seine Rechte im Beschlussverfahren, ggf. auch gestützt auf § 23 Abs. 3,[24] oder mit einer **einstweiligen Verfügung** verfolgen, wenn die erforderliche Eilbedürftigkeit gegeben ist.[25] Weiter kann er das **Beratungsrecht** dadurch **sichern,** dass die vom AG beabsichtigten Maßnahmen durch einstweilige Verfügung gestoppt werden (**str.**).[26] Hierfür spricht auch, dass diese Auffassung am ehesten der **Richtlinie 2002/14/EG vom 11.3.02** entspricht.[27]

§ 91 Mitbestimmungsrecht

Werden die Arbeitnehmer durch Änderungen der Arbeitsplätze, des Arbeitsablaufs oder der Arbeitsumgebung, die den gesicherten arbeitswissenschaftlichen Erkenntnissen über die menschengerechte Gestaltung der Arbeit offensichtlich widersprechen, in besonderer Weise belastet, so kann der Betriebsrat angemessene Maßnahmen zur Abwendung, Milderung oder zum Ausgleich der Belastung verlangen. Kommt eine Einigung nicht zustande, so entscheidet die Einigungsstelle. Der Spruch der Einigungsstelle ersetzt die Einigung zwischen Arbeitgeber und Betriebsrat.

1. Allgemeines

Die Bestimmung, die zum »gesetzlichen Arbeitsschutz« nach § 87 **1** Abs. 1 Nr. 7 mit eigenständiger Bedeutung hinzutritt, gibt dem BR ein **erzwingbares** MBR, wenn der AG bei Änderungen der Arbeitsplätze, des Arbeitsablaufs oder der Arbeitsumgebung die Grundsätze einer menschengerechten Gestaltung der Arbeit nicht ausreichend berücksichtigt. Sie bringt zum Ausdruck, dass die Rentabilität **nicht** der allein ausschlaggebende Gesichtspunkt sein darf. Ein zumindest **gleichrangiges Ziel** ist die **menschengerechte Arbeitsgestaltung,**

---

24 LAG Frankfurt, AuR 93, 306; ArbG Frankfurt, AuR 94, 201.

25 Vgl. z.B. LAG Hamburg v. 2.12.76 – 1 TaBV 5/75 und auch LAG Hamm, AiB 02, 114; § 23 Rn. 14.

26 Wie hier LAG Frankfurt, DB 83, 613 und DB 85, 178 ff.; LAG Hamburg, DB 83, 2369 ff.; ArbG Berlin 4.11.82 – 25 BVGa 3/82; **a.A.** z.B. LAG Nürnberg, NZA-RR 03, 588; vgl. insgesamt DKKW-Klebe, Rn. 38.

27 Vgl. DKKW-Klebe, Rn. 38 m.w.N.

mit der die Arbeit den Bedürfnissen und Interessen des arbeitenden Menschen anzupassen ist.[1]

2 Die Arbeit muss für ihn zumindest **ausführbar, erträglich, zumutbar** und möglichst **subjektiv zufriedenstellend** sein. Die **Arbeitswissenschaft** soll hierzu die entsprechenden Grundlagen und Erkenntnisse liefern.

2. Gesicherte arbeitswissenschaftliche Erkenntnisse

3 Arbeitswissenschaft ist die **Wissenschaft von der menschlichen Arbeit**, den Voraussetzungen und Bedingungen, unter denen die Arbeit sich vollzieht, den Wechselwirkungen und Folgen, die sie auf Menschen, ihr Verhalten und damit auch auf ihre Leistungsfähigkeit hat, sowie den Faktoren, durch die die Arbeit, ihre Bedingungen und Wirkungen menschengerecht beeinflusst werden können. Sie umfasst eine Reihe von Bereichen der Wissenschaft, wie etwa die **Arbeitsmedizin**, die **Arbeitsphysiologie** und die **Arbeitspsychologie**.

4 Diese Wissenschaftsbereiche können wichtige Erkenntnisse über die **Anpassung der Arbeit an den Menschen** liefern, wie z.B. die Anpassung von Maschinen und Büromöbeln an die Körpermaße des Menschen, die optimale Gestaltung der Arbeitsumgebung und der äußeren Umwelteinflüsse, wie Licht-, Lärm-, Temperaturverhältnisse u.Ä. mehr.[2] In den Gesamtkomplex der menschengerechten Arbeitsgestaltung gehören neben den ergonomischen Fragen auch **Arbeitsablaufprobleme** (z.B. Rationalisierungsmaßnahmen, Mehrstellenbedienung) und Probleme der **sozialen Angemessenheit** der Arbeit (z.B. Abbau autoritärer Führungsstrukturen, Verbesserung der innerbetrieblichen Kommunikationsmöglichkeiten).

5 Als **mögliche Quellen** für die vom Gesetz geforderten wissenschaftlichen Erkenntnisse sind z.B. zu nennen: **Meinungen** innerhalb der Fachkreise, wie sie in der Fachliteratur ihren Ausdruck finden können, **Gesetze und Verordnungen**, wie vor allem die ArbStättV mit den entsprechenden Richtlinien oder die BildscharbV, die **Arbeitsschutzgesetze** und **UVV, europäische Richtlinien**, TV, wie z.B. für ihre Zeit der Lohnrahmen-TV II für die Metallindustrie von Nord-Württemberg/Nord-Baden v. 1.11.73[3] oder der TV über die Einführung und Anwendung rechnergesteuerter Textsysteme v. 20.3.78,[4] **DIN-Normen, ISO-Normen, VDI-Richtlinien** u.Ä. technische Regelwerke. Für **Bildschirmarbeitsplätze** enthält die BildscharbV eine Reihe gesicherter arbeitswissenschaftlicher Erkenntnisse, wie z.B. in

---

1 Vgl. auch DKKW-F-Klebe/Heilmann, § 91 Rn. 2: **Checkliste**.
2 Vgl. LAG München, DB 88, 186 f. zur Verteilung von Arbeitsplätzen in Großraumbüros.
3 RdA 74, 177 ff.
4 Druck- und Verlagsbereich; RdA 78, 116.

§ 4 i. V. m. dem Anhang zu ergonomischen Anforderungen (die von der Verwaltungs-Berufsgenossenschaft herausgegebenen Sicherheitsregeln[5] können zur Auslegung und Konkretisierung herangezogen werden), in § 5 zur Organisation der Arbeit oder in § 6 zu Augenuntersuchungen. Auch die ISO-Norm 9241 ist hier anzuführen. Darüber hinaus ist darauf hinzuweisen, dass sich der BR im Rahmen des § 80 Abs. 3 eines **Sachverständigen** bedienen kann, um festzustellen, ob und inwieweit arbeitswissenschaftliche Erkenntnisse vorliegen bzw. eine nicht menschengerechte Gestaltung der Arbeit gegeben ist. Dies gilt selbstverständlich auch für die Software-Gestaltung.[6]

Das Gesetz spricht von »**gesicherten**« arbeitswissenschaftlichen Erkenntnissen. Rein theoretische Überlegungen, die keinen Anklang in der Fachwelt gefunden haben, scheiden damit ebenso aus wie noch erheblich umstrittene praktische Versuche. Eine Erkenntnis ist nach richtiger Auffassung gesichert, wenn sie nach anerkannten Methoden zu plausiblen/wahrscheinlichen Ergebnissen geführt hat, nicht widerlegt ist und unter Arbeitswissenschaftlern der internationalen Fachwelt breite Anerkennung gefunden hat, also **h. M.** geworden ist. **Offensichtlich** ist ein Widerspruch hierzu, wenn er für einen Fachmann, der mit dem Lebenssachverhalt und der arbeitswissenschaftlichen Fragestellung vertraut ist, **ohne weiteres erkennbar** ist.[7] Das BAG fordert vom BR, dass er sein **MBR konkret auf den einzelnen Arbeitsplatz bezogen** geltend macht und nicht lediglich generelle Regelungen anstrebt. Demnach muss der BR für jeden einzelnen Arbeitsplatz den offensichtlichen Widerspruch zu gesicherten arbeitswissenschaftlichen Erkenntnissen benennen. Ist der betreffende Gegenstand in einem **Gesetz** oder **TV** vollständig und abschließend geregelt, scheidet das MBR in **analoger Anwendung von § 87 Abs. 1 Eingangssatz** aus.

3. Offensichtlicher Widerspruch

Für das Einsetzen des MBR ist **allein** entscheidend, dass die (ggf. erst geplante) Arbeitsgestaltung[8] den wissenschaftlichen Erkenntnissen über die menschengerechte Gestaltung der Arbeit **offensichtlich widerspricht**. Ist diese Voraussetzung gegeben, bedarf es **keiner zusätzlichen** Feststellung mehr, ob eine **besondere Belastung** vorhanden ist. Eine Arbeitsgestaltung, die in einem offensichtlichen Widerspruch zu gesicherten arbeitswissenschaftlichen Erkenntnissen steht, bringt **immer** eine besondere Belastung für die AN mit sich (**str.**).[9]

6

7

---

5 ZH 1/618; vgl. hierzu BAG, DB 84, 775.

6 Vgl. Becker-Töpfer, AiB 88, 147 ff. und z. B. BildscharbV Anhang Nr. 21 sowie Kiesche/Schierbaum, AiB 97, 624.

7 DKKW-Klebe, Rn. 14 m. w. N.

8 Vgl. BAG, DB 84, 775.

9 Vgl. DKKW-Klebe, Rn. 16 m. w. N.

Die besondere Belastung ist daher keine zusätzliche Voraussetzung, sondern lediglich eine Verdeutlichung dessen, was der Gesetzgeber **sozialpolitisch** anstrebt: den Wegfall bzw. die Milderung dieser Belastung.[10] Eine besondere Belastung soll, prüft man diese als selbständiges Merkmal, vorliegen, wenn das **normale Maß der Belastung nicht unwesentlich überschritten** wird.

4. Abhilfemaßnahmen

8 Aus der im Gesetz genannten **Reihenfolge** ergibt sich, dass der BR zunächst fordern kann, dass Maßnahmen zur **Abwendung** der Belastung ergriffen werden. Es muss also in erster Linie versucht werden, die Quelle der **Belastungen selbst zu beseitigen** (vgl. auch § 4 Nrn. 1, 2 ArbSchG). Das bedeutet beispielsweise den Ersatz gesundheitsschädlicher Werkstoffe durch solche unschädlicher Art, die Vermeidung von Staub, Lärm oder Gasen an der Entstehungsquelle oder die Beseitigung von Überforderungen durch Weiterbildungsmaßnahmen. Es ist nicht erforderlich, dass die vom BR zur **Abhilfe** vorgeschlagenen Maßnahmen ihrerseits wieder gesicherten arbeitswissenschaftlichen Erkenntnissen entsprechen.

9 Sofern die Abwendung **technisch nicht möglich** oder **wirtschaftlich nicht vertretbar** ist (dies kann nur in Ausnahmefällen, wenn die Kosten außer Verhältnis zu dem belastungsbeseitigenden Erfolg stehen, der Fall sein),[11] haben Maßnahmen zur **Milderung** zur Anwendung zu kommen. Das kann etwa durch Schutzeinrichtungen aller Art (Schutzbekleidung bei staubigen Arbeiten, schallisolierende Maßnahmen bei großem Lärm) geschehen. Auch die Herabsetzung der Arbeitsgeschwindigkeit oder die Einführung zusätzlicher Pausen kann eine Milderung in bestimmten Fällen herbeiführen. Als ein weiteres Beispiel sind Vorsorge- und Überwachungsuntersuchungen zu nennen (vgl. auch § 6 BildscharbV).[12] Lassen sich auch Maßnahmen der Milderung nicht durchführen, kann der BR für die betroffenen AN einen **Ausgleich** verlangen. Zu denken ist hier insbesondere an eine Herabsetzung der Arbeitszeit, zusätzlich bezahlte Arbeitsunterbrechungen oder Sonderurlaub. **Geldzuwendungen** sind im Hinblick auf den sozialpolitischen Zweck der Vorschrift prinzipiell verfehlt.[13]

5. Betriebliche Veränderungen

10 Schließlich ist darauf hinzuweisen, dass die Vorschrift nur von **Änderungen** der Arbeitsplätze, des Arbeitsablaufs oder der Arbeits-

---

10 **A. A.** offenbar BAG a. a. O.; eine unmittelbare Gefahr für die Gesundheit ist jedoch keinesfalls erforderlich (BAG, DB 96, 1725).
11 Vgl. auch BAG, DB 79, 1995.
12 Vgl. z. B. BAG, DB 84, 775: **Augenuntersuchungen** bei Bildschirmarbeit.
13 Vgl. zum CAD/CAM-Einsatz Klebe/Roth, AiB 84, 70 ff.

umgebung spricht, bestehende Anlagen bzw. gleichbleibende Verhältnisse also nicht erfasst.[14] Der BR kann allerdings so lange auf die Veränderung reagieren, bis er die Auswirkungen umfassend einschätzen kann. Ist bereits im **Planungsstadium** für den BR erkennbar, dass die Voraussetzungen der Vorschrift gegeben sind, muss er den Verstoß gegen arbeitswissenschaftliche Erkenntnisse nicht abwarten, sondern kann sofort Abhilfemaßnahmen verlangen.[15]

6. Streitigkeiten

Kommt zwischen BR und AG eine Einigung über die zu ergreifenden Maßnahmen nicht zustande, so entscheidet die ESt. (§ 76) **verbindlich**. Ihr Spruch erstreckt sich darauf, welche Maßnahmen zur Abwendung, Milderung oder zum Ausgleich der sich für die AN ergebenden Belastungen angemessen sind und durchgeführt werden müssen. Nach § 77 Abs. 1 trifft den AG eine **Durchführungspflicht**, die der BR ggf. auch mit einer **einstweiligen Verfügung** durchsetzen kann (vgl. § 77 Rn. 1).[16] Ein **Unterlassungsanspruch** kommt daneben nicht in Betracht.[17] Bei nicht nur geringfügigen und kurzfristigen arbeitsschutzrechtlichen Pflichtverletzungen des AG kommt ein **Leistungsverweigerungsrecht** des AN gemäß § 273 BGB in Betracht.[18] Eine unmittelbare Gesundheitsgefahr ist hierfür nicht erforderlich. Bei unmittelbarer erheblicher Gefahr kann sich ein **Entfernungsrecht** gemäß § 9 Abs. 3 ArbSchG ergeben, das keine Pflichtverletzung des AG voraussetzt (vgl. auch zu Selbsthilfemaßnahmen und Beschwerderechten der AN [bei AG und zuständiger Behörde] §§ 9 Abs. 2, 17 Abs. 2 ArbSchG).

11

Fünfter Abschnitt:
Personelle Angelegenheiten

Erster Unterabschnitt:
Allgemeine personelle Angelegenheiten

§ 92 Personalplanung

(1) Der Arbeitgeber hat den Betriebsrat über die Personalplanung, insbesondere über den gegenwärtigen und künftigen Personalbedarf sowie über die sich daraus ergebenden personellen Maßnahmen und Maßnahmen der Berufsbildung an

---

14 BAG, DB 82, 386; NZA 04, 620.
15 BAG, DB 84, 775.
16 LAG Berlin, BB 85, 1199; LAG BaWü 16. 12. 83 – 12 TaBV 5/83.
17 LAG Nürnberg, NZA-RR 03, 588; DKKW-Klebe, Rn. 25.
18 BAG, DB 96, 2446; BB 97, 1364.

Hand von Unterlagen rechtzeitig und umfassend zu unterrichten. Er hat mit dem Betriebsrat über Art und Umfang der
erforderlichen Maßnahmen und über die Vermeidung von Härten zu beraten.

(2) Der Betriebsrat kann dem Arbeitgeber Vorschläge für die
Einführung einer Personalplanung und ihre Durchführung machen.

(3) Die Absätze 1 und 2 gelten entsprechend für Maßnahmen im
Sinne des § 80 Abs. 1 Nr. 2 a und 2 b, insbesondere für die Aufstellung und Durchführung von Maßnahmen zur Förderung
der Gleichstellung von Frauen und Männern.

1. Unterrichtungs- und Beratungspflicht

1 Der BR soll durch die Beteiligung an der Personalplanung in die Lage
versetzt werden, auf personelle Maßnahmen des AG, wie Einstellungen, Versetzungen und Kündigungen nicht nur reagieren zu müssen; er
soll vielmehr die Daten und Voraussetzungen **mit beeinflussen** können, die zu den Einzelentscheidungen führen. Es soll auch eine stärkere
Objektivierung und bessere **Durchschaubarkeit** personeller Entscheidungen erreicht werden.[1]

2 Personalplanung besteht aus den **Einzelbereichen:** Personalbedarf,
Personalbeschaffung, Personaleinsatz, Personalabbau, Personalentwicklung und Personalkosten. Unter Personalplanung wird regelmäßig
die **Gesamtheit** der Maßnahmen zur Ermittlung des zukünftigen
Personalbedarfs sowie zur Bereitstellung der benötigten Arbeitskräfte
in der erforderlichen Anzahl, zum richtigen Zeitpunkt, am richtigen
Ort und mit der für die Arbeit besten Qualifikation verstanden. So
gesehen ist Personalplanung als Bestandteil der gesamten UN-Planung
der Versuch, **vorausschauend** zu ergründen, welche Personalbewe-
gungen sich in einem bestimmten Zeitraum (z. B. ein bis zwei Jahre)
vollziehen werden. Damit umfasst der Begriff vor allem den gegenwärtigen und zukünftigen Personalbedarf in quantitativer und qualita-
tiver Hinsicht.[2] Auch **Stellenbeschreibungen** und **Anforderungsprofile** sind Teile der Personalplanung, über die der BR umfassend zu
unterrichten ist.[3] Darüber hinaus bezieht die Personalplanung ein,

---

1 Muster BV s. DKKW-F-Schneider/Homburg, § 92 Rn. 5.
2 LAG Düsseldorf, DB 88, 1860.
3 BAG, BB 84, 275, 915; vgl. auch LAG Bremen, AiB 93, 185, das dem BR einen
   Anspruch auf monatliche Vorlage des Stellenplanes gibt, der die personellen
   Zielvorstellungen des AG enthält, sowie des Stellenbesetzungsplanes mit dem
   aktuellen tatsächlichen Personalbestand.

welche Steuerungsinstrumente erforderlich sind und eingesetzt werden können. Wird im Betrieb eine Personalstatistik geführt, die einen Abgleich des Soll- mit dem Ist-Personalstand vornimmt, ist diese dem BR im Rahmen der Personalplanung vorzulegen.[4]

Die Unterrichtung des BR hat sich auch auf die **Methoden der** **3** **Personalplanung** und die eingesetzten organisatorischen und technischen Hilfsmittel zu erstrecken.[5] Zu den **technischen Hilfsmitteln**, derer sich der AG im Rahmen der Personalplanung häufig bedient und über die der BR zu unterrichten ist, gehören auch DV-gestützte **Personalinformationssysteme** (vgl. dazu § 87 Rn. 35 ff. und § 94 Rn. 13). Diese sind in besonderem Maße geeignet, eine **technisierte Verhaltens- und Leistungskontrolle** der AN herbeizuführen. Schon von daher besteht ein ausgeprägtes Schutzbedürfnis der betroffenen AN. Dienen Personalinformationssysteme lediglich **personalwirtschaftlichen Verwaltungsabläufen** (sog. administrative Systeme), ist die Unterrichtungspflicht des AG ebenfalls gegeben. Das gilt umsomehr, als die erfassten Informationen, z. B. über Altersaufbau, Betriebszugehörigkeit, Einkommensstruktur und Fehlzeiten, wesentliche Daten für eine Personalplanung liefern können.

Dem BR muss bewusst sein, dass Personalplanung i. S. dieser Vorschrift **4** **nicht allein unter betriebswirtschaftlichen Gesichtspunkten** und lediglich als Folgeplanung der allgemeinen UN-Planung betrieben werden darf. Vielmehr hat es darum zu gehen, die Personalplanung **gleichberechtigt** in die UN-Planung einzubauen und die **AN-Interessen** bei der Personalplanung zu berücksichtigen. Diese lassen sich im **Wesentlichen** so zusammenfassen: Sicherung der Arbeitsplätze; Verbesserung der Arbeitsbedingungen durch menschengerechte Arbeitsplatzgestaltung; Einkommenssicherung; Schaffung von beruflichen Aufstiegschancen und entsprechende Qualifizierung der AN durch Maßnahmen der Berufsbildung; Wahrnehmung besonderer Schutzinteressen von AN-Gruppen, wie etwa älterer AN; Abbau von Risiken, die durch Rationalisierungsmaßnahmen und technischen Wandel entstehen; Einsatz und Förderung der AN entsprechend ihren Neigungen und Fähigkeiten; Gewährung von Chancen zur Entfaltung der Persönlichkeit durch die Arbeitsgestaltung.

Personalplanung geht von der vorhandenen Belegschaft aus. Es sind **5** sodann die **Einflussgrößen** zu berücksichtigen, die sowohl aus der UN- als auch der AN-Sphäre her diesen Ist-Zustand im Laufe der Zeit verändern können. Solche Einflüsse aus der **UN-Sphäre** können z. B. sein: **Outsourcing** oder sonstige Fremdvergabe von bisher intern verrichteten Arbeiten,[6] **Lean Management**, die Teilnahme am **Öko-Audit**, Investitionsvorhaben, Rationalisierungsmaßnahmen, Umstel-

---

4 LAG Nds. 4. 6. 07 – 12 TaBV 56/06, brwo.

5 DKKW-F-Schneider/Homburg, Rn. 35.

6 BAG, NZA 99, 722.

lung der Produktion sowie überhaupt alle der in § 106 Abs. 3 und
§ 111 genannten Angelegenheiten. Einflüsse aus der **AN-Sphäre**
können sich z. B. ergeben aus: Fluktuation, Erreichen der Altersgrenze,
Einberufung zum Wehrdienst und Herabsetzung der Arbeitszeit. Diese
Einflüsse können dazu führen, dass sich ein **zukünftiger Personalbedarf**, das Erfordernis einer weiteren **beruflichen Qualifizierung**
der AN oder aber auch die Notwendigkeit eines **Personalabbaus**
ergibt.

6 Bei sich änderndem Personalbedarf ist zwischen BR und AG zu über-
legen, auf **welche Weise** reagiert werden soll. Wird die weitere
berufliche Qualifizierung von AN erforderlich, sind entsprechende
Fortbildungs- und Umschulungsmaßnahmen mit den sich daraus
ergebenden Fragen zu bedenken, wie etwa der Kreis der in Betracht
kommenden AN, die Deckung der Kosten durch den Betrieb und die
Freistellung von der Arbeit für die Bildungsmaßnahmen (zum MBR
bei der Anpassungsqualifizierung s. § 97 Rn. 2 f.). Bei einem notwendigen Personalabbau sollen alle geeigneten Maßnahmen überlegt werden, die vor einem **Verlust von Arbeitsplätzen schützen**. Dazu
gehören etwa: Rücknahme von Lohnaufträgen, Wegfall von Überstunden, mögliche Versetzungen, vorzeitige Pensionierungen, Einstel-
lungsstopps und evtl. die Einführung von Kurzarbeit.

7 Die Beteiligung des BR bei der Personalplanung ist somit **umfassend**
und berührt eine Reihe weiterer Rechte nach dem Gesetz: MBR bei
Arbeitszeit und Kurzarbeit (§ 87 Abs. 1 Nr. 2 u. 3), Gestaltung von
Arbeitsplätzen, Arbeitsablauf und Arbeitsumgebung (§§ 90 und 91),
innerbetriebliche Stellenausschreibung (§ 93), Personalfragebogen und
Beurteilungsgrundsätze (§ 94), Auswahlrichtlinien (§ 95), Berufsbildung (§§ 96 bis 98), Interessenausgleich und Sozialplan (§§ 111 bis
113). Besondere Bedeutung haben in diesem Zusammenhang das
Recht des BR Vorschläge zur Beschäftigungssicherung zu machen
(§ 92 a) und das MBR bei der Anpassungsqualifizierung (§ 97 Abs. 2).

8 Der Anspruch auf Unterrichtung und Beratung besteht **auch** dann,
wenn **keine** oder nur eine **lückenhafte** Personalplanung praktiziert
wird. Unter den Begriff der Personalplanung i. S. dieser Vorschrift fällt
auch eine »intuitive Planung«, bei der unter Umständen nur eine
kurzfristige Maßnahmenplanung aufgrund schwer nachvollziehbarer
Vorstellungen des AG betrieben wird.[7] In diesem Zusammenhang ist
von Bedeutung, dass der Gesetzgeber wegen der **sozialpolitischen
Bedeutung** der Personalplanung ausdrücklich bestimmt hat, dass der
BR ihre Einführung anregen und Vorschläge für die konkrete Durchführung machen kann, wenn derartige Planungen bisher nicht oder nur
lückenhaft betrieben worden sind. Das Unterrichtungs- und Bera-

7 LAG Berlin, DB 88, 1860.

tungsrecht des BR ist auch in Betrieben und UN gegeben, die nach § 118 Abs. 1 den **Tendenzbestimmungen** unterliegen.[8]

Der AG hat den BR über die Personalplanung **rechtzeitig** zu unter- **9** richten, also in einem Stadium, in dem sie noch **beeinflussbar** ist. Das Unterrichtungsrecht des BR besteht somit schon, wenn der AG **Grundlagen für die Personalbedarfsplanung** erarbeitet. Dem BR muss eine **ausreichende Zeitspanne** bleiben, um aufgrund der Unterrichtung die Mitberatung vorzubereiten und durchzuführen. Darüber hinaus muss es ihm möglich sein, Alternativen aufzuzeigen und Personalplanungsvorschläge auszuarbeiten, die nach Auffassung des BR bei dem weiteren Planungsvorgang berücksichtigt werden und in den Plan selbst Eingang finden sollen. Die Unterrichtungspflicht erstreckt sich von der Entscheidungsvorbereitung über die einzelnen Schritte der Planung bis hin zu dem abgeschlossenen Planungsvorgang.[9]

Nach Auffassung des BAG[10] ist der BR zu unterrichten, wenn die **10** Überlegungen des AG das **Stadium der Planung** erreicht haben, dagegen noch nicht, solange der AG nur Möglichkeiten einer Personalreduzierung erkundet, diese Möglichkeiten ersichtlich aber nicht nutzen will. Das BAG[11] verweist allerdings darauf, dass die Feststellung des Personalbedarfs für ein geplantes Projekt schon vor der Zustimmung des einzigen Zuwendungsgebers einer karitativen Organisation Personalplanung i. S. des § 92 ist und damit der Unterrichtung des BR und seiner Beratung unterliegt.

Die Beteiligung des BR an der Meinungsbildung und Entscheidungs- **11** findung muss bei der Personalplanung **allgemein** und bei jeder ihrer **Einzelmaßnahmen** gewährleistet sein. Bei der Unterrichtung sind **unaufgefordert** die **notwendigen Unterlagen** vorzulegen und auszuhändigen. Falls eine sinnvolle Beschäftigung mit den Problemen und eine Vorbereitung auf spätere Beratungen nur mit schriftlichen Unterlagen möglich ist, sind diese vom AG ggf. auch **zur Verfügung zu stellen**.[12] Ein bloßes Vorlesen oder Zitieren aus Unterlagen genügt keinesfalls. Zu den Unterlagen, die dem BR zugänglich zu machen sind, gehören ggf. auch solche über Produktions-, Investitions- oder Rationalisierungsentscheidungen[13] und auch Arbeitsblätter, die eine UN-Beratungsfirma für den AG als Ergebnis innerbetrieblicher Planungsüberlegungen erstellt hat.[14] Auch bei Detailfragen kann sich die

---

8 Vgl. BAG, BB 91, 689; DKKW-Wedde, § 118 Rn. 85 m. w. N.
9 ArbG Frankfurt 2. 6. 86 – 1 BVGa 5/86.
10 DB 84, 2305.
11 BB 91, 689.
12 Vgl. Fitting, Rn. 31 unter Hinweis auf die übergreifende Norm des § 80 Abs. 2 Satz 2; für eine Aushändigung LAG München, DB 87, 281.
13 BAG, DB 84, 2305.
14 LAG SH, AuR 94, 202.

Notwendigkeit der Vorlage von Unterlagen ergeben, wie etwa bei der Frage, ob ein **Werkvertrag oder Scheinwerkvertrag** vorliegt (vgl. auch § 99 Rn. 5). Hat der BR Zweifel, kann er Einblick in die vom AG abgeschlossenen Verträge mit den Fremdfirmen über den Einsatz von Fremdfirmen-AN verlangen.[15] Da Planung ein **dynamischer Prozess** ist, hat der AG die Informationen ständig zu aktualisieren und jeweils die erforderlichen Beratungen vorzunehmen.[16]

12   Die Unterrichtung des BR hat **umfassend** zu erfolgen und daher alle wesentlichen Tatsachen, Einschätzungen und Bewertungen in verständlicher Sprache und überschaubarer Form aufbereitet zu beinhalten.[17] Sie hat **insbesondere** einzuschließen: Angaben über den jeweiligen Personalbestand, die durch den Abgang von AN zu erwartenden Veränderungen, über geplantes **Outsourcing** oder sonstige Fremdvergabe (z. B. Leiharbeit/Werkverträge) bisher intern verrichteter Arbeiten,[18] den gegenwärtigen und künftigen Personalbedarf, die daraus notwendig werdenden personellen Maßnahmen wie Einstellungen, Versetzungen oder Kündigungen sowie die erforderlichen Maßnahmen der Berufsbildung. Angaben über den jeweiligen Personalbestand haben sich dabei auch auf die Struktur der Belegschaft, z. B. die altersmäßige Zusammensetzung, Gliederung nach Beschäftigungsarten, Zahl der weiblichen (einschließlich ihres Anteils an Führungsfunktionen), männlichen und jugendlichen AN, der Schwerbehinderten oder den Anteil der ausländischen AN zu erstrecken. Hinsichtlich der Fluktuation innerhalb der Belegschaft sind auch die Gründe für die zu erwartenden Veränderungen anzuzeigen, etwa der durchschnittliche Abgang aufgrund eigener Kündigungen der AN, Ausscheiden aus Altersgründen, Einberufung zum Wehrdienst u. Ä.

13   Der BR ist im Rahmen der Personalplanung – unabhängig von anderen Beteiligungsrechten – auch zu unterrichten, wenn es um Änderungen von **Arbeitszeitsystemen** geht, z. B. Einführung von Teilzeitarbeit oder kapazitätsorientierter variabler Arbeitszeit.

14   Soweit wegen vorgesehener wirtschaftlicher oder betriebsorganisatorischer Maßnahmen mit **besonderen Veränderungen** im Personalbestand zu rechnen ist, sind auch hierfür **umfassende Angaben** zu machen. Bei den Beratungen ist dabei insbesondere zu erörtern, wie Härten für die beschäftigten **AN vermieden** werden können. Ist eine Erhöhung des Personalbestands notwendig, hat die Unterrichtung Angaben über die neu zu besetzenden Arbeitsplätze und die dort zu verrichtenden Tätigkeiten zu enthalten.

---

15   Vgl. BAG 31. 3. 89, AP Nr. 33 zu § 80 BetrVG 1972; vgl. auch BAG, NZA 92, 275.

16   BAG, DB 92, 1732.

17   Vgl. auch HessLAG, NZA 95, 285.

18   BAG, NZA 99, 722.

Der BR hat nach Abs. 2 das Recht, dem AG Vorschläge für die **15** **Einführung einer Personalplanung und ihre Durchführung** zu machen. Das wird vor allem von Bedeutung sein, wenn arbeitgeberseitig keine oder nur eine unvollständige Personalplanung durchgeführt wird. Das Initiativrecht kann aber auch unabhängig davon sinnvoll sein und bestimmte Planungsbereiche und aktuelle Fragen umfassen. Beispielhaft sind anzuführen: personalpolitische Überlegungen im Vorfeld der Durchführung von Rationalisierungsmaßnahmen, Fragen des Personalersatzbedarfs, Qualifizierungsmaßnahmen für bestimmte AN-Gruppen und Nachwuchsplanung (vgl. auch § 92a und die dortigen Erl.).

2. Besondere Fördermaßnahmen

Der BR hat den gesetzlichen Auftrag, dass bei den allgemeinen per- **16** sonalpolitischen Maßnahmen, den personellen Einzelmaßnahmen und bei der betrieblichen Berufsbildung die **tatsächliche Gleichberechtigung** von Frauen und Männern gefördert wird. Ein wesentliches Instrument, das diesem Ziel bei der Personalplanung dienen kann, sind **Gleichstellungspläne**. Die Verknüpfung des Abs. 3 mit den Abs. 1 und 2 macht überdies deutlich, dass der AG auch von sich aus verpflichtet ist, bei der Personalplanung die Frauenförderung zu berücksichtigen und entsprechende Vorstellungen in die Beratungen mit dem BR einzuführen. Bei diesen Beratungen ist zu erörtern, welche Maßnahmen geeignet sind, bei den personellen Einzelmaßnahmen, der Aus-, Fort- und Weiterbildung sowie bei dem beruflichen Aufstieg die Vereinbarkeit von Familie und Erwerbstätigkeit zu fördern (vgl. § 80 Abs. 1 Nrn. 2a und 2b).

§ 92a Beschäftigungssicherung

(1) Der Betriebsrat kann dem Arbeitgeber Vorschläge zur Sicherung und Förderung der Beschäftigung machen. Diese können insbesondere eine flexible Gestaltung der Arbeitszeit, die Förderung von Teilzeitarbeit und Altersteilzeit, neue Formen der Arbeitsorganisation, Änderungen der Arbeitsverfahren und Arbeitsabläufe, die Qualifizierung der Arbeitnehmer, Alternativen zur Ausgliederung von Arbeit oder ihrer Vergabe an andere Unternehmen sowie zum Produktions- und Investitionsprogramm zum Gegenstand haben.

(2) Der Arbeitgeber hat die Vorschläge mit dem Betriebsrat zu beraten. Hält der Arbeitgeber die Vorschläge des Betriebsrats für ungeeignet, hat er dies zu begründen; in Betrieben mit mehr als 100 Arbeitnehmern erfolgt die Begründung schriftlich. Zu den Beratungen kann der Arbeitgeber oder der Betriebsrat einen Vertreter der Bundesagentur für Arbeit hinzuziehen.

§ 92 a Beschäftigungssicherung

1. Vorschlags- und Beratungsrecht

a) Grundsätze

1 Die in dieser Vorschrift enthaltenen Vorschlags- und Beratungsrechte
kennzeichnen ein eigenständiges Handlungsfeld für den BR und stellen zugleich auch eine **Ausgestaltung und Konkretisierung** des
Vorschlagsrechts dar, wie es § 92 Abs. 2 enthält. Darüber hinaus sind
diese Rechte zur Beschäftigungssicherung den Beteiligungsrechten des
BR bei den Betriebsänderungen nach § 111 **vorgelagert**. Sie sollen
dazu beitragen, den mit diesen Maßnahmen häufig verbundenen Personalabbau zu vermeiden oder zumindest abzuschwächen. Die Bestimmung bringt kein MBR,[1] sondern ein **Vorschlags- und Beratungsrecht**, wenngleich mit einem bestimmten **Rechtfertigungszwang**
für den AG, wenn er die Vorschläge des BR als ungeeignet ansieht.
Weitergehende Rechte des BR bleiben von den Regelungen des § 92 a
unberührt.[2] So kann der BR beispielsweise auf der Grundlage seines
MBR nach § 87 Abs. 1 Nr. 3 den Abbau von Überstunden als beschäftigungssichernde Maßnahme anstreben und ggf. durchsetzen.[3] Ein
weiteres Beispiel sind seine Mitwirkungs- und MBR nach den §§ 96
bis 98, wie etwa das MBR nach § 97 Abs. 2 (vgl. dazu auch Rn. 3,
Qualifizierung).

2 Die Tatbestände des § 92 a haben große Bedeutung auch für die Tätigkeit des GBR nach § 50 Abs. 1, da sie vielfach die UN-Ebene berühren
und nicht durch die einzelnen BR in ihren Betrieben einer abschließenden Beratung mit dem AG zugeführt werden können.

b) Gegenstände

3 Die in der Bestimmung angeführten Angelegenheiten sind **nicht
abschließend**.[4] Sie verdeutlichen allerdings den weit gespannten Rahmen, innerhalb dessen der BR Vorschläge zur Sicherung und Förderung der Beschäftigung entwickeln und dem AG mit dem Anspruch
auf eine umfassende Beratung vorlegen kann. Die vom Gesetz ausdrücklich angesprochenen Beratungspunkte erstrecken sich auf folgende Handlungsfelder:

---

1 LAG Hamm 20. 03. 09 – 10 TaBV 17/09, juris.
2 LAG Hamm a. a. O.
3 Vgl. DKKW-Däubler, Rn. 3.
4 DKKW-Däubler, Rn. 5.

- *Flexible Gestaltung der Arbeitszeit*
  Die Flexibilisierung der Arbeitszeit soll dazu dienen, betriebliche Kapazitäten im Interesse der Beschäftigungssicherung besser zu nutzen. Dabei ist allerdings auch darauf zu achten, dass bei der Gestaltung der Arbeitszeitsysteme die AN-Interessen ausreichende Berücksichtigung finden.

- *Förderung von Teilzeitarbeit*
  Durch Teilzeitarbeit kann die Vereinbarkeit von Familienbetreuung und Erwerbstätigkeit gefördert werden (vgl. auch § 80 Abs. 1 Nr. 2 b). Familienpflichten und die Pflichten aus dem Arbeitsverhältnis können etwa dadurch besser in Einklang gebracht werden, dass die Betreuung kleiner Kinder oder pflegebedürftiger Familienangehöriger erleichtert wird.

- *Förderung von Altersteilzeit*
  Die Anwendung von Altersteilzeit kann, wenn die Voraussetzungen dafür vorliegen, die Nachwuchsplanung fördern. Das betrifft nicht nur die Möglichkeiten von Einstellungen und Versetzungen, sondern dient auch der Förderung des beruflichen Aufstiegs von Nachwuchskräften.

- *Neue Formen der Arbeitsorganisation*
  Änderungen der Arbeitsorganisation, der Arbeitsverfahren und der Arbeitsabläufe, wie beispielsweise die Einführung von Gruppenarbeit[5] oder Maßnahmen zur Produktionserhöhung und/oder Qualitätssicherung, können die Wettbewerbsfähigkeit steigern und damit dazu beitragen, dass Personalabbau vermieden wird. Auch Managementmethoden, wie beispielsweise Zielvereinbarungen, können dazu gehören, und zwar unabhängig davon, dass weitergehende Beteiligungsrechte bestehen.

- *Qualifizierung der AN*
  Dieses Handlungsfeld hängt eng zusammen mit den Aufgaben und Rechten des BR bei der betrieblichen Berufsbildung nach den §§ 96 bis 98; nicht zuletzt mit den neuen Grundlagen, die der Ermittlung des Bildungsbedarfs auf Verlangen des BR (§ 96 Abs. 1 Satz 2) dienen, sowie mit seiner starken MB bei der Einführung von Maßnahmen der betrieblichen Berufsbildung, wenn sich durch arbeitstechnische Änderungen die Arbeitstätigkeiten ändern und die Kenntnisse der AN nicht ausreichen, um die neuen Arbeitsaufgaben zu erfüllen (§ 97 Abs. 2). Mit diesem MBR sollen rechtzeitig und präventiv betriebliche Berufsbildungsmaßnahmen zugunsten betroffener AN durchgesetzt werden, um deren Beschäftigung zu sichern.[6] Aber auch unabhängig davon kann die Personalentwicklung ein geeignetes Instrument sein, um einem Personalabbau entgegenzuwirken.

---

5 Engels u. a., DB 01, 539.
6 RegE BetrVerf-Reformgesetz, BT-Drucks. 14/5741, B. zu Nr. 63.

Qualifizierung im Rahmen von Kurzarbeit wird besonders gefördert. Die Bundesagentur für Arbeit übernimmt (§ 421 t SGB III;
derzeit befristet bis 31. 12. 2010) 100 % SV-Beiträge, wenn die AN
während der Kurzarbeit qualifiziert werden. Die Einführung von
Kurzarbeit (mit oder ohne Qualifizierung) vermeidet Entlassungen.
Voraussetzung ist, dass die Qualifizierungsmaßnahme mind. 50 %
der ausgefallenen Arbeitszeit umfasst. Die Qualifizierung während
der Kurzarbeit kann auch für Maßnahmen im Bereich der Gesund-
heitsprävention oder des betrieblichen Gesundheitsschutzes genutzt
werden.[7]

- *Ausgliederung von Arbeit oder ihre Vergabe an andere UN*
  Der Ausgliederung von Arbeit oder der Vergabe betrieblicher
  (Teil-)Tätigkeiten liegen häufig vorgeschobene oder tatsächlich begründete Kostenargumente zugrunde. Der BR sollte deshalb – ggf.
  unter Einbeziehung entsprechender Beratungen im WA – fordern,
  dass ein umfassender Kostenvergleich erfolgt und nicht einfach unterstellt wird, dass Fremdfirmen billiger arbeiten. Das gilt vor allem,
  wenn die Eigenfertigung von Vor- oder Teilprodukten aufgegeben
  bzw. andere UN diese Tätigkeiten auf dem Betriebsgelände erledigen sollen. Zu einer solchen Prüfung gehört auch ein Qualitäts-
  vergleich bei eigener Herstellung einerseits und bei der Herstellung
  durch Fremdfirmen andererseits. Außerdem kann die Ausgliederung
  von Arbeit eine Betriebseinschränkung i. S. des § 111 sein.[8] Es kann
  dann zur Beschäftigungssicherung sinnvoll sein, fällig werdende
  Sozialplanmittel für Rationalisierungsmaßnahmen oder andere kos-
  tensparende Möglichkeiten einzusetzen, um Ausgliederungen zu
  vermeiden.

- *Produktions- und Investitionsprogramm*
  Das Produktionsprogramm betrifft die Art und den Umfang der
  künftigen Gütererzeugung. Das Investitionsprogramm steht damit
  in einem engen Zusammenhang. Es erfasst die zur Durchführung des
  Produktionsprogramms notwendigen Investitionen und die dafür
  erforderlichen finanziellen Mittel. Beschäftigungssichernde Maßnahmen können in diesem Zusammenhang etwa sein: Kapazitätserwei-
  terungen, Erschließung neuer Geschäftsfelder, allgemeine Maßnahmen zur Erhöhung der Nachfrage, aber auch Veränderungen der
  UN- und Betriebsstrukturen. Bei der Erörterung solcher Maßnahmen ist der WA im Rahmen seiner Unterrichtung und Beratung
  einzubinden (vgl. § 106 Abs. 3 Nr. 3). So werden im WA Beratungen darüber zu führen sein, wie ein geplantes Investitionsprogramm
  durchgeführt werden soll und wie dessen Finanzierung möglich ist.[9]

---

7   Vgl. Hinweisblatt der Bundesagentur für Arbeit; www. arbeitsagentur. de unter
    Konjunkturelles Kurzarbeitgeld.
8   Vgl. DKKW-Däubler, § 111 Rn. 42 a, 88.
9   DKKW-Däubler, § 106 Rn. 67.

Zu den Maßnahmen gehört auch die Einführung von Kurzarbeit (zum **4**
MBR des BR s. § 87 Rn. 24). Weitere Maßnahmen, die der Beschäftigungssicherung dienen, können etwa ein **Beschäftigungsausgleich**
zwischen den Betrieben eines UN oder die Einrichtung eines **Per-
sonaleinsatzbetriebs** sein. Aber auch Produktionsumstellungen, um
durch die Herstellung **umweltfreundlicherer Produkte** die Beschäftigung zu sichern, gehören dazu.[10] Generell gilt, dass die Maßnahmen
nach § 92 a der Zielsetzung des § 2 Abs. 1 Nr. 2 SGB III dienen,
wonach die Inanspruchnahme von Leistungen der Arbeitsverwaltung,
insbesondere soweit sie mit Entlassungen zusammenhängen, vorrangig
durch betriebliche Maßnahmen vermieden werden soll.[11] Die Gesamt-
situation des UN und der Beschäftigten soll einer Analyse unterzogen
und zur Grundlage von Vereinbarungen gemacht werden, die der
Beschäftigungssicherung dienen. Das wiederum kann dazu führen, dass
Vereinbarungen über beschäftigungssichernde Maßnahmen, wie der
Abbau von Überstunden oder die Einführung von Kurzarbeit, kündi-
gungsschutzrechtliche Auswirkungen haben. Diese Maßnahmen können bei Kündigungsschutzverfahren gegen das Vorliegen dringender
betrieblicher Erfordernisse sprechen.[12]

2. Beratungen mit dem Arbeitgeber

a) Allgemeines

Der AG ist gehalten, sich mit den vom BR gemachten Vorschlägen **5**
auseinanderzusetzen und in entsprechende Beratungen einzutreten.
Ein Verstoß dagegen kann **Sanktionen** nach § 23 Abs. 3 nach sich
ziehen.[13] Ist der AG der Auffassung, dass die Vorschläge nicht der
Sicherung oder der Förderung der Beschäftigung dienen, hat er dies
gegenüber dem BR zu begründen. In Betrieben mit mehr als 100 AN
ist dabei die **Schriftform** erforderlich.

b) Hinzuziehung eines Vertreters der Bundesagentur für Arbeit

Zu den Beratungen können der BR und AG einen **Vertr. der Bun-** **6**
desagentur für Arbeit (BA), in dessen Bezirk der Betrieb liegt,
hinzuziehen. Bei entsprechenden Beratungen zwischen GBR und
AG ist der Sitz des UN maßgebend. Die Hinzuziehung ist bereits
erforderlich, wenn eine der beiden Betriebsparteien dies verlangt. Es
wird allerdings zweckmäßig sein, dass sich BR und AG auf die Hinzuziehung eines oder mehrerer Vertreter **einigen**. Durch die Hin-

---

10 Mustervereinbarungen s. DKKW-F-Däubler, § 92 a Rn. 7 ff.
11 DKKW-Däubler, Rn. 23.
12 Vgl. dazu DKKW-Däubler, Rn. 21 f.
13 Vgl. auch DKKW-Däubler, Rn. 24, mit dem Hinweis, dass der AG im Wege des
     Beschlussverfahrens gerichtl. dazu angehalten werden kann, die Beratungen
     fortzusetzen, wenn er sie zwar aufgenommen, aber einseitig beendet hat.

zuziehung von Vertr. der Bundesagentur sollen nicht nur allgemeine sozial- und arbeitsmarktpolitische Aspekte berücksichtigt werden. Der Vertr. der Bundesagentur soll, bezogen auf die zwischen BR und AG zu erörternden Interessenlagen, sein **überbetriebliches Wissen** über mögliche Fortbildungs-, Umschulungs- und sonstige Bildungsmaßnahmen einbringen, die der Sicherung und Förderung der Beschäftigung im Betrieb dienen. Außerdem soll er bei Meinungsverschiedenheiten zwischen AG und BR **vermittelnd** tätig werden und insoweit eine Funktion als »neutrale Instanz« erfüllen. Die Möglichkeit, Sachverständige der Bundesagentur hinzuzuziehen, steht der Hinzuziehung von Sachverständigen nach § 80 Abs. 3 nicht entgegen. Der BR kann zur Vorbereitung von Vorschlägen zu Sicherung und Förderung der Beschäftigten einen Sachverständigen hinzuziehen.[14]

7 Erfolgt mit oder ohne Hinzuziehung eines Vertr. der Bundesagentur für Arbeit eine Einigung, kann sie in der Form einer Regelungsabrede[15] vorgenommen werden. Auch der Abschluss einer BV ist möglich; dabei muss aber der Tarifvorrang gem. § 77 Abs. 3 gewahrt bleiben. Im Rahmen des § 92a kann eine BV allerdings nicht erzwungen werden. Das schließt wiederum ein freiwilliges Est.-Verfahren nach § 76 Abs. 5 nicht aus.

§ 93 Ausschreibung von Arbeitsplätzen

Der Betriebsrat kann verlangen, dass Arbeitsplätze, die besetzt werden sollen, allgemein oder für bestimmte Arten von Tätigkeiten vor ihrer Besetzung innerhalb des Betriebs ausgeschrieben werden.

1. Innerbetriebliche Stellenausschreibung

1 Eine Ausschreibung ist die allgemeine Aufforderung an alle oder eine bestimmte Gruppe von AN, sich für bestimmte Arbeitsplätze im Betrieb zu bewerben.[1] Die innerbetriebliche Stellenausschreibung soll dazu beitragen, die im Betrieb vorhandenen **Möglichkeiten der Personalbedarfsdeckung** zu nutzen. Es wird in vielen Fällen sinn-

---

14 ArbG Essen 16. 12. 03 – 6 BV 97/03, AiB 04, 436 m. Anm. Welkoborsky.
15 Vgl. DKKW-Berg, § 77 Rn. 79 ff.
1 BAG 23. 2. 88 – 1 ABR 82/86, AiB 88, 291 m. Anm. Degen; Fitting, Rn. 7.

voller sein, auf AN des Betriebs zurückzugreifen, als Außenstehende anzuwerben oder gar AN-Überlassungsverträge abzuschließen.[2] Der BR hat daher das Recht zu verlangen, dass freie bzw. frei werdende Arbeitsplätze vor ihrer Wiederbesetzung innerhalb des Betriebs ausgeschrieben werden. Auch Arbeitsplätze, die der AG dauerhaft mit **LeihAN** besetzen will, müssen, wenn der BR dies verlangt, ausgeschrieben werden.[3] Dies gilt unabhängig von der geplanten Dauer des Einsatzes der LeihAN.[4] Dasselbe gilt für die **erstmalige** Besetzung neugeschaffener Arbeitsplätze. Der BR kann die Ausschreibung von Arbeitsplätzen verlangen, die der AG mit **freien Mitarbeitern** besetzen will, sofern es sich um solche Arbeitsplätze handelt, für die der BR nach § 99 funktional zuständig ist, also solche, die bisher oder üblicherweise mit AN des Betriebs besetzt werden.[5] Der BR kann die Ausschreibung **allgemein** für alle Arbeitsplätze des Betriebs, für **bestimmte Arten** von Tätigkeiten oder auch für einen **konkreten Einzelfall** verlangen.[6] Weigert sich der AG, die Stellenausschreibung im Einzelfall vorzunehmen, so ist dem BR jedenfalls anzuraten, sofort die Ausschreibung sämtlicher frei werdender Stellen zu fordern. Das Gesetz gibt keinen konkreten Inhalt der Stellenausschreibungen vor. Als Mindestangaben muss eine Stellenausschreibung jedoch eine schlagwortartige Angabe der mit der Stelle verbundenen Aufgaben und der von den Bewerbern erwarteten Qualifikationen enthalten. Die Angabe des Gehalts oder einer Tarifgruppe zählt nach der Rspr. nicht dazu.[7] Die Pflicht zur Ausschreibung ist unabhängig von der Frage, ob mit internen Bewerbern auf die Stelle zu rechnen ist.[8] Zieht sich die Stellenbesetzung nach erfolgter Ausschreibung über Monate hin, soll bei späterer Besetzung der Stelle keine erneute Ausschreibung notwendig sein.[9]

2. Beachtung des § 11 AGG

Im Übrigen ist der AG nach § 11 AGG gehalten, einen Arbeitsplatz weder inner- noch außerbetrieblich nur für Männer oder nur für Frauen auszuschreiben, es sei denn, dass ein bestimmtes Geschlecht unverzichtbare Voraussetzung für die betreffende Tätigkeit ist.[10] Wei-

---

2 Vgl. BAG, DB 88, 1452.
3 BAG 1. 2. 11 – 1 ABR 79/09, brwo, NZA 11, 703.
4 Einschränkend: BAG 15. 10. 13 – 1 ABR 25/12, juris, Anspruch bei Einsatz von zumindest vier Wochen.
5 BAG, DB 94, 332.
6 Vgl. DKKW-Buschmann, Rn. 3 m. w. N.; a. A. LAG Köln, LAGE § 93 BetrVG 1972 Nr. 2; Muster s. DKKW-F-Buschmann, § 93 Rn. 2, Muster BU Rn. 4.
7 BAG 10. 3. 09 – 1 ABR 93/07, brwo, NZA 09, 622.
8 LAG Köln 14. 9. 13 – 5 TaBv 18/12, juris.
9 LAG Nürnberg 14. 3. 12 – 4 TaBV 40/11, n. rk., BAG 7 ABR 51/12.
10 Vgl. auch EuGH, BB 97, 1481; BVerfG, NZA 94, 745; LAG Hamm, BB 97, 525.

terhin untersagt § 11 AGG in Stellenausschreibungen, direkt oder indirekt die »**Rasse**« oder **ethnische Herkunft**, das **Geschlecht**, die **Religion** oder die **Weltanschauung**, eine **Behinderung**, das **Alter**[11] oder die **sexuelle Identität** in den persönlichen oder fachlichen Anforderungen bei einer Ausschreibung als Auswahlkriterium zugrunde zu legen (s. § 75 m. w. N.). Die Anforderung »sehr gute Deutschkenntnisse« in einer Stellenanzeige bzw. Ausschreibung für einen IT-Spezialisten kann eine Diskriminierung gem. § 11 AGG sein. Entscheidend sind die Umstände des Einzelfalles.[12] Der § 93 findet auch Anwendung, wenn ein Arbeitsplatz nur vorübergehend mit einer Aushilfskraft oder auf andere Weise zeitlich befristet besetzt werden soll.

3. AT-Angestellte

Die Ausschreibung der Arbeitsplätze von **AT-Angestellten**, nicht aber die der leit. Ang., kann ebenfalls vom BR verlangt werden (h. M.). § 7 Abs. 1 TzBfG bestimmt, dass der AG einen Arbeitsplatz, den er öffentlich oder innerhalb des Betriebs ausschreibt, auch als Teilzeitarbeitsplatz auszuschreiben hat, wenn sich der Arbeitsplatz hierfür eignet. Nach § 18 TzBfG ist der AG verpflichtet, befristet beschäftigte AN über freie unbefristete Stellen zu informieren. Auch bei einer Umwandlung eines befristeten Arbeitsverhältnisses in ein unbefristetes kann der BR eine Stellenausschreibung verlangen.[13]

4. Streitigkeiten

2   Kommt der AG dem Verlangen des BR nicht nach, so kann dieser gemäß § 99 Abs. 2 Nr. 5 seine Zustimmung zur Einstellung eines von außen kommenden Bewerbers oder zur Versetzung eines betriebsangehörigen AN auf diese Stelle **verweigern**. Dies allerdings nur, wenn er vor dem Zustimmungsersuchen des AG zur Einstellung die Ausschreibung verlangt hatte.[14] Dasselbe gilt, wenn der AG die innerbetriebliche Stellenausschreibung nicht in einer dem Sinne dieser Vorschrift entsprechenden Weise vornimmt. Dies wäre beispielsweise der Fall, wenn er es im Gegensatz zur Ausschreibung nach außen unterlassen würde, die für eine Bewerbung **notwendigen Einzelheiten**, etwa hinsichtlich der Anforderungen, die der Arbeitsplatz stellt, mitzuteilen. Die Zustimmung nach § 99 Abs. 2 Nr. 5 kann in gleicher Weise wie bei völlig unterbliebener Ausschreibung verweigert

---

11   Vgl. LAG Saarland 11. 2. 09 – 1 TaBV 73/08 juris, das die Ausschreibung einer Stelle für Verkäuferinnen ausschließlich im ersten Berufsjahr als Verstoß gegen § 11 AGG angesehen hat und dem BR einen Unterlassungsanspruch zugestanden hat.

12   Verneint für IT-Spezialist: LAG Nürnberg 5. 10. 11 – 2 Sa 171/11, brwo.

13   LAG Frankfurt, LAGE § 93 BetrVG 72 Nr. 3.

14   BAG 14. 12. 04, NZA 05, 424.

werden, wenn der AG bei der Stellenausschreibung gegen **Grundsätze der Gleichbehandlung** nach § 75 dieses Gesetzes oder § 11 AGG verstößt.[15] Der AG genügt auch nicht der vom BR geforderten innerbetrieblichen Stellenausschreibung, wenn er eine bestimmte Stelle im Betrieb zwar ausschreibt, in einer Stellenanzeige in der Tagespresse dann aber **geringere Anforderungen** für eine Bewerbung um diese Stelle nennt. Der BR kann daher die Zustimmung zur Einstellung eines Bewerbers verweigern, der sich auf diese Stellenanzeige mit den geringeren Anforderungen hin beworben hat.[16]

5. Außerbetriebliche Stellenausschreibung

Dem AG ist es zwar nicht verwehrt, **gleichzeitig** mit der internen auch eine außerbetriebliche Stellenausschreibung (etwa durch Zeitungsanzeige) vorzunehmen. Er darf die freie Stelle aber nicht bereits einem außen stehenden Bewerber verbindlich zusagen, **bevor** die innerbetriebliche Ausschreibung endgültig durchgeführt worden ist und ihm die hierauf eingegangenen Bewerbungen aus dem Betrieb vorgelegen haben. Andererseits können grundsätzlich weder der BR noch der im Betrieb tätige Bewerber erzwingen, dass letzterem bei der Besetzung des Arbeitsplatzes der Vorzug vor dem außen Stehenden gegeben wird.[17] In **Auswahlrichtlinien** nach § 95 kann dies jedoch vorgesehen werden. **3**

6. Einzelheiten der Stellenausschreibung

Zum Recht des BR, die Stellenausschreibung verlangen zu können, gehört auch die **Einbeziehung von Einzelheiten** wie Form (z.B. Aushang am »Schwarzen Brett« oder Rundschreiben), Ausschreibungsdauer und die Beschreibung der vorgesehenen Arbeitsplätze sowie die notwendigen fachlichen und persönlichen Voraussetzungen.[18] Werden in der Stellenausschreibung fachliche und persönliche Voraussetzungen festgelegt, handelt es sich zugleich um **Auswahlrichtlinien**, bei deren Aufstellung der BR ein MBR hat.[19] **4**

7. Betriebsvereinbarungen

BV sind nach Ansicht des BAG nur freiwillig möglich.[20] Die Ver- **5**

---

15 DKKW-Buschmann, Rn. 8; vgl. auch ArbG Essen, BetrR 91, 280; LAG Berlin, DB 83, 2633.
16 BAG, DB 88, 1452.
17 BAG, DB 78, 447; 81, 998.
18 Vgl. aber BAG, DB 93, 885, das ein MB über Form und Inhalt der Stellenausschreibung verneint.
19 Vgl. aber BAG, DB 88, 1452, wonach der AG bei einer innerbetrieblichen Stellenausschreibung allein bestimmen kann, welche Anforderungen ein Bewerber für die ausgeschriebene Stelle erfüllen muss.
20 DB 93, 885.

pflichtung zur Ausschreibung besteht allerdings auch ohne entsprechende Vereinbarung.[21] Nach Auffassung des BAG[22] liegt in einer BV über den Aushang innerbetrieblicher Stellenausschreibungen, in der vorgesehen wird, dass der letzte Tag der Aushangfrist in der Stellenausschreibung anzugeben ist, noch keine Beschränkung der Auswahl des AG auf den Kreis derjenigen Betriebsangehörigen, die sich innerhalb der Aushangfrist beworben haben. Die Regelung des § 93 spricht zwar nur von einer innerbetrieblichen Stellenausschreibung. Der **GBR** kann jedoch verlangen, dass die Ausschreibung **innerhalb des UN** erfolgt (vgl. § 51 Abs. 6; **str.**). Entsprechendes gilt für den **KBR** in Bezug auf Stellenausschreibungen im **Konzern** (vgl. § 59 Abs. 1 i. V. m. § 51 Abs. 6; **str.**). Auch in **Tendenzbetrieben** kann der BR bzw. in **Tendenz-UN** der GBR die innerbetriebliche Stellenausschreibung verlangen. Das gilt auch für solche Arbeitsplätze, die mit Tendenzträgern besetzt werden sollen (vgl. auch § 118 Rn. 15).[23]

§ 94 Personalfragebogen, Beurteilungsgrundsätze

(1) Personalfragebogen bedürfen der Zustimmung des Betriebsrats. Kommt eine Einigung über ihren Inhalt nicht zustande, so entscheidet die Einigungsstelle. Der Spruch der Einigungsstelle ersetzt die Einigung zwischen Arbeitgeber und Betriebsrat.

(2) Absatz 1 gilt entsprechend für persönliche Angaben in schriftlichen Arbeitsverträgen, die allgemein für den Betrieb verwendet werden sollen, sowie für die Aufstellung allgemeiner Beurteilungsgrundsätze.

Inhaltsübersicht

---

21 BAG, BB 93, 2233.
22 DB 81, 998.
23 BAG 1. 2. 11 – 1 ABR 79/09, brwo, NZA 2011, 703.

1. Personalfragebogen

a) Begriff und Beispiele

Als **Fragebogen**[1] werden formularmäßig gefasste Zusammenstellungen von auszufüllenden oder zu beantwortenden Fragen verstanden, die Aufschluss über die Person sowie Kenntnisse und Fähigkeiten des Befragten geben sollen.[2] Dabei kann die Vorschrift nicht auf schriftlich in einem Formular zusammengefasste Fragen beschränkt[3] werden, sie ist vielmehr auf **alle formalisierten Informationserhebungen** des AG von AN-Daten (wie z. B. **Tests, Interviews**, ansonsten **standardisierte Einstellungsgespräche**, Abfragen im Rahmen von **Cloud Computing** – Anwendungen [vgl. auch § 87 Rn. 38 und 41] oder die Datenerhebung durch einen **Testkäufer** nach einem bestimmten Beobachtungsraster)[4] zu erstrecken. Es ist gleichgültig, ob die Daten von einem externen Bewerber um den Arbeitsplatz oder einem bereits eingestellten AN erfragt werden,[5] ob der AG sie direkt vom Bewerber/Beschäftigten erfragt oder ob die Auskünfte ein Dritter, wie der **frühere AG** oder eine **Detektei**, erteilt (zum Grundsatz der Direkterhebung beim Betroffenen § 4 Abs. 2 BDSG). Auch Fragebogen, die z. B. Gäste in Hotels über die Beschäftigten ausfüllen, unterliegen der MB (**str.**).[6] Diese greift auch ein, wenn eine Drittfirma durch einen Personalfragebogen die Daten erhebt und die Weiterleitung an den AG in anonymisierter Form erfolgt.[7] Es ist ohne Bedeutung, wie die Antworten erfasst werden. Das MBR besteht auch dann, wenn sie über **Bildschirmgerät/PC** eingegeben oder auf andere Weise technisch festgehalten werden, wie z. B. bei einer Mitarbeiterbefragung per **E-Mail** und **Intranet**.[8] Es ist also für den BR wichtig, nicht nur den »klassischen« Fragebogen im Auge zu haben. Das MBR besteht grundsätzlich auch dann, wenn dem AG zur Auflage gemacht worden ist, nur Personen einzustellen und weiterzubeschäftigen, die anhand eines Personalfragebogens von der **Aufsichtsbehörde** sicherheitsüberprüft worden sind.[9]

b) Inhalt des Mitbestimmungsrechts

Das MBR (als Zustimmungserfordernis ohne Initiativrecht)[10] kann **2**

1

1 Vgl. insgesamt auch Schmidt/Stracke, AiB 99, 191, sowie einen **Musterpersonalfragebogen** bei DKKWF-Klebe/Heilmann, § 94 Rn. 1.
2 BAG, DB 94, 480; BB 00, 1093.
3 Vgl. BAG a. a. O.
4 Däubler, AiB 09, 350.
5 Siehe auch BAG, DB 96, 634.
6 Vgl. DKKW-Klebe, Rn. 5.
7 ArbG Bonn, RDV 04, 133, Ls.
8 HessLAG, DB 01, 2254.
9 **A. A.** BAG, DB 92, 144; vgl. aber auch § 87 Rn. 6 und § 95 Rn. 3.
10 Vgl. LAG Düsseldorf, DB 85, 134f.; LAG Frankfurt, DB 92, 534.

auch bei **Organisationsanalysen,**[11] **Mitarbeitergesprächen mit Zielvereinbarung** (vgl. auch § 87 Rn. 13, 38, 64, 71 und Rn. 13),[12] **arbeitsbegleitenden Papieren** (vgl. § 87 Rn. 14) oder Arbeitsplatzbeschreibungen bestehen, wenn von den Beschäftigten nicht nur eine Tätigkeitsbeschreibung, sondern auch **persönliche Angaben** verlangt werden, wie z. b. darüber, welche Berufs- und Verwaltungserfahrungen nach Auffassung des befragten Stelleninhabers zur anforderungsgerechten Erfüllung der auf dem Arbeitsplatz zu erledigenden Aufgaben erforderlich sind,[13] welche persönlichen Verlust- und Erholungszeiten bestehen,[14] ob sich der AN eher als unter- oder überfordert ansieht und eine Hilfestellung benötigt[15] oder, bei einer Organisationsuntersuchung, welche Vorstellungen die Beschäftigten zur Bürokommunikation an ihrem Arbeitsplatz aktuell und in Zukunft (z. B. DV-Unterstützung) haben.[16] Ein Fragebogen liegt auch vor, wenn aus der Beantwortung ein **Leistungsprofil des AN** abgelesen werden kann, das einer **Eignungsbeurteilung** zugrunde gelegt werden könnte.[17] Verlangt der AG bei Einstellungen von AN Bescheinigungen der AOK über die krankheitsbedingten Fehlzeiten der letzten beiden Jahre, so ist dies unabhängig davon, ob überhaupt ein derartiges Fragerecht besteht, ein Personalfragebogen.[18] Das MBR besteht für **Checklisten** zum Führen von Einstellungs- oder Krankengesprächen (vgl. auch § 87 Rn. 13) und, wenn der AG vor Einstellungen die Bewerber fragt, ob sie ggf. bereit sind, die Ermächtigung zum Umgang mit Verschlusssachen (sog. **VS-Ermächtigung** nach Sicherheitsüberprüfung) zu beantragen,[19] bei ergänzenden Personalfragebogen zur **betriebsinternen Sicherheitsüberprüfung**[20] und solchen Mitarbeiterbefragungen z. B. zur Diebstahlsaufklärung,[21] bei sog. **Assessment-Centern**, bei **ärztlichen Untersuchungen** (str.)[22] und auch bei Durchführung eines **Wissensmanagements**, wie z. B. mit der Erhebung von Mitarbeiterprofilen zur Einführung einer **Expertendatenbank** (vgl. auch § 87 Rn. 13, 38).

3 Das MBR beschränkt sich nicht auf die **Abfassung des Fragebogens** und dessen Änderung.[23] Nach richtiger Auffassung kann der BR auch

---

11 ArbG Nürnberg, NZA-RR 13, 363.

12 A. A. VG Karlsruhe, RDV 98, 31.

13 BVerwG 15. 2. 80 – 6 P 80/78.

14 HessVGH, RDV 86, 270 ff.

15 LAG Köln, AiB 97, 664 für sog. **Jahresgespräche** der Vorgesetzten mit ihren Mitarbeitern.

16 VGH Baden-Württemberg, PersR 93, 360.

17 ArbG Stuttgart v. 19. 10. 81 – 7 Ga 2/81.

18 ArbG Berlin v. 20. 10. 82 – 28 BV 6/82.

19 ArbG Köln v. 3. 3. 89 – 12 BV 37/88.

20 BAG, DB 92, 144.

21 ArbG Offenbach, AiB 95, 671 m. Anm. v. Thon.

22 Vgl. DKKW-Klebe, Rn. 11 m. w. N.

23 LAG Frankfurt 17. 2. 83 – 4 TaBV 107/82.

mit festlegen, in welchem Zusammenhang die erfragten Informationen verwendet werden dürfen (vgl. die Bedeutung des **Verwendungszwecks** im BDSG: z. B. §§ 4 Abs. 3 Nr. 2, 4 a Abs. 1 und 28 Abs. 1 Satz 2: Nach § 28 Abs. 1 Satz 2 BDSG, der durch § 32 BDSG nicht ausgeschlossen wird,[24] sind bei der Datenerhebung die vom AG verfolgten Zwecke »konkret festzulegen«). Daher besteht das MBR fort, wenn bereits die **Datenerhebung** in einem Fragebogen vereinbart wurde, nämlich hinsichtlich der weitergehenden Verwendungszwecke. Neben einer etwaigen Beschränkung von Verwendungszwecken kann z. B. auch festgelegt werden, dass bestimmte Informationen nach einer gewissen Zeit nicht mehr berücksichtigt werden dürfen, dass sie zu anonymisieren (vgl. § 3 a BDSG) oder zu **löschen** sind und wer welche **Zugriffsmöglichkeiten** haben soll. Das MBR wird nicht dadurch ausgeschlossen, dass die AN an der Befragung **freiwillig** teilnehmen.[25] Es besteht auch, wenn die Durchführung einer weltweiten, den ganzen Konzern erfassenden Fragebogenaktion von der **Konzernzentrale im Ausland** festgelegt wird und dem nationalen AG **kein eigener Entscheidungsspielraum** verbleibt. Diesen Umstand hat allerdings die ESt. gegebenenfalls bei ihrer **Ermessensentscheidung** zu berücksichtigen (vgl. auch § 87 Rn. 5, 65 m. w. N.).[26]

c) Zulässiger Inhalt des Personalfragebogens

Es ist Aufgabe des BR, vor allem darauf zu achten, dass die Fragebogen keine Fragen enthalten, die in **unzulässiger Weise** in den **Persönlichkeitsbereich** des einzelnen AN eingreifen (§§ 75 BetrVG, 1 AGG).[27] Dabei können Fragen, die **vor** der **Einstellung** unzulässig waren, danach zulässig werden (z. B. nach einer Schwangerschaft). Welche Fragen zulässig sind, ergibt sich aus **allgemeinen arbeitsrechtlichen Grundsätzen**,[28] die wegen § 1 Abs. 3 BDSG durch § 32 BDSG nicht verdrängt werden, jedenfalls aber dem dort verwendeten Begriff der »Erforderlichkeit« entsprechen[29] und die bei Beschaffung von Informationen in **sozialen Netzwerken** oder über Dritte ebenfalls gelten. Zulässigkeitsschranken ergeben sich auch aus dem BDSG, wie z. B. aus §§ 3 a (Grundsatz der Datenvermeidung, Anonymisierung, Pseudonymisierung), 4 Abs. 2 (Grundsatz der Direkterhebung der Daten beim Betroffenen), 4 d Abs. 5 (Vorabkontrolle durch den Datenschutzbeauftragten) oder im Hinblick auf **sensitive Daten**, wie ethnische Herkunft, politische Meinungen, Gewerkschaftszugehörig-

4

1

24 DKWW, BDSG, § 32 Rn. 9.
25 LAG Köln, AiB 97, 664.
26 HessLAG, NZA-RR 02, 200; vgl. auch BAG, NZA 08, 1248; NZA-RR 07, 333.
27 Vgl. auch BAG, DB 92, 144.
28 Vgl. BAG, DB 94, 939 und DB 96, 634 zur Auskunftspflicht im bestehenden Arbeitsverhältnis.
29 DKWW, BDSG, § 32 Rn. 12, 16.

§ 94 Personalfragebogen, Beurteilungsgrundsätze

keit oder Gesundheit aus § 4 a Abs. 3.[30] Grundsatz ist, dass der AG nach den **persönlichen Verhältnissen des AN** vor dem Hintergrund des Rechts auf informationelle Selbstbestimmung des AN als Teil des durch Art. 2 Abs. 1 i. V. m. Art. 1 Abs. 1 GG geschützten allgemeinen Persönlichkeitsrechts[31] nur insoweit fragen darf, als er im Hinblick auf die Tätigkeit und den Arbeitsplatz ein **berechtigtes, billigenswertes und schutzwürdiges Interesse** an der Beantwortung hat.[32] Bei Fragen, deren Beantwortung zu einer durch §§ 75 BetrVG, 1 AGG verbotenen **Benachteiligung/Diskriminierung** führen könnte, kann dieses Interesse z. B. nicht vorliegen, sie sind unzulässig. So sind beispielsweise Fragen nach **Krankheiten oder Vorstrafen** nur zulässig, wenn und soweit der AG unter Berücksichtigung der Art der vorgesehenen Tätigkeit und der Stellung des AN ein solches Interesse hat.[33] Die Frage nach **laufenden Straf- bzw. Ermittlungsverfahren** wird teilweise wegen der Unschuldsvermutung für unzulässig gehalten.[34] Nach Auffassung des **BAG**[35] soll sie demgegenüber wie die nach **Vorstrafen** zu behandeln sein, wenn auch ein Ermittlungsverfahren Zweifel an der persönlichen Eignung des AN begründen kann.[36] Medizinische AN-Daten genießen, auch wenn sie zulässig erhoben worden sind, besonderen Schutz.[37] Nach dem **schulischen** und **beruflichen Werdegang** kann sich der AG bei unmittelbarem Bezug zur vorgesehenen Tätigkeit erkundigen.[38]

5 Die Frage nach einer **Schwangerschaft** verstößt gegen §§ 1, 3 Abs. 1 Satz 2 AGG und ist daher generell unzulässig. Dies galt schon bisher, auch wenn das BAG zu Unrecht Ausnahmen zuließ. Diese hat es angenommen, wenn es um die Besetzung eines Arbeitsplatzes geht, auf dem nach den Mutterschutzvorschriften oder der GefStoffV Schwangere nicht beschäftigt werden dürfen, wenn die Tätigkeit aus sonstigen Gründen überhaupt nicht aufgenommen werden kann oder darf oder falls die Frage objektiv dem gesundheitlichen Schutz der Bewerberin oder des ungeborenen Kindes dient.[39] Sind diese Beschäf-

30 Vgl. DKWW, § 32 Rn. 10.
31 BAG 15. 11. 12 – 6 AZR 339/11, NZA 13, 429.
32 Vgl. z. B. BAG, NZA 01, 317; DB 03, 396.
33 BAG, DB 84, 2706; 99, 1859; NZA 01, 319; DB 03, 396; Weichert, RDV, 07, 189; zur Frage nach einer Mitarbeit beim **MfS** vgl. Fitting, Rn. 18 m. w. N.; BAG, NZA 98, 474, 1052; DB 03, 396; BVerfG, NZA 98, 588, 1329.
34 ArbG Münster, RDV 94, 32; a. A. Fitting, Rn. 19.
35 DB 99, 1859; NZA 05, 1243;15. 11. 12 – 6 AZR 339/11, NZA 13, 429; 6. 9. 12 – 2 AZR 270/11, NZA 13, 1087.
36 Vgl. auch LAG Hamm 10. 3. 11 – 11Sa 2266/10, brwo: Frage nach Ermittlungsverfahren in der Regel unzulässig, soweit sie sich auf ohne Verurteilung abgeschlossene Verfahren bezieht.
37 BAG, DB 87, 2571 f.; Wohlgemuth, AiB 87, 243 ff.
38 LAG Berlin, RDV 89, 181; vgl. auch LAG Köln, DB 96, 892.
39 BAG, DB 93, 435, 1978 = AiB 94, 122 mit kritischer Anm. v. Degen.

tigungshindernisse allerdings, wie bei einer unbefristeten Einstellung, vorübergehender Natur, bleibt die Frage eine unzulässige Diskriminierung.[40] Selbst diese Auffassung lässt sich im Hinblick auf die neuere Rspr. des **EuGH** und die Vorschriften des AGG nicht mehr halten.[41] Der EuGH hält die Frage auch bei **befristeten Einstellungen** und wenn feststeht, dass die AN aufgrund ihrer Schwangerschaft während eines wesentlichen Teils ihrer Vertragszeit nicht würde arbeiten, für unzulässig. Dabei stehe die Dauer auch eines befristeten Arbeitsverhältnisses nicht von vornherein fest, da es erneuert oder verlängert werden könne. Somit ist die Frage **ohne Ausnahme unzulässig.**[42] Die Frage nach einer **Behinderung** soll nach Auffassung des BAG zulässig sein, wenn sie für die auszuübende Tätigkeit von Bedeutung ist.[43] Die Frage nach der **Schwerbehinderteneigenschaft** bzw. **Gleichstellung** sollte bisher weitergehend sogar dann uneingeschränkt gestellt werden können, wenn die Behinderung, auf der die Anerkennung beruht, tätigkeitsneutral ist.[44] Dies ist jedenfalls jetzt im Hinblick auf **§§ 1 AGG, 81 Abs. 2 SGB IX** nicht mehr haltbar.[45] Die Frage nach der Schwerbehinderteneigenschaft/Gleichstellung ist also stets unzulässig;[46] zulässig wird sie nach der Einstellung.[47] Die Frage nach der Behinderung (der Begriff der Behinderung in § 1 AGG ist entsprechend § 2 Abs. 1 SGB IX, also weiter als eine Schwerbehinderung zu definieren)[48] ist nur im Rahmen des früheren § 81 Abs. 2 Nr. 1 Satz 2 SGB IX zulässig: Das Fehlen der Behinderung muss unerlässliche Voraussetzung, also die »wesentliche und entscheidende berufliche Anforderung« für die Ausübung der Tätigkeit sein. In diesem Fall liegt keine Diskriminierung vor, da es sich nicht um eine Schlechterstellung **wegen** der Behinderung handelt.[49] Soweit die Zulässigkeit der Frage für den Fall bejaht wird, dass der AG eine »**positive Maßnahme**« anstrebt i. S. von § 5 AGG, kann die Falschbeantwortung jedenfalls nicht zu einem Anfechtungsrecht führen. Im bestehenden Arbeitsverhältnis ist die Frage nach der Schwerbehinderung, der Gleichstellung bzw. einem i. d. S. gestellten Antrag nach 6 Monaten, also nach Erwerb des Kündigungsschutzes für behinderte Menschen (§§ 85, 90 Abs. 1

---

40   BAG, NZA 03, 848.
41   Vgl. DB 00, 380; BB 01, 2478; NZA 01, 1243; BB 01, 2478; vgl. auch NZA 03, 373.
42   Vgl. auch LAG Köln 11. 10. 12 – 6 Sa 641/12, NZA-RR 13, 232; Thüsing/Lambrich, BB 02, 1147.
43   BAG DB 96, 580; 99, 852; BB 01, 628.
44   Schaub, NZA, 03, 299; offengelassen von BAG 7. 7. 11 – 2 AZR 396/10, NZA 12, 34.
45   DKKW-Klebe, Rn. 13 m. w. N.
46   Vgl. HessLAG, RDV 10, 287 (Ls.); offengelassen von BAG, NZA 12, 34.
47   BAG 16. 2. 12 – 6 AZR 553/10.
48   Däubler/Bertzbach-Däubler, AGG, § 1 Rn. 72 ff.
49   Vgl. Däubler/Bertzbach-Brors, AGG, § 8 Rn. 36 f., auch zu § 8 AGG.

Nr. 1 SGB IX), zulässig.[50] Die Frage nach der Zugehörigkeit zu **Parteien, Gew.**[51] oder **Religionsgemeinschaften** ist grundsätzlich unzulässig (§§ 75 Abs. 1 BetrVG, 1 AGG). Etwas anderes kann in Tendenzbetrieben gelten (hierzu vgl. auch § 28 Abs. 9 BDSG). An dieser Rechtslage hat sich bei der Gew.-Frage auch durch die jetzige Rspr. des BAG zur Tarifpluralität bei Inhaltsnormen eines TV nichts geändert. Wie schon bisher muss derjenige, der einen Anspruch aus dem TV geltend machen will, diesen darlegen und ggfs. auch seine Gewerkschaftsmitgliedschaft.[52] Fragen nach den **Vermögensverhältnissen** sind nur zulässig, wenn es sich um **besondere Vertrauensstellungen** handelt, insbesondere, wenn der AN über Geld verfügen kann (Filialleiter, Bankkassierer u. Ä.). Werden zulässige Fragen unrichtig beantwortet, kann der AG das Recht haben, den **Arbeitsvertrag anzufechten**, unzulässige Fragen kann der AN ohne Sanktionen wahrheitswidrig beantworten.[53]

6   Auch wenn eine Frage an sich nach allgemeinen arbeitsrechtlichen Grundsätzen zulässig ist, kann der BR ihrer Aufnahme in einen Personalfragebogen **widersprechen**. Stimmt der BR dagegen einem Personalfragebogen zu, der unzulässige Fragen enthält, so erhält der AG dadurch im Falle einer wahrheitswidrigen Beantwortung durch den AN nicht das Recht zur Anfechtung des Arbeitsvertrages. Unzulässig erhobene Daten dürfen **nicht gespeichert werden**.[54] Mitbestimmungswidrig erhobene Daten können auch nicht prozessual verwertet werden (»**Beweisverwertungsverbot**«).[55] Das BAG ist zu Unrecht a. A.[56]

d) Ausübung des Mitbestimmungsrechts

7   Einigen AG und BR sich über die Verwendung von Personalfragebogen und deren inhaltliche Gestaltung nicht, so trifft die ESt. eine **verbindliche** Entscheidung. Die ESt. entscheidet dabei nicht über die rechtliche Zulässigkeit einer Frage, sondern nur darüber, ob sie gestellt werden soll. Die ESt. kann also auch bestimmen, dass eine nach allgemeinen arbeitsrechtlichen Grundsätzen an sich zulässige Frage nicht in den Personalfragebogen aufgenommen wird. Entscheidet sie

---

50   BAG 16. 2. 12 – 6 AZR 553/10, NZA 12, 555.
51   BAG, BB 03, 2355; NZA 11, 1239.
52   So überzeugend Wendeling-Schröder in Anm. zur gegenteiligen Entscheidung HessLAG 7. 11. 12 – 12 Sa 654/11, AuR 13, 407.
53   BAG, DB 94, 939; BB 01, 627; NZA 12, 34; 6. 9. 12 – 2 AZR 270/11, NZA 13, 1087; HessLAG 21. 9. 11 – 8 Sa 109/11, RDV 12, 87 Ls.
54   BAG, DB 87, 1048.
55   LAG Bremen, RDV 06, 24; LAG Hamm, RDV 08, 211; vgl. auch BAG, DB 88, 1552; LAG Sachsen-Anhalt, NZA-RR 00, 478 und § 87 Rn. 2; zu Beweisverwertungsverboten auch §§ 75 Rn. 8; § 87 Rn. 2; § 103 Rn. 19.
56   BAG, NJW 08, 2732.

dagegen, dass eine Frage, die bereits nach **allgemeinen Rechts-grundsätzen** unzulässig ist, in den Fragebogen aufgenommen werden soll, so ist der Spruch insoweit **unwirksam.**

Der BR kann seine Zustimmung zur **Verwendung** von Personalfra-gebogen oder deren **inhaltlicher Ausgestaltung** durch eine BV oder eine Regelungsabrede[57] geben, die von beiden Seiten gekündigt wer-den können. Verwendet der AG einen **Fragebogen ohne Zustim-mung** des BR, hat er nach richtiger Auffassung bei wahrheitswidriger Antwort des AN **kein Anfechtungsrecht.**[58] Der AN kann auch die Ausfüllung des Bogens verweigern.[59] Erfolglos gebliebene Bewerber haben Anspruch auf Vernichtung des Fragebogens, wenn er Angaben über die Privatsphäre enthält und der AG kein berechtigtes Interesse an der Aufbewahrung hat.[60]   **8**

e) Weitere Beteiligungsrechte des Betriebsrats, BDSG

Werden AN-Daten computermäßig erfasst, gespeichert und verwen-det, bestehen neben dem **Auskunftsanspruch** des einzelnen AN nach § 83 Abs. 1[61] und weiteren **Individualrechten** nach dem BDSG (vgl. §§ 6, 19 ff., 33 ff.) verschiedene Beteiligungsrechte des BR. Neben den Regelungen nach § 94 Abs. 1 und 2 sowie dem Überwachungsrecht nach § 80 Abs. 1 Nr. 1 ist auf die Bestimmungen des § 87 Abs. 1 Nrn. 1 und 6 hinzuweisen und den dort genannten Regelungsbedarf (§ 87 Rn. 41 f.).[62] Das BDSG beeinträchtigt wegen seiner **Nachrangigkeit** (§ 1 Abs. 3 BDSG) die Rechte des BR nicht.[63] Dieser ist auch nicht Dritter i. S. von § 3 Abs. 8 BDSG, sondern **unselbständiger Teil** der verantwortlichen Stelle (§ 3 Abs. 7 BDSG).[64] Die Datenweitergabe vom AG an ihn ist ein **innerbetrieblicher Vorgang** und jedenfalls durch die Spezialvorschriften des BetrVG, wie z. B. § 80, erlaubt (vgl. § 1 Abs. 3, BDSG).[65]   **9**

Schließlich ist darauf hinzuweisen, dass es **nicht** Aufgabe des Daten-schutzbeauftragten ist, den **BR zu überwachen.** Das würde letztlich   **10**

---

57 Vgl. LAG Frankfurt, DB 92, 534.

58 **A. A.** BAG, BB 00, 1092, das zu Unrecht die Unwirksamkeit einseitiger AG-Maßnahmen in MB-Angelegenheiten (vgl. § 87 Rn. 1) ignoriert.

59 LAG Frankfurt, DB 89, 2030 f.

60 BAG, DB 84, 2626.

61 Vgl. ArbG Berlin, CR 88, 408 ff.

62 Zur Unzulässigkeit **konzernweiter Datenverarbeitung** vgl. Wohlgemuth, AuR 87, 264 ff. und ArbG Berlin, DB 84, 410.

63 Vgl. z. B. BAG, NZA 87, 385.

64 BAG, DB 98, 627; 03, 2496; 7. 2. 12 – 1 ABR 46/10, NZA 12, 744.

65 Zum Recht der Betriebsvertretung, Beschäftigtendaten zu speichern, vgl. BVerwG, CR 91, 290 f.; LAG Berlin-Brandenburg 4. 3. 11, LAGE § 40 BetrVG 2001 Nr. 15, S. 11; DKKW-Klebe, Rn. 53; DKWW, § 28 Rn. 29.

auf eine Überwachung des BR durch den AG hinauslaufen.[66] Es scheidet ebenfalls eine sog. formale Verpflichtung der BR-Mitgl. nach § 5 BDSG aus.[67] Hiervon unabhängig sollte der BR die Grundsätze des BDSG in vorbildlicher Weise einhalten.[68]

11 Auch Fragebogen, die bereits vor **Inkrafttreten des Gesetzes** bestanden und unverändert weiterverwendet werden, unterliegen dem MBR.[69] Der AG muss also unverzüglich die entsprechenden Initiativen einleiten, um die Zustimmung des BR zu erhalten.[70]

2. Persönliche Angaben in Arbeitsverträgen

12 Damit die Beteiligungsbefugnisse des BR bei der Verwendung und inhaltlichen Ausgestaltung von Personalfragebogen nicht umgangen werden können, stehen ihm dieselben Rechte auch hinsichtlich der **persönlichen Angaben** von AN **in schriftlichen Arbeitsverträgen** zu, die allgemein in einem Betrieb verwendet werden. Zu beachten ist, dass das MBR des BR sich auf die »persönlichen Angaben« in Formulararbeitsverträgen beschränkt. Die Aufnahme allgemeiner Arbeitsbedingungen unterliegt dagegen nicht seiner Beteiligung.[71]

3. Beurteilungsgrundsätze

a) Begriff und Beispiel

13 **Beurteilungsgrundsätze**[72] sind Richtlinien, die einheitliche Kriterien für die Beurteilung von Leistung und Verhalten der AN liefern.[73] Werden also beispielsweise in einem **Personalinformationssystem** Fähigkeits- und Eignungsprofile erstellt (vgl. auch § 6a BDSG zur Einschränkung automatisierter Einzelentscheidungen, die für den Betroffenen eine rechtliche Folge nach sich ziehen oder ihn erheblich beeinträchtigen), so setzt dies die Feststellung der Merkmale, also die Aufstellung von Beurteilungsgrundsätzen voraus. Demzufolge hat der BR ein MBR,[74] das sich auf den Erlass wie auch auf die Verwendung der

---

66 BAG, DB 98, 627; DKWW, § 4 g Rn. 9; Wedde, AiB 99, 695; Schierbaum, AiB 01, 512.

67 DKWW, § 5 Rn. 13.

68 Vgl. hierzu im Einzelnen DKKW-Klebe, Rn. 53 und auch BAG 18. 7. 12 – 7 ABR 23/11, DB 12, 2524; LAG Berlin-Brandenburg 4. 3. 11, LAGE § 40 BetrVG 2001 Nr. 15, S. 11; LAG Hamburg 26. 11. 09 – 7 TaBV 2/09.

69 BAG, DB 87, 1048.

70 LAG Frankfurt, DB 91, 1027 zu Abs. 2; a. A. BAG a. a. O.

71 LAG Nürnberg, NZA-RR 11, 130.

72 **Mustervereinbarung für ein Beurteilungssystem** bei DKKWF-Klebe/Heilmann, § 94 Rn. 2.

73 BAG, DB 85, 495; 00, 2228; LAG Frankfurt, 91, 1027.

74 Vgl. aber auch BAG, DB 83, 2311; 84, 1199 sowie BAG, DB 88, 1452 zu **Anforderungsprofilen.**

Grundsätze erstreckt.[75] **Führungsrichtlinien**, in denen Beurteilungs-kriterien festgelegt werden, sind ebenso mitbestimmungspflichtig[76] wie **Assessment-Center**, Mitarbeitergespräche mit Zielvereinbarung (»**Zielgespräche**«; vgl. auch Rn. 2 und § 87 Rn. 13, 38, 64, 71), **arbeitsbegleitende Papiere**, in denen Beurteilungsgrundsätze so vo-rausgesetzt sind, dass sich durch das Ausfüllen eine bestimmte Leistungs-bewertung ergibt (vgl. auch § 87 Rn. 14),[77] **biometrische Identifika-tionsverfahren** mit Aussagen z. B. zum Gesundheits- und Gemütszustand, **Alkohol-** und **Drogentests** (vgl. auch § 95 Rn. 3), **psychologische Tests** und **graphologische Gutachten**, sofern diese Verfahren überhaupt zulässig sind.[78] Nicht dem MBR unterliegen demgegenüber lediglich auf den Arbeitsplatz bezogene Stellenbeschrei-bungen.[79] Als allgemeine Beurteilungsgrundsätze kommen nicht nur stark ausdifferenzierte, die Gesamtheit von Führung und Leistung um-fassende Systeme in Betracht; auch Systeme, die nur Teilaspekte der Tätigkeit im Auge haben und deren Beurteilungsdichte eingeschränkt ist, unterliegen § 94 Abs. 2, solange die Beurteilung angesichts der (wenn auch wenigen) Kriterien noch generellen Charakter hat.[80] Die vom AG angewandten Kriterien/allgemeinen Grundsätze müssen **nicht schriftlich** niedergelegt sein. Es reicht z. B. aus, wenn der AG auf der Grundlage von formularmäßig ermittelten Leistungsdaten regel-mäßig gegenüber AN Rügen oder Belobigungen ausspricht.[81]

b) Inhalt des Mitbestimmungsrechts

Das MBR bei der Aufstellung **allgemeiner Beurteilungsgrundsät-** **14** **ze,** das wie auch das MBR nach Abs. 1 (vgl. Rn. 2) kein Initiativrecht beinhaltet,[82] soll sicherstellen, dass die Beurteilung der in den Betrieb einzustellenden oder im Betrieb tätigen AN möglichst nach **objekti-** **ven** und **für das Arbeitsverhältnis erheblichen Gesichtspunkten** vorgenommen wird. Ein Beurteilungssystem, das auch Grundsätze einbezieht, die mit dem Arbeitsverhältnis in keiner unmittelbaren Beziehung stehen, ist rechtlich unzulässig. Entsprechende Beurteilun-gen sind ebenso aus der Personalakte zu entfernen wie solche, die unter Verletzung des MBR erfolgt sind.[83] Beurteilungsgrundsätze sollten im

---

75 BAG, DB 79, 1703.

76 **A. A.** BAG, DB 85, 485.

77 LAG Niedersachsen, AuR 08, 77 Ls.; **a. A.** BAG, DB 82, 1116.

78 Vgl. DKKW-Klebe, Rn. 47 f. (auch zu **Genomanalysen**, die wegen des Per-sönlichkeitsschutzes auch auf aufgrund des **GenDG** in aller Regel unzulässig sind; siehe auch § 75 Rn. 8) und BAG, DB 99, 2369; 00, 93, OGH, AuR 07, 398, sowie Albrecht, AiB 10, 576.

79 BAG, DB 86, 1286; 88, 1452; vgl. auch BAG, DB 94, 481; 00, 2228.

80 LAG Berlin, AuR 88, 122.

81 LAG Niedersachsen, AuR 08, 77 Ls.

82 Vgl. z. B. LAG Düsseldorf, LAGE § 94 BetrVG 2001 Nr. 1.

83 LAG Frankfurt, DB 91, 1027.

Übrigen erst verwendet werden, wenn eine **Stellenbeschreibung** besteht. Das MBR bezieht sich auch auf **Ein-Euro-Jobber**.

15 Eine **sachgerechte Gestaltung** der Beurteilungsgrundsätze ist, ebenso wie die des Personalfragebogens, ein wesentliches Hilfsmittel für AG und BR zur Gewinnung eines möglichst objektiven Bildes über den einzelnen AN. Sie vermitteln auch die für die Anwendung von **Auswahlrichtlinien** nach § 95 notwendigen Daten und erleichtern den Entscheidungsprozess bei **personellen Einzelmaßnahmen**. Darüber hinaus können sachgerechte Beurteilungsgrundsätze eine Hilfe für **individuelle** und **betriebliche Entscheidungen** über **Personaleinsatz, Personalförderung, Personalentwicklung** und **Bildungsmaßnahmen** sein.

4. Streitigkeiten

16 Verstößt der AG gegen die Vorschrift, z. B. weil er einseitig einen Personalfragebogen anwendet, kann der BR gemäß § 23 Abs. 3 oder mit dem allgemeinen **Unterlassungs- bzw. Beseitigungsanspruch**[84] dagegen vorgehen.

§ 95 Auswahlrichtlinien

(1) Richtlinien über die personelle Auswahl bei Einstellungen, Versetzungen, Umgruppierungen und Kündigungen bedürfen der Zustimmung des Betriebsrats. Kommt eine Einigung über die Richtlinien oder ihren Inhalt nicht zustande, so entscheidet auf Antrag des Arbeitgebers die Einigungsstelle. Der Spruch der Einigungsstelle ersetzt die Einigung zwischen Arbeitgeber und Betriebsrat.

(2) In Betrieben mit mehr als 500 Arbeitnehmern kann der Betriebsrat die Aufstellung von Richtlinien über die bei Maßnahmen des Absatzes 1 Satz 1 zu beachtenden fachlichen und persönlichen Voraussetzungen und sozialen Gesichtspunkte verlangen. Kommt eine Einigung über die Richtlinien oder ihren Inhalt nicht zustande, so entscheidet die Einigungsstelle. Der Spruch der Einigungsstelle ersetzt die Einigung zwischen Arbeitgeber und Betriebsrat.

(3) Versetzung im Sinne dieses Gesetzes ist die Zuweisung eines anderen Arbeitsbereichs, die voraussichtlich die Dauer von einem Monat überschreitet, oder die mit einer erheblichen Änderung der Umstände verbunden ist, unter denen die Arbeit zu leisten ist. Werden Arbeitnehmer nach der Eigenart ihres Arbeitsverhältnisses üblicherweise nicht ständig an einem be-

---

84 Vgl. hierzu BAG, DB 94, 2450; NZA 04, 746; LAG Niedersachsen, AuR 08, 77 Ls.

stimmten Arbeitsplatz beschäftigt, so gilt die Bestimmung des jeweiligen Arbeitsplatzes nicht als Versetzung.

1. Auswahlrichtlinien

a) Zweck

Auswahlrichtlinien können dazu beitragen, die **Personalpolitik** **1**
transparenter[1] zu machen und auf sie aktiven Einfluss zu nehmen, willkürliche personelle Maßnahmen zu erschweren, die **Persönlichkeit** der von personellen Entscheidungen betroffenen AN besser zu schützen, die Berücksichtigung sozialer Gesichtspunkte verstärkt zur Geltung zu bringen und **den Schutz des Arbeitsverhältnisses** durch Ausweitung der Zustimmungsverweigerungs- (§ 99 Abs. 2 Nr. 2) und Widerspruchsgründe für den BR (§ 102 Abs. 3 Nr. 2) zu verbessern.[2]

b) Begriff, Beispiele

Das Zustimmungsrecht des BR nach Abs. 1 erstreckt sich nicht nur auf **2**
die Ausgestaltung von Auswahlrichtlinien, sondern auch auf die Frage, ob diese überhaupt verwendet werden sollen.[3] Was unter Auswahlrichtlinien zu verstehen ist, ergibt sich nicht ausdrücklich aus der Vorschrift. Dem Abs. 2 ist jedoch zu entnehmen, dass in ihnen vor allem die bei der Durchführung personeller Maßnahmen zu beachtenden **fachlichen, persönlichen und sozialen** Gesichtspunkte festgelegt werden sollen.[4] Das BAG[5] spitzt den Begriff **zu Unrecht** weiter auf **Auswahlentscheidungen** zu. Danach sind Auswahlrichtlinien Grundsätze, die zu berücksichtigen sind, wenn bei beabsichtigten personellen Einzelmaßnahmen, für die **mehrere AN/Bewerber** in Frage kommen, zu entscheiden ist, welchem gegenüber sie vorzuneh-

---

1 BAG, AP Nr. 42 zu § 95 BetrVG 1972; DB 05, 2530.
2 Vgl. hierzu und zu Regelungsvorschlägen für eine BV Dirx/Klebe, AiB 84, 8 ff. und insbes. DKKWF-Klebe/Heilmann, § 95 Rn. 2.
3 LAG Frankfurt, DB 85, 1534.
4 Vgl. BAG, DB 84, 1199; 93, 885; LAG Frankfurt, DB 85, 1534.
5 AP Nr. 42 zu § 95 BetrVG 1972; DB 05, 2530; NZA 06, 1367.

men sind. Richtigerweise werden durch die Richtlinien aber auch **Einzelentscheidungen ohne »echte Auswahl«**[6] erfasst (vgl. Rn. 8).[7] Auswahlrichtlinien können sich auch auf nur **einen konkreten betrieblichen Anlass** beziehen, wie z. B. eine bestimmte Betriebsänderung.[8] Sog. **Fähigkeits- oder Eignungsprofile** sind, sofern sie geeignet sind, zu einer Auswahl unter den AN bei personellen Einzelmaßnahmen zu führen, Auswahlrichtlinien i. S. dieser Vorschrift.[9] Nach Auffassung des BAG fallen unter § 95 keine **Stellen- und Funktionsbeschreibungen**, mit denen für Gruppen von Stelleninhabern mit vergleichbaren Tätigkeiten lediglich deren Funktionen festgelegt und Tätigkeitsschwerpunkte beschrieben werden und die keine Anforderungen hinsichtlich der fachlichen und persönlichen Voraussetzungen der jeweiligen Funktionsträger enthalten.[10]

3 **Regelanfragen** bei Einstellungen beim Landesamt für Verfassungsschutz durch ein privates UN sind Auswahlrichtlinien und unterliegen der MB des BR[11] ebenso wie **Assessment-Center**, Grundsätze für die Zusammensetzung der Teams bei **Gruppenarbeit** (daneben kommen vor allem Rechte gemäß § 87 Abs. 1 Nr. **13** und auch Nrn. 1, 6, 12 und §§ 97 f., 111 f. in Betracht), **ärztliche Tauglichkeitsuntersuchungen** und **Alkohol- und Drogentests** bei Einstellungen (vgl. auch § 94 Rn. 13).[12] Werden Bewerber, die es ablehnen, die Ermächtigung zum Umgang mit Verschlusssachen (»VS-Ermächtigung« nach Sicherheitsüberprüfung) zu beantragen, deshalb nicht eingestellt, bringt der AG hiermit ebenfalls eine Auswahlrichtlinie zur Anwendung.[13] Werden AN-Daten durch ein **Personalinformationssystem** (evtl. in Verknüpfung mit anderen Datensystemen) erfasst und in einer Weise ausgewertet, dass personelle Entscheidungen vorbereitet oder getroffen werden, sind ebenso die Voraussetzungen des MBR erfüllt (vgl. auch §§ 87 Abs. 1 Nr. 6, 94 und § 6 a BDSG) wie bei der Festlegung von Bedingungen für sog. **Insichbeurlaubungen** als Voraussetzung für den Statuswechsel von Beamten ins Angestelltenverhältnis.[14] Auch

---

6   BAG, DB 83, 2311.

7   BAG, DB 83, 2311 und DKKW-Klebe, Rn. 29 f.

8   BAG, DB 05, 2530; NZA 07, 197; DB 07, 1087; 24. 10. 13 – 6 AZR 854/11, NZA 14, 46.

9   Vgl. jedoch BAG, DB 83, 2311, wonach **Anforderungsprofile**, mit denen die für einen bestimmten Arbeitsplatz erforderlichen fachlichen, persönlichen und sonstigen Anforderungen abstrakt festgelegt werden, **keine Auswahlrichtlinien** sein sollen.

10 BAG, DB 84, 1199; 86, 1286; DKKW-Klebe, Rn. 7 f.

11 ArbG München, AiB 88, 267; offen gelassen von BAG, DB 92, 144.

12 LAG BaWü, NZA-RR 03, 417; ArbG Wuppertal, NZA-RR 05, 476.

13 ArbG Köln 3. 3. 89 – 12 BV 37/88; vgl. aber auch BAG, DB 92, 144, das ein MBR ablehnt, falls der AG aufgrund verbindlichen Verwaltungsakts nur überprüfte Bewerber einstellen darf, und hierzu § 87 Rn. 6.

14 BAG, AP Nr. 42 zu § 95 BetrVG.

Richtlinien zur **Fremdfirmenarbeit** (Leiharbeit/Werkverträge),[15] z.B. zu deren Anteil an der Beschäftigung, wie auch an Projekten beim **Crowdsourcing** (vgl. auch §§ 87 Rn. 38, 90 Rn. 4, 111 Rn. 14, 16),[16] oder den Einsatzbereichen, unterliegen als Einstellungsregeln der Vorschrift und bekommen vor dem Hintergrund der Arbeitsmarktpolitik (»**Hartz–Konzept**«) für den BR besondere Bedeutung. Aus dem Schutzzweck des § 95, eine Versachlichung und Durchschaubarkeit personeller Einzelmaßnahmen herbeizuführen, folgt, dass auch dann nach dieser Vorschrift ein MBR besteht, wenn der AG ein freiwilliges Ausscheidensprogramm gegen Abfindung auflegt und sich mehr AN als geplant melden. § **87 Abs. 1 Eingangsgesetz** findet für die Norm entsprechende Anwendung.

c) Form, Kündigung/Nachwirkung

Schriftform ist nicht erforderlich,[17] ausreichend ist auch eine mündliche Vereinbarung, die auf einem förmlichen Beschluss des BR beruhen muss.[18] Nachwirkung sollen nach h.M.[19] nur Auswahlrichtlinien nach Abs. 2 haben, weil nur bei ihnen der BR ein Initiativrecht hat. Dies erscheint nicht überzeugend, wenn der AG die Richtlinie kündigt, um sie abzuändern, sie also fortbestehen soll. Hier lässt sich die Nachwirkung wegen des insoweit nach Abs. 1 bestehenden MBR begründen.[20] Der BR muss, gerade wenn er kein Initiativrecht hat (Rn. 11), sehr sorgfältig prüfen, ob der AG auch **ohne schriftliche Fixierung** Auswahlrichtlinien anwendet. Dies kann ausdrücklich, aber auch konkludent durch »bloße Praxis« geschehen. **4**

d) Regelungsinhalte

Bei allen Regelungen sind insbesondere § **75 Abs. 1** und die Vorschriften des **AGG** zu beachten. Zu den **fachlichen Voraussetzungen** gehören die für den Arbeitsplatz oder eine bestimmte Tätigkeit notwendigen Kenntnisse und Fähigkeiten, wie etwa Schulbildung, bisherige Berufsbildung oder abgelegte Prüfungen. Zu beachtende **persönliche Voraussetzungen** können z.B. die physische und psychische Belastbarkeit, das Alter, die Betriebszugehörigkeit oder das Geschlecht sein (vgl. auch § 83 Abs. 2 Satz 2 SGB IX [Integrationsvereinbarung]). **Leistungsabhängige, flexible Quotenregelungen** **5**

---

15 Vgl Ulber/zu Dohna-Jaeger, AiB 07, 705; vgl. auch BAG 18. 10. 12, NZA-RR 13, 68.

16 Klebe/Neugebauer, AuR 14, 4.

17 LAG Hamm 31. 7. 09 – 10 TaBV 9/09; ArbG München, AiB 88, 267; offen gelassen BAG, NZA-RR 11, 415.

18 LAG Frankfurt, DB 85, 1534.

19 Vgl. z.B. Fitting, Rn. 6 m.w.N.

20 DKKW-Klebe, Rn. 14; vgl auch BAG, DB 08, 2709; NZA 11, 475 zur Nachwirkung bei teilmitbestimmten BV.

zur Zusammensetzung der Belegschaft können z. B. im Hinblick auf
weibliche und männliche Beschäftigte **(Gleichstellungspläne),** älte-
re/jüngere Menschen und **behinderte Beschäftigte**[21] getroffen werden. Insofern können auch Teile einer **Integrationsvereinbarung**
[22]nach § 83 SGB IX nicht nur unter § 87 Abs. 1 Nr. 7 (vgl. dort
Rn. 48), sondern auch unter diese Vorschrift fallen. Solche Regelungen sind an **§ 5 AGG** zu messen, der die Verhinderung oder den
Ausgleich von Nachteilen verlangt (»**positive Maßnahmen**«).[23] Als
soziale Gesichtspunkte können in Betracht kommen das Alter, der
Gesundheitszustand, der Familienstand oder die Dauer der Betriebszugehörigkeit. Es ist also denkbar, dass dasselbe Kriterium sowohl den
fachlichen als auch den persönlichen Voraussetzungen sowie den sozialen Gesichtspunkten zuzuordnen ist.

6 Der BR hat unter Beachtung insbesondere von § 75 Abs. 1 und des
AGG darauf hinzuwirken, dass nach **sachlichen Gesichtspunkten**
festgelegt wird, in welchem Verhältnis und in welcher Rangfolge die
einzelnen Gesichtspunkte bei der Durchführung personeller Maßnahmen bewertet werden sollen. Dabei sind insbesondere auch die Belange des Betroffenen und der übrigen AN gegeneinander abzuwägen.
Während bei Einstellungen häufig die fachlichen und persönlichen
Voraussetzungen eine besondere Rolle spielen werden, stehen bei
Versetzungen und **Kündigungen** vor allem die sozialen Überlegungen im Vordergrund. Bei **Umgruppierungen** geht es regelmäßig um
die Einstufung in eine tarifliche oder betriebliche Entgeltgruppe. Da
der BR deshalb auf eine Richtigkeitskontrolle beschränkt sein wird,
haben hier in erster Linie **Verfahrensvorschriften** Bedeutung und
Regeln, die beinhalten, unter welchen Voraussetzungen Umgruppierungen stattfinden.[24]

7 Durch die Erarbeitung gemeinsamer Grundsätze, die AG und BR
binden, sollen später notwendig werdende Auswahlprozesse **objekti-
viert** werden. **Je differenzierter** diese Auswahlmerkmale gestaltet
werden, umso geringer werden der Ermessensspielraum des AG bei
späteren Einzelentscheidungen einerseits, aber auch die Widerspruchs-
möglichkeiten des BR gemäß §§ 99 und 102 andererseits sein. Personelle Maßnahmen generell, nicht nur betriebsbedingte Kündigungen
(vgl. hierzu § 1 Abs. 4 KSchG und Rn. 8), können also bei entsprechender Detaillierung und Differenzierung der Merkmale **entgegen
der Meinung des BAG**[25] an so strenge Voraussetzungen gebunden

---

21 Vgl. auch LAG Köln, NZA-RR 06, 580 (Verfahren zur Bestellung der ESt.).
22 Hierzu Feldes/Scholz, AiB 01, 327.
23 Zu **gesetzlichen Quotenregelungen** EuGH, DB 95, 2172; 97, 2383; NZA 00,
    473; 00, 935, DB 02, 1450; BAG, DB 96, 2627.
24 BAG, AP Nr. 42 zu § 95 BetrVG 1972.
25 AP Nr. 42 zu § 95 BetrVG 1972; DB 05, 2530.

werden, dass für den UN **kein Ermessensspielraum** bei der Durchführung der Maßnahme mehr verbleibt.[26]

e) Grenzen der Regelungsbefugnis

Auswahlrichtlinien können sich nach richtiger Auffassung auf **sämtli-** **8**
che personelle Einzelmaßnahmen, somit z. B. nicht nur auf betriebsbedingte, sondern auch auf personen- oder verhaltensbedingte
Kündigungen erstrecken. Dem Gesetz ist **keine Beschränkung** auf
eine bestimmte Kündigungsart zu entnehmen.[27] Auswahlrichtlinien
dürfen nicht gegen zwingendes Gesetzesrecht wie § **75**, das **AGG** oder
die Vorschriften des **KSchG** verstoßen. Das KSchG, das zugunsten des
AN zwingende Wirkung hat,[28] kann weder ausgeschlossen noch eingeschränkt werden.[29] Das **AGG** ist nach richtiger Auffassung trotz
seines § **2 Abs. 4** auch auf **Kündigungen** anzuwenden.[30] Daher müssen die für die Sozialauswahl definierten Merkmale, wie z. B. Alter und
Betriebszugehörigkeit, die eine Benachteiligung jüngerer Beschäftigter
sein können, konkret **sachlich gerechtfertigt** (vgl. § 3 Abs. 2 AGG)
bzw. eine unterschiedliche Behandlung wegen des Alters objektiv und
angemessen und durch ein legitimes Ziel gerechtfertigt sein (§ 10
Abs. 1 Satz 1 AGG). Legitime Ziele können insbesondere solche aus
den Bereichen **Beschäftigungspolitik**, **Arbeitsmarkt** und **berufli-**
che Bildung sein. Ältere AN dürfen also **nicht schematisch** als
schutzbedürftiger angesehen werden.[31] **Entgegen** der Auffassung des
BAG[32] kommt nach hier vertretener Meinung daher auch eine lineare
Berücksichtigung ohne weitere sachliche Rechtfertigung **nicht** in
Betracht. Eine sachliche Rechtfertigung der Besserstellung älterer
AN kann sich allerdings z. B. wegen schlechterer Chancen auf dem
Arbeitsmarkt ergeben.[33] Diese können sich ändern oder nach Bran-
chen unterschiedlich ausfallen. Die Bewertung, bei der die Betriebs-
parteien einen Einschätzungsspielraum für eine sachgerechte Typisie-

---

26 DKKW-Klebe, Rn. 27 f.; offen gelassen von BAG, DB 93, 885; vgl. auch BAG,
    DB 07, 1087 und Rn. 8.
27 DKKW-Klebe, Rn. 29 f.; Fitting, Rn. 24; vgl. aber auch BAG, DB 00, 2435, das
    zu Unrecht zu einer Beschränkung auf betriebsbedingte Kündigungen neigt, die
    Frage aber letztlich offen lässt und BAG, DB 05, 2530, wonach Auswahlricht-
    linien **in erster Linie** (das hieße »nicht nur«) bei betriebsbedingten Kündigungen
    in Betracht kommen.
28 Vgl. auch BAG, NZA 09, 915.
29 BAG, DB 76, 1387; 90, 1335 f.; NZA 08, 1120; zu sog. **Punktekatalogen** BAG,
    DB 84, 563; NZA 93, 607; LAG Nds., NZA-RR 03, 578; LAG Düsseldorf, ZIP
    09, 190 und § 1 Abs. 4 KSchG.
30 BAG, NZA 09, 361; 11, 457; Däubler/Bertzbach-Hinrichs, AGG, § 2 Rn. 262 f.
31 A. A. zu Unrecht LAG Düsseldorf, ZIP 09, 190.
32 V. 18. 03. 2010 – 2 AZR 468/08, brwo, NZA 10, 1059; 10, 457.
33 Vgl. BAG, NZA 09, 361; 10, 1059 und 11, 985 mit Arbeitsmarktzahlen;
    15. 12. 11 – 2 AZR 42/10, NZA 12, 1044; DKKW-Klebe, § 95 Rn. 23 ff. mit
    Beispielen; Lassmann, AiB 08, 594.

rung haben,[34] muss also reale Grundlagen haben. Auch eine Bildung von Altersgruppen bei der Sozialauswahl ist nach Auffassung des BAG mit dem AGG vereinbar, da sie der Überalterung des Betriebs entgegenwirke und die Bevorzugung älterer AN relativiere.[35] Die erforderlichen Voraussetzungen/Sachgründe, die gerichtlich uneingeschränkt überprüfbar sind, muss danach der AG schlüssig darlegen, sofern es sich nicht um eine Massenentlassung handelt. Er muss dabei nicht nur vortragen, dass sich die Altersstruktur nachteilig verändern würde, sondern vor allem auch, welche konkreten Nachteile sich dadurch z. B. für die Verwirklichung des Betriebszwecks ergeben.[36] **Richtlinien** müssen **keine abschließende Einzelfallprüfung** vorsehen,[37] weil bei deren vier Grunddaten auch die jeweils typischen Begleitumstände, die mit ihnen in unmittelbarem Zusammenhang stehenden besonderen sozialen Betroffenheiten, zu berücksichtigen sind. So umfasst z. B. das Lebensalter auch den Gesundheitszustand, Berufskrankheit und Arbeitsunfall erhöhen die Bedeutung der Betriebszugehörigkeit (**str.**).[38] Bei diesem Verständnis wird die nach § 1 Abs. 3 erforderliche Gesamtabwägung des AG nun durch die Auswahlrichtlinie definiert.

9   Die zwingende Wirkung des KSchG gilt nur zugunsten des AN, zulasten des AG kann es verbessert werden.[39] Deshalb kann in den Auswahlrichtlinien eine Bestimmung enthalten sein, nach der eine **ordentliche Kündigung** des AG von bestimmten über das KSchG hinausgehenden Voraussetzungen abhängig gemacht wird oder gegenüber AN mit einer langjährigen Betriebszugehörigkeit oder wegen arbeitsplatzbedingter Erkrankung überhaupt **ausgeschlossen** ist (**str.**).[40] Auch ist es möglich, **Verdachtskündigungen**, sofern man sie überhaupt für zulässig hält, auszuschließen. Ebenso kann durch Auswahlrichtlinien vereinbart werden, dass bei der Besetzung von Arbeitsplätzen bei gleicher fachlicher Qualifikation ein **betrieblicher Bewerber** grundsätzlich den Vorrang vor einem außen Stehenden genießt. Auswahlrichtlinien können auch über die in § 1 Abs. 3 KSchG aufgeführten Kriterien Dauer der Betriebszugehörigkeit, Lebensalter, Unterhaltspflichten und Schwerbehinderung hinaus **zusätzliche** Voraussetzungen festlegen, die die betrieblichen Interessen näher definieren oder auch in ihrer Wirkung beschränken.[41] Eine Kündigung kommt

---

34   BAG 18. 3. 2010 – 2 AZR 468/08, NZA 10, 1059.

35   BAG 15. 12. 11 – 2 AZR 42/10, brwo, DB 12, 1445; NZA 09, 361.

36   BAG 18. 3. 2010 – 2 AZR 468/08, NZA 10, 1059; 19. 7. 12 – 2 AZR 352/11, NZA 13, 86.

37   BAG, DB 07, 1087; 24. 10. 13 – 6 AZR 854/11, NZA 14, 46; LAG Düsseldorf, ZIP 09, 190.

38   Vgl. DKKW-Klebe, Rn. 22.

39   Vgl. BAG, NZA 08, 1120 (Ausschluss ordentlicher Kündigungen).

40   DKKW-Klebe, Rn. 26 ff., 35; vgl. auch LAG Sachsen, NZA 02, 905.

41   Vgl. DKKW-Klebe, Rn. 26; Richardi, DB 04, 487.

dann nur in Betracht, wenn sie sowohl die Voraussetzungen der Richtlinie als auch von § 1 Abs. 3 KSchG erfüllt (»Zweites Netz«).[42] Wird in einer **BV**-Auswahlrichtlinie (nicht Regelungsabrede)[43] festgelegt, wie die vier aufgeführten sozialen Gesichtspunkte im Verhältnis zueinander zu bewerten sind, kann die soziale Auswahl im Kündigungsschutzprozess nur auf **grobe Fehlerhaftigkeit** überprüft werden (§ 1 Abs. 4 KSchG). Diese liegt vor, wenn von der (wirksamen) Richtlinie abgewichen wird oder die Auswahl zwar der Richtlinie entspricht, diese aber selbst grob fehlerhaft ist. Die Richtlinie ist grob fehlerhaft, wenn die Gewichtung der Kriterien **jede Ausgewogenheit** vermissen lässt (z. B. gänzliche Überbewertung oder Nichtberücksichtigung einzelner Gesichtspunkte).[44] Die **vier Grunddaten**, von denen keines eine Priorität hat,[45] müssen ausreichend und selbstverständlich den gesetzlichen Regelungen, wie z. B. dem AGG, entsprechend berücksichtigt sein. Dabei kommt es entgegen der Meinung des BAG[46] nicht darauf an, ob die nicht berücksichtigten Kriterien im Einzelfall überhaupt relevant sind. Die Richtlinie als solche ist zu beurteilen und muss dem Gesetz entsprechen. Lässt sie z. B. das Merkmal Schwerbehinderung völlig außer Betracht ist sie auch dann grob fehlerhaft/unwirksam und die Sozialauswahl nach § 1 Abs. 3 KSchG zu überprüfen, wenn die betroffenen AN nicht schwerbehindert sind (vgl. auch § 7 Abs. 2 AGG). Eine **abschließende Einzelfallprüfung** ist entbehrlich,[47] weil bei den Grunddaten auch die jeweils typischen Begleitumstände, die mit ihnen in unmittelbarem spezifischen Zusammenhang stehenden Härten/besonderen sozialen Betroffenheiten, erfasst werden (**str.**; Rn. 8).[48]

f) Verfahrensvorschriften

Zum Inhalt der Auswahlrichtlinien gehört nicht nur die Feststellung **10** der zu beachtenden fachlichen, persönlichen und sozialen Gesichtspunkte, sondern auch die Regelung des **Verfahrens**, durch das das

---

42 Vgl. auch Däubler, Das Arbeitsrecht 1, Rn. 1041 a; wohl **a. A.** BAG, NZA 08, 1120, das eine Verdrängung der gesetzlichen Anforderungen für die Vergleichbarkeit der AN oder an die entgegenstehenden betrieblichen Bedürfnisse i. S. v. § 1 Abs. 3 Satz 2 ablehnt, aber nicht prüft, ob eine Besserstellung, wie hier vertreten, möglich ist.

43 Vgl. LAG Düsseldorf, NZA-RR 00, 423; LAG Berlin, NZA-RR 05, 370; Beispiel bei DKKWF-Däubler, §§ 111–113, Rn. 9.

44 BAG, BB 99, 1556; NZA 06, 162; 08, 1120; 24. 10. 13 – 6 AZR 854/11, NZA 14, 46; LAG Berlin, NZA-RR 05, 370.

45 BAG, DB 07, 1087 m. w. N.

46 10. 06. 2010 – 2 AZR 420/09, NZA 10, 1352; vgl. auch BAG 15. 12. 11 – 2 AZR 42/10, NZA 12, 1044; 19. 7. 12 – 2 AZR 352/11, NZA 13, 86.

47 BAG, DB 07, 1087; 24. 10. 13 – 6 AZR 854/11, NZA 14, 46; LAG Düsseldorf, ZIP 09, 190.

48 DKKW-Klebe, Rn. 22, 40.

Vorliegen dieser Voraussetzungen ermittelt werden soll.[49] Der BR hat vor allem darauf zu achten, dass keine **unzulässigen Methoden** (etwa unzulässige **Persönlichkeits- oder Eignungstests**) angewandt werden. Dabei können auch formelle Festlegungen getroffen werden, wie z.B., welche Unterlagen bei Entscheidungen zu berücksichtigen sind und dass Bewerber aus **besonderen Problemgruppen** (z.B. Langzeitarbeitslose, Hauptschulabsolventen) bei beabsichtigter Einstellung zu Vorstellungsgesprächen einzuladen sind.[50] Einigen AG und BR sich nicht über die Frage, ob und mit welchem Inhalt Auswahlrichtlinien im Betrieb Verwendung finden sollen, trifft die ESt. auf Antrag des AG eine **verbindliche** Entscheidung.

2. Initiativrecht des Betriebsrats

11 Nach dieser Bestimmung kann der BR in Betrieben mit **mehr als 500 AN** die Aufstellung von Auswahlrichtlinien verlangen und im Falle der Nichteinigung mit dem AG über die ESt. erzwingen. Nach Auffassung des LAG Hamburg[51] sind LeihAN bei der Ermittlung der Grenzzahl jedenfalls dann mitzurechnen, wenn sich die beabsichtigte Richtlinie auch auf sie beziehen soll. Richtiger erscheint es allerdings, alle Leih-AN, die Vorschrift verlangt keine Wahlberechtigung, und zudem alle nach § 7 Satz 2 Wahlberechtigten, also nicht nur LeihAN, unabhängig vom Regelungsgegenstand der Richtlinie einzubeziehen.[52] Anders als nach Abs. 1 ist somit der BR in Betrieben der genannten Größenordnung **nicht** darauf angewiesen, dass der AG Auswahlrichtlinien einführen will; er kann diese selbst, falls erforderlich auch gegen den Widerstand des AG, herbeiführen. Im Übrigen gelten hinsichtlich des Inhalts der Auswahlrichtlinien und der ansonsten zu beachtenden Gesichtspunkte die Grundsätze des Abs. 1 (vgl. dort).

3. Zuständigkeit

12 Für die Erstellung von Auswahlrichtlinien ist **grundsätzlich** der BR zuständig. In besonderen Fällen kann die **Zuständigkeit des GBR** nach § 50 Abs. 1 gegeben sein.[53] Dabei ist das jeweilige Gremium für **alle Fragen** alleine zuständig.[54] Dies bedeutet bei einer Zuständigkeit des GBR, der seine Rechte auch nicht an die einzelnen BR entsprechend § 50 Abs. 2 delegieren kann, dass er eine **vollständige Rege-**

---

49 Vgl. auch BAG, AP Nr. 42 zu § 95 BetrVG 1972.
50 Lassmann, AiB 08, 594.
51 AuR 08, 161 Ls.
52 Vgl. vor allem BAG 13. 3. 13 – 7 ABR 69/11, NZA 13, 789 zu § 9 und auch 18. 10. 11 – 1 AZR 335/10, brwo, NZA 12, 221, das länger als 3 Monate eingesetzte LeihAN beim Schwellenwert des § 111, der allerdings anders als diese Vorschrift von Wahlberechtigten spricht, mitrechnet.
53 Vgl. BAG, DB 83, 2311; 84, 1199; 84, 2413.
54 Vgl. BAG, NZA 09, 562.

lung treffen muss und sich **nicht auf Rahmenregelungen be-schränken** kann, die von den örtlichen BR ergänzt werden.[55] Ist der GBR zuständig, haben die örtlichen BR keine (ergänzenden/konkre-tisierenden) MBR.[56] **Freiwillige ergänzende Regelungen** durch die BR sollten allerdings möglich sein. Zudem sollte es auch zulässig sein, dass AG und GBR gemeinsam festlegen, dass bestimmte Detaillierun-gen einer GBV vor Ort durch den AG und den BR erfolgen.[57] Der GBR kann im Übrigen die örtlichen BR jederzeit dadurch einbezie-hen, dass er ihre Regelungsvorschläge in die GBV übernimmt. Liegt die Zuständigkeit des GBR vor, erstreckt sich sein **Initiativrecht** nach Abs. 2 in verfassungskonformer Auslegung auf das **gesamte UN**, wenn in ihm **insgesamt mehr als 500 AN** beschäftigt werden (**str.**).[58] Diese UN-bezogene Betrachtung ist um eine **konzernbezogene** zu ergän-zen.[59]

4. Streitigkeiten

Führt der AG unter Verstoß gegen das MBR Auswahlrichtlinien ein, kann der BR die Anwendung gemäß § 23 Abs. 3 oder aufgrund des allgemeinen **Unterlassungs-** bzw. **Beseitigungsanspruchs** (vgl. auch § 87 Rn. 81),[60] ggf. auch durch einstweilige Verfügung, untersa-gen lassen.

13

5. Versetzung

Zum **Versetzungsbegriff** vgl. § 99 und die dortigen Erl.

14

Zweiter Unterabschnitt:
Berufsbildung

§ 96 Förderung der Berufsbildung

(1) Arbeitgeber und Betriebsrat haben im Rahmen der betrieb-lichen Personalplanung und in Zusammenarbeit mit den für die Berufsbildung und den für die Förderung der Berufsbildung zuständigen Stellen die Berufsbildung der Arbeitnehmer zu

---

55 BAG, NZA 07, 399.
56 Anders noch BAG, DB 84, 2413.
57 Vgl. DKKW-Klebe, Rn. 20.
58 DKKW-Klebe, Rn. 21; vgl. auch BAG, BB 99, 2244; NZA 05, 420; für eine UN-weite Zuständigkeit, sofern wenigstens ein Betrieb die Voraussetzungen des Abs. 2 erfüllt: LAG BaWü, DB 80, 1076 f.; LAG Bremen, DB 87, 195. Zumin-dest für diese Lösung sprechen jetzt auch die neu gefassten §§ 50 Abs. 1, 58 Abs. 1, die die Zuständigkeit des GBR/KBR auch auf BR/GBR-lose Betriebe/ UN erstrecken.
59 Vgl. auch DKKW-Däubler, § 111 Rn. 34.
60 BAG, DB 05, 2530; 07, 1087.

fördern. **Der Arbeitgeber hat auf Verlangen des Betriebsrats den Berufsbildungsbedarf zu ermitteln und mit ihm Fragen der Berufsbildung der Arbeitnehmer des Betriebs zu beraten. Hierzu kann der Betriebsrat Vorschläge machen.**

(2) Arbeitgeber und Betriebsrat haben darauf zu achten, dass unter Berücksichtigung der betrieblichen Notwendigkeiten den Arbeitnehmern die Teilnahme an betrieblichen oder außerbetrieblichen Maßnahmen der Berufsbildung ermöglicht wird. Sie haben dabei auch die Belange älterer Arbeitnehmer, Teilzeitbeschäftigter und von Arbeitnehmern mit Familienpflichten zu berücksichtigen.

1. Förderung der Berufsbildung

1 Der BR hat die Aufgabe, in Zusammenarbeit mit dem AG und den in Betracht kommenden Stellen die **Berufsbildung**[1] der AN zu fördern. Zuständige Stellen sind insbesondere die nach dem BBiG zu errichtenden **Berufsbildungsausschüsse**, aber auch die **Arbeitsämter** bzw. JobCenter, denen die Förderung der Berufsbildung nach dem SGB III obliegt. Die beispielhafte Anführung dieser Institutionen zeigt, dass mit den Bildungsmaßnahmen i. S. dieser Vorschrift vielfach Träger gemeint sind, die entsprechende Maßnahmen **außerhalb** des Betriebs durchführen. Die Rechte des BR sind somit nicht davon abhängig, ob es sich um betriebliche Bildungsmaßnahmen handelt. Sie bestehen auch dann, wenn die Maßnahme in Zusammenarbeit mit einem Dritten erfolgt und der AG auf Inhalt und Organisation rechtlich oder tatsächlich beherrschenden Einfluss hat.[2]

2. Begriff der Berufsbildung

2 Der Begriff »Berufsbildung« i. S. dieser Bestimmung ist **umfassend**. Er schließt die **berufliche Ausbildung**, die **Fortbildung** und die **Umschulung** ein. Dabei ist zu beachten, dass der betriebsverfassungsrechtliche Begriff der Berufsbildung keineswegs mit dem des BBiG identisch ist, er ist weiter gefasst. Es geht vielmehr um einen **sehr weiten Bereich** von Maßnahmen, deren Durchführung dazu führt, dass bei den AN ein Zuwachs an **Fertigkeiten, Kenntnissen** und **Wissen** entsteht, die ihn zu seiner beruflichen Tätigkeit befähigt.[3] Der Beteiligung des BR sind **alle Maßnahmen** zu unterwerfen, die den AN

---

1 Vgl. Hamm, AiB 93, 86 ff.; Satzer, AiB 99, 129; Gilberg, AiB 00, 13.
2 BAG, DB 91, 971; 92, 741.
3 BAG 30. 5. 06 – 1 ABR 17/05, NZA 06, 1291.

diejenigen Kenntnisse und Erfahrungen verschaffen sollen, die der Ausfüllung ihres Arbeitsplatzes und ihrer beruflichen Tätigkeit dienen.[4] Bei den betrieblichen Bildungsmaßnahmen i. S. der §§ 96 ff. sind deshalb alle denkbaren Typen vertreten, angefangen von Vorträgen über Themen allgemeinerer Art bis hin zu umfassenden Seminaren[5] und Kursen über Fachfragen auf Spezialgebieten, **Trainee-Programmen** und **Eingliederungsverträgen**. Kurzfristige Bildungsmaßnahmen, etwa für Anlernlinge oder Praktikanten,[6] gehören ebenso dazu wie Bildungsprogramme, **Assessment-Center**, die auch Kenntnisse und Fähigkeiten vermitteln, Besuche von Ausstellungen, Messen und Kongressen sowie Vorbereitungsseminare für eine Auslandtätigkeit und Anleitungen zur Bedienung neuer Maschinen. Angesichts dieses weitgespannten Rahmens darf nicht die Unterrichtungspflicht des AG nach § 81 zuungunsten der MBR bei der Berufsbildung verschoben werden. Die vom AG nach § 81 vorzunehmenden **arbeitsplatzbezogenen Informationen** verdrängen nicht die Rechte des BR nach den §§ 96 bis 98, sondern bestehen **unabhängig** von diesen. Somit besteht kein Gegensatz zwischen **tätigkeits- und funktionsbezogenen Informationen** einerseits und den **berufsbezogenen Informationen** andererseits.[7] Die neben der bloßen Anwendung des § 81 gegenüber den AN erfolgenden Informationen über die Tätigkeit und ihre Funktion im Betrieb können daher ebenfalls zur Berufsbildung i. S. dieser Vorschrift zählen.[8] Deshalb dienen auch »**Qualitätszirkel**« oder ähnliche Einrichtungen der Berufsbildung nach § 96, wenn sie geeignet sind, durch Problemanalyse und Problemerörterung die berufliche Qualifikation der AN zu verbessern.[9] Der Begriff »Berufsausbildung« erstreckt sich auch auf **kurzfristige Bildungsmaßnahmen** in Betrieben für **Umschüler und für Teilnehmer an berufsvorbereitenden Ausbildungsmaßnahmen**.[10] Auch ein Lehrgang über Sicherheits- und Notfallmaßregeln, dessen erfolgreicher Abschluss Voraussetzung dafür ist, dass der AN für eine bestimmte Tätigkeit eingesetzt werden darf, ist eine Maßnahme der Berufsbildung.[11] Auch Qualifikationsmaßnahmen während Kurzarbeit (§ 421 t SGB III) zählen zur Berufsbildung.

Die Förderung der Berufsbildung der AN hat einen engen Bezug zur **3** Personalentwicklung als einem wesentlichen Teil der Personalplanung (§ 92), deren Aufgabe es auch ist, den AN im Rahmen der betrieb-

---

4 BAG, DB 86, 1341.

5 BAG, BB 91, 1794.

6 BAG, NZA 92, 808.

7 BAG, DB 86, 1341; vgl. auch BAG, BB 91, 1794; DKKW-Buschmann, Rn. 10 m. w. N.

8 Hammer, Mitb. 85, 463.

9 DKKW-Buschmann, Rn. 9; vgl. auch BAG, DB 92, 1634.

10 BAG, DB 81, 1935 ff., DB 82, 606 f.

11 Vgl. BAG, DB 88, 1325.

lichen Möglichkeiten **Aufstiegschancen** unter Beachtung objektiver Gesichtspunkte zu sichern. Es geht wesentlich darum, bei den AN fachliche Kenntnisse, Fähigkeiten und Fertigkeiten zu schaffen und vorhandene zu verbessern. Bei den Maßnahmen der Berufsbildung haben AG und BR auch die Belange **älterer AN**, von **Teilzeit-beschäftigten** und von **AN mit Familienpflichten** zu berücksichtigen.

3. Ermittlung des Berufsbildungsbedarfs

4 Das Gesetz bestimmt mit der neu aufgenommenen Regelung des Abs. 1 Satz 2, dass der AG auf Verlangen des BR den **Berufsbildungs-bedarf** zu ermitteln und mit ihm Fragen der Berufsbildung der AN des Betriebs zu beraten hat. Zugleich erfolgt eine **Konkretisierung** der Pflicht von AG und BR, im Rahmen der Personalplanung (§ 92) die betriebliche Berufsbildung der AN zu fördern. Bei den AN nicht vorhandene fachliche Kenntnisse, Fähigkeiten und Fertigkeiten sollen **geschaffen** und vorhandene Qualifikationen **erhalten und aus-gebaut** werden. Eine ausreichende Qualifikation der AN ist für das UN ein wesentliches Kriterium für die **Wettbewerbsfähigkeit**, für die AN eine wichtige Voraussetzung für den **Erhalt des Arbeits-platzes** und den **beruflichen Aufstieg**.

5 Die **Ermittlung des Berufsbildungsbedarfs** setzt zunächst die Er-fassung der derzeit im Betrieb benötigten Qualifikationen (technische, aber auch soziale) sowie der derzeit bei den AN vorhandenen beruf-lichen Fähigkeiten und Qualifikationen voraus (Ist-Analyse).[12] Der AG muss nicht nur vorhandene Informationen an den BR weiterleiten, sondern den Bedarf ermitteln und entsprechende Unterlagen erstel-len.[13] Die Einschränkungen der Rspr. zu § 80 zur Erstellung von Unterlagen (vgl. § 80 Rn. 18) finden im Rahmen der Ermittlung des Berufsbildungsbedarfes keine Anwendung.[14] Dem muss der künftige Bedarf (Soll-Analyse) gegenüber gestellt werden. Dabei ist auf einen zwei bis drei Jahres-Zeitraum abzustellen. Ohne eine Einschätzung der Entwicklung des Betriebes und der Branche lässt sich der Berufsbil-dungsbedarf nur schwer ermitteln.[15] Informationen hierzu kann der BR über den WA (§ 106 Abs. 3: Lage des Unternehmens, Produkti-ons- und Investitionsprogramm) sowie die Informationsrechte zur Planung von technischen Anlagen und Arbeitsverfahren (§ 90) und zur Personalplanung (§ 92) erhalten. Anhaltspunkte für den unmittel-baren Bedarf bieten auch die in vielen Beurteilungssystemen enthalte-

12   Frankfurt a. M. 13. 8. 08 – 7 BV 207/08, juris.
13   LAG Hamburg 31. 10. 12 – 5 TaBV 6/12, juris.
14   Vgl. LAG Hamburg a. a. O.
15   S. zur Ermittlung des Berufsbildungsbedarfes DKKW-F-Buschmann, §§ 96–98 Rn. 3.

nen Fragen nach dem Qualifikationsbedarf aus Sicht der Vorgesetzten und AN.

Die Feststellung des Bildungsbedarfs muss sich keineswegs auf den **6** gesamten Betrieb erstrecken. Sie kann auch **einzelne betriebliche Bereiche** umfassen, etwa aufgrund aktueller Vorgänge in diesen Bereichen. Der AG ist verpflichtet, auf Verlangen des BR den Berufsbildungsbedarf zu ermitteln und die daraus sich ergebenden Konsequenzen mit ihm zu beraten. Eine **Weigerung des AG**, den Berufsbildungsbedarf zu ermitteln oder nach Vorliegen des Ergebnisses in entsprechende Beratungen mit dem BR einzutreten, begründet einen **Gesetzesverstoß** i. S. des § 23 Abs. 3.

§ 97 Einrichtungen und Maßnahmen der Berufsbildung

(1) Der Arbeitgeber hat mit dem Betriebsrat über die Errichtung und Ausstattung betrieblicher Einrichtungen zur Berufsbildung, die Einführung betrieblicher Berufsbildungsmaßnahmen und die Teilnahme an außerbetrieblichen Berufsbildungsmaßnahmen zu beraten.

(2) Hat der Arbeitgeber Maßnahmen geplant oder durchgeführt, die dazu führen, dass sich die Tätigkeit der betroffenen Arbeitnehmer ändert und ihre beruflichen Kenntnisse und Fähigkeiten zur Erfüllung ihrer Aufgaben nicht mehr ausreichen, so hat der Betriebsrat bei der Einführung von Maßnahmen der betrieblichen Berufsbildung mitzubestimmen. Kommt eine Einigung nicht zustande, so entscheidet die Einigungsstelle. Der Spruch der Einigungsstelle ersetzt die Einigung zwischen Arbeitgeber und Betriebsrat.

1. Beratungsrechte des Betriebsrats

Die Vorschrift gibt dem BR bei der **Errichtung** und **Ausstattung** **1** von betrieblichen **Bildungseinrichtungen**, etwa einer Lehrwerkstatt, einem betrieblichen Bildungszentrum, einer Umschulungswerkstatt oder einer Beschäftigungs- und Qualifizierungsgesellschaft[1] ein Recht auf Beratung mit dem AG. Ausstattung bedeutet **Sachausstattung**, also etwa die Anschaffung von technischen Anlagen, Maschinen, Werkzeugen und Lehrmaterial. Auch die **finanzielle** und **personelle** **Ausstattung** betrieblicher Einrichtungen zur Berufsbildung unterliegt dem Beratungsrecht, letztere ggf. dem MBR nach § 98 Abs. 2. Entsprechendes gilt für die **Änderung** solcher Einrichtungen, wenn sie

---

1 Vgl. DKKW-Buschmann, Rn. 1.

bereits bestehen. Das Beratungsrecht des BR besteht darüber hinaus bei der **Einführung** betrieblicher Berufsbildungsmaßnahmen, z. B. Fortbildungskurse oder Technikerausbildung, und zwar **unabhängig** davon, ob diese innerhalb oder außerhalb der Arbeitszeit stattfinden. Das Beteiligungsrecht gilt ferner für die Teilnahme von AN an **außerbetrieblichen** Maßnahmen der Berufsbildung, etwa bei Sonderkursen an Berufs- oder Fachschulen oder beim Besuch von Fachlehrgängen der Gew. Die Beratung erstreckt sich auf den **Umfang und die Art von Kursen** sowie auf den **Zeitpunkt.** Auch **zusätzliche Prüfungen und Kurse** fallen darunter.

2. Mitbestimmung des Betriebsrats bei Qualifizierung

2 Abs. 2 gibt dem BR ein **MBR** bei notwendigen Anpassungsqualifikationen, wenn der AG Maßnahmen **plant** oder **durchgeführt hat** und die **beruflichen Qualifikationen** der AN zur Erfüllung der Arbeitsaufgaben **nicht ausreichen.** Der Begriff »Maßnahmen« ist **umfassend.**[2] Er erstreckt sich auf **alle Maßnahmen** des AG – auch wenn sie nicht unmittelbar arbeitstechnischer Art sind –, die dazu **führen** oder dazu **führen können,** dass die beruflichen Qualifikationen der AN zur Erfüllung der durch die Maßnahme des AG geänderten, erweiterten oder neuen Arbeitsaufgaben nicht mehr ausreichen. Soweit AN lediglich an einer neuen Maschine eingewiesen werden (§ 81 Abs. 1) ist dies keine betriebliche Berufsausbildung i. S. v. § 97 Abs. 2.[3] Es liegt sowohl im Interesse des AG als auch im AN-Interesse, dass rechtzeitig Maßnahmen gegen schleichende Entqualifizierungsprozesse ergriffen werden.

3 Das MBR besteht bereits bei »geplanten« **Maßnahmen.**[4] Der AG hat den BR über die geplante Maßnahme zu unterrichten. Die Anspruchsgrundlage dafür kann sich entweder unmittelbar aus dem MBR nach § 97 Abs. 2 ergeben, aber auch aus anderen Unterrichtsansprüchen, wie etwa bei einer Änderung der technischen Anlagen oder bei Änderungen der Arbeitsverfahren aus den §§ 90, 91 oder über die Personalplanung § 92. Eine Anspruchsgrundlage kann aber auch der allgemeine Unterrichtungsanspruch des BR nach § 80 Abs. 2 sein. Sind Maßnahmen unter Beachtung der einschlägigen Beteiligungsrechte des BR eingeführt und stellt sich erst danach heraus, dass die beruflichen Qualifikationen der AN für die neuen Arbeitsaufgaben nicht ausreichen, setzt das MBR zu diesem **Zeitpunkt** ein.

4 Das MBR kann in der Weise ausgeübt werden, dass AG und BR zunächst **beraten,** welche Berufsbildungsmaßnahmen ergriffen wer-

---

2   LAG Hamm 9. 2. 09 – 10 TaBV 191/08, brwo, AuR 09, 278; DKKW-Buschmann, Rn. 10; vgl. Fitting, Rn. 10.

3   LAG Hamm a. a. O.

4   LAG Hamm a. a. O.

den sollen, um die Qualifikationsdefizite auszugleichen. In Betracht kommen alle betrieblichen Berufsbildungsmaßnahmen im Rahmen der §§ 96, 97. Kommt eine Einigung nicht zustande, entscheidet die ESt. **verbindlich**, welche berufsbildenden Maßnahmen notwendig sind. Die **Kosten** zur Durchführung dieser Maßnahmen hat der AG zu tragen. Das MBR kann aber auch in der Weise ausgeübt werden, dass der BR auf der Grundlage des ihm zustehenden **erzwingbaren Initiativrechts** und vor dem Hintergrund der Qualifikationsdefizite selbst Vorstellungen zu deren Beseitigung entwickelt. Er kann dabei auf die Hilfe der Gew. oder auf außenstehende Stellen (Arbeitsamt, Bildungswerke) zurückgreifen. In Betracht kommen auch betriebliche Auskunftspersonen (§ 80 Abs. 2 Satz 3) oder Sachverständige (§ 80 Abs. 3). Der AG ist verpflichtet, über die vom BR entwickelten Vorstellungen in **Beratungen** einzutreten. Bei Nichteinigung entscheidet die ESt. verbindlich. Im Streitfalle hat die ESt. vor dieser Entscheidung darüber zu befinden, **ob und in welchem Umfang** Qualifikationsdefizite bei den AN vorliegen.[5]

§ 98 Durchführung betrieblicher Bildungsmaßnahmen

(1) Der Betriebsrat hat bei der Durchführung von Maßnahmen der betrieblichen Berufsbildung mitzubestimmen.

(2) Der Betriebsrat kann der Bestellung einer mit der Durchführung der betrieblichen Berufsbildung beauftragten Person widersprechen oder ihre Abberufung verlangen, wenn diese die persönliche oder fachliche, insbesondere die berufs- und arbeitspädagogische Eignung im Sinne des Berufsbildungsgesetzes nicht besitzt oder ihre Aufgaben vernachlässigt.

(3) Führt der Arbeitgeber betriebliche Maßnahmen der Berufsbildung durch oder stellt er für außerbetriebliche Maßnahmen der Berufsbildung Arbeitnehmer frei oder trägt er die durch die Teilnahme von Arbeitnehmern an solchen Maßnahmen entstehenden Kosten ganz oder teilweise, so kann der Betriebsrat Vorschläge für die Teilnahme von Arbeitnehmern oder Gruppen von Arbeitnehmern des Betriebs an diesen Maßnahmen der beruflichen Bildung machen.

(4) Kommt im Fall des Absatzes 1 oder über die nach Absatz 3 vom Betriebsrat vorgeschlagenen Teilnehmer eine Einigung nicht zustande, so entscheidet die Einigungsstelle. Der Spruch der Einigungsstelle ersetzt die Einigung zwischen Arbeitgeber und Betriebsrat.

(5) Kommt im Fall des Absatzes 2 eine Einigung nicht zustande, so kann der Betriebsrat beim Arbeitsgericht beantragen,

---

5 Muster-BV zu betrieblichen Qualifikationsmaßnahmen s. DKKW–F–Buschmann, §§ 96–98 Rn. 11.

dem Arbeitgeber aufzugeben, die Bestellung zu unterlassen oder die Abberufung durchzuführen. Führt der Arbeitgeber die Bestellung einer rechtskräftigen gerichtlichen Entscheidung zuwider durch, so ist er auf Antrag des Betriebsrats vom Arbeitsgericht wegen der Bestellung nach vorheriger Androhung zu einem Ordnungsgeld zu verurteilen; das Höchstmaß des Ordnungsgeldes beträgt 10 000 Euro. Führt der Arbeitgeber die Abberufung einer rechtskräftigen gerichtlichen Entscheidung zuwider nicht durch, so ist auf Antrag des Betriebsrats vom Arbeitsgericht zu erkennen, dass der Arbeitgeber zur Abberufung durch Zwangsgeld anzuhalten sei; das Höchstmaß des Zwangsgeldes beträgt für jeden Tag der Zuwiderhandlung 250 Euro. Die Vorschriften des Berufsbildungsgesetzes über die Ordnung der Berufsbildung bleiben unberührt.

(6) Die Absätze 1 bis 5 gelten entsprechend, wenn der Arbeitgeber sonstige Bildungsmaßnahmen im Betrieb durchführt.

1. Durchführung betrieblicher Bildungsmaßnahmen (Abs. 1)

1   Bei der Durchführung von Maßnahmen der betrieblichen Berufsbildung hat der BR ein MBR. Die Entscheidung, ob betriebliche Berufsbildungsmaßnahmen durchgeführt werden und welche finanziellen Mittel hierfür bereit gestellt werden, ist vom MBR nicht umfasst. Aus § 97 Abs. 2 sowie § 102 Abs. 3 Nr. 4 (Weiterbildung zur Vermeidung von Kündigungen) kann sich ergeben, dass der Arbeitgeber gezwungen, ist betriebliche Berufsbildungsmaßnahme durchzuführen.[1] Erfolgen sie auf **UN-Ebene**, ist bei Vorliegen der Voraussetzungen nach § 50 Abs. 1 der **GBR zuständig**. Unter den **Begriff der betrieblichen Berufsbildung** fallen alle Maßnahmen, bei denen bei den AN ein Zuwachs an Fertigkeiten, Kenntnissen und Wissen entsteht (vgl. auch § 96 Rn. 2). Es geht dabei nicht nur um die **Berufsausbildung**, **Fortbildung** und **Umschulung**, sondern um alle Maßnahmen, mit denen die berufliche Verwendungsbreite der AN erhöht und ihnen neue Kenntnisse, Fähigkeiten und Fertigkeiten vermittelt

---

1   Fitting, Rn. 2.

werden, die für das berufliche Fortkommen von Bedeutung sind, wie etwa bei einer Schulung von AN zur Vorbereitung auf ihren Einsatz an Personalcomputern oder zur Vermittlung der für den Betrieb eines Atomkraftwerks erforderlichen Fachkunde an das verantwortliche Schichtpersonal.[2] Moderierte Gesprächskreise, die nach einem vorgegebenen Konzept Hintergrundwissen und Selbsterfahrung vermitteln, sind eine Maßnahme der betrieblichen Berufsbildung.[3] Dazu gehören auch Maßnahmen der beruflichen Qualifizierung im Rahmen von Kurzarbeit (§ 419 SGB III). Das MBR erstreckt sich auf den gesamten Inhalt solcher Maßnahmen. Soweit bei den Maßnahmen der Berufsbildung **betriebliche Prüfungen** abgehalten werden, ist deren Ausgestaltung Teil der Maßnahme und unterliegt daher dem MBR.[4] Es ist allerdings zu beachten, dass im Bereich der Berufsbildung – das gilt vor allem für die Berufsausbildung – **gesetzliche Vorschriften** das MBR des BR verdrängen können. Der BR hat jedoch ein Überwachungsrecht nach § 80 Abs. 1 Nr. 1, ob die gesetzlichen Vorschriften eingehalten werden. Lassen die gesetzlichen Regelungen dem AG einen **Gestaltungsspielraum**, ist insoweit das MBR des BR gegeben.

Soweit das MBR des BR gegeben ist, kann er durchsetzen, wie eine   **2** bestimmte Berufsbildungsmaßnahme durchgeführt werden soll (zu dem darüber hinausgehenden MBR des BR nach § 97 Abs. 2 vgl. § 97 Rn. 2 ff.). Auch die Frage, ob eine betriebliche Berufsausbildung von 3 auf 2 1/2 Jahre verkürzt wird, unterliegt der Mitbestimmung des BR.[5] Im Übrigen kann der BR im Rahmen seiner MB bei der Durchführung betrieblicher Berufsbildungsmaßnahmen selbst **initiativ** werden und seine Vorstellungen ggf. über die **ESt.** durchsetzen. So kann der BR die Einführung von Richtlinien fordern, nach denen die Auszubildenden in regelmäßigen Abständen zu beurteilen sind und ihr Ausbildungsstand kontrolliert wird[6] oder einen Plan für das Durchlaufen verschiedener Abteilungen, die Führung/Überwachung von Berichtsheften und die Abhaltung betrieblicher Zwischenprüfungen verlangen.[7] Liegt eine Maßnahme der betrieblichen Berufsbildung i. S. des Abs. 1 vor, hat der BR nach § 87 Abs. 1 Nrn. 2 und 3 über die **zeitliche Lage** einer solchen Schulungs- und Bildungsveranstaltung mitzubestimmen.[8]

---

2 BAG, DB 86, 1341.
3 LAG Düsseldorf 9. 10. 08 – 15 TaBV 96/07, juris.
4 BAG a. a. O.
5 BAG 24. 8. 04, AuR 05, 270 m. Anm. Buschmann.
6 LAG Köln 12. 4. 83, EzA § 98 BetrVG 1972 Nr. 1.
7 Fitting, Rn. 5.
8 DKKW-Buschmann, § 97 Rn. 3; vgl. auch BAG, AiB 89, 356.

2. Teilnahme von Arbeitnehmern an Berufsbildungsmaßnahmen (Abs. 3)

3   Voraussetzung ist, dass es sich um **betriebliche Maßnahmen** der Berufsbildung handelt oder um **außerbetriebliche Berufsbildungsmaßnahmen**, für die der AG entweder die AN mit oder ohne Fortzahlung des Entgelts von der Arbeit freistellt oder bei denen er zumindest die Teilnahmekosten wie Teilnahmegebühren, Reisekosten u. Ä. ganz oder teilweise trägt. Für das Einsetzen des MBR genügt bereits die Freistellung eines **einzelnen** AN oder die **ganze oder teilweise** Übernahme der durch seine Teilnahme entstehenden Kosten durch den AG. Träger bzw. Veranstalter einer betrieblichen Berufsbildungsmaßnahme ist der AG auch, wenn er sie in Zusammenarbeit mit einem Dritten durchführt und hierbei auf Inhalt und Organisation **rechtlich oder tatsächlich** einen **beherrschenden Einfluss** hat.[9]

4   Vereinbaren **mehrere AG die gemeinsame Durchführung** von Maßnahmen der Berufsbildung, ohne dass für einzelne AG insoweit ein beherrschender Einfluss besteht, so haben die BR der betroffenen Betriebe bei der Durchführung der Bildungsmaßnahmen zwar kein MBR. Sie haben jedoch in entsprechender Anwendung des § 98 Abs. 1 beim **Abschluss der Vereinbarung** über die Zusammenarbeit der AG insoweit mitzubestimmen, als Regelungen über die spätere Durchführung der Bildungsmaßnahmen getroffen werden.[10] Eine Berufsbildungsmaßnahme ist für die AN eines Betriebs auch dann bestimmt, wenn bei einer **begrenzten Teilnehmerzahl** die AN des AG den Vorrang haben und andere Personen nur zur Lückenfüllung berücksichtigt werden.[11] Ebenso wenig ist der **Ort der Teilnahme** an der Berufsbildungsmaßnahme maßgebend, sofern die Betriebsbezogenheit gegeben ist.[12] Das MBR besteht auch, wenn zu einem auf der Ebene des UN errichteten Schulungszentrum aus den einzelnen Betrieben Teilnehmer entsandt werden sollen.[13] Das MBR entfällt nicht deshalb, weil die AN zu einem Lehrgang entsandt werden, um bei einem Streik anderer AN aushilfsweise deren Tätigkeit übernehmen zu können (vgl. auch § 96 Rn. 2).[14]

3. Initiativrecht des Betriebsrats (Abs. 3)

5   Sofern die MBR gegeben sind, hat der BR auch ein **Initiativrecht**. Er kann im Rahmen der vom AG nach Beratung vorgegebenen Zahl[15]

---

9   BAG, NZA 91, 388; 92, 657.
10   BAG, NZA 01, 167.
11   BAG, NZA 91, 388.
12   DKKW-Buschmann, Rn. 22 m. w. N.
13   DKKW-Buschmann, Rn. 22 m. w. N.
14   BAG, DB 88, 1325.
15   DKKW-Buschmann, Rn. 23.

eigene Vorschläge für die Teilnahme von AN oder Gruppen von AN des Betriebs an solchen Maßnahmen machen. Die gilt auch für berufliche Qualifizierungsmaßnahmen im Rahmen von Kurzarbeit (§ 419 SGB III). Das MBR des BR setzt voraus, dass der BR eigene Teilnehmer benennt; die schlichte Ablehnung von Teilnehmern, die der AG vorschlägt reicht nicht aus.[16] Das MBR des BR soll sicherstellen, dass alle AN die **gleiche Chance** haben, wenn es um die Qualifizierung beim beruflichen Fortkommen oder um die Bemühungen zur Erhaltung des Arbeitsplatzes geht. Ein Unterlassungsanspruch ggü. der Auswahl der Teilnehmer durch den AG lässt sich aus Abs. 3 u. 4 nicht herleiten.[17] Kommt es zwischen BR und AG bei der Auswahl der AN zu keiner Einigung, so trifft die ESt. eine **verbindliche** Entscheidung. Im Falle einer zahlenmäßigen Beschränkung der Bildungsgelegenheiten muss sie unter Umständen eine Auswahl aus den vom AG und den vom BR Vorgeschlagenen treffen. Die ESt. wird dabei **Kriterien** aufstellen und danach alle vorgeschlagenen Teilnehmer beurteilen, unabhängig davon, ob der AG oder der BR sie vorgeschlagen hat.[18] Zu einer Entscheidung der ESt. kommt es somit nicht, wenn der BR sein Vorschlagsrecht nach Abs. 3 nicht ausübt.[19]

4. Entscheidung der Einigungsstelle (Abs. 4)

Die ESt. ist zur verbindlichen Entscheidung über alle Meinungsverschiedenheiten zwischen AG und BR zuständig, die Fragen der **Durchführung** von **betrieblichen Berufsbildungsmaßnahmen** (Abs. 1) sowie solche der **Teilnahme** von AN an **betrieblichen** und **außerbetrieblichen Maßnahmen** der Berufsbildung betreffen (Abs. 3). Bei Berufsbildungsmaßnahmen nach Abs. 3 für Redakteure hat der BR wg. des Tendenzschutzes kein MBR nach Abs. 4.[20] Eine Ausnahme gilt jedoch für die Bestellung oder Abberufung von Personen, die mit der Durchführung der betrieblichen Berufsbildung beauftragt sind; dafür sind die ArbG zuständig (Abs. 5). **6**

5. Durchführung von sonstigen betrieblichen Berufsbildungsmaßnahmen (Abs. 6)

Die Bestimmung stellt klar, dass das dem BR bei der Durchführung von betrieblichen Berufsbildungsmaßnahmen zustehende MBR, insbesondere hinsichtlich der Bestellung und Abberufung von Ausbildern und der Auswahl von Teilnehmern, auch für **alle sonstigen** Bildungsmaßnahmen gilt, die im Betrieb durchgeführt werden. Es geht somit **7**

---

16 BAG 20. 4. 10 – 1 ABR 78/08, NZA 10, 122.
17 LAG Hessen 21. 6. 12 – 9 TaBV 75/12, n. rk. BAG – 1 ABR 77/12; das BAG a. a. O. hat die Frage offen gelassen.
18 BAG 8. 12. 87 DB 88, 760.
19 BAG 8. 12. 87 DB 88, 760.
20 BAG 30. 5. 06 – 1 ABR 17/05, brwo; NZA 06, 1291.

um Bildungsmaßnahmen, die sich **nicht** auf die aktuelle oder zukünftige berufliche Tätigkeit von AN beziehen.[21] Ggf. können gleichwohl Kenntnisse vermittelt werden, die eine irgendwie geartete berufliche Fortbildung mit sich bringen. So kann beispielsweise ein Lehrgang über Arbeits- und Sozialrecht durchaus eine betriebliche Berufsbildungsmaßnahme sein, die von vornherein unter das MBR nach Abs. 1 bis 5 fällt, wenn Teilnehmer Mitarbeiter der Personalabteilung sind.[22] Zu den sonstigen Bildungsmaßnahmen können z. B. allgemein bildende Kurse, Lehrgänge über Arbeits- und Sozialrecht sowie Kurse über Erste Hilfe gehören. Auch Workshops, die nach vorgegebenem Konzept Hintergrundwissen und Selbsterfahrung im Rahmen eines Programms zur Steigerung der Kundenzufriedenheit vermitteln, sind eine sonstige betriebliche Bildungsmaßnahme.[23] Nicht unter die Bestimmung des Abs. 6 fallen dagegen Bereiche, die lediglich der **Unterhaltung** oder **Freizeitbeschäftigung** dienen, wie etwa die Einrichtung eines betrieblichen Sportvereins oder eines Werkorchesters.

6. Bestellung und Berufung von Ausbildern (Abs. 2)

8 Der BR hat ein **Widerspruchs-** bzw. **Abberufungsrecht** hinsichtlich der mit der Durchführung der betrieblichen Berufsbildung beauftragten Personen.[24] Voraussetzung ist, dass diese die **persönliche** oder **fachliche**, insbesondere die berufs- oder arbeitspädagogische Eignung (§§ 20, 21 BBiG; §§ 21, 22 HandwO)[25] nicht besitzen oder ihre Aufgaben vernachlässigen. Das Fehlen der persönlichen und fachlichen Eignung ist auch gegeben, wenn die betreffende Person Jugendliche nicht beschäftigen darf oder wiederholt oder schwer gegen das BBiG verstoßen hat. Eine Vernachlässigung der Aufgaben kann darin liegen, dass der Ausbilder die Ausbildung nicht mit der erforderlichen Gründlichkeit und Gewissenhaftigkeit ausführt, so dass befürchtet werden muss, dass die Auszubildenden das Ziel der Ausbildung nicht erreichen. Das Recht zum Widerspruch bzw. die Möglichkeit, die Abberufung verlangen zu können, erstreckt sich auch auf solche Personen, die als **leit. Ang.** tätig oder **nicht** AN des Betriebs sind. Bei Nichteinigung zwischen AG und BR über die Bestellung bzw. Abberufung des Ausbilders entscheidet nicht die **ESt.**, sondern das **ArbG**. Das Verfahren nach § 98 Abs. 2 i. V. m. Abs. 5 ist gegenüber § 99 ein **Sondertatbestand**.

---

21 DKKW-Buschmann, Rn. 27.
22 Vgl. DKKW-Buschmann a. a. O.
23 LAG Düsseldorf 9. 10. 08 – 15 TaBV 96/07, juris.
24 Muster s. DKKW-F-Buschmann, §§ 96–98 Rn. 10.
25 Vgl. auch DKKW-Buschmann, Rn. 10; LAG Berlin, NZA-RR 00, 370.

7. Gerichtliche Entscheidung über Bestellung oder Abberufung von Ausbildern (Abs. 2, 5)

Die Bestimmung regelt die gerichtliche Durchsetzung des Widerspruchs- und Abberufungsrechts des BR nach Abs. 2 in teilweiser Anlehnung an die Vorschrift des § 23 Abs. 3. Soweit der AG einer rechtskräftigen gerichtl. Entscheidung **zuwiderhandelt**, die es ihm verbietet, einen bestimmten Ausbilder zu bestellen, muss der Verurteilung des AG zu einem Ordnungsgeld in jedem Falle eine **Androhung** seitens des Gerichts vorhergehen.

Wird der AG dagegen rechtskräftig verurteilt, einen Ausbilder abzuberufen, so ist die Verhängung des in dieser Bestimmung genannten Zwangsgeldes von bis zu 250 Euro täglich zur Durchsetzung der gerichtl. Entscheidung ohne vorherige Androhung möglich. Es kommt im Übrigen bei der Frage, ob dem AG aufzugeben ist, eine Bestellung zu unterlassen oder eine Abberufung durchzuführen, nicht auf ein subjektives Verschulden des Ausbilders an. Maßgebend sind vielmehr die **objektiven Kriterien.**[26] Der AG wird durch die Vorschrift nicht gehindert, die Wirksamkeit des BR-Widerspruchs im Beschlussverfahren überprüfen zu lassen.[27]

Soweit das **BBiG** für die Abberufung eines Ausbilders besondere Vorschriften enthält, bleiben diese **unberührt.** Beide Verfahren können nebeneinander betrieben werden, insbesondere, weil die rechtlichen Folgen einer Untersagung des Ausbildens im Rahmen des BBiG weitergehen als die der Abberufung des Ausbilders nach dieser Bestimmung.

Dritter Unterabschnitt: Personelle Einzelmaßnahmen

§ 99 Mitbestimmung bei personellen Einzelmaßnahmen

(1) In Unternehmen mit in der Regel mehr als zwanzig wahlberechtigten Arbeitnehmern hat der Arbeitgeber den Betriebsrat vor jeder Einstellung, Eingruppierung, Umgruppierung und Versetzung zu unterrichten, ihm die erforderlichen Bewerbungsunterlagen vorzulegen und Auskunft über die Person der Beteiligten zu geben; er hat dem Betriebsrat unter Vorlage der erforderlichen Unterlagen Auskunft über die Auswirkungen der geplanten Maßnahme zu geben und die Zustimmung des Betriebsrats zu der geplanten Maßnahme einzuholen. Bei Einstellungen und Versetzungen hat der Arbeitgeber insbesondere den in Aussicht genommenen Arbeitsplatz und die vorgesehene Eingruppierung mitzuteilen. Die Mitglieder des Betriebsrats

---

26   Vgl. DKKW-Buschmann, Rn. 17; Fitting, Rn. 17.
27   LAG Berlin, NZA-RR 00, 370.

sind verpflichtet, über die ihnen im Rahmen der personellen Maßnahmen nach den Sätzen 1 und 2 bekannt gewordenen persönlichen Verhältnisse und Angelegenheiten der Arbeitnehmer, die ihrer Bedeutung oder ihrem Inhalt nach einer vertraulichen Behandlung bedürfen, Stillschweigen zu bewahren; § 79 Abs. 1 Satz 2 bis 4 gilt entsprechend.

(2) Der Betriebsrat kann die Zustimmung verweigern, wenn

1. die personelle Maßnahme gegen ein Gesetz, eine Verordnung, eine Unfallverhütungsvorschrift oder gegen eine Bestimmung in einem Tarifvertrag oder in einer Betriebsvereinbarung oder gegen eine gerichtliche Entscheidung oder eine behördliche Anordnung verstoßen würde,

2. die personelle Maßnahme gegen eine Richtlinie nach § 95 verstoßen würde,

3. die durch Tatsachen begründete Besorgnis besteht, dass infolge der personellen Maßnahme im Betrieb beschäftigte Arbeitnehmer gekündigt werden oder sonstige Nachteile erleiden, ohne dass dies aus betrieblichen oder persönlichen Gründen gerechtfertigt ist; als Nachteil gilt bei unbefristeter Einstellung auch die Nichtberücksichtigung eines gleich geeigneten befristet Beschäftigten,

4. der betroffene Arbeitnehmer durch die personelle Maßnahme benachteiligt wird, ohne dass dies aus betrieblichen oder in der Person des Arbeitnehmers liegenden Gründen gerechtfertigt ist,

5. eine nach § 93 erforderliche Ausschreibung im Betrieb unterblieben ist oder

6. die durch Tatsachen begründete Besorgnis besteht, dass der für die personelle Maßnahme in Aussicht genommene Bewerber oder Arbeitnehmer den Betriebsfrieden durch gesetzwidriges Verhalten oder durch grobe Verletzung der in § 75 Abs. 1 enthaltenen Grundsätze, insbesondere durch rassistische oder fremdenfeindliche Betätigung, stören werde.

(3) Verweigert der Betriebsrat seine Zustimmung, so hat er dies unter Angabe von Gründen innerhalb einer Woche nach Unterrichtung durch den Arbeitgeber diesem schriftlich mitzuteilen. Teilt der Betriebsrat dem Arbeitgeber die Verweigerung seiner Zustimmung nicht innerhalb der Frist schriftlich mit, so gilt die Zustimmung als erteilt.

(4) Verweigert der Betriebsrat seine Zustimmung, so kann der Arbeitgeber beim Arbeitsgericht beantragen, die Zustimmung zu ersetzen.

Inhaltsübersicht

1. Voraussetzungen der Mitbestimmung

a) Unternehmensgröße, Arbeitnehmeranzahl

Voraussetzung der Mitbestimmung des BR ist die regelmäßige **1**
Beschäftigung von **mehr als 20 wahlberechtigten AN** (zum Begriff
vgl. § 7) **im UN**. Für das Bestehen der Beteiligungsbefugnisse des BR
bei personellen Einzelmaßnahmen nach dieser Bestimmung kommt es
nicht auf die **Größe** des Betriebs, sondern **des UN** an (zum Begriff vgl.
§ 47 Rn. 1). Daher hat auch ein aus einer Person bestehender BR ein
Beteiligungsrecht, wenn der Betrieb, in dem er gewählt ist, zusammen
mit anderen Betrieben desselben UN i. d. R. mehr als 20 wahlberechtigte AN beschäftigt. Ob in den anderen Betrieben des UN ebenfalls
BR bestehen, ist unerheblich. Ein aus einer Person bestehender BR hat
aber (anders bei Kündigungen nach § 102) dann kein Beteiligungsrecht
bei personellen Einzelmaßnahmen, wenn es sich bei dem Betrieb, in
dem er gewählt ist, um den einzigen Betrieb des UN handelt. Steigt
während der Amtszeit des aus einer Person bestehenden BR die Zahl
der im UN i. d. R. wahlberechtigten AN auf mehr als 20, so erhält er
das Beteiligungsrecht in personellen Angelegenheiten; umgekehrt verliert er es, wenn sich die Zahl der i. d. R. beschäftigten wahlberechtigten AN auf weniger als 21 verringert. Maßgeblicher **Zeitpunkt** für das
Vorhandensein der erforderlichen AN-Zahl ist die tatsächliche Durchführung der personellen Einzelmaßnahme. Erfolgt die personelle Ein-

zelmaßnahme in einem **gemeinsamen Betrieb mehrerer UN** mit jeweils weniger als 20 wahlberechtigten AN, in welchem jedoch insgesamt mehr als 20 AN beschäftigt sind, ist § 99 analog anzuwenden. **AG des Gemeinschaftsbetriebs** i. S. der §§ 99, 101 Satz 1 ist nicht allein der jeweilige Vertrags-AG, sondern alle UN, die sich zur einheitlichen Leitung des UN verbunden haben.[1] Bei Maßnahmen, die Leih-AN betreffen, richtet sich die Abgrenzung der Zuständigkeiten des BR des Entsende- und des Entleiherbetriebs danach, ob der Verleiher als Vertrags-AG oder der Entleiher die MB-pflichtige Entscheidung trifft.[2]

b) Bestehen eines Betriebsrats

2   **Das Bestehen eines BR** ist Voraussetzung für die Wahrnehmung der Beteiligungsrechte nach §§ 99 ff. Die Wahrnehmung dieser Rechte kann der BR einem **Personalausschuss** übertragen, wenn er einen BA hat.[3] Im Falle der **erstmaligen Bildung** eines BR soll § 99 erst gelten, wenn sich der BR konstituiert hat.[4]

c) Unternehmen der ehemaligen Bundesbahn und Bundespost

3   In den privatisierten UN der ehemaligen **Bundesbahn** und **Bundespost** ist der BR auch in **beamtenspezifischen** Personalangelegenheiten (§§ 76 Abs. 1, 78 Abs. 1 Nr. 3–5 und § 79 BPersVG) zu beteiligen. Insoweit bestehen abweichend von §§ 99 ff. aber Sonderregelungen; insbesondere liegt die Beschlussfassungskompetenz bei der im BR vertretenen Gruppe der Bea.; deren Beschlüsse hat der BR zu vertreten (vgl. § 19 Abs. 2 DBGrG, § 28 PostPersRG). Die Reaktivierung eines Bea. eines Nachfolge-UN der Deutschen Bundespost, dessen Bea.-Verhältnis aufgrund einer Versetzung in den vorzeitigen Ruhestand wegen Dienstunfähigkeit geendet hatte, stellt eine Einstellung i. S. des § 76 Abs. 1 Nr. 1 BPersVG dar; das betriebsverfassungsrechtliche MBR ist nach § 28 Abs. 1 PostPersRG i. V. m. § 76 Abs. 1 Nr. 1 BPersVG verdrängt.[5] Auch bei der Versetzung von Bea., die bei den Postnachfolge-UN beschäftigt sind, richtet sich das MBR des BR ausschließlich nach den §§ 28 und 29 PostPersRG, wenn die Maßnahme von § 76 Abs. 1 BPersVG erfasst wird. Gehört eine Versetzung aber nicht zu den nach § 76 Abs. 1 BPersVG mitbestimmungspflichtigen Angelegenheiten, erfüllt sie jedoch die Merkmale des § 95 Abs. 3, so unterfällt sie § 99.[6] Werden bisher als Bea.-Posten ausgewiesene

---

1   BAG, NZA 07, 1240.
2   BAG, DB 08, 2658 zu Eingruppierung: Zu beteiligen ist der beim Verleiher gebildete BR.
3   BAG 1. 6. 76, AP Nr. 1 zu § 28 BetrVG 1972.
4   BAG, DB 85, 1085.
5   BAG 15. 8. 12 – 7 ABR 6/11, brwo.
6   BAG, AiB 98, 234.

Arbeitsposten als Ang.-Posten umkategorisiert, ist dieser Vorgang allein noch nicht mitbestimmungspflichtig; er macht aber eine Überprüfung der bisherigen Eingruppierungen erforderlich. Deshalb kann der BR die Durchführung eines Verfahrens nach § 99 über die Neueingruppierung jedenfalls dann verlangen, wenn der AG aus der Umkategorisierung der Arbeitsposten vergütungsrechtliche Konsequenzen zieht.[7] Bei der DB AG dient die tarifliche Bewertung von Arbeitsplätzen, die mit Bea. besetzt sind, nur der Personalkostenabrechnung mit dem BEV und ist daher keine MB-pflichtige Eingruppierung.[8] Der AG, dem nach § 12 Abs. 2 DBGrG Bea. zur Dienstleistung zugewiesen sind, ist nicht verpflichtet, den BR bei der Arbeitsplatzbewertung gem. § 99 zu beteiligen.[9]

d) Betriebs- oder unternehmensübergreifende Maßnahmen

Betriebs- bzw. UN-übergreifende Maßnahmen begründen keine   **4** Zuständigkeit des GBR bzw. KBR; die Wahrnehmung der Beteiligungsrechte bei personellen Einzelmaßnahmen ist auf den Betrieb und den dortigen BR bezogen. Bei Versetzungen von einem Betrieb zu einem anderen desselben UN bzw. innerhalb des Konzerns hat der BR des abgebenden Betriebs über die Versetzung und der BR des aufnehmenden Betriebs über die Einstellung mitzubestimmen.[10] Dabei kann es zu einander widersprechenden Entscheidungen der beiden BR kommen; daraus sich möglicherweise ergebende Schwierigkeiten für den AG hat das Gesetz in Kauf genommen.

2. Gegenstände der Mitbestimmung: Die personellen Einzelmaßnahmen

a) Einstellung

Unter **Einstellung**[11] ist sowohl der Abschluss des Arbeitsvertrags, d.h.   **5** die **Begründung des Arbeitsverhältnisses**, als auch die damit zusammenfallende oder bereits erfolgte oder erst zukünftige **tatsächliche Arbeitsaufnahme** im Betrieb zu verstehen. Erfolgen der Abschluss des Arbeitsvertrags und die Arbeitsaufnahme zu unterschiedlichen Zeitpunkten, löst die jeweils erste Maßnahme das MBR aus.[12] Wird zunächst nur ein **Rahmenvertrag** vereinbart, der Zeitpunkt und Dauer einer späteren tatsächlichen Beschäftigung im Betrieb noch offen lässt, so ist der BR vor dessen Abschluss zu unterrichten und

---

7 BAG, AiB 98, 230.
8 BAG, PersR 96, 376.
9 BAG 17. 11. 10 – 7 ABR 123/09, brwo.
10 BAG, NZA 91, 1915; 93, 714.
11 Checkliste Einstellung s. DKKW-F-Bachner, § 99 Rn. 2; s. auch Staack/Sprachholz, AiB 13, 150 sowie Lück, AiB 2013, 161.
12 BAG, NZA 92, 1141.

seine Zustimmung vor einer auf der Grundlage dieses Rahmenvertrags erfolgenden Beschäftigung einzuholen.[13]

6 Das MBR besteht immer dann, wenn eine Person (also nicht nur AN) **in den Betrieb eingegliedert** wird, um zusammen mit den dort bereits beschäftigten AN den arbeitstechnischen Zweck des Betriebs durch weisungsgebundene Tätigkeit zu verwirklichen.[14] Auf das zugrunde liegende Rechtsverhältnis kommt es dabei nicht an;[15] es ist unerheblich, ob die Einstellung auf der Grundlage eines Arbeitsvertrags, eines Dienst- oder Werkvertrags, einer Vereinsmitgliedschaft[16] oder aufgrund der Zuweisung eines Beamten durch dessen Dienstherrn[17] erfolgt. Auch wird für die Eingliederung keine Mindestzeitdauer vorausgesetzt.[18] Entscheidend ist vielmehr, ob die zu verrichtende Tätigkeit ihrer Art nach eine **weisungsgebundene Tätigkeit** ist, die der Verwirklichung des arbeitstechnischen Zwecks des Betriebs zu dienen bestimmt ist und daher vom AG organisiert werden muss;[19] darauf, ob und ggf. von wem tatsächlich Weisungen gegeben werden, kommt es nicht an.[20] § 99 erfasst neben dem sog. Normalarbeitsverhältnis auch **befristete, Probe-, Teilzeit-, Aushilfs- und Tele-arbeitsverhältnisse**, die Beschäftigung von **Leih-AN**[21] sowie von sog. **1-€-Jobbern**. Zur Frage der **Franchise-AN** vgl. § 5 Rn. 2.

7 Die Rspr. hat eine **mitbestimmungspflichtige Einstellung verneint** bei

- einer **Erhöhung der vertraglichen Arbeitszeit** schon beschäftigter AN des Betriebs von 30 auf 35 Stunden[22] (s. aber auch Rn. 8) sowie dann, wenn der anzuwendende TV eine Erhöhung der Arbeitszeit um fünf auf 40 Stunden bei entsprechendem Lohnausgleich und Zustimmung des AN ermöglicht,[23]

- der bloßen **Änderung der Arbeitszeit** eines bereits eingestellten AN,[24]

- der **Rücknahme einer Kündigung**,[25]

---

13 BAG a. a. O.
14 BAG, NZA 86, 688.
15 BAG 11. 9. 01, EzA Nr. 10 zu § 99 BetrVG 1972 Einstellung.
16 BAG, AiB 05, 188.
17 BAG, NZA 09, 1162.
18 BAG, DB 87, 747.
19 S. auch Ulber, AiB 13, 285.
20 BAG, BB 90, 419.
21 Zu den Rechten des BR beim Einsatz von Leih-AN s. Ulbrich/Schubert, AiB 13, 124.
22 HessLAG, AuR 06, 214.
23 LAG Nds. 13. 1. 06 – 16 TaBV 21/05, juris.
24 LAG Hamm, NZA-RR 04, 136.
25 LAG Frankfurt, BB 87, 2093.

- Bei einer **Vorverlegung** des ursprünglich festgelegten Einstellungstermins ist die erneute Beteiligung des BR nicht erforderlich, wenn sich die sonstigen Umstände nicht geändert haben.[26]

- Bei der **Weiterbeschäftigung gem. § 78 a** besteht kein MBR des BR.

- Die Aufnahme von AN in einen **Aushilfenpool** ist keine MB-pflichtige Einstellung, wenn zu diesem Zeitpunkt der zu besetzende Arbeitsplatz sowie der Umfang und die zeitliche Lage der Tätigkeit nicht feststehen.[27]

- Die Fortbeschäftigung des AN, dessen Arbeitsverhältnis nach **§ 613 a Abs. 1 Satz 1 BGB** auf den Erwerber übergegangen ist, bedeutet selbst dann keine mitbestimmungspflichtige Einstellung, wenn der Betriebsübergang in der Übernahme einer Gesamtheit von AN besteht.[28]

- Bei einem Sub-UN angestellte Lkw-Fahrer, deren Fahrzeuge mit einem elektronischen System ausgestattet sind, über das sie ihre Transportaufträge jeweils direkt von der Auftraggeberin erhalten, sollen nicht in den Betrieb der Auftraggeberin eingegliedert sein. Gleiches soll für die Durchführung von Staubkohletransporten nach Maßgabe einer von der Auftraggeberin im Voraus erteilten monatlichen Bedarfsplanung für die anzufahrenden Hochöfen gelten. Dass die Einsätze des Sub-UN in den Monats- und Tagesdienstplänen der AG erfasst sind, soll daran nichts ändern.[29]

- Kein Beteiligungsrecht soll bestehen bei **Schülerpraktikanten**, die in erster Linie zur persönlichen Information und zur Erleichterung der Ausbildungs- und Berufswahl eingesetzt werden;[30] anders jedoch, soweit Schülerpraktikanten über die Praktikumszweckbestimmung hinaus zur Arbeit herangezogen werden.

- Die Beschäftigung von **Strafgefangenen** wird als mitbestimmungsfrei angesehen.[31]

- **Testkäufer** sind dann nicht in den Betrieb des AG eingegliedert, wenn ihr Einsatz von einem anderen UN gesteuert wird.[32]

- Bei der Beschäftigung eines **freien Handelsvertreters** kann ein MBR nur bei atypischer Fallgestaltung in Betracht kommen.[33]

---

26 LAG Düsseldorf, DB 76, 799.
27 HessLAG 27. 5. 08 – 4 TaBV 25/08, brwo.
28 LAG Düsseldorf, AiB 03, 435.
29 LAG Düsseldorf 10. 5. 12 – 10 TaBV 19/11, juris, n. rk. BAG 7 ABR 50/12.
30 BAG, NZA 90, 896.
31 BAG, DB 79, 1186.
32 BAG, DB 01, 2558; s. auch LAG Hamm 24. 2. 06 – 13 TaBV 178/05, brwo.
33 BAG, NZA 95, 649.

8 Die Rspr. hat eine **mitbestimmungspflichtige Einstellung bejaht** bei

- einer **Erhöhung der vertraglichen Arbeitszeit** schon beschäftigter AN des Betriebs, wenn die Erhöhung länger als einen Monat dauert und sich die wöchentliche Arbeitszeit eines AN um mind. zehn Stunden (Rückgriff auf § 12 Abs. 1 Satz 3 TzBfG) erhöht;[34] ebenso für die Verdoppelung der Arbeitszeit einer bisher acht Stunden pro Woche eingesetzten Servicemitarbeiterin einer Bank;[35] auch die Verlängerung der bisherigen Wochenarbeitszeit schon beschäftigter AN des Betriebs von 38,5 auf 42 Stunden ist eine MB-pflichtige Einstellung[36] (s. aber auch Rn. 7),

- der erneuten **Eingehung eines befristeten Arbeitsverhältnisses**, wenn es sich wegen des kurzen Zeitraums zwischen diesem und einem vorhergehenden befristeten oder unbefristeten Arbeitsverhältnis um keine Neueinstellung im arbeitsvertraglichen Sinn handelt[37] (zum MBR bei der Befristung eines Arbeitsverhältnisses allgemein vgl. Rn. 28),

- Vereinbarung von Teilzeitbeschäftigung während der Elternzeit mit AN, die zuvor vollzeitbeschäftigt waren,[38]

- der **späteren Verlängerung** eines zunächst nur **befristeten Arbeitsverhältnisses**;[39] das gilt jedoch nicht, wenn bei Abschluss eines befristeten Probearbeitsverhältnisses die Übernahme im Falle der Bewährung schon zugesagt wurde,[40]

- der Übernahme von AN des Bundes, die bereits aufgrund eines Personalgestellungsvertrags im Rahmen einer Zuweisung oder Gestellung im Betrieb der AG arbeiten, in ein Arbeitsverhältnis,[41]

- der Weiterbeschäftigung eines beurlaubten Beamten nach Ablauf des befristeten Arbeitsverhältnisses mit dem privaten Träger eines vor Privatisierung kommunalen Krankenhauses, dem der Beamte bei gleichzeitiger Beurlaubung im Beamtenverhältnis gem. § 123 a BRRG zugewiesen wurde, auch wenn die beamtenrechtliche Zuweisung zu dem privaten AG rechtskräftig auf Dauer erfolgt,[42]

---

34 BAG 9. 12. 08 – 1 ABR 74/07, brwo.
35 HessLAG, AuR 06, 214.
36 LAG München 11. 4. 07 – 9 TaBV 127/06, brwo.
37 A. A. offenbar LAG Hamm 27. 7. 92 – 17 Sa 527/92, juris.
38 BAG 28. 4. 98 – 1 ABR 63/97, brwo, zum früheren Erziehungsurlaub; LAG Köln 18. 4. 12 – 3 TaBV 92/11, brwo.
39 BAG 25. 1. 05 – 1 ABR 59/03, juris; HessLAG 29. 1. 13 – 4 TaBV 202/12, brwo; LAG Hamburg, AiB 97, 677.
40 BAG, AiB 91, 120.
41 LAG Nds. 23. 4. 12 – 10 TaBV 34/11, juris.
42 BAG, NZA 09, 1162.

- der **Beschäftigung von Umschülern** im Rahmen des früheren AFG (SGB III),[43]

- ebenso bei zu ihrer **Ausbildung** Beschäftigten, und zwar auch ohne Ausbildungsvertrag gem. § 3 BBiG,[44]

- beim vorübergehenden Einsatz von Auszubildenden eines reinen Ausbildungsbetriebs zum Zwecke ihrer praktischen Ausbildung in einem anderen Betrieb,[45]

- der **Weiterbeschäftigung nach dem Ende eines Berufsausbildungsverhältnisses** oder der Weiterbeschäftigung gem. **§ 17 BBiG**,[46]

- beim **Einsatz studentischer Hilfskräfte**, die aushilfsweise überwiegend in Zeiten des Spitzenbedarfs beschäftigt, bei ihren jeweiligen Einsätzen in den Betrieb voll eingegliedert werden und die gleichen Arbeiten verrichten wie ständig beschäftigte AN.[47] Die **Eintragung in eine Interessentenliste** für studentische Aushilfskräfte löst jedoch kein MBR aus.[48]

- Ein MBR besteht auch dann, wenn anlässlich eines **Sonntagsverkaufs** AN für lediglich einen Tag im Betrieb beschäftigt werden.[49]

- Überlässt ein konzernangehöriges UN einem anderen UN desselben Konzerns AN **aushilfsweise**, so ist dieser Vorgang im entleihenden Betrieb als Einstellung mitbestimmungspflichtig,[50] und zwar unbeschadet der Tatsache, dass es sich gem. § 1 Abs. 3 Nr. 2 AÜG insoweit nicht um AN-Verleih i.S. des AÜG handelt.

- Bei Personen, die aufgrund von **Dienst- oder Werkverträgen** im Betrieb tätig werden, besteht das MBR nach der restriktiven Rspr. des BAG nur dann, wenn nicht die Fremdfirma, sondern der AG, in dessen Betrieb die Fremdfirmen-AN eingesetzt werden, die für ein Arbeitsverhältnis typischen Entscheidungen über den Arbeitseinsatz auch nach Zeit und Ort selbst trifft und damit die **Personalhoheit** über die Fremdfirmen-AN hat.[51] Wird in einer Poststelle die eingehende und die ausgehende Post sowohl von eigenen AN als auch von Mitarbeitern eines anderen UN aufgrund eines Dienstleistungsvertrages gemeinsam bearbeitet, so besteht beim Einsatz der Mitarbeiter des anderen UN ein MBR des BR nach Abs. 1, wenn auch der

---

43 BAG, AuR 81, 321.
44 BAG, DB 90, 1140.
45 BAG 30. 9. 08 – 1 ABR 81/07, brwo.
46 LAG Hamm, DB 82, 2303.
47 BAG, AuR 93, 186.
48 LAG Köln, Mitbest. 93, 67.
49 ArbG Flensburg, AiB 98, 591.
50 BAG, AuR 76, 152; LAG Frankfurt, DB 87, 1200.
51 BAG 13. 12. 05 – 1 ABR 51/04, brwo; LAG SH 5. 6. 13 – 3 TaBV 6/12, brwo.

Einsatz der Mitarbeiter des anderen UN von der bei der AG angestellten Leiterin der Poststelle gesteuert wird und bei der Verhinderung von eigenen AN eine Vertretung durch (zusätzliche) Mitarbeiter des Dienstleistungsunternehmens erfolgt.[52]

Die Rspr. stellt die BR vor das Problem, dass die MBR aus §§ 99 ff.
vor der Einstellung auszuüben sind, nach Ansicht des BAG aber die
tatsächliche Durchführung der Arbeiten entscheidend ist für die
Frage, ob im konkreten Fall ein Dienst-/Werkvertrag oder eine
verdeckte AN-Überlassung vorliegt. Die tatsächliche Durchführung
der Arbeiten erfolgt jedoch logischerweise erst **nach** der Einstellung,
mithin nach dem für § 99 maßgeblichen Zeitpunkt. Das Problem
könnte gelöst werden, wenn das BAG seine Rspr. ändern und eine
Einstellung i. S. des BetrVG dann annehmen würde, wenn der
Betriebsinhaber über Ort und Zeit der Arbeitsleistung sowie die
Art der Tätigkeit und ihre Einordnung in den Arbeitsablauf des
Betriebs entscheidet.[53] Wird der BR nicht beteiligt, weil der AG
von einem Dienst-/Werkvertrag ausgeht, vermutet der BR aber eine
Einstellung, so hat der BR letztlich nur die Möglichkeit, nach § 101
die Aufhebung der personellen Einzelmaßnahme zu verlangen. In
diesem Fall muss aber der BR die Tatsachen vortragen, aus denen
sich die für eine Einstellung relevanten Merkmale – Personalhoheit,
Befugnis zur Entscheidung auch über Zeit und Ort der Tätigkeit –
ergeben.[54]

- Sofern es sich beim Fremdfirmeneinsatz um **verdeckte AN-Über-**
  lassung handelt, kommen nach §§ 10 Abs. 1, 9 Nr. 1 AÜG Arbeitsverhältnisse zustande mit der Folge, dass der BR nach § 99 zu
  beteiligen ist.

- Bei der vorübergehenden Einstellung von **Leih-AN** besteht das
  MBR unabhängig davon, ob es sich um erlaubte oder unzulässige
  AN-Überlassung handelt (vgl. auch § 14 Abs. 3 AÜG).[55] Erforderlich ist auch insoweit, dass der Leih-AN innerhalb der **Betriebs-**
  organisation des Entleihers für diesen und nicht weiterhin ausschließlich für seinen AG tätig wird.[56] Allein die Aufnahme von
  Leih-AN in einen Stellenpool, aus dem der Verleiher auf Anforderung des Entleihers Kräfte für die Einsätze im Entleiherbetrieb aus-
  wählt, ist keine MB-pflichtige Übernahme i. S. von § 14 Abs. 3
  Satz 1 AÜG; MB-pflichtig ist erst der jeweilige konkrete Einsatz

---

52 LAG Köln 21. 7. 10 – 9 TaBV 6/10, brwo.
53 Ausführlich zu den BR-Rechten bei Werkverträgen Karthaus/Klebe, NZA 12,
    417.
54 Ebenda.
55 BAG, DB 74, 1580; zur Abgrenzung von Dienst- oder Werkverträgen von
    AN-Überlassung vgl. ArbG Wiesbaden, AiB 98, 285.
56 BAG, NZA 95, 462.

von Leih-AN im Entleiherbetrieb.[57] Dagegen ist die Rückkehr in den Verleiherbetrieb keine Einstellung.

• Vor der beabsichtigten Eingliederung sog. **1-€-Jobber** ist der BR zu unterrichten, obwohl die Arbeiten dieser erwerbsfähigen Hilfebedürftigen i. S. von § 16 d Abs. 3 Satz 2 SGB II kein Arbeitsverhältnis i. S. des Arbeitsrechts begründen.[58] Ausreichend ist, dass eine Eingliederung in den Betrieb erfolgt bzw. die »1-€-Jobber« dem Weisungsrecht des AG unterliegen.[59] Die im Rahmen einer solchen Beschäftigung mit Mehraufwandsentschädigung Tätigen sind als AN-ähnliche Personen i. S. von § 5 Abs. 1 Satz 2 ArbGG anzusehen und damit **AN i. S. des ArbGG**.[60]

• Der Träger eines Krankenhauses, der an einzelnen Tagen in der Woche von seinen Ärzten auswärtige Operationen durchführen lässt (hier: in den Räumen eines Gesundheitszentrums einer 100prozentigen Tochtergesellschaft), muss für die Heranziehung von nichtärztlichem Fremdpersonal, das ihm dort gestellt wird, die Zustimmung des BR einholen.[61]

• Beim Einsatz von **DRK-Pflegekräften** in einem Krankenhaus auf der Grundlage eines Gestellungsvertrags mit der Schwesternschaft wurde das MBR bejaht. Es handelt sich um eine Einstellung unabhängig davon, dass diese Pflegekräfte nicht als AN gelten, weil sie ihre Tätigkeit auf vereinsrechtlicher Grundlage erbringen.[62] Aufgrund der fehlenden AN-Eigenschaft findet das AÜG auf solche Einsätze keine Anwendung.[63]

• Der **ehrenamtliche Einsatz von Vereinsmitgliedern** des DRK anstelle von hauptamtlichen Sanitätern auf Krankenkraftwagen ist eine mitbestimmungspflichtige Einstellung.[64]

• Bestimmt ein TV oder eine BV, dass das Arbeitsverhältnis mit Ablauf des Monats endet, in dem der AN das 65. Lebensjahr vollendet, und soll dieses dann noch **über die Altersgrenze hinaus** fortgesetzt werden, so ist der BR nach Abs. 1 zu beteiligen (zur Zulässigkeit von Altersgrenzen vgl. § 75 Rn. 5).[65]

• Wenn Personen eine **Ausbildung für eine in Aussicht genommene Beschäftigung** erhalten, ohne die eine solche Beschäftigung nicht möglich ist, kommt es für die Zustimmungsbedürftigkeit der

---

57 BAG, NZA 08, 603.
58 Vgl. Stähle, AiB 05, 70; BAG, AiB 08, 225.
59 Schulze, NZA 05, 1332.
60 ArbG Berlin, NZA 05, 1309.
61 LAG Berlin-Brandenburg 30. 8. 13 – 6 TaBV 953/13, juris.
62 BAG 23. 6. 10 – 7 ABR 1/09, brwo; AiB 97, 720.
63 LAG Düsseldorf 6. 7. 12 – 6 TaBV 30/12, brwo.
64 BAG, AiB 05, 188.
65 BAG, DB 78, 2319; BB 88, 2176.

Einstellung nicht darauf an, ob diese Personen nach der Ausbildung in einem Arbeitsverhältnis oder als freie Mitarbeiter beschäftigt werden sollen.[66]

- Eine Einstellung ist auch die Beschäftigung von Arbeitslosen im Rahmen des sog. **berufspraktischen Jahres**.[67]

- Mit dem Antrag an das Bundesamt für Familie und zivilgesellschaftliche Aufgaben auf Zuweisung eines bestimmten Bundesfreiwilligendienstleistenden im Rahmen des BFDG nimmt der AG den für eine Einstellung maßgeblichen Entscheidungsspielraum in Anspruch, dessen Ausübung die BR überwachen soll.[68]

b) Eingruppierung

9 **Eingruppierung**[69] ist die in der Regel mit der Einstellung oder Versetzung verbundene Festlegung der vorgesehenen Entgeltgruppe, die sich üblicherweise aus dem für den Betrieb geltenden TV oder aus der Einordnung des AN in ein für den Betrieb geltendes **kollektives Entgeltschema** ergibt. Für die betriebliche MB kommt es nicht auf einen Anspruch des einzelnen AN auf die Anwendung des TV, sondern darauf an, ob die Vergütungsordnung im Betrieb gilt. Ist das der Fall, ist der AG betriebsverfassungsrechtlich verpflichtet, eine Eingruppierung vorzunehmen und hieran den BR zu beteiligen.[70] Unerheblich ist, woraus sich die Geltung der Vergütungsordnung ergibt. Sie kann insbesondere in einem auf das Arbeitsverhältnis anwendbaren TV enthalten sein, auf einer BV beruhen, auf Grund einzelvertraglicher Vereinbarungen im Betrieb allgemein zur Geltung kommen oder vom AG (z. B. aufgrund einer einzelvertraglichen Bezugnahme oder aufgrund betrieblicher Übung) einseitig geschaffen sein.[71] Die betriebliche Vergütungsordnung kann infolge des Übergangs eines Betriebs oder eines Betriebsteils beim Betriebserwerber zur Anwendung kommen.[72] Die Eingruppierung in die jeweils zutreffende Entgeltgruppe ergibt sich regelmäßig aus der ausgeübten bzw. vertraglich auszuübenden Tätigkeit, wobei nicht nur arbeitsplatzbezogene Tätigkeitsmerkmale, sondern auch personenbezogene Voraussetzungen in die Entscheidung einzubeziehen sein können.[73] Die abstrakte Bewertung eines Arbeitsplatzes oder einer Tätigkeit ist keine Eingruppierung; Gegenstand einer solchen Beurteilung ist nicht – wie bei der Ein-

---

66 BAG, BB 93, 1946.
67 ArbG Passau 19. 11. 84 – 1 BV 5/84.
68 ArbG Ulm 18. 7. 12 – 7 BV 10/11, juris.
69 Checkliste Eingruppierung s. DKKW-F-Bachner, § 99 Rn. 4; s. auch Wulff, AiB 13, 156 sowie Lück, AiB 13, 161.
70 BAG 4. 5. 2011 – 7 ABR 10/10, juris.
71 BAG, NZA 02, 56.
72 BAG 8. 12. 09 – 1 ABR 66/08, brwo.
73 LAG Düsseldorf, AiB Telegramm 11/99, S. II.

gruppierung – der AN, sondern der Arbeitsplatz.[74] Die Eingruppierung ist kein Gestaltungs-, sondern ein rechtsanwendender Beurteilungsakt; daher ist das MBR kein Mitgestaltungs-, sondern ein **Mitbeurteilungsrecht**, das der Richtigkeitskontrolle dient.[75] Die Beteiligung des BR dient der einheitlichen und gleichmäßigen Anwendung der Vergütungsordnung und damit der innerbetrieblichen Lohngerechtigkeit sowie der Transparenz der Vergütungspraxis.[76] Bei der Frage, ob ein AN Vergütung nach den tariflichen Eingruppierungsvorschriften des TVöD oder nach dem Grundsatz der freien Gagenvereinbarung nach dem NV Bühne erhält, handelt es sich um eine Eingruppierungsentscheidung, die der Richtigkeitskontrolle des BR unterliegt.[77] Der BR ist bei der Zuordnung zum NV Bühne auch dann zu beteiligen, wenn mit einem Angehörigen der in § 1 Abs. 3 UAbs. 2 NV Bühne genannten Berufsgruppen im Arbeitsvertrag mitbestimmungsfrei vereinbart wird, dass er überwiegend künstlerisch tätig ist.[78] Bei **nichttariflich** entlohnten AN ist unter Eingruppierung die Festlegung der betriebsüblichen Entlohnung zu verstehen, z. B. die Eingruppierung von **AT-Ang.** in **betriebliche Gehaltsgruppen**. Das MBR entfällt nicht deshalb, weil der AG bei seiner Prüfung zu dem Ergebnis gelangt, dass die zu bewertende Tätigkeit Anforderungen stellt, die die Qualifikationsmerkmale der obersten Vergütungsgruppe der für den Betrieb maßgebenden Vergütungsordnung übersteigen.[79] Die Änderung von Entgeltgruppen oberhalb des Tarifniveaus unterliegt im Übrigen ebenfalls dem MBR des BR nach § 87 BetrVG, soweit nicht ausschließlich **leit. Ang.** betroffen sind. Dies gilt unabhängig davon, ob diese Änderungen der AT-Gehälter rechtlich als eine Korrektur der übertariflichen Gehaltsgruppen oder aber als teilweise Anrechnung übertariflicher Zulagen zu bewerten sind. Das MBR ist dabei auch dann gegeben, wenn der AG innerhalb der AT-Gruppen Spielräume für individuelle Gehaltsvereinbarungen hat.[80] Die Vereinbarung **übertariflicher Arbeitsentgelte im Einzelfall** unterliegt aber nicht dem MBR des BR. Der BR kann mit Rücksicht auf die Regelungssperre des § 87 nach Auffassung des BAG für die nicht tarifgebundenen AN kein MBR zur Aufstellung einer betrieblichen Lohn- und Gehaltsordnung geltend machen;[81] anders allerdings bei einem vom AG einseitig gestalteten nichttariflichen Entlohnungsschema. Eine mitbestimmungspflichtige Eingruppierung ist dagegen gegeben, wenn nach einer **Zulagenregelung** AN einer

74 BAG 17. 11. 10 – 7 ABR 123/09, brwo.
75 BAG, NZA 01, 626.
76 BAG, NZA 07, 47.
77 BAG 9. 3. 11 – 1 ABR 118/09, brwo.
78 BAG 27. 10. 10 – 7 ABR 96/09, brwo.
79 BAG, NZA 96, 890.
80 BAG, NZA 95, 277.
81 BAG, DB 90, 2023.

bestimmten Vergütungsgruppe eine Zulage gewährt wird, die an Tätigkeitsmerkmale anknüpft, die für die Eingruppierung in die Vergütungsgruppe nicht maßgebend waren; ebenso für Zulagen, die Zwischenstufen zwischen Vergütungsgruppen darstellen.[82] Das gilt nicht für Zulagen, die nur in »angemessener« Höhe für eine unspezifische Kombination von Tätigkeiten geschuldet werden, deren Wertigkeit in beliebiger Weise die Merkmale einer tariflichen Vergütungsgruppe übersteigt[83] oder die für die Dauer einer Tätigkeit unter erschwerten Umständen gezahlt werden (z. B. Erschwerniszulagen), aber nichts über die Stellung des AN innerhalb der Vergütungsgruppe aussagen.[84]

10 Jede wegen eines **geänderten Gehaltsgruppenschemas** gebotene Überprüfung der Einordnung in die Tarifgruppen stellt sich als mitbestimmungspflichtige Ein- oder Umgruppierung dar. Ob sich wesentliche, unwesentliche oder gar keine Änderungen vollziehen, ist für das MBR ebenso ohne Belang wie die bloße Änderung von Tätigkeitsbeispielen zu einer Vergütungsgruppe.[85] Teilen die TV-Parteien eine bisherige Gehaltsgruppe in zwei Gehaltsgruppen auf, deren eine dem bisherigen Gehaltsniveau entspricht und deren andere eine höhere Vergütung vorsieht, ist die neue Zuordnung aller AN der bisherigen Gehaltsgruppe ebenfalls eine Ein- oder Umgruppierung, die dem MBR des BR unterliegt.[86] Das MBR erstreckt sich bei einer nach Lohn- und Fallgruppen aufgebauten tariflichen Vergütungsordnung nicht nur auf die Bestimmung der Lohngruppe, sondern auch auf die richtige Fallgruppe dieser Lohngruppe, wenn damit unterschiedliche Rechtsfolgewirkungen verbunden sein können, etwa ein sog. **Bewährungsaufstieg**.[87] Der AG hat dem BR nicht nur die vorgesehene Entgeltgruppe mitzuteilen, sondern auch die jeweilige Stufe und in welchem Umfang förderliche Zeiten berücksichtigt werden sollen.[88] Wird die von neu eingestellten AN zu verrichtende Tätigkeit von einer tariflichen Gehaltsgruppenordnung erfasst, die kraft **betrieblicher Übung** (einseitige Einführung durch den AG) im Betrieb zur Anwendung kommt, ist der AG zur Eingruppierung der neu eingestellten AN in diese Gehaltsgruppenordnung und zur Beteiligung des BR an dieser Eingruppierung ebenfalls verpflichtet.[89] Wenn die im Betrieb Anwendung findende Gehaltsgruppenordnung durch eine tarifliche Neuregelung nicht nur redaktionell, sondern in der Struktur geändert wird, hat

---

82   BAG, NZA 96, 1105.
83   BAG, NZA 96, 1105.
84   BAG, NZA 87, 31.
85   Vgl. BAG, AiB 98, 230.
86   LAG Hamburg, NZA 93, 424.
87   BAG, NZA 94, 952.
88   BAG 6. 4. 11 – 1 ABR 136/09, juris; LAG SH 10. 1. 08 – 4 TaBV 27/07, brwo.
89   BAG, NZA 90, 359; BAG, DB 94, 1575.

der AG die AN unter Beteiligung des BR stets neu einzugruppieren.[90] Die Zuordnung von AN zu Arbeitsaufgaben, die nach dem ERA-TV für die Beschäftigten in der Metallindustrie Nordwürttemberg/Nordbaden bewertet sind, ist eine beteiligungspflichtige Ein- bzw. Umgruppierung.[91]

Befindet sich ein gekündigter Vergütungs-TV in der Nachwirkung und beschließt der AG, die Eingangsvergütung für neu eingestellte AN gleichmäßig abzusenken, unterliegt dies nicht dem MBR des BR und rechtfertigt nicht die Zustimmungsverweigerung zur geplanten Eingruppierung.[92] Bei einer Neueinstellung durch Verlängerung eines befristeten Arbeitsvertrags ist eine Eingruppierung nur dann erforderlich, wenn eine neue Tätigkeit aufgenommen wird.[93]

c) Umgruppierung

Umgruppierung[94] ist jede Änderung der Eingruppierung, also jede   **11**
Höher- oder Herabstufung, aber auch eine Anpassung an Änderungen des für den Betrieb maßgeblichen Gehalts- oder Lohngruppensystems, und zwar auch bei unverändertem Tätigkeitsbereich des AN,[95] ggf. auch bei gleich bleibendem Verdienst;[96] ebenso im Falle eines **Wechsels** des für den Betrieb maßgeblichen TV die notwendig werdenden Umstufungen von den Vergütungsgruppen des bisher geltenden in die entsprechenden des nunmehr zur Anwendung kommenden TV. So handelt es sich bei der Überleitung von AN aus dem BAT in das Entgeltsystem des TVöD um eine Umgruppierung.[97] Eine Umgruppierung ist häufig die Folge einer Versetzung, wenn der AN infolge veränderter Tätigkeit in eine andere Entgeltgruppe hineinwächst; in diesem Fall hat der BR auch ein **Initiativrecht** und kann eine erneute Eingruppierungsentscheidung unter seiner Beteiligung verlangen.[98] Auch die Korrektur einer nach Auffassung des AG unrichtigen Eingruppierung bedarf der Zustimmung des BR.[99]

---

90 BAG, NZA 93, 1045.
91 BAG 12. 1. 11 – 7 ABR 34/09, brwo; LAG BaWü 14. 11. 12 – 20 TaBV 2/12, brwo.
92 LAG Düsseldorf 29. 1. 08 – 8 TaBV 64/07, brwo.
93 LAG BaWü 10. 7. 13 – 13 TaBV 2/13, juris.
94 Checkliste Umgruppierung s. DKKW-F-Bachner, § 99 Rn. 5; s. auch Wulff, AiB 13, 156.
95 BAG, BB 94, 1287.
96 Vgl. BAG, NZA 90, 899.
97 BAG, NZA 09, 1286.
98 BAG, NZA 91, 852.
99 BAG, NZA 90, 699; EzA-SD 22/08, 11 für den Fall, dass der AG aufgrund einer Prüfung zu dem Ergebnis gelangt, dass der AN nicht mehr in eine der Gehaltsgruppen der maßgeblichen Vergütungsordnung eingruppiert ist, weil seine Tätigkeit höherwertige Qualifikationsmerkmale als die höchste Vergütungsgruppe aufweist. Besteht in diesem Fall ein gestuftes außertarifliches Vergütungssystem,

Nach einem Betriebs- oder Betriebsteilübergang gilt die betriebliche Vergütungsordnung weiter; weist die neue AG einem AN eine neue Tätigkeit zu, ist sie zur Vornahme einer Umgruppierung verpflichtet.[100]

d) Versetzung

12 Der Begriff »**Versetzung**«[101] ist in § 95 Abs. 3 legaldefiniert. Danach ist Versetzung die Zuweisung eines anderen Arbeitsbereichs, die **entweder** die Dauer von **einem Monat** voraussichtlich überschreitet **oder** aber – unabhängig von ihrer Dauer – mit einer **erheblichen** Änderung der Arbeitsbedingungen verbunden ist. Arbeitsbereich ist der Arbeitsplatz und seine Beziehung zur betrieblichen Umgebung in räumlicher, technischer und organisatorischer Hinsicht.[102] Unter Arbeitsbedingungen sind alle Umstände zu verstehen, unter denen die Arbeit zu verrichten ist (technische Bedingungen, Umwelteinflüsse usw.),[103] auch **längere Wegezeiten** zur Arbeitsstelle.[104] Die Versetzung kann sich somit auf die Art der Tätigkeit, den Ort der Arbeitsleistung oder die Einordnung in die betriebliche Organisation beziehen. Die Zuweisung eines **anderen Arbeitsbereichs** liegt vor, wenn dem AN ein neuer Tätigkeitsbereich zugewiesen wird, so dass der Gegenstand der geschuldeten Arbeitsleistung, der Inhalt der Arbeitsaufgabe ein anderer wird und sich **das Gesamtbild der Tätigkeit** des AN so verändert hat, dass die neue Tätigkeit vom Standpunkt eines mit den betrieblichen Verhältnissen vertrauten Beobachters als eine »andere« anzusehen ist,[105] ebenso, wenn dem AN ein wesentlicher Teil seiner Aufgaben entzogen wird.[106] Wird der bisherige Arbeitsbereich durch Zuweisung oder Wegnahme von Teilfunktionen jedoch erweitert oder verkleinert, ohne dass dadurch ein von dem bisherigen Arbeitsbereich grundlegend abweichender, neuer Arbeitsbereich entsteht, liegt keine Versetzung vor,[107] auch nicht bei bloßer Freistellung eines AN während des Ablaufs einer Kündigungsfrist, da es an der Zuweisung eines anderen Arbeitsbereichs fehlt.[108] Beteiligungspflichtig

---

so ist die Umgruppierung erst mit der Eingruppierung in die außertarifliche Vergütungsordnung vollständig vorgenommen. Anders BAG 21. 4. 86, AP Nr. 5 zu § 1 TVG TV Bundesbahn, für den Fall der Zahlungseinstellung nach einer irrtümlich vom AG des öffentlichen Dienstes angenommenen höheren Vergütungsgruppe.

100 BAG 14. 8. 13 – 7 ABR 56/11, brwo.
101 Checkliste Versetzung s. DKKW-F-Bachner, § 99 Rn. 3; s. auch Burgsmüller, AiB 13, 166.
102 BAG, DB 86, 915.
103 Vgl. auch BAG, DB 88, 2158.
104 BAG, DB 87, 747; ArbG Stuttgart, NZA-RR 97, 481.
105 BAG, DB 08, 2771.
106 BAG, NZA 97, 112.
107 BAG, DB 80, 1603.
108 BAG, NZA 00, 1355.

ist stets der BR; eine **Zuständigkeit des GBR** kommt bei der Versetzung eines AN in einen anderen Betrieb nicht in Betracht. Bei innerbetrieblichen Versetzungen von Beamten und AN, die privatrechtlich organisierten Kooperations-UN der Bundeswehr zugewiesen oder gestellt sind, hat der dort gebildete BR unbeschadet eines möglichen **MBR des Personalrats** der personalbearbeitenden Stelle der Bundeswehr mitzubestimmen.[109]

Bejaht wurde eine zustimmungspflichtige Versetzung in folgenden Fällen der **Änderung von Arbeitsaufgabe und -inhalt:** **13**

- **Wechsel vom Außen- in den Innendienst,**[110]

- **Zuweisung eines neuen Verkaufsgebiets** im Außendienst,[111]

- Zuordnung einer Postobersekretärin und einer AN zu einem Zustellstützpunkt nach Auflösung einer Postfiliale,[112]

- **Entzug** des etwa **25 %** seiner **Gesamttätigkeit** betragenden Ladengeschäfts eines als Gebietsverkäufer beschäftigten Autoverkäufers,[113]

- Wechsel von Arbeit im **Leistungslohn** zu solcher im **Zeitlohn** und umgekehrt,[114] je nach Ausgestaltung der Arbeitsleistung auch vom **Einzel-** in den **Gruppenakkord,**[115]

- zusätzliche **Übertragung der Funktion des Datenschutzbeauftragten** ungeachtet des zeitlichen Arbeitsanteils von 5 %[116] mit einem Anteil von maximal **20 % der Gesamtarbeitszeit** des vollzeitbeschäftigten Ang.,[117]

- Veränderung des Aufgabenbereichs im Umfang von 15 % der Gesamttätigkeit durch Übertragung der Funktion eines stellv. Gruppenleiters, auch wenn die Vertretungsfälle weder nach ihrer Zahl noch in Bezug auf ihre Dauer oder den Zeitpunkt ihres Eintritts exakt vorhersehbar sind, wobei mit der Übertragung der Funktion des stellv. Gruppenleiters die Zahlung einer »Verantwortungszulage« verbunden ist,[118]

- Entzug der Funktion des Anlagenführer-Vertreters und damit verbundene Einteilung zur Pool-Tätigkeit,[119]

109 BAG 4. 5. 11 – 7 ABR 3/10, brwo.
110 ArbG Hamm, DB 79, 2042.
111 LAG Köln, NZA 90, 534.
112 BAG 10. 10. 12 – 7 ABR 42/11, brwo.
113 BAG, DB 96, 1880.
114 LAG Düsseldorf, DB 81, 1938.
115 BAG, AuR 97, 449.
116 Bezirksregierung Düsseldorf, AiB 06, 181.
117 ArbG Offenbach, CR 93, 776.
118 LAG München 6. 10. 05 – 3 TaBV 24/05, juris.
119 LAG RP 17. 1. 13 – 11 Sa 369/12, brwo.

- Einsatz eines bei einem Kurier- und Logistik-UN bisher als HUB Operations Agent tätigen AN als HUB Handler,[120]

- **Bestellung eines Piloten zum Trainingskapitän,**[121]

- bei im Betrieb eingeführter **Gruppenarbeit**, je nach deren Ausgestaltung, auch der arbeitgeberseitig veranlasste **Gruppenwechsel**,[122]

- Umsetzung einer Altenpflegekraft für mehr als einen Monat in einem in mehrere Stationen gegliederten Altenpflegeheim von einer Station auf eine andere,[123]

- bei **Übertragung einer anderen Abteilung** als Abteilungsleiter.[124]

- Im Unterschied zum reinen Vorgesetztenwechsel, der mit keiner organisatorischen Änderung verbunden und daher mitbestimmungsfrei ist, bewirkt die Zuordnung zu einer neuen Führungskraft auch ohne eine Änderung von Arbeitsort und -inhalt eine spürbare Änderung des Arbeitsregimes, wenn die Führungskräfte Disziplinaraufgaben gegenüber den ihnen nachgeordneten AN besitzen und deren Leistungen zu beurteilen haben.[125]

- Für **Auszubildende** kann der kurzfristige **Wechsel des Ausbilders oder der Ausbildungsgruppe** eine Versetzung bedeuten.[126]

- Eine arbeitsvertraglich vereinbarte »**Jobrotation**«, wonach die AN eine Abteilung auf Weisung des AG in jeweiligem mehrwöchigem Turnus zwischen den Arbeitsgruppen der Abteilung und Tätigkeitsbereichen von völlig unterschiedlichen fachlichen Anforderungen wechseln, schließt ein MBR nicht aus.[127]

Verneint wurde eine Versetzung bei folgenden Änderungen von Arbeitsaufgabe und -inhalt:

- bloße **Änderungen der Arbeitszeit**,[128]

- Übergang von **Normal-** zur **Wechselschicht**,[129]

- Umsetzung von der **Tag-** in die **Nachtschicht**,[130]

---

120 HessLAG 23. 8. 12 – 5 TaBV 27/12, brwo.
121 LAG Frankfurt, NZA 92, 232.
122 LAG Köln, NZA 97, 280.
123 ArbG Frankfurt am Main 12. 10. 05 – 22 BV 672/05, juris.
124 BAG, AiB 89, 215.
125 HessLAG 10. 4. 12 – 4 TaBV 172/11, brwo.
126 BAG, NZA 89, 188; 89, 402.
127 LAG Düsseldorf 27. 5. 92 – 2 TaBV 25/92, brwo.
128 LAG Hamm, NZA-RR 04, 136.
129 BAG, DB 91, 1469.
130 BAG, DB 84, 2198.

- zeitweiliger Einsatz einer Kassiererin in dem sog. Selbstscanning-Kassenbereich.[131]

- Bei der Abordnung eines Beamten des Konzerns Deutsche Bahn zur DB Jobservice GmbH wird kein anderer Arbeitsbereich zugewiesen, denn die Abordnung stellt sich lediglich als eine Freistellung von den bisherigen Arbeitspflichten beim Beschäftigungs-AG dar.[132]

Eine Versetzung liegt auch vor, wenn dem AN ein **anderer Arbeits-** **14**
ort zugewiesen wird, ohne dass sich seine Arbeitsaufgabe ändert oder er in eine andere organisatorische Einheit eingegliedert wird.[133] Mitbestimmungspflichtig ist deshalb z. B. die Versetzung in einen anderen Betrieb[134] oder in eine **andere Filiale**,[135] auch eine mehrmonatige Abordnung in eine andere UN-Filiale derselben Großstadt,[136] die Versetzung einer Verkäuferin innerhalb eines Kaufhauses,[137] die Umsetzung einer Altenpflegekraft von einer Station in eine andere eines Seniorenheimes mit anderen Heimbewohnern, Vorgesetzten und Kollegen,[138] eines Auszubildenden in eine andere Filiale oder Ausbildungsstätte des UN,[139] die Versetzung eines AN nach Rückkehr aus unbezahltem und mit längerem Ruhen des Arbeitsverhältnisses verbundenen Sonderurlaub[140] oder der vorübergehende **Einsatz** eines AN **im Ausland**, wenn während dieser Zeit die wesentlichen rechtlichen Beziehungen zum Heimatbetrieb erhalten bleiben, der AN also weiterhin als diesem Betrieb zugehörig angesehen werden muss bzw. von vornherein feststeht, dass er nach Beendigung des Einsatzes an seinen bisherigen Arbeitsort zurückkehren wird;[141] ein MBR des BR ist jedenfalls dann gegeben, wenn die Mitarbeiter die Aufgabe haben, im Ausland Maschinen aufzubauen, zu warten, zu reparieren oder die Fertigung zu betreuen.[142] Die Zuweisung eines Arbeitsbereichs in einer anderen geographischen Gemeinde ist regelmäßig eine mitbestimmungspflichtige Versetzung; demgegenüber liegt keine Versetzung vor, wenn ein Betrieb oder ein räumlich gesonderter Betriebsteil innerhalb einer politischen Gemeinde ohne Hinzutreten weiterer Veränderungen lediglich verlagert wird.[143] Für die Großstadt Berlin be-

131 LAG Rheinland-Pfalz 4. 4. 06 – 2 TaBV 63/05, brwo.
132 LAG Rheinland-Pfalz 12. 7. 07 – 4 TaBV 5/07, brwo.
133 BAG, NZA 86, 616.
134 BAG, DB 91, 1627.
135 BAG, NZA 87, 424.
136 LAG Berlin, AiB 98, 228.
137 LAG Düsseldorf, DB 87, 1439.
138 BAG, NZA 00, 1357.
139 BAG 3. 12. 85, AP Nr. 30 zu § 99 BetrVG 1972.
140 LAG Hamm, NZA-RR 05, 590.
141 BAG, NZA 86, 616.
142 LAG Nds. 14. 5. 98 – 8 TaBV 67/96; vgl. auch BAG, AiB 01, 55.
143 BAG, NZA 06, 1289.

deutet dies, dass eine MB-pflichtige Veränderung des Arbeitsorts vorliegt, wenn der neue Arbeitsplatz in einem anderen Bezirk der Stadt liegt.[144] Unabhängig davon handelt es sich bei der Verlegung des Betriebs oder von wesentlichen Betriebsteilen vom Zentrum an den Stadtrand oder an einen 4,3 km entfernten Ort auch in Großstädten mit günstigen Verkehrsverbindungen um eine Betriebsänderung i. S. des § 111[145] (s. auch § 111 Rn. 10). Zur Mitbestimmungspflichtigkeit bei der Anordnung von **Dienstreisen** siehe BAG.[146]

15   Die Zuweisung eines anderen Arbeitsplatzes ist dann keine mitbestimmungspflichtige Versetzung, wenn ein AN nach der **Eigenart seines Arbeitsverhältnisses** üblicherweise nicht ständig an einem bestimmten Arbeitsplatz beschäftigt wird.[147] Daher ist auch der jeweilige Einsatz von Leih-AN keine Versetzung (beim Entleiher liegt jedoch eine mitbestimmungspflichtige Einstellung vor, s. hierzu Rn. 8).[148] Die Rückgängigmachung einer Personalgestellung bzw. die Abberufung eines gestellten AN durch den Vertrags-AG ist für den BR im Beschäftigungsbetrieb keine Versetzung (s. auch § 103 Rn. 32).[149]

16   Soll eine **Versetzung innerhalb eines UN** von einem Betrieb in einen anderen erfolgen, so hat der BR des **abgebenden** Betriebs unter dem Gesichtspunkt der Versetzung, der des neuen Betriebs unter dem der Einstellung mitzubestimmen. Das MBR des BR des abgebenden Betriebs entfällt nur dann, wenn der betroffene AN mit der auf Dauer angelegten Versetzung einverstanden ist; ein solches, das MBR des BR ausschließendes Einverständnis liegt nur dann vor, wenn der AN die Versetzung selbst gewünscht hat oder dies seinen Wünschen und seiner freien Entscheidung entspricht.[150]

17   Das MBR besteht auch dann, wenn die Versetzung **nach dem Arbeitsvertrag ohne weiteres zulässig ist**[151] oder der AN ihr zu

---

144   LAG MV 31. 3. 09 – 5 TaBV 13/08, brwo.

145   BAG, DB 83, 344.

146   NZA 97, 216, NZA 00, 781.

147   Z. B. Montagearbeiter, AN im Baugewerbe, sog. Springer – wobei aber die [erstmalige] Zuweisung einer Tätigkeit als Springer eine mitbestimmungspflichtige Versetzung darstellen kann: LAG Köln 26. 8. 10 – 7 TaBV 64/09, brwo.

148   BAG, NZA 01, 1263.

149   LAG SH 13. 6. 12 – 5 TaBV 3/12, juris, n. rk. BAG 7 ABR 89/12.

150   BAG, NZA 01, 195; LAG Hamm 28. 7. 06 – 10 TaBV 12/06, brwo; HessLAG 19. 6. 12 – 4 TaBV 156/11, brwo: kein MBR der Gruppenvertretung, weil Piloten sich selbst auf Förderstellen beworben haben; vgl. demgegenüber BAG, NZA 86, 616 für den Fall, dass mit der voraussichtlich die Dauer eines Monats übersteigenden Versetzung gleichzeitig bereits die anschließende Rückversetzung vorgesehen wird; zur Versetzung von Bea. innerhalb der DB AG vgl. BAG, DB 96, 1044.

151   BAG, DB 90, 1093.

stimmt.[152] Umgekehrt ersetzt die Beteiligung des BR nicht die individualrechtlichen Voraussetzungen für eine Versetzung.[153] Das MBR besteht auch dann, wenn ein AN gemäß § 12 Abs. 3 AGG wegen Verstoßes gegen das Benachteiligungsverbot des § 7 Abs. 1 AGG versetzt werden soll.[154] Das MBR entfällt nicht deshalb, weil der AG mit dem BR zuvor schon die Personalplanungsmaßnahmen gemäß § 92 beraten hatte.[155] Eine Versetzung, die ohne Zustimmung des BR oder ohne Ersetzung der Zustimmung durch das ArbG erfolgt, ist dem AN gegenüber **unwirksam**.[156] Bedarf die Versetzung einer **Änderungskündigung**, sind neben den Beteiligungsrechten nach dieser Vorschrift auch die nach § 102 gegeben. Die Zustimmung des BR nach § 99 ist Wirksamkeitsvoraussetzung nur für die tatsächliche Zuweisung des neuen Arbeitsbereichs nach Ablauf der Kündigungsfrist. Wird die Zustimmung nicht erteilt oder nicht gerichtlich ersetzt, so führt dies nicht zur schwebenden Unwirksamkeit der Änderungskündigung. Der AG kann die geänderten Vertragsbedingungen allerdings nicht durchsetzen, solange das Verfahren nach § 99 nicht ordnungsgemäß abgeschlossen ist; der AN muss vielmehr in dem alten Arbeitsbereich weiterbeschäftigt werden, der ihm nicht wirksam entzogen worden ist.[157] Die vom AG ohne die erforderliche Zustimmung des BR ausgesprochene Versetzung ist auch individualrechtlich unwirksam; der AN hat beim Fehlen der Zustimmung des BR das Recht, die Arbeit zu den geänderten Bedingungen zu verweigern.[158]

Wenn ein Ang. durch eine **Versetzung zum »leit.« Ang.** befördert **18** werden soll, löst dieser Vorgang nach dem BAG nur die Mitteilungspflicht des AG nach § 105 (s. auch die Anm. dort) aus.[159] Allerdings kann eine mitbestimmungswidrige Handlung durch bloße »Beförderung« zum leit. Ang. nicht geheilt werden.[160] Ist der AG kraft Direktionsrechts befugt, einen AN von einem Betrieb in einen anderen zu versetzen, so bedarf diese Versetzung, wenn der AN **Mitgl. des BR** ist, wegen der mit ihr verbundenen Beendigung des Arbeitsverhältnisses zum alten Betrieb und damit der Mitgliedschaft im BR gemäß § 103 Abs. 3 der **Zustimmung** des BR des abgebenden Betriebs und gemäß § 99 der Zustimmung des BR des aufnehmenden Betriebs.

---

152 BAG 21. 2. 13 – 8 AZR 877/11, brwo, unter B. I. 5. d) der Entscheidungsgründe; LAG Brandenburg, AiB 96, 123.
153 LAG Düsseldorf, DB 78, 2494.
154 S. auch Nollert-Borasio/Perreng, § 12 AGG Rn. 17.
155 LAG Düsseldorf, BB-Beilage 15/73, S. 14.
156 BAG, BB 88, 1327.
157 BAG, DB 94, 637.
158 BAG 22. 4. 10 – 2 AZR 491/09, brwo.
159 BAG, DB 80, 1946.
160 Anders LAG BaWü, DB 92, 744.

3. Unterrichtungspflicht des Arbeitgebers

a) Rechtzeitige und umfassende Unterrichtung

19 Der AG erfüllt seine **Unterrichtungspflicht** nur dann ordnungsgemäß, wenn er den BR **rechtzeitig und umfassend** informiert.
Zeitpunkt und Inhalt der Information sind für das weitere Verfahren
personeller Einzelmaßnahmen von ausschlaggebender Bedeutung:[161]
Die Unterrichtung durch den AG löst die Wochenfrist aus, innerhalb
derer der BR seine Zustimmung verweigern kann (§ 99 Abs. 3 Satz 1)
bzw. nach deren widerspruchslosem Ablauf die Zustimmung als erteilt
gilt (§ 99 Abs. 3 Satz 2). Nach fristgerecht verweigerter Zustimmung
muss der AG sie beim ArbG ersetzen lassen (§ 99 Abs. 4) und ggf. ein
Verfahren zur vorläufigen Durchführung der personellen Maßnahme
einleiten (§ 100). Demgegenüber kann eine verspätete oder unvollständige Information dazu führen, dass die Wochenfrist für den BR
nicht zu laufen beginnt mit der Folge, dass seine Zustimmung weder
nach § 99 Abs. 3 Satz 2 als erteilt gilt noch nach § 99 Abs. 4 vom ArbG
ersetzt werden kann. Eine gleichwohl durchgeführte Maßnahme kann
der BR nach § 101 vom ArbG aufheben lassen. In gravierenden Fällen
kann der BR ein Verfahren nach § 23 Abs. 3 einleiten (vgl. § 101
Rn. 5). Wird der BR entgegen §§ 99, 100 nicht beteiligt, kann er
den Erlass einer einstweiligen Verfügung auf Unterlassung der mitbestimmungswidrigen personellen Einzelmaßnahme beantragen.[162]
Der Verstoß gegen die Unterrichtungspflicht kann schließlich eine
Ordnungswidrigkeit gem. § 121 darstellen.

20 **Die Unterrichtung** ist vom AG **rechtzeitig** vorzunehmen. Da der
BR nach Abs. 3 eine Äußerungsfrist von einer Woche hat, muss sie
spätestens **eine Woche** vor Durchführung der geplanten Maßnahme
erfolgen. Die Fristberechnung richtet sich nach § 188 BGB: Soll die
Maßnahme an einem Mittwoch durchgeführt werden, ist der späteste
Termin für eine rechtzeitige Information der Dienstag der vorhergehenden Woche. Hat der AG allerdings innerhalb der Wochenfrist
Informationen gegeben, die üblicherweise zu einer ordnungsgemäßen
Unterrichtung gehören, darf der BR, der diese Information für unvollständig hält, sich nicht einfach damit begnügen, die Zustimmung zu
verweigern. Das BAG verlangt vielmehr, dass der BR den AG in einem
solchen Fall innerhalb der Wochenfrist auf eine etwaige Unzuläng-
lichkeit seiner Information hinweist und entsprechende Nachfragen
stellt.[163] Gibt der AG ergänzende Informationen, beginnt die Frist des
Abs. 3 grundsätzlich erneut zu laufen, wenn der AG gegenüber dem
BR deutlich macht, dass er mit der nachgereichten oder zusätzlichen
Information seiner Verpflichtung zur vollständigen Unterrichtung des

---

161   Zu den formalen Klippen und ihrer Vermeidung s. auch Bartl, AiB 13, 262.
162   LAG Köln, AiB 03, 437 m. Anm. Soost.
163   BAG, DB 89, 1523.

BR genügen will und er diese Verpflichtung nunmehr als erfüllt ansieht.[164] Hat aber der AG den BR offensichtlich unvollständig unterrichtet, wird die Frist des Abs. 3 auch dann nicht in Gang gesetzt, wenn der BR zum Zustimmungsersuchen in der Sache Stellung nimmt.[165] Die Wochenfrist verkürzt sich auch in Eilfällen nicht. Die Möglichkeit, den BR nach § 100 erst nach vollzogener vorläufiger Maßnahme über die Gründe ihrer Dringlichkeit zu informieren, ersetzt nicht die Notwendigkeit der Information nach dieser Vorschrift.[166]

Die dem AG obliegende **Unterrichtungspflicht** ist **umfassend**.[167]   **21** Sie erstreckt sich auf alle Umstände, deren Kenntnis für die Beurteilung der beabsichtigten personellen Maßnahme durch den BR bedeutsam sein können. Der Informationsstand des BR hat grundsätzlich dem des AG zu entsprechen. Zur ordnungsgemäßen Unterrichtung gehört es, dass dem BR **alle Unterlagen** vorgelegt werden, die für eine Beurteilung der vorgesehenen Maßnahme erheblich sein könnten.

Bei einer beabsichtigten **Einstellung** ist deshalb die Unterrichtung über alle Bewerber anhand der von diesen eingereichten Unterlagen notwendig.[168] Der AG hat die **Bewerbungsunterlagen aller Bewerber** vorzulegen und nicht nur derjenigen, für die er sich im Wege der Vorauswahl bereits entschieden hat.[169] Die Übergabe einer Bewerberliste ohne Beifügung der Bewerbungsunterlagen der weiteren Bewerber macht die Anhörung unvollständig.[170] Lässt der AG Stellenausschreibungen durch eine zentrale Personalabteilung bzw. ein internes Recruitment-Center durchführen, gilt nichts anderes.[171] Hat der AG ein **Personalberatungs-UN** eingeschaltet, dann sind alle Interessenten, die sich auf eine Anzeige gemeldet haben, Bewerber für den ausgeschriebenen Arbeitsplatz. In diesem Fall hat der AG den BR über alle Bewerber unter Vorlage deren Unterlagen zu unterrichten – also auch über diejenigen, die das Personalberatungs-UN nicht für geeignet hält.[172] Gibt das Personalberatungs-UN keine Stellenanzeige auf, sondern greift für seinen Einstellungsvorschlag auf eine Kartei zurück, so ist nur derjenige, den der Personalberater für das betreffende UN zur Bewerbung vorschlägt, Bewerber; dessen Bewerbungsunter-

---

164   BAG 5. 5. 10 – 7 ABR 70/08, brwo.
165   BAG, NZA 05, 827.
166   BAG, DB 78, 447.
167   Checkliste zur umfassenden arbeitgeberseitigen Information s. DKKW-F-Bachner, § 99 Rn. 7.
168   Ausführlich BAG 14. 12. 04 – 1 ABR 55/03, brwo, unter B.II.2.b) der Entscheidungsgründe.
169   BAG 28. 6. 05 – 1 ABR 26/04, brwo.
170   LAG Nürnberg 24. 4. 12 – 6 TaBV 60/11, brwo.
171   LAG SH 29. 11. 12 – 5 TaBV 8/12, brwo.
172   BAG 18. 12. 90 – 1 ABR 15/90, brwo.

lagen müssen dem BR genannt werden.[173] Stellt der AG unter Missachtung der MBR des BR AN ohne Beteiligung des BR ein, ist der BR im Rahmen eines anschließend angestrengten Beschlussverfahrens in dem Umfang zu unterrichten, in dem er bei ordnungsgemäßer rechtzeitiger Einleitung des Zustimmungsverfahrens vor Einstellung der AN zu unterrichten gewesen wäre, so dass ihm Unterlagen nicht nur der mitbestimmungswidrig eingestellten, sondern auch der abgelehnten Bewerber vorzulegen sind.[174] Zu den Bewerbungsunterlagen zählen auch solche Unterlagen, die der AG aus Anlass der Bewerbung über die Person des Bewerbers erstellt hat, z. B. Personalfragebögen, schriftl. Auskünfte von dritter Seite und Ergebnisse von Tests oder Einstellungsprüfungen.[175] Der AG hat auch mitzuteilen, dass keine weiteren Bewerber vorhanden sind.[176] Liegen dem AG keine Bewerbungsunterlagen vor, hat er den BR darüber zu unterrichten, wie es zu der Bewerbung gekommen ist; insbesondere sind Informationen aus einem Vorstellungsgespräch an den BR weiterzuleiten.[177] Der AG muss die Punkte, die ihn nach Vorstellungsgesprächen zur Auswahl eines von mehreren Bewerbern veranlasst haben, in nachvollziehbarer Weise darstellen. Dies gilt in besonderem Maße, wenn sich der AG verpflichtet hat, bei Stellenbesetzungen den Anteil von Frauen bei gleicher Leistung, Eignung und Befähigung zu erhöhen in Bereichen, in denen Frauen bislang unterrepräsentiert sind.[178] Zur umfassenden Information gehören auch Hinweise auf die **Auswirkungen der geplanten personellen Maßnahme**. So hat der AG z. B. bei einer Einstellung Mitteilung darüber zu machen, ob die Einstellung befristet oder unbefristet durchgeführt und ggf. bis zu welchem Zeitpunkt sie befristet werden soll,[179] an welchem Arbeitsplatz der Bewerber beschäftigt werden, welche Funktion er ausüben und nach welcher Entgeltgruppe er vergütet werden soll;[180] bei der Einstellung von teilzeitbeschäftigten AN ist auch die Dauer ihrer Arbeitszeit mitzuteilen.[181] Bestimmt ein TV, dass dem Wunsch von Teilzeitbeschäftigten nach Aufstockung ihrer Arbeitszeit im Rahmen der wirtschaftsplanmäßigen Möglichkeiten zu entsprechen sei, muss der AG im Verfahren nach § 99 dem BR gegenüber nur dann angeben, welche teilzeitbeschäftigten Mitarbeiter aufgrund ihres angezeigten Wunsches nach Arbeitszeitaufstockung für die zu besetzende Stelle grundsätzlich in Betracht gekommen wären, wenn die tarifliche Norm ihrem Zweck

---

173   BAG a. a. O.
174   LAG SH 27. 5. 09 – 3 TaBV 3/09, brwo.
175   BAG 14. 12. 04 – 1 ABR 55/03, brwo.
176   BAG, DB 89, 1240.
177   LAG Hamm, NZA-RR 04, 84, 305.
178   BAG, NZA 06, 111.
179   HessLAG 31. 7. 07 – 4 TaBV 35/07, brwo.
180   BAG, DB 89, 1523.
181   LAG Frankfurt, NZA 87, 714.

nach die konkret beabsichtigte Einstellung (hier: befristete Einstellung einer Leih-AN) untersagt.[182] Der Unterrichtungsanspruch erstreckt sich jedoch nicht auf den Inhalt des Arbeitsvertrags oder bestimmte Einzelabreden; daher muss der AG bei einer Einstellung weder die im Arbeitsvertrag vereinbarte wöchentliche Regelarbeitszeit noch das darüber hinaus fest vereinbarte wöchentliche Überstundenvolumen mitteilen.[183] Die umfassende Unterrichtungspflicht des AG besteht auch dann, wenn er annehmen konnte, dass der BR keine Bedenken gegen die geplanten Maßnahmen geltend machen würde.[184] Dasselbe gilt, wenn ein AN, dessen Einstellung beabsichtigt ist, kurzfristig in einem fremden Betrieb gearbeitet hat, aber aufgrund seiner früheren langjährigen Tätigkeit für den AG dem BR bestens bekannt ist.[185] Bei der Einstellung von Leih-AN hat der AG dem BR die Erklärung des Verleihers, ob er die **Erlaubnis zur AN-Überlassung nach § 1 AÜG** besitzt, vorzulegen (§ 14 Abs. 3 Satz 2 i. V. m. § 12 Abs. 1 Satz 2 AÜG)[186] und ihm Mitteilung zu geben, wenn die Erlaubnis endet. Der BR kann die Mitteilung der Namen verlangen,[187] aber nicht die Vorlage der Arbeitsverträge der Leih-AN mit dem Verleiher.[188] Zur Prüfung, ob ein MBR besteht, kann der BR auch die Überlassung von Werkverträgen verlangen, die der AG mit Fremdfirmen abschließt.[189] »**Vorlegen**« bedeutet, dass die Unterlagen dem BR bis zur Beschlussfassung über den Antrag auf Zustimmung, längstens für eine Woche, **zu überlassen** sind.[190]

Bei einer **Umgruppierung** gehört zu einer vollständigen Unterrichtung des BR die Angabe der bisherigen und der vorgesehenen Vergütungsgruppe sowie die Erläuterung der Gründe, weshalb der AN anders als bisher einzureihen ist. Fehlen diese Angaben im Unterrichtungsschreiben, ist die Unterrichtung des BR offenkundig unvollständig mit der Folge, dass die Wochenfrist des Abs. 3 Satz 1 nicht in Lauf gesetzt wird.[191] Die Frist wird auch dann nicht in Lauf gesetzt, wenn der BR es unterlässt, den AG auf die offensichtliche Unvollständigkeit der Unterrichtung hinzuweisen.[192]

Ordnungsgemäß ist die Unterrichtung nur dann, wenn sie gegenüber dem BR-Vors. oder im Falle seiner Verhinderung gegenüber dem

---

182 BAG 1. 6. 11 – 7 ABR 117/09.
183 BAG 27. 10. 10. – 7 ABR 36/09, brwo.
184 BAG, DB 73, 1456.
185 ArbG Hannover, BB 74, 135.
186 HessLAG 29. 1. 13 – 4 TaBV 202/12, brwo.
187 BAG 9. 3. 11 – 7 ABR 137/09, brwo.
188 BAG, DB 78, 1841.
189 BAG, DB 89, 982; 92, 327.
190 BAG, NZA 86, 335.
191 LAG Hamm 27. 4. 12 – 10 TaBV 3/12, brwo.
192 BAG 13. 3. 13 – 7 ABR 39/11, brwo.

Stellvertr. erfolgt (§ 26 Abs. 2). Die Frist wird dagegen nicht dadurch in Lauf gesetzt, dass der BR anderweitig ausreichende Kenntnis von der geplanten Maßnahme erhält. Eine bloße Versetzungsanzeige genügt selbst dann nicht, wenn der betroffene AN BR-Vors. ist.[193] Eine zeitliche Verschiebung der mitgeteilten Maßnahme kann nur in engen Grenzen akzeptiert werden, ohne dass es erneut einer Beteiligung nach § 99 bedarf. So wurde eine Verschiebung um 14 Tage ohne erneute Informationspflicht[194] als möglich angesehen, für eine zurückgestellte Maßnahme nach etwa einem halben Jahr jedoch ein erneutes Verfahren nach § 99 für notwendig gehalten.[195]

b) Erweiterung der Beteiligungsrechte

22 Die gesetzlichen Beteiligungsrechte des BR können durch TV **erweitert und verstärkt** werden. Zulässig ist auch eine tarifliche Regelung, die dem BR ein echtes MBR einräumt und im Streitfall eine Entscheidung der ESt. vorsieht.[196] Im Übrigen stehen die MBR nach § 99 aber nicht zur Disposition der TV-Parteien; sie können von diesen also nicht eingeschränkt oder ausgeschlossen werden.[197] Keine grundsätzlichen Bedenken bestehen gegen eine Erweiterung und Verstärkung der Beteiligungsrechte durch BV. Allerdings wirkt diese nicht nach, es sei denn, auch die **Nachwirkung** gemäß § 77 Abs. 6 ist ausdrücklich vereinbart worden, und zwar in einer Weise, die den AG im Falle einer beabsichtigten Änderung oder Ablösung der BV nicht vom Einvernehmen des BR abhängig macht.[198] Eine Regelung, nach der **Abmahnungen** in entsprechender Anwendung des § 99 mitbestimmungspflichtig sein sollen, kann nicht durch Beschluss einer ESt. gegen den Willen des AG oder des BR erzwungen werden.[199] Eine **Verlängerung** der für das Zustimmungsverfahren nach Abs. 3 Satz 1 vorgeschriebenen **Wochenfrist** kann sowohl von den Tarif- als auch von den Betriebsparteien wirksam vereinbart werden (vgl. Rn. 35). Zu einer Umgestaltung des Verfahrens nach Abs. 3 Satz 2 von einer Zustimmungs- zu einer **Verweigerungsfiktion** sind die Betriebsparteien nicht befugt, für den damit verbundenen Eingriff in das Zustimmungsersetzungsverfahren des Abs. 4 fehlt ihnen die Regelungskompetenz;[200] das gilt auch bei einer Massenumgruppierung wegen der Anwendung eines neuen TV.[201]

---

193 LAG Hamm, DB 73, 1047.
194 LAG Düsseldorf, DB 76, 779.
195 BAG, NZA 91, 392.
196 BAG, BB 88, 1386.
197 BAG, AiB 93, 732.
198 HessLAG 22. 3. 94 – 4 TaBV 134/93, brwo.
199 BAG, NZA 96, 218.
200 BAG 18. 8. 09 – 1 ABR 49/08, brwo; BAG 13. 3. 13 – 7 ABR 39/11, brwo.
201 BAG 5. 5. 10 – 1 ABR 70/08, brwo.

Die Zustimmung des BR ist eine **zusätzliche Wirksamkeitsvoraus-** **23**
setzung für die vom AG beabsichtigte Maßnahme. Auch wenn der
BR ihr zustimmt, bleibt es dem von der personellen Maßnahme
betroffenen AN unbenommen, das ArbG anzurufen, wenn er sich
beeinträchtigt fühlt. Die in dieser Bestimmung genannten personellen
Einzelmaßnahmen sind selbständig und voneinander unabhängig und
deshalb jeweils getrennt zustimmungsbedürftig.[202] Einer gesonderten
Einholung der Zustimmung bedarf es nicht, wenn der AG die Maßnahme auf Verlangen des BR durchführt; die Zustimmung ist dann in
dem Verlangen schon enthalten.

c) Arbeitskampf

Die Beteiligungsrechte des BR bestehen auch während eines **Arbeits-** **24**
kampfes für personelle Maßnahmen, die mit dem Arbeitskampf selbst
in keinem direkten Zusammenhang stehen.[203] Etwas anderes gilt nach
Auffassung der Gerichte, soweit personelle Maßnahmen oder die
Beteiligung des BR zu einer möglichen Beeinträchtigung der Kampf-
parität führen oder sogar auf die Abwendung von Folgen des Arbeitskampfes ausgerichtet sind.[204] Voraussetzung ist allerdings, dass der AG
sich selbst im Arbeitskampf befindet.[205] Versetzt ein AG, der sich nicht
selbst im Arbeitskampf befindet, arbeitswillige AN in einen bestreikten
Betrieb eines anderen UN im Konzern (Mutter-UN), unterliegt dies
der uneingeschränkten MB des BR.[206] Versetzt aber ein AG arbeitswillige AN aus einem nicht bestreikten Betrieb in einen von einem
Arbeitskampf betroffenen Betrieb desselben UN, um die Streikfolgen
zu begrenzen, bedarf diese Versetzung nicht der Zustimmung des BR
des abgebenden Betriebs; dessen MBR nach Abs. 1 soll bei einem
solchen Einsatz von Streikbrechern vielmehr entfallen, weil ansonsten
die Arbeitskampfparität des AG beeinträchtigt würde.[207] Diese Rspr. ist
abzulehnen, weil es keine gesetzl. Grundlage für eine solche
Einschränkung der betriebsrätlichen MBR gibt und der BR nicht
Streikgegner ist. Das MBR entfällt nicht, wenn der AG während eines
Streiks in einem Tochter-UN mit einem anderen fachlichen Geltungsbereich AN in das Tochter-UN abordnet.[208] Im Übrigen bleibt die
Unterrichtungspflicht des AG immer bestehen, auch bei Einstellung
oder Versetzung in einem bestreikten Betrieb, da die bloße Unter-

---

202 BAG, DB 76, 778.
203 BAG, NZA 04, 223.
204 BAG, DB 78, 1231; 79, 1464.
205 BAG, DB 91, 1627; vgl. aber auch BAG, DB 81, 578 zur Einschränkung von
     BR-Rechten in mittelbar kampfbetroffenen Betrieben.
206 LAG SH 28. 5. 13 – 1 TaBV 31/12, brwo, n. rk. BAG 1 ABR 44/13, 29. 5. 13 –
     6 TaBV 30/12, brwo, n. rk. BAG 1 ABR 46/13.
207 BAG 13. 12. 11 – 1 ABR 2/10, brwo.
208 BAG, DB 91, 1627.

richtung keine Beeinträchtigung der Waffengleichheit zur Folge haben kann.[209]

4. Zustimmungsverweigerungsgründe

a) Verstoß gegen Rechtsvorschriften

25 *Zu Nr. 1:* Personelle Maßnahmen des AG, die **gegen Rechtsvorschriften** verstoßen, sind an sich schon dadurch unwirksam. Wären sie nach dieser Bestimmung aber nicht zusätzlich an die Zustimmung[210] des BR gebunden, so hätte dieser im Falle seines Widerspruchs keine Möglichkeit, nach § 101 vorzugehen und die Rücknahme der personellen Maßnahme zu erreichen. Ein Verstoß gegen ein Gesetz i. S. des Abs. 2 liegt nach Auffassung des BAG nicht vor, wenn der AG den BR **nicht rechtzeitig** oder **nicht ordnungsgemäß** nach Abs. 1 unterrichtet hat.[211] Ohne die gesetzlich vorgeschriebene Unterrichtung läuft aber auch die Wochenfrist nach Abs. 3 nicht (vgl. auch Rn. 19, 21).

26 Eine das Zustimmungsverweigerungsrecht des BR begründende Gesetzesverletzung liegt vor, wenn die geplante personelle Maßnahme als solche nach dem Zweck der Norm untersagt ist,[212] auch wenn sie **gegen allgemeine Rechtsgrundsätze** verstößt, deren Beachtung dem AG und dem BR nach diesem Gesetz ausdrücklich aufgegeben ist, etwa gemäß §§ 74, 75 und 80. So kann der BR die Zustimmung zur Einstellung verweigern, wenn der AG sie davon abhängig gemacht hat, dass der Bewerber nicht **Gewerkschaftsmitglied** ist,[213] da ein solches Auswahlkriterium gegen Art. 9 Abs. 3 GG verstößt; ebenso kann er bei erheblichem Verdacht der **Diskriminierung von älteren** Einstellungsbewerbern der Einstellung jüngerer Bewerber widersprechen, wenn für diesen Verdacht tatsächliche Anhaltspunkte vorhanden sind;[214] dasselbe gilt, wenn eine **weibliche** Bewerberin wegen ihres Geschlechts nicht eingestellt wird: Ein Verstoß gegen das Benachteiligungsverbot aus § 7 Abs. 1 AGG berechtigt den BR zur Zustimmungsverweigerung hinsichtlich der beabsichtigten Einstellung des Mitbewerbers (vgl. auch § 95 Rn. 5).[215] Die negative Berücksichtigung der Freistellung eines BR-Mitglieds im Rahmen einer Auswahlentscheidung verstößt gegen das Benachteiligungsverbot des § 78

---

209 BAG, NZA 04, 223.
210 Muster für Verweigerungsschreiben s. DKKW-F-Bachner, §§ 99 Rn. 16–19.
211 BAG, NZA 94, 187.
212 BAG, NZA 00, 1294.
213 BAG, NZA 00, 1294.
214 LAG Frankfurt, DB 75, 2328.
215 S. auch Nollert-Borasio/Perreng, § 7 AGG Rn. 19; zur Zulässigkeit einer gesetzlichen Quotenregelung, die bei gleicher Qualifikation von Bewerbern unterschiedlichen Geschlechts zwingend die Bevorzugung eines Geschlechts bei der Besetzung einer freien Stelle vorsieht, vgl. EuGH, AuR 95, 473.

Satz 2 und berechtigt den BR daher, die Zustimmung zur Versetzung des ausgewählten konkurrierenden Bewerbers zu verweigern.[216] Ein Verstoß gegen Rechtsvorschriften wird auch bejaht bei der Bestellung einer Aufsichtsperson, der die notwendigen Voraussetzungen fehlen, die nach den UVV bestehenden Pflichten auf dem Gebiete der Unfallverhütung zu erfüllen.[217] Der BR kann auch die Zustimmung zur Einstellung eines Nichtschwerbehinderten verweigern bei unterlassener Prüfung gemäß § 81 Abs. 1 SGB IX, ob der freie Arbeitsplatz nicht mit einem **schwerbehinderten** AN besetzt werden kann.[218] Ebenso berechtigt ein Verstoß des AG gegen seine Pflichten aus § 81 Abs. 1 SGB IX den BR, die Zustimmung zur Einstellung eines Leiharbeitnehmers zu verweigern.[219] Ähnliches gilt für die Zustimmungsverweigerung bei Beschäftigung von Ausländern ohne Arbeitserlaubnis.[220] Zur Zustimmungsverweigerung berechtigt die unzulässige AN-Überlassung nach dem AÜG. Deshalb hat der BR des Entleiherbetriebs einen Zustimmungsverweigerungsgrund, wenn der gewerbsmäßig handelnde Verleiher keine Erlaubnis hat.[221] Einer solchen Erlaubnis nach § 1 Abs. 1 Satz 1 AÜG bedürfen auch konzerninterne Personalservicegesellschaften[222], die Leih-AN zum Selbstkostenpreis anderen Konzern-UN überlassen.[223] Beabsichtigt der Entleiher, einen Leih-AN mehr als vorübergehend zu beschäftigen, kann der BR des Entleiherbetriebs die Zustimmung zur Einstellung wg. Verstoßes gegen § 1 Abs. 1 Satz 2 AÜG verweigern.[224] Mehr als vorübergehend ist eine AN-Überlassung, bei der der Leih-AN anstelle eines Stamm-AN ohne jegliche zeitliche Begrenzung eingesetzt werden soll.[225] Nach hier vertretener Ansicht ist jede Beschäftigung von Leih-AN auf Dauerarbeitsplätzen eine nicht vorübergehende AN-Überlassung und damit unzulässig, sodass der BR seine Zustimmung verweigern

216   LAG Hamburg 19. 9. 12 – H 6 TaBV 2/12, brwo.
217   ArbG Berlin, AiB 88, 292.
218   BAG, DB 90, 636; ArbG Frankfurt am Main v. 1. 3. 06 – 22 BV 856/05, juris; LAG Bremen 22. 11. 12 – 4 TaBV 32/11, juris; Mustertext s. DKKW-F-Bachner, § 99 Rn. 17.
219   BAG 23. 6. 10 – 7 ABR 3/09, brwo.
220   BAG, AuR 91, 219.
221   HessLAG 29. 1. 13 – 4 TaBV 202/12, brwo; LAG SH 3. 7. 08 – 4 TaBV 9/08, brwo.
222   HessLAG 21. 5. 13 – 4 TaBV 298/12, juris.
223   LAG SH 24. 10. 13 – 4 TaBV 8/13, juris.
224   Zu einer vorgesehenen Einstellung für eine zeitlich nicht begrenzte Beschäftigung als Leih-AN: BAG 10. 7. 13 – 7 ABR 91/11, brwo; Zu einer vorgesehenen Einstellung eines Leih-AN ohne zeitliche Begrenzung anstelle einer Stammkraft im Wege der konzerninternen Überlassung: LAG SH 24. 10. 13, a. a. O. Grundlegend zur früher geltenden zeitlichen Höchstbegrenzung der AN-Überlassung bereits BAG 28. 9. 88 – 1 ABR 85/87, brwo.
225   BAG 10. 7. 13, a. a. O.

kann.[226] Der BR im Entleiherbetrieb kann seine Zustimmung zur Übernahme eines Leih-AN nicht mit der Begründung verweigern, die Arbeitsbedingungen des Leih-AN verstießen gegen das Gleichstellungsgebot von § 3 Abs. 1 Nr. 3, § 9 Nr. 2 AÜG (»**equal-pay-Gebot**«);[227] vielmehr ergibt sich erst durch die Übernahme in den Entleiherbetrieb für den Leih-AN die Möglichkeit, die bei Verletzung des Gleichstellungsgebots bestehenden Ansprüche geltend zu machen.[228] Sind die gesetzlichen Voraussetzungen des § 16 d Abs. 1 SGB II an die Einrichtung eines sog. **1-€-Jobs** – zusätzliche, im öffentlichen Interesse liegende und wettbewerbsneutrale Arbeit – nicht gegeben, kann der BR seine Zustimmung zur Einstellung des erwerbsfähigen Hilfebedürftigen verweigern.[229] Eine Zustimmungsverweigerung kommt in Betracht bei der Bestellung oder Versetzung eines Datenschutzbeauftragten ohne die nach dem Gesetz erforderliche **Qualifikation** und Zuverlässigkeit.[230] Bedenken gegen die Zuverlässigkeit können sich auch daraus ergeben, dass der AN neben seiner Aufgabe als Datenschutzbeauftragter Tätigkeiten ausübt, die mit seiner Kontrollfunktion unvereinbar sind, weil sie den AN in einen Interessenkonflikt geraten lassen.[231]

27   Der BR kann der Einstellung widersprechen, wenn der TV die Beschäftigung untersagt,[232] z. B. wenn der AG über einen von den TV-Parteien vereinbarten Prozentsatz hinaus Beschäftigte mit einer längeren regelmäßigen Wochenarbeitszeit einstellt.[233] Dasselbe gilt bei der

---

226   Ebenso LAG Nds. 19. 9. 12 – 17 TaBV 124/11, brwo, n. rk. BAG 7 ABR 79/12; LAG Berlin-Brandenburg 19. 12. 12 – 4 TaBV 1163/12, brwo, 9. 1. 13 – 24 TaBV 1868/12, brwo, 1. 3. 13 – 9 TaBV 2112/12, juris, 21. 3. 13 – 18 TaBV 2150/12 und 2192/2012, juris, n. rk BAG 7 ABR 36/13, 10. 4. 13 – 4 TaBV 2094/12, juris, jeweils mit der Begründung, dass das Merkmal »vorübergehend« arbeitsplatz- und nicht personenbezogen sei; LAG SH 8. 1. 14 – 3 TaBV 43/13, brwo (Pressemitteilung). A. A. LAG Düsseldorf 2. 10. 12 – 17 TaBV 38/12, brwo, n. rk. BAG 7 ABR 83/12. Das BAG hat diese Frage in seiner Entscheidung vom 10. 7. 2013, a. a. O. ausdrücklich offen gelassen. Nach der früheren Rechtslage enthielt § 3 Abs. 1 Nr. 6 eine zeitliche Höchstgrenze für die Überlassung desselben AN mit der Folge, dass die zeitliche Einsatzlimitierung nicht arbeitsplatz-, sondern AN-bezogen war. Daher berechtigte allein der Einsatz von Leih-AN auf Dauerarbeitsplätzen nicht zur Zustimmungsverweigerung; der BR hatte dann ein Zustimmungsverweigerungsrecht, wenn der Leih-AN länger als die damalige gesetzliche Höchstdauer beschäftigt werden sollte, s. BAG 12. 11. 02 – 1 ABR 1/02, juris.

227   BAG 1. 6. 11 – 7 ABR 117/09, brwo.

228   BAG, NZA 09, 2157.

229   Vgl. Stähle, AiB 05, 70; Schaff, AiB 05, 3; Schulze, NZA 05, 1332.

230   BAG, NZA 94, 1049.

231   BAG a. a. O.

232   BAG, AuR 92, 251.

233   LAG BaWü, AiB 96, 484; LAG München 26. 2. 08 – 6 TaBV 105/07, brwo, für den Fall, dass nach dem TV die Zahl der AN mit verlängerter Arbeitszeit auf

beabsichtigten Einstellung eines AN für eine Tätigkeit außerhalb der mit dem BR vereinbarten Arbeitszeit; sie verstößt gegen § 87 Abs. 1 Nr. 2 BetrVG und damit gegen ein Gesetz.[234] Sieht ein Sozialplan vor, dass entlassene AN unter bestimmten Voraussetzungen wieder eingestellt werden müssen, kann der BR die Zustimmung zur Einstellung anderer Personen verweigern.[235] Eine BV, nach der das Arbeitsverhältnis der im Betrieb beschäftigten AN mit Erreichen des 65. Lebensjahres endet, enthält kein Verbot der Weiterbeschäftigung über die Altersgrenze hinaus, es sei denn, ein solches Verbot fände in der BV deutlichen Ausdruck. Deshalb ist der BR in einem solchen Fall regelmäßig nicht berechtigt, die Zustimmung zur Weiterbeschäftigung des AN zu verweigern (vgl. im Übrigen auch Rn. 8 und § 75 Rn. 5).[236]

Die Bestimmung hat vor allem auch Bedeutung für Eingruppierungen und Umgruppierungen in tarifliche Lohngruppen. Insoweit liegt ein Verstoß gegen den TV allerdings nur bei einer zu niedrigen, nicht aber auch bei einer zu hohen (außertariflichen) Vergütung vor,[237] ebenso nicht, wenn nach Kündigung des TV ein AN im Nachwirkungszeitraum (§ 4 Abs. 5 TVG) zu untertariflichen Bedingungen eingestellt wird.[238] Der BR kann die Zustimmung zu einer Eingruppierung auch mit der Begründung verweigern, dass der AG den falschen TV oder eine unzutreffende Vergütungsordnung anwendet.[239] Legt der AG der Eingruppierung eines neu eingestellten AN ein Vergütungssystem zugrunde, bei dem der BR nicht nach § 87 Abs. 1 Nr. 10 beteiligt worden ist, liegt darin ein den BR zur Zustimmungsverweigerung berechtigender Gesetzesverstoß.[240] Hat der AG die bisherige **Vergütungsgruppenordnung** des Betriebs unter Nichtachtung des dem BR nach § 87 Abs. 1 Nr. 10 zustehenden MBR einseitig geändert, so kann der BR den vom AG geplanten neuen Eingruppierungen die Zustimmung mit der Begründung verweigern, die vom AG angewandte Vergütungsordnung sei nicht diejenige, die für den Betrieb zu gelten habe;[241] ein solcher Fall liegt auch vor, wenn der AG bei einem an die geleistete Arbeitszeit anknüpfenden Vergütungssystem einseitig Änderungen der Arbeitszeit

28

---

15 % der im Betrieb beschäftigten AN begrenzt ist und eine verlängerte Arbeitszeit mit neu Eingestellten frühestens nach sechs Monaten vereinbart werden kann; a. A. BAG 17. 6. 97 – 1 ABR 3/97, brwo für den Fall, dass der TV die Erreichung der festgesetzten Quote nur zu halbjährlichen Stichtagen verlangt und es dem AG überlässt, wie er dieses Ziel erreicht.

234 LAG BaWü, AiB 00, 36.
235 BAG, DB 91, 969.
236 BAG, DB 92, 1530.
237 LAG Hamm, LAGE § 99 BetrVG 1972 Eingruppierung Nr. 3.
238 BAG, BB 96, 2570.
239 BAG, NZA 01, 1206; HessLAG 4. 4. 06 – 4 TaBV 16/05, juris.
240 LAG Hamm 24. 5. 06 – 10 TaBV 215/05, brwo.
241 BAG, NZA 87, 489.

vornimmt.[242] Vereinbart aber der AG nach Ablauf des TV mit einem neu eingestellten AN eine längere als die tarifliche Wochenarbeitszeit bei gleichzeitiger Beibehaltung der tariflichen Monatsvergütung, so dass sich der Stundenlohn des AN verringert, berechtigt dies den BR gleichwohl nicht zur Zustimmungsverweigerung.[243] Besteht bei der **Einstellung** des AN lediglich Streit über die richtige **Eingruppierung**, so kann der BR lediglich dieser, nicht dagegen der Einstellung schlechthin widersprechen, da der AN die auf einer unrichtigen Eingruppierung beruhenden Vergütungsansprüche auch nach der Einstellung gegenüber dem AG durchsetzen kann, so dass es nicht erforderlich ist, dass diese insgesamt unterbleibt.[244] Nach Auffassung des BAG kann der BR einer befristeten Einstellung nicht mit der Begründung widersprechen, die **Befristung** sei unzulässig,[245] weil es beispielsweise keinen die Befristung des Arbeitsverhältnisses sachlich rechtfertigenden Grund gibt oder die Befristung gegen arbeitsrechtliche Gesetzesvorschriften verstößt. Nach Meinung des BAG soll in diesem Fall nicht die Einstellung, sondern erst die vorgesehene Art der späteren Bedingungen des Arbeitsverhältnisses gegen ein Gesetz verstoßen. Daher bedarf es vor Einstellung eines befristet beschäftigten AN auch keiner Mitteilung darüber, ob die Befristung mit oder ohne Sachgrund sowie ggf. mit welchem sie erfolgen soll.[246] Schließt sich unmittelbar an ein befristetes Arbeitsverhältnis ein weiteres an, ist eine erneute Eingruppierung nicht erforderlich, wenn sich weder die Tätigkeit noch das maßgebende Entgeltschema geändert haben.[247] Generell sind nach Auffassung des BAG unzulässige Vertragsklauseln kein Grund zur Verweigerung der Zustimmung zur Einstellung als solcher.[248]

29   Verstöße gegen den **Gleichbehandlungsgrundsatz** (Art. 3 GG) ordnet das BAG regelmäßig nicht der Nr. 1, sondern der Nr. 4 zu.[249] Im Übrigen hat der AG bei der **Auswahl unter den Stellenbewerbern** nach Ansicht des BAG eine mitbestimmungsfreie Entscheidungsbefugnis,[250] es sei denn, es bestehen Auswahlrichtlinien nach § 95 (vgl. Rn. 30). Darüber hinaus ist nunmehr gemäß § 7 Abs. 1 AGG stets auch das Verbot der Benachteiligung von Beschäftigten aus einem in § 1 AGG genannten Grund zu beachten.

---

242   LAG Hamburg, AiB 00, 575; a. A. BAG, NZA 02, 919.
243   BAG, BB 06, 2016.
244   Vgl. BAG, DB 96, 2551; BAG, NZA 00, 1294.
245   BAG, DB 92, 1049; DB 95, 326.
246   BAG 27. 10. 10 – 1 ABR 86/09, brwo.
247   BAG, NZA 98, 319.
248   Vgl. BAG, DB 86, 124; DB 95, 326.
249   Vgl. BAG, NZA 89, 814.
250   BAG, DB 78, 2320.

b) Verstoß gegen Auswahlrichtlinie

Zu Nr. 2: Die Regelung soll sicherstellen, dass der AG bei personellen **30** Maßnahmen die für den Betrieb geltenden, mit dem BR vereinbarten **Auswahlrichtlinien** beachtet.[251] Auswahlrichtlinien i. S. von § 95 sind nur dann gegeben, wenn sie nicht nur für einen betrieblichen Anlass, sondern für alle zukünftigen Fälle gelten sollen. Einseitig vom AG aufgestellte Richtlinien, die der BR lediglich formlos hingenommen hat, fallen nicht unter diese Bestimmung;[252] allerdings dürfte in einem solchen Fall Nr. 3 oder 4 zur Anwendung kommen (vgl. im Übrigen die Erl. zu § 95). Soweit die ESt. bei der Aufstellung von Auswahl-richtlinien z. B. für Versetzungen eine Bewertung in Form eines Punktsystems beschließt, muss dem AG nach Auffassung des BAG gleichwohl ein Entscheidungsspielraum verbleiben, der um so größer gestaltet sein muss, je weniger differenziert das Punktsystem ausgestal-tet ist.[253]

c) Benachteiligung anderer Arbeitnehmer

Zu Nr. 3: Eine begründete Besorgnis, dass andere im Betrieb tätige AN **31** Nachteile erleiden, kann bei einer beabsichtigten Einstellung gegeben sein, wenn es bislang wegen schlechter Auftragslage zu Personalein-schränkungen oder Kurzarbeit gekommen war und sich die Situation noch nicht geändert hat. Dasselbe kann gelten, wenn jemand für eine Position eingestellt werden soll, die noch von einem anderen AN besetzt ist oder diesem zwar gekündigt wurde, er aber **Kündigungs-schutzklage** erhoben hat,[254] bei einer **unbefristeten** Einstellung auch die Nichtberücksichtigung eines gleich geeigneten bereits befristet im Betrieb tätigen AN. Die Formulierung »**gleich geeignet**« ist dabei insofern missverständlich, als es aus der Natur der Sache heraus nur auf die Geeignetheit für den zu **besetzenden Arbeitsplatz**, nicht dage-gen auf den Vergleich mit einer Person ankommen kann, die im Betrieb noch nicht gearbeitet hat und hinsichtlich ihrer Eignung von daher nicht einmal abschließend beurteilt werden kann. Will ein AG weitere Teilzeitarbeitsplätze einrichten, anstatt die Arbeitszeiten auf-stockungswilliger Teilzeitbeschäftigter zu verlängern, ohne dass für diese Entscheidung arbeitsplatzbezogene Sachgründe vorliegen, steht dem BR ein Zustimmungsverweigerungsrecht zu.[255] Der BR kann die Zustimmung zur Einstellung eines untertariflich bezahlten AN ver-weigern, wenn der AG zeitgleich anlässlich der Schließung einer Filiale tariflich bezahltes Stammpersonal, das die Weiterbeschäftigung im UN

---

251   Muster für Verweigerungsschreiben s. DKKW-F-Bachner, § 99 Rn. 20.
252   LAG Frankfurt, DB 85, 1534.
253   BAG, DB 93, 885.
254   Ähnlich ArbG Hameln, BB 84, 1616 bei der Gefährdung des Weiterbeschäf-tigungsanspruchs eines gekündigten AN durch Neueinstellung.
255   LAG BaWü 21. 3. 13 – 6 TaBV 9/12, brwo.

zu untertariflicher Bezahlung abgelehnt hat, entlässt.[256] Ist durch die Beschäftigung sog. **1-€-Jobber** die Verdrängung regulärer Arbeitsplätze zu befürchten, berechtigt dies den BR zur Zustimmungsverweigerung.[257] Die Versetzung eines AN, dessen Arbeitsplatz wegfällt, auf einen **noch besetzten** Arbeitsplatz begründet die Besorgnis, dass der Arbeitsplatzinhaber gekündigt wird. Eine vom BR mit dieser Begründung verweigerte Zustimmung[258] kann gerichtlich ersetzt werden, wenn nach den Grundsätzen der sozialen Auswahl die betriebsbedingte Kündigung gerade demjenigen AN gegenüber auszusprechen ist, auf dessen Arbeitsplatz die Versetzung erfolgen soll.[259] Fallen die Arbeitsplätze mehrerer vergleichbarer AN weg und stehen nur für einen Teil dieser AN andere Beschäftigungsmöglichkeiten zur Verfügung, so dass eine **Sozialauswahl** vorzunehmen ist, begründet die Versetzung eines AN auf einen der freien Arbeitsplätze die Besorgnis, dass einem anderen AN infolge der Maßnahme gekündigt wird. Der BR kann dann die Zustimmung zu dieser Versetzung mit der Begründung verweigern, der AG habe soziale Auswahlkriterien nicht berücksichtigt.[260] Eine solche Fallgestaltung kommt auch in Betracht, wenn durch Umorganisation ein Teil der Arbeitsplätze wegfällt, gleichzeitig aber neue Beförderungsstellen geschaffen werden, auf denen überwiegend gleiche Tätigkeiten verrichtet werden müssen; Voraussetzung ist, dass die bisherigen Arbeitsplatzinhaber persönlich und fachlich geeignet sind.[261] Die Nichtrealisierung einer **Beförderungschance** allein ist kein Nachteil; anders aber, wenn eine rechtserhebliche Anwartschaft auf die von einem anderen besetzte Arbeitsstelle bestand.[262] Nachteile für die in einer Abteilung verbleibenden AN können auch die auf der Versetzung eines AN beruhenden Erschwerungen der Arbeit von nicht unerheblichem Gewicht sein.[263] Der BR muss **konkrete** Tatsachen für die von ihm geäußerte Besorgnis der Benachteiligung anderer AN vortragen; reine Vermutungen reichen nicht aus.[264]

d) Benachteiligung des betroffenen Arbeitnehmers

32 *Zu Nr. 4:* Die Vorschrift soll verhindern, dass der durch die personelle Maßnahme betroffene AN **ungerechtfertigt benachteiligt** wird.[265]

256 ArbG Berlin, dbr 09, Nr. 6, 36.
257 Vgl. Stähle, AiB 05, 70; Schaff, AiB 05, 3.
258 Musterschreiben s. DKKW-F-Bachner, § 99 Rn. 21.
259 BAG, DB 88, 235.
260 BAG, NZA 97, 219.
261 BAG, NZA 96, 496.
262 Vgl. zum Beförderungsanspruch eines BR-Mitgl. im Hinblick auf § 37 Abs. 4 BAG, BB 88, 765; vgl. im Übrigen BAG, DB 79, 311.
263 BAG, DB 88, 128.
264 LAG Rheinland-Pfalz, DB 82, 652.
265 Muster für Verweigerungsschreiben s. DKKW-F-Bachner, § 99 Rn. 22.

Die Rüge der mangelnden oder fehlenden Eingruppierung sowie der unzulässigen Befristung des Arbeitsverhältnisses werden als Verweigerungsgrund für die Einstellung nicht anerkannt (vgl. Rn. 28). Ohnehin kommt der Verweigerungsgrund der Nr. 4 bei einer Ein- oder Umgruppierung regelmäßig nicht in Frage; die von der im Betrieb geltenden Vergütungsordnung gebotene Ein- oder Umgruppierung stellt keinen Nachteil des betroffenen AN dar.[266] Entspricht eine Maßnahme, etwa eine Versetzung, dem Wunsch des betreffenden AN, kann der BR die Zustimmung nicht wegen ungerechtfertigter Benachteiligung des AN verweigern.[267] Der AG ist nicht gehalten, anstelle einer wegen Spannungen zwischen den AN beabsichtigten Umsetzung eines AN eine vom BR verlangte Abmahnung auszusprechen.[268] Nach Auffassung des BAG[269] ist der Verlust des BR-Amts kein Nachteil im Sinne dieser Vorschrift; vor einer zum Mandatsverlust führenden Versetzung ist seit dem BetrVerf-ReformG jedoch die Zustimmung des BR einzuholen (vgl. § 103 Rn. 31).

e) Unterbliebene Stellenausschreibung

Zu Nr. 5: Die Bestimmung beinhaltet die rechtliche **Sanktion** für den   **33**
Fall, dass der AG dem Verlangen des BR nach einer innerbetrieblichen **Stellenausschreibung** (§ 93) nicht oder nicht ordnungsgemäß nachgekommen ist. Für das Widerspruchsrecht des BR[270] kommt es nicht darauf an, ob es im Betrieb tatsächlich Bewerber für die vakante Stelle gibt.[271] Wird der Widerspruch auf die unterbliebene Stellenausschreibung gestützt, ist er selbst dann nicht rechtsmissbräuchlich, wenn nicht mit internen Bewerbern zu rechnen ist.[272] Ein Verweigerungsgrund liegt auch vor, wenn der AG in außerbetrieblichen Stellenanzeigen geringere Anforderungen als bei der innerbetrieblichen Ausschreibung stellt,[273] wenn die Ausschreibung zu spät erfolgt, etwa erst an dem Tag, an dem der BR über die Maßnahmen nach Abs. 1 informiert wird,[274] ebenso wenn die Ausschreibung gegen geltendes Recht verstößt, etwa gegen das Gebot geschlechtsneutraler Ausschreibung gemäß § 11 AGG.[275] Als Begründung für die Zustimmungsverweigerung reicht es aus, dass der BR deutlich macht, die erforderliche innerbetriebliche

---

266   LAG Hamm 24. 5. 06 – 10 TaBV 182/05, brwo.
267   BAG, NZA 97, 219.
268   BAG, DB 96, 1931.
269   NZA 00, 1355.
270   Musterschreiben s. DKKW-F-Bachner, § 99 Rn. 23.
271   BAG, DB 73, 1456.
272   LAG Köln 14. 9. 12 – 5 TaBV 18/12, juris.
273   BAG, DB 88, 1452.
274   LAG Frankfurt, AuR 90, 132.
275   Zum früheren § 611 b BGB s. HessLAG, NZA-RR 99, 641; ArbG Essen, BetrR 91, 280; vgl. LAG Berlin, DB 83, 2633.

Ausschreibung sei unterblieben.[276] Voraussetzung ist jedoch, dass der BR die Ausschreibung vor dem Zustimmungsersuchen des AG verlangt oder mit diesem eine (freiwillige) Vereinbarung über die Ausschreibung getroffen hat.[277] Der BR kann auch die Ausschreibung von Arbeitsplätzen verlangen, die der AG mit freien Mitarbeitern besetzen will, wenn es sich bei der vorgesehenen Beschäftigung um eine gemäß § 99 mitbestimmungspflichtige Einstellung handelt.[278]

f) Störung des Betriebsfriedens

34 *Zu Nr. 6:* Die Voraussetzungen dieser Bestimmung decken sich mit § 104 (s. Erläuterungen dort). Die Besorgnis, der für die Maßnahme in Aussicht genommene Bewerber oder AN werde den **Betriebsfrieden** durch unsoziales oder gesetzwidriges Verhalten **stören**, kann nur auf konkrete Tatsachen gestützt werden, die bei objektiver Beurteilung der Persönlichkeit diesen Rückschluss zulassen.[279] Gesetzwidriges Verhalten, das mit dem betrieblichen Geschehen in keinerlei Zusammenhang steht, kommt hierfür nicht in Betracht.[280] Als besonders krasse Fälle eines den Betriebsfrieden und die Zusammenarbeit im Betrieb störenden Verhaltens werden nunmehr ausdrücklich rassistische und fremdenfeindliche Betätigungen hervorgehoben.

5. Verweigerung der Zustimmung und Mitteilung an Arbeitgeber

35 Ist der BR mit einer vom AG beabsichtigten Maßnahme nicht einverstanden, so muss er diesem die Verweigerung seiner Zustimmung innerhalb **einer Woche** nach Unterrichtung **unter Angabe der Gründe schriftlich** mitteilen. Geschieht dies vor Ablauf der genannten Frist nicht, gilt die Zustimmung als erteilt. Entscheidend ist der **Zugang** der Zustimmungsverweigerung beim AG innerhalb der Wochenfrist. Für die Zustimmungsverweigerung nach Abs. 3 genügt Schriftlichkeit. Der gesetzlichen Schriftform des § 126 Abs. 1 BGB bedarf sie nicht.[281] Denn diese gilt nur für Rechtsgeschäfte; die Zustimmungsverweigerung nach Abs. 3 ist aber kein Rechtsgeschäft, sondern eine rechtsgeschäftliche Handlung. Das Schriftlichkeitsgebot des Abs. 3 wird daher auch durch die Einhaltung der Textform des § 126 b BGB erfüllt.[282] Wird das unterzeichnete Verweigerungsschreiben dem AG vor Fristablauf per Telefax übermittelt, so genügt dies zur

---

276   LAG Hamm, DB 92, 2639.
277   LAG Berlin-Brandenburg 16. 12. 10 – 25 TaBV 2017/10, brwo; BAG, NZA 05, 424.
278   BAG, BB 93, 2233.
279   Musterschreiben s. DKKW-F-Bachner, § 99 Rn. 24.
280   BAG 5. 12. 57, AP Nr. 2 zu § 123 BGB.
281   BAG NZA 03, 226.
282   BAG 9. 12. 08 – 1 ABR 79/07.

Einhaltung des Schriftlichkeitserfordernisses des Abs. 3.[283] Auch die Zustimmungsverweigerung durch ein maschinell hergestelltes Schreiben, das mit einer Grußformel und der Angabe von Namen und Funktion des BR-Vorsitzenden endete, aber nicht eigenhändig unterzeichnet war, ist »schriftlich« i.S. des Abs. 3.[284] Ebenso genügt eine **Zustimmungsverweigerung per E-Mail** dem Schriftlichkeitsgebot auch dann, wenn sie ohne qualifizierte elektronische Signatur i.S. von § 126a Abs. 1 BGB übermittelt wird[285] (s. auch § 26 Rn. 5). Die einwöchige Erklärungsfrist endet mit Ablauf des Tages, der seiner Benennung nach dem Tage entspricht, an dem der AG die ihm nach Abs. 1 obliegende Unterrichtungspflicht erfüllt hat. AG und BR können eine **Verlängerung der Wochenfrist** vereinbaren;[286] im Einzelfall können sie die Frist auch um mehrere Monate verlängern.[287] Die Fristverlängerung kann auch in der Weise geschehen, dass die Betriebsparteien den Beginn der Frist hinausschieben.[288] Die Wochenfrist kann auch durch TV verlängert werden.[289] Voraussetzung für eine wirksame Fristverlängerung ist, dass das Fristende eindeutig bestimmbar ist, um ein mögliches Eintreten der gesetzlichen Zustimmungsfiktion feststellen zu können.[290] Zur einvernehmlichen Umgestaltung des Verfahrens nach § 99 vgl. im Übrigen auch Rn. 22.

Über die Frage, ob der vom AG beabsichtigten personellen Maßnahme **36** zugestimmt werden soll, beschließt der BR gemäß § 33 Abs. 1. Dabei muss der BR nicht in jedem Fall förmlich über jede Erwägung abstimmen, mit der die Zustimmung verweigert werden soll, eine förmliche Abstimmung über das »Ob« der Zustimmung genügt.[291] Ist ein Mitgl. des BR von der personellen Maßnahme individuell und unmittelbar betroffen, darf es weder an der Beratung noch an der Abstimmung teilnehmen;[292] vielmehr ist das zuständige Ersatzmitglied zu laden; andernfalls ist der Beschluss des BR, die Zustimmung zu verweigern, unwirksam. Von einer individuellen und unmittelbaren Betroffenheit des BR-Mitgl. kann bei personellen Einzelmaßnahmen regelmäßig nur dann gesprochen werden, wenn das BR-Mitgl. gerade die Person ist, auf die sich das Zustimmungsersuchen des AG unmittelbar richtet.[293] Handelt es sich bei dem wegen einer solchen Betroffen-

---

283   BAG, NZA 03, 226.
284   BAG, AiB 09, 593.
285   BAG, NZA 09, 622.
286   BAG, DB 83, 2638.
287   BAG 18. 8. 09 – 1 ABR 49/08, brwo: mehr als sechs Monate in einem Massenumgruppierungsverfahren.
288   BAG, NZA 05, 776.
289   Vgl. BAG, NZA 86, 566.
290   BAG 5. 5. 10 – 7 ABR 70/08, brwo.
291   LAG BaWü 13. 11. 12 – 15 TaBV 2/12, juris.
292   BAG 10. 11. 09 – 1 ABR 64/08, brwo.
293   BAG 24. 4. 13 – 7 ABR 82/11, juris.

heit von der Beratung und Beschlussfassung ausgeschlossenen BR-Mitgl. um den BR-Vors., ist er an der Unterzeichnung des BR-Beschlusses nicht gehindert.[294] Die Zustimmung gilt mit Ablauf der Wochenfrist (Abs. 3 Satz 1) als erteilt.[295] Der Widerspruch des BR gegen eine personelle Einzelmaßnahme muss auf mindestens einen bestimmten Widerspruchsgrund von Abs. 2 bezogen sein.[296] Zur Begründung, warum der BR die Zustimmung verweigert, reicht es nicht aus, dass dieser lediglich den Gesetzeswortlaut eines der in Abs. 2 angeführten Tatbestände wiederholt. Ebenfalls nicht ausreichend ist es, eine Versetzung als »nicht adäquat« abzulehnen.[297] Es müssen **konkrete Tatsachen und Gründe** angeführt werden. Geschieht dies, so kann der AG sich über die vom BR verweigerte Zustimmung nicht einfach mit der Behauptung, sie sei fehlerhaft oder unbegründet, hinwegsetzen; er hat vielmehr die gerichtl. Ersetzung der Zustimmung zu beantragen. Die vom BR angegebenen Gründe brauchen nicht schlüssig zu sein[298] und einer gerichtl. Nachprüfung letztlich auch nicht standzuhalten. Es genügt, dass die vorgetragenen Tatsachen als solche die geäußerten Besorgnisse auftreten lassen **können**[299] oder die vom BR für die Verweigerung seiner Zustimmung gegebene Begründung es **als möglich** erscheinen lässt, dass einer der in Abs. 2 abschließend genannten Zustimmungsverweigerungsgründe geltend gemacht wird.[300] Nur eine Begründung, die **offensichtlich** nicht auf einen der Verweigerungsgründe Bezug nimmt, ist unbeachtlich mit der Folge, dass die Zustimmung des BR als erteilt gilt.[301] Trotzdem sollte der BR schon im Hinblick auf ein mögliches Verfahren nach §§ 99 Abs. 4 oder 100 die Zustimmungsverweigerung **so ausführlich wie möglich** begründen. Ein Nachschieben von Zustimmungsverweigerungsgründen **nach Ablauf** der Wochenfrist des Abs. 3 Satz 1 ist regelmäßig nicht möglich; die Zustimmungsverweigerung kann deshalb auf einen solchen Grund nicht gestützt werden.[302]

6. Antrag auf Ersetzung der Zustimmung

37 Ist der BR mit einer personellen Maßnahme nicht einverstanden und **verweigert** er deshalb seine **Zustimmung**, so hat der AG, falls er die Maßnahme gleichwohl durchführen will, die Ersetzung der Zustimmung des BR beim ArbG zu beantragen. Der AG ist nicht berechtigt,

---

294   LAG Hamburg 19. 9. 10 – H 6 TaBV 2/12, brwo.
295   BAG, AuR 00, 158.
296   HessLAG 15. 5. 12 – 4 TaBV 219/11, brwo.
297   Hess LAG a. a. O.
298   BAG, DB 78, 2322.
299   BAG, BB 79, 678.
300   BAG, NZA 01, 626; LAG Hamm 24. 5. 06 – 10 TaBV 215/05, brwo.
301   BAG, BB 88, 1327.
302   LAG Köln, AiB 95, 797.

anstelle des Gerichts selbst darüber zu entscheiden, ob der BR seine Zustimmung grundlos und ungerechtfertigt nicht erteilt hat. Hält der AG die Zustimmungsverweigerung für nicht form- oder fristgerecht erfolgt, kann er die Feststellung beantragen, dass die Zustimmung des BR als erteilt gilt, und hilfsweise den Zustimmungsersetzungsantrag stellen.[303] Das Ersetzungsverfahren nach Abs. 4 muss sich auf die personelle Maßnahme beziehen, für die der AG gem. Abs. 1 um Zustimmung gebeten hat.[304] Der AG ist verpflichtet, das Zustimmungsersetzungsverfahren nach Abs. 4 durchzuführen, wenn der BR die Zustimmung zu einer leidensgerechten Weiterbeschäftigung (Versetzung) eines AN auf einem anderen Arbeitsplatz verweigert hat und der AG erkennt, dass die geltend gemachten Zustimmungsverweigerungsgründe tatsächlich nicht vorliegen. Kommt er dieser Pflicht nur unzureichend nach, kann dies einen Schadensersatzanspruch des AN begründen. Ist allerdings die Zustimmung des Integrationsamtes zur Kündigung des AN erteilt, so ist dem AG im Normalfall die Durchführung des Zustimmungsersetzungsverfahrens unzumutbar, weil die damit verbundene erhebliche Verzögerung des Kündigungsverfahrens mit unverhältnismäßigen Aufwendungen im Sinne des § 81 Abs. 4 S. 3 SGB IX verbunden wäre.[305]

Soweit bei Eingruppierungen im Zustimmungsersetzungsverfahren **38** eine bestimmte Entgeltgruppe vom ArbG als zutreffend ermittelt oder als unzutreffend ausgeschlossen wird, kann der AN seinen Entgeltanspruch unmittelbar auf die gerichtl. Entscheidung stützen. Insoweit ist sein Anspruch nicht von einer weiteren Prüfung der tariflichen Eingruppierungsvoraussetzungen abhängig. Allerdings ist der AN auch nicht gehindert, gegenüber dem AG eine günstigere als die im Beschlussverfahren angenommene Eingruppierung geltend zu machen.[306]

Das ArbG entscheidet im Beschlussverfahren. Der BR hat im gericht- **39** lichen Zustimmungsersetzungsverfahren die **Darlegungs- und Beweislast** für die Einhaltung der Wochenfrist.[307] Der AG ist darlegungs- und beweispflichtig dafür, dass die vom BR vorgetragenen Gründe zur Verweigerung der Zustimmung nicht gegeben sind. Der BR kann nach Auffassung des BAG im arbeitsgerichtlichen Beschlussverfahren weitere Gründe **nicht nachschieben**;[308] auf jeden Fall wird der BR aber ihm vorher nicht bekannt gewesene Gründe noch geltend machen können. Streitgegenstand eines Verfahrens nach Abs. 4 ist die Frage, ob die beabsichtigte personelle Maßnahme angesichts der vorgebrachten

---

303 BAG, DB 86, 1077; 89, 530.
304 LAG SH 3. 7. 08 – 4 TaBV 43/07, brwo.
305 LAG Hamm 30. 9. 10 – 15 Sa 416/10, brwo.
306 BAG, NZA 95, 484.
307 LAG Köln, NZA-RR 09, 424.
308 BAG, NZA 85, 67; 86, 755.

Verweigerungsgründe gegenwärtig und zukünftig zulässig ist, nicht jedoch, ob die Maßnahme im Zeitpunkt der Antragstellung zulässig war. Über den Antrag auf Ersetzung der Zustimmung des BR ist daher nach der im Zeitpunkt der gerichtlichen Entscheidung geltenden Rechtslage zu beschließen.[309] Weist das ArbG den Antrag des AG auf Ersetzung der Zustimmung mit der Begründung ab, die Zustimmung gelte bereits als erteilt, so kann der BR gegen diese Entscheidung Beschwerde einlegen, wenn er anderer Auffassung ist.[310] Hat der AG bereits das Zustimmungsverfahren nach Abs. 1 nicht ordnungsgemäß eingeleitet, so ist der Zustimmungsersetzungsantrag des AG vom ArbG als unbegründet abzuweisen.[311] Die von der personellen Maßnahme betroffenen AN sind im Beschlussverfahren weder Beteiligte noch antragsberechtigt;[312] sie haben auch keinen Anspruch auf ein wie auch immer geartetes Tätigwerden des BR.[313] Der Rechtsweg zu den ArbG ist auch gegeben, wenn die Beteiligungsrechte nach dieser Vorschrift Bea. betreffen.[314]

§ 100   Vorläufige personelle Maßnahmen

(1) Der Arbeitgeber kann, wenn dies aus sachlichen Gründen dringend erforderlich ist, die personelle Maßnahme im Sinne des § 99 Abs. 1 Satz 1 vorläufig durchführen, bevor der Betriebsrat sich geäußert oder wenn er die Zustimmung verweigert hat. Der Arbeitgeber hat den Arbeitnehmer über die Sach- und Rechtslage aufzuklären.

(2) Der Arbeitgeber hat den Betriebsrat unverzüglich von der vorläufigen personellen Maßnahme zu unterrichten. Bestreitet der Betriebsrat, dass die Maßnahme aus sachlichen Gründen dringend erforderlich ist, so hat er dies dem Arbeitgeber unverzüglich mitzuteilen. In diesem Fall darf der Arbeitgeber die vorläufige personelle Maßnahme nur aufrechterhalten, wenn er innerhalb von drei Tagen beim Arbeitsgericht die Ersetzung der Zustimmung des Betriebsrats und die Feststellung beantragt, dass die Maßnahme aus sachlichen Gründen dringend erforderlich war.

(3) Lehnt das Gericht durch rechtskräftige Entscheidung die Ersetzung der Zustimmung des Betriebsrats ab oder stellt es rechtskräftig fest, dass offensichtlich die Maßnahme aus sachlichen Gründen nicht dringend erforderlich war, so endet die

309   BAG, NZA 05, 1199.
310   BAG, NZA 86, 366.
311   LAG Hamm 24. 5. 06 – 10 TaBV 215/05, brwo.
312   BAG, DB 82, 2410; 83, 2638.
313   BAG, NZA 97, 713, 715.
314   BAG, NZA 96, 1061.

vorläufige personelle Maßnahme mit Ablauf von zwei Wochen nach Rechtskraft der Entscheidung. Von diesem Zeitpunkt an darf die personelle Maßnahme nicht aufrechterhalten werden.

1. Vorläufige Durchführung einer personellen Maßnahme

Die Vorschrift regelt die Voraussetzungen, die den AG zur **vorläu-** **1** **figen Durchführung** einer personellen Maßnahme berechtigen, bevor der BR sich dazu geäußert hat oder falls er seine Zustimmung verweigert.[1] Die vorläufige personelle Maßnahme[2] ist nur dann zulässig, wenn sachliche Gründe sie **dringend erforderlich** machen. Ob diese Voraussetzungen vorliegen, lässt sich regelmäßig nur **unter Berücksichtigung aller Umstände** des Einzelfalles beurteilen. Die vorläufige Durchführung einer Maßnahme ist grundsätzlich nur gerechtfertigt, wenn sie **unaufschiebbar** ist, weil feststeht, dass anderenfalls ein spürbarer und nicht wieder gutzumachender Schaden entstehen oder ein vergleichbarer Vorteil entgehen würde.[3] Gründe für die vorläufige Durchführung einer personellen Maßnahme können immer nur auf einer betrieblichen Notwendigkeit beruhen. Dagegen reicht z. B. das **besondere Interesse eines Bewerbers** an einer sofortigen Einstellung nicht aus. **Bejaht** wurde die dringende Erforderlichkeit bei der vorläufigen Einstellung einer Fachkraft in einem Fall, in dem in einem für die Produktion wichtigen Labor ein AN ausgeschieden und ein weiterer in Urlaub war;[4] bei der vorläufigen Einstellung eines Bewerbers für eine Betriebsabteilung, in der von insgesamt vier beschäftigten AN zwei ausgeschieden waren;[5] im Fall einer sofortigen Versetzung von AN zur Sicherstellung der monatlichen Lohnabrechnung im Betrieb[6] sowie bei der Einstellung einer dringend benötigten Fachkraft, die sich sonst ernsthaft anderweitig entschieden hätte.[7] Bei Ein- oder Umgruppierungen wird eine Unaufschiebbarkeit bereits deshalb nicht zu bejahen sein, weil es sich dabei nicht um gestaltende, sondern um beurteilende Vorgänge handelt (vgl. § 99 Rn. 9). Nicht ausreichend ist es, wenn der AG beim Vorhandensein einer größeren

---

1 Tipps für die Reaktion des BR s. Koll, AiB 13, 169.
2 Zur Unterscheidung von einer kommissarischen Stellenbesetzung vgl. HessLAG, NZA 94, 1052.
3 LAG Köln 15. 1. 97 – 8 Ta BV 61/96.
4 ArbG Darmstadt 14. 8. 73 – 3 BV 7/73.
5 ArbG Essen, DB 72, 977.
6 BAG, DB 78, 447.
7 LAG Hamm 31. 7. 09 – 10 TaBV 9/09, brwo; LAG Berlin, DB 83, 776.

Zahl von Stellen im Pflegedienst eines Krankenhauses nur auf die
Vakanz einzelner Stellen hinweist, ohne seine Personalbedarfsberech-
nung zu erläutern.[8] **Verneint** wurde die dringende Erforderlichkeit
bei der (hier befristeten) Einstellung von Leih-AN auf einen Dauerarbeitsplatz, weil der AG seinen Beschäftigungsbedarf auch durch eine
– ggf. befristete – Einstellung der Leih-AN als eigene Mitarbeiter hätte
decken können.[9] Die Kosten, die sich dabei aus der Differenz zwischen
den Personalkosten als Leih-AN und den Kosten bei Einstellung als
Stammmitarbeiter ergeben, können die dringende Erforderlichkeit aus
sachlichen Gründen nicht rechtfertigen.[10] Eine vorläufige Versetzung
bleibt beim Fehlen betrieblicher Gründe auch dann unzulässig, wenn
der betroffene AN mit der Versetzung einverstanden ist.[11]

2   Bevor der AG die Maßnahme vorläufig durchführt, hat er den davon
betroffenen AN jedoch auf die Vorläufigkeit der Maßnahme und die
mögliche Notwendigkeit, sie später wieder rückgängig machen zu
müssen, hinzuweisen. Unterlässt er dies, so können sich daraus **Scha-
densersatzverpflichtungen** des AG gegenüber dem Betroffenen ergeben.

2. Unterrichtung des Betriebsrats, Ersetzungs- und Feststellungs-
antrag des Arbeitgebers

3   Damit der BR von der vorläufigen personellen Maßnahme Kenntnis
erhält, ist der AG verpflichtet, ihn **unverzüglich zu unterrichten.**[12]
»Unverzüglich« bedeutet ohne schuldhaftes Zögern i. S. von § 121
Abs. 1 Satz 1 BGB.[13] Verletzt der AG seine Pflicht zur Unterrichtung
des BR, ist die Durchführung der personellen Maßnahme wegen
Fehlens einer Verfahrensvoraussetzung unzulässig; da das Verfahren
nicht wirksam eingeleitet wurde, kann die dringende Erforderlichkeit
der vorläufigen Durchführung der Maßnahme nicht festgestellt werden.[14] Behauptet der BR die Nichtberechtigung der vorläufigen Maßnahme und teilt er dies dem AG unverzüglich mit, so muss dieser die
Maßnahme rückgängig machen, es sei denn, dass er **innerhalb von
drei Tagen** (Kalendertage) beim ArbG die Ersetzung der Zustimmung
des BR zur Durchführung der personellen Maßnahme sowie die Feststellung, dass deren vorläufige Durchführung aus sachlichen Gründen
dringend erforderlich war, beantragt. **Beide Anträge** müssen in diesem Fall innerhalb der **Ausschlussfrist** von drei Tagen beim ArbG

8   HessLAG 21. 5. 13 – 4 TaBV 298/12, juris, n. rk. BAG 7 ABR 60/13.
9   LAG Berlin-Brandenburg 1. 3. 13 – 9 TaBV 2112/12, juris, n. rk. BAG 7 ABR 30/13.
10 LAG Nds. 19. 9. 12 – 17 TaBV 124/11, brwo, n. rk. BAG 7 ABR 79/12.
11 BAG 21. 2. 13 – 8 AZR 877/11, brwo.
12 BAG, DB 78, 447.
13 LAG Hamm 17. 4. 08 – 13 TaBV 130/07, brwo.
14 HessLAG 31. 7. 07 – 4 TaBV 35/07, juris.

gestellt[15] und begründet werden, da sonst ein nicht behebbarer, zur Unzulässigkeit des Antrags führender Mangel vorliegt.[16] Die Frist beginnt mit dem Tag des Eingangs der BR-Erklärung, mit der dieser die Berechtigung der vorläufigen Maßnahme bestreitet; das gilt auch dann, wenn die vorläufige Einstellung erst zu einem späteren Zeitpunkt geplant ist.[17] Das Gebot der doppelten Antragstellung soll verhindern, dass der AG den Streit auf die Wirksamkeit der vorläufigen Maßnahme beschränkt und das Verfahren gemäß § 99 Abs. 4 in der Schwebe hält.[18] Stellt der AG innerhalb der Drei-Tage-Frist nur den Feststellungsantrag zur Dringlichkeit der vorläufigen Durchführung der personellen Maßnahme, ist dieser unzulässig.[19] Strittig ist, ob das Gericht über beide Anträge gleichzeitig zu entscheiden hat oder darin frei ist, welchen der beiden Anträge es zuerst behandelt,[20] und ob eine Vorabentscheidung über die Berechtigung der vorläufigen Maßnahme erforderlich ist.[21] Es spricht viel für die Freiheit des Gerichts in der Behandlung der Anträge, so dass es ggf. auch zunächst über den Zustimmungsersetzungsantrag entscheiden kann, wenn dies aufgrund der Sach- und Rechtslage ohne größere Verzögerung möglich ist.[22] Andererseits sollte das Gericht insbesondere bei eher kurzzeitigen personellen Einzelmaßnahmen bzw. beim Streit um den Einsatz eines Leih- oder Werkvertrags-AN vorab über den Feststellungsantrag hinsichtlich der Dringlichkeit entscheiden, damit der Rechtsschutz des BR bei einer vorläufigen Durchführung der Personalmaßnahme nicht völlig leerläuft.[23] Der BR sollte seinen Antrag auf Abweisung der Anträge des AG zum einen mit dem Antrag verbinden, dem AG aufzugeben, die vorläufige personelle Maßnahme gemäß § 101 aufzuheben;[24] zum anderen sollte der BR zusätzlich einen Antrag stellen, mit dem die Feststellung begehrt wird, dass die vorläufige Maßnahme nicht aus sachlichen Gründen dringend erforderlich war. Dies schafft die Grundlage für künftige Unterlassungsanträge im Verfahren nach § 23 Abs. 3. Stellt der AG den Antrag nach Abs. 2 Satz 3 nicht oder nicht rechtzeitig, kann der BR nach § 101 vorgehen.

Unterrichtet der AG den BR über die vorläufige Durchführung einer personellen Maßnahme, bestreitet aber der BR die dringende Erforderlichkeit der vorläufigen Durchführung nicht, soll die Dreitagefrist

---

15 BAG, BB 78, 1166.
16 LAG Frankfurt, DB 90, 1092.
17 DKKW-Bachner, Rn. 29; a. A. HessLAG 8. 5. 09 – 4 Ta 139/08, brwo.
18 BAG, NZA 88, 101.
19 BAG a. a. O.
20 Vgl. auch LAG SH, BB 78, 611.
21 Vgl. BAG, NZA 89, 183.
22 LAG Köln 8. 11. 83 – 6 TaBV 33/83.
23 So ausdrücklich Karthaus/Klebe, NZA 12, 417.
24 ArbG Stuttgart 26. 3. 92 – 6 BV 161/91.

des Abs. 2 Satz 3 zur Beantragung der Zustimmungsersetzung beim ArbG gem. § 99 Abs. 4 nicht gelten.[25]

4   Bei der Beurteilung der Frage, ob aus sachlichen Gründen die vorläufige Durchführung der Personalmaßnahme dringend erforderlich ist, scheiden **Gesichtspunkte der sozialen Auswahl** nach Auffassung des BAG aus.[26] Der vom AG zu stellende Antrag auf Feststellung der Dringlichkeit für eine vorläufige Maßnahme ist dann unbegründet, wenn die Maßnahme offensichtlich aus sachlichen Gründen nicht dringend erforderlich war. Das Merkmal »offensichtlich« erfordert eine **grobe Verkennung** der sachlich-betrieblichen Notwendigkeit der vorläufigen Durchführung der Personalmaßnahme seitens des AG.[27] Eine dringende Erforderlichkeit i. S. dieser Vorschrift liegt nur vor, wenn ein verantwortungsbewusster AG im Interesse des Betriebs alsbald handeln muss, die geplante Maßnahme also keinen Aufschub verträgt. Das Merkmal »aus sachlichen Gründen« deutet darauf hin, dass die Dringlichkeit auf vom AG nicht rechtzeitig voraussehbaren Umständen beruhen muss, der AG darf sich also nicht bewusst in Zugzwang setzen, um nach § 100 handeln zu können. Die Maßnahme muss wirklich notwendig sein, es darf kein zumutbarer anderer Weg zur Verfügung stehen.[28] War die personelle Maßnahme **zur Zeit der Durchführung** dringend erforderlich, so braucht der AG sie nach Auffassung des BAG anschließend vor Abschluss des von ihm eingeleiteten Verfahrens nicht aufzuheben, wenn nachträglich der dringende betriebliche Grund wieder entfällt.[29] Das gerichtl. Verfahren ist jedoch nicht auf die Klärung der Frage beschränkt, ob der AG die personelle Maßnahme vorläufig durchführen durfte; es kann sich vielmehr gleichzeitig auch auf die Ersetzung der Zustimmung des BR nach § 99 Abs. 4 erstrecken. Deshalb ist es zweckmäßig, dass der BR in einem solchen Verfahren **sowohl die für eine Verweigerung seiner Zustimmung maßgebenden Gründe** vorträgt als auch darlegt, warum er die vorläufige Durchführung der Maßnahme für sachlich **nicht dringend erforderlich** erachtet.

3. Entscheidung des Arbeitsgerichts

5   Hat der AG **sowohl** den Antrag gestellt, die fehlende Zustimmung des BR zu ersetzen, **als auch** festzustellen, dass die von ihm vorläufig durchgeführte personelle Maßnahme aus sachlichen Gründen dringend erforderlich war, so ist zu beachten, dass es sich im Grunde um **zwei Verfahren** handelt, die zwar vom Gericht zusammen entschieden werden können, aber nicht gleichzeitig entschieden werden müssen

---

25   HessLAG 25. 6. 13 – 4 TaBV 285/12, juris.
26   BAG, DB 78, 447.
27   BAG a. a. O.
28   LAG Hamm 16. 5. 08 – 10 TaBV 123/07, brwo.
29   BAG, DB 75, 311.

(vgl. Rn. 3). Es ist sogar möglich, dass beide Anträge bei verschiedenen Kammern desselben Gerichts anhängig sind, wenn nämlich der Antrag nach § 99 Abs. 4 auf Ersetzung der Zustimmung des BR schon vorher gestellt wurde.

Stellt das Gericht fest, dass die vorläufige Durchführung der personellen Maßnahme offensichtlich aus sachlichen Gründen nicht dringend notwendig war, so endet diese mit Ablauf von zwei Wochen **nach Rechtskraft der Entscheidung** ohne Rücksicht auf die Dauer von Kündigungsfristen.[30] Sie darf von diesem Zeitpunkt an nicht aufrechterhalten werden (wegen der rechtlichen Sanktionen vgl. § 101). Dasselbe gilt, wenn das Gericht die Ersetzung der Zustimmung des BR nach § 99 Abs. 4 ablehnt, da damit zugleich auch die Grundlage zur Durchführung einer vorläufigen personellen Maßnahme entfällt. An diesem Ergebnis ändert sich auch dann nichts, wenn **zwei verschiedene Kammern desselben Gerichts** über die Anträge befinden und die eine Kammer den Antrag auf Ersetzung der Zustimmung des BR ablehnt, während die andere die Notwendigkeit der vorläufigen Durchführung der Maßnahme bejaht hat. Ersetzt das Gericht die Zustimmung, so besteht ein Anspruch des BR auf Aufhebung der Maßnahme nur bis zur rechtskräftigen Zustimmungsersetzung.[31] Ist rechtskräftig über den Zustimmungsersetzungsantrag entschieden worden, kommt eine Entscheidung über den Feststellungsantrag des AG nicht mehr in Frage, weil das Verfahren nach Abs. 2 so ausgestaltet ist, dass der Feststellungsantrag des AG von vornherein nur für die Zeit bis zur rechtskräftigen Entscheidung über den Zustimmungsersetzungsantrag zu stellen ist.[32] Dem AN gegenüber ist eine ordnungsgemäß als vorläufige Maßnahme nach dieser Vorschrift durchgeführte Versetzung wirksam, bis sie ggf. gem. Abs. 3 Satz 2 nicht mehr aufrechterhalten werden darf.[33]

6

Hält der AG die Maßnahme über den Zeitraum von zwei Wochen nach Rechtskraft der Entscheidung aufrecht, kann der BR das Verfahren nach § 101 betreiben (dazu s. § 101 Rn. 5; zur Frage des vorläufigen Rechtsschutzes s. § 101 Rn. 6).

7

§ 101 Zwangsgeld

Führt der Arbeitgeber eine personelle Maßnahme im Sinne des § 99 Abs. 1 Satz 1 ohne Zustimmung des Betriebsrats durch oder hält er eine vorläufige personelle Maßnahme entgegen § 100 Abs. 2 Satz 3 oder Abs. 3 aufrecht, so kann der Betriebsrat beim Arbeitsgericht beantragen, dem Arbeitgeber aufzugeben,

---

30 Vgl. auch ArbG Göttingen, DB 73, 338.
31 ArbG Braunschweig 24. 2. 87 – 6 BV 6/87.
32 BAG, NZA 09, 622.
33 BAG 18. 10. 12 – 6 AZR 86/11, brwo.

die personelle Maßnahme aufzuheben. Hebt der Arbeitgeber entgegen einer rechtskräftigen gerichtlichen Entscheidung die personelle Maßnahme nicht auf, so ist auf Antrag des Betriebsrats vom Arbeitsgericht zu erkennen, dass der Arbeitgeber zur Aufhebung der Maßnahme durch Zwangsgeld anzuhalten sei. Das Höchstmaß des Zwangsgeldes beträgt für jeden Tag der Zuwiderhandlung 250 Euro.

Inhaltsübersicht

1. Verfahren zur Aufhebung der personellen Maßnahme

1 Die Vorschrift sichert die Einhaltung der personellen MBR des BR durch die Möglichkeit einer gerichtl. **Verhängung von Zwangsgeld** gegen den AG. Sie gilt auch, wenn eine personelle Maßnahme aufgrund der Erweiterung der MB der vollen MB des BR unterliegt und dieses MBR nicht beachtet worden ist.[1] Da den Gruppenvertretungen des fliegenden Personals im Lufthansa-Konzern im Fall der Verletzung ihrer Beteiligungsrechte in personellen Angelegenheiten dieselben Abwehrrechte zustehen, über die gesetzl. BR verfügen, ist § 101 analog anzuwenden.[2] Die Vorschrift findet keine Anwendung auf Versetzungen von Beamten nach § 29 PostPersRG in Verbindung mit § 76 Abs. 1 BPersVG.[3] Satz 1 der Vorschrift eröffnet dem BR nur die Möglichkeit, die Aufhebung MB-widriger Personalmaßnahmen i. S. von § 99 Abs. 1 Satz 1 BetrVG zu erzwingen, nicht jedoch, sie von vorn herein zu verhindern.[4] Der BR kann durch das ArbG die Aufhebung einer personellen Maßnahme erzwingen, wenn der AG sie ohne Zustimmung des BR durchgeführt hat. Dabei ist es gleichgültig, ob der AG die Zustimmung überhaupt nicht eingeholt hat, ob sie vom BR verweigert wurde, ohne dass ihre Ersetzung durch das ArbG erfolgt ist, oder ob das ArbG die Ersetzung der Zustimmung abgelehnt hat. Ebenso kann der AG durch das Gericht angehalten werden, eine vorläufig durchgeführte Maßnahme rückgängig zu machen, wenn der BR deren Berechtigung unverzüglich bestritten und der AG es unterlassen hat, das ArbG **innerhalb von drei Tagen** anzurufen. Eine Vereinbarung zwischen AG und BR, wonach der AG bei der Verletzung von Mitbestimmungsrechten eine Vertragsstrafe an einen Dritten zu zahlen hat, ist unwirksam.[5]

1 BAG, DB 90, 483.
2 HessLAG 12. 2. 08 – 4 TaBV 241/07, brwo.
3 VG Oldenburg, PersV 06, 102.
4 LAG Düsseldorf 19. 3. 09 – 11 TaBV 303/08, brwo.
5 BAG 19. 1. 10 – 1 ABR 62/08, brwo.

Hat der AG eine Ein- oder Umgruppierung ohne die Zustimmung des **2** BR vorgenommen, kann nach Auffassung des BAG **nicht** die **Aufhebung oder Unterlassung der Ein- bzw. Umgruppierung**, sondern nur die nachträgliche Einholung der Zustimmung und bei Verweigerung der Zustimmung die Durchführung des arbeitsgerichtl. Zustimmungsersetzungsverfahrens vom BR verlangt werden,[6] da es sich bei der Eingruppierung nur um einen Akt der **Rechtsanwendung** handelt; in diesem Verfahren mit dem Antrag des BR auf Durchführung des Zustimmungsersetzungsverfahrens nach § 99 Abs. 4 ist ein hilfsweise gestellter Antrag des AG auf Ersetzung der Zustimmung unzulässig.[7] Das Beteiligungsverfahren ist erst dann abgeschlossen, wenn es zu einer Eingruppierung geführt hat, für die eine vom BR erteilte oder vom Gericht ersetzte Zustimmung vorliegt. Gleiches gilt, wenn der AG eine notwendige Eingruppierung unterlassen hat.[8] Hält der BR jedoch eine mit seiner Zustimmung erfolgte Eingruppierung nicht oder nicht mehr für zutreffend, so kann er vom AG nicht verlangen, dass dieser eine erneute Eingruppierungsentscheidung unter seiner Beteiligung trifft.[9] Der AG ist seiner Verpflichtung zur Beteiligung des BR im Übrigen erst dann nachgekommen, wenn das Beteiligungsverfahren zu einer positiven Bestimmung der Vergütungsgruppe geführt hat. Dies bedeutet, dass der AG, wenn er mit dem Ersetzungsantrag gescheitert ist, die Zustimmung des BR zur Eingruppierung in eine andere Vergütungsgruppe beantragen muss. Die im Beteiligungsverfahren gefundene Eingruppierung ist dann **für den AG** verbindlich; der betreffende AN kann seinen Entgeltanspruch unmittelbar auf diese Eingruppierung stützen.[10] Der AN ist allerdings nicht gehindert, gegenüber dem AG eine **günstigere** als die im Beschlussverfahren angenommene Eingruppierung geltend zu machen (zum Klagerecht des betroffenen AN vgl. auch § 99 Rn. 38).[11]

Für den Antrag auf Aufhebung der personellen Maßnahme schreibt das **3** Gesetz **keine Frist** vor. Der Anspruch des BR kann aber durch längeren Zeitablauf verwirken;[12] das ist allerdings nicht schon der Fall, weil der BR mit der Einleitung des Verfahrens drei Monate gewartet hat.[13] Stellt der BR den Antrag, die personelle Maßnahme aufzuheben, so kann der AG dem **nicht mit** einem **Hilfsantrag begegnen**, die fehlende Zustimmung des BR gemäß § 99 Abs. 4 gerichtl. zu ersetzen; er kann auch nicht geltend machen, es fehlte an einem Zustimmungs-

6 BAG 14. 4. 10 – 7 ABR 91/08, brwo; BAG 14. 8. 13 – 7 ABR 56/11, brwo.
7 LAG Hamburg, AiB 00, 575.
8 BAG, NZA 89, 518; LAG Köln, AuR 06, 413.
9 BAG, NZA 91, 852.
10 BAG, NZA 95, 484.
11 BAG a. a. O.
12 LAG Frankfurt, BB 84, 1684.
13 LAG Köln 7. 4. 92 – 1 TaBV 75/91.

verweigerungsgrund.[14] Ferner ist es unbeachtlich, dass der Grund, auf den der BR seine Zustimmungsverweigerung gestützt hat, im Laufe des Aufhebungsverfahrens wegfällt.[15] Ebenso kann sich der AG dem Aufhebungsverlangen des BR nach § 101 **nicht** dadurch entziehen, dass er vor Rückgängigmachung der Maßnahme erneut, und zwar diesmal ordnungsgemäß, die Verfahren nach §§ 99, 100 einleitet (wegen der Besonderheiten bei Eingruppierungen vgl. Rn. 2).[16] War dem AG wegen Versäumung der Antragsfrist (§ 100 Abs. 2) nach dieser Bestimmung aufgegeben worden, einen vorläufig eingestellten AN zu entlassen und stellt der AG den AN **nach** der Entlassung erneut vorläufig ein und stellt er die Anträge nach § 100 Abs. 2 nunmehr rechtzeitig, so kann ihm nicht erneut die Entlassung des AN aufgegeben werden.[17] Dies gilt dann nicht, wenn das Gericht das offensichtliche Fehlen der sachlichen Dringlichkeit festgestellt hatte und zwischenzeitlich **keine wesentliche Änderung** der Umstände eingetreten ist.[18]

2. Zwangsgeldverfahren

4 Handelt der AG einer **rechtskräftigen** gerichtl. **Entscheidung zuwider**, kann deren Einhaltung durch Zwangsgeld erzwungen werden. Die Androhung des Zwangsgeldes kann bereits mit dem Antrag auf Aufhebung nach Satz 1 beantragt und im Beschluss des ArbG ausgesprochen werden.[19] Ist die gerichtl. Entscheidung in einem Verfahren ergangen, in dem die Nichtberechtigung einer vorläufig durchgeführten Maßnahme festgestellt wurde (§ 100 Abs. 3), ist der AG zu deren Aufhebung allerdings **erst nach Ablauf von zwei Wochen** seit Rechtskraft der Entscheidung verpflichtet. Ein Verfahren nach dieser Bestimmung wird wegen **fehlenden Rechtsschutzbedürfnisses** unzulässig, wenn das Arbeitsverhältnis aus anderen Gründen bereits geendet hat.[20]

3. Unterlassungsanspruch

5 § 101 billigt dem BR das Recht zu, die Aufhebung einer mitbestimmungswidrig durchgeführten personellen Einzelmaßnahme zu verlan-

---

14 BAG, DB 79, 749; NZA 86, 163.
15 BAG, DB 91, 1474.
16 Vgl. LAG Frankfurt 5. 7. 88 – 4 TaBV 75/88, juris.
17 ArbG Kassel, DB 77, 1418.
18 Vgl. auch HessLAG, BB 94, 430, wonach der AG trotz eines Aufhebungsbeschlusses nach dieser Vorschrift nicht gehindert ist, dieselbe personelle Maßnahme [Einstellung oder Versetzung] erneut vorzunehmen, wenn er dem Aufhebungsbeschluss vorher genügt hat, was durch kurzfristige tatsächliche Rückgängigmachung geschehen kann.
19 LAG Frankfurt, DB 89, 536.
20 BAG, DB 79, 408.

gen. Sinn dieses Aufhebungsverfahrens ist die **Beseitigung des bereits eingetretenen mitbestimmungswidrigen Zustands**.[21] Daher führt die Aufhebung lediglich zur **Beendigung des betriebsverfassungswidrigen Zustands für die Zukunft**. § 101 enthält damit eine Sonderregelung hinsichtlich der Folgen einer Verletzung von MBR des BR bei der Vornahme einer konkreten personellen Einzelmaßnahme.[22] Ein auf Grundlage dieser Vorschrift ergangener rechtskräftiger Beschluss, die personelle Maßnahme der Einstellung aufzuheben, hat ein absolutes betriebsverfassungsrechtliches Beschäftigungsverbot zur Folge.[23] Neben dem Anspruch aus § 101 hat der BR einen **Unterlassungsanspruch aus § 23 Abs. 3 auf künftige Beachtung der MBR** (s. auch § 23 Rn. 13, 15).[24] Voraussetzung ist, dass der AG zuvor grob gegen seine Pflichten aus dem BetrVG verstoßen hat. So kann der BR bei dauerndem Missbrauch der Möglichkeit des AG aus § 100 Abs. 1 zur vorläufigen Durchführung personeller Maßnahmen ein Verfahren nach § 23 Abs. 3 einleiten, um die Unterlassung für die Zukunft zu beantragen (vgl. § 100 Rn. 3). Ziel des Unterlassungsantrags nach § 23 Abs. 3 ist es, dem AG zu untersagen, eine bestimmte Maßnahme (Einstellung oder Versetzung) vorzunehmen, ohne zuvor den BR unterrichtet oder dessen Zustimmung erhalten zu haben. Auch bei kurzfristigen Einstellungen oder Versetzungen für ein oder mehrere Tage ist der BR rechtzeitig innerhalb der Wochenfrist des § 99 Abs. 3 Satz 1 zu beteiligen. Unterlässt der AG die fristgerechte Unterrichtung, hat der BR einen Anspruch auf Unterlassung der personellen Maßnahme gemäß § 23 Abs. 3, wenn ein Verfahren nach § 101 regelmäßig zu spät kommt und es sich um eine regelmäßige oder ständige Praxis des AG handelt, so dass in mitbestimmungsrechtlicher Hinsicht gravierende Rechtsschutzlücken entstehen. In einem derartigen Fall liegt ein grober Verstoß des AG gegen seine betriebsverfassungsrechtlichen Verpflichtungen im Sinne von § 23 Abs. 3 Satz 1 vor.[25] Neben dem Unterlassungsanspruch aus § 23 Abs. 3 besteht für den BR nach der neuesten Rspr. des BAG **kein allgemeiner Unterlassungsanspruch aus § 85 ArbGG**.[26]

4. Einstweilige Verfügung

Der Unterlassungsanspruch aus § 23 Abs. 3 ist im Wege der **einst-** **6**

21 HessLAG, NZA-RR 99, 584.
22 BAG, NZA 86, 163.
23 LAG BaWü v. 31. 7. 09 – 7 Sa 48/09, brwo.
24 BAG, NZA 87, 786; LAG Hamburg 3. 7. 13 – 6 TaBVGa 3/13, juris.
25 LAG Rheinland-Pfalz 4. 11. 10 – 5 TaBV 21/10, brwo.
26 BAG 23. 6. 09 – 1 ABR 23/08, brwo; LAG Hamm 25. 9. 09 – 10 TaBV 21/09, brwo, das jedoch offengelassen hat, ob gleichwohl für »krasse Fälle« der Missachtung des MBR des BR nach § 99 eine Aufhebung von personellen Einzelmaßnahmen durch den allgemeinen Unterlassungsanspruch zuzulassen ist.

weiligen Verfügung durchsetzbar.[27] Ein grober Verstoß des AG im Sinne des § 23 Abs. 3 ermöglicht den Erlass einer einstweiligen Verfügung, durch die Versetzungen ohne Beteiligung des BR nach §§ 99, 100 untersagt und dem AG für jeden Fall der Zuwiderhandlung ein Ordnungsgeld angedroht werden.[28] Unabhängig vom Vorliegen der Voraussetzungen des § 23 Abs. 3 ist es auch im Bereich der personellen MB erforderlich, den Erlass einer einstweiligen Verfügung, mit der dem AG einstweilen untersagt wird, Einstellungen vorzunehmen, ohne die Zustimmung des BR eingeholt zu haben oder ersetzen zu lassen oder den BR im Sinne einer vorläufigen personellen Maßnahme beteiligt zu haben, auf den allgemeinen Unterlassungsanspruch stützen zu können.[29] Insbesondere bei kurzzeitigen personellen Einzelmaßnahmen wie z. B. bei wiederholten Einstellungen jeweils nur für kurze Zeit geht der Antrag nach § 101 auf Aufhebung – unabhängig davon, ob der AG den BR ordnungsgemäß unter Beachtung der §§ 99, 100 beteiligt hat – regelmäßig ins Leere, weil sich die Maßnahme vor Rechtskraft einer gerichtlichen Entscheidung durch Zeitablauf erledigt.[30] In derartigen Fällen ermöglicht nur die Geltendmachung eines allgemeinen Unterlassungsanspruchs im Wege der einstweiligen Verfügung vor rechtskräftigem Abschluss eines Verfahrens nach § 101, den Rechtsverlust des BR, der durch die Erledigung derartiger Maßnahmen bis zum Abschluss des gerichtlichen Verfahrens eintreten würde, zu verhindern.[31] Der Antrag des BR auf Unterlassung mitbestimmungswidriger Maßnahmen darf aber nicht so global gefasst sein, dass er auch Fallgestaltungen umfasst, in denen der AG beispielsweise nach § 100 Abs. 1 Personalmaßnahmen vorläufig auch ohne Zustimmung des BR durchführen kann.[32]

§ 102 Mitbestimmung bei Kündigungen

(1) Der Betriebsrat ist vor jeder Kündigung zu hören. Der Arbeitgeber hat ihm die Gründe für die Kündigung mitzuteilen. Eine ohne Anhörung des Betriebsrats ausgesprochene Kündigung ist unwirksam.

(2) Hat der Betriebsrat gegen eine ordentliche Kündigung Bedenken, so hat er diese unter Angabe der Gründe dem Arbeitgeber spätestens innerhalb einer Woche schriftlich mitzuteilen.

---

27 Muster eines Antrags auf Erlass einer einstweiligen Verfügung s. DKKW-F-Bachner, § 101 Rn. 2.

28 LAG Köln 19. 3. 04 – 8 TaBV 13/04, brwo.

29 Eingehend Soost/Hummel, AiB 00, 621 m. w. N.

30 Ebenso Fitting, Rn. 12, der aber zu kurz greift, wenn er nur einen vorbeugenden Unterlassungsanspruch nach wiederholten groben Verstößen des AG anerkennen will.

31 Soost/Hummel, AiB 00, 621; LAG Köln, AiB 03, 437.

32 BAG, NZA 95, 488; Soost/Hummel, a. a. O.

Äußert er sich innerhalb dieser Frist nicht, gilt seine Zustimmung zur Kündigung als erteilt. Hat der Betriebsrat gegen eine außerordentliche Kündigung Bedenken, so hat er diese unter Angabe der Gründe dem Arbeitgeber unverzüglich, spätestens jedoch innerhalb von drei Tagen, schriftlich mitzuteilen. Der Betriebsrat soll, soweit dies erforderlich erscheint, vor seiner Stellungnahme den betroffenen Arbeitnehmer hören. § 99 Abs. 1 Satz 3 gilt entsprechend.

(3) Der Betriebsrat kann innerhalb der Frist des Absatzes 2 Satz 1 der ordentlichen Kündigung widersprechen, wenn

1. der Arbeitgeber bei der Auswahl des zu kündigenden Arbeitnehmers soziale Gesichtspunkte nicht oder nicht ausreichend berücksichtigt hat,

2. die Kündigung gegen eine Richtlinie nach § 95 verstößt,

3. der zu kündigende Arbeitnehmer an einem anderen Arbeitsplatz im selben Betrieb oder in einem anderen Betrieb des Unternehmens weiterbeschäftigt werden kann,

4. die Weiterbeschäftigung des Arbeitnehmers nach zumutbaren Umschulungs- oder Fortbildungsmaßnahmen möglich ist oder

5. eine Weiterbeschäftigung des Arbeitnehmers unter geänderten Vertragsbedingungen möglich ist und der Arbeitnehmer sein Einverständnis hiermit erklärt hat.

(4) Kündigt der Arbeitgeber, obwohl der Betriebsrat nach Absatz 3 der Kündigung widersprochen hat, so hat er dem Arbeitnehmer mit der Kündigung eine Abschrift der Stellungnahme des Betriebsrats zuzuleiten.

(5) Hat der Betriebsrat einer ordentlichen Kündigung frist- und ordnungsgemäß widersprochen und hat der Arbeitnehmer nach dem Kündigungsschutzgesetz Klage auf Feststellung erhoben, dass das Arbeitsverhältnis durch die Kündigung nicht aufgelöst ist, so muss der Arbeitgeber auf Verlangen des Arbeitnehmers diesen nach Ablauf der Kündigungsfrist bis zum rechtskräftigen Abschluss des Rechtsstreits bei unveränderten Arbeitsbedingungen weiterbeschäftigen. Auf Antrag des Arbeitgebers kann das Gericht ihn durch einstweilige Verfügung von der Verpflichtung zur Weiterbeschäftigung nach Satz 1 entbinden, wenn

1. die Klage des Arbeitnehmers keine hinreichende Aussicht auf Erfolg bietet oder mutwillig erscheint oder

2. die Weiterbeschäftigung des Arbeitnehmers zu einer unzumutbaren wirtschaftlichen Belastung des Arbeitgebers führen würde oder

3. der Widerspruch des Betriebsrats offensichtlich unbegründet war.

(6) Arbeitgeber und Betriebsrat können vereinbaren, dass Kündigungen der Zustimmung des Betriebsrats bedürfen und dass bei Meinungsverschiedenheiten über die Berechtigung der Nichterteilung der Zustimmung die Einigungsstelle entscheidet.

(7) Die Vorschriften über die Beteiligung des Betriebsrats nach dem Kündigungsschutzgesetz bleiben unberührt.

1. Anhörung des Betriebsrats

a) Gegenstand der Anhörung des Betriebsrats

1 Jede ohne Anhörung des BR ausgesprochene Kündigung ist **unwirksam**.[1] Eine Kündigung ist auch dann unwirksam, wenn der AG den BR nicht richtig beteiligt hat, er insbesondere seiner Unterrichtungspflicht nach Abs. 1 nicht ausreichend nachgekommen ist.[2] Das Anhörungsverfahren kann grundsätzlich nur für die Kündigung Wirksamkeit entfalten, für die es eingeleitet worden ist; daher ist das durch die ordnungsgemäße Anhörung des BR erworbene Recht zum Ausspruch der Kündigung durch den Zugang der Kündigung beim AN verbraucht, so dass eine vorsorglich erneute Kündigung eine erneute Anhörung voraussetzt.[3] Die Unwirksamkeit wird nicht durch **nach-**

---

1 Zur MB bei Kündigungen s. Rudolph, AiB 13, 180.
2 BAG 22. 4. 10 – 2 AZR 991/08, juris; LAG Sachsen-Anhalt 21. 6. 13 – 6 Sa 444/11, juris.
3 HessLAG 19. 3. 09 – 3 Sa 1336/08, juris.

trägliche **Anhörung** oder Zustimmung des BR geheilt.[4] Sie muss innerhalb der **dreiwöchigen Klagefrist** des § 4 KSchG gerichtl. geltend gemacht werden. Die Anhörung kann **mündlich** erfolgen; die Schriftform oder eine Übergabe schriftlicher Unterlagen schreibt das Gesetz nicht vor, auch nicht bei komplexem Kündigungssachverhalt.[5]

Die Anhörungspflicht gilt **sowohl** für die **ordentliche** (fristgemäße) **2** als auch für die **außerordentliche** (fristlose), auch für die mit einer tarifvertraglichen Eintagesfrist[6] und die schon vor **Dienstantritt** des AN ausgesprochene Kündigung des Arbeitsvertrages,[7] ebenso für **Änderungskündigungen**, bei denen neben § 102 auch § 99 gelten kann, wenn dessen Voraussetzungen ebenfalls erfüllt sind, z. B. bei einer Rückgruppierung[8] oder Versetzung.[9] Die Anhörungspflicht besteht auch bei einer vom **Insolvenzverwalter** nach Insolvenzeröffnung ausgesprochenen Kündigung,[10] ebenso für Kündigungen bei **Betriebsstilllegung** oder sonstigen Betriebsänderungen nach § 111,[11] auch dann, wenn Bestandteil des Interessenausgleichs eine Namensliste der zu kündigenden AN ist (s. auch Kommentierung in Rn. 7 am Ende),[12] oder wenn einem Heimarbeiter gekündigt werden soll, der hauptsächlich für den Betrieb arbeitet.[13] Widerspricht ein AN dem Übergang seines Arbeitsverhältnisses auf einen neuen Betriebsinhaber nach § 613a BGB und kündigt daraufhin der bisherige Betriebsinhaber wegen fehlender Weiterbeschäftigungsmöglichkeiten, ohne den AN zuvor einem anderen Betrieb seines UN zuzuordnen, so ist jedenfalls **nicht der GBR** im UN des bisherigen Betriebsinhabers anzuhören.[14] Ist in einem solchen Fall der fehlenden Zuordnung des AN zu einem Betrieb kein örtlicher BR zuständig, fällt die Kündigung wegen der eindeutigen Regelungen in §§ 50 Abs. 1, 58 Abs. 1 gleichwohl nicht in die Zuständigkeit des GBR oder gar des KBR (s. auch § 50 Rn. 2, § 58 Rn. 1).[15] Auch die **während eines Streiks** ausgesprochene Kündigung des AG bedarf der vorherigen Anhörung des BR;[16] etwas anderes

---

4 BAG, NZA 94, 311.
5 BAG, AiB 97, 66.
6 LAG Hamm, BB 96, 959.
7 LAG Frankfurt, DB 85, 2689.
8 BAG, DB 78, 1135.
9 LAG Frankfurt, BB 87, 2453.
10 LAG BaWü, AuR 74, 93; ArbG Magdeburg 15. 11. 12 – 8 Ca 1917/12, juris zur Zuständigkeit des Insolvenzverwalters für die Einleitung des Anhörungsverfahrens nach Eröffnung des Insolvenzverfahrens.
11 LAG Hamm, BB 76, 170.
12 Zuletzt BAG, NZA 06, 162 zu § 125 InsO.
13 BAG, DB 96, 1525.
14 BAG, NZA 96, 974.
15 LAG MV 11. 4. 12 – 3 Sa 71/11, brwo; LAG SH 20. 6. 13 – 5 Sa 400/12, brwo.
16 BAG, DB 79, 1464.

soll gelten, wenn die Kündigung aus arbeitskampfbedingten Gründen, etwa wegen Teilnahme an rechtswidrigen Arbeitsniederlegungen, erfolgt.[17]

3 Die Anhörungspflicht entfällt auch in **Eilfällen** nicht. Sie besteht auch dann, wenn auf das Arbeitsverhältnis eines AN die Bestimmungen des **KSchG nicht** zur Anwendung kommen, weil dieser z. B. noch keine sechs Monate im Betrieb tätig ist.[18] Der BR muss auch gehört werden, wenn in einem Tendenz-UN einem sog. **Tendenzträger** aus tendenzbedingten Gründen gekündigt werden soll.[19] Kommen AG und AN mündlich überein, dass eine Kündigung seitens des AG ausgesprochen und ein Abwicklungsvertrag geschlossen werden sollen, ist der BR vor Ausspruch einer solchen Kündigung anzuhören.[20] Ein Anhörungsrecht des BR besteht nicht, wenn das Arbeitsverhältnis durch Eigenkündigung des AN oder durch einen **Aufhebungsvertrag** beendet oder durch einen Änderungsvertrag verändert wird.[21] Eine Anhörung scheidet ferner aus, wenn ein Zeitvertrag mit Fristablauf **ohne Kündigung** endet. Ist eine Einstellung infolge eines nach § 101 Satz 1 ergangenen rechtskräftigen Beschlusses aufzuheben, hat das ein absolutes betriebsverfassungsrechtliches Beschäftigungsverbot zur Folge; eine auf dieses Beschäftigungsverbot gestützte Kündigung bedarf keiner Anhörung des BR.[22] Bei Probe- und Aushilfsarbeitsverhältnissen ist die Anhörung durchzuführen, sofern es zu deren Beendigung einer Kündigung bedarf; dies gilt auch für eine Kündigung, die während der Probezeit eines Ausbildungsverhältnisses ausgesprochen wird.[23] Im Fall der AN-Überlassung nach dem AÜG oder in gleichartigen Fällen der Personalgestellung ist grundsätzlich nur der BR oder PersR des Vertrags-AG zu beteiligen.[24] Bei einem Auslandsarbeitsverhältnis entfällt die Anhörungspflicht dann, wenn sich dieses nach Vertrag und Abwicklung auf den **ausschließlichen Einsatz** des AN im Ausland beschränkt.[25]

b) Vorzeitige Versetzung in den Ruhestand von Beamten

4 Für die Beteiligung des BR bei der vorzeitigen Versetzung in den Ruhestand von Bea., die in den privatisierten Postunternehmen

---

17 BAG, DB 78, 1403.
18 BAG, NZA 05, 1233; BB 94, 1783.
19 BAG, DB 76, 585; BVerfG, BB 80, 259.
20 BAG, NZA 06, 48.
21 BAG, BB 78, 403.
22 LAG BaWü 31. 7. 09 – 7 Sa 48/09, brwo.
23 LAG BaWü 4. 10. 84 – 7 Sa 24/84.
24 BAG 9. 6. 2011 – 6 AZR 132/10, brwo für einen Fall, in dem ein öffentlicher AG einen AN zur Dienstleistung einer in der Rechtsform einer GmbH gebildeten Arbeitsgemeinschaft zuweist.
25 BAG, DB 87, 1897.

beschäftigt sind, gelten die Sonderregelungen nach § 28 Post-PersRG i. V. m. § 78 Abs. 1 Nr. 5 BPersVG. Zur Beschlussfassung s. § 99 Rn. 3.

c) Bestehen eines Betriebsrats

Vor der **Konstituierung** des BR besteht keine Anhörungspflicht; der   **5** AG ist auch nicht verpflichtet, mit der Kündigung zu warten, bis der BR sich konstituiert hat.[26] Das Anhörungsrecht hat auch der aus einer Person bestehende BR. Es entfällt grundsätzlich, wenn diese verhindert ist und ein Ersatzmitgl. fehlt. Ist das einzige Mitglied des BR arbeitsunfähig erkrankt und ein Stellvertr. nicht vorhanden, ist der AG jedenfalls dann zur Anhörung des erkrankten einzigen Mitgl. des BR vor Ausspruch der Kündigung verpflichtet, wenn er davon ausgehen kann, dass dieses bereit und in der Lage ist, derartige BR-Tätigkeiten auszuüben.[27] Der BR kann seine Mitwirkungsrechte bei Kündigungen auf einen von ihm gebildeten **Personalausschuss** übertragen.[28] Der AG hat grundsätzlich den für den Beschäftigungsbetrieb zuständigen BR anzuhören. Bei den zu ihrer Berufsausbildung Beschäftigten ist dies jedenfalls dann der BR des »Stammbetriebs«, wenn dort bei einer nur vorübergehenden Eingliederung in den Ausbildungsbetrieb der Schwerpunkt des Ausbildungsverhältnisses bleibt.[29] Bei einer Betriebsaufspaltung besteht nach Maßgabe des § 21 a ein **Übergangsmandat** des BR für den abgetrennten Betriebsteil bis zu einer dort stattgefundenen Neuwahl; kündigt der für den abgespalteten Betriebsteil zuständige AG während dieser Zeit, hat er deshalb diesen BR anzuhören (zur Anhörung nach Betriebsübergang i. S. des § 613 a BGB durch den bisherigen AG gegenüber dem widersprechendem AN vgl. auch Rn. 2). Endet die Amtszeit des BR wegen einer Betriebsstilllegung, bleibt der BR gem. § 21 b solange im Amt, wie das zur Wahrnehmung der damit im Zusammenhang stehenden Mitwirkungs- und Mitbestimmungsrechte erforderlich ist; nach erfolgter Betriebsstilllegung ist daher vor jedem Kündigungsausspruch der durch das **Restmandat** legitimierte BR anzuhören.[30]

d) Umfang und Inhalt der Mitteilung

Dem BR sind die Gründe für die Kündigung so **umfassend** und   **6** **detailliert** mitzuteilen, dass er sich ein Bild über die Stichhaltigkeit machen kann. Der AG hat dem BR sowohl die **Person des AN**, dem gekündigt werden soll, die **Art der Kündigung** (z. B. ordentliche oder außerordentliche) als auch den **Kündigungstermin** mitzutei-

---

26 BAG, NZA 85, 566; LAG Düsseldorf 24. 6. 09 – 12 Sa 336/09, brwo.
27 BAG, NZA 85, 96.
28 BAG, DB 85, 340.
29 BAG, NZA 05, 1358.
30 BAG, NZA-RR 08, 367.

len,[31] wobei die lediglich fehlerhafte **Angabe** einer **falschen Kündigungsfrist** oder eines unrichtigen Endtermins nicht zur Unwirksamkeit der Kündigung führt.[32] Der AG muss zu erkennen geben, wann er die Kündigung aussprechen will.[33] Im Fall einer außerordentlichen Kündigung muss er die Fakten im Hinblick auf die Einhaltung der Zwei-Wochen-Frist des § 626 Abs. 2 Satz 1 BGB darlegen, damit der BR selbstständig prüfen kann, ob arbeitgeberseitig diese Frist eingehalten wurde.[34] Ob eine ordentliche oder eine außerordentliche Kündigung ausgesprochen werden soll, hat der AG dem BR auch im Fall der beabsichtigten Kündigung eines »unkündbaren AN« mitzuteilen, wenn er etwa eine nach der objektiven Rechtslage nur außerordentlich mögliche Kündigung unter Einhaltung einer Frist aussprechen will.[35] Die Pflicht zur umfassenden Information besteht auch, wenn der betroffene AN noch keinen Kündigungsschutz nach dem KSchG genießt.[36] Bei einer solchen Kündigung in der Wartezeit sind allerdings geringere Anforderungen an die Substantiiertheit der Mitteilungen des AG zu stellen,[37] außerdem besteht keine Verpflichtung zur Mitteilung von Sozialdaten, die für die Beurteilung der Wirksamkeit der Kündigung eine Rolle spielen können,[38] auch können subjektive Wertungen genügen.[39] Lässt der AG im Rahmen des Anhörungsverfahrens des BR offen, ob er im Ergebnis eine Änderungs- oder eine Beendigungskündigung aussprechen wird, steht aber der Kündigungssachverhalt für beide Alternativen bereits fest und soll jedenfalls eine der beiden Kündigungen auf jeden Fall ausgesprochen werden, so widerspricht die Anhörung nicht dem Schutzzweck des Abs. 1.[40] Bei beabsichtigter **Änderungskündigung** gehört hierzu auch die Mitteilung des Änderungsangebots.[41] Ob der AG schon vor der Anhörung des BR seinen **Kündigungswillen abschließend gebildet** hat, ist auf die im Übrigen ordnungsgemäße Anhörung ohne Einfluss.[42]

Der AG ist nur verpflichtet, die **Kündigungsgründe** mitzuteilen; er braucht dem BR die für die Kündigung maßgebenden Tatsachen **nicht nachzuweisen**; dies muss der AG erst, wenn der AN ein

---

31 BAG, DB 74, 1294.
32 LAG SH, BB 95, 1593.
33 BAG, AuR 94, 107.
34 LAG Hamm 29. 5. 09 – 13 Sa 1452/08, brwo.
35 BAG, DB 92, 379.
36 BAG 12. 3. 86, EzA Art. 33 GG Nr. 13.
37 BAG, DB 89, 1575; ausführlich zur Wartezeitkündigung BAG 12. 9. 13 – 6 AZR 121/12, brwo.
38 BAG, NZA 09, 959.
39 BAG, NZA 99, 477.
40 BAG 22. 4. 10 – 2 AZR 991/08, brwo.
41 BAG, DB 84, 629.
42 BAG, DB 74, 1294; LAG Köln 3. 8. 01 – 11 Sa 1339/00, juris.

Kündigungsschutzverfahren einleitet.[43] Der AG hat dem BR die Kündigungsgründe auch dann im Einzelnen mitzuteilen, wenn das Arbeitsverhältnis nicht dem KSchG unterliegt.[44] Bei wahrheitswidriger, unvollständiger und dadurch **irreführender Darstellung** des Kündigungssachverhalts fehlt es an der ordnungsgemäßen Anhörung des BR; die Kündigung ist daher unwirksam.[45] Informiert der AG nicht auch über Begleitumstände, die dem Kündigungssachverhalt ein besonderes Gewicht verleihen und für die Interessenabwägung erhebliche Bedeutung haben können, sind diese bei der Prüfung der Kündigungsberechtigung nicht verwertbar.[46] Hat der AG eine außerordentliche Kündigung ausgesprochen, weil der AN in einem Schreiben, in dem er ausführlich das Verhalten seines Vorgesetzten kritisiert, diesen als notorischen Lügner bezeichnet hat, so liegt eine ordnungsgemäße Anhörung vor, wenn der AG dem BR zwar die beleidigende Äußerung mitteilt, ihn aber nicht auch über den sonstigen Inhalt des Schreibens informiert.[47] Führt der AG kein ordnungsgemäßes Anhörungsverfahren durch, dann wird dieser Mangel grundsätzlich nicht dadurch geheilt, dass der BR zur beabsichtigten Kündigung abschließend Stellung nimmt. Etwas anderes kann allenfalls dann gelten, wenn der BR **ausdrücklich und vorbehaltlos** der Kündigung zugestimmt hat.[48]

e) Betriebsbedingte Kündigung

Bei einer **betriebsbedingten Kündigung** muss dem BR im Einzelnen mitgeteilt werden, inwiefern der Arbeitsplatz des zu kündigenden AN weggefallen ist. Es **reicht nicht aus**, wenn der AG lediglich eine unbestimmte und pauschale Begründung wie »Auftragsmangel«, »Arbeitsmangel« oder »Rationalisierungsmaßnahme« angibt. Auch ist der bloße Hinweis auf eine beschlossene Stellenstreichung durch Kündigung zwecks Personalreduzierung nicht ausreichend.[49] Bei einer beabsichtigten Stellenstreichung und Umverteilung der Aufgaben des bisherigen Stelleninhabers auf andere Mitarbeiter ist der BR auch darüber zu informieren, dass und in welchem Umfang bei den Mitarbeitern, denen nun zusätzliche Ausgaben zugewiesen werden, die zu deren Erledigung nötigen zeitlichen Freiräume bestehen, sofern sich der AG nicht für eine bewusste Arbeitsverdichtung unter Inkaufnahme von Arbeitsrückständen entscheidet.[50] Im Fall einer Kündigung wegen

7

---

43 BAG, DB 77, 1853.
44 HessLAG 14. 3. 11 – 16 Sa 1477/10, brwo.
45 BAG, DB 95, 477.
46 HessLAG, NZA 99, 269.
47 LAG Köln, NZA 95, 128.
48 BAG, DB 79, 1135.
49 LAG MV 26. 4. 06 – 2 Sa 23/06, juris.
50 LAG BaWü 22. 4. 08 – 22 Sa 66/07, brwo.

Personalreduzierung erfordert eine ordnungsgemäße BR-Anhörung die Auflistung sämtlicher Arbeitsbereiche des zu Kündigenden mit den prozentualen Anteilen an der Gesamtarbeitszeit und die Darstellung, inwiefern welche Mitarbeiter ohne überobligatorische Leistung in der Lage sind, im Einzelnen jeweils benannte Arbeitsbereiche des AN mit zu erledigen.[51] Setzt ein Personalabbaukonzept als wesentlichen Bestandteil voraus, dass diverse AN auf andere Arbeitsplätze versetzt werden sollen, weil es – bedingt durch die sozialen Auswahlkriterien – ohne diese Versetzungen in einigen Abteilungen zu Überkapazitäten, in anderen hingegen zu Unterkapazitäten kommen würde, so hat der AG den BR über diesen wesentlichen Teil des Personalabbaukonzepts im Einzelnen zu unterrichten.[52] Im Fall der Streichung einer Hierarchieebene muss der AG dem BR konkret mitteilen, welche Arbeiten des zu kündigenden AN künftig nicht mehr anfallen, welche Arbeiten auf welche Mitarbeiter umverteilt werden sollen und inwiefern diese Mitarbeiter noch über freie Arbeitskapazitäten verfügen. Dabei muss der AG zumindest so konkret werden, dass der BR beurteilen kann, ob das Beschäftigungsbedürfnis für den betroffenen AN entfallen ist und er sein Widerspruchsrecht nach Abs. 2 ausüben will.[53] Auch genügen nicht Angaben über die mangelnde Auslastung des Betriebs oder einer Betriebsabteilung, wenn zugleich außer Frage steht, dass die Beschäftigung einzelner Arbeitsgruppen im Betrieb oder in der betreffenden Abteilung sich nicht unerheblich voneinander unterscheidet oder die Auftragsabwicklung in verschiedenen Bereichen sogar entgegengesetzt verläuft. Werden dem BR hierzu Hinweise unrichtig gegeben oder verschwiegen, kann es an einer ordnungsgemäßen Anhörung fehlen.[54] Der pauschale Hinweis auf fehlende Weiterbeschäftigungsmöglichkeiten reicht jedenfalls dann nicht, wenn der BR selbst schon vor Einleitung des Anhörungsverfahrens auf einen für den AN in Betracht kommenden Arbeitsplatz hingewiesen hat.[55] Im Falle einer Betriebsstilllegung sind zwar nicht deren Motive, wohl aber der **Zeitpunkt** mitzuteilen, zu dem die vollständige Schließung des Betriebs beabsichtigt ist; erfolgt die Stilllegung in Etappen, bedarf es der Mitteilung, in welcher zeitlichen Abfolge welche Bereiche eingeschränkt, welche AN zunächst weiterbeschäftigt und zu welchem Zeitpunkt welche AN entlassen werden.[56] Soll einem AN gekündigt werden, weil die bisher von ihm ausgeführten Tätigkeiten zukünftig von einem Dienstleister erledigt werden sollen, muss dem BR nicht mitgeteilt werden, welches konkrete UN im Rahmen der Fremdver-

---

51 LAG Köln 16. 11. 11 – 9 Sa 573/11, brwo; HessLAG 30. 8. 12 – 14 Sa 683/11, brwo.
52 ArbG Münster 22. 11. 12 – 1 Ca 1413/12, juris.
53 LAG SH 13. 6. 13 – 5 Sa 21/13, brwo.
54 Vgl. auch BAG, NZA 95, 521.
55 BAG, AiB 01, 235.
56 LAG Hamm 17. 2. 95 – 5 Sa 1066/94.

gabe beauftragt wird; die Mitteilung der Tatsache der Fremdvergabe als solche ist ausreichend.[57] Dem BR müssen auch die Gesichtspunkte für die **soziale Auswahl** mitgeteilt werden, und zwar nicht nur die sozialen Daten des zu kündigenden AN, sondern auch die der AN mit einer vergleichbaren Tätigkeit. Der AG muss dem BR dabei, und zwar **auch ohne ausdrückliches Verlangen** des BR, von vornherein die Gründe mitteilen, die ihn zur Auswahl gerade des zu kündigenden AN veranlasst haben.[58] Wird bei einer Sozialauswahl im Zusammenhang mit einer Änderungskündigung zunächst allen Arbeitnehmern eine einvernehmliche Vertragsänderung angeboten, dann ist der BR im Anhörungsverfahren auch dann über die Auswahlkriterien zu unterrichten, wenn die überwiegende Anzahl des infragekommenden Personenkreises die einvernehmliche Vertragsänderung akzeptiert hat.[59] Die Unterrichtungspflicht umfasst sowohl die für die Bildung der Vergleichsgruppe maßgeblichen Gesichtspunkte als auch sämtliche Sozialdaten aller Personen, die der Vergleichsgruppe angehören.[60] Der AG ist auch verpflichtet, von sich aus dem BR die Gründe mitzuteilen, aus denen er bestimmte AN nach § 1 Abs. 3 Satz 2 KSchG von der Sozialauswahl nach § 1 Abs. 3 Satz 1 KSchG ausnehmen will.[61] Die Mitteilung der Sozialdaten kann sich erübrigen, wenn ein ganzer Betrieb oder Betriebsteil gemäß § 613 a BGB übergeht oder ausgegliedert wird und einem AN wegen des Widerspruchs gegen den Übergang seines Arbeitsverhältnisses betriebsbedingt gekündigt wird.[62] War der zu kündigende AN bereits in einem gemäß § 613 a BGB übernommenen Vorgängerbetrieb beschäftigt, setzt eine ordnungsgemäße Anhörung die Angabe der **Gesamtbeschäftigungsdauer** voraus.[63] Auch bei Vorliegen eines **Interessenausgleichs mit Namensliste** i. S. des § 1 Abs. 5 KSchG bedarf es einer ordnungsgemäßen BR-Anhörung;[64] das Anhörungsverfahren kann mit den Verhandlungen über den Interessenausgleich verbunden werden, damit der BR gleichzeitig mit dem Abschluss des Interessenausgleichs auch zu den beabsichtigten Kündigungen Stellung nehmen kann.[65] Steht im Zeitpunkt der Unterzeichnung eines Interessenausgleichs mit Namensliste noch nicht endgültig fest, ob einem in der Namensliste aufgeführten AN eine Kündigung erklärt wird, weil er noch in eine Transfergesellschaft

---

57 LAG Hamm 29. 1. 09 – 15 Sa 1224/08, brwo.
58 BAG, NZA 84, 169.
59 LAG MV 3. 9. 08 – 2 Sa 15/08, brwo.
60 ArbG Berlin, dbr 08, 36.
61 LAG Berlin, BB 97, 442; LAG Hamm 23 2. 06 – 15 Sa 1775/05, brwo.
62 BAG, AiB 00, 696.
63 ArbG Reutlingen, BB 95, 677.
64 LAG Hamm 3. 4. 06 – 13 Sa 1027/05, brwo.
65 LAG Brandenburg, NZA-RR 06, 69; ebenso für den Interessenausgleich mit Namensliste gemäß §§ 112 Abs. 1 Satz 1 BetrVG, 125 Abs. 1 InsO LAG Hamm 15. 3. 06 – 2 Sa 73/06, brwo; LAG BaWü 9. 1. 06 – 4 Sa 55/05, brwo.

wechseln kann, und ist im Interessenausgleich weiter festgehalten, dass die Rechte des BR nach § 102 unberührt bleiben, ist der BR vor Ausspruch der dann erklärten Kündigung anzuhören; andernfalls ist diese unwirksam.[66] Aus Sinn und Zweck der Anhörung folgt, dass der AG dem BR gegenüber auch eindeutig darstellen muss, ob er sich nur aus betrieblichen Gründen zur Kündigung veranlasst sieht oder ob er diese unabhängig davon auch unmittelbar auf personen- oder verhaltensbedingte Gründe stützen will.[67]

f) Kündigung wegen häufiger Kurzerkrankungen

8 Bei einer Kündigung wegen **häufiger Kurzerkrankungen** sind nicht nur die bisherigen Fehlzeiten und die Art der Erkrankungen mitzuteilen, sondern auch die wirtschaftlichen Belastungen und Betriebsbeeinträchtigungen, die infolge der Fehlzeiten entstanden sind oder mit denen noch gerechnet werden muss.[68] Pauschale Hinweise auf »wiederholte Arbeitsunfähigkeit« reichen nicht aus.[69] An die Mitteilungspflicht des AG hinsichtlich der **wirtschaftlichen Belastungen** sollen allerdings nicht die strengen Anforderungen wie im Kündigungsschutzprozess zu stellen sein. Angaben sollen ausnahmsweise sogar entbehrlich sein, wenn der BR den Arbeitsplatz und die Folgen wiederholter Ausfälle genau kennt, wofür jedoch **keine Erfahrungsregel** spricht.[70]

g) Verhaltensbedingte Kündigung

9 Bei der **verhaltensbedingten Kündigung** sind die konkreten Vorfälle zu bezeichnen und alle Umstände darzulegen, die dem AG bekannt sowie im Rahmen der Interessenabwägung von Bedeutung sind.[71] So muss dem Anhörungsschreiben zu entnehmen sein, wann genau und in welchem Umfang der AN gegen eine BV über die Festlegung der Arbeitszeit trotz Abmahnung weiterhin verstoßen haben soll; ebenso ist mitzuteilen, in welchem zeitlichen Maß der AN während der Arbeitszeit zu privaten Zwecken Internetseiten aufgerufen haben soll.[72] Bei einer Kündigung wegen Beleidigung des Vorgesetzten gehört zur vollständigen Unterrichtung des BR, dass dieser auch über eine nachfolgend ausgesprochene Entschuldigung des AN

---

66   LAG Rheinland-Pfalz, NZA-RR 08, 356.
67   BAG, DB 82, 1171.
68   BAG, NZA 84, 93.
69   BAG 18. 9. 86 – 2 AZR 638/83.
70   BAG a.a.O.; abzulehnen LAG Hamm, DB 88, 506, das eine EDV-mäßige Darstellung der Fehlzeiten und Mitteilung der entstandenen Lohnfortzahlungskosten als ausreichend ansehen will.
71   BAG, NZA 89, 775.
72   LAG RP 17. 8. 12 – 9 Sa 85/12, brwo.

und deren Annahme durch den Vorgesetzten unterrichtet wird.[73] Bei einer Kündigung wegen unangemessener Verhaltensweisen und inhaltlicher Mängel der Arbeit des AN ist der BR jedenfalls darüber zu informieren, dass und in welcher Weise der AN auf die Vorhaltungen reagiert hat.[74] Die Anhörung zu einer Kündigung wegen privaten Verkaufs von im UN angefallenem Altmetall ist fehlerhaft, wenn der AG den BR nicht über den für den Kündigungsgrund erheblichen Umstand des Widerrufs einer zuvor bestehenden Genehmigung zur privaten Veräußerung von Altmetall unterrichtet; der Widerruf der Veräußerungserlaubnis kann nicht mehr in den Kündigungsschutzprozess eingeführt werden.[75] Bei der – von der insoweit abzulehnenden Rspr. für zulässig gehaltenen – **Verdachtskündigung** (s. auch § 95 Rn. 9) sind auch die Namen evtl. **Tatzeugen** zu nennen (vgl. auch Rn. 10).[76] Wurde der BR lediglich zu einer Verdachtskündigung angehört, schließt dies die Anerkennung einer nachgewiesenen Pflichtwidrigkeit als Kündigungsgrund jedenfalls dann nicht aus, wenn dem BR alle Tatsachen mitgeteilt worden sind, die – ggf. auch im Rahmen eines zulässigen Nachschiebens – nicht nur den Verdacht, sondern den Tatvorwurf selbst begründen.[77] Dem BR sind auch eine vorangegangene **Abmahnung** sowie eine ggf. vorliegende Gegendarstellung des AN[78] sowie die dem AG bekannten, den AN erkennbar entlastenden Umstände mitzuteilen.[79] Der Vorlage von **Beweismaterial** bedarf es im Allgemeinen jedoch nicht.[80] Eine wirksame Anhörung des BR zu einem vom AN angekündigten, aber noch nicht eingetretenen Verhalten ist dann nicht möglich, wenn nicht die Ankündigung selbst, sondern nur das zu **erwartende Verhalten** des AN vom AG als Kündigungsgrund genannt wird.[81]

h) Eigene Kenntnis des Betriebsrats bei Einleitung des Anhörungsverfahrens

Wenn der BR bei Einleitung des Anhörungsverfahrens bereits über den **erforderlichen Kenntnisstand** verfügt, um zu der konkret beabsichtigten Kündigung eine Stellungnahme abgeben zu können, bedarf es keiner weiteren Darlegung der Kündigungsgründe durch den AG mehr.[82] Dies kann beispielsweise der Fall sein, wenn die Tat-   **10**

---

73   LAG Hamm 24. 7. 08 – 8 Sa 632/08, brwo.

74   LAG München 20. 5. 09 – 11 Sa 97/09, brwo zur nicht ordnungsgemäßen Beteiligung eines PersR.

75   HessLAG 29. 7. 09 – 6 Sa 748/08, juris.

76   ArbG Darmstadt, AiB 86, 118.

77   BAG, NZA 09, 1136.

78   BAG 31. 8. 89, EzA § 102 BetrVG 1972 Nr. 75.

79   LAG Nürnberg 22. 6. 10 – 5 Sa 820/08, brwo.

80   BAG, DB 95, 1134.

81   BAG, DB 83, 1153.

82   BAG, NZA 86, 426.

umstände, mit denen der AG die Kündigung rechtfertigen will, sich über einen längeren Zeitraum zugetragen haben und alle diese Umstände dem BR-Vors. jeweils zu der Zeit, als sie sich ereigneten, mitgeteilt wurden.[83] Für den Umfang der Mitteilungspflicht des AG ist es **unerheblich**, ob es sich um einen Klein- oder Großbetrieb handelt.[84] Unterlässt der AG die Unterrichtung des BR in der **irrigen Annahme**, dass dieser bereits über den erforderlichen und aktuellen Kenntnisstand verfügt, liegt **keine** ordnungsgemäße Anhörung vor.[85] Dasselbe gilt, wenn erst ein Mitgl. des BR dessen Vors. auf Nachfrage Kenntnis von wesentlichen Kündigungstatsachen verschafft, diese Mitteilung aber nicht auf Veranlassung des AG erfolgt.[86] Das Anhörungsverfahren ist nur dann ordnungsgemäß, wenn der BR weiß, dass es wegen einer noch auszusprechenden Kündigung eingeleitet wird.[87]

11   Eine gesonderte Anhörung erübrigt sich, wenn die Kündigung auf Verlangen des BR (vgl. etwa § 104) ausgesprochen wird; in dem Verlangen ist die Zustimmung schon enthalten.[88]

i) Zugang der Informationen beim Betriebsrat

12   Zur **Entgegennahme** von Erklärungen ist nur der **Vors. des BR** und im Falle seiner Verhinderung dessen Stellvertr. befugt. Der BR muss sich grundsätzlich nur das Wissen eines zur Entgegennahme von Erklärungen berechtigten oder hierzu ausdrücklich ermächtigten BR-Mitgl. zurechnen lassen.[89] Zieht der AG bei der Ermittlung des Kündigungssachverhalts ein (einfaches) BR-Mitgl. hinzu, sind dessen Kenntnisse dem Wissen des BR nur dann zuzurechnen, wenn es sie vor oder bei Einleitung des Anhörungsverfahrens dem Vors. des BR, seinem Stellv. oder dem BR-Gremium mitgeteilt hat.[90] Ist das MBR des BR auf einen **Ausschuss** übertragen worden, so ist dieser Ausschuss zur Entgegennahme der Erklärungen des AG befugt.[91] Mitteilungen des AG an den BR haben **während der Arbeitszeit** zu erfolgen; außerhalb der Arbeitszeit sind die für den BR empfangsberechtigten Personen grundsätzlich nicht verpflichtet, Erklärungen des AG nach dieser Vorschrift entgegenzunehmen. Nur wenn sie dies dennoch widerspruchslos tun, sind sie dem BR damit zugegangen.[92] Ein Anhörungsschreiben geht dem BR erst am folgenden Tag zu, wenn es

83   BAG, DB 74, 1438.
84   BAG, NZA 86, 426.
85   BAG a. a. O.
86   LAG Nürnberg 24. 2. 94, LAGE § 102 BetrVG 1972 Nr. 38.
87   BAG, DB 76, 344.
88   BAG, AuR 97, 374.
89   BAG, NZA 86, 426.
90   LAG München, BB 88, 2175.
91   BAG, DB 75, 2184.
92   BAG, DB 83, 181.

vom AG zu einer Zeit in das Postfach gelegt wird, zu welcher (etwa nach Dienstschluss) nicht mehr mit einer Leerung am selben Tag gerechnet werden muss.[93] Einer **ausdrücklichen Aufforderung** an den BR, zur beabsichtigten Kündigung Stellung zu nehmen, bedarf es **nicht**. Sie liegt bereits in der Mitteilung der Kündigungsgründe.[94]

Sofern nach ordnungsgemäßer Einleitung des Anhörungsverfahrens **13** dem BR bei der Behandlung der Sache Fehler unterlaufen, insbesondere der Vors. des BR die Mitteilung nicht an seine BR-Kollegen weitergibt oder keine rechtlich einwandfreie Beschlussfassung des BR über die Kündigungsmaßnahme stattfindet, hat dies auf die Gültigkeit der Anhörung grundsätzlich keinen Einfluss. Mängel, die im Verantwortungsbereich des BR entstehen, führen grundsätzlich nicht zur Unwirksamkeit der Kündigung wegen fehlerhafter Anhörung. Dies gilt selbst dann, wenn der AG im Kündigungszeitpunkt weiß oder erkennen kann, dass der BR die Angelegenheit nicht fehlerfrei behandelt hat.[95] Mögliche Mängel bei der Beschlussfassung des BR (z. B. eine fehlerhafte Besetzung des Gremiums) berühren deshalb die Ordnungsgemäßheit des Anhörungsverfahrens nicht (zur Kritik an dieser Rspr. s. die Kommentierung zu § 26 Rn. 6). Der AG kann aufgrund einer – wenn auch fehlerhaft zustande gekommenen – Stellungnahme des BR regelmäßig vor Ablauf der Frist des Abs. 2 die Kündigung aussprechen.[96] Wird statt des BR der nicht zuständige BA mit der Sache befasst, führt dies nicht zur Unwirksamkeit der Kündigung.[97]

j) Anhörung des betroffenen Arbeitnehmers

Eine gesetzl. Verpflichtung des BR, den betroffenen AN in jedem Fall **14** **anzuhören**, besteht nicht. Er hat hierüber nach pflichtgemäßem Ermessen zu entscheiden. Erfolgt keine Anhörung des AN, so hat dies auf die **Ordnungsmäßigkeit des Anhörungsverfahrens** keinen Einfluss.[98] Stützt der AG eine Kündigung auf den **Verdacht einer strafbaren Handlung** des AN, so hat er auch den AN vor Ausspruch der Kündigung grundsätzlich anzuhören. Verletzt der AG schuldhaft diese Pflicht, so ist die gleichwohl ausgesprochene Kündigung unwirksam, es sei denn, der AN war von vornherein nicht bereit, sich zu den Verdachtsgründen substantiiert zu äußern.[99]

k) Nachschieben von Kündigungsgründen, neue Tatsachen

Für die Frage, ob eine Kündigung vor Ablauf der Erklärungsfristen des **15**

---

93 BAG, AiB 98, 113.
94 BAG, DB 74, 1294.
95 BAG, NZA 04, 1330.
96 BAG a. a. O.
97 LAG Köln, AiB 04, 710.
98 BAG, DB 76, 1063.
99 BAG, NZA 96, 81.

Abs. 2 ausgesprochen worden ist, kommt es im Übrigen nicht auf den Zugang der Kündigungserklärung beim AN, sondern darauf an, zu welchem Zeitpunkt die **Kündigungserklärung aus dem Machtbereich des AG** gelangt ist.[100] Die **Darlegungs-** und **Beweislast** dafür, dass der BR **vor** einer Kündigung ordnungsgemäß gehört worden ist oder nicht gehört zu werden brauchte, weil es sich um die Kündigung eines leit. Ang. handelte, hat im Kündigungsschutzverfahren im Streitfall der AG.[101] Im Kündigungsschutzprozess kann der AG sich nur auf solche **Kündigungsgründe** berufen, die vor Ausspruch der Kündigung **Gegenstand der Anhörung** waren;[102] dies gilt auch, wenn der BR der Kündigung aufgrund der mitgeteilten Gründe zugestimmt hat.[103] Vor Ausspruch der Kündigung kann der AG seine Informationen gegenüber dem BR jederzeit ergänzen.[104] Ihm ist es aber verwehrt, Kündigungsgründe **nachzuschieben**, die ihm im Zeitpunkt der Unterrichtung des BR bereits bekannt waren, die er dem BR aber nicht mitgeteilt hatte.[105] Kündigungsgründe, die bei Ausspruch der Kündigung bereits entstanden, dem AG aber noch nicht bekannt waren, können im Kündigungsschutzprozess nachgeschoben werden,[106] wenn der AG zuvor den BR hierzu erneut angehört hat.[107] Die Anhörung des BR zu den im Zeitpunkt des Ausspruchs der Kündigung dem AG unbekannten Kündigungsgründen muss auch dann durchgeführt werden, wenn bei Ausspruch der Kündigung noch kein funktionsfähiger BR bestand, wohl aber im Zeitpunkt des Nachschiebens der Kündigungsgründe.[108] Erhält der AG erst **nach Ausspruch** der Kündigung Kenntnis von weiteren Kündigungsgründen, so kann er sie nach Anhörung des BR zum Anlass einer erneuten Kündigung machen. Nicht gehindert ist der AG auch, im Kündigungsschutzprozess Tatsachen nachzutragen, die ohne wesentliche Veränderung des Kündigungssachverhalts lediglich der Erläuterung und Konkretisierung der dem BR mitgeteilten Kündigungsgründe dienen.[109] Teilt der AG dem BR mit, er beabsichtige, dem AN wegen einer nach dem geschilderten Sachverhalt für **nachgewiesen** erachteten **Straftat** fristlos und vorsorglich ordentlich zu kündigen, und stützt er später die Kündigung bei unverändert gebliebenem Sach-

---

100   BAG, DB 76, 969.

101   BAG, a. a. O.; zu der hinsichtlich einer ordnungsgemäßen BR-Anhörung abgestuften Darlegungslast s. BAG, NZA 05, 1233.

102   BAG, AiB 97, 668; LAG Rheinland-Pfalz 10. 1. 08 – 11 Sa 579/07, brwo.

103   BAG, DB 92, 2195.

104   BAG, DB 97, 1284.

105   LAG Rheinland-Pfalz 4. 7. 06 – 2 Sa 144/06, brwo.

106   BAG, NZA 08, 636.

107   LAG BW 25. 5. 07 – 7 Sa 103/06, juris; LAG Hamm 24. 7. 08 – 8 Sa 632/08, brwo.

108   LAG Hamm 10. 8. 06 – 15 Sa 270/06, juris.

109   BAG a. a. O.

verhalt auch auf den **Verdacht dieser Straftat**, ist der nachgeschobene Kündigungsgrund der Verdachtskündigung (zu dieser s. Rn. 9) wegen insoweit fehlender Anhörung des BR im Kündigungsschutzprozess nicht zu verwerten.[110]

Die Kündigung muss in einem **zeitlichen Zusammenhang** mit dem Anhörungsverfahren stehen. Eine erneute Anhörung des BR kann auch unter ausdrücklicher Bezugnahme auf die bereits gegebenen Mitteilungen und den damit beim BR bereits vorhandenen Kenntnisstand erfolgen. Hat der AG nach durchgeführter Anhörung die Kündigung ausgesprochen, wird sein Kündigungsrecht zunächst ausgeübt und »verbraucht«. Teilt der AN dem AG binnen eines Monats nach Kündigungserhalt mit, er habe vor Kündigungszugang die Anerkennung als **schwerbehinderter Mensch** beantragt, muss der AG den BR erneut anhören.[111] Stellt sich heraus, dass die ausgesprochene Kündigung beispielsweise wegen fehlender Zustimmung des Integrationsamts (früher: Hauptfürsorgestelle) nach dem SGB IX (früher: SchwbG) unwirksam war, muss der AG nach Erteilung der Zustimmung durch das Integrationsamt den BR erneut anhören.[112] Ist in einem Kündigungsprozess **rechtskräftig** entschieden, dass das Arbeitsverhältnis durch eine bestimmte Kündigung nicht aufgelöst worden ist, kann der AG eine erneute Kündigung nicht auf Gründe stützen, die er schon zur Begründung der ersten Kündigung vorgebracht hatte und die gerichtlich geprüft worden sind mit dem Ergebnis, dass sie die Kündigung nicht rechtfertigen können.[113] Hat ein **Bevollmächtigter** des AG die Kündigung ausgesprochen und ergeben sich nachträglich Zweifel, ob die Kündigungserklärung des Bevollmächtigten dem AG zugerechnet werden kann, dann hat der AG den BR wiederum anzuhören, bevor er erneut eine weitere Kündigung aussprechen will.[114] Wird die Anhörung durch einen betriebsfremden Dritten (z. B. RA des AG) eingeleitet, so ist das Anhörungsverfahren dann nicht wirksam eingeleitet, wenn dem BR keine Vollmachtsurkunde vorgelegt wird und der BR das Anhörungsschreiben mangels Vorlage der Vollmacht im Original gemäß § 174 BGB zurückweist.[115]

2. Reaktionsmöglichkeiten des Betriebsrats

Die Vorschrift setzt **Fristen** fest, innerhalb derer der BR evtl. Beden-

110 BAG 3. 4. 86, AP Nr. 41 zu § 102 BetrVG 1972; LAG Hamm 17. 8. 06 – 15 Sa 720/06, brwo; HessLAG 18. 4. 12, – 18 Sa 1474/11, brwo.
111 LAG Hamm, DB 88, 916.
112 BAG, NZA 94, 311; vgl. aber auch BAG, BB 94, 1857 zur Entbehrlichkeit einer erneuten Anhörung zu einer fristlosen Kündigung eines schwerbehinderten AN bei erst nach jahrelangem verwaltungsgerichtlichem Verfahren erteilter Zustimmung der Hauptfürsorgestelle (jetzt Integrationsamt).
113 BAG, BB 94, 862.
114 BAG, NZA 96, 649.
115 LAG BaWü 11. 3. 11 – 7 Sa 109/10, juris, n. rk. BAG 6 AZR 349/11.

ken gegen eine beabsichtigte Kündigung gegenüber dem AG schriftlich geltend zu machen hat. Versäumt er die Fristen, so gilt seine Zustimmung als erteilt (hinsichtlich des Fristablaufs gelten die Grundsätze des § 99 Abs. 3). AG und BR können eine **Verlängerung der Frist** vereinbaren; einen Anspruch hierauf hat der BR auch bei Massenentlassungen grundsätzlich nicht. Jedoch kann das Berufen des AG auf die Anhörungsfrist **rechtsmissbräuchlich** sein, wenn ihre Einhaltung wegen der Zahl der im BR zu behandelnden Kündigungen Schwierigkeiten bereitet und der BR deswegen innerhalb der Wochenfrist vom AG Fristverlängerung verlangt hat.[116] Im Übrigen läuft die Äußerungsfrist des BR nicht bereits mit Dienstschluss der Personalabteilung, sondern erst mit Ende des Tages (24.00 Uhr) ab, der durch seine Benennung dem Tag entspricht, an dem der BR die Anhörungsmitteilung erhalten hat; der BR kann diese Frist voll ausschöpfen.[117] Der BR ist grundsätzlich nicht verpflichtet, die das Anhörungsverfahren einleitenden Erklärungen des AG außerhalb der Arbeitszeit oder der Betriebsräume entgegenzunehmen.[118] Eine einseitig vom AG veranlasste **Verkürzung** der gesetzlichen Anhörungsfrist ist auch in Eilfällen nicht möglich.[119] Das Verfahren zur Anhörung des BR vor einer Kündigung ist **vor** Ablauf der Frist nur dann beendet, wenn der BR zu der Kündigungsabsicht des AG eine Erklärung abgegeben hat, aus der sich ergibt, dass der BR eine weitere Erörterung des Falles nicht mehr wünscht oder er sich zu der Kündigung nicht äußern wird und darin eine **abschließende** Stellungnahme liegt.[120] Von einer solchen abschließenden Stellungnahme des BR kann nur ausgegangen werden, wenn seine Erklärung beinhaltet, dass er damit das Verfahren endgültig abschließen will.[121] Ein derartiger Erklärungsinhalt kann sich nach Auffassung des BAG auch aus einem bestimmten Verhalten oder einer bisherigen Übung des BR ergeben.[122]

18 Auch wenn die Zustimmung des BR wegen Fristablaufs als erteilt gilt, bedeutet das – ebenso wie in dem Fall, in dem der BR der Kündigung ausdrücklich zustimmt – nicht, dass die Kündigung damit bereits **rechtswirksam** ist. Die Zustimmung des BR führt nur dazu, dass der AG aus der Sicht des MBR eine rechtlich relevante Kündigungserklärung abgegeben hat. Ob sie **aus anderen rechtlichen Gesichtspunkten** (z.B. den Vorschriften des KSchG oder des MuSchG) unwirksam ist, bleibt damit noch offen.

---

116 BAG, NZA 87, 601.
117 BAG, AiB 98, 113.
118 BAG, DB 83, 181.
119 BAG 13. 11. 75, AP Nr. 6 zu § 102 BetrVG 1972.
120 BAG, DB 76, 1241.
121 LAG Berlin-Brandenburg 22. 10. 09 – 2 Sa 1186/09, brwo.
122 BAG, NZA 88, 137.

3. Widerspruch des Betriebsrats, Widerspruchsgründe

Die Bestimmung enthält eine Aufzählung von Tatbeständen, bei deren **19** Vorliegen der BR der Kündigung **widersprechen** kann. Sie gilt jedoch **nur für ordentliche** Kündigungen. Der Widerspruch führt zwar nicht zur Unwirksamkeit der Kündigung, löst aber den Weiterbeschäftigungsanspruch des AN nach Abs. 5 aus. Der Widerspruch muss schriftlich erfolgen und eine Begründung enthalten. Diese darf nicht nur den Gesetzestext wiederholen; es müssen vielmehr Tatsachen dargelegt werden, die es möglich erscheinen lassen, dass einer der in Abs. 3 aufgezählten Gründe vorliegt.[123] Die Aufzählung der Widerspruchsgründe ist abschließend.[124]

Der BR kann einer Kündigung selbstverständlich auch aus anderen als **20** den in dieser Vorschrift aufgezählten Gründen widersprechen. In diesem Fall reicht der Widerspruch des BR allein jedoch **nicht aus,** um die **Weiterbeschäftigungspflicht** nach Abs. 5 auszulösen, auch wenn die vom BR vorgebrachten Bedenken durchgreifen. Ob die Kündigung wirksam ist, bestimmt sich nach anderen arbeitsrechtlichen Grundsätzen. Es kann auch sein, dass eine Kündigung nach den Bestimmungen des KSchG sozial ungerechtfertigt und damit unwirksam ist, obwohl der BR dieser **nicht widersprochen** hat. So wird beispielsweise eine Kündigung, die der AG ausspricht, obwohl eine Weiterbeschäftigung des AN unter geänderten Vertragsbedingungen möglich wäre und der AN hiermit sein Einverständnis erklärt hat, grundsätzlich nach den Vorschriften des KSchG sozial ungerechtfertigt und damit unwirksam sein, unabhängig davon, ob der BR ihr widersprochen hat oder nicht (vgl. im Übrigen Rn. 28).[125]

Der BR kann bei Vorliegen eines der in dieser Bestimmung genannten **21** Tatbestände nicht **nur einer betriebsbedingten,** sondern **auch** einer **personenbedingten** oder **verhaltensbedingten** Kündigung widersprechen.[126] Dasselbe gilt im Falle einer sog. außerordentlichen Kündigung mit sozialer Auslauffrist, die nach der Rspr. unter bestimmten Voraussetzungen auch gegenüber einem AN ausgesprochen werden kann, für den die ordentliche Kündigung durch TV ausgeschlossen ist.[127]

Zu Nr. 1: Widerspricht der BR mit der Begründung, der AG habe bei **22** der Auswahl der zu kündigenden AN **soziale Gesichtspunkte** nicht oder nicht ausreichend berücksichtigt, so ist der Widerspruch dann ordnungsgemäß, wenn der BR aufzeigt, welcher vom AG bei der

---

123 HessLAG 15. 2. 13 – 14 SaGa 1700/12, brwo.
124 BAG, NZA 86, 424.
125 BAG, DB 73, 1856.
126 BAG, DB 78, 1454; DB 83, 180.
127 BAG 4. 2. 93, EzA § 626 BGB Nr. 144 im Falle dauernder Unfähigkeit des AN zur Erbringung der Arbeitsleistung.

sozialen Auswahl nicht berücksichtigte AN sozial weniger schutzwür-
dig ist.[128] Auch wenn der AG dem BR keine Sozialdaten anderer AN
mitteilt, weil er der Meinung ist, es gebe keine vergleichbaren AN, hat
der BR im Widerspruch[129] darzulegen, warum der vom AG getroffene
Sozialauswahl fehlerhaft sei. Gemeint sind im Übrigen **alle** sozialen
Gesichtspunkte, **nicht nur** Dauer der Betriebszugehörigkeit, Lebensalter, Unterhaltspflichten und Schwerbehinderung des AN.[130]

23 *Zu Nr. 2*: Die Bestimmung soll sicherstellen, dass der AG bei einer
Kündigung die mit dem BR vereinbarten **Auswahlrichtlinien** (vgl.
die Erl. zu § 95) beachtet.[131] Erfolgt die soziale Auswahl bei einer
betriebsbedingten Kündigung aufgrund von Auswahlrichtlinien nach
§ 95 (s. dort Rn. 9), kann sie im Kündigungsschutzprozess gemäß § 1
Abs. 4 Satz 1 KSchG nur noch auf **grobe Fehlerhaftigkeit** überprüft
werden. Soweit ein Punkteschema vorgesehen wird, müssen die
Richtlinien Spielraum für eine Berücksichtigung individueller Besonderheiten bei der abschließenden Würdigung des Falles lassen.[132] Dabei
darf der AG das Angebot eines sozial schutzwürdigeren AN berücksichtigen, für den Fall einer Weiterbeschäftigung seines zur Kündigung
vorgesehenen Sohnes auf seinen Arbeitsplatz zu verzichten, weil im
Verhältnis zueinander letzterer vorrangig zum Unterhalt verpflichtet
ist; nimmt der AG ein solches Angebot an, führt dies nicht zur
Sozialwidrigkeit anderer Kündigungen unter dem Gesichtspunkt der
fehlerhaften Sozialauswahl.[133]

24 *Zu Nr. 3*: Das Widerspruchsrecht ist auch dann gegeben, wenn der AN
nicht an einem anderen Arbeitsplatz im selben Betrieb, sondern an
seinem **alten Arbeitsplatz weiterbeschäftigt** werden kann;[134] ebenso bei Möglichkeit der Weiterbeschäftigung in einem anderen Betrieb
des Konzerns, wenn dies arbeitsvertraglich möglich ist oder der AG
sich umgekehrt einen konzernweiten Einsatz seiner Beschäftigten vorbehalten hatte.[135] Zur Begründung des Widerspruchs[136] reicht es nicht
aus, wenn der BR nur allgemein auf eine anderweitige Beschäftigungsmöglichkeit im selben Betrieb oder in einem anderen Betrieb des
Unternehmens verweist, er muss vielmehr in bestimmbarer Weise
angeben, auf welchem Arbeitsplatz der zu kündigende AN nach seiner

128   BAG, DB 03, 2233.
129   Muster s. DKKW-F-Bachner, § 102 Rn. 16f., 23.
130   Ebenso Fitting, Rn. 78.
131   Muster für Widerspruch s. DKKW-F-Bachner, § 102 Rn. 18.
132   BAG, BB 96, 1993.
133   BAG, BB 96, 1993.
134   A. A. BAG, DB 86, 752; wie hier LAG Düsseldorf, DB 80, 2043.
135   BAG, NZA 87, 125; BAG, DB 06, 2351, dort jedoch wegen fehlender Einfluss-
      nahmemöglichkeit des Beschäftigungsbetriebs auf eine »Versetzung« zu anderen
      Konzern-UN verneint.
136   Muster s. DKKW-F-Bachner, § 102 Rn. 19.

Meinung eingesetzt werden kann.[137] Mit dem Widerspruch nach Nr. 3 muss die Weiterbeschäftigungsmöglichkeit auf einem Arbeitsplatz geltend gemacht werden, auf dem der AN ohne zumutbare Umschulungs- oder Fortbildungsmaßnahmen und zu unveränderten Vertragsbedingungen beschäftigt werden kann, da diese von Nr. 4 und 5 erfassten Fallgestaltungen erhöhte Anforderungen an den zu erhebenden Widerspruch stellen (s. hierzu Rn. 26).[138] Der AG ist nach Auffassung des BAG nicht verpflichtet, zum Zwecke der Weiterbeschäftigung einen neuen Arbeitsplatz zu schaffen.[139] Allerdings ist auch ein in **absehbarer Zeit** nach Ablauf der Kündigungsfrist **freiwerdender Arbeitsplatz** zu berücksichtigen.[140] Macht der BR geltend, dass in konkret bezeichneten Betriebsabteilungen Leih-AN tätig sind, auf deren Arbeitsplätzen AN weiterbeschäftigt werden können, so handelt es sich um Arbeitsplätze, die in absehbarer Zeit frei gemacht werden.[141] Ob der AN auf dem bezeichneten Arbeitsplatz tatsächlich eingesetzt werden kann, ist nicht erforderlich; die **Möglichkeit** reicht für den Widerspruch aus.[142] Ein zwar wegrationalisierter Arbeitsplatz ist gleichwohl als frei anzusehen, wenn sein Wegfall zu einer so weitgehenden Personalreduzierung geführt hat, dass eine neunmonatige Urlaubssperre für die übrigen AN erforderlich wurde.[143]

Zu Nr. 4: Bei den **Umschulungs-** oder **Fortbildungsmaßnahmen** 25 muss es sich nicht um innerbetriebliche Maßnahmen handeln; sie können auch außerbetrieblicher Art sein. Ob Umschulungs- oder Fortbildungsmaßnahmen für den AG ausnahmsweise unzumutbar sind, lässt sich nur im Einzelfall beurteilen.[144] Der AG hat die Unzumutbarkeit ggf. darzulegen und zu beweisen.

Zu Nr. 5: Der AN kann sich mit einer Weiterbeschäftigung unter 26 **geänderten Vertragsbedingungen** vorbehaltlich der gerichtl. Nachprüfung der sozialen Rechtfertigung der Änderung im Kündigungsschutzprozess einverstanden erklären. Dann hat der AG eine Änderungskündigung auszusprechen. Kündigt er gleichwohl das Arbeitsverhältnis, ohne dessen Fortsetzung zu den geänderten Bedingungen anzubieten, so führt der Widerspruch des BR[145] dazu, dass diese Kündigung sozial ungerechtfertigt ist. Voraussetzung eines ordnungsgemäßen Widerspruchs nach Nr. 5 ist aber, dass der AN sein Einver-

---

137 BAG, AiB 00, 164; HessLAG 15. 2. 13 – 14 SaGa 1700/12, brwo.
138 HessLAG 15. 2. 13 – 14 SaGa 1700/12, brwo.
139 BAG, NZA 91, 181.
140 BAG, NZA 95, 521.
141 S. Ulbrich/Schubert, AiB 13, 124.
142 ArbG Stuttgart, AiB 97, 723.
143 ArbG Hamburg, AiB 91, 443.
144 Widerspruchsmuster s. DKKW-F-Bachner, § 102 Rn. 20.
145 Muster s. DKKW-F-Bachner, § 102 Rn. 21.

ständnis mit den geänderten Vertragsbedingungen erklärt und der BR dieses Einverständnis dem AG im Widerspruch mitteilt.[146]

4. Information des betroffenen Arbeitnehmers

27   Der entlassene AN soll durch die Kenntnis der Widerspruchsgründe des BR in die Lage versetzt werden, die **Aussichten eines Kündigungsschutzprozesses** besser abschätzen und sich im Verfahren auf den Widerspruch des BR berufen zu können.

5. Weiterbeschäftigungsanspruch

28   Die Bestimmung regelt die **Rechtsfolgen** eines ordnungsgemäßen Widerspruchs des BR bei ordentlichen Kündigungen. Ordnungsgemäß ist der Widerspruch, wenn er das Vorliegen eines der in Abs. 3 genannten Gründe als **möglich** erscheinen lässt.[147] Hat der BR einer **Kündigung widersprochen** und der AN **Kündigungsschutzklage erhoben** sowie seine **Weiterbeschäftigung verlangt**, soll in diesem typischerweise aussichtsreichen Fall gerade die tatsächliche Beschäftigung während des Kündigungsschutzprozesses als »flankierende Maßnahme« zum faktischen Weiterbestehen des Arbeitsverhältnisses bei unveränderten Arbeitsbedingungen über die ordentliche Kündigungsfrist hinaus beitragen.[148] Das Weiterbeschäftigungsverlangen muss spätestens am ersten Arbeitstag nach Ablauf der Kündigungsfrist erfolgt sein.[149] Der AG kann unabhängig vom Vorliegen der Voraussetzungen nach dieser Bestimmung oder über diese hinausgehend die Weiterbeschäftigung vertraglich zusagen; er ist an die Einhaltung dieser Zusage gebunden.[150]

29   Eine arbeitsvertragliche Freistellungsklausel für die Zeit vom Ausspruch der Kündigung bis zum Ablauf der Kündigungsfrist steht einem Weiterbeschäftigungsverlangen für die Zeit nach Ablauf der Kündigungsfrist nicht entgegen.[151] Bis zum rechtskräftigen Abschluss des Kündigungsschutzprozesses hat der AG die **Pflicht zur Beschäftigung** des AN, die er gegen dessen Willen nicht durch Weiterzahlung des Lohnes und Freistellung von der Arbeit abwenden kann.[152] Der AN kann den Weiterbeschäftigungsanspruch im **einstweiligen Verfügungsverfahren** durchsetzen,[153] ohne dass es hierbei der Darlegung

146   HessLAG 15. 2. 13 – 14 SaGa 1700/12, brwo.

147   LAG München, BB 94, 1287.

148   LAG Düsseldorf 24. 4. 13 – 4 SaGa 6/13, brwo; zu Voraussetzungen und Durchsetzungsmöglichkeiten des Weiterbeschäftigungsanspruchs s. Thannheiser, AiB 13, 185.

149   BAG, BB 00, 2049; LAG München, NZA-RR 05, 312.

150   ArbG Lörrach, AiB 01, 58.

151   LAG Hamburg 22. 10. 08 – 5 SaGa 5/08, brwo.

152   BAG, DB 77, 2099.

153   LAG Düsseldorf, DB 80, 2043.

eines besonderen Verfügungsgrundes (der Gefährdung der Interessen des gekündigten AN) bedarf.[154] Er hat jedoch ein Wahlrecht. Verlangt er die vorläufige Weiterbeschäftigung nicht, kann er nach Obsiegen im Kündigungsschutzprozess gleichwohl in den Betrieb zurück. Liegen die Voraussetzungen des Abs. 5 nicht vor (z. B. besteht kein BR oder dieser hat nicht widersprochen), kann gleichwohl ein Anspruch des AN auf vorläufige Weiterbeschäftigung nach dem Beschluss des Großen Senats des BAG[155] gegeben sein, wenn der AN Kündigungsschutzklage erhoben und in 1. Instanz ein **obsiegendes Urt.** erstritten hat. Der Beschäftigungsanspruch besteht regelmäßig bis zum Ergehen einer gegenteiligen Entscheidung der höheren Instanz.[156] Er wird weder durch eine weitere offensichtlich unwirksame Kündigung des AG noch durch eine weitere Kündigung beendet, die auf dieselben Gründe gestützt ist, die nach Auffassung des ArbG schon für die erste Kündigung nicht ausgereicht hatten. Stützt der AG die weitere Kündigung auf einen **neuen** Sachverhalt, sind bei der Prüfung der Frage, ob die neue Kündigung zu einer anderen Beurteilung führen kann, auch die Umstände zu berücksichtigen, die dafür sprechen (z. B. bei Kettenkündigungen), dass der neue Sachverhalt nur vorgeschoben ist.[157]

Die Bestimmung gilt nur im Falle der **ordentlichen Kündigung.**[158] **30** Glaubt der AG, dass ein Grund zur fristlosen Kündigung vorliegt, spricht er gleichzeitig jedoch vorsorglich auch eine ordentliche Kündigung aus, so dürfte er nach richtiger Auffassung gleichwohl zur Weiterbeschäftigung des AN nach dieser Bestimmung verpflichtet sein. Will er die Weiterbeschäftigung unbedingt vermeiden, so darf er **nur außerordentlich** kündigen (str.). In jedem Fall aber besteht ein Anspruch des AN auf Weiterbeschäftigung, wenn über die fristlose Kündigung zu seinen Gunsten entschieden, der Kündigungsschutzprozess jedoch noch nicht beendet ist.[159]

Im Übrigen liegt, wenn der AG durch den **gleichzeitigen Ausspruch** **31** einer fristlosen und fristgemäßen Kündigung bewusst den BR ausschalten und ihm die Möglichkeit des Widerspruchs nehmen will, eine Behinderung der Tätigkeit des BR nach § 78 vor, die nach § 119 geahndet werden kann.

Der einmal vom BR erklärte, die Beschäftigungspflicht des AN be- **32** gründende Widerspruch kann **nicht zurückgenommen** werden. Der

---

154 LAG Hamburg 21. 5. 08 – 4 SaGa 2/08, brwo; HessLAG 3. 7. 12 – 15 SaGa 243/12, brwo; a. A. LAG Nürnberg, NZA-RR 05, 255; LAG München, NZA-RR 05, 312.
155 27. 2. 85, NZA 85, 702.
156 BAG a. a. O.
157 BAG, NZA 86, 566.
158 BAG, DB 77, 2099.
159 Vgl. DKKW-Bachner, § 102 Rn. 278.

Beschäftigungsanspruch selbst ist zwar durch das kollektivrechtliche Widerspruchsrecht des BR ausgelöst worden, sein weiteres Bestehen hängt jedoch nur noch vom individualrechtlichen Kündigungsschutzverfahren ab. Der gesetzl. Anspruch auf Beschäftigung kann durch eine BV nicht abbedungen werden.[160] Hat der AN die Weiterbeschäftigung erlangt, so kann er sich nur bei Vorlage eines wichtigen Grundes oder unter Einhaltung der Kündigungsfrist davon lösen.

33 Nur unter den in Nrn. 1 bis 3 abschließend genannten Voraussetzungen kann die Verpflichtung zur Weiterbeschäftigung des AN durch eine vom AG beantragte einstweilige Verfügung des ArbG aufgehoben werden.[161] Der AG hat einen der **Ausnahmefälle** dieser Bestimmung darzulegen und glaubhaft zu machen. Dazu bedarf es der eidesstattlichen Versicherung (§§ 936, 920, 294 ZPO). Der AG muss auch die Eilbedürftigkeit glaubhaft machen. Verlangt er erst Monate nach dem schriftlichen Weiterbeschäftigungsbegehren des AN die Befreiung von der Beschäftigungspflicht, ohne dass in der Zwischenzeit neue Gesichtspunkte eingetreten sind, ist ein Grund für eine einstweilige Verfügung nicht gegeben.[162] Ebenso kann der AG, wenn sein Antrag auf Erlass einer einstweiligen Verfügung rechtskräftig abgewiesen worden ist, diesen nur wiederholen, wenn **neue Tatsachen** vorliegen, die er **im ersten Verfahren nicht** vorbringen konnte. Der AG kann den erneuten Antrag aber nicht darauf stützen, die Kündigungsschutzklage des weiterbeschäftigten AN sei in erster Instanz abgewiesen worden.[163]

34 Zur **fehlenden Aussicht auf Erfolg** der Kündigungsschutzklage gehört, dass eine summarische Prüfung ergibt, dass die Klage offensichtlich oder doch mit hinreichender Wahrscheinlichkeit keinen Erfolg haben wird.[164] Haben sowohl der AG als auch der AN hinreichende Erfolgsaussichten glaubhaft gemacht, scheidet eine Befreiung von der Weiterbeschäftigungspflicht aus.[165] Der pauschale Vortrag, der gekündigte AN sei von einer Personalreduzierung betroffen, reicht selbst dann nicht, wenn der AN die kürzeste Betriebszugehörigkeit aller vergleichbaren Mitarbeiter aufweist; auf Vergleichbarkeit und soziale Auswahl kommt es nicht an.[166]

35 Eine **unzumutbare wirtschaftliche Belastung** des AG muss im jeweiligen Einzelfall gegeben sein;[167] sie lässt sich nicht bereits mit gesunkenen Umsätzen begründen. Der AG muss eine Existenzgefähr-

---

160 LAG Düsseldorf, DB 77, 2383.
161 LAG München 24. 4. 07 – 6 Sa 115/07, brwo.
162 LAG Düsseldorf, DB 77, 1952; LAG Köln, DB 83, 2368.
163 BAG, DB 83, 2368.
164 LAG Hamburg, AiB 93, 53; ArbG Hannover, AuR 72, 381.
165 LAG Düsseldorf 23. 5. 75, EzA § 102 BetrVG 1972 Beschäftigungspflicht Nr. 4; ArbG Stuttgart, AuR 93, 222.
166 LAG BaWü 30. 8. 93 – 15 Sa 36/93, brwo.
167 LAG München, AuR 05, 197.

dung des Betriebs wegen der Weiterbeschäftigung gerade des betroffenen AN dartun;[168] es reicht also nicht aus, wenn der AG lediglich allgemein vorträgt, dass er mit der Weiterbeschäftigung mehrerer AN zu rechnen hat und hierfür pauschale Kostenberechnungen aufgrund von Durchschnittswerten vorlegt.[169] Die Verlagerung von Arbeitsaufgaben macht die Weiterbeschäftigung des betroffenen AN nur dann unmöglich, wenn die – nunmehr an anderer Stelle weiterhin vorhandenen – Aufgaben deshalb nicht zurückverlagert werden können, weil dies wirtschaftlich unmöglich wäre.[170] Im Fall einer Betriebsstilllegung kann die tatsächliche Weiterbeschäftigung eines AN zu unveränderten Bedingungen gerade deshalb zu einer unzumutbaren Belastung des AG führen, wenn neben den reinen Entgeltkosten eigens mit hohem Aufwand eine betriebliche Infrastruktur aufrechterhalten werden müsste. In diesem Fall kann der AN nicht geltend machen, der AG bräuchte – ohne ihn tatsächlich zu beschäftigen – lediglich das Entgelt zu zahlen.[171] Von einem **offensichtlich unbegründeten** Widerspruch des BR kann nur dann gesprochen werden, wenn dieser mutwillig erfolgte,[172] die Grundlosigkeit sich bei unbefangener Beurteilung geradezu aufdrängt[173] und für die Überlegungen des BR keinerlei Anhaltspunkte vorlagen[174] oder auch ohne besondere gerichtl. Aufklärung feststeht, dass der Widerspruchsgrund nicht vorliegen kann.[175] Ein (nur) nicht ordnungsgemäßer Widerspruch des BR ist für die Entbindung von der Weiterbeschäftigungspflicht nicht ausreichend.[176]

Bei einer **Änderungskündigung** hängt der vorläufige Weiterbeschäftigungsanspruch des AN zu den (bisherigen) Arbeitsbedingungen davon ab, ob er die neuen Arbeitsbedingungen ablehnt oder unter Vorbehalt annimmt. Lehnt er ab, kann er die Weiterbeschäftigung unter den vorgenannten Voraussetzungen verlangen. Nimmt der AN das Änderungsangebot unter dem Vorbehalt der sozialen Rechtfertigung der geänderten Arbeitsbedingungen an, erklärt er sich bereit, zunächst zu den geänderten Bedingungen weiterzuarbeiten. Dadurch entfällt der aus dem Widerspruch des BR gegen die Beendigungskündigung resultierende betriebsverfassungsrechtliche Weiterbeschäftigungsanspruch.[177] Der AN hat einen **Weitervergütungsanspruch**, wenn der BR der ordentl. Kündigung nach Abs. 3 widersprochen und **36**

168 ArbG Stuttgart, AuR 93, 222; LAG Hamburg, AiB-Newsletter 10/08, 1.
169 ArbG Stuttgart 31. 8. 93 – 23 Ga 75/93.
170 HessLAG 3. 7. 12 – 15 SaGa 243/12, brwo.
171 LAG Düsseldorf 24. 4. 13 – 4 SaGa 6/13, brwo.
172 ArbG Hannover, AuR 72, 381.
173 ArbG Berlin, DB 73, 192.
174 LAG Frankfurt, AuR 77, 156.
175 LAG Hamburg, AiB 93, 53.
176 LAG München, a. a. O.
177 HessLAG 19. 6. 12, 15 SaGa 242/12, brwo.

der AN innerhalb der Dreiwochenfrist des § 4 KSchG Kündigungsschutzklage erhoben sowie seine Weiterbeschäftigung gemäß Abs. 5 verlangt hat. Unter diesen Voraussetzungen muss der AG die Vergütung **bis zum rechtskräftigen Abschluss des Kündigungsschutzprozesses** weiterzahlen – und zwar sowohl dann, wenn der AG den AN nicht weiterbeschäftigt als auch dann, wenn der AN das Kündigungsschutzverfahren letztendlich verliert. Der AN hat nur dann keinen Weitervergütungsanspruch, wenn sich der AG vom ArbG durch einstweilige Verfügung nach Abs. 5 Satz 2 von der Weiterbeschäftigungspflicht entbinden lässt. Die Entbindung des AG von der Weiterbeschäftigungspflicht lässt aber die bis zur gerichtl. Entbindungsentscheidung angefallenen Vergütungsansprüche des AN unberührt.[178] **Keine Weiterbeschäftigungspflicht** des AG nach dieser Bestimmung besteht, wenn der AN **nicht den Kündigungsschutz** nach dem KSchG genießt.[179]

6. Erweiterung der Mitbestimmungsrechte

37 Wenn die Vorschrift eine BV, die dem BR ein volles MBR bei Kündigungen einräumt, ausdrücklich für zulässig erklärt, so bedeutet dies nicht, dass die MBR des BR nicht auch in anderen Fällen über das Gesetz hinaus erweitert werden könnten. So kann **auch durch TV** wirksam festgelegt werden, dass eine Kündigung der **Zustimmung** des BR bedarf und im Streitfall die ESt. verbindlich entscheidet.[180] Für eine einzelvertragliche Erweiterung des dem BR vor Ausspruch von Kündigungen zustehenden Beteiligungsrechts fehlt es jedoch an der erforderlichen gesetzlichen Ermächtigungsgrundlage.[181]

38 Eine Vereinbarung, nach der eine Kündigung nur mit Zustimmung des BR zulässig ist, kann sich **sowohl** auf **ordentliche als auch** auf **außerordentliche** Kündigungen erstrecken. Sie bedarf der Unterzeichnung durch AG und BR auf **einer Urkunde**.[182] Liegt eine solche Vereinbarung vor und verweigert der BR seine Zustimmung, gleichgültig aus welchen Gründen, so entscheidet die ESt. und nicht das ArbG, ob die Verweigerung der Zustimmung durch den BR berechtigt ist.

39 Erklärt die ESt. die Verweigerung der Zustimmung durch den BR für begründet, so ist eine Kündigung **unzulässig**. Ersetzt die ESt. die Zustimmung des BR, so bedeutet dies nicht, dass die Kündigung damit begründet ist. Ob die Kündigung wirksam ist, stellt das ArbG im **Kündigungsschutzverfahren** fest. Dabei kann der AN sich darauf

---

178 BAG, NZA 96, 930.
179 ArbG Wuppertal, DB 75, 2329.
180 BAG, DB 88, 1397.
181 BAG, NZA 09, 915.
182 BAG, DB 78, 1501.

berufen, dass der BR aus einem der in Abs. 3 genannten Gründe widersprochen hat, ohne dass der AG dem entgegenhalten kann, dass der Widerspruch des BR durch die ESt. ersetzt worden sei. Ebenso kann der AN nach Abs. 5 die Weiterbeschäftigung zu unveränderten Arbeitsbedingungen über die Kündigungsfrist hinaus bis zur rechtskräftigen Entscheidung des Rechtsstreits verlangen (str.).

7. Beteiligung des Betriebsrats nach anderen Vorschriften

Die Vorschrift stellt klar, dass die Beteiligung des BR bei **anzeige-** **40** **pflichtigen** Entlassungen nach dem KSchG unberührt bleibt. Danach ist der AG verpflichtet, Massenentlassungen gemäß § 17 KSchG der Agentur für Arbeit innerhalb von vier Wochen vorher schriftlich anzuzeigen. Wird die Kündigung vor einer nach § 17 Abs. 1 KSchG erforderlichen, den gesetzlichen Anforderungen entsprechenden Anzeige ausgesprochen, so ist sie unwirksam.[183] Der BR ist vom AG zu hören, der dessen Stellungnahme seiner Anzeige beifügen muss. Soweit erkennbare Veränderungen des Betriebs innerhalb der nächsten zwölf Monate voraussichtlich zu **Massenentlassungen** nach § 17 KSchG führen oder in dem dort genannten Umfang AN voraussichtlich auf andere Tätigkeiten umgesetzt werden, ist der BR ebenfalls zu hören. Die Unterrichtung nach § 17 Abs. 2 KSchG kann mit der Anhörung des BR nach § 102 Abs. 1 verbunden werden.[184] Der AG ist verpflichtet, die Stellungnahme des BR seiner Anzeige an die Landesagentur für Arbeit beizufügen. Ist die Stellungnahme in einem der Massenentlassungsanzeige beigefügten Interessenausgleich ohne Namensliste integriert, ist der gesetzlichen Anforderung genügt und es bedarf keiner separaten Stellungnahme in einem eigenständigen Dokument.[185] Die Stellungnahme des örtl. BR ist der Massenentlassungsanzeige dann nicht beizufügen, wenn in einem betriebsübergreifenden Interessenausgleich, für dessen Abschluss der GBR zuständig war, die zu kündigenden AN namentlich bezeichnet sind; in diesem Fall folgt aus § 125 Abs. 3 InsO, dass der vom Insolvenzverwalter mit dem GBR abgeschlossene Interessenausgleich mit Namensliste die Stellungnahme der örtl. BR nach § 17 Abs. 3 Satz 2 KSchG zu den vom Insolvenzverwalter beabsichtigten Massenentlassungen ersetzt (s. auch § 50 Rn. 5).[186]

§ 103 Außerordentliche Kündigung und Versetzung in besonderen Fällen

(1) Die außerordentliche Kündigung von Mitgliedern des Be-

183 BAG 28. 5. 09 – 8 AZR 273/08, brwo.
184 BAG, NZA 87, 601.
185 BAG 21. 3. 12 – 6 AZR 596/10.
186 BAG 7. 7. 11 – 6 AZR 248/10, brwo.

triebsrats, der Jugend- und Auszubildendenvertretung, der Bordvertretung und des Seebetriebsrats, des Wahlvorstands sowie von Wahlbewerbern bedarf der Zustimmung des Betriebsrats.

(2) Verweigert der Betriebsrat seine Zustimmung, so kann das Arbeitsgericht sie auf Antrag des Arbeitgebers ersetzen, wenn die außerordentliche Kündigung unter Berücksichtigung aller Umstände gerechtfertigt ist. In dem Verfahren vor dem Arbeitsgericht ist der betroffene Arbeitnehmer Beteiligter.

(3) Die Versetzung der in Absatz 1 genannten Personen, die zu einem Verlust des Amtes oder der Wählbarkeit führen würde, bedarf der Zustimmung des Betriebsrats; dies gilt nicht, wenn der betroffene Arbeitnehmer mit der Versetzung einverstanden ist. Absatz 2 gilt entsprechend mit der Maßgabe, dass das Arbeitsgericht die Zustimmung zu der Versetzung ersetzen kann, wenn diese auch unter Berücksichtigung der betriebsverfassungsrechtlichen Stellung des betroffenen Arbeitnehmers aus dringenden betrieblichen Gründen notwendig ist.

1. Geschützter Personenkreis, Dauer des Kündigungsschutzes

1   Die **ordentliche Kündigung** von Mitgl. des BR, der JAV, der Bordvertretung und des See-BR, des WV sowie von Wahlbewerbern ist während der Amtszeit der genannten Personen sowie innerhalb eines Jahres, für Mitglieder einer Bordvertretung innerhalb von sechs Monaten, vom Zeitpunkt der Beendigung der Amtszeit an gerechnet grundsätzlich unzulässig (§ 15 KSchG). Eine Ausnahme gilt für den in § 15 Abs. 4 KSchG geregelten Fall der Betriebsstilllegung (s. Rn. 7) Darüber hinaus regelt § 103 den Schutz des genannten Personenkreises vor **außerordentlichen** Kündigungen, indem diese an die vorherige Zustimmung des BR gebunden sind. Für die Frage, ob Sonderkündigungsschutz nach Abs. 1 Satz 1 besteht, ist bei ordentlichen oder nachgerückten BR-Mitgl. auf den Zeitpunkt des Zugangs der Kündigung i. S. von § 130 Abs. 1 Satz 1 BGB abzustellen.[1] Bei Mitgl. des WV beginnt der Kündigungsschutz mit ihrer wirksamen Wahl in einer Betriebsversammlung (§ 17 Abs. 2) oder mit einer Bestellung (§§ 16 ff.);[2] im Fall der Bestellung durch das ArbG beginnt der beson-

---

1   BAG 27. 9. 12 – 2 AZR 955/11, brwo.
2   LAG Hamm 15. 3. 13 – 13 Sa 6/13, brwo, m. w. N.

dere Kündigungsschutz mit der Verkündung und nicht erst mit der formellen Rechtskraft des Einsetzungsbeschlusses.[3] Bei Wahlbewerbern beginnt der Kündigungsschutz mit der Aufstellung des gültigen Wahlvorschlags. Er endet bei Mitgl. des WV und bei nicht gewählten Wahlbewerbern mit Ablauf von sechs Monaten nach Bekanntgabe des Wahlergebnisses (§ 15 Abs. 3 KSchG; vgl. auch Rn. 10.).[4] Unterbleibt die Bekanntgabe des Wahlergebnisses, ist der BR jedoch zu seiner konstituierenden Sitzung zusammengetreten, so endet der Schutz nach § 15 Abs. 3 Satz 1 mit diesem Zeitpunkt.[5] § 103 erstreckt sich auf JAV i. S. der §§ 60 ff., nicht aber auf Auszubildendenvertretungen in reinen Ausbildungsbetrieben; etwas anderes gilt infolge tarifvertraglicher Bezugnahme für die Auszubildenden im Ausbildungsbetrieb der DT AG mit der Folge, dass Wahlbewerber zur dortigen Auszubildendenvertretung auch während der Probezeit dem besonderen Kündigungsschutz unterfallen.[6] Gem. § 96 Abs. 3 SGB III i. V. mit § 103 bedarf auch die Kündigung des Arbeitsverhältnisses einer Vertrauensperson der schwerbehinderten Menschen der Zustimmung des BR (nicht aber der Zustimmung der SchwbVertr.[7]

Der Kündigungsschutz gilt auch für **Änderungskündigungen**, und **2** zwar auch dann, wenn die Änderung der Arbeitsbedingungen eines durch § 15 KSchG geschützten AN im Rahmen von Massenänderungskündigungen herbeigeführt werden soll.[8] Dem Kündigungsschutz nach dieser Vorschrift unterliegen nicht die Organmitglieder, die aus einer **nichtigen Wahl** hervorgegangen sind.[9] Ist eine BR-Wahl dagegen lediglich anfechtbar, besteht der Sonderkündigungsschutz der gewählten BR-Mitglieder bis zur rechtskräftigen Entscheidung über die Wirksamkeit der Wahl fort.[10]

Mitgl. des BR, die ihr **Amt niedergelegt** haben, genießen den nach- **3** wirkenden Kündigungsschutz grundsätzlich auch. Erklärt der AG im Nachwirkungszeitraum gegenüber einem früheren Mitgl. des BR eine ordentliche Kündigung, so ist diese auch dann nichtig, wenn ein wichtiger Grund zur fristlosen Kündigung vorgelegen hat.[11] Endet die Amtszeit des BR **vorzeitig**, führt der BR die Geschäfte jedoch weiter, bis der neue gewählt und das Wahlergebnis bekannt gegeben ist (vgl. § 13 Abs. 2 Nr. 1 bis 3 und § 22), so beginnt der nachwirkende

---

3 BAG 26. 11. 09 – 2 AZR 185/08, brwo.
4 ArbG Frankfurt am Main, AiB 00, 117.
5 BAG 5. 11. 09 – 2 AZR 487/08, brwo.
6 LAG Berlin-Brandenburg 5. 9. 13 – 26 Sa 667/13, brwo, n. rk. BAG 6 AZR 893/13.
7 BAG 19. 7. 12 – 2 AZR 989/11, juris.
8 BAG, AuR 87, 343.
9 BAG, DB 86, 1883.
10 LAG Hamm 17. 11. 06 – 10 Sa 1555/06, brwo.
11 BAG, DB 79, 2327.

einjährige Kündigungsschutz erst vom **Zeitpunkt der tatsächlichen Beendigung** der Geschäftsführung an.

4 **Ersatzmitgl.** genießen den Kündigungsschutz für die **gesamte Dauer der Vertretung** eines ordentlichen BR-Mitgl.[12] und nicht nur an den Tagen, an denen sie Geschäfte eines BR-Mitgl. – etwa Teilnahme an einer Sitzung – wahrnehmen.[13] Die Vertretung beginnt mit der Arbeitsaufnahme des Ersatzmitgl. an dem Tag, an dem das ordentliche Mitgl. erstmals verhindert ist. Eine **zeitweilige Verhinderung** i.S. von § 25 Abs. 1 Satz 2 (s. § 25 Rn. 3 f.) eines BR-Mitgl. liegt in der Regel auch vor, wenn es sich krank gemeldet hat und der Arbeit fernbleibt, sich später aber herausstellt, dass das BR-Mitgl. tatsächlich nicht arbeitsunfähig krank und deshalb unberechtigt der Arbeit ferngeblieben war.[14] Das **erste Ersatzmitgl. der jeweiligen Vorschlagsliste** ist so lange Vertreter im BR, wie ein Vertretungsfall gegeben ist. Weitere Ersatzmitgl. rücken nach, solange und soweit weitere Vertretungsfälle eintreten. Fällt in eine kurze Vertretung oder zu Beginn einer längeren Vertretung eine Sitzung des BR, genießt das Ersatzmitgl. auch in der **Vorbereitungszeit** den besonderen Kündigungsschutz. Dies ist die Zeit ab Ladung; in der Regel sind jedoch drei Arbeitstage als Vorbereitungszeit ausreichend.[15] Der Sonderkündigungsschutz hängt nicht davon ab, dass das Ersatzmitgl. während der Vertretungszeit tatsächlich BR-Aufgaben erledigt; er setzt im Urlaubsfall regelmäßig mit dem üblichen Arbeitsbeginn am ersten Urlaubstag des verhinderten BR-Mitgl. ein.[16] Tritt bei einem zur Amtsausübung berufenen Ersatzmitgl. nachträglich ebenfalls ein **Verhinderungsfall** ein, so behält es den besonderen Kündigungsschutz auch während der eigenen Verhinderung, sofern deren Dauer im Vergleich zur voraussichtlichen Dauer des Vertretungsfalles als unerheblich anzusehen ist. Eine ersichtlich unbedeutende Unterbrechung der Amtsausübung gilt nicht als Unterbrechung der Berufung des Ersatzmitgl. zur stellvertretenden Wahrnehmung des BR-Amtes.[17]

5 Ersatzmitgl. des BR, die stellvertretend für ein zeitweilig verhindertes ordentliches BR-Mitgl. dem BR angehören und Aufgaben eines BR-Mitgl. wahrgenommen haben, genießen nach Beendigung des Vertretungsfalles grundsätzlich den **nachwirkenden Kündigungsschutz**; dies gilt unabhängig von der Dauer ihrer Amtszeit und ihres Einsatzes im BR. Die Tätigkeit eines Ersatzmitgl. setzt auch nicht die tatsächliche Teilnahme an einer BR-Sitzung voraus; ausreichend sind vielmehr bereits eine Ladung und Vorbereitung des Betroffenen zu

---

12 Vgl. dazu im Einzelnen Besgen, AiB 81, 98 f.
13 BAG, DB 78, 495.
14 BAG 5. 9. 86, AP Nr. 25 § 103 BetrVG 1972.
15 BAG, DB 79, 1136.
16 LAG Köln 10. 12. 12 – 5 Sa 604/10, brwo.
17 BAG, DB 78, 495.

dieser Sitzung. Schon während dieser Phase kann das Ersatzmitgl. amtsbedingt in eine Konfliktstellung zum AG geraten, insbesondere wenn dieser die Teilnahme an der BR-Sitzung dadurch verhindert, dass er eine betriebsbedingte Unabkömmlichkeit des Ersatzmitgl. einwendet.[18] Der nachwirkende Kündigungsschutz besteht auch dann, wenn dem AG bei Ausspruch einer ordentlichen Kündigung nicht bekannt ist, dass das Ersatzmitgl. vor Ablauf eines Jahres stellvertretend als Mitgl. des BR amtiert hat.[19]

Der nachwirkende sechsmonatige Kündigungsschutz gegen ordentli- **6** che Kündigungen gilt gem. § 15 Abs. 3 Satz 2 nicht für Mitgl. eines WV, der aufgrund einer **gerichtl. Entscheidung** durch einen **anderen WV ersetzt** worden ist, weil er seiner Verpflichtung zur unverzüglichen Einleitung und Durchführung der Wahl nicht nachgekommen war. Dagegen erwerben die Mitgl. eines WV, die vor Durchführung der BR-Wahl ihr Amt niederlegen, vom Zeitpunkt der Amtsniederlegung an den nachwirkenden Kündigungsschutz.[20] Durch den neu in § 15 KSchG aufgenommenen Abs. 3a ist auch die ordentliche Kündigung von AN unzulässig, die zur Wahl eines WV **einladen** oder dessen Bestellung beim ArbG **beantragen**. Der Kündigungsschutz gilt für die **ersten drei** in der Einladung oder Antragstellung angeführten AN. Er beginnt mit der Einladung oder Antragstellung und endet mit der Bekanntgabe des Wahlergebnisses, falls eine AN-Vertretung nicht gewählt wird, drei Monate nach Einladung oder Antragstellung. Der kollektive Schutz nach § 103 für den Fall einer außerordentlichen Kündigung gilt für diesen zuletzt genannten Personenkreis allerdings nicht.

Entfällt der Arbeitsplatz eines nach § 15 KSchG geschützten AN, hat **7** der AG den AN auf einen anderen Arbeitsplatz zu übernehmen. Nach § 15 Abs. 4 KSchG ist die ordentliche Kündigung des geschützten Personenkreises (Rn. 1 f.) ausnahmsweise zulässig im Falle einer **Betriebsstilllegung**. Sie bedarf nicht der Zustimmung des BR nach § 103, aber dessen Anhörung nach § 102 Abs. 1.[21] Die Kündigung kann dann unter Einhaltung der Kündigungsfrist, jedoch frühestens zum Zeitpunkt der Stilllegung erfolgen,[22] es sei denn, dass zwingende betriebliche Erfordernisse die Kündigung schon zu einem früheren Zeitpunkt bedingen. Wird eine dem besonderen Kündigungsschutz unterliegende Person in einer Betriebsabteilung beschäftigt, die stillgelegt wird, ist sie in eine andere Betriebsabteilung zu übernehmen, wobei der AG einen Arbeitsplatz unter Umständen durch Kündigung

---

18   LAG Brandenburg, BB 95, 1912.
19   Vgl. aber auch BAG a. a. O.
20   BAG, NZA 87, 279.
21   BAG, NZA 09, 1267.
22   BAG a. a. O.

frei machen muss.[23] Kann ein in der stillgelegten Betriebsabteilung
beschäftigtes BR-Mitgl. nach entsprechender Änderungskündigung
zu im Übrigen unveränderten Arbeitsbedingungen auf einem freien
Arbeitsplatz in einer anderen Betriebsabteilung weiterbeschäftigt werden, ist der AG grundsätzlich jedoch nicht verpflichtet, wegen der
geringeren Belastung für das BR-Mitgl. einen näher gelegenen Arbeitsplatz frei zu kündigen.[24] Die Kündigung eines BR-Mitgl. wegen
Betriebsstilllegung ist im Übrigen über den Wortlaut des § 15 Abs. 4
KSchG hinaus stets nur gerechtfertigt, wenn **keine Weiterbeschäftigungsmöglichkeit** in einem **anderen** Betrieb des AG besteht.[25] Auf
derartige Kündigungen findet § 102 Anwendung. Der BR ist vor
ihrem Ausspruch zu hören und kann gemäß § 102 Abs. 3 Widerspruch
erheben.[26] Im Anhörungsverfahren ist dem BR neben der Entscheidung des UN über die geplante Stilllegung auch der voraussichtliche
Stilllegungstermin mitzuteilen.[27]

8 Ist dem Mitgl. eines BR zum voraussichtlichen Termin der Betriebsstilllegung gekündigt, so endet das Arbeitsverhältnis, falls sich die
Betriebsstilllegung verzögert, mit dem nächstzulässigen Termin nach
der Betriebsstilllegung. Kommt es nicht zur Stilllegung, weil der
Betrieb veräußert wird, etwa im Konkurs, ist die Kündigung gegenstandslos. Das Arbeitsverhältnis geht dann auf den Erwerber über.[28] Die
vorstehenden Grundsätze kommen auch zur Anwendung bei der
Schließung einer Betriebsabteilung eines von mehreren UN geführten
Gemeinschaftsbetriebs. Eine geschützte Person ist deshalb auch in
einem anderen Betriebsteil eines **anderen UN** zu übernehmen, sofern
die am Gemeinschaftsbetrieb beteiligten UN AG geworden sind.[29]
Überträgt der AG Betriebsabteilungen auf einen Erwerber und legt
er gleichzeitig die verbleibenden Abteilungen mit nach § 15 Abs. 5
KSchG geschützten Funktionsträgern still, hat er diese im Rahmen der
betrieblichen Möglichkeit in die zu übertragenden Abteilungen zu
übernehmen. Geschieht dies bis zum Zeitpunkt des Betriebsübergangs
nicht, geht das Arbeitsverhältnis des geschützten Funktionsträgers gemäß § 613a BGB auf den Erwerber über, sofern der Funktionsträger
nicht widerspricht. Dieser kann den Übergang des Arbeitsverhältnisses
grundsätzlich auch unmittelbar dem Erwerber gegenüber geltend machen.[30]

9 Auch in **Eilfällen** hat der AG vor der Kündigung von BR-Mitgl. die

---

23   ArbG Frankfurt am Main a. a. O.
24   BAG, AiB 00, 581.
25   BAG, DB 93, 1224.
26   BAG, DB 77, 1320.
27   LAG Köln, ZIP 93, 1107.
28   BAG, DB 80, 1601.
29   BAG, NZA 88, 32.
30   LAG Sachsen-Anhalt, AiB 99, 470.

Anhörungsfristen des § 102 Abs. 2 einzuhalten. Er kann nicht alsbald nach Mitteilung der Kündigungsabsicht an den BR wirksam kündigen, weil der von einer plötzlichen Betriebsstilllegung überraschte BR schweigt. Der BR besteht trotz tatsächlicher Betriebsstilllegung jedenfalls so lange fort, wie die Arbeitsverhältnisse der AN rechtlich noch nicht beendet sind oder doch deren Beendigung noch nicht feststeht.[31]

Der **besondere Schutz** gegen ordentliche sowie außerordentliche   **10**
Kündigungen beginnt bei Mitgl. des WV vom **Zeitpunkt der Be-**
stellung an.[32] Für **Wahlbewerber** beginnt der Kündigungsschutz,
sobald ein WV für die Wahl bestellt ist und für den Wahlbewerber
ein gültiger **Wahlvorschlag** vorliegt, der die nach § 16 Abs. 6 und 7
erforderliche Mindestzahl von Unterschriften aufweist. Auf den Zeitpunkt der Einreichung des Wahlvorschlags beim WV kommt es nicht
an.[33] Bei Wahlbewerbern setzt der Schutz allerdings Wählbarkeit voraus.[34] Der besondere Kündigungsschutz für den Wahlbewerber entfällt nicht, weil die Vorschlagsliste durch spätere Streichung von Stützunterschriften ungültig wird.[35] Wird die Betriebsabteilung eines
Wahlbewerbers stillgelegt, ist die Kündigung frühestens zum Zeitpunkt der Stilllegung zulässig.[36] Nach Beendigung des nachwirkenden
Kündigungsschutzes kann der AG dem erfolglosen Wahlbewerber
wieder wie jedem anderen AN kündigen. Er kann die Kündigung
auch auf Pflichtverletzungen des AN stützen, die dieser **während der**
Schutzfrist begangen hat und die erkennbar nicht im Zusammenhang
mit der Wahlbewerbung stehen.[37]

Die **Benennung** eines AN **als Kandidat** für die BR-Wahl **in** einer   **11**
Versammlung gew. Vertrauensleute und die Aufzeichnung seines
Namens auf einen Zettel ohne Unterschriften löst den besonderen
Kündigungsschutz noch nicht aus.[38] Eine ordentliche Kündigung ist
auch während der Probezeit im Rahmen des Berufsausbil-
dungsverhältnisses ausgeschlossen.

2. Kein oder nur aus einer Person bestehender Betriebsrat

Die für eine **außerordentliche** Kündigung aus wichtigem Grund   **12**
(§ 626 BGB) notwendige Zustimmung kann der AG dann nicht beim
BR einholen, wenn im Betrieb **kein BR besteht**. Er muss die Zustimmung dann durch das ArbG nach Abs. 2 ersetzen lassen.[39] Dasselbe

---

31 BAG, DB 77, 1320.
32 LAG Hamm, DB 74, 389.
33 BAG, DB 76, 1335.
34 BAG, AiB 97, 596.
35 BAG, DB 81, 1142.
36 ArbG Frankfurt am Main, AiB 00, 117.
37 BAG, NZA 96, 1032.
38 BAG, DB 74, 1067.
39 BAG, BB 76, 1415.

muss gelten, wenn der **BR** nur **aus einer Person besteht** und das Ersatzmitgl. bereits aus dem Betrieb ausgeschieden ist, da das von der außerordentlichen Kündigung betroffene einzige BR-Mitgl. schwerlich selbst über die erforderliche Zustimmung entscheiden kann.[40] Aber selbst dann, wenn das gewählte Ersatzmitgl. noch im Betrieb tätig ist, muss der AG die Zustimmung zur fristlosen Kündigung des einzigen BR-Mitgl. durch das ArbG ersetzen lassen, da von dem Ersatzmitgl. – wegen des erheblichen Eigeninteresses – regelmäßig keine objektive Entscheidung erwartet werden kann.[41] Auch wenn der AG **allen Mitgl. des BR** aus demselben Anlass außerordentlich kündigen will und keine Ersatzmitgl. vorhanden sind, die nachrücken könnten, muss er, solange ein beschlussfähiger BR besteht, vor Ausspruch der Kündigung zunächst beim BR die Zustimmung beantragen. Ein Mitgl. des BR darf zwar an der Beratung und Abstimmung des BR über seine eigene Kündigung nicht teilnehmen. Es kann aber auch dann an der Beschlussfassung über die Kündigung eines anderen teilnehmen, wenn ihm aus dem gleichen Grund gekündigt werden soll.[42] Ist ein zunächst dreiköpfiger BR wegen Rücktritts zweier Mitglieder handlungsunfähig, bedarf eine (Änderungs-)Kündigung gegenüber dem verbliebenen BR-Mitgl. der Zustimmung des BR bzw. der Ersetzung durch das ArbG.[43] Die Übertragung des Zustimmungsrechts des BR nach dieser Vorschrift auf den BA (§ 27 Abs. 2 Satz 2) oder einen besonderen Ausschuss (§ 28) ist nach abzulehnender Auffassung des BAG grundsätzlich zulässig (s. auch die Hinweise in § 27 Rn. 7).[44]

3. Zustimmungsverfahren beim Betriebsrat

13 Da das BR-Mitgl., dem gekündigt werden soll, wegen der eigenen Betroffenheit weder an der Beratung noch an der Beschlussfassung des BR teilnehmen darf, ist für das betroffene BR-Mitgl. in der gesetzlich bestimmten Reihenfolge (§ 25 Abs. 2) ein **Ersatzmitgl. zu laden**.[45] Ist das nicht geschehen und nimmt das betroffene BR-Mitgl. an der Beratung über seine eigene Kündigung teil, so ist der BR-Beschluss über die Kündigung nichtig.[46] Die Selbstbetroffenheit gilt nur für die Frage, ob der beabsichtigten Kündigung zugestimmt werden soll oder nicht. Will der BR einen Rechtsanwalt zu seiner Vertretung im gerichtlichen Zustimmungsersetzungsverfahren hinzuziehen, ist das zu kündigende Mitgl. des BR von der Mitwirkung an einem Beschluss

---

40 BAG 16. 12. 82, AP Nr. 13 zu § 15 KSchG 1969.
41 ArbG Siegen, NZA 86, 267.
42 BAG, DB 76, 1337.
43 LAG SH, NZA-RR 05, 309.
44 BAG, NZA 05, 1064.
45 LAG RP 8. 2. 13 – 9 Sa 340/12, brwo.
46 BAG, DB 85, 554.

hierüber nicht ausgeschlossen.[47] Betreibt ein BR-Mitglied, das Vorgesetzter eines anderen BR-Mitglieds ist, dessen Kündigung, so ist nicht nur das zu kündigende BR-Mitgl. an der Beratung und Beschlussfassung gehindert, sondern auch das die Kündigung betreibende BR-Mitgl. muss als »zeitlich verhindert« durch ein Ersatzmitgl. vertreten werden.[48] **Mängel bei der Beschlussfassung** des BR gehen regelmäßig zu Lasten des AG, da die sog. Sphärentheorie im Zustimmungsverfahren keine Anwendung findet.[49]

Die Zustimmung des BR zur außerordentlichen Kündigung gegenüber den in dieser Bestimmung genannten Personen ist – ebenso wie die durch Entscheidung des ArbG nach Abs. 2 ersetzte Zustimmung – **Wirksamkeitsvoraussetzung** für die Kündigung. Spricht der AG die Kündigung aus, bevor der BR die Zustimmung erteilt hat oder seine Zustimmung durch gerichtliche Entscheidung rechtskräftig ersetzt ist, ist die Kündigung unheilbar nichtig.[50] Daher ist der AG verpflichtet, wie bei der Anhörung des BR zu jeder anderen außerordentlichen Kündigung dem BR die Kündigungsabsicht und die maßgebenden Tatsachen mitzuteilen, die den wichtigen Grund für die beabsichtigte außerordentliche Kündigung darstellen sollen; die für das Anhörungsverfahren nach § 102 Abs. 1 geltenden Grundsätze sind auch für § 103 entsprechend anzuwenden.[51] Eine mit Zustimmung des BR erklärte fristlose Kündigung eines Mitgl. des BR ist gleichwohl unwirksam, wenn der AG nicht gleichzeitig mit der Kündigung dem AN die schriftlich erteilte Zustimmung des BR vorlegt und der AN deshalb die Kündigung unverzüglich zurückweist, vorausgesetzt, dass der BR den AN von der Zustimmung nicht in Kenntnis gesetzt hat.[52] Eine **nachträgliche**, nach Ausspruch der Kündigung erteilte Zustimmung ist rechtlich bedeutungslos. Zu einer bereits erklärten Kündigung kann der AG auch die Ersetzung der Zustimmung nach Abs. 2 nicht beantragen.[53] Hat der AG einen Zustimmungsantrag beim BR gestellt und nach spontaner Zustimmungserklärung des BR-Vors. vor Ablauf von drei Tagen gekündigt, muss er deshalb erneut die Zustimmung beantragen, wenn er wegen Bedenken gegen die Wirksamkeit der ersten Kündigung eine weitere aussprechen will. Die Kündigung darf erst ausgesprochen werden, wenn die fehlende Zustimmung durch das Gericht aufgrund einer rechtskräftigen Entscheidung ersetzt worden ist.[54]

14

---

47 LAG Hamm, BB 99, 743.
48 ArbG Berlin 1. 2. 13 – 28 Ca 18456/12, juris.
49 BAG DB 85, 554; LAG RP 8. 2. 13 – 9 Sa 340/12, brwo.
50 ArbG Hamburg 12. 6. 07 – 9 Ca 530/06.
51 LAG Hamm 30. 5. 08 – 10 TaBV 3/08, brwo; LAG Rheinland-Pfalz 12. 7. 07 – 11 TaBV 21/07, juris.
52 LAG Hamm, AuR 98, 490.
53 BAG, AiB 97, 541.
54 BAG, AiB 97, 541; vgl. auch BAG, DB 75, 1321.

15 Für die Zustimmungsbedürftigkeit der Kündigung kommt es auf den **Zeitpunkt** ihres Ausspruchs an.[55] Äußert der BR sich auf die Bitte des AG um Zustimmung zu einer beabsichtigten außerordentlichen Kündigung nicht innerhalb von drei Tagen, so gilt die Zustimmung als **verweigert**.[56]

16 Nach § 626 Abs. 2 BGB kann eine fristlose Kündigung nur innerhalb von **zwei Wochen** erfolgen, beginnend mit dem Zeitpunkt, in dem der AG von den für die Kündigung maßgebenden Tatsachen **Kenntnis** erlangt. Die Ausschlussfrist des § 626 Abs. 2 BGB gilt auch im Rahmen des § 103 BetrVG. Dies bedeutet, dass der AG **innerhalb** der Frist auf jeden Fall die Zustimmung des BR beantragen muss.[57] Bei dem Zustimmungsersuchen handelt es sich um eine einseitige empfangsbedürftige Willenserklärung, das von einem Vertr. des AG gestellt (§ 164 ff. BGB), vom BR aber nach § 174 BGB wegen fehlender Vollmacht zurückgewiesen werden kann.[58]

17 Erteilt der BR die Zustimmung, so kann der AG nunmehr außerordentlich kündigen. Die Kündigung muss ebenfalls **innerhalb** der Zweiwochenfrist des § 626 Abs. 2 BGB ausgesprochen werden (für den Fall der Verweigerung der Zustimmung vgl. Rn. 20 ff.).

4. Zustimmungsersetzungsverfahren beim Arbeitsgericht

18 Das Gesetz regelt nicht, unter welchen Voraussetzungen der BR seine Zustimmung zu einer außerordentlichen Kündigung verweigern kann. Die Entscheidung dieser Frage ist deshalb in sein **pflichtgemäßes Ermessen** gestellt. Eine verweigerte Zustimmung kann vom ArbG nur ersetzt werden, wenn die beabsichtigte außerordentliche Kündigung der gesetzlichen Regelung des § 626 Abs. 1 BGB entspricht.[59] Bei der Prüfung der Frage, ob ein wichtiger Grund i.S. des § 626 BGB vorliegt, ist auch zu berücksichtigen, ob es um eine Verletzung **arbeitsvertraglicher** Pflichten geht oder ob zugleich eine Amtspflichtverletzung vorliegt. Letztere rechtfertigt grundsätzlich nur betriebsverfassungsrechtliche Sanktionen, also etwa einen Ausschluss aus dem BR nach § 23 Abs. 1 (s. hierzu Rn. 19 am Ende). Nur wenn durch die Amtspflichtverletzung zugleich das konkrete Arbeitsverhältnis unmittelbar und erheblich beeinträchtigt wird, ist eine außerordentliche Kündigung denkbar.[60] Handelt es sich dagegen ausschließlich um eine arbeitsvertragliche Pflichtverletzung, gelten für BR-Mitgl. die zu § 626

---

55 LAG Düsseldorf, DB 76, 202.
56 BAG, DB 78, 109.
57 BAG, DB 74, 2310.
58 HessLAG, NZA 99, 878.
59 LAG Rheinland-Pfalz 16. 8. 06 – 9 TaBV 67/05, brwo.
60 LAG Hamm 4. 2. 11 – 10 Sa 1743/10, brwo.

Abs. 1 BGB entwickelten Grundsätze zur außerordentlichen Kündigung uneingeschränkt.[61]

Hängt das arbeitsvertragswidrige Verhalten des AN mit der Amtstätigkeit zusammen, ist die Kündigung nur unter Anlegung eines besonders strengen Maßstabs gerechtfertigt.[62] So ist die Äußerung öffentlicher Kritik an der UN-Führung durch ein BR-Mitglied im Rahmen eines Zeitungsinterviews durch das Recht auf freie Meinungsäußerung gedeckt.[63] Kritik an der Einstellung oder dem Verhalten des AG gegenüber den Belangen der Beschäftigten, auch wenn sie in zugespitzter und provozierender Weise geübt wird, ist grundsätzlich kein eine außerordentliche Kündigung rechtfertigender Grund,[64] auch nicht die bloße Anwesenheit oder auch Teilnahme eines BR-Mitgl. bei einem kurzen Warnstreik;[65] wird in dem zuletzt genannten Fall eine fristlose Kündigung nur dem BR-Mitgl. gegenüber ausgesprochen, verstößt sie sogar gegen das Benachteiligungsverbot des § 78.[66] Informiert ein BR-Mitgl. mit Billigung des Gremiums die Aufsichtsbehörde über einen tatsächlichen oder vermeintlichen Arbeitszeitverstoß des AG (unzulässige Sonntagsarbeit), so stellt dieses Verhalten jedenfalls dann keinen Grund für eine fristlose Kündigung oder eine Amtsenthebung des BR-Mitgl. dar, wenn der AG zuvor in rechtswidriger Weise ohne Zustimmung des BR den Schichtbeginn am Sonntagabend vorverlegt hat.[67] Eine außerordentliche Kündigung ist regelmäßig nicht gerechtfertigt, wenn ein AN in Wahrnehmung seiner staatsbürgerlichen Rechte im Strafverfahren eine Strafanzeige erstattet bzw. an ihr mitwirkt, soweit darin nicht wissentlich unwahre oder leichtfertig falsche Angaben gemacht werden.[68] Nichts anderes gilt für einen AN, der in seiner amtlichen Position als BR-Mitgl. an der Beschlussfassung des BR über die Erstattung einer Strafanzeige und die Stellung eines Strafantrags nach § 119 Abs. 1 Nr. 2, Abs. 2 gegen den AG mitwirkt.[69] Wegen häufiger krankheitsbedingter Fehlzeiten kann das Arbeitsverhältnis eines BR-Mitgl. grundsätzlich nicht außerordentlich gekündigt werden;[70] etwas anderes kann allenfalls dann gelten, wenn eine **dauernde** krankheitsbedingte Leistungsunfähigkeit des BR-Mitgl. offensichtlich ist.[71] Der dringende Verdacht der Ver-

19

---

61 LAG Berlin, BB 99, 421.
62 BAG, DB 87, 1304; BAG 12. 5. 10 – 2 AZR 587/08, brwo; LAG Hamm 15. 3. 13 – 13 TaBV 10/13, brwo.
63 LAG Rheinland-Pfalz 8. 7. 11 – 6 Sa 713/10, brwo.
64 LAG Hamburg, AuR 97, 301.
65 LAG Hamm, AiB 96, 736.
66 LAG Hamm a. a. O.
67 ArbG Marburg 12. 11. 10 – 2 BV 4/10, juris.
68 BVerfG 2. 7. 01 – 1 BvR 2049/00, brwo.
69 LAG Hamm 15. 3. 13 –13 TaBV 10/13, brwo.
70 BAG, DB 94, 1426.
71 ArbG Hagen 5. 8. 93 – 5 BV 4/93.

letzung der Vertraulichkeit des Wortes (heimliche Übertragung einer BR-Sitzung per Mobiltelefon durch ein BR-Mitgl. an Dritte) genügt zur Begründung einer außerordentlichen Kündigung nicht, als Reaktion des AG reicht eine Abmahnung aus.[72] Auch der objektive Verstoß gegen einen Straftatbestand (ungenehmigte Tonbandaufnahme in der BR-Sitzung) rechtfertigt nicht zwingend eine fristlose Kündigung, wenn keine Wiederholungsgefahr besteht und die Rechtsverletzung sich in Zukunft nicht belastend im Arbeitsverhältnis auswirkt; in einem solchen Fall kann bei nur fahrlässiger Rechtsgutverletzung vor Ausspruch einer Kündigung eine Abmahnung erforderlich sein.[73] Die Beleidigung von Vorgesetzten als »Arschlöcher« stellt eine schwere verbale Entgleisung dar, durch die ein BR-Vors. sowohl das Arbeitsverhältnis als auch seine Amtspflicht verletzt; eine solche Verbalinjurie ist aber jedenfalls bei einem seit Jahren beanstandungsfrei bestehenden Arbeitsverhältnis nicht kündigungsrelevant.[74] Hingegen stellt die Bedrohung eines Arbeitskollegen mit den Worten »ich schwöre, ich töte dich« für den Fall, dass dieser Arbeitskollege erneut von seinem ihm zustehenden Beschwerderecht gemäß § 84 Abs. 1 BetrVG Gebrauch machen sollte, eine so schwerwiegende Verletzung der arbeitsvertraglichen Nebenpflichten dar, dass sie auch ohne vorherige Abmahnung zur außerordentlichen Kündigung eines BR-Mitgl. berechtigt.[75] Vermögensdelikte des AN in erheblicher Höhe zu Lasten des AG (hier: Unterschlagungen von insgesamt ca. 300 000 € durch einen im Kassenbereich einer Bank tätigen AN) können trotz 28-jähriger Betriebszugehörigkeit eine außerordentliche Kündigung ohne vorherige Abmahnung rechtfertigen.[76] Auch die Verschaffung eines ihm nicht zustehenden Vermögensvorteils (hier die Versteigerung von in fremdem Eigentum stehenden Freikarten bei ebay und die Aneignung des durch die Veräußerung nicht erlaubten Verkaufserlöses) stellt bei einem im Kassendienst tätigen Mitarbeiter eine besonders gravierende Vertragspflichtverletzung dar, die zur außerordentlichen Kündigung berechtigt.[77] Bereits der dringende Verdacht eines zum Nachteil des AG begangenen Eigentums- oder Vermögensdelikts (hier Erwerb von Kleidung zu einem Warenwert von mehreren Hundert Euro für den privaten Bedarf nach vorheriger Auflösung einer zugunsten des AG vereinbarten Gutschrift) kann unabhängig von der Höhe des dem AG entstandenen Schadens ein wichtiger Grund zur außerordentlichen

---

72   LAG BaWü 9. 9. 11 – 17 Sa 16/11, juris.
73   LAG Düsseldorf, AiB 00, 170; vgl. aber auch ArbG Detmold, AiB 99, 41, wonach eine vom AG gegenüber einem BR-Mitgl. ausgesprochene Abmahnung wegen angeblicher Amtspflichtverstöße unzulässig ist.
74   LAG Nds., NZA-RR 05, 530.
75   LAG Hamburg 26. 11. 10 – 3 TaBV 5/10, juris.
76   LAG Hamm 7. 8. 09 – 10 TaBV 31/09, brwo.
77   LAG Nürnberg 11. 5. 11 – 4 TaBV 56/10, juris, n. rk. BAG 2 ABR 59/11.

Kündigung sein.[78] Bei einer Verdachtskündigung ist der AG aber angehalten, alle zumutbaren Anstrengungen zur Aufklärung des Sachverhalts zu unternehmen. Es müssen insbesondere Personen angehört werden, die bei dem verdachtsauslösenden Vorgang (hier Verdacht der Entwendung eines Jetons durch einen Croupier) anwesend waren. Bei mehreren anwesenden Personen darf sich der AG insbesondere dann nicht auf die Aussage einer Person verlassen, wenn die Anhörung der anderen Personen nur einen geringen Aufwand erfordert.[79] Bei bestehendem Verdacht einer Unterschlagung (hier Ausgabe zahlreicher Biere durch den Zapfer an Kellner ohne Bon, um möglicherweise die eingenommenen Gelder zu teilen) unterliegen die durch eine heimliche Videoüberwachung unter Verletzung der datenschutzrechtlichen Bestimmungen gewonnenen Daten einem Beweisverwertungsverbot[80] (vgl. auch § 75 Rn. 8, § 87 Rn. 2, § 94 Rn. 6). Nach den von der Rspr. des BAG zur Videoüberwachung aufgestellten Grundsätzen[81] bzw. unter den Voraussetzungen des § 32 Abs. 1 Satz 2 BDSG sind demgegenüber diejenigen Daten, die durch die heimliche Installation und Anwendung eines Computercontrollprogramms gewonnen wurden zwecks Nachweises, dass nachträglich durchgeführte Änderungen im elektronischen Arbeitszeitkonto eines AN von dessen Computer aus durchgeführt wurden, prozessual verwertbar.[82] Zeichnet aber das Computercontrollprogramm nicht nur Zugriffe auf das betroffene Arbeitszeitkonto des BR-Mitgl. auf, sondern auch die weiteren auf dem Bildschirm des AN bis zum Ende des Aufzeichnungsintervalls stattfindenden Aktivitäten, obwohl diese mit dem Arbeitszeitkonto nichts zu tun haben und in solchen Fällen ein automatisches Abschalten des Kontrollprogramms technisch möglich wäre, stellt dies ein Übermaß an Kontrolle und einen unverhältnismäßigen Eingriff in das Persönlichkeitsrecht des kontrollierten AN dar mit der Folge, dass das gewonnene Beweismaterial nicht verwertet werden darf.[83] Wenn ein BR-Mitgl., das im Rahmen eines Seminars »Aktuelle Rechtsprechung zum Arbeits- und Betriebsverfassungsrecht« an einem halbtägigen Besuch von Verhandlungen vor dem ArbG unter dem Vorsitz eines bestimmten Kammervors. teilnimmt, während einer Verhandlungspause in dieser Kammer ein Café gegenüber dem Gerichtsgebäude aufsucht oder eine Güteverhandlung im Kündigungsschutzprozess eines anderen Mitarbeiters seines AG besucht, ist dies kein Arbeitszeitbetrug und damit weder ein an sich für eine außerordentliche fristlose Kündigung geeigneter wichtiger Grund noch ein Sachverhalt, der

78 ArbG Hamburg 22. 5. 13 – 26 BV 31/12, juris.
79 HessLAG 24. 10. 12 – 12 TaBV 46/11, brwo.
80 ArbG Düsseldorf 29. 4. 11 – 9 BV 183/10, juris; a. A. ArbG Frankfurt/Main 30. 5. 12 – 7 BV 168/12, juris.
81 BAG 21. 6. 12 – 2 AZR 153/11, brwo.
82 ArbG Augsburg 4. 10. 12 – 1 BV 36/12, juris.
83 Ebenda.

geeigneter Anlass für einen **Ausschluss aus dem BR** wäre.[84] Gleiches gilt, wenn ein freigestelltes BR-Mitgl. auf einem Gewerkschaftsseminar referiert, obwohl ihm der AG dafür keinen unbezahlten Sonderurlaub gewährt hat, wenn es keine Vereinbarung über Büro- und Präsenzzeiten des BR gibt, sondern das Gremium selbst über die Einsatzzeiten seiner freigestellten Mitgl. bestimmt.[85] Zu einem Ausschluss aus dem BR (im konkreten Fall aber nicht zu einer außerordentlichen Kündigung) kann es führen, wenn ein BR-Mitgl. in einer Vielzahl von Fällen unberechtigt Einblick in die elektronisch geführten Personalakten nimmt.[86] Will der AG eine **außerordentliche Änderungskündigung** aussprechen, ist die fehlende Zustimmung des BR vom ArbG nur dann zu ersetzen, wenn die vorgesehene Änderung der Arbeitsbedingungen für den AG unabweisbar und für den AN zumutbar ist.[87]

20 Verweigert der BR die Zustimmung,[88] so kann der AG eine wirksame Kündigung nur aussprechen, wenn das ArbG auf seinen Antrag die fehlende Zustimmung ersetzt hat. Dasselbe gilt, wenn der BR sich innerhalb einer angemessenen Zeit nicht äußert. Das Schweigen des BR ist als **Zustimmungsverweigerung** zu werten.[89]

21 Der AG muss, wenn er sein Kündigungsrecht nicht verlieren will, innerhalb der zweiwöchigen Ausschlussfrist des § 626 Abs. 2 BGB nicht nur den Zustimmungsantrag beim BR stellen, sondern bei ausdrücklicher oder wegen Fristablaufs zu unterstellender Verweigerung der Zustimmung **auch** das Verfahren auf deren Ersetzung beim ArbG einleiten.[90] Andere als die dem BR im Zustimmungsverfahren genannten Gründe können im gerichtlichen Zustimmungsersetzungsverfahren nur berücksichtigt werden, wenn sie nachträglich bekannt geworden oder entstanden sind und zuvor der BR vergeblich um Zustimmung ersucht wurde.[91] Während des Zustimmungsersetzungsverfahrens ist der betroffene AN zu unveränderten Bedingungen weiterzubeschäftigen, der Beschäftigungsanspruch kann im einstweiligen Verfügungsverfahren durchgesetzt werden.[92]

22 Verweigert der BR bei einem **Schwerbehinderten**, der gleichzeitig BR-Mitgl. ist, die Zustimmung zu einer außerordentlichen Kündigung, so hat der AG das Verfahren auf Ersetzung der Zustimmung in entsprechender Anwendung des § 91 Abs. 5 SGB IX (früher: § 21

---

84 LAG München 24. 2. 11 – 3 TaBV 23/10, brwo.
85 LAG Düsseldorf 30. 1. 14 – 15 TaBV 100/13, juris.
86 LAG Berlin-Brandenburg 12. 11. 12 – 17 TaBV 1318/12, brwo.
87 BAG, NZA 95, 1157.
88 Musterschreiben s. DKKW-F-Bachner, § 103 Rn. 5.
89 BAG, DB 78, 109.
90 BAG a. a. O.
91 LAG Nürnberg 2. 8. 07 – 5 TaBV 67/06 – brwo.
92 LAG Hamm, NZA-RR 03, 312.

Abs. 5 SchwbG) unverzüglich nach Erteilung der Zustimmung oder nach Ablauf der Zweiwochenfrist des § 91 Abs. 3 SGB IX (früher: § 21 Abs. 3 SchwbG) beim ArbG einzuleiten.[93]

Ein **vor** der Entscheidung des BR gestellter (vorsorglicher) Zustim- **23** mungsersetzungsantrag des AG ist unzulässig; er wird auch nicht mit der Zustimmungsverweigerung des BR zulässig.[94]

Hat der BR die Zustimmung zu einer beabsichtigten außerordentli- **24** chen Kündigung zunächst verweigert und hat der AG deshalb das gerichtliche Zustimmungsersetzungsverfahren eingeleitet, kann der BR seine Zustimmung auch noch **nachträglich** erteilen, wenn sich herausgestellt hat, dass die Voraussetzungen für eine außerordentliche Kündigung (§ 626 Abs. 1 BGB) erfüllt sind. Dadurch erledigt sich das vom AG angestrengte Zustimmungsersetzungsverfahren.[95] Er muss dann aber die Kündigung unverzüglich aussprechen.[96] Ein vorher eingeleitetes Zustimmungsersetzungsverfahren gemäß § 103 wird auch mit **Beendigung des besonderen Kündigungsschutzes** nach § 15 KSchG für Amtsträger und Wahlbewerber wegen Wegfalls des Rechtsschutzinteresses gegenstandslos.[97] Der AG kann in das gericht- liche Zustimmungsersetzungsverfahren unbeschränkt neue Kündi- gungsgründe einführen, sofern er sie vorher dem BR mitgeteilt und ihm Gelegenheit zur Stellungnahme gegeben hat. Das gilt auch noch für das gerichtliche Beschwerdeverfahren.[98]

Spricht der AG eine außerordentliche Kündigung vor der abschlie- **25** ßenden rechtskräftigen und damit unanfechtbar gewordenen gerichtl. Entscheidung aus, so ist diese unheilbar nichtig.[99]

In besonders gravierenden Fällen kann es zwar möglich sein kann, dass **26** ein BR-Mitgl. während des Laufs des Zustimmungsersetzungsverfah- rens von der Arbeitsleistung freigestellt wird; grundsätzlich ist es jedoch nicht möglich, dem AN ein Hausverbot zu erteilen und so die Wahr- nehmung von BR-Aufgaben zu unterbinden; dem BR-Mitgl. ist auch nicht zumutbar, in diesem Zeitraum ein anderes vom AG vermitteltes Arbeitsverhältnis einzugehen.[100] Da die Entscheidung des ArbG Aus- wirkungen auf den Bestand des Arbeitsverhältnisses hat, hat der **be- troffene AN** im arbeitsgerichtl. Beschlussverfahren kraft Gesetzes die Rechtsstellung eines **Beteiligten**. Auch wenn das ArbG die fehlende

---

93 BAG, DB 87, 1743.
94 BAG, NZA 86, 719.
95 BAG, DB 93, 2390.
96 BAG, DB 82, 2041.
97 LAG Frankfurt, BB 88, 1331.
98 LAG Nürnberg, NZA-RR 99, 413, wobei allerdings offen gelassen wurde, ob für das Nachschieben der Kündigungsgründe die zweiwöchige Ausschlussfrist des § 626 Abs. 2 BGB gilt.
99 BAG, BB 98, 2317.
100 ArbG München 6. 7. 10 – 26 Ca 2220/10, juris.

Zustimmung des BR ersetzt, bleibt es dem betroffenen AN unbenommen, nach Ausspruch der außerordentlichen Kündigung Klage zu erheben. Der AN kann allerdings der vom Gericht bereits getroffenen Entscheidung, die auch die bindende Feststellung beinhaltet, dass die außerordentliche Kündigung unter Berücksichtigung aller Umstände gerechtfertigt ist, nur neue Tatsachen entgegenhalten, die im Beschlussverfahren noch nicht berücksichtigt werden konnten, insbesondere, weil sie erst nach Abschluss des Beschlussverfahrens oder erst nach Ausspruch der Kündigung entstanden oder bekannt geworden sind.[101]

27   Das betroffene BR-Mitgl. kann gegen den Beschluss eines ArbG, mit dem die vom BR verweigerte Zustimmung zur fristlosen Entlassung ersetzt wurde, auch dann **Beschwerde** einlegen, wenn sich im BR selbst für die Beschwerdeeinlegung keine Mehrheit findet.[102] Ist gegen den die Zustimmung ersetzenden Beschluss eines LAG Nichtzulassungsbeschwerde eingelegt worden, ist die Kündigung erst dann zulässig, wenn das BAG die Nichtzulassungsbeschwerde zurückgewiesen hat.[103]

28   **Einstweilige Verfügungen** auf Ersetzung der Zustimmung des BR sind grundsätzlich unzulässig.[104] Umgekehrt bewirkt eine unwirksame außerordentliche Kündigung eines BR-Mitgl. eine Störung der Tätigkeit des BR nach § 78 Abs. 1, weshalb dem BR gegen eine solche Maßnahme des AG ein Unterlassungsanspruch zustehen kann, den er bei Vorliegen der allgemeinen Voraussetzungen mit einer einstweiligen Verfügung geltend machen kann.[105] Ein Mitgl. des BR, das ohne Zustimmung des BR und ohne Ersetzung der Zustimmung durch das ArbG entlassen worden ist, kann seinen Anspruch auf Weiterbeschäftigung im Wege der einstweiligen Verfügung durchsetzen.[106] Ebenso kann ein BR-Mitgl., das während des Zustimmungsersetzungsverfahrens zu Unrecht freigestellt wird, mit Hilfe einer einstweiligen Verfügung seine Weiterbeschäftigung durchsetzen.[107]

29   Will der AG gegenüber Mitgl. des BR, des WV oder Wahlbewerbern wegen Teilnahme an **rechtswidrigen Arbeitsniederlegungen** außerordentliche Kündigungen (Kampfkündigungen) aussprechen, so bedürfen diese nach Auffassung des BAG nicht der Zustimmung des BR. Der AG hat aber ebenso wie in einem betriebsratslosen Betrieb in entsprechender Anwendung des § 103 Abs. 2 alsbald die Erteilung der

---

101   BAG, BB 75, 1014, 1706.
102   LAG Hamm, DB 75, 939; BAG, DB 93, 889.
103   ArbG Köln, AiB 85, 63; ArbG Berlin, DB 89, 486.
104   ArbG Hamm, BB 75, 1065.
105   HessLAG 19. 2. 08 – 4 TaBVGa 21/08 – brwo.
106   ArbG Hagen 10. 1. 74 – 3 GA 2/74; ArbG Berlin 4. 2. 76 – 4 Ga 2/76; siehe aber auch LAG Hamm, BB 74, 1638.
107   LAG Köln, NZA-RR 06, 28.

Zustimmung beim ArbG zu beantragen (vgl. auch Rn. 20).[108] Im Falle einer **völligen Betriebsstilllegung** findet § 103 **keine** Anwendung. Es kommt nur eine ordentliche Kündigung unter Einhaltung der Kündigungsfristen und frühestens zum Zeitpunkt der Stilllegung in Betracht; das Verfahren nach § 102 ist einzuhalten.[109] Der AG darf einem Mitgl. des BR während eines die Frage der Beendigung seines Arbeitsverhältnisses betreffenden Gerichtsverfahrens nicht den Zugang zu den Betriebsräumen und die Teilnahme an BR-Sitzungen verwehren; der Zutritt zum Betrieb und zu den Arbeitsplätzen kann notfalls im Wege der einstweiligen Verfügung durchgesetzt werden.[110]

Verletzt ein BR-Mitgl. nur seine **Amtspflichten**, aber nicht seine **30** Arbeitspflichten, findet § 103 ebenfalls keine Anwendung. Der AG hat dann lediglich die Möglichkeit, ein Verfahren nach § 23 Abs. 1 anzustrengen.[111] Bei einer außerordentlichen Kündigung, die wegen einer Verletzung der Pflichten aus dem Arbeitsvertrag, die **im Rahmen einer Amtstätigkeit** begangen wird, ausgesprochen werden soll, ist im Interesse des Schutzes der Amtstätigkeit ein **besonders strenger** Maßstab anzulegen.[112] Das LAG Berlin[113] hat einen wichtigen Grund zur fristlosen Entlassung eines BR-Mitgl. bejaht, wenn es als Zeuge vor Gericht zum Nachteile des AG vorsätzlich eine Falschaussage macht. Ist der vom AG wegen des Verdachts einer Straftat gestellte Antrag auf gerichtliche Zustimmungsersetzung mit der Begründung rechtskräftig zurückgewiesen worden, dass die Tatvorwürfe nicht erwiesen seien, dann ist eine spätere strafrechtliche Verurteilung des BR-Mitgl. erst dann eine neue Tatsache, die ein erneutes Zustimmungsersetzungsverfahren rechtfertigt, wenn die strafrechtliche Verurteilung rechtskräftig geworden ist.[114]

5. Versetzung

Die Bestimmung stellt klar, dass der AG auch vor der Versetzung (zum **31** Begriff vgl. § 99 Rn. 12 ff.) einer der in Abs. 1 genannten Personen, zu der er aufgrund seines Direktionsrechts zwar befugt ist, die aber zum Verlust des Amtes oder der Wählbarkeit des AN führen würde (z. B. Versetzung in einen anderen Betrieb), die Zustimmung des BR einholen und im Falle der Verweigerung gerichtlich ersetzen lassen muss.[115] Das

---

108 BAG, DB 78, 1231.
109 BAG, DB 78, 355; zur Frage der Änderungskündigung bei der Stilllegung einer Betriebsabteilung vgl. BAG, DB 84, 1248.
110 ArbG Hamburg, AiB 97, 659; ArbG Elmshorn, AiB 97, 173.
111 BAG, DB 87, 1304.
112 BAG, BB 87, 1952; 88, 1120.
113 BB 88, 2109.
114 BAG, NZA 00, 158; zur Bindungswirkung eines früheren Verfahrens in solchen Fällen vgl. auch LAG Düsseldorf, AiB 99, 470.
115 So früher schon LAG Hamm, BB 77, 696; anders noch BAG, NZA 00, 1355.

ArbG kann die Zustimmung ersetzen, wenn die Versetzung auch unter Berücksichtigung der betriebsverfassungsrechtlichen Stellung des AN aus dringenden betrieblichen Gründen notwendig ist. Die Formulierung entspricht der für die soziale Rechtfertigung einer betriebsbedingten Kündigung (§ 1 KSchG). An das Vorliegen der Voraussetzungen sind deshalb hohe Anforderungen zu stellen. Nicht jedes betriebliche Erfordernis ist auch ein dringendes. Im Übrigen setzt der Begriff der Notwendigkeit voraus, dass alternative Lösungen ausscheiden. Auf die Zustimmung des BR oder ihre Ersetzung durch das Gericht kommt es nicht an, wenn der betroffene AN mit der Versetzung einverstanden ist. Dieses Einverständnis muss aber bezogen auf die konkrete Versetzungsmaßnahme erklärt worden sein. Insoweit genügt nicht die in Arbeitsverträgen häufig enthaltene allgemeine Klausel, nach der ein Arbeitnehmer jederzeit »unternehmens- oder konzernweit eingesetzt oder auch mit anderen ihm zumutbaren Arbeiten beschäftigt« werden kann. Lässt eine Versetzung, die der AG aufgrund seines Direktionsrechts vornehmen kann, das Amt und die betriebsverfassungsrechtliche Stellung einer der in Abs. 1 genannten Personen unberührt, ist zwar der besondere kollektive Schutz nach dieser Vorschrift nicht gegeben; in jedem Fall ist dann jedoch das Verfahren nach § 99 durchzuführen, und zwar selbst dann, wenn der betroffene AN seiner Versetzung zugestimmt hat. Schließlich kann die Versetzung einer der in Abs. 1 genannten Personen, und zwar unabhängig davon, ob sie zum Verlust des Amtes oder der Wählbarkeit führen würde oder nicht, sogar grundsätzlich unzulässig sein, nämlich dann, wenn sie z. B. eine weitreichende Änderung bisheriger Arbeitsbedingungen zur Folge hätte, die nicht kraft einseitigen Direktionsrechts, sondern nur über eine nach § 15 KSchG ausgeschlossene Änderungskündigung herbeigeführt werden könnte. Versetzt ein AG ein BR-Mitgl., ohne dass die gemäß Abs. 3 erforderliche Zustimmung erteilt oder vom ArbG ersetzt worden ist, kann diese Versetzung im einstweiligen Verfügungsverfahren rückgängig gemacht werden.[116]

32 Die Rückgängigmachung einer Personalgestellung bzw. die Abberufung eines gestellten AN durch den Vertrags-AG soll für den BR im Beschäftigungsbetrieb auch dann keine Versetzung (s. § 99 Rn. 15) und daher nicht MB-pflichtig nach Abs. 2 i. V. mit Abs. 3 Satz 2 sein, wenn der gestellte AN Mitgl. im BR des Beschäftigungsbetriebs ist.[117]

§ 104 **Entfernung betriebsstörender Arbeitnehmer**

Hat ein Arbeitnehmer durch gesetzwidriges Verhalten oder durch grobe Verletzung der in § 75 Abs. 1 enthaltenen Grundsätze, insbesondere durch rassistische und fremdenfeindliche Betätigungen, den Betriebsfrieden wiederholt ernstlich gestört, so kann der Betriebsrat vom Arbeitgeber die Entlassung oder

---

116 ArbG Nürnberg 11. 10. 10 – 7 TaBVGa 7/10, juris.
117 LAG SH 13. 6. 12 – 5 TaBV 3/12, juris, n. rk. BAG 7 ABR 89/12.

Versetzung verlangen. Gibt das Arbeitsgericht einem Antrag des Betriebsrats statt, dem Arbeitgeber aufzugeben, die Entlassung oder Versetzung durchzuführen, und führt der Arbeitgeber die Entlassung oder Versetzung einer rechtskräftigen gerichtlichen Entscheidung zuwider nicht durch, so ist auf Antrag des Betriebsrats vom Arbeitsgericht zu erkennen, dass er zur Vornahme der Entlassung oder Versetzung durch Zwangsgeld anzuhalten sei. Das Höchstmaß des Zwangsgeldes beträgt für jeden Tag der Zuwiderhandlung 250 Euro.

Die Vorschrift gilt nach richtiger Auffassung für alle AN, also auch für **1** leit. Ang. Die Vorschrift stellt hinsichtlich ihrer tatbestandsmäßigen Voraussetzungen höhere Anforderungen als § 99 Abs. 2 Nr. 6: Nur wenn der Betriebsfrieden **wiederholt** und **ernstlich** gestört wird, kann der BR die Entlassung oder Versetzung eines AN verlangen. Ein einmaliges Fehlverhalten des AN genügt also **nicht**. Eine ernstliche Störung des Betriebsfriedens kann beispielsweise bei Diebstählen, Tätlichkeiten oder Beleidigungen, etwa Ehrverletzungen durch ausländerfeindliche Äußerungen,[1] gegeben sein. Ausdrücklich im Gesetz hervorgehoben ist nunmehr, dass es sich bei rassistischen und fremdenfeindlichen Betätigungen um besonders grobe Fälle einer Verletzung der in § 75 Abs. 1 enthaltenen Grundsätze handelt, die ein Eingreifen des BR gebieten. Der Betriebsfrieden muss so erheblich beeinträchtigt sein, dass die Zusammenarbeit im Betrieb tatsächlich erschüttert ist; zumindest muss eine erhebliche Beunruhigung unter der Belegschaft entstanden sein.[2]

Kommt der AG dem Verlangen des BR nicht nach, so kann der BR das **2** ArbG anrufen mit dem Antrag, dem AG aufzugeben, die Maßnahme durchzuführen und für den Fall, dass der AG der gerichtl. Entscheidung nicht nachkommt, die nach dieser Bestimmung vorgesehenen Zwangsgelder gegen ihn zu verhängen. Entspricht der AG dem Verlangen des BR nach Kündigung oder Versetzung eines AN, ist dessen gesonderte Beteiligung (§§ 99, 102) nicht erforderlich, weil das Verlangen die Zustimmung zur Maßnahme beinhaltet.[3]

§ 105 Leitende Angestellte

Eine beabsichtigte Einstellung oder personelle Veränderung eines in § 5 Abs. 3 genannten leitenden Angestellten ist dem Betriebsrat rechtzeitig mitzuteilen.

Die Mitteilungspflicht des AG bezieht sich nicht nur auf Einstellungen, **1** Umgruppierungen, Versetzungen und Kündigungen, sondern auf jede **Änderung** der **Führungsfunktion** des leit. Ang., seine Stellung in der

---

1 Vgl. LAG Hamm, NZA 95, 994.
2 LAG Köln, NZA 94, 431.
3 BAG, AuR 97, 374.

Organisation des Betriebs oder UN, auch auf ein Ausscheiden im gegenseitigen Einverständnis. Die Mitteilung hat so **rechtzeitig** zu geschehen, dass dem BR noch die Möglichkeit bleibt, sich **vor** Durchführung der Maßnahme zu äußern und ggf. die AN zu unterrichten.[1] § 105 ist bei personellen Einzelmaßnahmen des AG nur dann anstelle der §§ 99 ff., 102 anzuwenden, wenn die Voraussetzungen des § 5 Abs. 3 (s. die Erläuterungen dort) objektiv vorliegen.[2] Teilt der BR mit, dass aus seiner Sicht aufgrund der Eigenschaft des AN als leit. Ang. eine Anhörung nach § 102 nicht erforderlich sei, sondern eine Mitteilung nach § 105 ausreiche, stellt dies zugleich eine abschließende Stellungnahme des BR dar, mit der das Anhörungsverfahren in Bezug auf die beabsichtigte außerordentliche Kündigung abgeschlossen ist.[3]

2 Die Beachtung der Vorschrift kann gemäß § 23 Abs. 3 erzwungen werden. Die wiederholte Verletzung der Mitteilungspflicht kann zu einer Unterlassungsverpflichtung nach § 23 Abs. 3 führen.[4] Wird einem Ang. ein **neuer Aufgabenbereich** übertragen, der ihn zum leit. Ang. macht, so hat der BR nach Auffassung des BAG kein Recht nach § 99, sondern nur das Informationsrecht nach dieser Vorschrift;[5] das MBR nach § 99 besteht aber, wenn ein Ang. »entleitet« wird. Die Anhörung des BR nach § 102 ist auch dann zwingende Voraussetzung für die Wirksamkeit einer Kündigung, wenn AG und BR **übereinstimmend, aber irrtümlich** den zu kündigenden AN für einen leit. Ang. halten. Aus der Mitteilung des AG muss sich eindeutig ergeben, ob er den BR nur informieren oder nach § 102 (vorsorglich) auch anhören will.[6] Es gibt keinen Rechtssatz dahingehend, dass eine Information nach § 105 über die beabsichtigte Kündigung eines leit. Ang. stets oder in der Regel dann in eine Anhörung des BR nach § 102 umzudeuten ist, wenn dem BR die Kündigungsgründe bekannt gegeben werden oder aber bekannt sind.[7]

1 HessLAG 23. 5. 13 – 9 TaBV 288/12, brwo.
2 LAG Hamm, DB 74, 2063.
3 LAG Rheinland-Pfalz 11. 1. 08 – 9 Sa 489/07, brwo.
4 HessLAG 23. 5. 13 – 9 TaBV 288/12, brwo.
5 BAG, DB 80, 1946.
6 BAG, DB 80, 742.
7 BAG, DB 75, 2231.

Sechster Abschnitt:
Wirtschaftliche Angelegenheiten

Erster Unterabschnitt:
Unterrichtung in wirtschaftlichen Angelegenheiten

§ 106 Wirtschaftsausschuss

(1) In allen Unternehmen mit in der Regel mehr als einhundert ständig beschäftigten Arbeitnehmern ist ein Wirtschaftsausschuss zu bilden. Der Wirtschaftsausschuss hat die Aufgabe, wirtschaftliche Angelegenheiten mit dem Unternehmer zu beraten und den Betriebsrat zu unterrichten.

(2) Der Unternehmer hat den Wirtschaftsausschuss rechtzeitig und umfassend über die wirtschaftlichen Angelegenheiten des Unternehmens unter Vorlage der erforderlichen Unterlagen zu unterrichten, soweit dadurch nicht die Betriebs- und Geschäftsgeheimnisse des Unternehmens gefährdet werden, sowie die sich daraus ergebenden Auswirkungen auf die Personalplanung darzustellen. Zu den erforderlichen Unterlagen gehört in den Fällen des Absatzes 3 Nr. 9a insbesondere die Angabe über den potentiellen Erwerber und dessen Absichten im Hinblick auf die künftige Geschäftstätigkeit des Unternehmens sowie die sich daraus ergebenden Auswirkungen auf die Arbeitnehmer; gleiches gilt, wenn im Vorfeld der Übernahme des Unternehmens ein Bieterverfahren durchgeführt wird.

(3) Zu den wirtschaftlichen Angelegenheiten im Sinne dieser Vorschrift gehören insbesondere

1. die wirtschaftliche und finanzielle Lage des Unternehmens;

2. die Produktions- und Absatzlage;

3. das Produktions- und Investitionsprogramm;

4. Rationalisierungsvorhaben;

5. Fabrikations- und Arbeitsmethoden, insbesondere die Einführung neuer Arbeitsmethoden;

5a. Fragen des betrieblichen Umweltschutzes;

6. die Einschränkung oder Stilllegung von Betrieben oder von Betriebsteilen;

7. die Verlegung von Betrieben oder Betriebsteilen;

8. der Zusammenschluss oder die Spaltung von Unternehmen oder Betrieben;

9. die Änderung der Betriebsorganisation oder des Betriebszwecks;

9 a. die Übernahme des Unternehmens, wenn hiermit der Erwerb der Kontrolle verbunden ist, sowie

10. sonstige Vorgänge und Vorhaben, welche die Interessen der Arbeitnehmer des Unternehmens wesentlich berühren können.

Inhaltsübersicht

1. Errichtung eines Wirtschaftsausschusses

1 Die Einrichtung des WA ist **zwingend** vorgeschrieben.[1] Die Nichterrichtung kann eine grobe Pflichtverletzung des BR/GBR sein (§ 23 Abs. 1). Der WA wird immer für das **gesamte** UN gebildet, unabhängig davon, wie viele Betriebe diesem angehören. Er ist auch für Vorgänge in **betriebsratslosen Betrieben** zuständig.[2]

2 Der WA kann nur gebildet werden, wenn mindestens in einem der Betriebe ein BR besteht.[3] Andererseits ist seine Errichtung auch dann möglich, wenn das UN lediglich aus einem Betrieb besteht und in diesem ein BR vorhanden ist. Bei der Ermittlung der AN-Zahl – die Beschäftigten müssen anders als bei § 111 nicht wahlberechtigt sein[4] – kommt es nicht auf den Durchschnitt eines bestimmten Zeitraums,[5] sondern auf die normale Beschäftigtenzahl des UN an.[6] Diese ist anhand eines Rückblicks und einer Einschätzung der nahen zukünftigen Entwicklung festzustellen.[7] Dabei sind auch **Teilzeitbeschäftigte**,[8] zur Arbeitsleistung überlassene AN, wie **Leih-AN**,[9] im Arbeitsverhältnis beschäftigte **Sozialhilfeempfänger**[10] und Auszubildende

1 Vgl. zur Errichtung des WA Lerch/Weinbrenner, AiB 10, 97; zu seiner Arbeit Hase, AiB 12, 112; Balluff/Braden, AiB 08, 632 und die Rspr.-Übersicht von Cox/Grimberg in AiB 03, 26 ff.
2 So auch BAG, NZA 96, 55 für Abs. 3 Nr. 6.
3 Vgl. LAG Frankfurt 7. 11. 89, LAGE § 106 BetrVG 1972 Nr. 5.
4 DKKW-Däubler, Rn. 5; Fitting, Rn. 15.
5 BAG, DB 87, 1591.
6 Vgl. auch BAG 18. 10. 11 – 1 AZR 335/10, brwo, NZA 12, 221 zu § 111 und 08, 1142 zur Frage der BR-Größe.
7 BAG, DB 87, 2365; 92, 48; LAG Berlin, BB 88, 1388.
8 LAG BaWü 16. 6. 87, LAGE § 111 BetrVG 1972 Nr. 6.
9 DKKW-Däubler, Rn. 12 bei Einsatz auf Dauerarbeitsplatz; vgl. auch § 7 Satz 2 und BAG 18. 10. 11 – 1 AZR 335/10, brwo, NZA 12, 221: Leih-AN, die länger als 3 Monate im UN eingesetzt sind, sind beim Schwellenwert des § 111 zu berücksichtigen, sowie BAG 13. 3. 13 – 7 ABR 69/11, NZA 13, 789 (zu § 9 Satz 1: Größe des BR).
10 BAG, DB 00, 2126.

mitzurechnen,[11] nicht allerdings leit. Ang. Bei regelmäßiger Auswechslung der AN können die normalerweise besetzten Arbeitsplätze maßgebend sein.[12] Betreiben **mehrere UN** gemeinsam einen **einheitlichen Betrieb** mit mehr als 100 AN, ist der WA auch dann zu bilden, wenn keines der beteiligten UN für sich allein diese Beschäftigtenzahl erreicht.[13] Sinkt die Belegschaftsstärke **dauerhaft** unter die Grenze von 101 Beschäftigten **endet das Amt** des WA,[14] er bleibt nicht so lange im Amt wie der ihn bildende BR/GBR.[15] Ein **KBR** soll nach Auffassung des BAG[16] nur aufgrund einer freiwilligen Vereinbarung mit der Konzernspitze einen WA errichten können. Ist diese hierzu nicht bereit, kann der KBR nur einen Ausschuss bilden, der die von der Konzernspitze zu liefernden Informationen (§ 80 Abs. 2) entgegennimmt und diskutiert.

Für die Bildung des WA kommt es nicht darauf an, ob die UN-Leitung **3** vom Inland oder vom Ausland aus erfolgt. Deshalb ist bei Vorliegen der sonstigen gesetzl. Voraussetzungen auch für inländische UN-Teile (Betriebe) eines **ausländischen** UN ein WA zu bilden.[17] Hat ein inländisches UN auch **ausländische Betriebe**, sind die ausländischen AN nach richtiger Auffassung bei der Feststellung der UN-Größe mitzurechnen und können auch in den WA berufen werden (**str.**).[18]

2. Aufgaben

Der WA ist kein MB-Organ der Betriebsverfassung. Seine Aufgabe **4** besteht in der **Beratung** (zum Inhalt der Beratungsrechte vgl. § 90 Rn. 9) wirtschaftlicher Angelegenheiten mit dem UN und der entsprechenden Unterrichtung des BR. Kann in einem UN kein WA gebildet werden, weil zu wenig AN beschäftigt werden, stehen die entsprechenden wirtschaftlichen Informationen dem BR regelmäßig gemäß § 80 Abs. 2 zu.[19] Für den begrenzten Bereich des § 106 Abs. 3 Nr. 9a wird dem BR jetzt gemäß § 109a die Stellung eines WA eingeräumt, wenn dieser nicht besteht. Auch wenn ein WA besteht, bleiben die weiteren Beteiligungsrechte des BR/GBR, wie z.B. nach § 80 Abs. 2, erhalten.[20]

---

11 LAG Nds., NZA 85, 332.
12 LAG Berlin, DB 90, 538; vgl. auch BAG, NZA 08, 1142.
13 BAG, DB 91, 1782; vgl. auch BAG, NZA 98, 723.
14 BAG, DB 04, 1839.
15 So aber HessLAG, DB 94, 1248.
16 DB 90, 1519.
17 BAG, DB 75, 453; 76, 295.
18 DKKW-Däubler, Rn. 28.
19 Vgl. BAG, DB 91, 1382; LAG Düsseldorf, DB 90, 2479; LAG Köln, NZA 88, 210; für eine analoge Anwendung des § 106 ArbG Bochum, AiB 86, 226.
20 BAG, DB 91, 1937.

3. Unterrichtungspflicht des Unternehmers

5 Abs. 2 Satz 1 stellt klar, dass die Unterrichtung des WA durch den UN **(unaufgefordert)** rechtzeitig und umfassend unter Vorlage der notwendigen Unterlagen zu erfolgen hat.[21] **Rechtzeitig** bedeutet, dass die Unterrichtung des WA über wirtschaftliche Angelegenheiten jedenfalls vorgenommen werden muss, bevor über diese entschieden ist. Es muss noch die Möglichkeit bestehen, **vor der Entscheidung** Kritik oder sonstige Stellungnahmen und **eigene Vorschläge des WA oder BR** anzubringen.[22] Damit setzt die Pflicht zur Unterrichtung ein, wenn der UN mit der systematischen Suche nach Lösungen beginnt.[23]

6 **Umfassend** ist die Unterrichtung nur, wenn der UN alle Informationen weitergibt, die seine Entscheidung beeinflussen. Die Informationen müssen in überschaubarer Form aufbereitet werden.[24] Welche **Unterlagen** im Einzelnen vorzulegen sind, bestimmt sich nach den Angelegenheiten, die der UN jeweils mit dem WA berät. Der WA kann z. B. bei der Diskussion von Zukunftsperspektiven verlangen, dass ihm auch für die Vergangenheit vom UN gefertigte, nach Kostenstellen **aufgeschlüsselte monatliche Gegenüberstellungen** der Plan- und der Ist-Zahlen vorgelegt werden, da für die wirtschaftliche und finanzielle Lage des UN eine längerfristige Betrachtung von besonderer Bedeutung ist.[25] Bei der Erläuterung des Jahresabschlusses (§ 108 Abs. 5) wird regelmäßig die Vorlage des Wirtschaftsprüferberichts erforderlich sein (vgl. § 108 Rn. 10). Zur Unterrichtung gehören die mit den wirtschaftlichen Angelegenheiten verbundenen Auswirkungen auf die **Personalplanung** (vgl. § 92 Rn. 2), der Bericht einer UN-Beratungsfirma,[26] **Marktanalysen**[27] und auch **mittelfristige UN-Planungen** und Reports, die Überlegungen zur Steuerung der Geschäftsfelder enthalten.[28] Vorzulegen sind regelmäßig auch Gutachten, **Bedarfsanalysen**, **Produktionsprogramme**, Rationalisierungspläne und **wichtige Liefer- und Bezugsverträge**. Auch monatliche Erfolgsrechnungen für einzelne Filialen oder Betriebe haben einen Bezug zu wirtschaftlichen Angelegenheiten. Ob und ggf. wann eine Vorlage erforderlich ist, muss im Streitfall gemäß § 109 die ESt.

---

21 Vgl. zur ordnungsgemäßen Unterrichtung Hjort, AiB 05, 221 ff.; **Musterschreiben für Auskunftsersuchen des** BR und WA bei DKKWF-Däubler, §§ 106–109, Rn. 14, 15, 17 und **Antwortschreiben des AG** in Rn. 16, 18.
22 KG Berlin, DB 79, 112; HansOLG, DB 85, 1846 f.; Bußgeldbescheid des Regierungspräsidiums Tübingen, AiB 92, 461.
23 DKKW-Däubler, Rn. 43 ff.
24 BAG, DB 87, 1491.
25 ArbG Offenbach, ZIP 88, 803 f.
26 LAG Frankfurt, NZA 89, 193.
27 OLG Karlsruhe, NZA 85, 571.
28 Vgl. LAG Köln, NZA-RR 05, 32.

entscheiden.[29] Das **UmwG** enthält ebenso weitere spezielle Unterrichtungspflichten (z. B. §§ 5 Abs. 3,[30] 126 Abs. 3, 176, 177, 194
Abs. 2), wie das WpÜG in §§ 10 Abs. 5 Satz 2, 14 Abs. 4 Satz 2 und
27 Abs. 3 Satz 2 beim Erwerb von Gesellschaftsanteilen börsennotier-
ter UN. Für alle, auch nicht börsennotierte UN, ist jetzt in Abs. 3
Nr. 9 a der **Kontrollerwerb** ausdrücklich als wirtschaftliche Angelegenheit definiert und werden in Abs. 2 vergleichbare Informationspflichten für den UN, nicht allerdings für den Erwerber/Bieter, festgelegt:[31] Der UN hat den WA unter Vorlage von Unterlagen über den
potentiellen Erwerber, falls ein Bieterverfahren stattgefunden hat über
die Bieter (vgl. Rn. 11), und seine/ihre Pläne zur künftigen Geschäftstätigkeit des UN mit den daraus sich ergebenden Auswirkungen auf die
AN zu unterrichten. Nach § 10 FMS finden Abs. 2 Satz 2 und Abs. 3
Nr. 9 a allerdings keine Anwendung auf den Erwerb von Anteilen an
UN des Finanzsektors durch den **Finanzmarktstabilisierungsfonds**.

Die Mitgl. des WA müssen die Möglichkeit der **Einsichtnahme** in die **7**
vorzulegenden Unterlagen haben. Sie können sich von diesen **Notizen** fertigen, nach Auffassung des BAG allerdings keine Abschriften/
Ablichtungen (vgl. auch § 108 Abs. 3).[32] **Umfangreiche Unterlagen**
hat der UN dem WA schon **vor der Sitzung** entweder in Kopie zu
übergeben oder sie im Original für kurze Zeit auszuhändigen, sofern
deren Auswertung und sofortige Beratung im Rahmen einer Sitzung
zeitlich mit Schwierigkeiten verbunden oder nicht möglich wäre.[33]

Die Mitgl. des WA haben das Recht, die Beantwortung ergänzender **8**
Fragen und vor allem eine gemeinsame Erörterung der wirtschaftlichen
Angelegenheit zu verlangen. Es ist von entscheidender Bedeutung, dass
der WA nicht nur Berichte entgegennimmt, sondern eine **aktive
Informationspolitik** betreibt. Er muss eine **strategische Vorgehensweise** entwickeln, in der genau festgelegt wird, welche Daten
in welchem zeitlichen Abstand für die Beschäftigten und für eine
gezielte Interessenvertretung des BR/GBR erforderlich sind, diese
kontinuierlich abfragen und mit anderen Informationen (z. B. aus
Belegschaft, Aufsichtsrat, Gewerkschaft) zusammenfügen. Ein solches
arbeitnehmerorientiertes Berichtswesen oder »**Kennziffernsystem**«
bringt für den WA Klarheit und Ordnung in die Vielzahl der im UN
gesammelten Daten.[34]

Bei **Meinungsverschiedenheiten** zwischen AG und BR über die **9**
Ordnungsmäßigkeit der Unterrichtung entscheidet die **ESt**.[35] Das gilt

29 BAG, BB 91, 2527.
30 Vgl. auch OLG Naumburg, AuR 04, 166.
31 Vgl. hierzu Ratayczak, AiB 08, 630; Skudelny-Stumpf, AiB 09, 569.
32 BAG, DB 85, 924.
33 BAG a. a. O.
34 Vgl. auch DKKW-Däubler, Rn. 53 f.
35 Vgl. hierzu BAG, DB 01, 599.

auch, soweit der UN sich auf eine Beschränkung seiner Unterrichtungspflicht wegen einer **Gefährdung** von Betriebs- und Geschäftsgeheimnissen beruft (§ 109 Rn. 1 f.; zum Begriff der Betriebs- und Geschäftsgeheimnisse vgl. § **79**).[36] Eine solche Gefährdung kommt nur in **Ausnahmefällen** in Betracht, wenn **objektiv ein sachliches Interesse** an der **völligen Geheimhaltung** bestimmter Tatsachen wegen der sonst zu befürchtenden Gefährdung des Bestands oder der Entwicklung des UN besteht **und** die **konkrete Befürchtung** begründet ist, dass Informationen von WA-Mitgl. trotz der ihnen auferlegten Verschwiegenheitspflicht (§ 79) weitergegeben werden.[37] Der Einwand, die gewerkschaftlichen Mitgl. des WA könnten die erlangten Kenntnisse im Rahmen von Tarifverhandlungen verwerten, ist dabei nicht geeignet, die Unterrichtungspflicht einzuschränken.[38]

10 Verletzt der UN die ihm nach dieser Bestimmung obliegenden Unterrichtungspflichten, so begeht er eine **Ordnungswidrigkeit** (§ 121). Der BR hat auch die Möglichkeit, gemäß § 23 Abs. 3 vorzugehen.[39]

4. Wirtschaftliche Angelegenheiten

11 Der in Nr. 5 a als Beispiel für wirtschaftliche Angelegenheiten genannte **betriebliche Umweltschutz** wird in § 89 Abs. 3 definiert (vgl. dort Rn. 2). Dabei sind nicht nur die Kosten für bereits verwirklichte oder geplante Maßnahmen zu behandeln, sondern vor allem die Auswirkungen auf die wirtschaftliche Situation des UN und damit auch auf dessen Arbeitsplätze.[40] Die Einführung eines **Umweltmanagementsystems** nach der **Öko-Audit-VO** bzw. die Teilnahme an dem Gemeinschaftssystem für das Umweltmanagement und die Umweltbetriebsprüfung (**EMAS**) fallen ebenfalls unter Nr. 5 a.

Nr. 9 a verlangt einen Erwerb der Kontrolle über das ZielUN. Nach § 29 Abs. 2 WpÜG setzt eine Kontrolle das Halten von mindestens 30 % der Stimmrechte voraus. Dies erklärt sich aus der erfahrungsgemäß geringen Präsenz der Aktionäre in Publikumsgesellschaften und ist deshalb nicht ohne weiteres übertragbar. Bei anderen Gesellschaften wird einzelfallbezogen jeweils zu prüfen sein, ob eine Kontrolle möglich ist. Bei einer GmbH werden z. B. in der Regel alle Gesellschafter anwesend sein, so dass erst eine Mehrheit der Stimmrechte eine Kontrolle ermöglicht. Die Vorschrift ist analog anzuwenden, wenn die Kontrolle über die Muttergesellschaft übernommen werden soll. Die Situation ist dann für die AN vergleichbar der beim Erwerb des AG-UN und es besteht kein sachlicher Grund zu differenzieren (**str.**). Für

---

36 Vgl. BAG, BB 90, 458; DB 01, 599; LAG Köln, NZA-RR 05, 32; OLG Karlsruhe, NZA 85, 571.

37 BAG, DB 01, 600; DKKW-Däubler, Rn. 62.

38 BAG, a. a. O.

39 Vgl. ArbG Ludwigshafen 22. 4. 88 – 7 BV 13/88.

40 BT-Drucks. 14/5741, S. 51.

den Zeitpunkt der Informationspflicht kommt es nicht darauf an, ob der potentielle Erwerber oder die Bieter bereits ein verbindliches Angebot abgegeben haben; die Zulassung zur Due-Diligence-Prüfung ist ausreichend (**str.**). Problematisch kann häufig sein, dass der UN über den Erwerbsvorgang nicht oder nicht ausreichend informiert ist, weil dieser sich zwischen den bisherigen Aktionären/Gesellschaftern und dem Erwerber vollzieht. In diesem Fall ist ein **Informationsdurchgriff** auf die bisherigen Anteilseigner anzunehmen (**str.**).[41] Dies gilt auch für eine **Holdinggesellschaft**, deren Tochter-UN einen Gemeinschaftsbetrieb bilden, wenn sie selbst bei diesem mehrfach, z. B. in Personalfragen, an unternehmerischen Entscheidungen beteiligt war.[42] Nr. 9a findet gemäß § 10 FMS keine Anwendung auf den Erwerb von Anteilen am UN des Finanzsektors durch den **Finanzmarktstabilisierungsfonds**.

Der Katalog der wirtschaftlichen Angelegenheiten, in denen der UN den WA **unaufgefordert** zu unterrichten hat, ist **nicht erschöpfend**. Das ergibt sich aus der im Einleitungssatz enthaltenen Formulierung »**insbesondere**« und aus der beschränkten **Generalklausel** der Nr. 10.[43] Hiernach ist auch über alle sonstigen Vorgänge und Vorhaben, welche die Interessen der AN des UN wesentlich berühren können, zu unterrichten. Zu beachten ist, dass es nicht darauf ankommt, ob die Interessen der AN durch solche Vorgänge und Vorhaben tatsächlich wesentlich berührt werden. Es reicht aus, wenn lediglich die **Möglichkeit** besteht, dass sie berührt werden könnten.

Zu den wirtschaftlichen Angelegenheiten des Abs. 3, die teilweise (vgl. Nr. 6–9) grundsätzlich den in § 111 verwendeten Begriffen entsprechen[44] gehören z. B. auch Managementkonzepte wie **Balanced Scorecard**,[45] **Kostenangaben** für Pilotprojekte zur **Fremdvergabe von Dienstleistungen**,[46] Informationen zu **Kartellverfahren** und dort drohenden Bußen, **Offshoring/Nearshoring**-Planungen (vgl. Nr. 6, 7, 9 und § 87 Rn. 38; § 90 Rn. 4; § 111 Rn. 10, 14), geplante **Inhaberwechsel**, die Unterrichtung über einen beabsichtigten Antrag auf Eröffnung eines **Insolvenzverfahrens**,[47] eine Übertragung von **Kapitalanteilen**[48]/Gesellschafterwechsel, und damit verbundene Änderungen der UN-Politik,[49] sofern nicht bereits Nr. 9a eingreift.

12

---

41 Vgl. DKKW-Däubler, Rn. 91.

42 LAG Nds. 03. 11. 2009 – 1 TaBV 63/09, brwo, NZA-RR 10, 142 = AiB 10, 263 m. Anm. Trittin/Gilles.

43 BAG, DB 01, 599.

44 Vgl. insgesamt auch DKKW-Däubler, Rn. 66 ff.

45 Däubler, AiB 01, 208 ff.

46 BAG, BB 01, 599.

47 DKKW-Däubler, Rn. 69.

48 LAG Düsseldorf v. 16. 6. 88 – 5 TaBV 45/88.

49 BAG, DB 91, 1176; AG Berlin, AiB 11, 260.

Wird ein Teil des **Betriebsvermögens veräußert**, kann auch der BR die Vorlage der Verträge gem. § 80 Abs. 2 verlangen, um festzustellen, ob ein MBR besteht.[50] Der notarielle Vertrag über die Veräußerung der Geschäftsanteile ist allerdings nach Auffassung des BAG[51] dem WA bei der Unterrichtung nicht vorzulegen. Diese Ansicht ist durch die Neufassung von Abs. 3 Nrn. 8 und 9 a, die auch **Veränderungen des UN-Trägers** einbeziehen, überholt.[52] Auch Auskünfte über die allgemeine Situation in der Branche, über die **Zusammenarbeit** mit anderen UN und gerichtl. Auseinandersetzungen fallen unter Abs. 3.

§ 107 Bestellung und Zusammensetzung des Wirtschaftsausschusses

(1) Der Wirtschaftsausschuss besteht aus mindestens drei und höchstens sieben Mitgliedern, die dem Unternehmen angehören müssen, darunter mindestens einem Betriebsratsmitglied. Zu Mitgliedern des Wirtschaftsausschusses können auch die in § 5 Abs. 3 genannten Angestellten bestimmt werden. Die Mitglieder sollen die zur Erfüllung ihrer Aufgaben erforderliche fachliche und persönliche Eignung besitzen.

(2) Die Mitglieder des Wirtschaftsausschusses werden vom Betriebsrat für die Dauer seiner Amtszeit bestimmt. Besteht ein Gesamtbetriebsrat, so bestimmt dieser die Mitglieder des Wirtschaftsausschusses; die Amtszeit der Mitglieder endet in diesem Fall in dem Zeitpunkt, in dem die Amtszeit der Mehrheit der Mitglieder des Gesamtbetriebsrats, die an der Bestimmung mitzuwirken berechtigt waren, abgelaufen ist. Die Mitglieder des Wirtschaftsausschusses können jederzeit abberufen werden; auf die Abberufung sind die Sätze 1 und 2 entsprechend anzuwenden.

(3) Der Betriebsrat kann mit der Mehrheit der Stimmen seiner Mitglieder beschließen, die Aufgaben des Wirtschaftsausschusses einem Ausschuss des Betriebsrats zu übertragen. Die Zahl der Mitglieder des Ausschusses darf die Zahl der Mitglieder des Betriebsausschusses nicht überschreiten. Der Betriebsrat kann jedoch weitere Arbeitnehmer einschließlich der in § 5 Abs. 3 genannten leitenden Angestellten bis zur selben Zahl, wie der Ausschuss Mitglieder hat, in den Ausschuss berufen; für die Beschlussfassung gilt Satz 1. Für die Verschwiegenheitspflicht der in Satz 3 bezeichneten weiteren Arbeitnehmer gilt § 79 entsprechend. Für die Abänderung und den Widerruf der Be-

---

50   LAG Berlin, AuR 99, 71.
51   DB 91, 1176.
52   DKKW-Däubler, Rn. 90.

schlüsse nach den Sätzen 1 bis 3 sind die gleichen Stimmenmehrheiten erforderlich wie für die Beschlüsse nach den Sätzen 1 bis 3. Ist in einem Unternehmen ein Gesamtbetriebsrat errichtet, so beschließt dieser über die anderweitige Wahrnehmung der Aufgaben des Wirtschaftsausschusses; die Sätze 1 bis 5 gelten entsprechend.

Inhaltsübersicht

1. Zusammensetzung

Mindestens ein Mitgl. des WA muss dem **BR** angehören. Selbst   **1**
verständlich können auch die übrigen Mitgl. BR-Mitgl. sein. Erforderlich ist dies aber nicht. Es können auch andere AN in den WA berufen werden. Hierfür kommen auch **AN ausländischer Betriebe** des UN in Betracht.[1] In Anlehnung an das frühere Recht ist die Berufung leit. Ang., die nicht unter den Geltungsbereich des BetrVG fallen, möglich. Personen gemäß § 5 Abs. 2 Nr. 1 und 2 können dagegen nicht Mitgl. des WA werden.

Die Mitgl. des WA sollen, aber müssen **nicht unbedingt** die zur   **2**
Erfüllung ihrer Aufgaben erforderliche, fachliche und persönliche Eignung besitzen.[2] Der BR hat damit ein großes Maß an **Ermessensfreiheit** bei der Auswahl der zu entsendenden Personen. Mit **fachlicher Eignung**, die vorhanden sein soll, ist die Fähigkeit gemeint, die im WA erhaltenen Informationen auch verarbeiten zu können bzw. über ein entsprechendes Grundlagenwissen zu verfügen.[3] Dazu zählen **betriebswirtschaftliche Basiskenntnisse** und **praktische Erfahrungen im Betrieb**, die zum Verständnis der wirtschaftlichen und technischen Gegebenheiten des UN ausreichen. **Persönliche Eignung** verlangt vor allem Loyalität und Diskretion.[4] Vielfach werden auch Zuverlässigkeit und gesunder Menschenverstand erwähnt.

§ 37 Abs. 6 gilt für Mitgl. des WA nach Auffassung des BAG[5] aller   **3**
dings im Regelfall nur, wenn es sich bei ihnen gleichzeitig um **Mitgl. des BR** handelt. Ausnahmen sollen im Einzelfall möglich sein, wenn Mitglieder des WA die vom AG kraft Gesetzes zu gebenden Informationen nicht verstehen, z.B., weil der BR völlig neu gewählt wurde

---

1   Fitting, Rn. 7.
2   Vgl. auch LAG Berlin 13. 11. 90 – 3 TaBV 3/90.
3   BAG, DB 76, 729; 78, 2223.
4   DKKW-Däubler, Rn. 13.
5   DB 75, 780.

oder er keinen AN findet, der die erforderliche Eignung besitzt (vgl. auch § 37 Rn. 34).[6]

2. Bestellung, Abberufung und Rücktritt der Mitglieder

4 Die Mitgl. des WA werden durch den BR oder, wenn ein GBR besteht, durch diesen bestimmt. Nach der Rspr. des BAG[7] kann der **KBR** keinen WA einrichten. Die Bildung ist jedoch aufgrund einer **Vereinbarung mit der Konzernleitung** möglich.[8] Ggf. kann auch die Bildung eines Ausschusses nach § 59 Abs. 1 für wirtschaftliche Angelegenheiten eine gewisse Hilfe für die KBR-Arbeit bedeuten. Die Bestellung der Mitgl. des WA erfolgt mit **einfacher Stimmenmehrheit in Mehrheitswahl**; der sog. Minderheitenschutz (vgl. § 27 Abs. 1) spielt hier keine Rolle. Dasselbe gilt für die **Abberufung**, die »jederzeit« auch **ohne besonderen sachlichen Grund** erfolgen kann.[9] Bei Bestellung und Abberufung durch den GBR ist jedoch zu beachten, dass es für den Beschluss nicht auf die Mehrheit der Zahl seiner Mitgl., sondern auf die **Mehrheit der Stimmenzahl** ankommt, die die Mitgl. des GBR haben (§ 47 Abs. 7). Der WA ist eine **ständige Einrichtung**. Er hat keine bestimmte Amtszeit. Lediglich seine Mitgl. werden für eine bestimmte Amtszeit in den WA entsandt. Bei Mitgl. des WA, die vom BR bestellt wurden, ist die Amtszeit im WA **identisch** mit der im BR.[10] Dagegen endet die Amtszeit des durch einen GBR bestellten Mitgl. des WA zu dem Zeitpunkt, in dem die **Amtszeit der Mehrheit der Mitgl. des GBR**, die berechtigt waren, an der Bestellung mitzuwirken, abgelaufen ist. Zu beachten ist, dass es im letzten Fall anders als bei der Bestellung und Abberufung der Mitgl. des WA durch den GBR **nur** auf die Mehrheit der Mitgl.-Zahl des GBR, nicht dagegen auf **die** Zahl ihrer Stimmen ankommt. Das ist zwar inkonsequent, entspricht aber dem Wortlaut des Gesetzes.

5 Neben der Möglichkeit der Abberufung durch die entsendende Stelle (BR oder GBR) kann das Amt eines WA-Mitgl. auch durch **Rücktritt** enden. Wird dieser erklärt, hat die entsendende Stelle unverzüglich die Berufung eines neuen WA-Mitgl. vorzunehmen. Eine Bestellung von **Ersatzmitgl.** ist zulässig und zweckmäßig.

3. Aufgabenübertragung auf anderen Betriebsratsausschuss

6 Soweit der **BR** beschließen kann, die Aufgaben des WA auf einen von

---

6 BAG, NZA 89, 221; 99, 1119; zur Kritik und für eine entsprechende Anwendung von § 37 Abs. 6 vgl. DKKW-Däubler, Rn. 32; LAG Bremen, AuR 85, 132; vgl. zum Anspruch des Schwerbehindertenvertr. LAG Hamburg, NZA-RR 97, 348.

7 DB 90, 1519.

8 Vgl. den TV bei Jung/Klebe/Polzmacher, AiB 93, 527.

9 Vgl. ArbG Hamburg 29. 9. 95 – 22 BV 10/95; Hjort, AiB 98, 605.

10 Vgl. HessLAG, DB 94, 1248.

ihm gebildeten **Ausschuss** zu übertragen, ist dazu nicht die einfache, sondern die **absolute Mehrheit** der Stimmen seiner Mitgl. notwendig. Für die Bestellung und Zusammensetzung des Ausschusses gilt § 28 Abs. 1 Satz 2 i. V. m. § 27 Abs. 1 Satz 3 bis 5 entsprechend, nicht aber für die Entsendung der weiteren Mitgl., die in Mehrheitswahl vorgenommen wird. Die Grundsätze des Minderheitenschutzes finden ebenfalls **keine Anwendung**, wenn der **GBR** die Aufgaben des WA einem seiner Ausschüsse überträgt (vgl. § 51 Abs. 4).[11] Die Bestimmung der Mitgl. und weiteren Mitgl. erfolgt auch hier in **Mehrheitswahl**.

In allen Fällen, in denen der BR die Aufgaben des WA auf einen von   **7** ihm gebildeten Ausschuss überträgt, darf die Zahl der Mitgl. dieses Ausschusses die **Zahl der Mitgl. des BA** nicht übersteigen. Der BR kann allerdings weitere AN, die nicht dem BR angehören müssen, einschließlich der **leit. Ang.** in den Ausschuss berufen und diesen bis zur doppelten Zahl seiner Mitgl. auffüllen. Dadurch kann der mit den Aufgaben des WA betraute Ausschuss z. B. in einem Betrieb, in dem der BR aus neun und der BA aus fünf Mitgl. besteht, bis zu zehn Mitgl. haben, also in diesem extremen Fall sogar größer als der BR selbst sein.

In kleineren Betrieben bis zu 200 AN, in denen kein BA zu bilden   **8** ist, kann der **BR** von Abs. 3 keinen Gebrauch machen. Er kann also formal die Aufgaben des WA nicht selbst übernehmen, aber alle BR-Mitgl. in den WA entsenden und so ein ähnliches Ergebnis erzielen.

Die vorstehenden Grundsätze gelten entsprechend, wenn in einem   **9** UN ein **GBR** besteht.

Soweit in einen Ausschuss, dem die Aufgaben des WA übertragen   **10** worden sind, zusätzliche AN berufen werden, gilt für sie die **Verschwiegenheitspflicht** des § 79 entsprechend (vgl. die Erl. zu § 79).

4. Rechtsstellung der Mitglieder

Die Mitgl. des WA führen ihr Amt **ehrenamtlich**, auch soweit es sich   **11** nicht zugleich um Mitgl. des BR oder GBR handelt. Arbeitszeitversäumnisse, die durch die Tätigkeit im WA entstehen, berechtigen den AG allerdings nicht zur Minderung des Arbeitsentgelts (§ 37 Abs. 2 gilt entsprechend). Die durch die Tätigkeit des WA entstehenden **Kosten** trägt der UN. Ein besonderer **Kündigungsschutz** (siehe die Erl. zu § 103) gilt für ein Mitgl. des WA nur, wenn es **gleichzeitig BR-Mitgl.** ist. Nimmt der AG allerdings die Tätigkeit im WA zum Anlass einer Kündigung, ist diese wegen Verstoßes gegen zwingende Gesetzesvorschriften (§ 78 BetrVG i. V. m. § 134 BGB) nichtig. Alle Streitigkeiten über die Einrichtung, Zusammensetzung und Amtszeit des WA entscheidet das ArbG ebenso im **Beschlussverfahren** wie Fragen der dem Ausschuss entstehenden Kosten.

---

11   Fitting, Rn. 36.

§ 108 Sitzungen

(1) Der Wirtschaftsausschuss soll monatlich einmal zusammentreten.

(2) An den Sitzungen des Wirtschaftsausschusses hat der Unternehmer oder sein Vertreter teilzunehmen. Er kann sachkundige Arbeitnehmer des Unternehmens einschließlich der in § 5 Abs. 3 genannten Angestellten hinzuziehen. Für die Hinzuziehung und die Verschwiegenheitspflicht von Sachverständigen gilt § 80 Abs. 3 und 4 entsprechend.

(3) Die Mitglieder des Wirtschaftsausschusses sind berechtigt, in die nach § 106 Abs. 2 vorzulegenden Unterlagen Einsicht zu nehmen.

(4) Der Wirtschaftsausschuss hat über jede Sitzung dem Betriebsrat unverzüglich und vollständig zu berichten.

(5) Der Jahresabschluss ist dem Wirtschaftsausschuss unter Beteiligung des Betriebsrats zu erläutern.

(6) Hat der Betriebsrat oder der Gesamtbetriebsrat eine anderweitige Wahrnehmung der Aufgaben des Wirtschaftsausschusses beschlossen, so gelten die Absätze 1 bis 5 entsprechend.

1. Häufigkeit und Durchführung der Sitzungen

1 Der Ausschuss kann auch **öfter als monatlich** tagen, da die Regelung nicht zwingend ist. Die Sitzungen finden grundsätzlich während der Arbeitszeit statt (§ 37 Abs. 2, 3). § 40 Abs. 2 gilt für den WA entsprechend.[1] Der Gesetzgeber hat darauf verzichtet, besondere Geschäftsführungsbestimmungen zu erlassen. Der WA kann sich selbst eine **Geschäftsordnung**[2] geben. Es wird notwendig sein, zu regeln, wer den **Vorsitz** führt, die **Einladungen** vornimmt, die **Tagesordnungen** festsetzt oder in welchem Umfang eine Niederschrift geführt werden soll. Das BAG[3] ist der Auffassung, dass der WA kein Recht hat, zusätzlich ein BR/GBR-Mitgl. als **Protokollführer** hinzuzuziehen. Das Protokoll muss entweder ein WA-Mitgl. oder eine Bürokraft gemäß § 40 Abs. 2 führen. Die Sitzungen des WA sind **nicht öffent-**

---

1 BAG, DB 91, 1523.
2 Muster bei DKKWF-Däubler, §§ 106–109, Rn. 1 ff.
3 DB 91, 1523.

lich. Das folgt schon aus den im Allgemeinen vertraulich zu behandelnden bzw. zum Teil geheimzuhaltenden Beratungsgegenständen.

2. Teilnahme des Unternehmers und anderer Nichtmitglieder

Der UN oder sein Vertr. sind **verpflichtet**, an Sitzungen des WA **2**
teilzunehmen. Hieraus kann jedoch nicht gefolgert werden, dass ohne
eine solche Teilnahme eine Sitzung des WA nicht stattfinden könne.
Der WA hat vielmehr auch das Recht, **allein zusammenzukom-
men**.[4] Wer den UN vertreten kann, bestimmt sich nach der inneren
Organisation, ggf. auch nach den in Aussicht genommenen Beratungsgegenständen. Im Allgemeinen ist Vertr. diejenige Person, die nach
Satzung, Geschäftsordnung oder Organisation des UN als **rangnächs-
te in der UN-Hierarchie** anstelle des UN die Verantwortung trägt.[5]

Der UN kann sachkundige AN des UN ebenso wie Vertreter des **3**
AG-Verbandes gemäß § 29 Abs. 4 analog hinzuziehen. Der WA kann
neben sachkundigen AN/**Auskunftspersonen** (§§ 80 Abs. 2, 120
Abs. 1 Nr. 4)[6] auch **außenstehende Sachverständige** gemäß § 80
Abs. 3 einschalten. Aufgabe des Sachverständigen ist es, dem WA die
ihm zur Beurteilung einer konkreten aktuellen Frage fehlenden sachlichen Kenntnisse zu vermitteln.[7] Für geplante Betriebsänderungen
ermöglicht § 111 Satz 2 dem BR die erleichterte und beschleunigte
Einschaltung von **Beratern** (vgl. § 111 Rn. 1a).

Auch ein **Gew.-Beauftragter** kann analog § 31 an den WA-Sitzun- **4**
gen teilnehmen.[8] Der BR/GBR kann das Teilnahmerecht wegen der
Unterstützungsfunktion der Gewerkschaften auch durch **generellen
Beschluss** in seiner **Geschäftsordnung** einräumen.[9] Die frühere
Entscheidung des BAG,[10] die einen Mehrheitsbeschluss des BR/GBR
für jede einzelne Sitzung verlangte, ist als überholt anzusehen. Der WA
kann die Hinzuziehung eines Gew.-Beauftragten jedenfalls selbst beschließen, wenn ihm der BR oder der GBR eine entsprechende
Ermächtigung erteilt hat. Eine Gew. ist im **Beschlussverfahren** antragsberechtigt, wenn das Recht ihres Beauftragten auf Teilnahme an
den Sitzungen des WA bestritten wird.[11] Die **Gesamtschwerbehindertenvertr.** ist ebenfalls berechtigt, an den Sitzungen des WA teilzunehmen.[12]

---

4 BAG, DB 82, 1326.
5 Vgl. auch BAG, DB 91, 117.
6 DKKW-Däubler, Rn. 22.
7 BAG, DB 78, 2223.
8 BAG, DB 81, 1240.
9 BAG, DB 90, 1288.
10 DB 87, 2468.
11 BAG, DB 81, 1240.
12 BAG, DB 87, 2467.

3. Einsicht in Unterlagen

5 Soweit der UN nach § 106 verpflichtet ist, den WA anhand der notwendigen Unterlagen umfassend über alle wirtschaftlichen Angelegenheiten zu unterrichten, haben die Mitgl. des WA das Recht, **Einblick** in diese **Unterlagen** zu nehmen. Das Einsichtsrecht steht jedem einzelnen Mitgl. zu. Soweit es zur Aufgabenerfüllung des WA notwendig ist, sind dessen Mitgl. nach Auffassung des BAG zwar berechtigt, sich **Notizen** zu machen, allerdings **keine Abschriften/** Ablichtungen.[13]

6 Je nach dem Umfang der Unterlagen muss den Mitgl. des WA vor der Beratung der entsprechenden Angelegenheiten **ausreichend** Zeit zur Einsicht gewährt werden. Daher kann der UN verpflichtet sein, **Unterlagen schon vor der Sitzung** vorzulegen oder diese den Mitgl. des WA zeitweise zu überlassen.[14]

4. Bericht des Wirtschaftsausschusses an den Betriebsrat

7 Da der WA eng mit dem BR zusammenzuarbeiten hat, ist er nach dieser Bestimmung zu **unverzüglicher** und **vollständiger** Berichterstattung über jede stattgefundene Sitzung verpflichtet. Besteht in einem UN ein GBR, so hat die Berichterstattung diesem gegenüber zu erfolgen. Eine besondere **Schweigepflicht** besteht nicht. Auch mitgeteilte **Betriebs- und Geschäftsgeheimnisse** sind weiterzugeben.

8 Die **Form**, in der die Unterrichtung zu erfolgen hat, ist im Gesetz nicht geregelt. Eine bloße Aushändigung von Sitzungsprotokollen reicht jedoch grundsätzlich nicht aus.

5. Erläuterung des Jahresabschlusses

9 Der für das jeweilige Geschäftsjahr aufzustellende **Jahresabschluss**, den der UN dem WA unter Beteiligung des BR zu erläutern hat, umfasst die **Jahresbilanz** und die **Gewinn- und Verlustrechnung** sowie bei Kapitalgesellschaften und eingetragenen Genossenschaften den als ergänzende Erläuterung aufzustellenden Anhang und bei konzerngebundenen UN den **Konzernabschluss**.[15] Ein Anspruch des WA auf Offenlegung der privaten Vermögenslage des UN als Person besteht nicht.

10 Zum Verständnis des zu erläuternden Jahresabschlusses wird regelmäßig der **Lagebericht** und auch der **Bericht des Wirtschaftsprüfers** vorzulegen sein.[16] Zudem können neben **Auskunftspersonen**

---

13 BAG, DB 85, 924.
14 BAG, DB 85, 924.
15 DKKW-Däubler, Rn. 34.
16 LAG Frankfurt, DB 88, 1807 f.; DKKW-Däubler, Rn. 35 f.; vgl. auch BAG, BB 90, 458 und LAG Berlin, AiB 88, 314 f.

(§ 80 Abs. 2) auch **Sachverständige** herangezogen werden (vgl. Rn. 3).[17] Die Mitgl. des WA sind berechtigt, sich bei der Erläuterung des Jahresabschlusses **schriftliche Notizen** zu machen.[18]

6. Ordnungswidrigkeit, Aufgabenwahrnehmung durch Ausschuss

Ein Verstoß gegen diese Vorschrift ist eine **Ordnungswidrigkeit** i. S. des § 121.   **11**

Die Bestimmung regelt, dass die vorstehenden Grundsätze entsprechend gelten, wenn die Aufgaben des WA auf einen **Ausschuss des BR oder GBR** nach § 107 Abs. 3 übertragen worden sind.   **12**

§ 109 Beilegung von Meinungsverschiedenheiten

Wird eine Auskunft über wirtschaftliche Angelegenheiten des Unternehmens im Sinne des § 106 entgegen dem Verlangen des Wirtschaftsausschusses nicht, nicht rechtzeitig oder nur ungenügend erteilt und kommt hierüber zwischen Unternehmer und Betriebsrat eine Einigung nicht zustande, so entscheidet die Einigungsstelle. Der Spruch der Einigungsstelle ersetzt die Einigung zwischen Arbeitgeber und Betriebsrat. Die Einigungsstelle kann, wenn dies für ihre Entscheidung erforderlich ist, Sachverständige anhören; § 80 Abs. 4 gilt entsprechend. Hat der Betriebsrat oder der Gesamtbetriebsrat eine anderweitige Wahrnehmung der Aufgaben des Wirtschaftsausschusses beschlossen, so gilt Satz 1 entsprechend.

Inhaltsübersicht   Rn.

1. Anrufung der Einigungsstelle

Die **Anrufung des ESt.**[1] kann nicht durch den WA selbst erfolgen. Dieser muss vielmehr zunächst den **BR/GBR einschalten.** Kommt es dann zu keiner Einigung, kann der BR/GBR die ESt. anrufen, deren Entscheidung **verbindlich** ist.[2] Da eine Verschwiegenheitspflicht der WA-Mitgl. besteht, kann sich der UN auch nicht durch die Berufung auf eine Vertraulichkeit der zu behandelnden Angelegenheiten der Unterrichtungspflicht entziehen. Lediglich dann, wenn durch die Un-   **1**

---

17 Zu eng BAG, DB 78, 2223, das eine solche Möglichkeit nur im Fall besonderer und begründeter Notwendigkeit bejahen will.

18 BAG, DB 85, 924; ausdrücklich für den Jahresabschluss LAG Hamm, DB 83, 131 f.

1 Allgemein zum Verfahren Rupp/Lassmann, AiB 12, 598.

2 Vgl. DKKWF-Däubler, §§ 106–109 mit Schreiben des WA an BR/GBR (Rn. 23) und Anrufung der ESt. durch BR bei DKKWF-Berg, § 76 Rn. 8.

terrichtung **Betriebs- oder Geschäftsgeheimnisse** des UN **gefährdet** werden, kann er die Unterrichtung verweigern (§ 106 Abs. 2).
Es muss sich um Geschäfts- und Betriebsgeheimnisse handeln, an deren
absoluter Geheimhaltung ein **dringendes Interesse des UN** besteht.
Das festzustellen liegt nicht im subjektiven Ermessen des UN. Es muss
sich vielmehr um objektiv feststellbare Tatbestände handeln.

2. Zuständigkeit

2 Die **Zuständigkeit der ESt. ist weitreichend.** Sie entscheidet nicht
nur über Erteilung, Zeitpunkt und Umfang einer verlangten Auskunft,
sondern auch darüber, ob der UN die Auskunftserteilung unter Berufung darauf verweigern kann, dass andernfalls ein Betriebs- oder
Geschäftsgeheimnis des UN gefährdet werden könnte.[3] Sie befindet
damit über Rechtsfragen. Die Frage, ob ein WA zu bestellen ist und ob
der AG seine **Pflicht zur Teilnahme** an dessen Sitzungen verletzt hat,
ist demgegenüber ebenso im **arbeitsgerichtlichen Beschlussverfahren** zu klären[4] wie die, ob eine **wirtschaftliche Angelegenheit**
vorliegt.[5]

3 Zur Beilegung von **Streitigkeiten über das Einsichtsrecht** in vorzulegende Unterlagen nach § 108 Abs. 3 und über die Erl. des Jahresabschlusses nach § 108 Abs. 5 ist ebenfalls die ESt. zuständig.[6] Sie kann
zudem darüber befinden, ob der UN verpflichtet ist, dem WA im
Zusammenhang mit der Erl. den **Wirtschaftsprüferbericht** vorzulegen.[7]

4 Die ESt. ist für die Frage nicht offensichtlich unzuständig, ob der WA
verlangen kann, dass ihm bereits der **Entwurf des Jahresabschlusses**
vor konzerninterner Abgleichung vorzulegen ist.[8] Deshalb ist sie auch
in diesem Fall zu bilden. Das gilt auch für die **Vorlage von Studien**,
die der AG selbst nicht in Auftrag gegeben hat, die ihm jedoch zur
Verfügung stehen und von denen er Kenntnis genommen hat[9] oder bei
Meinungsverschiedenheiten darüber, ob bei einer Veräußerung der
Geschäftsanteile der entsprechende Vertrag dem WA vorzulegen ist.[10]
Die ESt. ist auch zu bilden, wenn der WA eines Gemeinschaftsbetriebs
von Tochter-UN von der übergeordneten Konzernholding, die bei
diesem mehrfach in unternehmerische Entscheidungen eingegriffen

---

3   Vgl. BAG, DB 01, 600; OLG Karlsruhe, DB 86, 387 f.; LAG Düsseldorf, DB 78,
    1695 ff.
4   LAG Hessen, NZA-RR 07, 199.
5   BAG, DB 91, 1176; NZA 96, 55.
6   BAG, BB 90, 458; LAG Düsseldorf, DB 78, 1695 ff.
7   BAG a. a. O.; vgl. auch LAG Berlin, AiB 88, 314 ff.
8   LAG Berlin, AiB 88, 314 f.
9   HessLAG, AiB 96, 668.
10 AG Berlin, AiB 11, 260.

hat, bei einer Umorganisation wissen will, welche Vermögenswerte an welche Tochter-UN gegangen sind.[11]

3. Sachverständige, Überprüfung des Spruchs

Hält die ESt. es für erforderlich, kann sie auch ohne entsprechende **5** Vereinbarung zwischen BR und AG **Sachverständige** hinzuziehen. Entscheidet sie zugunsten des WA, kann sich der BR/GBR einen **Vollstreckungstitel** im arbeitsgerichtl. Beschlussverfahren verschaffen, um z. B. die Auskunft zu erzwingen. Der Spruch der ESt. unterliegt der **vollen Rechtskontrolle durch die ArbG**.[12] Wegen der **Primärzuständigkeit** der ESt. kann der BR seine Informationsrechte gemäß §§ 106 ff. nicht unter Verzicht auf das ESt.-Verfahren oder parallel hierzu direkt im Beschlussverfahren verfolgen.[13]

§ 109a Unternehmensübernahme

In Unternehmen, in denen kein Wirtschaftsausschuss besteht, ist im Fall des § 106 Abs. 3 Nr. 9a der Betriebsrat entsprechend § 106 Abs. 1 und 2 zu beteiligen; § 109 gilt entsprechend.

Für den begrenzten Bereich des § 106 Abs. 3 Nr. 9a werden dem BR **1** die Rechte eines WA eingeräumt, falls dieser nicht gebildet worden ist. Dies kann an einer zu geringen AN-Zahl liegen oder auch daran, dass die Errichtung pflichtwidrig (vgl. § 106 Rn. 1) unterblieben ist.[1] Besteht im UN ein GBR, aber kein WA, tritt dieser an die Stelle des BR. Nach § 10 FMS findet die Vorschrift allerdings keine Anwendung auf den Erwerb von Anteilen am UN des Finanzsektors durch den **Finanzmarktstabilisierungsfonds**.

§ 110 Unterrichtung der Arbeitnehmer

(1) In Unternehmen mit in der Regel mehr als 1000 ständig beschäftigten Arbeitnehmern hat der Unternehmer mindestens einmal in jedem Kalendervierteljahr nach vorheriger Abstimmung mit dem Wirtschaftsausschuss oder den in § 107 Abs. 3 genannten Stellen und dem Betriebsrat die Arbeitnehmer schriftlich über die wirtschaftliche Lage und Entwicklung des Unternehmens zu unterrichten.

(2) In Unternehmen, die die Voraussetzungen des Absatzes 1 nicht erfüllen, aber in der Regel mehr als zwanzig wahlberech-

---

11 LAG Nds. 03. 11. 2009 – 1 TaBV 63/09, NZA-RR 10, 142 = AiB 10, 263 m. Anm. Trittin/Gilles.
12 BAG, DB 01, 598 f.; Anfechtung eines ESt.-Spruchs bei DKKWF-Berg, § 76 Rn. 14.
13 BAG, BB 90, 459; LAG Frankfurt, DB 88, 2519.
1 Vgl. DKKW-Däubler, Rn. 1.

tigte ständige Arbeitnehmer beschäftigen, gilt Absatz 1 mit der Maßgabe, dass die Unterrichtung der Arbeitnehmer mündlich erfolgen kann. Ist in diesen Unternehmen ein Wirtschaftsausschuss nicht zu errichten, so erfolgt die Unterrichtung nach vorheriger Abstimmung mit dem Betriebsrat.

1. Vierteljahresbericht: Inhalt und Abstimmung

1 Die Berichterstattung des UN hat nach **vorheriger Abstimmung** mit dem **BR** und dem **WA** oder, falls die Aufgaben des WA einem **anderen Ausschuss** übertragen worden sind, mit diesem zu erfolgen. Besteht in einem UN kein WA und kein anderer für ihn gebildeter Ausschuss, ist die Berichterstattung allein mit dem BR abzustimmen. Die Vorschrift soll dem BR/GBR nach Auffassung des BAG[1] keinen eigenen Anspruch geben, die Beschäftigten über die wirtschaftliche Lage und Entwicklung des UN zu unterrichten. Dem kann nicht gefolgt werden. Wird über den Inhalt des Berichts keine Einigung erzielt, können WA und BR/GBR verlangen, dass ihre Beurteilung entweder in den Bericht des UN aufgenommen wird oder ein eigener Bericht verteilt wird.[2]

2 Zum Zwecke der Abstimmung hat der UN den **Inhalt des vorgesehenen Berichts** mit dem BR und dem WA bzw. dem für diesen eingesetzten Ausschuss **eingehend** zu erörtern. Dabei können BR und WA Änderungsvorschläge unterbreiten.[3] Geht der UN, der ausschließlich für die Berichterstattung verantwortlich ist,[4] hierauf nicht ein, sind BR und WA berechtigt, den AN gegenüber ihre **abweichende Auffassung** darzulegen. Der Bericht des UN soll den AN einen Überblick über die **wirtschaftliche Lage** des UN und seiner Betriebe, **die Marktlage** sowie die zurückliegende und die zu erwartende **Entwicklung** geben und sich zweckmäßigerweise an § 106 Abs. 3 orientieren.

2. Streitigkeiten

3 Ein UN, der die ihm obliegende Unterrichtungspflicht nicht, nicht rechtzeitig, wahrheitswidrig oder unvollständig erfüllt, handelt **ordnungswidrig** i. S. des § 121. Meinungsverschiedenheiten zwischen WA, BR/GBR und dem UN, die sich auf die **Pflicht zur Bericht-**

---

1   15. 4. 13, NZA 13, 1223; a. A. DKKW-Däubler, Rn. 12; Fitting, Rn. 4.
2   DKKW-Däubler, Rn. 12; Fitting, Rn. 4.
3   Vgl. DKKWF-Däubler, § 110, Rn. 2–4 zu einem entsprechenden Schriftverkehr zwischen BR/WA und AG.
4   BAG v. 1. 3. 66, AP Nr. 1 zu § 69 BetrVG.

erstattung, den **Inhalt des Berichts** oder die Einbeziehung der AN-Vertretungen beziehen, sind vom ArbG im **Beschlussverfahren** zu klären. Darüber hinaus kann der **einzelne AN** seine Informationsrechte im **Urteilsverfahren** geltend machen.

Zweiter Unterabschnitt: Betriebsänderungen

§ 111 Betriebsänderungen

In Unternehmen mit in der Regel mehr als zwanzig wahlberechtigten Arbeitnehmern hat der Unternehmer den Betriebsrat über geplante Betriebsänderungen, die wesentliche Nachteile für die Belegschaft oder erhebliche Teile der Belegschaft zur Folge haben können, rechtzeitig und umfassend zu unterrichten und die geplanten Betriebsänderungen mit dem Betriebsrat zu beraten. Der Betriebsrat kann in Unternehmen mit mehr als 300 Arbeitnehmern zu seiner Unterstützung einen Berater hinzuziehen; § 80 Abs. 4 gilt entsprechend; im Übrigen bleibt § 80 Abs. 3 unberührt. Als Betriebsänderungen im Sinne des Satzes 1 gelten

1. Einschränkung und Stilllegung des ganzen Betriebs oder von wesentlichen Betriebsteilen,

2. Verlegung des ganzen Betriebs oder von wesentlichen Betriebsteilen,

3. Zusammenschluss mit anderen Betrieben oder die Spaltung von Betrieben,

4. grundlegende Änderungen der Betriebsorganisation, des Betriebszwecks oder der Betriebsanlagen,

5. Einführung grundlegend neuer Arbeitsmethoden und Fertigungsverfahren.

1. Unternehmensgröße, bestehender Betriebsrat

1 Das Beteiligungsrecht des BR in wirtschaftlichen Angelegenheiten[1] besteht nur in **UN mit regelmäßig mehr als 20 wahlberechtigten AN**.[2] Bei der Ermittlung der Zahl ist von dem Zeitpunkt auszugehen, in dem die **Beteiligungsrechte des BR entstehen**, also z. B. vom Stilllegungsentschluss oder dem Beschluss, die Betriebsorganisation grundlegend zu ändern. Entscheidend ist allerdings nicht, wie viele AN dem UN dann zufällig angehören, sondern vielmehr die **Personalstärke**, die **für das UN im Allgemeinen kennzeichnend** ist. Dies erfordert in der Regel einen Rückblick und eine Prognose. Werden AN nicht ständig beschäftigt, kommt es darauf an, ob dies normalerweise während des größten Teils des Jahres der Fall ist.[3] In einem **Kampagnebetrieb**, der nur während eines Teils des Jahres arbeitet, ist die Beschäftigtenzahl während der Kampagne entscheidend.[4] Bei der Zahl der Beschäftigten sind auch, falls die Voraussetzungen des § 7 Satz 2 vorliegen, zur **Arbeitsleistung Überlassene**, wie z. B. Leih-AN, mitzurechnen.[5] **Leit. Ang.** sind demgegenüber nicht zu berücksichtigen. Die unternehmensbezogene Betrachtung ist nach richtiger Auffassung bei verfassungskonformer Interpretation um eine **konzernbezogene** entsprechend zu ergänzen, da es vom Sinn der Regelung her keinen Unterschied machen kann, ob zu einem Betrieb mit 15 AN ein weiterer mit 10 oder eine gleich große Tochtergesellschaft hinzukommt.[6] Bei einem **Gemeinschaftsbetrieb** mehrerer UN mit mehr als 20 AN findet die Vorschrift auch dann Anwendung, wenn keines für sich genommen die Grenze von 20 Personen überschreitet, weil hier auf die Gesamtzahl aller im Gemeinschaftsbetrieb beschäftigten AN abzustellen ist.[7] Diese bleibt auch dann maßgeblich, wenn über das Vermögen eines der beteiligten UN das Insolvenzverfahren eröffnet wird und der **InsV** den diesem UN zuzuordnenden Betriebsteil mit weniger als 21 AN direkt stilllegt.[8] Da der Gemeinschaftsbetrieb, sofern er nicht von einem eigenständigen **Gemeinschafts-UN** getragen wird, insgesamt den jeweiligen Träger-UN zuzurechnen ist, greift die Vorschrift darüber hinaus auch ein, falls Gemeinschaftsbetrieb und weitere Betriebe eines beteiligten UN nur

---

1 Vgl. auch den Überblick von Kraushaar, AiB 94, 289 ff. und Hamm, Sozialplan und Interessenausgleich, 4. Aufl. (2004).
2 Vgl. zur früheren Rechtslage bereits BAG, NZA 90, 443; BB 99, 2244.
3 Vgl. BAG 18. 10. 11 – 1 AZR 335/10, brwo, NZA 12, 221.
4 Vgl. BAG, NZA 93, 955; 96, 166; 05, 766 m. w. N.
5 BAG 18. 10. 11 – 1 AZR 335/10, brwo; NZA 12, 221; vgl. auch Fitting, Rn. 25.
6 DKKW-Däubler, Rn. 34.
7 So schon zu § 106 BAG, DB 91, 1782; vgl. auch BAG, NZA 98, 723; LAG Berlin, NZA-RR 03, 477 und BAG, NZA 05, 420 zu § 99.
8 BAG, NZA 98, 723.

zusammen den Schwellenwert überschreiten.[9] Geht der Stilllegung eines Betriebs ein **Personalabbau** voraus, der sich über einen längeren Zeitraum erstreckt, bleibt die ursprüngliche Beschäftigtenzahl maßgeblich, falls sich der Personalabbau im Zeitpunkt des Stilllegungsbeschlusses rückwirkend als **Vorstufe der Stilllegung** erweist. Sollte die Personalverminderung dagegen die Betriebsfortführung ermöglichen und hat sie für eine nicht unerhebliche Zeit zu einer Stabilisierung der Beschäftigtenzahl auf niedrigem Niveau geführt, so ist diese Zwischenstufe maßgeblich.[10] Ist unklar, ob in dem betroffenen UN regelmäßig mehr als 20 AN beschäftigt sind, muss das ArbG die ESt. für Interessenausgleich und Sozialplan einsetzen.[11] Nach Ansicht des BAG[12] kommen Interessenausgleich und Sozialplan **nicht** in Frage, wenn im Stilllegungszeitraum, also **erst während der Durchführung** der Betriebsänderung, **erstmalig ein BR gewählt** worden ist. Es bestehe keine Verpflichtung des AG, mit der Betriebsänderung so lange zu warten, bis ein funktionsfähiger BR vorhanden sei. Diese Auffassung des BAG überzeugt nicht. Der BR ist auch hier zu beteiligen.[13] Da eine Insolvenz keine Betriebsänderung darstellt, muss der InsV auch einen BR beteiligen, der erst **nach Verfahrenseröffnung gewählt** worden ist (§ 112 Rn. 13).[14] Ist in einem Betriebsteil ein BR gewählt und die Wahl nicht angefochten worden, hat der BR alle betriebsverfassungsrechtlichen Befugnisse, auch die gemäß § 111. Es kommt nicht darauf an, ob der Betriebsteil betriebsratsfähig war und er zu Recht gewählt wurde.[15] Besteht ein **GBR/KBR** und ist dieser für die Betriebsänderung zuständig (vgl. Rn. 20), so handelt er auch für Betriebe/UN, die keinen BR/GBR gebildet haben (§§ 50 Abs. 1, 58 Abs. 1).

2. Heranziehung eines Beraters

In UN mit mehr als 300 AN (vgl. Rn. 1) kann der BR einen **externen Berater** ohne vorherige Vereinbarung mit dem AG, anders als in § 80 Abs. 3 vorgesehen, hinzuziehen.[16] Dadurch wird diese Unterstützung erheblich beschleunigt. Dass es sich um einen externen Berater han-   **1a**

---

9 Vgl. auch hinsichtlich des »vollständigen« Stimmengewichts von Gemeinschaftsbetrieb im GBR und Gemeinschafts-UN in einem KBR DKKW-Trittin, § 47 Rn. 150, § 55 Rn. 17.

10 BAG, DB 95, 2075.

11 LAG Berlin, AiB 93, 733.

12 DB 82, 1727; BB 93, 140; NZA 04, 220.

13 LAG Köln, AuR 07, 395; ArbG Reutlingen, AuR 98, 492; DKKW-Däubler, Rn. 154 f.; vgl. auch LAG Saarland, NZA-RR 03, 639.

14 BAG, NZA 04, 220.

15 BAG, DB 96, 147; BB 00, 47.

16 Vgl. Musterschreiben zur Bestellung eines Beraters (Rn. 3) und zur entsprechenden Mitteilung an den AG (Rn. 4) bei DKKWF-Däubler, §§ 111–113.

delt, folgt aus der Gesetzesbegründung[17] und seiner Systematik (vgl. § 80 Abs. 2 Satz 3). Der **Schwellenwert** wird auf die **»in der Regel« beschäftigten AN** zu beziehen sein. Eine Stichtagsbetrachtung (Tag, an dem mit der Planung der Betriebsänderung begonnen wird) wäre im Hinblick auf die vom Gesetzgeber gewollte Entlastung kleinerer UN wohl zu zufällig, daher nicht sachgerecht und auch praktisch nur schwierig durchführbar. Bei einem **Gemeinschaftsbetrieb** kommt es auch hier auf die **Gesamtzahl aller in ihm beschäftigten AN**[18] bzw., falls er nicht von einem eigenständigen **Gemeinschafts-UN** getragen wird, auf die Addition der AN von Gemeinschaftsbetrieb und jeweils den weiteren Betrieben eines der beteiligten UN an (vgl. Rn. 1). Im Hinblick auf den Gesetzeszweck ist die Vorschrift **entsprechend anzuwenden**, wenn nur in allen **Konzern-UN** zusammengenommen mehr als 300 AN beschäftigt sind (vgl. Rn. 1).

1 b Der BR **entscheidet nach pflichtgemäßem Ermessen** selbst darüber, welcher Person er das nötige Vertrauen entgegenbringt; er ist, wie auch ansonsten bei Sachverständigen (vgl. § 80 Rn. 29), Rechtsanwälten oder Fachliteratur (§ 40 Rn. 24), nicht auf die kostengünstigste Möglichkeit beschränkt.[19] Anders als z.B. in §§ 80 Abs. 2 Satz 3, 80 Abs. 3 oder auch §§ 37 Abs. 2, 40 Abs. 2 ist die Einschaltung des Beraters nicht ausdrücklich an weitere Voraussetzungen geknüpft, wie z.B. »... zur ordnungsgemäßen Erfüllung seiner Aufgaben erforderlich ...«. Da wegen der gleichzeitigen Normierung des § 80 Abs. 2 Satz 3 ein Redaktionsversehen ausscheidet, kann auch bei Heranziehung der Gesetzesbegründung[20] gefolgert werden, dass der Gesetzgeber im Rahmen von § 111 wegen der »oft hoch komplizierten Fragestellungen« die **Erforderlichkeit unterstellt**.[21] Hält man mit der Rspr. den Grundsatz der **Verhältnismäßigkeit** im Rahmen von § 40 Abs. 1 für anwendbar (§ 40 Rn. 14),[22] so wird hierdurch der AG ebenso wie jedenfalls gemäß § 2 Abs. 1 vor unverhältnismäßigen Belastungen geschützt.[23] Eine »nähere Vereinbarung«, wie in § 80 Abs. 3, ist ebenfalls nicht erforderlich.[24] Die Höhe der Vergütung richtet sich nach gesetzlichen Regelungen wie dem RVG bei einem RA, sofern einschlägige Bestimmungen vorhanden sind. In der Regel können

---

17 BT-Drucks. 14/5741, S. 52.
18 Vgl. auch Fitting, Rn. 118.
19 LAG Hamm, ZIP 05, 2269; vgl. auch BAG, DB 89, 1774; LAG BaWü, AiB 86, 261.
20 BT-Drucks. 14/5741, S. 52.
21 Vgl. auch DKKW-Däubler, Rn. 172; HessLAG, LAGE § 111 BetrVG 2001 Nr. 9 lässt die Frage offen, hat aber bei der Hinzuziehung zu Interessenausgleichsverhandlungen »keinen Zweifel« an der Erforderlichkeit; offengelassen auch von LAG Hamm, ZIP 05, 2269 und ArbG Hannover, NZA-RR 09, 309.
22 Vgl. auch m.w.N. und kritisch DKKW-Wedde, § 40 Rn. 5.
23 Vgl. auch ArbG Hannover, NZA-RR 09, 309.
24 HessLAG und ArbG Hannover, beide a.a.O.

abweichende Vereinbarungen getroffen werden. Ohne gesetzliche Regelung und Vereinbarung ist die Höhe des Honorars gemäß **§ 612 Abs. 2 BGB** marktüblich festzusetzen, wobei die Tätigkeit mit der eines UN-Beraters vergleichbar ist.[25] Wäre dies nicht möglich, würden §§ 316, 315 Abs. 1 BGB heranzuziehen sein: Der Berater setzt die Vergütung nach **billigem Ermessen** fest. Der BR, der sich **nicht** zunächst auf interne Fachleute verweisen lassen muss (s. o.), kann **einen** Berater hinzuziehen. Damit wird allerdings nicht ausgeschlossen, dass er einen Berater, der sein Vertrauen verloren hat, durch einen anderen ersetzt, oder, bei komplizierten Fällen, **nacheinander mehrere Berater** oder ein **Beratungsbüro** mit den benötigten unterschiedlichen fachlichen Schwerpunkten[26] einschaltet. Die **Geheimhaltungspflicht** gemäß § 79 gilt auch für Berater.

Ist es zweifelhaft, ob eine geplante Betriebsänderung vorliegt, reicht es aus, dass der BR die Voraussetzungen unter Abwägung aller Umstände für gegeben und damit die Einschaltung des Beraters für erforderlich halten darf (vgl. auch § 40 Rn. 1, 5; § 37 Rn. 6). Handelt der BR nicht innerhalb seiner Kompetenzen, soll die für den BR handelnde Person, also üblicherweise der Vorsitzende, nach Auffassung des BGH[27] gegenüber dem Berater haften. Der Ersatzanspruch entfällt allerdings in jedem Fall, wenn der Berater die Überschreitung hätte erkennen können, was regelmäßig der Fall sein wird, oder wenn im Vertrag mit dem Berater die persönliche Haftung dv. BR-Mitgliedern ausgeschlossen worden ist.[28] Schließlich wird klargestellt, dass bei Betriebsänderungen in **UN mit weniger als 301 AN** der BR auch weiterhin Sachverständige nach § 80 Abs. 3 einschalten kann. **1 c**

3. Betriebsänderungen

a) Grundsätze

Das Beteiligungsrecht des BR besteht bei allen Betriebsänderungen,[29] die **wesentliche Nachteile** für die Belegschaft oder erhebliche Teile der Belegschaft zur Folge haben **können**. Die Vorschriften gelten auch bei **Insolvenz des UN**,[30] wobei die Insolvenz für sich genommen allerdings **keine Betriebsänderung** darstellt (vgl. Rn. 1 am Ende).[31] Die Löschung des UN im Handelsregister lässt die Partei- und Beteiligtenfähigkeit unberührt.[32] Unter Betriebsänderung ist jede Änderung **2**

---

25 Vgl. DKKW-Däubler, Rn. 181.

26 Vgl. DKKW-Däubler, Rn. 176; weitergehend und gegen eine zahlenmäßige Beschränkung LAG Hamm, ZIP 05, 2269; Fitting, Rn. 121.

27 25. 10. 12 – III ZR 266/11, NZA 12, 1382.

28 Vgl. DKKW-Däubler, Rn. 183 a.

29 **Checkliste** bei DKKWF-Däubler, §§ 111–113, Rn. 1.

30 BAG, DB 79, 261.

31 Vgl. BAG, NZA 98, 723.

32 BAG, NZA 90, 443.

der Betriebsorganisation, der Betriebsstruktur, des Tätigkeitsbereichs, der Arbeitsweise u. Ä. zu verstehen. Ob eine Betriebsänderung vorliegt, kann von der nach § 112 angerufenen ESt. als **Vorfrage** mit entschieden werden.[33] Als wesentlicher Nachteil kommen nicht nur der Verlust des Arbeitsplatzes oder die Versetzung im Betrieb in Betracht, sondern beispielsweise auch eine Erschwerung der Arbeit (z. B. Temposteigerung, Leistungsverdichtung), ein Qualifikationsverlust, eine Minderung des Arbeitsverdienstes, längere Anfahrtswege zur Arbeit, erhöhte Kosten für die Fahrt zur Arbeitsstelle oder dass Beschäftigte nur noch Teilzeit arbeiten können und daher weniger verdienen.[34]

3 Die Bestimmung enthält einen Katalog von Tatbeständen (Satz 3 Nrn. 1 bis 5), der **nicht abschließend** ist (**str.**)[35] und bei deren Vorliegen der Gesetzgeber von vornherein die **Möglichkeit** damit verbundener **wesentlicher Nachteile** für die AN **unterstellt**,[36] wobei durchaus ein und dieselbe Maßnahme des UN mehrere Tatbestände erfüllen kann.[37] Die **Voraussetzungen für Betriebsänderungen** sind durch die Novellierung 2001 nicht verändert worden; die Beurteilung bleibt **betriebsbezogen**.[38] Dabei wird ein betriebsratsloser Betriebsteil (§ 4 Abs. 1 Satz 1) nach Ansicht des BAG[39] Teil des Hauptbetriebs, wenn er sich nach entsprechender Abstimmung (§ 4 Abs. 1 Satz 2) an der BR-Wahl im Hauptbetrieb beteiligt, und zwar auch im Hinblick auf die Aufstellung eines Sozialplans. Liegt einer der im Gesetz aufgeführten Tatbestände vor, ist der BR stets zu beteiligen, **ohne** dass zusätzlich geprüft werden muss, ob die Maßnahme wesentliche Nachteile zur Folge haben kann.[40] Nur soweit der UN die Durchführung einer wirtschaftlichen Maßnahme beabsichtigt, die **nicht einen der ausdrücklich genannten Tatbestände** erfüllt, kommt es für die Beteiligung des BR darauf an, ob sich aus ihr **nachteilige Auswirkungen auf die Belegschaft**, zu der auch hier (vgl. Rn. 1) zur Arbeitsleistung Überlassene, wie **Leih-AN** zählen, wenn die Voraussetzungen des § 7 Satz 2 erfüllt sind, oder erhebliche Teile der Belegschaft ergeben können.[41] § 17 Abs. 1 KSchG ist eine Richt-

---

33 BAG, DB 75, 1322.

34 LAG BaWü v. 16. 6. 87, LAGE § 111 BetrVG 1972 Nr. 6.

35 In diesem Sinne spricht das BAG (NZA 11, 466) von einer »beispielhaften Aufstellung von Tatbeständen«; DKKW-Däubler, Rn. 45 m. w. N. zur Rspr.; Fitting, Rn. 44; wohl auch LAG Nds. 12. 1. 10 – 1 TaBV 73/09, brwo, LAGE § 98 ArbGG 1979 Nr. 58; noch offengelassen von BAG, DB 89, 883; ZIP 01, 1825.

36 Vgl. z. B. BAG, NZA 00, 1069; 11, 466.

37 BAG, ZIP 01, 1825.

38 BAG 19. 7. 12 – 2 AZR 386/11, NZA 13, 333; BT-Drucks. 14/5741, S. 51.

39 BAG 17. 9. 13 – 1 ABR 21/12, NZA 14, 96; a. A. DKKW-Däubler, Rn. 48.

40 BAG, DB 83, 344, 1766; 86, 2085.

41 Vgl. BAG, NZA 89, 557; LAG Niedersachsen, NZA-RR 07, 134.

schnur. Bei Betrieben mit weniger als 21 Beschäftigten geht das **BAG**[42] in jedem Falle von einer Mindestzahl von **6 AN**, Däubler[43] demgegenüber zu Recht davon aus, dass **mindestens ein Drittel der AN** betroffen sein muss (vgl. auch Rn. 5, 6).[44] Zu beachten ist, dass die negativen Folgen nicht tatsächlich eintreten müssen; sie brauchen lediglich **möglich** zu sein.[45]

b) Einschränkung und Stilllegung (Nr. 1)

Betriebsstilllegung ist die Aufgabe des Betriebszwecks unter gleich- **4** zeitiger Auflösung der **Betriebsorganisation** für eine unbestimmte, wirtschaftlich nicht unerhebliche Zeit.[46] Eine witterungsbedingte Betriebseinstellung auf dem Bau erfüllt daher die Voraussetzungen der Vorschrift nicht.[47] Auch die Veräußerung des Betriebs/Betriebsteils (ohne AN) allein[48] ist nach Auffassung des BAG ebenso wenig eine Stilllegung oder sonstige Betriebsänderung (vgl. auch Rn. 9, 13)[49] wie ein Antrag auf Eröffnung des Insolvenzverfahrens bzw. die entsprechende Eröffnung (vgl. auch Rn. 1 am Ende).[50] Maßgeblich für die Betriebsänderung ist eine **Änderung der betrieblichen Organisation**. Ist die Stilllegung durchgeführt, stellt die Veräußerung der verbliebenen Betriebsmittel an einen Dritten keinen Betriebsübergang nach § 613a BGB dar, es sei denn, der Erwerber nimmt alsbald die Produktion wieder auf. Dann spräche eine **tatsächliche Vermutung gegen die ernsthafte Stilllegungsabsicht** des Veräußerers.[51] Macht der AG nach einem Brand im Betrieb von einer im TV eingeräumten Möglichkeit Gebrauch, allen AN fristlos unter Einräumung eines Wiedereinstellungsanspruchs nach Beendigung der Schäden zu kündigen, so ist dies nur eine **Betriebsunterbrechung** und keine Stilllegung.[52] Entschließt er sich allerdings später, den Betrieb nicht wieder aufzubauen, liegt darin ebenso eine Betriebsstilllegung wie in der **Übertragung** des Betriebs zu diesem Zweck.[53] Eine Stilllegung liegt

---

42 V. 9. 11. 2010 – 1 AZR 345/09, brwo, NZA 11, 466 = AiB 12, 132 m. Anm. Bartelmess.
43 DKKW, Rn. 65, 72, 118.
44 LAG Nürnberg, AuR 09, 436, Ls., geht von 30 % aus.
45 BAG, NZA 85, 628.
46 BAG, DB 85, 1399; NZA 06, 1122; LAG Berlin-Brandenburg 2. 3. 12 – 13 Sa 2187/11, ZIP 12, 1429.
47 LAG Nds., DB 98, 1139.
48 Eine entsprechende Absicht kann daran deutlich werden, dass der UN die AN kündigt, gleichzeitig sich aber weiter um Aufträge bemüht (BAG, NZA 08, 821) oder ernsthaft mit einem Kaufinteressenten verhandelt (BAG, NZA 06, 720).
49 BAG, DB 94, 1731.
50 BAG, NZA 98, 723; vgl. auch BAG, NZA 04, 220.
51 BAG, BB 87, 2370; DKKW-Däubler, Rn. 56.
52 BAG, DB 87, 2365.
53 BAG, NZA 87, 523; 99, 310.

auch vor, wenn ein AG die betriebliche Organisation dadurch auflöst, dass er **alle AN unwiderruflich freistellt**[54] oder **entlässt**.[55] Wegen § 242 BGB kann er sich dann nicht darauf berufen, die Kündigungen seien unwirksam gewesen, weil in Wirklichkeit ein Betriebsübergang (§ 613a BGB) vorgelegen habe.[56] Der BR amtiert über eine Stilllegung oder einen sonstigen Betriebsuntergang hinaus weiter wegen der damit in Zusammenhang stehenden Rechte: Er hat ein **Restmandat** bis alle von ihm wahrzunehmenden Aufgaben erledigt sind (§ 21b).[57] Das Restmandat besteht auch bei einer Ausgliederung von Betriebsteilen oder Aufspaltung des Betriebs für den bisherigen Betrieb[58] (zum Übergangsmandat vgl. § 21a).

5   Ein **wesentlicher Betriebsteil** ist anzunehmen, wenn der betroffene Bereich einen erheblichen Teil der AN (vgl. Rn. 1) des Gesamtbetriebs beschäftigt, die Zahlen in § 17 KSchG geben hier einen Anhaltspunkt,[59] oder eine **wesentliche wirtschaftliche Bedeutung** für diesen hat.[60] Das BAG[61] hat bisher allerdings offen gelassen, ob auch ohne Erreichen der quantitativen Schwellenwerte eine qualitative Betrachtung den Tatbestand erfüllen kann.[62] Da § 17 KSchG wegen seiner primär arbeitsmarktpolitischen Zielsetzung Zahlenwerte nur für Betriebe mit mehr als 20 Beschäftigten enthält, wird man die prozentuale Schwelle für Kleinbetriebe entsprechend der Logik der Vorschrift weiter ansteigen lassen müssen. Das **BAG** (siehe oben Rn. 3) geht von einer Mindestzahl von 6 AN aus.[63] Bei der **Betriebseinschränkung** wird der Zweck des Betriebs weiterverfolgt, aber dessen Gesamtleistung erheblich (»betriebsuntypisch«) herabgesetzt.[64] Das kann z.B. durch die Außerbetriebsetzung von Maschinen geschehen, muss sich aber nicht darauf beschränken. Die Fremdvergabe **(Outsourcing)**

---

54 LAG Berlin-Brandenburg 2. 3. 12 – 13 Sa 2187/11, ZIP 12, 1429.

55 Vgl. auch BAG, NZA 06, 1122: Eine **Einstellung der Produktion** oder/und die **Freistellung** des überwiegenden Teils der AN sind noch nicht der Beginn einer Stilllegung, weil sie keine unumkehrbare Maßnahme sind.

56 BAG, DB 96, 147.

57 BAG, NZA 07, 106.

58 BAG, DB 87, 2365.

59 Vgl. BAG, NZA 91, 114; 98, 723; 08, 957.

60 Hierzu BAG, DB 89, 883; NZA 06, 932 und 08, 957: »Schlüsselfunktion«; ArbG Hamburg, AiB 08, 106 (Bereich, der eine Primärfunktion im UN ausfüllt und nicht nur ein Anhängsel des operativen Geschäfts ist); vgl. auch LAG Frankfurt 11. 10. 77 – 5 TaBV 63/76, wonach jede nicht völlig bedeutungslose Abteilung die Voraussetzungen erfüllt.

61 NZA 06, 932; 11, 466.

62 Vgl. auch LAG Rheinland-Pfalz, NZA-RR 06, 189.

63 Vgl. aber auch DKKW-Däubler, Rn. 65, der zu Recht ein Drittel der Beschäftigten verlangt; LAG Düsseldorf, LAGE § 111 BetrVG 2001 Nr. 9 nimmt eine Wesentlichkeit nur an, wenn die wirtschaftliche und sonstige Bedeutung des Betriebsteils erheblich ist.

64 BAG, DB 79, 1896; NZA 91, 114; 93, 1142.

von Vor- und Teilprodukten wird häufig unter Nr. 1 fallen (str.),[65] wie auch die Auflösung des eigenen Vertriebs durch Beendigung der Arbeitsverhältnisse sämtlicher Außendienstmitarbeiter und Fortführung durch freie Handelsvertreter (vgl. hierzu auch Rn. 14).[66]

Auch eine nicht unerhebliche Verringerung der Zahl der AN (vgl. **6** Rn. 1), also eine sog. **Massenentlassung**, kann den Tatbestand einer Betriebseinschränkung erfüllen (ständige Rspr.),[67] es sei denn, es handelt sich nur um eine vorübergehende Anpassung an die Marktlage aufgrund saisonbedingter oder kurzfristiger konjunktureller Schwankungen.[68] Das BAG hat die Frage, wann eine Massenentlassung vorliegt, anhand der **in § 17 KSchG festgelegten Staffel** beantwortet.[69] Bei Großbetrieben wird von ihm zusätzlich verlangt, dass mindestens 5 v. H. der Belegschaft betroffen sind.[70] Dabei können die Zahlen des § 17 KSchG[71] bzw. die 5 v. H. – es handelt sich hierbei um eine »**Richtschnur**« – durchaus geringfügig unterschritten werden.[72] Da auch Betriebe mit weniger als 21 AN betroffen sein können und § 17 KSchG hierfür keine Schwellenwerte enthält, geht das BAG[73] von einer Mindestzahl von 6 AN aus (vgl. auch Rn. 3, 5).[74] Bei zur **Arbeitsleistung Überlassenen**, die bei Vorliegen der Voraussetzungen von § 7 Satz 2 einzubeziehen sind (Rn. 1), ist von ihrer Entlassung bei Beendigung der Überlassung auszugeben.

In § 112 a wird nur eine (abweichende) Staffel für die **Erzwingbarkeit** **7** **des Sozialplans** festgelegt;[75] für die Definition der Betriebseinschränkung und die hieran ansonsten anknüpfenden Rechte des BR (Information, Beratung, Interessenausgleich) ist die geschilderte Rspr. maßgeblich. Der **4-Wochen-Zeitraum des § 17 KSchG** spielt keine

---

65 DKKW-Däubler, Rn. 61 und auch LAG BaWü, AiB 96, 492.
66 BAG, DB 04, 658.
67 Z.B. BAG, DB 80, 549; NZA 91, 114; 07, 1307.
68 BAG, DB 79, 1896.
69 DB 80, 549; NZA 91, 114; 24. 10. 13 – 6 AZR 854/11, NZA 14, 46.
70 NZA 91, 114; 06, 932; 07, 1307.
71 Vgl. auch EuGH, NZA 05, 213 zur Definition der Massenentlassung: Die Kündigungserklärung gilt als Entlassung; ebenso BAG, NZA 06, 971; 07, 25; zur Massenentlassungsanzeige, der nach § 17 Abs. 3 Satz 2 die BR-Stellungnahme beigefügt sein muss, die auch in einer beigefügten Namensliste bestehen kann (BAG 21. 3. 12 – 6 AZR 596/10, NZA 12, 1058), vgl. z.B. BAG 28. 6. 12 – 6 AZR 780/10, NZA 12, 1029; 20. 9. 12 – 6 AZR 155/11, NZA 13, 32; 22. 11. 12 – 2 AZR 371/11, NZA 13, 845; 21. 3. 13 – 2 AZR 60/12, NZA 13, 966.
72 Vgl. auch BAG, NZA 91, 114; LAG Berlin, AuR 96, 159; LAG Brandenburg, DB 06, 52.
73 V. 9. 11. 2010 – 1 AZR 345/09, brwo, NZA 11, 466 = AiB 12, 132 m. Anm. Bartelmess.
74 A. A. DKKW-Däubler, Rn. 72, der ein Drittel der Beschäftigten verlangt.
75 BAG, DB 89, 331; NZA 06, 932.

Rolle.[76] Es kommt nur darauf an, dass es sich um eine **einheitliche unternehmerische Maßnahme** handelt.[77] Auch ein stufenweiser, sich über einen längeren Zeitraum erstreckender Personalabbau erfüllt die Voraussetzungen. Entscheidend ist dann, wie viele AN voraussichtlich von den geplanten unternehmerischen Maßnahmen, dem »**Planungssachverhalt**«, insgesamt betroffen sein können.[78] Bei einem **zeitlichen Zusammenhang** der Personalmaßnahmen (z.B. Durchführung mit einem Abstand von wenigen Wochen oder Monaten) besteht eine (widerlegbare) Vermutung für eine einheitliche unternehmerische Maßnahme.[79] Ändert z.B. der AG **vor Durchführung der Maßnahme** seine Planung und beabsichtigt nun weitere Entlassungen, mit denen dann die Grenzwerte überschritten werden, so handelt es sich um einen **einheitlichen Vorgang**, der zum Zeitpunkt der Planungsänderung die Mitbestimmungsrechte auslöst. Wird demgegenüber der Entschluss zu weiteren Entlassungen erst **nach Durchführung** der zunächst beabsichtigten auf Grund neuer Umstände gefasst, sind beide Maßnahmen **nicht zusammenzurechnen**.[80]

8 Bei der **Berechnung der Personalmaßnahmen** kommt es auf den wahren Auflösungsgrund an, nicht auf die Form der Beendigung. Deshalb sind nicht nur betriebsbedingte Kündigungen des AG, z.B. auch von AN, die einem Übergang gem. § 613a BGB auf einen Teilbetriebserwerber widersprochen haben,[81] sondern auch von ihm **veranlasste Aufhebungsverträge** (vgl. § 112a Abs. 1 Satz 2) und **Eigenkündigungen** der AN zu berücksichtigen (vgl. auch § 112a Rn. 1).[82] Von einer Veranlassung durch den AG ist auszugehen, wenn durch die UN-Führung Bedingungen entstehen, die es einem vernünftigen AN nahe legen, von sich aus das Arbeitsverhältnis zu beenden,[83] jedenfalls aber, wenn der AG im Hinblick auf eine konkret geplante Betriebsänderung beim AN die **objektiv berechtigte Annahme** hervorgerufen hat, mit der eigenen Initiative zur Beendigung des Arbeitsverhältnisses komme er einer **anderenfalls notwendigen betriebsbedingten Kündigung des AG** nur zuvor.[84] So reicht es z.B. aus, wenn der AG empfiehlt, nach neuen Arbeitsplätzen Ausschau zu halten, und ein Interessenausgleich vorsieht, dass auch Beschäftigte

---

76 BAG, DB 79, 1897; 22. 1. 04, AP Nr. 1 zu § 112 BetrVG 1972 Namensliste.
77 Vgl. auch BAG, DB 95, 2075; NZA 07, 1307.
78 Grundlegend BAG, DB 79, 1751; BB 00, 47 (**sachlicher Zusammenhang, einheitliche Konzeption**); NZA 06, 932; LAG Thüringen, NZA-RR 99, 309; ArbG Hamburg, AiB 05, 568 bei Stilllegung eines wesentlichen Betriebsteils.
79 BAG, NZA 06, 932; 19. 7. 12 – 2 AZR 352/11, NZA 13, 86.
80 BAG, NZA 06, 932.
81 BAG, NZA 97, 787; BB 00, 47.
82 BAG, DB 88, 2413; 93, 590.
83 DKKW-Däubler, Rn. 78.
84 BAG, DB 04, 658; NZA 04, 108; 07, 825.

mit der Funktion des kündigenden AN ausscheiden sollen.[85] Ebenso hat der AG den Aufhebungsvertrag veranlasst, wenn er dem AN zuvor mitgeteilt hat, er habe nach Durchführung der Betriebsänderung für ihn **keine Beschäftigungsmöglichkeit** mehr.[86] Nicht ausreichen soll demgegenüber ein bloßer Hinweis des AG auf die unsichere Lage des UN, auf notwendig werdende Betriebsänderungen oder der Rat, sich eine neue Stelle zu suchen.[87] Der AG muss den AN vielmehr im Hinblick auf eine **konkret geplante Betriebsänderung bestimmen, selbst zu kündigen** oder einen Aufhebungsvertrag zu schließen.[88] Mitgerechnet werden auch AN, die in andere Betriebe des UN/Konzerns versetzt werden, nicht aber betriebsintern Versetzte,[89] und die **Beendigung von befristeten Arbeitsverhältnissen** jedenfalls dann, wenn diese auf einer vorzeitigen Kündigung beruht.[90] Wird ein Betrieb von vornherein nur zur **Erledigung einer begrenzten Aufgabe** innerhalb absehbarer Zeit gegründet, so stellt seine Schließung nach Erreichen des Betriebszwecks keine mitbestimmungspflichtige Betriebsänderung dar.[91]

Wechselt der Betrieb den Inhaber und führt ihn der Erwerber bei **9** unverändertem Betriebszweck und mit im Wesentlichen gleicher Belegschaft fort, liegt nach Auffassung des BAG[92] im bloßen **Betriebsübergang keine Betriebsänderung**. Da die zum Erwerber überwechselnden AN durch die Bestimmung des § 613a BGB vor Nachteilen aus der Betriebsveräußerung geschützt werden, sollen sie keine zusätzlichen Ausgleichs- oder Abfindungsansprüche nach den §§ 111 ff. gegenüber dem früheren AG haben.[93] Dies galt nach Meinung des BAG auch, wenn nicht der gesamte Betrieb, sondern nur ein **Betriebsteil** veräußert wird, für die mit dem veräußerten Betriebsteil übergehenden Beschäftigten, nicht allerdings für die AN des verbleibenden **Restbetriebs**, sofern damit nicht gleichzeitig Maßnahmen verbunden sind, die als solche einen der Tatbestände des § 111 erfüllen. Durch **Nr. 3** sind **Betriebsspaltungen** inzwischen allerdings ausdrücklich erfasst.[94]

---

85 BAG, DB 93, 590.
86 BAG, DB 04, 658; NZA-RR, 08, 636.
87 BAG, BB 95, 2534.
88 BAG, DB 96, 2083.
89 LAG Nürnberg, NZA-RR 05, 375.
90 LAG Nürnberg, NZA-RR 02, 138.
91 LAG Hamm, BB 77, 695.
92 Vgl. z.B. DB 80, 164; NZA 00, 1069; 08, 642; LAG Nürnberg, NZA-RR 06, 137; **a.A.** DKKW-Däubler, Rn. 125.
93 BAG, DB 80, 164; 81, 698; 87, 1540; 97, 1416.
94 BAG, DB 97, 1416.

c) Verlegung (Nr. 2)

10 Das MBR bei **Ortsverlegungen**[95] bezieht sich nur auf solche Betriebe und Betriebsteile, die ihrer Natur nach ortsgebunden sind, also beispielsweise nicht auf Baustellen. Eine Verlegung liegt auch vor, wenn das neue Gebäude nur 4,3 km vom alten in der gleichen Stadt entfernt liegt und günstige Verkehrsbedingungen bestehen,[96] nicht aber beim Umzug von der einen auf die andere Straßenseite. Auch die **Verlegung** einer Betriebsabteilung **innerhalb des Betriebs** ist grundsätzlich keine Betriebsänderung.[97] Etwas anderes gilt jedoch, wenn mit ihr wesentliche Nachteile für die Belegschaft verbunden sind. **Offshoring/Nearshoring** erfüllt diesen Tatbestand regelmäßig jedenfalls bei Überschreiten der Schwellenwerte (»wesentlicher Betriebsteil«; vgl. Rn. 5) ebenso wie die Nr. 4[98] (vgl. auch § 87 Rn. 38; § 90 Rn. 4; § 106 Rn. 12; Rn. 14).

d) Zusammenschluss und Spaltung (Nr. 3)

11 Der **Zusammenschluss** eines Betriebs mit anderen kann dadurch geschehen, dass aus zwei oder mehreren Betrieben ein neuer Betrieb gebildet wird oder ein bestehender Betrieb einen weiteren oder mehrere weitere Betriebe unter Aufgabe von deren arbeitstechnischer Selbständigkeit in sich aufnimmt. Es kommt dabei nicht darauf an, ob die Betriebe verschiedenen UN angehören. Zu beachten ist, dass der **Zusammenschluss von UN** nicht notwendigerweise den einzelnen Betrieb in seinem Bestand ändert. Bleiben die einzelnen Betriebe trotz des UN-Zusammenschlusses in ihrer Betriebsorganisation, ihrem Betriebszweck u. Ä. unverändert, ist keine die MB des BR auslösende Betriebsänderung gegeben. Auch die Zusammenlegung von **selbständigen** Betriebsabteilungen mit dem **eigenen** Hauptbetrieb unterliegt dem MBR (str.).

12 Die **Spaltung** kann sowohl durch Aufspaltung des Betriebs als auch durch Abspaltung von Betriebsteilen erfolgen. Es müssen mindestens zwei neue Einheiten entstehen. Dies ist nicht der Fall, wenn die Maßnahme nur dazu führt, dass ein Betriebsteil stillgelegt wird. Die Stilllegung eines Betriebsteils ist keine Spaltung.[99] Die Spaltung kann innerhalb des UN, aber auch mit einem Inhaberwechsel erfolgen. Sie kann auf Gesamtrechtsnachfolge im Rahmen einer Umwandlung oder auf Veräußerung des Betriebsteils beruhen.[100] Es kommt nicht auf die Zahl der betroffenen AN oder darauf an, ob es sich um einen **wesent-**

---

95 Vgl. Peiseler, AiB 99, 261.
96 BAG, DB 83, 344.
97 BAG a. a. O.
98 Vgl. Schwarzbach CF 6/06, S. 26.
99 BAG, NZA 08, 957.
100 BAG, BB 00, 47.

lichen Betriebsteil handelt.[101] Die Auflösung eines **Gemeinschafts-betriebs** ist ebenfalls als Spaltung zu behandeln.[102] Die Beteiligungs-rechte erstrecken sich auf den gesamten früheren Betrieb.[103] Bei Be-triebsspaltungen wird häufig auch Nr. 4 vorliegen.

Die **Aufspaltung eines Unternehmens** allein ist keine Betriebs-änderung, wenn sich die betriebliche Organisation nicht ändert.[104] Erfolgt allerdings die Aufspaltung in je eine rechtlich selbstständige **Besitz- und Produktionsgesellschaft** derart, dass die Produktions-gesellschaft die Betriebsmittel von der Besitzgesellschaft pachtet und die AN übernimmt, ist diese Maßnahme als Betriebsänderung anzuse-hen, sofern nicht die **Einheit des Betriebs** erhalten bleibt[105] (vgl. auch § 1 Abs. 2 Nr. 2; § 322 Abs. 1 UmwG). Im letzten Fall müssen die weiteren Tatbestandsvoraussetzungen insbesondere nach Nrn. 1 bis 5 hinzutreten. Bleibt die Einheit des Betriebs nicht erhalten, liegt eine Betriebsänderung vor und kann der insbesondere mit der »**Betriebs-aufspaltung**« verbundenen möglichen Gefährdung künftiger AN-An-sprüche (Verminderung der Haftungsmasse) nach Maßgabe der §§ 111 ff. begegnet werden.[106] Häufig wird anlässlich des Betriebsüber-gangs eine sonstige Betriebsänderung erfolgen, die jedenfalls dann die Rechte des BR auslöst.[107]

13

e) Betriebsorganisation, Betriebszweck und Betriebsanlagen (Nr. 4)

Unter einer grundlegenden Änderung der **Betriebsorganisation** sind alle wesentlichen Umgestaltungen des **organisatorischen Aufbaus** und **der Gliederung eines Betriebs** zu verstehen, insbesondere im Hinblick auf Zuständigkeiten und Verantwortung, die sich auf den Betriebsablauf in erheblicher Weise auswirken.[108] Es kommt entschei-dend darauf an, ob die Änderung einschneidende Auswirkungen auf den Betriebsablauf, die Arbeitsweise oder die Arbeitsbedingungen der

14

---

101 So BAG, DB 97, 1416, wenn es sich bei der Abspaltung um eine »**veräuße-rungsfähige Einheit**« handelt; BAG, NZA 08, 957 spricht allerdings zu Unrecht von der zu beachtenden Überschreitung der »Bagatellgrenze«; vgl. auch LAG Hamm, NZA-RR 04, 80; ArbG Karlsruhe, NZA 04, 482; LAG Bremen, NZA-RR 05, 140: Abspaltung einer Cafeteria mit 8 AN von einem Einkaufsmarkt mit verbleibenden 180 AN als Betriebsänderung.

102 LAG Nürnberg, DB 95, 1972.

103 So schon BAG, DB 87, 1842.

104 BAG, NZA 98, 723.

105 Vgl. hierzu BAG, DB 87, 176; NZA 91, 977.

106 DKKW-Däubler, Rn. 125 und 98 mit Hinweis auf § 134 UmwG; **a. A.** BAG, DB 81, 1190; 97, 1416; NZA 00, 1069, das einen bloßen Betriebsübergang nicht als Betriebsänderung ansieht (s. auch Rn. 9.); vgl. auch LAG Frankfurt, DB 85, 1999 ff.

107 Vgl. BAG, NZA 00, 1069.

108 BAG, NZA 08, 642; 08, 957.

AN hat. Die Änderung muss nach Auffassung des BAG[109] in ihrer Gesamtschau von erheblicher Bedeutung für den gesamten Betriebsablauf sein. Dies ist z. B. der Fall bei einer Änderung der **Betriebshierarchie** durch Wegfall oder Schaffung einer Führungsebene,[110] der Einführung von **Gruppenarbeit**[111] oder der Umstellung des Vertriebs von **eigenen Außendienstmitarbeitern auf freie Handelsvertreter** (vgl. hierzu auch Rn. 5).[112] Bei einem umfassenden Neueinsatz oder einer vollständigen Modernisierung von DV-Systemen sind die Voraussetzungen regelmäßig ebenfalls gegeben, da hiermit nicht nur technische Neuerungen, sondern auch wesentliche organisatorische Änderungen verbunden sind. Auch die **Fremdvergabe** von Reinigungsarbeiten ist, jedenfalls in Hotel oder Schnellrestaurant, eine entsprechende Betriebsänderung.[113] Dies gilt regelmäßig auch für die Realisierung von **Offshoring/Nearshoring**-Konzepten (vgl. auch Rn. 10; § 87 Rn. 38; § 90 Rn. 4; § 106 Rn. 12) und die Einführung von internem oder/und externem **Crowdsourcing** (vgl. auch Rn. 16 und §§ 87 Rn. 38, 90 Rn. 4 und 95 Rn. 3).[114] Die grundlegende Änderung des **Betriebszwecks**, hiermit ist der arbeitstechnische Zweck, nicht der wirtschaftliche gemeint,[115] betrifft vor allem die **völlige Umstellung der Produktion**. Eine Änderung ist auch dann anzunehmen, wenn wesentliche Teile der Tätigkeit eingestellt[116] oder aber in einer weiteren Abteilung neue arbeitstechnische Zwecke zusätzlich erfüllt werden.[117] Demgegenüber liegt z. B. keine grundlegende Änderung des Betriebszwecks vor, wenn in einem Schlachthof, in dem bisher Rinder, Kälber und Schweine geschlachtet wurden, die Tätigkeit sich jetzt auf Schweine beschränkt.[118]

15 Hinsichtlich der **Betriebsanlagen** ist die grundlegende Änderung in der technischen Gestaltung des Betriebs gemeint, z. B. die Einführung eines **neuen technischen Produktionsverfahrens**, aber auch von Einrichtungen des Rechnungswesens, **Internetanschlüssen** und Datensichtgeräten.[119] Bei der Frage, ob die Änderung der Betriebsanlagen »**grundlegend**« ist, entscheidet der **Grad der technischen Änderung**. Im Zweifel ist dieser nach dem Grad der nachteiligen Auswirkungen der Änderung auf die betroffenen AN, danach, ob sich für

---

109 NZA 08, 957.
110 Vgl. BAG, DB 05, 115; LAG Köln, AiB 96, 669.
111 LAG Nürnberg, AiB 04, 438.
112 BAG, DB 04, 658; 04, 1372.
113 ArbG München, AiB 00, 766; ArbG Würzburg, AiB 01, 302.
114 Vgl. auch DKKW-Däubler, Rn. 111 a; Klebe/Neugebauer, AuR 14, 4.
115 BAG, DB 86, 2085.
116 Vgl. BAG, DB 87, 1842.
117 Vgl. BAG a. a. O.
118 BAG, NZA 93, 1142.
119 BAG, DB 83, 1766; 84, 775; vgl. für die Einführung einer Bücherrotationsmaschine BAG 27. 6. 89 – 1 ABR 24/88.

diese wesentliche Nachteile ergeben, zu beantworten. Das BAG[120] hat dabei klargestellt, dass **nicht die Änderung sämtlicher Betriebsanlagen** erforderlich ist. Auch die Änderung einzelner kann eine Betriebsänderung darstellen, wenn es sich um solche handelt, die **in der Gesamtschau von erheblicher Bedeutung** für den gesamten Betriebsablauf sind. Diese Voraussetzungen können nur im Einzelfall festgestellt werden. So werden sie z. B. beim **CAD/CAM-Einsatz** oder der Einführung von CNC-Maschinen gegeben sein,[121] weil dieser abteilungs- und betriebsübergreifend wirkt und eine Integration aller Bereiche bis hin zur Fertigung herbeiführt. Nur wenn die **Bedeutung zweifelhaft** ist, ist auf die **Zahl der AN**, die von der Änderung der Betriebsanlagen betroffen werden, abzustellen. Hierbei soll nach dem BAG an dessen mit Hilfe von § **17 KSchG** entwickelte Rspr. zur Betriebseinschränkung angeknüpft werden. Dabei muss ein Schwellenwert für Betriebe mit weniger als 21 AN ergänzt werden (vgl. auch Rn. 5, 6). Neben den Voraussetzungen der Nr. 4 werden auch häufig die der Nr. 5 gegeben sein.

f) Arbeitsmethoden und Fertigungsverfahren (Nr. 5)

Die **Arbeitsmethoden** betreffen die Art des Einsatzes und die Verwendung der menschlichen Arbeitskraft (vgl. z. B. den Übergang von Einzelarbeitsplätzen zu **Gruppenarbeit** [s. auch § 87 Abs. 1 Nr. 13],[122] die Einführung sog. **»Desk-Sharing«-Arbeit**,[123] d. h., die flexible Nutzung der Büroarbeitsplätze durch Beschäftigte, die keinen persönlich zugeordneten Arbeitsplatz mehr haben, die Einführung von internem oder externem **Crowdsourcing** (vgl. auch Rn. 14 und §§ 87 Rn. 38, 90 Rn. 4, 95 Rn. 3)[124] oder den Fall, dass ein **Vorprodukt** nicht mehr selbst gefertigt wird).[125] Auch die Entscheidung eines UN, die bislang von den Beschäftigten gemeinsam durchgeführten Tätigkeiten in die Bereiche Verkauf/Kasse und Warenservice aufzuteilen, fällt hierunter.[126] Hingegen bezieht sich das **Fertigungsverfahren** auf die technische Seite des Produktionsablaufs. Beide Begriffe lassen sich nicht scharf trennen, sondern gehen häufig ineinander über. Mit der Einführung z. B. von **CAD/CAM** werden die bisherigen Arbeitsinhalte und -methoden total verändert,[127] so dass eine Betriebsänderung auch aus diesem Grunde vorliegt.

16

---

120 Vgl. auch NZA 91, 115.
121 Vgl. auch LAG BaWü 23. 10. 84 – 4 TaBV 1/84.
122 Vgl. LAG Nürnberg, AiB 04, 438.
123 ArbG Frankfurt/Main, AiB 03, 697.
124 Klebe/Neugebauer, AuR 14, 4.
125 BAG, NZA 91, 115.
126 LAG Hamm, BB 08, 171.
127 Klebe/Roth, AiB 84, 70 ff.

4. Unterrichtung und Beratung

17 Soll eine Betriebsänderung durchgeführt werden, hat der UN den BR **rechtzeitig** und **umfassend** über die Gründe, den Umfang und die möglichen Auswirkungen der vorgesehenen Maßnahme in allen Einzelheiten zu **informieren** und diese mit ihm zu erörtern (vgl. auch § 90 Rn. 6 ff.).[128] Dies muss anhand der dazu notwendigen Unterlagen geschehen.

18 Wenn die Bestimmung davon spricht, dass der BR bei »**geplanten Betriebsänderungen**«[129] zu beteiligen ist, so bedeutet dies **nicht**, dass es sich um Maßnahmen handeln muss, die vom UN längerfristig geplant sind. Auch **kurzfristig** notwendig werdende Betriebsänderungen fallen darunter. Dabei kommt es nicht darauf an, welche Gründe die vom UN vorgesehene Maßnahme veranlassen. Das Beteiligungsrecht des BR besteht auch dann, wenn der UN z. B. wegen einer von ihm **nicht vorhergesehenen** Änderung der Marktlage oder einer Verschlechterung der Auftragslage gezwungen wird, die Betriebsänderung durchzuführen.[130] »Geplante Betriebsänderungen« bedeutet lediglich, dass der UN den BR schon im **Planungsstadium** zu beteiligen hat, also zu einer Zeit, zu der weder mit der **Durchführung der Maßnahme** begonnen noch die **Entscheidung** darüber getroffen worden ist.[131] Der BR ist dabei so rechtzeitig einzuschalten, dass er **noch ausreichende Möglichkeiten** hat, sich nicht nur mit allen Einzelheiten der vorgesehenen Maßnahme zu befassen, sondern auch die zur **Abgabe einer Stellungnahme**, zur Formulierung von **Alternativen** und zur Durchführung der Verhandlungen mit dem AG notwendigen Überprüfungen und Überlegungen anzustellen (vgl. § 90 Rn. 6, 9).[132] Auch eine **wirtschaftliche Zwangslage** des UN, die eine sofortige Betriebsänderung erfordert, lässt die Notwendigkeit einer Einschaltung des BR vor der abschließenden Entscheidung über die Betriebsänderung unberührt.[133]

19 Bei juristischen Personen hat eine **Einschaltung des BR** regelmäßig bereits dann zu erfolgen, wenn zwar entsprechende Planungsabsichten des Vorstands oder der Geschäftsleitung bestehen, aber noch nicht die **Genehmigung des AR** oder eines vergleichbaren Gremiums vorliegt.[134]

---

128 Zu eng LAG Hamm, NZA 86, 651.
129 Vgl. HessLAG, NZA-RR 07, 473.
130 Vgl. auch LAG BaWü, NZA 95, 1222.
131 BAG v. 18. 7. 72, AP Nr. 10 zu § 72 BetrVG; DB 77, 309; LAG BaWü, NZA-RR 05, 195; LAG Brandenburg, DB 06, 568.
132 Vgl. auch ArbG Stuttgart, NZA-RR 04, 537 für den Fall, dass entschieden worden ist, ein Nachfolgeprodukt im Ausland zu fertigen (im Verfahren zur Bildung einer ESt.), aufgehoben von LAG BaWü, NZA-RR 05, 195.
133 BAG, DB 77, 309.
134 BAG, DB 77, 309; OLG Düsseldorf, NZA 86, 371.

5. Zuständigkeit des Betriebsrats

Für die Beteiligungsrechte nach dieser Bestimmung ist grundsätzlich **20** der **Einzel-BR** zuständig. Eine Kompetenz des GBR kommt nur dann in Betracht, wenn die vom UN geplante Maßnahme **betriebsübergreifend** ist und ein **zwingendes Erfordernis** für eine betriebsübergreifende Regelung besteht,[135] wie etwa bei konkursbedingter Stilllegung sämtlicher Betriebe des UN,[136] der notwendig **unternehmenseinheitlichen Einführung** eines **DV-Systems**,[137] der grundlegenden Änderung der Organisationsstruktur des UN, die den überwiegenden Teil der Einzelbetriebe betrifft,[138] der Entlassung aller bisher in Kleinbetrieben organisierten Außendienstmitarbeiter und Übertragung ihrer Aufgaben auf freie Handelsvertreter,[139] dem auf Grund eines UN-einheitlichen Konzepts geplanten Personalabbaus, der mehrere Betriebe betrifft, für den Interessenausgleich,[140] dem **Zusammenschluss mehrerer** Betriebe oder der Verlegung eines Betriebs und Einfügung in einen anderen.[141] Aus der Zuständigkeit des GBR für einen **Interessenausgleich** folgt dabei nicht notwendig seine Zuständigkeit für einen Sozialplan. Diese bestimmt sich auch nach dem Inhalt des Interessenausgleichs (§ 50 Rn. 5).[142] Ebenso wenig folgt aus einem etwaigen wirtschaftlichen Zwang zur **UN-Sanierung** allein ein überbetrieblicher Regelungsbedarf und eine Zuständigkeit des GBR.[143] Auch bei UN-einheitlichen Maßnahmen sollte der GBR nur über einen Rahmeninteressenausgleich verhandeln können. Die Konkretisierung bliebe dann dem örtlichen BR überlassen.[144] Dies ist allerdings mit der Auffassung des BAG,[145] das eine Aufteilung der Zuständigkeiten in eine Rahmen- (des GBR) und eine Ausfüllungskompetenz (der BR) aus Gründen der Rechtssicherheit ablehnt, nicht vereinbar.[146] Ist der **GBR/KBR** zuständig, kann er auch für **Betriebe/UN ohne BR/GBR** handeln (§§ 50 Abs. 1, 58 Abs. 1).[147] Auch bei einer Zuständigkeit des GBR kommt es für die

---

135 BAG, NZA 95, 89; BB 02, 1487; 17. 4. 12 – 1 AZR 119/11, NZA 12, 1240; LAG Berlin, NZA-RR 99, 34.
136 BAG, DB 81, 1414.
137 Vgl. LAG Köln, CR 88, 315; LAG Düsseldorf, CR 88, 1016.
138 BAG, ZIP 03, 1514.
139 BAG, BB 99, 2244.
140 BAG 19. 7. 12 – 2 AZR 386/11, NZA 13, 333.
141 BAG, BB 96, 2093.
142 BAG, BB 02, 1487; 06, 2250; ArbG Nürnberg 19. 11. 10 – 10 BV 46/10, AiB 12, 263.
143 BAG, DB 02, 1564.
144 ArbG Reutlingen, AiB 96, 489 m. Anm. v. Däubler.
145 NZA 07, 399.
146 Vgl. auch DKKW-Däubler, Rn. 146 und § 95 Rn. 12 mit Lösungsvorschlägen.
147 Vgl. auch ArbG Nürnberg 19. 11. 10 – 10 BV 46/10, AiB 12, 263.

Feststellung der Betriebsänderung auf die **Verhältnisse im einzelnen Betrieb** und nicht auf die im UN an.

6. Rechtsstreitigkeiten

21 Sowohl die rechtzeitige und umfassende Unterrichtung des BR als auch die Beratung mit ihm gehören zu den betriebsverfassungsrechtlichen Pflichten des UN, deren Erfüllung im normalen **Beschlussverfahren** oder aber bei Eilbedürftigkeit auch durch **einstweilige Verfügung** erzwungen werden kann.[148] Darüber hinaus kann der BR nach richtiger Auffassung seine Rechte im Wege einstweiliger Verfügung dadurch sichern, dass dem UN z. B. der **Ausspruch von Kündigungen** oder die Durchführung einer sonstigen Betriebsänderung bis zum Abschluss der Verhandlungen über den Interessenausgleich untersagt wird (**str.**; zu Tendenzbetrieben vgl. § 118 Rn. 19).[149] Diese Auffassung wird durch § 92a zusätzlich gestärkt. Die Sicherung des Verhandlungsanspruchs des BR ist von der individualrechtlichen Sanktion des § 113 **unabhängig**.[150] § 113 ist keine abschließende Sonderregelung. Zudem entspricht die hier vertretene Auffassung am ehesten der **Richtlinie 2002/14/EG** vom 11. 3. 02.[151] Der UN begeht eine **Ordnungswidrigkeit**, wenn er seinen Verpflichtungen nicht rechtzeitig, unvollständig oder wahrheitswidrig nachkommt (§ 121).

§ 112 Interessenausgleich über die Betriebsänderung, Sozialplan

(1) Kommt zwischen Unternehmer und Betriebsrat ein Interessenausgleich über die geplante Betriebsänderung zustande, so ist dieser schriftlich niederzulegen und vom Unternehmer und Betriebsrat zu unterschreiben. Das Gleiche gilt für eine Einigung über den Ausgleich oder die Milderung der wirtschaftlichen Nachteile, die den Arbeitnehmern infolge der geplanten Betriebsänderung entstehen (Sozialplan). Der Sozialplan hat

---

148 Z.B. ArbG Köln, BB 93, 2311; vgl. auch BAG, NZA 07, 1296 (1301).
149 Z.B. LAG Hamburg, NZA-RR 97, 296; HessLAG, AuR 08, 267, NZA-RR 10, 187; LAG Hamm, NZA-RR 07, 469, AuR 11, 79; LAG Berlin, NZA 96, 1284; LAG Thüringen, AiB 04, 130; LAG Niedersachsen, AiB 08, 348; LAG SH, NZA-RR 08, 244, DB 11,714; LAG Berlin-Brandenburg 25. 6. 08 – 15 TaBVGa 1145/08, brwo; LAG München, AuR 09, 142; ArbG Kaiserslautern, AiB 97, 179 (im Konkurs); **weiter gehend** ArbG Berlin, AiB 01, 544 m. Anm. Hummel, das den Unterlassungsanspruch bis zum Abschluss von Sozialplanverhandlungen zubilligt; Muster einer **Antragsschrift** bei DKKWF-Däubler, §§ 111–113, Rn. 51; a. A. z. B. LAG SH, DB 92, 1788; LAG Düsseldorf, DB 97, 1286; offen gelassen vom LAG BaWü, AiB 96, 492 (Versetzungen); vgl. insgesamt DKKW-Däubler, §§ 112, 112 a Rn. 52 ff.
150 Fitting, Rn. 130 ff., 138; DKKW-Däubler, §§ 112, 112 a, Rn. 52 ff.
151 Vgl. auch LAG München 22. 12. 08 – 6 TaBVGa 6/08; DKKW-Däubler, §§ 112, 112 a Rn. 56.

die Wirkung einer Betriebsvereinbarung. § 77 Abs. 3 ist auf den Sozialplan nicht anzuwenden.

(2) Kommt ein Interessenausgleich über die geplante Betriebsänderung oder eine Einigung über den Sozialplan nicht zustande, so können der Unternehmer oder der Betriebsrat den Vorstand der Bundesagentur für Arbeit um Vermittlung ersuchen, der Vorstand kann die Aufgabe auf andere Bedienstete der Bundesagentur für Arbeit übertragen. Erfolgt kein Vermittlungsersuchen oder bleibt der Vermittlungsversuch ergebnislos, so können der Unternehmer oder der Betriebsrat die Einigungsstelle anrufen. Auf Ersuchen des Vorsitzenden der Einigungsstelle nimmt ein Mitglied des Vorstands der Bundesagentur für Arbeit oder ein vom Vorstand der Bundesagentur für Arbeit benannter Bediensteter der Bundesagentur für Arbeit an der Verhandlung teil.

(3) Unternehmer und Betriebsrat sollen der Einigungsstelle Vorschläge zur Beilegung der Meinungsverschiedenheiten über den Interessenausgleich und den Sozialplan machen. Die Einigungsstelle hat eine Einigung der Parteien zu versuchen. Kommt eine Einigung zustande, so ist sie schriftlich niederzulegen und von den Parteien und vom Vorsitzenden zu unterschreiben.

(4) Kommt eine Einigung über den Sozialplan nicht zustande, so entscheidet die Einigungsstelle über die Aufstellung eines Sozialplans. Der Spruch der Einigungsstelle ersetzt die Einigung zwischen Arbeitgeber und Betriebsrat.

(5) Die Einigungsstelle hat bei ihrer Entscheidung nach Absatz 4 sowohl die sozialen Belange der betroffenen Arbeitnehmer zu berücksichtigen als auch auf die wirtschaftliche Vertretbarkeit ihrer Entscheidung für das Unternehmen zu achten. Dabei hat die Einigungsstelle sich im Rahmen billigen Ermessens insbesondere von folgenden Grundsätzen leiten zu lassen:

1. Sie soll beim Ausgleich oder bei der Milderung wirtschaftlicher Nachteile, insbesondere durch Einkommensminderung, Wegfall von Sonderleistungen oder Verlust von Anwartschaften auf betriebliche Altersversorgung, Umzugskosten oder erhöhte Fahrtkosten, Leistungen vorsehen, die in der Regel den Gegebenheiten des Einzelfalles Rechnung tragen.

2. Sie hat die Aussichten der betroffenen Arbeitnehmer auf dem Arbeitsmarkt zu berücksichtigen. Sie soll Arbeitnehmer von Leistungen ausschließen, die in einem zumutbaren Arbeitsverhältnis im selben Betrieb oder in einem anderen Betrieb des Unternehmens oder eines zum Konzern gehörenden Unternehmens weiterbeschäftigt werden können und die Weiterbeschäftigung ablehnen; die mögliche Wei-

terbeschäftigung an einem anderen Ort begründet für sich allein nicht die Unzumutbarkeit.

2 a. **Sie soll insbesondere die im Dritten Buch des Sozialgesetzbuches vorgesehenen Förderungsmöglichkeiten zur Vermeidung von Arbeitslosigkeit berücksichtigen.**

3. **Sie hat bei der Bemessung des Gesamtbetrages der Sozialplanleistungen darauf zu achten, dass der Fortbestand des Unternehmens oder die nach Durchführung der Betriebsänderung verbleibenden Arbeitsplätze nicht gefährdet werden.**

Inhaltsübersicht

1. Rechtswirkungen von Interessenausgleich und Sozialplan

1 Die Bestimmung unterscheidet zwischen »**Interessenausgleich**« und »**Sozialplan**«. Beide stehen zwar in einem inneren Zusammenhang. Gleichwohl darf die Unterscheidung bei der praktischen Anwendung der Vorschrift nicht unbeachtet bleiben. Dies gilt vor allem wegen der **fehlenden Erzwingbarkeit des Interessenausgleichs** und im Hinblick auf die nach Auffassung des BAG unterschiedliche Rechtswirkung. Der Interessenausgleich entfaltet sie danach für die AN nach § 113 (**Nachteilsausgleich**),[1] demgegenüber entstehen aufgrund eines Sozialplans **unmittelbare Rechtsansprüche** der einzelnen AN.[2] Diese Auffassung des BAG ist allerdings **abzulehnen**. Der Interessenausgleich, für den anders als für den Sozialplan die **Regelungssperre des § 77 Abs. 3** gilt,[3] bindet UN und BR. Beide erlangen einen Anspruch auf Einhaltung der getroffenen Vereinbarung, der ggf. auch mit einstweiliger Verfügung durchgesetzt werden kann.[4]

---

1   Vgl. BAG, DB 92, 380; LAG Düsseldorf, LAGE § 112 BetrVG 1972 Nr. 41.
2   BAG, DB 90, 486.
3   LAG BaWü, AuR 99, 156.
4   LAG München, AuR 98, 89; DKKW–Däubler, §§ 112, 112 a, Rn. 23 ff.; zum Abschluss einer jedenfalls durchsetzbaren freiwilligen BV anstelle des Interessenausgleichs Däubler a. a. O., Rn. 48 ff.; vgl. auch Fitting, §§ 112, 112 a Rn. 45.

2. Interessenausgleich

a) Inhalt, Namensliste

Liegt einer der Tatbestände vor, bei denen der BR (vgl. auch § 111 **2**
Rn. 20 zur **Zuständigkeit** des BR, GBR oder KBR) nach § 111 zu
beteiligen ist, hat der UN, auch wenn der Sozialplan nicht nach § 112 a
erzwungen werden kann, zunächst zu versuchen, mit dem BR einen
Interessenausgleich[5] herbeizuführen.[6] Voraussetzung soll sein, dass
im Zeitpunkt der Planung und Durchführung der Betriebsänderung
ein **BR vorhanden** ist (vgl. auch § 111 Rn. 1; § 112 Rn. 13);[7] andernfalls soll der UN berechtigt sein, die Betriebsänderung einseitig
anzuordnen und durchzuführen. Dem kann nicht gefolgt werden.[8] Der
Interessenausgleich soll klären, **ob, wann und in welcher Weise** die
vorgesehene Maßnahme durchgeführt werden kann.[9] Der BR kann
den beabsichtigten Betriebsänderungen zustimmen, ihnen widersprechen oder andere Lösungsvorschläge unterbreiten[10] (zu § 125 f. InsO
vgl. Rn. 13; zur Zuordnung von AN in einem Interessenausgleich zu
einem bestimmten Betrieb/Betriebsteil nach **Umwandlung** vgl. § 323
Abs. 2 UmwG. § 613 a BGB geht dieser Vorschrift vor. Sie ist nur auf
AN anwendbar, die nicht ohne weiteres zugeordnet werden können[11]). Werden die AN, denen auf Grund einer Betriebsänderung
gekündigt werden soll, **im Interessenausgleich namentlich** bezeichnet, wird vermutet, dass dringende betriebliche Erfordernisse
für die Kündigung vorliegen und die Überprüfung der Sozialauswahl
auf **grobe Fehlerhaftigkeit** beschränkt (vgl. § 1 Abs. 5 KSchG und
auch § 125 InsO [Rn. 13]; § 95 Rn. 9).[12] Die Sozialauswahl ist grob
fehlerhaft, wenn ein schwerer Fehler auf den **ersten Blick** erkennbar
(evident) ist und dem Interessenausgleich jede Ausgewogenheit fehlt.
Dabei haben die Betriebsparteien einen weiten Spielraum im Hinblick
auf die **sozialen Indikatoren**, deren **Gewichtung** und auch für die
Bildung der **auswahlrelevanten Gruppen**.[13] Sie müssen aber selbstverständlich die gesetzlichen Grenzen, wie das **AGG**, beachten. Danach ist, so das BAG (vgl. auch Rn. 9),[14] eine durchgehende **lineare**

---

5   Beispiele für einen Interessenausgleich bei DKKWF-Däubler, §§ 111–113
    Rn. 6 ff.
6   Vgl. BAG, DB 89, 331; 05, 115.
7   BAG, DB 84, 724; BB 93, 140; NZA 04, 220.
8   LAG Köln, AuR 07, 395; DKKW-Däubler, § 111 Rn. 154 f. und LAG Saarland,
    NZA-RR 03, 639 jeweils m. w. N.
9   Vgl. z. B. BAG, DB 92, 229; 98, 2372; NZA 04, 220.
10 Vgl. das Beispiel in AiB 93, 593 ff.; Thannheiser, AiB 95, 229 ff.
11 Fitting, §§ 112, 112 a Rn. 94.
12 Zur groben Fehlerhaftigkeit z. B. BAG, DB 00, 1338; NZA 07, 387; 09, 1023;
    19. 7. 12 – 2 AZR 352/11, NZA 13, 86; 20. 9. 12 – 6 AZR 483/11, NZA 13,
    94.
13 BAG 05. 11. 2009, brwo, NZA 10, 457; 10, 1352.
14 A. a. O., 457.

Berücksichtigung des Lebensalters zulässig. Die Namensliste kann dem Interessenausgleich noch nach seinem Abschluss zeitnah beigefügt werden[15] und eine seiner Anlagen sein, wenn beide **eine Urkunde** bilden oder, bei getrennter Erstellung, beide von den Betriebsparteien unterzeichnet sind und sich wechselseitig in Bezug nehmen.[16] Die begrenzte Überprüfbarkeit gilt allerdings dann nicht, wenn sich die Sachlage nach Zustandekommen des Interessenausgleichs wesentlich geändert hat (§ 1 Abs. 5 Satz 3 KSchG).[17] Da mit dieser sog. **Namensliste**[18] die Chancen des einzelnen AN im Kündigungsschutzprozess drastisch gemindert werden, wird sich der BR auf solche Regelungen häufig nicht einlassen können.[19] Erstreckt sich die geplante Betriebsänderung über einen längeren Zeitraum und eine Vielzahl von Maßnahmen, kann der Interessenausgleich zunächst auch nur einen **Teil dieser Maßnahmen** zum Inhalt haben.[20] Der Ausspruch von Kündigungen vor Abschluss der Verhandlungen über den Interessenausgleich kann durch **einstweilige Verfügung** untersagt werden (**str.**; vgl. § 111 Rn. 21). Auch wenn ein **zeitlich unbefristeter Sozialplan** vereinbart worden ist, der Leistungen für alle zukünftigen Betriebsänderungen vorsieht, muss der UN bei jeder später von ihm geplanten Betriebsänderung einen **neuen Interessenausgleich** mit dem BR versuchen. Die Beteiligungsrechte, auf die der BR auch nicht wirksam verzichten kann, knüpfen an die jeweilige **konkrete Betriebsänderung** an.[21] Wird der BR nicht tätig, muss der UN selbst die Initiative ergreifen, um die Folge des § 113 zu vermeiden.[22] Ist die geplante Betriebsänderung bereits ohne Beteiligung des BR durchgeführt worden, kann diese nicht mehr nachgeholt werden.[23]

b) Schriftform

3 Soweit die Bestimmung vorschreibt, dass der Interessenausgleich **schriftlich** niederzulegen und vom UN und BR zu unterzeichnen ist, handelt es sich um eine **zwingende Formvorschrift**. Eine mündliche Vereinbarung reicht nicht aus.[24] Der Interessenausgleich muss allerdings nicht in einer gesonderten Urkunde niedergelegt und auch nicht ausdrücklich als solcher bezeichnet werden.[25] Für die Unter-

---

15 BAG, NZA 09, 1151.
16 BAG, NZA 07, 266; 09, 1151; 11, 114, das offen lässt, ob auch eine Paraphierung der Namensliste ausreichend sein kann.
17 Vgl. hierzu BAG, NZA 09, 1023.
18 Beispiel bei DKKWF-Däubler, §§ 111–113, Rn. 10.
19 Zu den komplizierten rechtlichen Einzelheiten vgl. Däubler, NZA 04, 177 ff.
20 BAG, BB 94, 1936.
21 BAG, DB 84, 724; BB 00, 47; 02, 1862.
22 BAG, DB 85, 1293; 05, 115.
23 LAG Berlin-Brandenburg v. 19. 8. 2009, brwo, AuR 10, 132.
24 BAG, DB 86, 279; 05, 115; NZA 07, 266.
25 BAG, BB 94, 1936.

zeichnung genügt in der Regel die Unterschrift des BR-Vors. Allerdings muss die Annahme vom BR **mehrheitlich beschlossen** worden sein.[26] Ist in einem **Gemeinschaftsbetrieb** die gesamte Belegschaft betroffen, ist der Interessenausgleich mit **allen den Betrieb führenden UN** zu verhandeln (Rn. 4; § 113 Rn. 13).[27]

3. Sozialplan

a) Grundsätze

Unabhängig davon, ob zwischen BR und UN ein Interessenausgleich **4** zustande kommt, kann der BR die Aufstellung eines **Sozialplans** verlangen. Dies gilt auch, wenn der UN einen Interessenausgleich überhaupt nicht versucht hat, also zugleich auch die weiteren Rechtsfolgen nach § 113 eintreten können.[28] Der UN hat also **kein Wahlrecht** zwischen Sozialplan und Nachteilsausgleich.[29] Für noch nicht geplante aber in groben Umrissen schon abschätzbare Betriebsänderungen können AG und BR freiwillig einen **vorsorglichen Sozialplan** aufstellen, sofern hierin kein unzulässiger Verzicht auf MBR liegt.[30] Dies gilt auch, wenn unklar ist, ob ein Betriebsübergang oder eine -stilllegung vorliegt. BR und AG können dann für den Fall, dass eine Stilllegung anzunehmen ist, ebenfalls vorsorglich einen Sozialplan vereinbaren.[31] Darüber hinaus können sie, unabhängig davon, ob eine Betriebsänderung vorliegt, freiwillig bei jeder Form von Arbeitsplatzverlust einen wirtschaftlichen Ausgleich nach Art eines Sozialplans vorsehen.[32] Dies folgt aus ihrer umfassenden Regelungskompetenz in sozialen, wirtschaftlichen und personellen Angelegenheiten.[33] Im **Gemeinschaftsbetrieb** verpflichtet ein Sozialplan nur den jeweiligen **Vertrags-AG**, es sei denn, weitere Träger-UN wären in der Vereinbarung eine **gesamtschuldnerische Haftung eingegangen** (Rn. 3; § 113 Rn. 13).[34] Der Sozialplan kann, wie sich schon aus allgemeinen Grundsätzen ergibt, keine Ansprüche zu Lasten Dritter begründen.[35] Er muss von beiden Seiten **unterschrieben** werden. Dies ist Wirksamkeitsvoraussetzung.

---

26 BAG, DB 00, 1287.
27 Vgl. auch BAG, NZA 03, 676.
28 LAG Nürnberg, AiB 04, 438.
29 Fitting, §§ 112, 112 a Rn. 98.
30 BAG, DB 98, 265; BB 00, 47; vgl. auch NZA 08,719 und 17. 4. 12 – 1 AZR 119/11, NZA 12, 1240.
31 BAG, DB 98, 1471.
32 BAG 24. 5. 12 – 2 AZR 62/11, NZA 13, 277; DKKW-Däubler, §§ 112, 112 a, Rn. 79.
33 BAG 24. 5. 12 – 2 AZR 62/11, NZA 13, 277.
34 DKKW-Däubler, §§ 112, 112 a Rn. 193, vgl. auch BAG, NZA 03, 676.
35 BAG 11. 1. 2011, brwo, DB 11, 1171.

b) Inhalt; Sozialplan und Tarifvertrag

5 Der Sozialplan soll einem Ausgleich oder der **Milderung der wirt-schaftlichen Nachteile** dienen, die sich für die AN aus der vorgesehenen Betriebsänderung ergeben.[36] Der Anspruch bemisst sich also nach den ihnen entstehenden Nachteilen und nicht nach der Wirtschaftskraft des UN. Der **wirtschaftlichen Vertretbarkeit** kommt allerdings ggf. eine Korrekturfunktion zu (Rn. 21).[37] Die Bestimmung enthält keine genauen Angaben darüber, was zweckmäßigerweise **Gegenstand eines Sozialplans** sein sollte.[38] Die Beteiligten können alles regeln, was geeignet ist, für die AN **nachteilige Auswirkungen** der unternehmerischen Maßnahmen **auszugleichen oder zu mil-dern**.[39] Die Betriebsparteien haben beim Abschluss eines Sozialplans einen **weiten Gestaltungsspielraum** und können weitgehend frei entscheiden, welche Nachteile in welchem Umfang ausgeglichen oder gemildert werden sollen.[40]

6 Inhalt des Sozialplans,[41] der als BV besonderer Art wie ein TV und Gesetze auszulegen ist,[42] können z.B. sein: Vereinbarungen über die Zahlung von **Abfindungen** für die zu entlassenden AN, **Aus-gleichszahlungen** für mit Verdienstminderung verbundene Umsetzungen, Aufrechterhaltung von **Anwartschaften** oder Zahlung zusätzlicher Leistungen der Altersversorgung, eine über die Beendigung des Arbeitsverhältnisses hinausgehende weitere Überlassung von **Werkswohnungen**, die Gewährung des vollen **Jahresurlaubs**, die Anrechnung früherer Betriebszugehörigkeit, **Wiedereinstellungs-klauseln** (sieht der Sozialplan z.B. vor, dass entlassene AN unter bestimmten Voraussetzungen wieder eingestellt werden müssen, kann der BR der Einstellung anderer Personen seine Zustimmung nach § 99 Abs. 2 Nr. 1 verweigern),[43] Rückzahlungsregeln für **Werksdarlehen**, die Vereinbarung und Finanzierung von Um-schulungs-/**Weiterbildungsmaßnahmen**, **Umzugskosten**, Trennungsentschädigungen, Fahrt-, Miet-, Essenszuschüsse oder Sonderregelungen für Auszubildende.[44] Heute sind beschäftigungssichernde

---

36 Vgl. z.B. BAG, NZA 06, 1238; 09, 495; 10, 774 jeweils m.w.N.: In erster Linie Ausgleichs- und Überbrückungsfunktion.

37 BAG, NZA 05, 302.

38 **Checkliste** bei DKKWF-Däubler, §§ 111–113 Rn. 11–12.

39 Vgl. auch Thannheiser, AiB 02, 484.

40 BAG, NZA 07, 1357; 10, 774; vgl. auch NZA 08, 425.

41 Musterformulierungen bei DKKWF-Däubler, §§ 111–113 Rn. 13 ff. zu Versetzungen, Abfindungen und sonstigen Bestimmungen.

42 BAG, DB 99, 1402; NZA 06, 220; 10, 1018.

43 BAG, DB 91, 969; zu einem Wiedereinstellungsanspruch auch BAG, NZA 06, 393.

44 Vgl. z.B. Hamm, Rechte des BR bei Betriebsänderungen (Schriftenreihe AiB, 1995), S. 61 ff.; Thannheiser, AiB 98, 130 ff., 254 ff.; LAG Hamm, AiB 93, 600 ff.; zu eng und wenig überzeugend noch BAG, DB 92, 229 (vgl. hierzu aber

Maßnahmen besonders wichtig. Ihre Notwendigkeit erkennt auch der Gesetzgeber z.B. in §§ 80 Abs. 1 Nr. 8, 92a, 97 Abs. 2 und in dieser Vorschrift in Abs. 5 Nr. 2a verstärkt an. **Beschäftigungspläne,**[45] die unter Heranziehung öffentlicher Stellen (Bund, Land, Kommune, Arbeitsverwaltung) Regelungen zur Aufnahme zusätzlicher Produktionsbereiche, zur vorübergehenden Kürzung/Absenkung der betrieblichen Arbeitszeit,[46] zur Qualifikation von AN und Humanisierung der Arbeit vereinbaren, sind in diesem Zusammenhang zu nennen und insbesondere **Transfersozialpläne** (vgl. auch Rn. 24 zu Abs. 5 Nr. 2a). Nach vorheriger Einschaltung der Agentur für Arbeit können hierin geförderte Transfermaßnahmen (§ 110 SGB III) und **Transfer-Kurzarbeitergeld** (§ 111 SGB III)[47] geregelt werden. Teilweise wurden und werden hierfür **Beschäftigungs- und Qualifizierungsgesellschaften** eingesetzt (§ 87 Rn. 24, 49).[48]

Auszugleichen sind im Sozialplan **wirtschaftliche Nachteile.** Dies 7 können auch Verschlechterungen der Arbeitsbedingungen oder Arbeitserschwerungen sein, da hiermit das Verhältnis von Leistung und Gegenleistung zum Nachteil des AN geändert wird. Der Ausgleich, die Milderung dieses wirtschaftlichen Nachteils kann dann bei Bildschirmarbeit z.B. in einer zeitlichen Begrenzung, der Festlegung von **Arbeitsunterbrechungen,** von **Mischarbeit** oder/und ergonomischen Gestaltungsgrundsätzen bestehen. Ebenso kann ein Ausgleich durch neue Formen der Arbeitsorganisation (z.B. **Gruppenarbeit,** teilautonome Arbeitsgruppen; vgl. auch § 87 Abs. 1 Nr. 13) herbeigeführt werden (**str.**).[49] Der Sozialplan kann Regelungen über Arbeitsentgelt und sonstige Arbeitsbedingungen zum Inhalt haben, die üblicherweise in TV geregelt werden und sogar Gegenstand eines für den Betrieb geltenden TV sind. **§ 77 Abs. 3** findet, anders als beim Interessenausgleich (Rn. 1) und beim freiwilligen Sozialplan,[50] keine Anwendung. Soweit der Sozialplan allerdings hinter einer für den Betrieb bestehenden tariflichen Regelung zurückbleibt, kommt für die gewerkschaftlich organisierten AN der TV zur Anwendung. Die Betriebsparteien können auch vereinbaren, dass Ab-

---

auch Abs. 5 Nr. 2a und Rn. 24: Danach können z.B. Qualifizierungsmaßnahmen durch die ESt. beschlossen werden, DKKW-Däubler, §§ 112, 112a Rn. 249).

45 Vgl. Klebe/Roth, DB 89, 1518.

46 Hierzu Ohl, AiB 02, 488.

47 DKKWF-Däubler, §§ 111–113 Rn. 54ff. mit **Checkliste** und **Mustervereinbarungen;** Bell, AiB 13, 117.

48 DKKW-Däubler, §§ 112, 112a Rn. 227ff. und DKKWF-Däubler, §§ 111–113 Rn. 68ff.; Fitting, §§ 112, 112a Rn. 241ff.; Thannheiser, AiB 06, 23; Homburg/Filzek, AiB 09, 357; Welkoborsky, AiB 09, 428.

49 Vgl. auch Däubler, DB 85, 2301.

50 BAG, NZA 07, 339.

findungen, die der AG auf Grund eines TV wegen einer Betriebsänderung zahlt, zur Erfüllung der Sozialplanansprüche führen.[51] Eine
tarifliche Sozialplanregelung, z. B. in der Form eines **Firmen-
tarifsozialplans**, kann erstreikt werden.[52] Hat sich der AG zu
einer bestimmten Arbeitsplatzzahl im Betrieb für einen gewissen
Zeitraum verpflichtet, darf er diese nicht, z. B. auch nicht durch
Verkauf eines Betriebsteils, unterschreiten. Dies kann ihm dann,
ggfs. auch durch e. V., untersagt werden.[53] Nach richtiger Auffassung
ist auch eine **Standortentscheidung** als solche im TV regel- und
erstreikbar.[54]

8 Der Hinweis, dass der Sozialplan die Wirkung einer BV hat, bedeutet,
dass die einzelnen AN hieraus einen **unmittelbaren Anspruch** (die
Verjährungsfrist beträgt gemäß § 195 BGB **3 Jahre**)[55] gegenüber
dem AG ableiten können (§ 77 Abs. 4), auf den ein Verzicht nur mit
Zustimmung des BR möglich ist oder falls zweifelsfrei feststellbar ist,
dass die durch den Verzicht herbeigeführte Abweichung vom Sozialplan die objektiv für den AN günstigere Regelung ist.[56] Dies gilt auch
für bereits ausgeschiedene AN.[57] Es bestehen keine Bedenken gegen
die Regelung eines Sozialplans, die einem von der Betriebsstilllegung
betroffenen AN eine Abfindung nur dann gewährt, wenn ihm weder
im eigenen noch in einem zum Konzern gehörenden UN ein **zumutbarer Arbeitsplatz** angeboten werden kann. Dasselbe gilt für den
Ausschluss von Abfindungen für den Fall, dass das Arbeitsverhältnis
nach § 613 BGB auf einen Betriebs- oder Betriebsteilerwerber übergeht[58] oder der AN ein **zumutbares Umsetzungs- oder Verset-
zungsangebot** ausschlägt und deshalb entlassen werden muss.[59] Hierzu kann bei ausdrücklicher Regelung[60] der Fall zählen, dass der AN
einem **Betriebsübergang ohne triftigen Grund widerspricht** (vgl.

51 BAG, NZA 07, 339.

52 BAG, NZA 07, 987; Seebacher, AiB 06, 70.

53 LAG Nds. 18. 5. 11 – 17 SaGa 1939/10, AiB 11, 481 mit Anm. Ratayczak;
    DKKW-Däubler, § 111 Rn. 16.

54 DKKW-Däubler, § 111 Rn. 17, auch unter Hinweis auf die europarechtliche
    Zulässigkeit in EuGH 11. 12. 07 – C-438/05, AuR 08,55 (Viking).

55 Zu Entstehungszeitpunkt und Vererbung des Anspruchs vgl. LAG Frankfurt,
    NZA 85, 634 und BAG, DB 97, 281; NZA 06, 1238; zur Fälligkeit, bei fehlender
    Festlegung des Zeitpunkts, mit Beendigung des Arbeitsverhältnisses BAG, NJW
    05, 171.

56 BAG, BB 04, 1282.

57 LAG Hamm 1. 3. 72, AP Nr. 1 zu § 112 BetrVG 1972.

58 BAG, NZA 08, 425.

59 BAG, DB 81, 1414; 84, 725; NZA 08, 232 zur Befugnis der Betriebsparteien zu
    definieren, wann ein Arbeitsplatzangebot zumutbar ist und auch zu deren ge-
    setzlichen Grenzen; NZA 12, 992 zu einer tariflichen Regelung des »anderen
    zumutbaren Arbeitsplatzes«.

60 Vgl. BAG, DB 99, 1402.

auch § 112 Abs. 5 Satz 2 Nr. 2).[61] Ein Ausschluss kann auch vorgenommen werden, wenn der AN **vorgezogenes Altersruhegeld** in Anspruch nehmen[62] oder nach einem relativ kurzen, vollständig oder überwiegend durch Arbeitslosengeld überbrückbaren Zeitraum Rente beziehen kann.[63] Ebenso sollen für diese AN geringere Abfindungen vorgesehen werden können.[64] Diese Praxis wird in § 10 Nr. 6 AGG bestätigt, der nach Auffassung des BAG[65] auch anwendbar ist, wenn betroffene AN zwar nicht unmittelbar nach Bezug von Arbeitslosengeld I rentenberechtigt sind, aber die Abfindung die wirtschaftlichen Nachteile für die Zeit zwischen Arbeitslosengeld und frühestmöglichem Bezug der Altersrente ausgleichen kann. Auch hier ist also ein Ausschluss vom Sozialplan zulässig. Dabei stellt sich allerdings die Frage, ob die gesetzliche Altersversorgung in jedem Fall eine **wirtschaftliche Absicherung** bedeutet. Ebenso wie bei der Annahme, ältere AN hätten schlechtere **Chancen auf dem Arbeitsmarkt** (Rn. 9), wird man hier entgegen dem EuGH[66] keine schematische Betrachtung anstellen dürfen: Es kommt auf die Höhe der Rente an,[67] wobei eine Typisierung zulässig ist. Zumindest muss im Sozialplan eine Härteklausel vereinbart werden. Von Sozialplanleistungen können auch AN ausgenommen werden, die wegen des Bezugs einer befristeten vollen Erwerbsminderungsrente nicht beschäftigt werden und bei denen damit zu rechnen ist, dass ihre Arbeitsunfähigkeit auf nicht absehbare Zeit fortbesteht.[68]

c) Regelungsgrenzen

Im Sozialplan darf nach verschiedenen möglichen Nachteilen – Versetzung oder Entlassung – und nach der Vermeidbarkeit dieser Nachteile differenziert werden.[69] Die Betriebsparteien sind beim Abschluss in den **Grenzen von Recht** (vgl. z. B. § 75, dort Rn. 6, **AGG** und den arbeitsrechtlichen **Gleichbehandlungsgrundsatz**)[70] und **Billigkeit** **9**

---

61 BAG, DB 97, 1623; 98, 2224; NZA 08, 425 (Betriebsübergang im Konzern und Kompensationsleistungen); vgl. aber auch DKKW-Däubler, §§ 112, 112 a, Rn. 138; Hamm, AiB 98, 54.
62 BAG, DB 09, 347 m. w. N.; NZA 09, 210; 09, 386.
63 BAG, DB 97, 281; NZA 09, 495; 23. 4. 13 – 1 AZR 916/11, NZA 13, 980; vgl. auch EuGH 6. 12. 12 – C-152/11, NZA 12, 1435 zur europarechtlichen Zulässigkeit entsprechender Regelungen.
64 BAG, DB 84, 1529; 88, 2464; 09, 347; 26. 3. 13, DB 13, 1792; 26. 3. 13 – 1 AZR 813/11, NZA 13, 921.
65 V. 23. 3. 2010 – 1 AZR 832/08, brwo, NZA 10, 774; 23. 4. 13 – 1 AZR 916/11, NZA 13, 980.
66 5. 7. 12 – C-141/11, NZA 12, 785.
67 A. A. EuGH 5. 7. 12 – C-141/11, NZA 12, 785.
68 BAG, NZA 11, 1370.
69 BAG, DB 77, 729.
70 BAG, DB 88, 2464; NZA 08, 425; 09, 210; 09, 495; 11, 1302.

also frei, darüber zu entscheiden, welche Nachteile, die der Verlust eines Arbeitsplatzes mit sich bringt, durch eine Abfindung ausgeglichen werden sollen.[71] Dabei sind die üblicherweise für die Höhe von Abfindungen verwendeten **Kriterien – Dauer der Betriebszugehörigkeit** und **Alter** – am **AGG** zu messen, da sie eine Benachteiligung jüngerer AN unmittelbar (Alter) darstellen oder mittelbar (Betriebszugehörigkeit) darstellen können. Zum Alter lässt § 10 Nr. 6 AGG eine Differenzierung entsprechend den Arbeitsmarktchancen zu.[72] Dies bedeutet m. E. aber, dass **keine schematische Besserstellung** älterer AN mehr erfolgen darf: Ein 30-jähriger hat nicht notwendig schlechtere Chancen als ein 27-jähriger AN. Auch eine **typisierende Betrachtung** muss m. E. an den **realen Gegebenheiten** (z. B. ab 50 bzw. branchenbezogen) anknüpfen. Demgegenüber hält das BAG auch eine **pauschale Koppelung** der Abfindungshöhe an Betriebszugehörigkeit und Alter[73] und eine entsprechende **Altersgruppenbildung**[74] für zulässig, weil sich die Arbeitsmarktchancen von AN ab dem 45. Lebensjahr fortlaufend verschlechterten.[75] Ein solcher Erfahrungswert für jede Branche und jedes Alter existiert aber nicht und kann daher m. E. nicht zur Regel gemacht werden. Eine Sozialauswahl nach Altersgruppen kann dabei, so das BAG,[76] zur Sicherung einer ausgewogenen Personalstruktur im Betrieb zulässig sein. Bei der Betriebszugehörigkeit kann sich eine sachliche Rechtfertigung für die entsprechende Berücksichtigung (§ 3 Abs. 2 AGG) auch im Hinblick auf schlechtere Chancen wegen einer **verengten Qualifikation** ergeben.[77] Das Handicap einer **Behinderung** ist ebenfalls zu berücksichtigen. Es ist zulässig, dass Sozialpläne in diesem Rahmen Leistungen, nach der Rspr. des BAG[78] z. B. durch Bildung von Altersgruppen, **pauschalieren**, sie **individuell** festlegen[79] oder aber beide Regelungselemente miteinander verbinden.[80] Maßgebend ist der **Zeitpunkt vor der Betriebsänderung** auch dann, wenn der

---

71   BAG, DB 79, 795; BB 95, 620; 07, 218.

72   Vgl. hierzu auch BAG, NZA 09, 849.

73   BAG, NZA 09, 849; 09, 1023; 10, 457; vgl. auch LAG Düsseldorf (ZIP 09, 190), das ebenfalls eine lineare Punktevergabe für das Lebensalter als Typisierung für zulässig hält, soweit nicht besondere und eindeutige Umstände dafür sprechen, dass der unterstellte Erfahrungswert (mit steigendem Lebensalter sinken generell die Vermittlungschancen auf dem Arbeitsmarkt) nicht zum Tragen kommt.

74   Hierzu auch Oberberg, AiB 11, 664.

75   BAG 12. 4. 2011 – 1 AZR 743/09, brwo, NZA 11, 985 und auch NZA 11, 988.

76   Vgl. insoweit z. B. 15. 12. 11 – 2 AZR 42/10, NZA 12, 1044 (auch zur europarechtlichen Zulässigkeit); 19. 7. 12 – 2 AZR 352/11, NZA 13, 87 m. w. N.

77   BAG, NZA 09, 849; DKKW-Klebe, § 95 Rn. 23 f.

78   BAG, NZA 09, 849; 09, 1023.

79   BAG, DB 85, 1487.

80   BAG, DB 84, 1529.

Sozialplan erst später abgeschlossen wird. Demzufolge können auch Nachteile ausgeglichen werden, mit denen typischerweise zu rechnen war, selbst wenn der einzelne AN diese Nachteile tatsächlich später nicht erlitten hat.[81] Die nur für die **Entscheidung der ESt.**[82] zu beachtenden Besonderheiten sind in Rn. 22 ff. ausgeführt.

Eine Regelung, die bei der Beschäftigungsdauer als Bemessungskriterium Zeiten des Erziehungsurlaubs (**Elternzeit**) nicht berücksichtigt, verstößt gegen § 75 Abs. 1.[83] Auch Zeiten des **Wehrdienstes**, des **Zivildienstes** oder von **Eignungsübungen** sind auf die Betriebszugehörigkeit anzurechnen (vgl. § 6 Abs. 2 Satz 1 ArbPlSchG, § 78 Abs. 1 Nr. 1 ZDG, § 6 Abs. 1 EigÜbG und § 8 Rn. 2). »Unter der Dauer der Betriebszugehörigkeit« ist in einem Sozialplan regelmäßig nur die im letzten rechtlich ununterbrochenen Arbeitsverhältnis zurückgelegte Zeit zu verstehen. Eine Berücksichtigung früherer Zeiten soll nach Auffassung des BAG[84] bei dieser Regelung allerdings möglich sein, wenn die Arbeitsvertragsparteien eine entsprechende Vereinbarung getroffen haben oder zwischen den Arbeitsverhältnissen bei demselben AG ein enger sachlicher Zusammenhang bestand. Die Festlegung, dass nur die tatsächliche **Betriebszugehörigkeit** beim AG und seinem Rechtsvorgänger, nicht aber vertraglich anerkannte Zeiten bei einem früheren AG, zu berücksichtigen sind, soll allerdings mit § 75 Abs. 1 ebenso vereinbar[85] sein wie die aus Praktikabilitätsgründen getroffene Regelung, die Zahlung einer erhöhten Abfindung für unterhaltsberechtigte Kinder von deren Eintragung in die Steuerkarte abhängig zu machen.[86] Die Abfindungen aus dem Sozialplan **müssen** sich **nicht** im Rahmen von § 10 KSchG bewegen;[87] trotzdem **können** AG und BR **Höchstbegrenzungsklauseln vereinbaren.**[88] Eine Klausel, die die Zahlung einer Abfindung davon abhängig macht, dass der entlassene AN keine **Kündigungsschutzklage** erhebt, ist nichtig.[89] Zulässig ist es demgegenüber, zusätzlich zu einem Sozialplan, der für die AN die wirtschaftlichen Nachteile einer Betriebsänderung angemessen ausgleicht, in einer **freiwilligen BV** Leistungen davon abhängig zu machen, dass der AN von der Erhebung einer Kündigungsschutzklage absieht bzw. einen Aufhebungsvertrag abschließt (»**Turboprämie**«).[90] Wenn der AG so rasche Planungssicherheit her-

10

---

81 BAG, NZA 85, 628.
82 Vgl. BAG, DB 88, 2464.
83 BAG, NZA 03, 1287; DB 04, 991.
84 NZA 08, 190.
85 BAG, DB 94, 2365.
86 BAG, DB 97, 1522.
87 BAG, DB 88, 558; 88, 2465; NZA 04, 108 m. w. N.
88 BAG, DB 88, 2465; 08, 69; NZA 09, 1107.
89 BAG, DB 84, 723; NZA 05, 997; vgl. auch BAG, NZA 07, 821 für die Zulässigkeit der Klausel in einem TV.
90 BAG, BB 06, 2758; NZA 10, 1304.

stellen und seine Risiken reduzieren will, verstößt die Regelung weder gegen den **Gleichbehandlungsgrundsatz** des § 75 Abs. 1 noch gegen das **Maßregelungsverbot** des § 612a BGB (vgl. auch § 1a KSchG). Das **Verbot**, Sozialplanabfindungen von einem entsprechenden Verzicht abhängig zu machen, darf allerdings **nicht umgangen** werden. Eine Umgehung kann z. B. vorliegen, wenn der Sozialplan **keine angemessene Abmilderung** der wirtschaftlichen Nachteile vorsieht (Rn. 21) oder Anhaltspunkte dafür bestehen, dass eigentlich für den Sozialplan zur Verfügung stehende Mittel **funktionswidrig** und zum Nachteil der von der Betriebsänderung betroffenen AN für die Beschleunigung in der freiwilligen BV eingesetzt werden.[91] Zulässig ist auch eine Vereinbarung, nach der die **Fälligkeit der Abfindung** bis zum rechtskräftigen Abschluss des Kündigungsschutzprozesses hinausgeschoben[92] und bestimmt wird, dass eine Zahlung nach § 1a[93] oder §§ 9, 10 KSchG **auf die Sozialplanabfindung anzurechnen** ist.[94] Unwirksam ist i. d. R. eine Sozialplanregelung, die Abfindungsansprüche wegen Verlustes des Arbeitsplatzes davon abhängig macht, dass der AN wegen eines möglicherweise erfolgten **Betriebsteilübergangs** den vermuteten Erwerber erfolglos auf Feststellung des Übergangs seines Arbeitsverhältnisses verklagt hat.[95] In einem Sozialplan kann nach Auffassung des BAG[96] nicht festgelegt werden, dass die **ESt. entscheidet**, ob ein einzelner AN Anspruch auf Zahlung einer Abfindung hat. Eine solche Entscheidung obliege **allein den ArbG**. Ebenso wenig kann ein Sozialplan auf »die jeweils gültige Fassung« eines TV oder eines anderen Normengefüges, wie z. B. einer BV, verweisen, da es sich bei einer solchen sog. dynamischen Blankettverweisung um einen unzulässigen Verzicht auf eine eigene Gestaltung, auf die gesetzliche Normsetzungsbefugnis, handelt. Der BR hat sein Mandat vielmehr höchstpersönlich auszuüben. Daher ist eine solche Verweisung so zu verstehen, als wäre der Inhalt statisch vereinbart worden.[97] Die ESt. muss Regelungen treffen, aus denen sich eindeutig ergibt, welchen **genauen Umfang der beschlossene Ausgleich** oder die Milderung der Nachteile hat. Bestimmungen zur bloßen Verteilung eines möglichen Sozialplanvolumens erfüllen ihren Regelungsauftrag nicht und führen zur Unwirksamkeit eines entsprechenden Spruchs.[98]

91   BAG, DB 05, 2245; NZA 05, 997.
92   BAG, NZA 05, 997.
93   BAG, NZA 07, 1357.
94   BAG, DB 85, 2357.
95   BAG, DB 03, 2658; NZA 06, 220.
96   DB 88, 503; 89, 587.
97   BAG, NZA 07, 1066.
98   BAG, NZA-RR 09, 588.

d) Anspruchsberechtigte

Leit. Ang. werden vom Sozialplan nicht erfasst; es besteht für den UN **11**
auch keine Verpflichtung, aufgrund des Gleichbehandlungsgrundsatzes
Einzelvereinbarungen zu treffen.[99] AN, die wegen der Betriebsänderung auf **Veranlassung des AG** (vgl. auch § 111 Rn. 8)[100] selbst
gekündigt oder einen **Aufhebungsvertrag** geschlossen haben, dürfen wegen § 75 i. V. m. § 112 a Abs. 1 nicht vom Sozialplan ausgeschlossen werden.[101] Die Betriebsparteien können allerdings nach
Auffassung des BAG im Sozialplan eine Kürzung der Abfindung oder
ihren Wegfall bei **Eigenkündigungen vor bestimmten Zeitpunkten** vereinbaren, wenn diese nicht vom AG veranlasst sind und der
Stichtag sachlich gerechtfertigt ist.[102] Im Sozialplan/Interessenausgleich kann festgelegt werden, dass AN schon dann keine Abfindung
erhalten, wenn sie durch Vermittlung des AG einen **neuen Arbeitsplatz** erhalten,[103] jedenfalls aber, wenn eventuelle Nachteile aufgrund
der Betriebsänderung ausreichend (der **bisherige soziale Besitzstand**
muss nicht in vollem Umfang erhalten bleiben) berücksichtigt sind
(z. B. Lohnbeihilfen für Lohneinbußen im neuen Arbeitsverhältnis)[104]
oder dass der BR vor Abschluss von Aufhebungsverträgen in jedem
Einzelfall hinzugezogen und beteiligt wird.[105] Auch **Teilzeitkräfte**
dürfen nicht vom Sozialplan ausgeschlossen werden. Ihr Anspruch darf
lediglich entsprechend der Arbeitszeit **gekürzt** werden.[106] Darüber
hinaus können Zeiten der Teilzeit- und der Vollzeitbeschäftigung
anteilig bei der Bemessung der Abfindung berücksichtigt werden.[107] AN, die dem AG während des Arbeitsverhältnisses vorsätzlich
Vermögensschäden in beträchtlicher Höhe zugefügt haben, können
von Sozialplanleistungen ausgeschlossen werden.[108] Sind einzelne **Teile des Sozialplans unwirksam**, bleibt der Rest gültig, sofern er noch
eine sinnvolle Regelung ergibt.[109] Ist der Sozialplan insgesamt unwirksam, kann ein entsprechender Anspruch des AN aus **Gesamtzusage**
folgen.[110]

99 BAG, DB 85, 2207; ZIP 09, 1244 auch zu einer unmittelbar und zwingend
   wirkenden Sozialplanvereinbarung zwischen AG und Sprecherausschuss nach
   § 28 Abs. 2 SprAuG.
100 Vgl. hierzu BAG, DB 94, 1882; BB 95, 2534; NZA 07, 825; NZA-RR 08, 636.
101 BAG, DB 91, 1526; 96, 2083; NZA 07, 825; NZA-RR 08, 636.
102 Vgl. BAG, DB 94, 102; NZA 08, 719; 11, 18211, 1302 und zu vertraglichen
    Abfindungen BAG, DB 95, 1239.
103 BAG, NZA 10, 351.
104 Vgl. BAG, DB 96, 2083; NZA 05, 831.
105 ArbG Darmstadt, AuR 94, 202.
106 BAG, DB 93, 591; NZA 07, 860 m. w. N.; DB 09, 2664.
107 BAG, NZA 02, 451; DB 09, 2664.
108 LAG Thüringen, NZA 96, 671.
109 BAG, DB 88, 558.
110 ArbG Berlin, BB 93, 141.

12 Weil Sozialpläne wirtschaftliche Nachteile ausgleichen oder mildern sollen, die den AN durch Betriebsänderung entstehen, dürfen sie **keine Regelung** enthalten, die **ausschließlich zu Lasten** der AN wirkt. Kündigungsabfindungen in Sozialplänen sind regelmäßig nicht dazu bestimmt, **unverfallbare Versorgungsanwartschaften** abzugelten.[111]

e) Sozialplan in der Insolvenz

13 Ein Sozialplan ist aufzustellen, wenn ein UN **mit Verlust liquidiert wird**.[112] Die Vorschriften über den Sozialplan gelten auch bei **Insolvenz**. Hier ist nach h. M. ebenfalls Voraussetzung, dass bis zur Durchführung der Betriebsänderung (vgl. Rn. 2) ein BR gewählt worden ist.[113] Dies kann auch erst nach Eröffnung des Insolvenzverfahrens geschehen, da die Insolvenz an sich keine **Betriebsänderung darstellt**.[114] Der **InsV** hat dann mit dem BR einen Interessenausgleich zu versuchen und einen Sozialplan aufzustellen.[115] Dabei gelten **Besonderheiten** gemäß §§ 120 ff. **InsO**, wie z. B. das Recht des InsV, beim ArbG drei Wochen nach ordnungsgemäßem Beginn der Verhandlungen über den Interessenausgleich die Zustimmung zur Durchführung der Betriebsänderung zu beantragen (§ 122 InsO).[116] Werden im Interessenausgleich die AN, die gekündigt werden sollen, **namentlich bezeichnet**, wird vermutet, dass ihnen gegenüber ausgesprochene betriebsbedingte Kündigungen sozial gerechtfertigt sind und die Überprüfung der Sozialauswahl erheblich eingeschränkt. Sie erfolgt nur im Hinblick auf Lebensalter, Betriebszugehörigkeit und Unterhaltspflichten und auch insoweit nur auf **grobe Fehlerhaftigkeit** (§ 125 Abs. 1 InsO und Rn. 2).[117] Dieser Interessenausgleich ersetzt nach § 125 Abs. 2 InsO eine Stellungnahme örtlicher BR zur Massenentlassung (§ 17 Abs. 3 Satz 2 KSchG) auch dann, wenn er auf Grund einer betriebsübergreifenden Betriebsänderung mit dem GBR abgeschlossen worden ist.[118]

14 Die Beteiligungsfähigkeit des BR bleibt auch erhalten, wenn der

---

111 BAG, DB 75, 1991; 81, 699, 2178.

112 LAG Hamm, DB 75, 1160.

113 BAG, DB 00, 1230.

114 BAG, NZA 04, 220.

115 BAG, DB 86, 2027; NZA 04, 220; zum Höchstumfang vgl. § 123 Abs. 1 InsO und zum Rang von Sozialplanforderungen als **Masseverbindlichkeit** (§ 123 Abs. 2 InsO) oder **Insolvenzforderung** (§ 38 InsO) bei Aufstellung des Sozialplans nach bzw. vor Insolvenzeröffnung z. B. auch BAG, BB 02, 2451 m. w. N.; NZA 06, 220.

116 Hierzu ArbG Berlin, AiB 99, 239; ArbG Lingen, ZIP 99, 1892.

117 Vgl. BAG, BB 99, 1556; NZA 06, 162; 07, 387; 08, 1060; Bichlmeier/Engberding/Oberhofer, AiB 99, 569.

118 BAG, NZA 11, 1108.

Betrieb inzwischen stillgelegt worden ist.[119] Der BR hat hinsichtlich der Vereinbarung und Abwicklung eines Sozialplans ein **Restmandat** (vgl. § 21 b und die dortigen Erl.). Dasselbe gilt für den GBR, der bei der Stilllegung sämtlicher Betriebe eines UN infolge Insolvenz für die Aufstellung von Sozialplan und Interessenausgleich zuständig ist.[120]

4. Vermittlung der Bundesagentur für Arbeit

Es bleibt dem BR und dem UN überlassen, ob sie von der im Gesetz **15** gegebenen Möglichkeit Gebrauch machen wollen, den **Vorstand der Bundesagentur für Arbeit** um Vermittlung zu ersuchen, falls eine Einigung über einen Interessenausgleich oder einen Sozialplan nicht zustande kommt. Obwohl das Gesetz lediglich den Vorstand der Bundesagentur für Arbeit bzw. dessen Bedienstete nennt, können BR oder UN auch andere Stellen oder Personen um Vermittlung ersuchen, z. B. eine im Betrieb vertretene Gewerkschaft. Lässt der AG oder der BR sich nicht auf die Vermittlungsbemühungen ein, so müssen diese als ergebnislos angesehen werden.

5. Anrufung und Entscheidung der Einigungsstelle

Die **ESt. kann angerufen werden**, wenn ein Vermittlungsversuch **16** ergebnislos bleibt. BR und AG können sich bei Nichteinigung[121] über einen Interessenausgleich oder einen Sozialplan aber auch sofort an die ESt. wenden, **ohne** vorher einen **Vermittlungsversuch** unternommen zu haben.

Für das **Verfahren vor der ESt.** (vgl. § 76), die auch allein wegen des **17** Interessenausgleichs angerufen werden kann,[122] schreibt die Regelung vor, dass im Falle einer Einigung diese schriftlich niederzulegen und von den Parteien und vom Vors. zu unterschreiben ist. Ohne **Schriftform** ist kein Interessenausgleich zustande gekommen (auch Rn. 3).[123] Zu beachten ist, dass die ESt. bezüglich des Interessenausgleichs nur einen **unverbindlichen Einigungsvorschlag** unterbreiten kann.

Gelingt es der ESt., eine Einigung der Parteien über einen Interessen- **18** ausgleich herbeizuführen, so bestimmen sich nach Ansicht des **BAG** die Rechtsfolgen bei einem etwaigen Abweichen des UN von der Regelung nach § 113.[124] Nach hier vertretener Auffassung haben darüber hinaus die Vertragsparteien einen **Anspruch** auf **Einhaltung** und **Durchführung** des Interessenausgleichs (Rn. 1). Kommt eine Einigung über einen Interessenausgleich auch vor der ESt. nicht zu-

---

119   BAG, DB 77, 1320.
120   BAG, DB 81, 1414.
121   Vgl. hierzu LAG Frankfurt, NZA 92, 853.
122   LAG Berlin, DB 94, 2635.
123   BAG, DB 86, 279; BB 94, 1936.
124   BAG, DB 92, 380.

stande, ist das Verfahren beendet. Die Austragung der Meinungsverschiedenheiten zwischen AG und BR beschränkt sich dann auf die **Erstellung des Sozialplans** (vgl. Abs. 4). Unabhängig vom Interessenausgleich sind zudem die sonstigen Rechte des BR einzuhalten (vgl. z. B. § 87 Abs. 1 Nr. 6, §§ 91, 92a, 98, 99, 102).

19 Die ESt. hat hinsichtlich der **sozialen Auswirkungen** der unternehmerischen Maßnahme, also des Sozialplans, im Falle der Nichteinigung einen **verbindlichen Spruch** zu treffen. Gelingt es der ESt., eine Einigung der Parteien über die Aufstellung eines Sozialplans herbeizuführen, so hat dieser die **Wirkung einer BV** (vgl. Abs. 1). Dasselbe gilt, wenn die Parteien sich im Verfahren vor der ESt. nicht einigen und diese selbst eine Entscheidung trifft. Auch die ESt. ist von der Beschränkung des § 77 Abs. 3 befreit. Der Spruch erstreckt sich auf den Inhalt des Sozialplans in allen seinen Einzelheiten.

20 Bei ihrer Entscheidung hat die ESt. im oben geschilderten rechtlichen Rahmen (Rn. 9) nach Abs. 1 Satz 2 Nachteile, die den AN infolge der geplanten Betriebsänderung entstehen, auszugleichen.[125] Sie hat die **Interessen beider Seiten** zu berücksichtigen und gegeneinander abzuwägen. Es handelt sich um eine **Ermessensentscheidung**, auf die die Grundsätze des § 76 Abs. 5 Anwendung finden.

21 Die ESt. ist zur Beachtung sowohl der **sozialen Belange** der betroffenen AN als auch der **wirtschaftlichen Vertretbarkeit** für das UN (vgl. auch Rn. 24 am Ende)[126] verpflichtet. Der Sozialplan muss die sozialen Belange der betroffenen AN ausreichend berücksichtigen. Dabei ist er nur ermessensfehlerfrei, wenn er wenigstens eine **substanzielle Milderung der wirtschaftlichen Nachteile** vorsieht, es sei denn, ein solches Sozialplanvolumen wäre für das UN wirtschaftlich nicht vertretbar.[127]

22 In Abs. 5 werden der ESt. Vorgaben – das BAG[128] spricht von Richtlinien oder Leitlinien – **für die Ermessensausübung** gemacht, die die oben bei Abs. 1 geschilderten Grundsätze teilweise modifizieren. Dabei sind die **tatsächlich entstehenden Nachteile** auszugleichen oder jedenfalls substantiell, spürbar, zu mildern,[129] soll den Gegebenheiten des Einzelfalls möglichst konkret Rechnung getragen werden (**Nr. 1**). Hiermit ist z. B. eine undifferenzierte generelle Festlegung von Abfindungen ausschließlich nach der Dauer der Betriebszugehörigkeit

125 Vgl. z. B. BAG, DB 97, 1416 zur Betriebsspaltung.
126 Vgl. hierzu Gschwendtner, AiB 05, 486; ggf. kann die Lage des Konzerns maßgeblich sein; so BAG v. 19. 5. 81, AP Nr. 13 zu § 16 BetrAVG zur Betriebsrentenanpassung; DB 94, 1780; 95, 528; NZA 05, 302.
127 BAG, NZA 05, 302; Rothkegel/Stelzer, AiB 07, 168.
128 DB 88, 2154; 95, 430.
129 BAG, NZA 04, 108; 05, 302.

nicht vereinbar;[130] dies verstößt jetzt auch gegen das AGG. Vielfach lassen sich die Nachteile jedoch im Zeitpunkt der ESt.-Entscheidung gar nicht feststellen. Daher werden teilweise nur Regelungen in Betracht kommen, die typischerweise zu erwartende **Nachteile pauschalieren.**[131]

In **Nr.** 2 wird die ESt. verpflichtet, für die ausscheidenden AN eine   **23** **Prognose über deren Arbeitsmarktchancen** abzugeben (vgl. auch § 10 Nr. 6 AGG und Rn. 9), nicht aber umfassende Ermittlungen im Einzelfall anzustellen.[132] Hierbei wird nach AN-Gruppen zu unterscheiden sein, die z.B. im Hinblick auf Qualifikation, Alter, Geschlecht und Nationalität gebildet werden können. Zumutbar – maßgeblich ist dafür der Zeitpunkt der Kündigung[133] – ist ein **anderer Arbeitsplatz** nur dann, wenn er der bisherigen Vorbildung und Berufserfahrung des AN entspricht[134] und keine geringere Eingruppierung als bisher erfolgt.[135] Es muss ein verbindliches Angebot bestehen, das bei einem anderen Konzern-UN auch den sozialen Besitzstand (z.B. die Anrechnung der bisherigen Betriebszugehörigkeit, wie auch der Begriff »Weiterbeschäftigung« zeigt) zu garantieren hat. Angebote von konzernfremden AG sind nicht zu berücksichtigen; sie können allerdings bei der Beurteilung der Arbeitsmarktchancen anzuführen sein. Dabei ist zu berücksichtigen, dass mit diesem AG-Wechsel in der Regel der gesamte soziale Besitzstand (z.B. die Betriebszugehörigkeitsdauer) verloren geht. Die **Zumutbarkeitsregeln** in § 121 **SGB III** spielen **keine** Rolle.

Der mit dem angebotenen Arbeitsplatz verbundene **Ortswechsel**   **24** allein soll die Unzumutbarkeit noch nicht begründen. Es werden allerdings oft **weitere persönliche Gesichtspunkte** hinzutreten (z.B. Lebensalter, **Arbeitsplatz des Ehegatten**, pflegebedürftige Familienangehörige, **Umschulung der Kinder**, Hauseigentum ggf. auch in Verbindung mit evtl. Fahrzeit), die den Wechsel unzumutbar machen. Die ESt. soll bestimmte persönliche Gründe bei der Zumutbarkeitsprüfung ausklammern und auch etwas geringer bezahlte Arbeitsplätze einbeziehen können.[136] Die ESt. **soll** bei Vorliegen aller Voraussetzungen den AN von Leistungen ausschließen, Ausnahmen sind also z.B. in **Härtefällen** möglich. Zudem soll sie die im **SGB III** vorgesehenen Instrumente zur Vermeidung von Arbeitslosigkeit einsetzen **(Nr. 2 a).** Hiermit, so die Gesetzesbegründung, wird zum Ausdruck gebracht, dass der Sozialplan vorrangig den betroffenen AN **neue**

130   BAG, DB 95, 430.
131   BAG, DB 88, 558.
132   Vgl. BR-Drucks. 39/84 S. 28.
133   LAG Hamm v. 25. 1. 90, LAGE § 112 BetrVG 1972 Nr. 15.
134   BAG v. 15. 10. 83, AP Nr. 18 zu § 111 BetrVG 1972.
135   LAG Düsseldorf, DB 87, 1254; vgl. auch BAG, DB 88, 558; 89, 48.
136   BAG, DB 89, 48; kritisch zu Recht DKKW-Däubler, §§ 112, 112 a Rn. 144.

Beschäftigungsperspektiven schaffen soll. Mit den Förderungsmöglichkeiten des SGB III sind z. B. Qualifizierungsmaßnahmen (§§ 81 ff.), Leistungen, die der Vorbereitung einer Existenzgründung des AN dienen (§§ 93 f.), die Teilnahme an Transfermaßnahmen (§ 110 SGB III) und auch das Transferkurzarbeitergeld nach § 111 SGB III gemeint, das für längstens 12 Monate geleistet werden kann.[137] Für die Förderung von Transfermaßnahmen und die Zahlung von Transferkurzarbeitergeld ist die vorherige Einschaltung/Beratung der Agentur für Arbeit erforderlich.[138]

Der Sozialplan darf schließlich den Fortbestand des UN oder der verbliebenen Arbeitsplätze nicht gefährden (**Nr. 3**).[139] Dies gilt natürlich nur, wenn die Fortführung überhaupt beabsichtigt[140] und auch nicht auf die Lage des evtl. bestehenden Konzerns abzustellen ist.[141] Nach § **134 UmwG** haftet nach einer »Betriebsaufspaltung« in Anlage- und Betriebsgesellschaft die **Anlagegesellschaft** 5 Jahre lang für Forderungen der AN der Betriebsgesellschaft aus §§ 111 ff. als Gesamtschuldner. Daher kann bei der Bemessung des Sozialplanvolumens auch die wirtschaftliche Leistungsfähigkeit der Anlagegesellschaft bis zur Höhe der Vermögensteile, die der Betriebsgesellschaft bei der Spaltung entzogen worden sind, berücksichtigt werden, also ein Berechnungs-/Bemessungsdurchgriff stattfinden.[142] Das UN kann durch den Sozialplan so belastet werden, dass die Aufwendungen einschneidend für die Ertragskraft sind.[143] Der in der Vorschrift enthaltenen Grenzziehung ist darüber hinaus zu entnehmen, dass das Gesetz bei einem wirtschaftlich wenig leistungsstarken UN im Falle der Entlassung eines großen Teils der AN einschneidende Belastungen **bis an den Rand der Bestandsgefährdung** für vertretbar ansieht.[144] Bei der **gerichtlichen Überprüfung** der wirtschaftlichen Vertretbarkeit

---

137 Vgl. DKKWF-Däubler, §§ 111–113 Rn. 54 ff.

138 Vgl. Dittrich/Gabriel, AiB 10, 438; Thannheiser, AiB 11, 86, der auch die Dienstanweisungen der Agentur darstellt, die eine inhaltliche Einflussnahme auf die Transfersozialpläne vorsehen.

139 BAG 22. 1. 13 – 1 ABR 85/11, NZA-RR 13, 409; vgl. im Einzelnen DKKW-Däubler, §§ 112, 112 a Rn. 150 ff.

140 Vgl. LAG BaWü, ZIP 85, 703 ff. zur früheren Rechtslage.

141 Zum sog. **Berechnungsdurchgriff** vgl. DKKW-Däubler, Rn. 186 ff., 192; LAG Frankfurt, NZA 89, 107; BAG, DB 92, 2402; 07, 580; 15. 1. 13 – 3 AZR 638/10, NZA 14, 87 (letztere zu § 16 BetrAVG); 22. 1. 13. NZA 13, 409 und NZA 98, 723 (offen gelassen für den Gemeinschaftsbetrieb; richtigerweise ist auf die Lage aller beteiligten UN abzustellen, DKKW-Däubler, §§ 112, 112 a Rn. 152); zur **Durchgriffshaftung** insbesondere BAG, DB 88, 1166; 94, 1780; 05, 1578 (kein Durchgriff bei Insolvenz).

142 BAG 15. 3. 2011 – 1 ABR 97/09, brwo, NZA 11, 1112.

143 BAG, NZA 90, 443.

144 BAG, NZA 04, 108.

kommt es auf die **objektiven Umstände** an, die tatsächlich vorlagen, als die ESt. den Sozialplan aufstellte.[145]

6. Kündigung und Abänderung des Sozialplans

Eine **ordentliche Kündigung des Sozialplans** kommt nur in selte- **25** nen Ausnahmefällen für zeitlich unbefristete Dauerleistungen in Betracht,[146] eine **außerordentliche Kündigung** ist ausgeschlossen.[147] Soweit eine Kündigung zulässig ist, tritt die **Nachwirkung** gemäß § 77 Abs. 6 ein. Dies würde auch für eine außerordentliche Kündigung gelten, hielte man sie für zulässig. Bei **Wegfall der Geschäftsgrundlage** kommt auf der Basis des § 313 Abs. 1 BGB eine nachträgliche Änderung in Betracht, die auch schon entstandene Ansprüche der AN zu ihren Ungunsten abändern kann. Im Streitfall erfolgt die Anpassung des Sozialplans durch die ESt.[148] Dies gilt auch für Initiativen des BR, wenn z.B. die verfügbaren finanziellen Mittel viel zu gering veranschlagt worden waren[149] oder aber eine Sanierung des UN fehlschlug, derentwegen relativ niedrige Leistungen festgesetzt worden waren.[150] AG und BR können einen geltenden Sozialplan **einvernehmlich** auch zum Nachteil der betroffenen AN für die Zukunft **durch einen neuen ersetzen.** Sie dürfen allerdings nicht in bereits **entstandene Rechte** eingreifen und müssen mit der Neuregelung der **Billigkeit** entsprechen.[151] Die Grundsätze des **Vertrauensschutzes** und der Verhältnismäßigkeit sind zu beachten.[152] **Individualklagen** können zur Korrektur einer einzelnen Sozialplanregelung führen, die AN unter Verstoß gegen Recht und Billigkeit benachteiligt. Die mit der Korrektur verbundene **Ausdehnung des Finanzvolumens** ist jedenfalls hinzunehmen, solange die Mehrbelastung des AG im Verhältnis zum Gesamtvolumen nicht »ins Gewicht fällt«.[153] Bei gravierenden Änderungen kann eine Anpassung des Sozialplans über die Grundsätze zum Wegfall der Geschäftsgrundlage in Betracht kommen. Die Ansprüche aus einem Sozialplan unterliegen **tariflichen Ausschlussfristen.**[154]

---

145 BAG, NZA 04, 108; vgl. auch DKKWF-Däubler, §§ 111–113 Rn. 53: **Antragsschrift zur Feststellung der Unwirksamkeit eines Sozialplans.**
146 BAG, DB 81, 2178; vgl. auch DB 95, 480.
147 DKKW-Däubler, §§ 112, 112 a Rn. 203; ähnlich, wenngleich im Ergebnis offen, BAG, DB 95, 480.
148 BAG, DB 95, 480; 98, 1087.
149 BAG, DB 79, 261; 81, 1414.
150 BAG, DB 82, 908.
151 BAG, DB 95, 480; NZA 03, 1287; 07, 1357; 08, 719.
152 BAG, DB 01, 1563; NZA 07, 1357; 11, 1370.
153 BAG, DB 04, 991 m.w.N.
154 BAG, DB 95, 781; NZA 96, 986.

§ 112 a Erzwingbarer Sozialplan bei Personalabbau, Neugründungen

(1) Besteht eine geplante Betriebsänderung im Sinne des § 111 Satz 3 Nr. 1 allein in der Entlassung von Arbeitnehmern, so findet § 112 Abs. 4 und 5 nur Anwendung, wenn

1. in Betrieben mit in der Regel weniger als 60 Arbeitnehmern 20 vom Hundert der regelmäßig beschäftigten Arbeitnehmer, aber mindestens 6 Arbeitnehmer,

2. in Betrieben mit in der Regel mindestens 60 und weniger als 250 Arbeitnehmern 20 vom Hundert der regelmäßig beschäftigten Arbeitnehmer oder mindestens 37 Arbeitnehmer,

3. in Betrieben mit in der Regel mindestens 250 und weniger als 500 Arbeitnehmern 15 vom Hundert der regelmäßig beschäftigten Arbeitnehmer oder mindestens 60 Arbeitnehmer,

4. in Betrieben mit in der Regel mindestens 500 Arbeitnehmern 10 vom Hundert der regelmäßig beschäftigten Arbeitnehmer, aber mindestens 60 Arbeitnehmer

aus betriebsbedingten Gründen entlassen werden sollen. Als Entlassung gilt auch das vom Arbeitgeber aus Gründen der Betriebsänderung veranlasste Ausscheiden von Arbeitnehmern aufgrund von Aufhebungsverträgen.

(2) § 112 Abs. 4 und 5 findet keine Anwendung auf Betriebe eines Unternehmens in den ersten vier Jahren nach seiner Gründung. Dies gilt nicht für Neugründungen im Zusammenhang mit der rechtlichen Umstrukturierung von Unternehmen und Konzernen. Maßgebend für den Zeitpunkt der Gründung ist die Aufnahme einer Erwerbstätigkeit, die nach § 138 der Abgabenordnung dem Finanzamt mitzuteilen ist.

1. Erzwingbarkeit des Sozialplans bei Personalabbau

1   Die vom BAG in Anlehnung an § 17 KSchG entwickelte Staffel (vgl. § 111 Rn. 6) für Betriebsänderungen, die **allein in Entlassungen** bestehen, wird »nur« im Hinblick auf das MBR **(Erzwingbarkeit des Sozialplans)** für den BR verschlechtert. Ob eine Betriebsänderung vorliegt und die sonstigen BR-Rechte gegeben sind, beantwortet sich nach den vom BAG aufgestellten Grundsätzen und der erforderlichen Ergänzung für Kleinbetriebe (§ 111 Rn. 5 f.). Demzufolge sind z. B. die Verhandlungen über den Interessenausgleich auch dann wie geschildert (§ 112 Rn. 2) durchzuführen, wenn ein Sozialplan nicht erzwungen werden kann.[1] Klargestellt wird zudem, dass ein vom AG aus Gründen der Betriebsänderung veranlasstes **einverständliches Ausscheiden** mitzuzählen ist. Es kommt nur auf das Ausscheiden aus Gründen der geplanten Betriebsänderung an, nicht aber auf die äußere Form, die zur Beendigung des Arbeitsverhältnisses führt. Daher sind auch vom AG veranlasste **Eigenkündigungen** der AN mitzurechnen (vgl. § 111 Rn. 8).[2] **Teilzeitkräfte** sind voll mitzurechnen,[3] ebenso **Versetzungen** in andere Betriebe oder UN des Konzerns,[4] nicht aber betriebsinterne.[5] Da zur **Arbeitsleistung Überlassene** bei Vorliegen der Voraussetzungen des § 7 Satz 2 einzubeziehen sind (§ 111 Rn. 1), ist bei ihnen von einer Entlassung bei vorzeitiger Beendigung der Überlassung auszugehen (vgl. auch § 111 Rn. 6). Ebenso verhält es sich bei vorzeitiger Beendigung eines befristeten Arbeitsverhältnisses.[6] Die Vorschrift ist nach Auffassung des BAG[7] auch anwendbar, wenn **zum Personalabbau weitere AG-Maßnahmen** hinzukommen. Dies ist allerdings nicht der Fall, wenn sie allein oder zusammen mit dem Personalabbau eine Betriebsänderung darstellen. Dann ist ein Sozialplan erzwingbar.

2. Betriebe neu gegründeter Unternehmen

Ein Sozialplan ist bei Betrieben **neu gegründeter UN** für vier Jahre **2** nicht erzwingbar; auf die Art der Betriebsänderung kommt es dabei nicht an. Die Regelung findet aber keine Anwendung, wenn lediglich der Betrieb und nicht das UN neu gegründet worden ist. Sie scheidet ebenfalls aus, wenn ein **Konzern**, auch ein Gleichordnungskonzern, ein neues UN gründet[8] und bei den genannten Umstrukturierungen (z.B. **Umwandlung** eines VEB in eine GmbH,[9] **Abspaltung** von UN-Teilen,[10] **Verschmelzung** von UN[11]). Wird ein Betrieb eines neu gegründeten UN an ein UN veräußert, das bereits länger als vier Jahre besteht, werden spätere Betriebsänderungen sozialplanpflichtig.

Nach Auffassung des BAG[12] soll § 112a Abs. 2 auch anwendbar sein, **3** wenn ein neu gegründetes UN einen Betrieb übernimmt, der bereits

---

1 BAG, DB 89, 331; NZA 06, 932.

2 BAG, DB 88, 2413; 96, 2083.

3 LAG BaWü 16. 6. 87, LAGE § 111 BetrVG 1972 Nr. 6; vgl. auch BAG, DB 93, 591.

4 DKKW-Däubler, §§ 112, 112a Rn. 71.

5 LAG Nürnberg, NZA-RR 05, 375.

6 LAG Nürnberg, NZA-RR 02, 138.

7 NZA 06, 932.

8 DKKW-Däubler, §§ 112, 112a Rn. 78.

9 BAG, DB 95, 2075.

10 BAG, DB 95, 1182 und 1287.

11 BAG, NZA 07, 106.

12 DB, 89, 2335; 97, 1416; NZA 07, 106; vgl. auch LAG Frankfurt, NZA 92, 853; LAG Sachsen, BB 05, 2532.

länger als vier Jahre besteht. Eine Ausnahme soll nur gelten, falls die Neugründung nur den Zweck hat, Betriebe **aufzukaufen**, um sie anschließend **stillzulegen**. Diese Meinung ist abzulehnen, da sie gegen § 613a BGB verstößt[13] und im Übrigen bei länger bestehenden Betrieben durchaus wirtschaftliche Zukunftsprognosen möglich sind, also der Schutzzweck des Abs. 2 nicht gegeben ist.[14] Ein Sozialplan kommt auch in Betracht, wenn die Voraussetzungen von Abs. 2 Satz 1 vorliegen, er ist jedoch vom BR nicht erzwingbar. Da die Vorschrift § 112 Abs. 2 und 3 nicht ausschließt, sollen beide Seiten Vorschläge für einen Sozialplan machen.[15] Darüber hinaus kann auch eine **ESt.** zu bilden sein, jedenfalls, wenn der BR z.B. Anhaltspunkte für einen Rechtsmissbrauch vorträgt.[16] Da BR und AG eine umfassende Regelungszuständigkeit in sozialen, personellen und wirtschaftlichen Fragen haben, können sie bei jeder Art von Arbeitsplatzverlust einen wirtschaftlichen Ausgleich (freiwillig) vereinbaren.[17]

§ 113   Nachteilsausgleich

(1) Weicht der Unternehmer von einem Interessenausgleich über die geplante Betriebsänderung ohne zwingenden Grund ab, so können Arbeitnehmer, die infolge dieser Abweichung entlassen werden, beim Arbeitsgericht Klage erheben mit dem Antrag, den Arbeitgeber zur Zahlung von Abfindungen zu verurteilen; § 10 des Kündigungsschutzgesetzes gilt entsprechend.

(2) Erleiden Arbeitnehmer infolge einer Abweichung nach Absatz 1 andere wirtschaftliche Nachteile, so hat der Unternehmer diese Nachteile bis zu einem Zeitraum von zwölf Monaten auszugleichen.

(3) Die Absätze 1 und 2 gelten entsprechend, wenn der Unternehmer eine geplante Betriebsänderung nach § 111 durchführt, ohne über sie einen Interessenausgleich mit dem Betriebsrat versucht zu haben, und infolge der Maßnahme Arbeitnehmer entlassen werden oder andere wirtschaftliche Nachteile erleiden.

---

13 **A.A.** aber BAG, NZA 07, 106.
14 DKKW-Däubler, §§ 112, 112 a Rn. 75 f.
15 Vgl. auch DKKW-Däubler, §§ 112, 112 a Rn. 79.
16 LAG Nds. 31. 7. 12 – 1 TaBV 42/12.
17 BAG 24. 5. 12 – 2 AZR 62/11, NZA 13, 277.

1. Abweichung vom Interessenausgleich

a) Abfindung als Nachteilsausgleich bei Entlassung

Weicht der UN von einem Interessenausgleich **ohne zwingenden** **1**
Grund ab, können AN, die deshalb entlassen werden, einen Anspruch
auf Abfindung beim ArbG geltend machen.[1] Die Vorschrift sanktioniert das betriebsverfassungswidrige Verhalten des AG.[2] Der BR kann
nach der abzulehnenden Ansicht des **BAG** allerdings **nicht die Einhaltung des Interessenausgleichs** aus eigenem Recht erzwingen.[3]
Zu beachten ist, dass die Norm nur bei der Abweichung von einem
Interessenausgleich über die Durchführung der unternehmerischen
Maßnahme gilt. Hält der UN sich nicht an einen vereinbarten Sozialplan, so kommt sie nicht zur Anwendung, da die einzelnen AN
Ansprüche **unmittelbar** aus dem Sozialplan haben (vgl. § 112 Abs. 1).

Die Verpflichtung des UN zur Zahlung von Abfindung nach dieser **2**
Bestimmung besteht nur, soweit die Kündigungen von AN **wirksam**
erfolgt sind.[4] Ist eine Kündigung unwirksam, kann der betroffene AN
auf Feststellung klagen, dass sein **Arbeitsverhältnis fortbesteht**. Stellt
das ArbG in diesem Fall die Unwirksamkeit der Kündigung fest, löst es
das Arbeitsverhältnis jedoch durch seine Entscheidung auf, bestimmt
sich der Anspruch des AN auf Zahlung einer Abfindung unmittelbar
nach den Vorschriften des KSchG.

Der Abfindungsanspruch setzt voraus, dass der AG vom Interessen- **3**
ausgleich **ohne zwingenden Grund** abgewichen und das Abweichen
ursächlich für die Kündigung ist. Daher scheidet der Anspruch aus,
wenn die Beendigung des Arbeitsverhältnisses ausschließlich auf der
Eigenkündigung des AN beruht.[5] Ist diese jedoch durch den AG aus
betrieblichen Gründen veranlasst, handelt es sich ebenso um eine
»**Entlassung**« i. S. von § 113 wie bei vom AG aus diesen Gründen
veranlassten Aufhebungsverträgen (vgl. auch § 111 Rn. 8 m. w. N.).[6]
Ein **zwingender Grund für ein Abweichen** vom Interessenausgleich kann nur dann in Betracht kommen, wenn dieser nach dem
Zustandekommen des Interessenausgleichs eingetreten ist.[7] An die
Notwendigkeit der Abweichung ist ein **strenger Maßstab** anzulegen.

---

1 **Antragsschrift** bei DKKWF-Däubler, §§ 111–113 Rn. 52.
2 BAG, DB 04, 658 m. w. N.
3 BAG, DB 92, 380; **a. A.** § 112 Rn. 1.
4 BAG, DB 96, 1683; 05, 1578.
5 LAG Berlin, AuR 87, 116.
6 BAG, DB 88, 2413; 96, 2083.
7 BAG, DB 74, 2207.

Es kommt nicht darauf an, ob sich die wirtschaftliche Entscheidung des UN nachträglich als sachlich richtig oder falsch erweist; vielmehr durfte dem AG zur Abwendung einer drohenden Gefahr für das UN praktisch **keine andere Wahl** bleiben. Fehlendes **Verschulden** kann die Abweichung nicht rechtfertigen.[8]

b) Höhe der Abfindung

4 Hat ein AN Anspruch auf Zahlung einer Abfindung gegenüber dem AG nach dieser Bestimmung, so richtet sich ihre Höhe nach **§ 10 KSchG**, ein Wegfall entsprechend § 112 Abs. 5 Satz 2 Nr. 2 kommt nicht in Betracht.[9] Danach kann die Abfindung grundsätzlich bis zur Höhe von zwölf Monatsverdiensten festgesetzt werden. Bei älteren und langjährig beschäftigten AN sind Abfindungen bis zu einem Betrag von 18 Monatsverdiensten möglich. Bei der Entscheidung sind auch die Arbeitsmarktchancen und das Gewicht des betriebsverfassungswidrigen Verhaltens zu beachten.[10] Die **finanzielle Leistungsfähigkeit** und Leistungsbereitschaft des AG spielen demgegenüber keine Rolle.[11] Der AN hat ggf. eine **Leistungsklage** zu erheben, in der er jedoch die Höhe der geforderten Abfindung nicht selbst angeben muss, sondern in das **Ermessen des Gerichts** stellen kann, das die Summe von Amts wegen festzusetzen hat.[12] Die Erhebung der Leistungsklage ist an keine Frist gebunden, es sei denn, dass der AN sie mit einer Feststellungsklage nach dem KSchG verbindet. In diesem Fall ist die dreiwöchige Frist nach § 4 KSchG zu beachten. Der Nachteilsausgleich ist in der **Insolvenz nicht auf 2,5 Monatsverdienste begrenzt**. Für eine analoge Anwendung des § 123 Abs. 1 InsO fehlt es bereits an einer Regelungslücke (vgl. auch Rn. 7).[13]

c) Ausgleich sonstiger wirtschaftlicher Nachteile

5 Neben dem nach Abs. 1 vorgesehenen Anspruch auf Zahlung einer Abfindung sieht die Bestimmung einen Ausgleich auch für die **sonstigen wirtschaftlichen Nachteile** (z. B. bei einer Versetzung geringerer Verdienst, höhere Fahrkosten usw.)[14] vor, die AN wegen einer Abweichung nach Abs. 1 erleiden. Muss z. B. ein AN deshalb auf einen geringer bezahlten Arbeitsplatz versetzt werden, so ist ihm der bishe-

---

8 BAG, DB 84, 724; ZIP 96, 1391; HessLAG, AiB 03, 41 m. Anm. Backmeister.

9 BAG, BB 00, 47: Mangels Verweises und weil durch den Nachteilsausgleich ein **betriebsverfassungswidriges Verhalten** des AG durch Kostenbelastung **sanktioniert** werden soll.

10 BAG 18. 10. 11 – 1 AZR 335/10, NZA 12, 221.

11 BAG, NZA 04, 93; 18. 10. 11 – 1 AZR 335/10, NZA 12, 221; LAG Brandenburg, DB 06, 568 und DKKW-Däubler, Rn. 20 m. w. N.

12 BAG, NZA 11, 466.

13 BAG, NZA 04, 93.

14 Vgl. auch BAG, DB 88, 2413; 96, 1683.

rige Lohn in voller Höhe weiterzuzahlen. Der Nachteilsausgleich erstreckt sich jedoch nur auf einen **Zeitraum von zwölf Monaten**. Es ist denkbar, dass ein AN **sowohl** Ansprüche aus einem **Sozialplan** als auch wegen des Abweichens des UN von einem vereinbarten **Interessenausgleich** hat.[15] Ein solcher Fall wäre z. b. gegeben, wenn der Sozialplan für die zu entlassenden AN Abfindungen vorsieht, der UN die Entlassungen aber schon früher durchführt, als im Interessenausgleich vereinbart war. Der UN hat dann neben der sich aus dem Sozialplan ergebenden Abfindung auch die durch die vorzeitige Entlassung entstandenen Nachteile, in diesem Fall beispielsweise den eingetretenen Lohnausfall, auszugleichen.

2. Unterbliebener Versuch eines Interessenausgleichs

Die Bestimmung stellt ausdrücklich klar, dass der UN, der den **BR**   **6** bei geplanten Betriebsänderungen **nicht ordnungsgemäß beteiligt**, sich so behandeln lassen muss, als wäre er **ohne zwingenden Grund** von einem mit dem BR vereinbarten Interessenausgleich abgewichen.[16] Er ist dann ebenfalls verpflichtet, die nach Abs. 1 vorgesehenen **Abfindungen** zu zahlen und den **Nachteilsausgleich** nach Abs. 2 vorzunehmen. Der UN muss den Interessenausgleich mit dem **zuständigen** BR bzw. GBR versuchen, **bevor** er mit der **Umsetzung** der geplanten Betriebsänderung beginnt, also z. B. bevor er eine unwiderrufliche Freistellung aller AN[17] oder Kündigungen ausspricht oder Anträge auf Zustimmung bei den entsprechenden Behörden wie dem Integrationsamt stellt.[18] Bei Zweifeln über den Verhandlungspartner trägt der AG die **Initiativlast**, d. h., er muss die in Betracht kommenden AN-Vertretungen zur Klärung der Zuständigkeitsfragen auffordern. Weist er allerdings ohne weiteres einen der möglichen Verhandlungspartner zurück, so trägt er das Risiko, dass sein Verhandlungsversuch als unzureichend gewertet wird, wenn dieser zuständig gewesen wäre.[19] Die **Verhandlungspflicht des UN** besteht auch dann, wenn die Voraussetzungen für eine Betriebseinschränkung durch Personalabbau erst dadurch entstehen, dass einzelne AN dem Übergang ihres Arbeitsverhältnisses gemäß § 613a BGB widersprechen.[20] Der UN ist verpflichtet, das in § 112 Abs. 2 vorgesehene Verfahren **insgesamt** zu durchlaufen, bevor er die wirtschaftliche Maßnahme durchführt.[21] Hat also der UN den BR eingeschaltet, eine schriftliche Einigung über den Interessenausgleich ist aber nicht zu-

---

15   LAG Hamm, AuR 72, 158.
16   Vgl. hierzu auch LAG Hamm, AiB 93, 735.
17   LAG Berlin-Brandenburg 2. 3. 12 – 13 Sa 2187/11, ZIP 12, 1429.
18   BAG, NZA 02, 212; DKKW-Däubler, Rn. 9.
19   BAG, BB 96, 2093.
20   BAG, NZA 97, 787; LAG Bremen, NZA-RR 05, 140.
21   BAG, DB 85, 1293; BB 02, 1862.

stande gekommen, so muss er die **ESt. anrufen** – selbst wenn der BR mit den Inhalten des Interessenausgleichs einverstanden ist oder abweisend auf seine Verhandlungsangebote reagiert hat.[22] Ansonsten greift die Sanktion des Abs. 3 (vgl. auch die Sonderregelung des **§ 122 InsO**). Die nachträgliche Erklärung des BR, er wolle keine rechtlichen Schritte wegen des unterbliebenen Versuchs eines Interessenausgleichs unternehmen, ändert ebenfalls **nichts** an dem Bestehen des Anspruchs auf Nachteilsausgleich oder Abfindung, der einem AN nach dieser Bestimmung erwachsen ist.[23] Kommt zwischen den Betriebsparteien ein **aufschiebend bedingter Interessenausgleich** zustande, ist der Interessenausgleich vom UN jedenfalls versucht worden.[24]

3. Geltendmachung im Insolvenzverfahren/im Tendenzbetrieb

7 Die Vorschrift gilt auch im **Insolvenzverfahren**, wie bereits der Umkehrschluss aus § 122 Abs. 1 Satz 1 und 2 InsO zeigt.[25] Der Anspruch auf Nachteilsausgleich ist, wenn er durch Handeln des InsV entsteht, **sonstige Masseverbindlichkeit** nach § 55 Abs. 1 Nr. 1 InsO.[26] Ist der Anspruch vor Eröffnung des Insolvenzverfahrens entstanden, handelt es sich um eine **Insolvenzforderung**.[27]

8 Da der AG in **Tendenzbetrieben** nach Auffassung des BAG (vgl. auch § 118 Rn. 19)[28] offenbar nicht verpflichtet ist, einen Interessenausgleich zu versuchen, setzt der Nachteilsausgleich hier voraus, dass der AG eine Betriebsänderung durchführt, ohne rechtzeitig seiner **Unterrichtungs- und Beratungspflicht gegenüber dem BR** im Hinblick auf einen Sozialplan genügt zu haben.[29] Auf eine andere Grundlage lassen sich Nachteilsausgleichsansprüche wegen der Verletzung der Informationspflichten auch nicht im Hinblick auf europäisches Recht stützen.[30] Darüber hinaus besteht der Anspruch, wenn der AG ohne zwingenden Grund von einem **freiwillig abgeschlossenen Interessenausgleich** abweicht (§ 113 Abs. 1, 2).[31]

9 Hat der UN den Betrieb stillgelegt, ohne vorher einen Interessen

---

22 BAG, NZA 07, 1296; LAG Berlin 8. 7. 87, LAGE § 112 a BetrVG 1972 Nr. 2.
23 BAG, DB 77, 309.
24 BAG, NZA 06, 162.
25 BAG, NZA 04, 93; 04, 220; LAG Berlin-Brandenburg 2. 3. 12 – 13 Sa 2187/11, ZIP 12, 1429.
26 BAG, NZA 06, 1122.
27 BAG, DB 03, 618; vgl. auch BAG, NZA 04, 93.
28 NZA 99, 328 = AiB 00, 38 mit Anm. v. Wedde; NZA 04, 931; zust. Fitting, Rn. 4; a. A. zu Recht DKKW-Wedde, § 118 Rn. 70 ff. m. w. N.
29 BAG, NZA 99, 328; DB 04, 1372.
30 BAG, DB 04, 1372 und 1511.
31 Offen gelassen von BAG, NZA 99, 328.

ausgleich mit dem BR versucht zu haben, so können die in Folge[32] der Betriebsstilllegung entlassenen AN Abfindungsansprüche nach Auffassung des BAG allerdings dann nicht erheben, wenn Ereignisse eingetreten sind, die eine **sofortige Schließung des Betriebs unausweichlich** gemacht haben, und ein Hinausschieben der Betriebsstilllegung zum Zwecke des Versuches eines Interessenausgleichs den betroffenen AN nur **weitere Nachteile** hätte bringen können.[33]

4. Nachteilsausgleich und Sozialplan

Auch wenn der UN den BR nicht eingeschaltet hat und die betroffenen AN Ansprüche nach dieser Bestimmung geltend machen, ist der BR nicht gehindert, auf die **Erstellung eines Sozialplans** hinzuwirken und diesen ggf. über die ESt. zu erzwingen. Der Anspruch auf Nachteilsausgleich oder Abfindung wird nicht durch einen Sozialplan beseitigt, der nach Einleitung der Betriebsänderung (Stilllegung) und den aus diesem Grunde ausgesprochenen Kündigungen gegenüber den AN zustande kommt.[34] Die AN brauchen sich die **nachträgliche Einigung** des BR mit dem AG nicht zurechnen zu lassen; denn der BR ist nicht Vertreter der AN, sondern lediglich deren **Interessenwahrer**.[35] Der Nachteilsausgleich ist auf Sozialplanleistungen ebenso wenig **automatisch anzurechnen**[36] wie ein Sozialplananspruch auf einen Nachteilsausgleich.[37] Allerdings kann im Sozialplan eine **Anrechnungsklausel vereinbart** werden. Der entlassene AN kann ggf. seine **Kündigungsschutzklage** mit der Klage nach § 113 (als Hilfsantrag) verbinden.

Ein Anspruch auf Nachteilsausgleich oder Abfindung besteht im Übrigen auch dann, wenn ein Interessenausgleich **nicht schriftlich** abgefasst wurde.[38]

10

11

---

32 Vgl. LAG Bremen, NZA-RR 05, 140 zum Zusammenhang zwischen Betriebsänderung und Nachteil.

33 BAG, DB 79, 1139; 96, 1683; offengelassen von BAG, NZA 04, 93; vgl. auch LAG Berlin, NZA-RR 05, 516.

34 BAG, NZA 07, 1296 m. w. N.

35 BAG, DB 77, 309; LAG Berlin, AuR 07, 61; vgl. auch LAG Brandenburg, DB 06, 568.

36 DKKW-Däubler, §§ 112, 112 a Rn. 122 ff.; **a. A.**: BAG, DB 79, 261; 80, 549; NZA 07, 1296, das allerdings offenlässt, ob eine Anrechnung auch erfolgen muss, wenn der AG die in Art. 2 Abs. 1 der EG-Massenentlassungsrichtlinie angeordnete Konsultationspflicht verletzt hat.

37 DKKW-Däubler, a. a. O.; **a. A.** BAG, BB 02, 1862; LAG Berlin, AuR 07, 61; vgl. auch LAG Berlin, NZA-RR 05, 516: Der Nachteilsausgleich muss wegen seines Sanktionscharakters eine Sozialplanabfindung grundsätzlich übersteigen.

38 BAG, NZA 07, 1296.

5. Tarifliche Ausschlussfristen/Gemeinschaftsbetrieb

12 **Tarifliche Ausschlussfristen** gelten, sofern sie sich auf beiderseitige Ansprüche aus dem Arbeitsverhältnis und solche, die mit dem Arbeitsverhältnis in Verbindung stehen, beziehen, auch für Abfindungsansprüche nach dieser Bestimmung. Die Ausschlussfrist zur Geltendmachung des Abfindungsanspruchs beginnt mit dem **Ausscheiden des AN aus dem Arbeitsverhältnis**.[39] Dies gilt auch dann, wenn der Kündigungsrechtsstreit noch nicht entschieden ist.[40] Eine Bezifferung ist für die ordnungsgemäße Geltendmachung nicht erforderlich.[41] AN können auf einen bereits bestehenden Anspruch auf Nachteilsausgleich auch ohne Zustimmung des BR **verzichten**. Eine Behandlung wie ein Sozialplananspruch analog §§ 112 Abs. 1 Satz 3, 77 Abs. 4 Satz 2 scheidet aus, da es sich um einen **dispositiven gesetzlichen Anspruch** und nicht einen solchen aus BV handelt und auch der Zweck der Vorschrift, das betriebsverfassungswidrige Verhalten des AG zu sanktionieren, keine Unverzichtbarkeit verlangt.[42]

13 In einem **Gemeinschaftsbetrieb** haften die Träger-UN gesamtschuldnerisch für den Nachteilsausgleich, da sie das betriebsverfassungswidrige Verhalten gleichermaßen zu vertreten haben (s. § 112 Rn. 3, 4).[43]

---

39 BAG 20. 6. 78, AP Nr. 3 zu § 113 BetrVG 1972.
40 BAG 3. 8. 82, AP Nr. 5 zu § 113 BetrVG 1972.
41 BAG, DB 84, 724.
42 BAG, DB 04, 658.
43 DKKW-Däubler, Rn. 26; vgl. auch BAG, NZA 03, 676.

Fünfter Teil:
Besondere Vorschriften
für einzelne Betriebsarten

Seeschifffahrt

§ 114 Grundsätze

(1) Auf Seeschifffahrtsunternehmen und ihre Betriebe ist dieses Gesetz anzuwenden, soweit sich aus den Vorschriften dieses Abschnitts nichts anderes ergibt.

(2) Seeschifffahrtsunternehmen im Sinne dieses Gesetzes ist ein Unternehmen, das Handelsschifffahrt betreibt und seinen Sitz im Geltungsbereich dieses Gesetzes hat. Ein Seeschifffahrtsunternehmen im Sinne dieses Abschnitts betreibt auch, wer als Korrespondenzreeder, Vertragsreeder, Ausrüster oder aufgrund eines ähnlichen Rechtsverhältnisses Schiffe zum Erwerb durch die Seeschifffahrt verwendet, wenn er Arbeitgeber des Kapitäns und der Besatzungsmitglieder ist oder überwiegend die Befugnisse des Arbeitgebers ausübt.

(3) Als Seebetrieb im Sinne dieses Gesetzes gilt die Gesamtheit der Schiffe eines Seeschifffahrtsunternehmens einschließlich der in Absatz 2 Satz 2 genannten Schiffe.

(4) Schiffe im Sinne dieses Gesetzes sind Kauffahrteischiffe, die nach dem Flaggenrechtsgesetz die Bundesflagge führen. Schiffe, die in der Regel binnen 24 Stunden nach dem Auslaufen an den Sitz eines Landbetriebs zurückkehren, gelten als Teil dieses Landbetriebs des Seeschifffahrtsunternehmens.

(5) Jugend- und Auszubildendenvertretungen werden nur für die Landbetriebe von Seeschifffahrtsunternehmen gebildet.

(6) Besatzungsmitglieder im Sinne dieses Gesetzes sind die in einem Heuer- oder Berufsausbildungsverhältnis zu einem Seeschifffahrtsunternehmen stehenden im Seebetrieb beschäftigten Personen mit Ausnahme des Kapitäns. Leitende Angestellte im Sinne des § 5 Abs. 3 dieses Gesetzes sind nur die Kapitäne.

§ 115 Bordvertretung

(1) Auf Schiffen, die mit in der Regel mindestens fünf wahlberechtigten Besatzungsmitgliedern besetzt sind, von denen drei wählbar sind, wird eine Bordvertretung gewählt. Auf die Bordvertretung finden, soweit sich aus diesem Gesetz oder aus anderen gesetzlichen Vorschriften nicht etwas anderes ergibt, die Vorschriften über die Rechte und Pflichten des Betriebsrats und die Rechtsstellung seiner Mitglieder Anwendung.

(2) Die Vorschriften über die Wahl und Zusammensetzung des Betriebsrats finden mit folgender Maßgabe Anwendung:

1. Wahlberechtigt sind alle Besatzungsmitglieder des Schiffes.

2. Wählbar sind die Besatzungsmitglieder des Schiffes, die am Wahltag das 18. Lebensjahr vollendet haben und ein Jahr Besatzungsmitglied eines Schiffes waren, das nach dem Flaggenrechtsgesetz die Bundesflagge führt. § 8 Abs. 1 Satz 3 bleibt unberührt.

3. Die Bordvertretung besteht auf Schiffen mit in der Regel

   5 bis 20 wahlberechtigten Besatzungsmitgliedern aus
   einer Person,

   21 bis 75 wahlberechtigten Besatzungsmitgliedern
   aus drei Mitgliedern,

   über 75 wahlberechtigten Besatzungsmitgliedern
   aus fünf Mitgliedern.

4. (aufgehoben)

5. § 13 Abs. 1 und 3 findet keine Anwendung. Die Bordvertretung ist vor Ablauf ihrer Amtszeit unter den in § 13 Abs. 2 Nr. 2 bis 5 genannten Voraussetzungen neu zu wählen.

6. Die wahlberechtigten Besatzungsmitglieder können mit der Mehrheit aller Stimmen beschließen, die Wahl der Bordvertretung binnen 24 Stunden durchzuführen.

7. Die in § 16 Abs. 1 Satz 1 genannte Frist wird auf zwei Wochen, die in § 16 Abs. 2 Satz 1 genannte Frist wird auf eine Woche verkürzt.

8. Bestellt die im Amt befindliche Bordvertretung nicht rechtzeitig einen Wahlvorstand oder besteht keine Bordvertretung, wird der Wahlvorstand in einer Bordversammlung von der Mehrheit der anwesenden Besatzungsmitglieder gewählt; § 17 Abs. 3 gilt entsprechend. Kann aus Gründen der Aufrechterhaltung des ordnungsgemäßen Schiffsbetriebs eine Bordversammlung nicht stattfinden, so kann der Kapitän auf Antrag von drei Wahlberechtigten den Wahlvorstand bestellen. Bestellt der Kapitän den Wahlvorstand nicht, so

ist der Seebetriebsrat berechtigt, den Wahlvorstand zu bestellen. Die Vorschriften über die Bestellung des Wahlvorstands durch das Arbeitsgericht bleiben unberührt.

9. Die Frist für die Wahlanfechtung beginnt für Besatzungsmitglieder an Bord, wenn das Schiff nach Bekanntgabe des Wahlergebnisses erstmalig einen Hafen im Geltungsbereich dieses Gesetzes oder einen Hafen, in dem ein Seemannsamt seinen Sitz hat, anläuft. Die Wahlanfechtung kann auch zu Protokoll des Seemannsamtes erklärt werden. Wird die Wahl zur Bordvertretung angefochten, zieht das Seemannsamt die an Bord befindlichen Wahlunterlagen ein. Die Anfechtungserklärung und die eingezogenen Wahlunterlagen sind vom Seemannsamt unverzüglich an das für die Anfechtung zuständige Arbeitsgericht weiterzuleiten.

(3) Auf die Amtszeit der Bordvertretung finden die §§ 21, 22 bis 25 mit der Maßgabe Anwendung, dass

1. die Amtszeit ein Jahr beträgt,

2. die Mitgliedschaft in der Bordvertretung auch endet, wenn das Besatzungsmitglied den Dienst an Bord beendet, es sei denn, dass es den Dienst an Bord vor Ablauf der Amtszeit nach Nummer 1 wieder antritt.

(4) Für die Geschäftsführung der Bordvertretung gelten die §§ 26 bis 36, § 37 Abs. 1 bis 3 sowie die §§ 39 bis 41 entsprechend. § 40 Abs. 2 ist mit der Maßgabe anzuwenden, dass die Bordvertretung in dem für ihre Tätigkeit erforderlichen Umfang auch die für die Verbindung des Schiffes zur Reederei eingerichteten Mittel zur beschleunigten Übermittlung von Nachrichten in Anspruch nehmen kann.

(5) Die §§ 42 bis 46 über die Betriebsversammlung finden für die Versammlung der Besatzungsmitglieder eines Schiffes (Bordversammlung) entsprechende Anwendung. Auf Verlangen der Bordvertretung hat der Kapitän der Bordversammlung einen Bericht über die Schiffsreise und die damit zusammenhängenden Angelegenheiten zu erstatten. Er hat Fragen, die den Schiffsbetrieb, die Schiffsreise und die Schiffssicherheit betreffen, zu beantworten.

(6) Die §§ 47 bis 59 über den Gesamtbetriebsrat und den Konzernbetriebsrat finden für die Bordvertretung keine Anwendung.

(7) Die §§ 74 bis 105 über die Mitwirkung und Mitbestimmung der Arbeitnehmer finden auf die Bordvertretung mit folgender Maßgabe Anwendung:

1. Die Bordvertretung ist zuständig für die Behandlung derjenigen nach diesem Gesetz der Mitwirkung und Mitbestim-

mung des Betriebsrats unterliegenden Angelegenheiten, die den Bordbetrieb oder die Besatzungsmitglieder des Schiffes betreffen und deren Regelung dem Kapitän aufgrund gesetzlicher Vorschriften oder der ihm von der Reederei übertragenen Befugnisse obliegt.

2. Kommt es zwischen Kapitän und Bordvertretung in einer der Mitwirkung oder Mitbestimmung der Bordvertretung unterliegenden Angelegenheit nicht zu einer Einigung, so kann die Angelegenheit von der Bordvertretung an den Seebetriebsrat abgegeben werden. Der Seebetriebsrat hat die Bordvertretung über die weitere Behandlung der Angelegenheit zu unterrichten. Bordvertretung und Kapitän dürfen die Einigungsstelle oder das Arbeitsgericht nur anrufen, wenn ein Seebetriebsrat nicht gewählt ist.

3. Bordvertretung und Kapitän können im Rahmen ihrer Zuständigkeiten Bordvereinbarungen abschließen. Die Vorschriften über Betriebsvereinbarungen gelten für Bordvereinbarungen entsprechend. Bordvereinbarungen sind unzulässig, soweit eine Angelegenheit durch eine Betriebsvereinbarung zwischen Seebetriebsrat und Arbeitgeber geregelt ist.

4. In Angelegenheiten, die der Mitbestimmung der Bordvertretung unterliegen, kann der Kapitän, auch wenn eine Einigung mit der Bordvertretung noch nicht erzielt ist, vorläufige Regelungen treffen, wenn dies zur Aufrechterhaltung des ordnungsgemäßen Schiffsbetriebs dringend erforderlich ist. Den von der Anordnung betroffenen Besatzungsmitgliedern ist die Vorläufigkeit der Regelung bekannt zu geben. Soweit die vorläufige Regelung der endgültigen Regelung nicht entspricht, hat das Schifffahrtsunternehmen Nachteile auszugleichen, die den Besatzungsmitgliedern durch die vorläufige Regelung entstanden sind.

5. Die Bordvertretung hat das Recht auf regelmäßige und umfassende Unterrichtung über den Schiffsbetrieb. Die erforderlichen Unterlagen sind der Bordvertretung vorzulegen. Zum Schiffsbetrieb gehören insbesondere die Schiffssicherheit, die Reiserouten, die voraussichtlichen Ankunfts- und Abfahrtszeiten sowie die zu befördernde Ladung.

6. Auf Verlangen der Bordvertretung hat der Kapitän ihr Einsicht in die an Bord befindlichen Schiffstagebücher zu gewähren. In den Fällen, in denen der Kapitän eine Eintragung über Angelegenheiten macht, die der Mitwirkung oder Mitbestimmung der Bordvertretung unterliegen, kann diese eine Abschrift der Eintragung verlangen und Erklärungen zum Schiffstagebuch abgeben. In den Fällen, in denen über eine

der Mitwirkung oder Mitbestimmung der Bordvertretung unterliegende Angelegenheit eine Einigung zwischen Kapitän und Bordvertretung nicht erzielt wird, kann die Bordvertretung dies zum Schiffstagebuch erklären und eine Abschrift dieser Eintragung verlangen.

7. Die Zuständigkeit der Bordvertretung im Rahmen des Arbeitsschutzes bezieht sich auch auf die Schiffssicherheit und die Zusammenarbeit mit den insoweit zuständigen Behörden und sonstigen in Betracht kommenden Stellen.

§ 116 Seebetriebsrat

(1) In Seebetrieben werden Seebetriebsräte gewählt. Auf die Seebetriebsräte finden, soweit sich aus diesem Gesetz oder aus anderen gesetzlichen Vorschriften nicht etwas anderes ergibt, die Vorschriften über die Rechte und Pflichten des Betriebsrats und die Rechtsstellung seiner Mitglieder Anwendung.

(2) Die Vorschriften über die Wahl, Zusammensetzung und Amtszeit des Betriebsrats finden mit folgender Maßgabe Anwendung:

1. Wahlberechtigt zum Seebetriebsrat sind alle zum Seeschifffahrtsunternehmen gehörenden Besatzungsmitglieder.

2. Für die Wählbarkeit zum Seebetriebsrat gilt § 8 mit der Maßgabe, dass

   a) in Seeschifffahrtsunternehmen, zu denen mehr als acht Schiffe gehören oder in denen in der Regel mehr als 250 Besatzungsmitglieder beschäftigt sind, nur nach § 115 Abs. 2 Nr. 2 wählbare Besatzungsmitglieder wählbar sind;

   b) in den Fällen, in denen die Voraussetzungen des Buchstabens a nicht vorliegen, nur Arbeitnehmer wählbar sind, die nach § 8 die Wählbarkeit im Landbetrieb des Seeschifffahrtsunternehmens besitzen, es sei denn, dass der Arbeitgeber mit der Wahl von Besatzungsmitgliedern einverstanden ist.

3. Der Seebetriebsrat besteht in Seebetrieben mit in der Regel

   5 bis 400 wahlberechtigten Besatzungsmitgliedern aus
   einer Person,

   401 bis 800 wahlberechtigten Besatzungsmitgliedern aus
   drei Mitgliedern,

   über 800 wahlberechtigten Besatzungsmitgliedern aus
   fünf Mitgliedern.

4. Ein Wahlvorschlag ist gültig, wenn er im Falle des § 14 Abs. 4

Satz 1 erster Halbsatz und Satz 2 mindestens von drei wahlberechtigten Besatzungsmitgliedern unterschrieben ist.

5. § 14a findet keine Anwendung.

6. Die in § 16 Abs. 1 Satz 1 genannte Frist wird auf drei Monate,
   die in § 16 Abs. 2 Satz 1 genannte Frist auf zwei Monate
   verlängert.

7. Zu Mitgliedern des Wahlvorstands können auch im Landbetrieb des Seeschifffahrtsunternehmens beschäftigte Arbeitnehmer bestellt werden. § 17 Abs. 2 bis 4 findet keine
   Anwendung. Besteht kein Seebetriebsrat, so bestellt der Gesamtbetriebsrat oder, falls ein solcher nicht besteht, der
   Konzernbetriebsrat den Wahlvorstand. Besteht weder ein
   Gesamtbetriebsrat noch ein Konzernbetriebsrat, wird der
   Wahlvorstand gemeinsam vom Arbeitgeber und den im Seebetrieb vertretenen Gewerkschaften bestellt; Gleiches gilt,
   wenn der Gesamtbetriebsrat oder Konzernbetriebsrat die
   Bestellung des Wahlvorstands nach Satz 3 unterlässt. Einigen
   sich Arbeitgeber und Gewerkschaften nicht, so bestellt ihn
   das Arbeitsgericht auf Antrag des Arbeitgebers, einer im
   Seebetrieb vertretenen Gewerkschaft oder von mindestens
   drei wahlberechtigten Besatzungsmitgliedern. § 16 Abs. 2
   Satz 2 und 3 gilt entsprechend.

8. Die Frist für die Wahlanfechtung nach § 19 Abs. 2 beginnt für
   Besatzungsmitglieder an Bord, wenn das Schiff nach Bekanntgabe des Wahlergebnisses erstmalig einen Hafen im
   Geltungsbereich dieses Gesetzes oder einen Hafen, in dem
   ein Seemannsamt seinen Sitz hat, anläuft. Nach Ablauf von
   drei Monaten seit Bekanntgabe des Wahlergebnisses ist eine
   Wahlanfechtung unzulässig. Die Wahlanfechtung kann auch
   zu Protokoll des Seemannsamtes erklärt werden. Die Anfechtungserklärung ist vom Seemannsamt unverzüglich an
   das für die Anfechtung zuständige Arbeitsgericht weiterzuleiten.

9. Die Mitgliedschaft im Seebetriebsrat endet, wenn der Seebetriebsrat aus Besatzungsmitgliedern besteht, auch, wenn
   das Mitglied des Seebetriebsrats nicht mehr Besatzungsmitglied ist. Die Eigenschaft als Besatzungsmitglied wird durch
   die Tätigkeit im Seebetriebsrat oder durch eine Beschäftigung gemäß Absatz 3 Nr. 2 nicht berührt.

(3) Die §§ 26 bis 41 über die Geschäftsführung des Betriebsrats
finden auf den Seebetriebsrat mit folgender Maßgabe Anwendung:

1. In Angelegenheiten, in denen der Seebetriebsrat nach diesem
   Gesetz innerhalb einer bestimmten Frist Stellung zu nehmen

hat, kann er, abweichend von § 33 Abs. 2, ohne Rücksicht auf die Zahl der zur Sitzung erschienenen Mitglieder einen Beschluss fassen, wenn die Mitglieder ordnungsgemäß geladen worden sind.

2. Soweit die Mitglieder des Seebetriebsrats nicht freizustellen sind, sind sie so zu beschäftigen, dass sie durch ihre Tätigkeit nicht gehindert sind, die Aufgaben des Seebetriebsrats wahrzunehmen. Der Arbeitsplatz soll den Fähigkeiten und Kenntnissen des Mitglieds des Seebetriebsrats und seiner bisherigen beruflichen Stellung entsprechen. Der Arbeitsplatz ist im Einvernehmen mit dem Seebetriebsrat zu bestimmen. Kommt eine Einigung über die Bestimmung des Arbeitsplatzes nicht zustande, so entscheidet die Einigungsstelle. Der Spruch der Einigungsstelle ersetzt die Einigung zwischen Arbeitgeber und Seebetriebsrat.

3. Den Mitgliedern des Seebetriebsrats, die Besatzungsmitglieder sind, ist die Heuer auch dann fortzuzahlen, wenn sie im Landbetrieb beschäftigt werden. Sachbezüge sind angemessen abzugelten. Ist der neue Arbeitsplatz höherwertig, so ist das diesem Arbeitsplatz entsprechende Arbeitsentgelt zu zahlen.

4. Unter Berücksichtigung der örtlichen Verhältnisse ist über die Unterkunft der in den Seebetriebsrat gewählten Besatzungsmitglieder eine Regelung zwischen dem Seebetriebsrat und dem Arbeitgeber zu treffen, wenn der Arbeitsplatz sich nicht am Wohnort befindet. Kommt eine Einigung nicht zustande, so entscheidet die Einigungsstelle. Der Spruch der Einigungsstelle ersetzt die Einigung zwischen Arbeitgeber und Seebetriebsrat.

5. Der Seebetriebsrat hat das Recht, jedes zum Seebetrieb gehörende Schiff zu betreten, dort im Rahmen seiner Aufgaben tätig zu werden sowie an den Sitzungen der Bordvertretung teilzunehmen. § 115 Abs. 7 Nr. 5 Satz 1 gilt entsprechend.

6. Liegt ein Schiff in einem Hafen innerhalb des Geltungsbereichs dieses Gesetzes, so kann der Seebetriebsrat nach Unterrichtung des Kapitäns Sprechstunden an Bord abhalten und Bordversammlungen der Besatzungsmitglieder durchführen.

7. Läuft ein Schiff innerhalb eines Kalenderjahres keinen Hafen im Geltungsbereich dieses Gesetzes an, so gelten die Nummern 5 und 6 für europäische Häfen. Die Schleusen des Nordostseekanals gelten nicht als Häfen.

8. Im Einvernehmen mit dem Arbeitgeber können Sprechstun-

den und Bordversammlungen, abweichend von den Nummern 6 und 7, auch in anderen Liegehäfen des Schiffes durchgeführt werden, wenn ein dringendes Bedürfnis hierfür besteht. Kommt eine Einigung nicht zustande, so entscheidet die Einigungsstelle. Der Spruch der Einigungsstelle ersetzt die Einigung zwischen Arbeitgeber und Seebetriebsrat.

(4) Die §§ 42 bis 46 über die Betriebsversammlung finden auf den Seebetrieb keine Anwendung.

(5) Für den Seebetrieb nimmt der Seebetriebsrat die in den §§ 47 bis 59 dem Betriebsrat übertragenen Aufgaben, Befugnisse und Pflichten wahr.

(6) Die §§ 74 bis 113 über die Mitwirkung und Mitbestimmung der Arbeitnehmer finden auf den Seebetriebsrat mit folgender Maßgabe Anwendung:

1. Der Seebetriebsrat ist zuständig für die Behandlung derjenigen nach diesem Gesetz der Mitwirkung oder Mitbestimmung des Betriebsrats unterliegenden Angelegenheiten,

    a) die alle oder mehrere Schiffe des Seebetriebs oder die Besatzungsmitglieder aller oder mehrerer Schiffe des Seebetriebs betreffen,

    b) die nach § 115 Abs. 7 Nr. 2 von der Bordvertretung abgegeben worden sind oder

    c) für die nicht die Zuständigkeit der Bordvertretung nach § 115 Abs. 7 Nr. 1 gegeben ist.

2. Der Seebetriebsrat ist regelmäßig und umfassend über den Schiffsbetrieb des Seeschifffahrtsunternehmens zu unterrichten. Die erforderlichen Unterlagen sind ihm vorzulegen.

Zweiter Abschnitt:
Luftfahrt

§ 117 Geltung für die Luftfahrt

(1) Auf Landbetriebe von Luftfahrtunternehmen ist dieses Gesetz anzuwenden.

(2) Für im Flugbetrieb beschäftigte Arbeitnehmer von Luftfahrtunternehmen kann durch Tarifvertrag eine Vertretung errichtet werden. Über die Zusammenarbeit dieser Vertretung mit den nach diesem Gesetz zu errichtenden Vertretungen der Arbeitnehmer der Landbetriebe des Luftfahrtunternehmens kann der Tarifvertrag von diesem Gesetz abweichende Regelungen vorsehen.

Dritter Abschnitt:

Tendenzbetriebe und Religionsgemeinschaften

§ 118 Geltung für Tendenzbetriebe und Religionsgemeinschaften

(1) Auf Unternehmen und Betriebe, die unmittelbar und überwiegend

1. politischen, koalitionspolitischen, konfessionellen, karitativen, erzieherischen, wissenschaftlichen oder künstlerischen Bestimmungen oder

2. Zwecken der Berichterstattung oder Meinungsäußerung, auf die Artikel 5 Abs. 1 Satz 2 des Grundgesetzes Anwendung findet,

dienen, finden die Vorschriften dieses Gesetzes keine Anwendung, soweit die Eigenart des Unternehmens oder des Betriebs dem entgegensteht. Die §§ 106 bis 110 sind nicht, die §§ 111 bis 113 nur insoweit anzuwenden, als sie den Ausgleich oder die Milderung wirtschaftlicher Nachteile für die Arbeitnehmer infolge von Betriebsänderungen regeln.

(2) Dieses Gesetz findet keine Anwendung auf Religionsgemeinschaften und ihre karitativen und erzieherischen Einrichtungen unbeschadet deren Rechtsform.

1. Tendenzunternehmen und -betriebe

a) »unmittelbar und überwiegend«

Das BetrVG gilt grundsätzlich auch für sog. Tendenzbetriebe/UN. Die   **1**

Voraussetzung ist sowohl für den jeweiligen Betrieb des UN als auch für das Gesamt-UN zu prüfen. Die **Tendenzbestimmung** tritt nur für die UN/Betriebe ein, die **unmittelbar und überwiegend** einer oder mehreren der in Nrn. 1 und 2 genannten Zielsetzungen dienen.[1] **Beide Kriterien** müssen erfüllt werden. Nach der Rspr. des BAG ist es weder tendenzschädlich, wenn ein UN mehreren in Abs. 1 genannten Bestimmungen dient, noch kommt es auf die Motivation des UN und darauf an, ob der UN das UN lediglich betreibt, um Gewinne zu erzielen;[2] ausschlaggebend ist die Art des UN. Entgegen der Ansicht des BAG ist jedoch davon auszugehen, dass jedenfalls bei vorherrschendem Gewinnstreben von einer geistig-ideellen Zielrichtung nicht mehr gesprochen werden kann.[3] Der AG kann auf den Tendenzschutz verzichten, da es bei der Einschränkung der Beteiligungsbefugnisse des BR nicht um unverzichtbare Grundrechtspositionen geht; das gilt jedenfalls bei karitativer und erzieherischer Zwecksetzung.[4]

2   **Unmittelbar** bedeutet, dass der UN-Zweck selbst auf die Tendenz ausgerichtet sein muss. Demnach reicht es nicht aus, wenn der UN-Zweck nach seiner wirtschaftlichen Tätigkeit lediglich geeignet ist, den eigentlichen Tendenzbetrieb/-UN zu unterstützen. Reine **Lohndruckereien**, die als rechtlich selbstständige Betriebe für Tendenz-UN Lohnaufträge durchführen, oder rechtlich selbstständige **Verlagsdruckereien** fallen daher selbst dann nicht unter die Tendenzbestimmung, wenn ihre Kapazitäten zu über 90 v. H. oder gar ausschließlich vom Verlag in Anspruch genommen werden und Personenidentität hinsichtlich der Organmitglieder und Gesellschafter gegeben ist.[5] Auch UN, die Tätigkeiten im **Staatsauftrag** ausführen, wie auswärtige Kulturpolitik und Öffentlichkeitsarbeit, sind grundsätzlich keine Tendenz-UN.[6]

3   »**Mischbetriebe**« (z. B. wenn Verlag und Druckerei ein einheitliches UN/Betrieb bilden) fallen nur dann unter die Tendenzbestimmung, wenn die tendenzbezogenen Tätigkeiten **quantitativ überwiegen**.[7] Deshalb müssen auch die technischen Abteilungen des Betriebs **überwiegend** den Tendenzzwecken dienen und dürfen nicht etwa überwiegend mit anderen Druckaufträgen ausgelastet sein, es sei denn, der Verlag hätte hinsichtlich der AN-Zahl ein Übergewicht.[8]

---

1   Zum Tendenzschutz nach § 118 s. auch Scheriau, AiB 12, 579 und 652 sowie AiB 13, 35.
2   BAG, DB 76, 151; 76, 297.
3   DKKW-Wedde, Rn. 22 f.
4   BAG, AiB 02, 189.
5   BAG, DB 76, 151; 81, 2624.
6   Vgl. BAG, NZA 99, 277.
7   BAG, DB 90, 794; vgl. auch BAG, DB 76, 151, 584; vgl. auch NZA 94, 329.
8   BAG a. a. O.

b) Politische Bestimmungen

Unter dem Begriff »**politisch**« sind grundsätzlich parteipolitische, **4**
nicht dagegen auch allgemeinpolitische Zielsetzungen zu verstehen
(z. B. der Verwaltungsapparat einer politischen Partei), da dies zu einer
Ausuferung des Begriffs führen würde. Unter die Bestimmung fallen
daher insbesondere politische Parteien und die von ihnen getragenen
politischen Stiftungen[9] ebenso wie die Fraktionen des Bundestages,[10]
nicht aber wirtschaftspolitische oder sozialpolitische Vereinigungen.[11]
Koalitionspolitischen Bestimmungen dienen sowohl die Gew. als
auch die AG-Verbände. Rechtlich selbständige Wirtschafts-UN der
Gew. und AG-Verbände und Einrichtungen der TV-Parteien fallen
nicht unter § 118, wohl aber (eigene) Bildungseinrichtungen, sofern sie
der Weiterbildung und Schulung von Gew.-Mitgl. zur Förderung und
Stärkung ihrer gewerkschaftlichen Tätigkeit dienen,[12] sowie Forschungsinstitute der Verbände. Unter **konfessionelle** Einrichtungen
fallen z. B. Betriebe der Inneren Mission oder der Caritas, nicht jedoch
private Krankenanstalten und Sanatorien, die im Wesentlichen der
Gewinnerzielung dienen.[13]

c) Karitative Bestimmungen

Karitativen Bestimmungen dient ein UN, wenn es den sozialen **5**
Dienst an körperlich oder seelisch leidenden Menschen zum Ziel hat,
auf Heilung oder Milderung innerer oder äußerer Nöte des Einzelnen
oder auf deren vorbeugende Abwehr gerichtet ist, die Tätigkeit ohne
Gewinnerzielungsabsicht erfolgt und der UN nicht ohnehin von Gesetzes wegen zu derartigen Hilfeleistungen verpflichtet ist.[14] Das UN
muss den karitativen Bestimmungen unmittelbar dienen. Das ist nur
dann der Fall, wenn die Hilfe von dem UN gegenüber körperlich,
geistig oder seelisch leidenden Menschen direkt erbracht, also der
Tendenzzweck in dem UN oder Betrieb selbst verwirklicht wird.
Daher bedarf eine karitative Zielsetzung eines UN einer in konkreten
Handlungen erkennbaren Umsetzung des Prinzips der Nächstenliebe
gegenüber den Hilfsbedürftigen selbst. [15]Karitativen Bestimmungen
dienen demnach unter bestimmten Voraussetzungen Werkstätten für
Behinderte[16] bzw. Berufsförderungswerke zur beruflichen Rehabilita-

---

9   BAG, NZA 04, 501.
10 ArbG Bonn, NZA 88, 133.
11 A. A. BAG, NZA 99, 217.
12 BAG, NZA 90, 903.
13 Vgl. zur Gewinnerzielung auch BayrObLG, AiB 96, 494.
14 BAG 12. 11. 02 – 1 ABR 60/01, brwo; BAG 14. 9. 10 – 1 ABR 29/09, brwo.
15 Verpflichtung zur Bildung eines Wirtschaftsausschusses bejaht BAG 22. 5. 12 – 1
    ABR 7/11, brwo.
16 BAG, DB 81, 2623; zur Unwirksamkeit der Bildung eines Wirtschaftsausschusses
    LAG Düsseldorf 29. 8. 12 – 7 TaBV 4/12, juris, n. rk BAG 1 ABR 93/12.

tion Behinderter, sofern der Zweck nicht auf Gewinnerzielung ausgerichtet ist,[17] die Arbeiterwohlfahrt,[18] die Rettungsstellen der Johan-
niter.[19] Auch ein gemeinnütziger Verein, der den Zweck verfolgt,
Maßnahmen und Einrichtungen bereitzustellen und zu fördern, die
der Hilfe behinderter und von Behinderung bedrohter Menschen und
deren Angehörigen, der Jugend- und Altenhilfe sowie dem Wohl-
fahrtswesen dienen, verfolgt karitative Zwecke.[20] Ebenso können
Krankenhäuser, die in privater Rechtsform betrieben werden, karitativen Bestimmungen dienen, sofern der Zweck des UN nicht darauf
ausgerichtet ist, Gewinn zu erzielen.[21] Kostendeckende Einnahmen,
z. B. durch Zuschüsse von Sozialversicherungsträgern, werden als zulässig und als unschädlich angesehen.[22] Ein in privatrechtlicher Rechtsform betriebenes Krankenhaus kann auch dann eine karitative Einrichtung sein, wenn die Anteile nur von Gebietskörperschaften gehalten
werden, die zur Sicherung der Versorgung der Bevölkerung mit
leistungsfähigen Krankenhäusern gesetzlich verpflichtet sind.[23]
Der DRK-Blutspendedienst ist kein Tendenz-UN i. S. dieser Vorschrift, das unmittelbar und überwiegend karitativen Bestimmungen
dient.[24]

d) Erzieherische Bestimmungen

6 Ein UN verfolgt eine **erzieherische** Tendenz, wenn durch planmäßige und methodische Unterweisung in einer Mehrzahl allgemein- oder
berufsbildender Fächer die Persönlichkeit von Menschen geformt
werden soll. Dagegen genügt es nicht, wenn die Tätigkeit des UN
lediglich auf die Vermittlung gewisser Kenntnisse und Fertigkeiten
gerichtet ist. Unerheblich ist dagegen, ob die erzieherische Tätigkeit
gegenüber Kindern und Jugendlichen oder gegenüber Erwachsenen
ausgeübt wird.[25] Danach dienen erzieherischen Bestimmungen, soweit
das Erwerbsstreben nicht im Vordergrund steht, z. B. Kindertagesstät-
ten,[26] Privatschulen,[27] Internate, Fernlehrinstitute, Berufsbildungs-

17 BAG 31. 1. 95 – 1 ABR 35/94, brwo.
18 LAG Hamm 10. 8. 07 – 13 TaBV 26/07.
19 LAG Berlin-Brandenburg 8. 7. 10 – 26 TaBV 843/10, brwo.
20 BAG 14. 5. 13 – 1 ABR 10/12, brwo.
21 BAG 24. 5. 95 – 7 ABR 48/94, brwo; vgl. auch BAG, NZA 96, 1056; vgl. ferner
BayrObLG, AiB 96, 494.
22 BAG, DB 81, 2623; 89, 536, 1295; 12. 11. 91 – 1 ABR 4/91; a. A. Kohte in
Anm. zu AP Nr. 37 zu § 118 BetrVG 1972, der zutreffend nur solche Organisationen als karitativ i. S. dieser Bestimmung ansieht, die aus ihrem Vermögen
freiwillige Zuwendungen an Hilfsbedürftige erbringen.
23 BAG, NZA 96, 444 = PersR 96, 79 m. Anm. v. Trümner.
24 BAG 22. 5. 12 – 1 ABR 7/11, brwo.
25 BAG 31. 1. 95 – 1 ABR 35/94, brwo.
26 Sächsisches LAG 13. 7. 07 – 3 TaBV 35/06, brwo.
27 BAG 13. 1. 87, AP Nr. 33 zu § 118 BetrVG 1972; BAG, NZA 88, 507.

werke,[28] aber nicht Autofahrschulen, Volkshochschulen, Musikschulen oder Sprachschulen.[29]

e) Wissenschaftliche Bestimmungen

Wissenschaftlichen Zwecken dienen z. B. Bibliotheken, wissenschaftliche Buch- und Zeitschriftenverlage (soweit sie nicht unter Nr. 2 einzuordnen sind) sowie Forschungsinstitute,[30] aber nicht Rechenzentren für wissenschaftliche Datenverarbeitung[31] und zoologische Gärten.[32]   **7**

f) Künstlerische Bestimmungen

Künstlerischen Bestimmungen dienen z. B. Theater,[33] Filmherstellungsbetriebe, Kleinkunstbühnen, Konzertagenturen und Kabaretts,[34] Musikverlage, Orchestervereinigungen, aber nicht Buchhandlungen, Lichtspieltheater, Revuen, Zirkusunternehmen und der Betrieb von Tanz- und Unterhaltungsstätten,[35] Schallplattenbetriebe oder Verwertungsgesellschaften wie die GEMA.[36]

g) Berichterstattung oder Meinungsäußerung

Zwecken der **Berichterstattung oder Meinungsäußerung** können grundsätzlich z. B. Zeitungsverlage, Zeitschriftenverlage, Buchverlage, Rundfunk und Fernsehen, soweit sie privatrechtlich organisiert sind,[37] aber nicht Lohndruckereien und rechtlich selbstständige Verlagsdruckereien (vgl. Rn. 2) dienen. Nach abzulehnender Ansicht des LAG Rheinland-Pfalz[38] handelt es sich auch dann um einen Tendenzbetrieb, wenn dieser Berichte und Kommentare für den Lokalteil einer Zeitung erstellt, diese an die Zentralredaktion eines eigenständigen (anderen) Betriebs – der über keine eigenen Lokalredakteure vor Ort verfügt – weiterleitet und erst dieser die Berichte und Kommentare in einer Tageszeitung veröffentlicht. Im verbundenen UN erstreckt sich der Tendenzschutz nicht auf eine abhängiges UN.[39]   **8**

---

28   BAG 14. 4. 88, AP Nr. 36 zu § 118 BetrVG 1972.
29   BAG, AiB 81, 96.
30   BAG v. 10. 4. 84, AP Nr. 3 zu § 81 ArbGG 1979; NZA 89, 857; 90, 575.
31   BAG, NZA 91, 513.
32   BAG, NZA 90, 402.
33   BAG, DB 87, 847; offengelassen für ein Musicaltheater BAG 14. 12. 10 – 1 ABR 93/09, brwo.
34   S. Fitting, Rn. 22.
35   DKKW, Rn. 46.
36   BAG, DB 83, 1875.
37   LAG Hamm, AfP 97, 739; a. A. für die nordrhein-westfälischen Lokalfunkstationen Pahde-Syrbe, AuR 94, 333.
38   27. 3. 07 – 3 TaBV 2/07, brwo.
39   BVerfG, NZA 03, 864 hinsichtlich eines Zustell-UN für Tageszeitungen.

2. Beweislast

9   Im Streitfall trägt der AG die **Beweislast** dafür, ob das UN unter die Tendenzbestimmung fällt und ob wegen des Tendenzcharakters einzelne MBR des BR entfallen oder eingeschränkt sind. Nach der mittlerweile gefestigten Rspr. des BAG kommt eine Einschränkung der Beteiligungsrechte des BR durch § 118 allenfalls dann in Betracht, wenn die nachfolgenden drei **Grundvoraussetzungen** kumulativ vorliegen: Tendenz-UN, Tendenzträger, tendenzbedingte Maßnahme. Selbst wenn diese drei Grundvoraussetzungen vorliegen, bleiben jedoch die **Informations-, Beratungs- und Anhörungsrechte** des BR erhalten.[40] Durch **TV** oder **BV** kann jedoch dem BR ein MBR **in personellen, sozialen und wirtschaftlichen** Angelegenheiten eingeräumt werden.[41]

10   Mit der **Notwendigkeit der Alleinentscheidung** des AG im Tendenz-UN können grundsätzlich nur MBR unvereinbar[42] sein. Für eine etwaige Einschränkung der MBR des BR ist daher bei jeder Fallgestaltung weiter zu unterscheiden, ob sich die MB des BR tendenzschädlich auswirkt und, wenn ja, in welchem Umfang die MB der Eigenart des Tendenz-UN entgegensteht (vgl. ergänzend Rn. 14 ff.).[43] Das Bestehen oder Nichtbestehen der Tendenzeigenschaft eines UN kann vom BR nicht gerichtlich geltend gemacht werden; ein hierauf gerichteter Feststellungsantrag ist unzulässig.[44]

3. Tendenzträger

11   **Tendenzträger** sind diejenigen AN, für deren Tätigkeit die Bestimmungen und Zwecke der in Abs. 1 genannten UN und Betriebe prägend sind. Sie müssen einen maßgeblichen (inhaltlich prägenden) Einfluss auf die Tendenzverwirklichung nehmen können.[45] In **Verlags-UN** sind Tendenzträger Personen, die unmittelbar für die Berichterstattung und/oder Meinungsäußerung tätig sind, d. h. inhaltlich hierauf Einfluss nehmen können, und zwar entweder durch eigene Veröffentlichung oder durch Auswahl und Redigieren der Beiträge anderer. Tendenzträger sind nach der Rspr. des BAG grundsätzlich alle **Redakteure**[46] und **Programmmitarbeiter** (Redakteure) von pri-

---

40   BAG, DB 76, 151; 76, 584; 79, 1609.
41   Vgl. auch BAG, NZA 95, 1059.
42   BAG, DB 76, 151.
43   Ihlefeld, AuR 80, 60.
44   BAG 14. 12. 10 – 1 ABR 93/09, brwo.
45   BAG, AiB 05, 188.
46   BAG, DB 75, 1516; 76, 152, 584, 585; 87, 2656; 88, 67; Anzeigenredakteure sind dann Tendenzträger, wenn sie entweder durch eigene Veröffentlichungen oder die Auswahl und das Redigieren von Beiträgen und Texten Dritter auf die Tendenzverwirklichung eines Verlagsunternehmens unmittelbar inhaltlich Einfluss nehmen: BAG 20. 4. 10 – 1 ABR 78/08, brwo. Zu Recht weitergehend

vaten Rundfunksendern.[47] Die Tendenzbestimmung steht jedoch grundsätzlich der Begründung eines Arbeitsverhältnisses nach § 78a mit einem Redaktionsvolontär nach Beendigung seiner Ausbildung nicht entgegen.[48]

Tendenzträger sind auch **Parteisekretäre** bzw. **Rechts- oder Gew.-**   **12** **Sekretäre**[49] sowie **Solisten, erste Hornisten, erste Oboisten** eines Orchesters,[50] **Lektoren** eines Buchverlages, **Schauspieler** einer Bühne.[51] Bei karitativen UN oder Betrieben sind Tendenzträger regelmäßig nur solche AN, die bei tendenzbezogenen Tätigkeitsinhalten im Wesentlichen frei über die Aufgabenerledigung entscheiden können und bei denen diese Tätigkeiten einen bedeutenden Anteil an ihrer Gesamtarbeitszeit ausmachen,[52] so die **Leiterin eines konfessionellen Kindergartens**,[53] **Gruppenleiter und Betreuer** einer Behindertenwerkstatt,[54] **angestellte Ärzte**, wenn ihnen zusätzliche Forschungsaufgaben übertragen sind,[55] **Lehrer** und **Honorarlehrkräfte** an Privatschulen, sofern diese erzieherischen Bestimmungen dienen,[56] bzw. an konfessionellen oder karitativen Einrichtungen,[57] **Ausbilder**, die bei einem Bildungsträger tätig sind, der in 16 Berufsfeldern die praktische Berufsausbildung für entwicklungsverzögerte Jugendliche und Erwachsene durchführt,[58] **Erzieher** an einer Ersatzschule bzw. Behinderteneinrichtung[59] und **Psychologen** in einer Tagesförderstätte für behinderte Menschen[60] sowie **Psychologen** an einem Berufsförderungswerk für Behinderte.[61]

ArbG Hamburg 10. 4. 96 – 24 BV 5/95, das den Kreis der Tendenzträger auf Redakteure mit eigenem Verantwortungsbereich bzw. auf Ressortleiter beschränkt; s. auch LAG Hamburg 22. 10. 08 – 5 SaGa 5/08, juris, wonach zwar Textredakteure Tendenzträger sind, nicht aber Schlussredakteure, die in Presse-UN Texte auf einheitl. Schreibweise, Stil und formale Richtigkeit überprüfen.

47 BAG, NZA 92, 705; NZA 94, 329.
48 BAG 26. 3. 83, AP Nr. 10 zu § 78 a BetrVG 1972.
49 BAG, DB 80, 547; HessLAG, AuR 97, 259; LAG BaWü, AuR 06, 133 für die Rechtssekretäre des vom DGB in die DGB-Rechtsschutz GmbH ausgegliederten Rechtsschutzes.
50 BAG, DB 76, 248; 83, 830.
51 BAG, DB 87, 847; 82, 705, sofern ihr künstlerischer Gestaltungsspielraum nicht stark eingeschränkt ist.
52 BAG 14. 9. 10 – 1 ABR 29/09, brwo.
53 Vgl. BAG, DB 78, 2175; BB 80, 1102.
54 BAG, DB 84, 1353.
55 BAG, NZA 89, 804.
56 BAG, NZA 90, 903.
57 BAG 13. 1. 87, AP Nr. 33 zu § 118 BetrVG 1972.
58 LAG Hamburg 19. 8. 10 – 7 TaBV 5/09, brwo.
59 BAG 3. 12. 85, AP Nr. 31 zu § 99 BetrVG 1972.
60 BAG 14. 9. 10 – 1 ABR 16/09, brwo.
61 BAG, DB 89, 1295.

13 Nicht Tendenzträger sind dagegen z. B. **Redaktionsvolontäre,**[62] **Redaktionssekretärinnen,**[63] **Verwaltungsangestellte, Korrektoren,**[64] **Drucker,**[65] **Pflegepersonal,**[66] **Krankenschwestern,**[67] **Erzieherinnen** im Behindertenwohnheim,[68] in Wohnheimen eines karitativen UN beschäftigte **pädagogische Mitarbeiter,**[69] bei einem karitativ tätigen Verein als sozialpädagogische Fachkraft beschäftigter und im Rahmen der Schulassistenz tätiger AN,[70] ein im Angestelltenverhältnis beschäftigter **Leitender Vormund,**[71] haupt- oder ehrenamtlich beschäftigte **Rettungssanitäter,**[72] **Gärtnermeister,** die Behinderte zu handwerklichen Arbeiten anleiten,[73] der **Leiter der Kostümabteilung eines Theaters,**[74] **Chefmaskenbildner** und Maskenbildner;[75] **Beleuchtungsmeister.**[76]

4. Einschränkungen der Beteiligungsrechte des Betriebsrats

a) Soziale Angelegenheiten

14 Eine **Einschränkung der MBR des BR** in sozialen **Angelegenheiten** (§§ 87 bis 89) kommt im Allgemeinen nicht in Betracht;[77] dies gilt grundsätzlich auch bei **Arbeitszeitregelungen** für Redakteure[78] sowie für Solotänzer[79] und für die Festlegung der Unterrichtsstunden von Lehrern.[80] Bei **Arbeitszeitregelungen** oder bei der Gestaltung von Dienstplänen für Redakteure kommt allenfalls eine Einschränkung der MBR des BR in Betracht, wenn hierdurch eine **ernsthafte Beeinträchtigung der Aktualität der Berichterstattung** eintreten und dadurch die Tendenzverwirklichung des AG

---

62   Blanke, AiB 81, 59 und 83, 30; a. A. BAG, DB 82, 129; h. M.

63   BAG, DB 76, 152.

64   LAG Hamburg, DB 74, 2406.

65   BAG, DB 74, 1776.

66   BAG, NZA 97, 1297.

67   BAG, DB 91, 2141; NZA 91, 388.

68   LAG Nürnberg, AiB 07, 550.

69   BAG 14. 9. 10 – 1 ABR 29/09, brwo.

70   BAG 14. 5. 13 – 1 ABR 10/12, brwo.

71   LAG Berlin-Brandenburg 26. 11. 10 – 6 TaBV 1159/10, brwo.

72   BAG 12. 11. 02 – 1 ABR 60/01, brwo.

73   BAG 12. 11. 91, a. a. O.

74   BAG, NZA 07, 1121.

75   BAG, NZA 87, 530.

76   LAG Nds. 7. 4. 09 – 11 TaBV 91/08, brwo.

77   BAG 31. 1. 84, AP Nr. 29 zu § 118 BetrVG 1972 bezüglich der betrieblichen Lohngestaltung.

78   BAG, DB 79, 2184; AG Hamm 23. 4. 12 – 10 TaBV 19/12, brwo.

79   BAG, DB 82, 705.

80   BAG, BB 92, 1724.

gefährdet würde.[81] Auch das MBR des BR bei **Fragen der betrieblichen Lohngestaltung** entfällt nicht in Tendenzbetrieben, wenn es um die Lohngestaltung von Tendenzträgern geht.[82]

Ebenso gelten die Beteiligungsrechte des BR nach §§ 80 bis 86, 88 bis **15** 98 auch in Tendenzbetrieben uneingeschränkt, z. B. bei der **Personalplanung**,[83] der **innerbetrieblichen Stellenausschreibung**,[84] dem **Einblicksrecht in die Listen der Bruttolöhne und -gehälter**,[85] der **Gestaltung des Arbeitsplatzes, des Arbeitsablaufs und der Arbeitsumgebung**[86] und den Maßnahmen der **beruflichen Bildung**.[87] Nach abzulehnender Ansicht des BAG[88] ist bei der Auswahl von Redakteuren zur Teilnahme an einer Maßnahme der Berufsbildung nach § 98 Abs. 3 von einer Tendenzbezogenheit der Auswahlentscheidung auszugehen, weshalb der BR nicht gemäß § 98 Abs. 4 mitzubestimmen hat. Sonstige Bildungsmaßnahmen nach § 98 Abs. 6 haben auch nach Ansicht des BAG regelmäßig keinen Bezug zur beruflichen Tätigkeit der AN.[89] Grundsätzlich erstrecken sich die Beteiligungsrechte des BR auch auf die inhaltliche Gestaltung des **Personalfragebogens**, die Aufstellung **allgemeiner Beurteilungsgrundsätze**, die Festlegung der **persönlichen Angaben in schriftlichen Arbeitsverträgen** und die **Aufstellung von Auswahlrichtlinien**. Eine Einschränkung der **MBR** des BR nach diesen Vorschriften kann allenfalls in Ausnahmefällen in Betracht kommen, soweit es sich um tendenzbezogene Fragen bzw. Maßnahmen handelt.[90] Ein solcher Tendenzbezug liegt nach Ansicht des BAG vor bei der Einführung von Ethikregeln, mit denen eine Wirtschaftszeitung von ihren Redakteuren verlangt, keine Aktien solcher UN zu halten, deren Branche Gegenstand der kontinuierlichen Zeitungsberichterstattung ist.[91]

---

81   Vgl. BAG, NZA 90, 603; 92, 705; Plander, AuR 91, 353; Weller, FS für Gnade, 235 ff; verneint für die Einrichtung eines sog. Pieper-Dienstes für Redakteure LAG Hamm 23. 4. 12 – 10 TaBV 19/12, brwo.

82   Vgl. BAG, DB 84, 1353; NZA 90, 575, das aber eine Einschränkung dann für möglich hält, wenn eine Entgeltform gerade die Tendenz fördern soll.

83   Fitting, Rn. 33; vgl. auch BAG, NZA 91, 358.

84   BAG, DB 79, 1609.

85   BAG, DB 79, 2183; 81, 2386.

86   LAG Hamburg 2. 12. 76 – 1 TaBV 5/75.

87   Fitting, Rn. 33; einschränkend Weiss/Weyand, BB 90, 2109; Spruch der ESt. beim Verlag D-GmbH & Co. KG, NZA 90, 681.

88   NZA 06, 1291.

89   BAG a. a. O.

90   Vgl. BAG, NZA 94, 375.

91   BAG, DB 83, 287.

b) Personelle Einzelmaßnahmen

16   Umstritten ist, ob und ggf. inwieweit die Beteiligungsrechte des BR bei **personellen Einzelmaßnahmen** (§§ 99, 102) gegenüber Tendenzträgern eingeschränkt sind, sofern dem BR nicht durch **TV oder BV ein MBR** eingeräumt wurde.[92] Einmütigkeit besteht darüber, dass die Anhörungs-, Unterrichtungs- und Beratungsrechte gemäß §§ 99 Abs. 1 und 102 Abs. 1 in vollem Umfang bestehen[93] und dass keine Einschränkung der Beteiligungsrechte des BR bei **Kündigungen** von Tendenzträgern aus **tendenzfreien Gründen** in Betracht kommt, so dass auch insoweit die Widerspruchsrechte des BR nach § 102 Abs. 3 erhalten bleiben.[94] Der Weiterbeschäftigungsanspruch soll dann unabhängig vom konkreten Kündigungsgrund ausgeschlossen sein, wenn es sich bei dem AG um einen Tendenzbetrieb und bei dem AN um einen Tendenzträger handelt.[95] **Schlechtleistung** ist keine tendenzbezogene Leistungsstörung, die eine Kündigung nach § 15 KSchG rechtfertigt.[96] Die **Kündigung einer** nach § 103 **geschützten Person** bedarf auch dann der Zustimmung des BR, wenn die Kündigung ausschließlich aus tendenzbedingten Gründen erfolgt.[97] Im Gegensatz zu Kündigungen hält das BAG **Einstellungen** und **Versetzungen** immer für **tendenzbedingte Maßnahmen**.[98] Da es sich jedoch bei dem Zustimmungsverweigerungsrecht nach § 99 Abs. 2 und dem Widerspruchsrecht nach § 102 Abs. 3 nicht um MBR, sondern allenfalls um verstärkte Mitwirkungsrechte handelt, bleiben dem BR entgegen der Auffassung des BAG diese Rechte erhalten, da der BR auch durch noch so konsequente Ausschöpfung dieser Rechte die Maßnahme des UN nicht verhindern kann.[99]

17   Dem BR sind **alle Gründe** für die personellen Maßnahmen mitzuteilen, nicht nur die sog. tendenzfreien,[100] und **sämtliche Bewerbungsunterlagen aller Bewerber** vorzulegen.[101] Lehnt der BR die Einstellung eines AN, dessen Status als Tendenzträger str. ist, aus Gründen

---

92   Vgl. auch BAG, NZA 95, 1059; zur Beeinträchtigung der MBR in personellen Angelegenheiten im Tendenzbetr. s. auch Scheriau, AiB 13, 35.

93   BAG, DB 75, 1516; 76, 152, 584, 585; 87, 2656; 88, 67.

94   Vgl. auch LAG Hamm, BB 92, 2507.

95   ArbG Gera 9. 1. 06 – 3 Ga 24/05, juris.

96   BAG, DB 83, 830.

97   LAG Hamm a. a. O.; vgl. auch ArbG Köln 27. 5. 92 – 3 BV 63/92; a. A. BAG, NZA 04, 501: nur Anhörung des BR nach § 102.

98   BAG, DB 76, 152; NZA 94, 239; NZA 06, 1149.

99   Blanke, AiB 81, 61; ArbG Frankfurt 30. 7. 80 – 11 BV 10/80; LAG Düsseldorf, AuR 91, 251; vgl. auch LAG Hamm a. a. O. (II, 2, c, cc der Gründe), wonach die Anwendung des § 103 die Durchsetzung der Tendenz höchstens verzögert, denn auch BR und Gericht müssen die Tendenz berücksichtigen; a. A. BAG, DB 76, 152, 584; 88, 67.

100   BAG, DB 76, 585; BVerfG 6. 11. 79, AP Nr. 14 zu § 118 BetrVG 1972.

101   BAG, DB 81, 2384.

des § 99 Abs. 2 ab, ist der AG nach Auffassung des BAG nicht gezwungen, das Zustimmungsersetzungsverfahren nach § 99 Abs. 4 einzuleiten. Der BR kann jedoch ein gerichtl. Verfahren zur Aufhebung der Maßnahme nach § 101 einleiten.[102] Bei der **Versetzung** eines Tendenzträgers ist der BR vom AG vor der Durchführung der Maßnahme zu unterrichten. Dabei hat der AG deutlich zu machen, dass es sich um eine tendenzbedingte Maßnahme handelt.[103] Unterlässt der AG die vorherige, ausreichende Information des BR nach § 99 Abs. 1, hat das ArbG auf Antrag des BR dem AG aufzugeben, die Versetzung aufzuheben.[104] Bei tariflichen **Ein- bzw. Umgruppierungen** von Tendenzträgern werden die Beteiligungsrechte des BR durch § 118 nicht eingeschränkt.[105]

c) Wirtschaftliche Angelegenheiten

Neben dem relativen Ausschluss von Beteiligungsrechten des BR **18** entfallen zum Teil die Beteiligungsrechte **in wirtschaftlichen Angelegenheiten** nach Abs. 1 Satz 2 absolut, so für die Errichtung und Tätigkeit des WA (§§ 106 bis 110 BetrVG). Diese Vorschrift ist rechtspolitisch verfehlt,[106] weil der WA als Beratungs- und Informationsgremium ohnehin keine Möglichkeit hat, auf die Tendenz Einfluss zu nehmen;[107] sie widerspricht den in anderen Entscheidungen des BAG zum Ausdruck gebrachten Grundsätzen, wonach Informations- und Beratungsrechte des BR auch in Tendenzbetrieben nicht entfallen.[108] Der Gesetzgeber hat die mit dem BetrVerf-ReformG verbundene Chance, hier Änderungen vorzunehmen, jedoch nicht genutzt.

Bei **Betriebsänderungen** ist der BR eines Tendenzbetriebs sowohl **19** bei der Aufstellung eines **Sozialplans** als auch bei der Herbeiführung eines **Interessenausgleichs** zu beteiligen.[109] Auch in Tendenzbetrie-

---

102 BAG, DB 88, 67.

103 Vgl. auch LAG Düsseldorf 14. 11. 90, LAGE § 118 BetrVG 1972 Nr. 15; a. A. BAG, NZA 94, 329, das Versetzungen generell als tendenzbedingte Maßnahmen ansieht.

104 BAG, NZA 88, 99.

105 BAG, DB 84, 995; v. 10. 3. 92, AiB 93, 449.

106 Vgl. DKKW-Wedde, Rn. 65; Weiss/Weyand, AuR 90, 33.

107 Fitting, Rn. 43.

108 Vgl. u. a. BAG, DB 75, 1516; 79, 1609.

109 Vgl. auch LAG Nds., DB 93, 2510 = AiB 94, 504 m. Anm. v. Kraushaar, das die Bildung einer ESt. für den Versuch einer Einigung über den Interessenausgleich für zulässig ansieht; vgl. ferner ArbG Hamburg, AiB 94, 246 m. Anm. v. Müller-Knapp; HessLAG 20. 7. 93 – 4 TaBV 214/92, das das Informationsrecht allerdings aus § 80 Abs. 2 Satz 1 ableitet; vgl. aber auch BAG, AiB 00, 38, das einen Nachteilsausgleich nach § 113 Abs. 3 nur bejaht, wenn der AG den BR nicht rechtzeitig unterrichtet und keine Verhandlungen über den Sozialplan ermöglicht hat und die Anwendung der Abs. 1 und 2 des § 113 für den Fall der Abweichung vom Interessenausgleich offen lässt.

ben hat der BR einen **Unterlassungsanspruch** darauf, dass der AG Maßnahmen zur Durchführung einer Betriebsänderung unterlässt, solange das Verfahren der Unterrichtung und Beratung mit dem BR über die geplante Betriebsänderung nicht durchgeführt worden ist.[110] Bei **Betriebsübernahmen** (§ 613a BGB) gehen auch die Arbeitsverhältnisse der Tendenzträger auf den neuen Betriebsinhaber über.[111]

5. Redaktionsstatute

19a   **Redaktionsstatute** für Zeitungs- bzw. Zeitschriftenverlage sollen die »innere Pressefreiheit« zwischen Verlegern und Redakteuren sichern und der Redaktion über § 118 Abs. 1 Satz 1 hinausgehende Beteiligungsrechte (z. B. in journalistischen Fragen, bei personellen Veränderungen) einräumen. Redaktionsstatute können durch TV nach § 1 Abs. 1 TVG abgeschlossen oder zum Inhalt der Einzelarbeitsverträge gemacht werden; die Zulässigkeit des Abschlusses von BV orientiert sich an § 3 (s. dort Rn. 8). Ein Redaktionsstatut, das MBR eines von den Redakteuren gewählten **Redaktionsrats** in tendenzbezogenen Angelegenheiten vorsieht, verstößt nicht gegen das BetrVG; eine Konkurrenz des nach dem Redaktionsstatut gebildeten Redaktionsrats zu dem nach dem BetrVG gebildeten BR besteht nicht, soweit die Kompetenz des Redaktionsrats nur Maßnahmen betrifft, für die der BR gemäß § 118 kein MBR hat. Ein solches Redaktionsstatut ist nicht aus verfassungsrechtlichen Gründen unwirksam.[112]

6. Religionsgemeinschaften

20   Unter Religionsgemeinschaften fällt **jede Glaubensgemeinschaft** weltanschaulicher Art. Unter Abs. 2 fallen auch die karitativen und erzieherischen Einrichtungen der Religionsgemeinschaften. Voraussetzung ist aber, dass die Religionsgemeinschaft laut Satzung **maßgeblichen Einfluss** auf die Einrichtung ausüben kann.[113] Abzulehnen ist die Ansicht, dass kraft Verfassungsrechts nur das Selbstverständnis maßgebend ist.[114] Es geht um den Schutz realer Religionsausübung, so dass nicht Ursprung, Anspruch oder Motiv, sondern die Wirklichkeit entscheidend ist.[115] Es muss eine institutionelle, tatsächliche Verbindung mit durchsetzbarer Verantwortung zwischen Einrichtung und Kirche bestehen. Eine Behinderten-Tagesstätte fällt nicht unter § 118

---

110   ArbG Hamburg a. a. O.; a. A. ArbG Frankfurt a. M. a. a. O.
111   BAG, DB 76, 152.
112   BAG, BB 01, 1414.
113   BAG, BB 76, 249.
114   So aber BVerfG 11. 10. 77, AP Nr. 1 zu Art. 140 GG.
115   ArbG Hamburg 10. 4. 06 – 21 BV 10/05, juris für eine von einer Kirche getragene gemeinnützige GmbH, die in gleicher Weise wie andere Träger auch und unter ausschließlicher Verwendung öffentlicher Mittel Arbeitslosenprojekte betreibt, so dass sie keine Einrichtung im Sinne des Abs. 2 ist.

Abs. 2,[116] ebenso wenig wissenschaftliche Einrichtungen.[117] Auf einen
rechtlich selbständigen evangelischen **Presseverband** als Teil der
evangelischen Kirche soll dagegen nach dieser Vorschrift das BetrVG
keine Anwendung finden, weil auch die Öffentlichkeitsarbeit mit
publizistischen Mitteln als Teil kirchlicher Mission zählt.[118] Nach der
Rspr. des BAG wird ein von einem nichtkirchlichen Träger betriebenes **Krankenhaus** bei rechtsgeschäftlicher Übernahme durch einen
kirchlichen Träger eine karitative Einrichtung der Kirche i. S. des
Abs. 2. Eine in dieser Einrichtung durchgeführte BR-Wahl ist nichtig.[119] Ein von einem Mitglied des Diakonischen Werks betriebenes
Krankenhaus ist nicht allein aufgrund der Mitgliedschaft der Einrich-
tung oder ihres Rechtsträgers im Diakonischen Werk der evangeli-
schen Kirche eine karitative Einrichtung einer Religionsgemeinschaft.
Hinzukommen muss eine institutionelle Verbindung zwischen der
Kirche und der Einrichtung, aufgrund derer die Kirche über ein
Mindestmaß an Einflussmöglichkeiten verfügt, um auf Dauer eine
Übereinstimmung der religiösen Betätigung der Einrichtung mit
kirchlichen Vorstellungen gewährleisten zu können. Das ist nur der
Fall, wenn das Diakonische Werk seinerseits über entsprechende Einflussmöglichkeiten gegenüber der Einrichtung oder ihrem Rechtsträger verfügt.[120] Voraussetzung ist dabei, dass die sich aus der Mitgliedschaft ergebenden Pflichten auch übernommen worden sind und die
Mitgliedschaft deshalb auch zu einem Mindestmaß an Einflussnahme-
möglichkeiten der Kirche führt, so dass diese einen etwaigen Dissens
mit der Einrichtung bei der Ausübung der religiösen Tätigkeit unterbinden können muss.[121] Eine als Gesellschaftszweck vereinbarte Förderung der Krankenpflege in kommunaler und diakonischer Tradition
steht dem nicht entgegen.[122] Auch für nicht verselbständigte Einrichtungen wirtschaftlicher Art von **Ordensgemeinschaften** der katho-
lischen Kirche, die den Status einer Körperschaft des öffentlichen
Rechts verliehen bekommen und behalten haben, soll das BetrVG
keine Anwendung finden.[123] Entsprechendes soll für ein **Berufsbil-
dungswerk** einer Religionsgemeinschaft gelten, wenn Kirche und
Einrichtung die Erziehung nach Inhalt und Ziel identisch vornehmen
und statusmäßig sichergestellt ist, dass die Kirche ihre Vorstellungen
zur Gestaltung der Erziehung in der Einrichtung durchsetzen kann.[124]

---

116 BAG, DB 81, 2623.
117 LAG Hamm, AuR 80, 181.
118 BAG, NZA 91, 977.
119 BAG, DB 82, 1414.
120 BAG, NZA 08, 653.
121 LAG Düsseldorf 17. 3. 09 – 8 TaBV 76/08, brwo: abgelehnt für das Alfried
     Krupp von Bohlen und Halbach-Krankenhaus in Essen.
122 LAG MV 23. 4. 13 – 5 TaBV 8/12, juris.
123 So BAG, NZA 88, 402.
124 BAG 14. 4. 88, AP Nr. 36 zu § 118 BetrVG 1972.

21 Das **Recht der Gew**., im Betrieb zu werben, besteht auch in kirchlichen Einrichtungen.[125]

---

125 Vgl. BAG, DB 78, 892; vgl. dazu aber BVerfG, BB 81, 1150, das die Werbung auf die in der kirchlichen Einrichtung beschäftigten Gew.-Mitgl. beschränkt.

Sechster Teil:
Straf- und Bußgeldvorschriften

§ 119 Straftaten gegen Betriebsverfassungsorgane und ihre Mitglieder

(1) Mit Freiheitsstrafe bis zu einem Jahr oder mit Geldstrafe wird bestraft, wer

1. eine Wahl des Betriebsrats, der Jugend- und Auszubildendenvertretung, der Bordvertretung, des Seebetriebsrats oder der in § 3 Abs. 1 Nr. 1 bis 3 oder 5 bezeichneten Vertretungen der Arbeitnehmer behindert oder durch Zufügung oder Androhung von Nachteilen oder durch Gewährung oder Versprechen von Vorteilen beeinflusst,

2. die Tätigkeit des Betriebsrats, des Gesamtbetriebsrats, des Konzernbetriebsrats, der Jugend- und Auszubildendenvertretung, der Gesamt-Jugend- und Auszubildendenvertretung, der Konzern-Jugend- und Auszubildendenvertretung, der Bordvertretung, des Seebetriebsrats, der in § 3 Abs. 1 bezeichneten Vertretungen der Arbeitnehmer, der Einigungsstelle, der in § 76 Abs. 8 bezeichneten tariflichen Schlichtungsstelle, der in § 86 bezeichneten betrieblichen Beschwerdestelle oder des Wirtschaftsausschusses behindert oder stört oder

3. ein Mitglied oder ein Ersatzmitglied des Betriebsrats, des Gesamtbetriebsrats, des Konzernbetriebsrats, der Jugend- und Auszubildendenvertretung, der Gesamt-Jugend- und Auszubildendenvertretung, der Konzern-Jugend- und Auszubildendenvertretung, der Bordvertretung, des Seebetriebsrats, der in § 3 Abs. 1 bezeichneten Vertretungen der Arbeitnehmer, der Einigungsstelle, der in § 76 Abs. 8 bezeichneten Schlichtungsstelle, der in § 86 bezeichneten betrieblichen Beschwerdestelle oder des Wirtschaftsausschusses um seiner Tätigkeit willen oder eine Auskunftsperson nach § 80 Abs. 2 Satz 3 um ihrer Tätigkeit willen benachteiligt oder begünstigt.

(2) Die Tat wird nur auf Antrag des Betriebsrats, des Gesamtbetriebsrats, des Konzernbetriebsrats, der Bordvertretung, des Seebetriebsrats, einer der in § 3 Abs. 1 bezeichneten Vertretungen der Arbeitnehmer, des Wahlvorstands, des Unternehmers oder einer im Betrieb vertretenen Gewerkschaft verfolgt.

§ 119 Straftaten gegen Betriebsverfassungsorgane

1. Schutz der Wahl

1 Unter Strafe gestellt sind nach dieser Vorschrift die Wahlbehinderung, die Behinderung oder Störung der Tätigkeit sowie die Benachteiligung oder Begünstigung von Mitgl. betriebsverfassungsrechtlicher Organe. Unter **Wahlbehinderung** fällt **jede** Beeinflussung der Wahlen durch Zufügung oder Androhung von Nachteilen oder durch Gewährung oder Versprechen von Vorteilen. Hierunter fallen auch **vorbereitende** Maßnahmen, wie beispielsweise die Einberufung und Durchführung einer Betriebsversamml. zur Wahl des WV oder sonstige der Wahl vorausgehende Beschlussfassungen oder Vorabstimmungen.[1] Eine Wahlbehinderung liegt sowohl vor, wenn die mit der Organisation einer BR-Wahl betrauten AN aufgefordert werden, sich von der Errichtung eines BR zu distanzieren und entsprechende Initiativen zurückzuziehen als auch dann, wenn der AG im Fall der Weigerung eine Kündigung ausspricht.[2] Um eine Wahlbehinderung handelt es sich, wenn ein WV-Mitglied durch eine Straftat (Nötigung) gezwungen wird, einen Änderungsvertrag abzuschließen, mit dem die Versetzung in eine Drogeriefiliale außerhalb des Wahlbezirks der eingeleiteten BR-Wahl bewirkt wird mit der Folge, dass aktives und passives Wahlrecht des Versetzten entfallen.[3] Eine Wahlbehinderung liegt in der Aufforderung des AG an den WV, die Wahl nicht durchzuführen,[4] in der Weigerung, die zur Wahl erforderlichen Unterlagen zu übergeben[5] oder in der eigenhändigen Streichung von Namen und Unterschriften aus einer im Betrieb ausgelegten Wählerliste.[6] Auch die Verweigerung des Zutrittsrechts eines Gew.-Beauftragten erfüllt den Tatbestand der strafbaren Wahlbehinderung.[7] Der AG hat sich hinsichtlich der Wahl strikt neutral zu verhalten.[8] Eine strafbare Beeinflussung der BR-Wahl liegt vor, wenn der AG einer Wahlvorschlagsliste durch die Zuwendung von Geldmitteln ermöglicht, sich im Zusammenhang mit der Wahl nachhaltiger als sonst möglich zu präsentieren, und wenn dabei die finanzielle Unterstützung der Kandidaten durch den AG verschleiert wird.[9] Eine unzulässige Wahlbeein-

---

1 BayrObLG 29. 7. 80, AP Nr. 1 zu § 119 BetrVG 1972.
2 AG Emmendingen 24. 7. 08 – 5 Cs 440 Js 26354 – AK 329/07.
3 LG Marburg, AiB 08, 108.
4 LAG Siegen, AiB 92, 41.
5 AG Detmold, BB 79, 783; AG Bremen, AiB 92, 42.
6 AG Konstanz, AiB 92, 34.
7 AG Aichach 29. 10. 87 – Ds 506 – Js 20042/87.
8 BAG, AuR 87, 116.
9 BGH 13. 9. 10 – 1 StR 220/09, brwo.

flussung liegt auch darin, dass der AG beispielsweise in Schreiben an Ang. diese mit dem Hinweis, dass er sie als »leit. Ang.« ansehe, auffordert, gegen ihre Eintragung in die Wählerliste beim WV Einspruch zu erheben.[10]

2. Schutz der Amtsführung, Tätigkeitsschutz

Eine strafbare **Behinderung** oder **Störung** der Tätigkeit betriebsverfassungsrechtlicher Organe und deren Mitgl. kann sowohl in einem positiven Handeln liegen als auch in einer Unterlassung, sofern eine Rechtspflicht zum Handeln besteht. So liegt z. B. eine unzulässige Behinderung oder Störung der BR-Tätigkeit vor, wenn der AG sich weigert, die zur ordnungsgemäßen Durchführung dieser Tätigkeit notwendigen Kosten zu tragen oder die sächlichen Mittel zur Verfügung zu stellen, ebenso wenn der AG die Kosten des BR öffentlich bekannt gibt,[11] oder wenn er einem gekündigten BR-Mitgl. vor rechtskräftigem Abschluss des Gerichtsverfahrens Hausverbot erteilt und dadurch die Wahrnehmung von BR-Aufgaben sowie die Teilnahme an BR-Sitzungen verwehrt.[12] Der AG ist auch nach § 43 Abs. 2 nicht verpflichtet, sich auf einer Betriebsversamml. zu den Kosten des BR zu äußern. Hat er hieran ein berechtigtes Interesse, darf er durch die Art und Weise der Informationsgestaltung und -vermittlung den BR nicht in seiner Amtsführung beeinträchtigen.[13] Eine strafbare Störung der BR-Tätigkeit liegt auch vor, wenn der AG erkennbar an den BR gerichtete Post öffnet,[14] Telefongespräche des BR verhindert oder unterbricht[15] oder durch einen öffentlichen Aushang die Empfehlung gibt, eine Betriebsversamml. nicht zu besuchen.[16] Strafbar ist auch die beharrliche Weigerung, überhaupt mit dem BR zusammenzuarbeiten, ebenso ein Hausverbot gegen ein gekündigtes Mitgl. des BR, um ihm die Teilnahme an Sitzungen des BR zu verwehren.[17]

2

Benachteiligung ist jede **tatsächliche, persönliche** oder **wirtschaftliche** Schlechterstellung eines Wahlberechtigten oder einer anderen in dieser Bestimmung genannten Person. Dabei genügt es bereits, wenn Nachteile **angedroht** werden, etwa wenn AN durch Androhung der Zuweisung schlechterer Arbeit oder den Ausspruch einer Kündigung unter Druck gesetzt werden, von einer vorgesehenen

3

---

10   ArbG Bochum, BB 72, 494; vgl. auch LAG Hamm, DB 72, 1298.
11   BAG, BB 98, 1006; ArbG Wesel, AiB 97, 52; ArbG Darmstadt, AiB 87, 140.
12   ArbG Hamburg, AiB 97, 659; ArbG Elmshorn, AiB 97, 173.
13   BAG, NZA 96, 332.
14   ArbG Stuttgart 22. 12. 87, BetrR 88 (Heft 3), 17.
15   AG Passau, AiB 92, 42.
16   OLG Stuttgart, BB 88, 2245.
17   ArbG Hamburg, AiB 97, 659.

oder eingeleiteten BR-Wahl Abstand zu nehmen.[18] Der AG verletzt das Wahlbeeinflussungsverbot auch, wenn er in einer Betriebsversamml. offen oder unterschwellig beim Zuhörer Angst vor dem Verlust eines finanziellen Vorteils erzeugt, falls dieser bestimmte Kandidaten wählt.[19] Strafbar kann es auch sein, wenn der AG den AN in einem Aushang empfiehlt, eine Betriebsversamml. nicht zu besuchen.[20] Auch für die **Begünstigung** reicht es aus, dass ein Vorteil oder eine Besserung zugesagt wird. Die Gewährung unrechtmäßiger Vorteile wie die Bezahlung der Kosten von Privatreisen oder von Prostituierten, deren Dienste von BR-Mitgl. in Anspruch genommen werden, ist eine BR-Begünstigung (zur Begünstigung s. im einzelnen § 78 Rn. 5).[21] Die Strafvorschrift richtet sich nicht nur gegen den AG und dessen Vertr., sondern gegen **jedermann**.

3. Strafantrag

4   Eine Strafverfolgung tritt nur auf **Antrag** ein. Von besonderer Bedeutung ist, dass auch jede im Betrieb vertretene Gew. die Einleitung eines Strafverfahrens beantragen kann. Soweit ein betriebsverfassungsrechtliches Organ antragsberechtigt ist, können nicht die einzelnen Mitgl., sondern nur das Organ selbst den Antrag stellen, wozu es eines mit einfacher Stimmenmehrheit gefassten Beschlusses bedarf. Der Antrag ist innerhalb einer Frist von drei Monaten zu stellen. Seine Rücknahme ist jederzeit möglich. Der Strafantrag durch ein betriebsverfassungsrechtliches Organ ist kein Grund zur fristlosen Entlassung der Mitgl. des Organs durch den AG, es sei denn, es läge ein Rechtsmissbrauch vor.[22] Die Strafantragstellung des Unternehmers ist eine Leitungsentscheidung des Unternehmers selbst, d. h. des Betriebsinhabers. Ist eine AG strafantragsberechtigter Unternehmer im Sinne dieser Vorschrift, ist eine Vertretung in eigenem Willen durch Prokuristen ausgeschlossen.[23]

§ 120   Verletzung von Geheimnissen

(1) Wer unbefugt ein fremdes Betriebs- oder Geschäftsgeheimnis offenbart, das ihm in seiner Eigenschaft als

1.   Mitglied oder Ersatzmitglied des Betriebsrats oder einer der in § 79 Abs. 2 bezeichneten Stellen,

2.   Vertreter einer Gewerkschaft oder Arbeitgebervereinigung,

3.   Sachverständiger, der vom Betriebsrat nach § 80 Abs. 3

---

18   OLG Hamm 26. 7. 87 – 1 Ss 164/87.
19   Vgl. ArbG Berlin 8. 8. 84 – 18 BV 5/84.
20   OLG Stuttgart, BB 88, 2245.
21   LG Braunschweig 22. 2. 08 – 6 KLs 20/07.
22   LAG BaWü 25. 10. 57, AP Nr. 2 zu § 78 BetrVG.
23   BGH, AuR 09, 357.

hinzugezogen oder von der Einigungsstelle nach § 109 Satz 3 angehört worden ist,

3 a. Berater, der vom Betriebsrat nach § 111 Satz 2 hinzugezogen worden ist,

3 b. Auskunftsperson, die dem Betriebsrat nach § 80 Abs. 2 Satz 3 zur Verfügung gestellt worden ist, oder

4. Arbeitnehmer, der vom Betriebsrat nach § 107 Abs. 3 Satz 3 oder vom Wirtschaftsausschuss nach § 108 Abs. 2 Satz 2 hinzugezogen worden ist,

bekannt geworden und das vom Arbeitgeber ausdrücklich als geheimhaltungsbedürftig bezeichnet worden ist, wird mit Freiheitsstrafe bis zu einem Jahr oder mit Geldstrafe bestraft.

(2) Ebenso wird bestraft, wer unbefugt ein fremdes Geheimnis eines Arbeitnehmers, namentlich ein zu dessen persönlichem Lebensbereich gehörendes Geheimnis, offenbart, das ihm in seiner Eigenschaft als Mitglied oder Ersatzmitglied des Betriebsrats oder einer der in § 79 Abs. 2 bezeichneten Stellen bekannt geworden ist und über das nach den Vorschriften dieses Gesetzes Stillschweigen zu bewahren ist.

(3) Handelt der Täter gegen Entgelt oder in der Absicht, sich oder einen anderen zu bereichern oder einen anderen zu schädigen, so ist die Strafe Freiheitsstrafe bis zu zwei Jahren oder Geldstrafe. Ebenso wird bestraft, wer unbefugt ein fremdes Geheimnis, namentlich ein Betriebs- oder Geschäftsgeheimnis, zu dessen Geheimhaltung er nach den Absätzen 1 oder 2 verpflichtet ist, verwertet.

(4) Die Absätze 1 bis 3 sind auch anzuwenden, wenn der Täter das fremde Geheimnis nach dem Tode des Betroffenen unbefugt offenbart oder verwertet.

(5) Die Tat wird nur auf Antrag des Verletzten verfolgt. Stirbt der Verletzte, so geht das Antragsrecht nach § 77 Abs. 2 des Strafgesetzbuches auf die Angehörigen über, wenn das Geheimnis zum persönlichen Lebensbereich des Verletzten gehört; in anderen Fällen geht es auf die Erben über. Offenbart der Täter das Geheimnis nach dem Tode des Betroffenen, so gilt Satz 2 sinngemäß.

1. Offenbarung von Betriebs- oder Geschäftsgeheimnissen

Die Bestrafung wegen einer unbefugten Offenbarung fremder Betriebs- oder Geschäftsgeheimnisse setzt voraus, dass es sich **objektiv** um solche handelt und diese ausdrücklich vom AG als **geheimhal-** 1

tungsbedürftig bezeichnet worden sind (zum Begriff des Betriebs- oder Geschäftsgeheimnisses vgl. § 79 Abs. 1).

2 Eine unbefugte Offenbarung eines Betriebs- oder Geschäftsgeheimnisses liegt nicht schon dann vor, wenn sie ohne Einwilligung des AG geschieht. »Unbefugt« bedeutet vielmehr »ohne Rechtfertigung«.

3 Das vom Träger offenbarte Geheimnis muss ihm aus Anlass einer der in dieser Bestimmung bezeichneten Tätigkeiten bekannt geworden sein. Hat er es auf andere Weise, etwa in Erfüllung seiner arbeitsvertraglichen Pflichten erlangt, greift diese Strafvorschrift nicht ein.

2. Offenbarung persönlicher Arbeitnehmer-Geheimnisse

4 Zum stärkeren Schutz der **Intimsphäre** der im Betrieb beschäftigten AN erstreckt sich die Strafandrohung nach Abs. 2 dieser Bestimmung auch auf die Weitergabe von Geheimnissen aus dem persönlichen Lebensbereich eines AN, soweit nach diesem Gesetz insoweit ausdrücklich eine Verschwiegenheitspflicht besteht (vgl. z. B. § 99 Abs. 1).

§ 121 Bußgeldvorschriften

(1) Ordnungswidrig handelt, wer eine der in § 90 Abs. 1, 2 Satz 1, § 92 Abs. 1 Satz 1 auch in Verbindung mit Absatz 3, § 99 Abs. 1, § 106 Abs. 2, § 108 Abs. 5, § 110 oder § 111 bezeichneten Aufklärungs- oder Auskunftspflichten nicht, wahrheitswidrig, unvollständig oder verspätet erfüllt.

(2) Die Ordnungswidrigkeit kann mit einer Geldbuße bis zu 10 000 Euro geahndet werden.

1 Es wird nur **vorsätzliches Handeln** geahndet. Fehlendes Unrechtsbewusstsein schließt die Ordnungswidrigkeit nur aus, wenn der Irrtum nicht vorzuwerfen ist. Dem AG aber wird regelmäßig die Unkenntnis der ihm obliegenden Aufklärungs- und Auskunftspflichten zum Vorwurf gemacht werden können.[1]

2 Die Verfolgung der Ordnungswidrigkeit erfolgt **von Amts** wegen. Voraussetzung ist selbstverständlich, dass die zuständige Behörde Kenntnis von der Ordnungswidrigkeit erhält, ihr diese also angezeigt wird. Zuständig ist die oberste Arbeitsbehörde des Landes, in deren Bezirk die Ordnungswidrigkeit begangen wurde oder der ordnungswidrig Handelnde seinen Wohnsitz hat (§ 35 ff. OWiG). Die Verfolgung verjährt in zwei Jahren, beginnend mit dem Tage, an dem die Handlung begangen wurde.

3 Die Gew. haben in einer Untersuchung festgestellt, dass Verstöße gegen das BetrVG sehr häufig zu verzeichnen sind, die teils als Straftaten gemäß § 119, teils als Ordnungswidrigkeiten nach dieser Bestim-

---

1 So auch Landkreis Hannover, Bußgeldbescheid v. 15. 8. 89, BetrR 90, 24.

mung zu ahnden wären. Staatsanwälte und Ordnungsbehörden stellen die Verfahren jedoch häufig ein.[2] Im Übrigen gibt es nur wenige Entscheidungen, in denen die Verstöße des AG geahndet wurden.[3] Grundsätzlich kann eine Anzeige wegen Verstoßes gegen diese Vorschrift durch **jedermann** erfolgen, also auch durch einzelne AN. Von Letzterem ist aber grundsätzlich abzuraten, weil Anzeigenerstattungen gegen den AG nach abzulehnender Rspr.[4] zur fristlosen Kündigung berechtigen können.[5]

---

2 Der Regierungspräsident Stuttgart hat wegen fortgesetzten Verstoßes gegen die Unterrichtungspflichten bei personellen Maßnahmen nach § 99 Abs. 1 eine Geldbuße von nur 300 DM gegen den Geschäftsführer eines UN festgesetzt – Bußgeldbescheid v. 27. 10. 88 – 15 – 0523.0 – 2/87; vgl. auch Landkreis Hannover, Bußgeldbescheid v. 15. 8. 89, BetrR 90, 24 sowie Bezirksregierung Düsseldorf, AiB 97, 177.

3 Vgl. etwa OLG Hamm, DB 78, 748, das einem AG wegen drei Verstößen Geldbußen von mehreren tausend DM auferlegte; vgl. auch OLG Düsseldorf, BB 82, 1113; OLG Stuttgart, DB 78, 592; OLG Hamburg, DB 85, 1846 sowie Bußgeldbescheid des Regierungspräsidiums Tübingen, AiB 92, 461 f. zur Verhängung eines Bußgeldes gegen Vorstandsmitgl. wegen nicht rechtzeitiger und vollständiger Unterrichtung des BR und WA über eine Betriebsänderung; Bezirksregierung Düsseldorf, AiB 06, 181 zur Verhängung einer Geldbuße von 1000 – gegenüber einem AG wegen wiederholten, aber erstmalig angezeigten Verstoßes gegen die Unterrichtungspflicht aus § 99 Abs. 1; nach OLG Karlsruhe, DB 86, 38 zu Unrecht dagegen keine Bestrafung des AG, der eine Auskunft wegen Gefährdung eines Geschäftsgeheimnisses verweigert, solange über den Umfang der Auskunftspflicht eine Entscheidung der ESt. nach § 109 nicht herbeigeführt ist.

4 Vgl. BAG 5. 2. 59, AP Nr. 2 zu § 70 HGB; LAG BaWü, KJ 79, 323.

5 Vgl. aber auch LAG Frankfurt, LAGE § 626 BGB Nr. 28, das nur völlig haltlose Vorwürfe für kündigungsrechtlich erheblich hält.

Siebenter Teil:
Änderung von Gesetzen

§§ 122 bis 124

(nicht abgedruckt)

Achter Teil: Übergangs- und Schlussvorschriften

§ 125   Erstmalige Wahlen nach diesem Gesetz

(1) Die erstmaligen Betriebsratswahlen nach § 13 Abs. 1 finden im Jahre 1972 statt.

(2) Die erstmaligen Wahlen der Jugend- und Auszubildendenvertretung nach § 64 Abs. 1 Satz 1 finden im Jahre 1988 statt. Die Amtszeit der Jugendvertretung endet mit der Bekanntgabe des Wahlergebnisses der neu gewählten Jugend- und Auszubildendenvertretung, spätestens am 30. November 1988.

(3, 4) Vom Abdruck der Abs. 3 und 4 der Vorschrift wurde abgesehen, da sie sich mit Erlass der WO v. 11. 12. 2001 erübrigt haben.

§ 126   Ermächtigung zum Erlass von Wahlordnungen

Das Bundesministerium für Arbeit und Soziales wird ermächtigt, mit Zustimmung des Bundesrates Rechtsverordnungen zu erlassen zur Regelung der in den §§ 7 bis 20, 60 bis 63, 115 und 116 bezeichneten Wahlen über

1. die Vorbereitung der Wahl, insbesondere die Aufstellung der Wählerlisten und die Errechnung der Vertreterzahl;

2. die Frist für die Einsichtnahme in die Wählerlisten und die Erhebung von Einsprüchen gegen sie;

3. die Vorschlagslisten und die Frist für ihre Einreichung;

4. das Wahlausschreiben und die Fristen für seine Bekanntmachung;

5. die Stimmabgabe;

5 a. die Verteilung der Sitze im Betriebsrat, in der Bordvertretung, im Seebetriebsrat sowie in der Jugend- und Auszubildendenvertretung auf die Geschlechter, auch soweit die Sitze nicht gemäß § 15 Abs. 2 und § 62 Abs. 3 besetzt werden können;

6. die Feststellung des Wahlergebnisses und die Fristen für seine Bekanntmachung;

7. die Aufbewahrung der Wahlakten.

§ 130 Öffentlicher Dienst

§§ 127 bis 128
(nicht abgedruckt)

§ 129
(aufgehoben)

§ 130 Öffentlicher Dienst

Dieses Gesetz findet keine Anwendung auf Verwaltungen und Betriebe des Bundes, der Länder, der Gemeinden und sonstiger Körperschaften, Anstalten und Stiftungen des öffentlichen Rechts.

1 Die Vorschrift stellt klar, dass die Bestimmungen dieses Gesetzes nur für die Betriebe der privaten Wirtschaft anzuwenden sind. Für den Bereich des öffentlichen Dienstes gelten das Bundespersonalvertretungsgesetz und die Personalvertretungsgesetze der Länder. Daher besteht ein MBR des PersR der aufnehmenden Dienststelle nach den entsprechenden Vorschriften des einschlägigen LPVG, wenn AN eines privatrechtlich organisierten Vereins (hier: Volkshochschule), der dem Geltungsbereich des BetrVG unterfällt, im Rahmen einer Kooperationsvereinbarung zeitbefristet zu einer Dienststelle i. S. des LPVG zur weisungsabhängigen Dienstleistung »abgeordnet« werden.[1] Betriebe mit **privater Rechtsform** fallen auch dann unter das BetrVG, wenn sie der öffentlichen Hand gehören (Regiebetrieb) oder wenn etwa zwei Körperschaften des öffentlichen Rechts eine Gesellschaft bürgerlichen Rechts zur Führung eines Theaterbetriebs bilden.[2] Daher steht die Vorschrift der Bildung eines KBR für den privatrechtlich organisierten Teil eines Konzerns mit öffentlich-rechtlich organisierter Konzernspitze (hier: Universitätsklinikum), bei der Personalräte gebildet sind, nicht entgegen (s. auch § 54 Rn. 1).[3] Anderes gilt dagegen, wenn die öffentliche Hand einen Betrieb unmittelbar als Eigenbetrieb führt, ohne dass dieser eine besondere private Rechtsform besitzt.[4] Für die Fraktionen des Deutschen Bundestages gilt das BetrVG.[5] Auf im Inland bestehende Betriebe internationaler oder zwischenstaatlicher Organisationen findet nicht das PersVG, sondern das BetrVG Anwendung. Soweit in den privatisierten Betrieben der ehemaligen Deutschen Bundesbahn und der Bundespost Bea. beschäftigt sind, gelten für

---

1 VG Göttingen 11. 6. 13 – 7 B 1/13, juris.
2 BAG, DB 77, 962; vgl. aber auch BAG, DB 89, 1419.
3 BAG 27. 10. 10 – 7 ABR 85/09, brwo.
4 BAG, DB 76, 248.
5 ArbG Berlin, NZA-RR 03, 656.

diese teilweise Sonderregelungen, die im Zusammenhang mit den jeweiligen Bestimmungen des BetrVG erläutert werden.[6]

---

6   Siehe zum Wechsel von einer öffentlich-rechtlichen zur privatrechtlichen Organisationsform und der Anerkennung von Übergangsmandaten aus Anlass der Privatisierung auch DKKW-Buschmann, § 21 a Rn. 15; Fitting, Rn. 10 ff. zu § 130.

Anhang
Wahlordnung
Betriebsverfassungsgesetz[1]

Inhaltsübersicht

1   Erste Verordnung zur Durchführung des Betriebsverfassungsgesetzes (Wahlordnung – WO) vom 11. 12. 2001 (BGBl. I S. 3494), zuletzt geändert durch Verordnung vom 23. 6. 2004 (BGBl. I 1393)

Erster Teil
Wahl des Betriebsrats
(§ 14 des Gesetzes)

Erster Abschnitt
Allgemeine Vorschriften

§ 1 Wahlvorstand

(1) Die Leitung der Wahl obliegt dem Wahlvorstand.

(2) Der Wahlvorstand kann sich eine schriftliche Geschäftsordnung geben. Er kann Wahlberechtigte als Wahlhelferinnen und Wahlhelfer zu seiner Unterstützung bei der Durchführung der Stimmabgabe und bei der Stimmenzählung heranziehen.

(3) Die Beschlüsse des Wahlvorstands werden mit einfacher Stimmenmehrheit seiner stimmberechtigten Mitglieder gefasst. Über jede Sitzung des Wahlvorstands ist eine Niederschrift aufzunehmen, die mindestens den Wortlaut der gefassten Beschlüsse enthält. Die Niederschrift ist von der oder dem Vorsitzenden und einem weiteren stimmberechtigten Mitglied des Wahlvorstands zu unterzeichnen.

§ 2 Wählerliste

(1) Der Wahlvorstand hat für jede Betriebsratswahl eine Liste der Wahlberechtigten (Wählerliste), getrennt nach den Geschlechtern, aufzustellen. Die Wahlberechtigten sollen mit Familienname, Vorname und Geburtsdatum in alphabetischer Reihenfolge aufgeführt werden. Die nach § 14 Abs. 2 Satz 1 des Arbeitnehmerüberlassungsgesetzes nicht passiv Wahlberechtigten sind in der Wählerliste auszuweisen.

(2) Der Arbeitgeber hat dem Wahlvorstand alle für die Anfertigung der Wählerliste erforderlichen Auskünfte zu erteilen und die erforderlichen Unterlagen zur Verfügung zu stellen. Er hat den Wahlvorstand insbesondere bei Feststellung der in § 5 Abs. 3 des Gesetzes genannten Personen zu unterstützen.

(3) Das aktive und passive Wahlrecht steht nur Arbeitnehmerinnen und Arbeitnehmern zu, die in die Wählerliste eingetragen sind. Wahlberechtigten Leiharbeitnehmerinnen und Leiharbeitnehmern im Sinne des Arbeitnehmerüberlassungsgesetzes steht nur das aktive Wahlrecht zu (§ 14 Abs. 2 Satz 1 des Arbeitnehmerüberlassungsgesetzes).

(4) Ein Abdruck der Wählerliste und ein Abdruck dieser Verordnung sind vom Tage der Einleitung der Wahl (§ 3 Abs. 1) bis zum Abschluss der Stimmabgabe an geeigneter Stelle im Betrieb zur Einsichtnahme auszulegen. Der Abdruck der Wählerliste soll die Geburtsdaten der Wahlberechtigten nicht enthalten. Ergänzend können der Abdruck der Wählerliste und die Verordnung mittels der im Betrieb vorhandenen Informations- und Kommunikationstechnik bekannt gemacht werden. Die Bekanntmachung ausschließlich in elektronischer Form ist nur zulässig, wenn alle Arbeitnehmerinnen und Arbeitnehmer von der Bekanntmachung Kenntnis erlangen können und Vorkehrungen getroffen werden, dass Änderungen der Bekanntmachung nur vom Wahlvorstand vorgenommen werden können.

(5) Der Wahlvorstand soll dafür sorgen, dass ausländische Arbeitnehmerinnen und Arbeitnehmer, die der deutschen Sprache nicht mächtig sind, vor Einleitung der Betriebsratswahl über Wahlverfahren, Aufstellung der Wähler- und Vorschlagslisten, Wahlvorgang und Stimmabgabe in geeigneter Weise unterrichtet werden.

§ 3 Wahlausschreiben

(1) Spätestens sechs Wochen vor dem ersten Tag der Stimmabgabe erlässt der Wahlvorstand ein Wahlausschreiben, das von der oder dem Vorsitzenden und von mindestens einem weiteren stimmberechtigten Mitglied des Wahlvorstands zu unterschreiben ist. Mit Erlass des Wahlausschreibens ist die Betriebsratswahl eingeleitet. Der erste Tag der Stimmabgabe soll spätestens eine Woche vor dem Tag liegen, an dem die Amtszeit des Betriebsrats abläuft.

(2) Das Wahlausschreiben muss folgende Angaben enthalten:

1. das Datum seines Erlasses;

2. die Bestimmung des Orts, an dem die Wählerliste und diese Verordnung ausliegen, sowie im Fall der Bekanntmachung in elektronischer Form (§ 2 Abs. 4 Satz 3 und 4) wo und wie von der Wählerliste und der Verordnung Kenntnis genommen werden kann;

3. dass nur Arbeitnehmerinnen und Arbeitnehmer wählen oder gewählt werden können, die in die Wählerliste eingetragen sind, und dass Einsprüche gegen die Wählerliste (§ 4) nur vor Ablauf von zwei Wochen seit dem Erlass des Wahlausschreibens schriftlich beim Wahlvorstand eingelegt werden können; der letzte Tag der Frist ist anzugeben;

4. den Anteil der Geschlechter und den Hinweis, dass das Geschlecht in der Minderheit im Betriebsrat mindestens entsprechend seinem zahlenmäßigen Verhältnis vertreten sein muss, wenn der Betriebsrat aus mindestens drei Mitgliedern besteht (§ 15 Abs. 2 des Gesetzes);

5. die Zahl der zu wählenden Betriebsratsmitglieder (§ 9 des Gesetzes) sowie die auf das Geschlecht in der Minderheit entfallenden Mindestsitze im Betriebsrat (§ 15 Abs. 2 des Gesetzes);

6. die Mindestzahl von Wahlberechtigten, von denen ein Wahlvorschlag unterzeichnet sein muss (§ 14 Abs. 4 des Gesetzes);

7. dass der Wahlvorschlag einer im Betrieb vertretenen Gewerkschaft von zwei Beauftragten unterzeichnet sein muss (§ 14 Abs. 5 des Gesetzes);

8. dass Wahlvorschläge vor Ablauf von zwei Wochen seit dem Erlass des Wahlausschreibens beim Wahlvorstand in Form von Vorschlagslisten einzureichen sind, wenn mehr als drei Betriebsratsmitglieder zu wählen sind; der letzte Tag der Frist ist anzugeben;

9. dass die Stimmabgabe an die Wahlvorschläge gebunden ist und dass nur solche Wahlvorschläge berücksichtigt werden dürfen, die fristgerecht (Nr. 8) eingereicht sind;

10. die Bestimmung des Orts, an dem die Wahlvorschläge bis zum Abschluss der Stimmabgabe aushängen;

11. Ort, Tag und Zeit der Stimmabgabe sowie die Betriebsteile und Kleinstbetriebe, für die schriftliche Stimmabgabe (§ 24 Abs. 3) beschlossen ist;

12. den Ort, an dem Einsprüche, Wahlvorschläge und sonstige Erklärungen gegenüber dem Wahlvorstand abzugeben sind (Betriebsadresse des Wahlvorstands);

13. Ort, Tag und Zeit der öffentlichen Stimmauszählung.

(3) Sofern es nach Größe, Eigenart oder Zusammensetzung der Arbeitnehmerschaft des Betriebs zweckmäßig ist, soll der Wahlvorstand im Wahlausschreiben darauf hinweisen, dass bei der Aufstellung von Wahlvorschlägen die einzelnen Organisationsbereiche und die verschiedenen Beschäftigungsarten berücksichtigt werden sollen.

(4) Ein Abdruck des Wahlausschreibens ist vom Tage seines Erlasses bis zum letzten Tage der Stimmabgabe an einer oder mehreren geeigneten, den Wahlberechtigten zugänglichen Stellen vom Wahlvorstand auszuhängen und in gut lesbarem Zustand zu erhalten. Ergänzend kann das Wahlausschreiben mittels der im Betrieb vorhandenen Informations- und Kommunikationstechnik bekannt gemacht werden. § 2 Abs. 4 Satz 4 gilt entsprechend.

§ 4 Einspruch gegen die Wählerliste

(1) Einsprüche gegen die Richtigkeit der Wählerliste können mit Wirksamkeit für die Betriebsratswahl nur vor Ablauf von zwei Wochen seit Erlass des Wahlausschreibens beim Wahlvorstand schriftlich eingelegt werden.

(2) Über Einsprüche nach Absatz 1 hat der Wahlvorstand unverzüglich zu entscheiden. Der Einspruch ist ausgeschlossen, soweit er darauf gestützt wird, dass die Zuordnung nach § 18 a des Gesetzes fehlerhaft erfolgt sei. Satz 2 gilt nicht, soweit die nach § 18 a Abs. 1 oder 4 Satz 1 und 2 des Gesetzes am Zuordnungsverfahren Beteiligten die Zuordnung übereinstimmend für offensichtlich fehlerhaft halten. Wird der Einspruch für begründet erachtet, so ist die Wählerliste zu berichtigen. Die Entscheidung des Wahlvorstands ist der Arbeitnehmerin oder dem Arbeitnehmer, die oder der den Einspruch eingelegt hat, unverzüglich schriftlich mitzuteilen; die Entscheidung muss der Arbeitnehmerin oder dem Arbeitnehmer spätestens am Tage vor dem Beginn der Stimmabgabe zugehen.

(3) Nach Ablauf der Einspruchsfrist soll der Wahlvorstand die Wählerliste nochmals auf ihre Vollständigkeit hin überprüfen. Im Übrigen kann nach Ablauf der Einspruchsfrist die Wählerliste nur bei Schreibfehlern, offenbaren Unrichtigkeiten, in Erledigung rechtzeitig eingelegter Einsprüche oder bei Eintritt von Wahlberechtigten in den Betrieb oder bei Ausscheiden aus dem Betrieb bis zum Tage vor dem Beginn der Stimmabgabe berichtigt oder ergänzt werden.

§ 5 Bestimmung der Mindestsitze für das Geschlecht in der Minderheit

(1) Der Wahlvorstand stellt fest, welches Geschlecht von seinem zahlenmäßigen Verhältnis im Betrieb in der Minderheit ist. Sodann errechnet der Wahlvorstand den Mindestanteil der Betriebsratssitze für das Geschlecht in der Minderheit (§ 15 Abs. 2 des Gesetzes) nach den Grundsätzen der Verhältniswahl. Zu diesem Zweck werden die Zahlen der am Tage des Erlasses des Wahlausschreibens im Betrieb beschäftigten Frauen und Männer in einer Reihe nebeneinander gestellt und beide durch 1, 2, 3, 4 usw. geteilt. Die ermittelten Teilzahlen sind nacheinander reihenweise unter den Zahlen der ersten Reihe aufzuführen, bis höhere Teilzahlen für die Zuweisung der zu verteilenden Sitze nicht mehr in Betracht kommen.

(2) Unter den so gefundenen Teilzahlen werden so viele Höchstzahlen ausgesondert und der Größe nach geordnet, wie Betriebsratsmitglieder zu wählen sind. Das Geschlecht in der Minderheit erhält so viele Mitgliedersitze zugeteilt, wie Höchstzahlen auf es entfallen. Wenn die niedrigste in Betracht kommende Höchstzahl auf beide Geschlechter zugleich entfällt, so entscheidet das Los darüber, welchem Geschlecht dieser Sitz zufällt.

Wahl von mehr als drei Betriebsratsmitgliedern (aufgrund von Vorschlagslisten)

Erster Unterabschnitt
Einreichung und Bekanntmachung von Vorschlagslisten

§ 6 Vorschlagslisten

(1) Sind mehr als drei Betriebsratsmitglieder zu wählen, so erfolgt die Wahl aufgrund von Vorschlagslisten. Die Vorschlagslisten sind von den Wahlberechtigten vor Ablauf von zwei Wochen seit Erlass des Wahlausschreibens beim Wahlvorstand einzureichen.

(2) Jede Vorschlagsliste soll mindestens doppelt so viele Bewerberinnen und Bewerber aufweisen, wie Betriebsratsmitglieder zu wählen sind.

(3) In jeder Vorschlagsliste sind die einzelnen Bewerberinnen oder Bewerber in erkennbarer Reihenfolge unter fortlaufender Nummer und unter Angabe von Familienname, Vorname, Geburtsdatum und Art der Beschäftigung im Betrieb aufzuführen. Die schriftliche Zustimmung der Bewerberinnen oder der Bewerber zur Aufnahme in die Liste ist beizufügen.

(4) Wenn kein anderer Unterzeichner der Vorschlagsliste ausdrücklich als Listenvertreter bezeichnet ist, wird die oder der an erster Stelle Unterzeichnete als Listenvertreterin oder Listenvertreter angesehen. Diese Person ist berechtigt und verpflichtet, dem Wahlvorstand die zur Beseitigung von Beanstandungen erforderlichen Erklärungen abzugeben sowie Erklärungen und Entscheidungen des Wahlvorstands entgegenzunehmen.

(5) Die Unterschrift eines Wahlberechtigten zählt nur auf einer Vorschlagsliste. Hat ein Wahlberechtigter mehrere Vorschlagslisten unterzeichnet, so hat er auf Aufforderung des Wahlvorstands binnen einer ihm gesetzten angemessenen Frist, spätestens jedoch vor Ablauf von drei Arbeitstagen, zu erklären, welche Unterschrift er aufrechterhält. Unterbleibt die fristgerechte Erklärung, so wird sein Name auf der zuerst eingereichten Vorschlagsliste gezählt und auf den übrigen Listen gestrichen; sind mehrere Vorschlagslisten, die von demselben Wahlberechtigten unterschrieben sind, gleichzeitig eingereicht worden, so entscheidet das Los darüber, auf welcher Vorschlagsliste die Unterschrift gilt.

(6) Eine Verbindung von Vorschlagslisten ist unzulässig.

(7) Eine Bewerberin oder ein Bewerber kann nur auf einer Vorschlagsliste vorgeschlagen werden. Ist der Name dieser Person mit ihrer

schriftlichen Zustimmung auf mehreren Vorschlagslisten aufgeführt, so hat sie auf Aufforderung des Wahlvorstands vor Ablauf von drei Arbeitstagen zu erklären, welche Bewerbung sie aufrechterhält. Unterbleibt die fristgerechte Erklärung, so ist die Bewerberin oder der Bewerber auf sämtlichen Listen zu streichen.

§ 7 Prüfung der Vorschlagslisten

(1) Der Wahlvorstand hat bei Überbringen der Vorschlagsliste oder, falls die Vorschlagsliste auf eine andere Weise eingereicht wird, der Listenvertreterin oder dem Listenvertreter den Zeitpunkt der Einreichung schriftlich zu bestätigen.

(2) Der Wahlvorstand hat die eingereichten Vorschlagslisten, wenn die Liste nicht mit einem Kennwort versehen ist, mit Familienname und Vorname der beiden in der Liste an erster Stelle Benannten zu bezeichnen. Er hat die Vorschlagsliste unverzüglich, möglichst binnen einer Frist von zwei Arbeitstagen nach ihrem Eingang, zu prüfen und bei Ungültigkeit oder Beanstandung einer Liste die Listenvertreterin oder den Listenvertreter unverzüglich schriftlich unter Angabe der Gründe zu unterrichten.

§ 8 Ungültige Vorschlagslisten

(1) Ungültig sind Vorschlagslisten,

1. die nicht fristgerecht eingereicht worden sind,

2. auf denen die Bewerberinnen oder Bewerber nicht in erkennbarer Reihenfolge aufgeführt sind,

3. die bei der Einreichung nicht die erforderliche Zahl von Unterschriften (§ 14 Abs. 4 des Gesetzes) aufweisen. Die Rücknahme von Unterschriften auf einer eingereichten Vorschlagsliste beeinträchtigt deren Gültigkeit nicht; § 6 Abs. 5 bleibt unberührt.

(2) Ungültig sind auch Vorschlagslisten,

1. auf denen die Bewerberinnen oder Bewerber nicht in der in § 6 Abs. 3 bestimmten Weise bezeichnet sind,

2. wenn die schriftliche Zustimmung der Bewerberinnen oder Bewerber zur Aufnahme in die Vorschlagsliste nicht vorliegt,

3. wenn die Vorschlagsliste infolge von Streichung gemäß § 6 Abs. 5 nicht mehr die erforderliche Zahl von Unterschriften aufweist,

falls diese Mängel trotz Beanstandung nicht binnen einer Frist von drei Arbeitstagen beseitigt werden.

§ 9 Nachfrist für Vorschlagslisten

(1) Ist nach Ablauf der in § 6 Abs. 1 genannten Frist keine gültige Vorschlagsliste eingereicht, so hat dies der Wahlvorstand sofort in der

gleichen Weise bekannt zu machen wie das Wahlausschreiben und eine Nachfrist von einer Woche für die Einreichung von Vorschlagslisten zu setzen. In der Bekanntmachung ist darauf hinzuweisen, dass die Wahl nur stattfinden kann, wenn innerhalb der Nachfrist mindestens eine gültige Vorschlagsliste eingereicht wird.

(2) Wird trotz Bekanntmachung nach Absatz 1 eine gültige Vorschlagsliste nicht eingereicht, so hat der Wahlvorstand sofort bekannt zu machen, dass die Wahl nicht stattfindet.

§ 10 Bekanntmachung der Vorschlagslisten

(1) Nach Ablauf der in § 6 Abs. 1, § 8 Abs. 2 und § 9 Abs. 1 genannten Fristen ermittelt der Wahlvorstand durch das Los die Reihenfolge der Ordnungsnummern, die den eingereichten Vorschlagslisten zugeteilt werden (Liste 1 usw.). Die Listenvertreterin oder der Listenvertreter sind zu der Losentscheidung rechtzeitig einzuladen.

(2) Spätestens eine Woche vor Beginn der Stimmabgabe hat der Wahlvorstand die als gültig anerkannten Vorschlagslisten bis zum Abschluss der Stimmabgabe in gleicher Weise bekannt zu machen wie das Wahlausschreiben (§ 3 Abs. 4).

Zweiter Unterabschnitt
Wahlverfahren bei mehreren Vorschlagslisten
(§ 14 Abs. 2 Satz 1 des Gesetzes)

§ 11 Stimmabgabe

(1) Die Wählerin oder der Wähler kann ihre oder seine Stimme nur für eine der als gültig anerkannten Vorschlagslisten abgeben. Die Stimmabgabe erfolgt durch Abgabe von Stimmzetteln in den hierfür bestimmten Umschlägen (Wahlumschlägen).

(2) Auf den Stimmzetteln sind die Vorschlagslisten nach der Reihenfolge der Ordnungsnummern sowie unter Angabe der beiden an erster Stelle benannten Bewerberinnen oder Bewerber mit Familienname, Vorname und Art der Beschäftigung im Betrieb untereinander aufzuführen; bei Listen, die mit Kennworten versehen sind, ist auch das Kennwort anzugeben. Die Stimmzettel für die Betriebsratswahl müssen sämtlich die gleiche Größe, Farbe, Beschaffenheit und Beschriftung haben. Das Gleiche gilt für die Wahlumschläge.

(3) Die Wählerin oder der Wähler kennzeichnet die von ihr oder ihm gewählte Vorschlagsliste durch Ankreuzen an der im Stimmzettel hierfür vorgesehenen Stelle.

(4) Stimmzettel, die mit einem besonderen Merkmal versehen sind oder aus denen sich der Wille der Wählerin oder des Wählers nicht unzweifelhaft ergibt oder die andere Angaben als die in Absatz 1

genannten Vorschlagslisten, einen Zusatz oder sonstige Änderungen enthalten, sind ungültig.

§ 12 Wahlvorgang

(1) Der Wahlvorstand hat geeignete Vorkehrungen für die unbeobachtete Bezeichnung der Stimmzettel im Wahlraum zu treffen und für die Bereitstellung einer Wahlurne oder mehrerer Wahlurnen zu sorgen. Die Wahlurne muss vom Wahlvorstand verschlossen und so eingerichtet sein, dass die eingeworfenen Wahlumschläge nicht herausgenommen werden können, ohne dass die Urne geöffnet wird.

(2) Während der Wahl müssen immer mindestens zwei stimmberechtigte Mitglieder des Wahlvorstands im Wahlraum anwesend sein; sind Wahlhelferinnen oder Wahlhelfer bestellt (§ 1 Abs. 2), so genügt die Anwesenheit eines stimmberechtigten Mitglieds des Wahlvorstands und einer Wahlhelferin oder eines Wahlhelfers.

(3) Die Wählerin oder der Wähler gibt ihren oder seinen Namen an und wirft den Wahlumschlag, in den der Stimmzettel eingelegt ist, in die Wahlurne ein, nachdem die Stimmabgabe in der Wählerliste vermerkt worden ist.

(4) Wer infolge seiner Behinderung bei der Stimmabgabe beeinträchtigt ist, kann eine Person seines Vertrauens bestimmen, die ihm bei der Stimmabgabe behilflich sein soll, und teilt dies dem Wahlvorstand mit. Wahlbewerberinnen oder Wahlbewerber, Mitglieder des Wahlvorstands sowie Wahlhelferinnen und Wahlhelfer dürfen nicht zur Hilfeleistung herangezogen werden. Die Hilfeleistung beschränkt sich auf die Erfüllung der Wünsche der Wählerin oder des Wählers zur Stimmabgabe; die Person des Vertrauens darf gemeinsam mit der Wählerin oder dem Wähler die Wahlzelle aufsuchen. Sie ist zur Geheimhaltung der Kenntnisse verpflichtet, die sie bei der Hilfeleistung zur Stimmabgabe erlangt hat. Die Sätze 1 bis 4 gelten entsprechend für des Lesens unkundige Wählerinnen und Wähler.

(5) Nach Abschluss der Stimmabgabe ist die Wahlurne zu versiegeln, wenn die Stimmenzählung nicht unmittelbar nach Beendigung der Wahl durchgeführt wird. Gleiches gilt, wenn die Stimmabgabe unterbrochen wird, insbesondere wenn sie an mehreren Tagen erfolgt.

§ 13 Öffentliche Stimmauszählung

Unverzüglich nach Abschluss der Wahl nimmt der Wahlvorstand öffentlich die Auszählung der Stimmen vor und gibt das aufgrund der Auszählung sich ergebende Wahlergebnis bekannt.

§ 14 Verfahren bei der Stimmauszählung

(1) Nach Öffnung der Wahlurne entnimmt der Wahlvorstand die Stimmzettel den Wahlumschlägen und zählt die auf jede Vorschlags-

liste entfallenden Stimmen zusammen. Dabei ist die Gültigkeit der Stimmzettel zu prüfen.

(2) Befinden sich in einem Wahlumschlag mehrere gekennzeichnete Stimmzettel (§ 11 Abs. 3), so werden sie, wenn sie vollständig übereinstimmen, nur einfach gezählt, andernfalls als ungültig angesehen.

§ 15 Verteilung der Betriebsratssitze auf die Vorschlagslisten

(1) Die Betriebsratssitze werden auf die Vorschlagslisten verteilt. Dazu werden die den einzelnen Vorschlagslisten zugefallenen Stimmenzahlen in einer Reihe nebeneinander gestellt und sämtlich durch 1, 2, 3, 4 usw. geteilt. Die ermittelten Teilzahlen sind nacheinander reihenweise unter den Zahlen der ersten Reihe aufzuführen, bis höhere Teilzahlen für die Zuweisung der zu verteilenden Sitze nicht mehr in Betracht kommen.

(2) Unter den so gefundenen Teilzahlen werden so viele Höchstzahlen ausgesondert und der Größe nach geordnet, wie Betriebsratsmitglieder zu wählen sind. Jede Vorschlagsliste erhält so viele Mitgliedersitze zugeteilt, wie Höchstzahlen auf sie entfallen. Entfällt die niedrigste in Betracht kommende Höchstzahl auf mehrere Vorschlagslisten zugleich, so entscheidet das Los darüber, welcher Vorschlagsliste dieser Sitz zufällt.

(3) Wenn eine Vorschlagsliste weniger Bewerberinnen oder Bewerber enthält, als Höchstzahlen auf sie entfallen, so gehen die überschüssigen Mitgliedersitze auf die folgenden Höchstzahlen der anderen Vorschlagslisten über.

(4) Die Reihenfolge der Bewerberinnen oder Bewerber innerhalb der einzelnen Vorschlagslisten bestimmt sich nach der Reihenfolge ihrer Benennung.

(5) Befindet sich unter den auf die Vorschlagslisten entfallenden Höchstzahlen nicht die erforderliche Mindestzahl von Angehörigen des Geschlechts in der Minderheit nach § 15 Abs. 2 des Gesetzes, so gilt Folgendes:

1. An die Stelle der auf der Vorschlagsliste mit der niedrigsten Höchstzahl benannten Person, die nicht dem Geschlecht in der Minderheit angehört, tritt die in derselben Vorschlagsliste in der Reihenfolge nach ihr benannte, nicht berücksichtigte Person des Geschlechts in der Minderheit.

2. Enthält diese Vorschlagsliste keine Person des Geschlechts in der Minderheit, so geht dieser Sitz auf die Vorschlagsliste mit der folgenden, noch nicht berücksichtigten Höchstzahl und mit Angehörigen des Geschlechts in der Minderheit über. Entfällt die folgende Höchstzahl auf mehrere Vorschlagslisten zugleich, so entscheidet das Los darüber, welcher Vorschlagsliste dieser Sitz zufällt.

3. Das Verfahren nach den Nummern 1 und 2 ist so lange fortzusetzen, bis der Mindestanteil der Sitze des Geschlechts in der Minderheit nach § 15 Abs. 2 des Gesetzes erreicht ist.

4. Bei der Verteilung der Sitze des Geschlechts in der Minderheit sind auf den einzelnen Vorschlagslisten nur die Angehörigen dieses Geschlechts in der Reihenfolge ihrer Benennung zu berücksichtigen.

5. Verfügt keine andere Vorschlagsliste über Angehörige des Geschlechts in der Minderheit, verbleibt der Sitz bei der Vorschlagsliste, die zuletzt ihren Sitz zu Gunsten des Geschlechts in der Minderheit nach Nummer 1 hätte abgeben müssen.

§ 16 Wahlniederschrift

(1) Nachdem ermittelt ist, welche Arbeitnehmerinnen und Arbeitnehmer als Betriebsratsmitglieder gewählt sind, hat der Wahlvorstand in einer Niederschrift festzustellen:

1. die Gesamtzahl der abgegebenen Wahlumschläge und die Zahl der abgegebenen gültigen Stimmen;

2. die jeder Liste zugefallenen Stimmenzahlen;

3. die berechneten Höchstzahlen;

4. die Verteilung der berechneten Höchstzahlen auf die Listen;

5. die Zahl der ungültigen Stimmen;

6. die Namen der in den Betriebsrat gewählten Bewerberinnen und Bewerber;

7. gegebenenfalls besondere während der Betriebsratswahl eingetretene Zwischenfälle oder sonstige Ereignisse.

(2) Die Niederschrift ist von der oder dem Vorsitzenden und von mindestens einem weiteren stimmberechtigten Mitglied des Wahlvorstands zu unterschreiben.

§ 17 Benachrichtigung der Gewählten

(1) Der Wahlvorstand hat die als Betriebsratsmitglieder gewählten Arbeitnehmerinnen und Arbeitnehmer unverzüglich schriftlich von ihrer Wahl zu benachrichtigen. Erklärt die gewählte Person nicht binnen drei Arbeitstagen nach Zugang der Benachrichtigung dem Wahlvorstand, dass sie die Wahl ablehne, so gilt die Wahl als angenommen.

(2) Lehnt eine gewählte Person die Wahl ab, so tritt an ihre Stelle die in derselben Vorschlagsliste in der Reihenfolge nach ihr benannte, nicht gewählte Person. Gehört die gewählte Person dem Geschlecht in der Minderheit an, so tritt an ihre Stelle die in derselben Vorschlagsliste in der Reihenfolge nach ihr benannte, nicht gewählte Person desselben

Geschlechts, wenn ansonsten das Geschlecht in der Minderheit nicht die ihm nach § 15 Abs. 2 des Gesetzes zustehenden Mindestsitze erhält. § 15 Abs. 5 Nr. 2 bis 5 gilt entsprechend.

§ 18 Bekanntmachung der Gewählten

Sobald die Namen der Betriebsratsmitglieder endgültig feststehen, hat der Wahlvorstand sie durch zweiwöchigen Aushang in gleicher Weise bekannt zu machen wie das Wahlausschreiben (§ 3 Abs. 4). Je eine Abschrift der Wahlniederschrift (§ 16) ist dem Arbeitgeber und den im Betrieb vertretenen Gewerkschaften unverzüglich zu übersenden.

§ 19 Aufbewahrung der Wahlakten

Der Betriebsrat hat die Wahlakten mindestens bis zur Beendigung seiner Amtszeit aufzubewahren.

Dritter Unterabschnitt
Wahlverfahren bei nur einer Vorschlagsliste
(§ 14 Abs. 2 Satz 2 erster Halbsatz des Gesetzes)

§ 20 Stimmabgabe

(1) Ist nur eine gültige Vorschlagsliste eingereicht, so kann die Wählerin oder der Wähler ihre oder seine Stimme nur für solche Bewerberinnen oder Bewerber abgeben, die in der Vorschlagsliste aufgeführt sind.

(2) Auf den Stimmzetteln sind die Bewerberinnen oder Bewerber unter Angabe von Familienname, Vorname und Art der Beschäftigung im Betrieb in der Reihenfolge aufzuführen, in der sie auf der Vorschlagsliste benannt sind.

(3) Die Wählerin oder der Wähler kennzeichnet die von ihr oder ihm gewählten Bewerberinnen oder Bewerber durch Ankreuzen an der hierfür im Stimmzettel vorgesehenen Stelle; es dürfen nicht mehr Bewerberinnen oder Bewerber angekreuzt werden, als Betriebsratsmitglieder zu wählen sind. § 11 Abs. 1 Satz 2, Abs. 2 Satz 2 und 3, Abs. 4, §§ 12 und 13 gelten entsprechend.

§ 21 Stimmauszählung

Nach Öffnung der Wahlurne entnimmt der Wahlvorstand die Stimmzettel den Wahlumschlägen und zählt die auf jede Bewerberin und jeden Bewerber entfallenden Stimmen zusammen; § 14 Abs. 1 Satz 2 und Abs. 2 gilt entsprechend.

§ 22 Ermittlung der Gewählten

(1) Zunächst werden die dem Geschlecht in der Minderheit zustehen-

den Mindestsitze (§ 15 Abs. 2 des Gesetzes) verteilt. Dazu werden die dem Geschlecht in der Minderheit zustehenden Mindestsitze mit Angehörigen dieses Geschlechts in der Reihenfolge der jeweils höchsten auf sie entfallenden Stimmenzahlen besetzt.

(2) Nach der Verteilung der Mindestsitze des Geschlechts in der Minderheit nach Absatz 1 erfolgt die Verteilung der weiteren Sitze. Die weiteren Sitze werden mit Bewerberinnen und Bewerbern, unabhängig von ihrem Geschlecht, in der Reihenfolge der jeweils höchsten auf sie entfallenden Stimmenzahlen besetzt.

(3) Haben in den Fällen des Absatzes 1 oder 2 für den zuletzt zu vergebenden Betriebsratssitz mehrere Bewerberinnen oder Bewerber die gleiche Stimmenzahl erhalten, so entscheidet das Los darüber, wer gewählt ist.

(4) Haben sich weniger Angehörige des Geschlechts in der Minderheit zur Wahl gestellt oder sind weniger Angehörige dieses Geschlechts gewählt worden als ihm nach § 15 Abs. 2 des Gesetzes Mindestsitze zustehen, so sind die insoweit überschüssigen Mitgliedersitze des Geschlechts in der Minderheit bei der Sitzverteilung nach Absatz 2 Satz 2 zu berücksichtigen.

§ 23 Wahlniederschrift, Bekanntmachung

(1) Nachdem ermittelt ist, welche Arbeitnehmerinnen und Arbeitnehmer als Betriebsratsmitglieder gewählt sind, hat der Wahlvorstand eine Niederschrift anzufertigen, in der außer den Angaben nach § 16 Abs. 1 Nr. 1, 5 bis 7 die jeder Bewerberin und jedem Bewerber zugefallenen Stimmenzahlen festzustellen sind. § 16 Abs. 2, § 17 Abs. 1, §§ 18 und 19 gelten entsprechend.

(2) Lehnt eine gewählte Person die Wahl ab, so tritt an ihre Stelle die nicht gewählte Person mit der nächsthöchsten Stimmenzahl. Gehört die gewählte Person dem Geschlecht in der Minderheit an, so tritt an ihre Stelle die nicht gewählte Person dieses Geschlechts mit der nächsthöchsten Stimmenzahl, wenn ansonsten das Geschlecht in der Minderheit nicht die ihm nach § 15 Abs. 2 des Gesetzes zustehenden Mindestsitze erhalten würde. Gibt es keine weiteren Angehörigen dieses Geschlechts, auf die Stimmen entfallen sind, geht dieser Sitz auf die nicht gewählte Person des anderen Geschlechts mit der nächsthöchsten Stimmenzahl über.

Dritter Abschnitt
Schriftliche Stimmabgabe

§ 24 Voraussetzungen

(1) Wahlberechtigten, die im Zeitpunkt der Wahl wegen Abwesenheit

vom Betrieb verhindert sind, ihre Stimme persönlich abzugeben, hat der Wahlvorstand auf ihr Verlangen

1. das Wahlausschreiben,

2. die Vorschlagslisten,

3. den Stimmzettel und den Wahlumschlag,

4. eine vorgedruckte von der Wählerin oder dem Wähler abzugebende Erklärung, in der gegenüber dem Wahlvorstand zu versichern ist, dass der Stimmzettel persönlich gekennzeichnet worden ist, sowie

5. einen größeren Freiumschlag, der die Anschrift des Wahlvorstands und als Absender den Namen und die Anschrift der oder des Wahlberechtigten sowie den Vermerk »Schriftliche Stimmabgabe« trägt,

auszuhändigen oder zu übersenden. Der Wahlvorstand soll der Wählerin oder dem Wähler ferner ein Merkblatt über die Art und Weise der schriftlichen Stimmabgabe (§ 25) aushändigen oder übersenden. Der Wahlvorstand hat die Aushändigung oder die Übersendung der Unterlagen in der Wählerliste zu vermerken.

(2) Wahlberechtigte, von denen dem Wahlvorstand bekannt ist, dass sie im Zeitpunkt der Wahl nach der Eigenart ihres Beschäftigungsverhältnisses voraussichtlich nicht im Betrieb anwesend sein werden (insbesondere im Außendienst oder mit Telearbeit Beschäftigte und in Heimarbeit Beschäftigte), erhalten die in Absatz 1 bezeichneten Unterlagen, ohne dass es eines Verlangens der Wahlberechtigten bedarf.

(3) Für Betriebsteile und Kleinstbetriebe, die räumlich weit vom Hauptbetrieb entfernt sind, kann der Wahlvorstand die schriftliche Stimmabgabe beschließen. Absatz 2 gilt entsprechend.

§ 25 Stimmabgabe

Die Stimmabgabe erfolgt in der Weise, dass die Wählerin oder der Wähler

1. den Stimmzettel unbeobachtet persönlich kennzeichnet und in dem Wahlumschlag verschließt,

2. die vorgedruckte Erklärung unter Angabe des Orts und des Datums unterschreibt und

3. den Wahlumschlag und die unterschriebene vorgedruckte Erklärung in dem Freiumschlag verschließt und diesen so rechtzeitig an den Wahlvorstand absendet oder übergibt, dass er vor Abschluss der Stimmabgabe vorliegt.

Die Wählerin oder der Wähler kann unter den Voraussetzungen des § 12 Abs. 4 die in den Nummern 1 bis 3 bezeichneten Tätigkeiten durch eine Person des Vertrauens verrichten lassen.

§ 26 Verfahren bei der Stimmabgabe

(1) Unmittelbar vor Abschluss der Stimmabgabe öffnet der Wahlvorstand in öffentlicher Sitzung die bis zu diesem Zeitpunkt eingegangenen Freiumschläge und entnimmt ihnen die Wahlumschläge sowie die vorgedruckten Erklärungen. Ist die schriftliche Stimmabgabe ordnungsgemäß erfolgt (§ 25), so legt der Wahlvorstand den Wahlumschlag nach Vermerk der Stimmabgabe in der Wählerliste ungeöffnet in die Wahlurne.

(2) Verspätet eingehende Briefumschläge hat der Wahlvorstand mit einem Vermerk über den Zeitpunkt des Eingangs ungeöffnet zu den Wahlunterlagen zu nehmen. Die Briefumschläge sind einen Monat nach Bekanntgabe des Wahlergebnisses ungeöffnet zu vernichten, wenn die Wahl nicht angefochten worden ist.

Vierter Abschnitt
Wahlvorschläge der Gewerkschaften

§ 27 Voraussetzungen, Verfahren

(1) Für den Wahlvorschlag einer im Betrieb vertretenen Gewerkschaft (§ 14 Abs. 3 des Gesetzes) gelten die §§ 6 bis 26 entsprechend.

(2) Der Wahlvorschlag einer Gewerkschaft ist ungültig, wenn er nicht von zwei Beauftragten der Gewerkschaft unterzeichnet ist (§ 14 Abs. 5 des Gesetzes).

(3) Die oder der an erster Stelle unterzeichnete Beauftragte gilt als Listenvertreterin oder Listenvertreter. Die Gewerkschaft kann hierfür eine Arbeitnehmerin oder einen Arbeitnehmer des Betriebs, die oder der Mitglied der Gewerkschaft ist, benennen.

Zweiter Teil
Wahl des Betriebsrats
im Wahlverfahren
(§ 14a des Gesetzes)

Erster Abschnitt
Wahl des Betriebsrats im zweistufigen Verfahren (§ 14a Abs. 1 des Gesetzes)

Erster Unterabschnitt
Wahl des Wahlvorstands

§ 28 Einladung zur Wahlversammlung

(1) Zu der Wahlversammlung, in der der Wahlvorstand nach § 17a Nr. 3 des Gesetzes (§ 14a Abs. 1 des Gesetzes) gewählt wird, können drei Wahlberechtigte des Betriebs oder eine im Betrieb vertretene Gewerkschaft einladen (einladende Stelle) und Vorschläge für die Zusammensetzung des Wahlvorstands machen. Die Einladung muss mindestens sieben Tage vor dem Tag der Wahlversammlung erfolgen. Sie ist durch Aushang an geeigneten Stellen im Betrieb bekannt zu machen. Ergänzend kann die Einladung mittels der im Betrieb vorhandenen Informations- und Kommunikationstechnik bekannt gemacht werden; § 2 Abs. 4 Satz 4 gilt entsprechend. Die Einladung muss folgende Hinweise enthalten:

a) Ort, Tag und Zeit der Wahlversammlung zur Wahl des Wahlvorstands;

b) dass Wahlvorschläge zur Wahl des Betriebsrats bis zum Ende der Wahlversammlung zur Wahl des Wahlvorstands gemacht werden können (§ 14a Abs. 2 des Gesetzes);

c) dass Wahlvorschläge der Arbeitnehmerinnen und Arbeitnehmer zur Wahl des Betriebsrats mindestens von einem Zwanzigstel der Wahlberechtigten, mindestens jedoch von drei Wahlberechtigten unterzeichnet sein müssen; in Betrieben mit in der Regel bis zu zwanzig Wahlberechtigten reicht die Unterzeichnung durch zwei Wahlberechtigte;

d) dass Wahlvorschläge zur Wahl des Betriebsrats, die erst in der Wahlversammlung zur Wahl des Wahlvorstands gemacht werden, nicht der Schriftform bedürfen.

(2) Der Arbeitgeber hat unverzüglich nach Aushang der Einladung zur Wahlversammlung nach Absatz 1 der einladenden Stelle alle für die Anfertigung der Wählerliste erforderlichen Unterlagen (§ 2) in einem versiegelten Umschlag auszuhändigen.

§ 29 Wahl des Wahlvorstands

Der Wahlvorstand wird in der Wahlversammlung zur Wahl des Wahlvorstands von der Mehrheit der anwesenden Arbeitnehmerinnen und Arbeitnehmer gewählt (§ 17 a Nr. 3 Satz 1 des Gesetzes). Er besteht aus drei Mitgliedern (§ 17 a Nr. 2 des Gesetzes). Für die Wahl der oder des Vorsitzenden des Wahlvorstands gilt Satz 1 entsprechend.

Zweiter Unterabschnitt
Wahl des Betriebsrats

§ 30 Wahlvorstand, Wählerliste

(1) Unmittelbar nach seiner Wahl hat der Wahlvorstand in der Wahlversammlung zur Wahl des Wahlvorstands die Wahl des Betriebsrats einzuleiten. § 1 gilt entsprechend. Er hat unverzüglich in der Wahlversammlung eine Liste der Wahlberechtigten (Wählerliste), getrennt nach den Geschlechtern, aufzustellen. Die einladende Stelle hat dem Wahlvorstand den ihr nach § 28 Abs. 2 ausgehändigten versiegelten Umschlag zu übergeben. Die Wahlberechtigten sollen in der Wählerliste mit Familienname, Vorname und Geburtsdatum in alphabetischer Reihenfolge aufgeführt werden. § 2 Abs. 1 Satz 3, Abs. 2 bis 4 gilt entsprechend.

(2) Einsprüche gegen die Richtigkeit der Wählerliste können mit Wirksamkeit für die Betriebsratswahl nur vor Ablauf von drei Tagen seit Erlass des Wahlausschreibens beim Wahlvorstand schriftlich eingelegt werden. § 4 Abs. 2 und 3 gilt entsprechend.

§ 31 Wahlausschreiben

(1) Im Anschluss an die Aufstellung der Wählerliste erlässt der Wahlvorstand in der Wahlversammlung das Wahlausschreiben, das von der oder dem Vorsitzenden und von mindestens einem weiteren stimmberechtigten Mitglied des Wahlvorstands zu unterschreiben ist. Mit Erlass des Wahlausschreibens ist die Betriebsratswahl eingeleitet. Das Wahlausschreiben muss folgende Angaben enthalten:

1. das Datum seines Erlasses;

2. die Bestimmung des Orts, an dem die Wählerliste und diese Verordnung ausliegen, sowie im Fall der Bekanntmachung in elektronischer Form (§ 2 Abs. 4 Satz 3 und 4) wo und wie von der Wählerliste und der Verordnung Kenntnis genommen werden kann;

3. dass nur Arbeitnehmerinnen und Arbeitnehmer wählen oder gewählt werden können, die in die Wählerliste eingetragen sind, und dass Einsprüche gegen die Wählerliste (§ 4) nur vor Ablauf von drei Tagen seit dem Erlass des Wahlausschreibens schriftlich beim Wahlvorstand eingelegt werden können; der letzte Tag der Frist ist anzugeben;

4. den Anteil der Geschlechter und den Hinweis, dass das Geschlecht in der Minderheit im Betriebsrat mindestens entsprechend seinem zahlenmäßigen Verhältnis vertreten sein muss, wenn der Betriebsrat aus mindestens drei Mitgliedern besteht (§ 15 Abs. 2 des Gesetzes);

5. die Zahl der zu wählenden Betriebsratsmitglieder (§ 9 des Gesetzes) sowie die auf das Geschlecht in der Minderheit entfallenden Mindestsitze im Betriebsrat (§ 15 Abs. 2 des Gesetzes);

6. die Mindestzahl von Wahlberechtigten, von denen ein Wahlvorschlag unterzeichnet sein muss (§ 14 Abs. 4 des Gesetzes) und den Hinweis, dass Wahlvorschläge, die erst in der Wahlversammlung zur Wahl des Wahlvorstands gemacht werden, nicht der Schriftform bedürfen (§ 14 a Abs. 2 zweiter Halbsatz des Gesetzes);

7. dass der Wahlvorschlag einer im Betrieb vertretenen Gewerkschaft von zwei Beauftragten unterzeichnet sein muss (§ 14 Abs. 5 des Gesetzes);

8. dass Wahlvorschläge bis zum Abschluss der Wahlversammlung zur Wahl des Wahlvorstands bei diesem einzureichen sind (§ 14 a Abs. 2 erster Halbsatz des Gesetzes);

9. dass die Stimmabgabe an die Wahlvorschläge gebunden ist und dass nur solche Wahlvorschläge berücksichtigt werden dürfen, die fristgerecht (Nr. 8) eingereicht sind;

10. die Bestimmung des Orts, an dem die Wahlvorschläge bis zum Abschluss der Stimmabgabe aushängen;

11. Ort, Tag und Zeit der Wahlversammlung zur Wahl des Betriebsrats (Tag der Stimmabgabe – § 14 a Abs. 1 Satz 3 und 4 des Gesetzes);

12. dass Wahlberechtigten, die an der Wahlversammlung zur Wahl des Betriebsrats nicht teilnehmen können, Gelegenheit zur nachträglichen schriftlichen Stimmabgabe gegeben wird (§ 14 a Abs. 4 des Gesetzes); das Verlangen auf nachträgliche schriftliche Stimmabgabe muss spätestens drei Tage vor dem Tag der Wahlversammlung zur Wahl des Betriebsrats dem Wahlvorstand mitgeteilt werden;

13. Ort, Tag und Zeit der nachträglichen schriftlichen Stimmabgabe (§ 14 a Abs. 4 des Gesetzes) sowie die Betriebsteile und Kleinstbetriebe, für die nachträgliche schriftliche Stimmabgabe entsprechend § 24 Abs. 3 beschlossen ist;

14. den Ort, an dem Einsprüche, Wahlvorschläge und sonstige Erklärungen gegenüber dem Wahlvorstand abzugeben sind (Betriebsadresse des Wahlvorstands);

15. Ort, Tag und Zeit der öffentlichen Stimmauszählung.

(2) Ein Abdruck des Wahlausschreibens ist vom Tage seines Erlasses bis zum letzten Tage der Stimmabgabe an einer oder mehreren geeigneten, den Wahlberechtigten zugänglichen Stellen vom Wahlvorstand auszuhängen und in gut lesbarem Zustand zu erhalten. Ergänzend kann das Wahlausschreiben mittels der im Betrieb vorhandenen Informations- und Kommunikationstechnik bekannt gemacht werden. § 2 Abs. 4 Satz 4 gilt entsprechend.

§ 32 Bestimmung der Mindestsitze für das Geschlecht in der Minderheit

Besteht der zu wählende Betriebsrat aus mindestens drei Mitgliedern, so hat der Wahlvorstand den Mindestanteil der Betriebsratssitze für das Geschlecht in der Minderheit (§ 15 Abs. 2 des Gesetzes) gemäß § 5 zu errechnen.

§ 33 Wahlvorschläge

(1) Die Wahl des Betriebsrats erfolgt aufgrund von Wahlvorschlägen. Die Wahlvorschläge sind von den Wahlberechtigten und den im Betrieb vertretenen Gewerkschaften bis zum Ende der Wahlversammlung zur Wahl des Wahlvorstands bei diesem einzureichen. Wahlvorschläge, die erst in dieser Wahlversammlung gemacht werden, bedürfen nicht der Schriftform (§ 14 a Abs. 2 des Gesetzes).

(2) Für Wahlvorschläge gilt § 6 Abs. 2 bis 4 entsprechend. § 6 Abs. 5 gilt entsprechend mit der Maßgabe, dass ein Wahlberechtigter, der mehrere Wahlvorschläge unterstützt, auf Aufforderung des Wahlvorstands in der Wahlversammlung erklären muss, welche Unterstützung er aufrechterhält. Für den Wahlvorschlag einer im Betrieb vertretenen Gewerkschaft gilt § 27 entsprechend.

(3) § 7 gilt entsprechend. § 8 gilt entsprechend mit der Maßgabe, dass Mängel der Wahlvorschläge nach § 8 Abs. 2 nur in der Wahlversammlung zur Wahl des Wahlvorstands beseitigt werden können.

(4) Unmittelbar nach Abschluss der Wahlversammlung hat der Wahlvorstand die als gültig anerkannten Wahlvorschläge bis zum Abschluss der Stimmabgabe in gleicher Weise bekannt zu machen wie das Wahlausschreiben (§ 31 Abs. 2).

(5) Ist in der Wahlversammlung kein Wahlvorschlag zur Wahl des Betriebsrats gemacht worden, hat der Wahlvorstand bekannt zu machen, dass die Wahl nicht stattfindet. Die Bekanntmachung hat in gleicher Weise wie das Wahlausschreiben (§ 31 Abs. 2) zu erfolgen.

§ 34 Wahlverfahren

(1) Die Wählerin oder der Wähler kann ihre oder seine Stimme nur für solche Bewerberinnen oder Bewerber abgeben, die in einem Wahlvorschlag benannt sind. Auf den Stimmzetteln sind die Bewerberinnen oder Bewerber in alphabetischer Reihenfolge unter Angabe von Familienname, Vorname und Art der Beschäftigung im Betrieb aufzuführen. Die Wählerin oder der Wähler kennzeichnet die von ihr oder ihm Gewählten durch Ankreuzen an der hierfür im Stimmzettel vorgesehenen Stelle; es dürfen nicht mehr Bewerberinnen oder Bewerber angekreuzt werden, als Betriebsratsmitglieder zu wählen sind. § 11 Abs. 1 Satz 2, Abs. 2 Satz 2 und 3, Abs. 4 und § 12 gelten entsprechend.

(2) Im Fall der nachträglichen schriftlichen Stimmabgabe (§ 35) hat der Wahlvorstand am Ende der Wahlversammlung zur Wahl des Betriebsrats die Wahlurne zu versiegeln und aufzubewahren.

(3) Erfolgt keine nachträgliche schriftliche Stimmabgabe, hat der Wahlvorstand unverzüglich nach Abschluss der Wahl die öffentliche Auszählung der Stimmen vorzunehmen und das sich daraus ergebende Wahlergebnis bekannt zu geben. Die §§ 21, 23 Abs. 1 gelten entsprechend.

(4) Ist nur ein Betriebsratsmitglied zu wählen, so ist die Person gewählt, die die meisten Stimmen erhalten hat. Bei Stimmengleichheit entscheidet das Los. Lehnt eine gewählte Person die Wahl ab, so tritt an ihre Stelle die nicht gewählte Person mit der nächsthöchsten Stimmenzahl.

(5) Sind mehrere Betriebsratsmitglieder zu wählen, gelten für die Ermittlung der Gewählten die §§ 22 und 23 Abs. 2 entsprechend.

§ 35 Nachträgliche schriftliche Stimmabgabe

(1) Können Wahlberechtigte an der Wahlversammlung zur Wahl des Betriebsrats nicht teilnehmen, um ihre Stimme persönlich abzugeben, können sie beim Wahlvorstand die nachträgliche schriftliche Stimmabgabe beantragen (§ 14a Abs. 4 des Gesetzes). Das Verlangen auf nachträgliche schriftliche Stimmabgabe muss die oder der Wahlberechtigte dem Wahlvorstand spätestens drei Tage vor dem Tag der Wahlversammlung zur Wahl des Betriebsrats mitgeteilt haben. Die §§ 24, 25 gelten entsprechend.

(2) Wird die nachträgliche schriftliche Stimmabgabe aufgrund eines Antrags nach Absatz 1 Satz 1 erforderlich, hat dies der Wahlvorstand unter Angabe des Orts, des Tags und der Zeit der öffentlichen Stimmauszählung in gleicher Weise bekannt zu machen wie das Wahlausschreiben (§ 31 Abs. 2).

(3) Unmittelbar nach Ablauf der Frist für die nachträgliche schriftliche Stimmabgabe öffnet der Wahlvorstand in öffentlicher Sitzung die bis

zu diesem Zeitpunkt eingegangenen Freiumschläge und entnimmt ihnen die Wahlumschläge sowie die vorgedruckten Erklärungen. Ist die nachträgliche schriftliche Stimmabgabe ordnungsgemäß erfolgt (§ 25), so legt der Wahlvorstand den Wahlumschlag nach Vermerk der Stimmabgabe in der Wählerliste in die bis dahin versiegelte Wahlurne.

(4) Nachdem alle ordnungsgemäß nachträglich abgegebenen Wahlumschläge in die Wahlurne gelegt worden sind, nimmt der Wahlvorstand die Auszählung der Stimmen vor. § 34 Abs. 3 bis 5 gilt entsprechend.

Zweiter Abschnitt
Wahl des Betriebsrats im einstufigen Verfahren
(§ 14a Abs. 3 des Gesetzes)

§ 36 Wahlvorstand, Wahlverfahren

(1) Nach der Bestellung des Wahlvorstands durch den Betriebsrat, Gesamtbetriebsrat, Konzernbetriebsrat oder das Arbeitsgericht (§ 14a Abs. 3, § 17a des Gesetzes) hat der Wahlvorstand die Wahl des Betriebsrats unverzüglich einzuleiten. Die Wahl des Betriebsrats findet auf einer Wahlversammlung statt (§ 14a Abs. 3 des Gesetzes). Die §§ 1, 2 und 30 Abs. 2 gelten entsprechend.

(2) Im Anschluss an die Aufstellung der Wählerliste erlässt der Wahlvorstand das Wahlausschreiben, das von der oder dem Vorsitzenden und von mindestens einem weiteren stimmberechtigten Mitglied des Wahlvorstands zu unterschreiben ist. Mit Erlass des Wahlausschreibens ist die Betriebsratswahl eingeleitet. Besteht im Betrieb ein Betriebsrat, soll der letzte Tag der Stimmabgabe (nachträgliche schriftliche Stimmabgabe) eine Woche vor dem Tag liegen, an dem die Amtszeit des Betriebsrats abläuft.

(3) Das Wahlausschreiben hat die in § 31 Abs. 1 Satz 3 vorgeschriebenen Angaben zu enthalten, soweit nachfolgend nichts anderes bestimmt ist:

1. Abweichend von Nummer 6 ist ausschließlich die Mindestzahl von Wahlberechtigten anzugeben, von denen ein Wahlvorschlag unterzeichnet sein muss (§ 14 Abs. 4 des Gesetzes).

2. Abweichend von Nummer 8 hat der Wahlvorstand anzugeben, dass die Wahlvorschläge spätestens eine Woche vor dem Tag der Wahlversammlung zur Wahl des Betriebsrats beim Wahlvorstand einzureichen sind (§ 14a Abs. 3 Satz 2 des Gesetzes); der letzte Tag der Frist ist anzugeben.

Für die Bekanntmachung des Wahlausschreibens gilt § 31 Abs. 2 entsprechend.

(4) Die Vorschriften über die Bestimmung der Mindestsitze nach § 32, das Wahlverfahren nach § 34 und die nachträgliche Stimmabgabe nach § 35 gelten entsprechend.

(5) Für Wahlvorschläge gilt § 33 Abs. 1 entsprechend mit der Maßgabe, dass die Wahlvorschläge von den Wahlberechtigten und den im Betrieb vertretenen Gewerkschaften spätestens eine Woche vor der Wahlversammlung zur Wahl des Betriebsrats beim Wahlvorstand schriftlich einzureichen sind (§ 14a Abs. 3 Satz 2 zweiter Halbsatz des Gesetzes). § 6 Abs. 2 bis 5 und die §§ 7 und 8 gelten entsprechend mit der Maßgabe, dass die in § 6 Abs. 5 und § 8 Abs. 2 genannten Fristen nicht die gesetzliche Mindestfrist zur Einreichung der Wahlvorschläge nach § 14a Abs. 3 Satz 2 erster Halbsatz des Gesetzes überschreiten dürfen. Nach Ablauf der gesetzlichen Mindestfrist zur Einreichung der Wahlvorschläge hat der Wahlvorstand die als gültig anerkannten Wahlvorschläge bis zum Abschluss der Stimmabgabe in gleicher Weise bekannt zu machen wie das Wahlausschreiben (Absatz 3).

(6) Ist kein Wahlvorschlag zur Wahl des Betriebsrats gemacht worden, hat der Wahlvorstand bekannt zu machen, dass die Wahl nicht stattfindet. Die Bekanntmachung hat in gleicher Weise wie das Wahlausschreiben (Absatz 3) zu erfolgen.

Dritter Abschnitt
Wahl des Betriebsrats in Betrieben mit in der Regel 51 bis 100 Wahlberechtigten (§ 14a Abs. 5 des Gesetzes)

§ 37 Wahlverfahren

Haben Arbeitgeber und Wahlvorstand in einem Betrieb mit in der Regel 51 bis 100 Wahlberechtigten die Wahl des Betriebsrats im vereinfachten Wahlverfahren vereinbart (§ 14a Abs. 5 des Gesetzes), richtet sich das Wahlverfahren nach § 36.

Dritter Teil
Wahl der Jugend- und Auszubildendenvertretung

§ 38 Wahlvorstand, Wahlvorbereitung

Für die Wahl der Jugend- und Auszubildendenvertretung gelten die Vorschriften der §§ 1 bis 5 über den Wahlvorstand, die Wählerliste, das Wahlausschreiben und die Bestimmung der Mindestsitze für das Geschlecht in der Minderheit entsprechend. Dem Wahlvorstand muss mindestens eine nach § 8 des Gesetzes wählbare Person angehören.

§ 39 Durchführung der Wahl

(1) Sind mehr als drei Mitglieder zur Jugend- und Auszubildendenvertretung zu wählen, so erfolgt die Wahl aufgrund von Vorschlagslisten. § 6 Abs. 1 Satz 2, Abs. 2 und 4 bis 7, die §§ 7 bis 10 und § 27 gelten entsprechend. § 6 Abs. 3 gilt entsprechend mit der Maßgabe, dass in jeder Vorschlagsliste auch der Ausbildungsberuf der einzelnen Bewerberinnen oder Bewerber aufzuführen ist.

(2) Sind mehrere gültige Vorschlagslisten eingereicht, so kann die Stimme nur für eine Vorschlagsliste abgegeben werden. § 11 Abs. 1 Satz 2, Abs. 3 und 4, die §§ 12 bis 19 gelten entsprechend. § 11 Abs. 2 gilt entsprechend mit der Maßgabe, dass auf den Stimmzetteln auch der Ausbildungsberuf der einzelnen Bewerberinnen oder Bewerber aufzuführen ist.

(3) Ist nur eine gültige Vorschlagsliste eingereicht, so kann die Stimme nur für solche Bewerberinnen oder Bewerber abgegeben werden, die in der Vorschlagsliste aufgeführt sind. § 20 Abs. 3, die §§ 21 bis 23 gelten entsprechend. § 20 Abs. 2 gilt entsprechend mit der Maßgabe, dass auf den Stimmzetteln auch der Ausbildungsberuf der einzelnen Bewerber aufzuführen ist.

(4) Für die schriftliche Stimmabgabe gelten die §§ 24 bis 26 entsprechend.

§ 40 Wahl der Jugend- und Auszubildendenvertretung im vereinfachten Wahlverfahren

(1) In Betrieben mit in der Regel fünf bis fünfzig der in § 60 Abs. 1 des Gesetzes genannten Arbeitnehmerinnen und Arbeitnehmern wird die Jugend- und Auszubildendenvertretung im vereinfachten Wahlverfah-

ren gewählt (§ 63 Abs. 4 Satz 1 des Gesetzes). Für das Wahlverfahren gilt § 36 entsprechend mit der Maßgabe, dass in den Wahlvorschlägen und auf den Stimmzetteln auch der Ausbildungsberuf der einzelnen Bewerberinnen oder Bewerber aufzuführen ist. § 38 Satz 2 gilt entsprechend.

(2) Absatz 1 Satz 2 und 3 gilt entsprechend, wenn in einem Betrieb mit in der Regel 51 bis 100 der in § 60 Abs. 1 des Gesetzes genannten Arbeitnehmerinnen und Arbeitnehmern Arbeitgeber und Wahlvorstand die Anwendung des vereinfachten Wahlverfahrens vereinbart haben (§ 63 Abs. 5 des Gesetzes).

Vierter Teil
Übergangs- und
Schlussvorschriften

§ 41 Berechnung der Fristen

Für die Berechnung der in dieser Verordnung festgelegten Fristen finden die §§ 186 bis 193 des Bürgerlichen Gesetzbuchs entsprechende Anwendung.

§ 42 Bereich der Seeschifffahrt

Die Regelung der Wahlen für die Bordvertretung und den Seebetriebsrat (§§ 115 und 116 des Gesetzes) bleibt einer besonderen Rechtsverordnung vorbehalten.

§ 43 Inkrafttreten

(1) Diese Verordnung tritt am Tage nach der Verkündung in Kraft. Gleichzeitig tritt die Erste Verordnung zur Durchführung des Betriebsverfassungsgesetzes vom 16. Januar 1972 (BGBl. I S. 49), zuletzt geändert durch die Verordnung vom 16. Januar 1995 (BGBl. I S. 43) außer Kraft.

(2) (weggefallen)

Stichwortverzeichnis

Die halbfett gedruckten Zahlen beziehen sich auf die jeweiligen Paragraphen des Betriebsverfassungsgesetzes, die mager gedruckten Zahlen auf die jeweiligen Randnummern.

Stichwortverzeichnis

Stichwortverzeichnis

Stichwortverzeichnis

Stichwortverzeichnis

Stichwortverzeichnis

Stichwortverzeichnis

Stichwortverzeichnis

Datenschutz 87 37 f., 42
– Überwachung durch Betriebsrat
  80 1
Datenschutzbeauftragte 94 4, 10
Datenverarbeitung 80 19
– grenzüberschreitende – **87** 42
**Desk-Sharing als Betriebs-
  änderung 111** 16
Desk-Sharing-Arbeitsplätze 87 38
Detektiveinsatz 87 14
**D'Hondtsches Höchstzahlen-
  system 14** 2
Dienstbereitschaft 87 62
Dienstreiseordnung 87 14
Dienstreisezeit 87 19, 23
Digitaler Betriebsausweis 87 38
Diktiergerät
– Betriebsratskosten **40** 23, 29
DIN-Normen 91 5
Direktionsrecht des Arbeitgebers
– kein – bei freigestellten Betriebs-
  ratsmitgliedern **38** 7
Diskriminierungsverbot 75 1 ff.;
  80 6; **99** 26
– *s. auch Benachteiligungsverbot
DLP-Systeme 87 38
Dolmetscher
– Betriebsratskosten **40** 2
– Betriebsversammlung **44** 4
Dozenten 5 2
Dreimonatsfrist
– Weiterbeschäftigungsverlangen
  JAV-Mitglied vor Ausbildungsende
  78 a 4 f.
Drittfirma
– Werkvertrag **99** 8
Drogentest 94 13; **95** 3
DVD-Geräte
– Mitbestimmung bei Nutzungs-
  verbot **87** 13

E
ECM-Systeme 87 38
EG-Richtlinie 2002/14/EG 90 6
Ehrenamtliche Tätigkeit
– Betriebsrat **37** 1 ff.
Eigenkündigung
– Arbeitnehmer **112 a** 1; **113** 3
Eignungsübungen 112 10

Eignungsuntersuchung
– ärztliche – **87** 13
Eilfälle 77 4; **87** 2; **87** 5; **103** 9
Ein-Euro-Job
– Beurteilungsgrundsätze **94** 14
– Einstellung **99** 6, 8, 26, 31
– Mitbestimmung **87** 1
– Zustimmungsverweigerung **99** 26,
  31
**Eingliederungsmanagement
  87** 13, 48
Eingruppierung 99 9 f.; **101** 2
– Begriff **99** 9
– Entgeltschema **99** 9
– Mitbestimmung **99** 9
**Einheitliche Europäische Akte
  87** 44
Einheitsregelungen
– betriebliche – **77** 8
Einigungsstelle 76 1 ff.
– *s. auch Einigungsstellenbeschluss
– Abstimmung **76** 5
– Anrufung **87** 80
– Arbeitsbedingungen und -abläufe
  90 1 ff.
– außerbetriebliche Beisitzer **76** 4;
  76 a 1 ff.
– Auswahlrichtlinien **95**
– Bedarf **76** 1
– Beisitzer **76** 4 f.
– Benachteiligungsverbot **78** 4
– Beratung **76** 5
– Berücksichtigung betrieblicher
  Belange **37** 36; **76** 7; **112** 20 f.
– Berufsbildung **98**
– Beschlussfassung **76**
– Beschwerden **85**
– Besetzung **76** 4
– betriebliche Beisitzer **76** 4; **76 a** 3
– Bildung **76** 1
– Durchführung des Spruches **76** 8
– Durchführung von Verein-
  barungen **77** 1 ff.
– Eilfälle **76** 7
– – auf Antrag einer Partei **76** 1, 7
– Ermessen **109** 4
– Ermessensfehler **76** 9
– Ermessensüberschreitung **76**
– Ersatzbeisitzer **76** 4

Stichwortverzeichnis

Stichwortverzeichnis

Stichwortverzeichnis

Stichwortverzeichnis

Stichwortverzeichnis

Stichwortverzeichnis

Stichwortverzeichnis

Stichwortverzeichnis

Stichwortverzeichnis

Stichwortverzeichnis

Kompetenz verbindet

Wolfgang Fricke / Herbert Grimberg / Wolfgang Wolter

Betriebsverfassungsgesetz

Kurzkommentar für Betriebsräte
4., überarbeitete und aktualisierte Auflage
2014. 319 Seiten, kartoniert
€ 24,90
ISBN 978-3-7663-6294-0

Jeder Betriebsrat muss das Betriebsverfassungsgesetz kennen. Sonst kann er sein Amt nicht ausüben. Leicht verständlich ist die Materie aber nicht. Hier hilft die Gesetzessynopse, die nun in vierter Auflage vorliegt.

Auf jeder linken Seite findet sich der Gesetzestext, rechts eine Übersetzung des Juristischen in verständliches Deutsch. Viele Praxistipps ergänzen die Übersetzung und machen das Werk verständlich.

Besonders nützlich ist dieses Buch für die neu gewählten Mitglieder im Betriebsrat, die sich für ihren Einstieg in dieses verantwortungsvolle Amt einen Überblick über ihre Rechte und Pflichten verschaffen wollen. Aber auch »alte Hasen« werden auf den hier gebotenen unkomplizierten Zugang zum Betriebsverfassungsgesetz nicht verzichten wollen.

Zu beziehen über den gut sortierten Fachbuchhandel oder direkt beim Verlag unter E-Mail: kontakt@bund-verlag.de

Bund-Verlag

Kompetenz verbindet

Wolfgang Däubler / Michael Kittner
Thomas Klebe / Peter Wedde (Hrsg.)

BetrVG – Betriebsverfassungsgesetz

mit Wahlordnung und EBR-Gesetz
Kommentar für die Praxis
14., überarbeitete Auflage
2014. 2.887 Seiten, gebunden
€ 98,–
ISBN 978-3-7663-6320-6

Fundiert und verständlich erläutert der Kommentar das
gesamte Betriebsverfassungsrecht. Die Autoren –
anerkannte Experten mit umfassender Praxiserfahrung –
bieten einen vollständigen Überblick über die neueste
Rechtsprechung des Bundesarbeitsgerichts und der
Instanzgerichte sowie über den Stand der Fach-
diskussion. Für Fragen, die noch nicht gerichtlich
entschieden sind, entwickeln sie eigenständige
Lösungen, die vor allem eine faire Beachtung von
Arbeitnehmerrechten im Blick haben.

Der Kommentar ist für alle Betriebsratsgremien und für
Anwälte mit Schwerpunkt Arbeitsrecht eine wertvolle
Informationsquelle. Die Neuauflage verarbeitet aktuelle
Gesetzgebung und Rechtsprechung.

Zu beziehen über den gut sortierten Fachbuchhandel oder
direkt beim Verlag unter E-Mail: kontakt@bund-verlag.de

Bund-Verlag

Kompetenz verbindet

Wolfgang Däubler

Arbeitsrecht

Ratgeber für Beruf, Praxis und Studium
10., überarbeitete Auflage
2014. 600 Seiten, kartoniert
€ 19,90
ISBN 978-3-7663-6268-1

Arbeitsrecht geht (fast) jeden an. Und dennoch ist es
für Viele ein Buch mit sieben Siegeln. Der bewährte
Ratgeber von Wolfgang Däubler bietet hier Abhilfe.
Juristische Vorkenntnisse sind nicht erforderlich.

Das Buch ist übersichtlich gegliedert und stellt – ergänzt
durch zahlreiche Beispiele – die wichtigsten Inhalte des
Arbeitsrechts dar. Es gibt zuverlässig Antwort auf Fragen
wie:
• Wo finde ich die »einschlägigen« Gesetze?
• Was muss ich bei einer Bewerbung beachten?
• Wie kann ich mich gegen eine Kündigung wehren?

Wegen der klaren, verständlichen Sprache ist der
Ratgeber im Beruf, für die Arbeit als Betriebs- oder
Personalrat und für das Studium gleichermaßen eine
optimale Hilfe. Die zehnte Auflage verarbeitet
Gesetzgebung und Rechtsprechung auf aktuellem Stand.

Zu beziehen über den gut sortierten Fachbuchhandel oder
direkt beim Verlag unter E-Mail: kontakt@bund-verlag.de

Bund-Verlag